W0402745

\us dem Programm Huber: Psychologie Lehrbuch

Hans Spada
(Herausgeber)

Lehrbuch Allgemeine Psychologie

Zweite, korrigierte Auflage

Verlag Hans Huber
Bern · Göttingen · Toronto · Seattle

Das Umschlagbild stammt von Gustav Klimt. Es handelt sich um eine Werkvorlage zum Stocletfries, «Mittlerer Teil des Lebensbaumes», 1905/09. Das Bild befindet sich im Besitz des Österreichischen Museums für angewandte Kunst, Wien (MAK, Inv.Nr.Mal 226). Reproduktion mit Genehmigung des MAK.

Die Deutsche Bibliothek – CIP-Einheitsaufnahme

Lehrbuch allgemeine Psychologie / Hans Spada (Hrsg.). – 2., korrigierte Aufl. – Bern ; Göttingen ; Toronto ; Seattle : Huber, 1992
(Huber-Psychologie-Lehrbuch)
ISBN 3-456-82302-9
NE: Spada, Hans [Hrsg.]

Nachdruck 1998 der 2., korrigierten Auflage 1992

Herstellung: Satzatelier Paul Stegmann, Bern
Druck: Kösel, Kempten
Printed in Germany

Vorwort

Erkenntnisse der Allgemeinen Psychologie zählen zum Kernbestand psychologischen Wissens. Ihre angemessene Vermittlung ist das Ziel dieses Lehrbuchs. Als sein Herausgeber freue ich mich, für diese Aufgabe viele herausragende Fachvertreter gewonnen zu haben.

Der inhaltliche Bogen des Buches spannt sich von der Wahrnehmung über das Gedächtnis, das Denken und Lernen, die Sprache, bis hin zu den Emotionen und die Motivation und schließt auch die psychischen Grundlagen der Motorik mit ein. Dies sind bedeutsame Bereiche psychologischer Forschung an sich und mit Blick auf die praktische Umsetzbarkeit vieler Erkenntnisse. Wissen über diese Themen ist oft Voraussetzung für die Beschäftigung mit anderen Teilgebieten der Psychologie. Für das gesamte Fach einflußreiche Forschungsorientierungen haben ihre Wurzel in der Allgemeinen Psychologie. Nicht zuletzt wird über die Themen dieses Buches der enge Bezug zu anderen Fächern deutlich, wie der Biologie, der Informatik, der Philosophie usw.

Die Gestaltung der Texte dieses Buches und die Auswahl der Inhalte erfolgten unter der Zielsetzung, den konstruktiven Wissenserwerb auf seiten des Lesers in allen Phasen so weit als möglich zu unterstützen. In repräsentativer Auswahl werden zentrale Phänomene dargestellt, ebenso die zu ihrer Erfassung herangezogenen experimentellen Paradigmen und die zu ihrer Erklärung aufgestellten Theorien. Besonderes Augenmerk wird Fragen der Entwicklung, Formulierung und Prüfung dieser Theorien geschenkt. Auch die historische Dimension wird berücksichtigt. Oft werden zur Erleichterung der Einbettung des neuen Wissens Bezüge zu Alltagsphänomenen gesetzt.

Eine detaillierte Darstellung der inhaltlichen Konzeption, des Aufbaus und der formalen Gestaltung dieses Buches wird im ersten Kapitel gegeben. Es enthält auch Hinweise für die Durcharbeitung des Buches.

Für das Vorwort verbleibt die angenehme Pflicht, all den Personen Dank zu sagen, die an der Erstellung dieses Buches mitgewirkt haben, aber auch die schwierigere, um Nachsicht für sein verzögertes Erscheinen zu bitten.

Mein Dank gilt in allererster Linie den Autoren. Sie haben auf der Basis einer detaillierten gemeinsamen Absprache zuerst ein Konzept für das von ihnen übernommene Kapitel erstellt und dann eine vollständige erste Fassung. Zuletzt haben sie sich auch noch der Mühe unterzogen, eine umfassende Überarbeitung und Anpassung an thematisch benachbarte Kapitel vorzunehmen. Am Lesen der Entwürfe und an der Erarbeitung teilweise sehr differenzierter kritischer Kommentare waren neben den Autoren und weiteren Kolleginnen und Kollegen auch Studierende beteiligt. Die an den Entwürfen geäußerte konstruktive Kritik hat entscheidend zur Qualität der endgültigen Texte beigetragen.

Bei der Herausgabe des Buches habe ich in der Detailarbeit von verschiedenen Personen wertvolle Unterstützung erfahren, insbesondere von Herrn Andreas Ernst, Herrn Jörg Fichtner und Herrn Werner Ketterer. Die Mehrzahl der Zeichnungen wurde von Frau Elisabeth Rybiczka (wissenschaftliche Zeichnerin) erstellt; die das Kapitel «Wahrnehmung» betreffenden Abbildungen stammen von Herrn Thomas Ullmann. Stellvertretend für alle, die an der Umsetzung der Manuskripte in Textdateien bei einem gegenüber früher zwar gewandelten, aber nicht reduzierten Arbeitsaufwand beteiligt waren, möchte ich Frau Waltraud Herzog meinen Dank aussprechen. Auch dem Verlag Huber, insbesondere Herrn Peter Stehlin, bin ich zu Dank verpflichtet, nicht zuletzt für die geduldige, aber stetige Ermunterung, das Werk abzuschließen.

Dies führt mich zu meiner Bitte um Nachsicht. Das Erscheinen des Buches hat sich gegenüber den ersten Planungen verzögert. Dadurch wur-

den insbesondere die Autoren benachteiligt, die ihre Arbeiten zeitgerecht erledigt hatten und neueste Entwicklungen in ihrem Text nicht immer voll berücksichtigen konnten.
Ende gut, alles gut? Dies wird der Leser zu entscheiden haben. Auf ihn bezieht sich auch meine im folgenden zum Ausdruck gebrachte Hoffnung. In meiner Tätigkeit als Dozent und Prüfer der Allgemeinen Psychologie habe ich es immer wieder bedauert, daß es kaum Texte gibt, die das Gesamtgebiet der Allgemeinen Psychologie umfassend - und doch didaktisch auf das Wesentliche reduziert - darstellen. Ich hoffe, daß das vorliegende Buch aus dem und für den deutschen Sprachraum diese Lücke wird schließen helfen. Für eine evtl. Prüfungsvorbereitung anhand dieses Buches wünsche ich viel Erfolg; allen Lesern aber einen zielführenden und motivierenden Einstieg in das immer wieder aufs neue faszinierende Gebiet der Allgemeinen Psychologie.
Abschließend habe ich mit tiefem Bedauern darauf hinzuweisen, daß einer der Autoren dieses Buches, Herr Heinz Heckhausen, der durch sein Engagement auch diesem Buch wertvolle Impulse gegeben hat, am 30. Oktober 1988 verstorben ist.

Hans Spada

Freiburg, im Januar 1990

Inhaltsverzeichnis

Kapitel 1: Einführung

Hans Spada, Freiburg

Inhaltsverzeichnis

1. Der Gegenstand der Allgemeinen Psychologie und Wege seiner Erforschung

In der *Allgemeinen Psychologie* werden Fragen der *Wahrnehmung,* des *Gedächtnisses* und *Lernens,* des *Denkens* und *Problemlösens,* des *Sprechens* und *Sprachverstehens,* der *Emotion,* der *Motivation* und der *Psychomotorik* behandelt. Damit sind zum einen die kognitiven Funktionen angesprochen, in denen sich eines der wichtigsten Charakteristika des Menschen manifestiert, seine *Intelligenz.* Andererseits zählen aber auch die das Handeln stimulierenden und steuernden «Kräfte», wie Emotion und Motivation, und das Wechselspiel zwischen Kognition und Emotion zum Themengebiet der Allgemeinen Psychologie.
Dies ist ein faszinierender Forschungsgegenstand an sich und mit Blick auf die praktische Umsetzbarkeit vieler Erkenntnisse. Man denke dabei beispielsweise nur an die Förderung von Denkleistungen oder den Abbau von Angst, aber auch an die künstliche Bereitstellung intelligenter Leistungen am Rechner. Die kognitiven Funktionen und die Rolle von Emotion und Motivation sind zugleich ein schwieriges Forschungsobjekt. Die Phänomene sind überaus vielfältig; ihre Verursachung ist komplex. Die zugrundeliegenden Strukturen und Prozesse entziehen sich weitgehend der direkten Beobachtung und Manipulation. Dazu kommt, daß das Denken selbst zum Gegenstand des Denkens wird. Der Mensch reflektiert sich selbst, allerdings in einer durch die Anwendung geeigneter wissenschaftlicher Methoden disziplinierten Form.
Typische Fragestellungen der Allgemeinen Psychologie, die in diesem Buch behandelt werden, sind beispielsweise:

- Welche Mechanismen liegen dem Erkennen eines Objekts in der Wahrnehmung zugrunde?
- Wie erfolgt der Aufbau eines geordneten Wissensbesitzes über einen Gegenstandsbereich?
- In welcher Weise ist die Flexibilität und Effizienz induktiven Denkens erklärbar?
- Welche Rolle spielen Inferenzen im Prozeß des Sprachverstehens?
- Wie wird übermäßige Angst gegenüber bestimmten Objekten erworben?
- In welcher Form manifestieren sich Gefühle im Gesichtsausdruck?
- Was motiviert uns, in bestimmter Weise zu handeln?
- Welche kognitiven Mechanismen liegen der Steuerung von Bewegungen zugrunde?

Anhand einer Reihe negativer Aussagen läßt sich die *Allgemeine Psychologie* von anderen Teilgebieten des Gesamtfaches abheben. In der Allgemeinen Psychologie werden nicht, wie in der *Differentiellen Psychologie,* die Unterschiede zwischen den Menschen betont; es wird nicht, wie in der *Entwicklungspsychologie,* die Veränderung des Menschen im Lebenslauf analysiert, und nicht, wie in der *Sozialpsychologie,* die Interaktion zwischen Individuen. Auch geht es nicht primär um die praktische Umsetzung wissenschaftlicher Erkenntnisse. Positiv gewendet zeigt sich, daß viele der in der Allgemeinen Psychologie untersuchten Inhalte auch für andere Teilbereiche des Faches grundlegend sind. So ist beispielsweise die Sprache das zentrale Medium für die Interaktion zwischen Personen. Die Förderung von Lernprozessen wird erleichtert, wenn die Mechanismen bekannt sind, die der gedächtnismäßigen Speicherung von Information zugrundeliegen. Über die genaue Kenntnis normaler emotionaler Verläufe lassen sich Störungen in diesem Bereich besser beurteilen. Erst auf dem Hintergrund der den Menschen gemeinsamen kognitiven Funktionen können diesbezügliche interindividuelle Unterschiede gezielt differentialpsychologisch analysiert und interpretiert werden.
Ohne Geringschätzung anderer Teilgebiete der Psychologie läßt sich somit sagen, daß die *Erkenntnisse der Allgemeinen Psychologie* zum *Kernbestand psychologischen Wissens* zählen. Eine Einführung in das Gesamtfach ist ohne Bezug auf diese Befunde nicht möglich. Auch zeigt die Geschichte der Psychologie, daß neue Forschungsorientierungen und die mit ihnen korrespondierenden wissenschaftlichen Methoden häufig zuerst die Allgemeine Psycholo-

gie prägten, bevor sie Eingang in andere Teilgebiete des Faches fanden. Dies gilt beispielsweise für den Behaviorismus, eine streng am beobachtbaren Verhalten orientierte Forschungsrichtung, die von der Analyse von Lernprozessen ihren Ausgang nahm, aber auch für die sogenannte «Kognitive Wende». Mit ihr fand eine Rückbesinnung auf die Notwendigkeit des Theoretisierens über mentale Strukturen und Prozesse statt. Wichtige ihrer ersten Verfechter waren mit Fragen der Wahrnehmung und des Denkens befaßt.

Derzeit dominieren in der Allgemeinen Psychologie zwei Forschungsrichtungen, eine biologisch neurowissenschaftliche und eine informatorisch kognitionswissenschaftliche. Der *biologisch neurowissenschaftliche Ansatz* betont die Abhängigkeit aller psychischen Vorgänge von den anatomischen und physiologischen Gegebenheiten insbesondere des zentralen Nervensystems und hebt gerade bei Fragen der Emotion und Motivation die biologische Abstammung des Menschen hervor. Vertreter des *informatorisch kognitionswissenschaftlichen Ansatzes* leugnen diese Abhängigkeiten nicht. Sie bezweifeln aber, ob eine adäquate Erklärung menschlichen Erlebens und Verhaltens über die Rückführung der untersuchten Phänomene auf neuronale Strukturen und Prozesse möglich ist. So weisen sie auf die enormen Schwierigkeiten hin, die es etwa macht, neurophysiologische Befunde mit Phänomenen des Denkens oder der Herausbildung einer Motivation direkt in Verbindung zu bringen. Es wird argumentiert, daß anatomische und physiologische Befunde psychologischen Theorien zur Kognition und Emotion zwar Beschränkungen auferlegen, sie aber nicht eindeutig festlegen. Als geeigneter zur Beschreibung wird die Ebene der Informations- oder Symbolverarbeitung betrachtet, also eine abstraktere Ebene, die mit ihren Konstrukten «über» der neurophysiologischer Strukturen und Prozesse angesiedelt ist. Zunehmend wird dabei der Versuch gemacht, Theorien der Informationsverarbeitung als Computermodelle zu fassen, wobei auch auf der Rechnerseite die «Hardwareebene» nicht direkt ins Blickfeld kommt.

Die biologisch neurowissenschaftliche und die informatorisch kognitionswissenschaftliche Forschungsrichtung stehen aber nicht zueinander im Widerspruch, sondern beleuchten in der Beschreibung verschiedener Ebenen komplementäre Aspekte. Diesem «Sowohl als auch» ist die Mehrzahl der Beiträge in diesem Lehrbuch verpflichtet, auch wenn der kognitive Ansatz dominiert.

Die beiden Forschungsorientierungen können ferner als Beleg dafür angesehen werden, daß die Allgemeine Psychologie und das gesamte Fach enge Bezüge zu anderen Wissenschaften aufweisen und sich aus interdisziplinärer Kooperation wesentliche Impulse ergeben. Die Basis der Zusammenarbeit bilden gemeinsame Betrachtungsweisen, aus denen heraus Phänomene analysiert und interpretiert werden. *Biologie* und Psychologie ergänzen einander in der Erforschung der biologischen Grundlagen psychischer Phänomene. In der Forschung zur *Künstlichen Intelligenz,* als Teilgebiet der *Informatik,* besteht ein großes Interesse an allgemeinpsychologischen Erkenntnissen, um den Menschen zum Vorbild für die Entwicklung künstlich intelligenter Systeme nehmen zu können. Andererseits werden zur Formulierung psychologischer Theorien zunehmend Begriffe und Methoden der Forschung zur Künstlichen Intelligenz herangezogen. Wichtige gegenseitige Anregungen haben die *Linguistik* und die Sprachpsychologie in ihrer Arbeit an verschiedenen Aspekten desselben Gegenstandes erfahren. Auch wenn sich diese Liste noch wesentlich erweitern ließe, soll sie mit der Nennung der interdisziplinären Kooperation zwischen *Philosophie* und Psychologie abgeschlossen werden. Hier bestehen seit alters her enge Beziehungen, etwa in der Beschäftigung mit Fragen der Logik – mit Querverbindungen zur Mathematik und zur Informatik – oder aber durch gemeinsame Forschungsorientierungen, wie der Hermeneutik. Sie steht allerdings derzeit in der Allgemeinen Psychologie nicht im Vordergrund.

Man könnte der Meinung sein, daß mit zunehmendem allgemeinpsychologischem Wissen und insbesondere mit der Möglichkeit, einzelne intelligente Leistungen am Rechner nachzubilden, die Psyche des Menschen und ihr Studium an Faszination verlieren könnten. Das Gegenteil ist der Fall. Jede zusätzliche Erkenntnis und jeder neue Versuch, kognitive Teilaspekte zu rekonstruieren, vergrößern nur

die Hochachtung vor der Leistungsfähigkeit menschlicher Kognition und der Differenziertheit des emotionalen und motivationalen Geschehens. Gerade Vorgänge, wie das Erkennen eines Gegenstands oder eine sprachliche Reaktion in Form einer situationsangepaßten Äußerung, die uns in unreflektierter Selbstbeobachtung trivial und mühelos erscheinen, offenbaren beim Versuch ihrer detaillierten wissenschaftlichen Rekonstruktion eine eindrückliche Komplexität.
Dazu kommt die faszinierende Einmaligkeit jedes Menschen. Sie ist, außer durch die Vererbung unterschiedlicher Anlagen, bedingt durch die jedem Menschen eigene, spezifische Lebensgeschichte, die ihren Niederschlag vor allem in der individuellen Erfahrung und einem für den einzelnen charakteristischen Wissensbesitz findet. Aus der Allgemeinen Psychologie ist die zentrale Rolle bekannt, die dem Wissen und den Wissensunterschieden bei der Wahrnehmung, beim Denken, bei der sprachlichen Kommunikation usw. zukommt. Allein aus diesem Grund wäre es naiv anzunehmen, man könnte das Verhalten eines Menschen in einer bestimmten Situation und zu einem definierten Zeitpunkt in allen Details prognostizieren bzw. erklären. Die empirische Geltung einer Theorie ist auf das Wesentliche zu beziehen. Die Beantwortung, was wesentlich ist, führt aber mitten hinein in die Theoriebildung und Prüfung. Sie bleibt deshalb den Ausführungen in den nachfolgenden Kapiteln des Buches vorbehalten.

2. Konzeption und Aufbau des Lehrbuchs

2.1 Die Konzeption und ihre Umsetzung

Bei der Planung hatte ich ein Lehrbuch vor Augen, das folgende Funktionen erfüllt. Es dient als Begleittext für Vorlesungen und einführende Seminare der Allgemeinen Psychologie, eignet sich aber auch in den Teilen, die am jeweiligen Studienort nicht gelehrt werden, zum Selbststudium. Haupt- und Nebenfachstudenten können gleichermaßen mit ihm arbeiten. Es wird als Basislektüre für die einschlägigen Prüfungen herangezogen.

Daraus folgt als wesentliches Merkmal der inhaltlichen Konzeption, daß der Stoff in diesem Lehrbuch nicht in enzyklopädischer Breite, sondern in repräsentativer Auswahl dargestellt wird. Damit kommt der Text auch der berechtigten Forderung nach einer Straffung der Studien- und Prüfungsinhalte entgegen. Der Leser soll einen Einblick in die verschiedenen Bereiche der Allgemeinen Psychologie anhand zentraler Theorien, der Methoden ihrer Entwicklung und Formulierung, wichtiger Versuchsparadigmen und wegweisender Befunde gewinnen. Das Vorbild bei der Gestaltung des Textes war eine gute Vorlesung, die sich nicht in einer die Hörer ermüdenden Auflistung von spezifischen Konzepten und Befunden erschöpft, sondern differenziert in ausgewählte Inhalte einführt, Verständnis für verschiedene Forschungsansätze weckt und zum kritischen Weiterdenken herausfordert. Zu der gewählten Darstellungsweise gehört auch die historische Dimension, also die Diskussion der Geschichte einzelner Forschungsrichtungen und der Rolle herausragender Wissenschaftler/innen. Dabei wird die Begrenztheit der Aussagekraft der einzelnen Befunde nicht verschleiert; der Stand der Erkenntnisse wird nicht überbewertet.
Aufgrund der inhaltlichen Breite der Allgemeinen Psychologie und der Spezialisierung in der Forschung gibt es kaum noch Wissenschaftler, die das ganze Fach kompetent darzustellen in der Lage wären. Andererseits war ein Vorteil klassischer Lehrbücher aus der Hand eines einzigen Autors die Prägnanz und Konsistenz der wissenschaftlichen Position, die den gesamten Text prägte und den Leser anregte, persönlich Stellung zu beziehen. Als Kompromiß wurde das Buch von einer relativ kleinen Gruppe von Autoren erstellt, wobei jeder Autor ein umfangreiches und inhaltlich klar abgrenzbares Kapitel übernahm.
Manchmal hat es – nicht nur in der Psychologie – den Anschein, als ob sich aus dem Eindruck, daß jedes etwas für sich hat, aber nie alles unter einen Hut zu bringen ist, eine heiter-pessimistische Wissenschaftsauffassung entwickelt, vom Leben und Leben lassen, Forschen und Forschen lassen. Dies ist weder mein Standpunkt noch die Ansicht der in diesem Buch vertretenen Autoren. Der Leser wird in den einzelnen Kapiteln mit klaren Forschungspositionen

konfrontiert, die allerdings nicht über das gesamte Buch hinweg deckungsgleich sind. Dies ergibt sich schon allein aus der unterschiedlichen Fruchtbarkeit einzelner Ansätze für die Erforschung bestimmter Fragestellungen.

Natürlich verlangt ein Lehrbuch, dessen einzelne Kapitel von verschiedenen Autoren mit teilweise differierender Forschungsorientierung geschrieben werden, eine besondere Koordination durch den Herausgeber und eine hohe Kooperationsbereitschaft der Autoren.

Die Gestaltung des Buches durchlief folgende Stadien. Nachdem der Kreis der Autoren feststand, wurden auf der Basis grober Vorgaben Skizzen der vorgesehenen Inhalte für die einzelnen Kapitel erstellt. Bei einem gemeinsamen Treffen haben wir die Planungen aufeinander abgestimmt und es wurden detaillierte inhaltliche Absprachen getroffen. Die erste Fassung jedes Kapiteltextes wurde von mindestens einem der anderen Autoren, einem Studenten und mir als Herausgeber sorgfältig gelesen und kritisch kommentiert. Auf dieser Basis entstanden die Kapitelendfassungen.

Ein Sachregister, das auf zentrale, tatsächlich gut nachlesbare Inhalte beschränkt wurde, erleichtert die Herstellung von Querbezügen. Jedes Kapitel weist ein eigenes Literaturverzeichnis auf, um ein rasches Auffinden der interessierenden Literatur sicherzustellen. Es wurde aber auch ein alle Kapitel übergreifendes Personenregister erstellt.

Sicherlich weist dieses Lehrbuch trotz aller Planung eine Reihe von Mängeln auf. Einige ließen sich – wenn erkannt – in einer evtl. zweiten Auflage beheben. Wir bitten daher um ihre kritische Rückmeldungen.

2.2 Der inhaltliche Aufbau des Buches

Neben dieser Einleitung enthält das Buch die Kapitel *Wahrnehmung, Gedächtnis und Wissen, Denken und Problemlösen, Sprechen und Sprachverstehen, Lernen, Emotionen, Motivation, Psychomotorik* und *Ausgewählte Methoden.* Jedes Kapitel ist trotz vielfältiger Querbezüge eigenständig in dem Sinne verfaßt, als es mit Gewinn auch ohne Kenntnis der vorausgehenden Kapitel studiert werden kann. Der Leser hat daher die Möglichkeit, die Reihenfolge der Durcharbeitung der Kapitel selbst den jeweiligen Gegebenheiten am Studienort anzupassen. Das Verständnis für ein Thema wird aber natürlich durch die Beschäftigung mit den anderen Inhalten erleichtert. Ein Wiederaufgreifen eines Kapitels nach einem ersten Lesen des gesamten Textes kann daher gewinnbringend sein.

Die dargestellte inhaltliche Gliederung des Buches ist konventionell. Sie entspricht in groben Zügen der Aufteilung des Faches Allgemeine Psychologie im Lehrveranstaltungskanon vieler deutschsprachiger Universitäten.

Werden, wie in den Prüfungsordnungen des Diplomstudienganges Psychologie in der Bundesrepublik Deutschland, zwei Prüfungsfächer *Allgemeine Psychologie I und II* unterschieden, so zählt man häufig Wahrnehmung, Gedächtnis, Denken und Sprache zum ersten Fach und Lernen, Emotion und Motivation zum zweiten. Unter *Gedächtnis* werden dabei Fragen des Wissenserwerbs und der Informationsspeicherung behandelt, während *Lernen* die klassische und operante Konditionierung sowie das Lernen am Modell umfaßt. Dieser Einteilung folgt auch die inhaltliche Gestaltung der beiden einschlägigen Kapitel dieses Buches *Gedächtnis und Wissen* und *Lernen.* Sie ist allerdings weniger von einer klaren thematischen Gliederung her begründbar, denn historisch gewachsen und hängt mit der Anwendung unterschiedlicher Forschungsparadigmen zusammen.

Nicht selten wird unter Allgemeiner Psychologie II auch als eigenständiges Thema *Handeln* subsumiert. Es wird in diesem Buch schwerpunktmäßig gemeinsam mit Fragen der Motivation behandelt, punktuell aber auch in anderen Kapiteln aufgegriffen.

Psychomotorik ist im Kanon der Studieninhalte und Prüfungsthemen bisher bedauerlicherweise eher selten vertreten, obwohl grundlagenwissenschaftlich überaus interessante Probleme aufgeworfen werden und der Zusammenhang etwa mit Fragen der Rehabilitationspsychologie evident ist. Vielleicht vermag der entsprechende Beitrag in diesem Buch hier eine positive Wirkung zu erzielen.

Das letzte Kapitel *Ausgewählte Methoden* fällt insofern etwas aus dem Rahmen, als hier ausschließlich Forschungsmethoden angesprochen werden. Es handelt sich um Ansätze, wie

die Signalentdeckungstheorie und formale Konzepte der Wissensrepräsentation, die für die Allgemeine Psychologie einen besonderen Stellenwert haben.
Die inhaltliche Gliederung der Allgemeinen Psychologie, wie sie diesem Lehrbuch zugrundeliegt, könnte den falschen Eindruck erwecken, als ob sich Fragen der Wahrnehmung, des Denkens, der Motivation usw. säuberlich voneinander trennen ließen. Tatsächlich ergeben sich erfreulich viele Querverbindungen zwischen den Kapiteln gerade aus der Unmöglichkeit, Probleme eines Bereiches ohne Berücksichtigung der Aspekte anderer zufriedenstellend zu bearbeiten. Jeder Versuch, alltägliche Leistungen des Menschen wissenschaftlich zu rekonstruieren, wie das Verstehen eines Textes, das Führen eines Gesprächs oder das Zurechtfinden in einer neuen Umgebung, zeigt überdeutlich die Notwendigkeit, Erkenntnisse zu den verschiedenen Aspekten von Kognition, zur Emotion und zur Motivation zusammenzuführen.
Betrachten wir aber nun den Inhalt des Buches in der Reihenfolge der Kapitel.

Wahrnehmung

«Mit der Wahrnehmung fängt alles an», so lautet ein Untertitel am Beginn des von WOLFGANG PRINZ verfaßten Kapitels. Er unterscheidet zwei Forschungstraditionen, eine *klassische,* die als *psychophysische Wahrnehmungsforschung* bezeichnet wird und eine neuere, kognitiv orientierte. Die erstgenannte Richtung stellt die Abhängigkeit der Wahrnehmungsinhalte von der jeweils gegebenen Reizinformation in den Mittelpunkt der Analyse. Es werden also die Beziehungen zwischen den physikalischen Gegebenheiten und den Wahrnehmungscharakteristika untersucht. Der Autor behandelt in diesem Kontext u.a. Arbeiten von FECHNER und STEVENS, diskutiert Befunde der Gestaltpsychologie und erörtert so zentrale Themen, wie die Raumwahrnehmung.
Was gibt dem Wahrgenommenen seine Bedeutung? Wie wird beispielsweise ein Objekt bestimmter Form, Farbe und Größe als Bleistift erkannt? Fragen dieses Typs werden in der *kognitiven Wahrnehmungsforschung* untersucht. Betont wird die Abhängigkeit des Wahrnehmungsinhalts vom verfügbaren Wissen des Menschen. Ausführlich beschäftigt sich PRINZ in diesem Zusammenhang mit den kognitiven Prozessen, die dem Erkennen und der Selektion in der Wahrnehmung zugrundeliegen. Auch Fragen paralleler und serieller Informationsverarbeitung werden angesprochen. Abschließend wird Wahrnehmung als Instrument der Handlungssteuerung diskutiert.
Großes Gewicht legt PRINZ auf die Darstellung der Forschungsmethoden, insbesondere der experimentellen Versuchsparadigmen, die die wahrnehmungspsychologische Forschung geprägt und den bisherigen Erkenntnisfortschritt möglich gemacht haben. Erwähnt werden aber beispielsweise auch die wegweisenden Arbeiten von MARR zur algorithmischen Basis der Informationsverarbeitung im Wahrnehmungsprozeß.

Gedächtnis und Wissen

Ohne Gedächtnis wären wir hilflos; alles wäre uns unverständlich; Erkennen, Schlußfolgern, Entscheiden und vieles andere wären nicht möglich. Wie prägen wir uns aber neue Inhalte, wie beispielsweise den Stoff dieses Lehrbuchs ein, wie ist Wissen im Gedächtnis repräsentiert, wie kann es reaktiviert werden? Das von RAINER KLUWE erstellte Kapitel entwirft ein differenziertes Bild der kognitiven Strukturen und Prozesse, die den Aufbau und die Nutzung eines geordneten Wissensbesitzes ermöglichen.
Einen herausragenden Platz in der Darstellung nehmen die Studien von SHIFFRIN und Mitarbeitern zu *Ein- und Mehrspeichermodellen des Gedächtnisses* ein. Fragen der Kodierung bei kurz- und langfristiger Speicherung werden ausführlich erörtert.
Bekanntlich stellt die sehr begrenzte Anzahl von Gedächtniseinheiten, die der Mensch kontrolliert simultan zu berücksichtigen in der Lage ist, ein kritisches Nadelöhr menschlicher Informationsverarbeitung dar. KLUWE diskutiert daher auch verschiedene Möglichkeiten der Verbesserung der Kapazität des Arbeitsgedächtnisses, beispielsweise die Informationsverdichtung durch die Bildung von «Chunks». Konstrukte, wie Schemata, Skripts und mentale Modelle werden im Kontext von Überlegungen zur Repräsentation von Wissen im Langzeitgedächtnis besprochen. Ein eigener Abschnitt ist dem Wissenserwerb und dabei

insbesondere Fragen einer gründlichen Einprägung gewidmet. Arbeitsergebnisse von ANDERSON, wie das Modell ACT, werden neben anderen beim Problem der Suche im Langzeitgedächtnis diskutiert. Einleitend informiert das Kapitel aber auch über die Anfänge der Gedächtnispsychologie, indem die Befunde von EBBINGHAUS und seiner Nachfolger zum verbalen Lernen erörtert werden.

Denken und Problemlösen

Auch GERD LÜER und HANS SPADA behandeln das Thema ihres Beitrags vor dem Hintergrund des Forschungsparadigmas der Informationsverarbeitung. Diesem informatorisch kognitionswissenschaftlichen Ansatz liegt die Annahme zugrunde, daß die interessierenden psychischen Vorgänge als Prozesse der Informationsverarbeitung erforscht und beschrieben werden können.

Einleitend geben die Autoren einen kurzen *historischen Überblick* zur Entwicklung der Denkpsychologie. Angesprochen werden dabei die Phase der Emanzipation von den philosophischen Wurzeln, die bedeutende Rolle der deutschsprachigen Denkpsychologie im ersten Drittel dieses Jahrhunderts und der nach einer Phase der Stagnation bis heute ungebrochene Aufschwung als Folge der kognitiven Wende unter Führung von Wissenschaftlern der USA.

Im Mittelpunkt des Kapitels steht das *Problemlösen*. Wie wird ein Problem repräsentiert und welche Rolle spielen Charakteristika des resultierenden subjektiven Problemraums für den Lösungsprozeß? Welche Hilfestellungen bietet die Denkpsychologie zur Klassifikation von Problemen? Welche Strategien beim Bearbeiten einfacher Probleme sind bekannt; was zeichnet den Informationsverarbeitungsprozeß bei der Bewältigung komplexer Probleme aus? Was bedingt fehlerhaftes, wie fördert man erfolgreiches Problemlösen?

Das Kapitel informiert aber auch über die psychologische Erforschung des *deduktiven und induktiven Denkens* und illustriert an diesem Bereich und für die *Lösung einfacher algorithmischer Aufgaben,* wie die zugrundeliegend angenommenen Wissensstrukturen und Denkprozesse modelliert werden können. Dabei werden mathematisch-numerische Modelle, insbesondere aber Ansätze, die mit den Werkzeugen der Forschung zur Künstlichen Intelligenz arbeiten, vorgestellt und kritisch diskutiert.

Sprechen und Sprachverstehen

THEO HERRMANN vertritt in dem von ihm verfaßten Kapitel einen betont allgemeinpsychologischen Standpunkt. Sprachproduktion und Sprachrezeption werden in engem Zusammenhang mit den anderen, in diesem Buch behandelten, psychischen Funktionen des Menschen gesehen und dargestellt. Nicht die Sprache an sich, der für eine Sprachgemeinschaft gegebene Bestand an Phonemen, Wörtern, grammatischen Regeln usw. ist der Forschungsgegenstand. Es ist – um eine von HERRMANN selbst gebrauchte Formulierung aufzugreifen – das Individuum, das sich in seiner Umwelt orientiert, Ziele verfolgt, Probleme zu lösen hat und dabei und deswegen spricht und andere Sprecher zu verstehen versucht. Sprechen und Sprachverstehen werden daher anders als im klassischen Kommunikationsmodell nicht als das bloße Aussenden und Empfangen von Nachrichten verstanden, sondern als *komplexes Regulationsgeschehen zwischen Interaktionspartnern*. Für diesen Standpunkt führt HERRMANN eine Reihe von überzeugenden Argumenten an, so die deutliche Asymmetrie zwischen Sprachproduktion und Sprachrezeption, die Wichtigkeit der Situationseinbettung für die Sprachrezeption und die enge Verknüpfung von verbalen und nicht-verbalen Ausdruckselementen.

Ausführlich wird der Vorgang der *Sprachrezeption* dargestellt. Dabei werden mehrere Ebenen des Verstehens sprachlicher Äußerungen unterschieden, die Wahrnehmung der Laute, Wörter und grammatisch geordneter Wortfolgen, das Erkennen der kognitiven Inhalte und der Sprecherintention und die Bewertung der Äußerung. Die Rolle des Wissens und von Inferenzen im Verstehensprozeß wird besonders hervorgehoben.

Bei der *Sprachproduktion* beschäftigt sich der Autor weniger mit Fragen der sprachlichen Verschlüsselung und phonetisch artikulatorischen Realisation. Im Zentrum der Betrachtung stehen der Aufbau der sogenannten kognitiven Äußerungsbasis und die Vorgänge der

Selektion und Linearisierung. Wie fokussiert der Sprecher den Sachverhalt, zu dem er sich äußern möchte? Wie legt er fest, was davon wie und in welcher Reihenfolge gesagt werden soll?

Lernen

Ein kleines Kind greift auf eine heiße Herdplatte und verbrennt sich dabei die Finger. Es wird dies vermutlich nicht wieder tun. Sie essen eine fremdländische, appetitlich aussehende, interessant süß-bitter schmeckende Speise. Da sie verdorben ist, was Sie aber erst später zu vermuten beginnen, wird Ihnen aufgrund bestimmter Giftstoffe nach einigen Stunden todübel. Zwar erholen Sie sich nach einiger Zeit wieder. Trotzdem weckt von diesem Vorfall an allein der süß-bittere Geschmack deutlichen Ekel.

Im Kindergarten bewirft Peter seine Spielkameraden mit Sand. Ute feuert ihn dabei an. Martin, der den gesamten Vorgang gespannt beobachtet hat, greift auch zum Sand und macht es Peter nach.

Dies alles sind Lernphänomene. Man spricht von operanter Konditionierung im ersten Fall, von klassischer im zweiten und vom Beobachtungslernen im letzten. Thematisiert und theoretisch reflektiert werden Phänomene dieses Typs im Kapitel *Lernen.* Es gliedert sich in zwei von verschiedenen Autoren verfaßte Abschnitte.

Hans Spada, Andreas Ernst und Werner Ketterer behandeln – ausgehend von Forschern wie Pawlow und Skinner – unter dem Titel *Klassische und operante Konditionierung* die zentralen Befunde zu diesen beiden Lernparadigmen. Es werden aber auch Themen aufgegriffen, wie gelernte Angst und Vermeidung, der Appetenz-/Aversionskonflikt und die erlernte Hilflosigkeit. Sie sind nur aus einer Interaktion beider Lernformen mit weiteren Faktoren erklärbar. Auch wenn der gesamte Forschungsbereich über viele Jahrzehnte die wichtigste Domäne des Behaviorismus war, hat auch vor ihm die kognitive Wende nicht halt gemacht. Ihre Folgen werden ebenso dargestellt, wie weitere Sichtweisen, die den Zweifel an der allgemeinen Gültigkeit der vor allem tierexperimentell gewonnenen «Lerngesetze» verstärkt haben.

Der Beitrag von Frank Halisch ist dem *Beobachtungslernen* und der Wirkung von Vorbildern gewidmet. Die Annahmen der Instinkttheorie, der Lerntheorien im engeren Sinn und der auf Bandura zurückgehenden sozialkognitiven Theorie werden dargestellt und kritisch aufeinander bezogen. Im Einklang mit der Mehrzahl der heute tätigen Wissenschaftler favorisiert Halisch die sozialkognitive Theorie, in der Lernphänomene kognitions- und motivationspsychologisch im Kontext allgemeinpsychologischer Konzeptualisierungen interpretiert werden. In weiterführenden Überlegungen beschäftigt er sich mit der Nachahmung als einem Vorgang der Selbstregulation, untersucht die motivationalen Bedingungen der Vorbildwirkung und analysiert auch anhand eigener Untersuchungsergebnisse einschlägige Fragen beim Leistungshandeln. Ein allgemeiner Befundüberblick über Bedingungen der Vorbildwirkung schließt den Beitrag ab.

Emotionen

Ein Mensch fühlt sich glücklich; sein Gesicht strahlt, das Herz schlägt schneller. Diese *Reaktionstrias von subjektivem Erleben, emotionalem Ausdruck und physiologischen Veränderungen* ist das zentrale Thema dieses Kapitels. Der Autor, Klaus Schneider, verbindet eine evoluationsbiologische, neurowissenschaftliche Darstellung mit einer detaillierten Erörterung des Ineinandergreifens von Emotion, Motivation und Kognition.

Ein Abschnitt dieses Kapitels ist der *Neurobiologie emotionaler Reaktionssysteme* gewidmet, deren Befunde nicht nur grundwissenschaftlich zentral, sondern auch von zunehmender Bedeutung für die Therapie psychopathologischer emotionaler Veränderungen sind.

Ausführlich wird die Funktion der Emotionen besprochen. Schneider argumentiert, daß starre, instinktive Reiz-Reaktionsverknüpfungen in der Stammesentwicklung zu den Säugetieren hin weitgehend durch eine flexible emotionale Verhaltenssteuerung ersetzt wurden. Durch sie werde sichergestellt, daß lebenswichtige Ziele angestrebt und schädliche Bedingungen vermieden werden.

Bei der Erörterung des subjektiven Erlebens von Emotionen liegt der Schwerpunkt der Darstellung auf Fragen der Klassifikation von Emotionsbegriffen. Auf der Ebene peripherer körperlicher Veränderungen wird analysiert, inwieweit man für einzelne Emotionen spezifische physiologische Reaktionsmuster annehmen kann. Beim emotionalen Ausdruck wird die kommunikative Funktion für sozial lebende Arten betont, auf die schon DARWIN verwiesen hat. Die Universalität des Ausdrucks, insbesondere bei basalen Emotionen wird an einschlägigen Experimenten illustriert.

Ein Feld kontroverser Diskussionen stellen die *Emotionstheorien* dar. Sind erlebte Gefühle nichts anderes als die zentrale Repräsentation peripherer physiologischer Veränderungen? Welche Rolle spielt die kognitive Situationsbewertung? Die zu diesen und weiteren Fragen Anlaß gebenden Emotionstheorien werden kritisch anhand der einschlägigen Befunde diskutiert und evaluiert. Im letzten Teil des Kapitels geht SCHNEIDER nochmals explizit auf das Wechselspiel von Emotionen und menschlichem Handeln ein.

Motivation

Die Festlegung eines Verhaltens um der erwünschten Folgen willen und seine Steuerung hinsichtlich Richtung und Aufwand, dies ist der Gegenstand der Motivationspsychologie. Auf HEINZ HECKHAUSEN und seine Mitarbeiter, wie den Erstautor dieses Beitrages und ehemaligen Schüler, HEINZ-DIETER SCHMALT, gehen viele wichtige Forschungsimpulse zur Motivationspsychologie zurück. Einige von ihnen werden im ersten Teil des Kapitels, einer Einführung in das Problemfeld der *Motivation*, thematisiert. So finden wir etwa eine Erörterung des Wechselspiels von Motiven und situativen Anregungsbedingungen und Ausführungen zu den sogenannten *Volitionen*. Darunter werden Prozesse verstanden, auf denen die Entscheidung basiert, welche Motivationstendenzen überhaupt realisiert werden sollen, sowie bei welcher Gelegenheit und auf welche Weise dies geschehen soll.

Es folgt ein historischer Abriß der Motivationspsychologie anhand von Autoren wie WUNDT, MEUMANN, ACH, LEWIN und HULL. Dabei werden Brücken auch zu anderen Themen der Allgemeinen Psychologie, wie dem Lernen, geschlagen. Im letzten Teil werden sowohl Überlegungen des einleitenden Abschnittes wie auch Entwicklungen des historischen Teils wieder aufgegriffen und anhand empirischer Befunde und theoretischer Argumente vertieft. Schwerpunkte sind dabei die Interaktion von Kognition, Emotion und Motivation und die Rolle von Erwartungen, Ursachenzuschreibungen und selbstbezogenen Kognitionen für den Motivationsprozeß.

Psychomotorik

«Mit der Bewegung hört alles auf», stellt HERBERT HEUER in der Einleitung des Kapitels Psychomotorik fest. Er spielt damit auf eine Formulierung von PRINZ zur Funktion der Wahrnehmung am Beginn von Informationsverarbeitungsprozessen an. Tatsächlich sind Bewegungen – von Ausnahmen abgesehen – das Medium der Weitergabe von Information und allgemein der Realisierung von Handlungen. Als Glied des Gesamtprozesses sind sie, oder präziser ihre Steuerung und die dieser Leistung zugrundeliegenden Vorgänge, ein wichtiger Gegenstand allgemeinpsychologischer Forschung.

Wie greifen wir gezielt auf ein bewegten Objekt, wie wird ein Wort phonetisch artikulatorisch realisiert, wie wissen wir im Tippen um die Anordnung der Tasten einer Schreibmaschine? Der Versuch, Fragen dieser Art zu beantworten, führt zu den zentralen Forschungsthemen der Psychomotorik, der gedächtnismäßigen Repräsentation von Bewegungen, der Steuerung durch Bewegungsprogramme und der Regelung von Bewegungen auf der Basis von Wahrnehmungen.

In einem der ersten Abschnitte des Kapitels werden diejenigen Muskeleigenschaften erläutert, die direkte Konsequenzen für bestimmte Bewegungscharakteristika haben. Breiter Raum ist der Darstellung der *Regelung* bei gezielten Bewegungen gegeben, bei denen eine fortlaufende Anpassung an eine sich ständig verändernde Umwelt erforderlich ist. Von *Programmsteuerung* spricht man, wenn die motorischen Kommandos bereits vor Beginn der Bewegung bereitgestellt werden können, da der sensorischen Rückmeldung aus der Körperperipherie keine zentrale Bedeutung für die Ausführung zukommt. HEUER betrachtet Regelung und Programmsteuerung als zwei ein-

ander ergänzende Modi der Bewegungssteuerung und erörtert verschiedene Modellvorstellungen über ihr Zusammenwirken.
Ein eigener Teil des Kapitels ist der intersegmentalen und intermanuellen Koordination von Bewegungen gewidmet. Jeder, der einmal versucht hat, gleichzeitig verschiedene Rhythmen mit Hand und Fuß oder mit linker und rechter Hand zu schlagen, weiß um die Schwierigkeit derartiger Koordinationen. Wie sind Bewegungen und Bewegungsfolgen gedächtnismäßig repräsentiert? Inwieweit kommt der Vorstellung von Bewegungen, etwa bei mentaler Übung, eine förderliche Funktion für die Bewegungsausführung zu? Diese Fragen werden in den beiden letzten Abschnitten behandelt.

Ausgewählte Methoden

Der Autor des letzten Kapitels ist KARL FRIEDRICH WENDER. Die Signaldetektionstheorie, die Lerntheorie von ESTES, Grammatiken als Werkzeuge sprachpsychologischer Forschung und verschiedene Ansätze der Wissensrepräsentation sind die Inhalte, die aufgrund ihres besonderen Stellenwerts in der Allgemeinen Psychologie in diesem Teil des Buches gesondert besprochen werden. In allen Fällen handelt es sich um formale Methoden. Ihre Darstellung ist aber bewußt einfach gehalten, um das Verständnis der zentralen Annahmen soweit als möglich zu erleichtern. In ihren Anwendungen sind die Ansätze im allgemeinen nicht auf einen bestimmten Bereich der Allgemeinen Psychologie beschränkt. So wird die Theorie der Signalentdeckung außer in der Wahrnehmungspsychologie beispielsweise auch in der Gedächtnispsychologie bei der Beurteilung von Leistungen des Wiedererkennens eingesetzt; Fragen der Wissensrepräsentation spielen nicht nur eine Rolle in der Gedächtnispsychologie, sondern auch bei der Erforschung des Denkens, Sprechens, usw.
Neben einer Darstellung der Grundannahmen der *Signaldetektionstheorie* und der Rolle der ROC-Kurve erfolgt ein Vergleich dieses Ansatzes mit dem Schwellenkonzept der klassischen Psychophysik. Aus dem breiten Spektrum der mathematischen Lerntheorien wird die *Reiz-Stichproben-Theorie* von ESTES herausgegriffen. Mittels eines Spezialfalls dieser Theorie läßt sich die Frage prüfen, ob Lernen in bestimmten Situationen allmählich erfolgt oder dem Alles-oder-Nichts-Prinzip folgt. Ein wichtiger Bestandteil vieler sprachpsychologischer Theorien sind *Grammatiken*. WENDER führt in diese Ansätze zur Beschreibung der Struktur sprachlicher Äußerungen kurz ein, indem er das Grundprinzip von ATN-Parsern erläutert. Auch Textgrammatiken werden skizziert und an einem Anwendungsbeispiel erläutert. Im letzten Teil diskutiert der Autor unter dem Titel *«Methoden der Wissensrepräsentation» semantische Netze, Produktionssysteme* und die gerade in den letzten Jahren zunehmend ins Blickfeld gekommenen *konnektionistischen Modelle*. Als Beispiel einer relativ umfassenden Theorie kognitiver Strukturen und Prozesse, die von Fragen der Wissensrepräsentation ihren Ausgang nimmt, wird das System ACT von ANDERSON dargestellt.

3. Eine alternative Einführung in die Lehrbuchinhalte

Die folgende kurze *Kriminalgeschichte* verdeutlicht, welche Phänomene in den einzelnen Kapiteln angesprochen werden und wie die Gliederung des Buches einer Klassifikation menschlichen Erlebens und Verhaltens von der Wahrnehmung bis zur Bewegung folgt. In diesem Sinne stellt sie eine alternative Einführung in die Lehrbuchinhalte dar.
Die Geschichte stammt von JÖRG FICHTNER, einem Studenten der Psychologie in Freiburg. Er hat sie in Absprache mit mir verfaßt, nachdem er sich intensiv mit dem gesamten Inhalt des Buches auseinandergesetzt hatte. Mit jedem der Kapitel 2 bis 9 des Buches korrespondiert ein Abschnitt der Geschichte. Fußnoten zeigen an, wo wir Bezüge zwischen dem Text und den Kapitelinhalten besonders hervorheben möchten. Durch Anführung der jeweiligen Titel der entsprechenden Kapitelteile wird das Nachschlagen der relevanten allgemeinpsychologischen Befunde ermöglicht. Andersherum betrachtet – und das ist selbstverständlich der wichtigere Aspekt – liefern die so gekennzeichneten Stellen der Geschichte *Illustrationsbeispiele für verschiedene Lehrbuchinhalte*. Nicht alle von uns aufgezeigten Bezüge sind gleicher-

maßen treffend. Dieser Frage nachzugehen kann aber schon Teil einer fruchtbaren Auseinandersetzung mit dem Stoff sein.
Nach dem Studium des Buches wird manches mit neuen Augen gesehen werden, natürlich auch Wichtigeres als beispielsweise Kurzgeschichten, wie die im folgenden abgedruckte.

3.1 Eine Kriminalgeschichte

(JÖRG FICHTNER)

Wahrnehmungen

Flossies war 'ne Bar wie hundert andere in Chinatown. Miles Archer schaute sich kaum merklich um, während er langsam auf den Tresen zusteuerte. Hinten im Eck schien sich von der rostroten Tapete ein etwa fenstergroßes Stück in leicht dunklerem Rot abzuheben.[1] Archer zog ein Stück Papier aus der Tasche, auf dem ein Gewirr von Strichen zu sehen war. Dreidimensionale Zeichnungen schienen nicht gerade die Stärke seines Informanten zu sein, doch der Luftschacht hinter der Tapete war deutlich zu erkennen.[2]

Archer versuchte abzuschätzen, wie weit dieser Dicke davon entfernt war. Er bewegte seinen kantigen Schädel etwas hin und her und konnte den Typ ganz gut im Raum lokalisieren.[3] Der Dicke stand schräg vor einem Pfosten; laut Plan also knapp drei Meter von der Wand weg und besonders schnell sah er auch nicht aus. Unangenehm war nur die typische Ausbeulung seiner Jacke; Archer tippte auf 'ne 38er.[4]

Vorsichtig linste er um sich, wer sonst noch in Frage käme. Von den Anwesenden konnte man im Notfall niemandem trauen, und bei rund 20 Möglichkeiten schnell genug zu reagieren, ist relativ schwierig.[5]

Er machte sich also etwas näher an den Dikken ran, bis er aus dem allgemeinen Lärm seine weiche, kehlige Stimme heraushören konnte.[6] Drei Sätze genügten ihm und er war sicher, das ist sein Mann.

Die Erinnerung

Archer schaute sich die Bar näher an. Er mochte Schießereien nicht besonders, doch wenn es sich nicht umgehen ließ, war es immer besser, man hatte die Räumlichkeiten etwas im Kopf.

Es war wirklich eine Bar wie jede andere,[7] nur die Tische waren als Lebensversicherung etwas zu billig; dafür boten sich die drei massiven Pfosten schon eher als Wetterschutz an.

Er wandte sich wieder dem Dicken zu. Archer wurde das Gefühl nicht los, diesen Burschen irgendwoher zu kennen;[8] er beobachtete seine Bewegungen im Schummerlicht und dachte lange nach.[9]

Plötzlich fiel es ihm wie Schuppen von den Augen: YMCA;[10] Yol Martini aus Calgary, Alberta. Er hatte ihn mal auf 'nem Boot der Küstenwache kennengelernt; damals allerdings in strahlendem Sonnenschein und mit Handschellen geschmückt.

Ein Sergeant hatte ihm seinen ganzen Lebenslauf runtergebetet:[11] Ärmliche Farmerkindheit in den Bergen, mit großen Träumen nach Frisco gekommen und schnell im Dreck gelandet; ab da Schiebereien mit Koks, Waffen, Schmuck; was gerade anstand. Wurde damals unter merkwürdigen Umständen wieder laufengelassen.

Archer war nicht der Typ, der Stories, wie es sie an der Eastside zu tausenden gibt, auswendig lernt, doch dieser Bursche hatte ihn damals ziemlich beschäftigt.[12]

Nachdenken

Bis die anderen kommen würden, war noch Zeit. Archer spulte die Programm-Vorschau nochmals runter: Der Stoff – und zwar genug, um ein ganzes Mädchenpensionat bei Laune zu halten – war in der Wand und sollte in sein Auto; das hätte normalerweise jeder kleine Ganeff erledigen können. Nur, hier würde das der Dicke zu verhindern suchen.

Auch wenn Archer schnelle Lösungen bevorzugte, befürchtete er, jetzt durch falsche Schritte in eine Sackgasse zu geraten.[13] Er fragte sich, ob ihm denn das Problem schon viel klarer war[14] als die Zutaten eines Schnellimbisses beim Chinesen.

Er ging's der Reihe nach nochmal durch:[15] Er war ein erfahrener Privatbulle; das erleichterte etwas den Überblick,[16] falls es mal unübersichtlicher wurde als beim Kaffeekränzchen des Sittlichkeitsvereins; er hatte 'ne Wumme, mit der er einigermaßen umgehen konnte und erwartete ein Team, das nicht nur aus Idioten bestand. Nur, das Ding war vielleicht ein anderes, als einfach den Stoff rauszuholen und den Dicken ans Messer zu liefern.[17]

Die Fakten waren zwar klar: ein anonymer Hinweis; die Warnung vor dem Dicken; das Gerücht, daß sich eine Organisation aus New York hier breit machen wollte; und die Prämie, die die Bullen für so 'nen Fang gewöhnlich ausspucken. Nur, warum holt sich der Anonyme das Zeug nicht selber? Eine Erklärung[18] wäre, daß die Sache eine Finte ist, eine andere, daß es um Auseinandersetzungen zwischen zwei Organisationen geht; beides war ihm nicht sonderlich angenehm.

Das Gespräch

«N'Abend;[19] was zu trinken, Mister?»

Plötzlich stand der Barkeeper neben Archer. «Bourbon»,[20] antwortete er, und machte eine Geste, die eher etwas wie einen Bierkrug andeutete.

Floyd war inzwischen aufgekreuzt, plazierte sich wie zufällig neben ihn und nuschelte kaum sichtbar:

«Ich habe keine Leute gekriegt, machen wir's zu zweit.»

Als Archer verstimmt die Augenbrauen zusammenzog, knarrte Floyd mit einer entschuldigenden Geste noch 'was, das sich wie «Spade» und «nach Oakland» anhörte.[21]

Archer brummelte etwas und deutete auf den Dicken: «Martini,[22] unter anderem Koksgeschichten; er steht drei Meter davor.»[23]

Floyd schien etwas überrascht, daß er ihn kannte.

Archer ratterte im Kopf nochmal seinen Plan durch und überlegte, was sein Partner davon wissen mußte.[24]

«Du machst dich an den Schacht ran und ziehst Leine, sobald du das Zeug hast. Ich kümmere mich um den Dicken!»

Noch bevor Floyd widersprechen konnte, wiederholte er mit Nachdruck: «Du ziehst Leine!» und schloß das Gespräch mit einer unmißverständlichen Geste Richtung Luftschacht.

Lernen aus Erfahrung

Archer hatte dunkles Haar und einen so soliden Bau, daß er etwas kleiner wirkte, als er in Wirklichkeit war. Er machte den Eindruck, in den 37 Jahren, die ihm bisher beschieden waren, immer schon Privatschnüffler gewesen zu sein. Tatsächlich hatte er seinen Job von Grund auf, sozusagen über Trial and Error gelernt. Angewohnheiten, die ihn ins Krankenhaus brachten, legte er schnell ab; landeten seine Gegner da, wo er glaubte, daß sie hingehören, kultivierte er diese Masche.[25]

Nachdem er anfangs öfters auf der Nase und sonstwo gelandet war, gewöhnte er es sich eine Zeitlang an, auf bestimmte Gesichter so zu reagieren, daß er sie sofort eigenhändig ummodellierte. Aber abgesehen davon, daß das nicht besonders höflich war, brachte es seine Ermittlungen auch nicht unbedingt weiter.

Es gab noch immer ein Viertel unten an der Bush-Street, das er aufgrund schlechter Erfahrungen unter fast allen Umständen mied, auch wenn er sich dabei mehr auf seinen Animus als auf seinen Verstand verließ. Allein der Geruch, eine spezifische Mischung aus billigen Clubs und alten Lagerschuppen machte ihn schon so nervös, daß er jedesmal erleichtert war, wenn wieder ein paar Blocks zwischen ihm und dieser Gegend lagen.[26]

Eines seiner Arbeitsprinzipien war es, an große Fische nur so nahe heranzugehen, bis er das Gefühl hatte, die Sache wird zu heiß.[27] Dann nahm er sich lieber 'nen Stellvertreter oder nur das gewöhnliche Personal vor. Fing ein Kellner oder ein Mädchen in seinem Büro mal zu plaudern an, kam man über kurz oder lang auch an den Boss ran.

Am Vorbild gelernt

Pat Floyd war schmal, fast schlacksig, gut einmeterneunzig und etwa fünf Jahre älter als Archer. Erst vor 6 Wochen war er von einer Agentur an der Ostküste hier rüber gewechselt und bei Archer Assistent geworden.

Es bedarf in diesem Job keines besonderen Instinkts, um in heißen Situationen genau das zu tun, was der Erfahrenere vormacht. Und Archer hatte alles, was ein gutes Vorbild braucht:[28] Er war ein erfolgreicher Detektiv, ohne irgend etwas Übermenschliches; es war nachzuvollziehen, warum er wie handelte, und er hatte seinem Assistenten oft genug Gelegenheit geboten, ihn zu beobachten. Floyd hatte das anfangs auch durchaus genutzt, sich eingeprägt, wie Archer reagierte und sich vorgestellt, selber so zu reagieren. Inzwischen hatte er auch ein paar kleinere Geschichten alleine erledigt und dabei Lob von ihm geerntet.[29]

Archer mochte ihn;[30] vielleicht war es nur Eitelkeit, weil Floyd ihn mehr beachtete als seinen Partner Spade, doch die zwei waren zu dem geworden, was man gewöhnlich «ein gutes Team» nennt. Aber das hatte in ihrer Branche nicht unbedingt viel zu bedeuten.

Ungute Gefühle

Während Floyd unauffällig Richtung Luftschacht zog, wurde Archer langsam nervös. Er spürte, daß seine Hände feucht wurden[31] und merkte wieder 'mal, daß er keinen besonders starken Magen hatte. Fehlte nur noch, daß man's ihm vom Gesicht ablesen konnte.[32]

Eigentlich war der Job so normal, wie ein Toter im Hafenbecken. Und trotzdem; irgendwie gefiel ihm die Geschichte immer weniger. In solchen Stimmungen mußte er aufpassen, daß ihm nicht gerade sämtliche Fehlschläge der letzten Zeit durch den Kopf gehen.[33]

Er versuchte sich einzureden, daß seine Nervosität nur von den drei Bechern Kaffee kam, die er heute Abend schon runtergespült hatte.[34]. Aber es gab einfach Situationen, die nicht gerade weihnachtliche Stimmung verbreiten; und dazu gehört eine Auseinandersetzung mit einem zwei Zentner-Typen, der 'ne 38er in der Tasche hat, allemal.[35]

Archer strengte sich an, wenigstens ein zuversichtliches Grinsen an den Tag zu legen. Er hatte die Erfahrung gemacht, daß einer, der vor einer Auseinandersetzung schon pessimistisch war, meistens auch hinterher noch reichlich Grund dazu hatte.[36]

Die Motivation

Es war nicht gut, sich knapp vor solchen Aktionen noch viele Gedanken zu machen.[37] Jetzt konnte er es aber einfach nicht lassen.

Würden er und Floyd wieder 'nen Abgang machen, war 'ne dicke Chance verpaßt; wenn sie die Sache wie geplant durchziehen, käme Floyd auf jeden Fall mit dem Zeug raus und es mußte gut reichen, um Martini einzulochen; nur er selbst würde dabei vielleicht einiges abkriegen.[38] Und da das Publikum hier nicht gerade wie die Heilsarmee aussah und er dieses Schauturnen selbst eröffnen mußte, war mit Unterstützung kaum zu rechnen.[39]

Aber Archer kannte solche Situationen zur Genüge und wußte, daß er sich normalerweise auf seine Schnelligkeit verlassen konnte, um einigermaßen heil wieder rauszukommen.[40] Und zumindest die ersten Schritte hatte er klar vor Augen.[41]

Was soll ein kleiner Privatschnüffler tun, der seinen Job gern macht, dem es Spaß macht, Typen wie diesen Martini aufs Kreuz zu legen; hier gab es eine gute Gelegenheit, und außerdem einen halben Tausender zu verdienen. Er war soweit, nickte Floyd zu und schob sich Richtung Martini.[42]

Bewegungen

Archer spannte probehalber die Armmuskeln kurz an und ließ sie wieder locker, ohne den Arm dabei zu bewegen.

Als der Dicke merkte, wie Floyd sich an der Tapete zu schaffen machte und sich umdrehte, trat Archer in Aktion: Seine Beine spurteten wie automatisch Richtung Martini, mit den Armen räumte er sich den Weg frei.[43] Er stellte sich kurz vor, wie er hechten mußte, um dem Dicken die Schulter in die Nieren zu rammen.[44] Beim Absprung verlor er zwar Martini aus den Augen, spürte aber, daß er genau traf und zwei Zentner zu Boden gingen.[45] Ohne genau sagen zu können, wo im Gewühl Martinis Kopf war, hatte er genug Übung, seine rechte Faust instinktiv so hoch zu ziehen, daß sie am Unterkiefer des Dicken landete.[46]

Archer nahm dem Bewußtlosen die Waffe ab und durchsuchte seine Taschen; plötzlich hielt er mit einem erstaunten Pfiff dessen Ausweis in der Hand. Er hatte ziemlich schiefgelegen.

Gerade wollte er sich Floyd zuwenden, als er zwei schwarze, schmale Schuhe schon neben sich sah. Noch im Herumwirbeln traf ihn das schwere Metall einer Savage am Ohr; obwohl sich sofort alles zu drehen anfing, rammte er seine linke Gerade genau in Floyds Solarplexus und parkte gleichzeitig die Rechte so auf seiner spitzen Nase, daß er sich grunzend neben Martini ausstreckte.[47]

Archer legte ihm sicherheitshalber noch die Manschetten an und steckte Martini seinen Dienstausweis wieder in die Jacke. Dann rief er das Rauschgiftdezernat an, um mitzuteilen, daß er hier versehentlich einen ihrer Agenten niedergeschlagen hatte. Die Bullen ließen sich aber dadurch beruhigen, daß er nicht nur den Stoff, sondern auch 'nen Typen, der sich Pat Floyd nannte, sichergestellt hatte. Damit war die New Yorker Organisation auf jeden Fall zu knacken.

Als er eine «Kasse Taffee!»[48] bestellte und nur das mitleidige Lächeln des Barkeepers erntete, fühlte sich Archer zum ersten Mal etwas alt und müde. Er investierte einen guten Teil der Prämie gleich in Bourbon und beschloß, seine Sympathien in Zukunft vorsichtiger zu verteilen.

3.2 Bezüge zwischen der Geschichte und den nachfolgenden Kapiteln

Wahrnehmungen → Kapitel 2, Wahrnehmung

(1) Wahrnehmung von Farbunterschieden → 2.1 Wahrnehmung als dimensionale Transformation.
(2) Zweidimensionale Zeichnung dreidimensionaler Gegebenheiten und Figuren/Grund Unterscheidung → 2.2 Wahrnehmung als strukturelle Organisation.
(3) Raumwahrnehmung → 2.3 Wahrnehmung als korrelative Repräsentation.
(4) Typische Ausbeulung der Jacke, Zuschreibung von Bedeutung → 3. Kognitive Wahrnehmungsforschung; Einleitung.
(5) Reaktionszeit bei 20 Möglichkeiten → 3.1 Wahrnehmung als Erkennen; HICKsches Gesetz.
(6) Heraushören einer Stimme → 3.2 Wahrnehmung als Selektion.

Die Erinnerung → Kapitel 3, Gedächtnis und Wissen

(7) Bar wie jede andere → 6.3 Schemata und Skripte.
(8) Wiedererkennen eines Menschen → 2.4 Wiedererkennen.
(9) Kontextunterschiede (Schummerlicht ..., strahlender Sonnenschein ...) erschweren die Erinnerung → 8.4 Vergessen.
(10) YMCA für Yol Martini aus Calgary → 5.3 Kapazität des Kurzzeitgedächtnisses; Chunking.
(11) Vom Namen zur Erinnerung an die ganze Story → 8.5 Ausbreitung der Aktivation im Netzwerk.
(12) Intensiv mit etwas beschäftigen → 7.2 Elaboration.

Nachdenken → Kapitel 4, Denken und Problemlösen

(13) Problemlösungsschritte, bei denen nicht auszuschließen ist, daß sie nur scheinbar zum Ziel führen → 4.5.2 Heuristische Strategien beim Lösen einfacher Probleme; «Hill-Climbing».
(14) Problemanalyse → 4.5.2 Heuristische Strategien beim Lösen einfacher Probleme; Methoden nach DUNCKER.
(15) Der Reihe nach durchgehen → 4.5 Elementare Problemlöseprozesse und Strategien der Lösungssuche; serielle Informationsverarbeitung.
(16) Erfahrung erleichtert Durchblick auch in unübersichtlichen Situationen → 4.7 Erfolgreiches Problemlösen: Experten und die Wirkung von Trainingsmethoden.
(17) Schlecht definiertes Problem → 4.2 Taxonomien für Lücken im Problemraum: Problemklassifikationen.
(18) Erklärung als Hypothesenbildung → 3.2 Induktives Denken.

Das Gespräch → Kapitel 5, Sprechen und Sprachverstehen

(19) «N'Abend» → 1.1 Interaktion, Kommunikation, Regulation, Sprechen und Sprachverstehen; konventionelles Sprechen.
(20) «Bourbon» → 1.3 Sprachpsychologie; Ergänzung und Korrektur des «klassischen» Modells; Sprachproduktion: informativ und instrumentell, Sprachrezeption und ihre Situationseinbettung.
(21) Etwas, das sich wie «Spade» und «nach Oakland» anhört → 2.3 Zum Wahrnehmen von Lauten und Wörtern; «Hilfsmittel» der Laut- und Worterkennung.
(22) Archer ... deutete auf den Dicken: «Martini, ...» → 1.1 Interaktion, Kommunikation, Regulation, Sprechen und Sprachverstehen; Zeigegeste und Benennung.
(23) «Martini», unter anderem Koksgeschichten; er steht drei Meter davor» → 2.4 Zum Verstehen sprachlicher Äußerungen; Alte und neue Information, Notwendigkeit von Inferenzen zum Verstehen einer Äußerung.
(24) Archer ratterte im Kopf nochmal seinen

Plan durch und überlegte, was sein Partner davon wissen mußte. → 3.2 Kognitive Äußerungsbasis, Selektion und Linearisierung (als die ersten beiden Stufen im Prozeß der Sprachproduktion).

Lernen aus Erfahrung → Kapitel 6, Lernen, Abschnitt 6.1, Klassische und operante Konditionierung

(25) Lernen nach Versuch und Irrtum, Verhaltensänderungen aufgrund positiver und negativer Konsequenzen → 3. Operante Konditionierung.
(26) Den tatsächlichen Gegebenheiten nicht entsprechende Angst und die Tendenz, derartige Situationen zu vermeiden. Auslösung der Angst durch eigentlich neutrale Situationsmerkmale → 4.1 Angst und Vermeidung.
(27) Nur so nahe herangehen, bis es zu heiß wird; an den Stellvertreter halten → 4.3 Annäherungs-/Vermeidungskonflikt; Verschiebung.

Am Vorbild gelernt → Kapitel 6, Lernen, Abschnitt 6.2, Beobachtungslernen und die Wirkung von Vorbildern

(28) Was braucht ein gutes Vorbild? → 5.1 Merkmale des Vorbilds, 5.2 Vorbildsituation.
(29) Aufmerksamkeitszuwendung, Einprägung, Nachahmung, Bekräftigung nach der Verhaltensausführung → 3.3 Die sozialkognitive Lerntheorie; Teilprozesse des Beobachtungslernens.
(30) Archer mochte ihn. → 5.3 Beziehung zwischen Vorbild und Beobachter.

Ungute Gefühle → Kapitel 7, Emotionen

(31) Feuchtwerden der Hände → 4. Emotionen und periphere physiologische Veränderungen.
(32) Ablesen einer Emotion vom Gesichtsausdruck → 5. Der emotionale Ausdruck.
(33) Negative Erinnerungen bei ebensolchem Gefühlszustand → 7.3 Emotionen und Gedächtnis.
(34) Drei Becher Kaffee oder schlicht Angst? → 4.2 Kognitive Bewertungen und körperliche Erregung als Grundlagen emotionalen Erlebens.
(35) Zwei Zentner-Typ mit einer 38er → 7.1 Situative Auslöser emotionaler Reaktionen.
(36) Zuversichtliches Grinsen und das Ergebnis einer Auseinandersetzung → 5.1 Die kommunikative Funktion des Ausdrucks; Plus-/Minus-Gesichter.

Die Motivation → Kapitel 8, Motivation

(37) Es war nicht gut, sich knapp vor solchen Aktionen noch viele Gedanken zu machen. → 3.3 Selbstbezogene Kognitionen.
(38) Den Wert einer Handlung über die möglichen Folgen abschätzen → 3.4 Erwartungen; Handlungsergebnis-Erwartungen.
(39) Mit Hilfe kann man bei selbstverschuldeten Schwierigkeiten nur selten rechnen → 3.5 Ursachenzuschreibungen und Bewertungen; Hilfehandeln.
(40) Archer schreibt es (stabil und internal) seiner Schnelligkeit zu, daß er bei Aktionen dieses Typs einigermaßen heil rauskommt → 3.5 Ursachenzuschreibung und Bewertungen; Attributionstheorie.
(41) Auf Bewältigung der Situation gerichtete Überlegungen → 3.3 Selbstbezogene Kognitionen; bewältigungsorientierte Personen.
(42) Vom Motiv über die Motivation zur Handlungsintention und Handlungsinitiierung → 1.4 Motiv als Erklärungsbegriff, 1.5 Motivation, 1.6 Bildung einer Handlungstendenz und Volition.

Bewegungen → Kapitel 9, Psychomotorik

(43) Arme räumen den Weg gezielt frei; Beine spurten wie automatisch → 3. Regelung und Programmsteuerung.
(44) Er stellte sich kurz vor, wie er hechten mußte. → 7. Bewegung und Vorstellung, 7.3 Mentale Übung.
(45) Beim Absprung verlor er zwar Martini aus den Augen → 3.1 Regelung bei gezielten Bewegungen; Ausblendung der visuellen Rückmeldung.
(46) Ohne sagen zu können, wo ..., hatte er genug Übung, seine rechte Faust so hoch zu ziehen, daß sie ... → 6.3 Implizite Repräsentation der Umwelt; an die Umwelt angepaßte Bewegungen ohne explizite Repräsentation der räumlichen Merkmale.
(47) Die Linke und die Rechte treten gleichzeitig in Aktion → 4.3 Intermanuelle Koordination.
(48) «Kasse Taffee» → 6.2.2 Sprechen; Versprecher/Spoonerismus.

Kapitel 2: Wahrnehmung

WOLFGANG PRINZ, Bielefeld

Inhaltsverzeichnis

1. Probleme der Wahrnehmungsforschung

1.1 Wahrnehmung und Wahrnehmungsforschung

Mit der Wahrnehmung fängt alles an

Ein ordentliches Lehrbuch der Psychologie, das auf Systematik hält, beginnt *natürlich* mit einem Kapitel über Wahrnehmung. So unterschiedlich Einteilung und systematischer Zusammenhang der übrigen psychischen Funktionen auch gesehen werden mögen – daß die Wahrnehmung zuerst kommt, gilt als selbstverständlich. Noch prominenter ist die Rolle der Wahrnehmung in vielen älteren Gesamtdarstellungen der Psychologie. In WUNDTs berühmtem Hauptwerk, den zuletzt dreibändigen «Grundzügen der Physiologischen Psychologie», steht die Behandlung von Fragen der Wahrnehmung nicht nur am Anfang, sondern nimmt zwei der drei Bände voll für sich in Anspruch.

Zum einen hat der besondere Status der Wahrnehmung *historische Gründe.* Wahrnehmungspsychologie war dasjenige Forschungsfeld, auf dem um die Mitte des vergangenen Jahrhunderts die ersten Schritte zur Etablierung einer selbständigen wissenschaftlichen Psychologie erfolgten. Eine entscheidende Voraussetzung für diesen Prozeß war die Entwicklung eigenständiger experimenteller Methoden. Die Bedeutung dieser Methoden bestand vor allem darin, daß sie es gestatteten, eine experimentelle Wahrnehmungslehre zu begründen, die neben (und unabhängig von) den metaphysischen und erkenntnistheoretischen Prinzipienfragen der philosophischen Wahrnehmungslehre Bestand hatte. Über einige Jahrzehnte hinweg war das Feld der Wahrnehmung das einzige Teilgebiet der Psychologie, das sich in dieser Form von der Philosophie abgesetzt hatte. Dies begründet seine historische Prominenz.

In erster Linie sind es jedoch *systematische Gründe,* die es vernünftig erscheinen lassen, die Betrachtung der Wahrnehmungsfunktion an den Anfang zu stellen. Ist es nicht natürlich, mit derjenigen Funktion zu beginnen, durch die – um es vereinfacht zu sagen – die objektive Außenwelt Zugang zur subjektiven Innenwelt erhält? Fängt also nicht alle psychische Aktivität mit der Wahrnehmung an? Dies ist in der Tat eine Überzeugung, die für große Teile der modernen Psychologie charakteristisch ist. Sie wurzelt in der erkenntnistheoretischen Grundannahme, daß alle Inhalte menschlicher Erkenntnis direkt oder indirekt der sinnlichen Erfahrung entstammen, d.h. letztlich durch Wahrnehmungsprozesse vermittelt sind. Nach dieser Auffassung bildet die Wahrnehmung nicht nur den zeitlichen Anfang aller psychischen Aktivitäten, sondern sie liefert auch die inhaltliche Grundlage, auf der alle anderen psychischen Funktionen aufbauen: Denken, Wollen, Fühlen und Handeln setzen die Wahrnehmung voraus; die Wahrnehmung scheint dagegen diese Funktionen nicht in gleichem Maße vorauszusetzen. Diese überkommene Auffassung begründet die systematische Prominenz der Wahrnehmungsfunktion.

Sprachen der Wahrnehmungsforschung

Trotz ihres relativ hohen Alters ist die Wahrnehmungspsychologie bis heute nicht zu einem systematisch geschlossenen Wissensgebiet zusammengewachsen. Das ist zwar nicht unbedingt verwunderlich, denn wesentlich anders ist die Lage in keinem Teilgebiet der Psychologie. Trotzdem ist die Situation auf dem Gebiet der Wahrnehmungspsychologie besonders schwierig. Denn hier wird die Vielfalt der Fragestellungen und der Forschungsansätze noch dadurch verstärkt, daß an der Untersuchung von Wahrnehmungsprozessen verschiedene Disziplinen mit verschiedenen Gegenstandsbereichen, Methoden und theoretischen Traditionen beteiligt sind. Wahrnehmungsforschung kann in mindestens drei «Sprachen» betrieben werden, die nicht ohne weiteres ineinander übersetzt werden können:

- in der Sprache der Phänomendeskription – d.h. durch Beschreibung der Eigenschaften von Wahrnehmungsinhalten;
- in der Sprache der Physiologie – d.h. durch Beschreibung von Erregungsprozessen an Sinnesorganen und im Zentralnervensystem, besonders im Gehirn;

– in der Sprache der Verhaltensdeskription – d.h. durch Beschreibung des Verhaltens von Lebewesen.

Angesichts dieser Situation hat die Wahrnehmungspsychologie zwei Möglichkeiten. Entweder schränkt sie ihr Selbstverständnis auf eine einzige der drei Sprachebenen ein. Das ist in der Geschichte der Wahrnehmungspsychologie verschiedentlich geschehen. Die Gestaltpsychologie legte sich z.B. auf die Phänomendeskription fest, die behavioristischen Ansätze auf die Verhaltensdeskription. Oder sie operiert auf zwei oder auf allen drei Ebenen gleichzeitig. WUNDTS Kombination von Physiologie und Phänomendeskription (z.B. WUNDT, 1897) oder LASHLEYS Kombination von Physiologie und Verhaltensdeskription (z.B. LASHLEY, 1929) sind historische Beispiele.
Wie müssen Theorien beschaffen sein, die für sich in Anspruch nehmen, Sachverhalte aus mehreren Beobachtungssprachen zu erklären? Eine Möglichkeit besteht darin, daß neben den Beobachtungssprachen eine neutrale theoretische Sprache entwickelt wird, die in die beteiligten Beobachtungssprachen übersetzt werden kann. Die Geschichte der Wahrnehmungspsychologie kennt verschiedene Versuche zur Entwicklung einer solchen theoretischen Sprache. Der jüngste dieser Versuche ist eng mit dem gegenwärtig weitverbreiteten Ansatz verbunden, Wahrnehmungsprozesse als Prozesse der Informationsverarbeitung aufzufassen (HABER, 1969, 1974; MARR, 1982, Kap.1; NEISSER, 1967, Kap.1). Kerngedanke dieses Ansatzes ist die Idee, daß Wahrnehmungsprozesse als Prozesse der Aufnahme und stufenweisen Weiterverarbeitung von Information nach vorgegebenen Regeln verstanden werden können – analog den Vorgängen in einem Computer bei der Abwicklung eines Programms, durch die eine gegebene Eingangsinformation (Input) schrittweise nach festgelegten Regeln (Programm) in Ausgangsinformation überführt wird (Output). Nach diesem Ansatz besteht die Aufgabe der wahrnehmungspsychologischen Forschung darin, die formale Struktur der Programme herauszufinden, durch die im Wahrnehmungsprozeß die Reizinformation (Input) in Wahrnehmungsinhalte und/oder perzeptiv gesteuerte Handlungen (Output) umgesetzt wird, und schließlich diese formalen Operationen (Software) zu den physiologischen Mechanismen in Beziehung zu setzen, durch die sie materiell realisiert werden (Hardware).

Ein allgemeiner Rahmen und eine neutrale Definition

Nach diesen einleitenden Bemerkungen zur Lage der Wahrnehmungspsychologie wenden wir uns jetzt der Wahrnehmung selbst zu. Was

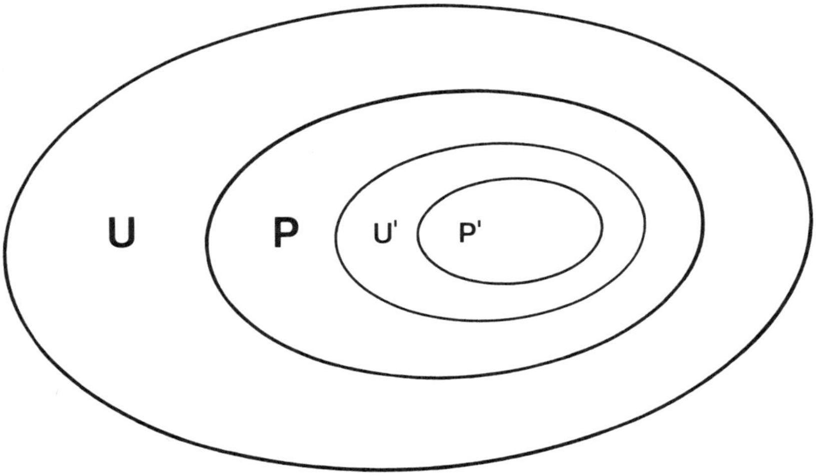

Abbildung 1: Schema zur Erläuterung des Zusammenhangs verschiedener am Wahrnehmungsvorgang beteiligter Instanzen. U: Umgebung; P: Person; U' bzw. P': Repräsentation von U bzw. P. Nähere Erläuterung im Text.

wird eigentlich unter diesem Begriff verstanden?

In Abbildung 1 ist ein allgemeines Rahmenschema skizziert, dessen wir uns zur Beantwortung dieser Frage bedienen können: Betrachtet wird eine Person P, die in der Umgebung U tätig ist. Für die umgebungsgerechte Steuerung der Tätigkeit von P wird innerhalb von P eine selektive Repräsentation des Systems U/P aufgebaut und laufend aktualisiert (U'/P'). Selektiv ist diese Repräsentation insofern, als sie nicht alle beliebigen Eigenschaften von U/P abbildet, sondern nur solche, die für die Tätigkeitssteuerung von P benötigt werden. In diesem Rahmen läßt sich der Begriff der Wahrnehmung relativ einfach wie folgt bestimmen: Unter Wahrnehmung wird die Gesamtheit der Prozesse verstanden, durch die auf der Grundlage von Information über den Zustand des Systems U/P eine Repräsentation U'/P' aufgebaut und laufend aktualisiert wird.

Einige Implikationen dieses allgemeinen theoretischen Rahmens und dieser allgemeinen Begriffsbestimmung treten deutlicher hervor, wenn man sie aus der Perspektive der drei Beobachtungs- und Sprachebenen betrachtet. Besonders erstaunlich ist dieser Rahmen aus der Perspektive der *Phänomendeskription*. Die Phänomendeskription kennt weder Prozesse noch Repräsentationen, noch kennt sie Information. Sie kennt nichts anderes als die Inhalte der Wahrnehmung, die sie keineswegs als Repräsentationen von irgendetwas anderem oder gar als Produkte von Verarbeitungsprozessen begreift.

Diese Bezugslosigkeit der Wahrnehmungsinhalte kommt auch darin zum Ausdruck, daß die phänomenale Welt (die in der Skizze dem Teilsystem U'/P' entspricht) keine Kenntnis davon hat und haben kann, daß sie auf Prozessen innerhalb von (nämlich im Kopf von) P beruht. Phänomenal existiert nur ein einziges U/P-System, das keine Kenntnis von seinem Status als Repräsentation hat: da die Kopie das Original nicht kennt, kann sie nicht wissen, daß sie eine Kopie ist. Jedenfalls ist – das zeigt diese Überlegung – die Perspektive der Phänomendeskription nur auf einen Teilbereich des Rahmenschemas begrenzt.

Deutlich umfassender ist die Perspektive der *Neurophysiologie*: sie interpretiert die Prozesse im Subsystem U'/P' als Erregungsmuster im Gehirn des Organismus P. Dieses Erregungsmuster ist unmittelbar durch Erregungsprozesse an Sinnesorganen in der Körperperipherie von P vermittelt, die ihrerseits durch andere Prozesse in der Außenwelt oder der Körperperipherie verursacht sind. Auch die physiologische Perspektive weiß – für sich genommen – nichts davon, daß die Erregungsprozesse, die sie untersucht, den Status von Trägerprozessen anschaulicher Repräsentationen von Zustandseigenschaften von U und P haben. Was sie weiß, ist lediglich, daß zum einen die Prozesse im Gehirn über Prozesse in Sinnesorganen vermittelt und durch äußere Einwirkungen auf diese Sinnesorgane verursacht sind und daß zum anderen zwischen der Beschaffenheit dieser äußeren Einwirkungen und der Beschaffenheit der zentralen Erregungsprozesse bestimmte korrelative Verknüpfungen bestehen.

Noch umfassender ist die Perspektive der *Verhaltensdeskription*. Aus dieser Perspektive wird P nicht nur als wahrnehmender Beobachter betrachtet, sondern auch als handelnde Person. Zu dem postulierten Repräsentationssystem U'/P' hat allerdings die Verhaltensbeschreibung keinen direkten Zugang. Vielmehr hat dieses Teilsystem aus dieser Sicht den Status eines hypothetischen Konstrukts. Die Beobachtung, daß P sich umgebungsgerecht bewegt und umgebungsgerecht handelt, legt die Annahme nahe, daß seine Aktivität durch eine Repräsentation von U und P gesteuert wird, die zumindest die handlungsrelevanten Aspekte hinreichend genau abbildet. Entsprechendes gilt für die Informationsverarbeitungsprozesse, die diese Repräsentationen aufbauen und aufrechterhalten: aus der Sicht der Verhaltensdeskription können sie nicht beobachtet, sondern nur erschlossen werden.

Die methodischen Ansätze der Phänomendeskription, der Neurophysiologie und der Verhaltensbeschreibung können somit als spezifische Interpretationen spezifischer Teile des Schemas in Abbildung 1 aufgefaßt werden. Einerseits gestattet das Schema eine Integration der drei Perspektiven, andererseits ist es aber trotzdem nicht trivial, weil es über das hinausgeht, was aus jeder einzelnen Perspektive unmittelbar sichtbar wird.

Zwei weitere Eigenschaften dieses Schemas, die die allgemeine Philosophie hinter dem gegenwärtigen Ansatz charakterisieren, sollen zumindest erwähnt werden: es ist *realistisch* und es ist *funktionalistisch*. Realistisch ist es, weil es annimmt, daß unsere Wahrnehmungsinhalte (U'/P') den Status von Repräsentationen von bewußtseinsunabhängig und real existierenden Sachverhalten (U/P) haben. Funktionalistisch ist es deshalb, weil es zum einen die Prozesse der Wahrnehmung in den Vordergrund stellt (und nicht die Inhalte der Wahrnehmung) und weil es zum anderen die Leistungen dieser Prozesse im Dienste der Tätigkeitssteuerung betont. Eine weiterführende Diskussion dieser Fragen findet sich bei BISCHOF (1966) und PRINZ (1983, Kap. 1).

1.2 Prinzipien-Fragen im Vorfeld

Bevor wir uns der Wahrnehmungsforschung selbst zuwenden, ist es zweckmäßig, zumindest einen kurzen Blick auf einige Prinzipien-Fragen zu werfen, deren Diskussion historisch zur Konstituierung der Wahrnehmungspsychologie beigetragen hat. Diese Fragen sind aber nicht nur von wissenschaftsgeschichtlichem Interesse, sondern sie berühren ganz allgemein das Verständnis der systematischen Grundlagen von Wahrnehmung und Wahrnehmungsforschung.

Identität und Repräsentation

> Dem Menschen, der unbefangen um sich schaut, kommen seine eigenen Augen wie eine Art Fenster vor. Öffnet er die Vorhänge, die Lider, so «ist» da draußen die sichtbare Welt der Dinge und der anderen Wesen. Nichts könnte den Verdacht erwecken, daß irgendeine der daran erkennbaren Eigenschaften ihren Ursprung im Betrachter habe oder auch nur von seiner Natur mitbestimmt sei ...

Mit diesen Worten charakterisiert METZGER (1975, S. 15) das, was er als die Alltags-Ansicht vom Sehen bezeichnet. Sehen – allgemeiner: Wahrnehmen – verstehen wir im täglichen Leben als einen Vorgang bzw. Zustand, durch den bzw. in dem wir zu der uns umgebenden Wirklichkeit in unmittelbaren Kontakt treten bzw. stehen. Die Inhalte unserer Wahrnehmung fallen nach dieser Überzeugung mit den Bestandteilen der Umgebung zusammen: Wir sehen das, was ist, und wir sehen es so wie es ist. Auch ist das Sehen nach dieser Ansicht keineswegs eine aktive Tätigkeit des Beobachters, sondern ein passives Hinnehmen des jeweiligen Wirklichkeitsausschnittes. Wahr-nehmen heißt: die Wirklichkeit unverfälscht an sich herankommen lassen.

Dieses Verständnis von Wahrnehmung teilen wir alle im täglichen Leben – glücklicherweise auch dann noch, wenn wir längst wissen, daß es völlig unzulänglich ist. Immerhin ist diese naive Identitätslehre, die den Inhalt der Wahrnehmung mit der Wirklichkeit ineins setzt, die Ursache der Probleme, auf die man stößt, wenn man versucht, Laien zu erläutern, womit sich die Wahrnehmungspsychologie beschäftigt. Gelingen kann diese Erläuterung nur dann, wenn überzeugende Gründe für die Unterscheidung zwischen objektivem und subjektivem Sachverhalt (d.h. zwischen U und U' bzw. P und P') geltend gemacht werden.

Ein derartiger Grund ist der Hinweis auf Wahrnehmungstäuschungen (vgl. Abb. 2):

> Von den unmittelbaren Gegebenheiten der gewöhnlichen Wahrnehmung pflegen wir zu sagen, daß sie uns bisweilen täuschen. Wir bemerken z.B., daß uns eine Strecke in großer Entfernung oder in ein bestimmtes Muster eingebaut «kleiner erscheint, als sie in Wirklichkeit ist». Es gibt also offenbar eine Instanz, die wir als maßgeblicher ansehen als die unmittelbaren Gegebenheiten der Wahrnehmung ... Wir finden sie leicht, wenn wir uns vergegenwärtigen, wie wir Täuschungen festzustellen pflegen ... Ihre Entdeckung und ihr Nachweis erfolgt dadurch, daß wir die Länge der in Frage stehenden körperlichen Ausdehnung (Strich, Kante oder dergleichen) messen. Unter der wirklichen Länge der Strecke pflegen wir im täglichen Leben dann nichts anderes zu verstehen als ihre gemessene Länge. Die Täuschung besteht dann darin, daß wir aufgrund unseres unmittelbaren Eindruckes allein ein anderes Messungsergebnis erwarten müßten als sich nachträglich ergibt (BRUNSWIK, 1934, S. 2).

Die Beobachtung, daß die Wahrnehmung täu-

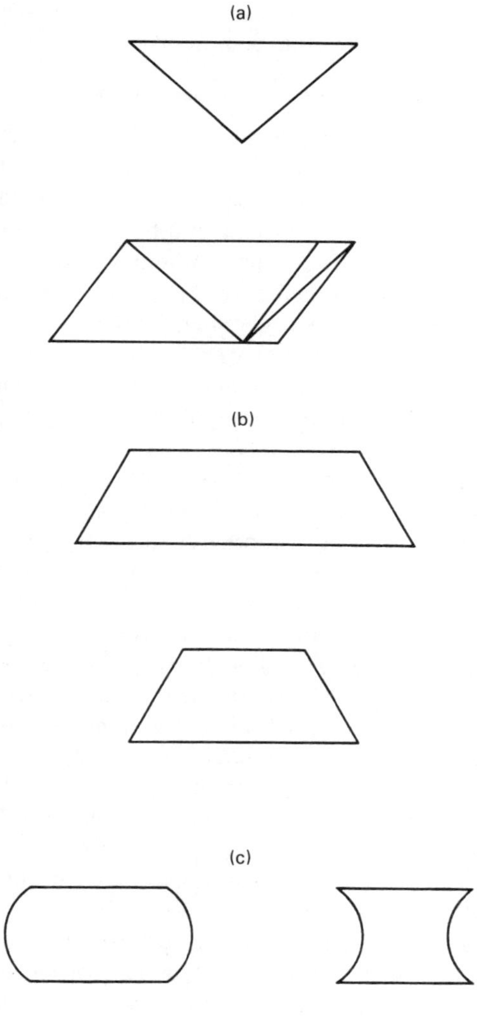

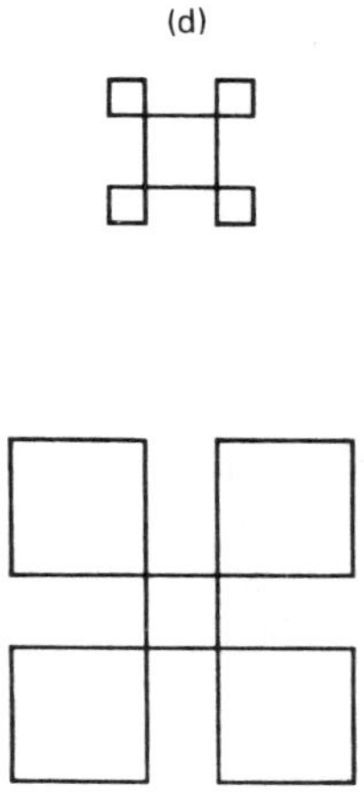

Abbildung 2: Einige Beispiele für Wahrnehmungstäuschungen

(a) Das SANDERsche Parallelogramm. Die untere Figur enthält dasselbe gleichschenkelige Dreieck, das in der oberen Figur für sich zu sehen ist. Durch die Einbettung in das Parallelogramm erscheinen die Schenkel unterschiedlich lang.
(b) Die obere Seite des großen Trapezes ist genauso lang wie die untere Seite des kleinen.
(c) Die waagerechten Linien sind in beiden Figuren gleich lang.
(d) Die Quadrate in der Mitte beider Figuren sind gleich groß.

schen kann, ist eine alte, vorwissenschaftliche Grunderfahrung, die seit der Antike die wahrnehmungs- und erkenntnistheoretische Diskussion beeinflußt hat. Daß die Sinne täuschen, führt vor Augen, daß die naive Identitätskonzeption der Wahrnehmung nicht haltbar ist. An ihre Stelle muß jetzt eine Auffassung treten, die zwischen objektiven (physischen) Gegenständen und subjektiven (psychischen) Gegebenheiten – zwischen U/P und U'/P' – unterscheidet (Terminologie nach BRUNSWIK). Damit ist die Frage nach der Beziehung zwischen diesen beiden Sachverhalten und nach den Prozessen, die diese Beziehung vermitteln, in die Welt gesetzt: Welches ist die Natur der Zuordnungsbeziehung zwischen Gegenständen und Gegebenheiten? Allgemeiner formuliert: wie funktionieren die Wahrnehmungsprozesse und was leisten sie?

Quaestio iuris und quaestio facti

Die philosophische Erkenntnistheorie hat sich seit jeher vorrangig für die Frage nach der Erkenntnisleistung der Wahrnehmung interessiert, d.h. für die Frage, ob und in welchem Sinne die Inhalte unserer Wahrnehmung (U'/P') wahrheitsgetreue Auskunft über die Beschaffenheit der Welt an sich (U/P) geben. Sind Dinge, die rot aussehen, wirklich an und für sich rot? Ist der Raum, der mich umgibt, an und für sich ein dreidimensionales Medium? Derartige Prinzipienfragen lassen sich mit empirischen Methoden nicht entscheiden. Denn empirische Methoden – auch die indirektesten Formen der Messung – beruhen stets auf (hochgradig selektiven) Wahrnehmungsvorgängen und können deshalb *per definitionem* keine Aufschlüsse über Existenz und Beschaffenheit der Wirklichkeit an sich liefern. Daher kann die Frage nach dem Wahrheitsgehalt der Wahrnehmungserkenntnis durch empirische Wahrnehmungsforschung nicht beantwortet werden. Sie bleibt – wenn man sie überhaupt weiter stellen will – ein Problem der philosophischen Erkenntniskritik.

Solange in der Philosophie der Neuzeit bei der erkenntnistheoretischen Erörterung von Problemen der Wahrnehmung die Frage nach dem Wahrheitsgehalt der Wahrnehmungserkenntnis im Mittelpunkt stand, war daher kein Raum für Ansätze zur empirischen Untersuchung von Wahrnehmungsprozessen. Ironischerweise hat ausgerechnet KANT einen entscheidenden Beitrag dazu gleistet, daß diese Situation überwunden werden konnte. Dies geschah nicht etwa im Rahmen einer Würdigung des Wertes empirischer Untersuchungen über den Wahrnehmungsvorgang, sondern – im Gegenteil – im Zusammenhang mit einer kritischen Auseinandersetzung mit solchen Autoren, die nach KANTS Auffassung in unzulässiger Weise die erkenntnistheoretische Frage nach der Rechtmäßigkeit der Inhalte der Wahrnehmungserkenntnis *(quaestio iuris)* mit der empirisch-psychologischen Frage nach den Tatsachen der Prozesse vermischt hatten, in denen diese Inhalte entstehen *(quaestio facti)*. Explizit zielte diese Unterscheidung darauf, die prinzipielle Unabhängigkeit der *quaestio iuris* von der *quaestio facti* herauszuarbeiten und gegen die Vermischung dieser beiden Fragen zu polemisieren (KANT, 1787, S. 116/117, S. 127/128). Implizit wies sie aber auch auf die umgekehrte Unabhängigkeit hin: auf die Möglichkeit einer von den einschlägigen erkenntnistheoretischen Streitfragen völlig unabhängigen empirischen Erforschung der zugrundeliegenden Prozesse – also auf die Möglichkeit einer erkenntnistheoretisch unbelasteten empirischen Wahrnehmungsforschung. Ohne daß es seine Absicht war, hat KANT mit der deutlichen Trennung der beiden Problembereiche mit dazu beigetragen, den Boden für einen derartigen Forschungsansatz vorzubereiten.

Innenstandpunkt und Außenstandpunkt

Neben der erkenntnistheoretischen Hypothek, die sich aus der Frage nach dem Wahrheitsgehalt der Wahrnehmung ergibt, lastete lange Zeit noch schwerer die metaphysische Hypothek der Frage nach dem Zusammenhang zwischen Leib und Seele auf dem Begriff der Wahrnehmung. Erst als es gelang, ihn von der Last auch dieser Hypothek zu befreien, wurde endgültig der Weg frei für eine weitgehend unvorbelastete experimentelle Wahrnehmungspsychologie.

Die Repräsentationstheorie der Wahrnehmung behauptet, daß die Wahrnehmungsinhalte zu den Gegenständen der objektiven Umgebung in einem irgendwie gearteten Repräsentationsverhältnis stehen, das durch hirnphysiologische Prozesse vermittelt wird. Wie aber soll man sich den Zusammenhang zwischen physischen (nämlich physiologischen) und psychischen (nämlich bewußten) Vorgängen vorstellen? Wie hängen die körperlichen Prozesse und die gleichzeitig ablaufenden Bewußtseinsprozesse miteinander zusammen? Wie können sie sich angesichts ihrer prinzipiellen Unvergleichbarkeit (Inkommensurabilität) gegenseitig beeinflussen?

Die Metaphysik der Neuzeit hatte auf diese Fragen zwei charakteristische Antworten entwickelt: monistische und dualistische Systeme. Die monistischen Systeme bestreiten, daß Physisches und Psychisches substantiell verschieden sind. Alles was existiert ist substantiell einheitlich (seinem Wesen nach entweder materieller oder spiritueller oder göttlicher Natur), aber ein und derselbe substantielle Sachverhalt kann in verschiedenen Formen in Erscheinung treten (z. B. als physischer Prozeß und als psychisches Phänomen). Inkommensurabilität besteht demnach nur zwischen den Erscheinungsformen, nicht im Wesen der erscheinenden Sachverhalte. Eine derartige Trennung zwischen Wesen und Erscheinung ist für alle monistischen Systeme charakteristisch.

Die dualistischen Systeme halten an der Lehre von der substantiellen Verschiedenheit von Physischem und Psychischem fest. Entweder nehmen sie an, daß ein gewisses Maß an gegenseitiger Beeinflussung der beiden Substanzen möglich ist (Interaktionismus), oder sie lehnen diesen Gedanken ab und postulieren stattdessen eine prästabilisierte Harmonie zwischen Psychischem und Physischem, die dafür sorgt, daß die beiden substantiell verschiedenen Prozesse stets parallel verlaufen (Parallelismus).

Spekulative Systeme wie diese bieten ungünstige Voraussetzungen für empirische Forschung, weil sie auf unbeweisbaren Annahmen beruhen. Empirische Wahrnehmungsforschung ist auf eine Ausgangsposition angewiesen, die diese beiden beteiligten Erscheinungsreihen so nimmt, wie sie sind und auf Vor-Annahmen über ihr wahres Wesen verzichtet. Eine solche Position ist erstmals von FECHNER formuliert worden:

> Das Sonnensystem bietet von der Sonne aus einen ganz anderen Anblick dar als von der Erde aus. Dort ist es die Kopernikanische, hier die Ptolemäische Welt. Es wird in aller Zeit für denselben Beobachter unmöglich bleiben, beide Weltsysteme zusammen zu beobachten, ungeachtet beide ganz untrennbar zusammen gehören, und ebenso wie die konkave und konvexe Seite des Kreises im Grunde nur zwei verschiedene Erscheinungsweisen derselben Sache von verschiedenem Standpunkte sind ... Die ganze Welt besteht aus solchen Beispielen, die uns beweisen, daß das, was in der Sache eins ist, von zweierlei Standpunkten als zweierlei erscheint, und man nicht vom einen Standpunkte dasselbe als vom anderen haben kann ... Was dir auf innerem Standpunkte als dein Geist erscheint, der du selbst dieser Geist bist, erscheint auf äußerem Standpunkte dagegen als dieses Geistes körperliche Unterlage. Es ist ein Unterschied, ob man mit dem Gehirne denkt oder in das Gehirn des Denkenden hineinsieht. Da erscheint ganz Verschiedenes; aber der Standpunkt ist auch ganz verschieden, dort ein innerer, dort ein äußerer; unsagbar verschiedener sogar, als in vorigen Beispielen, und darum eben der Unterschied der Erscheinungsweisen unsagbar größer (FECHNER, 1860, S. 3/4).

Diese Position wird häufig als *erkenntnistheoretischer Parallelismus* gekennzeichnet. Erkenntnistheoretisch (und nicht metaphysisch) ist dieser Parallelismus, weil er die Dualität der Erscheinungen nicht auf eine Dualität in der Natur des Erkenntnisgegenstandes zurückführt, sondern auf eine Dualität der Standpunkte des erkennenden Subjekts. Wenn sich zeigt, daß die Beobachtungen, die von diesen beiden Standpunkten aus gemacht werden, stets eng miteinander korrelieren, ist es naheliegend, anzunehmen, daß ihnen ein und derselbe Sachverhalt zugrundeliegt. Diese Annahme hat jetzt jedoch nicht den Status einer metaphysischen Voraussetzung, sondern einer empirisch begründeten Arbeitshypothese.

Mit der Formulierung dieser methodologischen Position durch FECHNER ist die Vorgeschichte der Wahrnehmungspsychologie abgeschlossen, und ihre eigentliche Geschichte beginnt sich auf dem Boden dieser Position zu entwickeln. In ihren wesentlichen Grundzügen ist FECHNERS Position auch heute noch gültig. Die moderne Variante seines methodologischen Parallelismus haben wir bereits bei der Erörterung der drei Beobachtungssprachen kennengelernt: FECHNERS Beobachtungsstandpunkte sind mit unterschiedlichen Beobachtungssprachen verbunden; die Inkommensurabilität der Standpunkte schlägt sich in der Unübersetzbarkeit der Sprachen nieder.

1.3 Forschungstraditionen im Überblick

Die folgenden Abschnitte geben einen Überblick über wichtige problemgeschichtliche Entwicklungsstationen, die die Wahrnehmungspsychologie seit ihrer Trennung von der Philosophie durchlaufen hat. Dabei unterscheiden wir zwei breite problemgeschichtliche Traditionen: eine klassische Tradition, die zwischen 1860 und 1870 durch die frühen Hauptwerke der Gründungsväter der experimentellen Wahrnehmungspsychologie eröffnet wurde (FECHNER, 1860; HELMHOLTZ, 1866; WUNDT, 1862) und eine sehr viel jüngere, systematisch weniger geschlossene Tradition, die viele Väter hat und die zwischen 1950 und 1960 mit einer Veränderung der Frageperspektiven begann, die damals als New Look der Wahrnehmungsforschung bezeichnet wurde. Beide Traditionen existieren heute nebeneinander.

Die *klassische Tradition* der Wahrnehmungsforschung (Abschnitt 2) stellt die Abhängigkeit des Wahrnehmungsinhalts von der jeweils verfügbaren Reizinformation in den Mittelpunkt des Interesses. Wie hängen die Wahrnehmungsinhalte von den zugrundeliegenden Reizverhältnissen ab? Da im Rahmen dieser Tradition in erster Linie solche Eigenschaften der psychischen Gegebenheiten thematisiert werden, die auf korrespondierenden physischen Merkmalen der Reizstruktur beruhen, kann dieser Ansatz auch als die Tradition der *Psychophysischen Wahrnehmungsforschung* bezeichnet werden.

Im einfachsten Fall wird die psychophysische Beziehung als eine relativ einfache und monotone *dimensionale Transformation* aufgefaßt, durch die eine gegebene physische Dimension auf eine ihr entsprechende psychische Dimension abgebildet wird. Dies war die ursprüngliche Anschauung der älteren, durch FECHNER und WUNDT begründeten Psychophysik; auch heute noch ist sie in mancher psychophysischen Theorie implizit lebendig. Eine andere, spätere Interpretation faßt demgegenüber die psychophysische Beziehung als einen Vorgang vom Typus der *strukturellen Organisation* des Reizmaterials nach bestimmten ganzheitlichen Organisationsprinzipien auf. Diese Anschauung ist von der Schule der Gestalttheorie begründet worden. Über die Konzeption der dimensionalen Abbildung geht sie hinaus, weil sie im Wahrnehmungsvorgang nicht die Erstellung einer reproduktiven Kopie der Reizinformation sieht, sondern einen produktiven Prozeß, dessen Ergebnis auch Eigenschaften enthält, die nicht unmittelbar aus der Reizinformation ableitbar sind. Noch weiter entfernt sich die Auffassung der Wahrnehmung als *korrelative Repräsentation* von der einfachen Abbildungstheorie. Nach dieser Anschauung, die ihre historische Wurzel in der von HELMHOLTZ formulierten Zeichentheorie der Wahrnehmung hat, ist der Wahrnehmungsinhalt das Ergebnis von Konstruktionsprozessen, in denen Reizinformation aus verschiedenen Quellen (z.B. aus verschiedenen Sinnessystemen) miteinander verrechnet wird. Nach diesem Ansatz beruht z.B. die visuelle Wahrnehmung nicht nur auf visueller Information, sondern wird auch aus völlig andersartigen Quellen gespeist.

Die *neueren Ansätze* der Wahrnehmungsforschung (Abschnitt 3) stellen demgegenüber die Abhängigkeit des Wahrnehmungsinhalts von der jeweils verfügbaren Gedächtnisinformation in den Mittelpunkt. Damit thematisieren sie einen Aspekt der Wahrnehmung, der in den klassischen Ansätzen ausdrücklich unberücksichtigt bleibt: die Tatsache, daß die Wahrnehmung nicht nur eine psychische Repräsentation der physischen Reizstruktur erstellt, sondern stets zugleich die Bedeutung der Wahrnehmungsinhalte erschließt. Offenkundig kann die Bedeutung eines wahrgenommenen Gegenstandes nicht in gleicher Weise zur Repräsentation gelangen wie z.B. seine Farbe; die Erschließung von Bedeutung setzt Wechselwirkung zwischen verfügbarer Reizinformation und dauerhaft gespeicherter Gedächtnisinformation voraus. Forschungsansätze, die diese Wechselwirkung thematisieren, können als Ansätze *kognitiver Wahrnehmungsforschung* den Ansätzen der psychophysischen Tradition gegenübergestellt werden (PRINZ, 1983, Kap. 1).

Der erste Ansatz, der in diesen Rahmen gehört, ergibt sich aus der Einsicht, daß die Wahrnehmung von Gegenständen regelmäßig ihr «Erkennen als ...» einschließt - d.h. ihre Einordnung in eine Klasse von Gegenständen und die damit implizit verbundene Unterscheidung von anderen Gegenständen: Wahrnehmung als *Erkennen*. Eine andere Einsicht von vergleichbar grundsätzlicher Bedeutung betrifft den selektiven Charakter von Wahrnehmungsprozessen und -inhalten. Wahrnehmung funktioniert regelmäßig so, daß sie nur einen kleinen Teil des reizseitig verfügbaren Informationsangebots zur bewußten Repräsentation gelangen und/oder für die Steuerung von Handlungen wirksam werden läßt: Wahrnehmung als *Selektion*. Im Rahmen dieses zweiten Ansatzes wird vor allem untersucht, nach welchen Kriterien und durch welche Prozesse diese Selektion vorgenommen wird.

Ist eine *Integration der verschiedenen Perspektiven* möglich? Zum Abschluß skizzieren wir die Konturen einer integrativen Theorie, die die Wahrnehmungsfunktion als *Instrument der Tätigkeitssteuerung* auffaßt und ihre verschiedenen Leistungen aus dieser Funktion heraus im Zusammenhang erklärt. Diese Konzeption betrachtet die Wahrnehmung keineswegs nur als Anfangsglied, sondern auch als Zwischen-oder Endglied im zeitlichen und kausalen Ablauf umfassender psychischer Prozeßzusammenhänge.

2. Psychophysische Wahrnehmungsforschung

Die Forschungsansätze, die wir in diesem Abschnitt betrachten, haben folgende Gemeinsamkeit: Sie nehmen an, daß der Wahrnehmungsprozeß mit der Applikation eines Reizes beginnt (nicht nur im zeitlichen, sondern auch im ursächlichen Sinne) und daß die eigentliche Leistung des Wahrnehmungsprozesses in der Transformation des (physisch bzw. physiologisch zu beschreibenden) Reizes in einen (psychisch bzw. phänomenanalytisch zu beschreibenden) Wahrnehmungsinhalt besteht. In einer einfachen Metapher könnte man sagen: Der Wahrnehmungsapparat wird als eine Maschine betrachtet, die aus (physischem) Rohmaterial ein (psychisches) Produkt fertigt. Die Ansätze unterscheiden sich jedoch in der Komplexität der Transformationsregeln, die sie für eine angemessene Beschreibung des psychophysischen Zusammenhangs für erforderlich halten.

2.1 Wahrnehmung als dimensionale Transformation

In der Auffassung der Wahrnehmung als dimensionaler Abbildung kommt die Überzeugung zum Ausdruck, daß die Wahrnehmungsinhalte zwar keineswegs mit der wahrgenommenen Wirklichkeit identisch sind, aber zu ihr doch in einem engen Ähnlichkeitsverhältnis stehen. Produkt und Rohmaterial sind einander derart ähnlich, daß der zwischen ihnen liegende Verarbeitungsprozeß durch relativ einfache Transformationsgleichungen beschrieben werden kann.

Dimensionale Psychophysik

Thema der klassischen (dimensionalen) Psychophysik ist die Frage, wie die «objektiven» physikalischen Dimensionen und die ihnen entsprechenden «subjektiven» Dimensionen empirisch miteinander zusammenhängen: Wie ändert sich die sichtbare Größe von Gegenständen, wenn man ihre objektive Größe verändert? Wie hängen wahrgenommenes und tatsächliches Gewicht von Gegenständen miteinander zusammen? Welche Beziehung besteht zwischen objektiver und subjektiver Umgebungstemperatur? Fragen wie diese sind charakteristisch für den Ansatz der klassischen Psychophysik. Ausgangspunkt der Betrachtung sind einzelne physikalische Dimensionen, und gefragt ist nach ihrer Abbildung in der Anschauung des Betrachters. Zweierlei ist an diesem Frageansatz bemerkenswert: zum einen, daß das Wahrnehmungsproblem von der Reizseite aufgerollt wird (Gegeben dieser und jener Reiz – wie sind die korrespondierenden anschaulichen Phänomene?) und zum anderen, daß es auf die Frage der Abbildung einzelner Dimensionen reduziert ist. Wir werden im weiteren sehen, daß spätere Ansätze diese beiden Punkte kritisieren.

Der Ursprung der Psychophysik geht der Sache und dem Namen nach auf GUSTAV THEODOR FECHNER zurück, der 1860 ein zweibändiges Werk mit dem Titel «Elemente der Psychophysik» vorlegte, dessen Erscheinungsdatum seither als die Geburtsstunde der experimentellen Psychologie gilt. FECHNERs Interesse an der empirischen Untersuchung psycho-physischer Zusammenhänge war in erster Linie durch seine ausgiebige Beschäftigung mit den metaphysischen Fragen des Leib-Seele-Zusammenhangs motiviert. Das bedeutet aber nicht, daß er die empirische Psychophysik für die Rechtfertigung oder Zurückweisung bestimmter metaphysischer Auffassungen in Dienst nehmen wollte. Der Psychophysik geht es vielmehr nur um die Erscheinungsseite der psychophysischen Beziehungen – nicht um ihr Wesen: «Ohne Rücksicht auf die metaphysischen Gesichtspunkte ..., welche sich vielmehr auf das sogenannte Wesen als die Erscheinung beziehen, versucht die Psychophysik, die tatsächlichen funktionellen Beziehungen zwischen den Erscheinungsgebieten von Körper und Seele möglichst genau festzuhalten» (FECHNER, 1860, Kap. II).

Das Gesamtprogramm der Psychophysik teilt sich nach FECHNER in innere und äußere Psychophysik. Innere Psychophysik ist die Lehre von der Beziehung zwischen den Wahrnehmungsinhalten auf der psychischen und den ihnen unmittelbar zugrundeliegenden hirnphysiologischen Prozessen auf der physischen Seite. Innere Psychophysik ist demnach das direkte empirische Gegenstück zur Leib-Seele-Metaphysik. Die Idee der inneren Psychophysik war allerdings zu FECHNERS Zeit praktisch nicht realisierbar: man konnte bei einer Versuchsperson (Vp), die gerade die Länge einer Strecke oder die Temperatur einer Flüssigkeit beurteilt, nicht gleichzeitig die diesem Urteil zugrundeliegenden hirnphysiologischen Prozesse registrieren. Da sich trotz enormer Entwicklungen auf dem Gebiet der hirnphysiologischen Methoden die Lage in dieser Hinsicht auch heute noch nicht prinzipiell geändert hat, müssen wir – mit FECHNER – von der schönen Idee einer inneren Psychophysik Abschied nehmen und innere durch äußere Psychophysik ersetzen.

Da nämlich – so FECHNERS Argument – die unzugänglichen hirnphysiologischen Prozesse, die die unmittelbare Grundlage der Wahrnehmungsinhalte bilden, in einem kausalen Abhängigkeitsverhältnis zu den Reizvorgängen am Sinnesorgan (dem proximalen Reiz) stehen, die ihrerseits wiederum durch Eigenschaften des jeweiligen Reizgegenstandes (des distalen Reizes) kausal determiniert sind, bietet es sich an, an die Stelle der unmittelbaren inneren Psychophysik eine mittelbare äußere Psychophysik zu setzen, die die Abhängigkeit der Wahrnehmungsinhalte von den ihnen zugrundeliegenden Reizverhältnissen untersucht (vgl. Abb. 3). Im Unterschied zu den hirnphysiologischen Prozessen sind die jeweiligen Reizverhältnisse nicht unzugänglich, sondern sie können – zumindest unter experimentell kontrollierten Bedingungen – genau beschrieben bzw. durch entsprechende Manipulation der Reizgegenstände kontrolliert werden. Eben dies ist das Programm der experimentellen Psychophysik. Sie versteht sich inzwischen längst nicht mehr als vorläufiger Ersatz für eine andere Disziplin, sondern als Forschungsansatz aus eigenem Recht.

Methoden der klassischen Psychophysik

Wie also hängt z.B. die wahrgenommene Länge von Bleistiften von ihrer tatsächlichen Länge ab? Wer diese Frage stellt, spannt ein zweidimensionales Koordinatensystem auf und sucht nach einem Kurvenzug bzw. nach einer Funktionsgleichung, die die Abhängigkeit der subjektiven von der objektiven Länge (Ordinate bzw. Abszisse) zutreffend beschreibt. Die Lösung dieses inhaltlichen Problems setzt jedoch zunächst die Lösung des methodischen Problems voraus, wie subjektive Größen überhaupt gemessen werden können. FECHNERS Überlegungen betreffen beides, den methodischen und den inhaltlichen Aspekt.

1. *Methodisches Ziel* – Das methodische Ziel, dem FECHNER sich verschrieb, betraf die Entwicklung von Prozeduren, die es gestatten sollten, die Eigenschaften wahrgenommener Gegenstände genauso präzise zu bestimmen, wie es bei Reizgegenständen ohne weiteres durch physikalische Messungen möglich ist. Daß ein Bleistift objektiv 12 cm lang ist, läßt sich sofort feststellen. Aber seine subjektive Länge läßt sich nicht ohne weiteres durch Maß und Zahl spezifizieren. Über wahrgenommene Länge verständigen wir uns im Alltagsleben durch Ausdrücke, die auf Nominal- oder Ordinalska-

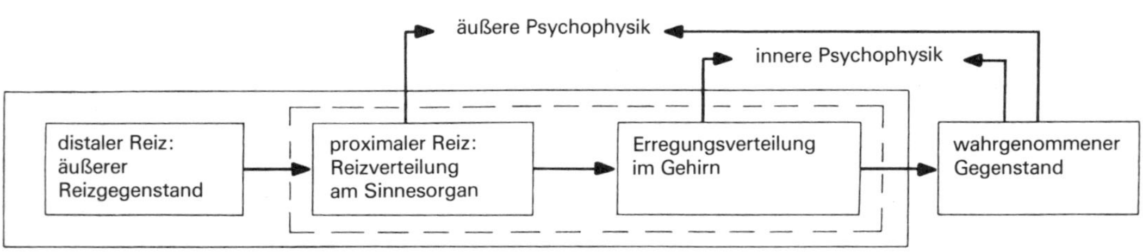

Abbildung 3: Illustration der Beziehung zwischen innerer und äußerer Psychophysik. Der gestrichelte Rahmen faßt die physiologischen Prozesse im Beobachter zusammen. Der geschlossene Rahmen kennzeichnet den physikalisch-physiologisch interpretierbaren Kausalzusammenhang.

len abgetragen werden können (ein Bleistift ist z.B. «lang», «ziemlich lang», «noch ziemlich lang», «etwas länger als mein Mittelfinger» oder dergleichen), aber nur selten durch quantitative Angaben («doppelt so lang wie dieser Stummel»). Für die Konstruktion anspruchsvoller Intervall- oder sogar Verhältnisskalen reichen derartige Angaben nicht aus. Der direkte Weg zur Messung subjektiver Größen durch Zuordnung von Zahlen zu beliebigen subjektiven Eindrücken nach Vorschrift einer reproduzierbaren Meßprozedur scheint also verschlossen zu sein.

Fechner schlug stattdessen einen indirekten Weg ein, der die Verfahrensweise bei der Erhebung von Eindrucksurteilen gewissermaßen auf den Kopf stellt. Beim Eindrucksurteil wird ein bestimmter Reiz vorgegeben, und gesucht ist nach einer möglichst genauen subjektiven Beurteilung. Bei Fechners Verfahren wird stattdessen ein bestimmter subjektiver Eindruck vorgegeben, und gesucht ist nach denjenigen Reizverhältnissen, die diesen Eindruck erzeugen. Der Trick dieser Idee liegt darin, daß für den Zweck des Messens die subjektive Dimension zur unabhängigen und die objektive zur abhängigen Variablen gemacht wird, obwohl die funktionellen Abhängigkeitsverhältnisse umgekehrt sind. Dadurch kann die (problemlose) physikalische Messung der Reizverhältnisse an die Stelle der (problematischen) psychologischen Messung der anschaulichen Verhältnisse treten. Allerdings hat der Trick auch einen Haken: er funktioniert natürlich nur dann, wenn es möglich ist, der Versuchsperson bestimmte subjektive Eindrücke wirksam vorzugeben und sie zu veranlassen, Reizbedingungen herzustellen, die diese Eindrücke erzeugen.

Fechner fand einen eleganten Weg, diese Schwierigkeit zu umgehen. Für die Konstruktion einer Verhältnisskala ist die Festlegung zweier Größen erforderlich: eines Nullpunktes und einer Maßeinheit. Für die Definition des Nullpunktes bietet sich ein einfaches und einsichtiges Kriterium an: der Nullpunkt einer psychischen Dimension soll demjenigen Reizwert auf der korrespondierenden physischen Dimension entsprechen, der mindestens hergestellt werden muß, damit – wie Fechner sich ausdrückte – eine ebenmerkliche Empfindung entsteht. Dieser kritische Schwellenwert – auch *Absolutschwelle* genannt – liegt in der Regel deutlich oberhalb des Nullpunktes der betreffenden physikalischen Dimension. Die Amplitude einer Luftdruckschwingung muß einen Wert deutlich über Null aufweisen, damit ein Ton von ebenmerklicher Lautstärke entsteht; die Größe eines visuell dargebotenen Objekts muß einen bestimmten Mindestwert aufweisen, damit es unter den jeweiligen Darbietungsbedingungen überhaupt gesehen werden kann usw. Da Amplituden- und Größenwerte unterhalb des Schwellenwertes nicht bemerkt werden, ist es zweckmäßig, die Absolutschwelle als Nullpunkt der Empfindungsstärkedimension anzusetzen.

Für die Festlegung einer Maßeinheit ist es entsprechend erforderlich, eine bestimmte Strecke auf der Empfindungsdimension durch eine korrespondierende Strecke auf der physikalischen Dimension auszudrücken. Auch hier verwendete Fechner das Kriterium der Ebenmerklichkeit: als Maßeinheit einer psychischen Dimension soll diejenige Reizwertdifferenz auf der entsprechenden physikalischen Dimension gelten, die zu einem ebenmerklichen Empfindungsunterschied führt. Auch dieser Schwellenwert – die *Unterschiedsschwelle* – hat in der Regel einen von Null deutlich verschiedenen Betrag. Damit ein Ton seine Lautstärke hörbar verändert oder ein Bleistift erkennbar kleiner ist als ein anderer, ist die Überschreitung einer bestimmten Mindestdifferenz in Amplitude bzw. Länge erforderlich; Veränderungen unterhalb dieser Mindestdifferenz werden nicht bemerkt.

Die Ebenmerklichkeit einer Empfindung ist also derjenige bestimmte subjektive Eindruck, an dem der Nullpunkt der psychischen Skala verankert wird, und die Ebenmerklichkeit eines Empfindungsunterschiedes der bestimmte Eindruck, durch den die Maßeinheit definiert wird. Wie kann man diese Schwellenwerte empirisch bestimmen? Fechner hat hierzu drei Methoden angegeben, die seit nunmehr über hundert Jahren zum eisernen Traditionsbestand experimentalpsychologischer Übungen und Praktika zählen. Das einfachste Verfahren ist die *Herstellungsmethode*. Sie setzt voraus, daß der Beobachter die in Frage stehende physische Reizdimension bequem manipulieren kann (z. B. Lautstärke von Tönen durch Drehen eines Reglers oder dergleichen). Er hat dann die Aufgabe, denjenigen Reizwert einzustellen, bei dem ein hörbarer Ton verschwindet oder ein Ton hörbar wird (im Fall der Absolutschwelle) bzw. bei dem ein Ton gleich laut ist wie ein Vergleichston (im Fall der Unterschiedsschwelle). Diese Einstellungen werden mehrfach hintereinander wiederholt, und aus der Verteilung der hergestellten Reizgrößen werden die Schwellenwerte bestimmt. Bei der *Grenzmethode* wird der Beobachter mit auf- und absteigenden Serien von Reizgrößen konfrontiert. Die Reizvorgabe erfolgt in diskreten Schritten durch den Versuchsleiter (Vl), und die Darbietung einer Serie wird abgebrochen, wenn eine definierte qualitative Veränderung des Eindrucks stattfindet (wiederum wenn ein vorher hörbarer Ton nicht mehr hörbar ist oder umgekehrt bzw. wenn Entsprechendes mit einem über- bzw. unterschwelligen Lautstärkeunterschied geschieht). Bei der *Konstanzmethode* ist schließlich das Prinzip der Darbietung in gestuften Serien aufgegeben. Dem Beobachter werden in zufälliger Reihenfolge einzelne Reize (Reizpaare) dargeboten, und er gibt an, ob er einen Reiz bzw. einen Reizunterschied bemerkt oder nicht.

Über FECHERS psychophysische Methoden existiert eine Fülle von Literatur, die im Detail zahlreiche Varianten der Durchführungstechnik wie auch der Datenauswertung diskutiert und Faustregeln dafür angibt, welches Verfahren unter welchen Bedingungen angezeigt ist. Für unseren Zusammenhang kommt es aber nicht auf die Unterschiede, sondern auf die Gemeinsamkeiten zwischen den Verfahren an: Alle Methoden sind unterschiedlich aufwendig ausgelegte Prozeduren zur Bestimmung ebenmerklicher Reizwerte bzw. Reizwertdifferenzen.

2. *Inhaltliches Ergebnis* – Das Ergebnis der Realisierung dieses methodischen Programms ist vor allem durch die Tatsache bestimmt, daß die Unterschiedsschwelle keine konstante Größe ist, sondern eine Funktion der absoluten Größe der zu vergleichenden Reize. Wenn z. B. eine Versuchsperson in einem Gewichthebeexperiment, in dem sie mit der einen Hand ein Standardgewicht und mit der anderen Hand ein Vergleichsgewicht hebt, zu einem Standardgewicht von 500 p ein Vergleichsgewicht von mindestens 515 p benötigt, damit sie einen Gewichtsunterschied bemerkt (Betrag der Unterschiedsschwelle: 15 p), dann wird sie bei einem Standardgewicht von 1000 p eine deutlich größere Unterschiedsschwelle aufweisen. Für die Abhängigkeit der Unterschiedsschwelle ($\triangle$S) von der Größe des Standardreizes (S) gilt für die meisten Dimensionen eine einfache Beziehung, die bereits vor FECHNER von dem Physiologen HEINRICH WEBER beschrieben worden war:

$$\frac{\triangle S}{S} = k = \text{konst.} \quad (\text{WEBERsches Gesetz}) \qquad (1)$$

Danach ist derjenige Reizbetrag, um den man den Standardreiz S verändern muß, um einen ebenmerklichen Empfindungsunterschied zu erzeugen ($\triangle$ S), ein konstanter Anteil der Größe von S. Aus dem Verhältnis der beiden Gewichte ergibt sich für das vorliegende Beispiel ein Wert von $k = 0{,}03$ für die WEBERsche Konstante. Man müßte demnach einem Standardgewicht von 1000 p ein Vergleichsgewicht von 1030 p gegenüberstellen, damit hier ein ebenmerklicher Gewichtsunterschied eintritt. Aus dem WEBERschen Gesetz ergibt sich, daß die physische Reizdifferenz, die einer Unterschiedsschwelle entspricht, um so größer wird, je weiter man sich vom Nullpunkt der Skala entfernt. Dieser Zusammenhang ist in Tabelle 1 und Abbildung 4 an einem fiktiven Beispiel illustriert. Als Absolutschwelle irgendeiner Dimension sei ein Reiz der Größe $S_0 = 40$ (physikalische Einheiten) ermittelt worden. Die Weber-Konstante sei $k = 0{,}1$. Dann ist definitionsge-

Tabelle 1: Wertetafel für eine fiktive psychophysische Funktion mit $S_0 = 40$ und $k = 0{,}1$. (Vgl. Abb. 4.)

N	0	1	2	3	4	5
S_N	40	44	48.40	53.24	58.56	64.42
log S_N	1.6021	1.6435	1.6848	1.7262	1.7676	1.8090

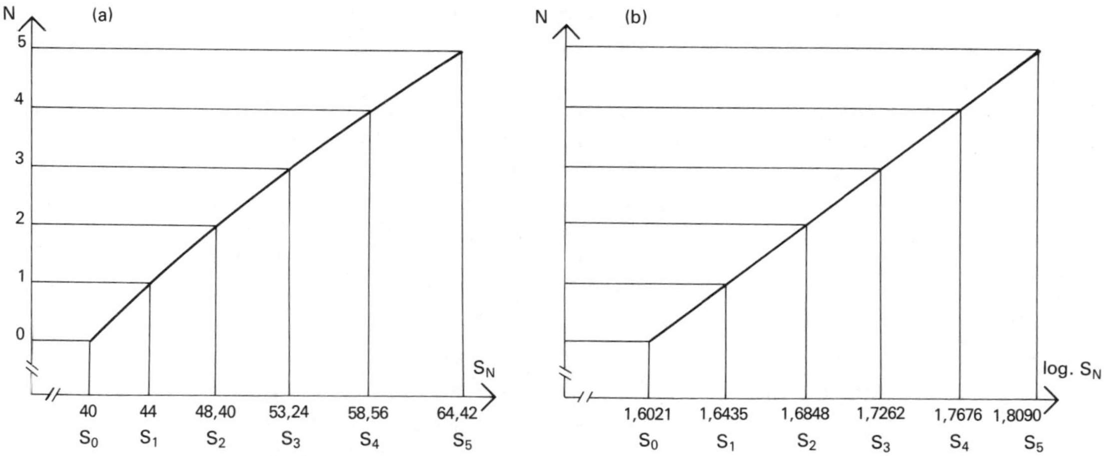

Abbildung 4:

(a) Fiktive psychophysische Funktion $N = f(S_N)$ für $S_0 = 40$ und $k = 0{,}1$.
(b) Entsprechende Funktion $N = f(\log S_N)$. Vgl. Wertetafel in Tabelle 1 und Erläuterungen im Text.

mäß dem Reizwert $S_0 = 40$ der Empfindungswert $N = 0$ zuzuordnen. Den Empfindungswert $N = 1$ erhält derjenige Reiz, der um eine Unterschiedsschwelle von der Absolutschwelle verschieden ist:

$$S_1 = S_0 + kS_0 = S_0(1+k) \qquad (2)$$

Entsprechend gilt weiter:

$$S_2 = S_1(1+k) = S_0(1+k)^2 \qquad (3)$$

Allgemein läßt sich der Reizwert S_N zu einem vorgegebenen Wert von N berechnen als

$$S_N = S_0(1+k)^N \qquad (4)$$

Ist dagegen für einen gegebenen Reizwert S_N der zugehörige Empfindungswert N zu ermitteln, kann der Ausdruck durch Logarithmieren in eine Form gebracht werden, die eine einfache Auflösung nach N gestattet:

$$\log S_N = \log S_0 + N \log(1+k) \qquad (5)$$

so daß

$$N = \frac{\log S_N - \log S_0}{\log(1+k)}$$

$$= \frac{\log S_N}{\log(1+k)} - \frac{\log S_0}{\log(1+k)} \qquad (6)$$

Die Struktur dieses Funktionszusammenhangs wird übersichtlicher, wenn er wie folgt formuliert wird:

$$N = c \log S_N + C \qquad (7)$$

In dieser Schreibweise wird deutlich, daß die subjektive Größe eines Reizes eine lineare Funktion des Logarithmus seiner objektiven Reizgröße ist (wobei die multiplikative Konstante $c = 1/\log(1+k)$ und die additive Konstante $C = -c \log S_0$ von der WEBERschen Konstante bzw. der Absolutschwelle abhängen). Diese Funktionsbeziehung ist als FECHNERsches oder auch *Weber-Fechnersches Gesetz* bekannt geworden.

3. *Einwände* – Die Einwände, die FECHNERS Psychophysik auf sich gezogen hat, sind teils empirischer, teils auch prinzipieller Art. Ein vielfach vorgetragener empirischer Einwand betrifft die eingeschränkte Gültigkeit des WEBERschen Gesetzes. Seit langem ist bekannt, daß die WEBERsche Konstante, die für jedes sensorische Kontinuum einen spezifischen Wert hat, keineswegs über die ganze Breite des jeweiligen Kontinuums wirklich konstant ist: an den Extremen der Kontinuen – in der Nähe der Absolutschwelle auf der einen und der Schmerzgrenze auf der anderen Seite – ist der WEBERsche Bruch, falls er überhaupt noch meßbar ist, in der Regel deutlich erhöht. Daraus ergibt sich, daß der Gültigkeitsbereich des FECHNERschen Gesetzes auf den breiten Mittelbereich der Kontinuen beschränkt werden muß.

Prinzipieller sind schon die Bedenken, die sich gegen FECHNERS Vorstellung von der Schwelle ins Feld führen lassen.

FECHNER betrachtete die Existenz von Schwellen als eine zentrale Grundtatsache des psychophysischen Zusammenhangs. Er glaubte, einem realen Sachverhalt beim Übergang vom Physischen zum Psychischen auf der Spur zu sein: Eine Repräsentation im Psychischen erfährt ein physischer (physiologischer) Prozeß nur dann, wenn er in seiner Stärke einen kritischen Wert überschreitet.

Anstelle dieser Auffassung läßt sich aber mit guten Argumenten auch eine ganz andere Ansicht von den Vorgängen in einem Schwellenexperiment vertreten. In einem typischen Schwellenexperiment ist der Beobachter gezwungen, aufgrund von unzureichender Information Entscheidungen zwischen verschiedenen Urteils- (oder Handlungs-)Alternativen zu treffen: er muß angeben, ob er etwas sieht oder nicht, zwei Reize so einstellen, daß sie einander genau gleich sind usw. Man kann daher auch die Auffassung vertreten, daß die Schwellen, die man beobachtet, nicht als Wahrnehmungsschwellen zu interpretieren sind (als Schwellen beim Übergang vom Physischen zum Psychischen), sondern als Urteils- und Handlungskriterien (beim Übergang vom Wahrnehmungseindruck zum Urteil). Wenn dies zutrifft, ergibt sich als Konsequenz, daß psychophysische Experimente mit den Mitteln der statistischen Entscheidungstheorie analysiert werden müssen. Dies geschieht im Rahmen der Signalentdeckungstheorie (vgl. Kap. 10, Ausgewählte Methoden).

Und schließlich das wichtigste und grundsätzlichste Bedenken: Stimmt überhaupt FECHNERS axiomatische Gleichsetzung von subjektiver Distanz und Unterscheidbarkeit? In FECHNERS psychophysischer Funktion wird der subjektive Abstand zwischen Reizen auf einer psychischen Dimension in der Maßeinheit von Unterschiedsschwellen ausgedrückt. Die subjektive Distanz von Reizen wird also durch ein Maß repräsentiert, das in erster Linie ihre Unterscheidbarkeit zum Ausdruck bringt. Insofern enthält das Verfahren das implizite Axiom, daß subjektive Distanz auf Unterscheidbarkeit zurückgeführt werden kann. Ob diese Annahme zutrifft, läßt sich nur dann vernünftig beantworten, wenn man über ein unabhängiges Verfahren verfügt, das direkte Auskunft über die subjektive Distanz zwischen Reizen liefert. Ein einfaches Beispiel mag erläutern, wie das aussehen könnte: Eine Vp hebt zwei Gewichte, die sich um genau N Unterscheidungsschwellen voneinander unterscheiden (z. B. 500 p und 903 p; $N = 20$ bei $k = 0{,}03$), und sie wird beauftragt, ein drittes Gewicht herzustellen oder auszusuchen, das seiner Schwere nach genau in der Mitte zwischen diesen beiden Ankergewichten liegt. Aus der Logik des FECHNERschen Ansatzes ergibt sich für diese Aufgabe eine einfache Vorhersage: das resultierende Gewicht sollte das Intervall zwischen den beiden Ankergewichten im Verhältnis von 10:10 Unterschiedsschwellen teilen (was bei etwa 672 p der Fall wäre). Das charakteristische Ergebnis derartiger Halbierungsversuche weicht aber von dieser Erwartung systematisch ab – und zwar stets im Sinne einer Verschiebung in Richtung auf die arithmetische Mitte des Intervalls oder sogar darüber hinaus. An der Gleichsetzung von subjektivem Reizabstand und der Unterscheidbarkeit – und an der indirekten Messung der einen Größe durch die andere – sind also erhebliche Zweifel angebracht.

Einige andere Verfahren

FECHNERS Methode zur Skalierung subjektiver Dimensionen ist deshalb indirekt, weil sie die subjektive Größe von Reizen auf dem Umweg über die Messung ihrer Unterscheidbarkeit ermittelt statt sie geradewegs aus Urteilen von Versuchspersonen zu entnehmen. FECHNER sah keine Möglichkeit, auf der Grundlage direkter subjektiver Urteile Skalen zu konstruieren, die seinen meßtheoretischen Ansprüchen genügt hätten. Der Preis für die methodische Eleganz seines Ansatzes ist die theoretische Vorannahme, daß die subjektive Distanz von Reizen mit ihrer Unterscheidbarkeit zusammenfällt.

Inzwischen hat die Forschung längst eine Reihe von Methoden zur direkten Skalierung subjektiver Eindrücke entwickelt, die sich – entgegen der FECHNERschen Skepsis – als erstaunlich stabil und zuverlässig erwiesen haben. Viele dieser Techniken finden nicht nur im Forschungskontext psychophysischer Fragestellungen Verwendung, sondern auch im Kontext der Beurteilung komplexer Objekte oder Sachverhalte auf beliebigen subjektiven Dimensionen, die keine bzw. keine einfach durchschaubare physische Grundlage haben (z.B. Beurteilung der Überzeugungskraft von Argumentationen, der Wohnqualität von Stadtvierteln oder dergleichen). Wir beschränken uns hier jedoch auf die Verwendung dieser Methoden im psychophysischen Kontext.

Ein besonders traditionsreiches Verfahren ist die Methode der *absoluten Urteile*. Bei dieser Methode wird die Versuchsperson beauftragt, eine Reihe von gleichartigen Gegenständen, die in der Regel je einzeln dargeboten werden (z.B. Bücher) nach einer vorgegebenen Dimension zu beurteilen (z.B. nach ihrer Dicke). Als Urteilskategorien stehen ihr eine Auswahl von sprachlich vorformulierten sog. absoluten Urteilen zur Verfügung, die auf der zu beurteilenden Dimension geordnet sind. Z.B.:

dick - dünn
dick - mittel - dünn
sehr dick - dick - mittel - dünn - sehr dünn
extrem dick - sehr dick - dick - mittel - dünn - sehr dünn - extrem dünn

Wenn der Variationsbereich der zu beurteilenden Gegenstände bekannt ist (hier: die Dicke der Bücher, die zur Beurteilung gelangen), sind Versuchspersonen im allgemeinen in der Lage, ihre Urteile mit ganz erstaunlicher Konsistenz auf die Gegenstände zu verteilen. Auch interindividuell ist die Konsistenz recht hoch. Dies ist eine entscheidende Voraussetzung dafür, daß wir uns im Sprachgebrauch des täglichen Lebens auf die kommunikative Eindeutigkeit absoluter Urteile weitgehend verlassen können.

Über den Urteilsprozeß und die Prinzipien, nach denen die Urteile den Urteilsgegenständen zugeordnet werden, sind unterschiedliche Vorstellungen entwickelt worden. Zunächst wurde als zentrales Prinzip angenommen, daß ein gewogenes Mittel der gesamten Serie von Objekten gebildet wird und daß dieses Mittel der Reizgrößen als neutraler Referenzpunkt für die Mitte der subjektiven Skala dient (Prinzip des Adaptationsniveaus). Ein anderes Prinzip, das postuliert worden ist, betont die Ankerfunktion der Pole des Reizkontinuums (d.h. des dicksten und des dünnsten Buches) bei der Festlegung der Zuordnung zwischen Objekten und Urteilskategorien (Bereichsprinzip). Ein drittes Prinzip betont darüber hinaus die Rolle der relativen Häufigkeiten, mit denen die einzelnen Objekte zur Beurteilung gelangen bzw. die einzelnen Urteile gebraucht werden (Häufigkeitsprinzip). Zu der Frage der relativen Bedeutung dieser Prinzipien und ihrer logischen und empirischen Beziehungen untereinander existiert eine ausführliche Diskussion (vgl. z.B. Haubensak, 1985).

Der direkte Charakter dieser Methode ergibt sich aus der Tatsache, daß die zu messende Größe (wahrgenommene Dicke von Büchern) in unmittelbar darauf gerichteten Urteilen der Versuchsperson erhoben wird. Trotzdem hat die Methode auch ein indirektes Moment. Denn da das Urteil nicht in Form eines (eigentlich intendierten) Meßwertes, sondern als sprachliches Urteil erhoben wird, sind Annahmen über die Beziehung zwischen den diskreten Urteilen und dem ihnen hypothetisch zugrundeliegenden subjektiven Kontinuum erforderlich. Die wichtigste dieser Annahmen postuliert, daß der Beobachter bei Vorgabe von n abgestuften Urteilskategorien das Spektrum der auftretenden Reize in n subjektiv gleich große Bereiche einteilt, so daß die subjektiven Abstände zwischen aufeinanderfolgenden Urteilen gleich groß sind. Die Umsetzung der Urteile der Versuchsperson in Skalenwerte erfolgt also auch bei dieser Methode durch die Theorie des Vl - und nicht durch den Urteilsprozeß der Vp. Das gilt auch dann, wenn der Versuchsleiter sich bemüht, seine Annahmen implizit in die Instruktion einfließen zu lassen, indem er z.B. den Urteilskategorien gleichabständige Zahlen zuordnet oder sie sogar als gleichabständige Punkte auf einer Skala repräsentiert.

Prinzipiell anders ist die Lage erst dann, wenn von der Versuchsperson explizit verlangt wird, ihren subjektiven Eindruck auf eine *numerische Skala* abzubilden. Dies kann entweder dadurch geschehen, daß eine bestimmte numerische Beziehung vorgegeben wird (z.B. X soll auf der Mitte zwischen A und B liegen; X soll doppelt so groß wie A sein) und der entsprechende Reizwert herzustellen ist, oder dadurch, daß ein Reizwert vorgegeben ist, dessen subjektive Größe numerisch zu beurteilen ist (z.B. A und B bilden die Pole eines Kontinuums mit den Werten Null und 100; welchen Wert hat X auf dieser Skala?). Gleichgültig, ob das experimentelle Verfahren vom Herstellungs- oder vom Beurteilungstypus ist: in jedem Fall wird vorausgesetzt, daß der Beobachter in der Lage ist, sein intuitives Verständnis des Zahlenstrahls derart auf die jeweilige Urteilsdimension abzubilden, daß in den vorgegebenen oder registrierten Zahlenwerten die subjektiven Eindrücke konsistent zum Ausdruck gelangen.

Ein einfaches Beispiel soll zeigen, wie die Ergebnisse von derartigen Experimenten zur Skalenkonstruktion verwendet werden können (Beispiel aus ENGEN, 1971). Vpn werden instruiert, zu einem vorgegebenen Standardgewicht, das sie zunächst anheben müssen, ein Vergleichsgewicht so einzurichten, daß es halb so schwer wie das Standardgewicht wirkt. Der Versuch wird in vier Gruppen mit vier unterschiedlichen Standardgewichten durchgeführt. Wie Tabelle 2a und Abbildung 5 zeigen,

Tabelle 2: (a) Ergebnisse eines Gewichthebeexperiments (Halbierung von Standardgewichten im Herstellungsverfahren) nach ENGEN 1971b, S.67ff., (b) Zuordnung von objektiven Reizwerten (S) zu schrittweise halbierten Werten einer subjektiven Skala (R). Vgl. Text und Abbildung 5.

	Standardgewicht S	Subjektive Hälfte S/2
a	900	542
	550	325
	300	159
	150	93

	Subjektiver Skalenwert R	Objektiver Reizwert S
b	100.00	900
	50.00	542
	25.00	320
	12.50	185
	6.25	110

können die Ergebnisse erstaunlich genau durch eine einfache lineare Funktion angenähert werden, deren Steigung in der Größenordnung von 0,6 liegt: das Vergleichsgewicht muß etwa 60% des Standardgewichts aufweisen, um als halb so schwer wie dieses zu gelten (zum Vergleich: nach der FECHNER-Skalierung wäre eine Lage des subjektiven Halbwertes weit unterhalb der objektiven Hälfte zu erwarten, d.h. eine Steigung weit unterhalb von 0,5!). Diese Funktion kann deshalb zur linearen Interpolation derjenigen Reizwerte verwendet werden, die bestimmten Werten auf einer (willkürlich dimensionierten) subjektiven Gewichtsskala entsprechen (Tab.2b): Zunächst wird dem Reiz-

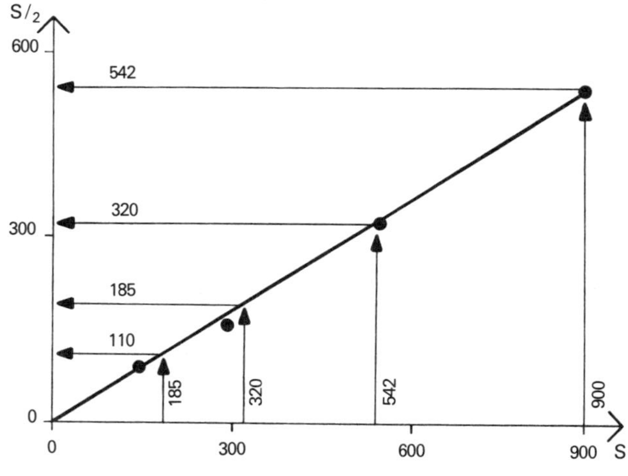

Abbildung 5: Ergebnisse des Gewichthebeexperiments. Die fetten Punkte stellen das Resultat in Tabelle 2a dar. Die eingetragenen Koordinatenlinien geben die Ermittlung subjektiv halbierter Gewichte (Ordinate) zu bestimmten vorgegebenen Standards (Abszisse) wieder (Tab.2b).

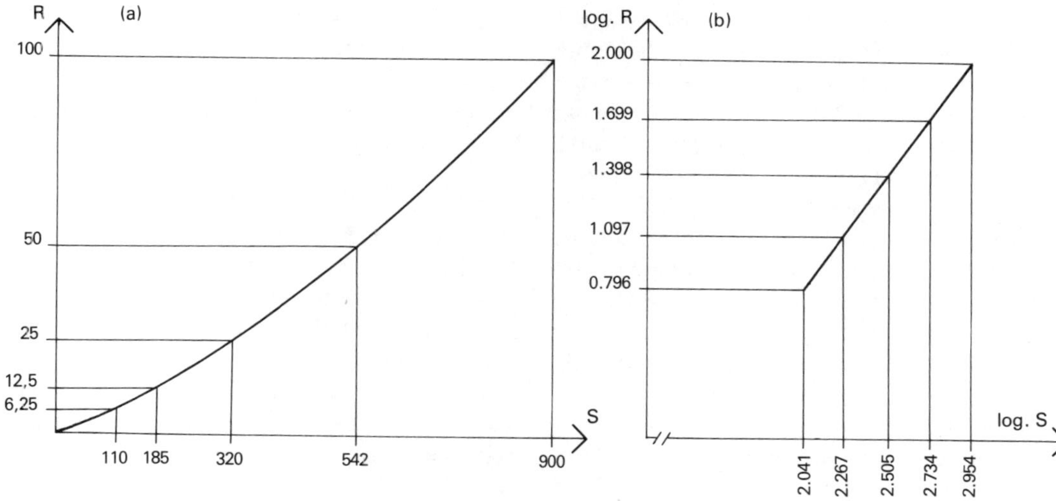

Abbildung 6:

(a) Psychophysische Funktion R = f (S) für das Gewichthebeexperiment. R: willkürliche Urteilsskala; S: Gewichtsskala in Pond (vgl. Wertetafel in Tab. 2b).
(b) Entsprechende Funktion nach doppelter Logarithmierung. log R = f (log S).

wert 900 der willkürliche Skalenwert 100 zugeordnet. Sodann erhält derjenige Reiz, der der subjektiven Hälfte dieses ersten Reizes entspricht, den Skalenwert 50 (542 p, entnommen aus Tab. 2a). Im folgenden Schritt wird nun durch Interpolation derjenige Reizwert ermittelt, der der subjektiven Hälfte dieses zweiten Reizes entspräche; ihm wird der subjektive Skalenwert 25 zugeordnet; usw. ... Die Abbildung 6 zeigt die psychophysische Funktion, die dieses Verfahren liefert. Wie man sieht, zeigt sie im Gegensatz zur FECHNER-Funktion einen positiv beschleunigten Verlauf.

Aufgrund einer großen Anzahl von Untersuchungen mit direkten Skalierungsmethoden hat STEVENS in den 50er Jahren vorgeschlagen, an die Stelle der von FECHNER entwickelten logarithmischen Funktion eine Potenzfunktion zu setzen und sie als psychophysische Grundfunktion zu betrachten (STEVENS, 1957). Die Potenzfunktion kann allgemein geschrieben werden

$$R = f(S) = cS^n \quad (8)$$

wobei R als Skalenwert eines Reizes auf einer subjektiven Verhältnisskala zu interpretieren ist. c und n sind Konstanten, die für eine gegebene Dimension charakteristisch sind. Bei $n=1$ ist die Funktion linear; für Werte $n>1$ ergibt sich die in Abbildung 6a beschriebene positive Beschleunigung. Bei $n<1$ ist der Beschleunigungsverlauf der psychophysischen Funktion dagegen negativ. In diesen Fällen können die Daten oft ebenso gut durch das WEBER-FECHNERsche Gesetz wie durch die STEVENSsche Potenzfunktion beschrieben werden.

Worin besteht der strukturelle Unterschied zwischen diesen beiden Funktionsgleichungen? Er wird sichtbar, wenn man beide in einer Form anschreibt, in der sie eine lineare Beziehung darstellen. Aus der Potenzfunktion (8) erhält man durch Logarithmierung

$$\log R = n \log S + \log c \quad (9)$$

und aus der WEBER-FECHNER-Funktion (7) wird nach sinngemäßer Angleichung der Notation (Ersatz von N durch R)

$$R = c \log S + C \quad (10)$$

Aus diesen Formulierungen (und aus dem Vergleich von Abb. 4b mit Abb. 6b) wird der strukturelle Unterschied deutlich: Folgt man FECHNER, wächst der subjektive Skalenwert eines Reizes um einen bestimmten *Betrag,* wenn seine objektive Größe um einen bestimmten Faktor vermehrt wird. Folgt man dagegen STEVENS, wächst der subjektive Skalenwert um einen bestimmten *Faktor,* wenn der objektive Reizwert um einen bestimmten Faktor vermehrt wird.

Wem soll man glauben? Wenn, was vielfach gezeigt worden ist, für ein und dasselbe Kontinuum direkte und indirekte Skalierung zu unterschiedlichen Funktionen führen, bleibt nur die Schlußfolgerung, daß die Skalen, die durch diese beiden Verfahren konstituiert werden, nicht den gleichen Sachverhalt repräsentieren. FECHNERS Skala ist ein Kontinuum, das auf der Maßeinheit der Unterschiedsschwelle (und somit auf der Unterscheidbarkeit von Reizen) aufbaut. Die direkt ermittelten Skalen bauen dagegen unmittelbar auf der Beurteilung subjektiver Größen oder Abstände auf. Wir müssen schließen, daß – jedenfalls für eine Reihe von Dimensionen – die subjektiven Abstände zwischen Reizen nicht sinnvoll durch ein Maß beschrieben werden können, das auf ihrer Unterscheidbarkeit beruht.

2.2 Wahrnehmung als strukturelle Organisation

Wenn der Wahrnehmungsvorgang als ein Prozeß vom Typus der dimensionalen Transformation von Reizeigenschaften betrachtet wird, ist das zugehörige methodische Vorgehen wie folgt festgelegt: Man beschreibt möglichst genau das (physische) Urbild dieser Abbildungsbeziehung und sucht dann nach solchen Eigenschaften des (psychischen) Bildes, die diesen Eigenschaften des Urbildes entsprechen: Gegeben bestimmte Reizverhältnisse – wie sind die zugeordneten Wahrnehmungsinhalte beschaffen?

Man könnte aber auch umgekehrt fragen: Gegeben bestimmte Wahrnehmungsinhalte – welches sind die zugrundeliegenden Reizverhältnisse und wie weit lassen sich Eigenschaften der Wahrnehmungsinhalte auf Eigenschaften der zugrundeliegenden Reizverhältnisse zurückführen? Diese Frageperspektive einzunehmen ist natürlich nur dann sinnvoll, wenn man davon überzeugt ist, daß die Wahrnehmungsinhalte auch noch andere Eigenschaften enthalten können als solche, die unmittelbar aus entsprechenden Reizeigenschaften abgeleitet sind. Solange man an der Idee der dimensionalen Transformation und dem ihr zugeordneten – reizorientierten – Frageansatz festhält, können solche zusätzlichen Eigenschaften der Wahrnehmungsinhalte überhaupt nicht sichtbar werden, weil immer nur solche Inhaltsaspekte untersucht werden, die reizseitige Korrelate haben. Sie können, falls sie überhaupt existieren, erst sichtbar werden, wenn man umgekehrt – nämlich phänomenorientiert – fragt.

Strukturelle Psychophysik

Es war ein wissenschaftsgeschichtlicher Durchbruch, als sich zwischen 1890 und 1920 einige Theoretiker zu dieser Umkehrung der wahrnehmungspsychologischen Fragestellungen entschlossen. Es waren vor allem MAX WERTHEIMER, WOLFGANG KÖHLER und KURT KOFFKA, die diese Umorientierung des Denkens vollzogen und die damit eine besonders fruchtbare Richtung wahrnehmungspsychologischer Forschung einleiteten, die als gestaltpsychologischer Ansatz der Wahrnehmungsforschung in den 20er Jahren in Berlin Schule gemacht und weltweite Berühmtheit erlangt hat. Der gestaltpsychologische Forschungsansatz war gekennzeichnet durch den Versuch, die Wahrnehmungsinhalte des naiven Beobachters möglichst eingehend zu beschreiben und zu erklären: Wie sehen die Dinge, die wir wahrnehmen, überhaupt aus und warum sehen sie so aus, wie sie aussehen?

Zum zweiten Teil dieser Frage gibt es eine Diskussion von KOFFKA, die längst zu den klassischen Texten der Wahrnehmungspsychologie gehört (1935, S. 75ff.). KOFFKA erörtert drei mögliche Antworten, zwei falsche und eine richtige. Die erste falsche Antwort lautet: Die Dinge sehen so aus, wie sie aussehen, weil sie so sind wie sie sind. Ein roter Schuh sieht rot aus, weil er rot ist. Hinter dieser Antwort verbirgt sich die Identitätskonzeption der Wahrnehmung, deren Unhaltbarkeit wir schon im ersten Abschnitt besprochen haben. Die zweite Antwort lautet: Wie die Dinge aussehen, richtet sich nach den jeweils gegebenen Reizverhältnissen am Sinnesorgan. Diese Antwort steht schon auf dem Boden der Repräsentationskonzeption – und zwar auf der Position der äußeren Psychophysik und ihrer Auffassung von einer dimensionalen Abbildung der Reizeigenschaften. Sie ist jedoch immer noch falsch bzw. nicht vollständig. Denn auf der Grundlage dieser Antwort wäre zu erwarten, daß das Aussehen der Dinge stets von den jeweiligen Reizverhältnissen am Sinnesorgan abhängt. Das klingt zwar plausibel, trifft aber trotzdem nicht zu. Vielmehr sind systematische Abweichungen der wahrgenommenen Inhalte von den zugrundeliegenden Reizeigenschaften geradezu charakteristisch für den Wahrnehmungsprozeß – und keineswegs etwa auf besondere Täuschungsphänomene beschränkt, die man als Ausnahmen von der Regel täuschungsfreier Transformation auffassen könnte. Auf der linken Seite meines Schreibtischs liegt ein Taschenrechner. Wenn ich dorthin blicke, sehe ich sofort und ohne jeden Zweifel, daß seine Form rechteckig ist. Da er aber flach auf dem Tisch liegt und meine Blicklinie unter einem schrägen Einfallswinkel auf seine Oberfläche trifft, bildet die Projektion seiner Oberfläche auf meiner Netzhaut keineswegs ein Rechteck, sondern ein völlig unregelmäßiges Viereck, das sich zudem laufend verformt, während ich meinen Kopf bewege. Entsprechendes gilt für die Form aller Oberflächen in meiner sichtbaren Umgebung – aber sehen kann ich dies alles nicht. Was ich sehe, ist eine Umgebung aus formstabilen Gegenständen, deren Form konstant bleibt, obwohl sich die zugrundeliegenden Reizverhältnisse ändern (Formkonstanz). Ein anderes Beispiel: Ich gehe von weitem auf eine Person zu und fixiere sie mit meinem Blick. Dabei wächst kontinuierlich die Größe, die das projektive Abbild der Person auf meiner Netzhaut einnimmt. Trotzdem sehe ich keineswegs die Person wachsen, sondern ich sehe – trotz wachsender Netzhautgröße – eine Person konstanter Größe (Größenkonstanz).

Konstanzerscheinungen wie Form- oder Größenkonstanz sind besonders eindringliche Belege für die Unzulänglichkeit einer einfachen Abbildungstheorie, die annimmt, daß die jeweilige Reizstruktur Punkt für Punkt nach bestimmten psychophysischen Transformationsregeln in eine entsprechende anschauliche Struktur umgesetzt wird. So einfach kann es offensichtlich nicht zugehen – aber was geht stattdessen vor sich?

KOFFKAS dritte Antwort, die er für die zutreffende hält, lautet: Wie die Dinge aussehen, richtet sich nach der Gesamtstruktur der jeweiligen Reizverhältnisse. Das soll bedeuten: wahrgenommene Form und wahrgenommene Größe von Gegenständen richten sich nicht ausschließlich nach der Beschaffenheit der ihnen unmittelbar entsprechenden Reizgrundlagen, sondern sie hängen davon ab, welche Strukturierung das gesamte gleichzeitig verfügbare Reizmuster erfährt und welche Rolle die betreffenden Gegenstände innerhalb dieser Gesamtstruktur einnehmen. Das unregelmäßige Viereck, das der Taschenrechner auf der Netzhaut entwirft, kann nur dann und nur deshalb zur Wahrnehmung einer rechteckigen Fläche führen, wenn und weil ihm eine bestimmte räumliche Lage innerhalb der gesamten Wahrnehmungsszenerie zugewiesen wird. Entsprechend kann die Größe der Person nur dann und nur dadurch konstant bleiben, wenn bzw. daß ihr eine bestimmte, abnehmende Entfernung zugeordnet wird. Mit anderen Worten: die wahrgenommenen Eigenschaften einer bestimmten Stelle im Wahrnehmungsfeld hängen nicht nur von den Reizverhältnissen an dieser Stelle ab, sondern werden von den Reizverhältnissen im Gesamtfeld bestimmt und von der Gesamtorganisation, die durch diese Reizverhältnisse veranlaßt wird.

Die Gesetzmäßigkeiten, die dem psychophysischen Zusammenhang zugrundeliegen, können demnach nicht sinnvoll und zureichend als lokale und dimensionale Transformationsbeziehungen beschrieben werden. Vielmehr ist der psychophysische Zusammenhang nur verständlich als Beziehung zwischen der *Gesamtstruktur* der gegebenen Reizverteilung und der *Gesamtstruktur* der Wahrnehmungsinhalte. Die jeweilige Wahrnehmungsstruktur geht aus der Reizstruktur dadurch hervor, daß das in der Reizstruktur vorhandene Rohmaterial nach einer Reihe von vorgegebenen (Gestalt-) Gesetzen und Prinzipien organisiert wird. Das hat zur Folge, daß das Produkt dieses Organisationsprozesses eine Reihe von neuen, zusätzlichen Eigenschaften aufweisen kann, die aus den lokalen Reizverhältnissen überhaupt nicht abgeleitet werden können. Insofern kann der psychophysische Ansatz der Gestalttheorie auch als *produktive Psychophysik* bezeichnet und der reproduktiven Psychophysik des dimensionalen Transformationsansatzes gegenübergestellt werden (vgl. BISCHOF, 1966; PRINZ, 1983, Kap. 1).

Die Leitfrage des wahrnehmungspsychologischen Forschungsprogramms, das sich aus diesem Ansatz ergibt, läßt sich so formulieren:

Gegeben bestimmte anschauliche Phänomene mit bestimmten anschaulichen Eigenschaften – welches sind ihre Grundlagen in der jeweiligen Reizstruktur und welche Organisationsgesetze und -prinzipien müssen angenommen werden, damit der Zusammenhang zwischen den psychischen Phänomenen und den physischen Reizgrundlagen befriedigend erklärt werden kann?

Gestaltgesetze der Wahrnehmungsorganisation

Als Gestaltgesetze der Wahrnehmung werden die Regeln bezeichnet, nach denen sich die räumliche und/oder zeitliche Struktur wahrgenommener Gebilde richtet. Gesetze dieser Art können demnach in allen Sinnesgebieten untersucht werden, in denen räumliche oder zeitliche Reizstrukturen eine Rolle spielen, z. B. beim Sehen, Hören oder beim aktiven Tasten. Am ausführlichsten untersucht (und auch in gedruckten Medien am leichtesten darzustellen) sind Gesetze des Sehens stationärer zweidimensionaler Figuren und Formen. Viele der folgenden Illustrationen sind an der systematischen Zusammenstellung orientiert, die METZGER (1975) hierzu gegeben hat.

1. *Figur und Grund* – Unter bestimmten Bedingungen können Teilflächen, die in zweidimensionalen Linienkonfigurationen entstehen, für den Beobachter ungleichartig aussehen, obwohl sie von ihrer Reizqualität her völlig gleichartig sind. Das Gebilde in Abbildung 7a besteht aus vier Teilflächen unterschiedlicher Größe (1–4). Alle vier Teilflächen sind gleichartig (gleich weiß), aber trotzdem erscheinen sie zwingend verschieden: 1, 2 und 3 sind Figuren; 4 bildet den Grund. Entweder wird die Anordnung so gesehen, daß die Figuren auf dem Grund aufliegen (so daß er hinter ihnen durchzugehen scheint) oder so, daß die Figuren den Charakter von Löchern haben, die in den Grund gestanzt sind. In jedem Fall erscheinen die Figuren geformt; der Grund ist formlos (was man merkt, wenn man versucht, sich die Form der Teilfläche 4 vor Augen zu führen). Eine Konsequenz des funktionalen Unterschiedes zwischen Figur und Grund besteht darin, daß die Konturen, die die Figuren begrenzen, eine Innen-(Figur-) und eine Außenseite haben.

Die Zuweisung von Figur- bzw. Grundfunktion zu bestimmten Teilflächen zweidimensionaler Konfigurationen ist ein Grundphänomen der visuellen Wahrnehmung, das so selbstverständlich und so weit verbreitet ist, daß seine wissenschaftliche Entdeckung und die Würdigung seiner wahrnehmungstheoretischen Bedeutung erst im Rahmen der gestaltpsychologischen Frageperspektive möglich wurde (RUBIN, 1921). Erst bei der Suche nach den reizseitigen Grundlagen von Figur und Grund wird klar, daß dieses Grundphänomen keineswegs so trivial ist, wie man aufgrund seiner universellen Verbreitung zunächst glauben mag. Besonders rätselhaft sind solche Fälle, in denen die Rollenverteilung zwischen Figur und Grund weniger eindeutig ist (Abb. 7b). Dabei kann man die merkwürdige Beobachtung machen, daß die Unterscheidung zwischen Figur und Grund in diesen Fällen keineswegs verflacht. Sie bleibt vielmehr jederzeit voll erhalten und schlägt von Zeit zu Zeit spontan um. An solchen Umschlagfiguren läßt sich die Wirkung der sonst verborgenen Organisationsprozesse unmittelbar erfahren: obgleich die Reizstruktur völlig unverändert bleibt, kippt die Struktur der Figur plötzlich um, und was vorher Grund war, wird Figur und *vice versa*. Beobachtungen wie diese machen besonders sinnfällig, daß die wahrgenommene Struktur der Figur nicht ausschließlich von der Form der Vorlagefigur bestimmt sein kann.

Aber auch dann, wenn die Rollenverteilung eindeutiger festgelegt ist, hängt der Status einer Teilfläche vielfach nicht von ihrer eigenen lokalen Beschaffenheit ab, sondern wird von umfassenderen Strukturmerkmalen des gesamten Reizmusters bestimmt – zumindest dann, wenn die in Betracht kommenden Teilflächen in ihrer lokalen Oberflächenbeschaffenheit gleich sind. Einige dieser Strukturmerkmale sind in Abbildung 7 illustriert. Dort sieht man, daß Teilflächen von Konfigurationen dazu tendieren, Figurcharakter anzunehmen, wenn sie z. B. von einer geschlossenen Kontur umgeben sind (7c), im Vergleich zu ihrer Umgebung relativ klein (7d), symmetrisch (7e) oder ebenbreit (7f) sind. In vielen Fällen sind mehrere dieser Gestaltfaktoren der Figur-Grund-Gliederung gleichzeitig wirksam.

«Figur» oder «Grund» zu sein ist eine im Wahr-

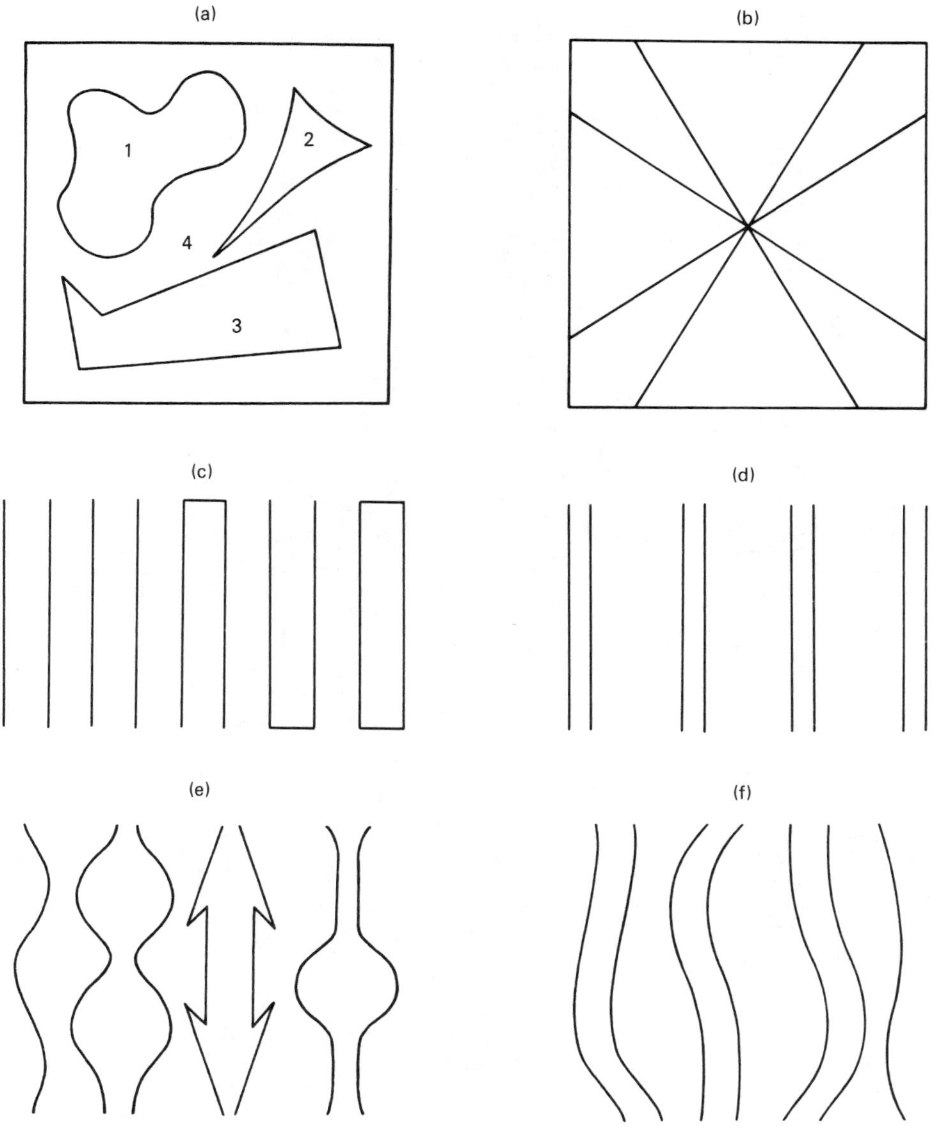

Abbildung 7: Illustration einiger Gestaltgesetze der Figur-Grund-Gliederung. Erläuterungen im Text.

nehmungsprozeß produzierte Eigenschaft von Teilflächen zweidimensionaler Reizkonfigurationen. Produziert ist sie in dem Sinne, daß sie aus den lokalen Reizgrundlagen nicht abgeleitet werden kann. Das bedeutet aber umgekehrt nicht, daß die Zuweisung von Figur- bzw. Grundfunktion nicht von der Reizstruktur bestimmt würde. Es ist jedoch nicht die lokale Oberflächenbeschaffenheit, sondern die globale Reizstruktur, nach der sich die Zuweisung richtet. Die Gesetze der Figur-Grund-Gliederung beschreiben diese Einwirkung der globalen Gesamtstruktur auf die lokale Verteilung von Figur und Grund im einzelnen.

2. *Binnengliederung* – Ähnliches gilt für die Gestaltgesetze, die die *Binnengliederung von Figuren regeln.* Auch hier bedarf es zunächst einer gewissen Überlegung, bis klar wird, daß bestimmte Eigenschaften figuraler Gebilde, die wir ganz selbstverständlich und spontan sehen, keineswegs eindeutig durch lokale Eigenschaf-

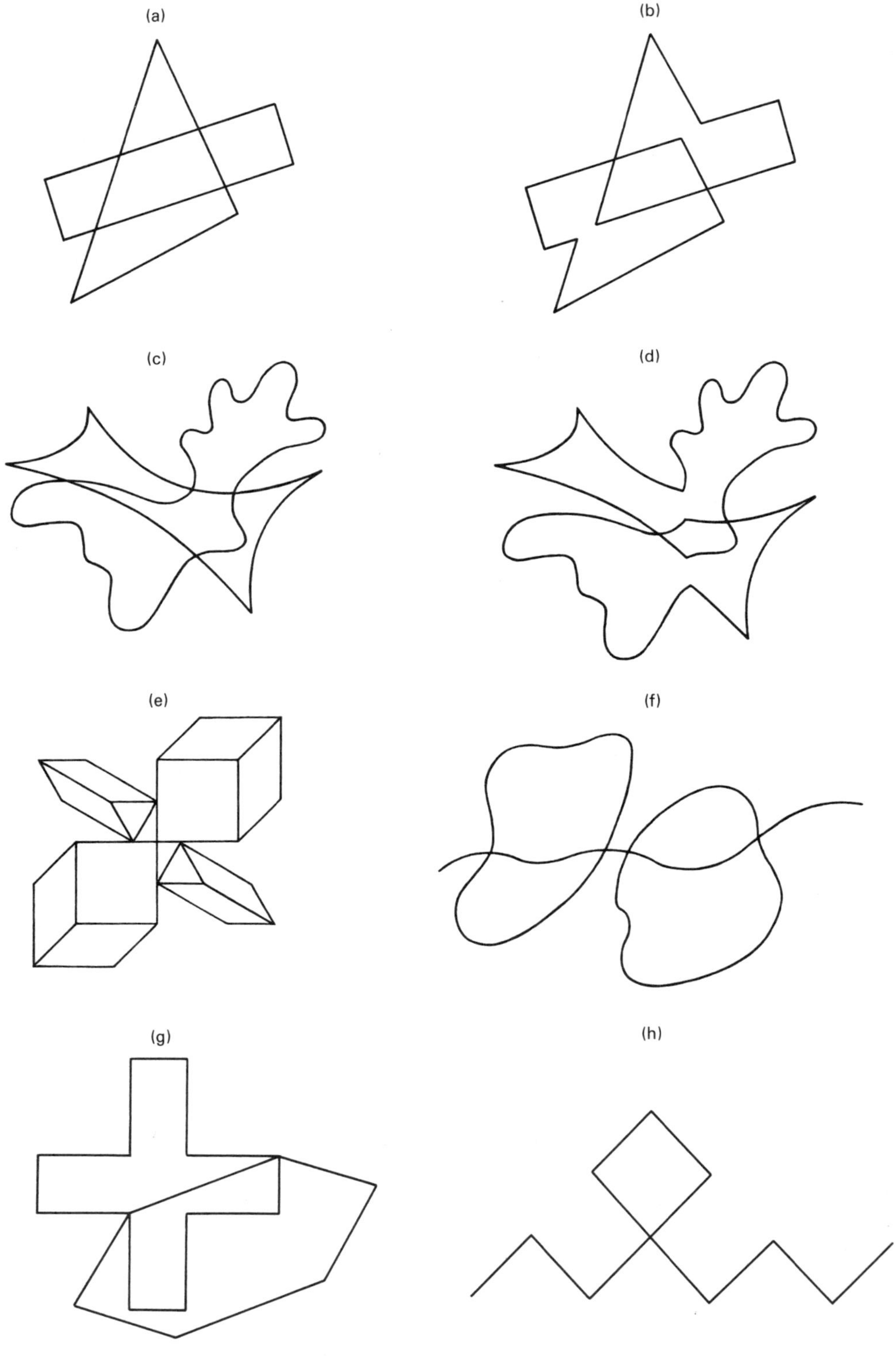

Abbildung 8: Gestaltgesetze der figuralen Binnengliederung. Erläuterungen im Text.

ten der Reizvorlage festgelegt sind, sondern als Ergebnis der Verarbeitung globaler Strukturmerkmale verstanden werden müssen. Für einen erwachsenen Beobachter kann kein Zweifel darüber bestehen, daß die Konfiguration in Abbildung 8a aus einem Dreieck und einem Rechteck besteht, die sich überlagern. Würde uns jemand vorschlagen, sie als Überlagerung der beiden in 8b getrennt gezeichneten Teilfiguren zu sehen, müßten wir passen: wir sind dazu praktisch außerstande und halten diese Auffassung des Gebildes in 8a für ganz abwegig. Ist sie tatsächlich abwegig? Aus der Perspektive der objektiven Eigenschaften der Reizvorlage keineswegs. Die Vorlage besteht aus nichts weiter als aus schwarzen Linien auf weißem Grund, die hier und da Winkel bilden und aufeinandertreffen. Für sich genommen enthält sie keine Information darüber, ob und wie die Linien und Teilflächen zusammenzufassen sind. Aus der Perspektive der wahrgenommenen Eigenschaften ist jedoch eindeutig, daß eine ganz bestimmte Binnengliederung besteht – so eindeutig, daß wir sie überhaupt erst bemerken, wenn uns abwegig erscheinende Alternativen angeboten werden.

Wie kommt die Eindeutigkeit der gesehenen Strukturen zustande? Die Abbildungen 8c und 8d zeigen, daß eindeutige Strukturen auch dann entstehen, wenn ausschließlich unbekannte und unregelmäßige Figuren und Teilfiguren beteiligt sind. Auch hier sehen wir unmittelbar, daß 8d eine wenig einleuchtende Auffassung von 8c wiedergibt. In Abbildung 8a konnte man noch annehmen, daß die Bekanntheit und/oder Regelmäßigkeit der resultierenden Teilgebilde der entscheidende Faktor ist, nach dem sich die gesehene Gliederung richtet. Bei 8c ist diese Erklärung weniger einleuchtend, denn die beiden in 8d vorgeschlagenen Teilgebilde sind kaum weniger bekannt und regelmäßig als die beiden «natürlichen» Teile, die wir in 8c überlagert sehen. Das entscheidende Gliederungsprinzip, das in beiden Fällen wirksam ist, ist das Gesetz des durchgehenden Kurvenverlaufs: die Gliederung erfolgt stets so, daß Begrenzungslinien an Schnittpunkten ihre Richtung und ihre Struktur nach Möglichkeit fortsetzen. Bei den in 8b und 8d vorgeschlagenen Zerlegungen ist dieses Prinzip für jeweils zwei der vier Schnittpunkte verletzt, während es in den stattdessen gesehenen Fassungen voll gewahrt ist. Die Abbildungen 8e und f zeigen, wie das Gesetz der durchgehenden Kurve verwendet werden kann, um wohlbekannte Reizkonfigurationen unsichtbar zu machen. In beiden Gebilden ist die Ziffer *4* versteckt und durch Fortsetzung von Linien so getarnt, daß sie kaum noch sichtbar ist.

Die Abbildung 8g zeigt eine Konfiguration, bei der das Prinzip des durchgehenden Kurvenverlaufs die gesehene Gliederung nicht erklären kann – und zwar deshalb nicht, weil die beiden Berührungspunkte für beide gesehenen Teilfiguren Knickpunkte im Konturverlauf darstellen. Trotzdem läßt die gesehene Struktur an Eindeutigkeit nichts zu wünschen übrig. In 8h kann eine Gliederung gesehen werden, die sogar gegen das Prinzip der durchgehenden Kurve verstößt: man sieht eine Zackenlinie und ein Quadrat, die sich in einem Punkt berühren. In diesen beiden Figuren ist ein anderes – allgemeineres – Gliederungsprinzip wirksam, das in der Sprache der Gestalttheorie als Prägnanzprinzip bezeichnet wird. Diesem Prinzip zufolge setzt sich dann, wenn die Reizkonfiguration mehrere alternative Gliederungen zuläßt, von den kombinatorisch möglichen Strukturierungen stets diejenige durch, die die einfachste, einheitlichste oder auch «beste» Gesamtgestalt ergibt. Etwas ausführlicher heißt es bei METZGER:

> Die gegebenen Elemente schließen sich ... stets so zusammen, daß möglichst einfache, einheitliche (nach Material und Form möglichst glatte, ungebrochene, organische), möglichst dichte (geballte), geschlossene, auf Dauer möglichst feste ..., ferner möglichst symmetrische, gleichgewichtige, ebenbreite, konzentrische usw. ..., endlich möglichst «vollständige» und untereinander ... gleichartige Ganzgebilde entstehen. (1963, S.109)

Aus dieser Formulierung wird deutlich, daß das Prägnanzprinzip nicht eines von vielen Gestaltgesetzen ist, sondern ein allgemeines Rahmenprinzip darstellt, das durch die verschiedenen Einzelgesetze konkretisiert wird. Auch die Faktoren, die die Figur-Grund-Differenzierung bestimmen, sind konkrete Ausgestaltungen dieses abstrakten Prinzips. Die Abbildung

7b mag zur Erläuterung dienen: dort sehen wir entweder ein Malteserkreuz oder Windmühlenflügel als Figur – kaum aber irgendein anderes, weniger regelmäßiges Teilgebilde, das eigentlich ebensogut möglich wäre. Ferner sehen wir jezt, daß an der Auffassung von Abbildung 8a (und 8c) neben dem Gesetz des durchgehenden Kurvenverlaufs (das ja nur die Wahrnehmung von Linienverläufen an Schnitt- oder Berührungspunkten betrifft) das Prägnanzprinzip auch noch in anderer, unmittelbarer Form beteiligt ist: es leuchtet ein, daß die tatsächlich gesehene Gliederung einfacher, einheitlicher und besser ist als z.B. die in 8b und 8d angedeuteten Alternativen – auch wenn es schwerfällt, genau anzugeben, worin dieser Unterschied besteht (besonders im Fall 8d). Wegen der Schwierigkeit, genau zu spezifizieren, was unter der Prägnanz eines Gebildes verstanden werden soll und wie die Struktur der Reizverteilung beschaffen sein muß, damit auf der Seite der Wahrnehmungsstruktur der Eindruck von Prägnanz entsteht, ist die Gestalttheorie oft kritisiert worden. Das ändert aber nichts daran, daß das Prinzip der guten Gestalt, wie es auch genannt wird, ein intuitiv plausibles und theoretisch fruchtbares Arbeitskonzept darstellt.

3. *Tiefe in der Fläche* – Dieses allgemeine Prinzip tritt besonders eindrucksvoll in den Regeln zutage, nach denen sich die dreidimensionale Wahrnehmung zweidimensionaler Konfigurationen richtet. In diesem Fall wird nämlich in einem ganz wörtlichen Sinne im Wahrnehmungsprozeß eine zusätzliche Wahrnehmungsdimension produziert, die in der Reizvorlage keine unmittelbar korrespondierende Grundlage hat. Trotzdem drängt sich diese «Zutat», die der Wahrnehmungsvorgang zur Reizvorlage hinzufügt, in der Regel so zwingend auf, daß die gesehene Tiefe keineswegs

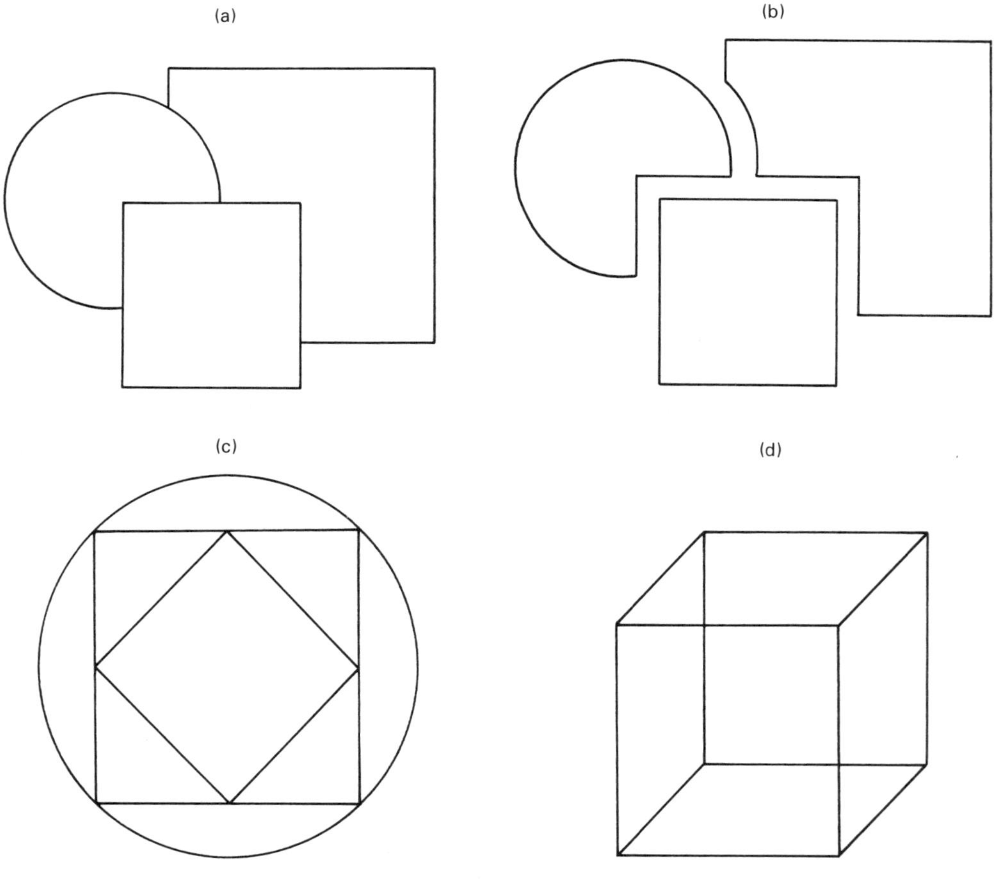

einen schwächeren Status hat als Höhe und Breite, die ja unmittelbar in entsprechenden Merkmalen der Reizstruktur verankert sind.
Die Abbildung 9b zeigt eine Zerlegung der Konfiguration in 9a, die mit den zuvor besprochenen Gliederungsprinzipien für Flächenfiguren voll in Einklang steht. Trotzdem sieht man etwas ganz anderes, wenn man 9a betrachtet: Ein Quadrat, das ein anderes, größeres teilweise verdeckt, und einen Kreis, der sich an einer Ecke zwischen die beiden Quadrate geschoben hat. Man sieht also Dinge, die überhaupt nicht sichtbar sind (gleichsam im Gegenzug zu Abbildung 8e und 8f, wo man Sichtbares nicht sieht), und man kann nur schwer die Auffassung realisieren, daß 9a tatsächlich aus den in 9b angedeuteten Flächenteilen bestehen könnte.
Aufgrund der bisherigen Überlegungen liegt es nahe, die Einbeziehung der Tiefendimension, die hier spontan vorgenommen wird, auf das Wirken des Prägnanzprinzips zurückzuführen. Die Einbeziehung der Tiefenstaffelung – und nur sie – erlaubt eine Auffassung des Gesamtgebildes, die sich durch besondere Einfachheit und durch hohe Regelmäßigkeit der Teilfiguren auszeichnet. Ohne die Möglichkeit der Tiefenstaffelung bliebe nur die sehr viel weniger prägnante Gliederung in 9b. Was diesen Effekt so besonders frappierend macht, ist die

(e)

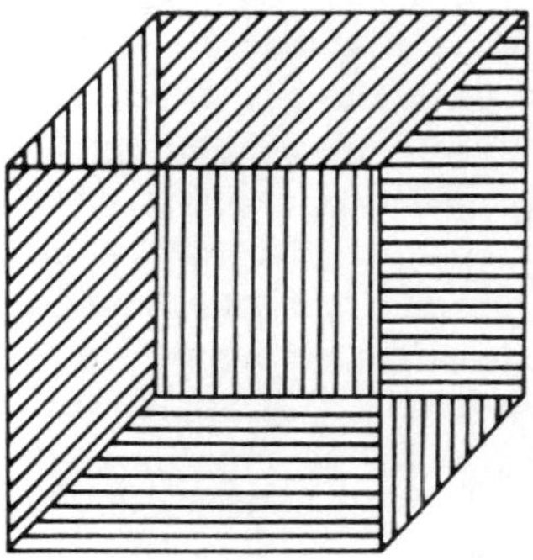

(f)

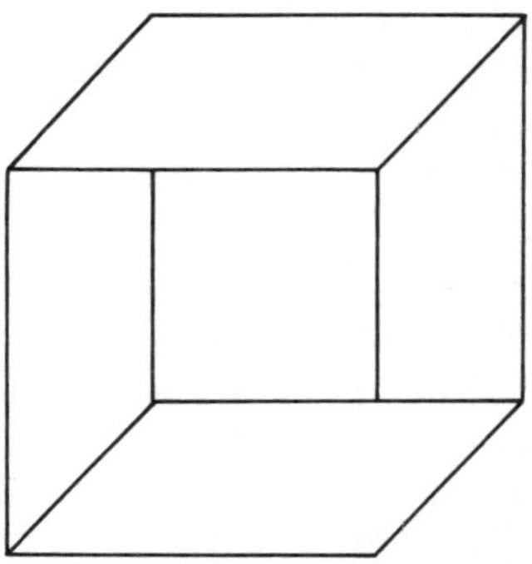

(g)

(h)

(i)

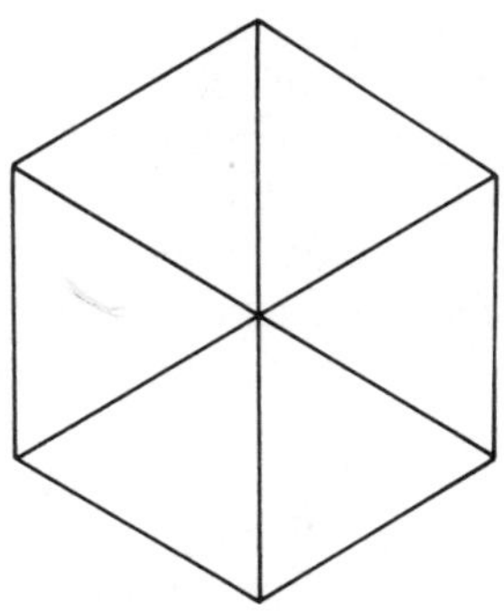

Abbildung 9: Gestaltgesetze der räumlichen Auffassung flächiger Figuren. Erläuterungen im Text.

Tatsache, daß hier nicht nur – wie in den obigen Beispielen – die «beste» (prägnanteste) aus vielen möglichen Zerlegungen ausgewählt wird, sondern daß sich eine Auffassung realisiert, die eine imaginative Ergänzung unsichtbarer Teile impliziert und insofern über die bloße Auswahl einer von mehreren möglichen Zerlegungen hinausgeht. Anders liegen die Verhältnisse dann, wenn die Vorlagefigur auch ohne Hinzunahme der Tiefendimension ein regelmäßiges zweidimensionales Gebilde ergibt. Dann wird entweder überhaupt keine Verdeckung wahrgenommen bzw. Verdeckung ist eine von mehreren möglichen Auffassungen (9c).

Die gleichen Grundsätze gelten für die Wahrnehmung perspektivischer Zeichnungen. Es ist praktisch unmöglich, das Gebilde in Abbildung 9d als das zu sehen, was es zunächst ist: als eine Anordnung von Linien auf einer Fläche bzw. – was auf das gleiche hinausläuft – als ein Nebeneinander einer Reihe von unterschiedlich geformten Teilflächen. Was man sieht, ist ein Würfel, d.h. eine sehr einfache dreidimensionale Struktur, die der in der zweidimensionalen Projektion verwirrenden Anordnung von Linien und Flächen ein hohes Maß an Ordnung und Regelmäßigkeit verleiht. Auch hier schafft also die Einbeziehung der dritten Dimension Ordnung, während die zweidimensionale Interpretation sehr viel komplexer, d.h. weniger prägnant wäre. Die Ergänzung der Tiefendimension ist auch hier so zwingend, daß man die zweidimensionale Auffassung ohne Hilfe kaum realisieren kann. Die Abbildung 9e liefert eine solche Hilfe durch unterschiedliche Schraffur der Teilflächen. Wie man sieht, ist dieses Gebilde deutlich komplexer und unregelmäßiger als der «ordentliche» Würfel in 9d. Die Abbildungen 9f und 9g geben eine andere Demonstration der Unausweichlichkeit der räumlichen Auffassung: zwei verwirrende unmögliche Figuren – unmöglich natürlich nur als dreidimensionale Körper, als flächige Gebilde dagegen durchaus möglich: wie anders hätten sie sonst gedruckt werden können?

Die Abbildungen 9h und i zeigen schließlich zweidimensionale Würfelprojektionen, die kaum als solche gesehen werden können. Hier gilt Entsprechendes wie für 9c: Konfigurationen, die bereits zweidimensional hinreichend prägnant sind, werden – eben deshalb – nicht dreidimensional gesehen. Die dritte Dimension tritt nur dann hinzu, wenn der Ordnungsgehalt der wahrgenommenen Struktur dadurch verbessert werden kann.

Psychophysische Gestalten

Das entscheidende Verdienst der gestaltpsychologischen Wahrnehmungsforschung liegt im Nachweis einzelner Gesetze und Prinzipien der Wahrnehmungsorganisation. Aber auch die weiterführende Frage, welche Rückschlüsse diese Befunde auf den Bau und die Funktionsweise des psychophysischen Transformationsapparates gestatten, hat in KÖHLERS Theorie der psychophysischen Gestalten eine interessante Antwort erfahren. Diese Theorie wurde ursprünglich von KÖHLER in Form allgemeiner Annahmen und Prinzipien formuliert (1924, 1933). Später wurde sie durch eine spezifische hirnphysiologische Theorie konkretisiert (vgl. z.B. Kap. II in KÖHLER, 1958), auf die wir hier nicht eingehen.

Nach KÖHLER können die beschriebenen Organisationsleistungen der psychophysischen Abbildungsprozesse im Rahmen einer Theorie verständlich gemacht werden, die drei Prinzipien postuliert: das Isomorphieprinzip des psychophysischen Zusammenhangs, das Prinzip der physischen Gestalten und das Feldprinzip des psychophysischen Niveaus.

Das *Isomorphieprinzip des psychophysischen Zusammenhangs* besagt, daß den psychischen Prozessen und Strukturen, die das Produkt des Wahrnehmungsvorgangs bilden, isomorphe physische Prozesse und Strukturen zugrundeliegen, d.h. konkret: gleichgestaltete hirnphysiologische Vorgänge. Das bedeutet z.B., daß einer wahrgenommenen räumlichen oder zeitlichen Konfiguration eine räumlich oder zeitlich entsprechend verteilte Erregungsstruktur in einem bestimmten Areal der Großhirnrinde zugeordnet ist und daß diese Erregungsverteilung die Grundlage der Wahrnehmungsstruktur bildet. Mit dem Isomorphieprinzip nimmt KÖHLER also an, daß die ganzheitliche Organisation, die die Wahrnehmungsinhalte auszeichnet, schon in den materiellen Trägerprozessen der Bewußtseinsinhalte angelegt ist – und nicht etwa als schöne Zutat einer ganzheitlichen Seele zu verstehen ist, die zu den isoliert gedachten Prozessen einer mechanischen Körperphysiologie organisierend hinzutritt.

Das *Prinzip der physischen Gestalten* behauptet, daß in der physischen Welt Zusammenhänge und Prozesse existieren, die sich durch Ganzheitlichkeit ihrer inneren Organisation und durch eine Tendenz zur Wahrung oder Herstellung von Zuständen hoher Ordnung auszeichnen. Systeme, die diese beiden Eigenschaften aufweisen, werden als physische Gestalten bezeichnet. Einfache Beispiele für Systeme, die zu einer derartigen Selbstorganisation fähig sind – das ist die heute gebräuchliche Bezeichnung für KÖHLERS physische Gestalten – sind z. B. Seifenblasen (die immer rund sind), Tiefdrucksysteme (die in unseren Breiten immer die gleiche charakteristische Struktur annehmen und die gleiche Entwicklung durchlaufen), oder Magnetfelder (deren Struktur einer strengen, auf die Magnetpole bezogenen Ordnung folgt). Systeme wie diese sind dadurch gekennzeichnet, daß innerhalb eines homogenen Mediums eine definierte Verteilung von Kräften entsteht, die entweder (bei ausgeglichener Kräfteverteilung) dauerhaft oder für eine gewisse Zeit stabil bleibt oder sich (bei unausgeglichener Verteilung) nach bestimmten Regeln im Sinne eines Fließgleichgewichts allmählich verändert. Voraussetzung für den ganzheitlichen Charakter solcher Systeme – nämlich für ihre Fähigkeit, auf lokale Einwirkungen global zu reagieren – ist die Homogenität des Mediums, in dem diese Strukturen bestehen bzw. sich diese Vorgänge abspielen. Der Ausgleich der Kräfte, den die Homogenität des Mediums ermöglicht, ist die Voraussetzung für die dem System innewohnende Tendenz, in gewisse stabile Ordnungszustände (mit ausgeglichener Kräfteverteilung) überzugehen. Physische Systeme, die diese Bedingungen erfüllen, weisen also durchaus eine Tendenz zur guten (physischen) Gestalt auf. Derartige Systeme können auch allgemein als Felder bezeichnet werden.

Das *Feldprinzip des psychophysischen Niveaus* behauptet schließlich, daß diejenigen Areale der Großhirnrinde, die das psychophysische Niveau bilden (d. h. in denen sich die unmittelbaren Trägerprozesse der bewußten Wahrnehmung abspielen), funktional den Charakter von Feldern haben, d. h. von homogenen Medien, in denen ein unbehinderter Ausgleich von Kräften möglich ist. Das bedeutet nichts anderes als die Behauptung, daß nicht die Erregungsvorgänge innerhalb isolierter Nervenbahnen und Nervenzellen die eigentlichen Trägerprozesse der Wahrnehmung darstellen, sondern übergreifende Interaktionen zwischen Zellen innerhalb ihrer zentralen Projektionsgebiete oder auch quer zu den dorthin führenden Erregungsleitungen. Die Gesetze der Wahrnehmungsorganisation werden dann als Gesetzmäßigkeiten des (z. B. chemischen und/oder elektrischen) Kräfteausgleichs innerhalb des psychophysischen Niveaus verstanden.

KÖHLERS hirnphysiologische Spekulationen erschienen damals – und erscheinen auch heute noch – recht gewagt. Aus guten Gründen geht die Hirnphysiologie (damals wie heute) von der Annahme aus, daß die kritischen physiologischen Trägerprozesse der Wahrnehmung in Erregungsverteilungen innerhalb geschlossener Nervennetze bestehen, deren räumliche Struktur in keinerlei räumlicher Korrespondenzbeziehung zu der räumlichen Beschaffenheit der Wahrnehmungsinhalte steht. Außerdem muß man auch folgende Begrenzung der Theorie sehen: Aufgrund der Tatsache, daß die Erregungsprozesse im Gehirn räumlich (und zeitlich) verteilt sind, ist es möglich, für die räumlichen (und evtl. die zeitlichen) Aspekte der Wahrnehmungsinhalte eine solche Isomorphietheorie aufzustellen. Für alle anderen Wahrnehmungseigenschaften kommt aber ein derartiger isomorpher Zusammenhang überhaupt nicht in Betracht: niemand würde ernsthaft auf den Gedanken kommen, daß Farben oder Töne im Gehirn die Grundlage der Wahrnehmung von Farben oder Tönen bilden.

2.3 Wahrnehmung als korrelative Repräsentation

Der Grundgedanke des Isomorphieprinzips läßt eine Eigenschaft besonders deutlich hervortreten, die den bisher besprochenen psychophysischen Ansätzen gemeinsam ist: die Vorstellung, daß im Wahrnehmungsprozeß eine Abbildung, d. h. eine bildhafte Wiedergabe der distalen Reize erfolgt – eine Wiedergabe, die sich für die Erstellung des psychischen Abbildes im Prinzip der gleichen Dimensionen bedient, die für die Beschreibung des physischen Urbildes erforderlich sind. Der psychophysische Apparat ist nach dieser Auffassung als Instrument zur *Abbildung* der physischen Welt zu verstehen, und so weit die Dimensionen des Psychischen denen des Physischen entsprechen, hat die Wahrnehmungserkenntnis den Charakter einer bildhaften Wiedergabe der physischen Wirklichkeit.

Neben dieser Denktradition, die die Wahrnehmung als (dimensionale oder strukturelle) Abbildung auffaßt, existiert seit den frühen Tagen der experimentellen Psychologie auch ein anderer Ansatz, der stattdessen die instrumentelle Bedeutung der Wahrnehmung für die Handlungssteuerung in den Vordergrund stellt. Aus dieser Perspektive, die stärker biologischem als philosophischem Denken verpflichtet ist, besteht die Aufgabe des psychophysischen Apparates vor allem darin, *Informationen* über die Beschaffenheit der physischen Umgebung bereitzustellen, die dem Beobachter als Grundlage für die umgebungsgerechte Steuerung seiner Tätigkeit dienen können. Für diesen Zweck ist jedoch keineswegs eine bildhafte Wiedergabe der physischen Umgebung erforderlich. Erforderlich ist hierzu lediglich die eindeutige korrelative Repräsentation von tätigkeitsrelevanten physischen Eigenschaften durch *irgendwelche* Wahrnehmungseigenschaften bzw. umgekehrt die Verankerung von Wahrnehmungseigenschaften an *irgendwelchen* (Kombinationen von) physischen Eigenschaften. Bildhafte Wiedergabe physischer durch psychische Dimensionen wäre demnach eine Sonderform des psychophysischen Zusammenhangs; korrelative Korrespondenz wäre die allgemeine Regel.

Korrelative Psychophysik

Die Begründung dieser Interpretation des psychophysischen Zusammenhangs geht auf Hermann von Helmholtz zurück:

> Unsere Empfindungen sind eben Wirkungen, welche durch äussere Ursachen an unseren Organen hervorgebracht werden, und wie eine solche Wirkung sich äussert, hängt natürlich ganz wesentlich von der Art des Apparats ab, auf den gewirkt wird. Insofern die Qualität unserer Empfindungen uns von der Eigenthümlichkeit der äusseren Einwirkung, durch welche sie erregt ist, eine Nachricht giebt, kann sie als ein *Zeichen* derselben gelten, aber nicht als ein *Abbild.* Denn vom Bilde verlangt man irgendeine Art der Gleichheit mit dem abgebildeten Gegenstande, von einer Statue Gleichheit der Form, von einer Zeichnung Gleichheit der perspectivischen Projection im Gesichtsfelde, von einem Gemälde auch noch Gleichheit der Farben. Ein Zeichen braucht gar keine Art der Ähnlichkeit mit dem zu haben, dessen Zeichen es ist. Die Beziehung zwischen beiden beschränkt sich darauf, dass das gleiche Object, unter gleichen Umständen zur Einwirkung kommend, das gleiche Zeichen hervorruft, und dass also ungleiche Zeichen immer ungleicher Einwirkung entsprechen (1879, S. 18/19).

Die Wahrnehmungsinhalte vertreten danach die Reizgegenstände in der gleichen Weise, wie ein Zeichen den Sachverhalt repräsentiert, den es vertritt. Ein roter Gegenstand ist nicht an und für sich rot, sondern die gesehene Farbe ist ein Zeichen für ganz andersartige physikalische Eigenschaften, nämlich die Reflexions- und Absorptionseigenschaften seiner Oberfläche bzw. für das Frequenzspektrum des von ihr reflektierten Lichtes. Somit ist das gesehene Rot eigentlich nicht das, wofür wir es gewöhnlich halten – nämlich eine Eigenschaft des gesehenen Gegenstandes –, sondern das Ergebnis einer bestimmten Reaktion unseres psychophysischen Apparates auf Lichtwellen mit einem bestimmten Frequenzspektrum – und insofern ein Hinweis auf (Zeichen für) einen Gegenstand mit einer bestimmten molekularen Oberflächenstruktur.

Man kann den Grundgedanken der Helmholtzschen Zeichentheorie der Wahrnehmung unmittelbar in den Jargon des Informationsverarbeitungsansatzes übersetzen (vgl. Abschnitt 1), dessen historischer Vorläufer sie ist. Dieser Grundgedanke kann wie folgt beschrieben werden: Die räumliche und zeitliche Erregungsverteilung, die in den Sinnesorganen erzeugt und in Form von Aktionspotentialen ins Gehirn geleitet wird, enthält potentielle Information über bestimmte Eigenschaften der aktuellen physischen Umgebung («Information über» ist die moderne Sprachregelung für das, was HELMHOLTZ «Zeichen für» nannte). Die Natur dieser physischen Eigenschaften ist in den Nervenimpulsen, aus denen diese Information über sie besteht, nicht mehr durch eine bestimmte Qualität der Impulse vertreten, sondern nur noch durch den Ort, an dem sie auftreten. Impulssalven, die visuelle Information vertreten, unterscheiden sich von solchen, die für akustische Information stehen, nur dadurch, daß sie in verschiedene Teilsysteme geleitet werden. Je nach Ankunftsort werden sie durch die dort angesiedelten psychophysischen Transformationsapparate in spezifische Wahrnehmungsqualitäten umgesetzt: Farben, Töne, Gerüche, usw. Die Eigenschaften der Wahrnehmungsgegenstände sind somit Ergebnis der Konstruktion einer psychischen Realität aufgrund von Information über physische Realität. Insofern läßt sich dieser Ansatz als *«konstruktive Psychophysik»* den «reproduktiven» bzw. «produktiven» Ansätzen der klassischen Psychophysik bzw. der Gestalttheorie gegenüberstellen.

Wie kann der Wahrnehmende aufgrund von Wahrnehmungseindrücken, die lediglich den Charakter einer konstruierten Realität haben, umgebungsgerecht handeln – d.h. so, daß er den tatsächlichen physischen Umgebungsbedingungen Rechnung trägt? Auch hierauf hat HELMHOLTZ bereits geantwortet: Die Tatsache, daß die Wahrnehmungseigenschaften nicht Abbilder von, sondern nur Zeichen für Umgebungseigenschaften sind, mindert ihren Wert für die umgebungsgerechte Steuerung des Handelns überhaupt nicht – solange nur die korrelative Zuordnung zwischen Zeichen und bezeichneter Realität stabil und eindeutig ist. Da nämlich gleiche Reizereignisse

> «in unserer Empfindungswelt durch gleiche Zeichen angezeigt (werden), so wird der naturgesetzlichen Folge gleicher Wirkungen auf gleiche Ursachen auch eine ebenso regelmässige Folge im Gebiete unserer Empfindungen entsprechen» (1879, S.19).

Drei Merkmale sind es, in denen sich der Ansatz der korrelativen Konstruktion von der traditionellen Abbildungspsychophysik unterscheidet. Erstens werden die psychophysischen Prozesse als Informationsverarbeitungsprozesse aufgefaßt – d.h. als Vorgänge der Selektion, Gewichtung, Berechnung usw. und nicht als Prozesse der produktiven oder reproduktiven Abbildung. Zweitens sieht der gegenwärtige Ansatz vor, daß eine wahrgenommene Eigenschaft (z.B. die Größe eines Gegenstandes) durch eine Reihe von ganz unterschiedlichen Aspekten der Reizinformation bestimmt werden kann – durch alle Aspekte nämlich, deren Berücksichtigung die Verhaltenssteuerung erfolgreich unterstützt, unabhängig davon, aus welcher Quelle sie stammen. Drittens wird hier davon ausgegangen, daß die psychophysischen Konstruktionsregeln, die festlegen, welche Ausschnitte des durch die Sinnesorgane bereitgestellten Informationsangebots herangezogen werden und in welcher Funktion und mit welchem Gewicht sie in die Konstruktion einbezogen werden, auf Lernprozesse zurückgehen, die am Handlungserfolg orientiert sind. Das bedeutet, daß Auswahl und Gewichtung der Information so erfolgt, daß eine für die Verhaltenssteuerung taugliche Konstruktion entsteht.

Ähnlich wie das Gebiet der Figuralwahrnehmung das zentrale Demonstrationsfeld für die Psychophysik der Gestalttheorie ist, ist für den Ansatz der korrelativen und konstruktiven Psychophysik das Gebiet der Raumwahrnehmung das zentrale Feld, auf dem sich seine Fruchtbarkeit zeigen läßt. Welche Informationsquellen werden für die Konstruktion des wahrgenommenen Raumes herangezogen und wie werden sie miteinander verknüpft?

Grundlagen der Raumwahrnehmung

Wenn wir unsere Umgebung betrachten, sehen wir in der Regel eine Reihe von Gegenständen oder Personen um uns herum. Neben vielen Eigenschaften, die wir den Gegenständen selbst zuschreiben (Farbe, Oberflächenstruktur, Gliederung in Teile, usw.) sehen wir auch, wie groß sie sind, wie weit sie von uns entfernt sind und in welcher Lagebeziehung sie zueinander und zu uns selbst stehen. Kurz: wir sehen ihre Anordnung im Raum, und wir sehen diese Anordnung ebenso unmittelbar wie die anderen Eigenschaften. Deshalb ist es naheliegend, die Reizgrundlage für diesen Eindruck in der Beschaffenheit der Bildprojektion auf der Netzhaut zu suchen. Aber wie Abbildung 10 zeigt, ist diese Grundlage allein offenkundig nicht ausreichend, weil die zweidimensionale Netzhautprojektion im Hinblick auf zahlreiche Merkmale der räumlichen Anordnung der distalen Objekte mehrdeutig ist: ein und dasselbe Netzhautbild kann durch Gegenstände unterschiedlicher Höhe, Breite, Entfernung, Form und Raumlage erzeugt sein. Da aber eine solche Mehrdeutigkeit der wahrgenommenen Raumstruktur im täglichen Leben selten in Erscheinung tritt, liegt die Vermutung nahe, daß das stationäre Netzhautbild nicht die einzige – vielleicht nicht einmal die ausschlaggebende – Grundlage wahrgenommener Räumlichkeit ist.

Welche anderen Grundlagen kommen in Betracht? Im folgenden betrachten wir einige Forschungsgebiete aus der Psychophysik der Raumwahrnehmung, in denen auf verschiedene Weise gezeigt werden kann, daß die funktionale Grundlage der räumlichen Struktur der Wahrnehmungsinhalte weit über das hinausgeht, was das stationäre Netzhautbild an Information enthält. In allen Fällen beschränken wir uns darauf, mögliche Informationsquellen aufzuspüren, die neben dem Netzhautbild wirksam sein können. Den jeweils vorliegenden Forschungsergebnissen über die tatsächliche Wirksamkeit dieser Informationen können wir hier nicht im einzelnen nachgehen (vgl. hierzu z. B. Graham, 1965; Hochberg, 1971).

1. *Binokulares räumliches Sehen* – Welches sind die Grundlagen gesehener Entfernung bzw. gesehener Tiefenstruktur? Diese Frage wird vielfach als das wichtigste (oft sogar als das einzige) Problem der Psychophysik des visuellen Raumes angesehen. Seine besondere Betonung rührt wohl daher, daß das stationäre Netzhautbild keine Information über die absolute Entfernung und nur wenig Information

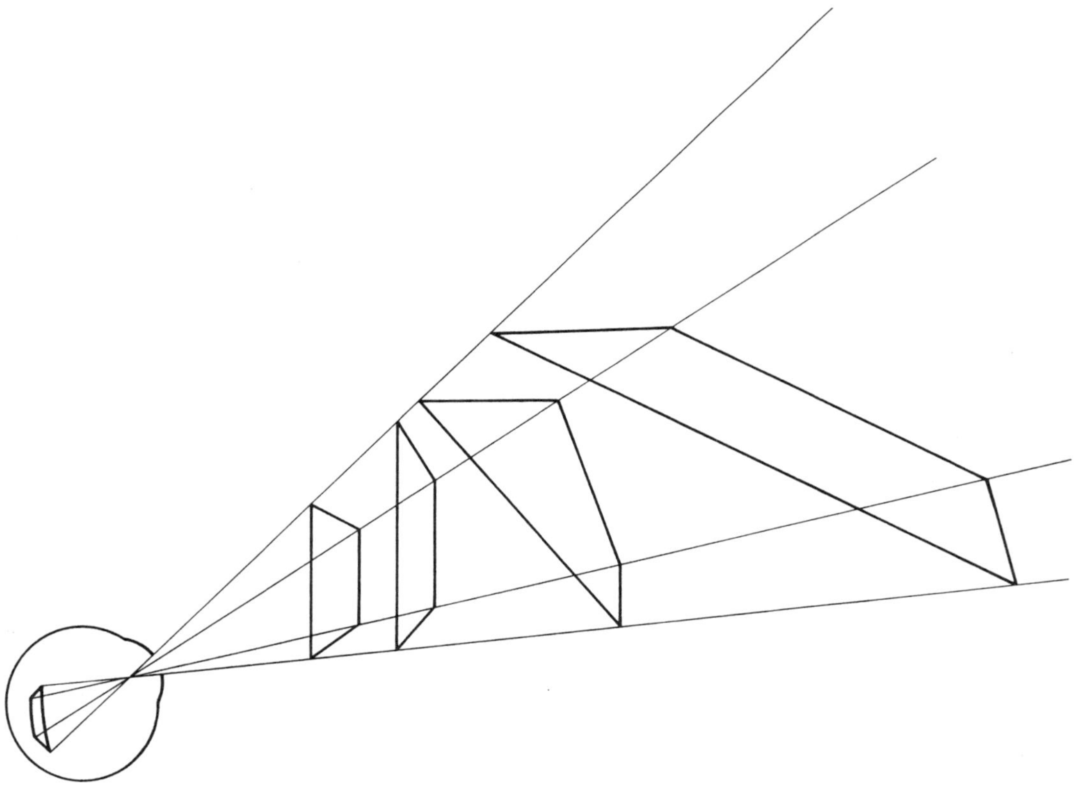

Abbildung 10: Das Netzhautbild ist mehrdeutig im Hinblick auf die Form, die Lage, die Größe und die Entfernung von Gegenständen. Vgl. Text.

über die relative Tiefenstaffelung der abgebildeten distalen Gegenstände enthält. Eine zusätzliche Informationsquelle, die hier in Betracht kommt, ergibt sich aus dem Umstand, daß unsere Augen paarig angelegt sind.

Die beiden Augen bewegen sich stets so, daß ihre optischen Achsen sich in einem bestimmten Punkt der Außenwelt – dem Fixationspunkt – schneiden. Anders gesagt: die beiden Blicklinien treffen an dem vom Beobachter gewählten Fixationspunkt aufeinander. Dadurch wird erreicht, daß der fixierte Punkt in beiden Augen auf der *Fovea Centralis* – dem besonders empfindlichen Bereich im Zentrum der Netzhaut – abgebildet wird. Das bedeutet zweierlei. Erstens erfahren der fixierte Punkt und seine unmittelbare Umgebung eine besonders feine Auflösung und damit eine besonders präzise Abbildung. Zweitens gelangt dieser Punkt in beiden Augen auf Netzhautstellen zur Abbildung, die einander entsprechen (sog. korrespondierende Netzhautstellen).

Der Winkel, in dem die beiden Augen zueinander stehen, wenn sie einen Punkt in der Außenwelt fixieren, muß demnach von der Entfernung des Betrachters zu diesem Punkt abhängen: je weiter der Punkt entfernt ist, desto kleiner ist der *Konvergenzwinkel,* unter dem sich die Achsen der beiden Augen schneiden (Abb. 11a). Allerdings ist diese Beziehung nur eindeutig, solange die Richtung des Fixationspunktes konstant bleibt. Denn der Konvergenzwinkel hängt nicht nur von der Entfernung, sondern auch von der Richtung des Fixationspunktes ab (vgl. Abb. 11b).

Wenn sich zeigen ließe, daß die Konvergenzstellung der Augen die gesehene Entfernung des fixierten Punktes beeinflußt, hätte man einen Beleg für die Beteiligung nichtvisueller Information an der Erzeugung eines visuellen Wahrnehmungseindrucks. Denn die Information über die Stellung der Augen bei der Fixation kann nicht aus dem (visuellen) Netzhautbild selbst stammen, sondern müßte auf eine von zwei (nicht-visuellen) Quellen zurückgehen: entweder auf eine kinästhetische Rückmeldung über die Position der Augen (d.h. auf nicht-visuelle sensorische Meldungen aus der Körperperipherie, die hier z.B. durch Rezeptoren in den Augenmuskeln oder den damit verbundenen Bändern und Sehnen erfolgen könnte) oder – noch weiter zurückverlagert – auf die motorischen Impulse, die die koordinierte Ausrichtung beider Augen auf den gemeinsamen Fixationspunkt steuern. Obwohl der Konvergenzwinkel ein präzises Maß für die Entfernung des Fixationspunktes darstellt (zumindest im Nahbereich), scheint die in ihm enthaltene Information nach allem, was wir wissen, jedoch nur als grober Abstandsindikator für die Unterscheidung zwischen «nahen» und «weit entfernten» Objekten ausgewertet zu werden.

Völlig anders steht es mit der räumlichen Wirksamkeit einer anderen Folge unserer Zweiäugigkeit: der retinalen Breitenabweichung oder *Querdisparation.* Darunter wird die Tatsache verstanden, daß bei der Betrachtung einer visuellen Szene nur ein kleiner Teil der Bildpunkte in beiden Augen auf korrespondierende Netzhautstellen abgebildet wird. Ein sehr viel größerer Teil der Punkte erfährt eine Projektion auf Netzhautstellen, die um einen bestimmten Betrag – eben die Querdisparation – voneinander abweichen. Wie wir schon gesehen haben, wird der Fixationspunkt immer auf korrespondierende Stellen innerhalb der beiden Netzhäute abgebildet. Man kann zeigen, daß auf korrespondierende Netzhautstellen nur solche Punkte abgebildet werden können, die auf einem Kreis liegen, der durch den Fixationspunkt und die Drehpunkte der beiden Augen verläuft. Diese Kreislinie wird als theoretischer Horopter bezeichnet (vgl. Abb. 12a). Aus verschiedenen Gründen, die teils in der Anatomie, teils in der Physiologie des binokularen Systems liegen, ist der empirische Horopter weniger regelmäßig als der theoretische, kommt aber, zumindest in der Nähe des Fixationspunktes, der theoretischen Horopterlinie nahe.

Was bedeutet die Aussage, daß ein Punkt auf korrespondierende Netzhautstellen abgebildet wird? Als korrespondierend gelten Punkte, die aufeinander liegen würden, wenn man die beiden Netzhäute ortsgerecht aufeinander legte, d.h. so, daß ihre vertikalen und horizontalen Achsen aufeinander lägen. So kann man sich z.B. vorstellen, daß dieses «Aufeinanderlegen» in einer gemeinsamen zentralen Repräsentation der beiden Netzhäute erfolgt, deren einzelne Stellen von je korrespondierenden Po-

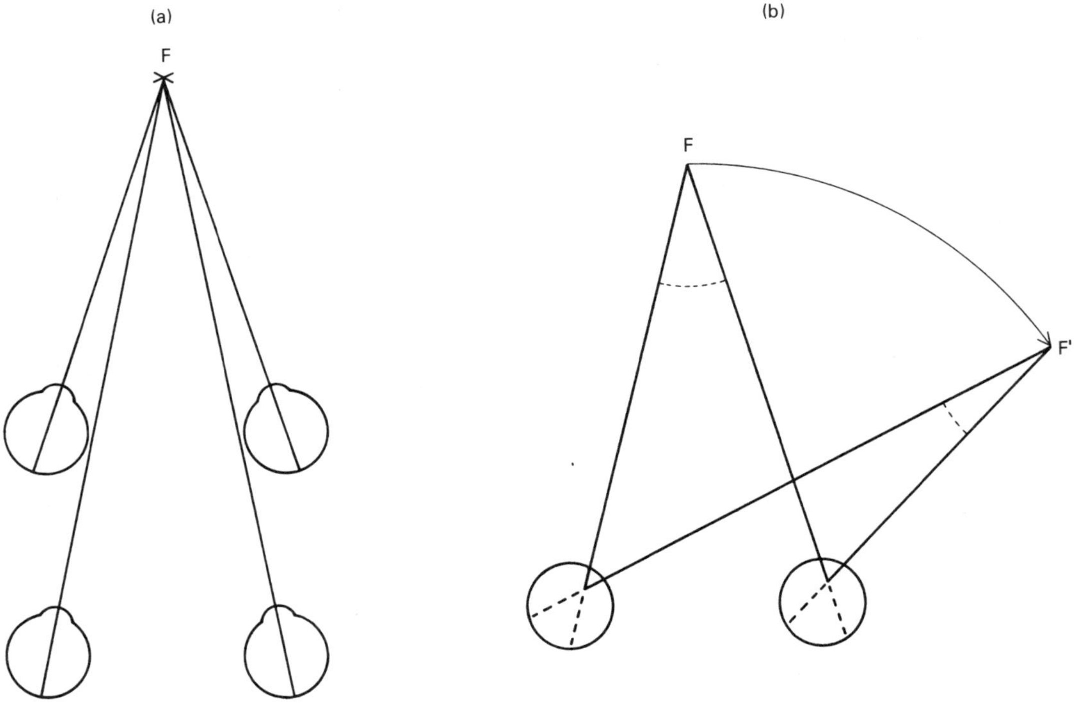

Abbildung 11:

(a) Der Konvergenzwinkel, unter dem sich die Blicklinien der beiden Augen im Fixationspunkt F schneiden, ist umso größer, je kleiner der Augenabstand von F ist.

(b) Der Konvergenzwinkel hängt nicht nur vom Abstand, sondern auch von der Richtung von F ab: wandert der Fixationspunkt von F nach F', verkleinert sich der Konvergenzwinkel, obwohl sich der Abstand von F (zum Mittelpunkt zwischen den beiden Augen) nicht verändert.

sitionen der beiden Netzhäute beschickt werden. Eine solche hypothetische Vorstellung kommt den anatomischen Verhältnissen in bestimmten Teilen der visuellen Projektionsgebiete der Großhirnrinde durchaus nahe. Die gemeinsame zentrale Repräsentation beider Netzhäute wird bisweilen scherzhaft als Zyklopenauge bezeichnet (JULESZ, 1971).

In dieser zentralen Repräsentation, dem Zyklopenauge, wird somit jeder Punkt, der auf dem Horopter liegt, an einem einzigen, eindeutig bestimmten Ort eingetragen: bezüglich der Horopterpunkte sind die Eintragungen, die von den Netzhäuten der beiden Augen eingehen, völlig deckungsgleich. Punkte außerhalb des Horopters werden dagegen niemals auf korrespondierende Netzhautstellen abgebildet. Da die Ortsmeldungen der beiden Netzhäute nicht übereinstimmen, erfahren diese Punkte im Auge des Zyklopen eine – im wörtlichen Sinne – zweideutige Eintragung. Der Betrag, um den die beiden Eintragungen gegeneinander verschoben sind, ist die den jeweiligen Punkten entsprechende Querdisparation (vgl. Abb. 12b und c).

Welche Konsequenzen haben die Abbildungen auf nichtkorrespondierende Netzhautstellen? Im einfachsten Fall sieht man Doppelbilder. Dies kann man sich veranschaulichen, indem man die Zeigefinger der beiden Hände in etwa 20 bzw. 50 cm Abstand vor die Augen hält. Fixiert man den nahen Finger und öffnet alternierend das eine oder das andere Auge, sieht man den entfernten Finger von einer Stelle zur anderen springen. Öffnet man beide Augen gleichzeitig, ist der entfernte Finger doppelt zu sehen.

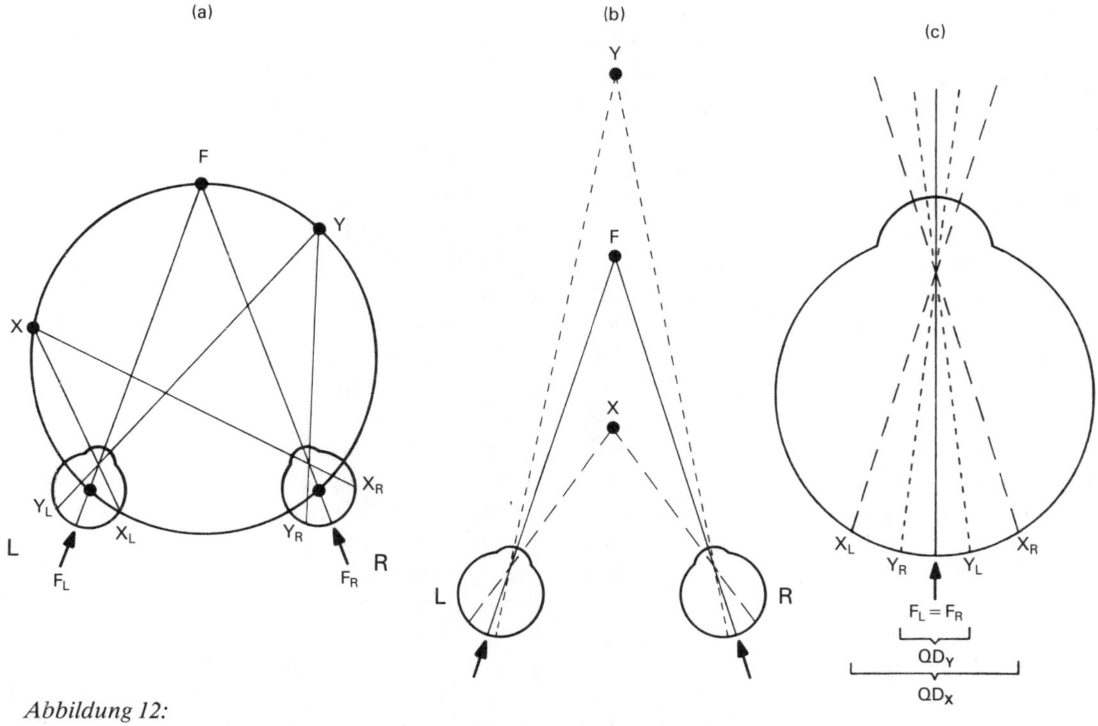

Abbildung 12:

(a) Theoretischer Horopter. Der Horopter ist der Ort aller Punkte, die bei einer gegebenen Konvergenzstellung der Augen (Fixation bei F) auf korrespondierenden Netzhautstellen abgebildet werden (neben F_L und F_R sind auch X_L und X_R sowie Y_L und Y_R korrespondierende Stellen im linken und rechten Auge).

(b) Abbildung von Punkten, die nicht auf dem Horopter liegen. X und Y werden auf nicht-korrespondierenden Netzhautstellen abgebildet, während F in beiden Augen in der Fovea (Pfeil) abgebildet sind.

(c) Überlagerung der beiden Netzhautbilder aus (b), sogenanntes «Zyklopenauge». Die Querdisparation für den nahen Punkt X ist wesentlich größer (und umgekehrt gepolt) als für den fernen Punkt Y (QD_y vs. QD_x).

Fixiert man stattdessen den entfernten Finger, springt bzw. verdoppelt sich der nahe. Eine andere mögliche Konsequenz der Abbildung von Punkten auf nichtkorrespondierende Netzhautstellen ist gesehene Tiefe. Die Querdisparation ist eine der wichtigsten Informationsgrundlagen für die gesehene Tiefenstruktur der visuellen Szene, zumindest innerhalb des Greifraumes. Von ihrer praktischen Bedeutung kann man sich überzeugen, wenn man versucht, bei nur einem geöffneten Auge einen Faden in ein Nadelöhr einzuziehen: das ist zwar zu schaffen, aber es dauert doch erheblich länger als unter Zuhilfenahme beider Augen. Grundlage gesehener Tiefe im Nahbereich ist also der Umstand, daß die beiden Augen die gleiche Szene von unterschiedlichen Stellen aus betrachten.

Für die Untersuchung der Bedingungen, unter denen sich Querdisparation in gesehene Tiefe umsetzt, stehen verschiedene Hilfsmittel zur Verfügung. Stereoskope sind optische Geräte, die es gestatten, den beiden Augen des Betrachters getrennte zweidimensionale Reizkonfigurationen vorzugeben. Auf diese Weise läßt sich der Unterschied im visuellen Reizangebot für die beiden Netzhäute auf einfache Weise planmäßig manipulieren. Dem Buch von ROCK (1985) ist ein solches Stereoskop beigefügt. Ein anderes Verfahren, das bisweilen auch in wahrnehmungspsychologischen Büchern zur Demonstration des stereoskopischen Sehens verwendet wird (z.B. JULESZ, 1971; METZGER, 1975), nutzt die Filterwirkung farbiger Folien. Der Beobachter betrachtet eine rot/grün gedruckte Vorlage durch eine Rotgrünbrille. Da auf diese Weise die grünen Anteile der Vorlage für das mit dem Grünfilter bewehrte Auge unsichtbar werden und die roten für das Auge mit dem Rotfilter, können zweifarbige Vorlagen so gedruckt werden, daß jedes Auge etwas anderes sieht. (Auf dem gleichen Prinzip beruht die Wirkung der sog. 3-D-Filme.) Die Betrachtung stereoskopischer Vorlagen ist außerordentlich verblüffend; sie ist jedem zur empfehlen, der Zugang zu entsprechenden Quellen hat. Bei gutkonstruierten Vorlagen ist der dreidimensionale Eindruck derart unmittelbar und zwingend, daß man einen räumlichen Körper über der flächigen Vorlage schweben sieht.

Allerdings tritt nicht immer ein Tiefeneindruck ein, wenn man den beiden Augen irgendwelche verschiedenen Vorlagen anbietet. Neben dem Tiefeneffekt, der uns hier ausschließlich interessiert, treten häufig auch Inhibitionseffekte (binokularer Wettstreit) und – eher selten – Summationseffekte auf. In der Literatur werden gewöhnlich drei Formen von Wechselwirkung zwischen den beiden Netzhautbildern unterschieden, durch die Doppelbilder vermieden werden können: Summation, Inhibition und Verschmelzung.

Die Vorgänge, die dem binokularen Tiefensehen zugrundeliegen, werden vielfach als Prozesse der *Verschmelzung* der disparat abgebildeten Teile der Reizkonfiguration aufgefaßt (z.B. Metzger, 1975, S.360ff.). Zu den wichtigsten *quantitativen* Bedingungen, die erfüllt sein müssen, damit ein Tiefeneindruck entsteht, gehört, daß die Breitenabweichung einen bestimmten kritischen Wert nicht überschreitet. Bei der zuvor beschriebenen Zweifinger-Demonstration sind Doppelbilder z.B. nicht zu vermeiden. Eine Verschmelzung gelingt deshalb nicht, weil die Breitenabweichung zu groß ist. Der Betrag der Querdisparation, bis zu dem Verschmelzung möglich ist, ist keine konstante Größe. Er hängt davon ab, ob zwei isolierte Punkte oder zwei strukturierte Muster disparat abgebildet sind. Im letzteren Fall liegt der kritische Wert in der Größenordnung von 2° Winkelabstand. Was die *qualitativen* Voraussetzungen betrifft, entsteht ein zwingender und stabiler Tiefeneindruck immer dann, wenn die Netzhautbilder, die in den beiden Augen entstehen, zwei Ansichten einer räumlichen Szene oder eines räumlichen Körpers darstellen, die sich aus der Verschiebung der Beobachtungsperspektive um mindestens 6–7 cm (dem durchschnittlichen Augenabstand eines Erwachsenen) ergeben. Mit Stereokameras, die über zwei parallele Objektive mit ungefähr diesem Abstand verfügen, lassen sich bestechende stereoskopische Vorlagen anfertigen. Es versteht sich, daß die räumliche Wirkung derartige Bilder umso stärker ist, je geringer die Objektentfernung bei der Aufnahme ist: je kleiner der Abstand, desto unterschiedlicher sind – *ceteris paribus* – die beiden Bildprojektionen in der Filmebene der Kamera.

Wie kann man sich den Vorgang der Verschmelzung der Netzhautbilder vorstellen und wie die Umsetzung von Breitenabweichung in gesehene Tiefe? Natürlich darf man den Begriff der Verschmelzung nicht wörtlich nehmen, sondern nur als Metapher zur Bezeichnung eines unbekannten Vorgangs. Hilfreicher ist eine andere – wenn auch gleichfalls metaphorische – Vorstellung: die Vorstellung, daß hinter dem Zyklopenauge eine weitere Repräsentationsebene existiert, in der sämtliche Bildpunkte nur ein einziges Mal abgebildet werden. Diejenigen Bildpunkte, die im Zyklopenauge selbst schon einfach abgebildet sind (Punkt F in Abb. 12b und c) brauchen in dieses hypothetische Zyklopenauge zweiter Ordnung nur kopiert zu werden. Aber auch solche Bildpunkte, die im Zyklopenauge doppelt repräsentiert sind (X und Y), werden jetzt durch je einen einzigen Punkt repräsentiert, dem jedoch – gleichsam zur Erinnerung an seine Breitenabweichung im Zyklopenauge – ein Tiefenwert zugeordnet wird, der auf der Grundlage eben dieser Breitenabweichung berechnet wird. Für X würde eine Raumlage «vor» F, für Y «hinter» F berechnet werden.

Während das erste Zyklopenauge nach dem Prinzip korrespondierender Netzhautstellen organisiert ist, ist das zweite nach dem Prinzip korrespondierender Bildpunkte aufgebaut. Nur: woher «weiß» das zweite Zyklopenauge, welche Bildpunkte zusammengehören? Die Abbildung 13b zeigt die projektive Abbildung des von oben betrachteten quadratischen Pyramidenstumpfs aus Abb. 13a in den Netzhäuten der beiden Augen. Der Fixationspunkt liegt in der Basisebene; die durchgezogenen Linien geben die Perspektive des rechten, die

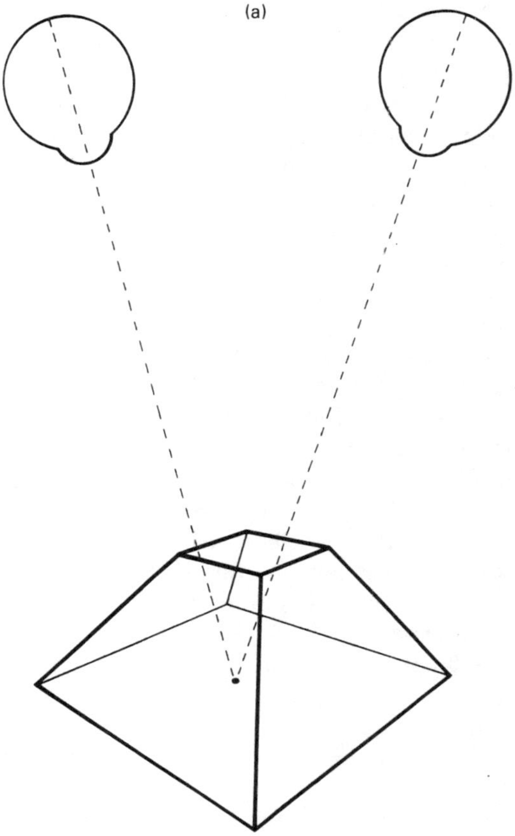

durchbrochenen die des linken Auges wieder. Für die meisten Punkte auf der Konturlinie der einen Projektion gibt es nur einen einzigen Konturpunkt der anderen Projektion, in den sie durch horizontale Verschiebung überführt werden können. Für diese Punkte (z.B. A, B, C, D) kann ein eindeutiger Tiefenwert berechnet werden. Für andere Punkte trifft dies nicht ohne weiteres zu: der Tiefenwert von E kann nur richtig berechnet werden, wenn E mit E" in Verbindung gebracht wird, nicht aber mit dem (bei horizontaler Verschiebung näheren) Konturpunkt E'. Offensichtlich kann die Berechnung der relativen Tiefenwerte einzelner Bereiche der Konfiguration nicht anhand lokaler Punkt-zu-Punkt-Zuordnungen vorgenommen werden, sondern setzt eine Zuordnung der globalen Strukturen aufgrund ihrer Gesamtähnlichkeit voraus. Wir stoßen hier im binokularen räumlichen Sehen auf die gleichen Organisationsprinzipien, die allgemein für die Figuralwahrnehmung gelten: Wenn wir Abbildung 13b betrachten, sehen wir sofort und ohne je-

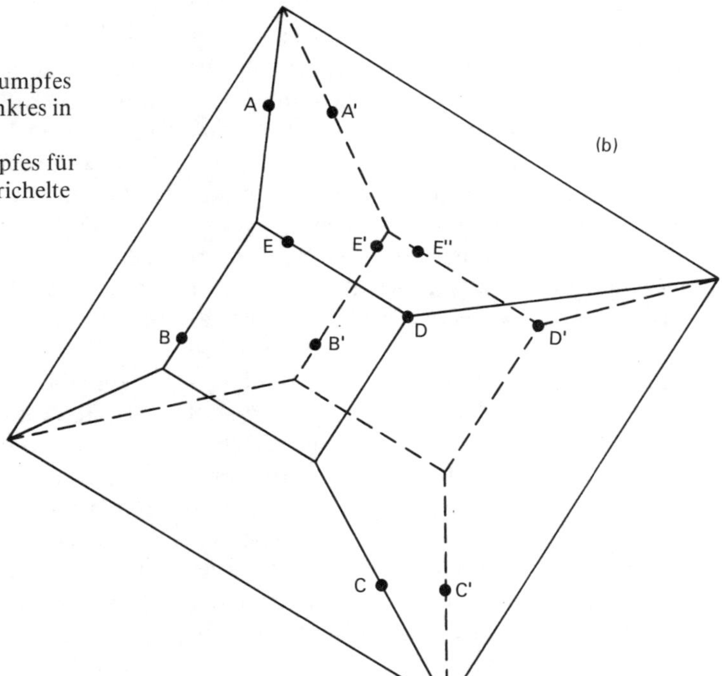

Abbildung 13:
(a) Betrachtung eines Pyramidenstumpfes von oben bei Fixation eines Punktes in der Basisebene.
(b) Projektion des Pyramidenstumpfes für das linke und rechte Auge (gestrichelte bzw. durchgezogene Linien).

den Zweifel, was zu was gehört. Es scheint, daß das zweite Zyklopenauge genausoleicht in der Lage ist, diese strukturellen Zuordnungen zu entdecken und daraus Schlüsse über die Tiefenlage relativ zum Fixationspunkt zu ziehen.

2. *Räumliches Sehen bei Eigenbewegung* – Wer nur über ein sehtüchtiges Auge verfügt, hat zwar gewisse Schwierigkeiten beim Einfädeln in ein Nadelöhr, aber sonst ist seine räumliche Orientierung nur unwesentlich beeinträchtigt. Über einige Grundlagen des monokularen Wahrnehmens von Räumlichkeit haben wir schon gesprochen, als von der dreidimensionalen Interpretation von Flächenfiguren die Rede war (vgl. den Abschnitt Gestaltgesetze der Wahrnehmungsorganisation). Umfassende Übersichten über alle einschlägigen Faktoren finden sich bei GRAHAM (1965), HOCHBERG (1971) und METZGER (1966, 1975). Wir wollen uns hier darauf beschränken, die vermutlich wichtigste Informationsquelle des einäugigen Tiefensehens näher zu beschreiben: die räumlichen Wirkungen, die durch solche Veränderungen der retinalen Reizverteilung hervorgebracht werden, die auf Eigenbewegungen des Beobachters zurückgehen. Diese Veränderungen finden zwar in beiden Augen gleichzeitig (und gleichartig) statt, aber für ihre Verwertung zur Konstruktion von Tiefe oder Entfernung ist ein einziges Auge ausreichend. Veränderungen dieser Art werden unter dem Begriff der *Bewegungsparallaxe* zusammengefaßt.

Zwischen Bewegungsprallaxe und binokularem Sehen besteht insofern eine gewisse funktionale Verwandtschaft, als durch Eigenbewegung eines Auges grundsätzlich ähnliche Reizverhältnisse *nacheinander* hergestellt werden können, wie sie beim binokularen Sehen *gleichzeitig* in beiden Augen gegeben sind. Der Unterschied liegt aber darin, daß hier eine viel größere Flexibilität in der Einnahme verschiedener Blickpositionen besteht und daß hier eine zusätzliche Informationsquelle zur Verfügung steht, die dort völlig fehlt: das komplexe Bewegungsmuster der Bildverschiebung auf der Netzhaut, das entsteht, wenn der Beobachter einen Punkt in der Szene fixiert und sich während der Fixation bewegt.

Unter normalen Beobachtungsbedingungen nehmen wir dieses Bewegungsmuster überhaupt nicht wahr – jedenfalls nicht als Bewegungsmuster. Sichtbar wird es nur unter besonderen, «unphysiologischen» Bedingungen. Beim Blick aus dem Fenster eines fahrenden Zuges sehen wir die Bäume neben den Schienen an uns vorbeiwandern, gleichgültig ob wir einen fernen Punkt in der Landschaft oder einen Regentropfen auf der Fensterscheibe fixieren. Bei «physiologischen» Eigenbewegungen sind solche Bewegungseindrücke jedoch selten. Wenn ich, während ich am Schreibtisch sitze, einen Tropfen auf der Fensterscheibe fixiere und dabei den Kopf zur Seite bewege, kann ich mir zwar mit Mühe klarmachen, daß sich dabei der Gartenzaun relativ zum Fixationspunkt in Richtung der Kopfbewegung verschiebt, während die Schreibtischlampe in Gegenrichtung wandert. Dies kann ich mir klarmachen – aber *sehen* kann ich es kaum. In meinem Wahrnehmungseindruck sind diese Verschiebungen überhaupt nicht enthalten, zumindest nicht thematisch. Was ich sehe, sind ein Gartenzaun hinter und eine Lampe vor der Fensterscheibe. Seit GIBSON (1950) werden zwei Aspekte der Veränderung der Reizstruktur bei Eigenbewegung begrifflich getrennt: Verschiebung (Bewegungsparallaxe i.e.S.) und Verformung (GIBSON: Bewegungsperspektive). Während die Verschiebungseffekte schon lange bekannt sind, sind die Verformungswirkungen erst durch GIBSON einer näheren Betrachtung unterzogen worden.

Der Effekt der gegenseitigen *Verschiebung* von Bildpunkten ergibt sich daraus, daß retinale Bildpunkte, die verschieden weit entfernten Objekten entsprechen, bei einer definierten Bewegung des Auges mit unterschiedlichen Winkelgeschwindigkeiten auf der Netzhaut verschoben werden, so daß sich im Lauf der Bewegung der retinale Bildabstand zwischen den Punkten verändert. In Abbildung 14 wird die retinale Projektion der Punkte A und B bei einer Verlagerung des Auges von Position I nach II bei unterschiedlichen Fixationsverhältnissen betrachtet (Fixation von A, B bzw. starrer Blick geradeaus in 14a, b und c). Neben jeder Augenposition ist schematisch die jeweilige Lage skizziert, die die Bildpunkte A, B und die Fovea (Pfeil) auf der Netzhaut einnehmen. Wie man sieht, ergibt sich in allen drei Fällen eine

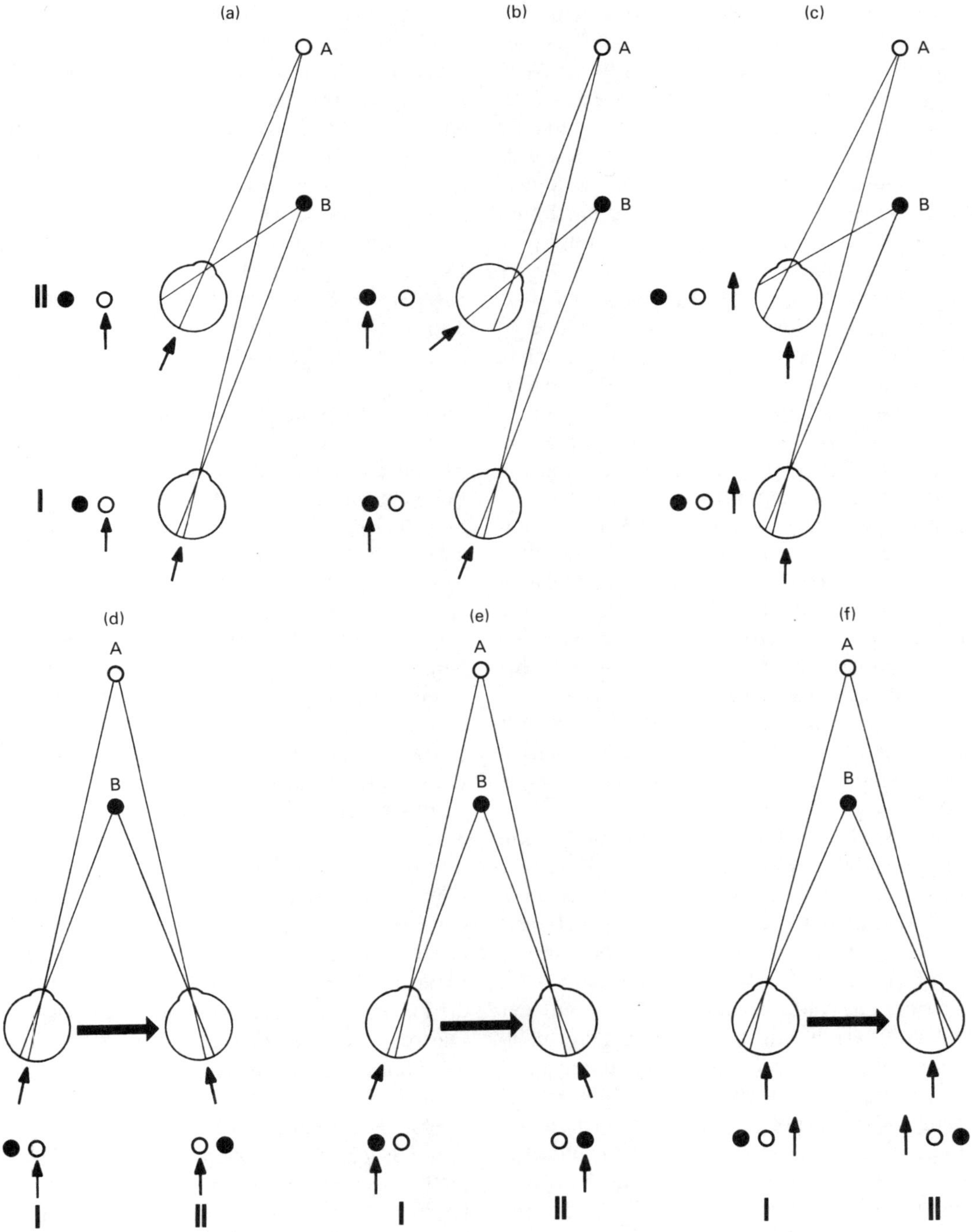

Abbildung 14: Bewegungsparallaxe, d.h. Verschiebung der retinalen Bildpunkte der Objektpunkte A und B bei Eigenbewegung verschiedener Richtung und bei unterschiedlicher Lage des Fixationspunktes.
(a) bis (c): Verlagerung des Auges nach vorn (von Position I nach II) bei Fixation von A, B bzw. Blick geradeaus.
(d) bis (f): Seitliche Verlagerung des Auges (von I nach II); Fixation entsprechend. Der kleine Pfeil markiert jeweils die Lage der Fovea, der große Pfeil die Verlagerung des Auges.
Neben bzw. unter jedem Auge sind schematisch die Lageverhältnisse der retinalen Bildpunkte von A und B relativ zur Fovea illustriert.

gleich große gegenseitige Verschiebung der beiden Bildpunkte. Da der nahe Punkt B bei Vorwärtsbewegung des Auges mit größerer Winkelgeschwindigkeit über die Retina wandert als der ferne Punkt A, ist der retinale Abstand der beiden Bildpunkte in Position II stets größer als in I. Die Lage des Fixationspunktes ändert nicht Betrag und Richtung der Verschiebung, sondern legt lediglich den Ort der Bildpunkte relativ zur Fovea fest.

Die Abbildungen 14d, e, f enthalten entsprechende Illustrationen für den Fall einer seitlichen Verlagerung des Auges bei verschiedenen Fixationspunkten. Da die angenommene Verlagerung des Auges hier die Verbindungslinien zwischen A und B überschreitet, kommt es in allen drei Fällen zu einer Überkreuzung der Bildpunkte von A und B.

Mit einiger Mühe kann man die Verschiebungen, die in Abbildung 14 skizziert sind, auch «sehen», wenn man die Zeigefinger der beiden Hände in die Positionen A und B bringt und den Kopf nach vorn oder zur Seite bewegt. Zu beachten ist dabei allerdings, daß der Wahrnehmungseindruck gegenüber dem Netzhautbild stets seitenverkehrt ist: Punkte, die links von der Fovea abgebildet werden, werden rechts vom Fixationspunkt gesehen und umgekehrt.

Aus Verschiebung wird *Verformung*, wenn man anstelle von isolierten Punkten, die unabhängig bewegliche Objekte im Raum vertreten, das Muster der gleichzeitigen Lageveränderung von Punkten auf der Oberfläche eines zusammenhängenden Körpers betrachtet, das sich bei Ortsveränderung des Auges auf der Netzhaut ergibt. Im Gegensatz zur Verschiebung isolierter Objekte, die wir uns unter geeigneten Umständen noch vor Augen führen können, sind wir so gut wie überhaupt nicht in der Lage, die enormen Verformungen zu sehen, die die flächige Bildprojektion auf der Netzhaut bei Bewegung erfährt. Was wir stattdessen zwingend sehen, sind formstabile dreidimensionale Körper.

Gibson hat eine elegante Methode zur Beschreibung dieser Verformungen entwickelt, die es gestattet, die retinale Verschiebung jedes Punktes einer räumlichen Szenerie bei einer definierten Eigenbewegung zu veranschaulichen (vgl. Abb. 15). Das Muster von Punktverschiebungen, das aus der Ortsverlagerung des Auges resultiert, wird auch als optisches Flußmuster bezeichnet (Gibson, 1950, 1982). Seine globale und lokale Struktur sind abhängig (1) von der Richtung und der Geschwindigkeit der Eigenbewegung, (2) von der Lage des Fixationspunktes innerhalb der betrachteten Szenerie sowie (3) von der räumlichen Lage der betrachteten Oberflächen relativ zur Blicklinie. Abbildung 15a zeigt die räumliche Struktur einer einfachen Szene, die zur Verdeutlichung des Konzepts optischer Flußmuster dienen soll. In Abbildung 15b fixiert der Beobachter einen Punkt im Zentrum der frontalparallelen (d.h. senkrecht zur Blicklinie aufgespannten) quadratischen Fläche und bewegt sich auf diesen Punkt zu. Dabei wandern alle Punkte innerhalb dieser Fläche nach außen (am Rand schneller als im Mittelbereich). Alle Punkte außerhalb der Fixationsebene wandern gleichfalls nach außen, jedoch mit einer für ihren Abstand von dieser Ebene charakteristischen Geschwindigkeit: Punkte hinter der Fixationsebene wandern langsamer, Punkte davor schneller als Punkte in der Fixationsebene. Dadurch entsteht für Flächen, die sich in die Tiefe erstrecken, eine charakteristische Bewegungsverteilung, die von ihrer Raumlage abhängt. In Abbildung 15c ist das optische Flußmuster bei Verlagerung des Auges nach links angedeutet (bei konstanter Fixation in der Mitte der frontalparallelen Fläche). In diesem Fall werden alle Punkte vor der Fixationsfläche gegen die Verlagerungsrichtung verschoben und alle Punkte hinter der Fixationsfläche mit der Verlagerungsrichtung; die Fixationsfläche selbst bleibt unberührt.

Die Abbildung 16a zeigt für eine Reihe von Punkten auf einem ebenen Untergrund das optische Flußmuster, das entsteht, wenn sich der Beobachter parallel zur Blickrichtung bewegt und den schwarz markierten Punkt am Horizont fixiert. Da für jeden Punkt eine in Richtung und Winkelgeschwindigkeit unterschiedliche Verschiebung charakteristisch ist, ergibt sich aus dem Gesamtmuster der Punktverschiebungen eine Verformung der Abbildung des ebenen Untergrundes im Sinne einer Expansion. 16b zeigt das Expansionsmuster, das sich bei gleicher Bewegung ergibt, wenn ein Punkt auf der Oberfläche selbst fixiert wird. Die Abbildung 16c und d deuten die Verformungen an, die bei Eigenbewegung quer zur Blickrichtung eintreten (z.B. beim Blick aus dem Fenster eines fahrenden Zuges). Wieder liegt der Fixationspunkt (in c) am Horizont bzw. (in d) in der betrachteten Fläche selbst.

Die Abbildungen 15 und 16 lassen erkennen, daß das Gesamtmuster der Punktverschiebungen, das in einer Verformung der beteiligten Flächen resultiert, eine gewisse Regelmäßigkeit zeigt. Richtung und Betrag der Punktverschiebungen folgen für jede ebene Fläche einem Gradienten, d.h. einer regelmäßigen Veränderung, die ihren Ausgang im Fixationspunkt nimmt und die das Gesamtmuster einer gummiartigen Expansion oder Dehnung ergibt. Für Flächen unterschiedlicher Raumlage

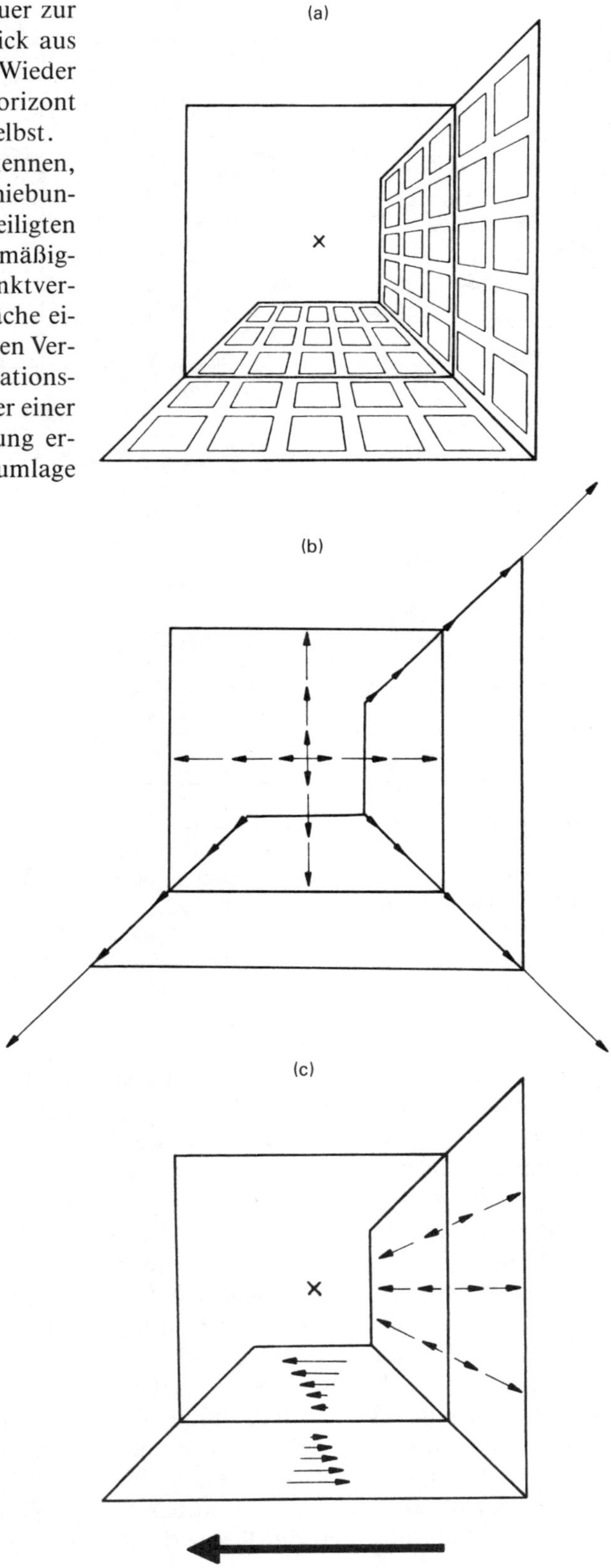

Abbildung 15: Illustration von optischen Flußmustern, die bei Eigenbewegung des Beobachters an Oberflächen verschiedener Raumlage entstehen. Vgl. Text.

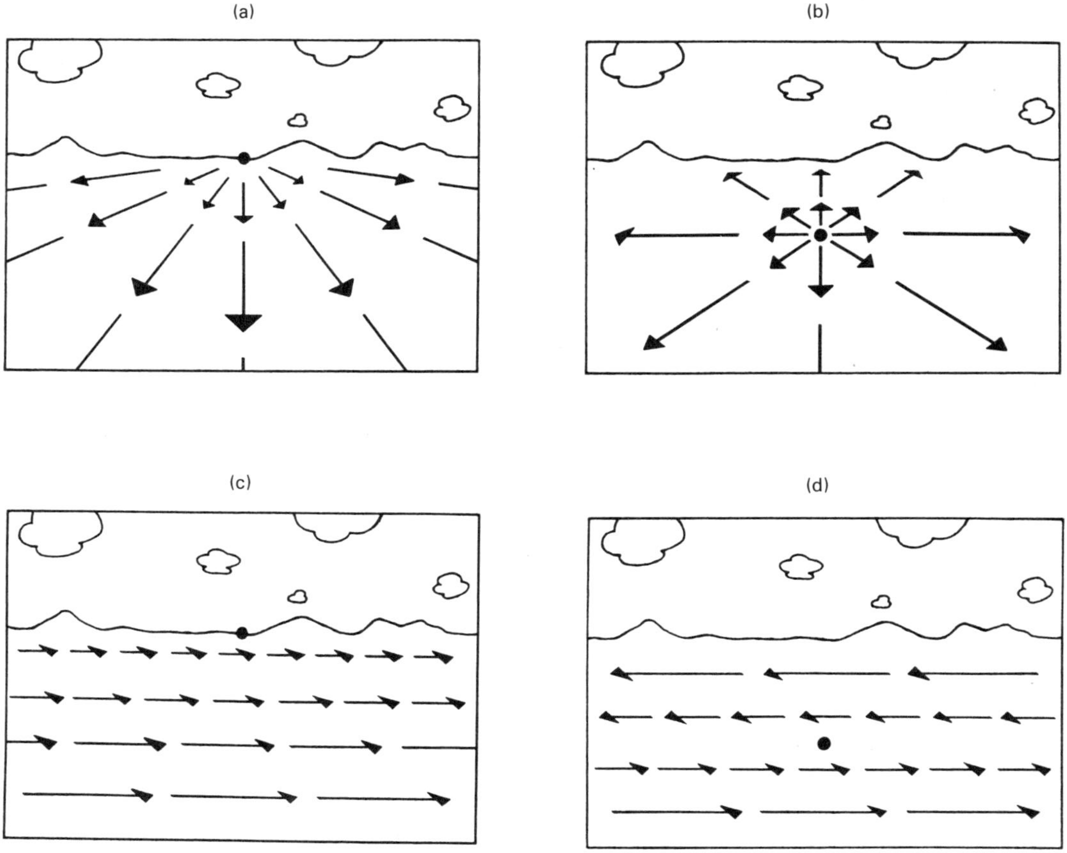

Abbildung 16: Optische Flußmuster für eine ebene Bodenfläche bei Eigenbewegung verschiedener Richtung und bei unterschiedlicher Fixation.
(a) und (b): Bewegung in Blickrichtung; Fixation am Horizont (a) bzw. auf dem Boden (b).
(c) und (d): Bewegung quer zur Blickrichtung (nach links); Fixation wie in (a) und (b).

und Entfernung haben diese Gradienten einen verschiedenen Verlauf. Mit anderen Worten: der Verlauf der Gradienten bietet eine zuverlässige Informationsgrundlage für die Konstruktion der räumlichen Lageverhältnisse von Objekten bzw. des räumlichen Aufbaus von Körpern. Allerdings sehen wir keine Verschiebung und erst recht keine Verformung. Vielmehr dienen die Bewegungsgradienten des optischen Flusses als Informationsgrundlage für die Konstruktion des Sehraumes und seiner Objekte. Zwischen dem Flußmuster, das bei Eigenbewegung entsteht, und der Struktur des gesehenen Raumes besteht eine Korrelation. Räumliche Struktur wird zwar aufgrund des jeweiligen Flußmusters berechnet, aber die Struktur des gesehenen Raumes ist keine bildhafte Wiedergabe der Struktur dieses Musters.

3. *Adaptation bei optischen Transformationen* – Durch optische Systeme, die vor das Auge gesetzt werden, können bestimmte systematische Veränderungen in die retinale Abbildung der Reizgegenstände eingeführt werden. Durch geeignet angebrachte Spiegel kann man z. B. dafür sorgen, daß in der retinalen Abbildung eine Vertauschung von oben und unten oder rechts und links eintritt. Durch Keilprismen, die man (z. B. in einem Brillengestell) vor die Augen montiert, läßt sich eine Verlagerung des gesamten Netzhautbildes erreichen, deren Stärke von der Brechkraft der Prismen und von

ihrer Lage im Gestell abhängt. Was geschieht, wenn ein Beobachter über längere Zeit hinweg ein solches optisches Transformationssystem trägt, das die gewohnten Beziehungen zwischen den distalen Reizgegenständen und der proximalen Reizverteilung durcheinander bringt?

Zahlreiche experimentelle Beobachtungen liegen zur *prismatischen Verschiebung* vor (vgl. Abb. 17a). Eines der ältesten Experimente geht wiederum auf HELMHOLTZ zurück:

> Man setze sich zwei Glasprismen von 16–18° brechenden Winkels in ein Brillengestell zusammen, so daß die brechenden Winkel beider nach links gekehrt sind. Die Gegenstände des Gesichtsfeldes erscheinen durch diese Prismen alle nach links von ihrem wirklichen

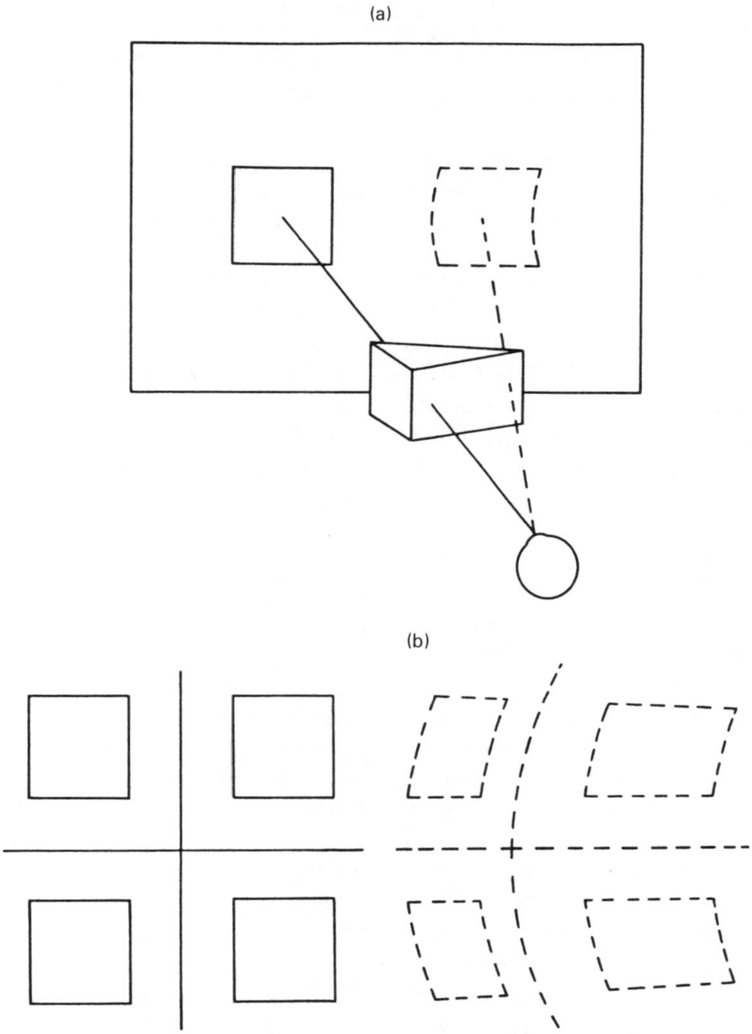

Abbildung 17:

(a) Prismatische Verschiebung: Bei Blick durch ein Prisma (Basis links) erscheinen Objekte (nach rechts) verschoben und leicht verformt.

(b) Prismatische Verformung: Bei Blick in Geradeausrichtung und Fixation im Ursprung des Koordinatensystems erfährt die gleiche Vorlagefigur eine unterschiedliche Verformung, je nachdem in welchen Bereich der Netzhaut sie projiziert wird.

> Orte abgelenkt. Man vermeide es zunächst, die Hand in das Gesichtsfeld zu bringen, betrachte sich irgendein bestimmtes erreichbares Objekt genau, schließe dann die Augen und versuche mit geschlossenen Augen das Objekt mit dem Zeigefinger zu treffen. Man wird natürlich links daneben vorbeifahren. Wenn man aber diese Versuche eine Weile fortgesetzt hat, oder noch schneller, wenn man die Hand in das Gesichtsfeld bringt und mit ihr kurze Zeit hindurch unter Leitung des Auges die Objekte betastet, so wird man finden, daß man bei Wiederholung des erst beschriebenen Versuchs nicht mehr vorbeifährt, sondern die Objekte richtig trifft; ebenso auch neue Objekte, die man anstelle der schon bekannten bringt. Hat man dies erreicht und versucht man nun, nachdem man die Hand aus dem Gesichtsfelde entfernt, die Prismen weggenommen und irgendein Objekt angeblickt hat, dies bei geschlossenen Augen zu greifen, so wird man finden, daß man jetzt mit der Hand rechts vorbeifährt, bis durch mehrere vergebliche Versuche die Beurteilung der Richtung, in der die Augen stehen, wieder berichtigt ist. (HELMHOLTZ, 1866; zitiert nach der 3. Aufl. 1909/1910, Band 3, S. 206).

Diese Beobachtungen enthalten zwei interessante Effekte, den Adaptationseffekt und den negativen Nacheffekt. Der Adaptationseffekt besteht darin, daß der Lokalisationsfehler beim Zeigen auf das Zielobjekt, der nach dem Aufsetzen der Prismenbrille zunächst zu beobachten ist, nach einiger Zeit und/oder unter bestimmten Bedingungen verschwindet. Der negative Nacheffekt besteht darin, daß nach Absetzen der Brille für einige Zeit ein paradoxer Fehler in umgekehrter Richtung eintritt. Adaptationseffekte und negative Nacheffekte können regelmäßig beobachtet werden, wenn durch geeignete Maßnahmen optische Transformationen der retinalen Bildprojektion vorgenommen werden. In den meisten Adaptationsexperimenten sind beide Effekte allerdings wesentlich langwieriger und langlebiger als in HELMHOLTZ' Beobachtungen: Je nach Umständen kann es Tage oder Wochen dauern, bis Adaptation eintritt bzw. bis die Nacheffekte sich wieder verlieren.

Wenn man diese sonderbaren Beobachtungen erklären will, muß man sich zunächst klarmachen, wie komplex eine scheinbar so einfache Leistung wie das Zeigen nach einem Gegenstand ist und wie kompliziert eine Theorie der visuellen Steuerung des Zeigens sein muß. Damit die Zeigebewegung zustande kommt, muß ein bestimmtes raumzeitliches Muster motorischer Impulse erzeugt werden, die die Bewegung des Zeigearms steuern (vgl. Kap. 9, Psychomotorik). Die Festlegung der Parameter dieses Bewegungsprogramms muß auf der Grundlage von zwei Informationen erfolgen: Information über die Position des Zielobjekts und Information über die Position des Armes bei Beginn der Bewegung. Für eine erfolgreiche Steuerung des Zeigens müssen diese beiden Informationen miteinander verrechnet werden. Die Berechnung der Position des Zielobjekts beruht in erster Linie auf visueller Information – aber nicht nur auf ihr. Denn für sich genommen läßt der Ort auf der Netzhaut, auf dem das Zielobjekt zur Abbildung gelangt, noch überhaupt keinen Rückschluß auf die Lage des Objekts relativ zum Körper des Beobachters zu. Ein solcher Rückschluß ist erst möglich, wenn neben der retinalen Position (1) die momentane Stellung der Augen relativ zum Kopf und (2) die momentane Stellung des Kopfes relativ zum Rumpf bekannt sind. Erst wenn diese beiden nichtvisuellen Informationsquellen einbezogen werden, kann aufgrund der retinalen Position der Ort des Objekts relativ zum Rumpf berechnet werden.

Auf kinästhetische Information – d.h. auf sensorische Meldungen aus den Muskeln, Sehnen und Gelenken – geht auch die wahrgenommene Position des Armes in erster Linie zurück – aber gleichfalls nicht nur auf sie. Da wir unseren Arm und die meisten seiner Bewegungen sehen können, verfügen wir auch über visuelle Information über seine jeweilige Position. Dadurch ist die Möglichkeit gegeben, die gesehene Lage und die (kinästhetisch) gefühlte Lage des Armes oder eines Objekts, das mit ihm in Berührung kommt, zueinander in Beziehung zu setzen. Seit alters her wird die Möglichkeit dieser Koordination zwischen Sehen und Fühlen als eine entscheidende Voraussetzung unserer Fähigkeit zum räumlichen Sehen interpretiert.

Worin könnte also der Adaptationsprozeß bestehen, der den Beobachter nach einiger Übung in die Lage versetzt, fehlerfrei auf prismatisch verschobene Objekte zu zeigen, sie zu ergreifen und mit ihnen zu manipulieren? Im Prinzip bieten sich drei Möglichkeiten an. (1) Die gesehene Objektposition wird so korrigiert, daß sie mit der gefühlten Armposition übereinstimmt. (2) Die gefühlte Armposition wird so korrigiert, daß sie mit der gesehenen Objekt- und Armposition übereinstimmt. Die beiden ersten Erklärungen sind zueinander komplementär. Nach der ersten wird anhand der gefühlten Position die gesehene Position neu geeicht: der Beobachter lernt, das Objekt da zu sehen, wo er es fühlt. Nach der zweiten Erklärung verhält es sich umgekehrt: die Übereinstimmung von Sehen und Fühlen kommt dadurch zustande, daß er Objekt und Arm dort fühlt, wo er sie sieht. (3) Schließlich ist denkbar, daß nichts dergleichen geschieht und daß lediglich eine neue Korrelation zwischen gesehener Position und darauf gerichteter Bewegung hergestellt wird, die dafür sorgt, daß der Beobachter, der das Objekt an seiner scheinbaren Position sieht, dennoch auf die tatsächliche Objektposition zeigt. In dieser Erklärung ist nicht vorausgesetzt, daß visuelle und kinästhetische Positionswahrnehmung erst zur Dekkung gebracht werden müssen, bevor eine korrekte Steuerung der Bewegung möglich ist (Wahrnehmungsadaptation in der einen oder anderen Richtung). An erster Stelle steht vielmehr eine Umwertung der motorischen Kommandos, die einem gegebenen visuellen Positionseindruck zugeordnet werden (motorische Adaptation).

Die Lage der Forschung in diesem Gebiet ist noch relativ unübersichtlich (vgl. den ausführlichen Überblick bei Welch, 1978). Für alle drei Erklärungsansätze lassen sich experimentelle Belege finden, so daß zu vermuten ist, daß alle drei Mechanismen am Zustandekommen von Adaptation beteiligt sein können. Für die erste Erklärung führte bereits Helmholtz den folgenden einfachen Beleg an:

> Daß hierbei nicht etwa das Muskelgefühl der Hand und die Beurteilung von deren Ort, sondern die Beurteilung der Blickrichtung gefälscht wird, ergibt sich daraus, daß, wenn man, durch die Prismen blickend, sich gewöhnt hat, mit der rechten Hand die gesehenen Objekte zu treffen, und man die mit der rechten Hand berührten Objekte nun bei geschlossenen Augen mit der linken, vorher gar nicht benutzten und nicht im Gesichtsfelde gewesenen Hand zu treffen sucht, man sie ganz sicher und richtig trifft. Man bestimmt also in einem solchen Falle durch das Tastgefühl den Ort vollkommen richtig und weiß ihn nach dieser Angabe durch ein anderes tastendes Organ sicher zu finden (1866; zitiert nach der 3. Aufl. 1909/10, Band 3, S. 207).

In einer Reihe von anderen Experimenten sind jedoch deutliche Unterschiede zwischen dem adaptierten und dem nicht-adaptierten Arm gefunden worden, die eher für die zweite Erklärung sprechen. Die Versuchsanordnung war dabei – wie in den meisten neueren Adaptationsexperimenten – ein Vorher-Nachher-Vergleich. Dabei vergleicht man z. B. die Zeigeleistung einer Versuchsperson vor und nach prismatischer Adaptation. Streng genommen untersucht man damit nicht den Adaptationsprozeß selbst, sondern vergleicht seinen negativen Nacheffekt mit dem Zustand vor der Adaptation. Diese Verfahrensweise hat den Vorteil, daß zwei äußerlich vergleichbare Bedingungen verglichen werden können: vor und nach der Adaptation operiert die Versuchsperson mit freiem Gesichtsfeld, während sie in der Adaptationsphase selbst durch die Prismenbrille in verschiedener Weise beeinträchtigt wird. Da der Nacheffekt von derartigen zusätzlichen Faktoren nicht beeinflußt sein kann, wird seine Stärke als Indikator für die Stärke der Adaptation verwendet. Wenn nun – wie vielfach beobachtet worden ist – ein Nacheffekt nur für denjenigen Arm eintritt, der in der Adaptationsphase zum Zeigen auf das Zielobjekt verwendet wurde, liegt die Schlußfolgerung nahe, daß sich nicht die wahrgenommene Objektposition während der Adaptation verändert hat, sondern die wahrgenommene Position des Übungsarmes. Besonders überzeugend ist, daß diese Unterschiede zwischen den Armen auch bei nicht-visuellen Zielobjekten auftreten (z. B. beim Zeigen auf Geräuschquellen oder beim Zeigen auf die Position der jeweils anderen Hand bei geschlossenen Augen) –

unter Bedingungen also, unter denen eine irgendwie geartete Veränderung gesehener Objektposition überhaupt nicht in Betracht kommen kann.

Für die dritte Erklärung, d. h. für die Annahme einer wesentlichen Beteiligung, vielleicht sogar einer Vorreiterfunktion der Motorik, spricht zunächst die Beobachtung, daß in länger andauernden (mehrtägigen) Adaptationsexperimenten die Reihenfolge der Ereignisse in der Regel die ist, daß sich nach einer anfänglichen Phase der Irritation und Verunsicherung zuerst das Bewegungsverhalten der Versuchsperson normalisiert und erst später die gesehenen Gegenstände wieder mehr oder weniger normal aussehen. Diese Abfolge gilt nicht nur für die Verschiebungswirkung, sondern auch für alle anderen Bildveränderungen, die sich beim Tragen einer Prismenbrille einstellen. Als Beispiel mag ein 10tägiger Versuch dienen, der in der klassischen Studie KOHLERS unter dem 1. Jänner 1933 protokolliert ist:

> Getragen wurde eine binokulare Prismenbrille von 15° Kantenwinkel ... Schon nach 1 Tag völlige Korrektur des Verhaltens (keine Greiffehler mehr). Nach 2 Tagen Verschwinden der Scheinbewegungen, merkliche Verflachung der Krümmungen, Schwächung der Zerrfiguren. Nach 6 Tagen machte Vp Schü. einen größeren Skiausflug (mit Rettung eines Verunglückten) gänzlich ungestört durch die Brille. Nach 10 Tagen fast völlige Vergradung, Verschwinden der Zerrformen und Schrägheiten. Nach Abnahme der Brille bei freien Augen starke entgegengesetzte Krümmungseindrücke, Zerrformen, Scheinbewegungen: «Es ist viel ärger wie am Anfang des Brillentragens. Es ist, wie wenn ich einen Rausch hätte ...» Nachwirkungen durch 4 Tage (KOHLER, 1951, S. 20).

Die Ergebnisse vieler späterer experimenteller Untersuchungen legen die Schlußfolgerung nahe, daß in vielen Situationen die Eigenbewegung des Beobachters eine wichtige, wenn nicht gar notwendige Voraussetzung für das Zustandekommen von Adaptation ist. Ferner konnte in vielen Untersuchungen gezeigt werden, daß aktive Bewegung (z. B. freies Umhergehen) zu erheblich schnellerer und wirksamerer Adaptation führt als passive Bewegung (z. B. im Rollstuhl umhergefahren werden). Diese Befunde haben Anlaß zur Formulierung einer Theorie mit weitreichenden entwicklungspsychologischen Implikationen gegeben: der Reafferenztheorie von HEIN und HELD (1962).

In dieser Theorie ist der Gedanke, daß bei prismatischer Transformation eine neue Korrelation zwischen Sehen und Bewegen hergestellt wird, wie folgt konkretisiert. Wenn der Beobachter eine Willkürbewegung ausführt (z. B. nach einem Gegenstand greift), sind mit der Ausführung dieser Bewegung bestimmte Wahrnehmungskonsequenzen verbunden. Diese sensorischen Konsequenzen der Willkürbewegung lassen sich unter normalen Umständen ziemlich genau berechnen, d. h. bei Kenntnis der motorischen Kommandos vorhersagen. Nimmt man an, daß der Beobachter diese Korrelationen im Laufe seines sensumotorischen Lebens gelernt hat, so müßte er in der Lage sein, aufgrund des jeweiligen Bewegungskommandos *(Efferenz)* die mit seiner Ausführung verbundenen sensorischen Konsequenzen *(Reafferenz)* vorherzusagen. Setzt er nun eine Prismenbrille auf, sind die bisher gelernten Korrelationen nicht mehr gültig. Sein greifender Arm erscheint jetzt nicht mehr an derjenigen Stelle seines Gesichtsfeldes, an der er ihn aufgrund der bisher gültigen Korrelation (bei einer bestimmten Position der Augen zum Kopf und des Kopfes zum Rumpf) erwartet, sondern seitlich verschoben. Da die Verschiebung regelhaft und systematisch ist, kann er die neue, jetzt gültige Korrelation lernen. Ist sie erst einmal installiert, kann sie nicht nur zur Berechnung erwarteter Reafferenz aufgrund gegebener Efferenz benutzt werden, sondern auch umgekehrt – zur Berechnung erforderlicher Efferenz (z. B. Kommando für eine Greifbewegung) unter gegebenen visuellen Reizbedingungen (d. h. bei gegebener *Afferenz*; z. B. bei gegebener retinaler Position des Zielobjekts im Verhältnis zu Augen- und Kopfstellung).

Eine andere Transformation ist die *vertikale Umkehrung,* die z. B. durch einen horizontal über den Augen montierten Spiegel erzielt werden kann. Wenn man eine solche Brille aufsetzt, steht die Welt zunächst auf dem Kopf, und sie verharrt in dieser Position für längere Zeit. KOHLER notiert unter dem 1. Februar 1947 den folgenden sechstägigen Versuch:

> Die Vp sah in den ersten Tagen durch diese Brille alles verkehrt, von unten nach oben hängend, machte ständig Greiffehler, war höchst unsicher, mußte begleitet werden. Nach drei Tagen erstaunliche Besserung des Verhaltens, am vierten eine Fahrradtour, am letzten sogar ein kleiner Skiausflug. Das äußere Verhalten war korrigiert; aber die Gesichtseindrücke erschienen nur zeitweise aufrecht, so beim gleichzeitigen Abtasten gesehener Gegenstände, beim Schwingen eines Lotes, dann, wenn die Objekte in nächster Nähe des eigenen Körpers sich befanden. Bei einem «Fechtversuch» wehrt die Vp alle Schläge gegen ihren Körper spontan richtig ab, «sah» aber den angreifenden Vl verkehrt. Nach Abnahme der Brille – unter ... Umständen wie Einengung des Gesichtsfeldes, Blick auf eine gleichmäßig weiße Fläche ohne Anhaltspunkte für Oben-Unten – einigemal in den ersten Minuten Verkehrtsehen aufrecht gezeigter Gegenstände, durch zwei Tage Scheinbewegungen, leichtes Schwindelgefühl (1951, S. 17).

Von den zahlreichen merkwürdigen Beobachtungen, die man mit Umkehrbrillen machen kann, sollen zwei besonders hervorgehoben werden. Sie betreffen den Zusammenhang zwischen der Umstellung der Bewegungssteuerung und der Umstellung des Sehens und den allmählichen und stückweisen Charakter dessen, was KOHLER «das neue Sehen» nennt. Was den Zusammenhang zwischen Wahrnehmung und Bewegungssteuerung anbelangt, ist der typische Befund der, daß die Umstellung der sensumotorischen Koordination der Umstellung des Sehens deutlich vorausgeht. Während die Umstellung des Sehens kaum jemals vollständig wird, gelingen Fahrradtour, Skiausflug und Fechtduell schon nach wenigen Tagen Adaptation einigermaßen. Da bei den Prismenversuchen ähnliche Beobachtungen auftauchen, liegt die Vermutung nahe, daß diese Abfolge nicht auf Zufall beruht. Dem sensumotorischen Koordinationsapparat gelingt es offensichtlich sehr viel schneller, sich auf die Reiztransformation einzustellen, als es dem psychophysischen Transformationsapparat möglich ist. Offenbar ist die Steuerung von Bewegungen nicht auf die bewußt repräsentierten Wahrnehmungsinhalte angewiesen. Eher scheinen die Verhältnisse so zu sein, daß sensumotorische Koordination und psychophysische Transformation durch zwei parallel geschaltete «Apparate» bewerkstelligt werden, die im Regelfall koordiniert arbeiten. Tritt eine künstliche Bildtransformation ein, lernt der sensumotorische Koordinationsapparat, der ja unmittelbare Rückmeldungen über den Erfolg der ausgeführten Bewegungen erhält, die neuen Korrelationen relativ rasch.

Warum sollte der psychophysische Transformationsapparat ihm dann überhaupt noch folgen? Eine hypothetische Antwort könnte lauten: um Diskrepanzen zwischen Sehen und Handeln zu vermeiden. Dazu passen einige Beobachtungen einer anderen Versuchsperson KOHLERS:

> Wurde ein zunächst verkehrt gesehener Gegenstand in Körpernähe der Vp gebracht und ihr das gleichzeitige Danachgreifen und Abtasten erlaubt, dann vollzog sich plötzlich eine neue Einordnung und der Gegenstand erschien aufrecht... Auch die Berührung mit «verlängertem Tastarm», z. B. mit einem Stock, hatte diesen Erfolg. Kurz: die Beziehung zum eigenen Tastsystem, wobei die Hände das erste waren, was aufrecht gesehen wurde. – Ein weiterer Faktor waren Schwereempfindungen, welche das verkehrte Bild aufzurichten vermochten; ein Gewicht an einer Schnur wurde «unten» gesehen, sobald die Vp das Ende der Schnur selbst in die Hand nahm; auch Gegenstände, die dahinterlagen, erschienen sofort aufrecht, wenn das Pendel «in Ordnung» war (1951, S. 18f.).

Diese Beobachtungen legen die Interpretation nahe, daß eine anschauliche Wiederaufrichtung gesehener Gegenstände bevorzugt im Zusammenhang mit aktiven Manipulationen der Versuchsperson erfolgt und unter Umständen zunächst nur auf einige Objekte in einer im übrigen nach wie vor verkehrt gesehenen Umgebung beschränkt bleibt. Ob der kritische Faktor, der die Aufrichtung begünstigt, nur der manipulatorische Umgang ist oder auch die damit ja meist verbundene Aufmerksamkeit, die sich auf diese Objekte richtet, ist offen.

Welche *allgemeinen Schlußfolgerungen* lassen sich aus Adaptationsexperimenten hinsichtlich der Natur der psychophysischen Transformation ziehen? Zweierlei ist festzuhalten. Erstens zeigen Adaptationsexperimente, daß zwischen Reizinformation und Wahrnehmungsinhalt keine starre Transformationsbeziehung besteht, sondern eine Beziehung, die (innerhalb gewisser Grenzen) umgelernt werden kann. Zweitens zeigen sie – jedenfalls in vielen Fällen –, daß die Wahrnehmungsadaptation unter Vermittlung einer vorausgehenden Umstellung der sensumotorischen Koordination zustande kommt. Das bedeutet, daß die Beschaffenheit der Endprodukte der psychophysischen Transformation nicht nur (1) von der als Rohmaterial in sie eingehenden Reizinformation und (2) den ganzheitlichen Organisationsprozessen bei ihrer Verarbeitung abhängt, sondern darüberhinaus (3) von den sensorischen oder motorischen Konsequenzen des handelnden Umgangs mit den Reizgegenständen. KOFFKAS Frage braucht eine weitere Antwort: Die Dinge im Raum sehen so aus, wie sie sich be«handeln» lassen. Die gesehene Raumstruktur einer Szene ist eine korrelative Repräsentation der Bewegungsmöglichkeiten, die der Beobachter in ihr hat.

Algorithmen und neuronale Mechanismen

Wie müßte eine Theorie der psychophysischen Transformationsprozesse aussehen, die deren Fähigkeit betont, derartige objektkorrelierte Konstruktionen auf der Grundlage der Reizinformation zu erstellen? Diese Frage ist zuletzt von MARR ausführlich untersucht und in einem eleganten Ansatz beantwortet worden (MARR, 1982). MARR versteht das Sehen, das er ausschließlich behandelt, als einen Vorgang, in dem auf der Grundlage einer Abbildung der äußeren Welt (auf der Netzhaut) eine Beschreibung eben dieser äußeren Welt erstellt wird – und zwar so, daß sie ausschließlich Information enthält, die für den Beobachter nützlich ist. Die Vorgänge, durch die diese Beschreibung erzeugt wird, sind Prozesse der Informationsverarbeitung. Wenn man sie verstehen will, muß man sie mit dem gleichen begrifflichen und technischen Instrumentarium analysieren, mit dem auch andere Informationsverarbeitungsprozesse (z.B. in künstlichen Systemen wie Computern) analysiert werden.

Eine derartige Analyse tut gut daran, drei Ebenen auseinanderzuhalten, auf denen die beteiligten Prozesse beschrieben werden können. Wenn man etwa darlegt, was in einem Computer geschieht, wenn ein bestimmtes Programm abgewickelt wird, ist es nützlich, zwischen (1) einer allgemeinen Leistungsbeschreibung, (2) einer Beschreibung der Algorithmen, durch die diese Leistung im einzelnen realisiert wird und (3) einer Beschreibung der physikalischen Prozesse, durch die die einzelnen Algorithmen realisiert werden, zu unterscheiden. In einer gegebenen Realisierung des Prozesses auf einer gegebenen Maschine sind die Prozesse auf diesen drei Ebenen einander fest zugeordnet. Diese Zuordnung ist aber nicht prinzipiell vorgegeben: ein und dieselbe Verarbeitungsleistung kann in verschiedenen Programmen durch verschiedene Algorithmen realisiert werden, und ein und dasselbe Programm kann auf verschiedenen Computern mit ganz unterschiedlichen Hardware-Ausstattungen zum Laufen gebracht werden.

Alles, was wir hier über die Informationsverarbeitungsprozesse zusammengetragen haben, die der psychophysischen Transformation zugrundeliegen, ist ausschließlich der Ebene der allgemeinen Leistungsbeschreibung des psychophysischen Systems zuzurechnen. An verschiedenen Beispielen haben wir gesehen, welche physischen Informationsquellen für die Konstruktion welcher psychischen Dimensionen herangezogen werden – z.B. daß gesehene Tiefe auf der Grundlage von Querdisparation «ermittelt» oder daß visuelle Reizinformation mit bestimmten motorischen Kommandos «verrechnet» wird. Diese Beispiele zeigen, *was* die psychophysische Maschine leistet, d.h. mit welchen Zielen sie arbeitet, was für Produkte sie herstellt und welches Rohmaterial sie dazu heranzieht. *Wie* sie diese Arbeit bewerkstelligen könnte, ist offen und ungeklärt geblieben. Die Frage nach dem Wie? ist die Frage nach einer Erklärung des Was?, d.h. nach der Beschreibung der Arbeitsweise der beteiligten Mechanismen.

Im Unterschied zu KÖHLERS Theorie der psychophysischen Gestalten, die von der Idee getragen ist, daß die formale und die physiologische Beschreibung der psychophysischen Prozesse weitgehend zusammenfallen, legt MARRS Theorie Wert auf die Trennung zwischen zwei

Formen der Beantwortung der Wie?-Frage: durch Angabe formaler Algorithmen und durch Angabe neuronaler Mechanismen. Diese beiden Erklärungsebenen sind nicht gleichrangig: Die Leistungen der psychophysischen Transformation durch Rückgriff auf neuronale Mechanismen direkt erklären zu wollen, ist für MARR ebenso aussichtslos wie der Versuch, durch Untersuchung der Eigenschaften von Federn den Vogelflug zu erklären. Die theoretische Rekonstruktion der formalen Algorithmen, durch die die psychophysischen Transformationsleistungen realisiert werden, ist der notwendige erste Schritt zur Beantwortung der Wie-Frage. Danach kann als zweiter Schritt der weitergehende Versuch unternommen werden, die formalen Algorithmen mit bekannten neuronalen Mechanismen in Verbindung zu bringen. Befunde aus Psychophysik und Neurophysiologie können danach nicht direkt aufeinander bezogen werden, sondern nur indirekt über das Zwischenglied der formalen Beschreibung von Prozeßabläufen.

MARRS Untersuchungen werden zweifellos für die theoretische Psychophysik der nächsten Jahre wegweisend sein. An zusätzlicher Überzeugungskraft würde dieser Ansatz gewinnen, wenn es gelänge, ihn stärker als bisher für den Gedanken zu öffnen, daß die Konstruktion der visuellen Wirklichkeit sich nicht nur auf die retinale Reizverteilung stützt, sondern auch auf andere sensorische und motorische Informationsquellen.

3. Kognitive Wahrnehmungsforschung

Die bisher betrachteten psychophysischen Forschungsansätze haben es stets für eine besondere methodische Tugend gehalten, Sinn und Bedeutung der im Experiment verwendeten Reizgegenstände soweit wie möglich auszuschalten. Die Psychophysik kümmert sich *per definitionem* nur um solche Aspekte der Wahrnehmungsinhalte, die direkt oder indirekt auf physische Grundlagen, d.h. auf Eigenschaften der Reizinformation zurückgeführt werden können.

Im Rahmen dieses Frageansatzes gerät eine banale Tatsache leicht aus dem Blickfeld: daß nämlich die Dinge, von denen der Beobachter sich umgeben sieht, nicht nur – um es mit KOFFKA zu paraphrasieren – so aussehen, wie sie aussehen, sondern zugleich auch immer das sind, was sie sind. D.h. sie sind (im visuellen Fall) nicht nur mit einer bestimmten Form, Oberflächenstruktur und Raumlage ausgestattet, sondern auch und vor allem mit einer bestimmten Identität oder Bedeutung. Unter der Identität oder Bedeutung eines Gegenstandes sind alle wahrgenommenen Eigenschaften zu verstehen, die nicht als Ergebnis einer Abbildung oder einer korrelativen Repräsentation von Reizeigenschaften verstanden werden können. Bedeutung oder Identität ist unter normalen Umständen ein fester Bestandteil des unmittelbaren Wahrnehmungseindrucks. Wenn ich einen Bleistift betrachte, sehe ich nicht etwa zunächst ein Objekt bestimmter Form, Farbe, Größe und Raumlage, das ich dann in einem zweiten Schritt als Bleistift interpretiere, sondern ich sehe die Identität dieses Gegenstandes ganz unmittelbar. Ja mehr noch: die Bedeutungseigenschaften des Objekts – z.B. sein Name («Bleistift»), seine Funktion (Schreibgerät), sein Funktionszustand (zu kurz zum Schreiben; Spitze abgebrochen) – können im Wahrnehmungseindruck eine gewichtigere Rolle spielen als Struktureigenschaften wie Farbe, Form, Oberflächenstruktur oder Raumlage.

Auch wenn dem anschaulichen Eindruck nach Struktur- und Bedeutungseigenschaften untrennbar integriert sind, lassen sie sich ihrer Herkunft nach eindeutig voneinander abgrenzen – jedenfalls theoretisch.

Struktureigenschaften leiten sich aus Reizeigenschaften ab und stehen zu ihnen in einer (abbildhaften oder korrelativen) Korrespondenzbeziehung. Bedeutungseigenschaften leiten sich dagegen aus den Spuren vorausgehender Lernprozesse ab, die im Wissensgedächtnis des Beobachters niedergelegt sind. Wer den Umgang mit Bleistiften gelernt hat, weiß, wozu Bleistifte gut sind, wie sie bezeichnet werden und wie sie aussehen. Das Wissen über das Aussehen – d.h. über die für Bleistifte charakteristische Konfiguration physischer Struktureigenschaften – kann nicht nur für die Erzeugung von Vorstellungen verwendet werden (etwa in Denk- oder Erinnerungsprozessen), sondern auch für das visuelle Erkennen von Bleistiften. Wer weiß, daß Bleistifte so und so aussehen, kann diese Verbindung zwischen Bedeutung und Struktur auch umgekehrt nutzen und Gegenstände, die so und so aussehen, als Bleistifte erkennen.

Daraus ergibt sich, daß von der Lerngeschichte des Beobachters und den Spuren, die sie in seinem Wissensgedächtnis hinterlassen hat, abhängt, welche Bedeutungseigenschaften im Wahrnehmungsprozeß zugänglich werden. Wer nicht weiß, was Bleistifte sind, kann beim Anblick eines Exemplars dieser Gattung seine Funktion und seinen Zustand natürlich nicht mitsehen, und wer Analphabet ist, kann – trivialerweise – nicht lesen. Wahrnehmung, so sehen wir jetzt, kann nicht zureichend verstanden werden, wenn sie nur als mehr oder weniger komplizierte, direkte oder indirekte Repräsentation von Reizinformation aufgefaßt wird. Die aktuelle Reizinformation ist nur eine der beiden wesentlichen Informationsgrundlagen des Wahrnehmungsprozesses. Neben ihr geht dauerhaft gespeicherte Information aus dem Wissensgedächtnis des Beobachters als zweite Grundlage in das Endprodukt ein. Wir müssen also annehmen, daß im Wahrnehmungsprozeß Reizinformation und Gedächtnisinformation in ständiger Wechselwirkung stehen.

Diese Annahme steht im Mittelpunkt der wahrnehmungspsychologischen Konzeptionen, die im folgenden unter der Bezeichnung «Kognitive Wahrnehmungsforschung» zusammengefaßt sind (vgl. Prinz, 1983, Kap. 1). «Kognitiv» sind diese Konzeptionen im Sinne der ursprünglichen Bedeutung dieses Ausdrucks: die Wahrnehmungsfunktion wird als Instrument zum Erkennen der Bedeutung von Umgebungsbestandteilen verstanden – nicht nur als Instrument zur Repräsentation ihrer physischen Eigenschaften.

Die ausdrückliche Thematisierung der Fragen, die sich aus diesem Verständnis ergeben, setzte erst um die Mitte des 20. Jahrhunderts ein – zu einem Zeitpunkt also, zu dem die klassische psychophysische Tradition schon auf eine fast hundertjährige Geschichte zurückblicken konnte. Sie begann gleichzeitig auf zwei völlig unabhängigen Forschungsgebieten. Das eine betraf die «Entdeckung», daß die Wahrnehmung in gewissem Umfang von Eigenschaften der wahrnehmenden Person, von ihren Erwartungen, Motiven und Einstellungen sowie von Eigenschaften der Wahrnehmungssituation abhängt. Eine neue Perspektive – ein *New Look* – war damit für das Gebiet der Wahrnehmungspsychologie gewonnen. Aus diesem Blickwinkel zeigt sich, daß der Wahrnehmungsprozeß nicht nur durch Reizeigenschaften determiniert sein kann, sondern auch durch verschiedene «nicht-sinnliche Bedingungen» (Graumann) auf der Seite des Beobachters mitbeeinflußt wird (vgl. Blake & Ramsey, 1951; Übersicht bei Graumann, 1966). Das zweite einschlägige Gebiet war die durch theoretische und praktische Motive inspirierte Human-Performance-Forschung, die sich gleichfalls ab 1950 stark entwickelte. Hier handelte es sich nicht um eine eigentlich wahrnehmungspsychologische Forschungstradition, sondern um einen relativ eigenständigen Ansatz, der Wahrnehmungsprozesse nicht an und für sich, sondern als Bestandteil der Prozesse bei der Bearbeitung einfacher Reaktions- und Gedächtnisaufgaben betrachtet. Dabei tritt die Wechselwirkung zwischen Reiz- und Gedächtnisinformation immer stärker in das theoretische und experimentelle Blickfeld (vgl. z.B. Broadbent, 1958). Seit Mitte der 60er Jahre ist das Studium der verschiedenen Formen dieser Wechselwirkung zum zentralen Forschungsthema des sog. Informationsverarbeitungsansatzes der Wahrnehmungs- und Gedächtnisforschung avanciert (Neisser, 1967; vgl. Prinz, 1983, Kap. 1–3).

Bisher ist die Perspektive der kognitiven Wahrnehmungsforschung noch kaum mit der Perspektive der psychophysischen Wahrnehmungsforschung in Zusammenhang gebracht worden. Das bedeutet, daß noch kaum theoretische Vorstellungen darüber existieren, ob psychophysische Transformation und kognitive Interaktion als parallele Prozesse aufzufassen sind oder ob die Interaktionsprozesse bereits das fertige psychophysische Produkt voraussetzen. Aber auch ohne eine derart umfassende Theorie ist eine isolierte Untersuchung dieser Prozesse durchaus möglich.

3.1 Wahrnehmung als Erkennen

Für die Untersuchung der Wechselwirkung zwischen Reiz- und Gedächtnisinformation ist es notwendig, beide Komponenten soweit wie möglich experimentell zu kontrollieren. Dies geschieht in experimentellen Erkennungsaufgaben, die in verschiedenen Varianten realisiert werden können.

Die äußere Struktur derartiger Aufgaben kann wie folgt beschrieben werden. In einem gegebenen Experiment werden - gleichzeitig oder hintereinander - eine Reihe von Reizen dargeboten, die aus einem zuvor definierten Kollektiv möglicher Reize stammen. Die Vp hat auf diese Reize mit je einer von mehreren Reaktionen zu antworten. Die Reaktionen stammen gleichfalls aus einem zuvor definierten Kollektiv möglicher Reaktionen. Die Regeln für die Zuordnung von Reaktionen und Reizen werden zu Beginn des Experiments in der Instruktion festgelegt. Beispiel: Auf einem Bildschirm werden einzelne Buchstaben dargeboten, die von der Vp danach zu klassifizieren sind, ob es sich um Vokale oder Konsonanten handelt; die Reaktion erfolgt, indem eine von zwei Reaktionstasten betätigt wird. In diesem Fall bilden die Buchstaben des Alphabets das Reizkollektiv, die Reaktionen mit der einen oder anderen Taste das Reaktionskollektiv, und die Instruktion liefert die Zuordnungsvorschrift zwischen Reizen und Reaktionen (die in diesem Fall an eine außerhalb des Experiments gelernte Klassifikation der Buchstaben anknüpft).

Die innere Struktur der Prozesse und Instanzen, die an der Bearbeitung einer solchen Aufgabe beteiligt sind, kann wie folgt charakterisiert werden (vgl. Abb. 18). Durch die Instruktionen werden die Gedächtnisrepräsentationen der beteiligten Buchstaben (die eine lesekundige Vp ja in das Experiment mitbringt) in zwei reaktionsbezogene Kategorien eingeteilt. Diese Zuordnung zwischen Gedächtnisrepräsentationen und Reaktionen wird durch die Instruktion gestiftet und muß für die Dauer des Experiments in einer wirksamen und leicht aktualisierbaren Form gespeichert werden. Bei Darbietung eines Reizes («Reiz» ist eine im Jargon verbreitete Kurzbezeichnung für den distalen Reizgegenstand!) wird eine interne Repräsentation dieses Reizes erstellt, die eine Reihe seiner Eigenschaften korrelativ vertritt. Der eigentliche Erkennungsprozeß, der zum Ergebnis hat, daß der Reiz z. B. als Vokal erkannt und entsprechend beantwortet wird, besteht somit in einem *Vergleich* zwischen der aktuellen *Reizrepräsentation* und den gespeicherten *Gedächtnisrepräsentationen.* Wechselwirkung zwischen Reiz- und Gedächtnisinformation bedeutet somit nichts anderes als Vergleich zwischen Informationen aus diesen beiden Quellen. Erkennen heißt Vergleichen.

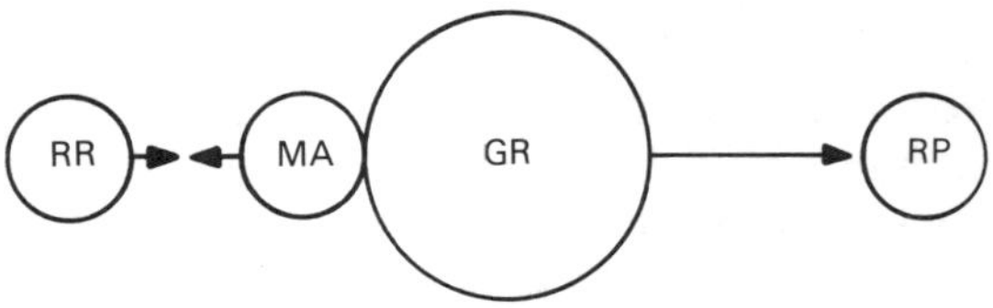

Abbildung 18: Hypothetische Instanzen, die an perzeptiven Erkennungsprozessen beteiligt sind. RR: Reizrepräsentation; MA: Merkmalsadresse; GR: Gedächtnisrepräsentation; RP: Reaktionsprogramm.

Vergleichen setzt Vergleichbarkeit oder Kommensurabilität voraus: Äpfel und Birnen lassen sich nicht miteinander vergleichen. Da in der Repräsentation eines visuell dargebotenen Reizes nur visuelle Eigenschaften vertreten sein können, kommen als Gegenstück zu einer visuellen Reizrepräsentation auf der Gedächtnisseite auch zunächst nur solche Anteile der Gedächtnisrepräsentationen in Betracht, in denen gleichfalls visuelle Merkmale der betreffenden Objekte gespeichert sind. Alle übrigen Wissenskomponenten, die zur Gedächtnisrepräsentation der Objekte gehören (z. B. die Namen der Buchstaben, die motorischen Programme zur Artikulation der entsprechenden Laute, usw.) können an dem primären Vergleich zwischen Reiz- und Gedächtnisinformation nicht beteiligt sein. Die Gesamtheit der visuellen Merkmale, die zu einer Gedächtnisrepräsentation gehören, kann auch als ihre visuelle *Adresse* bezeichnet werden: als die Anschrift, über die sie durch visuelle Stimulation erreicht werden kann.

In vielen Theorien perzeptiver Erkennungsprozesse wird angenommen, daß die Kommensurabilität zwischen der Reiz- und der Gedächtnisseite dadurch sichergestellt wird, daß beide Partner des Vergleichs aus gleichartigen

Merkmalen (features) bestehen bzw. durch Listen oder Hierarchien solcher Merkmale repräsentiert sind. Was die Reizrepräsentation betrifft, ist diese Vorstellung in der Regel mit der Annahme verbunden, daß dem eigentlichen Vergleichsprozeß ein Prozeß der *Vorverarbeitung* vorausgeht, in dem der jeweilige Reiz durch eine Liste von Merkmalen beschrieben wird (Merkmalsanalyse); das Produkt dieses Prozesses bildet die Reizrepräsentation. Was die Gedächtnisrepräsentationen betrifft, wird entsprechend angenommen, daß jede Adresse aus einem Satz dauerhaft gespeicherter Merkmale besteht. Wenn dies zutrifft, kann der Vergleich durch «Aufeinanderlegen» von reizseitigen und gedächtnisseitigen Merkmalen bewerkstelligt werden.

Die Idee einer derartigen Standard-Vorverarbeitung der Reizinformation durch Merkmalsanalyse ist durch zwei Quellen inspiriert: aus der maschinellen Zeichenerkennung und aus neurophysiologischen Befunden über die funktionelle Organisation rezeptiver Felder (vgl. NEISSER, 1967, Kap. 3; PRINZ, 1983, Kap. 5). Die einfachste denkbare Konkretisierung der Idee ist die Vorstellung von *Merkmalslisten.* Nähme man z. B. an, daß jeder beliebige Reiz durch eine Liste von 20 Merkmalen repräsentiert würde, könnten bereits mehr als 1 Million (genau: 2^{20}) verschiedene Merkmalslisten (d. h. Reizrepräsentationen) generiert werden, wenn jedes Merkmal nur zwei Ausprägungen hat (zweiwertige Merkmale sind z. B.: hell/dunkel, rund/eckig, breit/schmal oder Linie vorhanden/nicht vorhanden und dergleichen). Da die physiologischen Befunde zeigen, daß diese lokalen Merkmale innerhalb der Reizverteilung an vielen Stellen gleichzeitig analysiert und zu Merkmalen höherer Ordnung zusammengefaßt werden, wird vielfach postuliert, daß die Reizrepräsentationen, die aus der Standard-Vorverarbeitung hervorgehen, nicht nur aus Merkmalslisten, sondern aus *Merkmalshierarchien* bestehen, in denen auch globale Strukturmerkmale größerer Bereiche der Reizkonfiguration vertreten sind. Vermutlich ist an dieser Stelle der psychophysische Prozeß der räumlichen Gliederung der Reizverteilung mit dem Prozeß der merkmalsanalytischen Vorverarbeitung identisch. Sein Produkt ist eine Repräsentation des Reizes in Form einer räumlich gegliederten Merkmalshierarchie.

Identifikation und Klassifikation

Ob diese spekulativen Vorstellungen über die Natur der Vorverarbeitungsprozesse zutreffen oder zumindest der Wahrheit nahekommen, läßt sich an Hand experimenteller Evidenz aus wahrnehmungspsychologischen Experimenten gegenwärtig nicht schlüssig beurteilen. Für den gegenwärtigen Zusammenhang ist es ausreichend, die Existenz von Reizrepräsentationen anzunehmen, die mit den Adressen der Gedächtnisrepräsentationen verglichen werden können. Die Vorverarbeitung der Reizinformation endet, wo diese Vergleichsprozesse beginnen.

1. *Identifikation* – Für den Vorgang des Erkennens ist charakteristisch, daß eine einzelne, umschriebene Reizrepräsentation mehreren oder auch sehr vielen Gedächtnisrepräsentationen gegenübersteht. Wird z. B. einem Beobachter, der über einen Wortschatz von 16000 Wörtern verfügt, ein einzelnes Wort zum Erkennen dargeboten, steht – jedenfalls formal betrachtet – eine einzige Reizrepräsentation 16000 sensorischen Wortadressen gegenüber. Wie wird die passende Adresse innerhalb einiger Bruchteile einer Sekunde ausfindig gemacht?

Wahlreaktionsexperimente bieten die Möglichkeit, diesen Fragen in einem deutlich bescheideneren Rahmen nachzugehen. In einem solchen Experiment ist das Kollektiv der möglichen Reize und der möglichen Reaktionen klar begrenzt, in der Regel auf wenige Alternativen. Die Aufgabe der Versuchsperson besteht darin, bei Darbietung eines Reizes so schnell wie möglich diejenige Reaktion hervorzubringen, die zuvor in der Instruktion dem betreffenden Reiz zugeordnet wurde. Gemessen wird die Reaktionszeit, d. h. die Zeit, die zwischen Beginn der Reizdarbietung und Beginn der Reaktion vergeht. In diese Zeitstrecke gehen eine Reihe verschiedener Komponenten ein (vgl. den Abschnitt: Stufen der Informationsverarbeitung). Eine davon ist der Zeitbedarf für den Vergleich zwischen Reiz- und Gedächtnisinformation.

Hängt dieser Zeitbedarf von der Anzahl der Alternativen ab, die in einer gegebenen Aufgabe vorkommen – d. h. von der Zahl der Adressen, mit denen eine gegebene Reizrepräsentation

sentation verglichen werden muß? HICK (1952) und HYMAN (1953) führten gleichzeitig und unabhängig voneinander zwei sehr ähnliche Experimente durch, in denen die Zahl der alternativen Reize und Reaktionen variiert wurde. In beiden Experimenten saßen die Versuchspersonen vor einer Anordnung von 10 (HICK) bzw. 8 (HYMAN) Lampen, die einzeln ein- oder ausgeschaltet werden konnten. Jedes Experiment bestand aus einer Reihe von Unterbedingungen, die sich durch die Anzahl der jeweils gültigen Alternativen (n) unterschieden. HICKs Vpn reagierten, indem sie eine von n Morsetasten betätigten, auf denen ihre Finger ruhten. HYMANs Vpn hatten so schnell wie möglich eine von n sinnlosen Silben auszusprechen (bun, boo, bee ...). Welche Reaktionen welchen Reizen zugeordnet waren, wurde durch Instruktion festgelegt.

Das Ergebnis dieser beiden Experimente kann in einer Form beschrieben werden, die unter der Bezeichnung «HICKsches Gesetz» bekanntgeworden ist. In vereinfachter Form besagt es: die Reaktionszeit wächst linear mit dem Logarithmus der Anzahl der Wahlalternativen (Abb. 19a). Daß die Reaktionszeit wächst, wenn die Zahl der Alternativen zunimmt, legt zunächst die Vermutung nahe, daß die Reizrepräsentation in mehreren hintereinandergeschalteten Teilprozessen mit den beteiligten Adressen verglichen wird. Zwei mögliche Verläufe einer derartigen seriellen Durchmusterung sind in Abbildung 19b illustriert. Der einfachste denkbare Prozeßverlauf bestünde in einer seriellen Durchmusterung der jeweils n Alternativen. Diese Durchmusterung könnte auf zweierlei Weise beendet werden. Entweder

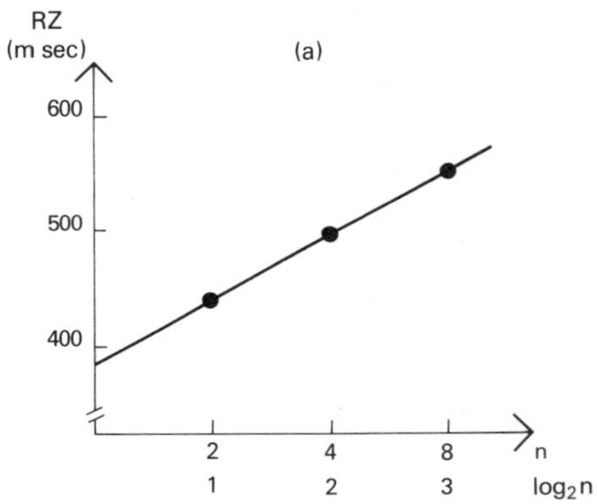

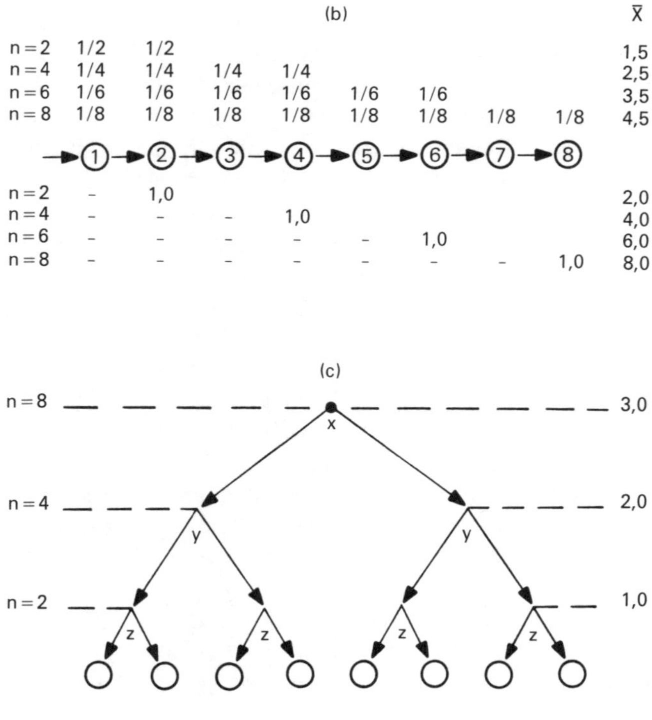

Abbildung 19:

(a) Schematische Darstellung des HICKschen Gesetzes;
(b) Illustration der durchschnittlichen Anzahl der erforderlichen Teilprozesse ($\overline{X}$ bei serieller Durchmusterung der Alternativen. Mitte: Kette der aufeinanderfolgenden Teilvergleiche (1–8). Darüber bzw. darunter sind die Abbruchwahrscheinlichkeiten bei abbruchfähiger bzw. erschöpfender Durchmusterung aufgetragen.
(c) Serielle Adressierung von 8 Alternativen, die nach 3 zweiwertigen Dimensionen (X, Y, Z) geordnet sind (bzw. von 4 Alternativen nach 2 Dimensionen (Y, Z) bzw. von 2 Alternativen nach 1 Dimension (Z)). Vgl. Text.

wird sie in dem Augenblick abgebrochen, in dem die zum gegebenen Reiz passende Adresse gefunden ist. Das wird z.B. bei 4 Alternativen in je ¼ aller Fälle bei der 1., 2., 3., bzw. 4. Adresse der Fall sein, die angesteuert wird; im Durchschnitt sind $(n+1)/2=2{,}5$ Teilvergleiche erforderlich (abbruchfähige Durchmusterung). Oder sie wird erst abgebrochen, nachdem alle Teilvergleiche zu Ende geführt worden sind; dann sind stets $n = 4$ Teilvergleiche erforderlich (erschöpfende Durchmusterung). Nimmt man an, daß jeder Teilvergleich eine konstante durchschnittliche Teilzeit erfordert, führen beide Varianten zu der Erwartung, daß die Reaktionszeit linear mit der Anzahl der Alternativen wachsen muß. Die beobachtete logarithmische Abhängigkeit ist mit diesen beiden Modellvarianten jedoch nicht zu erklären.

Hick hat stattdessen ein Modell zur Diskussion gestellt, das ebenfalls eine zeitliche Abfolge von Teilprozessen vorsieht. Die Teilprozesse sind hier jedoch nicht den einzelnen Alternativen zugeordnet, sondern bestimmten Merkmalen, in denen sich die Alternativen unterscheiden (X, Y, Z in Abb. 19c). Z.B. könnte in Teilprozeß X eine Entscheidung darüber getroffen werden, ob der dargebotene Reiz eine Lampe aus der oberen oder der unteren Hälfte des Displays ist, in Y ob er zur linken oder rechten Hälfte gehört und in Z ob er der innere oder äußere der dann noch verbleibenden Reize ist. In einer Bedingung, in der sämtliche 8 Wahlalternativen verwendet werden, ist für eine vollständige Reizidentifikation der Abschluß aller drei Teilprozesse erforderlich. Werden nur 4 Alternativen verwendet, reichen 2 Teilprozesse aus; bei 2 Alternativen ein einziger. Nach dieser Vorstellung, die mit den Versuchsergebnissen übereinstimmt, kommt das Auffinden der dem Reiz entsprechenden Adresse durch eine Folge von Teilvergleichen zustande, die sich auf einzelne Merkmale der Reize beziehen. Das setzt natürlich voraus, daß die jeweils beteiligten Adressen in entsprechender Weise geordnet sind und aufgrund der jeweils gegebenen Merkmalsdimensionen angesteuert werden können. Allgemein können n Adressen durch $k = \log_2 n$ Dimensionen geordnet und zugänglich gemacht werden. Vorausgesetzt ist dabei allerdings, daß sich die n Adressen so unterscheiden, daß sie durch k zweiwertige Dimensionen tatsächlich beschrieben werden können. (Der Begriff der Dimension wird hier natürlich ganz anders verwendet als in der dimensionalen Psychophysik. Mit Dimensionen sind hier Gesichtspunkte zur Unterscheidung eines geschlossenen Kollektivs von Reizgegenständen gemeint.)

Diese beiden Typen von seriellen Modellen – serielle Durchmusterung von Adressen und serielle Durchmusterung von Unterscheidungsdimensionen des Adressenraums – verkörpern zwei allgemeine Prinzipien, nach denen der Vergleich zwischen Reiz- und Gedächtnisinformation abgewickelt werden kann: Gesamtvergleich und analytischer Vergleich (auch Schablonenvergleich vs. Merkmalsvergleich oder ungequantelte vs. gequantelte Adressierung; vgl. Hawkins, 1969; Neisser, 1967; Prinz, 1983; Smith, 1968). Diese Unterscheidung beruht auf der unterschiedlichen Form, in der die Reizinformation für den Adressierungsvorgang herangezogen wird. Im Fall der Durchmusterung der einzelnen Alternativen wird in jedem Teilprozeß die gesamte Reizrepräsentation mit je einer Adresse verglichen. Im Fall der Durchmusterung von Merkmalsdimensionen wird dagegen in jedem Teilprozeß nur ein Teil der Reizinformation für jeweils einen Schritt bei der sukzessiven Eingrenzung der passenden Adresse verwendet.

Man kann leicht ausrechnen, daß Modelle, die eine dimensional gequantelte Adressierung vorsehen, wesentlich ökonomischer arbeiten können als Modelle mit ungequantelter Adressierung. Das gilt besonders dann, wenn man die bescheidenen Größenordnungen verläßt, mit denen im Experiment gearbeitet wird. So würde z.B. der zuvor genannte Beobachter mit einem Wortschatz von 16000 Wörtern 16000 bzw. 8000 Teilvergleiche für die beiden Varianten mit ungequantelter Adressierung benötigen (nämlich bei erschöpfender bzw. abbruchfähiger Durchmusterung), aber nur 14 Teilprozesse im Falle vollständiger Quantelung, d.h. bei Aufbewahrung sämtlicher Adressen in einem Koordinatensystem mit 14 zweiwertigen Dimensionen ($2^{14} = 16384$). Die Entlastung der Prozesse, die die Quantelung der Adressierung mit sich bringt, setzt also einen außerordentlich hohen Grad an interner Organisation der Adressen voraus.

So naheliegend es auch ist, die Ergebnisse von HICK und HYMAN durch die Annahme serieller Teilprozesse der einen oder anderen Art zu interpretieren – zwingend ist diese Schlußfolgerung nicht. Die gleichen Ergebnisse können unter bestimmten Bedingungen auch dann zustande kommen, wenn die beteiligten Teilprozesse gleichzeitig ablaufen. Nimmt man z.B. an, daß eine simultane Durchmusterung sämtlicher jeweils beteiligter Adressen vorgenommen wird und daß der Gesamtprozeß erschöpfend ist in dem Sinne, daß er erst dann beendet wird, wenn der jeweils langsamste der n Teilvergleiche abgeschlossen ist, muß die mittlere Dauer des Gesamtprozesses gleichfalls mit n wachsen. Dies ergibt sich aus einer rein statistischen Überlegung, die man sich an Hand eines einfachen Würfelspiels klarmachen kann. Wenn man gleichzeitig n Würfel wirft und bei jedem Wurf die höchste Augenzahl ermittelt, die einer der n Würfel zeigt, ist zu erwarten, daß dieser Höchstwert umso größer ist, je größer n ist. Rückübersetzt auf Teilprozesse beim Erkennen bedeutet das: je mehr Teilprozesse gleichzeitig ablaufen (n), desto länger muß der Gesamtprozeß dauern, wenn er sich nach der Dauer des jeweils langsamsten Teilprozesses (der höchsten Ziffer) richtet. Denn je mehr Teilprozesse (von gleicher durchschnittlicher Dauer) beteiligt sind, desto größer ist der Erwartungswert für den längsten von ihnen, d.h. für denjenigen Teilprozeß, der die Dauer des Gesamtprozesses bestimmt.

Diese Überlegung gilt natürlich entsprechend für den Fall gequantelter Zuordnung; ein Anstieg der Reaktionszeit mit der Zahl der Dimensionen des Adressenraums muß danach auch dann erwartet werden, wenn die Dimensionen gleichzeitig bearbeitet werden. Aus der Simultanvariante des Modells ergibt sich zwar nicht notwendigerweise eine logarithmische Abhängigkeit, aber die resultierende Funktion kann unter bestimmten Bedingungen den HICK-HYMAN-Daten sehr nahe kommen (vgl. TOWNSEND, 1974).

Modelle für Identifikationsprozesse – so ist zusammenfassend festzuhalten – können sich in verschiedenen Hinsichten unterscheiden. Sie können (1) eine Durchmusterung von Adressen oder von Unterscheidungsdimensionen des Adressenraums vorsehen (ungequantelte vs. gequantelte Adressierung), (2) für die einzelnen Durchmusterungsschritte simultane oder sukzessive Teilprozesse annehmen, die zudem (3) erschöpfend oder abbruchfähig organisiert sein können. Ursprünglich begann die Forschung in diesem Bereich mit der Frage, *welche* dieser alternativen Vorstellungen zutreffend ist. Heute steht eher die Frage im Vordergrund, *welcher* Verarbeitungsmodus *unter welchen Bedingungen* realisiert wird.

2. *Klassifikation* – Den bisher betrachteten Experimenten liegt eine 1:1-Zuordnung zwischen Reizen und Reaktionen zugrunde: für jeden experimentellen Reiz steht eine spezifische Reaktion zur Verfügung. Jeder Reiz wird insofern durch die Reaktion, die er hervorruft, eindeutig identifiziert. Klassifikationsaufgaben unterscheiden sich von Identifikationsaufgaben dadurch, daß in der Instruktion jeweils mehrere Reize einer einzigen Reaktion zugeordnet werden. Unter dieser Bedingung wird jeder Reiz durch die Reaktion, die er hervorruft, nicht identifiziert, sondern lediglich klassifiziert: als Mitglied einer Klasse von Reizen, die aufgrund der Instruktion als äquivalent gelten. Ein Vergleich zwischen Identifikation und Klassifikation bietet die Möglichkeit, zu prüfen, ob der im HICKschen Gesetz formulierte Alternativeneffekt von der Zahl der Reiz- oder der Reaktionsalternativen abhängt. Bei 1:1-Zuordnung sind diese Zahlen stets perfekt korreliert; bei x:1-Zuordnung sollten sich Reiz- und Reaktionseffekte zumindest teilweise trennen lassen.

Hängt also die Reaktionszeit von der Zahl der Reize oder der Reaktionen ab? Die Antwort lautet: es kommt auf die inhaltliche Zuordnung zwischen Reizen und Reaktionen an (vgl. POSNER, 1964; SMITH, 1968). In einem Experiment von CROSSMAN (1953) hatten Vpn die Aufgabe, Spielkarten so schnell wie möglich nach verschiedenen Gesichtspunkten zu sortieren. Gemessen wurde die Sortierzeit pro Kartenstapel; daraus wurde die durchschnittliche Zeit pro Karte berechnet. Unter den verschiedenen Aufgaben des Experiments verlangten einige das Sortieren in zwei Kategorien (z.B. rot vs. schwarz), andere in vier Kategorien (rote Bilder vs. rote Zahlen vs. schwarze Bilder vs. schwarze Zahlen). Die Zeit für das Sortieren in vier Kategorien war durchweg länger als für zwei Kategorien. Da der zu sortierende Kartenstapel in beiden Bedingungen gleich war, weist dieser Befund zunächst darauf hin, daß die Sortierzeit von der Zahl der Reaktionsalternativen abhängt. Durch das Ergebnis einer anderen Bedingung wird diese Schlußfolgerung aber wieder in Frage gestellt. In dieser Bedingung war gleichfalls nach zwei Kategorien zu sortieren: (rote Bilder oder schwarze Zahlen) vs. (rote Zahlen oder schwarze Bilder). Hier lag die Sortierzeit anfangs noch über der der Vier-Kategorien-Bedingung und erreichte erst nach einiger Übung die gleichen Werte wie dort – und das, obwohl hier nur zwei Reaktionskategorien vorgegeben waren.

Ähnliche Ergebnisse wurden in einem Reaktionszeitexperiment von Morin, Forrin und Archer (1961) erzielt. Das Reizmaterial bestand aus vier Reizen: 1 oder 2 Quadrate und 1 oder 2 Kreise (vgl. Tab. 3). Hier zeigte sich, daß in einer Aufgabe, in der die eine Reaktionskategorie aus (1 Kreis oder 2 Quadrate) bestand und die andere aus (1 Quadrat oder 2 Kreise) die Klassifikationszeit zunächst deutlich länger war als in einer anderen Aufgabe, in der Kreise der einen und Quadrate der anderen Kategorie zugerechnet wurden, unabhängig von ihrer Anzahl (Bedingungen 4 vs. 3 in Tab. 3). Die Reaktionszeiten unterschieden sich deutlich, obwohl beide Bedingungen eine 4:2-Zuordnung verlangten. Im Laufe von 2 Übungssitzungen glichen sich die Reaktionszeiten allerdings zunehmend an, und gegen Ende der 2. Sitzung war der Unterschied praktisch verschwunden. Die Reaktionszeit schien dann nur noch von der Anzahl der Reaktionen abzuhängen (Bedingungen 1, 3, 4 vs. Bedingung 2).

Die Ergebnisse dieser Experimente zeigen, daß die Dauer der Reaktionszeit weder direkt an die Zahl der möglichen Reize noch an die Zahl der alternativen Reaktionen gebunden ist, sondern von der Zahl der beteiligten Gedächtnisrepräsentationen bzw. der beteiligten Adressen abhängt. Wenn die Reize, die den gleichen Reaktionen zugeordnet sind, durch eine gemeinsame Adresse vertreten werden können, ist der Zeitbedarf für die Klassifikation von 4 Reizen in 2 Reaktionskategorien der gleiche wie für die Identifikation von 2 Reizen. Wenn dagegen die Ausbildung einer gemeinsamen Merkmalsadresse nicht möglich ist, ist die 4:2-Klassifikation ähnlich zeitaufwendig wie eine 4:4-Identifikation. Mit anderen Worten: Wenn die Reize, die einer Reaktion zugeordnet sind, gemeinsame Merkmale aufweisen, besteht die Möglichkeit, eine gemeinsame Adresse auszubilden, die durch diese gemeinsamen Merkmale spezifiziert ist. Dann ist die Anzahl der Reize pro Adresse bzw. Reaktion ohne Bedeutung, und die Reaktionszeit hängt nur von der Zahl der Reaktionen ab. Wenn dagegen diese Möglichkeit nicht besteht oder nicht genutzt wird, ist die Anzahl der Reaktionen keine relevante Größe, und die Reaktionszeit richtet sich nach der Zahl der Adressen, die am Adressierungsprozeß beteiligt sind. – Allerdings trifft diese Zusammenfassung nur auf den ungeübten Beobachter zu. Wie sich die Verhältnisse durch Übung verändern, bleibt offen.

Tabelle 3: Bedingungen und Ergebnisse des Experiments von Morin, Forrin & Archer, 1961 (entnommen aus Abbildungen 1 und 2). Das Verhältnis S:R gibt die Anzahl der Reize (S) und Reaktionen (R) an, die an jeder Bedingung beteiligt sind. Die Form der jeweils realisierten Zuordnung ist durch Ziffern unter den einzelnen Reizfiguren spezifiziert; jede Ziffer steht für eine Reaktion. Die angegebenen Reaktionszeiten entsprechen dem Mittelwert der beiden ersten Blöcke der 1. Sitzung (Anfang) bzw. der beiden letzten Blöcke der 2. Sitzung (Ende).

Bedingungen	S:R	Reizfiguren				Reaktionszeiten	
		●	■	●●	■■	Anfang	Ende
1.	2:2	1	2			460	330
2.	4:4	1	2	3	4	660	530
3.	4:2	1	2	1	2	460	320
4.	4:2	1	2	2	1	585	330

Vergleichen

1. *Mehrdimensional variierende Figuren* – Dieser letzteren Überlegung liegt die Vorstellung zugrunde, daß die Struktur der jeweils beteiligten Adressen sich in gewissen Grenzen nach den aktuellen Aufgabenanforderungen richtet und daß unter bestimmten Bedingungen anstelle von Adressen für einzelne Reize Adressen für Merkmalsdimensionen von Reizkollektiven angelegt sein können. Eine solche dimensionale Struktur des Adressenraumes und die damit verbundene analytische Form der Adressierung werden sich vor allem dann entwickeln können, wenn das Reizmaterial selbst bereits eine entsprechende Organisation aufweist. Dies ist in Experimenten der Fall, in denen Figuren verwendet werden, die auf mehreren unabhängigen Merkmalsdimensionen variieren. In einer Versuchsserie von NICKERSON (1967) wurden z.B. Figuren dargeboten, die auf 3 dreiwertigen Dimensionen variierten: Farbe (rot/blau/gelb), Form (Kreis/Dreieck/Quadrat) und Größe (klein/mittel/groß). Bei unabhängiger Kombination dieser Merkmale entsteht ein Kollektiv von $3^3=27$ verschiedenen Figuren, die in einem dreidimensionalen Merkmalsraum geordnet werden können. EGETH (1966) konstruierte für ein anderes Experiment $2^3=8$ Figuren auf 3 zweiwertigen Dimensionen (2 Farben, 2 Formen, 2 Positionen in einer schrägen Linie). Ähnliche, z.T. wesentlich komplexere Figuren wurden in einer Reihe weiterer Experimente verwendet (Übersicht bei NICKERSON, 1972; PRINZ, 1970).

Die Aufgabe der Vp bestand in diesen Experimenten darin, je zwei Figuren aus diesem Kollektiv miteinander zu vergleichen und durch möglichst rasches Niederdrücken einer von zwei Reaktionstasten anzugeben, ob die beiden Figuren gleich oder verschieden waren (*Same-Different*-Vergleich). Dieser Vergleich konnte in unterschiedlichen Formen im Experiment realisiert sein. In einer Variante wurde jeweils zu Beginn einer Versuchssitzung eine kritische Eigenschaftskombination verabredet (z.B. kleines rotes Quadrat), die dann für den gesamten Versuch als Standard galt. Anschließend wurde eine Serie einzelner Figuren hintereinander dargeboten, und jede einzelne Figur mußte danach beurteilt werden, ob sie dem Standard entsprach *(«same»)* oder nicht *(«different»)*. In anderen Versuchsvarianten wurden jeweils zwei Figuren dargeboten (simultan oder sukzessiv) und mußten im Hinblick auf eine oder mehrere relevante Dimensionen verglichen werden. Wenn z.B. Farbe und Größe relevante Dimensionen waren, mußten ein kleines rotes Dreieck und ein kleines rotes Quadrat trotz ihrer Formverschiedenheit als «gleich» klassifiziert werden. War dagegen nur die Formdimension relevant, waren diese beiden Figuren als «verschieden» zu klassifizieren – trotz ihrer Übereinstimmung in Farbe und Größe.

Obwohl die Aufgabenanforderungen in diesen drei Versuchsvarianten – Standardvergleich, Sukzessivvergleich und Simultanvergleich – in einer Reihe von Punkten ziemlich unterschiedlich sind und obgleich ferner in den einzelnen Experimenten mit unterschiedlichem Reizmaterial gearbeitet wurde, stimmen die vorliegenden Ergebnisse weitgehend überein. Als Illustration mögen die Resultate von EGETH (1966) und HAWKINS (1969) dienen. In beiden Experimenten wurde mit 8 Figuren gearbeitet, die aus 3 zweiwertigen Dimensionen konstruiert waren und im Simultanvergleich beurteilt werden mußten. Die Ergebnisse wurden vor allem danach aufgeschlüsselt, welchen Einfluß zwei Faktoren haben: die Anzahl der durch Instruktion für relevant erklärten Dimensionen (R) und die Anzahl der Dimensionen, auf denen sich die beiden Vergleichsreize unterscheiden (U). Wir beschränken hier unsere Betrachtung auf den ersten dieser beiden Faktoren.

Die Anzahl der relevanten Dimensionen müßte sich nach allen Varianten der bisher erörterten analytischen Adressierungsmodelle in einem Anstieg der Klassifikationszeiten für die Gleich-Reaktionen bemerkbar machen: Als «gleich» können zwei Figuren erst dann beurteilt werden, wenn sie auf allen relevanten Dimensionen verglichen worden sind. Wenn die Merkmalsdimensionen nacheinander bearbeitet werden, muß die Reaktionszeit für die Gleich-Reaktionen linear mit der Anzahl der relevanten Dimensionen wachsen. Wenn sie gleichzeitig bearbeitet werden, ist wiederum der jeweilige Höchstwert ausschlaggebend, d.h. der jeweils langsamste von R simultanen Teilprozessen bestimmt die Dauer des Gesamtprozesses – mit der Folge, daß der Gesamtprozeß auch hier im Durchschnitt umso länger dauern muß, je mehr Teilprozesse beteiligt sind. Die Ergebnisse von EGETH (1966) stimmen mit dieser Erwartung jedoch nicht überein (Abb. 20a). Sind eine oder drei Dimensionen relevant, ist die Reaktionszeit kürzer als bei zwei relevanten Dimensionen.

Obwohl dieses Ergebnis eindeutig erwartungswidrig ist, zwingt es noch keineswegs zur Aufgabe der analytische Modelle. Dies zeigt die folgende Überlegung. Die Zahl der relevanten Dimensionen korreliert perfekt – und zwar negativ – mit der Zahl der irrelevanten Dimensionen: sind 1, 2 oder 3 Dimensionen relevant, sind entsprechend 2, 1 und 0 Dimensionen irrelevant. Irrelevant bedeutet: sie sind in der betreffenden Bedingung per Instruktion für irrelevant erklärt. Das muß aber keineswegs heißen, daß sie von der Vp tatsächlich wirksam ausgefiltert werden können. Wie EGETH selbst gezeigt hat, ist dies seinen Versuchspersonen nicht vollständig gelungen. In den Bedingungen R=1 und R=2 können die Figurenpaare, die in den relevanten Dimensionen gleich sind, danach eingeteilt werden, ob sie sich in den irrelevanten Dimensionen unterscheiden oder nicht. Wären die irrelevanten Dimensionen völlig unwirksam, sollte die Zeit für Gleich-Reaktionen von der Gleichheit/Verschiedenheit auf der (den) irrelevanten Dimension(en) nicht beeinflußt werden. Dies war aber in EGETHS Daten durchweg der Fall: die Reaktionszeiten waren kürzer, wenn die Figuren auch auf der irrelevanten Dimension gleich waren. Das bedeutet, daß – zumindest in einem Teil der Versuchsdurchgänge – auch irrelevante Dimensionen adressiert werden. Da dies nur bei R=1 und R=2 geschehen kann (bei R=3 sind alle vorhandenen Dimensionen relevant), ist in diesen beiden Bedingungen mit überhöhten Reaktionszeiten infolge der Abfrage irrelevanter Dimensionen zu rechnen.

Die Rolle der irrelevanten Dimensionen kann auch dadurch beschrieben werden, daß für jede Bedingung die Anzahl der äquivalenten Figuren angegeben wird. Ist eine von drei Dimensionen relevant (Farbe), so sind (in einem System mit 3 zweiwertigen Dimensionen) jeweils vier Figuren äquivalent. Wird eine von ihnen zum Vergleich dargeboten, gibt es 4 gleichfarbige Vergleichsfiguren, die eine Gleich-Reaktion erfordern. Bei zwei relevanten Dimensionen sind zwei Figuren, bei drei Dimensionen nur eine Figur in diesem Sinne äquivalent. Auf der Grundlage dieser Überlegung kann – in Konkurrenz zu den verschiedenen analytischen Modellen – auch ein Gesamtadressierungsmodell formuliert werden, das annimmt, daß beim Vergleich der beiden Figuren geprüft wird, ob die eine der beiden Reizfiguren zu den äquivalenten Figuren der anderen Reizfigur gehört. Dazu wäre in den Bedingungen R=1, 2, 3 die Adressierung von 4, 2 bzw. 1 Adressen erforderlich. In Abbildung 20 ist die Anzahl der Adressierungen, die nach diesem Modell erforderlich wären, den entsprechenden Werten für analytische Adressierung gegenübergestellt (offene bzw. gefüllte Punkte). Aus dieser Abbildung kann man ablesen, daß ein Verhalten der Reaktionszeiten, das den Ergebnissen von EGETH entspricht, dann zu erwarten wäre, wenn sich in jeder Bedingung diejenige Adressierungsform durchsetzen würde, die die geringste Anzahl von Teilprozessen erfordert: gequantelte Adressierung, wenn nur eine Dimension relevant ist, Gesamtadressierung, wenn alle Dimensionen relevant sind (gestrichelte Linie).

Die Abbildung 20c zeigt die einschlägigen Ergebnisse von HAWKINS (1969). HAWKINS modifizierte aufgrund der Resultate von EGETH seine Versuchsanordnung so, daß eine Beeinträchtigung relevanter durch irrelevante Dimensionen ausgeschlossen sein sollte. Dies versuchte er dadurch zu erreichen, daß er unter den Bedingungen R=1 und R=2 stets Figurenpaare darbot, die ausschließlich auf den relevanten Dimensionen variierten. War z.B. Form relevant, wurden nur unterschiedliche Formen von neutraler Größe und Farbe gezeigt. War dagegen Farbe relevant, waren Form und Größe neutralisiert und zeigten keine irrelevante Variation. Wie Abbildung 20c zeigt, ist jetzt ein praktisch linearer Anstieg der Reaktionszeit als Funktion von R zu beobachten. Dies gilt allerdings nur für die Mittelwerte über alle Einzelbedingungen (durchgezogene Linie). Betrachtet man die Einzelbedingungen, ergibt sich ein weniger konsistentes Bild. Für die Reihe Farbe/Farbe & Form/Farbe & Form & Größe zeigt sich eine sehr starke Verlänge-

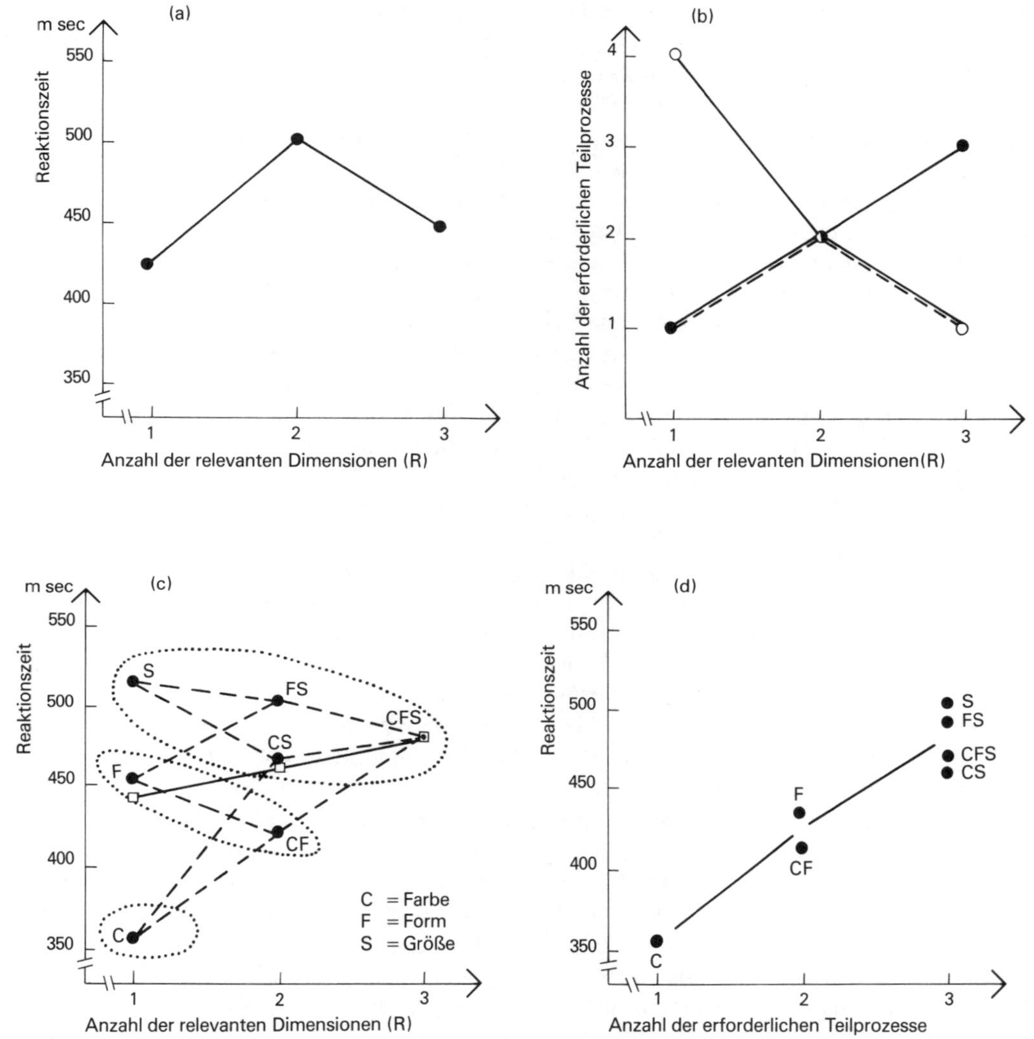

Abbildung 20:

(a) Abhängigkeit der Reaktionszeit für die Gleich-Urteile von der Zahl der relevanten Dimensionen R (nach EGETH, 1966, Fig. 3).

(b) Anzahl der erforderlichen Teilprozesse als Funktion der Anzahl relevanter Dimensionen für analytische Modelle (volle Punkte) und für Gesamtvergleichsmodelle (offene Punkte). Gestrichelte Linie: Anzahl der Teilprozesse bei Nutzung des jeweils günstigsten Modells.

(c) Ergebnisse von HAWKINS (1969, nach Tab. 2). Die durchgezogene Linie verbindet die Mittelwerte über alle Bedingungen.

(d) Neuauftragung der Daten aus (c) unter der Annahme, daß die Adressierung der Dimensionen in allen Bedingungen in der Reihenfolge Farbe-Form-Größe zum Abschluß gelangt. Abszisse: Anzahl der Teilprozesse, deren Abschluß bei konstanter Abfolge C → F → S erforderlich ist.

rung der Reaktionszeit mit wachsendem R. Dagegen ist für die Reihe Größe/Größe & Form/Größe & Form & Farbe eher das Umgekehrte der Fall: je mehr Dimensionen relevant sind, desto schneller ist die Reaktion.

Es fällt schwer, aus diesem Resultat allgemeine Schlußfolgerungen zu ziehen. Eine mögliche Erklärung nimmt an, daß trotz der getroffenen Vorkehrungen weiterhin irrelevante Dimensionen überprüft werden. Denn dadurch, daß die Figuren auf den irrelevanten Dimensionen nicht variieren, ist ja noch nicht ausgeschlossen, daß diese Dimensionen nicht dennoch analysiert werden. Nähme man z. B. an, daß die Beurteilung der Größe stets die Analyse der beiden übrigen Dimensionen mit einschließt und daß ferner bei der Beurteilung der Form die Farbdimension nicht ignoriert werden kann, müßte man erwarten, daß in allen vier Bedingungen, in denen Größe relevant ist, jeweils alle 3 Teilprozesse ablaufen. Von den danach verbleibenden drei Bedingungen benötigen diejenigen zwei, in denen Form relevant ist, 2 Teilprozesse; nur die Bedingung «Farbe» kommt mit einem einzigen Teilprozeß aus.

Wie in Abbildung 20c zu erkennen ist, passen die Daten recht gut zu dieser Erklärung. Sortiert man die Reaktionszeiten unter diesem Gesichtspunkt neu und trägt sie nach der Zahl der Teilprozesse auf, die im Fall einer konstanten Reihenfolge Farbe-Form-Größe in den einzelnen Bedingungen zum Abschluß gelangen müssen, fügt sich das Versuchsergebnis zu einem wesentlich konsistenteren Bild (Abb. 20d). Dabei ist gleichgültig, ob die angenommene konstante Reihenfolge der Abschlußzeitpunkte darauf zurückzuführen ist, daß 3 gleichzeitig gestartete Adressierungsprozesse unterschiedlich viel Zeit benötigen oder darauf, daß die Teilprozesse für diese 3 Dimensionen stets in dieser Reihenfolge aufeinander folgen.

Es scheint jedenfalls, daß wir unsere Auffassung über den Mechanismus analytischer Adressierung um die Vorstellung erweitern müssen, daß die einzelnen Merkmalsdimensionen mit unterschiedlichem funktionalem Gewicht ausgestattet sind – sei es, weil die ihnen zugeordneten Adressierungsprozesse unterschiedlich schnell sind oder weil sie zu unterschiedlichen Zeitpunkten nacheinander gestartet werden. So ist die Farbdimension in den Daten von Egeth und Hawkins in doppeltem Sinne prominent: sie wird besonders schnell bearbeitet, wenn sie relevant ist, und sie ist kaum zu ignorieren, wenn sie irrelevant ist. Für andere Dimensionen – z. B. die Größendimension bei Hawkins – trifft das Gegenteil zu.

2. *Buchstaben* – Mehrdimensional variierende Figuren bilden, da sie systematisch konstruiert sind, überaus «ordentliche» Reizkollektive. Die Buchstaben des lateinischen Alphabets gehören dagegen zu einem historisch gewachsenen und deshalb «unordentlichen» Kollektiv, was die Struktur ihrer visuellen Merkmale betrifft. Trotzdem lassen sich aus Experimenten, in denen Buchstaben miteinander verglichen werden müssen, interessante theoretische Schlußfolgerungen ziehen, die Anlaß geben, die bisher skizzierte Rahmenvorstellung über die funktionalen Grundlagen von Erkennungsprozessen in einem wesentlichen Punkt zu revidieren.

Die Entwicklung dieses methodischen Ansatzes geht auf Posner zurück (Posner, 1969, 1978; Posner & Mitchell, 1967). Auch in diesen Experimenten wird von der Vp ein Gleich/Verschieden-Urteil verlangt, das sich hier jedoch auf zwei gleichzeitig oder nacheinander dargebotene Buchstaben bezieht. Auch die beiden hauptsächlichen experimentellen Variablen entsprechen den Experimenten mit Figurenvergleich. Sie betreffen zum einen die Instruktionen über die relevanten Vergleichsgesichtspunkte und zum anderen die in den Buchstabenpaaren realisierten Unterschiede. Posner unterscheidet zwischen drei *Instruktionen,* die unterschiedliche Vergleichsaufgaben definieren: physischer (auch: visueller) Vergleich, Namensvergleich und semantischer Vergleich. Physischer Vergleich verlangt von der Vp, zwei Buchstaben nur dann als gleich zu beurteilen, wenn sie physisch identisch sind (also AA, bb, CC, usw.); alle anderen Reizpaare gelten als verschieden. Namensvergleich definiert dagegen alle Buchstaben als gleich, die den gleichen Namen haben (also außer AA, bb, CC auch Paare wie Aa, Bb, cC). Semantischer Vergleich definiert Gleichheit anhand einer begrifflichen Klassifikation, z. B. der Einteilung in Vokale und Konsonanten. Als gleich gelten dann auch Reizpaare wie AE bzw. Ae (Vokale) oder BC bzw. Bc (Konsonanten); nur Paare wie AB, ca oder ac gelten jetzt noch als verschieden.

Innerhalb dieser drei Aufgaben können die auftretenden Reizpaare ferner danach klassifiziert werden, welche *Unterschiede* sie aufweisen. Bei physischem Vergleich können z.B. Buchstabenpaare, die als «verschieden» zu klassifizieren sind, danach unterschieden werden, ob sie namensgleich oder - verschieden sind (Aa vs. Bc oder dergleichen). Entsprechend kann umgekehrt innerhalb der Gleich-Reaktion bei Namensvergleich zwischen physisch identischen und physisch verschiedenen namensgleichen Paaren getrennt werden (AA vs. Aa).

Formal betrachtet liegt in diesen Aufgaben ein Klassifikationssystem mit drei Vergleichsdimensionen vor: physische Beschaffenheit (mit 2×26=52 Werten), Namen (26 Werte) und Lautkategorie (Vokal/Konsonant; 2 Werte). Das Material läßt allerdings hier keine unabhängige Variation der Dimensionen zu. Ist z.B. die physische Beschaffenheit zweier Reize gleich, können ihre Namen sich nicht unterscheiden. Sind dagegen die Namen gleich, können sie durchaus physisch verschieden sein. Ist umgekehrt die physische Beschaffenheit verschieden, können die Namen gleich oder verschieden sein; liegen verschiedene Namen vor, ist die physische Beschaffenheit niemals gleich. Eine derartige Korrelation besteht nicht nur zwischen physischer Beschaffenheit und Namen, sondern auch im Verhältnis zu der Lautkategorie-Dimension.

Wichtiger als dieser Unterschied in der formalen Struktur ist der Unterschied in der Natur der beteiligten Dimensionen. Bei mehrdimensional variierenden Figuren beziehen sich sämtliche Dimensionen ausschließlich auf die physische Beschaffenheit der Reize - also auf visuelle Merkmale. Hier dagegen beziehen sich zwei der drei Dimensionen auf nicht-visuelle Merkmale: auf den Namen und auf die Eigenschaft, Vokal oder Konsonant zu sein. Nur in der visuellen Vergleichsaufgabe wird ein Vergleich auf der Ebene visueller Merkmale verlangt - d.h. auf der Ebene der Adressierungsprozesse. Die beiden anderen Bedingungen setzen - so scheint es - eine visuelle Identifikation der Reize voraus und verlangen einen Vergleich auf einer anderen, nachgeordneten Ebene. In die bisher verwendete theoretische Terminologie läßt sich dieser Unterschied auch so übersetzen: Bei visuellem Vergleich muß lediglich geprüft werden, ob die Reizrepräsentationen beider Reize die gleiche Merkmalsadresse erreichen. Bei nicht-visuellem Vergleich muß dagegen geprüft werden, ob die Gedächtnisrepräsentationen, die durch die beiden Reize aktiviert werden, bestimmte gemeinsame Eigenschaften enthalten.

Die Ergebnisse von Experimenten mit *Simultanvergleich* entsprechen genau den Erwartungen, die sich aus diesem theoretischen Ansatz ergeben. Die Tabelle 4 zeigt die Ergebnisse eines Experiments von POSNER und MITCHELL, in dem die Versuchspersonen je zwei Buchstaben, die unmittelbar nebeneinander auf eine Karte gezeichnet waren, zu vergleichen hatten (visueller Vergleich und Namensvergleich). Die Reizkarte wurde jeweils eine Sekunde lang dargeboten. Die Reaktion («gleich» bzw. «verschieden») erfolgte durch rasches Niederdrücken einer von zwei Tasten. Zunächst ist

Tabelle 4: Gleich/Verschieden-Reaktionszeiten (in Millisekunden) eines Experiments von POSNER & MITCHELL (1967, Exp. 2; Daten entnommen aus Tabellen 4 und 6). Das Reizkollektiv bestand aus den Buchstaben Aa Bb Cc Ee. Die *kursiv* gesetzen Werte sind Reaktionszeiten für *Gleich*-Reaktionen, die übrigen Werte für *Verschieden*-Reaktionen.

Aufgabe	physisch gleich namensgleich AA, bb, CC, ee ...	physisch verschieden namensgleich Aa, Bb, Cc, Ee	physisch verschieden namensverschieden AB, Bc, ec ...
Visueller Vergleich	*428*	470	464
Namensvergleich	*452*	*507*	556

deutlich zu erkennen, daß bei visuellem Vergleich die Reaktionszeit wesentlich kürzer als bei Namensvergleich sind. Den eindeutigsten Anhaltspunkt hierfür liefern die Verschieden-Urteile für physisch und namentlich verschiedene Paare (Typ AB): ihre Verschiedenheit wird bei visuellem Vergleich um 92 msec früher als beim Namensvergleich registriert.

Ebenso aufschlußreich sind Vergleiche innerhalb der beiden Instruktionsbedingungen. Wenn die Auswertung der Namensinformation immer erst nach Abschluß der visuellen Identifikation möglich ist, muß bei Namensvergleich erwartet werden, daß die Gleich-Reaktion für physisch identische Paare (Typ AA) deutlich kürzer ist als für physisch verschiedene Paare (Typ Aa). Da nämlich physische Gleichheit stets Namensgleichheit einschließt, ist bei physisch gleichen Paaren die Auswertung der visuellen Information als Grundlage für die Gleich-Reaktion ausreichend. Andererseits darf jedoch bei visuellem Vergleich die Namensbeziehung der beiden Reize nach dieser Theorie keine Rolle spielen. Wenn nämlich die Auswertung der Namensinformation immer erst nach Abschluß der visuellen Analyse möglich ist, können die Verschieden-Reaktionszeiten für namensgleiche und namensverschiedene Paare (Typ Aa vs. Typ AB) nicht unterschiedlich ausfallen. Wie die Daten in Tabelle 4 zeigen, werden beide Erwartungen der Theorie durch die Daten voll bestätigt.

Die Abbildung 21 faßt das Ergebnis eines anderen Experiments von Posner und Mitchell zusammen, in dem ein semantischer Vergleich auf der Grundlage der Einteilung in Vokale und Konsonanten verlangt war. Die Daten ordnen sich zwanglos im Sinne eines dreistufigen Entscheidungsbaumes. Auf der ersten Stufe wird physische Identität überprüft. Liegt sie vor, erfolgt eine rasche Reaktion (549 msec). Liegt sie nicht vor, wird auf der folgenden Stufe Namensgleichheit überprüft. Sind die Namen gleich, erfolgt die Reaktion nach 623 msec; sind sie es nicht, wird eine Überprüfung der kategorialen Beziehung vorgenommen. Sie kommt nach durchschnittlich weiteren 180 msec mit einer Gleich- oder Verschieden-Reaktion zum Abschluß.

Weniger übersichtlich liegen die Dinge bei *Sukzessivvergleich.* Hier wird die Zeit für den Vergleich eines einzelnen Buchstaben mit einem (oder mehreren) kurz vorher dargebotenen Vergleichsbuchstaben gemessen. Einen ersten Hinweis darauf, daß hier andere Verhältnisse gegeben sind, liefert eine Beobachtung von Posner und Keele (1967). Verlangt war ein Namensvergleich zwischen zwei Buchstaben, die mit einem zeitlichen Abstand von 0, 0.5, 1.0 und 1.5 Sekunden aufeinander folgten. Die erste Aufgabe entsprach einem Simultanvergleich, die drei anderen waren Sukzessivvergleichs-Aufgaben. Betrachtet wurden die Gleich-Reaktionszeiten für physisch gleiche

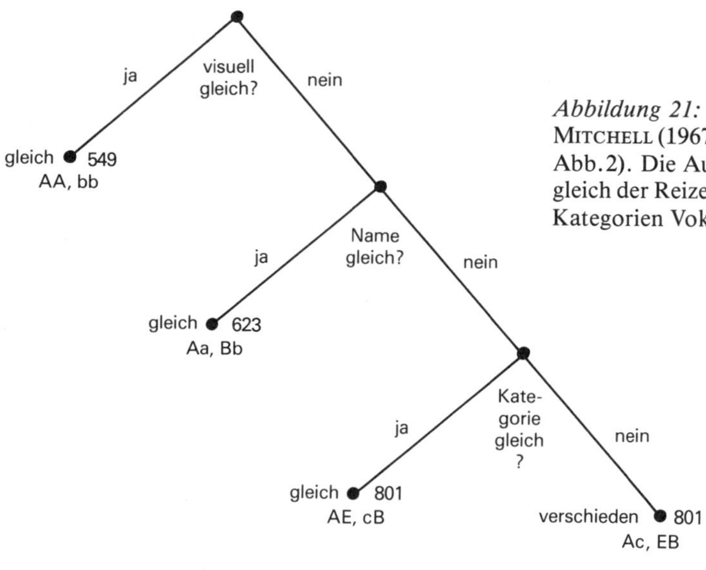

Abbildung 21: Ergebnis von Exp. 4 bei Posner & Mitchell (1967; Daten entnommen aus Tab. 10 und Abb. 2). Die Aufgabe war ein «semantischer» Vergleich der Reize Aa Bb Cc Ee auf der Grundlage der Kategorien Vokal/Konsonant. (Vgl. Tab. 4.)

(Typ AA) und physisch ungleiche Paare (Typ Aa). Bei Simultanvergleich ergab sich ein Vorteil von 87 msec zugunsten der physisch gleichen Paare. Bei Sukzessivvergleich schrumpfte dieser Vorteil jedoch über das Vergleichsintervall hinweg zusammen und betrug nach 1,5 Sekunden nur noch 19 msec. Dieser Befund kann nicht einfach durch die Annahme erklärt werden, daß die visuelle Adresse des zuerst dargebotenen Reizes während des Vergleichsintervalls an Wirksamkeit einbüßt. Denn nach der Stufentheorie von POSNER und MITCHELL müßte in diesem Fall eine gleichartige Verlängerung der Reaktionszeiten für beide Typen von Reizpaaren erwartet werden. Erklärbar wird das Versuchsergebnis, das danach vielfach repliziert wurde, nur durch eine auf den ersten Blick paradoxe Annahme: daß neben der Schwächung der visuellen Analyse im Laufe des Vergleichsintervalls eine relative Stärkung der Wirksamkeit der Namensinformation stattfindet.

Mit dieser Annahme verlassen wir die plausible Konzeption, auf der die Theorie der sukzessiven Verarbeitungsstufen beruht. Wir nehmen jetzt nicht mehr an, daß die Auswertung der Namensinformation an die visuelle Identifikation anschließt, sondern daß visuelle Analyse und Namensanalyse parallele Prozesse sind – parallel nicht nur in zeitlicher, sondern auch in funktionaler Hinsicht (vgl. auch POSNER, 1978, Kap. 2). Ein kritischer Test für die Gültigkeit dieser Auffassung wäre der Nachweis der Beeinträchtigung einer visuellen Vergleichsaufgabe durch nicht-visuelle Eigenschaften der Reize. POSNER und MITCHELL haben gezeigt, daß bei Simultanvergleich eine derartige Beeinträchtigung nicht stattfindet: wie wir sahen, spielt bei visuellem Vergleich die Namensbeziehung der Vergleichsreize keine Rolle (kein Unterschied in den Reaktionszeiten zwischen namensgleichen (Aa) und namensverschiedenen (Ae) Paaren; vgl. Tab. 4). Experimente von WATTENBARGER (1970) haben jedoch für Sukzessivvergleich eine solche Beeinträchtigung nachgewiesen (vgl. NICKERSON, 1972).

Ein ähnlicher Effekt wurde in einem Experiment von PRINZ und MANNHAUPT (1974) beobachtet. Die Aufgabe bestand darin, einzelne Testbuchstaben, die visuell dargeboten wurden, mit einem Satz von 4 Vergleichsbuchstaben zu vergleichen und durch Betätigen einer Reaktionstaste anzugeben, ob der Testbuchstabe mit einem der Vergleichsbuchstaben identisch war oder nicht (visueller Vergleich). Die Vergleichsbuchstaben (z. B. EgQz) blieben jeweils für die Dauer eines Versuchsblocks konstant. Die Hälfte der Testbuchstaben pro Block entsprach einem der Vergleichsbuchstaben und verlangte insofern ein Gleichurteil. Die andere Hälfte, die ein Verschieden-Urteil erforderte, bestand in der experimentellen Bedingung aus den namensgleichen Gegenstücken der Vergleichsbuchstaben (eGqZ), in der Kontrollbedingung dagegen aus namensverschiedenen Buchstaben (z. B. KsOh). Auch hier zeigte sich in den Reaktionszeiten eine massive Beeinträchtigung der visuellen Klassifikation durch die Namensgleichheit der Buchstaben: die Reaktionszeiten waren in den experimentellen Bedingungen erheblich länger als in der Kontrollbedingung (anfangs um über 100 msec) und blieben über 10 Sitzungen hinweg deutlich verzögert (zuletzt noch um etwa 30 msec).

Wie können diese *Unterschiede zwischen Simultan- und Sukzessivvergleich* erklärt werden? Das gemeinsame Merkmal der zuletzt erwähnten Experimente besteht darin, daß die gemessene Reaktionszeit die Zeit für den Vergleich eines einzelnen Buchstaben mit einer vorher festgelegten Gruppe von Vergleichsbuchstaben ist, während bei Simultanvergleich die Beurteilung von zwei Buchstaben in die Reaktionszeit eingeht, die unmittelbar nebeneinanderstehen. Eine naheliegende Vermutung ist die, daß visuelle Vergleiche in dieser speziellen Situation überhaupt keine visuelle Identifikation der beiden Zeichen voraussetzen, sondern sich stattdessen auf die Form des zweibuchstabigen Gesamtgebildes stützen können. Konfigurationen wie AA oder ee können nach dieser Überlegung bereits aufgrund der Regelmäßigkeit ihrer Binnengliederung als «gleich» erkannt werden; Paare wie Aa oder eE sind entsprechend aufgrund der Unregelmäßigkeit ihrer figuralen Struktur als «verschieden» klassifizierbar.

Die Tragfähigkeit dieser Vermutung läßt sich durch eine einfache Maßnahme überprüfen, die den Informationswert der visuellen Gesamtform zerstört: Wenn man einen der beiden simultan dargebotenen Buchstaben verdreht, ist die Gesamtform des Zweibuchstaben-Gebildes in jedem Fall unregelmäßig – auch bei physisch gleichen Paaren (A∢). Unter dieser Bedingung tritt auch bei visuellem Simultanvergleich in den Verschieden-Urteilen für gleichnamige und ungleichnamige Reizpaare (Typ Aɐ vs. Typ Aɒ) der gleiche Reaktionszeitunterschied ein, der sonst nur bei Sukzessivvergleich bzw. bei Identifikation von Einzelreizen zu beobachten ist (Buggie, 1970, zitiert nach Posner, 1978, S. 40). Dieser Befund stützt die Vermutung, daß der gewöhnliche Simultanvergleich mit normal orientierten Buchstaben an einer visuellen Analyse von Merkmalen des jeweiligen Buchstaben*paares* verankert ist – also an einer visuellen Analyse von Merkmalen des Gesamtreizes, die eine visuelle Identifikation der Einzelbuchstaben überhaupt nicht voraussetzt. Bei Sukzessivvergleich ist dagegen der einzelne Buchstabe zugleich Gesamtreiz, und der Vergleich kann nur durch visuelle Identifikation des Testbuchstaben vorgenommen werden – nämlich durch Vergleich zwischen seiner Reizrepräsentation und den Merkmalsadressen für Buchstaben. In dieser Situation scheinen die Auswertung von visueller Information und von Namensinformation parallel zu verlaufen.

Der kritische Vergleichsprozeß findet nach dieser Konzeption also nicht auf der Ebene sensorischer Merkmale statt, sondern auf der Ebene von Wissenskomponenten. Auf dieser Ebene stehen sich zwei Aggregate von Wissenskomponenten gegenüber. Das eine Aggregat ist fest mit sensorischen Adressen verbunden. In ihm sind die durch den Reiz aktivierten Wissenskomponenten zusammengefaßt *(Objektrepräsentation)*. Das andere Aggregat ist mit den bereitstehenden Reaktionsprogrammen verbunden. In ihm sind die (z. B. in der Instruktion festgelegten) Bedingungen für die Ausführung der einzelnen Reaktionen spezifiziert *(Exekutionsbedingungen)*. Auf der Ebene dieser beiden Wissensaggregate sind visuelle und nicht-visuelle Komponenten völlig gleichrangig. Die Auflösung des Paradoxons erfolgt also dadurch, daß zwischen *visuellen Merkmalen* und *visuellen Wissenskomponenten* unterschieden wird. Jene sind *per definitionem* vorrangig, weil sie die Grundlage der visuellen Adressierung bilden. An der Steuerung der Reaktionen sind sie aber nicht direkt beteiligt. Die Reaktionssteuerung erfolgt vielmehr auf der Grundlage von visuellen (ebenso wie nicht-visuellen) Wissenskomponenten, die durch den Adressierungsprozeß aktiviert worden sind.

Nach dieser Interpretation steht man vor der einigermaßen paradoxen Situation, daß bei visueller Wahrnehmung kein prinzipieller Vorrang für die Auswertung von visueller Information zu bestehen scheint – obwohl der Wahrnehmungsprozeß in diesem Fall durch visuelle Information in Gang gesetzt wird. Mit den hypothetischen Instanzen und Prozessen, die in Abbildung 18 skizziert sind, kann dieses Paradoxon nicht aufgelöst werden. Die Abbildung 22 zeigt ein *revidiertes theoretisches Schema*, das diese Schwierigkeit beseitigt (vgl. Prinz,

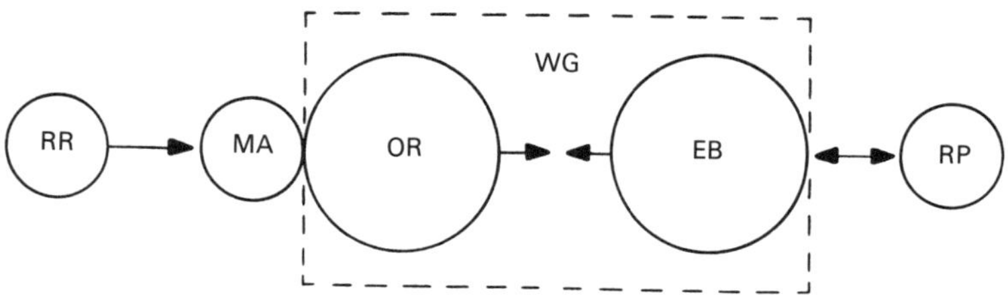

Abbildung 22: Revidiertes Schema der hypothetischen Instanzen und Prozesse in perzeptiven Erkennungsprozessen (vgl. Abb. 18). Aufgrund einer gegebenen Reizrepräsentation (RR) wird eine passende Merkmalsadresse (MA) angesteuert. Mit der Adresse sind bestimmte Wissenskomponenten fest verbunden; sie bilden die Objektrepräsentation (OR). Im Wissensgedächtnis (WG) sind ferner Exekutionsbedingungen (EB) spezifiziert, in denen die Bedingungen für die Ausführung der einzelnen experimentellen Reaktionen gespeichert sind (Reaktionsprogramme RP). Der Erkennungsprozeß besteht in einem Vergleich zwischen OR und den beteiligten EB.

1983, 1984). Es unterscheidet sich von der obigen Vorstellung im wesentlichen dadurch, daß die Gedächtnisrepräsentation durch zwei Instanzen ersetzt wird, die im Wissensgedächtnis (WG) miteinander verglichen werden: Objektrepräsentation (OR) und Exekutionsbedingungen (EB). Der Adressierungsprozeß, der aufgrund einer visuellen Reizrepräsentation in Gang gesetzt wird, besteht (nach wie vor) in der Suche nach einer passenden visuellen Merkmalsadresse. Auf der Grundlage der angesteuerte(n) Adresse(n) werden eine Reihe von Wissenskomponenten aktiviert, die mit dieser Adresse fest verbunden sind. Das Gesamtmuster der durch einen Reiz aktivierten Wissenskomponenten bildet die dem Reiz entsprechende Objektrepräsentation. In ihr sind visuelle und nicht-visuelle Eigenschaften gleichrangig vertreten. Der eigentliche Erkennungsprozeß besteht in einem Vergleich zwischen der Objektrepräsentation (die den aktuellen Reiz vertritt) und den Exekutionsbedingungen der beteiligten Reaktionen (die die dauerhaft gespeicherten Bedingungen für die Ausführung der möglichen Reaktionen vertreten).

Stufen der Informationsverarbeitung

Wie kann man aus dem Zeitbedarf für Reaktionen (Reaktionszeiten) Aufschlüsse über die Natur der an der Reaktion beteiligten Prozesse gewinnen? Ein allgemeines Merkmal von Reaktionszeitexperimenten besteht darin, daß die Anforderungen an die Verarbeitungsprozesse manipuliert werden, die zwischen Reizinformation und gespeicherter Information vermitteln, und daß der Zeitbedarf gemessen wird, der für die Ausführung dieser Prozesse erforderlich ist. Gewöhnlich wird von der Vp verlangt, so schnell wie möglich zu reagieren. Würde die Versuchsperson nicht unter Zeitdruck gesetzt, wären in den gemessenen Reaktionszeiten nicht nur die Zeitstrecken enthalten, die für den Abschluß der beteiligten Prozesse erforderlich sind, sondern auch andere, irrelevante Zeitstrecken unbekannter Größe. Ob Reaktionszeiten wirklich immer Minimalzeiten für den Abschluß der erforderlichen Teilprozesse spiegeln, kann mit guten Gründen bezweifelt werden (vgl. Pachella, 1974). Trotzdem beruht die gesamte experimentelle Reaktionszeitforschung auf dieser interpretativen Grundannahme. Gegeben diese Grundannahme – wie können Reaktionszeitunterschiede zwischen experimentellen Aufgabenbedingungen theoretisch interpretiert werden?

1. *Subtraktionsmethode* – Auf den holländischen Physiologen F. C. Donders geht eine einfache und auf den ersten Blick einleuchtende Methode zurück, die darauf hinausläuft, Reaktionszeitdifferenzen als Maß für die Dauer von Teilprozessen zu betrachten. Das Verfahren setzt zunächst eine Theorie darüber voraus, welche Teilprozesse in die Reaktionszeit eingehen. Donders unterschied z.B. für den Fall der Wahlreaktion (mit 1:1-Zuordnung von Reizen und Reaktionen) die folgenden 12 Teilprozesse:

1. die Einwirkung auf die percipirenden Elemente der Sinneswerkzeuge;
2. die Mittheilung an die peripherischen Ganglienzellen, und das bis zur Entladung geförderte Anwachsen ...;
3. die Leitung in den Gefühlsnerven bis zu den Ganglienzellen der Medulla;
4. die steigende Thätigkeit in diesen Ganglienzellen;
5. die Leitung nach den Ganglienzellen des Organs der Vorstellung;
6. die steigende Thätigkeit in diesen Ganglienzellen;
7. die steigende Thätigkeit der Ganglienzellen des Organs des Willens;
8. die Leitung nach den Nervenzellen für Bewegung;
9. die steigende Thätigkeit in diesen Zellen;
10. die Leitung in den Bewegungsnerven bis an den Muskel;
11. die latente Thätigkeit im Muskel;
12. die steigende Thätigkeit bis zur Überwindung des Widerstandes vom Signal (1868, S. 664).

Die gesamte Kette dieser Teilprozesse ist in jeder einzelnen Wahlreaktion enthalten. Wie läßt sich die Dauer einzelner Teilprozesse messen? Dadurch, daß man Reaktionsaufgaben konzipiert, die einzelne dieser Teilleistungen nicht enthalten. Donders verglich insbesondere die Reaktionszeiten aus drei Bedingungen: a-Reaktionen, b-Reaktionen und c-Reaktionen. In allen drei Bedingungen wurden Vokale akustisch dargeboten, und die Vpn hatten den gehörten Laut nachzusprechen. Bei den a-Reaktionen lagen Reiz und Reaktion fest und blieben konstant; nur ein einziger Laut konnte als Reiz erscheinen, und nur eine Reaktion war entsprechend erforderlich (einfache Reaktion). Die b-Aufgabe war eine Wahlreaktionsaufgabe mit fünf Lauten als Reizen und Reaktionen. In der c-Aufgabe waren die Reize die gleichen wie in der b-Bedingung, aber nur für einen der fünf Reize war eine Benennungsreaktion verlangt; bei den anderen Lauten war überhaupt keine Reaktion gefordert (selektive Reaktion). Die mittleren Reaktionszeiten für drei Versuchspersonen betrugen 201, 284 und 237 msec für a, b und c.

Donders interpretiert die Differenzen zwischen diesen Zeiten folgendermaßen: Die b-Aufgabe enthält in jeder Reaktion sämtliche 12 Teilprozesse. Die a-Aufgabe ist dagegen sehr viel einfacher. In ihr ist weder die «Entwicklung einer Vorstellung» aufgrund des Reizes (Teilprozesse 5 und 6) noch eine durch diese Vorstellung «determinierte Willensbestimmung» (Teilprozeß 7) erforderlich. Denn Reiz und Reaktion stehen fest, so daß die Stufen des Erkennens (Donders: Entwicklung einer Vorstellung) und der Reaktionsauswahl (Donders: Willensbestimmung) entfallen. Die Zeitdifferenz b-a gibt also ein Maß für die Gesamtdauer dieser beiden Prozesse (83 msec). Die Reaktionszeit für die c-Aufgabe erlaubt es, diese Gesamtdauer noch einmal zu zerlegen. Denn die c-Aufgabe verlangt zwar die Bildung einer Vorstellung (d.h. eine Identifikation des Reizes), nicht aber eine spezifische Willensbestimmung (d.h. keine Auswahl der Reaktion). Die Differenz c-a gibt also ein Maß für die Dauer der Entwicklung einer Vorstellung (36 msec), und die Differenz b-c für die Dauer einer der Vorstellung entsprechenden Willensbestimmung (47 msec).

Ob dieses Verfahren sinnvolle Ergebnisse liefert, hängt von zwei Voraussetzungen ab. Erstens ist die Gültigkeit des vorgegebenen Stufenmodells vorausgesetzt. Das schließt zweierlei ein. Zum einen bedeutet es allgemein, daß sich der gesamte Reaktionsprozeß in eine zeitliche und funktionale Kette von aufeinanderfolgenden Verarbeitungsstufen mit unterschiedlichen Teilprozessen gliedern läßt. Zum anderen bedeutet es speziell, daß er sich genau so gliedert, wie Donders annimmt. Würden nämlich gar keine gesonderten Verarbeitungsstufen für die Entwicklung der Vorstellung bzw. die Bestimmung des Willens existieren, wären die Differenzen zwischen den drei Aufgaben überhaupt nicht sinnvoll interpretierbar. Zweitens wird vorausgesetzt, daß die Unterschiede zwischen den drei Aufgaben sich ausschließlich dadurch auswirken, daß Verarbeitungsstufen entfallen bzw. hinzukommen. Es wird also angenommen, daß sich die Anzahl der Verarbeitungsstufen ändert, wenn die Aufgabenanforderungen verändert werden. Dies muß aber nicht zutreffen. Stattdessen könnte sich auch der Zeitbedarf der einzelnen Stufen ändern, ohne daß ganze Teilprozesse wegfallen oder hinzukommen.

2. *Additive-Faktoren-Methode* – Auf dieser Annahme beruht die von Sternberg entwikkelte Additive-Faktoren-Methode (Pachella, 1974; Prinz, 1974; Sternberg, 1969a, 1969b). Nach der Theorie, die dieser Methode zugrundeliegt, unterscheiden sich Reaktionsaufgaben nicht in der Anzahl der beteiligten Prozesse oder Stufen, sondern lediglich im Zeitbedarf der Teilprozesse. Ferner wird angenommen, daß der Zeitbedarf eines Teilprozesses von den jeweiligen konkreten Aufgabenanforderungen abhängt. Deshalb können durch geeignete experimentelle Manipulationen die Anforderungen an eine bestimmte Verarbeitungsstufe selektiv beeinflußt werden. An die Stelle der selektiven Hinzufügung von Teilprozessen (Donders) tritt hier die selektive Beeinflussung einzelner Stufen oder Teilprozesse (Sternberg).

Das Arbeitsprinzip der Methode besteht darin, den gemeinsamen Einfluß von zwei (oder mehreren) experimentellen Variablen auf die Reaktionszeit zu untersuchen, von denen bekannt ist, daß sie jede für sich genommen die Reaktionszeit beeinflussen. Nimmt man z.B. hypothetisch an, daß jeder Reaktion drei Teilprozesse zugrundeliegen, die zeitlich und funktional hintereinandergeschaltet sind (Sternberg: Verarbeitungsstufen) und betrachtet man zwei experimentelle Faktoren, die die Reaktionszeit beeinflussen, so kann man hin-

sichtlich des Ortes ihrer Wirkung zwei Fälle unterscheiden. Fall 1: Die beiden Faktoren setzen auf unterschiedlichen Stufen an. In diesem Fall ist zu erwarten, daß ihre Wirkungen sich addieren: der zuerst (z. B. auf Stufe 1) wirksame Faktor bestimmt den Zeitbedarf für diese Stufe und der anschließend (z. B. auf Stufe 2) wirksame Faktor bestimmt danach und unabhängig davon den Zeitbedarf für diese zweite Stufe. Fall 2: Die beiden Faktoren setzen auf einer gemeinsamen Stufe an. In diesem Fall muß statt mit einer Addition mit einer nichtadditiven Überlagerung der Wirkung beider Faktoren gerechnet werden: die beiden Faktoren wirken jetzt nicht mehr unabhängig voneinander, sondern treten im Hinblick auf die Reaktionszeit miteinander in Wechselwirkung.
Die Anwendung der Methode beruht auf der Umkehrung dieses Schlusses: Addieren sich die Wirkungen zweier Faktoren, wird angenommen, daß sie auf verschiedenen Stufen wirksam sind. Stehen die Faktoren in Wechselwirkung, wird angenommen, daß sie auf einer gemeinsamen Stufe wirken. Als Demonstrationsbeispiel kann ein inzwischen klassisches Experiment STERNBERGS herangezogen werden (STERNBERG, 1967). Ausgangspunkt für dieses Experiment war die lineare Abhängigkeit der Reaktionszeit von der Anzahl der Vergleichsbuchstaben im Kurzzeitgedächtnis, die STERNBERG (1966) in der von ihm entwickelten Buchstaben-Wiedererkennungsaufgabe gefunden hatte: Ist ein einzelner Testbuchstabe danach zu klassifizieren, ob er mit einem von n kurz zuvor gezeigten Vergleichsbuchstaben identisch ist, ist die Reaktionszeit eine lineare Funktion von n. STERNBERG interpretierte diesen Befund durch die Annahme, daß die Klassifikation des Testbuchstaben auf der Grundlage einer seriellen Durchmusterung der gespeicherten Repräsentationen der n Vergleichsbuchstaben erfolgt (vgl. Kap. 3, Gedächtnis und Wissen).

Das Experiment, das sich daran anschloß (STERNBERG, 1967), sollte der Frage nachgehen, auf welcher Stufe der Informationsverarbeitung dieser serielle Durchmusterungsprozeß stattfindet. STERNBERG diskutierte hauptsächlich zwei Modelle. (1) Die Durchmusterung findet auf der gleichen Verarbeitungsstufe wie die visuelle Identifikation statt (nach unserer Terminologie auf der Stufe der Adressierung). (2) Die serielle Durchmusterung findet auf einer späteren Stufe statt, die an die Stufe der visuellen Identifikation anschließt (nach unserer Terminologie auf der Stufe des Vergleichs zwischen Objektrepräsentation und Exekutionsbedingungen). Zur Entscheidung zwischen diesen beiden Alternativen wurden zwei Faktoren gleichzeitig variiert. Der eine Faktor war n, d.h. die Anzahl der Vergleichsreize. Dieser Faktor sollte den Zeitbedarf des seriellen Durchmusterungsprozesses beeinflussen. Der andere Faktor war die visuelle Erkennbarkeit der Testreize: sie konnten entweder unbeeinträchtigt dargeboten werden oder sie wurden bei der Darbietung mit einem Schachbrettmuster überlagert. Dieser Faktor sollte die visuelle Identifikation beeinflussen. Nach Modell (1) ist zu erwarten, daß jeder einzelne der n Teilprozesse, aus denen der Gesamtprozeß der seriellen Durchmusterung besteht, um einen bestimmten Betrag verlängert wird, wenn die visuelle Identifizierbarkeit des Testreizes beeinträchtigt wird. Das muß dazu führen, daß der Anstieg der linearen Funktion wächst, die die Abhängigkeit der Reaktionszeit von n beschreibt (Wechselwirkung der experimentellen Faktoren). Nach Modell (2) ist dagegen zu erwarten, daß die Störung der visuellen Identifikation sich nur auf dieser ersten Stufe auswirkt und daß der Durchmusterungsprozeß auf der folgenden Stufe davon völlig unbeeinflußt bleibt (additive Überlagerung der experimentellen Faktoren).
STERNBERGS Ergebnisse zeigten eine Addition der Wirkung der beiden Faktoren; sie lieferten also Unterstützung für das zweite Modell. Das Beispiel macht deutlich, wie die Methode arbeitet: sie bringt in einem einzigen Experiment experimentelle Faktoren zusammen, von denen (aus empirischen oder theoretischen Gründen) feststeht, daß sie bestimmte Teilprozesse beeinflussen (hier: visuelle Identifikation und serielle Durchmusterung). Die Untersuchung der Überlagerung ihrer Wirkungen gibt dann Hinweise auf den funktionalen Zusammenhang zwischen den Teilprozessen. Erweisen sie sich (wie hier) als unabhängig, ist es naheliegend, unabhängige Teilprozesse anzunehmen und sie auf zeitlich hintereinandergeschalteten Verarbeitungsstufen zu lokalisie-

ren. Erweisen sie sich dagegen als abhängig, ist es ausreichend, nur eine Verarbeitungsstufe mit einem einzigen Teilprozeß anzunehmen. Die eigentliche Leistung der Additive-Faktoren-Methode besteht also darin, daß sie es gestattet, die funktionale Abhängigkeit von Teilprozessen zu beurteilen und auf dieser Grundlage eine entsprechende Struktur von Verarbeitungsstufen zu konzipieren.

3.2 Wahrnehmung als Selektion

Wenn wir uns im Wachzustand befinden, wird durch sämtliche Sinnesorgane, die intakt sind, laufend Reizinformation generiert und den zentralen Verarbeitungsinstanzen zugeleitet. Jedoch gelangt in der Regel nur ein kleiner Teil der Information zur vollen, bewußt repräsentierten Identifikation und wird zur Grundlage der Handlungssteuerung. Wer etwa ein Pferderennen verfolgt, wird alle Ereignisse auf der Rennbahn mit voller Aufmerksamkeit registrieren. Dagegen wird er z.B. kaum bemerken, welches Muster die Anzugjacke seines Vordermanns auf der Tribüne aufweist, was hinter ihm gesprochen wird oder wie sich die Druckverteilung auf seiner Sitzfläche ändert, wenn er sich vorbeugt, um dem Renngeschehen besser folgen zu können. Aus der Beschaffenheit der Reizinformation kann ein derartiger Rangunterschied zwischen voll verarbeiteter und vernachlässigter Information nicht ohne weiteres abgeleitet werden. Die Struktur des Tuchmusters, die Gespräche der Nachbarn und der Druck an der Sitzfläche sind ebenso durch Bestandteile der momentan verfügbaren Reizinformation repräsentiert wie die Pferde auf der Bahn. Es ist daher notwendig, zentrale Selektionsprozesse anzunehmen, die aus dem jeweils verfügbaren Angebot an Reizinformation diejenigen Bestandteile auswählen, die zur vollen Identifikation gelangen.

Der Selektionsaspekt der Wahrnehmung wird in der Regel unter der Überschrift «Aufmerksamkeit» oder «selektive Aufmerksamkeit» abgehandelt. Dieser Begriff, der wie viele andere Ausdrücke relativ unreflektiert aus der Umgangssprache in die psychologische Fachsprache übernommen wurde, hat zwei wesentliche Bedeutungskomponenten, die zwar dem Begriff nach voneinander unabhängig sind, in der Sache aber oft miteinander verknüpft werden. Die eine Komponente betrifft die *Begrenzung des Umfangs* der Aufmerksamkeit, die andere die *Auswahl der Inhalte,* die zur vollen Verarbeitung gelangen (intensive und selektive Phänomene der Aufmerksamkeit; Berlyne, 1969). Weit verbreitet ist in der einschlägigen Literatur eine naheliegende Verknüpfung dieser beiden Komponenten: Die Aufmerksamkeit muß dem Inhalt nach selektiv sein, *weil* sie dem Umfang nach begrenzt ist. Abstrakter formuliert: Die Notwendigkeit zur Selektion von Ausschnitten des reizseitigen Informationsangebots ergibt sich aus der Tatsache, daß die Kapazität des zentralen Verarbeitungssystems begrenzt ist. Diese Vorstellung ist implizit oder explizit in vielen älteren und neueren Theorien der Aufmerksamkeit enthalten. Sie erscheint so plausibel, daß sie heute vielfach nicht mehr als eine theoretische Auffassung, sondern als eine evidente Tatsache angesehen wird. Trotzdem kann sie völlig falsch sein. Denn ebenso ist denkbar, daß die Aufmerksamkeit dem Umfang nach begrenzt ist, *weil* sie (aus völlig anderen Gründen) inhaltlich selektiv sein muß. Nach dieser Auffassung ist die Umfangsbegrenzung eine Begleiterscheinung der Grundtatsache der perzeptiven Selektion. Da unsere weiteren Betrachtungen sich ausschließlich auf den Selektionsaspekt konzentrieren, können wir die Frage nach dem prinzipiellen Zusammenhang zwischen den intensiven und den selektiven Aspekten zurückstellen (vgl. hierzu Neumann, 1984, 1985; Prinz, 1983, Kap.2 und 6). Die Phänomene der perzeptiven Selektion und die zugrundeliegenden Mechanismen können unabhängig von dieser Frage untersucht werden.

Indem wir Wahrnehmung als Selektion betrachten, nehmen wir eine theoretische Perspektive ein, die sich in gewisser Hinsicht komplementär zu der Betrachtung von Wahrnehmung als Erkennen verhält. Gemeinsam ist beiden Perspektiven, daß sie die Wechselwirkung zwischen Reiz- und Gedächtnisinformationen als wesentliche Grundlage des Wahrnehmungsprozesses thematisieren. Was sie jedoch unterscheidet, ist der spezifische Blickwinkel, aus dem diese Interaktion betrachtet wird. Die Perspektive des Erkennens geht von der Reizinformation aus und fragt nach der Erschließung der passenden Gedächtnisinformation. Die Perspektive der Selektion geht von der Gedächtnisinformation aus und fragt umgekehrt nach der Erschließung der passenden Reizinformation – nämlich danach, wie die unterschiedliche Verarbeitung verschiedener Teile der Reizinformation durch (im Gedächtnis gespeicherte) selektive Einstellungen und Intentionen des Beobachters gesteuert wird.

Formen perzeptiver Selektion

1. *Phänomene* – Phänomene perzeptiver Selektion können in unterschiedlichen Situations- und Aufgabenzusammenhängen beobachtet werden. Perzeptive Selektion kann zum einen willkürlich oder unwillkürlich sein, und zum anderen können Selektionsaufgaben durch lokale oder inhaltliche Selektionskriterien definiert sein.

Willkürliche vs. unwillkürliche Selektion – willkürliche perzeptive Selektion liegt dann vor, wenn ein Beobachter eine Wahrnehmungsaufgabe erledigt und dabei eine explizite selektive Intention verfolgt. Er kann z.B. eine Zufallsliste von Buchstaben durchmustern in der Absicht, alle Konsonanten anzustreichen. Er kann im Wald spazierengehen in der Absicht, nach Fichten zu suchen, deren Kronen absterben. Er kann die Zeitung lesen in der Absicht, herauszufinden, ob etwas über Psychologie darin steht usw. Gemeinsam ist diesen Beispielen, daß die Implementierung der selektiven Wahrnehmungsintention den selektiven Wahrnehmungsprozessen selbst eindeutig vorausgeht. Dies unterscheidet die willkürliche von der unwillkürlichen Selektion. Unwillkürliche Selektion liegt vor, wenn bestimmte Ausschnitte der Reizinformation selektiv beachtet und verarbeitet werden, obgleich keine auf sie gerichtete explizite Intention vorausgeht. Für einen Beobachter, der im Café sitzt und Zeitung liest (und dessen Intentionen auf die Lektüre der Zeitung gerichtet sind) wäre dies z.B. dann der Fall, wenn plötzlich hinter ihm ein lauter Knall zu hören ist, wenn mit einem Mal ein kleines grünes Männchen neben seiner Kaffeetasse steht oder auch wenn er hört, daß am Nachbartisch über einen seiner Freunde geredet wird. Während im Fall der willkürlichen Selektion der Beobachter seine Aufmerksamkeit auf bestimmte Phänomene richtet, ziehen im Fall der unwillkürlichen Selektion die Phänomene von selbst die Aufmerksamkeit auf sich und erzwingen sekundär einen Wechsel der Selektionsintention: was zunächst unwillkürlich Beachtung erzwingt, wird anschließend in der Regel willkürlich beachtet.

Die experimentelle Psychologie hat sich aus einem naheliegenden Grund stets sehr viel intensiver mit willkürlicher als mit unwillkürlicher Selektion beschäftigt. Die der willkürlichen Selektion zugrundeliegenden selektiven Intentionen können durch entsprechende Instruktionen experimentell leicht manipuliert werden. Die Herstellung von Bedingungen, unter denen unwillkürliche Selektion eintritt, ist erheblich komplizierter. Vor allem ist sie nicht beliebig oft wiederholbar: Ereignisse, die beim ersten Eintreten die Aufmerksamkeit des Beobachters unwillkürlich auf sich ziehen, verlieren diese Fähigkeit nach und nach.

Leistungen vom Typus der willkürlichen Selektion stellen – so scheint es – keine besonders schwierigen theoretischen Anforderungen. Legt man die allgemeine Rahmenvorstellung zugrunde, daß im Wahrnehmungsprozeß stets Reiz- und Gedächtnisinformation in Wechselwirkung treten, ist es naheliegend, die ergänzende Vorstellung einzubauen, daß die Erzeugung einer selektiven Wahrnehmungsintention durch eine entsprechend selektive Vorbereitung der gespeicherten Wissensbestände realisiert wird, die eine differentielle Erleichterung bzw. Erschwernis der Verarbeitung bestimmter Informationen zum Ergebnis hat. Die Erklärung von Phänomenen vom Typus der unwillkürlichen Selektion ist vergleichsweise schwieriger – zumindest dann, wenn man zeigen kann, daß Reizausschnitte nicht nur aufgrund ihrer besonderen sensorischen Intensität zur Selektion gelangen (Knall hinter dem Rücken), sondern auch aufgrund ihrer besonderen Bedeutung (grünes Männchen; Name des Freundes). Aus dieser experimentellen und theoretischen Asymmetrie ergibt sich, daß Theorien, die die willkürlichen Selektionsleistungen in experimentellen Aufgaben befriedigend erklären, nicht in jedem Fall geeignet sein werden, auch unwillkürliche Selektionsleistungen verständlich zu machen – obwohl gerade dies von besonderem theoretischem Interesse ist.

Inhaltliche und lokale Selektion – Aufgaben

vom Typus der willkürlichen Selektion können sich in den Kriterien unterscheiden, nach denen die Trennung zwischen relevanter und irrelevanter Information zu erfolgen hat. Die experimentelle Forschung kennt Aufgaben mit inhaltlicher und mit lokaler Selektion.
Im Falle inhaltlicher Selektion ist die (im Experiment durch Instruktion erzeugte) Selektionsintention des Beobachters auf Wahrnehmungsereignisse gerichtet, die sich durch bestimmte inhaltliche Eigenschaften auszeichnen. Die Eigenschaften können an physischen Merkmalen der Reizobjekte verankert sein (Suche nach Objekten einer bestimmten Farbe) oder auch an Bedeutungseigenschaften (Durchstreichen von Vokalen oder Suche nach Artikeln, die etwas mit Psychologie zu tun haben). Von lokaler Selektion soll demgegenüber dann die Rede sein, wenn die Trennung zwischen relevanter und irrelevanter Information aufgrund des Ortes der Informationsquelle erfolgt. «Ort» ist dabei im funktionalen Sinne verstanden: als Ort der Quelle, durch die der Beobachter Zugang zu der entsprechenden Information hat. Ein Beobachter kann z.B. instruiert werden, auf das zu achten, was er hört und zu ignorieren was er sieht (auf das zu achten, was er im rechten Ohr hört und zu ignorieren, was er links hört; zu beachten, was links vom Fixationspunkt geschieht und zu ignorieren, was rechts zu sehen ist und dergleichen).

2. *Theoretische Fragen* – Die theoretischen Vorstellungen über die hypothetischen Mechanismen, die der perzeptiven Selektion zugrundeliegen, hängen davon ab, welche Aufgaben der Selektion zugeschrieben werden. Weit verbreitet ist die Annahme, daß die Selektion dazu dient, solche Teile des reizseitigen Informationsangebots auszuwählen, die so wichtig sind, daß die (als begrenzt gedachte) Kapazität der zentralen Informationsverarbeitung für ihre Analyse verwendet werden soll. Diese Annahme ist häufig mit der Vorstellung verknüpft, daß die Informationsbestände, aus denen der Selektionsprozeß auswählt, bloße Derivate von Reizinformation sind – und nicht bereits Produkte einer Wechselwirkung zwischen Reiz- und Gedächtnisinformation. Träfe dies tatsächlich zu, wäre diese Konzeption allerdings paradox. Denn anhand einer derartigen Informationsgrundlage kann in keiner Weise entschieden werden, welche Teile relevant sind und welche nicht. Eine andere Auffassung, die dieses Paradoxon vermeidet, nimmt an, daß die Selektionsgrundlage bereits das Produkt einer ersten Wechselwirkung zwischen Reiz- und Gedächtnisinformation ist und daß der Selektionsprozeß darüber zu entscheiden hat, für welche Teile der Reizinformation eine tiefere Analyse stattfinden soll, deren Ergebnisse als bewußte Wahrnehmungsinhalte repräsentiert werden. Eine weitere Auffassung, die darüber noch hinausgeht, stellt den Selektionsprozeß in den Zusammenhang der Handlungssteuerung. Danach beruht die Selektion auf Information, die bereits weitgehend verarbeitet ist, und ihre Funktion besteht darin,diejenigen Bestandteile zu selegieren, die in der aktuellen Situation für die Handlungs- und Bewegungssteuerung erforderlich sind. In diesem Ansatz wird die Aufgabe der Selektion darin gesehen, diejenige Information bereitzustellen, die für die Steuerung eines kohärenten Handlungszusammenhangs erforderlich ist.
Theorien über die Mechanismen der perzeptiven Selektion unterscheiden sich zum einen in ihren Annahmen über die Natur der Selektionskriterien, d.h. die Form und den Ort ihrer Implementierung, und zum anderen in ihren Annahmen über die Natur der Prozesse, in denen diese Kriterien wirksam werden. Bevor wir in den beiden folgenden Abschnitten zwei experimentelle Traditionen zur Untersuchung perzeptiver Selektion exemplarisch erörtern, stellen wir hier vorab einen Katalog von theoretischen Fragen über die Natur der beteiligten Mechanismen zusammen.
Selektionskriterien – Inhaltliche und lokale Selektion bieten unterschiedliche Voraussetzungen für die Implementierung von Selektionskriterien. Da bei inhaltlicher Selektion die Trennung zwischen relevanten und irrelevanten Bestandteilen des Informationsangebots aufgrund bestimmter inhaltlicher Merkmale erfolgt, können die Selektionskriterien stets nur auf derjenigen Stufe der Informationsverarbeitung wirksam sein, auf der die relevanten inhaltlichen Merkmale unterschieden werden können. Die Unterscheidung zwischen Vokalen und Konsonanten ist erst möglich, wenn eine (zumindest rudimentäre) Identifikation

der Zeichen stattgefunden hat. Die Implementierung eines Selektionskriteriums, das rote von grünen Objekten zu unterscheiden gestattet, ist entsprechend frühestens dort möglich, wo die Farben unterschieden werden können. Inhaltliche Selektion setzt also stets eine zumindest partielle Identifikation der Reizinformation voraus.

Anders liegen die Verhältnisse bei lokaler Selektion. In diesem Fall ist es denkbar, daß die Unterscheidung zwischen relevanten und irrelevanten Teilen der Information bereits auf einer Stufe erfolgt, auf der noch keinerlei Identifikation stattgefunden hat. Zum Beispiel könnte die Implementierung der lokalen Selektionskriterien dadurch realisiert sein, daß einzelne Sinnesorgane bzw. Unterbereiche innerhalb eines Sinnessystems gegenüber anderen selektiv sensibilisiert sind.

Lokale und inhaltliche Selektion können als zwei Erscheinungsformen von spezifischer Selektion zusammengefaßt werden. Spezifisch ist die Selektion hier deshalb, weil die zur Selektion bestimmten Ausschnitte der Reizinformation genau angegeben sind. Im Fall der unwillkürlichen Selektion trifft diese Voraussetzung nicht zu. Man wird nicht ernsthaft annehmen können, daß bei einem Beobachter, dem das grüne Männchen neben seiner Kaffeetasse auffällt, ein spezifisches Kriterium zur Selektion kleiner grüner Männchen implementiert ist. Plausibler ist die Annahme, daß hier an die Stelle der spezifischen Selektion bestimmter Ereignisse ein unspezifischer Selektionsprozeß tritt, der an einem anderen Kriterium verankert ist als der Relevanz bestimmter Ereignisse. Welches könnte die Natur dieser hypothetisch postulierten unspezifischen Selektionskriterien sein, welches der funktionale Ort ihrer Wirksamkeit? Der Abschnitt «Kontinuierliches Suchen und selektives Sehen» enthält einen Vorschlag zur Beantwortung dieser Fragen.

Selektionsprozeß – Gegeben ein implementiertes Selektionskriterium – wie entfaltet es seine Wirkung: durch Hemmung der irrelevanten oder durch Förderung der relevanten Information? Wird Selektion erreicht durch besondere Beachtung der relevanten Teile eines Informationsangebots oder durch Ignorieren der irrelevanten Teile? Diese Frage findet sich bereits bei KÜLPE (1904) vorformuliert, der zwischen positiver und negativer Abstraktion unterschied. Positive Abstraktion bezieht sich auf die Art und Weise, wie die für relevant erklärten Teile des Reizes repräsentiert sind. Negative Abstraktion bezieht sich demgegenüber auf das Vermögen, die irrelevanten Teile oder Aspekte zu ignorieren – und zwar auch dann, wenn sie sich in den Vordergrund drängen. Während KÜLPE die phänomendeskriptiven Aspekte dieser Unterscheidung betonte, werden in den späteren Entwicklungen der Aufmerksamkeitstheorie stärker die damit verbundenen prozessualen Vorstellungen betont. Hemmungstheorien nehmen an, daß die irrelevanten Teile des Informationsangebots überhaupt nicht oder nur abgeschwächt verarbeitet werden; Förderungstheorien nehmen an, daß die relevanten Teile besonders betont werden. Obwohl beide Annahmen formal auf das gleiche hinauslaufen, sind sie doch mit unterschiedlichen theoretischen Konsequenzen verbunden, die vor allem den Status der irrelevanten Information betreffen.

Theorien über die Natur des Selektionsprozesses können sich ferner danach unterscheiden, ob sie die Leistung der Selektion in der Herstellung einer einfachen Unterscheidung zwischen zwei unterschiedlichen Funktionszuständen sehen (Information gelangt entweder zur Selektion oder gelangt nicht zur Selektion) oder in der Erzeugung eines differenzierten Kontinuums von funktionalen Zuständen (verschiedene Informationsanteile unterscheiden sich in der Wahrscheinlichkeit ihrer Selektion). Nach der ersten Vorstellung ist die Selektion ein Vorgang vom Typus einer Alles-oder-Nichts-Entscheidung, nach der zweiten ein Vorgang vom Typus der differentiellen Bewertung des jeweiligen Informationsangebots.

Kontinuierliches Nachsprechen und selektives Hören

Wenn man eine Vp auffordert, einen längeren Prosatext, den man ihr mit mäßigem Tempo vorspricht, nachzusprechen, hat sie nach einiger Übung in der Regel keine besondere Schwierigkeit, dieser Aufforderung nachzukommen. Zwar ist ihre Stimme monotoner als beim gewöhnlichen Sprechen, aber der nachgesprochene Text enthält nur wenige Fehler oder ist sogar fehlerfrei. Dabei ist das Nachsprechen (englisch: *shadowing)* eine ziemlich komplexe Leistung, weil es die laufende Koordination von Hören und Sprechen verlangt – mit der besonderen Erschwernis, daß das Sprechen um einige Sekunden verzögert hinter dem Hören herläuft, so daß zu jedem gegebenen Zeitpunkt Gehörtes und Gesprochenes auseinanderfallen: zum Zeitpunkt t_2 spricht die Person, was sie bei t_1 gehört hat, und sie hört, was sie später – bei t_3 – auszusprechen hat.

Auf CHERRY (1953) geht die Idee zurück, zwei Texte gleichzeitig darzubieten und vom Beobachter zu verlangen, einen der Texte selektiv nachzusprechen. In CHERRYS Experimenten konnte die Selektion rein inhaltlicher Art sein (nämlich dann, wenn die Texte binaural, d.h. beiden Ohren gemeinsam dargeboten wurden, so daß keine Möglichkeit zu einer lokalen Unterscheidung bestand) oder inhaltlicher und lokaler Art (wenn die Texte dichotisch dargeboten wurden, d.h. wenn über Kopfhörer der eine Text dem linken und der andere Text dem rechten Ohr überspielt wurde).

Durch die Instruktion, einen der Texte selektiv nachzusprechen, wird zweierlei erreicht: zum einen, daß der Beobachter gezwungen ist, seine Aufmerksamkeit voll auf den nachzusprechenden Text zu konzentrieren, und zum anderen, daß der Versuchsleiter laufend kontrollieren kann, ob seine Versuchsperson der Selektionsinstruktion folgt. Diese versuchstechnischen Vorzüge dürften dafür verantwortlich sein, daß die Methode des selektiven Nachsprechens sich zu einem außerordentlich beliebten Instrument zur Untersuchung perzeptiver Selektionsleistungen entwickelt hat.

CHERRY beobachtete, daß eine rein inhaltliche Trennung von zwei Texten, die vom gleichen Sprecher gesprochen wurden und über einen gemeinsamen Lautsprecher binaural dargeboten wurden, zwar möglich, aber außerordentlich schwierig war. Kontinuierliches Nachsprechen eines der Texte war unter dieser Bedingung nicht möglich. Eine Trennung der Texte gelang meist erst nach mehrfacher Wiederholung eines Abschnitts des Doppeltextes. Völlig anders war die Situation dagegen bei dichotischer Darbietung der Texte. Der Beobachter war dann ohne weiteres in der Lage, den einen der beiden Texte (im folgenden: den primären Text) fehlerfrei nachzusprechen und den anderen (sekundären) unbeachtet zu lassen.

Demnach scheint es, daß in dieser Aufgabe lokale Selektionskriterien inhaltlichen Kriterien weit überlegen sind. Ein ausreichendes Maß an Trennung der beiden Texte ist nur bei lokaler Selektion möglich, d.h. bei Selektion auf der Grundlage der Seite, auf der der betreffende Text dargeboten wurde. Daher kann die Frage nach dem Mechanismus der Selektion zunächst nur für diese lokale Selektionsbedingung sinnvoll diskutiert werden.

Wie werden der primäre und der sekundäre Text verarbeitet? Über die Verarbeitung des primären Textes können aufgrund von CHERRYS Beobachtungen zwei allgemeine Aussagen gemacht werden: Er wird einerseits soweit erkannt, daß er das Nachsprechen steuert, aber andererseits kann der Beobachter nach dem Experiment erstaunlich wenig über seinen Inhalt Auskunft geben. Daß der Text erkannt wird, ist durch das Nachsprechen belegt. Vieles spricht dafür, daß dieses Erkennen nicht nur auf eine phonetische Analyse des Reizmaterials beschränkt ist, sondern auch eine syntaktische und semantische Analyse einschließt. Daß die syntaktische Struktur eine Rolle spielt, wird bereits durch die Form des Nachsprechens angezeigt: es erfolgt in der Regel phrasenweise, d.h. zeitlich segmentiert in syntaktisch zusammenhängende Einheiten *(phrase shadowing).* Die Beteiligung syntaktischer und/oder semantischer Faktoren wird auch durch zahlreiche spätere Untersuchungen belegt, in denen sich zeigte, daß das Nachsprechen bei natürlichem Prosatext sehr viel leichter und fehlerfreier gelingt als bei syntaktisch und semantisch unorganisierten Wortansammlungen. Daß, wie CHERRY beobachtete, die Versuchspersonen nach Abschluß der Aufgabe wenig über den Inhalt des nachgesprochenen Textes wissen, muß dazu nicht im Widerspruch stehen. Denn angesichts der erheblichen Anforderungen an die kurzfristige Speicherung von Information, die die Nachsprechaufgabe mit sich bringt, ist nicht unbedingt verwunderlich, daß die semantische Analyse des Textes kaum Spuren von längerer Lebensdauer hinterläßt. Es ist denkbar, daß das Erfordernis der kurzfristigen wörtlichen Speicherung von Textfrag-

menten das Gedächtnissystem so stark belastet, daß eine Ausbildung langfristig wirksamer Spuren stark behindert wird.
Noch wichtiger für das Verständnis der Arbeitsweise des Selektionsmechanismus ist es, herauszufinden, wie der sekundäre Text verarbeitet wird. Zur Verblüffung des Autors waren seine Vpn nach Abschluß ihrer Aufgabe in der Regel völlig außerstande, auch nur irgendeine Auskunft über den Inhalt der irrelevanten Nachricht zu geben. Bestenfalls konnten sie angeben, daß es sich gleichfalls um einen englischen Text handelte. Muß man daraus schließen, daß die selektive Nachsprechaufgabe die Aufmerksamkeit des Beobachters so exklusiv auf den primären Text bzw. das entsprechende Ohr konzentriert, daß der sekundäre Text, der über das irrelevante Ohr eingespielt wird, überhaupt nicht mehr ausgewertet werden kann? Um dies herauszufinden, führte CHERRY weitere Experimente durch, in denen er die Information in dem irrelevanten Ohr, die zunächst stets als gesprochener englischer Text begann, in charakteristischer Weise abänderte, während die Versuchsperson den relevanten Text nachsprach.
Welche Veränderungen würde die Vp bemerken? Stets bemerkt wurde es, wenn der sekundäre Text in einen 400-HZ-Dauerton überging. Das gleiche galt für einen Wechsel von einem männlichen zu einem weiblichen Sprecher oder umgekehrt. Unbemerkt blieben dagegen ein Wechsel von englischem zu deutschem Text (männlicher Sprecher in beiden Fällen) oder ein Wechsel in der Laufrichtung eines Tonbandes, das von einem Sprecher besprochen war – Veränderungen also, die sich auf den Inhalt des sekundären Textes beziehen und sein akustisches Klangspektrum weitgehend unverändert lassen.
Nach diesen Beobachtungen scheint die kritische Bedingung dafür, daß Bestandteile der über das irrelevante Ohr eingespielten Information überhaupt bemerkt werden können, darin zu bestehen, daß die physische (phonetische) Struktur der Stimulation sich plötzlich ändert. Was bedeutet das für den Mechanismus der Selektion? Eine naheliegende Interpretation dieser Befunde, die bei CHERRY vorbereitet und später durch BROADBENT (1958) explizit gemacht wurde, nimmt an, daß die Selektionsleistung in dieser Aufgabe dadurch erbracht wird, daß aufgrund bestimmter physischer Merkmale zwischen relevanter und irrelevanter Information getrennt wird.
BROADBENT (1958) hat diese Grundidee zu einer *Filtertheorie* der selektiven Informationsverarbeitung ausgebaut (vgl. Abb. 23). Nach dieser Theorie wird die Selektion durch einen Filtermechanismus bewerkstelligt, der Informationen mit bestimmten physischen Eigenschaften passieren läßt (z.B. eine dunkle Stimme auf dem linken Ohr) und Information mit anderen physischen Merkmalen von der Verarbeitung ausschließt (dunkle Stimme rechts). Wechselt dann die rechte Stimme von dunkel nach hell (von männlich nach weiblich), kann die veränderte irrelevante Information kurzfristig den Filter passieren – so lange, bis seine Zurückweisungskriterien auf die neue Charakteristik der irrelevanten Stimme justiert sind. Die eigentliche Leistung des Filterapparates besteht also nicht in einer selektiven Verstärkung der relevanten Information (positive Selektion oder Abstraktion im Sinne von KÜLPE), sondern in einer selektiven Hemmung der irrelevanten Information (negative Selektion): irrelevante Information wird zurückgehalten, während relevante Information passieren kann.
Wie das Schema in Abbildung 23 erkennen läßt, ist der Filter an einer Stelle im Informationsfluß montiert, die dem Kontakt zwischen Reiz- und Gedächtnisinformation vorgelagert ist (periphere oder frühe Selektion). Daraus ergibt sich, daß am Ort des Filters für die Unterscheidung zwischen relevanten und irrelevanten Anteilen der eintreffenden Information nur einfache physische Reizmerkmale in Frage kommen können; Information über die Bedeutung der verschiedenen Nachrichtenkomponenten steht hier noch nicht zur Verfügung. Diese periphere Position des Filters trägt der generellen Beobachtung Rechnung, daß die Versuchsperson keine Auskunft über den Inhalt des sekundären Textes geben kann – so daß zu vermuten ist, daß seine Verarbeitung schon vor dem Erreichen der Stufe der inhaltlichen Analyse abgebrochen wird. Die physischen Merkmale, nach denen der Filter zwischen relevanten und irrelevanten Nachrichten trennen kann, bezeichnet BROADBENT als sensorische

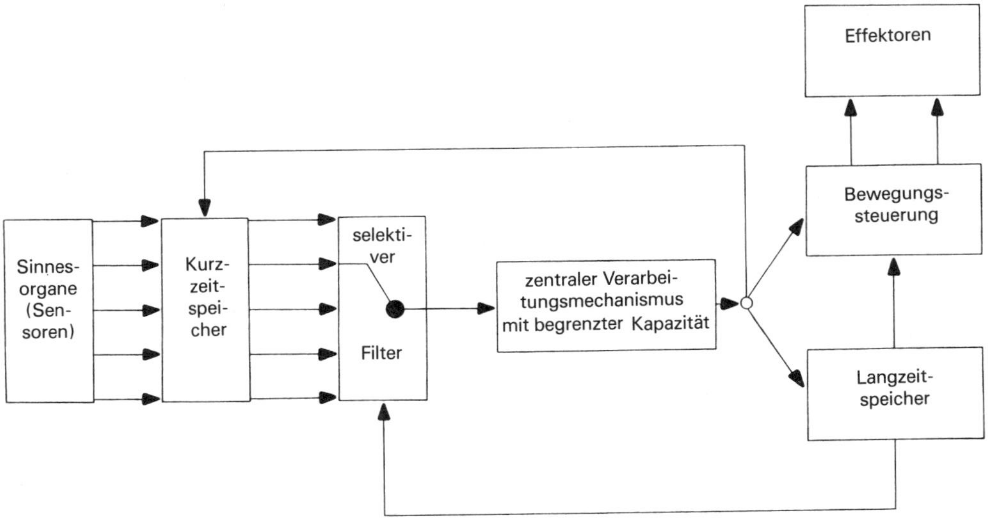

Abbildung 23: BROADBENTS Filtermodell der selektiven Informationsverarbeitung (in Anlehnung an BROADBENT, 1958, Fig. 7; Terminologie teilweise abgeändert). Erläuterung des Selektionsmechanismus im Text. Die beiden (im Text nicht erörterten) Rückkoppelungsschleifen betreffen die Implementation von Selektionskriterien und die Aufrechterhaltung von Inhalten des Kurzzeitgedächtnisses.

Kanäle. Dieser Ausdruck ist der Nachrichtentechnik entnommen und bezeichnet dort voneinander unabhängige Vorrichtungen für die Übermittlung von Information. Ein sensorischer Kanal – so die Analogie – wäre demnach ein anatomisch-physiologisches Substrat, das der Auswertung eines bestimmten Aspekts oder Ausschnitts der Reizinformation gewidmet ist (z.B. dem linken Ohr, dem Frequenzspektrum einer männlichen Stimme oder dergleichen). Sensorische Kanäle dieser Art bilden nach BROADBENTS Modell die unabhängigen Bestandteile des reizseitigen Informationsangebots, zwischen denen der selektive Filter wählen kann.

Nach dieser Konzeption ist eine Selektion von Reizinformation vor allem deshalb notwendig, weil das zentrale Verarbeitungssystem, das hinter dem Filter liegt, nur über eine streng begrenzte Verarbeitungskapazität verfügt (Einkanalmodell der Informationsverarbeitung). Dem Filter fällt die Aufgabe zu, eine Überladung dieses Zentralsystems zu verhindern. Dem entspricht der Alles-oder-Nichts-Charakter des Selektionsprozesses: er unterscheidet nur zwischen (dem geringen Anteil von) Information, die passieren kann und (dem weitaus größeren Anteil von) Information, die zurückgewiesen wird. In dieser Form ist die Filtertheorie eine Hemmungstheorie der Selektion, und die Hemmung erfolgt nach dem Alles-oder-Nichts-Prinzip.

Die Filtertheorie bietet eine einfache Erklärung für das sogenannte Cocktailparty-Problem. Das Problem existiert auf zwei Ebenen. Zum einen hat der Gast auf einer Cocktailparty das Problem, in dem Stimmengewirr, das ihn umgibt, der Stimme seines momentanen Gesprächspartners zu folgen. Für den Gast ist dieses Problem im allgemeinen nicht besonders schwierig. Er kann mühelos folgen, besonders dann, wenn es ihm gelingt, Blickkontakt mit seinem Gegenüber zu halten und sein Hören durch Lippenlesen und dergleichen zu unterstützen. Zum anderen hat der Aufmerksamkeitstheoretiker das Problem, diese Leistung zu verstehen. (Daß es sich überhaupt um eine nennenswerte Leistung handelt, kann man sich «vor Ohren» führen, indem man sich z.B. eine monophone Aufnahme von Partykonversation anhört.) Die Filtertheorie bietet hier eine einfache Lösung an. Sie nimmt an, daß in dieser Situation der Filter so eingestellt wird, daß nur Information aus einer bestimmten Raumrichtung selektiv verarbeitet wird, während alle anderen Informationsangebote zurückgewiesen werden – ein einfacher Fall von lokaler Selektion also, d.h. von Selektion aufgrund der räumlichen Lage der Informationsquelle.

Das Beispiel der Cocktailparty macht allerdings auch klar, daß die Filtertheorie in einer bestimmten Hinsicht noch nicht das letzte theoretische Wort über den Mechanismus der Selektion sein kann. Denn so sehr sich der Gast auf der Cocktailparty auf seinen Gesprächspartner konzentrieren mag, wird er doch bisweilen auch unwillkürlich Ausschnitte aus Gesprächen mitbekommen, die neben ihm oder hinter seinem Rücken geführt werden. Welche Gesprächsfetzen er auf diese Weise aufschnappt, ist keineswegs immer nur zufällig. Oft wird er Wörter oder Satzfragmente hören, die von besonderer persönlicher Bedeutung für ihn sind. Der Gast wird z.B. hören und aufmerken, wenn neben ihm sein Name genannt wird oder wenn in einem Gespräch hinter seinem Rücken über seinen Beruf gesprochen wird – aber kaum, wenn irgendein fremder Name oder ein fremder Beruf beredet werden. Ist der selektive Filter doch nicht völlig undurchlässig – und wie kommt es, daß persönlich bedeutsame Information leichter hindurchdringt als neutrale Information? Die Filtertheorie kann auf derartige Fragen keine befriedigenden Antworten geben.

Treten ähnliche Beobachtungen auch in der selektiven Nachsprechaufgabe auf – in einer Aufgabe also, die vermutlich eine sehr viel stärkere Konzentration der selektiven Aufmerksamkeit auf die relevante Nachricht erzwingt als die Partysituation? Seit der Veröffentlichung von Broadbents Theorie ist die Aufmerksamkeitsliteratur voll von Versuchen, in der einen oder anderen Form inhaltliche Einflüsse des sekundären Textes auf den Hörer nachzuweisen. Der Effekt des eigenen Namens wurde zuerst von Moray (1959) in einer selektiven Nachsprechsituation demonstriert. Moray fügte ohne Kenntnis der Vp in den irrelevanten Text vereinzelt metakommunikative Aufforderungen ein, die eine Änderung der Instruktion beinhalteten (z.B.: «Achte jetzt auf das andere Ohr!»). Diese Aufforderungen blieben völlig unbemerkt. Wenn sie jedoch durch den Namen der Vp eingeleitet wurden («John, achte jetzt auf das andere Ohr!»), wurden Name und Instruktion in einem Drittel aller beobachteten Fälle bemerkt. Broadbent hat später darauf hingewiesen (1971), daß dieser Befund für sich genommen noch keine Revision des Filtermodells erzwingt. Da nämlich der Klang des eigenen Namens durch ein festliegendes phonetisches Muster definiert ist, ist es denkbar, daß der selektive Filter dauerhaft auf dieses (und einige ähnlich bedeutsame) physische Reizmuster eingestellt ist.

Von Wright, Anderson und Stenman (1975) demonstrierten einen Effekt, der der Wirkung des eigenen Namens formal ähnlich ist und der das Filtermodell in noch größere Verlegenheit bringt. Das Experiment umfaßte eine Konditionierungsphase und eine Testphase. In der Konditionierungsphase wurde durch Applikation elektrischer Schocks eine bedingte hautgalvanische Reaktion auf ein neutrales Reizwort ausgearbeitet. In der Testphase wurde untersucht, ob und mit welcher Stärke die bedingte Reaktion in einer selektiven Nachsprechaufgabe auftrat, wenn im Sekundärtext (i) das betreffende Reizwort, (ii) ein akustisch ähnliches Wort mit anderer Bedeutung oder (iii) ein semantisch ähnliches Wort mit anderem Klang dargeboten wurde. In allen drei Testbedingungen konnte die bedingte hautgalvanische Reaktion eindeutig nachgewiesen werden – obwohl die Versuchspersonen in keiner Bedingung die Darbietung des kritischen Wortes bewußt registrierten. Die Methode dieses Experiments ist in zweifacher Hinsicht bemerkenswert. Die eine methodische List besteht darin, daß es an die Stelle des üblichen subjektiven Kriteriums (was bemerkt die Vp? Was reproduziert sie oder was erkennt sie wieder?) einen objektiven Indikator für die Verarbeitung des sekundären Textmaterials setzt. Die andere – theoretisch noch bedeutsamere – List besteht im Nachweis semantischer Generalisierung: wenn die bedingte Reaktion nicht nur durch das Reizwort ausgelöst werden kann, auf das sie in der ersten Phase des Experiments konditioniert wurde, sondern auch durch ein im sekundären Text eingebettetes Synonym dieses Reizwortes, ist die Grundannahme der Filtertheorie, daß perzeptive Selektion ausschließlich durch physische Kriteriumsmerkmale gesteuert werden kann, nicht mehr haltbar.

Eine andere Stütze der Filtertheorie wurde durch ein Experiment von NORMAN (1969a) in Frage gestellt. MORAY (1959) hatte CHERRYs ursprüngliche Beobachtung, daß die Versuchspersonen auf nachträgliches Befragen keinerlei Auskunft über den Inhalt des sekundären Textes geben können, bestätigt und erweitert. Die Erweiterung betraf den Nachweis, daß nicht nur der Inhalt nicht wiedergegeben werden kann (im Sinne der Reproduktionsmethode), sondern daß auch keine Ersparnis nachweisbar ist, wenn das irrelevante Material im Anschluß an das Experiment gelernt werden muß (im Sinne der Ersparnismethode; vgl. Kap. Gedächtnis und Wissen). Wie wir zuvor bereits erörtert haben, sind die theoretischen Implikationen dieses Befundes allerdings nicht eindeutig. Eine Speicherung des sekundären Textmaterials kann nämlich entweder deshalb unterblieben sein, weil es überhaupt nicht verarbeitet wurde oder weil es zwar verarbeitet, aber (wegen Überlastung der beteiligten Speichermedien) nicht wirksam abgespeichert werden konnte. NORMAN (1969a) ging dieser Möglichkeit nach und unterbrach die Vp zu unvorhersehbaren Zeitpunkten während des Nachsprechens und verlangte in diesen Fällen die Angabe der letzten Worte des irrelevanten Textes. Da dies bei unmittelbarer Reproduktion durchweg gelang, scheint die Unfähigkeit des Beobachters, nachträgliche Fragen über den sekundären Text zutreffend zu beantworten, nicht darauf hinzuweisen, daß keinerlei inhaltliche Verarbeitung dieses Materials stattfindet, sondern darauf, daß es nicht langfristig gespeichert werden kann.

In einer umfangreichen Serie von Experimenten wies TREISMAN nach, daß das Nachsprechen des primären Textes beeinträchtigt sein kann, wenn zwischen primärem und sekundärem Text bestimmte inhaltliche (semantische) und/oder formale (syntaktische) Beziehungen bestehen (TREISMAN, 1960, 1964). In einem der Experimente (TREISMAN, 1960) wechselte der Text während des Nachsprechens unmerklich zwischen den beiden Ohren, so daß derjenige Text, der am Anfang nachzusprechen war, nach dem Wechsel sekundär wurde, während der ursprünglich sekundäre Text primär wurde und nach dem Wechsel nachzusprechen war. Ein Beispiel für eine solche Bruchstelle liest sich wie folgt:

primär: ... sitting at a mahogany ↓ three possibilities ...
sekundär: ... let us look at these ↑ table with her head ...

Würde die Versuchsperson an der Bruchstelle weiter dem primären Text folgen (der an dieser Stelle ja syntaktisch und semantisch sinnlos ist) – oder würde sie der «Verführung» durch den sekundären Text erliegen, der den bisherigen primären Text syntaktisch und semantisch fortsetzt? Das charakteristische Muster, das bei den meisten Vpn beobachtet wurde, war ein Kompromiß zwischen diesen beiden Vorgehensweisen: ein bis zwei Wörter hinter der Bruchstelle wurden dem sekundären Text entnommen; danach wandte der Sprecher sich wieder dem primären Text zu (nachgesprochene Textteile in Großbuchstaben):

... SITTING AT A MAHOGANY ↓ three POSSIBILITIES ...
... let us look at these ↑ TABLE with her head ...

In der Regel geschieht dies, ohne daß der Sprecher den vorübergehenden Wechsel auf das andere Ohr bemerkt. Wie häufig solche Sprünge auftreten, hängt von der Struktur der beteiligten Texte ab. Wenn der anfangs führende Text aus semantisch und syntaktisch kohärenter Prosa besteht, treten sie besonders häufig auf. Wesentlich seltener sind sie, wenn dieser Text semantisch und syntaktisch unorganisiert ist. Dieses Versuchsergebnis zeigt, daß lokale Selektion (die in der Instruktion verlangt ist) vorübergehend – und instruktionswidrig! – durch inhaltliche Selektion überrannt werden kann – nämlich durch Selektion auf der Grundlage inhaltlicher (d.h. hier: syntaktischer und/oder semantischer) Kohärenz. Das bedeutet offensichtlich, daß der Selektionsprozeß nicht nur auf physischen (lokalen) Kriterien beruht, sondern auch inhaltliche Kriterien zur Trennung zwischen relevanter und irrelevanter Information verwendet.

Über die *theoretischen Konsequenzen,* die aus dem Nachweis inhaltlicher Selektion gezogen werden müssen, ist ausgiebig diskutiert worden. Einige Autoren haben vorgeschlagen, auf die Annahme eines peripheren sensorischen Filters ganz zu verzichten und statt dessen den gesamten Selektionsprozeß auf zentraler Ebene anzusiedeln (Deutsch & Deutsch, 1963; Norman, 1968, 1969b). Andere favorisieren eine Zweikomponententheorie der Selektion, die neben dem zentralen Selektionsmechanismus weiterhin an der Vorstellung von einem peripheren sensorischen Filter festhält (Broadbent, 1971; Treisman, 1960, 1964).

Die entscheidende Erweiterung, die beiden Erklärungsansätzen gemeinsam ist, ist die Einführung eines zentralen Selektionsmechanismus, der auf derjenigen Stufe der Informationsverarbeitung angesiedelt ist, auf der eine semantische und syntaktische Analyse des sprachlichen Materials erfolgt. Die inhaltlichen Selektionseffekte können nur erklärt werden, wenn man annimmt, daß die gesamte einlaufende Information – Primärtext und Sekundärtext – diese Verarbeitungsstufe erreicht und einer (zumindest rudimentären) Entschlüsselung zugeführt, d.h. inhaltlich identifiziert wird. Der automatische Erkennungsprozeß, der damit postuliert wird, ist nicht mit dem Prozeß des bewußten Erkennens zu verwechseln, den wir in Abschnitt 3.1 besprochen haben. Bewußtes Erkennen bezieht sich immer nur auf einen kleinen Ausschnitt der Reizinformation und setzt Selektion somit voraus. Der automatische Erkennungsprozeß, der hier postuliert wird, ist dagegen in seiner Kapazität nicht begrenzt und geht der Selektion voraus. Der Ort, an dem die Kapazität des Systems begrenzt ist, liegt nach dieser Vorstellung nicht vor, sondern hinter der Stufe der inhaltlichen Entschlüsselung, und die «Enge der Aufmerksamkeit» ist nicht als eine Begrenzung der Kapazität der Erkennungsprozesse zu verstehen, sondern als «Enge des Bewußtseins», d.h. als Begrenzung der Inhalte, die zur bewußten Repräsentation gelangen (vgl. hierzu Moray, 1969, S. 30–35).

Wie kommt die Selektion auf dieser Stufe zustande? Obwohl die Vorstellungen der genannten Autoren hierüber im Detail differieren, sind sie im Grundsatz eng miteinander verwandt. Wenn man annimmt, daß für jedes Wort, das überhaupt identifiziert werden kann, eine gespeicherte Repräsentation zur Verfügung steht, die neben den physischen Merkmalen, die sich auf die phonetische Struktur des Wortes beziehen, auch semantische Eigenschaften des betreffenden Begriffs einschließt, und wenn man ferner annimmt, daß das gesamte System dieser Repräsentationen u.a. nach derartigen Bedeutungseigenschaften geordnet ist, ist die ergänzende Vorstellung naheliegend, daß diese Repräsentationen auf der Grundlage von momentanen Wünschen, Absichten oder Erwartungen des Beobachters selektiv vorbereitet werden können. Eine derartige selektive Vorbereitung von Repräsentationen kann man sich z.B. (mit Treisman) als selektive Erniedrigung ihrer Aktivierungsschwelle realisiert denken – oder (mit Deutsch & Deutsch) als eine partielle Voraktivierung, die dann mit den vom Reiz ausgehenden Aktivierungsprozessen eine additive oder multiplikative Verbindung eingeht.

Die selektive Vorbereitung der zentralen Repräsentationen kann langfristig festgelegt sein (z.B. beim eigenen Namen, bei Tabu-Wörtern oder sonstigen Wörtern von besonderer persönlicher Bedeutung) oder kann mittel- bzw. kurzfristig variieren. Letzteres setzt voraus, daß der Beobachter jederzeit aufgrund dessen, was er wahrnimmt, ein internes Modell der momentanen äußeren Situation konstruiert, das er laufend fortschreibt und aktualisiert. Aufgrund dieses Situationsmodells können bestimmte wahrscheinliche Fortsetzungen der Situation antizipiert und – sofern sie handlungsrelevant sind – durch Voraktivierung der entsprechenden Repräsentationen funktional realisiert werden (vgl. hierzu besonders NORMAN, 1968, 1969b). Dies gilt auch für sehr kurzfristige «Situationen» und ihre interne Repräsentation. Eine Versuchsperson, die das Satzfragment «... sitting at a mahogany» hört und nachzusprechen hat, ist durchaus in der Lage, aufgrund ihres syntaktischen und semantischen Wissens die Miniatursituation, die durch dieses Satzfragment konstituiert ist, antizipatorisch fortzuschreiben und entsprechende spezifische Erwartungen aufzubauen, die durch selektive Voraktivierung bestimmter Repräsentationen realisiert werden.

Die Vorstellung einer differentiellen Voraktivierung der Gedächtnisrepräsentationen enthält eine wesentliche Erweiterung der bisher entwickelten Vorstellungen über die Natur perzeptiven Erkennens. Die im Wissensgedächtnis gespeicherten Repräsentationen werden jetzt nicht mehr als passive Instanzen betrachtet, die abwarten, bis sie durch korrespondierende Reizinformation vorübergehend aus dem Schlaf gerissen werden, sondern als Komponenten eines dynamischen, aktiv energetisierbaren Systems. Neben die von unten nach oben (bottom-up) gerichtete Steuerung tritt eine von oben nach unten (top-down) gerichtete Steuerung der Erkennungsprozesse bzw. ihrer relevanten Voraussetzungen.

Diese Auffassung von der Natur des perzeptiven Selektionsmechanismus ist den Annahmen der Filtertheorie in verschiedener Hinsicht diametral entgegengesetzt. Sie nimmt an, daß die Selektion nicht peripher (früh), sondern zentral (spät) erfolgt. Damit ist verbunden, daß sie nicht auf der Grundlage sensorischer, sondern inhaltlicher Merkmale operiert. Ferner erfolgt sie nicht negativ – durch Hemmung irrelevanter Information –, sondern positiv – durch Verstärkung relevanter Information. Dies geschieht nicht nach dem Alles-oder-Nichts-Prinzip, sondern durch kontinuierlich abgestufte Voraktivierung.

Die von TREISMAN und BROADBENT vertretene Zweikomponententheorie nimmt an, daß neben diesem zentralen Mechanismus auch ein peripherer sensorischer Filter am Werk ist. Allerdings wird jetzt nicht mehr an der Vorstellung festgehalten, daß Information, die anhand sensorischer Kriterien als irrelevant identifiziert ist, völlig zurückgewiesen wird. Sie wird vielmehr abgeschwächt – mit der Konsequenz, daß sie nur noch solche zentralen Repräsentationen aktivieren kann, die besonders stark herabgesetzte Aktivierungsschwellen aufweisen. Ob die Annahme eines besonderen peripheren Filters neben dem zentralen Selektionsmechanismus erforderlich ist, mag dahingestellt bleiben. TREISMAN und BROADBENT verteidigen diese Konzeption mit dem Hinweis darauf, daß Selektion aufgrund physischer Merkmale stets um ein Vielfaches wirksamer ist als Selektion aufgrund inhaltlicher Merkmale. Zwingend ist dieses Argument allerdings nicht. Ebensogut können physische Merkmale als besonders wirksame inhaltliche Selektionskriterien aufgefaßt werden, die auf der gleichen zentralen Verarbeitungsstufe wirksam sind wie alle anderen inhaltlichen Kriterien. Nach dieser Auffassung wäre der Unterschied zwischen lokaler und inhaltlicher Selektion nur ein «phänotypischer» Unterschied zwischen verschiedenen Selektionsaufgaben, aber nicht ein «genotypischer» Unterschied zwischen verschiedenen Formen der Selektion (vgl. hierzu PRINZ, 1983, Abschn. 2.2.2).

Kontinuierliches Suchen und selektives Sehen

Perzeptive Selektionsleistungen von ganz anderer Art werden vom Beobachter in Aufgaben vom Typus des kontinuierlichen visuellen Suchens verlangt. Die von NEISSER (1963, 1964) entwickelte Variante dieser Methode ist in Abbildung 24 veranschaulicht. Die Versuchsperson wird mit einer Liste von alphanumerischen Zeichen konfrontiert, die sie in systematischer Weise nach einem vorher verabredeten Zielzeichen (Target) zu durchmustern hat. Die Instruktion verlangt, die Liste systematisch zu durchmustern, und zwar so, wie man liest: Zeile für Zeile von oben nach unten und innerhalb der Zeilen von links nach rechts. Die Liste ist so konstruiert, daß das Target nur ein einziges Mal vorkommt. Bei der Entdeckung des Targets betätigt der Beobachter einen Knopf. Der Knopfdruck stoppt eine Uhr, die zum Zeitpunkt der Exposition der Liste gestartet wurde. Auf diese Weise erhält man für jede durchmusterte Liste ein Wertepaar aus Targetposition und Suchzeit. Die vertikale Anordnung der Liste läßt in Verbindung mit der Instruktion, sie mit gleich-

```
HHRHHZZZ
RRZRRHZZ
RZHZHZZZ
ZZRHHRHH
RHZZRZZZ
RRZRZRZH
RHHRHZHZ
RZRZHZHZ
HHRRZRZH
ZRZZZHRH
RRHRRHHR
RRHRHRZZ
RHHZZZHH
ZHZHRRHR
HRHZRZZR
HZHZHZRH
HRZRRZZH
ZZZHRHRZ
RRRHRZZZ
ZRRRRRRR
ZZHHHRZZ
HHZZHRHZ
RRRNHRHZ
RRZRHRZH
HZHZRZRH
HZRHZRHR
RZRHHRRH
RZRHRHHZ
ZRRRRZZH
HRZZRZRR
ZZHRZRRR
RZHRRHHR
HRRRHRHZ
HHRHHZRH
```

(a)

(b)

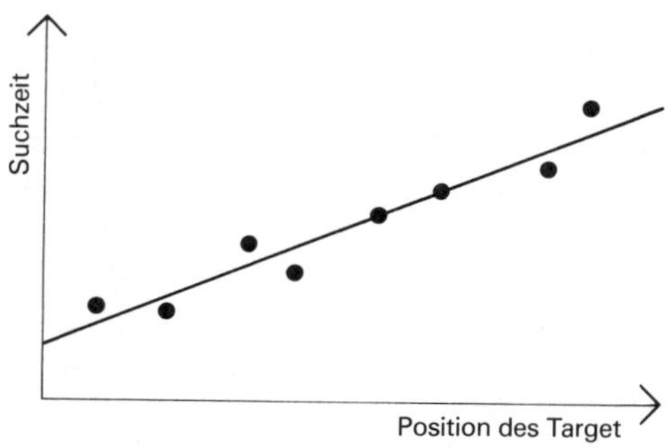

Abbildung 24:

(a) Muster einer einfachen Suchliste mit *N* als Target.

(b) Suchzeit als Funktion der Targetposition in einer Serie von Suchdurchgängen.

mäßigem Tempo von oben nach unten zu durchmustern, eine lineare Abhängigkeit der Suchzeit von der Targetposition erwarten. NEISSER fand diese Erwartung bestätigt (Abb. 24b). Der Anstieg der linearen Funktion ist ein Maß für die Suchrate (durchschnittlicher Zeitbedarf pro Zeile für die Entscheidung, daß ein Target *nicht* vorhanden ist; vgl. NEISSER, 1963, S. 377). Der Ordinatenabschnitt ist ein Maß für den Zeitbedarf derjenigen Teilprozesse, die von der Position des Targets unabhängig sind (z. B. Reaktionszeit zwischen dem Finden des Targets und der Ausführung der Stopreaktion; vgl. PRINZ, 1977, S. 443 f.).

Diese Aufgabe stellt an den Mechanismus der perzeptiven Selektion ganz andere Anforderungen als das selektive Nachsprechen. Die Vp hat es hier nicht mit zwei gleichzeitig konkurrierenden Informationsangeboten zu tun und mit einer ständigen lokalen Trennung zwischen relevantem und irrelevantem Angebot, sondern mit einem einzigen Informationsangebot, innerhalb dessen ein relevanter Teilinhalt (Target) nach inhaltlichen Kriterien von allen übrigen Inhalten (die unter der Bezeichnung «Kontext» zusammengefaßt werden können) zu unterscheiden ist. Relevante Information tritt in beiden Aufgaben in verschiedener Funktion auf: beim Nachsprechen ist sie ständig präsent, und sie steuert die Tätigkeit des Beobachters (das Nachsprechen), beim Suchen tritt sie dagegen nur äußerst selten auf, und sie steuert die Beendigung des Suchdurchgangs (die Stopreaktion). Irrelevante Information wird dagegen in beiden Aufgaben ständig dargeboten.

NEISSERs experimentelle und theoretische Analyse des kontinuierlichen visuellen Suchens war zunächst weniger von Überlegungen zum Mechanismus der Selektion geleitet als vielmehr von Modellvorstellungen über die Natur perzeptiver Erkennungsprozesse. Die Experimente, die er durchführte, beschäftigten sich dementsprechend in erster Linie mit der Variation der reizseitigen und der gedächtnisseitigen Voraussetzungen des Suchens. Auf der Seite der reizseitigen Voraussetzungen konnte er z. B. zeigen, daß das Suchtempo der Versuchsperson durch die Manipulation der visuellen Ähnlichkeit zwischen dem Targetzeichen und den Zeichen, aus denen der Kontext besteht, außerordentlich stark beeinflußt werden kann. Z.B. ist das Tempo, mit dem man nach einem «runden» Target (z.B. C) in einem gleichfalls «runden» Kontext suchen kann (z.B. QDOS) sehr viel langsamer als das Tempo für die Suche nach dem gleichen Target in einem «eckigen» Kontext (z.B. zusammengesetzt aus ETHL). Auf der Seite der gedächtnisseitigen Voraussetzungen zeigte er zum einen, daß das Suchtempo durch übenden Umgang mit einer konstanten Suchaufgabe sehr stark erhöht wird. Zum anderen fand er, daß bei geübten Vpn das Suchtempo nicht durch die Anzahl der Targets beeinflußt wird, nach denen gleichzeitig gesucht werden muß. Das heißt: für eine geübte Vp macht es keinen Unterschied, ob sie in einem gegebenen Kontext nur nach einem einzigen definierten Target sucht, nach einem von vier möglichen Targets – oder sogar nach einem von zehn alternativ möglichen Targets (NEISSER, NOVICK & LAZAR, 1963).

Das Modell, in dem NEISSER diese (und einige weitere) Befunde aus seinen Experimenten theoretisch integrierte, enthält jedoch nicht nur allgemeine Annahmen über die Prozesse, die Kontakte zwischen Reiz- und Gedächtnisinformation vermitteln, sondern auch eine konkrete Vorstellung über den Mechanismus der Selektion, d.h. der Trennung zwischen relevanter und irrelevanter Information. NEISSERS Modell ist in Anlehnung an das «Pandämonium»-Programm konzipiert, das SELFRIDGE für Zwecke der automatischen Zeichenerkennung entwickelt hatte (NEISSER, 1967; SELFRIDGE, 1959). Danach sind während des Suchens ständig eine Reihe von Analysatoren am Werk, die die visuelle Reizinformation auf verschiedene Merkmale hin überprüfen. Die Analysatoren arbeiten auf unterschiedlichen Ebenen. Auf der untersten Ebene sind Detektoren angesiedelt, die nur nach ganz bestimmten figuralen Eigenschaften von Elementen Ausschau halten (z.B. «spitzer Winkel», «Rundung unten», usw.). Sobald diese Detektoren bei ihrer Suche nach diesen Merkmalen Erfolg haben, schlagen sie Alarm und mobilisieren dadurch Analysatoren auf höherer Stufe, die für Kombinationen jener Elementarmerkmale empfindlich sind (z.B. «spitzer Winkel und Rundung unten»). Auf einer noch höheren Ebene dieser Hierarchie von Merkmalsdetektoren sind schließlich diejenigen Merkmalskombinationen, die einzelne Buchstaben definieren, durch spezifische Detektoren repräsentiert. Ein derartiger Buchstabenanalysator wird durch dieses System dann und nur dann aktiviert, wenn sämtliche figuralen Merkmale, die ihn definieren, durch die untergeordneten Merkmalsanalysatoren erkannt worden sind.

Wie arbeitet dieses System in einer Suchaufgabe, in der nach einem oder mehreren Targets zu suchen ist? NEISSER nahm an, daß in diesem Fall nur diejenigen Buchstabenanalysatoren eingeschaltet werden, die dem bzw. den Target(s) entsprechen. Alle anderen Buchstabenanalysatoren (also auch diejenigen, die den im Kontext auftretenden Buchstaben entsprechen) können überhaupt nicht aktivert werden. Diese selektive Ausschaltung von Analysatoren betrifft jedoch nur die Ebene der Buchstabenanalysatoren. Die Prozesse auf der Ebene der einfachen und komplexen Merkmale sind davon nicht betroffen. Das bedeutet, daß die Verarbeitungsprozesse auf die Merkmalsanalyse beschränkt bleiben, solange kein Target auftritt. Gleichzeitige Suche nach mehreren Targets ist ohne Tempoeinbuße möglich, weil auf jeder Stufe der Hierarchie sämtliche Analysatoren parallel arbeiten. Daher macht es keinen Unterschied, ob 1, 4 oder 10 Buchstabenanalysatoren gleichzeitig eingeschaltet sind.

Wir wollen hier nicht im einzelnen diskutieren, wie NEISSER seine Versuchsergebnisse mit diesem Modell erlärt, sondern wir konzentrieren uns auf die selektionstheoretischen Implikationen des Modells. In dieser Hinsicht ist die Ähnlichkeit mit BROADBENTS Filtertheorie unübersehbar: Das System der Analysatoren wirkt als ein Filter, weil es nur diejenigen Buchstaben zur vollen Identifikation gelangen läßt, die in der Instruktion als Targetbuchstaben verabredet sind. Alle anderen Buchstaben werden nicht identifiziert. Die Unterscheidung zwischen solchen Teilen der Stimulation, die zur vollen Identifikation gelangen, und solchen, die nur auf der Merkmalsebene verarbeitet werden, erfolgt anhand sensorischer Merkmale bzw. Merkmalskombinationen: Reizinformation, die eine spezifische Merkmalskombination aufweist, kann bis zur Spitze der Identifikationshierarchie passieren; Reizinformation, die diese Merkmalskriterien nicht erfüllt, wird nicht über die Stufe der Merkmalsanalyse hinaus verarbeitet. Der Filter ist ein Alles-oder-Nichts-System, das Information zur weiteren Verarbeitung passieren läßt oder sie zurückweist und das diese Entscheidung anhand sensorischer Kriterien trifft. Die Implementierung der Selektionskriterien – d.h. die Einstellung der jeweiligen Filtercharakteristik – erfolgt durch einfaches Einschalten der relevanten Buchstabenanalysatoren, d.h. durch Sensibilisierung des Systems für die spezifischen Merkmalskombinationen, die die Targetbuchstaben definieren.

Im Bereich des selektiven Hörens sahen wir, daß die Filtertheorie der Selektion u.a. deshalb so plausibel ist, weil sie der Tatsache gerecht wird, daß die Versuchsperson über die Beschaffenheit des irrelevanten Textes keine Auskunft geben kann. Entsprechendes ist regelmäßig in kontinuierlichen Suchaufgaben zu beobachten: Vpn können in der Regel über die Buchstaben, aus denen der Kontext ihrer Suchlisten zusammengesetzt war, keine zuverlässige Auskunft geben (weder nach einem Reproduktionskriterium noch nach einem Wiedererkennungskriterium). Sie berichten vielmehr, daß der Kontext vor ihren Augen «vorbeirauscht» und daß die Zielbuchstaben aus dem Kontext «herausspringen». Die Filtertheorie wird dieser Beobachtung auf einfache Weise gerecht, indem sie annimmt, daß der Filter dafür sorgt, daß relevante und irrelevante Informationen unterschiedlich tief verarbeitet werden. Die besondere Plausibilität dieser Modellvorstellung hängt sicher auch damit zusammen, daß sie weitgehend unserem Alltagsverständnis von «Suchen» entspricht: wer intensiv nach etwas sucht, interessiert sich für nichts anderes als das gesuchte Objekt, nimmt nichts anderes zur Kenntnis (!) als das, wonach er sucht.

Daß diese Theorie trotz ihrer hohen Plausibilität falsch oder zumindest unzureichend ist, hat NEISSER bereits selbst gesehen. Die entscheidende Beobachtung, an der er eine wesentliche Erweiterung seiner Theorie verankerte, war diejenige, daß Vpn häufig berichten, daß die Entdeckung von Targets sich in zwei Schritten abspielt: einem ersten Schritt, in dem sich der Beobachter darüber klar wird, *daß* an einer bestimmten Stelle ein Target steht und einem zweiten Schritt, in dem er erkennt, um *welchen* Targetbuchstaben es sich handelt (NEISSER, 1967, S.100). Diese Beobachtung ist mit dem Filtermodell nicht vereinbar, denn dort kommen die Detektion und die Lokalisation eines Targets immer nur durch seine Identifikation zustande. Wenn Detektion und Lokalisation der Identifikation jedoch vorausgehen können, können sie nicht das Resultat der Identifikation sein, sondern müssen auf andere Prozesse zurückgehen. Über die Natur dieser anderen Prozesse hat NEISSER sich nur vage geäußert. Seine Überlegungen laufen auf die Vorstellung hinaus, daß im Laufe des übenden Umgangs mit einem bestimmten Kontext allmählich auch Merkmalsdetektoren für Merkmale des Kontexts entwickelt werden können. Diese Detektoren beziehen sich nicht so sehr auf Eigenschaften einzelner Kontextelemente, sondern auf figurale Merkmale größerer Abschnitte der Suchliste, und sie sind auf einer der unteren Ebenen der Analysehierarchie angesiedelt. Wenn ein solcher Kontextdetektor erregt wird, kann der Analyseprozeß bereits auf dieser Ebene abgebrochen werden. Trifft der Suchprozeß dagegen auf ein Target, d.h. auf eine Stelle, an der die gelernten Konstruktionsprinzipien des Kontexts verletzt sind, wird keiner der Kontextdetektoren erregt. Das Target «verrät sich» also als ein Nicht-Kontextzeichen – ähnlich wie sich ein Lichtblitz in der Dunkelheit (oder ein grünes Männchen auf einer Kaffeetasse) als ein aus dem situativen Kontext herausfallendes Ereignis «verrät».

Dieser Erklärungsansatz (den wir mit diesen Formulierungen schon über NEISSERS vorsichtige Andeutungen hinaus entwickelt haben) enthält die Annahme, daß der Suchprozeß u.a. durch gespeicherte Repräsentationen von Merkmalen des Kontexts gesteuert wird und daß Targets als Ereignisse entdeckt werden, die die definierenden Merkmale des Kontexts verletzen *(Prinzip der Kontextsteuerung des Suchens)*.

Auf den ersten Blick mag das Prinzip der Kontextsteuerung intuitiv unplausibel erscheinen – weniger plausibel jedenfalls als das im Pandämonium-Modell realisierte Prinzip der Targetsteuerung, d.h. der Steuerung durch gespeicherte Repräsentationen der jeweils zu suchenden Zielobjekte (vgl. Abb. 25a, b). Andererseits läßt sich auch ein sehr einfaches Plausibilitätsargument zu seinen Gunsten anführen: eine Versuchsperson, die eine Reihe von Suchlisten hintereinander bearbeitet, ist dabei so gut wie ständig mit Kontext-Buchstaben konfrontiert (und nur äußerst selten mit Target-Buchstaben). Daher wäre es durchaus einleuchtend, wenn sie im Laufe der Übung Repräsentationen entwickelte, die sich auf Merkmale des Kontexts beziehen.

Über die Zusammenarbeit zwischen Target-Steuerung und Kontext-Steuerung des Suchens finden sich bei NEISSER keine expliziten Überlegungen. Offenbar nimmt er an, daß beide Prinzipien nebeneinander realisiert sind und daß im Laufe längerer Übung mit dem gleichen Material die Mechanismen der Kontextsteuerung immer wirksamer werden, so daß dann immer häufiger der Fall eintritt, daß ein Target entdeckt wird, bevor es erkannt ist. Die Funktion der beiden Steuerungsmodi ist allerdings unterschiedlich. Die Analyse von Merkmalen des Kontexts ist nach NEISSER ein sog. präattentiver Prozeß, d.h. ein Prozeß, der nur eine grobe Analyse der visuellen Merkmale der Reizstruktur leistet. Demgegenüber ist die Identifikation der Targets ein fokaler Aufmerksamkeitsprozeß, d.h. ein Prozeß, der eine volle Identifikation der Information vornimmt, auf die er sich richtet. Wenn beide Prozesse nebeneinander herlaufen, ist demnach eine doppelte Sicherung der Target-Entdeckung gegeben: Während der fokale Prozeß sich den einzelnen Buchstaben nacheinander zuwendet, bis er einen von ihnen als Target identifiziert, analysiert gleichzeitig der präattentive Prozeß die visuelle Grobstruktur des Kontexts, bis er auf eine Stelle stößt, an der der Kontext von der gewohnten Struktur abweicht – in welchem Fall er den fokalen Prozeß zur Überprüfung der betreffenden Stelle aufruft (Abb. 25c).

Andere Befunde liefern Anhaltspunkte für eine andere Auffassung der Prozesse der Kontextverarbeitung. In verschiedenen Experimenten zeigte sich nämlich, daß die Verarbeitung des Kontexts die namentliche Identifikation der Kontextelemente einschließt und daß das Suchen behindert werden kann, wenn die Namensidentifikation gestört wird. Daraus folgt, daß die Verarbeitung des Kontexts auf der Ebene einzelner Zeichen erfolgt (und nicht, wie NEISSER annahm, auf der Ebene von Zeichengruppen) und daß sie eine nicht-visuelle Kodierung einschließt (und nicht nur eine Analyse der visuellen Grobstruktur). In einem Experiment von HENDERSON (1973) war der Kontext der Suchlisten aus Groß- und Kleinbuchstaben gemischt (im Verhältnis 1:1). In einer Bedingung mußte die Vp nach einem Target suchen, dessen gleichnamiges Gegenstück im Kontext enthalten war (z.B. Suche nach *A* in einem Kontext, der u.a. auch *a* enthält). In dieser Bedingung war das Suchtempo erheblich verzögert gegenüber Kontrollbedingungen, in denen der Kontext kein Element enthielt, das den gleichen Namen wie das Target trug. In einer anderen Bedingung war stets gleichzeitig nach zwei Targets zu suchen, von denen das eine ein Groß- und das andere ein Kleinbuchstabe war. Hier zeigte sich eine Beschleunigung des Suchtempos, wenn die beiden Targets namensgleich waren (z.B. *A* und *a* im Vergleich zu Kontrollbedingungen, in denen sie namensverschieden waren). Besonders das Ergebnis der ersten Bedingung ist eine zwingende Demonstration einer namentlichen Identifikation der Kontextelemente.

Befunde wie diese zeigen, daß NEISSERS Annahme, daß die Verarbeitung des Kontexts sich auf oberflächliche visuelle Strukturmerkmale von Zeichengruppen beschränkt, nicht gerechtfertigt ist. Offensichtlich werden die Kontextzeichen durch einen sehr schnellen und wirksamen Identifikationsprozeß in ähnlicher Weise namentlich erkannt, wie NEISSERS Theorie dies für die Targetzeichen annimmt. Die Kontextverarbeitung ist somit nicht präattentiv im Sinne NEISSERS (d.h. nicht beschränkt auf visuelle Merkmale von Buchstabengruppen), sondern schließt die namentliche Identifikation einzelner Zeichen ein. Das bedeutet, daß der Prozeß der Kontextauswertung genauso präzise und zuverlässig sein kann wie der der Targetauswertung. Wenn dies zutrifft, können die beiden Prozesse auch in Serie geschaltet sein: der schnelle und automatische Mechanismus der Kontextanalyse übernimmt

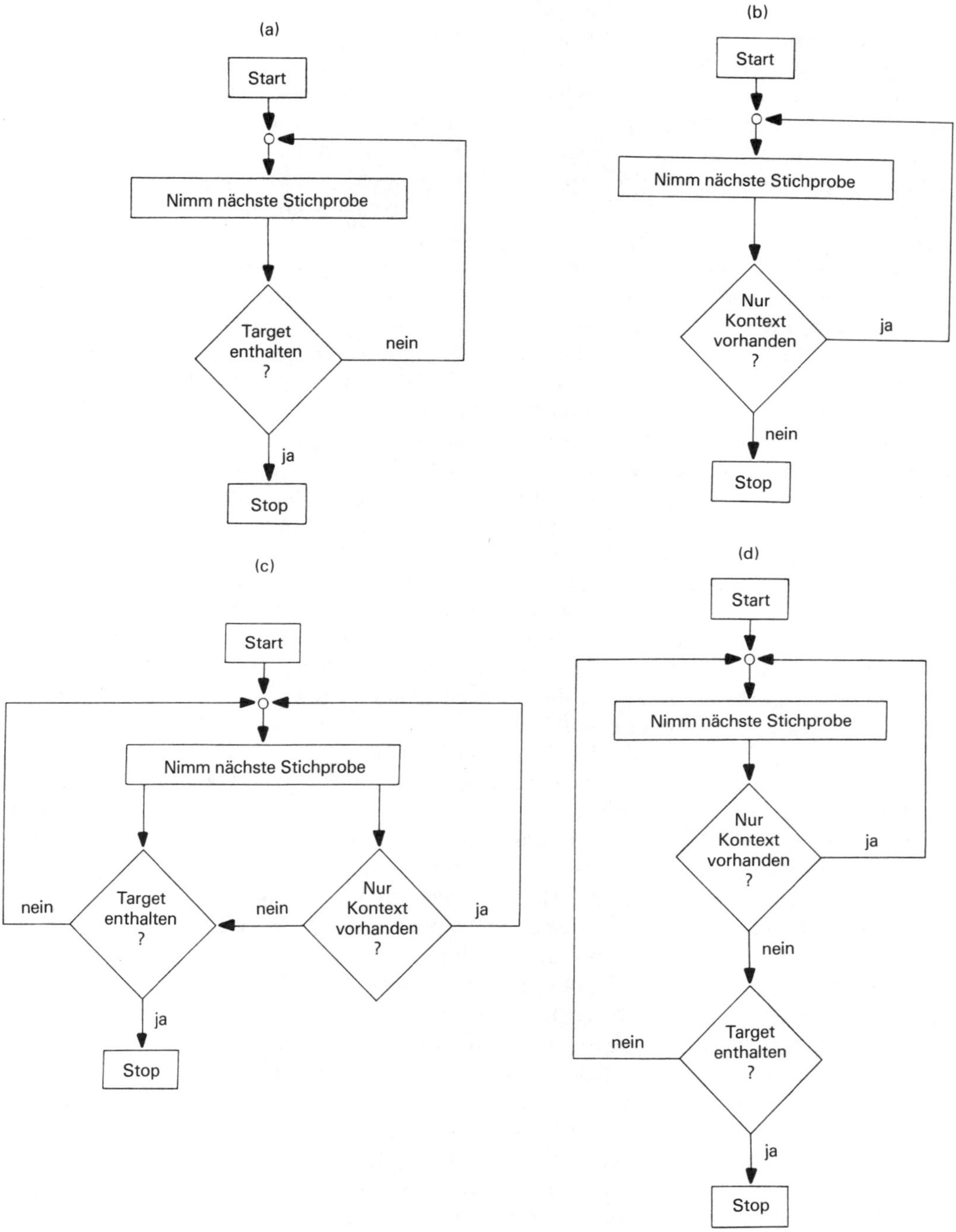

Abbildung 25: Flußdiagramme zur Illustration verschiedener Formen der Steuerung kontinuierlicher Suchprozesse. Stichprobe: Reizinformation, die pro Fixation aus der Suchliste entnommen wird.

(a) Prinzip der Targetsteuerung;
(b) Prinzip der Kontextsteuerung;
(c) Beispiel für eine parallele Anordnung von Target- und Kontextsteuerung. Vgl. Text.
(d) Serielle Anordnung von Kontext- und Targetsteuerung. Dieses System verharrt im Zustand der Kontextsteuerung (kleine rechte Schleife), solange kein Nicht-Kontextelement auftritt.

die laufende Überwachung des Kontexts und ruft den langsamen fokalen Erkennungsprozeß nur und erst dann auf den Plan, wenn er für die genauere Analyse einer «verdächtigen» Stelle benötigt wird (vgl. Abb. 25d).

Aus dieser Konzeption ergibt sich eine selektionstheoretisch interessante Konsequenz. Wenn nämlich zutrifft, daß Targets nicht deshalb entdeckt werden, weil sie Targetelemente sind, sondern deshalb, weil sie Nicht-Kontextelemente sind, dann dürfte die Fähigkeit des Systems zur Selektion von Targets keineswegs auf vorher verabredete Zeichen beschränkt sein, sondern müßte sich auf alle beliebigen Ereignisse erstrecken, die den Status von Nicht-Kontextereignissen haben. Aus dieser Überlegung ergibt sich zunächst eine elegante Erklärung dafür, daß das Suchtempo geübter Versuchspersonen von der Anzahl der Targets, nach denen sie gleichzeitig suchen sollen, unabhängig ist: in dem Maße, in dem die geübte Versuchsperson dazu übergeht, Targets aufgrund ihrer Eigenschaft als Nicht-Kontextzeichen zu entdecken, sollte die Zahl der Targets keine Rolle mehr spielen. Ferner folgt aus dieser Überlegung die einfache Vorhersage, daß Vpn nach ausreichender Eingewöhnung in einen gegebenen Kontext jedes beliebige neueingeführte Kontextzeichen bemerken sollten.

Eine erste Beobachtung in dieser Richtung wurde in einem Experiment von NEISSER und LAZAR (1964) berichtet, in dem Vpn mit Erfolg die Instruktion befolgten, «nach irgendeinem neuen Target» zu suchen. In Übereinstimmung damit haben verschiedene Experimentatoren festgestellt, daß Vpn nach einiger Übung mit einem gegebenen Kontext häufig Targets entdekken, nach denen sie überhaupt nicht suchen sollen. Diese Beobachtung kann man z.B. dann machen, wenn man versehentlich Listen aus einem anderen Experiment oder einer anderen Bedingung vorlegt (gleicher Kontext, anderes Target): die Vpn werden dann bei dem Target stoppen oder in anderer Weise kundtun, daß sie es bemerkt haben. In einem Experiment von PRINZ, TWEER und FEIGE (1974) wurde dieser Effekt systematisch untersucht. Nach einiger Übung mit normalen Suchlisten wurden den Vpn Listen vorgelegt, die zwar gleichfalls eines der verabredeten Targets enthielten, zusätzlich jedoch oberhalb der Targetposition ein oder zwei zusätzliche Zeichen, die weder zur Kategorie der Targetelemente noch zur Kategorie der Kontextelemente gehörten (sog. Hürden). Die Hürdenelemente wurden von ihrem ersten Auftreten an fast durchweg entdeckt, was entweder am Verhalten der Vp oder an einer entsprechenden Verzögerung des Suchtempos abgelesen werden konnte. In diesem Experiment hatte die Vp in vier Übungssitzungen, die vor der Einführung der Hürdensignale stattfanden, reichliche Gelegenheit, sich mit der Zusammensetzung des Kontexts vertraut zu machen. In einem anderen Experiment zeigte sich, daß ein derart ausgiebiges Vortraining überhaupt nicht erforderlich ist und daß bereits nach kurzer Bekanntschaft mit dem jeweiligen Kontext kontextfremde Elemente als solche bemerkt werden können (PRINZ, 1979, Exp. 1). Diese Befunde sind nur dann zu verstehen, wenn man annimmt, daß die Durchmusterung der Suchliste von Gedächtnisrepräsentationen der einzelnen Kontextelemente gesteuert wird. «Hürden» und «Targets» sind für einen solchen Mechanismus völlig äquivalent: sie fallen auf, weil sie nicht zu denjenigen Zeichen gehören, die im Kontext immer wieder vorkommen.

Die frühzeitige Entdeckung von Hürden ist nur verständlich, wenn man annimmt, daß das System in der Lage ist, sehr rasch eine Gedächtnisrepräsentation der aktuellen Kontextelemente aufzubauen und für die Steuerung des Suchens einzusetzen. Wenn eine stabile und hinreichend zuverlässige Gedächtnisrepräsentation der Kontextelemente aufgebaut ist, wird der Suchprozeß dadurch gesteuert, daß die in der Liste angetroffenen Kontextelemente laufend gegen die gespeicherten Repräsentationen getestet werden. Dieser Prozeß hat zwei Funktionen: zum einen werden die Elemente der Liste als Kontextelemente erkannt, und zum anderen werden die dabei aktivierten Gedächtnisrepräsentationen aufgefrischt und stabilisiert. Wirksame Kontextsteuerung, die nach diesem Prinzip verfährt, setzt keineswegs langfristige Lernprozesse voraus, sondern kann während der Bearbeitung einer einzelnen Suchliste kurzfristig etabliert und bei Bedarf laufend modifiziert werden.

Welches *Fazit* ist zu ziehen? Ähnlich wie sich beim selektiven Hören die ursprüngliche Annahme der Filtertheorie, daß der sekundäre Text überhaupt keine inhaltliche Verarbeitung erfährt, als falsch herausgestellt hat, hat sich auf dem Gebiet des selektiven Sehens die ursprüngliche Annahme der Pandämoniumtheorie, daß die Kontextzeichen nicht identifiziert werden, als unzutreffend herausgestellt. Die laufende Identifikation der Kontextelemente ist hier sogar eine wesentliche Grundlage der Steuerung des Suchprozesses. In der Theorie des kontextgesteuerten Suchens sind die Vorstellungen von der Arbeitsweise der visuellen Selektion im Vergleich zu dem Filtermechanismus in NEISSERS Pandämonium-Modell gleichsam auf den Kopf gestellt: relevante Information gelangt nicht deshalb zur Selektion, weil sie relevant ist, sondern deshalb, weil sie nicht zu dem Kontext gehört, in den sie eingebettet ist. Das Kriterium, nach dem die Selektion erfolgt, ergibt sich also nicht aus der spezifischen Bedeutung der selegierten Information, sondern aus der unspezifischen Tatsache, daß die betreffende Information nicht in den gegebenen Situationskontext hineinpaßt.

Was wir hier am Beispiel visueller Suchaufgaben diskutiert haben, ist für eine Theorie der perzeptiven Selektion von allgemeiner Bedeutung. Dies gilt besonders dann, wenn diese Theorie den Anspruch erhebt, nicht nur willkürliche, sondern auch unwillkürliche Selektionsleistungen zu erklären. Danach müssen die Erscheinungen der inhaltlichen Selektion in zwei große Klassen eingeteilt werden: *spezifische* und *unspezifische* Selektion. Unter spezifischer Selektion werden selektive Verarbeitungsprozesse verstanden, die durch die gezielte Vorbereitung bestimmter Gedächtnisrepräsentationen gesteuert werden, wenn die betreffenden Inhalte dauerhaft oder kurzfristig *relevant* sind. Unter unspezifischer Selektion sind demgegenüber selektive Verarbeitungsprozesse verstanden, die durch die Aktivierung von solchen Gedächtnisrepräsentationen angestoßen werden, die in keinem inhaltlichen Zusammenhang mit den sonstigen aktuellen Ereignissen stehen und in diesem Sinne des Wortes *impertinent* sind. Ein Target ist in diesem Sinne ein impertinentes Ereignis in bezug auf den Kontext, in dem es vorkommt. Ein kleines grünes Männchen ist entsprechend ein impertinentes Ereignis für den Zeitungsleser im Café.

Für die überschaubare Situation des visuellen Suchens können diese beiden Formen der Selektion relativ unmittelbar an den einzelnen Komponenten der Situation und der Aufgabe verankert werden. Spezifische Selektion kann man sich realisiert denken durch eine besondere Markierung der gespeicherten Repräsentationen der Targets und/oder der sie definierenden Merkmale. Unspezifische Selektion ist entsprechend realisiert durch eine besondere Markierung der gespeicherten Repräsentationen der pertinenten Ereignisse (d.h. der Kontextzeichen). Zur Selektion kann ein Reizereignis, das irgendeine gespeicherte Repräsentation aktiviert, entweder deshalb gelangen, weil diese Repräsentation keine Pertinenzmarkierung trägt oder deshalb, weil sie eine Relevanzmarkierung trägt. Bei einem Target in einem Suchexperiment fallen diese beiden Eigenschaften zusammen.

Will man diesen theoretischen Ansatz über den engen Horizont der experimentellen Analyse von Suchprozessen hinaus entwickeln, muß man Vorstellungen über die Konstituierung «relevanter» und «pertinenter» Umgebungsbestandteile entwickeln. Ein theoretischer Rahmen hierfür findet sich bei PRINZ (1983, Kap. 6).

4. Wahrnehmung und Tätigkeitssteuerung

Wir enden mit einer biologisch-funktionalistischen Schlußbemerkung, die einige Hinweise darauf gibt, wie die verschiedenen Aspekte der Wahrnehmung zueinander in Beziehung stehen (vgl. hierzu PRINZ, 1983). Wie wir in unseren einleitenden Überlegungen sahen, ist die Wahrnehmung, aus biologischer Perspektive betrachtet, im wesentlichen ein Instrument, das Grundlagen für eine auf die jeweilige Umgebung abgestimmte Tätigkeitssteuerung bereitstellt. Die instrumentelle Funktion der Wahrnehmung für die Tätigkeitssteuerung umfaßt zwei Teilfunktionen: die Realisierung und die Aktivierung von Handlungsintentionen. Der Beitrag der Wahrnehmung zur Realisierung von Intentionen besteht in der selektiven Bereitstellung solcher Informationen, die für die Steuerung der intendierten Handlungen notwendig sind. Der Beitrag zur Aktivierung von Intentionen besteht in der Bereitstellung von Information, die die Wahl von Intentionen steuert. Der Beitrag zur Realisierung von Intentionen besteht also in der intentionsgesteuerten Auswahl von Reizinformation; der Beitrag zur Aktivierung von Intentionen in der reizgesteuerten Auswahl von Handlungsintentionen.

Zur Erfüllung dieser Aufgaben stehen dem Wahrnehmungsapparat zwei Typen von Prozessen zur Verfügung: obligatorische Grundprozesse und optionale Ergänzungsprozesse. Obligatorische Grundprozesse sind solche Verarbeitungsvorgänge, die eine zwangsläufige Folge der jeweiligen Stimulation darstellen. Sie sind dem Inhalt und dem Verlauf nach von den Intentionen des Beobachters unabhängig und insofern unselektiv. Sie sind parallel in dem Sinne, daß die Reizinformation sämtlicher Sinnesorgane ihnen gleichzeitig unterworfen werden kann. Merkmalsanalyse und Adressierung gehören zu den obligatorischen Grundprozessen. Die obligatorischen Grundprozesse enden mit der Erstellung von (zumindest partiellen) Objektrepräsentationen, in denen die physische Struktur der aktuellen Reizumgebung vertreten ist und in der ferner einzelne Umgebungskomponenten durch Eintragung ihrer wesentlichen Bedeutungsmerkmale angereichert sind. Die Grundprozesse umfassen insofern nicht nur psychophysische Transformationsmechanismen, sondern auch bereits Erkennungsvorgänge.

Als optionale Ergänzungsprozesse werden Prozesse der selektiven Ausarbeitung einzelner Objektrepräsentationen bzw. Teile von Objektrepräsentationen bezeichnet. In welcher Form und für welche Teile diese selektive Ausarbeitung erfolgt, richtet sich in der Regel nach den momentanen Handlungsintentionen; die Selektion vermittelt insofern zwischen Stimulation und Intention. Optionale Ergänzungsprozesse sind stets selektiv; ferner sind sie seriell in dem Sinne, daß optionale Ergänzungen verschiedener Teile der Objektrepräsentation stets nacheinander ausgeführt werden müssen. Diese Unterscheidung zwischen vorselektiven Grundprozessen und selektiven Ergänzungsprozessen weicht in einem Punkt von der häufig anzutreffenden Unterscheidung zwischen präattentiven und attentiven Prozessen deutlich ab: bereits der erste der beiden Verarbeitungsschritte schließt die (wenn auch partielle) Aktivierung von Bedeutungskomponenten des Wissensgedächtnisses ein. Dadurch besteht die Möglichkeit, daß der Selektionsprozeß sich nicht nur nach physischen, sondern auch nach inhaltlichen Kriterien richten kann.

Wie werden obligatorische Grundprozesse und optionale Ergänzungsprozesse für die Realisierung und die Aktivierung von Intentionen eingesetzt? Damit eine Vermittlung zwischen Stimulation und Intention zustande kommen kann, muß allgemein vorausgesetzt werden, daß die Intentionen in dem gleichen Repräsentationsmedium vertreten sind, in dem die Resultate der reizabhängigen Grund-und Ergänzungsprozesse vertreten sind – also im Wissensgedächtnis des Beobachters. Neben den Objektrepräsentationen sind die Bedingungen für die Ausführung von Handlungen und Reaktionen im Wissensgedächtnis implementiert (Exekutionsbedingungen; vgl. Abb. 22).

Den Beitrag der Wahrnehmung zur *Realisierung von Intentionen* kann man sich auf dem Hintergrund dieser Konzeption wie folgt vorstellen: Intentionen sorgen für eine (vorübergehende oder andauernde) Markierung solcher Bedeutungskomponenten des Wissensgedächtnisses, die für ihre Realisierung relevant sind (Relevanzmarkierungen; spezifischer Selektionswert). Die einzelnen Komponenten der durch die obligatorischen Grundprozesse erstellten Objektrepräsentation unterscheiden sich somit u.a. im Hinblick auf ihren Selektionswert für die aktuelle Handlungsintention des Beobachters. Intentionsbezogene Selektion richtet sich dann auf diejenigen Komponenten der Objektrepräsentation, die die stärkste Markierung, d.h. den höchsten Selektionswert aufweisen. Im einfachsten Fall (z.B. bei der Steuerung einfacher Bewegungen oder automatisierter Handlungen) ist die Information, die in der Skizze der obligatorischen Grundprozesse angetroffen wird, für die Steuerung der intendierten Handlung ausreichend. Wenn das nicht der Fall ist, werden optionale Ergänzungsprozesse angestoßen, die eine selektive Elaboration der Objektrepräsentation bewirken. Grundlage dieses Prozesses

ist eine fokussierte Aktivierung von Information im Wissensgedächtnis, die von den selegierten Bedeutungskomponenten ausgeht und dadurch eine selektiv erweiterte Identifikation bewirkt.
Die Aktivierung, d.h. die reizgesteuerte *Wahl von Intentionen,* wird gleichfalls durch die Selektionsmarkierungen gewährleistet, die in den Produkten der obligatorischen Grundprozesse anzutreffen sind. Hier können zwei Fälle unterschieden werden. Der eine Fall ist der, daß in den Produkten der obligatorischen Grundprozesse starke Relevanzmarkierungen angetroffen werden, die von latenten Intentionen ausgehen, die dauerhaft wirksam sind. Wenn die obligatorische Skizze einen derartigen «Auslöser» enthält, zieht er die Selektion auf sich und bewirkt dadurch, daß andere als die bisher verfolgten Intentionen die Kontrolle über die Tätigkeits- und Selektionssteuerung übernehmen. Grundlage dieses Vorgangs sind in diesem Fall die gleichen spezifischen Relevanzmarkierungen, die die Realisierung von Intentionen steuern. Der andere Fall ist der der Steuerung durch Pertinenzmarkierungen. Dabei gelangen solche Komponenten der Objektrepräsentation zur selektiven Ausarbeitung, die (nach Maßgabe der im Wissensgedächtnis repräsentierten Kenntnisse) aus dem aktuellen situativen Kontext herausfallen. Die selektive Elaboration dieser Komponenten schafft die Möglichkeit, zu prüfen, ob es notwendig oder zweckmäßig ist, die bisher verfolgte Intention durch eine andere zu ersetzen. So mag sich z. B. der Zeitungsleser im Café entschließen, die Lektüre der politischen Nachrichten zugunsten eines Gesprächs mit dem kleinen grünen Männchen auf seiner Kaffeetasse abzubrechen.
In welcher Beziehung steht die theoretische Unterscheidung zwischen obligatorischen Grundprozessen und optionalen Ergänzungsprozessen zu der Form der phänomenalen Repräsentanz ihrer Ergebnisse? Eine mögliche Antwort auf diese Frage bietet die Unterscheidung zwischen implizitem und explizitem Erkennen. Inhalte, die eine selektive Ausarbeitung durch optionale Ergänzungsprozesse erfahren, werden explizit erkannt. Die Bedeutung dieser Inhalte ist bewußt repräsentiert; der Beobachter weiß, *was* der Fall ist. Inhalte, die eine derartige ergänzende Verarbeitung nicht erfahren, werden dagegen implizit erkannt. Die implizite Repräsentanz schließt kein spezifisches Bedeutungswissen ein, sondern das unspezifische Wissen, *daß* diese Komponenten zum gegenwärtigen Situationskontext gehören und für die Realisierung der aktuellen Intentionen nicht von Bedeutung sind – so daß kein Anlaß besteht, sie selektiv zu elaborieren. Nach dieser Vorstellung ist explizite Repräsentanz von Inhalten an selektive optionale Ergänzungsprozesse gebunden. Implizite Repräsentanz ist nicht eine schwächere, sondern eine inhaltlich andersartige Form der bewußten Repräsentation wahrgenommener Inhalte. (Vgl. hierzu Prinz, 1983, Abschn. 5.3.)

Literaturverzeichnis

Berlyne, D.E. (1969). The development of the concept of attention in psychology. In C.R. Evans & T.B. Mulholland (Eds.), *Attention in neurophysiology* (pp. 1–26). London: Butterworth.

Bischof, N. (1966). Erkenntnistheoretische Grundlagenprobleme der Wahrnehmungspsychologie. In W. Metzger (Hrsg.), *Handbuch der Psychologie* (Bd. 1/1, *Wahrnehmung und Bewußtsein,* S. 21–78). Göttingen: Hogrefe.

Blake, R.R. & Ramsey, G.V. (Eds.) (1951). *Perception. An approach to personality.* New York: Ronald Press.

Broadbent, D.E. (1958). *Perception and communication.* Oxford: Pergamon Press.

Broadbent, D.E. (1971). *Decision and stress.* London: Academic Press.

Brunswik, E. (1934). *Wahrnehmung und Gegenstandswelt. Grundlegung einer Psychologie vom Gegenstand her.* Leipzig: Deuticke.

Buggie, S. (1970). *Stimulus preprocessing and abstraction in the recognition of disoriented forms.* Master's Thesis, University of Oregon.

Cherry, E.C. (1953). Some experiments on the recognition of speech, with one and with two ears. *Journal of the Acoustical Society of America, 25,* 975–979.

Crossman, E.R.F.W. (1953). Entropy and choice time: the effect of frequency unbalance on choice-response. *Quarterly Journal of Experimental Psychology, 5,* 41–51.

Deutsch, J.A. & Deutsch, D. (1963). Attention: some theoretical considerations. *Psychological Review, 70,* 80–90.

Donders, F.C. (1868). Die Schnelligkeit psychischer Processe. *Reichert's & Dubois-Reymond's Archiv für Anatomie, Physiologie und Wissenschaftliche Medizin,* 657–681.

EGETH, H.E. (1966). Parallel versus serial processes in multidimensional stimulus discrimination. *Perception and Psychophysics, 1,* 245–252.

ENGEN, T. (1971). Psychophysics. II. Scaling methods. In J.W.Kling & L.A.Riggs (Eds.), *Woodworth & Schlosberg's Experimental Psychology* (pp.47–86). New York: Holt, Rinehart & Winston.

FECHNER, G.TH. (1860). *Elemente der Psychophysik.* Leipzig: Breitkopf & Hartel.

GIBSON, J.J. (1950). *The perception of the visual world.* Boston: Houghton Mifflin. (dt. (1973): Die Wahrnehmung der visuellen Welt. Weinheim: Beltz).

GIBSON, J.J. (1979). *The ecological approach to visual perception.* Boston: Houghton Mifflin. (dt. 1982: Wahrnehmung und Umwelt. Der ökologische Ansatz in der visuellen Wahrnehmung. München: Urban & Schwarzenberg).

GRAHAM, C.H. (1965). Visual space perception. In C.H.Graham (Ed.), *Vision and visual perception* (pp.504–547). New York: Wiley.

GRAUMANN, C.F. (1966). Nicht-sinnliche Bedingungen des Wahrnehmens. In W.Metzger (Hrsg.), *Handbuch der Psychologie* (Bd.1/1, *Wahrnehmung und Bewußtsein,* S.1031–1096). Göttingen: Hogrefe.

HABER, R.N. (1969). Introduction. In R.N.Haber (Ed.), *Information processing approaches to visual perception* (pp.1–15). New York: Holt, Rinehart & Winston.

HABER, R.N. (1974). Information processing. In E.C.Carterette & M.P.Friedman (Eds.), *Handbook of perception* (Vol.1, (pp.313–333). New York: Academic Press.

HAUBENSAK, G. (1985). *Absolutes und vergleichendes Urteil.* Berlin: Springer.

HAWKINS, H.L. (1969). Parallel processing in complex visual discrimination. *Perception and Psychophysics, 5,* 56–64.

HEIN, A. & HELD, R. (1962). A neural model for labile sensorimotor coordinations. In E.E.Bernard & M.A.R.Care (Eds.), *Biological prototypes and synthetic systems* (Vol.1, pp.71–74). New York: Plenum Press.

HELMHOLTZ, H. v. (1866, 1909–1911). *Handbuch der physiologischen Optik* (1.Aufl. 1866). 3.Aufl. ergänzt und hrsg. von W.Nagel, A.Gullstrand & J.v.Kries. Hamburg: Leopold Voss.

HELMHOLTZ, H. v. (1879). *Die Thatsachen in der Wahrnehmung.* Berlin: Hirschwald.

HENDERSON, L. (1973). Effects of letter-names on visual search. *Cognitive Psychology, 5,* 90–96.

HICK, W.E. (1952). On the rate of gain of information. *Quarterly Journal of Experimental Psychology, 4,* 11–26.

HOCHBERG, J. (1971). Perception. II. Space and movement. In J.W.Kling & L.A.Riggs (Eds.), *Woodworth & Schlosberg's Experimental Psychology* (pp.475–500). New York: Holt, Rinehart & Winston.

HYMAN, R. (1953). Stimulus information as a determinant of reaction time. *Journal of Experimental Psychology, 45,* 188–196.

JULESZ, B. (1971). *Foundations of cyclopean perception.* Chicago & London: University of Chicago Press.

KANT, I. (1787). *Kritik der reinen Vernunft.* Königsberg.

KOFFKA, K. (1935). *Principles of Gestalt Psychology.* London: Routledge & Kegan Paul.

KÖHLER, W. (1924). *Die physischen Gestalten in Ruhe und im stationären Zustand.* Erlangen: Verlage der philosophischen Akademie.

KÖHLER, W. (1933). *Psychologische Probleme.* Berlin: Springer.

KÖHLER, W. (1958). *Dynamische Zusammenhänge in der Psychologie.* Bern: Huber.

KOHLER, I. (1951). *Über Aufbau und Wandlungen der Wahrnehmungswelt.* Wien: Rohrer.

KÜLPE, O. (1904). Versuche über Abstraktion. In F.Schumann (Hrsg.), *Bericht über den 1.Kongreß für experimentelle Psychologie in Gießen.* Leipzig: Barth.

LASHLEY, K.S. (1929). *Brain mechanisms and intelligence. A quantitative study of injuries to the brain.* Chicago: University of Chicago Press.

MARR, D. (1982). *Vision. A computational investigation into the human representation and processing of visual information.* San Francisco: Freeman.

METZGER, W. (1963). *Psychologie* (3.Aufl.). Darmstadt: Steinkopff.

METZGER, W. (1966). Das einäugige Tiefensehen. In W.Metzger (Hrsg.), *Handbuch der Psychologie* (Bd.1/1). Göttingen: Hogrefe.

METZGER, W. (1975). *Gesetze des Sehens* (3.Aufl.). Frankfurt a.M.: Kramer.

MORIN, R.E., FORRIN, B. & ARCHER, W. (1961). Information processing behavior: The role of irrelevant stimulus information. *Journal of Experimental Psychology, 61,* 89–96.

MORAY, N. (1959). Attention in dichotic listening: Affective cues and the influence of instructions. *Quarterly Journal of Experimental Psychology, 11,* 56–60.

MORAY, N. (1969). *Attention. Selective processes in vision and hearing.* London: Hutchinson.

NEISSER, U. (1963). Decision-time without reaction-time: Experiments in visual scanning. *American Journal of Psychology, 76,* 376–385.

NEISSER, U. (1964). Visual search. *Scientific American, 201,* 94–102.

NEISSER, U. (1967). *Cognitive psychology.* New York: Appleton-Century-Crofts. (dt. 1974: Kognitive Psychologie. Stuttgart: Klett).

NEISSER, U. & LAZAR, P. (1964). Searching for novel

targets. *Perceptual and Motor Skills, 19,* 427–432.

NEISSER, U., NOVICK, R. & LAZAR, R. (1963). Searching for ten targets simultaneously. *Perceptual and Motor Skills, 17,* 955–961.

NEUMANN, O. (1984). Automatic processing: A review of recent findings and a plea for an old theory. In W. Prinz & A. F. Sanders (Eds.), *Cognition and motor processes* (pp. 255–283). Berlin: Springer.

NEUMANN, O. (1985). Die Hypothese begrenzter Kapazität und die Funktionen der Aufmerksamkeit. In O. Neumann (Hrsg.), *Perspektiven der Kognitionspsychologie* (S. 185–229). Heidelberg: Springer.

NICKERSON, R.S. (1967). «Same» - «different» response times with multi-attribute stimulus differences. *Perceptual and Motor Skills, 24,* 543–554.

NICKERSON, R.S. (1972). Binary-classification reaction time: A review of some studies of human information-processing capabilities. *Psychonomic Monograph Supplements, 4,* 275–318.

NORMAN, D.A. (1968). Toward a theory of memory and attention. *Psychological Review, 75,* 522–536.

NORMAN, D.A. (1969a). Memory while shadowing. *Quarterly Journal of Experimental Psychology, 21,* 85–94.

NORMAN, D.A. (1969b). *Memory and attention. An introduction to human information processing.* New York: Wiley. (dt. 1973: Aufmerksamkeit und Gedächtnis. Weinheim: Beltz).

PACHELLA, R.E. (1974). The interpretation of reaction time in information-processing research. In B.H. Kantowitz (Ed.), *Human information processing: Tutorials in performance and cognition* (pp. 41–82). Hillsdale, N.J.: Lawrence Erlbaum.

POSNER, M.I. (1964). Information reduction in the analysis of sequential tasks. *Psychological Review, 71,* 491–504.

POSNER, M.I. (1969). Abstraction and the process of recognition. In G. Bower & J. T. Spence (Eds.), *Psychology of learning and motivation* (Vol. 3, pp. 44–100). New York: Academic Press.

POSNER, M.I. (1978). *Chronometric explorations of mind.* Hillsdale, N.J.: Lawrence Erlbaum.

POSNER, M.I. & KEELE, S.W. (1967). Decay of visual information from a single letter. *Science, 158,* 137–139.

POSNER, M.I. & MITCHELL, R.F. (1967). Chronometric analysis of classification. *Psychological Review, 74,* 392–409.

PRINZ, W. (1970). *Untersuchungen zur Funktionsanalyse visueller Erkennungsprozesse bei mehrdimensional variierendem Figurenmaterial.* Dissertation, Ruhr-Universität Bochum.

PRINZ, W. (1972). Reaktionszeitfraktionierung durch Varianzanalyse? *Archiv für Psychologie, 124,* 240–252.

PRINZ, W. (1977). Memory control of visual search. In S. Dornic (Ed.), *Attention and performance VI,* (pp. 441–462). Hillsdale, N.J.: Lawrence Erlbaum.

PRINZ, W. (1979). Integration of information in visual search. *Quarterly Journal of Experimental Psychology, 31,* 287–304.

PRINZ, W. (1983). *Wahrnehmung und Tätigkeitssteuerung.* Berlin: Springer.

PRINZ, W. (1984). Modes of linkage between perception and action. In W. Prinz & A. F. Sanders (Eds.), *Cognition and motor processes* (pp. 185–193). Berlin: Springer.

PRINZ, W. & MANNHAUPT, H.R. (1974). Zwei Mechanismen selektiver Identifikation. *Archiv für Psychologie, 126,* 231–252.

PRINZ, W., TWEER, R. & FEIGE, R. (1974). Context control of search behavior: Evidence from a ‹hurdling›-technique. *Acta Psychologica, 38,* 73–80.

ROCK, IRVIN (1985). *Wahrnehmung. Vom visuellen Reiz zum Sehen und Erkennen.* Heidelberg: Spektrum-der-Wissenschaft-Verlagsgesellschaft.

RUBIN, E. (1921). *Visuell wahrgenommene Figuren.* Kopenhagen: Gyldendalske Boghandel.

SELFRIDGE, O.C. (1959). Pandemonium: A paradigm for learning. In *The mechanization of thought processes* (pp. 511–531). London: H.M. Stationary Office.

SMITH, E.E. (1968). Choice reaction time: An analysis of the major theoretical positions. *Psychological Bulletin, 69,* 77–110.

STERNBERG, S. (1966). High-speed scanning in human memory. *Science, 153,* 652–654.

STERNBERG, S. (1967). Two operations in character recognition: Some evidence from reaction-time measurements. *Perception and Psychophysics, 2,* 45–53.

STERNBERG, S. (1969a). The discovery of processing stages: Extensions of Donders' method. In W.G. Koster (Ed.), *Attention and performance II* (pp. 276–315). Amsterdam: North-Holland.

STERNBERG, S. (1969b). Memory-scanning: Mental processes revealed by reaction-time-experiments. *American Scientist, 57,* 421–457.

STEVENS, S.S. (1957). On the psychophysical law. *The Psychological Review, 64,* 153–181.

TOWNSEND, J.T. (1974). Issues and models concerning the processing of a finite number of inputs. In B.H. Kantowitz (Ed.), *Human information processing: Tutorials in performance and cognition* (pp. 133–185). Hillsdale, N.J.: Lawrence Erlbaum.

TREISMAN, A.M. (1960). Contextual cues in selective listening. *Quarterly Journal of Experimental Psychology, 12,* 242–248.

Treisman, A. M. (1964). Verbal cues, language, and meaning in selective attention. *American Journal of Psychology, 77,* 206–219.

Wattenbarger, B. L. (1970). *The representation of the stimulus in character classification* (Technical Report No. 22). Michigan: University of Michigan, Human Performance Center, Department of psychology.

Welch, R. W. (1978). *Perceptual modification: Adapting to altered sensory environments.* New York: Academic Press.

Wundt, W. (1862). *Beiträge zur Theorie der Sinneswahrnehmung.* Leipzig: Winter.

Wundt, W. (1897). *Vorlesungen über die Menschen- und Thierseele* (3. Aufl.). Hamburg: Leopold Voss.

Wundt, W. (1902/1903). *Grundzüge der physiologischen Psychologie* (5. Aufl.). Leipzig: Engelmann.

Von Wright, J. M., Anderson, K. & Stenman, U. (1975). Generalization of conditioned GSRs in dichotic listening. In P. M. A. Rabbitt & S. Dornic (Eds.), *Attention and performance V* (pp. 194–204). London: Academic Press.

Kapitel 3: Gedächtnis und Wissen

Rainer H. Kluwe, Hamburg

Wichtige und hilfreiche Ratschläge zur Anfertigung dieses Kapitels verdanke ich Herrn Prof. Dr. Gerd Lüer sowie Herrn Dr. Franz Schmalhofer.

Inhaltsverzeichnis

1. Einleitung

Ohne Gedächtnis wäre alles neu. Menschen müßten stets von neuem herausfinden, was die Druckbilder in der Zeitung bedeuten, welches der Weg zum Arbeitsplatz ist, wer die Personen ihrer Umgebung sind. Wahrnehmung, Denken, Lernen und Verstehen wären ohne Gedächtnis nicht möglich. Es leistet die Bereitstellung wichtiger Erfahrungen, die in Lernprozessen erworben wurden sowie täglich benötigter Kenntnisse über Sachverhalte, Vorgänge und Personen. Die Wahrnehmung der Umwelt, unsere Denkvorgänge, das Verfolgen von Zielen sind auf diese Inhalte angewiesen. Die Fähigkeit von Menschen, Wissen über sich und ihre Umwelt zu erwerben und zu behalten ist grundlegend für das Entscheiden und Handeln.

Der empirischen, psychologischen Forschung ging die philosophische Auseinandersetzung mit Fragen des Gedächtnisses voraus. Ende des letzten Jahrhunderts begann mit den experimentellen Untersuchungen von Hermann Ebbinghaus eine Forschungsrichtung, die als Psychologie des assoziativen, «verbalen Lernens» bis in die Jahre nach 1960 hineinreichte. Sie ist in der Zeit nach Ebbinghaus v. a. in Amerika wesentlich durch die Nähe zum Ansatz der behavioristischen Reiz-Reaktionstheorien gekennzeichnet. Diese Richtung der psychologischen Gedächtnisforschung wird im zweiten Abschnitt dieses Kapitels knapp erörtert werden. Eine entscheidende Weiterentwicklung erfuhr die Gedächtnisforschung in den Jahren nach 1960 durch den Ansatz der Kognitionspsychologie sowie durch den Ansatz von Theorien zur menschlichen Informationsverarbeitung. In den Abschnitten 3–8 werden Strukturen und Prozesse des Gedächtnisses unter Bezug auf kognitionspsychologische Vorstellungen beschrieben.

2. Psychologie des Verbalen Lernens

Gedächtnispsychologie befaßte sich lange Zeit mit der Untersuchung assoziativen, verbalen Lernens. Der Erwerb, das Behalten, und das Vergessen von Verknüpfungen zwischen einfachen verbalen Elementen wurden experimentell analysiert.

Zentrale Methoden: Serielles Lernen, Paar-Assoziations-Lernen, freies Reproduzieren.

Gleichzeitig mit der experimentellen Psychologie, die vor allem in Tierexperimenten Fragen des Konditionierens untersuchte, entwickelte sich die Untersuchung des verbalen Lernens von Menschen. Lernen wurde als Erwerb von einfachen Reiz-Reaktions-Verknüpfungen und von Assoziationsketten aufgefaßt. Verbales Lernen bezog sich auf den Erwerb, das Behalten und den Transfer von Assoziationen zwischen verbalen Einheiten. In den Untersuchungen wurde eine Kontrolle der experimentellen Bedingungen angestrebt, unter denen Assoziationen gebildet wurden. Über die Variation des einzuprägenden Materials sowie der Lernbedingungen sollten die Effekte auf die Gedächtnisleistung und damit auf das Zustandekommen, bzw. das Vergessen von assoziativen Verknüpfungen untersucht werden.

Der Beginn dieser Forschungsrichtung wird übereinstimmend mit den ersten experimentellen, gedächtnispsychologischen Untersuchungen von Hermann Ebbinghaus (1885) angesetzt. Vorausgegangen waren vor allem philosophische Erörterungen zu dem von Locke eingeführten Assoziationsbegriff. Kern dieser Überlegungen war die Annahme, daß Inhalte des Gedächtnisses, seien es Bewußtseinsempfindungen, Gedanken oder Vorstellungen, nicht voneinander isoliert sind. Vielmehr sind sie untereinander verknüpft und haben eine Tendenz, auch gemeinsam aufzutreten. Verknüpfungen kommen dann zustande, wenn diese Gedanken oder Vorstellungen bewußt gemeinsam auftreten. Ebbinghaus (1885) wird das Verdienst zugeschrieben, diesen Sachverhalt erstmals für experimentelle Untersuchungen zugänglich gemacht zu haben.

Die Analyse des verbalen Lernens hat drei zentrale Untersuchungsmethoden hervorgebracht: (1) das serielle Lernen; (2) das Paar-Assoziations-Lernen; (3) das freie Reproduzieren. Alle drei Methoden verlangen von den Vpn das Einprägen von Items, die in Form von Listen vorgegeben werden. Als Items werden Buchstaben, Wörter, Silben oder Zahlen verwendet. Untersucht werden vor allem jene Faktoren, die einen Effekt auf die Leistung bei der Wiedergabe der eingeprägten Items haben.

2.1 Serielles Lernen

Serielles Lernen verlangt die wiederholte Einprägung einer Liste von einfachen, verbalen Einheiten. Die Wiedergabe erfolgt in der Reihenfolge der Darbietung der Items.
Zentrale Themen: Serielle Positionskurve; funktionaler Reiz.
Das Verfahren des seriellen Lernens wurde erstmals von EBBINGHAUS (1885) angewendet: Eine Liste mehrerer Items wird wiederholt zum Einprägen vorgegeben; die Items sollen von der Vp in der Reihenfolge ihrer Darbietung richtig wiedergegeben werden. In Selbstversuchen hat sich EBBINGHAUS (1885) unterschiedlich lange Reihen von sinnlosen Silben (z. B. ral, pon, heg ...) eingeprägt. Seine Berichte geben Aufschluß darüber, daß er die Bedingungen beim Einprägen und bei der Wiedergabe sehr sorgfältig kontrolliert hat. Die Einfachheit und die Gleichheit sinnloser Silben sollten Vorwissen sowie Bedeutungsunterschiede des Lernmaterials weitgehend ausschalten. Zur Bestimmung der abhängigen Variablen wendete EBBINGHAUS (1885) folgende Verfahren an: (1) Die Erlernungsmethode: Bestimmung der Anzahl an Wiederholungen bis zur vollständigen Wiedergabe einer Silbenreihe; (2) Die Ersparnismethode: Bestimmung der Ersparnis an Wiederholungen beim Wiedererlernen einer Silbenreihe, die bestimmte Zeit vorher bereits vollständig wiedergegeben werden konnte bis zur erneuten, vollständigen Wiedergabe dieser Reihe. Unter anderem gelangte EBBINGHAUS zu folgenden Ergebnissen:
(1) Effekt der Länge von Silbenreihen auf die Anzahl der erforderlichen Wiederholungen: Etwa 6 sinnlose Silben konnte EBBINGHAUS nach nur einmaligem, lauten Lesen ohne größere Anspannung der Aufmerksamkeit wiedergeben. Die Verdoppelung der Reihe auf 12 Silben machte bereits durchschnittlich 16,6 Wiederholungen bis zur korrekten Wiedergabe erforderlich; bei 15 Silben wurden 30, bei 24 Silben 44, bei 31 Silben 55 Wiederholungen benötigt. Die Vergrößerung des Umfangs des Lernmaterials führt demnach zu einer unverhältnismäßig großen Steigerung des Lernaufwandes.
(2) Effekt der unterschiedlichen Anzahl von Wiederholungen auf das Behalten: Bei Reihen von sinnlosen Silben ist die Behaltungsleistung annähernd proportional zur Anzahl der Wiederholungen. Der Effekt des Überlernens, d.h. einer stark vermehrten Anzahl von Lerndurchgängen bei bereits korrekter Wiedergabeleistung ist gering.
Schließlich enthalten die Ergebnisse von EBBINGHAUS erstmals auch Hinweise darauf, daß die Verteilung von Lerndurchgängen auf mehrere Tage, verglichen mit der «Massierung» aller Durchgänge innerhalb eines Tages vorteilhafter ist. Der Lernaufwand, gemessen in der Anzahl an erforderlichen Wiederholungen, ist beim verteilten Lernen geringer als beim massierten Lernen.
Auf die am meisten zitierte Leistung von EBBINGHAUS (1885), die Darstellung des Behaltens und Vergessens als Funktion der Zeit, gehen wir im Abschnitt über Vergessen ein.
Bezüglich der Frage, was gelernt werde, nahm EBBINGHAUS an, daß beim seriellen Lernen Assoziationen zwischen benachbarten Items gebildet würden. Doch führten Fehler bei der Wiedergabe von Silben einer Liste zu der Annahme, daß beim Einprägen auch entfernte Assoziationen gestärkt würden, d.h. Verknüpfungen zwischen nicht direkt benachbarten Silben. Dieses aber steht nicht im Einklang mit der angenommenen Wirkung der raumzeitlichen Nähe. Als Hilfskonstruktion wurde die «Spur» eines Items eingeführt, die zur Bildung von entfernten Assoziationen führen soll. Diese Vorstellungen darüber, was gelernt wird, sind später nicht mehr beibehalten worden, wenngleich sie als «chaining hypothesis» bis in die frühen 60er Jahre hinein als theoretisches Konzept zum Gegenstand seriellen Lernens vorherrschten.
Die dann vor allem in den USA folgenden experimentellen Untersuchungen zum experimentellen Lernen stützten sich auf zwei methodische Varianten: (1) Die Lern-Prüf-Methode: Listen von Items werden zum Einprägen vorgegeben, sind in der richtigen Folge wiederzuge-

ben, werden erneut vorgegeben usw. (s. die Erlernungsmethode bei EBBINGHAUS, 1885). (2) Die Antizipations-Methode: Nach einmaliger Vorgabe aller Items wird die Vp gebeten, jeweils vorherzusagen, welches Item als nächstes erscheinen wird. Das nächste Item wird vorgegeben, die Vp sieht ob ihre Antwort richtig war; danach wird das nächste Item vorhergesagt, usw. bis zur vollständigen Vorhersage der Itemliste.

Untersucht wurden Merkmale der Items und deren Effekt auf das Behalten und auf die Wiedergabe (z.B. Bedeutungsgehalt der Items, Ähnlichkeit der Items einer Liste, Auftrittshäufigkeit der Items in der Sprache, usw.) Größere Beachtung erlangten vor allem zwei Probleme des seriellen Lernens: (1) Der serielle Positionseffekt und (2) die Frage danach, was beim seriellen Lernen gelernt wird.

Der serielle Positionseffekt zeigt sich daran, daß die Items einer Liste unterschiedlich rasch eingeprägt werden: Items am Anfang und am Ende einer Liste werden am raschesten, d.h. mit weniger Fehlversuchen, jene in der Mitte am langsamsten eingeprägt.

Trägt man die mittlere Fehlerzahl bis zur korrekten Wiedergabe auf der Ordinate, die serielle Position auf der Abszisse an, dann erhält man die in Abbildung 1 dargestellte serielle Positionskurve. Dieser Verlauf ist relativ invariant gegenüber verschiedenen Bedingungsänderungen. Eine Annahme zur Erklärung dieses Phänomens geht dahin, daß die Vpn die Items einer Liste von den Enden her einprägen (FEIGENBAUM & SIMON, 1962; JENSEN, 1962). Bei 70 seriellen Positionskurven fand JENSEN (1962) eine mittlere Korrelation von r = .97 zwischen dem Rangplatz für die vorhergesagte Positionsschwierigkeit und den beobachteten Fehlern. Diese Strategie beim Einprägen erscheint sinnvoll, wenn man eine andere Erklärung hinzuzieht, die sich auf die Unterscheidbarkeit der Items einer Liste bezieht. Danach kann die beobachtete Positionskurve als Spezialfall eines allgemeineren Phänomens gelten: man erhält solche Kurven immer dann, wenn Vpn Reize entlang einer Dimension diskriminieren müssen. Die Unterscheidungen zwischen den Reizen an den Endpositionen sind dabei leichter zu treffen (EBENHOLTZ, 1972; MURDOCK, 1960). Bezogen auf das serielle Lernen würde dies implizieren, daß nicht nur das Item selbst, sondern auch dessen Position auf der Liste beim Einprägen erfaßt wird. Damit stellt sich auch die Frage nach dem, was beim seriellen Lernen gelernt wird.

In Anlehnung an die Vorgänge beim experimentellen Konditionieren wurde nach dem «nominalen Reiz» gesucht, der für die Antwort R, sprich für die Wiedergabe eines Items verantwortlich ist. Zunächst wurde angenommen, daß jedes Item für das nachfolgende Item als funktionaler Reiz zu gelten habe. Spätere Annahmen zur Identifikation des funktionalen Reizes beim seriellen Lernen gingen dahin, daß eine Verknüpfung zwischen der Position eines Items in der Liste (S) und dem Item selbst (R) hergestellt wird. Das serielle Lernen wäre dann eine Variante des S-R-Paradigmas: Die Position des Items wäre der effektive Reiz S, das Item selbst wäre die zugehörige Reaktion R (YOUNG, 1962). Es muß aber angenommen

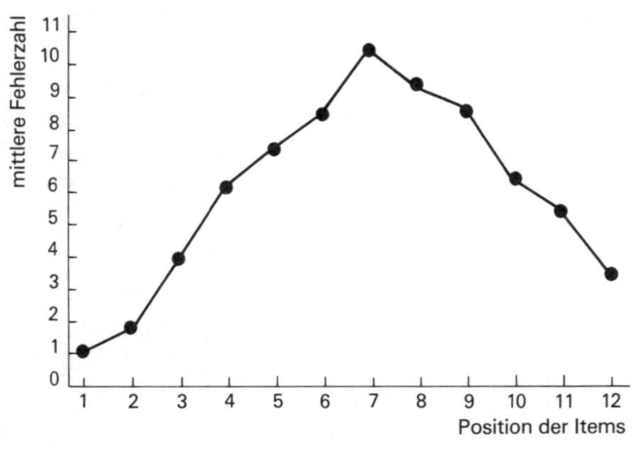

Abbildung 1: Mittlere Fehlerzahl in Relation zur Position eines Items (nach HOVLAND, 1938, S.178).

werden, daß sich die Vpn beim seriellen Lernen sowohl an den Assoziationen zwischen den Items (s. die Hypothese von EBBINGHAUS, 1885), als auch an deren serieller Position orientieren. Darüberhinaus ist die Verwendung zusätzlicher Organisationsgesichtspunkte wahrscheinlich.

2.2 Paar-Assoziations-Lernen

Beim Paar-Assoziations-Lernen (PAL) sind Itempaare in der vorgegebenen Reihenfolge richtig einzuprägen und wiederzugeben. Der Lernvorgang wird auf drei elementare Lernprozesse zurückgeführt: Reizdiskrimination, Reaktionslernen, Assoziationslernen.

Das PAL wird oft als geradezu ideale Abbildung des S-R-Paradigmas angesehen: den Vpn wird eine Liste von Itempaaren A–B zum Einprägen vorgegeben. Die Antizipationsmethode ist das verbreitetste Untersuchungsverfahren: Nach einmaliger Darbietung einer Liste von Itempaaren (z.B. 2 Wörter, 2 sinnlose Silben) wird dann immer nur das linke Item A eines Paares gezeigt (Stimulus S); das rechte Item B ist von der Vp zu antizipieren (Reaktion R). Danach erscheint das Item B und die Vp kann ihre Antwort prüfen. Dies wird solange durchgeführt, bis schließlich die gesamte Liste fehlerfrei eingeprägt ist und korrekt Item für Item antizipiert werden kann. Anders als beim seriellen Lernen ist hier also eine klare Bestimmung von S und R möglich. Hatte man bisher angenommen, daß der Lernprozeß im Erwerb der Verknüpfungen zwischen verbalen Einheiten besteht (Assoziationslernen), so ergab sich nun ein differenzierteres Bild. Den Lernprozeß beim PAL führte man auf drei grundlegende psychologische Prozesse zurück: (1) Reiz-Diskrimination, d.h. eine Person lernt, zwischen den Reizen S der Liste Unterscheidungen zu treffen; (2) Reaktionslernen, d.h. Erwerb der nominalen Antwort R, Erlernen der Antwort-Items; (3) Assoziations-Lernen, d.h. Erlernen der Verknüpfungen zwischen Reiz und Reaktion. Das Modell EPAM («elementary perceiver and memorizer») von SIMON und FEIGENBAUM (1964) simuliert u.a. hypothetische, kognitive Operationen beim PAL. EPAM stellt ein Modell der Informationsverarbeitungsprozesse beim verbalen Lernen dar. Es liegt als Computerprogramm vor. Ein wesentlicher Prozeß im Modell ist die Ausarbeitung eines Diskriminationsnetzes zur Unterscheidung zwischen den Items einer Liste. Das Modell enthält allerdings sehr viel mehr Prozeßkomponenten, die hier nicht erörtert werden können. U.a. ist eine zentrale Steuerinstanz vorgesehen, die die Einprägungs- und Wiedergabetätigkeit reguliert.

Zentrale Untersuchungsfragen des PAL waren folgende:

(1) Die Beschaffenheit des Materials sowie der Itemliste und deren Effekte auf die Lernleistung: Von Bedeutung für das Einprägen und für die Wiedergabe sind z.B. die Ähnlichkeiten zwischen den Items, die Bildhaftigkeit der Items oder der Bedeutungsgehalt des Materials (s. CIEUTAT, STOCKWELL & NOBEL, 1958; GIBSON, 1942; GIBSON, BISHOP, SCHIFF & SMITH, 1964). So verringert z.B. die Ähnlichkeit zwischen den Reiz-Items die Lernleistung, nicht aber die der Antwort-Items.

(2) Art der erworbenen Assoziationen zwischen S und R: Eine Auffassung ging dahin, daß 2 unabhängige Assoziationen zwischen Reiz-Item A und Antwort-Item B, nämlich A–B und B–A erworben würden (vorwärts- und rückwärtsgerichtete Assoziationen; s. JANTZ & UNDERWOOD, 1958). Die entgegengesetzte Auffassung lautete, daß lediglich eine Assoziation erworben wird, die symmetrisch ist und deren Stärke ungerichtet ist (s. ASCH & EBENHOLTZ, 1962). In einer späteren Analyse hat MURDOCK (1974) festgestellt, daß dies Problem experimentell nicht entscheidbar ist.

(3) Verknüpfungen zwischen Items A–B beim PAL: ROCK (1957) zeigte experimentell, daß Assoziationen nach dem Alles-Oder-Nichts-Prinzip gebildet werden können. Seine Ergebnisse implizieren, daß Wiederholungen für das Erlernen einer Assoziation irrelevant sind. Dies ist für die S-R-theoretische Vorstellung bedeutsam, wonach sich eine entsprechende Verknüpfung nach und nach entwickelt. Die konkurrierende Annahme geht entsprechend von einem inkrementellen Prozeß aus (POSTMAN, 1963; UNDERWOOD & KEPPEL, 1962). Diese Kontroverse (s. ESTES, 1960) ist derzeit nicht aktuell. Die Vorstellung von einer sich allmählich aufbauenden Verknüpfungsstärke zwischen Gedächtniseinheiten ist heute verbreitet.

(4) Wirkungsweise von Mediatoren beim PAL: Gemeint ist damit die Wirkung von «Brücken» zwischen Item A und Item B. Ein Ergebnis war, daß sinnlose Silben sich hinsichtlich ihrer Nähe zu Mediatoren der natürlichen Sprache unterscheiden lassen (Prytulak, 1971). Sinnlose Silben lassen sich danach ordnen, wie leicht sie in sinnvolle Wörter umformbar sind. Ein entsprechendes Maß korreliert mit der Reproduzierbarkeit von sinnlosen Silben. Ferner konnte gezeigt werden, daß Itempaare dann leichter erlernt werden, wenn es möglich ist, sie durch natürlich-sprachliche Mediatoren zu verknüpfen.

Die Verwendung natürlich-sprachlicher Mediatoren ebenso wie die Konstruktion von Vorstellungsbildern mit dem Ziel, Item-Paare leichter einzuprägen und besser zu behalten, führt über die Untersuchungsziele der Psychologie des verbalen Lernens hinaus. Hier werden bereits Probleme der internen Repräsentation von Sachverhalten sowie der Strategiewahl bei Gedächtnisleistungen aufgeworfen, die später in kognitionspsychologisch orientierten Arbeiten der Gedächtnispsychologie untersucht werden. Weitere zentrale Problemstellungen, die vor allem auf der Basis des PAL untersucht wurden sind Transfer und Vergessen.

2.3 Freies Reproduzieren

Beim freien Reproduzieren ist die Reihenfolge der Wiedergabe vorher eingeprägten Materials der Vp freigestellt.

Zentrale Problemstellungen: Positionskurve; Primacy- und Recency-Effect; Effekt der Listenlänge auf das Reproduzieren.

Anders als bei den besprochenen Methoden des seriellen Lernens und des Paar-Assoziations-Lernens kann die Vp beim freien Reproduzieren die vorgegebenen und einzuprägenden Items einer Liste in beliebiger Folge wiedergeben. Sie ist nicht an die Abfolge der Items bei der Vorgabe gebunden. Die Items werden mehrfach in veränderter Reihenfolge vorgegeben. Nach jeder Vorgabe versucht die Vp, möglichst alle Items wiederzugeben. So wie beim seriellen Lernen ist es auch hier nicht möglich, einen «funktionalen» Reiz eindeutig zu identifizieren. Die Methode ist deshalb unter dem Aspekt der S-R-theoretischen Zielsetzungen weniger ergiebig. Ihre Bedeutung liegt jedoch darin, daß der Vp mehr Freiraum für die eigene Gedächtnisaktivität bezüglich des Lernmaterials bleibt als bei den bisher erörterten Methoden. Die dabei gewonnenen Ergebnisse liefern erste Hinweise für die spätere Konzeption von «Kontrollprozessen», d.h. von Prozessen zur aktiven Umformung und Organisation des einzuprägenden Materials.

Bezüglich der Wiedergabeleistung erhält man bei der Methode des freien Reproduzierens ein charakteristisches Bild: Trägt man auf der Ordinate die Wahrscheinlichkeit für die Wiedergabe und auf der Abszisse die Position der Items auf der Liste ab, dann erhält man die in Abbildung 2 dargestellte Positionskurven.

Die Vpn erinnern jene Items mit größerer

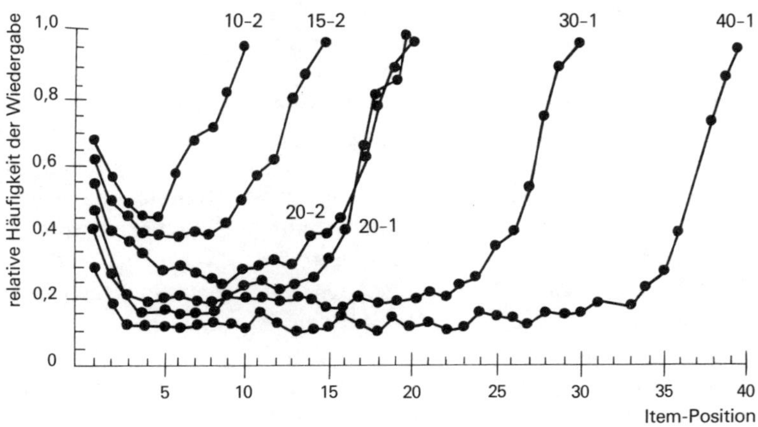

Abbildung 2: Serielle Positionskurven beim Freien Reproduzieren für 6 verschiedene Bedingungen: Listenlänge 10, 15, 20, 30 und 40 Wörter; Darbietungsrate 1 und 2 sec (nach Murdock, 1962, S.483).

Wahrscheinlichkeit, die am Beginn «primacy-effect» und am Ende «recency-effect» der jeweils vorgegebenen Liste stehen. Items in mittleren Positionen der Liste werden mit geringerer Wahrscheinlichkeit erinnert. Der «recency-effect» ist relativ unabhängig von der Listenlänge und von der Darbietungsrate. Er ist ferner ausgeprägter als der «primacy-effect». Die mittleren Positionen sind hingegen stärker von den beiden genannten Variablen abhängig. Der «primacy-effect» wird mit dem häufigeren Wiederholen dieser Items beim Beginn des Einprägens und mit Merkmalen des Suchprozesses im Langzeitgedächtnis erklärt. Der «recency-effect» wird damit erklärt, daß die zuletzt dargebotenen 6–7 Items noch im Kurzzeitgedächtnis verfügbar sind. Sie können deshalb mit großer Wahrscheinlichkeit reproduziert werden. Diese Positionskurve ist sehr oft herangezogen worden, um die Annahme separater Speicher zu begründen: «Primacy-effect» für einen Langzeitspeicher, «recency-effect» für einen Kurzzeitspeicher. Neuere Auffassungen gehen jedoch dahin, die beiden Effekte auf Merkmale des Suchprozesses zurückzuführen (vgl. RAAJMAKERS & SHIFFRIN, 1980, 1981).

Anders als beim seriellen Lernen und beim PAL haben Ähnlichkeiten der Items einen positiven Einfluß auf die Lernleistung beim freien Reproduzieren. Dies hängt eng mit der Nutzung von Beziehungen zwischen Items beim Einprägen und bei der Wiedergabe zusammen. Die Methode des freien Reproduzierens hat deutliche Hinweise dafür geliefert, daß Organisationsgesichtspunkte des Materials von den Vpn genutzt werden. Überdies tragen die Vpn auch eigene Organisationsgesichtspunkte an das Material heran. Damit wird die Gedächtnistätigkeit erleichtert. Als ein Beleg für die Effekte der Listenstruktur kann eine vielzitierte Arbeit von MILLER und SELFRIDGE (1950) gelten. In der Untersuchung wurden Itemlisten vorgegeben, die sich hinsichtlich ihrer Nähe zur englischen Sprache unterschieden. Je näher die Struktur der auf der Liste aneinandergereihten Items der natürlichen Sprache kam, desto besser waren die Wiedergabeleistungen der Vpn.

Grundsätzlich hat die Methode des freien Reproduzierens noch deutlicher als die beiden anderen Methoden gezeigt, daß das Einprägen, Behalten und Wiedergeben von Items einer Liste nicht allein von den Itemcharakteristika abhängt, sondern v.a. auch von der Struktur der gesamten Liste, d.h. von den vorhandenen und den herstellbaren Beziehungen zwischen dem Lernmaterial. Die Tatsache, daß Vpn solche Strukturen für die Gedächtnisaktivität nutzen und auch selbst herstellen war einer der wichtigsten Hinweise auf Strategien des Gedächtnisses. Zusätzlich zu den experimentell variierbaren Faktoren bezüglich Material und Darbietung mußten zunehmend mehr auch die Aktivitäten der Vpn selbst als Determinanten der Gedächtnisleistung in Rechnung gestellt werden.

2.4 Wiedererkennen

Mit Wiedererkennen ist die Identifikation von vorliegenden Sachverhalten als bekannt oder unbekannt gemeint.

Zentrale Problemstellungen: Vergleich Wiedererkennen mit freiem Reproduzieren; Modell des Urteilsprozesses beim Wiedererkennen.

Das Erinnern und die Wiedergabe von einmal eingeprägten Inhalten, wie sie in den geschilderten Verfahren von den Vpn verlangt werden, ist nur eine Form der Gedächtnisleistung. Eine andere besteht darin, Inhalte, die man sich einmal eingeprägt hat, richtig wiederzuerkennen. Zur Prüfung der Gedächtnisleistung beim Wiedererkennen werden den Vpn Listen mit n Items zum Einprägen vorgegeben. Für den nachfolgenden Test wird eine Liste vorgegeben, die sowohl aus alten, eingeprägten als auch aus neuen, nicht gelernten Items besteht. Die Items werden vermischt sukzessiv dargeboten. Die Vp soll nun jeweils angeben, ob dies Item in der Liste der zuvor gelernten n Items enthalten war. Eine multiple-choice-Variante dieses Verfahrens sieht vor, daß ein altes Item zusammen mit mehreren neuen Items gezeigt wird, aus denen dann die Vp das eine, bekannte Item identifizieren soll.

Bemerkenswert ist, daß beim Wiedererkennen, verglichen mit dem freien Reproduzieren, außerordentlich hohe Gedächtnisleistungen erzielt werden. SHEPARD (1967) gab z.B. Vpn 540 Wörter vor; es wurden dann in der Prüfphase 60 multiple-choice-Items mit jeweils 2 Alternativen vorgegeben. Im Durchschnitt erkannten die Vpn 88% der Items nach einmaliger Vorgabe korrekt wieder (bei 612 Bildern 97% korrekt; bei 612 Sätzen 89% korrekt; bei 1224 Sätzen 88% korrekt). Auch über lange Behaltensintervalle hinweg bleibt die Wiedererkennungsleistung außerordentlich hoch. SHEPARD (1967) prüfte Intervalle bis zu 120 Tagen: Bei 612 Bildern erkannten die Vpn gleich danach 97%, 2 Stunden danach 100%, 3 Tage später 92%, 7 Tage später 87%, 4 Monate später 58% des Materials richtig wieder.

Eine geläufige Erfahrung ist das Wiedererkennen von Menschen nach langer Zeit. BAHRICK, BAHRICK und WITTLINGER (1975) fanden, daß Personen ihre ehemaligen Mitschüler noch nach langer Zeit wiedererkannten: nach etwa 14 Jahren zeigte sich erstmals eine leichte Abnahme des Wiedererkennens von Namen. Noch nach 34 Jahren wurden Mitschüler auf Bildern richtig wiedererkannt. Im Unterschied zu dieser hohen Wiedererkennungsleistung fiel das Erinnern der Namen erheblich schlechter aus; es nahm bereits nach etwa 8 Monaten ab. Auch die Zuhilfenahme von Bildern erbrachte nur eine geringfügige Verbesserung dieser Erinnerungsleistung.

Es gibt empirische Belege dafür, daß das Wiedererkennen dann schwer fällt, wenn es sich um ähnliche Sachverhalte handelt. BOWER und GLASS (1976) verlangten nach 1 Woche das Wiedererkennen vorher eingeprägter Reize. Diese wurden in der Prüfphase mit ähnlichen oder mit unähnlichen «Störreizen» kombiniert dargeboten. Die ähnlichen Reize wurden von den Vpn fälschlicherweise viermal häufiger als die unähnlichen Reize als das alte, eingeprägte Item bezeichnet. Ferner waren sich die Vpn bei ihrer Wahl sehr viel sicherer, wenn sie zwischen einem alten, gelernten und einem neuen, dazu aber unähnlichen Reiz zu entscheiden hatten.

Wiedererkennen kann auch gezielt verfälscht werden. Bei der Prüfung der Aussagen von Zeugen, etwa bei der Identifikation vermeintlicher Täter ist dies bedeutsam. Das Wiedererkennen von Sachverhalten bei Unfällen, bei Verbrechen, Ereignisabläufen, die von Zeugen gesehen werden, kann durch nachfolgende Ereignisse verfälscht werden. LOFTUS (1975) führte hierzu ein Experiment durch, in dem den Vpn Dias eines Unfalls zwischen einem Auto und einem Fußgänger gezeigt wurden. Das «kritische» Dia zeigte u.a. das grüne Unfallauto. Danach wurden den Vpn Fragen gestellt. Die Experimentalgruppe erhielt u.a. die Frage, ob der «blaue» Wagen, der an den Unfallort gefahren war, eine Skihalterung auf dem Dach gehabt habe (der Wagen war grün). Die Kontrollgruppe erhielt die gleiche Frage, jedoch mit der korrekten Farbbezeichnung «grün». Zur Beantwortung der Fragen wurden den Vpn Farbstreifen vorgegeben. Die Farben von 10 Objekten, die vorher auch auf den Dias zu sehen waren, sollten wiedererkannt werden. Die Kontrollgruppe erkannte für das Auto überwiegend die grüne Farbe richtig wieder. Die Experimentalgruppe hingegen identifizierte fälschlicherweise signifikant häufiger blau als die Farbe des Autos. Die hohen Wiedergabeleistungen beim Wiedererkennen dürfen also nicht darüber hinwegtäuschen, daß dieser Gedächtnisprozeß verfälscht und unter bestimmten Bedingungen zu subjektiv unsicheren Ergebnissen führen kann.

Zur Abbildung des Urteilsverhaltens beim Wiedererkennen ist auf der Basis der Signal-Detektions-Theorie ein formales Modell entwickelt worden. Grundlegend für dieses Modell ist die Annahme einer «Stärke» von Gedächtnisspuren: Beim Einprägen eines Sachverhalts wird eine Gedächtnisspur gebildet, die eine bestimmte Stärke hat; diese gibt an, wie vertraut oder bekannt ein Sachverhalt einer Person ist. Für den Vorgang des Wiedererkennens wird nun davon ausgegangen, daß mit der Vorgabe des Sachverhalts ein direkter Zugriff auf die Spur dieses Gedächtnisinhalts möglich ist. Ist die Spur «stark» genug, dann wird der Sachverhalt als bekannt identifiziert. Diese Stärketheorie wird auch auf die Erinnerungsvorgänge beim freien Reproduzieren angewandt. Hier soll eine höhere Schwellenstärke der Gedächtnisspur erforderlich sein, die wenigstens erreicht werden muß, damit ein Inhalt und korrekt reproduziert werden kann.

Die Stärketheorie hat wesentlich von der Anwendung der statistischen Entscheidungstheorie auf das Wiedererkennen profitiert. Dabei werden die empirisch erhaltenen Werte für falsches und richtiges Wiedererkennen («hitrate», «false-alarm-rate») in ein Maß für die Stärke der Gedächtnisspur transformiert: d' in der Signal-Detektionstheorie. (Vgl. auch

Kap. 10, Ausgewählte Methoden.) d' entspricht der Distanz zwischen den Mittelwerten der beiden Normalverteilungen der Stärken neuer und alter Items. Für den Urteilsprozeß wird nun angenommen, daß die Vp selbst einen Kriteriumswert, d.h. eine kritische Schwelle für das Wiedererkennen setzt. Überschreitet die Stärke einer Gedächtnisspur für ein Item diesen Wert, dann wird die Person das Item als bekannt identifizieren. Das Modell des Entscheidungsprozesses umfaßt demnach die Bestimmung der Stärke des vorgegebenen Items und den internen Vergleich mit einem subjektiven Kriterium. Das Maß d' hat den Vorzug, unabhängig von der Kriteriumssetzung der Person zu sein. Gegen die Stärketheorie und gegen das statistische Entscheidungsmodell wird eingewendet, daß Untersuchungen vorliegen, die eine genauere Unterscheidung der Gedächtnisvorgänge beim Wiedererkennen und Erinnern als in der Stärketheorie vorgesehen erfordern. So wirkt sich z.B. die Instruktion zu intentionalem Lernen, verglichen mit inzidentellem Lernen, auf beide Gedächtnisleistungen unterschiedlich aus: Das Erinnern wird stärker von dieser Instruktion beeinflußt; unter intentionalen Bedingungen ist die Leistung beim Erinnern im Paar-Assoziations-Lernen besser. Beim Wiedererkennen war dieser Unterschied nicht registrierbar (Estes & DaPolito, 1967). In einer anderen Untersuchung (Kintsch, 1966) zeigte sich, daß die Organisiertheit des Materials eine Rolle wohl für das Erinnern, weniger aber für das Wiedererkennen spielt.

Damit geht der folgende Einwand einher: Die Anwendung des statistischen Entscheidungsmodells ermöglicht zwar eine Reihe von Vorhersagen, dies belegt aber noch nicht die Richtigkeit der Stärke-Theorie. Vielmehr ist es erforderlich, zwischen den beim Wiedererkennen beteiligten Entscheidungsvorgängen und den eigentlichen Gedächtnisvorgängen zu unterscheiden. Besonders offenkundig ist die Schwäche des Modells, wenn sonst vergleichbare Reize, die sich jedoch hinsichtlich der Kontextbedingungen ihres Auftretens unterscheiden, unterschiedlich gut wiedererkannt werden (Anderson & Bower, 1972).

Im Abschnitt «Suche im Langzeitgedächtnis» werden gedächtnispsychologische Modellvorstellungen zur Abbildung der Vorgänge beim Wiedererkennen und beim Erinnern erörtert werden.

2.5 Transfer

Mit Transfer werden die Effekte einer Lernaufgabe auf eine andere, nachfolgende Lernaufgabe bezeichnet. Es gibt positiven und negativen Transfer.

Zentrale Problemstellungen: Bedingungen des Transfers; retroaktive und proaktive Hemmung.

Die Auswirkungen einer Lernaufgabe auf eine andere, nachfolgende Lernaufgabe wurde vor allem mit der Methode des PAL untersucht. In der Terminologie des verbalen Lernens sind die Auswirkungen vorausgegangener Lernerfahrungen auf die Geschwindigkeit des Lernens bei nachfolgenden, ähnlichen Aufgabe, auf die vorher erworbene S-R-Verknüpfungen übertragen werden können, gemeint. Wegen der Variationsmöglichkeiten der S-R-Beziehungen eignete sich das PAL zur Untersuchung von Transfer besonders gut. Es wurde dabei der Effekt des Einprägens einer Liste von Itempaaren auf das Einprägen und Behalten einer zweiten, ähnlichen Liste untersucht. Der Effekt kann positiv oder negativ sein: Positiver Transfer entspricht einem Gewinn beim Erlernen einer zweiten Liste hinsichtlich des Einprägungsaufwandes. Negativer Transfer liegt vor, wenn das Einprägen einer zweiten Liste erschwert wird. Eine Erklärung von Transfer wird unter Bezug auf die hypothetischen, elementaren Lernprozesse beim PAL vorgenommen. Für das Zustandekommen von Transfer ist das Zusammenwirken zweier Effekte ausschlaggebend (vgl. Martin, 1965): (1) Der Effekt des Antwortlernens; (2) Der Effekt des Verknüpfungslernens.

Maximaler, positiver Transfer wird dann erwartet, wenn 2 Listen von Item-Paaren identische Paare enthalten: A–B; A–B. Die Antworten R und die Verknüpfungen S–R sind in beiden Listen gleich. Eine Beeinträchtigung des Erlernens der 2. Liste ist z.B. dann der Fall, wenn die gleichen Stimuli S der 1. Liste mit verschiedenen Antworten R gepaart werden: A–B; A–C. Es gibt in diesem Fall keinen Transfer-Effekt des Antwortlernens; hinsichtlich des Verknüpfungslernens resultiert negativer

Transfer, da A zuerst mit B und dann auch mit C verbunden wird.
Auf einen wesentlichen Bedingungsfaktor für Transfer beim PAL machten ANDERSON und BOWER (1972) aufmerksam: auf den Prozeß der Listendifferenzierung. Unter Bezug auf das PAL ist damit die Leichtigkeit gemeint, mit der zwischen den verschiedenen Listen 1 und 2 unterschieden werden kann. Dies impliziert, daß zusammen mit den Itempaaren auch eingeprägt wird, zu welchen Listen sie gehörten. Je schwerer die Diskrimination der Listen, z.B. bei hoher Reiz- und Antwortähnlichkeit, desto eher wird die Wiedergabe aufgrund von Verwechslungen zwischen den Listen beeinträchtigt. Die Unterscheidung von Gedächtnisinhalten danach, wann und wo sie auftraten, ist in der neueren Gedächtnisforschung als Kontextgebundenheit bedeutsam geworden. Danach werden Sachverhalte und Ereignisse zusammen mit ihrem Kontext, in dem sie auftraten eingeprägt. Dies wiederum ist für das Erinnern wichtig. Die Listenzugehörigkeit eines Items kann als solcher Kontext aufgefaßt werden.
Verringerungen der Wiedergabeleistung waren früh in der Geschichte der Gedächtnispsychologie auf spezifische Formen von Hemmungen (Interferenzen) zwischen Gedächtnisinhalten zurückgeführt worden. MÜLLER und PILZECKER (1900) lieferten erstmals Hinweise für die Wirkung einer sog. retroaktiven Hemmung. Sie bezeichneten damit die Interferenz, die durch jegliche kognitive Aktivität zwischen dem Einprägen eines Inhalts und dem Wiedererlernen oder der Wiedergabe dieses Inhalts bewirkt wird. In Tabelle 1 ist dargestellt, wie der Effekt retroaktiver Hemmung («retroactive interference») mit der Methode des PAL untersucht wird. Gemäß diesem Versuchsplan wird die retroaktive Hemmung als die Erschwernis des Wiedererlernens und der Wiedergabe «alter» Items (Liste 1) durch das Erlernen neuer Items einer Liste 2 indiziert.
Die Tabelle 1 enthält auch die 2., später eingeführte Variante der proaktiven Hemmung («proactive interference»). Auch hierzu legten MÜLLER und PILZECKER (1900) erste Ergebnisse vor (vgl. die Begriffe der Miterregung und der Mischerregung). Proaktive Hemmung ist dann gegeben, wenn die eingeprägten Items einer Liste 1 das Erlernen und die Wiedergabe einer Liste 2 mit neuen Items erschweren. Der Nachweis von Interferenzen zwischen Gedächtnisinhalten, vor allem der proaktiven Interferenz, ist für die Analyse der Ursachen des Vergessens bedeutsam geworden.

2.6 Vergessen

Vergessen wird durch die geringere Wiedergabeleistung zum Zeitpunkt t(2) verglichen mit dem Zeitpunkt t(1) angezeigt. Zentrale Problemstellungen: Ersparnismethode und Vergessenskurve von Ebbinghaus; Ursachen des Vergessens: Zeit, Interferenz, Entlernen, proaktive Hemmung.
Am Beginn der empirischen Untersuchungen zum Vergessen steht die berühmte Vergessenskurve von EBBINGHAUS (1885). Die von ihm entwickelte Ersparnismethode erlaubte eine elegante Schätzung des Gedächtnisverlusts über einen längeren Zeitraum hinweg.
In Abbildung 3 ist auf der Abszisse die Zeit abgetragen, die zwischen dem Einprägen einer Liste sinnloser Silben und dem Wiedererlernen dieser Liste vergangen ist (Behaltensintervall). Auf der Ordinate ist die Ersparnis beim Wiedererlernen in % der Zeit (bzw. in % der Anzahl erforderlicher Wiederholungen) angegeben, die ursprünglich erforderlich war, um die Liste

Tabelle 1: Versuchsanordnungen zur Analyse von Transfereffekten beim PAL.

	Proaktive Hemmung		Retroaktive Hemmung	
	Experimental-Gruppe	Kontroll-Gruppe	Experimental-Gruppe	Kontroll-Gruppe
Liste 1	A–B	–	A–B	A–B
Liste 2	A–C	A–C	A–C	–
Test	A–C	A–C	A–B	A–B

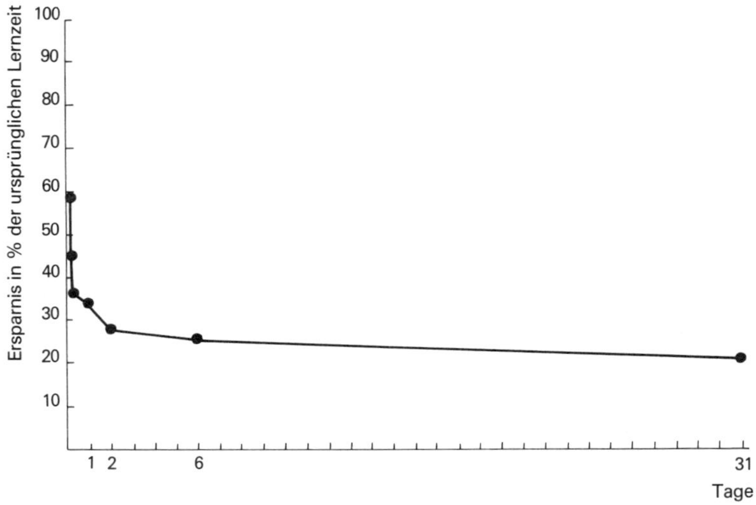

Abbildung 3: Behalten als Funktion der Zeit in % der Ersparnis beim Wiedererlernen (Daten nach EBBINGHAUS, 1885).

der sinnlosen Silben vollständig zu erlernen. Nach 20 Minuten beträgt die Ersparnis beim erneuten Lernen einer bereits vollständig gelernten Silbenliste etwa 60%, nach 24 Stunden nur noch etwa 35%. Je länger also das Behaltensintervall wird, desto mehr Wiederholungen werden erforderlich, d.h. die Ersparnis sinkt als Funktion der vergangenen Zeit. Die negativ beschleunigte Kurve zeigt, daß der stärkste Verlust innerhalb der ersten Stunden auftritt. Die exponentielle Form der Vergessenskurve ist weitgehend unabhängig von der jeweiligen Prüfmethode, z.B. PAL oder Wiedererkennen. JOST (1897) formulierte hierzu später aufgrund seiner Untersuchungen am Institut von G.E. MÜLLER folgende 2 Sätze: (1) Sind zwei Assoziationen von gleicher Stärke, aber verschiedenem Alter, so fällt die ältere in der Zeit weniger ab. (2) Sind zwei Assoziationen von gleicher Stärke, aber verschiedenem Alter, so hat für die ältere eine Neuwiederholung einen größeren Wert. Der erste Satz enthält, was aus der oben dargestellten Vergessenskurve von EBBINGHAUS zu ermitteln ist. Der zweite Satz gilt nur, wenn es sich bei den «jungen» Assoziationen um wenige Minuten alte Assoziationen handelt. Die Unterschiede zwischen jungen und alten Assoziationen bestehen z.B. nicht mehr, wenn es sich bei den jungen Assoziationen um etwa 20 Minuten alte Verknüpfungen handelt.

Die Frage ist nun, ob der durch die sinkende Ersparnis beim Wiedererlernen angezeigte Gedächtnisverlust allein durch den Zeitfaktor, d.h. durch den Nichtgebrauch des einmal Erlernten, durch Verfall der Gedächtnisspur im Verlauf der Zeit zu erklären ist. Als wichtigste Konzeption des verbalen Lernens zu diesem Problem wurde die *Interferenztheorie* entwikkelt. Die Ursache der verringerten Wiedergabeleistung zu einem späteren Zeitpunkt sind demnach nicht die verstrichene Zeit und der Nichtgebrauch des einmal Erlernten, sondern die Interferenz der einmal eingeprägten Inhalte mit neuen hinzugekommenen Inhalten. Diese Theorie (MCGEOCH, 1932) würde implizieren, daß einmal gebildete Assoziationen bestimmter Stärke zwischen Reiz S und R beim PAL auch bei Nichtgebrauch erhalten bleiben. Jedoch «rivalisieren» neu erworbene Assoziationen mit den bestehenden alten Verknüpfungen. Demnach wäre das Behalten im Grunde permanent, jedoch ist die Wiedergabe des Eingeprägten durch interferierende Verknüpfungen, die davor oder danach gelernt wurden, erschwert. Es kommt zu widerstreitenden Antworttendenzen («response competition»), was zum Mißlingen des Erinnerns oder zu Fehlern beim Erinnern führen kann.

Eine Ergänzung des Interferenzmodells des Vergessens wurde von MELTON und IRWIN (1940) vorgenommen: Danach werden alte Assoziationen nicht permanent gespeichert, sondern werden entlernt. Damit sind 2 Faktoren am Prozeß des Vergessens beteiligt: (1) Die Interferenz verschiedener Assoziationen; (2) Das Verlernen («unlearning») von Antworten R durch fehlende Bekräftigung. Diese Zwei-Faktoren-Theorie des Vergessens, die sich deutlich am lernpsychologischen Extinktionsmechanismus orientiert, hat die Vorstellung vom Vergessen lange dominiert.

In der Folgezeit konnte aber experimentell gezeigt werden, daß die bloße Löschung von Assoziationen nicht allein ausschlaggebend ist (BARNES & UNDERWOOD, 1959). Vielmehr verlangt bereits das Erlernen neuer Items A–C einer Liste das Entlernen vorher eingeprägter Verknüpfungen A–B. Die Verfügbarkeit der Reaktionen B auf die Reize A einer ersten Itemliste nimmt in Abhängigkeit von der Intensität des Erlernens neuer Antworten C auf die gleichen Reize A ab. Diese experimentell oft untersuchte Auffassung des stimulus-spezifischen Entlernens wurde später durch POSTMAN und STARK (1969) in Frage gestellt: Sie nahmen an, daß alle Reaktionen auf eine zuerst eingeprägte Liste A–B unterdrückt werden. Diese Unterdrückung wird während des Einprägens der 2. Liste A–C entwickelt («response set» - Interferenz-Hypothese). Durch einen Selektor werden die alten Reaktionen A–B beim Einprägen von A–C gehemmt. Beim Versuch der Wiedergabe von A–B macht sich dieser Prozeß dann als Schwierigkeit bemerkbar, die korrekten Reaktionen B wieder zu aktivieren. Die «response-set-Hypothese» ist von ihren Autoren als Ergänzung der bis dahin vorliegenden Zwei-Faktoren-Theorie des Vergessens (MELTON & IRWIN, 1940) aufgefaßt worden.

Besonderes Gewicht für die Analyse des Vergessens erhielt die proaktive Hemmung. Es war auffallend, daß Vpn in Laborexperimenten Itemlisten, z.B. sinnlose Silben, erlernten, die sie jedoch innerhalb eines Tages wieder vergaßen. Die Interferenztheorie hätte nun zeigen müssen, daß intervenierendes Material im Verlauf des Tages aufgenommen wird, das mit den im Laborexperiment vorgegebenen Inhalten interferieren könnte. Es ist jedoch schwer vorstellbar, welcher Art solche Inhalte sein könnten. UNDERWOOD (1957) prüfte zahlreiche solcher Experimente und fand, daß die Vpn in den Labors während der experimentellen Untersuchungen meist viele Itemlisten lernen mußten. Er schloß daraus, daß bei den Vpn eine Kumulation von proaktiven Hemmungen stattfinden würde, die für das Vergessen des im Labor gelernten Materials ausschlaggebend ist. Dies konnte empirisch nachgewiesen werden (KEPPEL, POSTMAN & ZAVORTNIK 1968): Bei 36 über einen längeren Zeitraum hinweg gelernten Itemlisten (PAL) wurden die zuletzt vorgegebenen Listen am wenigsten gut eingeprägt und reproduziert. Als Ursache hierfür wird eine sich kumulierende proaktive Hemmung durch die vorausgegangenen Listen angenommen. Betrachtet man die Vergessenskurve von EBBINGHAUS, dann muß man berücksichtigen, daß er im Behaltensintervall natürlich auch Itemlisten lernte, die sich hemmend auf das Wiedererlernen der in Frage stehenden Listen auswirkten. Stellt man den Effekt der proaktiven Hemmung in Rechnung, so führte UNDERWOOD (1957) aus, dann bleiben nach einer Zeit von 24 Stunden etwa 25% der Verringerung der Wiedergabeleistung zu erklären, nicht mehr 75% wie bei EBBINGHAUS. Für diesen nur mehr geringen Anteil der verringerten Wiedergabeleistung kann die Interferenztheorie des Vergessens zur Erklärung herangezogen werden.

Die über viele Jahre entwickelte Forschungspraxis des verbalen Lernens litt letztlich unter der Partialisierung ihrer experimentellen Fragestellungen. Immer neue Einflußfaktoren auf Behalten, Transfer und Vergessen wurden eingeführt und experimentell geprüft. Am Beispiel der Entwicklung der Interferenztheorie des Vergessens, wo schließlich drei Komponenten, nämlich Interferenz, Entlernen, proaktive Hemmung als wirksam angenommen wurden, läßt sich dies nachvollziehen. Ähnliches gilt für die Untersuchung des Transfers. Die Theorienbildung mußte dabei in den Hintergrund treten. Die praktische Bedeutung, etwa für schulisches Lernen mußte v.a. angesichts des verwendeten Materials gering bleiben. Allerdings muß eingeschränkt werden, daß dieses auch nicht das Ziel der zahlreichen Experimente war. Vielmehr wurde angestrebt, in experimentell kontrollierter Form die elementaren Vorgänge der Ausbildung, des Erwerbs und des Vergessens von assoziativen Verknüpfungen zu untersuchen.

Heute wird eingewendet, daß der Ansatz der

Psychologie des verbalen Lernens von einem sehr reduzierten Bild der psychologischen Vorgänge beim Einprägen und Erinnern ausgegangen ist. Ausgeklammert wurde aus heutiger Sicht alles das, was sich am besten als «aktives Gedächtnis» charakterisieren läßt: Aktivitäten eines Menschen bei der Aufnahme, bei der Kodierung von einzuprägenden Inhalten, Aktivitäten zur Organisation des Materials beim Einprägen und bei der Wiedergabe. Es muß aber festgehalten werden, daß die neueren gedächtnispsychologischen Modelle auf den Ergebnissen der Arbeiten zum verbalen Lernen aufbauen. Die Modelle, z.B. das noch zu besprechende Simulationsmodel SAM von RAAJMAKERS und SHIFFRIN (1980, 1981), werden explizit dahingehend geprüft, wie gut sie Ergebnisse aus Untersuchungen zum PAL, seriellen Lernen und freien Reproduzieren replizieren. Die Vertreter der Psychologie des verbalen Lernens selbst waren es zu einem großen Teil, die zur Weiterentwicklung ihrer Arbeiten in Richtung auf eine stärker kognitionspsychologisch orientierte Gedächtnispsychologie beigetragen haben.

3. Kognitionspsychologie des Gedächtnisses

Kognitive Psychologie untersucht geistige Prozesse beim Erlangen von Wissen über die Realität und bei der Nutzung dieses Wissens für das Handeln.

Theorien der Informationsverarbeitung nehmen an, daß Sachverhalte intern repräsentiert, d.h. in einer internen Datenstruktur abgebildet werden. Dies ist die Information, die durch kognitive Operationen verarbeitet wird.

Das Mehrspeicher-Modell des Gedächtnisses: Sensorische Register, Kurz- und Langzeitgedächtnis als separate Speicher; ferner Kontrollprozesse zur Regelung des Informationsflusses zwischen den Speichern.

Das Ein-Speicher-Modell des Gedächtnisses: Keine separaten Speicher, es werden Ebenen der Informationsverarbeitung angenommen. Neben automatischen Prozessen der Kodierung werden kontrollierte Prozesse der Verarbeitung von Information bei Gedächtnisleistungen angenommen.

Ein erstes, umfassendes Modell des Gedächtnisses legten 1968 ATKINSON und SHIFFRIN vor. Es war in Analogie zur Struktur und Arbeitsweise von Computern konzipiert worden. Ein erstes Merkmal des Modells ist die Unterscheidung mehrerer Speicher. Dafür gab es bereits historische Vorläufer: So unterschied JAMES (1981) ein primäres von einem sekundären Gedächtnis. STERN (1950) sprach von mittelbarem und unmittelbarem Gedächtnis. Er diskutierte etwas Ähnliches wie Speicherung auf sensorischer Ebene. WUNDT (1896) und vor allem sein Schüler DIETZE (1884) untersuchten Bedingungen des Erinnerns von Inhalten bei einmaliger Präsentation. DIETZES Untersuchungen zur Gedächtnisspanne (der Anzahl von Items, die nach einmaliger Darbietung fehlerfrei wiedergegeben werden können) enthielten erste Hinweise auf sehr kurzzeitige Speicherprozesse.

Von Bedeutung waren zunehmend auch Aktivitäten des Menschen beim Einprägen und Erinnern geworden. In den Untersuchungen des verbalen Lernens, v.a. im Zusammenhang mit dem freien Reproduzieren (BOUSFIELD, 1953), gab es deutliche Hinweise auf solche Prozesse. Dies ist das zweite Merkmal des Mehr-Speicher-Modells von ATKINSON und SHIFFRIN (1968): Es wurden sog. Kontrollprozesse eingeführt, die solche willentlich einsetzbaren, geistigen Operationen bezeichnen sollen.

Entscheidende Anregungen für das Mehr-Speicher-Modell des Gedächtnisses kamen schließlich von HEBB (1949), vor allem aber von BROADBENT (1958) und durch das Buch von NEISSER (1967) zur Grundlegung einer Psychologie der kognitiven Prozesse.

Kognitive Psychologie untersucht die geistigen Prozesse, die beim Erlangen von Wissen über die Welt und bei der Nutzung dieses Wissens für das Handeln beteiligt sind. Gedächtnisvorgänge, wie Einprägen, Behalten, Erinnern, werden als konstruktive Akte von Menschen aufgefaßt.

Eine bedeutende Form dieser Forschungsrichtung der Psychologie ist der Ansatz von Theorien zur *Informationsverarbeitung*. In Analogie zur Architektur und zu den Prozessen von Computern wird angenommen, daß Menschen interne Repräsentationen von Sachverhalten, Ereignissen, Personen und Situationen ihrer Umwelt bilden. Dies ist dann die Information, die zum Gegenstand einer Folge von internen Verarbeitungsschritten wird. Zentral für diesen Ansatz ist der Begriff der internen Repräsentation. Ein System zur Informationsverarbeitung benötigt demnach geeignete Strukturen und Prozesse zur Aufnahme und zur Kodierung von Informationen sowie zur Speicherung von Informationen; ferner benötigt es Operationen zur Verarbeitung sowohl der aufgenommenen als auch der bereits gespeicherten Informationen. Es wird weiter eine zentrale Kontroll- und Steuerinstanz angenommen, die Verarbeitungsschritte im System überwacht und organisiert.

Gedächtniskomponenten haben in einem System zur Informationsverarbeitung eine zentrale Funktion: Zum einen muß im System Wissen über die wahrgenommenen Sachverhalte und Ereignisse aus der Umwelt bereitgestellt werden können, um diese zu verstehen und um mit ihnen umgehen zu können. Zum anderen benötigt das System eine Möglichkeit, um nur die Information aus der Umwelt und aus dem eigenen Gedächtnis kurzfristig festzuhalten, die gerade zu einem Zeitpunkt benötigt wird. Diese Information wird durch Operationen in spezifischer Abfolge zu bestimmten Zwecken verarbeitet.

In den folgenden Abschnitten dieses Kapitels werden Modelle des Gedächtnisses erörtert, die dem Ansatz der Theorien zur Informationsverarbeitung zuzuordnen sind.

3.1 Das Mehr-Speicher-Modell des Gedächtnisses

Das Mehr-Speicher-Modell unterscheidet 3 separate Speicher: sensorische Register, Kurzzeit- und Langzeitspeicher. Kontrollprozesse regeln den Informationsfluß zwischen den Speichern.

Kern des Mehr-Speicher-Modells von ATKINSON und SHIFFRIN (1968) ist die Unterscheidung zwischen (1) Strukturmerkmalen und (2) Kontrollprozessen des Gedächtnisses.

(1) *Strukturmerkmale* des Modells sind folgende: es gibt permanente Strukturen des Gedächtnisses in Form dreier, separater Speicher (stores): Sensorische Register, Kurzzeitspeicher und Langzeitspeicher. Diese Unterscheidung impliziert zugleich, daß es eine feste Abfolge des Informationsflusses gibt, die nicht der Kontrolle unterliegt, und die unabhängig von einem Inhalt unverändert abläuft: Informationen werden in sensorischen Registern aufgenommen, von da in das Kurzzeitgedächtnis und von dort wiederum in das Langzeitgedächtnis transferiert.

(a) *Sensorische Register* (sensory registers; buffer) stehen am Beginn der Informationsaufnahme und -verarbeitung. Über die Sinnesorgane werden Reizmuster aufgenommen, in modalitätsspezifischen Registern werden diese in «Rohform», d. h. in einer «reiznah» kodierten Form für sehr kurze Zeit festgehalten. Eine weitergehende Verarbeitung, z. B. eine Analyse der Bedeutung von Reizen findet hier noch nicht statt. Es ist die unterste, einfachste Stufe der Informationsaufnahme. Man spricht deshalb auch von «präkategorialer» Speicherung (CROWDER & MORTON, 1969; MASSARO, 1976 «pre-perceptual storage»). Den sensorischen Registern wird folgende Funktion zugeschrieben: Reizeinwirkungen auf den Organismus werden für sehr begrenzte Zeit verfügbar gehalten. Information aus den sensorischen Registern wird selektiv in die nachfolgenden Speicher übertragen («read-out»). Erst dann erfolgt eine Wiedererkennung und Weiterverarbeitung dieser Information. Der Prozeß des selektiven Übertragens von Information aus den sensorischen Registern benötigt Zeit, und diese ist durch das kurzfristige Festhalten in den sensorischen Registern gegeben.

Die Kapazität der Register gilt als sehr groß; der Informationsverlust in den sensorischen Registern ist jedoch sehr hoch und erfolgt innerhalb weniger Hundert msec. Für die Sinnesmodalitäten werden spezifische Register angenommen. So wird von visuellen, sensorischen Registern oder von einem ikonischen Gedächtnis gesprochen («iconic memory»). Desgleichen werden auditive, sensorische Register postuliert, die auch als echoisches Gedächtnis («echoic storage») bezeichnet werden.

(b) *Der Kurzzeitspeicher* (KZS) erhält Informationen aus den sensorischen Registern und aus dem Langzeitspeicher. Es ist die zentrale Speichereinheit des Modells. Inhalte, die in den KZS gelangen, stehen noch wenige Sekunden zur Verfügung, wenn die Aufmerksamkeit von ihnen abgezogen und anderen Inhalten zugewendet wird. Die Dauer der Verfügbarkeit ist jedoch länger als in den sensorischen Registern. Für die Kodierung von Informationen im KZS werden verschiedene Formate vorgesehen. Als dominierende Form gilt auditiv-verbale Kodierung. Informationen, wenn sie bewußt verarbeitet werden sollen, müssen in den KZS übertragen werden. Er wird mit einem Arbeitsgedächtnis («working memory») gleichgesetzt: begrenzte Informationsmengen werden hier zur bewußten Weiterverarbeitung durch geistige Prozesse festgehalten. Hier können Informationen, sofern die Aufmerksamkeit auf sie gerichtet bleibt, sehr lange festgehalten werden. Die Kapazität des KZS gilt als begrenzt.

(c) *Der Langzeitspeicher* (LZS) erhält Informationen aus den sensorischen Registern und aus dem KZS. Er gilt als unbegrenzter, permanenter Speicher, der das Wissen einer Person über die Welt enthält. Die Übertragung von Informationen aus dem KZS in den LZS kann bewußt oder unbewußt erfolgen. Weiter wird angenommen, daß es verschiedene Kodierungsformate für Informationen im LZS gibt. Als dominierende Form der Kodierung für den LZS wird semantische Kodierung angenommen.

(2) Mit *Kontrollprozessen* führen ATKINSON und SHIFFRIN (1968) eine Neuerung ein (vgl. SHIFFRIN, 1977). Es sind damit Gedächtnisprozesse und -strategien gemeint, die von einer Person zum Einprägen, Behalten und Erinnern ausgewählt, eingesetzt und organisiert werden können. Diese Prozesse unterliegen der Kontrolle der Person und sind abhängig von den jeweiligen Inhalten und Anforderungen. Sie regeln den Informationsfluß zwischen den Speichern, d.h. welche Information transferiert wird. Solche Kontrollprozesse betreffen z.B. Stimulus-Analyse, Änderung der Aufnahmebereitschaft, Wiederholen, Suche im LZS. Der Prozeß des Wiederholens (rehearsal) nimmt eine zentrale Rolle ein: er dient dem «Festhalten» von Informationen im KZS; lange Zeit ist ferner angenommen worden, daß häufiges Wiederholen auch die Übertragung von Informationen aus dem KZS in den LZS leisten würde. Dieser Sachverhalt stellt sich jedoch heute komplizierter dar (vgl. den Abschnitt: Wissenserwerb).

In der Folgezeit sind zahlreiche experimentelle Untersuchungen durchgeführt worden, die vor allem Merkmale zur Unterscheidung der 3 separaten Speicher betrafen. Es wurde untersucht, ob die Speicher sich bezüglich des Verlusts an Information, bezüglich ihrer Kapazität und bezüglich der Kodierung von Information unterscheiden. Ein Teil dieser Arbeiten erbrachte Ergebnisse, die eine klare Trennung von 3 Speichereinheiten auf der Basis solcher Merkmale zumindest problematisch erscheinen lassen.

Vorerst halten wir fest: Das Mehr-Speicher-Modell hat zwei wesentliche Gedanken in die Gedächtnispsychologie eingeführt, die bis heute Bestand haben und fortentwickelt wurden: (1) Die Annahme einer automatischen, festen Abfolge der Verarbeitung von Information über mehrere Stufen hinweg (im Modell durch die 3 hintereinandergeschalteten, permanenten Teilstrukturen des Gedächtnisses realisiert); (2) Die Annahme einer zusätzlichen, kontrollierten Verarbeitung dieser Information bei Gedächtnisleistungen (Kontrollprozesse).

In der Folgezeit unterlag das Modell von ATKINSON und SHIFFRIN (1968) verschiedenen Modifikationen, die vor allem die Aufhebung der drei Speichereinheiten betrafen. Diese Änderungen und das daraus resultierende Modell des Gedächtnisses sind Gegenstand der nun folgenden Abschnitte.

3.2 Das Ein-Speicher-Modell des Gedächtnisses

Das Ein-Speicher-Modell sieht Ebenen der Informationsverarbeitung sowie automatische und kontrollierte Prozesse der Kodierung und Verarbeitung im Gedächtnis vor.

Die Entwicklung zum Ein-Speicher-Modell wurde vor allem durch verschiedene Arbeiten von SHIFFRIN vorangetrieben (SCHNEIDER & SHIFFRIN, 1977; SHIFFRIN, 1975, 1976, 1977; SHIFFRIN & SCHNEIDER, 1977). Die folgenden zwei strukturellen Änderungen kennzeichnen die Fortentwicklung des ursprünglichen Gedächtnismodells:

(1) Sensorische Register werden nicht mehr als

separate Speicher vorgesehen. Dafür werden zwei Gründe angeführt: (a) Die hypothetischen Vorgänge in den sensorischen Registern werden als eine Stufe des gesamten Verarbeitungsprozesses im Gedächtnis aufgefaßt, über die sensorische Information in das Gedächtnis gelangt. Die für sensorische Register angenommenen, ersten Kodierungsschritte, das kurzfristige Andauern von Reizeinwirkungen sowie die hohe Verlustrate werden als Merkmale unterster oder früher Stufen der Informationsaufnahme und -verarbeitung im Gedächtnis aufgefaßt. Die neue Modellversion ist von der früheren also nur insofern verschieden, als nunmehr eine Folge von Stufen oder Ebenen der Kodierung und Verarbeitung angenommen wird, deren erste Abschnitte vorher als separate, sensorische Register behandelt worden waren. Die Besonderheiten der Kodierung, der Verfügbarkeit und des Verlusts von Information auf dieser unteren Ebene bleiben erhalten. Sie werden nun nicht mehr als Merkmale eines separaten Speichers, sondern als Merkmale der initialen Stufen des Verarbeitungsprozesses behandelt.

Die zahlreichen Ergebnisse zum Nachweis kurzzeitigen Andauerns visueller und akustischer Reize auf sensorischer Ebene lassen sich problemlos in ein Modell aufnehmen, das ohne die Annahme eines separaten Registers auskommt.

(b) In neueren Arbeiten wird grundsätzlich Kritik am Konzept der sensorischen Register, vor allem an den experimentellen Untersuchungen zu visuellen Registern vorgetragen (Haber, 1983). Die Verwendung sehr kurzzeitiger, tachistoskopischer Darbietungen, wie sie etwa von Sperling (1960) vorgesehen ist, wird aufgrund wahrnehmungspsychologischer Überlegungen abgelehnt. Wahrnehmung basiere nicht auf diskreten, sondern vielmehr auf kontinuierlichen Prozessen. Bemerkenswert ist auch, daß Neisser selbst, der in seinem einflußreichen Buch von 1967 die Terminologie echoisches und ikonisches Gedächtnis zur Bezeichnung auditiver und visueller Register eingeführt hat, heute die Annahme separater, sensorischer Register als Speicherkomponenten für überflüssig hält (Neisser,1983). Ergebnisse der zahlreichen Arbeiten v. a. zu visuellen Registern stuft er als Reaktionen geschickter Individuen in einer ungewöhnlichen Situation ein.

(2) Ein Kurzzeitspeicher wird ebenfalls nicht mehr als separate Speichereinheit vorgesehen. Vielmehr wird nun angenommen, daß sich eine Teilmenge der Informationselemente im Netzwerk des Langzeitgedächtnisses in einem temporären Zustand der Aktivation befinden kann und somit zur weiteren Verarbeitung verfügbar ist. Dies wird als Kurzzeitgedächtnis bezeichnet (short-term memory). Der Begriff Kurzzeitgedächtnis bezieht sich also auf einen vorübergehenden Zustand und auf die Verfügbarkeit von Information des Langzeitgedächtnisses. Diese Auffassung hat u.a. Eingang in das umfassende kognitive Modell ACT von Anderson (1976, 1983a) gefunden.

Aus diesen beiden Änderungen resultiert ein Modell des Gedächtnisses mit einer einzigen großen Einheit, dem Langzeitgedächtnis. Die Grundgedanken des Modells sind: (a) Die Kodierung und Verarbeitung von Inhalten geschieht in einer Folge von Schritten; (b) An Gedächtnisprozessen ist sowohl automatische als auch kontrollierte Verarbeitung beteiligt.

Die nachfolgende Darstellung nimmt vor allem auf die Arbeiten von Shiffrin Bezug (Schneider & Shiffrin, 1977; Shiffrin, 1970, 1975, 1976; Shiffrin & Schneider, 1977).

4. Das Langzeitgedächtnis

Das Langzeitgedächtnis umfaßt alles Wissen eines Menschen; es ist ein passives, permanentes Reservoir von Kenntnissen über Sachverhalte, Personen, Ereignisse und Handlungen. Die Struktur des LZG gleicht einem vielfältig verknüpften Netzwerk. Sie umfaßt mehrere Ebenen miteinander verknüpfter Gedächtnisinhalte. Es wird zwischen automatischer und kontrollierter Kodierung unterschieden. Kodierung entspricht der Aktivation von gespeicherten Wissenselementen. Das Resultat ist die interne Repräsentation eines Sachverhalts, die auf verschiedenen Ebenen erfolgen kann.

4.1 Struktur des Langzeitgedächtnisses

Das LZG umfaßt alles Wissen eines Menschen über Sachverhalte, Personen, Vorgänge, Werte der Realität einschließlich der persönlichen Erlebnisse und des Wissens über die eigene Person. Die Speicherung des Wissens im LZG gilt als permanent, d.h. Inhalte, die einmal in das LZG gelangen, bleiben dort erhalten (von traumatischen Prozessen abgesehen). Die Struktur des LZG wird als ein riesiges Netzwerk beschrieben, das aus vielen Knotenpunkten besteht, die vielfältig miteinander verknüpft sind. Das Bild des Netzwerkes steht für das vielfältig verknüpfte und organisierte Wissen eines Menschen über die Realität. Gedächtnisinhalte bilden die intern repräsentierte Information über die Realität. Die Knotenpunkte (nodes) werden als «images» bezeichnet (RAAJMAKERS & SHIFFRIN, 1980, 1981; SHIFFRIN & SCHNEIDER, 1977). Sie stellen die elementaren Informationselemente des Gedächtnisnetzwerkes dar. Solche Einheiten repräsentieren die Sachverhalte der Realität. Es können einzelne Informationselemente sein, aber auch komplexe, verdichtete Strukturen aus eng verknüpften Elementen. Für ein Wort können diese Gedächtniseinheiten Formen, Buchstaben, Phoneme, Artikulation, Synonyme, Bedeutung umfassen. Die als Knotenpunkte eines Netzwerkes beschriebenen Gedächtniseinheiten umfassen unterschiedlich viel Information. Im Modell ACT von ANDERSON (1983) wird zur Beschreibung gespeicherten Wissens ebenfalls eine Netzwerkstruktur angenommen, deren Knotenpunkte als «cognitive units» bezeichnet werden. Solche Einheiten werden im Modell ACT vor allem durch Propositionen, abstrakte Wisseneinheiten, abgebildet (s. den Abschnitt: Propositionale Kodierung). Es ist bemerkenswert, daß im Ein-Speicher-Modell von SHIFFRIN keine näheren Aussagen über die Verknüpfungen gemacht werden. Merkmale dieser Verknüpfungen, z.B. Stärke, sind für die Ausbreitung der Aktivation im Gedächtnisnetzwerk von Bedeutung (s. den entsprechenden Abschnitt).

Ein wesentlicher Unterschied zwischen dem Gedächtnismodell von SHIFFRIN (SHIFFRIN & SCHNEIDER, 1977) und dem von ANDERSON (1983a) besteht darin, daß ANDERSON 2 Wissensformen annimmt. Im ACT-Modell wird zwischen deklarativem und prozeduralem Wissen unterschieden («declarative vs. procedural knowledge»). Deklaratives Wissen entspricht dem Faktenwissen eines Menschen; es ist Wissen, *daß* etwas ist. Prozedurales Wissen ist Wissen, *wie* etwas zu tun ist. Im Modell ACT werden für die beiden Wissensformen auch verschiedene Modellrepräsentationen verwendet. Deklaratives Wissen wird in Form eines propositionalen Netzwerkes dargestellt; prozedurales Wissen durch ein System von Produktionsregeln. Diese Unterscheidung, die von RYLE (1949) eingeführt wurde, ist nicht unumstritten. SHIFFRIN verzichtet darauf (vgl. auch NORMAN & RUMELHART, 1975). ANDERSON (1976, 1983a) zieht die Trennung vor, gesteht aber ein, daß die Entscheidung darüber, was als deklarativ und was als prozedural zu repräsentieren ist, nicht immer eindeutig ist.

4.2 Aktivation des Langzeitgedächtnisses

Die Inhalte des LZG gelten als passiv, d.h. das gespeicherte Wissen muß erst «aufgerufen» werden. Die Knotenpunkte des Wissensnetzwerkes bedürfen der Aktivation. Diese kann zweifach erfolgen: (a) durch Information, die über die sensorischen Kanäle aufgenommen wird; (b) durch Information, die im Verlauf intern ablaufender, geistiger Prozesse erzeugt wird. Sind Knotenpunkte des Gedächtnisnetzwerkes im Zustand der Aktivation, dann ist das durch sie repräsentierte Wissen der bewußten Verarbeitung zugänglich. Die Aktivation dauert für kurze Zeit an, kann aber auch gezielt durch geeignete Operationen (nämlich Kontrollprozesse) für längere Zeit aufrecht erhalten werden. Ein Inhalt bleibt aktiviert, solange wir unsere Aufmerksamkeit auf ihn richten. Die temporäre Aktivation eines Teils der Informationselemente im LZG wird als *Kurzzeitgedächtnis* bezeichnet «short-term memory»). Anders als im Mehrspeicher-Modell meint der Begriff KZG hier nicht mehr eine Speicher-Box, sondern einen *Zustand* von Gedächtnisinhalten. Eine Teilmenge der Netzwerkstruktur des LZG ist vorübergehend aktiviert. Der Wechsel vom aktiven zurück in den passiven Zustand entspricht einem Verlust von Information. Das Unvermögen, einen Inhalt aus dem LZG zu aktivieren, d.h. aus dem passiven in den aktiven Zustand überzuführen, entspricht dem, was als Vergessen bezeichnet wird. Die Nutzung von Wissen bei geistiger Aktivität kann man sich als eine gezielte, fortlaufende Aktivation immer neuer Informationsstrukturen aus dem Netzwerk vorstellen. Gleichzeitig werden jene Strukturen wieder inaktiv, die nicht mehr Gegenstand der bewußten Verarbeitung sind.

Für die Organisation der Inhalte im LZG wird im Modell von SHIFFRIN eine grundlegende Modellannahme formuliert: Es gibt eine hierarchisch geordnete Folge von Ebenen (oder Stufen) in der Netzwerkstruktur des LZG («structural levels»; SHIFFRIN, 1975, 1976, 1977). Dies ist eine Sequenz von Kodierungsformen, beginnend mit den elementarsten Kodierungen des sensorischen Inputs bis hin zu komplizierten Formen der internen Verarbeitung, etwa der Bedeutungsanalyse eines Inputs. Das Fortschreiten von niedrigen zu höheren Ebenen entspricht einer fortlaufenden Aktivation von Knotenpunkten, d.h. von Informationselementen im Gedächtnisnetzwerk, die einen Sachverhalt repräsentieren. Die Informationselemente niedriger Ebenen repräsentieren einfache, elementare Charakteristika von Sachverhalten (Mustererkennung). Die Informationselemente höherer Ebenen stellen komplexere Kodierungsstrukturen für den gleichen Sachverhalt dar, die abstrakte Merkmale und Bezüge repräsentieren (z.B. die Bedeutung eines Begriffs). Die Annahme von Ebenen der Gedächtnisstruktur impliziert (a) eine spezifische Abfolge von Kodierungsformen, die unterschiedlichen internen Repräsentationen eines Sachverhalts entsprechen; (b) die Möglichkeit zu unterschiedlich tiefer Verarbeitung von Information. Die Verarbeitung eines wahrgenommenen Sachverhalts kann oberflächlich erfolgen, d.h. vorwiegend auf der Basis seiner Kodierung und Repräsentation auf niedrigen Ebenen (z.B. das Wort «Universität» ist schwarz gedruckt). Tiefe Verarbeitung verlangt das Fortschreiten zu höheren Ebenen und die Nutzung komplexer, abstrakter Formen der Kodierung (z.B. die Bedeutung des Wortes «Universität»; die Funktion einer Universität).

Die Annahme von Ebenen impliziert weiter eine wenigstens zeitweilige Gerichtetheit des Ablaufs der Informationsverarbeitung, von niedrigen Kodierungsebenen ausgehend zu höheren. Anders ausgedrückt: die Aktivation von Knotenpunkten erfolgt bevorzugt von der niedrigen zur nächsthöheren Ebene.

Die Abfolge der Informationsaufnahme und -verarbeitung im LZG ist an einem Beispiel in Abbildung 4 dargestellt.

Sensorische Inputs gelangen in das Gedächtnissystem und werden in einer Folge von Stufen kodiert. Dieser Prozeß erfolgt auf den untersten Stufen automatisch (im Englischen wird hierfür der Begriff «encoding» verwendet). Er besteht darin, daß jene Informationselemente, die zentrale Merkmale eines Reizes intern repräsentieren, aktiviert werden: «Encoding consists of contacting one of these features in lts and activating it» (SHIFFRIN, 1975, S.194). Der sensorische Input, z.B. ein Buchstabe, eine Zahl, ein Wort, wird auf den untersten Ebenen bezüglich der elementarsten Merkmale kodiert: Informationselemente, die Kontraste, Punkte, Linien, Winkel repräsentieren werden aktiviert. Auf den nachfolgenden Ebenen werden Inhalte aktiviert, wie die verbale Bezeichnung, die Kategorisierung des Sachverhalts (z.B. eines Reizes als Wort, als Zahl; vgl. SHIFFRIN, 1976, S.180).

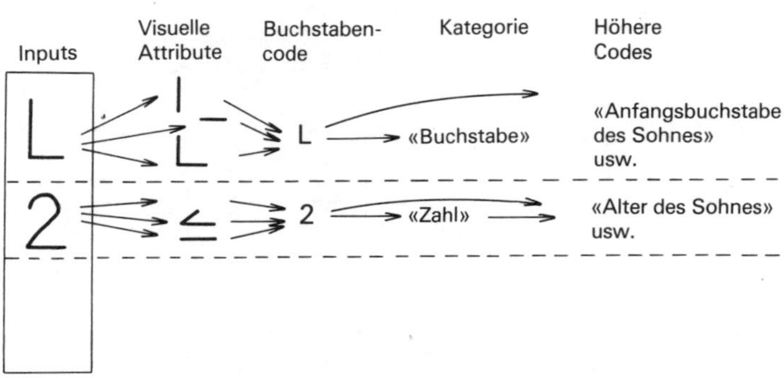

Abbildung 4: Vereinfachte Darstellung der Aufnahme und Kodierung eines Inputs (nach SHIFFRIN & SCHNEIDER, 1977, S.163).

Frühe Stufen der Aufnahme und Kodierung von Inputs erfolgen *automatisch*. Der sensorische Input wird durch einen automatisch einsetzenden, nicht bewußt kontrollierbaren Prozeß bis zu einer bestimmten Ebene erst einmal kodiert. Diese initiale, automatische Kodierung leistet zunächst einmal eine Art Aufbereitung des Inputs für die weitere Verarbeitung. Erst der Zustand der Aktivation von Informationselementen, die diesen Sachverhalt intern repräsentieren läßt eine weitere *kontrollierte* Kodierung und Verarbeitung zu. Dies würde einer Aktivation weiterer Strukturen des LZG entsprechen. Bezüglich eines Wortes können z.B. linguistische, semantische Aspekte, können Kontexte, z.B. Sätze, in denen das Wort auftrat, aktiviert werden. Kontrolliert heißt diese Verarbeitung deshalb, weil sie der willentlichen Steuerung des Individuums unterliegt. Das Individuum kann systematisch versuchen, zu einem wahrgenommenen Sachverhalt weitere Informationen zu aktivieren und diesen mit anderen Inhalten in Beziehung zu setzen. In Abbildung 5 ist das Zusammenwirken von automatischen und kontrollierten Prozessen im Gedächtnis veranschaulicht.

Angesichts der vielen sensorischen Inputs, die vom Organismus zu einem Zeitpunkt aufgenommen werden, muß die initiale automatische Kodierung zur Aktivation zahlreicher Gedächtnisinhalte auf niedrigen Ebenen führen. Aber nur wenige der insgesamt aktivierten Informationen erlangen Aufmerksamkeit und werden Gegenstand weiterer, kontrollierter Verarbeitung auf höheren Ebenen. Aufmerksamkeitssteuerung in diesem Modell ist ein Selektionsprozeß über einer gerade aktivierten Teilmenge von Gedächtnisinhalten. Gedächtnisleistungen können sowohl Folge automatischer als auch Folge kontrollierter Verarbeitung sein. Automatische Reaktionen (z.B. Wiedererkennungsleistungen) belasten die Verarbeitungskapazität nicht. Ergebnisse kontrollierter Verarbeitung basieren auf der Nutzung von Gedächtnisinhalten auf höheren Ebenen (vgl. Shiffrin, 1976). Sie ist zeitkonsumierend und belastet die Kapazität.
Die Unterscheidung zweier Formen der Informationsaufnahme und -kodierung findet sich bereits bei Neisser (1967). Er führt aus, daß die konstruktiven Akte im Gedächtnis 2 Stufen haben: eine Stufe sei schnell, grob, ganzheitlich

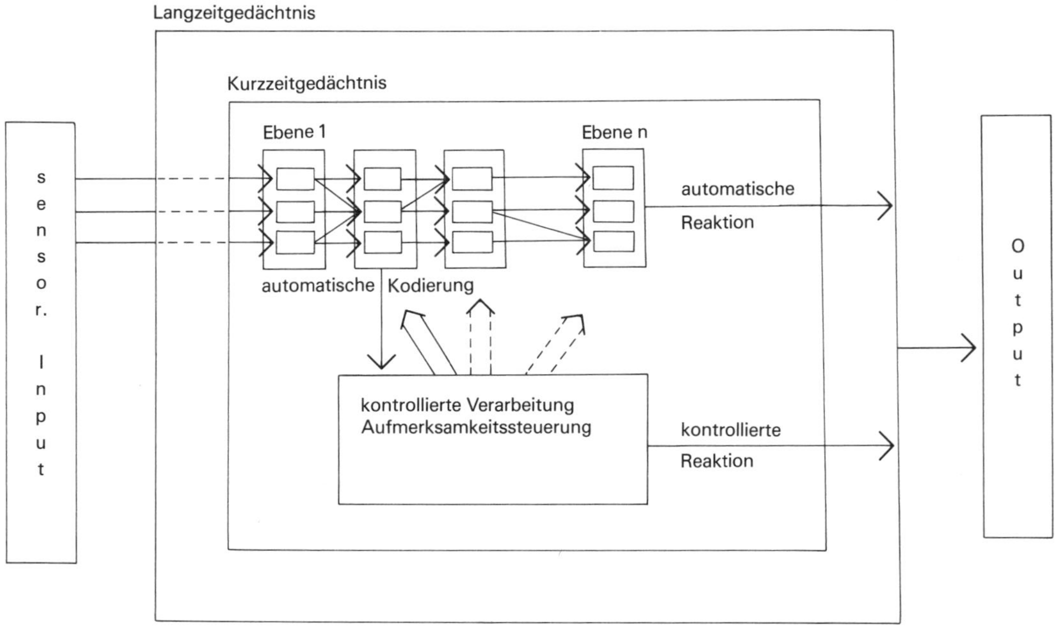

Abbildung 5: Vereinfachte Darstellung des Zusammenwirkens von automatischer und kontrollierter Verarbeitung im Gedächtnis (nach Shiffrin & Schneider, 1977, S.162).

und parallel, die andere sei bewußt, aufmerksam, detailliert und sequentiell. Auch im Gedächtnismodell von ATKINSON und SHIFFRIN (1968) war diese Unterscheidung bereits enthalten, jedoch nicht ausgearbeitet (permanente Strukturmerkmale vs. Kontrollprozesse; vgl. SHIFFRIN, 1977). Allerdings führt SHIFFRIN in seinem Modell nicht aus, bis zu welcher Ebene der automatisch einsetzende Kodierungsprozeß abläuft.

Für den Organismus ist es zweckmäßig, daß sensorische Inputs automatisch kodiert werden. Eine Steuerung dieses Prozesses ist dadurch möglich, daß die Umgebung verändert wird (z.B. Abstellen von störenden Geräuschquellen). Jedoch kann nicht die gesamte Menge dieser Information beachtet und verarbeitet werden. Der weitaus größte Teil der zu einem Zeitpunkt im LZG aktivierten Informationselemente geht rasch wieder verloren, d.h. diese Inhalte werden wieder inaktiv. Bezüglich der Rate, mit der dieser Informationsverlust eintritt wird angenommen, daß sie am größten auf den ersten Stufen der Informationsaufnahme und -kodierung ist (innerhalb von etwa 500 msec; SPERLING, 1960), mit dem Fortschreiten der Aktivation auf höhere Ebenen jedoch abnimmt. Für die kontrollierte Verarbeitung bleibt demnach eine kleine Teilmenge der ursprünglich aktivierten Informationsmenge verfügbar. Diese ist abhängig von den Absichten und der Aufmerksamkeitssteuerung des Individuums. Auch dafür ist eine Verlustrate anzunehmen. Jedoch kann die Aktivation durch Kontrollprozesse, wie z.B. Wiederholen (rehearsal) aufrechterhalten werden.

Der folgende Abschnitt über das Kurzzeitgedächtnis behandelt Merkmale aktivierter Gedächtnisstrukturen.

5. Das Kurzzeitgedächtnis

Mit Kurzzeitgedächtnis wird ein temporärer Zustand von Informationselementen im Langzeitgedächtnis bezeichnet: Teilmengen der Inhalte im Langzeitgedächtnis sind vorübergehend aktiviert. Die Begriffe LZG und KZG beziehen sich auf die gleichen Inhalte, jedoch auf verschiedene Zustände dieser Inhalte.

Der Begriff Arbeitsgedächtnis bezieht sich auf die kontrollierte Verarbeitung aktivierter Informationselemente.

Kapazitätsgrenzen des Kurzzeitgedächtnisses ergeben sich aus Beschränkungen des Kontrollprozesses des Wiederholens.

Der Begriff Kurzzeitgedächtnis bezeichnet einen temporären Zustand der Aktivation, in dem sich Informationselemente des LZG befinden können. Die Aktivation von Knotenpunkten im Netzwerk des LZG durch sensorische Inputs ist gleichbedeutend mit der Aufnahme des Inhalts in das Kurzzeitgedächtnis. Zur Veranschaulichung des Vorgangs kann man folgende Analogie heranziehen: Man kann sich das LZG als ein vielfältiges Leitungsgeflecht vorstellen; die Aktivation von Teilstrukturen des LZG ist einem Zustand vergleichbar, bei dem in einem Teil der Leitungen Strom fließt (SHIFFRIN, 1975). Die Information, die durch diese aktivierten Teilstrukturen repräsentiert wird, bildet den Inhalt des KZG. In Abbildung 6 ist dieser Vorgang veranschaulicht.

Eine grundlegende Annahme des Modells lautet: «... sensory information is dumped into sts in parallel from all sensory sources» (SHIFFRIN, 1975, S.195). Auf diesen Vorgang kann nicht Einfluß genommen werden, er verläuft automatisch. Bis zu einer bestimmten Ebene wird die aufgenommene Information automatisch kodiert («encoding»). Ein Überfluten des Gedächtnisses durch aktivierte Information wird dadurch ausgeschlossen, daß für die frühen Stufen der Kodierung eine außerordentlich hohe Verlustrate angenommen wird. Es bleibt so nur eine begrenzte Menge aktivierter Knotenpunkte, d.h. von Gedächtnisinhalten, aus denen gezielt jene selegiert werden, die zur Verfolgung gerade aktueller Ziele weiterverarbeitet werden sollen. «Fast alle Information, die in das KZG aufgenommen wird, geht sehr rasch verloren, so daß die Person spezifische, bedeutsame Komponenten für Wiederholen, Kodieren und Entscheiden auswählen muß. Dieser selektive Prozeß ist vermutlich der Ort der selektiven Aufmerksamkeit» (SHIFFRIN, 1975, S.195; Übers. v. Verf.). Selektive Aufmerksamkeit ist also nicht mehr Angelegenheit eines Filters oder eines Übertragungsprozesses (vgl. ATKINSON & SHIFFRIN, 1968; BROADBENT, 1958). Vielmehr ist selektive Aufmerksamkeit

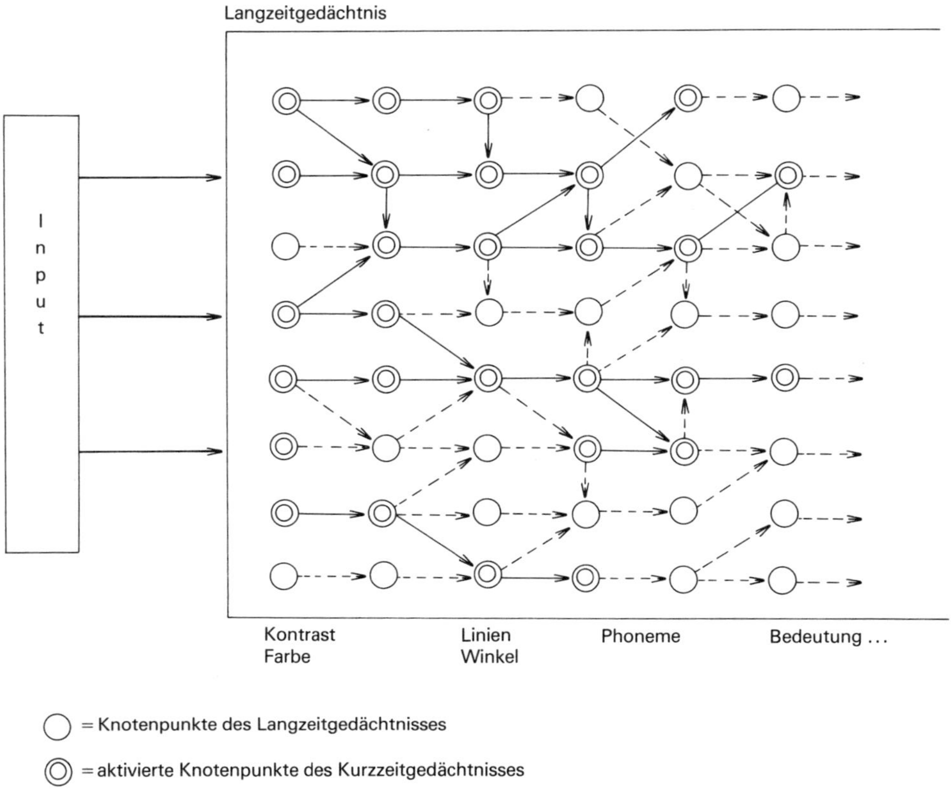

Abbildung 6: Darstellung des Kurzzeitgedächtnisses als aktivierter Teilstruktur des Langzeitgedächtnisses (nach SHIFFRIN, 1976, S. 215).

in diesem Modell ein vom Individuum einsetzbarer, kontrollierter Prozeß, der über der Menge gerade aktivierter Inhalte im Gedächtnis selektiv wirksam wird. Selektive Aufmerksamkeit geht also vollständig auf Kontrollprozesse im KZG über, durch die automatisch kodierte Inputs für die weitere Informationsverarbeitung ausgewählt werden.

Die Aufhebung der Unterscheidung zwischen KZG und LZG in Form separater Speicher («stores») begründet SHIFFRIN (1977) u.a. damit, daß sich die Speicher wegen der informationellen Gemeinsamkeiten so sehr nicht unterscheiden können (s. Abb. 6): Was im LZG gespeichert wird, sind Verknüpfungen zwischen Informationselementen, die im KZG wiederholt, kodiert oder in anderer Form besonders beachtet worden sind. Aktivierte Inhalte wiederum, die den Bestand des KZG bilden, sind Teilmengen der Struktur des LZG. Dieses Zwei-Phasen-Modell, inaktive Strukturen im LZG, aktivierte Teilstrukturen im KZG, hat eine wichtige Implikation: Wenn die Informationselemente, die das KZG bilden, als aktivierte Teilmenge der Struktur des LZG aufgefaßt werden, dann müßte auch die Verknüpfungsstruktur des LZG durch die Aktivation erhalten bleiben und verfügbar werden. Dies wäre z. B. von Bedeutung für Suchprozesse im KZG.

Der Begriff Arbeitsgedächtnis (AG; «working memory») wird häufig synonym mit dem des KZG verwendet. Er bezieht sich auf die Verarbeitung der gerade aktivierten Informationselemente durch geistige Operationen. Es ist vorstellbar, daß die zu einem Zeitpunkt insgesamt aktivierte Informationsmenge des KZG größer sein kann, als die Informationsmenge, die gerade zur Verarbeitung gelangt.

Die bewußte Verarbeitung von Information,

also alles, was wir als Denken, Problemlösen und Entscheiden bezeichnen basiert auf den aktivierten Inhalten, die den Bestand des KZG bilden. «Das phänomenologische Empfinden des Bewußtseins mag in einer Teilmenge der Information im KZG begründet liegen, vor allem jener Teilmenge, die gerade beachtet und kontrolliert verarbeitet wird» (SHIFFRIN, 1977, S. 155; Übers. v. Verf.).

Hinsichtlich des Verlusts an aktivierten Informationselementen wird angenommen, daß die Verlustrate auf frühen Stufen der Informationsaufnahme und -verarbeitung hoch, auf höheren Stufen geringer sei (vgl. den Abschnitt: Informationsverlust). Auf frühen Stufen bleibt die Aktivation nur für wenige hundert msec verfügbar. Auf höheren Stufen aktivierte Inhalte können bis zu einer Minute verfügbar sein. Informationsverlust entspricht der Umkehrung des Aktivationszustandes. Der weitaus größte Teil *automatisch* kodierter Information geht so rasch verloren. Die Aktivation der zur weiteren, kontrollierten Verarbeitung selegierten Inhalte wird durch kognitive Operationen aufrechterhalten.

Eine zentrale Rolle kommt hier dem Kontrollprozeß des Wiederholens («rehearsal») zu, der für begrenzte Informationsmengen den Zustand der Aktivation aufrechterhalten kann. Die Kapazitätsgrenzen, die dem KZG üblicherweise zugeschrieben werden, sind im Modell Beschränkungen dieses Prozesses.

In den folgenden Abschnitten werden zuerst die Besonderheiten der Aufnahme und Kodierung von sensorischen Inputs auf den frühen, automatisch erfolgenden Stufen des Verarbeitungsablaufs erörtert. Es folgt dann eine Darstellung von Vorgängen, die für die weitere, kontrollierte Verarbeitung der Informationen des KZG bedeutsam sind.

5.1 Merkmale der Kodierung auf niedrigen Ebenen

Es gelangen zahllose sensorische Inputs in das Gedächtnis. Die initiale Kodierung erfolgt automatisch. Dies entspricht einer Aktivierung von Gedächtnisinhalten auf niedrigen Ebenen. Die Aktivierung dauert nur wenige hundert msec an. Die Verlustrate ist hoch. Verlust ist gleichbedeutend mit Inaktivwerden von Informationselementen. Ursache des Verlusts ist Interferenz durch ähnliche, aktivierte Inhalte.

Mit Kodierung ist die «Übersetzung» der wahrgenommenen Reize in eine Form gemeint, die dann eine weitere Verarbeitung zuläßt. Das Ergebnis der Kodierung ist die interne Repräsentation eines Reizes, und diese enthält die Information, die zu verarbeiten ist. Es wird also nicht eine Kopie des Reizes selbst gespeichert oder verarbeitet. Vielmehr liegen zwischen Eingabe und interner Repräsentation Prozesse, in deren Verlauf ein Reiz eine Transformation erfährt. Sensorische Inputs unterliegen vielen Stufen des Kodierens. Die initiale Kodierung von Reizen erfolgt automatisch («encoding»); sie führt zur Aktivierung von zahlreichen Knotenpunkten im Netzwerk auf den untersten Ebenen (vgl. Abb. 4; 6). Hier erfolgt eine Kodierung über mehrere Ebenen hinweg, beginnend mit den elementarsten Attributen eines Reizes bis hin zu einer ersten Kategorisierung von Reizen. Auf diesen untersten Ebenen ist der Informationsverlust, d.h. die Rate für das Inaktivwerden von Informationselementen im Netzwerk sehr hoch. Ursache für diesen Informationsverlust ist *Interferenz*. Sie wird durch die Ähnlichkeit gleichzeitig aktivierter Inhalte bedingt. Die Interferenz ist v.a. bei der Aktivation von Informationselementen derselben Ebene sehr groß (vgl. Abb. 4; 6). Dies ist der Fall bei ähnlichen Reizen (z.B. bezüglich ihrer Oberflächenmerkmale; vgl. Abb. 4) sowie bei der Verarbeitung von Reizen auf gleichen Ebenen (das Schriftbild eines Wortes A interferiert weniger mit einem anderen Wort B als das Wort A selbst). Die Interferenz ist umso größer, je mehr Elemente einer Ebene aktiviert sind. Der Begriff Interferenz wird hier synonym mit dem Begriff Verdrängen verwendet («displacement»; vgl. SHIFFRIN, 1975). Da auf den unteren Ebenen durch den ständigen sensorischen Input viel Informationselemente aktiviert sind, ist auch die Interferenz zwischen den zahlreichen aktivierten Inhalten sehr groß («similarity-interference mechanism»; SHIFFRIN, 1975). Die Folge davon ist, daß innerhalb kürzester Zeit viele Informationselemente wieder inaktiv werden. Wichtig ist, daß für alle Ebenen der Kodierung im Gedächtnisnetzwerk Interferenz als der entscheidende Faktor für

Informationsverlust aufgefaßt wird. Es gibt also keine separaten Verlustmechanismen für verschiedene Ebenen oder für automatische verglichen mit kontrollierter Verarbeitung. Für die Kodierung und Verarbeitung auf höheren Ebenen verbleiben zunehmend weniger aktive Elemente, weshalb auch die Rate des Verlusts von Information durch Interferenz auf diesen Ebenen geringer wird.

Automatische Kodierung visueller Reize

In tachistoskopischen Untersuchungen ist nachgewiesen worden, daß die Aktivation bei visuellen Reizen andauert. SPERLING (1960) bot Vpn in einem Tachistoskop gleichzeitig 12 Buchstaben für 50 msec dar. Fragt man Vpn danach, was sie gesehen haben, dann können sie in der Regel etwa 4 der 12 Buchstaben wiedergeben (30–40%). SPERLING (1960) gelangte jedoch durch Anwendung der Methode der Teilwiedergabe zu erheblich besseren Ergebnissen: nach der kurzen Darbietung der 12 Buchstaben (3 Zeilen zu je 4 Buchstaben) zeigt ein Signal (Ton) eine Zeile des gezeigten Buchstabenfeldes an, deren vier Buchstaben von der Vp genannt werden sollen. Die Vp weiß jedoch nicht vorher, welche Buchstabenzeile sie erinnern soll. Es wird lediglich eingeübt, welche Zeile durch welches Signal angezeigt wird. Der Vorzug dieser Methode ist, daß die Zeit zwischen Reizdarbietung und Signal variiert werden kann. Dies erlaubt eine Abschätzung der Zeit, die ein Informationselement nach einem sensorischen Input aktiviert bleibt. Bei kurzen Abständen zwischen Darbietung der Buchstaben und dem Signal (0.15 sec) können die Vpn etwa 80% der dargebotenen Reizmenge wiedergeben. Wartet man mit dem Signal bis zu 1 sec, dann besteht kein Unterschied mehr zwischen dem Ergebnis bei Teilwiedergabe und dem Ergebnis bei Wiedergabe des gesamten Reizangebots (etwa 30–40%; vgl. Abb. 7).

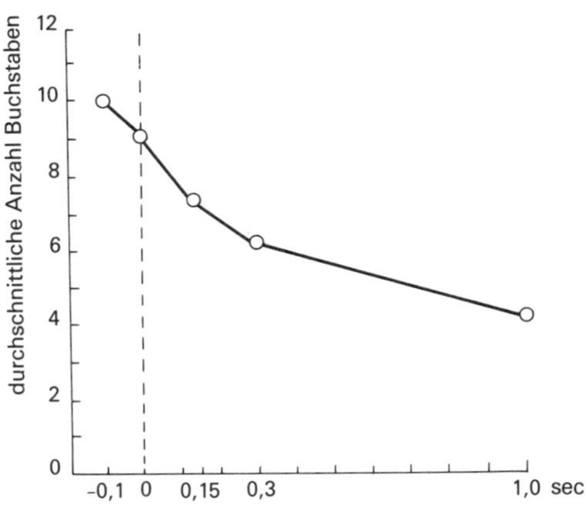

Abbildung 7: Zeitliche Verhältnisse des Informationsverlusts bei kurzzeitiger Darbietung visueller Information (nach SPERLING, 1960).

Es werden in dieser Untersuchung 2 Dinge gezeigt: (a) Auf niedriger Ebene der Kodierung dauert die Aktivation bei visuellen Reizen kurzfristig an; (b) die visuell registrierten und kodierten Inhalte gehen innerhalb von etwa 500 msec weitgehend verloren (die entsprechenden Informationselemente werden wieder inaktiv). Nur ein kleiner Teil der ursprünglich aufgenommenen Information ist noch verfübgar.
Zur Erklärung der begrenzten Wiedergabe von etwa 4 Reizen wurde im Mehrspeicher-Modell ursprünglich ein «Ableseprozeß» angenommen: die nur unvollständig kodierten Reize werden kurzfristig festgehalten (in den sensorischen Registern). Ein sequentieller Ableseprozeß identifiziert die Muster als bestimmte Buchstaben und transferiert sie in einen nachgeschalteten Speicher. Der Ableseprozeß ist seriell und zeitkonsumierend; die aufgenommene Information zerfällt weitgehend, bevor der Prozeß sie vollständig erfassen kann. Die Vp kann lediglich die etwa 4 transferierten Reize wiedergeben. Dagegen spricht, daß eine Ausdehnung der Darbietungszeit bis zu 500 msec zu keiner Steigerung der Wiedergabe führte (SPERLING 1960). Die längere Zeit sollte das «Ablesen» mehrerer Buchstaben ermöglichen.
SHIFFRIN (1976) nimmt statt dessen eine automatische Kodierung aller dargebotenen Reize über mehrere Ebenen hinweg an (bis hin zu einer Kategorisierung eines Reizes als Buchstabe oder Zahl). Die Aktivation der Informationselemente hält nur für wenige 100 msec an. Die Reproduktion der Reize kann in dieser Zeit nicht erfolgen. Die zentrale Frage ist, ob die Reize komplett kodiert und dann wiedergegeben werden, oder ob sie, nur unvollständig kodiert, «gelesen», transferiert und wiedergegeben werden. Die Anzahl der Reize sollte im zu-

erst genannten Modell keinen Effekt auf die Wiedergabe haben, wohl aber im 2. Fall. Es kommt also darauf an, experimentelle Bedingungen zu schaffen, die den Wiedergabeprozeß reduzieren und Aufschlüsse über die Kodierung eines Reizes in einem Ensemble von Reizen liefern. Solche Bedingungen wurden von SHIFFRIN und GARDNER (1972) geschaffen. Die Vpn mußten lediglich 1 Buchstaben aus einer Menge von 4 entweder simultan oder sequentiell dargebotenen Reize identifizieren. Unter beiden Bedingungen, simultan und sequentiell, resultierten gleiche Wiedergabeleistungen. Aus der Untersuchung geht hervor, daß die Dauer der Darbietung, nicht die Anzahl der Reize einen Effekt auf die Informationsaufnahme hat. Dies spricht für die Annahme einer automatischen Kodierung auf niedrigen Ebenen und spricht gegen die Annahme eines sequentiellen Prozesses des «Ablesens» von Mustern für weitere Verarbeitung.

Automatische Kodierung akustischer Reize

In ähnlicher Weise wie bei visuellen Reizen hat man zeigen können, daß auch bei kurzzeitig dargebotenen, akustischen Reizen für sehr kurze Zeit nach Beendigung der Reizdarbietung ein Andauern der Aktivation der Fall ist. Bietet man den Vpn gleichzeitig mehrere akustische Reize und setzt ebenfalls die Methode der Teilwiedergabe (SPERLING, 1960) ein, dann erzielt man ähnliche Ergebnisse wie bei visuellen Reizen. DARWIN, TURVEY und CROWDER (1972) erhielten auf diese Weise das folgende Ergebnis: Bei Aufforderung zur Wiedergabe *aller* dargebotenen akustischen Reize werden etwas weniger als 50% der Reize wiedergegeben. Bei der Methode der Teilwiedergabe, in der ein visuelles Hinweissignal verwendet wird, steigt die Wiedergabeleistung auf etwa 60%. Die Aktivation dauert jedoch länger, nämlich für etwa 4 sec an. In derselben Untersuchung konnte auch belegt werden, daß die initiale Kodierung sensorischer Inputs automatisch über mehrere Ebenen reicht. Würden die akustisch übermittelten Reize nur «reiznahe» Informationselemente auf unterster Ebene der Kodierung aktivieren (z.B. Linien, Kontraste), dann müßten Hinweissignale, die auf die Wiedergabe spezifischer, kategorisierter Reize wirkungslos bleiben (z.B. aus einer Anzahl verschiedener akustischer Reize die 2 Reize nennen, die Zahlen sind). Die Autoren fanden einen entsprechenden Effekt, der eine erste kategoriale Verarbeitung des Inputs belegt. Dies würde für eine automatische Kodierung über mehrere Ebenen hinweg sprechen.

Hinsichtlich des Andauerns der Aktivation durch akustische Reize gehen die Schätzungen erheblich auseinander. Mit verschiedenen Methoden werden verschiedene Ergebnisse erzielt: MASSARO (1970) variierte die Zeit zwischen einem Testton und einem weiteren Ton, der als maskierender Reiz eingeführt wurde. Aufgabe der Vp war es, den Testton als hoch oder niedrig zu identifizieren. Bei Zeitabständen bis zu 40 msec zwischen dem Testton und dem nachfolgenden, maskierenden Ton war dies der Vp nicht möglich. Im Intervall von 40–250 msec wird die Diskriminationsleistung der Vp hinsichtlich der Höhe des Testtons besser. Nach 250 msec findet kaum noch eine Verbesserung statt. Aus der Tatsache, daß innerhalb der ersten 250 msec nach einem akustischen Reiz Interferenz registrierbar ist, wird auf das Andauern einer entsprechenden Aktivation geschlossen. Zugleich wird gezeigt, daß Interferenz zu Informationsverlust führt. Die Zeitverhältnisse entsprechen denen, die für visuelle Reize gefunden wurden.

Mit einer anderen Versuchsanordnung (Suffix-Effekt) erhielten CROWDER und MORTON (1969) Schätzungen von 2–4 sec.

Zusammenfassend kann festgehalten werden, daß die Aktivierung von Inhalten im Gedächtnis bei kurzzeitiger Vorgabe visueller und akustischer Reize für wenige hundert msec andauert. Der Informationsverlust ist auf niedrigen Ebenen sehr hoch und erfolgt rasch. Die Verlustrate nimmt über die Ebene hinweg ab. Interferenz wirkt sich anfänglich stark, bei längerer Aktivation geringer aus. Dies weist darauf hin, daß sich die initialen Ebenen der Kodierung hinsichtlich der Rate des Informationsverlusts durch Interferenz sowie des Andauerns von Aktivation unterscheiden.

5.2 Merkmale der Kodierung auf höheren Ebenen

Nur ein Teil der automatisch kodierten sensorischen Inputs erlangt Beachtung und aktiviert

Gedächtnisinhalte auf höheren Ebenen. Diese Inhalte bilden den Bestand des KZG und sind Gegenstand der kontrollierten Verarbeitung. Sie können auf unterschiedlichen Ebenen kodiert sein. Verbale Kodierung dominiert.

Für einen selegierten Teil der aktivierten Inhalte kann die Aktivation aufrechterhalten und auf höhere Ebenen ausgedehnt werden («coding»). Um die Kodierung, in der Information auf höheren Ebenen zur bewußten Verarbeitung gelangt geht es in diesem Abschnitt. SHIFFRIN (1976) formuliert lediglich allgemein, daß die Inhalte des KZG, die Gegenstand kontrollierter Verarbeitung werden, auf höheren Ebenen kodiert sind als automatisch kodierte Inhalte. Die gängige Auffassung zur Kodierung der Inhalte bewußter Denkprozesse geht dahin, daß die verbale Kodierung dominiert, auch im Fall visueller Reize. ATKINSON und SHIFFRIN (1968) sprechen in diesem Zusammenhang von einem «auditory-verbal-linguistic code» (avl-code). Sie drücken damit aus, daß phonetische, artikulatorische und linguistische Anteile der Kodierung nur schwer zu trennen sind.

Phonetische Kodierung

Die phonetische Kodierung von Gedächtnisinhalten wurde durch eine vielzitierte Untersuchung von CONRAD (1964) aufgezeigt. Die Vpn mußten sich in diesem Experiment visuell dargebotene Buchstaben nach der Methode des seriellen Lernens einprägen. Die Analyse der Fehler bei der Wiedergabe zeigte, daß phonetisch ähnliche Items häufiger verwechselt werden. Gibt man die Buchstaben akustisch vor, erhält man dasselbe Resultat (WICKELGREN, 1965). Überdies konnte gezeigt werden, daß die Buchstabenverwechslungen bei der Reproduktion unter Bezug auf eine linguistische Analyse der Klangmuster (Phoneme) erklärt werden können (WICKELGREN, 1966). Dies Ergebnis wird durch eine weitere Untersuchung gestützt, in der verschiedene Kodierungsformate analysiert wurden (KINTSCH & BUSCHKE, 1969). Die Vpn lernten Listen mit 16 Begriffen. Die Überprüfung der Behaltensleistung erfolgte auf folgende Weise: der Vp wurde Item n der Liste vorgegeben, sie sollte das darauffolgende Item n+1 der Liste erinnern. Entscheidend ist nun die Konstruktion der Itemlisten. Liste 1 bestand aus 8 synonymen Begriffspaaren, Liste 2 bestand aus 8 homophonen Begriffspaaren, Liste 3 war die Kontrolliste. Gab man das erste Item n eines Paares vor, dann hatte die Vp das in der Liste darauf folgende synonyme (1) oder homphone (2) Item n+1 der Liste zu erinnern. KINTSCH und BUSCHKE (1969) fanden, daß bei Listen mit homophonen Begriffspaaren die *letzten* Items fehlerhaft reproduziert werden, nicht aber die ersten und mittleren Items. Dies wird auf die noch bestehende Aktivation dieser Items auf der Ebene der phonetischen Kodierung und die dadurch bedingte Interferenz zurückgeführt. Für die restlichen Items kann eine längere, auf höheren Stufen erfolgende Verarbeitung angenommen werden. Z.B. ist bei semantischer Kodierung der homophonen Begriffe nicht zu erwarten, daß es zu Interferenzen kommt. Bei der Liste mit synonymen Wortpaaren erhielten die Autoren das umgekehrte Ergebnis: verringerte Reproduktion aufgrund interferierender, semantischer Kodierung der ersten und mittleren synonymen Begriffspaare, keine Verringerung der Wiedergabe bei den letzten Items. Die angenommene phonetische Kodierung der zuletzt aktivierten, synonymen Items bewirkt keine Interferenz. Das Ergebnis zeigt, daß phonetische Kodierung gerade aktivierter und verarbeiteter Information dominiert. Es zeigt aber auch, daß beim Einprägen und Wiedergeben selbst einfacher Inhalte auf unterschiedlichen Ebenen kodiert und verarbeitet wird. Je nach Art des Materials und je nach Art der Kodierung kommt es zu Interferenzen und letztlich zu spezifischen Fehlern beim Erinnern. Das Ergebnis kann weiter als Bestätigung der Annahme gelten, daß Interferenz dann am wahrscheinlichsten ist, wenn die Kodierung auf der gleichen Ebene erfolgt.

Unter bestimmten experimentellen Bedingungen konnten jedoch auch andere Varianten der Kodierung von Information im KZG nachgewiesen werden.

Visuelle Kodierung

Durch Zusatzaufgaben verhinderten PETERSON und JOHNSON (1971) artikulatorische Aktivität, die zum Wiederholen von Items beim Einprägen eingesetzt wird. Die Folge war, daß bei visueller Darbietung des Materials der oben beschriebene Effekt der phonetisch erklärbaren Verwechslungen verschwindet. Bei akustischer Darbietung bleibt hingegen dieser Effekt bestehen. Daraus wäre zu schließen, daß bei akustischen Reizen eine phonetische Kodierung wahrscheinlich ist. Bei visuell dargebotenem Material ist die Kodierung jedoch nur phonetisch, wenn stützende artikulatorische Aktivität beim Wiederholen der Items damit einhergeht. Da bei visueller Darbietung und der gleichzeitig verhinderten artikulatorischen Aktivität die Wiedergabeleistung sich nicht bedeutsam gegenüber der anderen Bedingung verschlechterte, liegt es nahe, dafür eine Aktivation von Gedächtnisinhalten auf visueller Ebene anzunehmen. Ebenfalls Hinweise auf visuelle Kodierung verbalen Materials fanden KROLL, PARKS, PARKINSON, BIEBER und JOHNSON (1970). Den Vpn wurden in dieser Untersuchung Buchstaben visuell oder akustisch dargeboten, die einzuprägen waren. Gleichzeitig mußten jedoch die Vpn akustisch dargebotene Folgen von Wörtern fortlaufend nachsprechen («shadowing»). Nach 1 sec Behaltensintervall wurden die Reize beider Bedingungen, visuelle vs. akustische Vorgabe, gleich gut wiedergegeben (etwa 96% korrekt). Jedoch wurden die akustische dargebotenen Buchstaben danach rascher vergessen. Nach einem Behaltensintervall von 25 sec wurden lediglich 40% der akustisch dargebotenen Items korrekt behalten gegenüber 69% der visuell dargebotenen Buchstaben. Aus der unterschiedlichen Auswirkung der experimentellen Verhinderung artikulatorischer Aktivität kann geschlossen werden, daß es bei Aktivation visuell aufgenommener Inhalte eine andere als phonetische Kodierung geben kann. Dafür spricht auch, daß bei visuell dargebotenem Material kaum phonetische Verwechslungen vorkamen.

Semantische Kodierung

Die Aktivation von Inhalten auf der Ebene semantischer Kodierung konnte SHULMAN (1972) nachweisen. Die Untersuchung ergab, daß Verwechslungen bei einfachen Gedächtnisleistungen einem Muster folgen, das unter Bezug auf die Bedeutungen der Items beschrieben werden kann. Die Vpn mußten sich in dieser Untersuchung 10 Wörter einprägen; es folgte darauf ein Testwort. Auf ein Signal hin mußten die Vpn angeben, (a) ob dies Testwort identisch mit einem Wort der Liste ist oder (b) ob dies Testwort synonym mit einem Wort der Liste ist. Der kritische Fall ist dann gegeben, wenn es zum Testwort in der Liste ein Synonym gibt, die Vp aber angeben soll, ob das Testwort identisch mit einem Wort der Liste ist. Kommt es hier zu Verwechslungsfehlern, also zu Ja-Antworten, dann kann eine Verwechslung aufgrund von semantischer Ähnlichkeit angenommen werden. Tatsächlich konnte SHULMAN (1972) solche Fehler bei synonymen Wörtern nachweisen. Dieser Effekt war auch dann vorhanden, wenn es sich um die letzten Wörter einer Liste handelte, also um jene, für die in der Regel die niedrigere Ebene einer phonetischen Kodierung angenommen wird. Das Auftreten solcher Fehler, die semantischen Bedingungen folgen, bei Inhalten, die gerade im Gedächtnis aktiviert sind belegt die Möglichkeit einer semantischen Kodierung von Informationen bei diesen Gedächtnisleistungen. Zwar wird davon ausgegangen, daß die Aktivation der Inhalte auf der Ebene phonetischer Kodierung dominiert, jedoch sind andere Kodierungsebenen nicht ausgeschlossen. Auf der Basis der Modellvorstellungen von SHIFFRIN wäre dies auch zu erwarten. Die längere Zeit angestrebte Zuordnung von Speichern zu spezifischen Kodierungsmerkmalen ist nicht einzuhalten. Im Ein-Speicher-Modell würde es eine unnötige Einschränkung der Verarbeitung von Gedächtnisinhalten auf spezifische Kodierungsebenen implizieren. «Wir fassen das gesamte KZG als ein Kontinuum auf, das sowohl die Ergebnisse automatischer Kodierung als auch Inputs des LZG umfaßt. Den Bestand des KZG bilden demnach Informationen auf den verschiedensten Verarbeitungsebenen» (SHIFFRIN & SCHNEIDER, 1977, S. 178; Übers. v. Verf.).
Die eingangs dieses Abschnitts gestellte Frage war, in welcher Kodierungsform unsere Gedächtnisinhalte Gegenstand unserer Denkvorgänge sind. Die Antwort lautet: in vielen verschiedenen Kodierungsformen, sei es visuell, akustisch, verbal, linguistisch, phonetisch, artikulatorisch, semantisch. Das Individuum kann willentlich verschiedene Kodierungsformate nutzen und so einen Sachverhalt in verschiedener interner Repräsentation zum Gegenstand der internen Verarbeitung ma-

chen (vgl. auch Bjork, 1975 zu dieser Auffassung).
Akustisch-verbale Kodierung ist eine häufig nachweisbare Form der Kodierung bei Gedächtnisleistungen. Es ist jedoch eine frühe, eher oberflächliche Form der Kodierung, die für bestimmte Gedächtnisleistungen wahrscheinlich spezifisch ist. Für andere als die hier untersuchten, kurzzeitigen Gedächtnisleistungen wird angenommen, daß höhere Kodierungsformen wichtig sind (Kintsch, 1977, S.190). Davon wird im Abschnitt über Wissenserwerb die Rede sein.

5.3 Kapazität des Kurzzeitgedächtnisses

Zu einem Zeitpunkt können sehr viele Informationselemente aktiviert sein. Für eine begrenzte Anzahl von Informationselementen kann die Aktivation durch Kontrollprozesse aufrechterhalten werden.
Wiederholen (maintenance rehearsal) leistet eine Aufrechterhaltung der Aktivation. Die Kapazität dieses Prozesses ist jedoch auf wenige Gedächtniseinheiten begrenzt.
Chunking ist ein Prozeß, in dem neue Gedächtniseinheiten aus vorher separaten Elementen gebildet werden. Er führt zu einer Entlastung der Kapazität.

Gedächtnisspanne

Die Kapazität des Kurzzeitgedächtnisses im Sinne der Menge an Informationselementen, die zu einem bestimmten Zeitpunkt aktiviert sein können, ist schwer zu bestimmen. Eine Grenze wird durch den bereits erörterten Interferenzmechanismus gesetzt: Interferenz, verursacht durch Ähnlichkeit der kodierten Inhalte bewirkt eine Umkehrung des Aktivationszustandes. Grundsätzlich können sehr viele Gedächtnisinhalte zu einem Zeitpunkt aktiviert sein. Wesentlich ist dabei, auf welcher Ebene der Kodierung eine Aktivation erfolgt. Interferenz ist am größten auf gleichen Kodierungsebenen. Es ist schwierig, für viele Inhalte einen Zustand der Aktivation länger aufrechtzuerhalten. Damit Informationen zur kontrollierten Verarbeitung weiter verfügbar bleiben, kann der Prozeß des Wiederholens eingesetzt werden (maintenance rehearsal; rote rehearsal). *Die Kapazität dieses Prozesses ist begrenzt.*
Wiederholen zählt zu den Kontrollprozessen, die vom Individuum intentional bei Gedächtnisanforderungen eingesetzt werden können. Bereits im Mehr-Speicher-Modell (Atkinson & Shiffrin, 1968) wurde ein «rehearsal-buffer system» angenommen, das diese Funktion erfüllte. Dies ist jedoch nur *eine* Form der Aufrechterhaltung von Aktivation. Andere kontrollierte Prozesse, wie Entscheiden, Suchen, Herstellen von Bezügen usw. haben den gleichen Effekt, auch wenn sie anderen Zielen dienen. In allgemeiner Form lautet die Annahme, daß Inhalte, denen die Aufmerksamkeit zugewandt wird und die Gegenstand geistiger Operationen sind im aktivierten Zustand bleiben. Inhalte, denen die Aufmerksamkeit entzogen wird, werden aber nicht sofort inaktiv. Darauf werden wir im Abschnitt über Informationsverlust im KZG zurück kommen. Vorweg sei gesagt, daß bei geringer Belastung, bei wenig neuer Stimulation solche Inhalte bis zu 40 sec aktiviert bleiben können (Shiffrin, 1973).
Die einfachste Form des Wiederholens wäre, Inhalte in der gleichen Folge in Zyklen zu wiederholen. Die maximale Anzahl an Inhalten, die zu einem Zeitpunkt wiederholt werden kann, wird mit etwa 8 Items bei sehr vertrautem Material angesetzt; sie beträgt nur 3–4 Items bei weniger bekanntem und wenig geordnetem Material (Shiffrin, 1976). Die Wiederholungsrate setzt also Grenzen für die Anzahl von Gedächtniseinheiten, die ohne Fehler zyklisch wiederholt werden können. Die Zeit bis zum erneuten Wiederholen eines Inhalts, die von der Anzahl aller zu behaltenden Items abhängt, ist für den Informationsverlust kritisch: bei einer sehr großen Anzahl von Inhalten dauert es länger, bis ein Inhalt erneut zur Wiederholung «ansteht».
«Digit-span» (Zahlen-Nachsprechen) ist die Anzahl von Zahlen, die ohne Fehler bei einmaliger Repräsentation behalten werden kann. Diese Spanne wird allgemein als Indikator für die Kapazität des Wiederholungsprozesses angenommen (vgl. Miller, 1956; 5–9 Items). Allgemein formuliert ist die Gedächtnisspanne (memory span; rehearsal span) die Anzahl von Inhalten, die ohne Fehler bei einmaliger Darbietung behalten und wiedergegeben werden können. Der Umfang der Wiederholungs-Rate ist jedoch von der Art des Materials und von der

Geschwindigkeit der Darbietung des Materials abhängig. MILLER (1956) zeigte, daß der Umfang der Wiederholungs-Rate nicht vom Informationsgehalt der Inhalte (Buchstaben, Wörter oder Zahlen), wohl aber von phonetischen Merkmalen und von den Anforderungen im Wiederholprozeß abhängig ist. Es ist möglich, durch eine «Umkodierung» der Items (z.B. Zahlen im 0/1-Code) die Spanne von etwa 10 auf etwa 24 Items zu erweitern (vgl. MILLER, 1956). Desgleichen erhöhen Rhythmus, Muster, Ordnungen in der Itemfolge die Spanne (vgl. MÜLLER & SCHUMANN, 1894).

Bezüglich der Strategie des Wiederholens nahmen ATKINSON und SHIFFRIN (1968) an, daß ein ständiger Austausch von Items stattfindet, wenn die Anzahl der Items für einmaliges Wiederholen zu groß ist, also die Kapazität des Wiederholungs-Prozesses überschreitet. Der Austausch erfolgt durch Weglassen älterer, wiederholter Items und durch Hinzunahme neuer Items, die noch nicht wiederholt wurden oder erneut zur Wiederholung anstehen. RUNDUS und ATKINSON (1970) konnten diese Annahme empirisch belegen: die Vpn wurden aufgefordert, sich die Items einer Liste einzuprägen und dabei laut zu wiederholen. Die Reihenfolge der Wiedergabe war den Vpn freigestellt. Es zeigte sich, (a) daß die Anzahl der Items, die wiederholt werden, im Verlauf des Einprägens variiert wird; (b) daß tatsächlich ein Austausch in der Form stattfindet, daß Items aus der Wiederholmenge entfernt und später erneut wieder aufgenommen werden.

Halten wir fest, daß die Kapazitätsgrenzen des KZG dadurch gegeben sind, daß zu einem Zeitpunkt nur für eine begrenzte Menge von Gedächtniseinheiten die Aktivation durch einen Prozeß des Wiederholens aufrechterhalten werden kann. Überschreitet die Anzahl der Gedächtniseinheiten die Kapazität dieses Prozesses, ist Informationsverlust durch Interferenz wahrscheinlich.

Arbeitsgedächtnis

Der Begriff des Arbeitsgedächtnisses (working memory) wird häufig synonym mit dem des KZG verwendet. Bereits im Modell mehrerer Speicher von 1968 führten ATKINSON und SHIFFRIN aus, daß man das KZG als eine Art Arbeitsgedächtnis auffassen könne. Es ist damit folgendes gemeint: Die zu einem Zeitpunkt aktivierte Informationsmenge kann Gegenstand der Verarbeitung durch kognitive Operationen werden.

Im Modell ACT von ANDERSON (1983a) ist das Arbeitsgedächtnis explizit jene Komponente des informationsverarbeitenden Systems, die den Verarbeitungsprozeß repräsentiert: das Zusammenwirken von deklarativem und prozeduralem Wissen erfolgt hier. Im Wissensnetzwerk aktivierte Inhalte rufen spezifische Operationen (Produktionsregeln) auf, die dann über den aktivierten Inhalten ausgeführt werden. Voraussetzung ist, daß die aktivierten Inhalte mit den Bedingungen übereinstimmen, die zur Ausführung einer Operation spezifiziert sind. Im Modell von SHIFFRIN wird diese Unterscheidung nicht vorgenommen. Prozesse und Fakten sind in einer Struktur gespeichert. Dies ändert jedoch nichts an der allgemeinen Modellvorstellung, daß aktivierte Gedächtnisinhalte Gegenstand kontrollierter Verarbeitung sind.

Die beiden Komponenten, Aufrechterhaltung der Aktivation von Information und Verarbeitung von Information werden in einem Ansatz von BADDELEY & HITCH (1974) zum Arbeitsgedächtnis explizit unterschieden. Ihre Annahme geht dahin, daß diese beiden Vorgänge auf gemeinsame Ressourcen zurückgreifen. Ist die Speicheranforderung hoch, dann muß die Verarbeitungsgüte reduziert werden und umgekehrt. Die Autoren führen zahlreiche Experimente durch, in denen einfache Denkaufaben bei gleichzeitigem Behalten von bis zu 6 Items bearbeitet werden müssen (z.B. eine vorgegebene Aussage als richtig oder falsch beurteilen und gleichzeitig 6 Zahlen behalten). Die Autoren finden, daß die Leistung bei solchen Aufgaben durch zusätzliches Behalten von 6 Items (nicht bei 3 Items) reduziert wird. Die geringe Auswirkung der zusätzlichen Gedächtnisbelastung auf die Denkaufgabe hat die Autoren überrascht (BADDELEY & HITCH 1977, S. 227). Ungeachtet dessen schlagen sie vor, daß man ein Modell des Arbeitsgedächtnisses annehmen soll, daß einen begrenzten «Arbeitsumfang» besitzt, der auf Speicheranforderungen und auf kontrollierte Verarbeitung aufzuteilen ist.

Grundsätzlich muß angemerkt werden, daß es

schwierig ist, diese Unterscheidung zu treffen und Leistungsverringerungen auf die zusätzlich abverlangte Behaltensleistung zurückzuführen. Behalten selbst muß ja als Kontrollprozeß aufgefaßt werden, der mit anderen Prozessen interferiert (nicht etwa Speicherplatz). In einer neueren Beurteilung ihrer eigenen Vorstellungen (1977) gelangen BADDELEY und HITCH zu der Auffassung, daß die ursprüngliche Sichtweise heute nicht mehr haltbar sei. Eine einfache, passive Behaltensaufgabe der Art, wie sie in den früheren Untersuchungen eingesetzt wurde, verringert die Verarbeitungsrate nicht. Es wird deutlich, daß versäumt worden war, die Aufrechterhaltung von Aktivation als einen Prozeß zu betrachten und zwischen verschiedenen Formen solcher Prozesse zu unterscheiden. Es ist aus unserer Sicht ausreichend, anzunehmen: (a) daß kontrollierte, geistige Operationen mit aktivierter Information den Aktivationszustand dieser Elemente aufrechterhalten und zur Aktivation neuer Elemente führen können; (b) daß es spezifische Operationen gibt, die lediglich dem Aufrechterhalten des Aktivationszustandes dienen (Wiederholen im Sinne von «maintenance» oder «rote rehearsal»).

Chunking

Die Bildung von neuen Informationseinheiten aus mehreren, vorher separaten Informationselementen wird als «chunking» bezeichnet, das Ergebnis als «chunk» (vgl. MILLER, 1956). Dieser Vorgang könnte auch als Informationsverdichtung beschrieben werden. Die resultierenden, neuen Wissenseinheiten gelten als ein Element (oder als ein Knotenpunkt). Die darin zusammengefaßten Elemente werden als ein Element auch gemeinsam aktiviert und verarbeitet. Chunking ist ein wichtiger Vorgang der Kapazitätsentlastung, da eine Vielzahl von aktivierten Informationselementen dadurch auf eine geringere Anzahl reduziert wird.

Untersuchungen der Gedächtnisspanne, d.h. der fehlerfreien Wiedergabe von Inhalten nach einmaliger, sukzessiver Darbietung, gelten als Schätzung der Kapazität des Wiederholungs-Prozesses («rehearsal span; memory span; immediate memory»). Die Ergebnisse solcher Untersuchungen verglich MILLER (1956) in einem berühmten Aufsatz zur «magical number seven» mit Daten von Vpn bei Absoluturteilen über ein- und mehrdimensionale Reize. MILLER (1956) fand, daß es bei Absoluturteilen eine Obergrenze hinsichtlich der Genauigkeit der Unterscheidung von Reizen gibt. Sie liegt bei etwa 6–7 Reizen (eindimensional), die unterschieden werden können. Anders ausgedrückt: die obere Grenze liegt bei einem Informationsgehalt von etwa 2,5 bit. Bei einem Reizangebot, das mehr Unterscheidungen verlangt, also einen höheren Informationsgehalt besitzt, werden trotzdem kaum mehr als 2,5 bit richtig übertragen. MILLER (1956) fand, daß bei der Gedächtnisspanne Reize in ähnlichem Umfang behalten werden. Jedoch analysiert er einen bedeutsamen Unterschied, der als «constant capacity in chunks»-Hypothese in der Gedächtnisforschung bekannt wurde. Vergleicht man nämlich die Ergebnisse zur Gedächtnisspanne bei so verschiedenen Materialien wie Binärzahlen, Dezimalzahlen, Buchstaben oder Wörtern so erhält man stets eine Spanne von 5–9 Einheiten. Der Informationsgehalt dieser Inhalte variiert nicht nur beträchtlich, sondern er überschreitet auch die bei Absoluturteilen gefundene obere Schwelle von 2,5 bit: für Dezimalzahlen ist der Informationsgehalt 3,3 bit, bei englischen Wörtern wird er auf 10 bit geschätzt. Daraus zog MILLER (1956) den folgenden Schluß: Bei Absoluturteilen ist die Kapazitätsgrenze durch die Anzahl der Items gegeben. «Ich kann also sagen, daß die Anzahl der bits für das Absoluturteil konstant ist, und daß die Anzahl der chunks für die Gedächtnisspanne konstant ist. Die Gedächtnisspanne scheint nahezu völlig unabhängig vom Informationsgehalt (bits) der chunks zu sein» (MILLER, 1956, S.93; Übers. v. Verf.). Die Bedeutung dieser Analyse liegt darin, daß damit die Kapazitätsgrenzen im KZG nur bedingt festgelegt werden. Zwar spricht MILLER von 7+/−2 chunks, jedoch ist die Begrenzung der Informationsmenge, die in einem chunk enthalten sein kann, offen (SIMON, 1974 schätzt später die Kapazität des KZG auf 5–7 chunks). Dies entspricht auch der eingangs getroffenen Feststellung, daß die Wissenseinheiten des LZG («images» oder «cognitive units»), im Netzwerk als Knotenpunkte repräsentiert, unterschiedlich viel Information enthalten. Es kann sich dabei um hoch komplexe, verdichtete Strukturen

handeln, die als ein Informationselement aktiviert und verarbeitet werden.
In empirischen Untersuchungen sind zwei Formen der Nutzung von chunks gezeigt worden:
(1) Eine Person verringert die Informationsmenge eines vorgegebenen Inhalts durch einen Prozeß, in dem neue chunks gebildet werden. Miller (1956) nennt diesen Prozeß «recoding». Eine Folge von Inputs wird vom Empfänger für seine Zwecke umkodiert. Ein Beispiel findet sich in der Untersuchung von Miller: Durch die Anwendung von Rekodierungsstrategien konnten Vpn ihre Behaltensleistung bei Folgen von 18 Binärzahlen verbessern (z.B. durch systematische Kodierung der möglichen Paare von 0 und 1 durch 0, 1, 2 und 3). Durch die Rekodierung wird der Informationsgehalt reduziert, die neuen Einheiten verdichten mehr Information; auf diese Weise wird Kapazität für die Aktivation weiterer Inhalte geschaffen. «... wir erkennen die Bedeutung der Gruppierung oder Organisation von Inhalten in Einheiten oder chunks. Da die Gedächtnisspanne eine konstante Anzahl von chunks umfaßt, können wir ihren Informationsgehalt (bits) dadurch erhöhen, indem wir immer größere chunks bilden, wobei jeder chunk mehr Information als vorher enthält» (Miller, 1956, S. 93; Übers. v. Verf.).
(2) Eine Person kodiert eine Informationsmenge durch Aktivation bereits gespeicherter chunks: sie reduziert dadurch die Information der vorgegebenen Inhalte. Das Behalten von Wörtern der natürlichen Sprache ist hierfür ein gutes Beispiel. Es werden nicht etwa 20 oder 30 Silben, sondern z.B. 5 Wörter behalten. Bower (1970) konstruierte für eine Untersuchung gezielt Itemlisten. Die Einheiten, die gebildet werden konnten, waren unterschiedlich nahe zu bereits gespeicherten Einheiten. Den Vpn wurden die Items, Folgen von Buchstaben, zum Einprägen vorgegeben. Durch Manipulation der Pausen bei der Vorgabe konnte z.B. aus der Folge TVF – BIJF – KY ... die Folge TV – FBI – JFK – YMCA ... werden. Bei gleichen Buchstaben, Zahlen und bei gleicher Anzahl von Gruppen war die Gedächtnisleistung dann besser, wenn vorher erworbene chunks zur Ordnungsbildung auf die Items angewendet werden konnten. Dies galt sowohl für akustische als auch für visuelle Darbietung der Reize.

Bezüglich der Ausbildung von chunks nimmt Miller (1956) an, daß sie Ergebnisse eines umfangreichen Lernprozesses sind (S. 93). Dieses Phänomen ist heute in der Problemlöseforschung v.a. bei der Analyse komplexer Problemlöseleistungen bedeutsam geworden (vgl. Kluwe, Misiak & Schmidle, 1985). Große Beachtung haben Unterschiede zwischen dem Problemlöseverhalten von Experten in einem Bereich und jenem von weniger erfahrenen Personen gefunden. U.a. zeichnen sich Experten durch Merkmale der chunk-Bildung für einen komplexen Problembereich aus. Ihre chunks verdichten mehr Information als jene von unerfahrenen Problemlösern (vgl. Chase & Simon, 1973). Erfahrene (experts) und weniger erfahrene (novices) Schachspieler lassen sich deutlich bezüglich der Verfügbarkeit solcher Wisseneinheiten unterscheiden. Chase und Simon (1973) verwendeten dazu folgende Untersuchungsmethode: Unterschiedlich erfahrenen Schachspielern wurde ein Schachbrett mit bestimmten Konfigurationen vorgegeben. Sie sollten die Aufstellung auf einem daneben plazierten, leeren Brett nachbauen. Registriert wurden die Blickbewegungen zwischen den Schachbrettern beim Aufstellen der Steine. Die Aufstellung der Steine erfolgte bei erfahrenen Schachspielern in Gruppen, die durch Pausen von etwa 1–2 sec getrennt waren, in denen der Schachspieler erneut die vorgegebene Konfiguration ansah. Die zeitlichen Abstände zwischen dem Aufstellen der einzelnen Figuren lagen im Durchschnitt bei .5 sec. Chase und Simon (1973) betrachten die systematische Gliederung der Rekonstruktion in solche Einheiten als Belege für die Verfügbarkeit von chunks bei Experten. Sie besitzen hoch organisiertes Wissen über spezifische Figurenstellungen. Die insgesamt vorgegebene Konfiguration zergliedert sich für den Experten in wenige, große und sinnvolle Einheiten, die, getrennt durch Blickpausen, nachgestellt werden.
Dies belegt auch eine inhaltliche Analyse: die zwischen 2 Pausen rekonstruierten Figurenstellungen sind inhaltlich sinnvoll interpretierbar. Weniger erfahrene Schachspieler hingegen verfügen nur über kleinere chunks, d.h. sie müssen öfter auf das vorgegebene Brett sehen, und sie können nur kleine Figurenmengen re-

konstruieren. Ihre chunks sind überdies auch inhaltlich weniger gut interpretierbar. Es ist daraus ersichtlich, daß sich für den erfahrenen Schachspieler der Informationsgehalt einer gegebenen Konfiguration durch die Aktivation von chunks rasch und erheblich reduziert. Vergleichbare Ergebnisse werden erhalten, wenn die Vpn diese Aufgabe aus dem Gedächtnis bewältigen müssen. Nicht unstrittig ist heute die Methode der Bestimmung von chunks auf der Basis von Intra- und Interchunk-Zeitintervallen. REITMAN (1976) konnte zeigen, daß chunks sich inhaltlich überlappen, und daß sie hierarchisch verknüpft sind. Die Erfassung von Zeiten bei der Wiedergabe oder bei der Rekonstruktion von Inhalten ergibt deshalb kein sehr korrektes Bild der Organisation von Wissen durch chunks.

Im Bereich des Problemlösens hat LARKIN (1978; LARKIN, MCDERMOTT, SIMON & SIMON, 1980) erstmals gezeigt, daß das Wissen von Physik-Experten in Form von chunks organisiert ist. Bei der Lösung physikalischer Probleme wird dies Wissen auch in Form größerer Einheiten, getrennt durch Pausen aktiviert und eingesetzt. Auf der Basis von Protokollen lauten Denkens konnte LARKIN (1978) zeigen, daß die Experten z.B. eine Gruppe von Formeln auf ein Problem anwenden, danach folgt die nächste Gruppe, usw. Diese Wissensgruppierungen werden regelrecht «ausgeschüttet» (LARKIN spricht von «burst»). Weniger erfahrene Problemlöser arbeiten in kleineren Schritten unter Aktivierung kleinerer Wissensportionen. Diese Unterschiede schlagen sich auch in den Strategien der Lösungssuche nieder. Wenig untersucht ist bis heute der Lernprozeß, der zur Bildung von chunks führt (vgl. KLUWE et al., 1985).

Mit dem Prozeß des chunking haben wir ein Beispiel für einen Kontrollprozeß der Kodierung auf höheren Ebenen, der über das bloße Repetieren von Inhalten («maintenance rehearsal») hinausgeht (vgl. auch KINTSCH, 1977, der chunking als «deeper form of encoding» bezeichnet; S.190).

5.4 Informationsverlust

Informationsverlust ist gleichbedeutend mit dem Inaktivwerden von vorher aktivierten Informationselementen der Gedächtnisstruktur. Ursache des Informationsverlustes: Interferenz, Überschreitung der Kapazität. Annahme: Aufrechterhaltung der Aktivation von Informationselementen ist eine Funktion der maximalen Kapazität des Wiederholprozesses (rehearsal span) und der Verlustrate durch Interferenz. Die Interferenz ist dann hoch, wenn die Anzahl der aktivierten Informationselemente groß ist.

Verlust aktivierter Information entspricht einer Umkehrung des Aktivationszustandes. Als Ursachen für diesen Informationsverlust werden «Zerfall» der Aktivation als Funktion der Zeit sowie Interferenz, bedingt durch gleichzeitig aktivierte Inhalte angenommen. Die Theorie des Zerfalls («decay») der Aktivation in Abhängigkeit von der Zeit besagt, daß die Aktivation unabhängig von anderen Inputs mit der Zeit schwindet (es sei denn, Prozesse des Wiederholens erneuern die Aktivation). Eine Arbeit von PETERSON und PETERSON (1959) kann in dieser Richtung interpretiert werden: Es wurde die Dauer des Behaltens untersucht, wenn Wiederholen verhindert wird. In Anlehnung an eine Untersuchung von BROWN (1958; BROWN-PETERSON paradigm) wurden den Vpn Trigramme (z.B. AZP) vorgegeben. Jedem Trigramm folgte eine dreistellige Zahl, von der aus die Vp in Dreierschritten rückwärts zählen sollte (137, 134, ...). Auf ein Signal hin sollten die dargebotenen Buchstaben reproduziert werden. Durch die Zusatzaufgabe verhinderten PETERSON und PETERSON (1959) den Kontrollprozeß des Wiederholens (maintenance rehearsal). Der Abstand zwischen der Darbietung eines Trigramms und der Aufforderung durch das Signal zur Wiedergabe wurde zwischen 3 und 18 sec variiert. Das Ergebnis ist in Abbildung 8 dargestellt. Es ist ersichtlich, daß der Prozentsatz an Inhalten, die aus der insgesamt aktivierten Information wiedergegeben werden können, innerhalb der ersten 15 sec rasch abnimmt.

Das Ergebnis zeigt zum einen, daß der Informationsverlust auf höheren Ebenen der Kodierung und Verarbeitung weniger schnell eintritt (vgl. z.B. die Ergebnisse von SPERLING, 1960). Ferner könnte dies Ergebnis als Beleg für einen zeitabhängigen Abbau der Aktivation von Informationselementen gelten. Allerdings muß

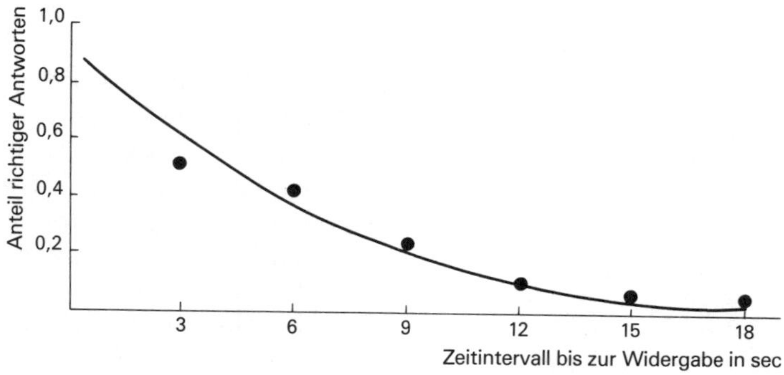

Abbildung 8: Informationsverlust aktivierter Information des Kurzzeitgedächtnisses (nach PETERSON & PETERSON, 1959, S. 195).

beachtet werden, daß in dieser Untersuchung der Zeitfaktor sowie die Anzahl der intervenierenden Reize (Rückwärtszählen) vermengt sind. Interferenz ist also nicht auszuschließen.

Eine genauere Analyse des Vergessensvorganges wurde von WAUGH und NORMAN (1965) vorgenommen: die verwendete sequentielle Prüftechnik sieht vor, daß lange Itemlisten (15 Items) gelernt werden. Nach Vorgabe der Liste folgt dann ein Item aus der Liste, das für die Vp als Hinweisreiz dient. Die Vp soll erinnern, welches Item in der Liste auf dieses Item folgte. Variiert wird nun (a) die Zahl der intervenierenden Items zwischen dem Auftreten eines Items in der Liste und der Abfrage durch den Hinweisreiz (z. B. kann die Wiedergabe des 3. Items verlangt werden; 12 Items intervenieren bis zur Abfrage); (b) die Darbietungsrate der Items (zur Variation der Dauer der Aktivation). Die Ergebnisse lassen den Schluß zu, daß die Darbietungsrate keinen bedeutsamen Effekt auf den Prozentsatz richtiger Antworten hat. Der wesentliche Effekt geht von der Anzahl der intervenierenden Items aus. Dies spricht dafür, daß weniger die verstreichende Zeit zwischen Vorgabe und Abfrage als der Umfang intervenierenden und zugleich interferierenden Materials eine Rolle für den Informationsverlust im KZG spielt. Später fanden die Autoren, daß es genauer die Anzahl verschiedener intervenierender Items ist, die interferiert und einen Effekt auf den Verlust von Information hat (WAUGH & NORMAN, 1968). Es könnte eingewendet werden, daß der Informationsverlust weniger auf die Anzahl intervenierender Items als auf die Verringerung des Wiederholens zurückgeht. Die Anzahl der intervenierenden Items könnte sich indirekt auf die Wiederholungs-Kapazität auswirken. Dagegen spricht aber, daß die Darbietungsrate keinen Effekt hatte; denn bei langsamerer Darbietung wäre häufigeres Wiederholen möglich gewesen. Nachteilig an der Untersuchung ist die unkontrollierte Einwirkung des Wiederholens. Die Interferenztheorie sagt Informationsverlust auch auf höheren Ebenen der Kodierung aufgrund neuen Materials, also Aktivation neuer Informationbselemente vorher, sobald die Kapazität des KZG überschritten wird. Für die Interferenz-Annahme sprechen Befunde von REITMAN (1971) sowie von SHIFFRIN (1973). Beide Autoren verlangten von den Vpn das Einprägen verbalen Materials. Darauf folgte, um das Wiederholen zu verhindern, eine Signal-Detektions Aufgabe. Die Vpn mußten bestimmte Töne im weißen Rauschen identifizieren. Diese Zusatzaufgabe sollte zugleich Interferenz durch zusätzliches Material möglichst niedrig halten. SHIFFRIN (1973) fand, daß innerhalb von 40 sec keine Informationsverluste eintraten. Die Wiedergabewahrscheinlichkeiten für die 5 simultan gezeigten Buchstaben lagen nahe 1.0. REITMAN (1971) berichtet, daß bei der Verwendung minimalen Materials in der Zusatzaufgabe sofort Verluste eintraten. Eine weitere Arbeit von REITMAN (1974) erbrachte jedoch Belege für Informationsverluste bei verhindertem Wiederholen und bei fehlendem, verbalen, intervenierenden Material: Um Wiederholen auszuschließen, sollten im Behaltensintervall wiederum leise Töne im weißen Rauschen identifiziert werden. Die Prüfung des Behaltens erfolgte unmittelbar nach der Itemdarbietung oder nach 15 sec. Durch extensive Analyse des Vpn-Verhaltens und durch gezielte

Eingriffe verschaffte sich REITMAN (1974) Aufschluß darüber, ob die Vpn wirklich Wiederholen vermieden hatten. Lediglich 10 der 52 Vpn wurden schließlich als solche analysisert, die die 5 Wörter ganz offenkundig in den 15 sec des Behaltensintervalls nicht wiederholt hatten. Nach 15 sec und der dazwischenliegenden Signal-Detektions Aufgabe lag die Behaltensleistung der Vpn noch zwischen 65% und 88%. Das Ergebnis weicht von dem des Experiments von 1971 insofern ab, als dort, bei gleichen Bedingungen, kein Informationsverlust registrierbar war. Allerdings verlangte REITMAN in der 1. Untersuchung das Behalten von nur 3 Wörtern im Gegensatz zu 5 Wörtern der 2. Untersuchung. Aus der Tatsache, daß keine neue verbale Information aktiviert wurde, daß kein Wiederholen erfolgte, kann gefolgert werden, daß Interferenz zwischen den 5 Elementen als wesentlicher Mechanismus des Informationsverlusts angenommen werden kann. Die 5 Wörter überschreiten die Kapazität und deshalb wird der Interferenzmechanismus wirksam. Verlust dieser Art kann, bei unterbundenem Wiederholen nur noch dadurch verhindert werden, daß die Anzahl der Items durch Bildung neuer Einheiten reduziert wird. Entsprechende Untersuchungen liegen u.W. hierzu nicht vor.

Zusammenfassend kann folgendes über den Informationsverlust auf höheren Kodierungsebenen festgehalten werden: Die Dauer der Aktivation von Informationselementen des KZG ist abhängig von der maximalen Rate des Wiederhol-Prozesses (rehearsal span) und von der Verlustrate durch Interferenz. Der Informationsverlust ist dann hoch, wenn die Kapazität des Wiederholprozesses überschritten wird, und wenn mehrere, ähnlich kodierte Inhalte gleichzeitig aktiviert sind. Die Verlustrate nimmt zu, wenn neue Inhalte hinzukommen, sie nimmt ab, wenn Inhalte inaktiv werden.

5.5 Abruf von aktivierter Information

Der kontrollierte Abruf von aktivierter Information umfaßt 2 Komponenten: Suche und Entscheidung. Beide Prozesse benötigen Zeit. Ein kontrollierter Abrufprozeß, der seriell und exhaustiv verläuft, benötigt etwa 40 msec pro Informationselement. Durch Übung kann der Prozeß automatisiert werden. Die Abrufzeiten betragen dann weniger als 10 msec pro Informationselement.

Der Abruf von gerade aktivierten Inhalten des KZG ist kurz, direkt und leicht. Das grundlegende experimentelle Paradigma hierzu stammt von STERNBERG (1966, 1969). Es wird angenommen, daß am Abruf aktivierter Information 2 Teilprozesse beteiligt sind: (a) Suche; (b) Entscheidung. Beide Teilprozesse benötigen Zeit. In dem Experiment von STERNBERG (1966) wurde den Vpn eine Liste mit 1–6 Items, z.B. Zahlen, vorgegeben. Die Gesamtzahl der Items sollte innerhalb der Gedächtnisspanne bleiben. Auf die Vorgabe folgte ein Testitem. Die Vp sollte angeben, ob dieses Testitem unter den vorher gesehenen und eingeprägten Items enthalten war. Die grundlegende Anname ist, daß die Suche nach dem in Frage stehenden Item mit dem Absuchen einer Liste verglichen werden kann. Demnach müßte die Zeit, bis eine Antwort erfolgt mit der Zahl der eingeprägten und zu prüfenden Items linear zunehmen. In der Tat ist dies ein oft erzieltes Ergebnis. Der Zeitbedarf für den gesamten Abrufprozeß kann in folgende Komponenten zerlegt werden: (a) e(sec): Wahrnehmung des Testitems (encoding); (b) c(sec): Vergleich des Testitems mit der eingeprägten Itemmenge; (c) Binärentscheidungen; (d) r(sec): Antwort. Die Zeit bis zur Antwort ist dann $rt(sec) = (e+r) + (sxc)$ mit s = Umfang der Itemmenge. Der Suchprozeß könnte parallel oder seriell erfolgen. Eine Verlängerung der Itemliste, die zu einer entsprechenden Verlängerung der Antwortzeiten führt, wäre ein Indikator für einen seriell ablaufenden Suchprozeß. Trägt man nun die Anzahl der dargebotenen und einzuprägenden Items auf der Abszisse, die Reaktionszeit auf der Ordinate an, dann müßte man bei serieller Suche eine gerade Linie erhalten, deren Steigung von c, der Zeit für den Vergleich zwischen Testitem und Items in der Liste, bestimmt wird (vgl. Abb. 9).

Der Schnittpunkt dieser Linie mit der Ordinate ($s=0$) entspricht der Zeit ($e+r$). STERNBERG (1966) fand einen derartigen Zusammenhang: danach sind zum Vergleich eines Reizes mit einem weiteren im KZG aktivierten Informationselement etwa 40 msec erforderlich (der Schnittpunkt mit der Ordinate liegt bei etwa

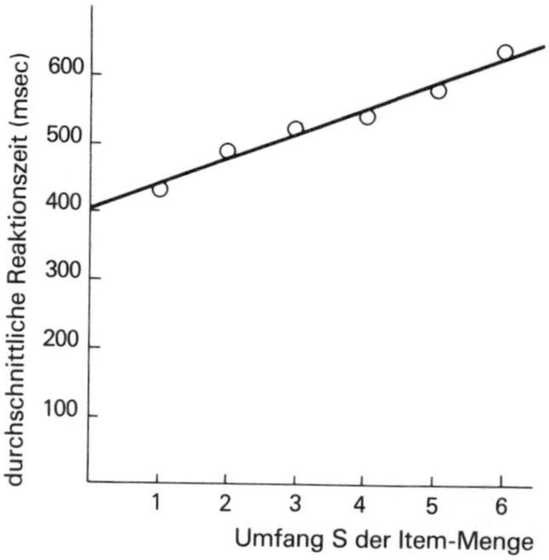

Abbildung 9: Abruf von Information des KZG (nach STERNBERG, 1966, S. 653).

400 msec). Dies Ergebnis trifft sowohl für positive (Testitem in der Ausgangsliste enthalten) als auch für negative (Testitem nicht enthalten) Antworten zu. In beiden Fällen muß also eine schrittweise, d. h. serielle, sich über die gesamte Liste erstreckende, d. h. exhaustive Suche angenommen werden. Das ist bemerkenswert, weil es bei positiven Antworten ausreichen würde, die Itemliste nur bis zu dem richtigen Item zu vergleichen und danach die Suche zu beenden («self-terminating search»). Die Daten von STERNBERG (1966) lassen den Schluß zu, daß auch die restlichen Items geprüft werden und somit die gesamte aktivierte Menge von Elementen abgesucht wird («exhaustive search»). Es gibt Befunde, die dieses Merkmal des Suchprozesses auf kurze Listen, d. h. auf wenige aktivierte Informationselemente einschränken. Bei schwierigen und zahlreichen Vergleichen wird der Prozeß bei erfolgreicher Suche vorzeitig beendet, ohne daß die gesamte Menge der Informationselemente geprüft wird (SHIFFRIN, 1976).

Auch hinsichtlich des Merkmals der seriellen Suche liegen Ergebnisse vor, die dieses als einen Spezialfall erscheinen lassen. ATKINSON und JUOLA (1974) entwickelten ein Modell, das sowohl die Daten von STERNBERG (1966) als auch davon abweichende Daten erklären kann. Es werden zwei Prozesse angenommen: Suche und Wiedererkennen. Wesentlich ist, daß zwischen dem Bekanntheitsgrad von Items unterschieden wird. Bei bekannten, vertrauten Testitems (z. B. bei solchen, die in der Itemliste häufig vorkommen) und bei Testitems mit sehr geringem Bekanntheitsgrad wird der Abruf als ein rasch erfolgendes Urteil des Wiedererkennens (bekannt vs. unbekannt) beschrieben. Über Testitems, die hinsichtlich ihres Bekanntheitswertes über einem oberen Entscheidungskriterium oder unter einem unteren Entscheidungskriterium liegen, wird sehr schnell entschieden. Die Größe der Itemmenge hat in diesem Fall keinen Effekt, da ein direkter Zugriff auf die Inhalte des KZG angenommen wird. Ein anderer Prozeß wird für Items angenommen, die hinsichtlich ihres Bekanntheitsgrades zwischen den beiden Entscheidungskriterien liegen. Nur für diese wird eine serielle und exhaustive Suche im Sinne des ursprünglichen Modells von STERNBERG (1966) angenommen. Das Modell von ATKINSON und JUOLA (1974) hat den Vorzug, daß es auch für Itemlisten gilt, deren Länge erheblich über der Gedächtnisspanne liegt (z. B. 32 Items). Dabei erhöht sich die Suchschnelligkeit auf 4,12 msec pro Item gegenüber 40 msec im Paradigma von STERNBERG (1966). Die Zeit für (e+r) erhöht sich auf 740 msec gegenüber 400 msec. Die Befunde von ATKINSON und JUOLA (1974) zeigen, daß außer der Größe der Itemmenge die Vertrautheit mit den Inhalten ein wesentlicher Faktor für den Informationsabruf ist. Sicher stellt das Modell von STERNBERG (1966) einen Sonderfall dar, der bei bestimmten Bedingungen gilt, nämlich bei unbekannten, unorganisierten Itemmengen. Die Reaktionszeiten werden jedoch erheblich kürzer, wenn die Vpn wiederholt mit der gleichen Itemmenge getestet werden, wenn sie also große Übung im Umgang mit den Inhalten erlangen. Sie werden ferner kürzer, wenn sich Testitems und Itemmenge deutlich unterscheiden. Bei zahlreichen Durchgängen, d. h. bei großer Übung der Vpn im Umgang mit der Itemmenge sowie bei der Verwendung einer kategorisierbaren Itemmenge (z. B. positive Fälle stets Zahlen; negative Fälle stets Buchstaben) berichtet SHIFFRIN (1976) Latenzzeiten von unter 10 msec. Ferner wirkt sich unter solchen Bedingungen die Erweiterung der Itemmenge dann nicht mehr in einem linearen Anstieg der Latenzzeiten aus. Der Zusammenhang ist eher kurvilinear darstellbar. Durch Übung kann also eine anfänglich kontrollierte Suche automatisiert werden, die dann weniger vom Umfang der Itemmenge abhängig ist. Dieser Prozeß wird durch die Verschiedenheit von aktivierter Informationsmenge und Vergleichsinformation gefördert.

Ungeklärt ist u.W. noch folgendes Problem: Wenn (a) Information des KZG als aktivierte Teilmenge der im LZG gespeicherten Wissensstruktur aufgefaßt wird, und wenn (b) angenommen wird, daß die Inhalte im LZG organisiert und strukturiert gespeichert sind, dann muß die gerade aktivierte Informationsmenge auch organisiert und strukturiert sein. Dies ist ein Aspekt, der bislang keinen Eingang in die Abrufmodelle gefunden hat. Vermutlich liegt dies an dem artifiziellen Reizmaterial. Beim Abruf von Information des KZG könnte die Struktur der Informationsmenge genutzt werden (desgleichen auch für die Aufrechterhaltung der Aktivation durch den Prozeß des Wiederholens).

6. Repräsentation von Wissen im Langzeitgedächtnis

Wissen ist auf verschiedene Weise im LZG repräsentiert: in Form von Vorstellungen (images), linearen Ordnungen und Propositionen. Vorstellungen repräsentieren die Lage von Sachverhalten im Raum, lineare Ordnungen die Abfolge von Sachverhalten. Propositionen sind elementare Gedächtniseinheiten, die in abstrakter Form die Bedeutung von Sachverhalten und Ereignissen repräsentieren.

Auf niedrigen Ebenen der Gedächtnisstruktur werden die elementaren Attribute und Muster von sensorischen Inputs kodiert. Es wurde ausgeführt, daß dies automatisch erfolgt. Es wurden dann verschiedene Kodierungsformen erörtert, die als typisch für aktivierte Informationen nachfolgender Ebenen gelten. Eingewendet wurde, daß es sich, z.B. bei phonetischer Kodierung, um Kodierungsformen handelt, die für einfache und zugleich spezifische Gedächtnisleistungen typisch sind. Höhere Ebenen der Verarbeitung basieren v.a. auf einer abstrakten Kodierung der Bedeutung von Inhalten. Für höhere Ebenen werden Kodierungsformen angenommen, die zu folgenden internen Repräsentationen führen: (1) Repräsentation der räumlichen Lage von Sachverhalten («spatial images»); (2) Repräsentation der zeitlichen Abfolge von Sachverhalten («linear orderings»); (3) Repräsentation der Bedeutung von Sachverhalten durch Propositionen in abstrakter Form («proposition»).

6.1 Duale Kodierung: Räumliche Vorstellungen und lineare Ordnungen

In der dualen Kodierungstheorie von Paivio (1971, 1977) werden Annahmen zu zwei Formen der Repräsentation von Wissen formuliert: interne Repräsentation in Form von räumlichen Vorstellungen werden der visuellen, lineare Folgen der verbalen Kodierung von Sachverhalten und Ereignissen zugeordnet. Entsprechend unterscheidet die Theorie zwischen 2 voneinander unabhängigen, jedoch miteinander verknüpften Kodierungssystemen: einem imaginalen und einem verbalen System (Paivio, 1971). Das imaginale System leistet die Abbildung und Verarbeitung insbesondere visueller Inputs. Das verbale System bildet linguistische Informationen ab und leistet deren Verarbeitung. Es liefert v.a. eine Abbildung der zeitlichen Abfolge von Information (auditiv; artikulatorisch). Die sequentielle Arbeitsweise des verbalen Systems führt zu einer internen Repräsentation, die der Wahrnehmung oder Produktion von Wortfolgen gemäß dem sprachlichen Vollzug sehr ähnlich ist. Es ist hier wichtig hervorzuheben, daß Paivio *keine* abstrakte Verarbeitung der linguistischen Information annimmt, etwa im Sinne einer Bedeutungsextraktion.

Das imaginale System hingegen kodiert räumlich-parallel, statt sequentiell, und liefert ganzheitliche, analoge Abbildungen perzeptueller Sachverhalte. Auch hierfür wird keine abstrakte Verarbeitung vorgesehen. Beide Systeme stehen in Beziehung zueinander: Bilder können bildhaft kodiert, aber auch verbal benannt und entsprechend kodiert werden. Sprachliche Inhalte können verbal kodiert, aber auch mit bildhaften Vorstellungen ergänzt und verknüpft werden. Paivio (1983) stellt 60 Untersuchungen zusammen, die in großer Zahl diese qualitative Unterscheidung und z.T. auch die Unabhängigkeit der beiden Kodierungsformen belegen. In einer Untersuchung von ATWOOD (1971) konnte z.B. gezeigt werden, daß bildhafte und verbale Gedächtnisrepräsentationen unterschiedlich beeinträchtigt werden können. ATWOOD gab Vpn unterschiedlich konkrete Sätze vor, die eingeprägt werden sollten. Nach jedem Satz folgte eine visuelle oder eine verbale Zusatzaufgabe. Verglichen mit einer Kontrollgruppe ohne solche interferierenden Zusatzaufgaben waren die Vpn bei konkreten Sätzen, die leicht mit bildhaften Vorstellungen verknüpft werden konnten, am stärksten durch die visuelle Zusatzaufgabe beeinträchtigt. Bei abstrakten, wenig anschaulichen Sätzen jedoch waren die Vpn durch die verbale Zusatzaufgabe beeinträchtigt. Die gezielte Hemmung spricht für die Unabhängigkeit bildhafter und verbaler Kodierungssysteme. Überdies weist das Ergebnis darauf hin, daß die für konkrete Sätze angenommene imaginale Kodierung bildhafte Vorstellungen liefert, die Merkmale visueller Repräsentation besitzen. Auf diesen Punkt kommen wir zurück.

Empirische Belege für die beiden unterschiedlichen Repräsentationsformen, räumliche Vorstellungen vs. lineare Ordnungen, liefern u.a. Arbeiten von WIPPICH (1980) und SANTA (1977). WIPPICH (1980) verwendete abstrakte und konkrete Wörter, die in konstanter und wechselnder Abfolge vorgegeben wurden. Er konnte auf diese Weise zeigen, daß die Verarbeitung konkreter Wörter weniger stark von den temporalen Eigenarten der Darbietung verbalen Materials beeinflußt wird, wohl aber die abstrakter Begriffe. Dies steht im Einklang mit der Annahme, daß die Verarbeitung konkreter Wörter eher auf einer bildhaften, die von abstrakten Wörtern eher auf einer sequentiellen, internen Repräsentation basiert (für weitere Ergebnisse im deutschsprachigen Raum vgl. WIPPICH, 1982).

In einer anderen Untersuchung wurde gezeigt, daß die serielle, sequentielle Anordnung von Inhalten für die Kodierung verbalen Materials, die räumliche Anordnung für die Repräsentation bildhaften Materials ausschlaggebend ist. SANTA (1977) gab den Vpn in Bedingung A drei geometrische Figuren in spezifischer räumlicher Anordnung vor (vgl. Abb. 10).

Nach dieser Darbietung wurden Prüfitems gezeigt; die Vpn sollten jeweils angeben, ob die Anordnung der Figuren mit der vorher gesehenen übereinstimmt. Bei gleichen geometrischen Figuren waren die Antwortzeiten langsamer, wenn das Prüfitem eine lineare Anordnung enthielt; sie waren kürzer, wenn die räumliche Anordnung erhalten blieb.

Unter Bedingung B (vgl. Abb. 10) wurde genauso verfahren, jedoch statt der Formen wurden nun die Begriffe verwendet. Hier ergaben sich kürzere Antwortzeiten für die lineare Anordnung der Begriffe, längere Zeiten für die räumliche Anordnung. Das Ergebnis zeigt, daß die bildliche Information (geometrische Figuren) gemäß ihrer räumlichen Anordnung, die verbale Information (geometrische Begriffe) gemäß ihrer linearen Ordnung intern repräsentiert wurden.

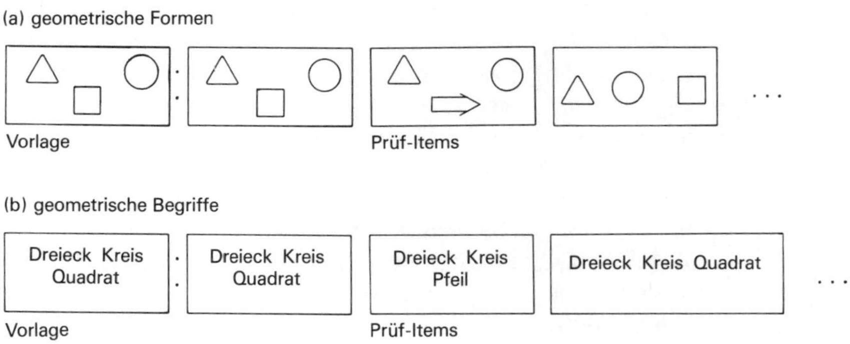

Abbildung 10: Untersuchungsmaterial von SANTA (1977, S. 419).

Die Merkmale räumlicher Vorstellungen sind nach wie vor schwer zu identifizieren. Es gibt eine Reihe von Untersuchungen zum *Umgang* mit bildhaften, räumlichen Vorstellungen. Diese zeigen, daß die Prozesse beim Umgang mit räumlichen Vorstellungen den Prozessen beim Umgang mit den realen physikalischen Objekten analog sind.

Eine Reihe bedeutender Experimente wurde zur mentalen Rotation von drei-dimensionalen Objekten durchgeführt (COOPER & SHEPARD, 1973; SHEPARD & METZLER, 1971). Den Vpn wurden z.B. drei-dimensionale Objekte paarweise dargeboten. Es sollte festgestellt werden, ob die Objekte identisch sind. Bei identischen Paaren war ein Objekt gegenüber dem Vergleichsobjekt rotiert. Der Rotationswinkel wurde zwischen 0 und 180° variiert. Die Antwortzeiten der Vpn bei identischen Objekten korrelieren mit dem Rotationswinkel. Die Beziehung zwischen Zeit und Winkel ist oft linear. Die Daten können als Hinweis auf eine analoge, räumliche Repräsentation aufgefaßt werden: die Vpn formen eine interne Vorstellung von den Objekten, sie rotieren intern das Vergleichsobjekt, und zwar um so länger, je größer der Winkel. Dieser interne Rotationsprozeß ist analog zu einer physikalischen Rotation.

Das Absuchen räumlicher Vorstellungen (scanning) bezüglich bestimmter Kriterien war Gegenstand der Arbeiten von KOSSLYN, BALL und REISER (1978). Sie gaben den Vpn Landkarten einer Insel vor. Die Vpn mußten diese Karte in allen Einzelheiten einprägen. Im Experiment wurde den Vpn gesagt, sich einen Ort auf der Landkarte vorzustellen. 5 sec später sollten sie sich einen zweiten Ort auf der Karte vergegenwärtigen (dies sollte jeweils durch Knopfdruck angezeigt werden). Es zeigte sich, daß die Zeiten bis zur Vergegenwärtigung des zweiten Ortes um so länger waren, je weiter die beiden Orte auf der Karte voneinander entfernt waren. Auch dieser Prozeß kann als analog zur physikalischen Operation des sich Bewegens von Ort A nach Ort B aufgefaßt werden. Diese und andere Befunde lassen sich dahingehend zusammenfassen, daß die interne, räumliche Transformation eines vorgestellten Sachverhalts um so länger Zeit benötigt, je größer der Umfang der räumlichen Transformation ist. Die internen Prozesse der Rotation sowie des Absuchens können als analog zu physikalischen Prozessen aufgefaßt werden. Ferner kann angenommen werden, daß die intern gebildete Repräsentation einer physikalischen Anordnung analog ist.

Die Beschaffenheit von Kodierungen des imaginalen Systems ist unklar, doch die Nützlichkeit der Vorstellung nicht präsenter, physikalischer Objekte ist unbestritten (z.B. eines Weges durch einen Ort). Es ist eine ausführliche und noch andauernde Kontroverse um die Frage entstanden, ob es sich bei räumlichen Repräsentationen im Gedächtnis um bildhafte Vorstellungen handelt, die den Charakter visueller Reize besitzen. In der Alltagssprache wird dies oft nahegelegt durch Formulierungen, wie «ich sehe Johannes vor mir, wie er Hockey spielt». Es wurde bereits darauf hingewiesen, daß PAIVIO (1971) keine Abstraktionsprozesse bei den von ihm vorgeschlagenen Kodierungsvarianten annimmt. Ihm sowie anderen Vertretern (KOSSLYN & POMMERANTZ, 1977) einer imaginalen Kodierung wird vorgehalten, (a) keine präzise Bestimmung räumlich-bildhafter Kodierung geben zu können, (b) bildhafte Vorstellungen mit der Wahrnehmung von Bildern selbst gleichzusetzen (vgl. ANDERSON & BOWER, 1973; PYLYSHYN, 1973). KOSSLYN und POMERANTZ (1977) wehren zwar die «Bild-im-Kopf»-Vorstellung ab, vermögen jedoch keine genaueren Angaben darüber zu machen, wodurch sich räumlich-bildhafte Vorstellungen unterscheiden sollen. Dagegen steht die Auffassung, daß es sich dabei um eine abstrakte, analoge Form der Abbildung räumlicher Beziehungen und kontinuierlicher Veränderungen (z.B. Größe) handelt.

Als Ergänzung zu einer dualen Kodierung wird von PYLYSHYN (1973) und von ANDERSON und BOWER (1973) ein abstrakt-propositionaler Kode für erforderlich gehalten. Gemeint ist eine, dem Menschen nicht zugängliche, abstrakte Form der Kodierung, die weder visuellen noch verbalen Charakter hat. Denkbar wäre eine abstraktere Kodierungsform, die solche bildhaften Vorstellungen hervorbringen könnte. PYLYSHYN (1973) hat dies als Forderung formuliert:

> So lange wir davon ausgehen, daß Individuen von mentalen Bildern zu mentalen Be-

griffen und umgekehrt übergehen können, sind wir gezwungen, eine interne Repräsentation anzunehmen (die abstrakter und nicht bewußt zugänglich ist), die beides umfaßt. Anders ausgedrückt, es muß eine Art gemeinsames Format oder Sprache geben (S. 5; Übers. v. Verf.).

Die von ANDERSON und BOWER (1973; ANDERSON, 1983a) vorgeschlagene propositionale Kodierung stellt ein solches Format dar.

Propositionale Kodierung

Der Kerngedanke propositionaler Kodierung ist, daß die Bedeutung von Ereignissen und Abläufen in abstrakter Form intern repräsentiert wird. Irrelevante Details werden nicht gespeichert. Unter Bezug auf den vorausgegangenen Abschnitt heißt dies, daß sowohl visuelle als auch verbale Informationen, vielleicht zusätzlich zu räumlicher und sequentieller Repräsentation, in abstrakter Form intern repräsentiert werden. Ein einfaches Beispiel ist das Behalten der Grundgedanken einer Erzählung. WANNER (1968; zit. nach ANDERSON, 1983, S. 96ff.) belegte experimentell, daß die Bedeutung von Sätzen besser behalten wird als deren genauer Wortlaut. Die Bedeutung der sprachlichen Information wird extrahiert und behalten, ohne daß hierzu eine besondere Aufforderung notwendig ist. Bei visuellem Material zeigten BOWER, KARLIN und DUECK (1975) daß die Behaltensleistung bezüglich des Inhalts von Bildern dann deutlich besser war, wenn die Vpn den Bedeutungsgehalt der Bilder kannten. Desgleichen fanden MANDLER und RITCHEY (1977), daß Änderungen an Bildern, die den Bedeutungsgehalt betreffen, verglichen mit Änderungen bedeutungsirrelevanter Details, mit hoher Wahrscheinlichkeit beim Wiedererkennen identifiziert werden.

Solche Ergebnisse schließen nicht aus, daß räumliche Vorstellungen und lineare Ordnungen als zusätzliche Formen interner Repräsentation im Gedächtnis verarbeitet werden. Sie weisen aber auf die Möglichkeit einer *Repräsentation in abstrakter, modalitätsunabhängiger Form* hin. Diese erfaßt lediglich die Bedeutung, die «Essenz», eines Sachverhalts oder Ereignisses und ist propositional darstellbar.

Propositionen sind keine Sätze, auch keine Wortfolgen; sie stellen abstrakte Wissenseinheiten dar («cognitive units» bei ANDERSON, 1983b). Es sind hypothetische Wissensmoleküle, die in Form von Sätzen ausgedrückt werden können. Sie sind aber sprachlich nicht gebunden; sie können in der gleichen Sprache oder in einer anderen Srache unterschiedlich formuliert werden. Abstrakt heißt, daß sie unabhängig von der Input-Modalität, unabhängig von der Sprache, unabhängig vom Kontext Information repräsentieren. Es sind die kleinsten Einheiten, über die man noch wahr-falsch-Urteile abgeben kann. Das Konzept propositionaler Repräsentation wurde in die Gedächtnispsychologie aus der Linguistik und der Logik übernommen. (Vgl. auch Kap. 10, Ausgewählte Methoden.)

Propositionen können durch Ausdrücke der folgenden Art angegeben werden: P (S), d.h. einem Sachverhalt S kommt ein Merkmal P zu (Subjekt-Prädikat); R (x;y), d.h. die Sachverhalte x und y sind durch die Relation R verknüpft. Darüber kann mit wahr und falsch geurteilt werden. Zwar erfolgt die Anwendung dieser Darstellungsform von intern repräsentiertem Wissen vor allem auf linguistische Informationen (Sätze, Texte), sie ist aber grundsätzlich für andere Informationen ebenfalls vorgesehen und einsetzbar. Die Notation von Propositionen kann die Form von Listen annehmen, bestehend aus Relation und einer geordneten Folge von Argumenten (vgl. KINTSCH, 1974): Z.B. «Ein Tanker pumpt Säure in die Nordsee» (*pumpen,* Tanker, Säure, Nordsee)

Eine andere Möglichkeit der Notation besteht darin, propositionale Netzwerke anzugeben (ANDERSON, 1983a; NORMAN & RUMELHART, 1975). Die Knotenpunkte des Netzwerkes sind Propositionen, Argumente und Relationen. Die Verknüpfungen zwischen den Knotenpunkten werden durch Pfeile angezeigt. Folgende Verknüpfungen sind z. B. möglich: Relation, Agent, Zeit, Objekt, Rezipient, Ort. Die propositionale Darstellung des folgenden Satzes soll dies veranschaulichen. Der Satz läßt sich in drei einfachere Propositionen zerlegen: «Ein deutscher Tanker pumpte nachts Säure in die Nordsee, die Fische vergiftete.»

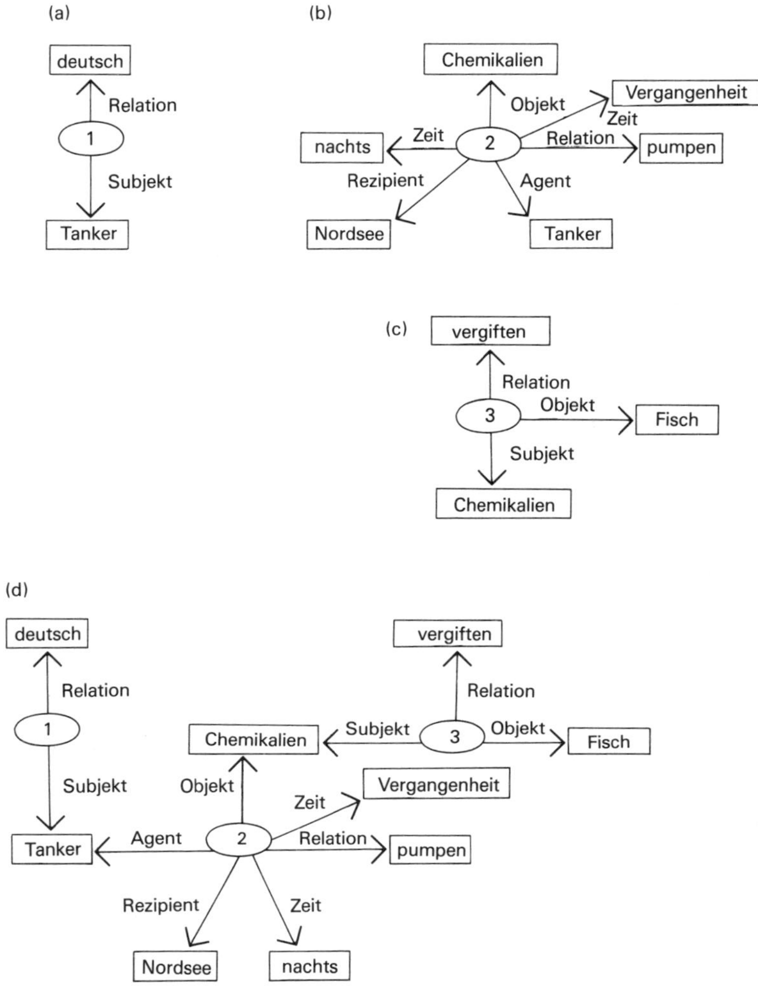

Abbildung 11: Propositionale Darstellung von 4 Sätzen.

«Ein deutscher Tanker pumpte nachts Säure in die Nordsee, die Fische vergiftete.»

(1) Ein deutscher Tanker.
(2) Ein Tanker pumpte nachts Säure in die Nordsee.
(3) Die Säure vergiftet Fische.

In Abbildung 11 werden die propositionalen Darstellungen angegeben.
Die Ellipse mit der Zahl 1 repräsentiert die Proposition 1.
In Abbildung 11d ist die vollständige Struktur des Beispielsatzes veranschaulicht; sie verknüpft die Propositionen a–c.
ANDERSON (1976) weist daraufhin, daß der Verwendung von Netzwerken keine theoretische und psychologische Relevanz zukommt. Es ist eine Notationsform, die sich einfach als üblich erwiesen hat. Er faßt propositionale Netzwerke als eine formale Darstellung der assoziativen Analyse der Wissensstruktur auf. Die Knotenpunkte des Netzwerkes kann man als Ideen, als Gedanken auffassen, die Verknüpfungen (links) als Assoziationen zwischen diesen («... ideas, in the traditional british associationist sense of the therm» ANDERSON, 1976, S. 147). Im Unterschied zu früheren Assoziations-Ansätzen handelt es sich nun aber um benannte Assoziationen. Sie geben an, welche Gedankeninhalte zu anderen führen, bzw. andere auslösen können. Die Ausarbeitung einer propositionalen Repräsentation hat inzwischen einen präziseren Stand erreicht, als die von PAIVIO (1971) vorgeschlagenen Repräsentationsmodi. Neben den genannten inhaltlichen Überlegungen, die für eine solche Form

sprechen, kommen methodische Vorzüge, wie die Computersimulation hinzu. Einschränkend ist aber anzumerken, daß ANDERSON (1976, 1983) nur Teile des menschlichen Wissens propositional formuliert, nämlich das deklarative, das Faktenwissen einer Person. (Zur Darstellung prozeduralen Wissens in Form von Produktionsregeln vgl. Kap. 10, Ausgewählte Methoden.) In einer neueren Arbeit kritisieren JOHNSON-LAIRD et al. (1984), daß der empirische Gehalt von Netzwerkdarstellungen nicht geklärt sei. Bei einer Durchsicht von Untersuchungen, in denen versucht wird, menschliches Wissen in Form propositionaler Netzwerke darzustellen, fällt überdies eine gewisse Beliebigkeit der Darstellung auf (vgl. KLUWE, 1988). ANDERSON (1983a), der in einer früheren Arbeit (1978) bereits räumliche Repräsentationen mit propositionaler Repräsentation verband, nimmt in seiner letzten Version von ACT eine drei-modale Kodierung menschlichen Wissens an. Außer abstrakten Propositionen sind zeitliche Folgen (temporal strings) und räumliche Vorstellungen (spatial images) zur Repräsentation von Wissen im LZG vorgesehen.

Abstrakte Propositionen bilden den Sinn, die Bedeutung von Sachverhalten, Ereignissen, sprachlichen Inhalten ab. Zeitliche Folgen repräsentieren die sequentiellen Strukturen von Ereignissen, räumliche Vorstellungen repräsentieren die Konfigurationen von Elementen im Raum.

Von besonderer Bedeutung ist, daß mit der Netzwerk-Notation Annahmen über die Ausbreitung der Aktivation im Gedächtnis sowie über einfache Suchprozesse einhergehen. Es wird z. B. angenommen, daß im Netzwerk «benachbarte» Inhalte auch eher gemeinsam erinnert werden, als weit auseinanderliegende Inhalte. Dies ist Gegenstand von Abschnitt 8.5 im Zusammenhang mit der Erörterung von Suchprozessen im LZG.

6.3 Schemata und Skripte

Schemata sind große Wissenseinheiten. Sie umfassen sowohl abstraktes als auch konkretes Wissen. Schemata bestehen aus Variablen, die bestimmte Wertebereiche annehmen können. Exemplare eines Schemas lassen sich auf einem Kontinuum bezüglich ihrer Distanz zu einem Prototyp anordnen.

Wenn wir darüber informiert werden, daß jemand Lehrer ist, dann verbinden wir damit bestimmte Annahmen und Vorstellungen hinsichtlich seiner Tätigkeit. Diese leiten wir aus einem verfügbaren Lehrer-Schema ab, ohne daß der Kommunikationspartner dies Wissen explizit mitteilen muß. Das Lehrer-Schema könnte folgendermaßen aussehen:

	Lehrer:
Kategorie:	Beruf
Einkommen:	2000–5000
Funktion:	Wissen vermitteln, Erziehen
Ausbildung:	PH, Universität
Alter:	23–65
Fach:	Grundschule, Englisch, ...
Lernende:	Schüler, Studenten, Kinder, Erwachsene
Institution:	Schule, Universität

In dieser Liste werden Variablen (Einkommen, Fach, ...) und Wertebereiche der Variablen unterschieden (der Wertebereich der Variablen Alter liegt zwischen 23 und 65 Jahren; vgl. RUMELHART & ORTONY, 1977). Hier sind Werte angegeben, die vielleicht einen Prototyp des Lehrers, d. h. einen «typischen» Lehrer, vielleicht der Grundschule darstellen.

Schemata lassen sich als Verknüpfungen von Propositionen auffassen: z. B. ein Lehrer ist ein Beruf; Lehrer vermitteln Wissen an Schüler, usw. Wie Verknüpfungen zu einem solchen Komplex zustandekommen, ist u. W. nicht untersucht.

Schemata sind Abstraktionen insofern, als das Gefüge von Variablen von irrelevanten Details des Lehrers, z. B. Haarfarbe, Gewicht absieht. Innerhalb der Wertebereiche der Variablen liegen zahlreiche «Exemplare» von Lehrern; sie stellen das konkrete Wissen zu diesem Schema dar. Deshalb wurde eingangs gesagt, daß Schemata sowohl abstraktes als auch konkretes Wissen umfassen.

Die Wertebereiche der Variablen, die in unserem Beispiel nicht vollständig angegeben sind, haben Grenzen. Exemplare, die außerhalb liegen, werden nicht dem Schema zugeordnet (z. B. wird eine 19jährige Gymnasiastin, die

Nachhilfestunden in Englisch gibt, nicht als Lehrerin bezeichnet). Vermutlich würde es nicht schwer fallen, einen typischen Lehrer in diesem Schema zu «lokalisieren». Andere Lehrer-Exemplare, wie Tennis- oder Fahrlehrer würden in erheblicher Distanz zu diesem Prototyp eingeordnet werden. Einsichten in solche Zuordnungen verdanken wir den Arbeiten von ROSCH (1973, 1977). Sie ließ Sachverhalte auf einer Skala von 1–7 danach einschätzen, wie typisch, bzw. wie atypisch sie für eine Kategorie sind. Das Rotkehlchen gilt z. B. als typischer Vogel (1.), das Küken weniger (3.8). Football gilt als typischer Sport (1.2), weniger das Gewichtheben (4.7). In einer späteren Untersuchung (1977) mußten die Vpn Sätze formulieren, die Aussagen über die Kategorie darstellten: z. B. ein Lehrer erzieht, ein Lehrer schreibt an die Tafel. Dann wurde der Klassenbegriff durch konkrete Exemplare ersetzt (also statt Lehrer z. B. Grundschullehrer, Tennislehrer, Hochschullehrer, usw.). Die Vpn mußten nun diese konkreten Aussagen dahingehend einstufen, wie sinnvoll sie sind. Das Ergebnis war, daß Sätze mit typischen Exemplaren am höchsten eingestuft wurden, solche mit untypischen Exemplaren niedrig. Die Folgerung, die daraus gezogen werden kann ist, daß beim Umgang mit Schemata prototypische Information aktiviert wird. Dies kann zu Konfusionen führen, wenn etwa in der Kommunikation Abweichungen vom Schema nicht expliziert werden.

Eine Variante von Schemata sind Skripte (vgl. BOWER, BLACK & TURNER, 1979; SCHANK & ABELSON, 1977). Skripte sind Schemata für Ereignisabläufe. SCHANK und ABELSON (1977) haben besonders ausführlich das Restaurant-Skript untersucht. Man kann Skripte als Drehbücher auffassen, in denen Rollen vorgesehen sind, die von Personen eingenommen werden. Die Funktion solcher Skripte ist zweifach: (a) Sie erlauben Verstehen. Wenn wir hören, daß jemand am Abend im Restaurant war, dann wissen wir zugleich etwas über seine Aktivitäten am Abend. (b) Sie erlauben Vorhersagen. Wenn wir vorhaben, in ein Restaurant zu gehen, dann wissen wir vorher, wie dies Ereignis typischerweise ablaufen wird. Wir können uns darauf vorbereiten. BOWER, BLACK und TURNER (1979) haben Vpn die 20 wesentlichsten Episoden eines Ereignisses, wie z. B. Restaurantbesuch, Arztbesuch, Seminarbesuch niederschreiben lassen. Auf der Basis von Übereinstimmungen von Nennungen für das Restaurantereignis ergab sich folgender schematischer Ablauf: (1) Eröffnungsbedingungen, wie z. B. Eintreten, Warten; (2) Zuweisung eines Tisches; (3) Lesen der Speisekarte; (4) Bestellung; (5) Essen; (6) Bezahlen; (7) Gehen. Etwa 70% der Vpn stimmten bezüglich dieser Kernepisoden des Restaurantskripts überein. Die konkrete Ausführung der einzelnen Episoden kann natürlich variieren, d. h. jede Episode hat auch ihren Wertebereich. Bezahlen kann darin bestehen, daß bar oder mit Kreditkarte bezahlt wird. So gilt auch für das Skript, daß es eine Abstraktion darstellt, die mit zahlreichen konkreten Exemplaren verknüpft ist. Am Restaurantskript läßt sich auch gut nachvollziehen, daß Skripte mit Annahmen über den allgemeinen Ablauf eines Ereignisses verbunden sind. Deutsche Restaurantgänger besitzen ein leicht modifiziertes Skript bezüglich Episode 2; die resultierende, unterschiedliche Annahme über den Ablauf führt in amerikanischen Restaurants mitunter zu Komplikationen. Von Bedeutung sind Skripte v. a. bei der Strukturierung von Texten. Inhalte über bestimmte Ereignisse werden dann besser verstanden und besser behalten, wenn sie der Struktur des Ereignis-Skripts folgen (RUMELHART, 1975).

Kritisch ist zur Untersuchung von Skripten anzumerken, daß sie in der Regel auf der Basis verbaler Berichte erhoben werden. Dies vermittelt den Eindruck, daß Skripte tatsächlich seriell organisiert und gespeichert sind. Dies muß nicht unbedingt so sein. Fragt man eine Person nach dem Fußballspiel vom letzten Sonnabend, dann berichtet sie kaum seriell von der ersten bis zur zweiten Halbzeit. Mitunter beginnt der Bericht mit einem herausragenden Ereignis im Verlauf des Spiels.

Halten wir fest: Schemata und Skripte werden als große, abstrakte Wissenseinheiten aufgefaßt. Sie sind mit konkretem Wissen über Exemplare verknüpft. Diese stellen Kombinationen von spezifischen Ausprägungen der einzelnen Variablen eines Schemas (der Episoden eines Skripts) dar. Bestimmte Exemplare gelten als typisch für ein Schema (Prototypen); bestimmte Abläufe gelten als typisch für ein Skript. Schemata und Skripte erlauben Verstehen von Sachverhalten und lassen Vorhersagen zu.

In einem späteren Abschnitt werden Schemata unter dem Gesichtspunkt des Wissenserwerbs erörtert werden.

6.4 Mentale Modelle

Mentale Modelle umfassen subjektive Wissensgefüge über komplexe Sachverhalte. Sie werden im Umgang mit diesem Sachverhalt erworben; sie sind nur begrenzt vollständig und richtig; sie sind funktional, d.h. sie leiten das Verstehen von Sachverhalten und den Umgang mit Sachverhalten.

Mentale Modelle sind eine der jüngsten Errungenschaften der Gedächtnispsychologie (GENTNER & GENTNER, 1983). Man könnte sie als «large-scale» Wisseneinheiten auffassen. Sie gelten spezifischen Phänomenen, die v.a. durch Komplexität und durch geringe Transparenz gekennzeichnet sind (z.B. elektrischer Strom, Computer, usw.). Die Bestimmung dieses Konzepts ist bislang recht unscharf. Das mentale Modell ist ein Gefüge individuellen Wissens und darauf basierender Annahmen über einen bestimmten Sachverhalt oder Vorgang. Es umfaßt Wissen über die Strukturen und über die Prozesse von Sachverhalten. Die Grundlage dieses subjektiven Modells sind Erfahrungen im Umgang mit Sachverhalten sowie Wissen, das durch andere Personen vermittelt wurde.

Um mentale Modelle von anderen Modellen abzuheben ist folgende Unterscheidung möglich: Für einen Sachverhalt S existiert ein wissenschaftliches Modell wM (S), das von Wissenschaftlern, Experten entworfen wird (z.B. für elektrischen Strom). Für denselben Sachverhalt besitzt eine Person ein mentales Modell mM (S). Psychologische Forschung wiederum versucht ein Modell des mentalen Modells einer Person zu erarbeiten pM(S). Die Erfassung solcher Modelle ist schwierig, weil Personen darüber nicht oder nur wenig Auskunft geben können. Es ist erforderlich, den Umgang von Personen mit Sachverhalten zu beobachten und daraus Schlüsse auf das mentale Modell zu ziehen. GENTNER und GENTNER (1983) untersuchten den Effekt unterschiedlicher mentaler Modelle bezüglich elektrischem Strom auf die Lösung einfacher elektrischer Probleme (das Modell fließenden Wassers vs. das Modell einer sich bewegenden Masse von Individuen). Sie konnten zeigen, daß je nach Modell bestimmte Lösungen möglich, bzw. nicht möglich waren. Daraus ist zu folgern, daß mentale Modelle mehr als nur interne Bilder von Sachverhalten sind. Sie werden als Analogie an die Sachverhalte herangetragen, sie leiten das Verständnis, und sie leiten den Umgang mit den Sachverhalten.

Besonders eindrucksvoll sind die Studien von MCCLOSKEY (1983) über mentale Modelle sich bewegender Objekte (z.B. aus Flugzeugen abgeworfene Objekte, über eine Kante rollende Kugel, usw.). MCCLOSKEY fand, daß die Annahmen der Studenten zu diesem Bereich der Physik große Nähe zu mittelalterlichen Theorien (also wM(S) älteren Datums) zeigten. Es wurde z.B. angenommen, daß ein Objekt, das in Bewegung versetzt wird, eine «innere» Kraft erhält, die die Bewegung aufrecht erhält, und daß diese Kraft langsam schwindet. Besonders bemerkenswert ist, daß solche mentalen Modelle z.T. mit korrektem Textbuchwissen verknüpft und beibehalten werden. Dies zeigt die Notwendigkeit, bei Vermittlung von Wissen auf das vorhandene Wissen des Lernenden zu achten. Die Bedeutung dieses Ansatzes liegt deshalb auch in einer Lehr-Lernforschung, die auf gedächtnispsychologischen Ergebnissen und Überlegungen basiert. WILLIAMS, HOLLAN & STEVENS (1983) entwickeln ein Lehr-Lern-Programm, das im Dialog arbeitet. Dieses Programm erfaßt explizit die Inhalte des mentalen Modells des Lernenden zu einem Sachverhalt, z.B. bezüglich eines technischen Systems und baut den Prozeß der Wissensvermittlung darauf auf. Durch gezielte, kleinere Problemstellungen («was geschieht, wenn ...?») wird das mentale Modell des Lernenden auf der Basis seiner Antworten identifiziert. Der Lerndialog kann nun darauf abgestimmt werden, den Lernenden durch weitere Problemstellungen zu der Einsicht zu führen, daß wesentliche Unzulänglichkeiten seines Modells bestehen und reduziert werden müssen («debugging»). Auf diese Weise kann der Lernende im Dialog mit dem Programm stufenweise zu einer Verbesserung seines mentalen Modells geführt werden, d.h. zu einer Annäherung seines Modells (mM(S)) an das korrekte Modell des Textbuches (wM(S)). Voraussetzung für einen solchen Prozeß der Wissensvermittlung ist jedoch eine sorgfältige Analyse möglicher mentaler Modelle in einem Bereich und die systematische Zuordnung von Problemstellungen für den Lernprozeß. Das Programm realisiert u.W. erstmals konkret die Forderung, vom Vorwissen eines Lernenden auszugehen und die Wissensvermittlung darauf aufzubauen.

In der neueren Problemlöseforschung haben mentale Modelle von Personen deshalb Beachtung gefunden, weil zunehmend mehr die Bewältigung komplexer, unbestimmter Situationen untersucht wird. In der älteren Problemlöseforschung spielten Merkmale des Wissens des Problemlösers eine untergeordnete Rolle. Bei Problemstellungen, wie dem Turm von Hanoi, war die Wissenskomponente vernachlässigbar. Inzwischen werden jedoch Problemlöseprozesse untersucht, bei denen das vorhandene Wissen und der Wissensaufbau im Verlauf des Lösungsprozesses erhebliche Bedeutung haben. Es wird angenommen, daß Vpn beim Umgang mit solchen Problemstellungen, z.B. bei der simulierten Führung eines Wirtschaftsunternehmens, beim Umgang mit einem Textautomaten, ein mentales Modell über das System ausbilden. Vpn, die lernen müssen, mit einem komplexen Sachverhalt umzugehen, erzeugen durch ihre Eingriffe Informationen, die sie für die Entwicklung des mentalen Modells nutzen können. Den Prozeß des Lernens durch Tun kann man so als Fortentwicklung eines mentalen Modells beschreiben. Der Umgang mit dem komplexen Sachverhalt kann jeweils nur so adäquat sein, wie es die Abbildung des Sachverhalts im mentalen Modell der Person ist.

Schwierig ist noch immer die Analyse solcher Modelle. Protokolle lauten Denkens sind eine Möglichkeit, solches Wissen zu erfassen. Jedoch enthalten sie Lücken; überdies müssen sie nicht notwendig mit dem tatsächlichen Handeln der Vpn übereinstimmen. Sicherlich muß eine präzise Analyse des konkreten, zielgerichteten Umgangs von Menschen mit Sachverhalten hinzukommen. «... wir müssen geeignete experimentelle Methoden entwickeln und unsere Erwartung aufgeben, ordentliche, elegante Modelle zu finden; statt dessen müssen wir lernen, die ungeordneten, saloppen, unvollständigen, und undeutlichen Strukturen zu verstehen, die Menschen wirklich haben» (Norman, 1983, S.14; Übers. v. Verf.).

7. Wissenserwerb

Erwerb von Wissen ist ein Ziel von Lernprozessen. Es ist damit die Aufnahme neuer Information in das LZG gemeint. Dabei handelt es sich um die Bildung neuer Verknüpfungen zwischen Informationselementen. Voraussetzung: gleichzeitige Aktivation der neu zu verknüpfenden Inhalte.

Mechanisches Wiederholen (maintenance rehearsal) leistet primär eine Aufrechterhaltung des Aktivationszustandes von Gedächtnisinhalten. Elaboration leistet primär langfristige Speicherung.

In vorhergehenden Abschnitten ging es um die kurzzeitige Verfügbarkeit von bereits gespeicherten Gedächtnisinhalten, um die Dauer der Aktivation sowie um Bedingungen des Informationsverlusts. Der folgende Abschnitt handelt nun davon, wie Inhalte längerfristig verfügbar bleiben. Es geht um die geistigen Operationen eines Individuums, die diesen Lernprozeß bewerkstelligen und die dauerhaftes Behalten begünstigen. Vorweg sei gesagt, daß die Gedächtnispsychologie in diesem Bereich des Wissenserwerbs und -aufbaus bislang wenig Erkenntnisse gewinnen konnte.

Im Mehr-Speicher-Modell von Atkinson und Shiffrin (1968) wird Wissenserwerb als Transfer von Information abgehandelt. Diese Bezeichnung ist einsichtig, da Information aus einem Speicher in einen anderen zu übertragen war. Aus dem hier erörterten Ein-Speicher-Modell läßt sich folgende Vorstellung ableiten: Eine gerade aktivierte Teilmenge von Informationselementen des LZG wird durch kognitive Operationen verarbeitet; sie werden dadurch verändert. Veränderungen können in der Bildung neuer Verknüpfungen bestehen. In Abbildung 12 ist dies an einem Beispiel veranschaulicht.

Jemand liest einen Artikel über die Effekte von Kalzium-Gaben auf den Organismus. Beim Lesen werden zum Verständnis erforderliche Gedächtnisstrukturen aktiviert. Der Leser

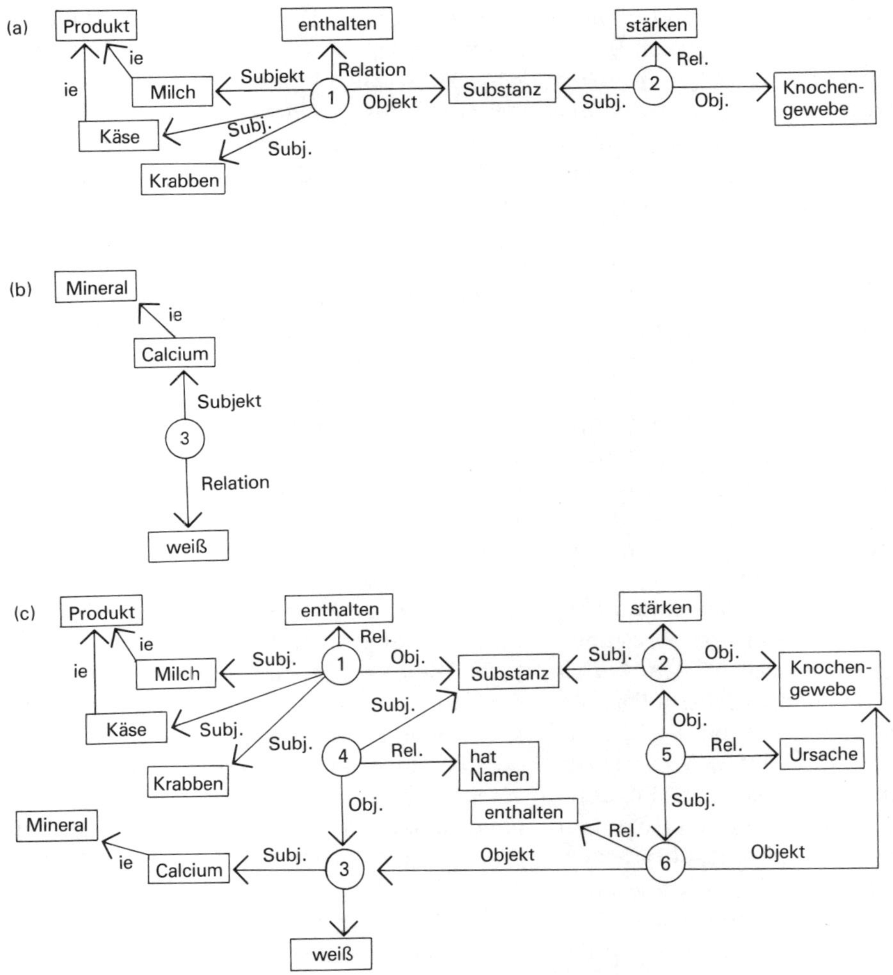

Abbildung 12: Propositionale Darstellung der Verknüpfung von Wissensstrukturen durch Elaboration.

mag folgendes Wissen an den Text herantragen:
(a) Produkte, wie Milch, Käse, Krabben, Brokoli enthalten Substanzen, die das Knochengewebe stärken.
(b) Kalzium ist ein Mineral; Kalzium ist weiß.
Diese beiden Propositionen sind im Netzwerk noch nicht miteinander verknüpft, werden jetzt aber beim Lesen gleichzeitig aktiviert. Beim Lesen des Textinhalts werden neue Verknüpfungen hergestellt, die vorher nicht bestanden:
(c) Milch, Krabben, Käse enthalten Kalzium.
(d) Kalzium ist im Knochengewebe enthalten.
(e) Milch, Krabben, Käse stärken das Knochengewebe, weil sie Kalzium enthalten.

Die vollständige, resultierende Verknüpfung ist in Abbildung 12 dargestellt. Werden diese Inhalte wieder inaktiv, wenn der Leser seine Aufmerksamkeit anderen Zielen zuwendet, dann bleiben die hergestellten Verknüpfungen bestehen (über ihre Stärke ist damit noch nichts ausgesagt). Wird in einem nachfolgenden Gespräch Kalzium erwähnt, dann kann die Person dazu assoziierte Inhalte aktivieren, d.h. versuchen, zu erinnern. Eigene Erfahrungen zeigen aber, daß solche Verknüpfungen beim einfachen Lesen eines Textes nicht notwendig eine Stärke erreichen, die einen sicheren langfristigen Abruf der Inhalte gewährleisten würde. Vielleicht hat der Leser bereits mehrfach die entsprechenden Textstellen gelesen, vielleicht sogar wichtige Informationen unterstrichen. Die Frage ist, unter welchen Bedingungen solche Verknüpfungen gut behalten und erinnert werden. Es gibt hierzu gedächtnispsychologische Ergebnisse und Vorstellungen im Zusammenhang mit drei Prozessen: Wiederholen, Elaboration und Organisation.

7.1 Wiederholen

Ältere Vorstellungen gingen dahin, daß häufiges Wiederholen von gerade aktivierter Information schließlich zu dauerhafter Speicherung führen würde (i.S. eines Übertrags von einem Speicher in einen anderen). Von dieser Sichtweise ist man abgekommen. Es hat sich als notwendig erwiesen, verschiedene Formen des Wiederholens zu unterscheiden. Das, etwa beim Einprägen von Telephonnummern, übliche Wiederholen wird als «maintenance rehearsal» oder «rote rehearsal» bezeichnet. «Wiederholen ist ein Prozeß, in dem Individuen Inhalte für sich selbst wiederholen, entweder still oder laut durch Nachsprechen» (SHIFFRIN, 1976, S. 202; Übers. d. V.). Es leistet lediglich die Aufrechterhaltung der Aktivation von Informationselementen. Dies erfolgt vorwiegend auf der Ebene phonetischer Kodierung, also auf einer eher niedrigen Kodierungsebene. Für dauerhaftes Behalten ist dieser Prozeß wenig effektiv. Er ist gut geeignet für das kurzzeitige Behalten.
Es wird davon eine Gruppe von kontrollierten Prozessen unterschieden, die als «coding» bezeichnet werden: Damit sind im Grunde alle kognitiven Operationen gemeint, die in irgendeiner Weise einen Inhalt nicht nur aufrechterhalten, sondern ihn mit dem Ziel besserer Verfügbarkeit weiter verarbeiten (z. B. ihn mit anderen Inhalten vergleichen, ihn klassifizieren, usw.). Dazu gehört das ganze Spektrum kognitiver Operationen.
Daß das Ausmaß des Wiederholens etwas mit der Güte des Wiederholens zu tun hat, konnten RUNDUS und ATKINSON (1970) sowie RUNDUS (1971) zeigen. Den Vpn wurden 20 Wörter vorgegeben. Zum Einprägen jedes Wortes standen 5 sec zur Verfügung. Die Vpn wurden aufgefordert, sich die Items laut einzuprägen, d. h. laut zu wiederholen. Bei der nachfolgenden freien Reproduktion der Wörter ergab sich der in Abbildung 13 dargestellte Zusammenhang.
Die Abbildung 13 zeigt, daß das Ausmaß des Wiederholens mit der Güte der Reproduktion korreliert, abgesehen von den letzten Items der Liste. Diese werden, obwohl wenig wiederholt, sehr gut reproduziert («recency-effect»). Eine Interpretation hierfür ist, daß die letzten Items der Liste noch aktiviert waren und direkt abgerufen werden können. Auch ohne Wiederholung bliebe die Aktivation der letzten Items für etwa 20 sec bestehen (vgl. den Abschnitt zum Abruf von aktivierter Information; SHIFFRIN und SCHNEIDER sprechen von einer «automatic component of sts-persistence»). Die davor gelernten Items sind häufiger wiederholt worden, was als ursächlich für die bessere Wiedergabe aufgefaßt wurde (GLANZER & CUNITZ, 1966).

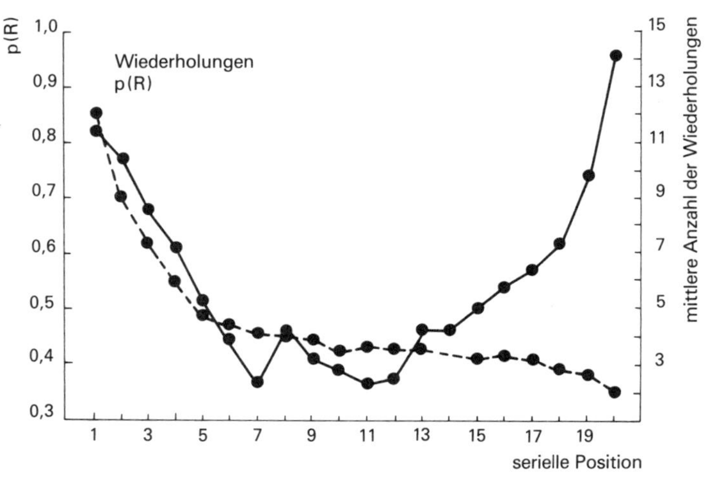

Abbildung 13: Mittlere Wahrscheinlichkeit der Wiedergabe p(R) und mittlere Anzahl an Wiederholungen eines Items als Funktion der seriellen Position (nach RUNDUS 1971, S. 66). (—— = Wiedergabeleistung; --- = Wiederholungen).

Diese Ergebnisse schließen aber nicht aus, daß das bessere Behalten der zuerst gelernten Items nicht auch durch andere Gedächtnisaktivitäten zustande kommen kann, z. B. durch spezifische Organisation des Materials beim freien Reproduzieren. Es sollen zunächst Befunde genannt werden, die zeigen, daß das mechanische Wiederholen allein sowie die Dauer des Aktivationszustandes im KZG kein bedeutsamer Faktor für langfristiges Behalten sind.
Aus einer oben geschilderten Untersuchung von SHIFFRIN (1973) geht hervor, daß es keinen Unterschied für die Wiedergabeleistung ausmacht, ob ein Inhalt 8 oder 40 sec im KZG aktiviert bleibt. Der Prozeß des Wiederholens war in dieser Untersuchung weitgehend ausgeschlossen worden. In anderen Experimenten wurde die Häufigkeit des Wiederholens als möglicher Faktor für die Wiedergabeleistung genauer geprüft. CRAIK und WATKINS (1973) forderten die Vpn auf, aus einer längeren, akustisch dargebotenen Liste nur die Wörter zu beachten, die einen bestimmten Anfangsbuchstaben hatten (z. B. F). Nur das zuletzt in der Liste auftretende Wort mit diesem Buchstaben (z.B. Fisch) sollte anschließend aufgeschrieben werden. Wesentlich ist dabei die Zeit, die zwischen einem Wort mit F (z. B. Feuer) bis zum Auftreten des letzten Wortes mit F vergeht. Es kann angenommen werden, daß in diesem Intervall das Wort «Feuer» kontinuierlich wiederholt wird. Je länger dieses Intervall, desto häufiger sollte Wiederholen erfolgen und desto besser sollten solche Wörter auch erinnert werden. CRAIK und WATKINS (1973) gaben den Vpn insgesamt 27 solcher Listen, die dann am Ende des Versuchs für die Vpn unerwartet reproduziert werden sollten. Sofern häufiges Wiederholen einen Effekt auf die Güte des Behaltens hat, sollten solche Wörter mit dem in Frage stehenden Anfangsbuchstaben besser wiedergegeben werden, die wegen der größeren Anzahl irrelevanter Items bis zum nächsten zu beachtenden Wort länger behalten, d.h. häufiger wiederholt werden mußten. Es zeigte sich, daß die Dauer der Aktivation, indiziert durch die Zeit, bzw. durch die Anzahl irrelevanter Items kein Prädiktor für die Wiedergabeleistung war. Es ist daraus zu schließen, daß häufiges, einfaches Wiederholen eines Inhalts keine bessere Behaltensleistung gewährleistet. In ähnlicher Weise gaben WOODWARD, BJORK und JONGEWARD (1973) Wörter zum Einprägen und zur Wiedergabe vor. Die Dauer der Vorgabe war stets gleich, jedoch wurde die Zeit bis zum Auftreten eines Signals nach jedem Wort zwischen 0 und 12 sec variiert. Ein grünes Signal zeigte an, daß das Wort erinnert werden soll, ein rotes, daß es vergessen werden kann. Es wurde angenommen, daß im Intervall bis zum Hinweisreiz grün oder rot das Wort wiederholt wird. Nach mehreren solcher Darbietungen von Wörtern lernten und reproduzierten die Vpn kurze Wortlisten. Danach wurde für sie überraschend die Wiedergabe aller vorher dargebotenen Wörter abverlangt. Dabei zeigte sich, daß die Zeit von der Darbietung bis zum Signal, die vermutliche «Wiederholungszeit» keinen Effekt auf die Wahrscheinlichkeit hatte, mit der Items korrekt wiedergegeben werden können.

7.2 Elaboration

Entscheidende Bedeutung bei der Analyse von Determinanten des Behaltens erhielt eine Arbeit von CRAIK und LOCKART (1972). In dieser Untersuchung wird vorgeschlagen, die Annahme separater Speicher für das Gedächtnis zugunsten eines Modells von Ebenen der Informationsverarbeitung aufzugeben (levels of processing). Die Dauer des Behaltens und die Sicherheit der Wiedergabe von Wissen ist diesem Modell zufolge abhängig davon, auf welcher Ebene ein Inhalt verarbeitet wird: «... die Persistenz der Gedächtnisspur ist eine Funktion der Verarbeitungstiefe; dabei führen tiefere Verarbeitungsebenen zu elaborierteren, dauerhafteren und stärkeren Gedächtnisspuren» (CRAIK & LOCKART, 1972, S.675; Übers. d.V.). *Kurz- und langfristiges Behalten sind also das Ergebnis unterschiedlicher Verarbeitung von Information.* Wird ein Inhalt nur oberflächlich verarbeitet, dann entfällt er rasch. Beschäftigen wir uns länger und ausführlicher mit einem Inhalt, denken über ihn nach, dann wird er auch länger behalten. CRAIK und LOCKART (1972) wird das Verdienst zugeschrieben, auf die hervorragende Rolle von kontrollierter Verarbeitung für das Behalten aufmerksam gemacht zu haben. Sie schlagen experimentelle Anordnungen vor, die geeignet sind, den Effekt der Verarbeitungstiefe auf das Behalten zu belegen. Ein Beispiel hierfür ist die umfangreiche Untersuchung von CRAIK und TULVING (1975). Den Vpn war gesagt worden, es handle sich um ein Wahrnehmungsexperiment. Die experimentelle Situation war so angelegt, daß den Vpn zuerst eine Frage zu einem Wort gestellt wurde (z. B. «Ist das Wort klein gedruckt?»). Kurz darauf folgte das Wort. Die Vp sollte dann die vorher gestellte Frage mit ja oder nein beantworten. Dies wurde mit verschiedenen Fragen und mit verschiedenen Wörtern durchgeführt. Am Ende der Untersuchung folgte eine unerwartete Aufforderung zur Wiedergabe oder zum Wiedererkennen der vorgegebenen Wörter. Die experimentelle Manipulation bestand in der Formulierung von Fragen, die unterschiedlich tiefe Verarbeitung induzieren sollten: (a) Fragen zu physikalischen Merkmalen des Wortes («Ist das Wort in Großbuchstaben geschrieben?»); (b) Fragen zu phonetischen Merkmalen («Reimt sich das Wort auf das Wort X?»); (c) Fragen zu semantischen Merkmalen («Paßt das Wort in die Lücke des folgenden Satzes ...?»; «Ist das Wort ein Tierbegriff?»). Es ist nachvollziehbar, daß die erste Frage eine Verarbeitung auf niedriger Kodierungsebene, die dritte Frage «tiefe» Verarbeitung eines Wortes auf höheren Ebenen abverlangt. CRAIK und TULVING (1975) zeigten, daß die Antwortzeiten bis zur Antwort ja/nein mit der Tiefe der Verarbeitung zunahmen. Desgleichen nahm der Anteil richtiger Antworten bei der Wiedergabe und beim Wiedererkennen mit der Verarbeitungstiefe deutlich zu (bei (a) werden etwas weniger als 20% richtig wiedererkannt; etwa 8% werden richtig wiedergegeben; bei (c) werden etwa 65% richtig wiedererkannt; etwa 23% werden richtig wiedergegeben). Wichtig ist, daß CRAIK und TULVING (1975) ausschließen können, daß allein die längere Verarbeitungszeit Ursache des besseren Behaltens ist. Ausschlaggebend ist demnach die induzierte, unterschiedlich tiefe Verarbeitungsebene des Materials. Unterschiede zwischen intentionalem und inzidentellem Lernen sowie zwischen dem Behalten von Wörtern mit ja-Antworten gegenüber jenen mit nein-Antworten veranlaßten die Autoren zu einer genaueren Bestimmung des Konzepts der Verarbeitungstiefe. Sie nehmen an, daß nicht nur die Kodierungsebene sondern auch das Ausmaß der Ausarbeitung (elaboration) eines Reizes für das Behalten ausschlaggebend ist. So kann z. B. auf die Frage «Ein vierbeiniges Tier?» für das Wort «Bär» eine reichhaltigere Gedächtnisstruktur intentional aktiviert werden, als beim Wort «Vortrag». Außer der Ebene der Verarbeitung wäre dann auch die Reichhaltigkeit der Verarbeitung für das Behalten relevant.

Diese und andere empirische Befunde sowie theoretische Überlegungen waren Anlaß dafür, eine Unterscheidung zwischen zwei Formen der Aufrechterhaltung der Aktivation von Gedächtnisinhalten zu unterscheiden. Kriterium war die Ebene oder Tiefe der Verarbeitung: «type I vs. type II rehearsal» (CRAIK & LOCKART, 1972); «maintenance vs. elaborative rehearsal» (CRAIK & WATKINS, 1973); «primary vs. secondary rehearsal» (WOODWARD, BJORK & JONGEWARD, 1973). Einfaches, mechanisches Wiederholen kann die Aufrechterhaltung des Aktivationszustandes von Informationselementen sichern. Es erfolgt vornehmlich auf niedrigen Kodierungsebenen und umfaßt ein geringes Ausmaß an Verarbeitung. Elaboration meint vielfältige Verarbeitung der Inhalte und Verarbeitung auf höheren Kodierungsebenen. Das Ergebnis von Elaboration ist die Aktivation umfangreicherer Gedächtnisstrukturen und die Bildung neuer Verknüpfungen. Dieser Form des Umgangs mit dem einzuprägenden Material wird dauerhaftes Behalten zugeschrieben. BJORK und JONGEWARD (1974; zit. nach BJORK, 1975) konnten die unterschiedlichen Effekte beider Prozesse auf das Behalten belegen. Vpn wurden 6 Wörter zum Einprägen dargeboten. Der experimentelle Eingriff bestand darin, daß die Vpn für die Hälfte der Durchgänge instruiert wurden, die Wörter einfach zu wiederholen («Telefonstrategie»). Die andere Hälfte sollte durch Bildung von Assoziationen, Vorstellungen, Sätzen behalten werden («elaborative Strategie»). Bei sofortiger Wiedergabe der Wörter einer Liste nach 20 sec ergab sich ein deutlicher Vorsprung des einfachen Wiederholens. Am Ende aller 20 Durchgänge wurde erneut die Wiedergabe aller Wörter verlangt. Hier zeigt sich jedoch eine deutliche Überlegenheit des elaborativen Wiederholens. BJORK und JONGEWARD (1974; zit.

nach BJORK, 1975) konnten somit zeigen, daß eine Unterscheidung dieser Varianten von Kontrollprozessen haltbar ist.

Eine Präzisierung der Annahmen zum Wiederholen verlangte eine Diskussion verschiedener Befunde durch BJORK (1975). Danach kann mechanisches Wiederholen durchaus einen langfristigen Effekt bewirken, der sich aber nicht beim Erinnern, sondern beim Wiedererkennen zeigt. Eine elaborative Strategie hingegen geht mit gutem langfristigen Erinnern einher. Man könnte dies damit erklären, daß für die Wiedergabeleistung die Ebene der Kodierung ausschlaggebend ist, die beim Prozeß des Einprägens und beim Prozeß der Wiedergabe von Wissen aktiviert wird. Mechanisches Wiederholen erfolgt auf niedrigeren Kodierungsebenen, führt zur dauerhaften Speicherung auditiver und phonetischer Merkmale. Wiedererkennen erfolgt auf ähnlichen Kodierungsebenen und profitiert deshalb vom mechanischen Wiederholen. Elaborative Strategien führen wegen der Verarbeitung auf höheren Ebenen zur Aktivierung und Speicherung semantischer und begrifflicher Merkmale. Im Prozeß des Erinnerns werden Inhalte dieser Kodierungsebene aktiviert, weshalb die Erinnerungsleistung von elaborativen, nicht von mechanischen Strategien profitiert.

Zusammenfassend kann die Annahme formuliert werden, daß langfristige Speicherung von den kognitiven Aktivitäten abhängig ist, denen Inhalte unterliegen. Es werden jene Inhalte gespeichert, die beachtet werden und die Gegenstand der kontrollierten Verarbeitung sind. Je nach der Tiefe und je nach dem Umfang der Verarbeitung variiert die Behaltensdauer. Insbesondere die Ergebnisse zum inzidentellen Lernen (CRAIK & TULVING, 1975) belegen, daß ein Individuum das lernt, was es beachtet, auch wenn die Inhalte nicht bewußt wiederholt werden. Dies erklärt auch das wichtige Phänomen, daß Inhalte immer zusammen mit den Kontexten eingeprägt werden, in denen sie auftreten (z. B. der situative Kontext, in dem man den Inhalt eines Textes für die Prüfung lernt).

Erinnern wir uns an das Beispiel von Kalzium in Abbildung 12. Man muß annehmen, daß die Person mehr speichert, als nur die neue Verknüpfung. Sie erinnert zugleich, daß der Artikel in Newsweek stand, daß die Zeitschrift einem Freund gehörte, und daß in der Zeitschrift auch ein Artikel über Mineralien für den menschlichen Körper enthalten war. Dieses Phänomen, daß ein Inhalt zusammen mit seinem Kontext eingeprägt wird («study context») heißt *Enkodierungs-Spezifität.* Es ist aus 2 Gründen von Bedeutung: (a) weil beim Erinnern des Inhalts oft ein anderer Kontext vorliegt (retrieval context), der das Erinnern erschwert; (b) weil die gezielte Suche nach ursprünglichen Kontextelementen helfen kann, diesen Inhalt zu erinnern.

Tiefe der Verarbeitung und Ebenen der Kodierung sind Konzepte, die sich als fruchtbar für die Analyse längerfristigen Behaltens erweisen, jedoch noch weiterer Klärung bedürfen. Kritik an dem Konzept der Verarbeitungstiefe i. S. einer festen Folge von Kodierungsebenen wurde von BRANSFORD, FRANKS, MORRIS und STEIN (1979) geäußert. Sie zeigten, daß entgegen den Annahmen des Modells eine Gedächtnisspur für einen Inhalt mehr als nur das Ergebnis der Verarbeitung auf *einer* Ebene umfaßt. Die Verarbeitung auf einer Ebene schließt nicht aus, daß die aktivierte Gedächtnisstruktur auch aus anderen aktivierten Knotenpunkten, etwa niedrigerer Ebenen zusammengesetzt ist (z. B. semantische Analyse phonetischer Merkmale; vgl. NELSON, WALLING & MCEVOY, 1979). So konnte nachgewiesen werden, daß unabhängig von der in der Instruktion (z. B. die Fragen im Experiment von CRAIK & TULVING, 1975) induzierten Verarbeitungsebene Interferenzen auftreten können. Bei semantischer Kodierung kann es z. B. zu phonetisch erklärbaren Interferenzen kommen, die sich reduzierend auf die Wiedergabe auswirken. Weiter ist am Ansatz der Verarbeitungstiefe unklar, wie Instruktionen zur Verarbeitung auf einer Ebene abzugrenzen sind. Für eine Ebene, z. B. die semantische, gibt es unterschiedlich viele Möglichkeiten der Verarbeitung, die nicht notwendig gleiche Ergebnisse nach sich ziehen (JOHNSON-LAIRD et al., 1978).

Grundsätzlich müssen wir davon ausgehen, daß Sachverhalte wahrscheinlich automatisch auf mehreren Ebenen kodiert und verarbeitet werden. Die in den Experimenten verlangten Orientierungsaufgaben schaffen einen Sonderfall, indem sie bestimmte, kontrollierte Verarbeitungsschritte verlangen und spezifische Reizmerkmale besonders hervorheben.

Elaboration war in der oben erörterten Untersuchung von CRAIK und TULVING (1975) als ein Prozeß eingeführt worden, um eine genauere Bestimmung dessen vorzunehmen, was mit Verarbeitungstiefe gemeint sein könnte. Die Autoren schließen nicht aus, daß Ausdehnung der Verarbeitung auf viele assoziierte Inhalte und Vielfalt der Verarbeitung bessere Beschreibungsbegriffe sein könnten. Wichtige Aufschlüsse liefert in diesem Zusammenhang eine Untersuchung von Ross (1981), in der gezeigt wird, daß die *Anzahl* der Verarbeitungsschritte, die mit einem Inhalt ausgeführt werden, die Behaltensleistung determiniert. In der oben genannten Arbeit von JOHNSON-LAIRD et al. (1978; Exp. 2) wurde gezeigt, daß zu klassifizierende Wörter am besten erinnert werden, wenn sie bezüglich mehrerer Merkmale klassifiziert werden konnten. Wörter mit weniger klassifizierungsrelevanten Merkmalen werden weniger gut reproduziert. Daraus läßt sich die Annahme ableiten, daß die Anzahl der Klassifizierungsoperationen der entscheidende Faktor für das Behalten ist. Der Umfang der Informationsverarbeitung, indiziert durch die Anzahl ausgeführter Operationen oder Entscheidungen bezüglich eines Sachverhalts ist für die Behaltensleistung ausschlaggebend («number-of-decisions hypothesis»). Ross (1981) konnte diese Annahme bestätigen. Er variierte die Orientierungsaufgaben (Klassifikation von Wörtern so, daß Bedingungen mit unterschiedlich vielen Entscheidungen zur Klassifikation resultierten. Die klassifizierten Wörter mußten von den Vpn erinnert werden. Die Wiedergabeleistung bestätigt die Annahme, daß es die *Anzahl* der Verarbeitungsschritte ist, die das Behalten bestimmt. Eine Interpretation dieser Ergebnisse erfolgt bei Ross (1981) unter Bezug auf die Stärkung von Assoziationen in einem propositionalen Netzwerk zwischen den Begriffen und ihren Merkmalen. Je mehr Klassifizierungsentscheidungen zu treffen sind, sowohl positiver als auch negativer Art, desto mehr Assoziationen werden geprüft und dadurch aktiviert und gestärkt. Dies erleichtert die spätere Wiedergabe des Begriffs.

Der Umfang der Informationsverarbeitung indiziert durch die Anzahl der kognitiven Operationen mit einem Sachverhalt, stellt eine Variante des Konzepts der Verarbeitungstiefe zur Beschreibung behaltenswirksamer Mechanismen dar. Überdies präzisiert dieser Ansatz die mit der «semantischen Elaboration» verbundenen Vorstellungen (Ross, 1981, S. 30). Allerdings dürfte die Art der vorgenommenen Operationen mit einem Inhalt nicht unbedeutend für die Behaltensleistung sein.

Eine inhaltlich genauere Bestimmung der Vorgänge und Ergebnisse von Elaboration ist unter Bezug auf die Theorie propositionaler Netzwerke möglich (ANDERSON & REDER, 1979). Der Effekt elaborativer Aktivität im Wissensnetzwerk läßt sich folgendermaßen beschreiben: Eine Person liest den Satz «Kalzium verhindert eine vorzeitige Degeneration des Knochengewebes». Elaboration meint, daß der Leser zu diesem Satz nicht nur dessen Kerngedanken in abstrakter Form aktiviert (vgl. Abb. 12), sondern daß mit diesem Inhalt gezielt, weitere Gedanken aktiviert und assoziiert werden: im Organismus sind Minerale nachweisbar; zu wenig Minerale führen zu Mangelerscheinungen; Minerale sind in bestimmten Nahrungsmitteln enthalten; Kalzium ist ein Mineral, usw. Dies sind Informationen, die so nicht im Text gegeben werden, sondern die der Leser selbst um den Kerngedanken herum ausarbeitet. Die Folge dieser elaborativen Aktivität ist eine sehr viel umfangreichere Aktivierung von Gedächtnisstrukturen als etwa in Abbildung 12 dargestellt. Der Vorzug solcher Elaboration ist, daß das Individuum zu einem späteren Zeitpunkt mehr Pfade im Netzwerk verfügbar hat, die ihm ein Erinnern der zentralen Aussagen über Kalzium ermöglichen. Fragt man nach Kalzium, dann kann die direkte Verknüpfung zum Effekt auf das Knochengewebe zu schwach für eine Antwort sein. Das Individuum kann aber erinnern, daß der Organismus Minerale benötigt, daß Kalzium ein Mineral ist, daß zu wenig Minerale Ursache für Mangelerscheinungen sein können, daß dazu degenerative Entwicklungen des Knochengewebes gehören. Von diesen Pfaden des Netzwerkes aus kann dann eine Verknüpfung zu Kalzium-Gaben als Behandlungsform gefunden werden. Die als Folge elaborativer Aktivität ausgebildete, reichhaltigere Gedächtnisrepräsentation liefert also zusätzliche Wege, auf denen ein Inhalt gesucht und erinnert werden kann. Die Redundanz von Verknüpfungen erleichtert die Wiedergabe; bei der Aufforderung zur Wiedergabe ist die Wahrscheinlichkeit groß, daß eine der Verknüpfungen gefunden wird (vgl. ANDERSON, 1976, S.397). Hier ergeben sich direkte Bezüge zu komplexen, schulischen Lernprozessen.

Zusammenfassend kann festgehalten werden: (a) Elaboration führt zu einer Anreicherung des Gedächtnis-Kodes, zu einer Aktivation zusätzlicher, *relevanter* Information im KZG. (b) Sie besteht in umfangreicher kognitiver Aktivität bezüglich eines spezifischen Inhalts. (c) Elaboration kann als Präzisierung des Konzepts der Verarbeitungstiefe aufgefaßt werden (ANDERSON & REDER, 1979). Wissen kann dann leichter und länger genutzt werden, wenn die folgenden Bedingungen gegeben sind:

(1) Kodierung der Inhalte auf höheren Ebenen;

(2) Verarbeitung der Inhalte durch mehrere, verschiedene kognitive Operationen;

(3) Verknüpfung der Inhalte in einem umfangreichen Netzwerk mit anderen Inhalten.

Interessant sind in diesem Zusammenhang praktische Anwendungsmöglichkeiten, wenn es gelingen sollte, regelrechte Anweisungen zur Elaboration, etwa beim Lernen von Texten, zu geben. BRADSHAW und ANDERSON (1982) konnten zeigen, daß die durch Erzeugung zusätzlicher Verknüpfungen von Propositionen resultierende Netzwerkredundanz der entscheidende Faktor beim Erinnern ist. Den Vpn wurde ein biographisches Faktum über eine bekannte Person zum Einprägen vorgegeben. Die Variation der Bedingungen bestand darin, daß zusätzlich weitere Fakten mitgeteilt wurden. Die Zusammenhänge zwischen diesen Zusatzfakten und der ersten Aussage konnten unterschiedlicher Art sein: Ursache; Folge; kein Zusammenhang. Eine weitere Bedingung bestand darin, die erste Aussage ohne weitere Zusatzfakten zu belassen. Die Daten zum Erinnern der ursprünglich vorgegebenen Aussage über Person plus biographisches Faktum stimmen mit der Elaborationshypothese überein: bei nicht verknüpften Zusatzfakten ist die Erinnerungsleistung am geringsten. In zwei Experimenten fanden BRADSHAW und ANDERSON (1982), daß die zuerst gegebenen Fakten dann am besten erinnert wurden, wenn sie durch assoziierte Zusatzfakten gestützt und erweitert wurden. Hier eröffnen sich Möglichkeiten für eine angewandte Gedächtnispsychologie im Bereich schulischer Wissensvermittlung. So belegen z.B. BRANSFORD et al. (1982) in einem Überblick mehrerer Arbeiten, daß beim Lesen und Verstehen von Texten elaborative Tätigkeit ein entscheidender Faktor für die Aneignung und Wiedergabe von Textinhalten ist.

7.3 Organisation

Organisation ist eine Form elaborativer Aktivität: es ist die Ordnung und Gliederung einer Informationsmenge in größere Einheiten sowie die Herstellung von Beziehungen zwischen den Einheiten.

Früh in der Gedächtnispsychologie wurde eine Form der Elaboration beobachtet, die in Untersuchungen mit der Methode des freien Reproduzierens überhaupt erst möglich war. Es handelt sich dabei um die Nutzung und um die Herstellung von Ordnung in dem einzuprägenden Material. Eine Reihe von Untersuchungen lieferten Hinweise auf Aktivitäten der Vpn mit dem Material, die positive Effekte auf die Wiedergabe der Items hatten. Die Nutzung von Organisationsgesichtspunkten und die subjektive Organisation von Material kann als eine wesentliche Form der Verarbeitung auf höherer Ebene bei der Einprägung von Inhalten aufgefaßt werden. Sie besteht wesentlich darin, Verbindungen zwischen Inhalten herzustellen und damit neue Einheiten zu schaffen. Der Effekt ist eine Verringerung der Information. Den Beginn der Arbeiten hierzu kann man mit BOUSFIELD (1953) und mit TULVING (1962) ansetzen. BOUSFIELD (1953) gab den Vpn 60 Wörter zum Einprägen vor, 15 Wörter aus je einer Kategorie. Bei der Reproduktion der Wörter stellte er fest, daß die Vpn jene Wörter gemeinsam wiedergaben, die einer Kategorie angehörten. Er bezeichnete dies als kategoriales Clustering. Variationen der Gruppierbarkeit zeigten, daß gut kategorisierbare Itemlisten leichter erinnert werden, als gering gruppierbare (BOUSFIELD, COHEN & WHITMARSCH, 1958). Auch nicht oder nur gering assoziierte Wörter einer Kategorie werden bei der Wiedergabe kategorial organisiert (BOUSFIELD & PUFF, 1964). Die Kategorienzugehörigkeit als Organisationsprinzip kann also von der assoziativen Verknüpfung von Reizen, die als dominierendes Prinzip des verbalen Lernens angenommen worden war, separiert werden. Die Organisation ist jedoch ausgeprägter, wenn assoziative als auch kategoriale Komponenten zusammenwirken. Als Erklärung wurde angenommen, daß die Exemplare einer Klasse mit dem Überbegriff assoziiert werden. Das erste Exemplar aktiviert den Klassenbegriff und dieser wiederum alle nachfolgenden, weiteren Klassenmitglieder auf der Liste.

Ausgangspunkt für die Untersuchung von Tulving (1962) war die Arbeit von Miller (1956) zum chunking. Es war naheliegend, diese vor allem für das kurzzeitige Behalten vorgelegten Ergebnisse auch auf die freie Wiedergabe von Material auszudehnen. Tulving ließ Vpn in 16 Durchgängen 16 zweisilbige Wörter lernen, die untereinander nicht in enger Beziehung standen. Mit zunehmender Zahl der Lerndurchgänge nahm die subjektive Organisation der Wortliste zu. Damit ging ein Anstieg der Wiedergabeleistung einher. Tulving hat dafür den Begriff der subjektiven Organisation eingeführt. Es ist nicht leicht, hierfür vernünftige Maße zu finden, die den Grad der Organisation anzeigen. In der Regel basieren diese auf der Konsistenz der Wiedergabe-Abfolge der Vpn. Je konsistenter die Vp von Durchgang zu Durchgang die Items in bestimmter Folge wiedergibt, desto mehr Organisation erlegt sie dem Material auf. Die Maße korrelieren auch mit der Reproduktionsgüte, jedoch sind die Korrelationen nicht sehr zuverlässig. Natürlich liegt es nahe, einen Kausalzusammenhang zwischen dem Ausmaß subjektiver Organisation und der Wiedergabeleistung anzunehmen. Bower, Lesgold und Tieman (1969) konnten zeigen, daß die Reproduktionsleistung dann gering ist, wenn man die Vpn beim Einprägen daran hindert, eine stabile Ordnung über dem Material auszubilden. Eine entsprechende Versuchsgruppe war einer Vergleichsgruppe, der die Wortfolgen jeweils in stabilen Gruppen zu 4 Wörtern dargeboten wurden, erheblich unterlegen. Der Lerneffekt in den drei Durchgängen war außerordentlich gering. Ob die Organisation das Einprägen, das Behalten oder das Erinnern erleichtert, ist schwer zu entscheiden. Für Tulving (1962) war die erhebliche Kapazitätserweiterung beim Einprägen und Behalten ausschlaggebend. Bower, Clark, Lesgold und Winzenz (1969) haben später die Bedeutung der Organisation für die Wiedergabe von Gedächtnisinhalten betont. Sie untersuchten den Effekt der hierarchischen Organisation verbalen Materials auf die Wiedergabe. Die Bildung von Kategorien auf verschiedenen Ebenen ist eines der effizientesten Mittel, um große Mengen einzuprägenden Materials wiederzugeben. Den Vpn einer Gruppe 1 wurden Wörter in Form einer hierarchisch organisierten Baumstruktur vorgegeben (unterste Ebene Exemplare, Ebenen darüber Oberbegriffe). Einer 2. Gruppe wurden die Wörter ebenfalls in Form einer hierarchischen Baumstruktur vorgegeben, jedoch waren die Wörter zufällig auf die Knotenpunkte der Baumstruktur verteilt worden. Unter dieser Bedingung gab es also keine homogene Hierarchie für eine Inhaltsklasse. Die Gruppe mit homogen organisierten, hierarchischen Strukturen für separate Inhaltsklassen war bei der Wiedergabe über alle vier Durchgänge hinweg überlegen. Im 4. Durchgang wurde die maximal mögliche Anzahl von Wörtern erinnert. Die Zufallsgruppe lag trotz der Vorgabe hierarchischer Strukturen erheblich unter dieser Leistung. Die Wiedergabeprotokolle zeigten, daß die Vpn der Gruppe 1 die hierarchischen Strukturen nutzten. Ausgehend von den Oberbegriffen wurden die Hierarchien von oben nach unten abgerufen. Die Interpretation geht dahin, daß die Vpn der Gruppe 1 die in der hierarchischen Struktur des Materials implizite Information als Plan zur Wiedergabe benutzt haben (retrieval plan).

Organisatorische Aktivität ist v.a. beim Einprägen komplexeren Materials hilfreich, weil die gebildeten Einheiten zur Reduktion der Information und zur Unterstützung der Wiedergabe beitragen. Thorndyke (1977) hat ein Experiment durchgeführt, in dem den Vpn kurze Texte vorgegeben wurden. Die experimentelle Manipulation bestand in einer systematischen Veränderung der Texte. Das grundlegende Schema (Skript) für die Schilderung von Ereignisabläufen sieht folgende vier Komponenten vor: Schilderung der Eingangsbedingungen, des Themas (Akteure und deren Ziele), der Aktion, des Ausgangs. Thorndyke (1977) stellte z.B. das Thema an das Ende des Ereignisses oder ließ es ganz weg. Insgesamt wurden 4 Versionen konstruiert: (a) komplette Struktur; (b) Thema am Ende; (c) kein Thema; (d) Auslassen aller Ursache-Wirkung Verknüpfungen (bloße Beschreibung). Die Vpn sollten den Text lesen und dann den Inhalt wiedergeben. Je weniger gut strukturiert ein Text war, desto schlechter war die Wiedergabeleistung. Am schlechtesten war sie in den Textversionen ohne kausale Verknüpfungen und ohne Thema.

Das Auffinden und Herstellen von Ordnung über einer neuen, komplexen Informationsmenge ist u. W. weniger gut untersucht worden. Es läßt sich als Variante elaborativer Aktivität auffassen: das Individuum führt zahlreiche Verarbeitungsschritte auf höheren Kodierungsebenen durch (z. B. Textinhalte in Beziehung zueinander setzen statt mechanischen Wiederholens). Es werden Beziehungen zwischen Inhalten hergestellt, als Folge davon entstehen neue, größere Komplexe, die selbst wieder verknüpft werden können. Das Ergebnis ist also ein hierarchisch geordnetes Netzwerk von Einheiten, in dem vorher noch unverbundene Elemente zusammengefaßt werden. Die Strategien des Herstellens von Ordnung bedürfen jedoch noch der weiteren experimentellen Untersuchung.

7.4 Wissenserwerb und Schemata

Schemata werden an die Umwelt herangetragen und helfen, Sachverhalte und Vorgänge zu verstehen sowie zu behalten (Assimilation). Auch neue Inhalte lassen sich, sofern passende Schemata verfügbar sind erwerben. Eine Person habe ein Schema für Sportarten; dieses kann als wesentliche Komponenten den Kampf von Mannschaften um einen Ball enthalten. Dazu speichert die Person konkrete Exemplare, wie Fußball, Handball, Basketball. Die Aufnahme neuen Wissens über die Sportart «football» ist auf der Basis dieses Schemas möglich. Football ist ein neues Exemplar, das als spezifische Kombination von Variablenausprägungen dieses Schemas eingeordnet werden kann. Rumelhart und Norman (1978) nennen diese Form des Wissenserwerbs «Wissensansammlung» («accretion»). Immer neue Daten werden mit den bereits verfügbaren Schemata verknüpft. Wissenserwerb ist jedoch mehr, als nur die Bildung von «Wissenshaufen». Die vorangegangenen Abschnitte über Elaboration und Organisation haben dies gezeigt. Weitere, wesentliche Prozesse des Wissenserwerbs sind die Ausbildung neuer Schemata und die Veränderung bestehender Schemata.

Die Ausbildung neuer Schemata bezeichnen Rumelhart und Norman (1978) als «Umstrukturierung» («restructuring»). Mit dem Begriff deuten sie an, daß vorhandene Wissensstrukturen genutzt und verändert werden, um neue Schemata zu bilden. Verfügbare Schemata bilden dabei eine wichtige Rolle, weil sie in Form von Analogien hilfreich sein können. Rumelhart und Norman (1978) sprechen in diesem Zusammenhang von «patterned generation»: sie meinen damit, daß das neue Schema die modifizierte «Kopie» eines verfügbaren Schemas sein kann. Jemand kann ein Schema für einen Texteditor erwerben, indem man bei der Erklärung des Gerätes von seinem sicher verfügbaren Schema der Schreibmaschine ausgeht. Das alte Schema wird als «Vehikel» genutzt, um wesentliche Variablen einzuführen und zugleich wichtige Unterschiede aufzuzeigen. Dies ist eine wichtige Methode in unterrichtlichen Lehrprozessen. Lehrende können verfügbare Schemata bei Lernenden aktivieren, um auf dieser Basis neues Wissen zu vermitteln und gleichzeitig mit bestehendem Wissen zu verknüpfen. Neue Schemata zeigen jedoch noch Unzulänglichkeiten, die erst in ihrem Gebrauch beseitigt werden. Den Prozeß der zunehmenden Verbesserung des Schemas bezeichnen Rumelhart und Norman (1978) als «Feinabstimmung» (tuning). In diesem Prozeß wird die Menge der Sachverhalte, auf die das Schema angewendet wird präzisiert. So kann der Anwendungsbereich eines Schemas erweitert werden, in dem der Wertebereich einer Variablen ausgedehnt wird (oder eine Konstante durch eine Variable ersetzt wird). Es fällt z. B. schwer, Schach als Sportart zu akzeptieren, weil die entsprechende Komponente im Sportschema eine Konstante ist: Sportarten werden dadurch auf Formen der körperlichen Anstrengung und Auseinandersetzung beschränkt. Die Zuordnung von Schach würde eine Ersetzung der Konstanten durch eine Variable bedeuten, die 2 Klassen umfaßt, nämlich auch die geistige Auseinandersetzung (etwas

ähnliches mag für Schach als Unterrichtsfach gelten). Das Schema ist dadurch auf eine größere Menge von Sachverhalten ausgedehnt worden. Eine gegenläufige Form der Feinabstimmung ist die Einführung von Begrenzungen der Wertebereiche: in der kindlichen Sprache ist dies ein Vorgang, der übergeneralisierende Begriffe in ihrer Anwendung auf die korrekten Sachverhalte reduziert (z.B. daß eine Tomate nicht zur Klasse der Bälle gehört).
Der Erwerb und Aufbau von Schemata bedarf noch der genaueren, psychologischen Untersuchung. Die von RUMELHART und NORMAN (1978) vorgetragenen Überlegungen sind theoretischer Art. Empirische Arbeiten zu diesen Lernformen fehlen. Kritisch an den Vorstellungen von RUMELHART und NORMAN (1978) ist anzumerken, daß sie eine Art Bedürfnis für Schemaerwerb einführen («need for restructuring»). Sie spekulieren, daß aus der Ansammlung großer, ungeordneter, Wissensmengen eine Notwendigkeit zur Ordnungsbildung resultiert. Dagegen ist einzuwenden, daß Schemaerwerb wahrscheinlich stärker von den Erfordernissen des Umgangs mit Sachverhalten bedingt ist, als von nicht näher bestimmbaren, den Lernprozeß auslösenden Mechanismen.

8. Suche im Langzeitgedächtnis

Erinnern ist die Suche von Gedächtnisinhalten sowie deren Nutzung für gerade aktuelle Ziele. Wiedererkennen ist die Beurteilung von Sachverhalten als bekannt. Beide Gedächtnisleistungen basieren auf der Aktivation von Gedächtnisinhalten; beide sind abhängig von Suchreizen sowie von Kontextinformationen. Erinnern umfaßt einen Prozeß der Suche nach Inhalten; Wiedererkennen erfolgt durch direkten Zugriff auf aktivierte Inhalte.
Vergessen ist das Unvermögen, Inhalte zu erinnern.

8.1 Das Modell zweier Prozesse

Die Analyse der Prozesse beim Erinnern und Wiedererkennen ist ein altes Problem der Gedächtnispsychologie. Die Auseinandersetzung geht um die Frage, wie verschieden beide Prozesse sind. Die in 2.4 gegebene Darstellung des Wiedererkennens umfaßt auch eine Schilderung der Stärketheorie («strength theory») und das korrespondierende Entscheidungsmodell für Erinnern und Wiedererkennen. Beide Gedächtnisleistungen basieren danach auf dem gleichen Prozeß; sie unterscheiden sich lediglich durch den für Erinnern erforderlichen höheren Schwellenwert der Stärke der Gedächtnisspur. Die Stärke der Gedächtnisspur ist der entscheidende Faktor in diesem Modell. Sie ist abhängig von der Dauer und der Häufigkeit des Auftretens sowie der Zeit seit dem Auftreten von Reizen. Zu Recht wird das Modell als ahistorisch kritisiert, weil es von jeglicher Kontextinformation absieht (ANDERSON & BOWER, 1972). Darin liegt auch eine der besonderen Schwächen dieses Modells: sonst vergleichbare Reize, die sich aber hinsichtlich der Kontextbedingungen ihres Auftretens unterscheiden, werden unterschiedlich gut wiedererkannt.
Eine alternative Modellvorstellung zu den Vorgängen beim Wiedererkennen und Erinnern geht davon aus, daß zwei Prozesse angenommen werden können («two-process theory of recall»): Der Prozeß des Wiedererkennens ist Bestandteil des Erinnerns; zusätzlich umfaßt Erinnern einen Suchprozeß. Danach wird beim Erinnern ein Inhalt erst durch einen Suchprozeß gefunden und dann als der gesuchte Inhalt wiedererkannt. Übertragen auf das Lernen von Itemlisten, etwa bei der Methode des freien Reproduzierens heißt dies: auf die Instruktion hin, die vorgegebenen Wörter zu erinnern wird ein bestimmtes Wort gesucht und auch gefunden, das dann als auf der Liste befindlich wiedererkannt wird. Dieses Wort wird dann auch wiedergegeben. Nach diesem Modell sollten Inhalte, die erinnert werden können, grundsätzlich auch wiedererkannt werden. Im Unterschied zum Erinnern, wo ein Suchprozeß für die Gedächtnisleistung wesentlich ist, basiert das Wiedererkennen allein auf dem direkten Zugriff auf einen aktivierten Gedächtnisinhalt sowie auf der Entscheidung bekannt oder unbekannt.
Das wichtigste Zwei-Prozeß-Modell stammt von ANDERSON und BOWER (1972). Es wird auch als «generate-test» Modell bezeichnet: Beim Erinnern besteht der erste Prozeß in der Suche und Generierung von Inhalten; der

nachfolgende, zweite Prozeß ist der des Wiedererkennens. Der als Ergebnis des Suchprozesses aktivierte Inhalt wird als der gesuchte wiedererkannt und wiedergegeben. Wiedererkennungsleistungen basieren lediglich auf der 2. Stufe. Es wird dabei vorausgesetzt, daß auf die aktivierte Gedächtnisrepräsentation des gerade vorliegenden Sachverhalts direkt zugegriffen werden kann. Für das Wiedererkennen ist also kein Suchprozeß erforderlich. Für die Entscheidung, ob ein erinnerter Inhalt tatsächlich der gesuchte ist oder nicht, ist der mit diesem Inhalt gespeicherte Kontext wichtig (das Wort «Roboter» gehört zum Inventar einer Vp; erinnert werden muß, ob dieses Wort in einer Liste mit anderen Wörtern enthalten war). Dies ist eine wichtige Annahme: Es wird weniger die Information des Sachverhalts selbst gespeichert (z. B. das Wort «Roboter»), als Information über den Sachverhalt und über den Kontext, in dem dieser auftritt (Anderson & Bower, 1972, S. 103). Mit *Kontext* sind Informationen über die zeitlichen, räumlichen, situativen Gegebenheiten gemeint, die zum Zeitpunkt des Einprägens eines Inhalts aktiviert werden (dazu gehören auch Informationen über die subjektive Befindlichkeit einer Person).

Dem Modell zufolge wird angenommen, daß die Darbietung eines Reizes (z.B. das Wort «Roboter») zu einer internen Repräsentation der folgenden Art führt: Der entsprechende Netzwerkknoten für das Wort «Roboter» wird mit einem Kontextknoten verknüpft («listmarker» oder «list-tag»). Dieser Kontextknoten ist wiederum mit einer Reihe spezifischer, verschiedener Kontext-Elemente verknüpft (z.B. in Großbuchstaben, schwarz gedruckt, Versuchsleiter nervös, 3. Liste). Auf diese Weise wird im Gedächtnis gespeichert, wo, wann und wie das Wort «Roboter» auftrat. Wird beim Versuch der Wiedergabe durch die Suche das Wort «Roboter» als «Kandidat» aktiviert, dann ist die bestehende Verknüpfung mit dieser Kontextinformation ausschlaggebend dafür, daß dieses Wort als auf der Liste befindlich wiedererkannt und reproduziert wird. Fehlt für ein anderes Wort die Verknüpfung mit solcher Kontextinformation, dann wird dieses nicht wiedergegeben, die Suche wird nach anderen «Listenkandidaten» fortgesetzt.

Beim Wiedererkennen allein, wird das Wort «Roboter» der Vp vorgelegt. Die Vp soll angeben, ob dieses Item in der Liste enthalten war. Das vorgegebene Wort aktiviert die zugehörige Gedächtnisrepräsentation, eine Suche entfällt. Existiert nun eine entsprechende Verknüpfung zwischen dem Knotenpunkt «Roboter» und Kontextinformation (3. Liste, danach kam «Blume», usw.), dann wird das Wort «Roboter» als auf der Liste befindlich richtig wiedererkannt. Ein anderes Wort, für das keine entsprechenden Verknüpfungen existieren, wird als unbekannt zurückgewiesen.

Wiedererkennen ist demnach ein Prozeß, in dem die Verknüpfung des in Frage stehenden Sachverhalts mit bestimmten, gespeicherten Kontextinformationen geprüft wird. *Erinnern* verlangt zusätzlich vor dem Wiedererkennen die Suche und Aktivierung von Inhalten. Diese stellen dann die Eingabe für die Wiedererkennungs-Entscheidung dar.

Es ist bemerkenswert, daß Wundt (1896) bereits Kontextbedingungen beim Wiedererkennen registrierte: «... der Gegenstand wird wiedererkannt, und er wird zugleich auf die bestimmte, frühere Wahrnehmung bezogen, deren begleitende Umstände dem Erinnerungsbild eine bestimmte Raum- und Zeitbeziehung beifügen» (S. 280).

Die Suche beim Erinnern von Wörtern einer Liste läuft nicht zufällig ab, sondern ist gerichtet. FRAN («free recall in an associative network») ist ein von Anderson (1972) entwickeltes Simulationsmodell, in dem der Suchprozeß als Suche entlang markierter Wege beschrieben wird. Beim Einprägen der Items einer Liste werden nicht nur die einzelnen Items mit Kontextinformation verknüpft und markiert («list-marker»). Überdies werden auch die bestehenden Verknüpfungen zwischen den Items mit Kontext-Information verknüpft und markiert. Beim Erinnern der Wörter einer Liste geht die Suche von einem Item-Knotenpunkt erst zu den semantisch assoziierten Item-Knotenpunkten (z.B. von Roboter zu Automat). Die Suche folgt dabei jenen Verknüpfungen, die selbst wieder mit «list-markers» gekennzeichnet sind («second order association»). Danach wird, ebenfalls gekennzeichneten Assoziationen zwischen Items folgend, weitergegangen zu anderen Items der Liste. Der Such-

prozeß beim Erinnern folgt also einem «Pfad» im Gedächtnisnetzwerk, der durch Markierungen (Kontext-Verknüpfungen) beim Einprägen gekennzeichnet wurde.
Diese Modellvorstellung führt zu der Annahme, daß Erinnern durch Suchreize («retrieval cues; probe cues») unterstützt werden kann («cued recall»). Gibt man der Vp als Hilfe beim Erinnern Wörter der Liste oder auch nicht auf der Liste befindliche, aber semantisch assoziierte Wörter vor, dann müßte die Wiedergabeleistung gesteigert werden. Die Suche im Gedächtnisnetzwerk wird durch die Vorgabe der Suchreize reduziert. Durch die Vorgabe der Suchreize nähert sich der Prozeß des Erinnerns dem Prozeß des Wiedererkennens an. Diese Annahme konnte jedoch für Suchreize, die aus der Liste entnommen werden, nicht bestätigt werden. Eigenständiges und durch Suchreize gestütztes Erinnern unterschieden sich nicht. Das Modell kann dieses nicht erklären.
Halten wir fest: Das «generate test» Modell von Anderson und Bower (1972) beschreibt Erinnern als Suche entlang markierter Pfade im Gedächtnisnetzwerk. Die Markierung der Pfade erfolgt beim Einprägen und besteht in der Verknüpfung mit Kontextinformation.
Zwei Annahmen sind für das Modell von Anderson und Bower (1972) zentral: (a) Jedes Item (jeder Inhalt) hat im Gedächtnis nur *eine* interne Repräsentation über Situationen hinweg; mit dieser erfolgt die Verknüpfung von Kontext-Information. (b) Wird ein Inhalt vorgegeben oder während der Gedächtnissuche generiert, dann erfolgt automatisch ein Zugriff auf die entsprechende interne Gedächtnisrepräsentation und auf die damit verknüpfte Kontextinformation. Mit diesen beiden Annahmen hängen auch zwei Schwächen des Modells zusammen: (a) Es kann nicht erklären, warum die Wiedererkennungsleistung geringer als die Erinnerungsleistung sein kann; (b) es kann nicht erklären, warum von einem Knotenpunkt («Roboter»), von dem aus ein anderer, semantisch eng verknüpfter Knotenpunkt («Automat») aktiviert wird, in bestimmten Fällen keine Aktivation semantisch eng verknüpfter Inhalte erfolgt.

8.2 Enkodierungs-Spezifität

Als Antwort auf die Unzulänglichkeiten des Zwei-Prozeß-Modells formulierten Tulving und Thomson (1973) das Prinzip der *Enkodierungs-Spezifität:* (a) Es kann nur das erinnert werden, was eingeprägt und gespeichert wurde; (b) Wie ein Inhalt erinnert wird, ist davon abhängig, wie er eingeprägt und gespeichert wurde.
Bezogen auf das Einprägen von Wortlisten beim freien Reproduzieren heißt das: Das, was über das Auftreten eines Wortes gespeichert wird (z.B. «Roboter in Liste X») ist Information über die spezifische Kodierung dieses Wortes in diesem Kontext. Semantische Relationen zwischen den Wörtern, wie bei Anderson und Bower (1972) angenommen, spielen beim Erinnern nur dann eine Rolle, wenn sie auch eingeprägt wurden. Daraus folgt, daß die Wirksamkeit der Unterstützung durch Suchreize («retrieval cues») davon abhängt, was eingeprägt wurde. Es kann also nicht a priori angenommen werden, daß semantische Verknüpfungen zugleich gute Suchreize sind. Die Wirksamkeit solcher Suchreize ist unabhängig von den semantischen Eigenschaften des Wortes, außer diese wurden bei der Einprägung von der Person so kodiert.
Das Prinzip der Enkodierungs-Spezifität impliziert, daß die Enkodierungsaktivität des Individuums und die resultierenden, internen Repräsentationen zum Zeitpunkt des Lernens für die Prozesse des Erinnerns und Wiedererkennens bedeutsam sind. Allgemeine, a priori angenommene Merkmale der einzuprägenden Inhalte sind von sekundärer Bedeutung (Tulving & Thomson, 1973, S. 359). Die Autoren führten in diesem Zusammenhang ein umfangreiches Experiment durch, in dem die Vpn eine Liste von Items einprägen sollten. Liste 1 enthielt Wörter in Großbuchstaben; diese waren einzuprägen. Vor jedem Wort in Großschrift stand jeweils ein Wort in Kleinschrift. Diese Wortpaare waren nur gering assoziiert («tisch – STERN»). Bei der Wiedergabe wurde den Vpn jeweils das kleingedruckte Wort als Erinnerungshilfe («retrieval cue») vorgegeben, sie sollten dann das zweite, in Großbuchstaben geschriebene Wort erinnern und wiedergeben. In genau gleicher Weise wurde mit Liste 2, jedoch

mit neuen Wörtern verfahren. Bei Liste 3 erfolgte die Vorgabe der Wörter wie bei den Listen 1 und 2, jedoch war die Wiedergabe verschieden: (a) Auf die Darbietung der Items von Liste 3 folgte eine freie Assoziationsaufgabe. Es wurden neue Wörter vorgegeben, zu denen jeweils 4 Wörter frei assoziiert werden sollten. Jedoch war die Auswahl dieser neuen Wörter gezielt vorgenommen worden. Die Wahrscheinlichkeit war hoch, daß dazu genau jene Wörter assoziiert wurden, die vorher in Liste 3 gegeben und eingeprägt worden waren (Beispiel aus Liste 3: kamin – AUTO; Assoziationsaufgabe: Straße: Auto, Baum). (b) Auf diese Assoziationsaufgabe folgte schließlich eine Wiedererkennungsaufgabe. Die Vpn sollten die von ihnen selbst assoziierten Wörter (im Beispiel «Auto») prüfen und angeben, welche der Wörter vorher in Liste 3 enthalten waren. (c) Nach dieser Wiedererkennungsaufgabe folgte eine Reproduktionsaufgabe. Die Vpn erhielten nun die kleingedruckten Wörter der Liste 3 als Erinnerungshilfe (z. B. «kamin») und sollten die anfänglich gelernten, großgeschriebenen Wörter (z. B. AUTO) dieser Liste erinnern und wiedergeben.

Die freie Assoziation (a) und die nachfolgende Wiedererkennungsaufgabe (b) simulieren den vom Zwei-Prozeß-Modell des Erinnerns angenommenen Verlauf: Erst wird ein Item in einem Suchprozeß generiert (a) und danach als gesehenes Item wiedererkannt (b). Die abschließende Instruktion zum Erinnern der Wörter (c) ist dazu da, die Leistungen beim Wiedererkennen und beim Erinnern der *gleichen* Wörter zu vergleichen.

Das Ergebnis dieser Untersuchung war folgendes: Beim *Wiedererkennen* (b) der von ihnen selbst assoziierten Wörter (z. B. Auto) als jene, die vorher in Liste 3 enthalten waren, erzielten die Vpn nur geringe Leistungen. Beim *Erinnern* derselben Wörter (c) erzielten sie hingegen sehr viel bessere Leistungen (z. B. wurden 18 der 24 Wörter von Liste 3 im freien Assoziieren von den Vpn genannt; von diesen 18 wurden aber lediglich 4 richtig als auf Liste 3 befindlich wiedererkannt; es wurden jedoch anschließend 15 Wörter von Liste 3 erinnert, die unter den 18 assoziierten Wörtern waren).

Die Grundlage dieser und ähnlicher Untersuchungen (vgl. TULVING & THOMSON, 1971) zum Nachweis mißlungenen Wiedererkennens von erinnerbaren Inhalten ist die systematische Veränderung des Kontexts: (a) Ein Wort wird im Kontext eines schwach assoziierten Items eingeprägt (z. B. «kamin – AUTO»); (b) Die Vpn sollen das Wort («AUTO») im Kontext eines nunmehr stark assoziierten Items («Straße») als vorher gelernt wiedererkennen; (c) Die Vpn sollen das Wort («AUTO») im Kontext des schwach assoziierten Items («kamin») erinnern. Dieses Paradigma führt in der Regel zu geringerer Leistung beim Wiedererkennen verglichen mit der Leistung beim Erinnern. Der kritische Faktor in den Punkten (a)–(c) ist die Übereinstimmung des Kontextes beim Einprägen mit dem Kontext bei der Wiedergabe. Das Ergebnis spricht gegen das Modell von ANDERSON und BOWER (1972) sowie gegen dessen implizite Annahmen. Es spricht für das Prinzip der Enkodierungs-Spezifität: danach ist die Ähnlichkeit der Kontexte beim Einprägen und bei der Wiedergabe ein bedeutsamer Faktor für die Wiedergabeleistung.

ANDERSON und BOWER (1974) haben eine propositionale Modifikation der Theorie von 1972 vorgenommen. Die wesentliche Veränderung der Theorie besteht darin, daß die Kontextinformation präziser und strukturierter angegeben wird, als in dem alten Modell. Es kann auf diese Weise gezeigt werden, daß eine Vp über Schlußfolgerungen aus der Kontextinformation zu dem Ergebnis gelangen kann, daß ein Wort I auf der Liste X vorkam. Die frühere Listenmarkierung im Modell von 1972 entspricht nun einer Proposition, die das Auftreten eines Sachverhalts I auf einer Liste X repräsentiert, der durch ein bestimmtes Wort bezeichnet wird. Mit dieser Proposition sind andere Propositionen verknüpft, die weitere, spezifische Kontextinformationen enthalten können. Die von TULVING und THOMSON (1973) nachgewiesene Enkodierungs-Spezifität wird von ANDERSON und BOWER (1974; ANDERSON, 1976, 1983) unter Bezug auf Merkmale der internen Gedächtnisrepräsentation anders erklärt. Die von TULVING und THOMSON (1973) experimentell geschaffenen, unterschiedlichen Kontextbedingungen für Wiedererkennen und Erinnern führen dazu, daß unterschiedliche Teilstrukturen des Gedächtnisnetzwerkes aktiviert werden. Nicht die Veränderung des Kontextes

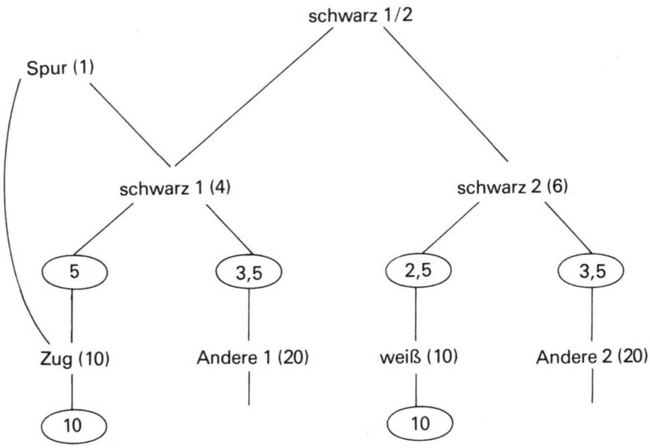

Abbildung 14: Hypothetische Gedächtnisrepräsentation nach ANDERSON (1983, S.193) beim Einprägen von «schwarz» dargeboten mit «Zug». Die Zahlen in den Ellipsen stellen Gedächtnisspuren unterschiedlicher Stärke dar, die Assoziationen zwischen den Knoten repräsentieren.

allein ist ausschlaggebend, sondern die dadurch bewirkte, veränderte interne Repräsentation der Bedeutung eines Sachverhalts. Das Wort «schwarz» erhält im Kontext des Wortes «Zug» eine andere Bedeutung als im Kontext der Darbietung mit dem Wort «weiß» («multiple sense nodes»). In Abbildung 14 ist dies veranschaulicht; der zweifachen Bedeutung ist durch die Bezeichnung «schwarz ½» Rechnung getragen. Nehmen wir an, das Wort «schwarz» sei einzuprägen; es wird zusammen mit dem Wort «Zug» vorgegeben (schwache Assoziation). Es wird dann in der Versuchsanordnung von TULVING und THOMSON (1973) von der Vp zum vorgegebenen Wort «weiß» das Wort «schwarz» assoziiert (starke Assoziation). Danach hat die Vp die Aufgabe, wiederzuerkennen, ob das von ihr assoziierte Wort «schwarz» auf der vorher gelernten Wortliste enthalten war. Die Wahrscheinlichkeit, daß dies richtig geschieht ist gering. Es wird dann das Wort «Zug» vorgegeben, und die Vp soll nun erinnern, welches Wort dazu in der Liste enthalten war. Die Wahrscheinlichkeit ist groß, daß dies gelingt. ANDERSON (1983) zeigt, daß die Aktivation des Netzwerkes unter den beiden Bedingungen Wiedererkennen und Erinnern unterschiedlich stark ist. Beim Erinnern des Wortes «schwarz» unter Vorgabe des beim Einprägen gezeigten, schwach assoziierten Hinweisreizes «Zug» ist die Aktivation hoch. Bei dem Versuch, dasselbe Wort im Kontext eines stark assoziierten Reizes wiederzuerkennen («weiß») ist die Aktivation gering. Die beim Einprägen von «schwarz» im Kontext mit «Zug» ursprünglich gebildete Gedächtnisspur (Abb. 14) wird bei Vorgabe von «Zug» und der Aufforderung zum Erinnern stärker aktiviert, weil sie direkt mit dem Hinweisreiz «Zug» verknüpft ist. Bei Darbietung von «schwarz» nach Verknüpfung mit dem Kontext «weiß» mit der Aufforderung, dieses Wort aus der Liste wiederzuerkennen, ist die Aktivierung der Gedächtnisspur geringer. Dies ist darauf zurückzuführen, daß die propositionale Struktur nicht direkt mit der beim Einprägen gebildeten Gedächtnisspur verbunden ist. Dies würde heißen, daß die von TULVING und THOMSON (1973) zum Nachweis der Enkodierungs-Spezifität geschaffenen Bedingungen für Wiedererkennen und Erinnern sich dadurch unterscheiden, daß für ein und denselben Sachverhalt verschiedene, interne Gedächtnisrepräsentationen aktiviert werden.

Zusammenfassend kann festgehalten werden, daß das «generate-test»-Modell des Erinnerns und Wiedererkennens von ANDERSON und BOWER (1972, 1974) nicht widerlegt ist. Unter Einbezug einer propositionalen Netzwerkrepräsentation für das LZG lassen sich Erklärungen für die widersprechenden Befunde bei Wiedererkennen und Erinnern finden. Unterschiedliche Aktivationsmuster im Netzwerk erklären den Effekt der Enkodierungs-Spezifität. Das Prinzip der Enkodierungs-Spezifität läßt sich somit unter dem Aspekt multipler Bedeutungen im Netzwerkmodell aufnehmen.

8.3 Das Modell der Suche im assoziativen Gedächtnis

Im nachfolgenden Abschnitt wird ein Modell der Vorgänge beim Wiedererkennen und Erinnern vorgestellt, das sich als Weiterentwicklung sowohl früherer Vorstellungen von SHIFFRIN (1970) als auch der Vorstellungen von ANDERSON und BOWER (1972) versteht. Das Modell, «search of associative memory» (SAM) basiert auf dem Ein-Speicher-Modell des Gedächtnisses, das im Abschnitt 3.2 dargestellt wird. Es stammt von RAAJMAKERS und SHIFFRIN (1980, 1981; GILLUND & SHIFFRIN, 1984). *Erinnern* ist ein Prozeß, der in einer Folge von Zyklen abläuft. Es umfaßt einen Suchprozeß, in dem Inhalte aus dem LZG aktiviert werden. Der Beginn des Prozesses wird durch eine Frage oder durch eine Instruktion ausgelöst. Ein *Plan* leitet die Suche («retrieval plan»). Er ist anfänglich vage und wird zunehmend genauer. Er beginnt mit einer Entscheidung darüber, ob gesucht werden soll, und wie gesucht werden soll. Das «wie» bezieht sich auf allgemeine *Strategien;* im Falle des freien Reproduzierens z. B. kann die Wiedergabe nach Alphabet, nach zeitlicher Folge oder nach Itemkategorien erfolgen. Im Verlauf der Suche werden die Ergebnisse der bisherigen Suche im Plan berücksichtigt. Jeder Erinnerungszyklus umfaßt (a) die Wahl von Suchelementen («probe» oder «retrieval cues»), (b) die Aktivierung von Inhalten im LZG; (c) die Selektion von aktivierter Information, und (d) die Entscheidung darüber, ob es sich um die gesuchten und wiederzugebenden Inhalte handelt. Die Suche beginnt mit der Wahl von Suchelementen. Dies sind spezifische, aktivierte Informationselemente im KZG: (a) Informationselemente aus dem Kontext zur Zeit der Einprägung («study context»; z. B. auf der letzten Seite stand ...?); (b) Informationselemente aus dem gerade gegebenen Kontext bei der Erinnerung («retrieval context»; z. B. der gesuchte Inhalt stand in der gleichen Zeitschrift, die hier auf dem Tisch liegt); (c) Informationselemente aus einer Frage (z. B. was bewirkt Kalzium ...?) (d) Informationselemente, die aus einem vorausgegangenen Suchzyklus stammen (z. B. Kalzium ist ein Mineral, was noch?); (e) Informationselemente, die während des Erinnerungsplans generiert werden (z. B. nach Gruppen von Mineralen suchen; vgl. RAAJMAKERS & SHIFFRIN, 1981, S. 124).

Die als Suchelemente wirksamen, aktivierten Informationselemente des KZG aktivieren weitere Inhalte aus dem LZG. Die Aktivierung von weiteren Gedächtnisinhalten ist eine Funktion der Verknüpfungsstärke: je stärker die Verknüpfung ist (z. B. zwischen dem Begriff Mineral und dem Begriff Kalzium), desto leichter aktiviert ein Suchelement bestimmte Inhalte und desto größer ist auch die insgesamt aktivierte Informationsmenge zu diesem Inhalt (z. B. zu den Effekten von Kalzium). Nur so können Inhalte aus dem LZG der Suche zugänglich gemacht werden: Entweder durch vorgegebene oder durch selbst gewählte Suchelemente im KZG (probe cues; vgl. TULVING, 1974). RAAJMAKERS und SHIFFRIN (1980, 1981) bezeichnen den Suchprozeß beim Erinnern deshalb auch als «cue-dependent». Dies ist eine zentrale Annahme des Modells.

Der Vorgang der gezielten Aktivation assoziierter Inhalte aus dem LZG durch Suchelemente wird als «sampling process» bezeichnet. Die insgesamt aktivierten Informationen bilden die Suchmenge («search set»). Aus dieser ist die Information zu finden, die im Erinnerungsprozeß benötigt wird (z. B. das Wort, das einen bestimmten Sachverhalt bezeichnet, der vorher auf einer einzuprägenden Itemliste stand; oder die Produkte, die Kalzium enthalten). Dieser Teil des Prozesses, in dem spezifische Anteile aus der insgesamt aktivierten Informationsmenge für die Wiedergabe bestimmt werden, wird als «recovery» bezeichnet. Die Wahrscheinlichkeit dafür, daß das richtige Informationselement gefunden wird, ist von der Verknüpfungsstärke zwischen Suchelement und den aktivierten Gedächtnisinhalten abhängig. Es erfolgt dann eine Bewertung und Entscheidung, gegebenenfalls die Wiedergabe des gefundenen Inhalts.

Erinnern ist nach diesem Modell ein Prozeß, der auf einer ausgedehnten Suche basiert; diese

Suche wird durch Suchelemente im KZG initiiert, sie benötigt Zeit und ist hinsichtlich ihres Ergebnisses ungewiß. Ausschlaggebend für die Suche ist die Verknüpfungsstärke zwischen Suchelementen («probe cues») und den zu erinnernden Gedächtnisinhalten. Die Verknüpfungsstärke selbst ist abhängig von den Aktivitäten des Individuums beim Einprägen, also von Prozessen des Wiederholens und höheren Formen der Kodierung, wie Elaboration und Organisation.

Der Prozeß des Wiedererkennens beginnt auch mit einem Suchelement im KZG: Mit dem Inhalt selbst (z. B. das vorgegebene Wort «Roboter») und mit den Kontextelementen («Roboter» auf der zuletzt gelernten Liste?). Es wird angenommen, daß die extern vorgegebenen Suchelemente eine Reihe damit verknüpfter Inhalte aus dem LZG aktivieren. Die gesamte Aktivationsstärke dieser Inhalte bezüglich dieses Suchelements liefert einen Bekanntheitswert. Er ist die Grundlage für die Antwort der Person: Überschreitet er ein subjektives Kriterium, dann wird der Sachverhalt als bekannt beurteilt. Das Modell schließt aber einen Suchprozeß beim Wiedererkennen nicht aus. Wenn durch den vorgegebenen Sachverhalt viel Information aktiviert wird, die Verknüpfungsstärke nicht ausreichend ist, kann ein Prozeß der Suche über der aktivierten Informationsmenge einsetzen (dies ist z. B. der Fall, wenn wir uns erinnern, eine Person schon einmal gesehen zu haben; es werden mehrere, verschiedene Gelegenheiten gesucht und geprüft).

Halten wir fest: Die Stärke der initialen Aktivation von Inhalten des LZG durch vorgegebene Suchelemente ist beim Wiedererkennen Grundlage der Entscheidung und Wiedergabe. Bei geringer Aktivation setzt ein Suchprozeß ein. Die Aktivation ist von der Verknüpfungsstärke zwischen Suchelement und Inhalt im LZG abhängig.

Erinnern unterscheidet sich vom Wiedererkennen dadurch, daß dort im Prozeß der Suche («recovery») ein spezifischer Anteil der insgesamt aktivierten Informationsmenge geprüft wird. Auf die Frage nach einem Mineral des Organismus, das die Knochensubstanz stärkt, werden umfangreiche Gedächtnisstrukturen aktiviert («sampling process»). Aus diesen wird ein spezifischer Inhalt, Kalzium, bestimmt, der unter Bezug auf die Frage geprüft wird. Die Verknüpfungsstärke zwischen Suchelement und Inhalten des LZG determiniert die Menge der aktivierten Information sowie die Stärke der Aktivation.

Das Modell von RAAJMAKERS und SHIFFRIN (1980, 1981; GILLUND & SHIFFRIN, 1984) stellt eine enge Beziehung zwischen den Vorgängen des Erinnerns und Wiedererkennens her: Beide Prozesse nutzen gleichartige Informationen zur Wiedergabe und beide sind von Suchelementen abhängig (GILLUND & SHIFFRIN, 1984). Auch in den mathematischen Formulierungen des Modells zeigt sich, daß beide Prozesse in engem Bezug zueinander stehen.

Der Unterschied besteht darin, wie die aktivierte Information *genutzt* wird: Beim Wiedererkennen ist die Stärke der insgesamt resultierenden Aktivation von Gedächtnisinhalten bei einem vorgegebenen Suchelement Grundlage für das Bekanntheitsurteil. Beim Erinnern ist die gleiche Information Grundlage für die Suche nach spezifischen Inhalten.

Das Modell liegt als Simulation vor und ist in der Lage, eine Reihe von Ergebnissen vorherzusagen, die zu Unterschieden und Ähnlichkeiten der beiden Prozesse bekannt sind. Insbesondere Ähnlichkeiten zwischen Wiedererkennen und Erinnern können durch das Modell von ANDERSON und BOWER (1972) nicht erklärt werden. Zusammenfassend lassen sich die folgenden Merkmale des Modells SAM für Wiedererkennen festhalten:

(1) Das Prinzip der Enkodierungs-Spezifität ist eingearbeitet. Die Ähnlichkeit der Kontexte beim Einprägen und bei der Wiedergabe spielen eine zentrale Rolle für die Aktivation von Inhalten aus dem LZG. Gegenwärtige Kontextelemente als Suchelemente können die Wiedergabeleistung verringern, wenn sie zum Kontext beim Einprägen verschieden sind (das Modell sieht hier einen Übereinstimmungskoeffizienten vor).

(2) Wiedererkennen und Erinnern sind «cue-dependent», also abhängig von Suchelementen, die vorgegeben oder durch das Individuum selbst gewählt werden.

(3) Erinnern umfaßt auch Speicherprozesse: Wird durch ein Suchelement ein Inhalt richtig erinnert, dann wird die Verknüpfungsstärke zwischen diesen beiden Informationselemen-

ten verstärkt. Dies führt u.a. dazu, daß beim freien Reproduzieren nach längerer Suche zunehmend mehr bereits reproduzierbare Wörter wiedergefunden werden. Das führt zur Beendigung der Suche, wenn ein maximaler Wert erreicht ist.

(4) Das KZG ist wesentlich am Prozeß des Erinnerns beteiligt:

(a) Die Suchelemente entsprechen Gedächtnisinhalten im aktivierten Zustand, d.h. sie sind Bestand des KZG.

(b) Zugleich sind Informationen über den gerade vorliegenden Kontext im KZG aktiviert.

(c) Inhalte aus dem LZG werden durch Suchelemente und durch Kontextelemente aktiviert, d.h. bilden gemeinsam den Bestand des KZG.

(d) Die Bewertung und Prüfung aktivierter Information erfolgt im KZG, desgleichen die Entscheidung über die Wiedergabe.

(e) Die gleichzeitige Aktivation von Suchelementen und Inhalten aus dem LZG im KZG führt zu einer Verstärkung der Verknüpfung zwischen diesen.

Damit geht als wesentliche Implikation einher, daß der Prozeß des Erinnerns auch den Kapazitätsgrenzen des KZG unterliegt.

(5) Erinnern umfaßt automatische und kontrollierte Verarbeitung:

(a) Nahezu automatisch verlaufen die Prozesse der Aktivation von Inhalten durch Suchelemente («sampling process») und der Extraktion von spezifischen Informationselementen («recovery»).

(b) Kontrollierte, d.h. willentliche und strategische Merkmale des Erinnerns umfaßt der gesamte Prozeß an folgenden Stellen: Plan des Erinnerns (Wahl der Strategie) und Wahl der Suchelemente. Letzteres ist wohl der wesentlichste strategische Aspekt: die gezielte Wahl und Veränderung von Suchelementen im KZG ist die wichtigste Operation des Individuums, um gezielt Inhalte aus dem LZG zu aktivieren.

8.4 Vergessen

Vergessen ist das Unvermögen, etwas zu erinnern («retrieval failure»). Der Versuch, bestimmte Inhalte im LZG zu aktivieren, mißlingt. Es wird z.B. im Modell SAM (Raajmakers & Shiffrin, 1980, 1981) nicht angenommen, daß Vergessen in einem irgendwie gearteten Verfall von Gedächtnisinhalten besteht. Das LZG gilt als permanent. Hinweise darauf, daß Vergessen als erfolgloser Zugriff auf Gedächtnisinhalte aufgefaßt werden kann, liefern eine Reihe von Beobachtungen: (1) Aus der Alltagserfahrung wissen wir, daß Inhalte zum Zeitpunkt t(n) nicht, wohl aber zum Zeitpunkt t(n+1) verfügbar sein können. (2) Inhalte, die nicht erinnert werden, können wiedererkannt werden. (3) Das Phänomen des «Auf-der-Zunge-liegens» (tip-of-the-tongue phenomenon; Brown & McNeill, 1966): Das Individuum wird gewahr, daß es über bestimmte Informationen verfügt, diese aber nicht aktivieren und abrufen kann. (4) Gibt man den Vpn ausreichend Zeit und Unterstützung, dann können diese alle Items einer vorgegebenen Liste nach einmaliger Darbietung erinnern, auch wenn sie zunächst nur wenige Items erinnert haben (z.B. fand Buschke, 1976, daß Vpn, die nur 8 Items einer Liste mit 24 Items erinnern konnten, bei zusätzlicher Anstrengung und Suche alle 24 Items erinnern konnten).

Als Ursache für das Mißlingen des Erinnerns kann folgendes angenommen werden:

(1) Die Verknüpfungsstärke zwischen den Suchelementen c(n) zum Zeitpunkt t(n) und den gesuchten Gedächtnisinhalten i ist stärker, als die Verknüpfungsstärke von Suchelementen c(n+1) zum Zeitpunkt t(n+1) mit den gleichen Inhalten i. Dadurch sinkt die Wahrscheinlichkeit für die Aktivation eines Inhalts.

(2) Die Verknüpfungsstärke zwischen Suchelementen c(n) und anderen Gedächtnisinhalten j kann zum Zeitpunkt t(n+1) stärker sein als mit dem gesuchten Inhalt i. Dadurch erhöht sich die Aktivationswahrscheinlichkeit für die Inhalte j. Dies ist die Folge neuen Lernens: Dieselben Suchelemente werden eingesetzt, um den gleichen Inhalt aus einer zunehmend größeren Zahl von Gedächtnisinhalten zu aktivieren, die mit diesen Suchelementen verknüpft sind.

(3) Wahl der Suchelemente: Das Individuum wählt für die Suche wiederholt untaugliche Suchelemente; es versäumt, die Suchelemente systematisch zu ändern.

(4) Kontext-Unterschiede: Dies ist ein wichtiger Faktor für das Mißlingen des Erinnerns, der zur Erklärung der Punkte (1) und (2) heran-

gezogen werden kann. Der gerade gegebene, zeitlich-räumliche Kontext sc beim Einprägen von Inhalten («study context») wird mit diesen im KZG verknüpft und gespeichert. Der Kontext umfaßt z.B. Ort, Temperatur, Tageszeit, Ereignisse, subjektiver Zustand, Emotionen, Gedanken, usw. (vgl. BOWER, MONTEIRO & GILLIGAN, 1978 für Emotion als Kontext; SMITH, GLENBERG & BJORK, 1978 für zeitlich-räumliche Kontextbedingungen). Beim Versuch, die Inhalte zu erinnern, ist zusammen mit den gerade eingesetzten Suchelementen zugleich der gegenwärtig vorliegende Kontext rc («retrieval context») im KZG aktiviert. Ist dieser Kontext rc vom früheren Kontext sc sehr verschieden, dann ist der Zugriff auf den Inhalt erschwert, weil die Verknüpfungsstärke gering ist (vgl. das Prinzip der Enkodierungs-Spezifität). Den Effekt von Kontextunterschieden auf die Erinnerungsleistung belegten SMITH, GLENBERG und BJORK (1978). Es handelte sich um eine Untersuchung zum Paar-Assoziationslernen. Die Vpn lernten 2 Itemlisten zu verschiedenen Zeitpunkten unter verschiedenen Bedingungen. Die 1. Sitzung fand in einem fensterlosen Raum statt, mit einem gutgestimmten, ordentlich gekleideten Vl. Die Items wurden auf Dias vorgegeben. Die 2. Sitzung fand einen Tag später in einem anderen, kleinen Raum mit Fenstern statt. Der gleiche Vl führte die Untersuchung in Freizeitkleidung durch. Er präsentierte die Items auf Band. Am 3. Tag sollten die Vpn die gelernten Items erinnern. Dies erfolgte zur Hälfte unter Kontextbedingung 1 und zur Hälfte unter Kontextbedingung 2. Die Wiedergabeleistung wurde dahingehend geprüft, ob sich Kontextunterschiede zwischen Einprägen und Wiedergeben auswirken. Die Vpn reproduzierten 59% der Items der Liste, die unter gleichen Kontextbedingungen eingeprägt und erinnert wurde. Sie reproduzierten nur 46% der Liste, die bei verschiedener Kontextbedingung reproduziert und eingeprägt wurde. Daß auch emotionale Befindlichkeiten eine wesentliche Rolle als Kontextinformation spielen, zeigten BOWER, MONTEIRO und GILLIGAN (1978). Durch Hypnose wurden Vpn sowohl beim Einprägen als auch beim Erinnern in positive und negative emotionale Zustände versetzt. Es waren 2 Itemlisten einzuprägen. Die spätere Wiedergabe war dann besser, wenn die emotionale Befindlichkeit beim Einprägen und beim Erinnern übereinstimmten.

Als Suchelement zum Erinnern spezifischer Inhalte ist am besten der beim Einprägen gegebene Kontext geeignet. RAAJMAKERS und SHIFFRIN (1981) sehen darin ein wesentliches strategisches Moment bei Gedächtnisleistungen: «Ein geschicktes Individuum versucht, so gut wie möglich die Kontextelemente zur Zeit des Einprägens im KZG zu reaktivieren» (S. 129; Übers. v. Verf.).

8.5 Ausbreitung der Aktivation im Netzwerk

Den gegenwärtig aktuellen Modellen des Gedächtnisses ist die Vorstellung gemeinsam, daß im LZG gespeichertes Wissen als ein vielfältig verknüpftes Netzwerk aufgefaßt werden kann. Die Knotenpunkte des Netzwerkes entsprechen Gedächtniseinheiten, die von den Autoren unterschiedlich konzipiert werden: «images» bei SHIFFRIN, «propositions» bei ANDERSON. Die Verknüpfungen zwischen den Knotenpunkten stellen Assoziationen dar, die benannt sind. Im Modell SAM von SHIFFRIN wird nicht recht deutlich, welche Rolle die Verknüpfungen zwischen den Gedächtniseinheiten einnehmen. Es wird lediglich angedeutet, daß Überlappungen zwischen den Gedächtniseinheiten aufgrund von Verknüpfungen zwischen den Elementen bestehen, und daß die Verknüpfungen zwischen den Einheiten für die Suchprozesse genutzt werden können.

Informationselemente aus dem Netzwerk werden für die bewußte Verarbeitung verfügbar, wenn sie aktiviert werden. Bisher wurde ausgeführt, daß Suchelemente («probe cues»), also bereits aktivierte Elemente des KZG, andere Inhalte aus dem Netzwerk des LZG aktivieren. Ausschlaggebend für die weitere Aktivierung von Gedächtniseinheiten ist die Verknüpfungsstärke mit den Inhalten, die als Suchelemente gelten. Nun wird in bestimmten Modellen (z.B. im Modell ACT von ANDERSON, 1983) angenommen, daß sich die Aktivation im Netzwerk ausbreitet. Es ist damit ein Prozeß gemeint, in dem sich die Aktivation von Informationselementen im Netzwerk des LZG von Knotenpunkt zu Knotenpunkt entlang der bestehenden Verknüpfungen ausbreitet. Das Ergebnis

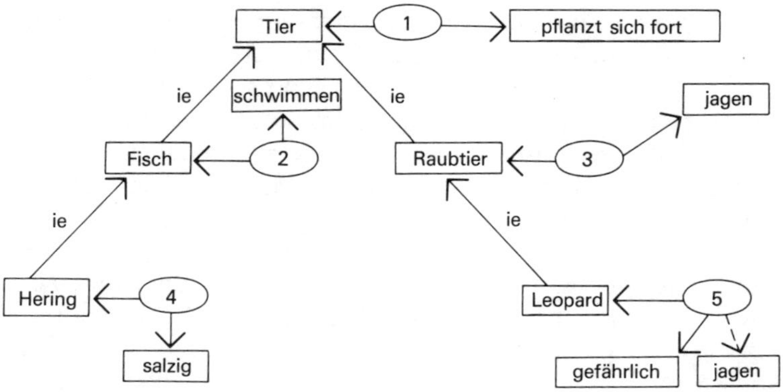

Abbildung 15: Hypothetische Struktur für einfache Aussagen, wie sie in der Untersuchung von COLLINS & QUILLIAN (1969) verwendet wurden.
--- = hypothetische Speicherung eines spezifischen, charakteristischen Merkmals beim Begriff.

dieses Vorgangs ist, daß gespeichertes Wissen mit spezifischen Quellen der Aktivation verknüpft wird und damit für die Verarbeitung verfügbar ist.

Erste Vorschläge zu einem Modell der Gedächtnissuche als Erregungsausbreitung in einem Netzwerk von Begriffen stammen von QUILLIAN (1967) sowie von COLLINS und QUILLIAN (1969, 1972). Sie legen eine hierarchisch geordnete, assoziative Struktur des Netzwerkes zugrunde. Daraus wird abgeleitet, daß Suchprozesse umso mehr Zeit benötigen, je länger die Wege im Netzwerk sind; oder anders ausgedrückt: wenn viele Knotenpunkte im Netzwerk aktiviert werden müssen. COLLINS und QUILLIAN (1969, 1972) gaben den Vpn einfache Aussagen der Art vor: (1) Ein Hering ist salzig; (2) Ein Hering kann schwimmen; (3) Ein Leopard pflanzt sich fort. Die Vpn mußten angeben, ob diese Aussagen zutreffen oder nicht. Aufgrund der Netzwerkstruktur, die in Abbildung 15 dargestellt ist, wurde angenommen, daß die Bestätigung der Aussagen 2 und 3 am längsten Suchzeit benötigen würde, weil die Wege im Netzwerk am längsten sind. Es müssen mehr Knotenpunkte abgefragt werden. Das Merkmal «salzig» ist direkt beim Knotenpunkt «Hering» gespeichert; das Merkmal «schwimmen» ist jedoch auf dem Weg über den Knotenpunkt «Fisch» zu erreichen. «Schwimmen» ist ein allgemeineres Merkmal, das nicht nur Heringen zukommt, sondern der Klasse der Fische, es ist deshalb beim Oberbegriff und nicht direkt beim Exemplar gespeichert. Folgende Inferenz wird angenommen: ein Hering ist ein Fisch, ein Fisch kann schwimmen, ein Hering kann schwimmen. Die Prüfung dieser Aussage benötigt deshalb mehr Zeit. Gleiches gilt für die Aussage 3.

Tatsächlich erhielten COLLINS und QUILLIAN (1969, 1972) Antwortzeiten, die mit der Länge der Wege im Netzwerk einhergehen. Am deutlichsten gilt dies für Aussagen über ist-ein-Beziehungen (z.B. «ein Hering ist ein Fisch»; «ein Hering ist ein Lebewesen»). Das heißt, die Antwortzeiten bei ie-Relationen legen eine hierarchische Organisation des Gedächtnisnetzwerkes nahe. Die Zeiten bei der Verifikation von Merkmalen, die mit Knotenpunkten verknüpft sind (z.B. «salzig», «jagen») werden jedoch nicht allein in Abhängigkeit vom Weg im Netzwerk bestimmt. Dies ergaben eine Reihe von Folgeuntersuchungen anderer Autoren (z.B. WILKINS, 1971; CONRAD, 1972). Für manche Merkmale ergaben sich abweichende Zeiten (z.B. «ein Leopard jagt»). Man erhält nämlich kurze Suchzeiten bei Merkmalen, die der Theorie nach im Netzwerk eigentlich auf höheren Ebenen gespeichert sein sollten (z.B. ist das Merkmal «jagen» für Leopard beim Oberbegriff «Raubtier» gespeichert, das Merkmal «brüllen» direkt bei «Leopard»). Die Antwortzeit für das Merkmal «jagen» sollte länger sein als für das Merkmal «brüllen». Dies ist jedoch nicht der Fall. Ursache hierfür ist die starke Assoziation zwischen «Leopard» und «jagen». Die Folge war eine Modifikation der Netzwerkstruktur: mit einem Sachverhalt stark assoziierte Merkmale («semantic distance») sowie Merkmale, die mit diesem Sachverhalt häufig gemeinsam auftreten («conjoint frequency») sind direkt beim Sachverhalt gespeichert (und vermutlich auch bei den Oberbegriffen, sofern es sich um allgemeine Merkmale handelt; vgl.

die gestrichelte Linie in Abb. 15). Ein ursprünglich angenommenes «Ökonomieprinzip» für die Organisation des Gedächtnisnetzwerkes, wonach Merkmale nur einmal, entweder direkt beim Sachverhalt oder bei entsprechenden Oberbegriffen gespeichert sind, konnte so nicht beibehalten werden (KLUWE et al., 1982). KLIX und VAN DER MEER (1984) haben ein Simulationsprogramm entwickelt, das in der Lage ist, beliebige Beziehungen zwischen Unter- und Oberbegriff, Ober- und Unterbegriff sowie der Nebenordnung zu erkennen (sog. innerbegriffliche Beziehungen; vgl. auch KLIX, 1984). Diese Arbeiten erfolgen im Rahmen von Untersuchungen zur Bereitstellung von Wissen zur Beantwortung von Fragen.

Die ersten Vorstellungen von COLLINS und QUILLIAN (1969) zur Gedächtnissuche wurden von COLLINS und LOFTUS (1975) zu einer Theorie der Erregungsausbreitung im Gedächtnis ausgearbeitet («spread of activation»). Es werden vier Annahmen formuliert: (1) Die Erregung breitet sich entlang der Wege im Netzwerk aus und nimmt dabei ab; die Abnahme ist umgekehrt proportional zur Strecke der assoziativen Verknüpfungen. (2) Je mehr ein Sachverhalt Gegenstand der Verarbeitung ist (z. B. durch Hören, Wiederholen, usw.), desto länger dauert die Aktivation an; die Aktivation kann dabei immer nur von einem Knotenpunkt zu einem Zeitpunkt ausgehen (serielle Verarbeitung). (3) Die Aktivation nimmt als Funktion der Zeit sowie als Funktion intervenierender Aktivität ab (vgl. die Ergebnisse von LOFTUS, 1973). (4) An Schnittstellen (intersection), wo Aktivation aus verschiedenen Richtungen des Netzwerkes zusammentrifft, summiert sich die Aktivation. Erst wenn eine bestimmte Schwelle der Aktivation überschritten wird, erfolgt eine Prüfung des so gefundenen Weges zwischen den Knotenpunkten.

Für die Annahmen 2 und 3 gibt es Hinweise aus empirischen Untersuchungen. LOFTUS (1973) hat experimentell zeigen können, daß der Prozeß der Erregungsausbreitung Zeit benötigt. Die Vpn mußten in ihrem Experiment Exemplare einer Kategorie mit einem bestimmten Anfangsbuchstaben nennen (z. B. Früchte mit P). Im Durchschnitt benötigten die Vpn im ersten Durchgang für diese Aufgabe 1,53 sec. Es wurde dann die Nennung weiterer Exemplare aus der gleichen Kategorie mit einem anderen Anfangsbuchstaben unter drei verschiedenen Bedingungen verlangt: (a) gleich nach dem ersten Durchgang; (b) nach einer dazwischen geschobenen Aufgabe, in der die Benennung eines Exemplars mit bestimmten Anfangsbuchstaben aus einer anderen Kategorie gefordert wird; (c) wie (b), jedoch nach 2 dazwischen geschobenen Aufgaben. LOFTUS (1973) berichtet die folgenden durchschnittlichen Erinnerungszeiten für diese Bedingungen; (a) 1,21 sec; (b) 1,28 sec; (c) 1,33 sec. Im ersten Durchgang wurden für die Erinnerung 1,53 sec benötigt. Die Suchzeiten bis zum Erinnern eines Exemplars liegen im 2. Durchgang bei allen drei Bedingungen unter dieser Zeit. Man kann sich dies so erklären, daß das Netzwerk für die Kategorie (z. B. Früchte) im ersten Durchgang aktiviert worden ist. Dieser Zustand hielt an und verkürzte die Suche im 2. Durchgang (a). Jedoch verzögerten die dazwischen geschobenen Fragen nach anderen Kategorien die Erinnerung: Die Aktivation des ursprünglich verlangten Netzwerkausschnittes nimmt in dieser Zeit ab; der Gedächtnisinhalt muß nach den intervenierenden Aufgaben neu aktiviert werden. Deshalb nehmen die Zeiten von den Bedingungen (a) nach (c) auch zu. Die Differenz zwischen 1,53 sec und 1,21 sec kann als Schätzung für den Zeitbedarf gelten, der zur Aktivation eines Gedächtnisinhalts erforderlich ist.

Auf die Ausbreitung der Aktivierung von einem Knotenpunkt des Netzwerkes deuten auch die Ergebnisse von MEYER und SCHVANEVELDT (1971) hin. Sie fanden, daß das Wiedererkennen von Wörtern dann erleichtert wird, d. h. rascher erfolgt, wenn bei Wortpaaren das zuerst gezeigte Wort ein sinnvolles Wort ist (z. B. Baum, verglichen mit einem Kunstwort, z. B. Katop), und wenn das Wortpaar stärker assoziiert ist (z. B. Baum und Ast vs. Baum und Hering). Aufgabe der Vpn war es, jeweils anzugeben, ob in einem vorgegebenen Wortpaar sinnvolle oder sinnlose Wörter enthalten sind. Die Antwortzeiten bei sinnvollen, assoziierten Wortpaaren waren um mehr als 50 msec kürzer. Ebenso wie in der Untersuchung von LOFTUS (1973) kann angenommen werden, daß vom ersten, als sinnvoll erkannten Wort ausgehend

Gedächtnisinhalte aktiviert werden. Die Aktivation breitet sich in Richtung auf das zweite Wort aus, sofern dieses eng damit verknüpft ist. Das zweite Wort wird dann rascher wiedererkannt (als etwa ein entfernt verknüpftes Wort oder ein Kunstwort), was insgesamt zu den kürzeren Antwortzeiten bei sinnvollen, assoziierten Wortpaaren führen kann.

Ratcliff und McKoon (1981) prüften zwei weitere aus dem Erregungsmodell ableitbare Annahmen; (a) Die Aktivation eines benachbarten Knotenpunktes in der Netzwerkstruktur ist stärker als die eines «entfernteren» Knotenpunktes. Diese Annahme wurde durch die kürzeren Reaktionszeiten bestätigt, die man erhält, wenn der gesuchte Begriff durch vorherige Darbietung eines anderen, assoziierten Begriffes «vorbereitet» wird («priming»; vgl. Meyer & Schvaneveldt, 1971; Loftus, 1973). (b) Entferntere Knotenpunkte werden später aktiviert als nahe gelegene, weil die Erregungsausbreitung Zeit benötigt; diese Annahme konnte nicht belegt werden. Die Autoren schlagen deshalb vor, anzunehmen, daß sich die Erregung sehr rasch ausbreitet, und daß die dafür zu veranschlagende Zeit vernachlässigbar ist. Die Zeit bis zur Erregung ist demnach keine Funktion der Distanz zwischen Knotenpunkten. Dies würde den Grundannahmen von Quillian (1967) und von Collins und Loftus (1975) nicht entsprechen. Hingegen wird nun angenommen, daß der Zeitbedarf daraus resultiert, daß an einem Knotenpunkt ausreichende Aktivation erst «aufzubauen» ist. In Analogie zum Licht kann man sich vorstellen, daß zwar die Ausbreitung sehr rasch erfolgt, jedoch die Intensität mit der Entfernung zur Lichtquelle abnimmt. Ratcliff und McKoon (1981) stellen fest, daß ihre Daten z. T. besser einem von Wickelgren (1976) vorgeschlagenen Modell zur Gedächtnisaktivation entsprechen. Wickelgren nimmt an, daß sich die Erregung sehr rasch ausbreitet (etwa 1 msec pro Verknüpfung). Danach würde die Erregung unterschiedlich entfernter Knotenpunkte ähnlich schnell erfolgen.

Ein weiterer Faktor bezüglich der zeitlichen Merkmale der Aktivationsausbreitung im Netzwerk ist die Assoziationsstärke zwischen den Knotenpunkten. Hoch assoziierte Inhalte sollten rascher erinnert werden als schwach verknüpfte. Dabei kann sich die Stärke der Assoziation zweifach auswirken, nämlich (a) auf die Dauer bis zu ausreichender Erregung und (b) auf die Höhe der erreichten Erregung. Schließlich ist auch ein kombinierter Effekt denkbar. Lorch (1982) verwendete dazu das bereits geschilderte «priming paradigm». Ein Reiz wird dargeboten (z. B. ein Satz). Er hat die Funktion als «prime» eine Gedächtnisstruktur zu aktivieren. Es folgt ein 2. sog. Prüfreiz («probe»; z. B. ein Wort). Die Vp soll mit ja/nein angeben, ob das Wort in dem Satz enthalten war (oder ob z. B. ein Exemplar in einer zuvor genannten Klasse enthalten war). Die Reaktionszeit der Vp wird in Abhängigkeit von der Beziehung zwischen «prime»- und «probe»-Reiz analysiert. Lorch (1982) verwendete Wortpaare und variierte die Assoziationsstärke sowie den Zeitabstand zwischen «prime»- und «probe»-Reizen. Grundsätzlich waren die Antwortzeiten der Vpn stets dann kürzer, wenn das zuerst gegebene Item und das darauf folgende Prüfitem stark assoziiert waren. Ferner nahmen die Antwortzeiten sowohl bei stark als auch bei schwach assoziierten Items innerhalb eines Zeitintervalls von bis zu 500 msec zwischen beiden Items ab. Bei starken Verknüpfungen ist demnach die Aktivation größer; eine Antwort ist deshalb rascher möglich. Assoziationsstärke und Zeitabstand wirken jedoch unabhängig voneinander, da keine Wechselwirkung besteht. Dies widerspricht der Annahme, daß bei der Gedächtnissuche die Stärke der Verknüpfungen einen Einfluß auf die Dauer bis zur maximalen Aktivation hat. Nach den Daten von Lorch (1982) ist dies nicht der Fall. Sowohl bei stark als auch bei schwach assoziierten Reizen erreichen die Antwortzeiten bei einem Abstand zwischen «prime» und «probe» von etwa 500 msec ein Minimum. Desgleichen lassen die Daten nicht die Annahme zu, daß die Rate der Erregungsausbreitung bei starken assoziativen Verknüpfungen höher ist. Die Erregung bei unterschiedlichen Assoziationsstärken wird also ähnlich schnell aufgebaut, erreicht jedoch unterschiedliche Höhe. Aus letzterem resultieren die kürzeren Antwortzeiten. Eine Metapher, die Lorch (1982) zur Interpretation seiner Ergebnisse verwendet, ist folgende: Die Aktivation eines Knotens ist dem Anschalten eines Lichts vergleichbar.

Sachverhalte nahe der Lichtquelle werden hell erleuchtet (stark assoziierte Inhalte erlangen hohe Aktivation); Sachverhalte, die entfernt sind, werden nur schwach erleuchtet (gering assoziierte Inhalte erlangen nur geringe Aktivation). Die Dauer bis zur Aktivation ist jedoch in beiden Fällen allenfalls gering verschieden. Dies Bild erklärt nicht den in beiden Bedingungen etwa gleichen Zeitbedarf von etwa 500 msec bis zu einer maximalen Aktivation. Es besteht ein Zeitbedarf bis zum Aufbau einer ausreichenden Aktivation; man kann sich dies so vorstellen, daß beim Einschalten des Lichts nicht gleich maximale Intensität erreicht wird, sondern daß diese langsam zunimmt. Dies ist zwar grundsätzlich mit dem Modell eines propositionalen Netzwerkes vereinbar, jedoch nicht mit der Annahme, daß die zeitlichen Verhältnisse bei der Erregungsausbreitung durch unterschiedlich lange Pfade im Netzwerk erklärt werden könnten (COLLINS & QUILLIAN, 1969). Die adäquatere Vorstellung wäre, daß die Erregung von Netzwerkausschnitten sehr rasch und sprunghaft erfolgt, wobei eng assoziierte Inhalte auch stärker aktiviert werden (WICKELGREN, 1976). Die Reihenfolge der Verarbeitung aktivierter Gedächtnisinhalte im KZG würde durch die unterschiedliche hohe Aktivation erklärt werden können.

Halten wir fest: Der Zeitbedarf der Erregungsausbreitung ist nicht abhängig von der Länge der Wege im Netzwerk; die Ausbreitung der Erregung erfolgt rasch. Der Zeitbedarf resultiert aus dem Aufbau der Aktivation bei einem Knotenpunkt. Das resultierende Aktivationsniveau ist höher bei stark assoziierten Inhalten.

Diesen Befunden entspricht unseres Wissens das Modell von ANDERSON (1983b) zur Erregungsausbreitung im LZG am besten. Das Modell ist Teil der Theorie zur Informationsverarbeitung ACT von ANDERSON (1983a). Die Gedächtnissuche wird als Prozeß der Erregungsausbreitung im Netzwerk beschrieben. Die Wahrscheinlichkeit des Erinnerns ist eine Funktion der Aktivationsstärke. Die Grundannahmen von ANDERSON (1983a; b) sind denen von SHIFFRIN (1975, 1976; SHIFFRIN & SCHNEIDER, 1977) sehr ähnlich. Den Bestand des KZG bilden aktivierte Teilmengen der Struktur des LZG; ANDERSON (1983) verwendet dafür den Begriff Arbeitsgedächtnis. Zu einem Zeitpunkt sind im KZG sowohl Kontextinhalte als auch spezifische Gedächtnisinhalte aktiviert. Die Aktivation der Inhalte ist jedoch unterschiedlich hoch. Dies hat zur Folge, daß weniger aktivierte Inhalte auch weniger schnell verarbeitet werden. Die im KZG gerade zur Verarbeitung anstehenden Informationen sind die Quelle der Aktivation für andere Inhalte. Von diesen gerade aktivierten Teilstrukturen des Gedächtnisses kann sich die Aktivation auf andere Teile des Netzwerkes weiter ausbreiten. Wird den im KZG gerade befindlichen Inhalten die Aufmerksamkeit entzogen, dann nimmt ihre Aktivation ab, und damit auch die von ihnen ausgehende Aktivation auf weitere Elemente im Netzwerk. An den Knotenpunkten des Netzwerkes baut sich die Aktivation auf, die von anderen Knotenpunkten ausgeht. Die Ausbreitung der Aktivation erfolgt sehr rasch. ANDERSON folgt hier dem Modell von WICKELGREN (1976) und bezieht sich u.a. auf die Ergebnisse von RATCLIFF und MCKOON (1981), die den oben besprochenen Befunden von LORCH (1982) entsprechen. Das Ausmaß der Aktivation und damit die Leichtigkeit des Erinnerns hängt im Modell von ANDERSON (1983b) jedoch auch von der Stärke der Knotenpunkte ab. Diese wiederum ist durch die Häufigkeit des Gebrauchs (z.B. Beschäftigung mit einem Sachverhalt) bedingt. Starke Knotenpunkte senden viel Erregung aus und erhalten viel Erregung». «Auf diese Weise wird sich mehr Aktivation in jenen Teilen des Netzwerks akkumulieren, wo stärkere Gedächtniseinheiten gespeichert sind» (ANDERSON 1983b, S.266). Dies ist etwas, was übrigens im Modell von SHIFFRIN ausdrücklich nicht vorgesehen ist: die Stärke von Knotenpunkten per se spielt bei Suchprozessen keine Rolle.

Die Aktivation im Netzwerk nähert sich asymptotisch einem bestimmten Gesamtwert an, wobei sich die Aktivation auf die Knotenpunkte verteilt. Es sind solche Knotenpunkte stärker aktiviert, die eng mit der Quelle der Aktivation, d.h. mit den im KZG befindlichen Gedächtnisinhalten verknüpft sind. Eine obere Grenze der Aktivation wird durch einen Verlustfaktor bei der Ausbreitung von Erregung im Modell erreicht. Die ausschlaggebende Größe für die zeitlichen Verhältnisse bei der Aktivation im Netzwerk ist demnach im Modell

von ANDERSON (1983 b) nicht mehr, wie früher angenommen, die zur Ausbreitung der Aktivation benötigte Zeit, sondern das erreichte asymptotische Aktivationsniveau.
Bislang wurde nicht darauf eingegangen, daß die Anzahl der von einem Knotenpunkt ausgehenden Verknüpfungen zu anderen Inhalten einen Effekt auf die Aktivation des Netzwerks haben kann. An dem oben besprochenen Modell von COLLINS und LOFTUS (1975) wird kritisiert, daß sich die Erregung von einem Knotenpunkt zum anderen, unabhängig von der Anzahl der bestehenden Verknüpfungen ausbreitet. Legt man zugrunde, daß eine begrenzte Aktivationskapazität und daß eine parallele Ausbreitung der Aktivation im Netzwerk gegeben sind, dann muß die resultierende Aktivation bei vielen, von einem Knotenpunkt ausgehenden Verknüpfungen immer geringer werden. Dieser Effekt wird als Fächerungseffekt beschrieben («fan effect»; vgl. ANDERSON, 1974; 1976). Das Erinnern von Inhalten zu einem Sachverhalt kann folglich dann schwieriger sein und mißlingen, wenn mit diesem Sachverhalt viele, verschiedene Inhalte verknüpft sind. Ursache hierfür ist die Ausbreitung der Aktivation von einem Knotenpunkt in viele, verschiedene Richtungen. Bei wenigen Verknüpfungen hingegen oder bei nur geringer Ausbreitungsfächerung wird die Aktivation weniger geschwächt. Als Beispiel mag folgende Untersuchung gelten: ANDERSON (1974) gab Vpn Sätze mit Fakten über Personen vor. Diese Sätze sollten eingeprägt werden. Variiert wurde die Häufigkeit der Verknüpfungen, die zu einem Subjekt bestanden: ein Subjekt mit einem vs. zwei Objekten; ein Objekt mit einem vs. zwei Subjekten. Es folgte dann ein Wiedererkennungstest, in dem die Vpn die Sätze vorgelegt bekamen. Die Zeit bis zum Wiedererkennungsurteil wurde erfaßt. ANDERSON (1974) berichtet, daß die Zeiten beim Wiedererkennen dann länger waren, wenn für ein Subjekt zwei Sätze mit verschiedenen Objekten oder wenn für ein Objekt zwei Sätze mit verschiedenen Subjekten vorgegeben worden waren. Am längsten waren die Zeiten bei solchen Sätzen, in denen ein Subjekt und ein Objekt verknüpft wurden, die selbst noch mit anderen Objekten bzw. Subjekten in weiteren Sätzen vorgelegt worden waren. Von einem Subjekt, das mit zwei Objekten verknüpft wird, gehen mehr Aktivationsrichtungen aus, weshalb das Niveau der erreichbaren Aktivation, verglichen mit jener bei nur einer Richtung, geringer wird. Der Aktivationsprozeß hat also begrenzte Kapazität, die auf die verschiedenen Verknüpfungen im Netzwerk aufgeteilt werden muß. Der «Fächerungseffekt» bezeichnet eine Verlängerung der Reaktionszeiten, die dann eintritt, wenn mit einem Sachverhalt sehr viele verschiedene Inhalte verknüpft sind. Das würde heißen, daß der Erwerb von Wissen zu einem Sachverhalt den Zugriff auf bereits verfügbare Informationen schwächen könnte. Eine Möglichkeit zur Reduktion dieses Problems ist die Organisation der zahlreichen gespeicherten Inhalte, d. h. die Bildung von Einheiten, um die Vielfalt der bestehenden Verknüpfungen zu ordnen und zusammenzufassen (kategorial, thematisch). Tatsächlich zeigen Ergebnisse von SMITH, ADAMS und SCHORR (1978), daß die thematische Verknüpfung mehrerer Fakten zu einem Sachverhalt den Fächerungseffekt reduziert. Demnach muß viel Wissen nicht notwendig eine Verschlechterung der Wiedergabeleistung nach sich ziehen. Es kommt offenkundig darauf an, daß relevante und integrierbare Fakten zu einem Sachverhalt erworben und gespeichert werden. Dies ist auch in einer Untersuchung von REDER und ROSS (1983) bestätigt worden. Als Folge davon wurde eine Modifikation der hypothetischen, internen Netzwerkorganisation vorgenommen. Kern der Modifikation ist die Organisation von gespeicherten Fakten zu einem Sachverhalt in Form größerer, thematischer Einheiten (Subknoten), die selbst wieder hierarchisch geordnet sein können. Es ist dadurch möglich, dem Fächerungseffekt zuwiderlaufende, kurze Suchzeiten zu erklären. Für wesentlich an diesen Ergebnissen halten wir die enge Beziehung zwischen Organisation von Gedächtnisinhalten und Erinnerungsleistung.
Zusammenfassend kann zu den Vorgängen bei der Aktivation von Gedächtnisinhalten folgendes festgehalten werden: Aktivation geht von Inhalten des KZG aus. Sie gelangt rasch zu verknüpften Inhalten im LZG. An Knotenpunkten baut sich Aktivation bis zu einem bestimmten Niveau auf. Eng assoziierte Knotenpunkte erreichen ein höheres Aktivationsni-

veau. Ausschlaggebend für die Schnelligkeit und die Reihenfolge der Verarbeitung der Inhalte des KZG ist die Höhe des resultierenden Aktivationsniveaus.
Merkmale der Organisation der Inhalte im LZG haben einen wesentlichen Einfluß auf die Aktivationsstärke und somit auf das Erinnern.

9. Schluß

Die Modellvorstellung eines *aktiven Gedächtnisses* (vgl. HOFFMANN, 1983) ist für die kognitionspsychologische Gedächtnispsychologie kennzeichnend. Die automatischen und kontrollierten kognitiven Operationen von Menschen beim Erwerb und bei der Nutzung von Wissen stehen im Mittelpunkt der Modelle und der experimentellen Analysen. Wichtige Forschungsprobleme bedürfen noch weiterer empirischer Forschung:
(1) Die Analyse von Kapazitätsgrenzen des KZG ist von einer Vorstellung besetzter «Plätze» zu einem Prozeß begrenzter Kapazität übergegangen. Unklar ist, wie sich Anforderungen von Prozessen der Informationsverarbeitung und Umfang der zu verarbeitenden Information auf die Kapazität auswirken. Die Ansätze von BADDELEY und HITCH (1974; 1977) haben hier nicht weitergeführt. In diesem Zusammenhang ist auch das Chunking-Konzept genauer zu klären (wie wirkt sich die Reduktion von Information durch Chunking aus; belasten Chunks unterschiedlicher Größe die Informationsverarbeitung in gleicher Weise?).
(2) Nutzung von aktiviertem Wissen: Der Abruf aktivierter Information ist noch zu sehr am Modell von STERNBERG (1966) orientiert. Die Bedingungen automatischer, paralleler Suche sind genauer zu untersuchen. Ferner ist die Nutzung von Strukturen aktivierter Information ungeklärt. (3) Wissenserwerb: Die Mechanismen des Erwerbs von Wissen sowie die Bedingungen dauerhaften und leichten Zugriffs auf Gedächtnisinhalte sind weitgehend unklar. Das Elaborationskonzept bedarf der weiteren Analyse. Welches sind die Mechanismen, die bei Verarbeitung auf höheren Ebenen und bei umfangreicher Verarbeitung zu dauerhafter Speicherung führen? Was bewirken sie im Gedächtnis? (4) Die interne Repräsentation von Inhalten kann auf verschiedenen Ebenen der Kodierung erfolgen. Die flexible Nutzung verschiedener Kodierungsformen zu bestimmten Zwecken ist nicht untersucht. (5) Schemata und Mentale Modelle: Die Funktion und die Struktur solcher Wissenseinheiten bedürfen der Präzisierung. (6) Aktive Kontrolle und Steuerung der Inhalte im KZG: Die Aktivation von Inhalten aus dem LZG durch Suchelemente («probe cues») kann intentional eingesetzt werden, um gezielt bestimmte Inhalte für die Verarbeitung aufzurufen. Welches sind Strategien der Aktivation, d.h. der Wahl von Suchelementen? Wie kann eine Person unerwünschte Inhalte in schwierigen Denkvorgängen (ablenkende Gedanken, unerledigte Intentionen) aus dem Bestand des KZG entfernen? Dies sind nur wenige Problemstellungen. Die weitere psychologische Untersuchung des menschlichen Gedächtnisses wird sicher dazu führen, daß die jetzt existierenden Modelle durch neue Forschungsergebnisse widerlegt und revidiert werden.

Literaturverzeichnis

ANDERSON, J.R. (1972). FRAN: A simulation model of free recall. In G.H.Bower (Ed.), *The psychology of motivation and learning* (Vol.5). New York: Academic Press.

ANDERSON, J.R. (1974). Retrieval of propositional information from longterm memory. *Cognitive Psychology, 6,* 451–474.

ANDERSON, J.R. (1976). *Language, memory and thought.* Hillsdale, N.J.: Erlbaum.

ANDERSON, J.R. (1978). Arguments concerning representations for mental imagery. *Psychological Review, 85,* 249–277.

ANDERSON, J.R. (1983a). *The architecture of cognition.* Cambridge, Mass.: Harvard University Press.

ANDERSON, J.R. (1983b). A spreading activation theory of memory. *J. Verbal Learning and Verbal Behavior, 22,* 262–295.

ANDERSON, J.R. & BOWER, G. (1972). Recognition and retrieval processes in free recall. *Psychological Review, 79,* (2), 97–123.

ANDERSON, J.R. & BOWER, G. (1973). *Human associative memory.* Washington, D.C.: Winston.

ANDERSON, J.R. & BOWER, G. (1974). A propositional theory of recognition memory. *Memory & Cognition, 2,* 406–412.

ANDERSON, J.R. & REDER, L. (1979). An elaborative processing explanation of depth of processing. In L. Cermak & F. Craik (Eds.), *Levels of processing in human memory* (pp.385–404). Hillsdale, N.J.: Erlbaum.

ASCH, S.E. & EBENHOLTZ, S.M. (1962). The principle of associative memory. *Proceedings of the American Philosophical Society, 106,* 135–163.

ATKINSON, R.C. & JUOLA, J.F. (1974). Search and decision processes in recognition memory. In D.H.Krantz, R.C.Atkinson, R.D.Luce & P.Suppes (Eds.), *Contemporary developments in mathematical psychology* (Vol.1, pp.242–293). Freeman: San Francisco.

ATKINSON, R.C. & SHIFFRIN, R.M. (1968). Human memory: a proposed system and its control processes. In K.W.Spence & J.T.Spence (Eds.), *The psychology of learning and motivation: advances in research and theory.* (Vol.2, pp.89–195). New York: Academic Press.

ATWOOD, G. (1971). An experimental study of visual imagination and memory. *Cognitive Psychology, 2,* 290–297.

BADDELEY, A. & HITCH, G. Working memory. (1974). In G.H.Bower (Ed.), *The psychology of learning and motivation* (Vol.8, pp.47–89). New York: Academic Press.

BADDELEY, A. & HITCH, G. (1977). Commentary on «Working memory». In G.H.Bower (Ed.), *Human memory: Basic processes* (pp.191–197). New York: Academic Press.

BAHRICK, H.P., BAHRICK, P.O. & WITTLINGER, R.P. (1975). Fifty years of memory for names and faces: a cross-sectional approach. *J.Experimental Psychology: General, 104,* 54–75.

BARNES, J.M. & UNDERWOOD, B.J. (1959). Fate of first-list associations in transfer theory. *J.Experimental Psychology, 58,* 97–105.

BJORK, R.A. (1975). Short-term storage: the ordered output of a central processor. In F.Restle, R.M.Shiffrin, N.J.Castellan, H.R.Lindman & D.B.Pisoni (Eds.), *Cognitive theory.* (Vol.1, pp.151–171). Hillsdale, N.J.: Erlbaum.

BOUSFIELD, W.A. (1953). The occurrence of clustering in the recall of randomly arranged associates. *J.Gen.Psychology, 49,* 229–240.

BOUSFIELD, W., COHEN, B. & WHITMARSCH, G. (1958). Associative clustering in the recall of words of different taxonomic frequencies of occurrence. *Psychological Reports, 4,* 39–44.

BOUSFIELD, W. & PUFF, C. (1964). Clustering as a function of response dominance. *J.Experimental Psychology, 67,* 76–79.

BOWER, G.H. (1970). Organizational factors in memory. *Cognitve Psychology, 1,* 18–46.

BOWER, G., BLACK, J. & TURNER, T. (1979). Scripts in memory for text. *Cognitive Psychology, 11,* 177–220.

BOWER, G., CLARK, M., LESGOLD, A. & WINZENZ, D. (1969). Hierarchical retrieval schemes in recall of categorized word lists. *J. Verbal Learning and Verbal Behavior, 8,* 323–343.

BOWER, G. & GLASS, A. (1976). Structural units and the reintegrative power of picture fragments. *J.Experimental Psychology: Human Learning and Memory, 2,* 456–466.

BOWER, G., KARLIN, M. & DUECK, A. (1975). Comprehension and memory for pictures. *Memory & Cognition, 3,* 216–220.

BOWER, G.H., LESGOLD, A.M. & TIEMAN, D. (1969). Grouping operation in free recall. *J. Verbal Learning and Verbal Behavior, 8,* 481–493.

BOWER, G.H., MONTEIRO, K.P. & GILLIGAN, S.G. (1978). Emotional mood as a context for learning and recall. *J. Verbal Learning and Verbal Behavior, 17,* 573–587.

BRADSHAW, G.L. & ANDERSON, J.R. (1982). Elaborative encoding as an explanation of levels of processing. *J. Verbal Learning and Verbal Behavior, 21,* 165–174.

BRANSFORD, F., FRANKS, J., MORRIS, C. & STEIN, B. (1979). Some general constraints on learning and memory research. In L.Cermak & F. Craik (Eds.), *Levels of processing in human memory* (pp.331–354). Hillsdale, N.J.: Erlbaum.

BRANSFORD, J.D., STEIN, B.S., VYE, N.J., FRANKS, J., AUBLE, P., MEZYNSKI, K.J. & PERFETTO, G.A. (1982). Differences in approaches to learning: an overview. *J. Experimental Psychology: General, 3* (4), 390–398.

BROADBENT, D.E. (1958). *Perception and communication.* New York: Pergamon.

BROWN, J.A. (1958). Some tests of decay theory of immediate memory. *Quarterly J. Experimental Psychology, 10,* 12–21.

BROWN, R. & MCNEILL, D. (1966). The ‹tip of the tongue› phenomenon. *J. Verbal Learning and Verbal Behavior, 5,* 325–337.

BUSCHKE, H. (1976). Retrieval in the development of learning. In N.J.Castellan, D.B.Pisoni & G.R.Potts (Eds.) *Cognitive theory.* (Vol.2, pp.239–268). Hillsdale, N.J.: Erlbaum.

CHASE, W. & SIMON, H.A. (1973). Perception in chess. *Cognitive Psychology, 4,* 55–81.

CHI, M., GLASER, R. & REES, E. (1982). Expertise in problem solving. In R.J.Sternberg (Ed.), *Advances in the psychology of human intelligence.* (Vol.1, pp.7–76). Hillsdale, N.J.: Erlbaum.

CIEUTAT, V.J., STOCKWELL, F.E. & NOBLE, C.E. (1958). The interaction of ability and amount of practice with stimulus and response meaningfulness (m, m′) in paired associate learning. *J.Experimental Psychology, 56,* 193–202.

COLLINS, A. & LOFTUS, E. (1975). A spreading activation theory of semantic processing. *Psychological Review, 82,* 6, 407–428.

COLLINS, A. & QUILLIAN, M. (1969). Retrieval time from semantic memory. *J. Verbal Behavior and Verbal Learning, 8,* 240–248.

COLLINS, A. & QUILLIAN, M. (1972). Experiments on semantic memory and language comprehension. In L.W.Gregg (Ed.), *Cognition in learning and memory.* New York: Wiley.

CONRAD, R. (1964). Acoustic confusions in immediate memory. *British J.Psychology, 55,* 75–84.

CONRAD, C. (1972). Cognitive economy in semantic memory. *J.Experimental Psychology, 92,* 149–154.

COOPER, L. & SHEPARD, R. (1973). Chronometric studies of the rotation of mental images. In W.Chase (Ed.), *Visual information processing* (pp.75–176). New York: Academic Press.

CRAIK, F. & LOCKART, R. (1972). Levels of processing: a framework for memory research. *J. Verbal Learning and Verbal Behavior, 11,* 671–684.

CRAIK, F. & TULVING, E. (1975). Depth of processing and the retention of words in episodic memory. *J. Experimental Psychology: General, 104,* 268–294.

CRAIK, F. & WATKINS, M. (1973). The role of rehearsal in short-term memory. *J. Verbal Learning and Verbal Behavior, 12,* 599–607.

CROWDER, R. & MORTON, J. (1969). Precategorical acoustic storage (PAS). *Perception & Psychophysics, 5,* 365–373.

DARWIN, C., TURVEY, M. & CROWDER, R. (1972). An auditory analogue of the Sperling partial report procedure: evidence for brief auditory storage. *Cognitive Psychology, 3,* 255–267.

DIETZE, G. (1884). Untersuchungen über den Umfang des Bewußtseins bei regelmäßig aufeinanderfolgenden Schalleindrücken. *Philosophische Studien, 2,* 362–393.

EBBINGHAUS, H. (1971). Über das Gedächtnis (Leipzig: Duncker 1885). Darmstadt: Wissenschaftliche Buchgesellschaft.

EBENHOLTZ, S.M. (1972). Serial learning and dimensional organization. In G.H.Bower (Ed.), *The psychology of learning and motivation.* (Vol.5, pp.267–314). New York: Academic Press.

ESTES, W.K. (1960). Learning theory and the new ‹mental chemistry›. *Psychological Review, 67,* 207–223.

ESTES, W.K. & DAPOLITO, F. (1967). Independent variation of information storage and retrieval processes in paired associate learning. *J. Experimental Psychology, 75,* 18–26.

FEIGENBAUM, E.A. & SIMON, H.A. (1962). A theory of the serial position effect. *British J. Psychology, 53,* 307–320.

GENTNER, D. & GENTNER, D. (1983). Flowing waters or teeming crowds: mental models of electricity. In D.Gentner & A.Stevens (Eds.), *Mental models* (pp.99–130). Hillsdale, N.J.: Erlbaum.

GIBSON, E. (1942). Intralist generalization as a factor in verbal learning. *J. Experimental Psychology, 30,* 185–200.

GIBSON, E., BISHOP, C., SCHIFF, W. & SMITH, J. (1964). Comparison of meaningfulness and pronounceability as grouping principles in the perception and retention of verbal material. *J. Experimental Psychology, 67,* 173–182.

GILLUND, G. & SHIFFRIN, R.M. (1984). A retrieval model for both recognition and recall. *Psychological Review, 91,* 1–67.

GLANZER, M. & CUNITZ, A. (1966). Two storage mechanisms in free recall. *J. Verbal Learning and Verbal Behavior, 5,* 351–360.

GLENBERG, A., SMITH, S. & GREEN, C. (1977). Type I rehearsal – maintenance and more. *J. Verbal Learning and Verbal Behavior, 16,* 339–352.

HABER, R.N. (1983). The impending demise of the icon: A critique of the concept of iconic storage in visual information processing. *The Behavioral and Brain Sciences, 6,* 1–11.

HEBB, D.O. (1949). *The organization of behavior.* New York: Wiley.

HOFFMANN, J. (1983). *Das aktive Gedächtnis.* Berlin: Springer.

JAMES, W. (1981). *The principles of psychology.* Cambridge, Mass.: Harvard University Press.

JANTZ, E.M. & UNDERWOOD, B.J. (1958). R–S learning as a function of meaningfulness and degree of S–R learning. *J. Experimental Psychology, 56,* 174–179.

JENSEN, A.R. (1962). An empirical theory of the serial position effect. *J. Psychology, 53,* 127–142.

JOHNSON-LAIRD, P.H., GIBBS, G. & DEMOWBRAY, J. (1978). Meaning, amount of processing, and memory for words. *Memory & Cognition, 6,* 372–375.

JOHNSON-LAIRD, P.H., HERRMANN, D.J. & CHAFFIN, R. (1984). Only connections: a critique of semantic networks. *Psychological Bulletin, 96* (2), 292–315.

JOST, A. (1897). Die Assoziationsfestigkeit in ihrer Abhängigkeit von der Verteilung der Wiederholungen. *Zeitschrift für Psychologie, 14,* 436–472.

KEPPEL, G., POSTMAN, L. & ZAVORTNIK, B. (1968). Studies of learning to learn: VIII. The influence of massive amounts of training upon the learning and retention of paired-associate lists. *J. Verbal Learning and Verbal Behavior, 7,* 790–796.

KINTSCH, W. (1966). Recognition learning as a function of the length of the retention interval and changes in the retention interval. *J. Mathematical Psychology, 3,* 412–433.

KINTSCH, W. (1974). *The representation of meaning in memory.* Hillsdale, N.J.: Erlbaum.

KINTSCH, W. (1977). *Memory and cognition.* New York: Wiley (deutsch 1982: Gedächtnis und Kognition. Berlin: Springer).

KINTSCH, W. & BUSCHKE, H. (1969). Homophones and synonyms in short-term memory. *J. Experimental Psychology, 80,* 403–407.

KLIX, F. (1984). Über Wissensrepräsentation im menschlichen Gedächtnis. In F.Klix (Hrsg.), *Gedächtnis, Wissen, Wissensnutzung* (S.9–73). Berlin: VEB Deutscher Verlag der Wissenschaften.

Klix, F. & van der Meer, E. (1984). Über Begriffsbeziehungen: Untersuchungen an Organisationsformen der menschlichen Gedächtnistätigkeit. Wissenschaftliche Zeitschrift der Humboldt-Universität zu Berlin, *Math.-Nat. R. XXXIII, 6,* 547-556.

Kluwe, R.H. (1988). Methoden der Psychologie zur Gewinnung von Daten über menschliches Wissen. In H.Mandl & H.Spada (Hrsg.), *Wissenspsychologie* (S.359-385). München: Urban & Schwarzenberg.

Kluwe, R.H., Misiak, C. & Schmidle, R. (1985). Wissenserwerb beim Umgang mit einem umfangreichen System: Lernen als Ausbildung subjektiver Ordnungsstrukturen. In D.Albert (Hrsg.), *Bericht über den 34.Kongreß der Deutschen Gesellschaft für Psychologie in Wien 1984* (S.255-257). Göttingen: Hogrefe.

Kluwe, R.H. & Spada, H. (1981). Wissen und seine Veränderung: einige psychologische Beschreibungsansätze. In K.Foppa & R.Groner (Hrsg.), *Kognitive Strukturen und ihre Entwicklung* (S.284-327). Bern: Huber.

Kluwe, R.H., Wolke, D. & Bunge, B. (1982). Zur kategorialen Organisation semantischer Information bei Kindern und Erwachsenen. *Sprache & Kognition, 1,* (1), 15-26.

Kosslyn, S., Ball, R. & Reiser, B. (1978). Visual images preserve spatial information: evidence from studies of image scanning. *J. Experimental Psychology: Human Perception and Performance, 4,* 47-60.

Kosslyn, S. & Pommerantz, J. (1977). Imagery, propositions, and the form of internal representations. *Cognitive Psychology, 9,* 52-76.

Kroll, N.E., Parks, R., Parkinson, S., Bieber, S. & Johnson, A. (1970). Short-term memory while shadowing: recall of visually and of aurally presented letters. *J. Experimental Psychology, 85,* 220-224.

Larkin, J.H. (1978). Problem solving in physics: structure, process, and learning. In J.M.Scandura & Ch.Brainerd (Eds.), *Structural/Process models of complex human behavior* (pp.445-458). Alphen: Sijthoff & Noordhoff.

Larkin, J., McDermott, J., Simon, D. & Simon, H.A. (1980). Expert and novice performance in solving physics problems. *Sciene, 208,* 1335-1342.

Loftus, E. (1973). Activation of semantic memory. *American J. Psychology, 86,* 331-337.

Loftus, E. (1975). Shifting human colour memory. *Memory & Cognition, 5,* 696-699.

Lorch, R.F. (1982). Priming and search processes in semantic memory: a test of three models of spreading activation. *Journal Verbal Learning and Verbal Behavior, 21,* 468-492.

Mandler, J. & Ritchey, G. (1977). Long-Term memory for pictures. *J. Experimental Psychology: Human Learning and Memory, 3,* 386-396.

Martin, E. (1965). Transfer of verbal paired associates. *Psychological Review, 72,* 327-343.

Massaro, D.W. (1970). Preperceptual auditory images. *J. Experimental Psychology, 85,* 411-417.

Massaro, D.W. (1976). Auditory information processing. In W.K.Estes (Ed.), *Handbook of learning and cognitive processes.* (Vol.4, pp.275-320). Hillsdale, N.J.: Erlbaum.

McCloskey, M. (1983). Naive theory of motion. In D.Gentner & A.Stevens (Eds.), *Mental models* (pp.299-324). Hillsdale, N.J.: Erlbaum.

McGeoch, J.A. (1932). Forgetting and the law of disuse. *Psychological Review, 39,* 352-370.

McKoon, D. (1977). Organization of information in text memory. *J. Verbal Learning and Verbal Behavior, 16,* 247-260.

Melton, A.W. & Irwin, J.M. (1940). The influence of degree of interpolated learning on retroactive inhibition and the overt transfer of specific responses. *American J. Psychology, 53,* 173-203.

Meyer, D. & Schvaneveldt, R. (1971). Facilitation in recognizing pairs of words: evidence of a dependence between retrieval operations. *J. Experimental Psychology, 90,* 227-234.

Miller, G.A. (1956). The magical number seven plus or minus two: Some limits on our capacity for processing informations. *Psychological Review, 63,* 81-97.

Miller, G.A. & Selfridge, J.A. (1950). Verbal context and the recall of meaningful material. *American J. Psychology, 63,* 176-185.

Müller, G.E. & Pilzecker, A. (1900). Experimentelle Beiträge zur Lehre vom Gedächtnis. *Zeitschrift für Psychologie, Ergänzungsband, 1.*

Müller, G.E. & Schumann, G. (1894). Experimentelle Beiträge zur Untersuchung des Gedächtnisses. *Zeitschrift für Psychologie, 6,* 81-190; 257-339.

Murdock, B.B. (1960). The distinctiveness of stimuli. *Psychological Review, 67,* 16-31.

Murdock, B.B. (1974). *Human memory: theory and data.* Potomac: Erlbaum.

Neisser, U. (1967). *Cognitive Psychology.* New York: Appleton (deutsch Stuttgart: Klett 1974).

Neisser, U. (1983). The rise and fall of the sensory register. *The Brain and Behavioral Sciences, 6,* 35.

Nelson, D.L., Walling, J.R. & McEvoy, C.L. (1979). Doubts about depth. *J. Experimental Psychology: Human Learning and Memory, 5,* 24-44.

Norman, D.A. (1983). Some observations on mental models. In D.Gentner & A.Stevens (Eds.), *Mental models* (pp.7-14). Hillsdale, N.J.: Erlbaum.

Norman, D.A. & Rumelhart, D. (1975). (Eds.) *Explorations in cognition.* San Francisco: Freeman.

Paivio, A. (1971). *Imagery and verbal processes.* New York: Holt.

Paivio, A. (1977). Images, propositions, and knowledge. In J.M. Nicholas (Ed.) *Images, perception, and knowledge.* Dordrecht: Reidel.

PAIVIO, A. (1983). The empirical case for dual coding. In H. Yuille (Ed.), *Imagery, memory, and cognition* (pp.307-332). Hillsdale, N.J.: Erlbaum.

PETERSON, L.R. & JOHNSON, S.T. (1971). Some effects of minimizing articulation on short-term retention. *J. Verbal Learning and Verbal Behavior, 10,* 346-354.

PETERSON, L.R. & PETERSON, L.R. (1959). Short-term retention of individual verbal items. *J. Experimental Psychology, 58,* 193-198.

POSTMAN, J. (1963). One-trial learning. In C.N. Cofer & B.S. Musgrave (Eds.), *Verbal behavior and verbal learning.* New York: McGraw-Hill.

POSTMAN, L. & STARK, K. (1969). Role of response availability in transfer and interference. *J. Experimental Psychology, 79,* 168-177.

PRYTULAK, L.S. (1971). Natural language mediation. *Cognitive Psychology, 2,* 1-56.

PYLYSHYN, Z. (1973). What the mind's eye tell the mind's brain: a critique of mental imagery. *Psychological Bulletin, 80,* 1-24.

QUILLIAN, M.R. (1967). Word concepts: a theory and simulation of some basic semantic capabilities. *Behavioral Science, 12,* 410-430.

RAAJMAKERS, J.G. & SHIFFRIN, R.M. (1980). SAM: A theory of probabilistic search of associative memory. In G. Bower (Ed.), *The psychology of motivation and learning* (Vol.14, pp.201-261). New York: Academic press.

RAAJMAKERS, J.G. & SHIFFRIN, R.M. (1981). Search of associative memory. *Psychological Review, 88* (2), 93-134.

RATCLIFF, R. & McKOON, D. (1981). Does activation really spread? *Psychological Review, 88* (5), 454-462.

REDER, L.M. & ROSS, B. (1983). Integrated knowledge in different tasks: positive and negative fan effects. *J. Experimental Psychology: Human learning, memory and cognition, 9,* 55-72.

REITMAN, J.S. (1971). Mechanisms of forgetting in short-term memory. *Cognitive Psychology, 2,* 185-195.

REITMAN, J. (1974). Without surreptitious rehearsal, information in short-term memory decays. *J. Verbal Learning and Verbal Behavior, 13,* 365-377.

REITMAN, J.S. (1976). Skilled perception in Gro: Deducing memory structures from interresponse-times. *Cognitive Psychology, 8,* 336-356.

ROCK, I. (1957). The role of repetition in associative learning. *American J. Psychology, 70,* 180-193.

ROSCH, E. (1973). On the internal structure of perceptual and semantic categories. In T.E. Moore (Ed.), *Cognitive development and the acquisition of language.* New York: Academic Press.

ROSCH, E. (1977). Human categorization. In N. Warren (Ed.), *Advances in cross-cultural psychology* (Vol.I, pp.3-50). London: Academic Press.

ROSS, B.H. (1981). The more, the better? Number of decisions as a determinant of memorability. *Memory and Cognition, 9,* (1), 23-33.

RUMELHART, D.E. (1975). Notes on a schema for stories. In D.G. Bobrow & A.M. Collins (Eds.), *Representation and understanding: Studies in cognitive science* (pp.211-236). New York: Academic Press.

RUMELHART, D.E. & NORMAN, D.A. (1978). Accretion, tuning and restructuring: three modes of learning. In J.W. Cotton & R. Klatzky (Eds.), *Semantic factors in cognition* (pp.37-54). Hillsdale, N.J.: Erlbaum.

RUMELHART, D.E. & ORTONY, A. (1977). The representation of knowledge in memory. In R.C. Anderson, R.J. Spiro & W.E. Montague (Eds.), *Schooling and the acquisition of knowledge* (pp.99-136). Hillsdale, N.J.: Erlbaum.

RUNDUS, D. (1971). Analysis of rehearsal processes in free recall. *J. Experimental Psychology, 89,* 63-77.

RUNDUS, D. & ATKINSON, R.C. (1970). Rehearsal processes in free recall: A procedure for direct observation. *J. Verbal Learning and Verbal Behavior, 9,* 99-105.

RYLE, G. (1973). *The concept of mind.* Harmondsworth: Penguin.

SANTA, J.L. (1977). Spatial transformations of words and pictures. *J. Experimental Psychology: Human Learning and Memory, 3,* 418-427.

SCHANK, R. & ABELSON, R. (1977). *Scripts, plans, goals, and understanding: an inquiry into human knowledge structures.* Hillsdale, N.J.: Erlbaum.

SCHNEIDER, W. & SHIFFRIN, R.N. (1977). Controlled and automatic human information processing: I. Detection, search, and attention. *Psychological Review, 84,* 1-66.

SHEPARD, R. (1967). Recognition memory for words, sentences, and pictures. *J. Verbal Learning and Verbal Behavior, 6,* 156-163.

SHEPARD, R. & METZLER, J. (1971). Mental rotation of three-dimensional objects. *Science, 171,* 701-703.

SHIFFRIN, R.M. (1970). Memory search. In D.A. Norman (Ed.), *Models of human memory.* New York: Academic Press.

SHIFFRIN, R.M. (1973). Information persistence in short-term memory. *J. Exp. Psychology, 100,* 39-49.

SHIFFRIN, R.M. (1975). Short-term store: the basis for a memory system. In F. Restle et al. (Eds.), *Cognitive theory* (Vol.1, pp.193-218). Hillsdale, N.J.: Erlbaum.

SHIFFRIN, R.M. (1976). Capacity limitations in information processing, attention, and memory. In W.K. Estes (Ed.), *Handbook of learning and cog-*

nitive processes (Vol.4, pp.177–236). Hillsdale, N.J.: Erlbaum.

SHIFFRIN, R.M. (1977). Commentary on «Human memory: a proposed system and its control processes.» In G. Bower (Ed.), *Human memory: Basic processes* (pp.1–5). New York: Academic Press.

SHIFFRIN, R.M. & GARDNER, G.T. (1972). Visual processing capacity and attentional control. *J. Experimental Psychology, 93,* 72–82.

SHIFFRIN, R.M. & SCHNEIDER, W. (1977). Controlled and automatic processing: II. Perceptual learning, automatic attending, and a general theory. *Psychological Review, 84,* 127–190.

SHULMAN, H.G. (1972). Semantic confusion errors in short-term memory. *J. Verbal Learning and Verbal Behavior, 11,* 221–227.

SIMON, H.A. & FEIGENBAUM, E.A. (1964). An information processing theory of some effects of similarity, familiarization, and meaningfulness in verbal learning. *J. Verbal Learning and Verbal Behavior, 3,* 385–396.

SMITH, E., ADAMS, N. & SCHORR, D. (1978). Fact retrieval and the paradox of interference. *Cognitive Psychology, 10,* 438–464.

SMITH, S.M., GLENBERG, A. & BJORK, R.A. (1978). Environmental context and human memory. *Memory & Cognition, 6,* 342–353.

SPERLING, G. (1960). The information available in brief visual presentation. *Psychological Monographs, 74* (11), Whole No.498).

STERN, W. (1950). Allgemeine Psychologie. Haag: Nijhoff (2. Aufl.).

STERNBERG, S. (1966). High-speed scanning in human memory. *Science, 153,* 652–654.

STERNBERG, S. (1969). Memory scanning: mental processes revealed by reaction time experiments. *American Scientist, 51,* 421–457.

THORNDYKE, P. (1977). Cognitive structures in comprehension and memory in narrative discourse. *Cognitive Psychology, 9,* 77–110.

TULVING, E. (1962). Subjective organization in free recall of «unrelated» words. *Psychological Review, 69,* 344–354.

TULVING, E. & THOMSON, D.N. (1971). Retrieval processes in recognition memory: effects of associative context. *J. Experimental Psychology, 87,* 116–124.

TULVING, E. & THOMSON, D.N. (1973). Encoding specifity and retrieval processes in episodic memory. *Psychological Review, 80,* 352–373.

UNDERWOOD, B.J. (1957). Interference and forgetting. *Psychological Review, 64,* 49–60.

UNDERWOOD, B.J. & KEPPEL, G. (1962). One-trial learning? *J. Verbal Learning and Verbal Behavior, 1,* 1–13.

WAUGH, N.C. & NORMAN, D. (1965). Primary memory. *Psychological Review, 72,* 89–104.

WAUGH, N.C. & NORMAN, D. (1968). The measure of interference in primary memory. *J. Verbal Learning and Verbal Behavior, 7,* 617–626.

WICKELGREN, W. (1965). Acoustic similarity and retroactive interference in short term memory. *J. Verbal Learning and Verbal Behavior, 4,* 53–61.

WICKELGREN, W. (1966). Distinctive features and errors in short-term memory for English consonants. *J. of the Acoustic Society of America, 39,* 388–398.

WICKELGREN, W. (1976). Network strength theory of storage and retrieval dynamics. *Psychological Review, 83,* 466–478.

WILKINS, A.T. (1971). Conjoint frequency category size, and categorization time. *J. Verbal Learning and Verbal Behavior, 10,* 382–385.

WILLIAMS, M.D., HOLLAN, J.D. & STEVENS, A. (1983). Human reasoning about a simple physical system. In D. Gentner & A. Stevens (Eds.), *Mental models* (pp.131–154). Hillsdale, N.J.: Erlbaum.

WIPPICH, W. (1980). *Bildhaftigkeit und Organisation.* Darmstadt: Steinkopff.

WIPPICH, W. (1982). Bildhaftigkeit, Behalten und verbale Kommunikation. *Sprache & Kognition, 1,* 81–99.

WOODWARD, A.E., BJORK, R.A. & JONGEWARD, R.H. (1973). Recall and recognition as a function of primary rehearsal. *J. Verbal Learning and Verbal Behavior, 12,* 608–617.

WUNDT, W. Grundriß der Psychologie. Leipzig: Engelmann 1896.

YOUNG, R.K. (1962). Tests of three hypotheses about the effective stimulus in serial learning. *J. Experimental Psychology, 63,* 307–313.

Kapitel 4: Denken und Problemlösen

Gerd Lüer, Göttingen und Hans Spada, Freiburg

Inhaltsverzeichnis

1. Gegenstandsbereich der Psychologie des Denkens

1.1 Einleitung

Das Wort *Denken* gehört zu den häufig gebrauchten Begriffen unserer Alltagssprache. Es wird, wie GRAUMANN (1965) gezeigt hat, in verschiedenen Bedeutungsfeldern verwandt und in vielen unterschiedlichen Kontexten auch mühelos verstanden. Im vorwissenschaftlichen Bereich ist es wohl gelungen, über das Phänomen Denken ein kommunizierbares Konzept zu entwickeln, das verstanden wird. Wissenschaftler tun sich mit diesem Begriff schwerer. Einige versuchen es mit sehr allgemein gehaltenen und daher vagen Begriffsbestimmungen. Andere engen den Gegenstand, den der Begriff bezeichnet, so weit ein, daß er vom alltäglichen Gebrauch vollkommen losgelöst erscheint.

Anstelle von Definitionsversuchen werden wir diesen ersten Abschnitt zur Darstellung von Blickwinkeln und Perspektiven nutzen, unter denen man in der Psychologie das Denken zu erforschen versucht hat. Dazu werden wir sowohl einige *historische Entwicklungen* der Denkpsychologie darstellen als auch einige systematische Überlegungen als Schlußfolgerungen daraus anstellen.

Das Wissen und Denken bei *Aufgaben mit einfachen Lösungsalgorithmen* ist der Gegenstand des nachfolgenden Abschnitts. Wir zeigen dabei, welche Wissensstrukturen und Denkprozesse den richtigen und falschen Lösungen solcher Aufgaben zugrunde liegen. Wir beschreiben, wie man über geeignete Formen der Modellierung diese Lösungen im Detail rekonstruieren kann und wir skizzieren, welche Vorgänge beim Aufbau derartiger Wissensstrukturen und Denkprozesse beteiligt sein könnten. Am Beginn des Abschnitts stellen wir einige typische Aufgaben vor und zeigen, welche Arten von empirischen Daten bei der Lösung unterschieden werden können. Daran anschließend behandeln wir (a) ein *Lösungszeitmodell,* (b) ein *Wahrscheinlichkeitsmodell der Lösungsrichtigkeit,* (c) verschiedene *Computersimulationsmodelle* zur Rekonstruktion richtiger und falscher Lösungen und (d) Modelle, die die Genese richtigen und fehlerhaften Wissens beschreiben.

Deduktives und induktives Denken ist das Thema des dritten Abschnitts. Während gültige deduktive Schlußfolgerungen bei wahren Prämissen sicher zutreffende Konklusionen ermöglichen, sind induktive Inferenzen prinzipiell mit Unsicherheit behaftet. Als Beispiele deduktiven Denkens beschreiben wir den *Umgang mit Quantoren,* also die Verarbeitung kategorischer Syllogismen, und das *Denken in Implikationen,* d.h. das konditionale oder bedingte Schließen. Induktives Denken betrifft die *Bildung, Überprüfung und Veränderung von Hypothesen.* Wir behandeln die Fähigkeit des Menschen zur Kategorisierung der Objekte seiner Umwelt insbesondere am Beispiel der klassischen Konzeptbildung, aber auch mit Blick auf den Aufbau natürlicher Begriffe. Die Entdeckung naturwissenschaftlicher Gesetzmäßigkeiten ist ein weiterer Punkt, den wir erörtern. In allen Fällen gehen wir von konkreten Beispielen der einzelnen Denkformen aus, beschreiben die wichtigsten Theorien und zeigen, wie Modellvorstellungen mathematisch-numerisch oder als Computersimulationen formuliert werden.

Im Abschnitt 4 führen wir in die Psychologie des Problemlösens ein. Nach einer Beschreibung bedeutsamer Komponenten entwickeln wir über die *Theorie des Problemraumes* als subjektiven Repräsentationsort eine Taxonomie für Problemtypen. Daran schließen wir Ergebnisdarstellungen über den Aufbau von Problemräumen an. Da diese Problemrepräsentation auf das engste mit Funktionen des menschlichen *Gedächtnisses* verbunden sind, geben wir daran anschließend einen Überblick über den Stand des Wissens zum Zusammenspiel dieser psychischen Prozesse. Über die Darstellung von elementaren und komplexeren Komponenten, die in Problemlöseprozessen bei unterschiedlichen Anforderungen bekannt geworden sind, gelangen wir schließlich zu den heute diskutierten architektonischen Vorschlägen zur Beschreibung des *kognitiven Apparates.* Seinen Abschluß erfährt das Kapitel durch die Behandlung des Expertentums beim Problemlösen sowie mit Überlegungen zur Veränderung des Denkens durch Trainingsverfahren.

Auf der Grundlage eines gemeinsam erarbeiteten Planes wurden – aufeinander abgestimmt – die Abschnitte 1 und 4 vom Erstautor dieses Kapitels verfaßt, die Abschnitte 2 und 3 vom Zweitautor.

1.2 Historische Entwicklungen in der Denkpsychologie

Bis zum Beginn des zwanzigsten Jahrhunderts übernahm die Psychologie zur Untersuchung von Denkprozessen noch philosophisches Gedankengut. Zwar hatte sie sich zum Ende des neunzehnten Jahrhunderts als eigenständige Wissenschaft etabliert. Zu so einem komplizierten psychischen Prozeß, wie es das Denken ist, hielten die Psychologen aber erst einmal respektvollen Abstand.

Eine Trennung der Inhalte der Wahrnehmung (auch als «die Dinge» oder «die Wirklichkeit» bezeichnet) von ihren geistigen Repräsentationen findet sich schon bei ARISTOTELES (384–322 v. Chr.). Die letzteren wurden schon als Vorstellungen bezeichnet und für das «Ausgangsmaterial» der Denkseele gehalten. Sie bekamen damit Stellvertreterfunktion für Wahrnehmungsinhalte.

Vorstellungen wurden als untereinander durch *Assoziationen* verbunden gedacht. Assoziationen sind Verbindungen zwischen Gedächtnisinhalten, die nach dem *zeitlichen Ablauf* miteinander verbunden oder nach der *Ähnlichkeit,* nach dem *Gegensatz* oder nach der *räumlichen* und *zeitlichen* Nähe in einer Relation zueinander stehen. Über diese Arten solcher Verbindungen und über ihre Entstehungsbedingungen finden sich schon in der aristotelischen Philosophie Beschreibungen. Erste wichtige Grundbausteine zum Verständnis geistiger Prozesse beim Menschen waren damit geschaffen worden.

Die Annahme einer internen Repräsentation von Inhalten blieb Thema der Philosophie. DESCARTES (1596–1650) vertrat die These *angeborener Ideen,* die wir beim Eintritt in unser Leben mit auf die Welt bringen. Zwar handelt es sich bei diesen Ideen um generelle und auch sehr abstrakte Konzepte, so wie etwa die Idee vom Universum. Diese These von der Annahme angeborener Ideen wurde in der englischen empirischen Philosophie jedoch heftig bestritten. Das Bild von der *tabula rasa* (die unbeschriebene Tafel) wurde ihr entgegengestellt. Erst durch die Erfahrungen des Individuums kommt es danach zu Eintragungen auf die Tafel und zu jenem Gedächtnisbesitz, den wir heute als interne subjektive Repräsentation bezeichnen. Erfahrungen werden durch Assoziationen zu komplexen Gebilden verbunden. Diese von J. LOCKE (1632–1704), D. HARTLEY (1705–1757), D. HUME (1711–1767) und anderen vertretene Lehre der englischen Philosophie über die Entwicklung menschlicher Geistestätigkeit ist geprägt von *empiristischen* und *mentalistischen Begriffen* und Anschauungen. Sie haben in die Psychologie stark hineingewirkt und ihren Niederschlag vor allem in der *Assoziationspsychologie* von J. F. HERBARTH (1776–1841), H. EBBINGHAUS (1850–1909), G. E. MÜLLER (1850–1934) und TH. ZIEHEN (1862–1950) gefunden. Auch die stark mentalistisch ausgerichtete kognitive Psychologie unserer Tage steht in dieser geistigen Tradition, wenn auch Einzelheiten in Erklärungen sich stark geändert haben.

Konsequenterweise begannen die Psychologen auf der Grundlage ihres Erbes von der Philosophie mit Untersuchungen über Eigenschaften und Entstehungsbedingungen von Assoziationen. Solche Fragestellungen ließen sich durch experimentelle Anordnungen und anhand der daraus gewonnenen Daten bearbeiten und beantworten. Die experimentelle Psychologie verharrte also zunächst noch in dem durch die Philosophie vorgedachten Rahmen. WUNDT (1920) beispielsweise warnte noch ausdrücklich davor, Denkprozesse darüber hinaus psychologisch untersuchen und verstehen zu wollen. Daran hielten sich aber nicht alle Psychologen.

Der eigentliche Geburtsort der Denkpsychologie ist Würzburg. Die dort am Beginn dieses Jahrhunderts von OSWALD KÜLPE geleitete Forschergruppe wird deshalb auch *Würzburger Schule* genannt. Dort verließ man bewußt den vorgegebenen assoziationspsychologischen Rahmen und interessierte sich dafür, wie Menschen vorgehen, wenn sie denken.

Den ersten Schritt vollzogen MAYER und ORTH (1901) mit der *qualitativen Untersuchung von Assoziationen.* Sie betrachteten Gedanken als den Verlauf von Assoziationen, der auf der Grundlage von Daten aus Selbstbeobachtungen von Probanden erhellt werden kann. MARBE (1901) machte die weitergehende Entdeckung, daß zwar sich selbst beobachtende Probanden über bewußte Empfindungen und Vorstellungen berichten können. Darüber hinausgehend hielt er jedoch zusätzlich noch *unanschauliche Elemente* beim Ablauf geistiger Prozesse für wichtig. WATT (1905) fand durch seine experimentellen Untersuchungen vier unterscheidbare Phasen des Denkverlaufs, über die seine Probanden nach eingehender Selbstbeobachtung allerdings sehr unterschiedlich ausführlich zu berichten wußten. Damit waren erste Schritte in Richtung auf eine Prozeßforschung des Denkens gemacht worden.

ACH (1905) prägte den Begriff der *determinierenden Tendenz* im Denkprozeß und überwand damit die untaugliche assoziationspsychologische Annahme der ungerichteten Ausbreitung von Assoziationen. Ausgedehnte denkpsychologische Untersuchungen im heutigen Sinne wurden von BÜHLER (1907; 1908) mit der Methode der *Introspektion* (Selbstbeobachtung) vorgenommen. Sie führten zu einer reichhaltigen Phänomenologie des Denkens. Seine Analysen von Berichten über Denkverläufe gelangten zu dem Ergebnis, daß Denken nicht mit einer Sequenz von sinnlichen Vorstellungen beschreibbar ist. Gedanken sind vielmehr zum wesentlichen Teil *unanschaulich.* Auch die Beschreibung des sog. *Aha-Erlebnisses* beim Denken, bei dem das Zustandekommen eines Gedankens nicht bewußt verfolgbar gewesen ist, geht auf BÜHLERS Untersuchungen zurück. – Besonders gegen BÜHLER richtete sich die Kritik von WUNDT (1920) und auch TITCHENER (1909) wegen der Verwendung der sog. *Ausfragemethode.* Sie war angewandt worden, um *nach* der Lösungsfindung einen möglichst umfangreichen Bericht vom Probanden über das Zustandekommen der Lösungsfindung zu erhalten. Diese Nachbefragung beruhte auf der Selbstbeobachtung der explorierten Probanden. Die endgültige Überwindung assoziationspsychologischer Konzepte und eine ganz neue theoretische Ausrichtung ist in den Arbeiten von SELZ (1913) zu finden. Mit seiner Beschreibung der determinierenden Faktoren hat er die Auslösung geistiger Operationen präzisiert und die *antizipierenden Faktoren* als Ausrichtung des Denkprozesses auf ein Ziel eingeführt. Der Lösungs*prozeß* war damit verstärkt ins Blickfeld gekommen, eine eigenständige Psychologie des Denkens war entstanden.

Die nächste bedeutende Periode denkpsychologischer Untersuchungen ist mit den Forschungen der *Gestaltpsychologie* verbunden. Der Protest gegen die Assoziationspsychologie wurde leidenschaftlicher, die Konzentration auf strukturelle Aspekte des Denkprozesses besonders hervorstechend. Ausgangspunkt gestaltpsychologischer Überlegungen war die Aufgabe oder das *Problem.* Ein denkendes Individuum ist damit konfrontiert. «Sieht» es das Problem, hat es bereits folgendes vollzogen: Erkannt sind Struktureigenschaften des gestellten Problems; erkannt sind Forderungen nach einer abweichenden Struktur für die antizipierte Problemlösung; erkannt ist die augenblickliche Unfähigkeit, das geforderte «Eigenschaftsrelief» der geforderten Problemlösung sofort herbeizuführen; erkannt ist auch die Forderung nach einer *Umstrukturierung* des Gegebenen in das Geforderte. – Von Gestaltpsychologen wird damit eine Problemlösesituation als «gestörte» Gestalt beschrieben, die in eine «gute» Gestalt zu überführen ist. Mit erfolgreicher Überführung geht der ursprüngliche Zustand der Spannung auf seiten des Individuums in einen gelösten Zustand mit guter Gestalt über. – Durch den Beginn der nationalsozialistischen Herrschaft in Deutschland hat die gestaltpsychologische Denkpsychologie als Forschungsdisziplin einen abrupten Abbruch erfahren. Zur Emigration gezwungen, setzten einige der Forscher ihre Arbeiten vor allem in den USA fort. Der dort blühende Behaviorismus verhinderte jedoch eine breite Diskussion gestaltpsychologischer Positionen. Andere wurden durch einen zu frühen Tod aus dem aktiven Forschungsprozeß gerissen.

Für die moderne Denkforschung sind besonders die Arbeiten von SELZ (1913, 1922), DUNCKER (1935) und WERTHEIMER (1945) über das produktive Denken von großer Wichtigkeit. Die Arbeiten von KÖHLER (1921) über die Bedeutung der Einsicht für das Denken und Lernen haben darüber hinaus bis in die kognitive Lernpsychologie bei TOLMAN (1932) entscheidende Einflüsse ausgeübt.

1.3 Denken als Informationsverarbeitung

Eine Renaissance erlebte die Denkpsychologie in den fünfziger Jahren unseres Jahrhunderts. Sie vollzog sich in den USA und ist mit der sog. *kognitiven Wende* in der Psychologie im Zusammenhang zu sehen. Ausgelöst wurde sie primär durch Arbeiten von BROADBENT (1958), NEWELL, SHAW und SIMON (1960), MILLER, GALANTER und PRIBRAM (1960) und NEISSER (1967). Diesen Ansätzen gemeinsam ist die Annahme, daß psychische Vorgänge als Prozesse der Informationsverarbeitung beschrieben werden können und auf der Grundlage dieses Paradigmas erforschbar sind.

Ein Meilenstein für die Entwicklung des Paradigmas der Informationsverarbeitung waren Überlegungen von NEWELL und SIMON, die menschliche Geistestätigkeit als *symbolverarbeitende Prozesse bzw. Systeme* zu verstehen. Wie sind solche Systeme zu charakterisieren? Das angenommene Informationsverarbeitungssystem ist zu zwei grundlegenden Leistungen fähig:

1. Ereignisse der Umwelt sowie Handlungsmöglichkeiten können mit Hilfe von Symbolen oder Symbolstrukturen repräsentiert werden.
2. Die repräsentierten Symbole bzw. Symbolstrukturen können verändert und manipuliert werden.

Welches sind *Elemente eines solchen Informationsverarbeitungssystems?* NEWELL und SIMON (1972) zählen folgende fünf Bestandteile auf:

- eine Menge einfacher Symbole, die auch als *Alphabet* für das System bezeichnet werden können;
- eine Menge von Regeln, mit denen sich komplexere Symbole und auch Symbolstrukturen generieren lassen. Hier spricht man auch von der *Grammatik* des Informationsverarbeitungssystems;
- ein *Gedächtnis* in der Form von Speichern, aus dem einfache und auch komplexere Symbole bzw. Symbolstrukturen abgerufen werden können;
- eine *Menge von Operationen* und Prozessen, die auf den Mengen von Symbolen und Symbolstrukturen operieren können und z.B. Veränderungen, Hinzufügungen, Löschungen u.a. bewirken können;
- Prozessoren, die das *Systemverhalten steuern* und *kontrollieren.*

Ein Informationsverarbeitungssystem kann mit diesen aufgezählten Bestandteilen in seinem Verhalten beschrieben werden. Dazu werden die Regeln und Prozesse genannt und präzisiert, die auf den repräsentierten Mengen von Symbolen und Symbolstrukturen arbeiten. Kognitive Prozesse wie Denken und Problemlösen werden demnach als regelhafte Prozesse über gespeicherten Symbolen und Symbolstrukturen verstanden. Diese Argumentationsweise wird durch PYLYSHYN (1987) vertreten, der kognitive Prozesse als eben solche regelhaften Prozesse über semantisch interpretierten Symbolrepräsentationen versteht. In welchem Ausmaß ein derartiges Verständnis auf die Gesamtheit psychischer Prozesse übertragen werden kann, wird lebhaft diskutiert (vgl. hierzu HABEL, 1985; DREYFUS & DREYFUS, 1987).

Die Interpretation psychischer Prozesse als Informationsverarbeitungssystem wirft weitere Fragen auf, wie OPWIS, STUMPF und SPADA (1987) herausgearbeitet haben.

(1) *Fragen zur Architektur:* Welche elementaren und komplexen kognitiven Strukturen müssen beim Menschen angenommen werden und wie interagieren sie miteinander? Sind verschiedenen kognitiven Leistungen eine einzige kognitive Struktur zuzuordnen, wie ANDERSON (1983) das voraussetzt (siehe Abschnitt 4.6)?

(2) *Fragen zur Repräsentation:* In welcher Form (z.B. propositional oder analog) werden Informationen gespeichert (vgl. Abschnitt 4.4)? Wie sind die zwischen den Informationen vorhandenen Relationen zu definieren?

(3) *Fragen nach dem Prozeßgeschehen:* Welches sind elementare Informationsverarbeitungsprozesse und wie entstehen daraus hochkomplexe Verarbeitungsvorgänge (vgl. Abschnitt 4.5)? Gibt es eine begrenzte Menge von elementaren Operationen? Müssen sequentielle oder auch parallele Verarbeitungsprozesse angenommen werden?

Die angeschnittenen Fragen münden hinein in die Themen der aktuellen Erforschung kognitiver Prozesse. Soweit Antworten darauf versucht werden oder schon gegeben werden können, wollen wir darauf in den genannten Abschnitten eingehen.
Zum Ende dieser Einleitung sei ein Problemkreis angesprochen, der unsere aktuelle Erforschung der menschlichen Geistestätigkeit stark prägt. Es geht um das Verhältnis der Psychologie kognitiver Prozesse zu jener Forschungsdisziplin der Informatik, die sich mit der sog. *Künstlichen Intelligenz (KI)* beschäftigt. Sowohl in der Mathematik als auch in der Informatik finden wir Modelle und Theorien, die Prozesse der Symbolverarbeitung exakt beschreiben. Hier sind vor allem Theorien über Automaten und formale Sprachen zu nennen sowie Grammatiken (Hopcraft & Ullman, 1979; Winograd, 1983). Auch im Arbeitsgebiet der Künstlichen Intelligenz sind umfangreiche Arbeiten über Symbolverarbeitungsprozesse vorgelegt worden. Mit solchen Modellen lassen sich Ergebnisse erzeugen, die wir als *intelligent* bezeichnen können. Als Rahmentheorien sind diese Ergebnisse für die Psychologie bei der Erforschung kognitiver Prozesse hilfreich und sehr wertvoll. Ihr Wert für die Erforschung des Denkens und Problemlösens bemißt sich aber auch nach unserem Wissen, das wir über die oben genannten Fragen zur Architektur, Repräsentation und dem Prozeßgeschehen kognitiver Vorgänge beim Menschen zur Verfügung haben. Finden wir zutreffende Antworten auf die dort beispielhaft gestellten Fragen über die Eigenschaften kognitiver Prozesse, wird uns die Suche nach geeigneten Informationsverarbeitungsmodellen hierfür in den Modellen der Künstlichen Intelligenz erleichtert. Ohne dieses Wissen wird es uns allerdings kaum gelingen, *psychologische Modelle* für intelligente Leistungen der Menschen zu erstellen. Psychologische Forschung und Informatik müssen ineinandergreifen, damit unser Wissen über die Geistestätigkeit des Menschen grundlegend erweitert werden kann.

2. Wissen und Denken bei Aufgaben mit einfachen Lösungsalgorithmen

Einen Teil der sich uns stellenden Aufgaben lösen wir dadurch, daß wir uns eine geeignete Lösungsprozedur ins («Arbeits»-)Gedächtnis rufen und sie anwenden. Wenn wir hingegen bei der Bearbeitung einer Aufgabe nicht weiter wissen, können wir versuchen, die Wissenslücke durch Einholen von Information oder aber durch Nachdenken zu schließen. Dieses Nachdenken kann zu einer Wissenserweiterung führen. Denken spielt aber auch schon eine wichtige Rolle, wenn es darum geht, (a) zu erkennen, um welchen Aufgabentyp es sich überhaupt handelt, und (b) zu prüfen, ob die Bedingungen erfüllt sind, die die Anwendung der ins Auge gefaßten Lösungsprozedur voraussetzt. Wissen und Denken ergänzen einander somit in vielfältiger Weise bei der Bearbeitung von Aufgaben. Dabei sind die Anforderungen an das Denken umso höher, je geringer das aufgabenspezifische Wissen einer Person ist, und je komplizierter die zur Lösung der Aufgabe führenden Prozeduren sind. *In Grenzen kann somit Wissen Denken ersetzen und umgekehrt.*
Wir werden uns in diesem Abschnitt mit mentalen Strukturen und Prozessen beschäftigen, die bei der Bearbeitung von Aufgaben wirksam werden, deren Lösung auf algorithmischem Wege möglich ist. Ein *Lösungsalgorithmus* ist eine Prozedur, deren korrekte Anwendung bei gegebenen Voraussetzungen sicher zum richtigen Ergebnis führt. Was sachlogisch als Sequenz von Regeln, die zu beachten sind, darstellbar ist, kann psychologisch als Abfolge von kognitiven Operationen aufgefaßt werden.
Da es sich hier um einen Abschnitt eines Kapitels über Denken handelt, interessiert weniger der Lösungsprozeß bei Personen, die in die Bearbeitung einer Aufgabe so gut eingedacht sind, daß sie ganz routiniert vorgehen. Wir werden uns vor allem mit der Beschreibung der kognitiven Vorgänge beschäftigen, die bei Menschen ablaufen, die mit einem Aufgabentyp noch Schwierigkeiten haben, weil ihr aufgabenspezifisches *prozedurales Wissen* unvollständig oder sogar fehlerhaft ist. Wir werden

sehen, daß Personen in derartigen Situationen oft durchaus in der Lage sind, effiziente Lösungsprozeduren zu entwickeln; es wird aber auch deutlich werden, wie dabei fehlerhafte Lösungsansätze zustande kommen können.
Voraussetzung für eine psychologische Analyse der bei der Bearbeitung einer Aufgabe durch eine Person ablaufenden Prozesse ist selbstverständlich eine hinreichende Kenntnis des Gegenstandsbereichs, aus dem die Aufgaben stammen. Um aber die Ausführungen nicht mit längeren, fachfremden Darstellungen zu komplexen Inhalten belasten zu müssen, befassen wir uns in diesem Abschnitt nur mit Aufgaben, deren Gegenstandsbereich uns allen wohlvertraut ist. Wir werden mit einfachen Fragestellungen aus der Mathematik arbeiten, beispielsweise Subtraktionsrechnungen, aber auch Drehmomentaufgaben (Waagebalkenprobleme) heranziehen. Um trotzdem nicht routinierte Aufgabenbearbeitungen im Blick zu haben, werden vornehmlich Beobachtungen herangezogen werden, die bei Kindern gemacht wurden. Damit erhält dieser Abschnitt neben einem allgemeinpsychologischen Schwerpunkt auch entwicklungspsychologische Komponenten.
Die Beschränkung auf einfache Aufgaben spiegelt aber auch einen Bias der Forschung auf diesem Gebiet wider. Er rührt daher, daß Lösungsprozesse bei derartigen Aufgaben aufgrund der geringeren Vielfalt und Komplexität für den Forscher noch eher über- und durchschaubar sind. Sie können deshalb auch besser im Rahmen psychologischer Theorien im Detail abgebildet werden.
Damit ist eine *zentrale Zielsetzung* dieses Abschnitts angesprochen, die *Entwicklung von Theorien über*
(a) *die Wissensstrukturen und Denkprozesse,* die richtigen bzw. falschen Lösungen von derartigen Aufgaben zugrundeliegen *(rekonstruktiver Aspekt)* und
– auch wenn dies nur kurz behandelt werden kann –
(b) die Vorgänge, die zu diesen Wissensstrukturen und Denkprozessen führen *(generativer Aspekt).*

2.1 Subtraktionsaufgaben und Waagebalkenaufgaben als Beispiele

Gegeben sei die Aufgabe, die Zahl 128 von der Zahl 874 abzuziehen. Sie haben keinen Taschenrechner zur Hand, und um keinen Fehler zu begehen und um die mentale Belastung gering zu halten, bearbeiten Sie die Aufgabe nicht im Kopf, sondern schriftlich. Tun Sie es bitte wirklich, bevor Sie weiterlesen.
...
Da es sich um eine massiv geübte Lösungsprozedur handelt, sind die erforderlichen Teilschritte nahezu automatisch abgelaufen. Höchstwahrscheinlich haben Sie das richtige Ergebnis gefunden. Wenn nicht, dann hat sich vermutlich ein unsystematischer Flüchtigkeitsfehler eingeschlichen.
Ganz anders sieht dies bei einem Kind aus, das sich erst in das schriftliche Subtrahieren einarbeitet. Fehler sind hier häufig und oft auf unvollständige oder fehlerhafte Rechenprozeduren zurückzuführen. *Am Beginn einer Beschäftigung mit einem algorithmisch lösbaren Aufgabentyp treten häufig systematische Fehler auf. Bei routinierter Aufgabenbearbeitung sind hingegen nur noch wenige unsystematische Fehler zu erwarten.*
Inwieweit kann eigentlich von der Beantwortung einer Aufgabe auf die angewandte Prozedur geschlossen werden? Allgemeiner formuliert geht es um eine für die Denkpsychologie grundlegende Frage, ob und wie anhand von beobachtbaren Denkprodukten Aussagen über als zugrundeliegend angenommene kognitive Strukturen und Abläufe möglich sind. Abbildung 1 zeigt am Beispiel einiger Subtraktionsaufgaben und ihrer Lösungen, daß die Herstellung dieser Beziehung auch bei einfachen Aufgaben keineswegs trivial ist. Dabei liegt in diesem Fall sogar eine schriftliche Aufgabenbearbeitung und damit eine reichhaltigere Datenbasis vor, als üblicherweise bei verdeckt ablaufenden Prozessen. Mit welchen Problemen ist zu rechnen?
Betrachten wir zuerst das Zustandekommen einer richtigen Lösung am Beispiel der schon genannten und in Abbildung 1a wiedergegebenen Aufgabe. Wahrscheinlich sind Sie in der in Abbildung 1b gezeigten Form vorgegangen. Zur Verdeutlichung ist der diesen Lösungsalgorith-

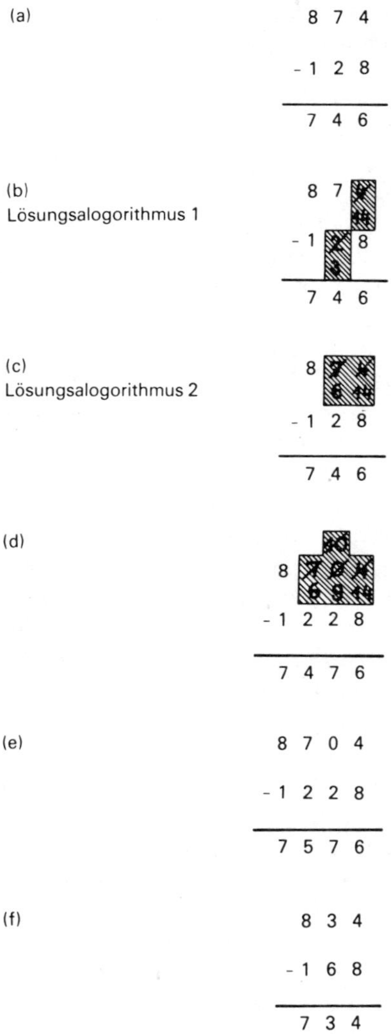

Abbildung 1: Schriftlich bearbeitete Subtraktionsaufgaben. Das Problem des Rückschlusses von der Lösung auf den Lösungsprozeß.

mus charakterisierende Teil besonders hervorgehoben. Die Zahl 4 in der rechten Spalte des Minuenden wird um 10 auf 14 erhöht, um davon die Zahl 8 abziehen zu können. Zum Ausgleich wird die Zahl 2 in der mittleren Spalte des Subtrahenden um 1 auf 3 erhöht. Sie selbst werden diese Schritte nur im Kopf durchgeführt haben. (Oder haben Sie vielleicht nahezu unmerklich einen Finger zu Hilfe genommen, um sich zu merken, daß in der nächsten Spalte der Subtrahend um 1 zu erhöhen ist?)

Wenn, wie üblich, nur das Endergebnis vorliegt, wie in Abbildung 1a, nicht aber Daten zum Lösungsgang gegeben sind, dann ist der Rückschluß von einer richtigen Lösung auf den Lösungsalgorithmus keineswegs eindeutig. Das Ergebnis könnte auch auf dem in Abbildung 1c dargestellten Weg zustandegekommen sein, also mit Hilfe einer anderen, beispielsweise in den USA häufig unterrichteten Berechnungsprozedur. Wir wollen sie, in Abhebung vom zuerst dargestellten Vorgehen, Lösungsalgorithmus 2 nennen. Dieser Algorithmus hat den Vorteil einer besonders einsichtigen Kompensation im Rahmen der Borgeprozedur. Ein Nachteil sind Schwierigkeiten in der Ausführung in den Fällen, in denen an der Stelle des Minuenden, die um 1 zu reduzieren ist, eine 0 steht, da dann in die Borgeprozedur auch die übernächste Stelle einzubeziehen ist (vgl. Abbildung 1d). Hier treten häufig systematische Fehler auf. Ein Fall ist in Abbildung 1e dargestellt.

Abbildung 1f zeigt ein weiteres Beispiel einer falschen Lösung. Sie könnte etwa durch eine Prozedur zustandegekommen sein, bei der in jeder Spalte die kleinere von der größeren Zahl abgezogen wird, unabhängig davon, welche Teil des Subtrahenden, welche des Minuenden ist. Vielleicht hat das Kind, das diese Rechnung ausgeführt hat, aber auch immer dann, wenn der Subtrahend in einer Spalte eine Zahl aufwies, die größer als die des Minuenden war, einfach letztere in das Ergebnis übernommen. Wenn Sie nachdenken, werden Ihnen wahrscheinlich weitere fehlerhafte Prozeduren einfallen, die zu diesem Ergebnis hätten führen können. Ganz zu schweigen von der Möglichkeit unsystematischer Rechenfehler.

Eine richtige Lösung kann somit auf sehr unterschiedlichen Wegen zustandekommen. Noch vielfältiger sind im allgemeinen die Ursachen, die bei einer falschen Lösung denkbar sind. Hier sind neben systematischen Fehlern auch unsystematische, «zufällige» Fehler zu beachten.

Diese Aussagen gelten natürlich nicht nur für Aufgaben aus der Mathematik. Abbildung 2 zeigt eine Waagebalkenaufgabe. Es ist die korrekte Lösung angekreuzt. Das Kind könnte das Hebelgesetz richtig auf diese Aufgabe übertragen, die Produkte aus Hebelarmlängen und

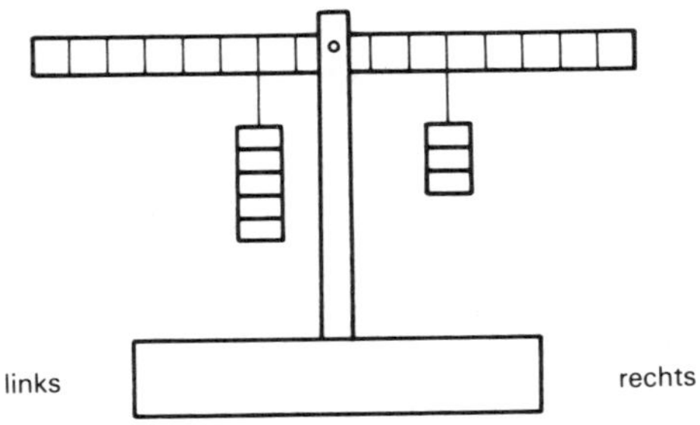

Man stelle sich vor, eine Hand habe den Balken eben losgelassen. - Wird er

im Gleichgewicht bleiben ☐
oder:
sich nach links unten neigen ☒
oder:
sich nach rechts unten neigen ☐

Abbildung 2: Eine Waagebalkenaufgabe.

Gewichten auf beiden Seiten berechnet (links: 2 * 5 = 10; rechts: 3 * 3 = 9) und konsequent daraus abgeleitet haben, daß sich der Balken nach links unten neigen wird. Möglich wäre aber auch, daß das Kind überhaupt nur das Gewicht beachtet hat (links: 5, rechts: 3) und auf diesem Weg zum selben Ergebnis kam. Diese so unterschiedlichen Lösungswege legen die Frage nahe, welche typischen Wissensstrukturen und auf ihnen operierenden Denkprozesse überhaupt bei diesem Aufgabentyp zu unterscheiden sind und wie sie sich entwickeln. Mehr noch als bei den Subtraktionsaufgaben wird der generative Aspekt wissens- und denkpsychologischer Forschung deutlich.

Wir werden im folgenden eine Reihe von Theorien vorstellen, die das Lösungsverhalten bei algorithmischen Aufgaben beschreiben. Entsprechenden Theorien kommt nicht nur grundlagenwissenschaftliche Bedeutung zu. Sie sind auch relevant für gezielte pädagogische Interventionen zur Behebung systematischer Fehler in Lösungsprozeduren, zum Aufbau korrekten Wissens und zur Erweiterung der Denkmöglichkeiten eines Menschen.

2.2 Typen von Daten, Sprachen der Theorienformulierung

Psychologische Theorien der Lösung algorithmischer Aufgaben lassen sich nicht nur danach klassifizieren, für welchen Aufgabentyp Aussagen gemacht werden. Weitere wichtige Kriterien sind, welcher Typ von Daten zum Erschließen der interessierenden kognitiven Konstrukte herangezogen wird und in welcher Sprache die Theorien formuliert sind.

Beginnen wir mit den *Datentypen.* Die *Richtigkeit der Lösung* und, im Falle falscher Ergebnisse, die *Art des Fehlers* sind uns schon bei den besprochenen Beispielen begegnet. Sie stellen die naheliegendsten Daten über Aufgabenbearbeitungen dar. Die Klassifikation der Fehlertypen setzt übrigens im allgemeinen bereits eine Theorie der (fehlerhaften) Bearbeitungsprozesse voraus, wenn sie psychologisch weiterführend sein soll. Aufgabenspezifische *Manifestationen des Prozesses der Aufgabenbearbeitung,* wie sie häufig bei der schriftlichen Lösung von mathematischen Aufgaben oder beispielsweise bei der zeichnerischen Durchführung von Aufgaben der Darstellenden Geometrie auftreten, stellen einen weiteren Datentyp dar. Die *Erfassung der Augenbewegungen* (vgl. Lüer, 1988) kann dann sinnvoll sein, wenn theoretisch gut begründete Annahmen über die, die Aufgabenbearbeitung begleitenden, visuellen Wahrnehmungsprozesse vorliegen. In vielen Theorien spielt auch die Variable *Lösungszeit* eine wichtige Rolle.

Wenn man vom Umstand absieht, daß allein das Wissen einer Person um eine geplante Analyse ihres Denkens zu einer Veränderung desselben führen kann, beeinflußt die Erhebung aller bisher erwähnten Klassen von Daten die kognitiven Prozesse bei der Aufgabenbearbeitung nicht. Dies ist aber bei Daten der Fall, die über die *Methode des lauten Denkens* gewonnen werden. Dabei wird die Vp gebeten, laut auszusprechen, was sie gerade denkt, während sie eine Aufgabe bearbeitet. Eine Diskussion dieses Datentyps findet sich bei Ericsson und Simon (1984) und Kluwe (1988). Daten lauten Denkens spielen aber in bezug auf die in diesem Abschnitt besprochenen Modelle nur eine untergeordnete Rolle. Dies ist darauf zurückzuführen, daß die Verbalisierung von Aufgabenlösungsprozessen bei Kindern, die wir als Anfänger und Lernende bei den hier diskutierten Aufgabentypen betrachten, auf besondere Schwierigkeiten stößt.

Algorithmisch lösbare Aufgaben legen die *Verwendung formaler Sprachen zur Formulierung der psychologischen Theorien* ihrer Bearbeitung nahe. Direkt einleuchtend dürfte der Versuch sein, *mathematisch-numerische Modelle* zu entwickeln. Diese Art der Theorienformulierung wird im folgenden am Beispiel eines Lösungszeitmodells und eines Modells der Wahrscheinlichkeit richtiger Lösungen dargestellt. Noch geeigneter, die Vielfalt menschlichen Wissens und Denkens abzubilden und neben richtigen Lösungen auch das Zustandekommen fehlerhafter Aufgabenbearbeitungen zu erklären, sind aber *Modelle,* die auf Vorstellungen über symbolische Vorgänge der Informationsverarbeitung beruhen. Ihre Formulierung erfolgt zumeist mit Hilfe von Programmiersprachen wie LISP (*LIS*t *P*rocessing) und PROLOG (*PRO*gramming in *LOG*ic). Die zugrundeliegenden Konzepte, wie etwa Produktionssysteme, stammen häufig aus der Informatik, insbesondere der Forschung zur Künstlichen Intelligenz. Während dort die maschinelle Realisierung intelligenter Leistungen im Vordergrund steht, geht es bei ihrer Verwendung in psychologischen Theorien um die *rekonstruktive Modellierung* des beim Menschen beobachtbaren zielführenden aber auch fehlerhaften Lösungsverhaltens.

Sollten Sie nach diesen Ausführungen fürchten, der Rest des Abschnittes werde unverständlich sein - keine Angst. Die *Einführung in* einige *formale Modelle der Aufgabenbearbeitung,* die ein *weiteres wichtiges Ziel* dieses Abschnitts darstellt, ist bewußt einfach und verständlich gehalten.

2.3 Ein Lösungszeitmodell

Was geschieht, wenn ein Kind, etwa am Ende der ersten Schulklasse, im Kopf Rechnungen ausführt, wie «3+4», «2+3» oder «4+4»? Wird die Lösung *konstruktiv* ermittelt, berechnet? Oder «weiß» das Kind das Ergebnis und ruft es einfach aus dem Gedächtnis ab, handelt es sich also um einen *reproduktiven* Vorgang? Kinder dieses Alters darum zu bitten, bei der Bearbeitung derartiger Aufgaben laut zu denken, wäre wenig ergiebig. Auch die Datentypen «Richtigkeit der Lösung» und «Fehlerart» sind in diesem Fall nicht weiterführend, da z.B. die durchschnittliche Fehlerrate nur einige wenige Prozent beträgt. Hingegen weisen die Lösungszeiten eine beträchtliche und systematische Varianz auf. Selbstverständlich gibt es interindividuelle Unterschiede. Hinzu kommen aber noch erhebliche Differenzen in den durchschnittlichen Lösungszeiten der einzelnen Aufgaben, die nicht auf eine unterschiedliche Schnelligkeit der Probanden zurückgeführt werden können.

Groen und Parkman (1972) haben ein einfaches *Lösungszeitmodell* vorgeschlagen, das (a) die aufgabenspezifische Varianz der Reaktionszeiten erklären und (b) einen Beitrag zu den eben formulierten Fragen leisten soll.

Im Modell wird spezifiziert, wie der konstruktive Prozeß der Lösung von Additionsaufgaben aussehen könnte. Der betrachtete Aufgabentyp sind Additionen zweier nicht negativer ganzer Zahlen mit einer Summe kleiner oder gleich 9. Beispiele derartiger Aufgaben sind: 1+7, 4+2, 0+6, 1+1. Es wird angenommen, daß beim Kopfrechnen mit derartigen Aufgaben eine Art mentaler «Zähler» benutzt wird. Operationen, die den Wert dieses Zählers verändern, sind (a) das Setzen des Zählers auf einen bestimmten Wert und (b) seine Erhöhung in Schritten von 1. Mit Hilfe dieser allgemeinen Modellvorstellung lassen sich verschiedene Modellvarianten formulieren. Betrachten wir dazu die Aufgabe «m+n».

Modellvariante A: Der auf 0 gesetzte Zähler wird zuerst m mal um 1 erhöht, dann zusätzlich n mal. Am Ende dieses Vorgangs steht der Zähler auf der gesuchten Summe.

Modellvariante B: Der Zähler wird zuerst gleich der Zahl m gesetzt, dann wird er n mal um 1 erhöht. Das Ergebnis ist wieder die gefragte Summe.

Modellvariante C: Der Zähler wird gleich der größeren der beiden Zahlen gesetzt. Dann wird er sooft um 1 erhöht, wie dies die andere, kleinere Zahl erfordert.

Offensichtlich werden durch diese drei Modellvarianten unterschiedlich effiziente Rechenprozeduren abgebildet, wenn man Effizienz am Kriterium der notwendigen Anzahl der an-

hebungen des Zählers bemißt. Wenn wir diese Häufigkeit mit x bezeichnen, können wir unter Bezug auf die Aufgabe «m+n» für die einzelnen Modellvarianten festhalten:
Modellvariante A: $x = m + n$
Modellvariante B: $x = n$
Modellvariante C: $x = \text{Minimum}(m, n)$
Bei der Aufgabe «2+7» beispielsweise sind 9, 7 bzw. nur 2 Erhöhungen des Zählers erforderlich.

Im Modell von Groen und Parkman (1972) wird die zur Lösung einer Aufgabe insgesamt benötigte Zeit einerseits auf diese Häufigkeit der Anhebungen des Zählers zurückgeführt, andererseits auf alle anderen noch erforderlichen Prozesse, wie die Wahrnehmung der Aufgabe, das erstmalige Setzen des Zählers, die eventuelle Vergleichsoperation, welche der beiden Summanden m oder n größer ist, und die Wiedergabe des ermittelten Ergebnisses. Grob vereinfachend wird angenommen, daß der Zeitbedarf für alle diese zusätzlichen Prozesse eine aufgabenunabhängige, allerdings von Modellvariante zu Modellvariante eventuell unterschiedliche Größe ist. Die Differenzen in den Lösungszeiten der einzelnen Aufgaben werden damit ausschließlich auf die unterschiedliche Anzahl der erforderlichen Zähleranhebungen zurückgeführt. Unter Berücksichtigung einiger zusätzlicher Annahmen ergibt sich folgendes Modell der Lösungszeit für die drei Modellvarianten:

$$t_{vi} = a_{vj} + b_v x_{ij} \qquad (1)$$

mit t_{vi} ... Lösungszeit des Kindes v bei Aufgabe i
a_{vj} ... aufgabenunabhängige Zeitkonstante des Kindes v unter Modellvariante j für alle mentalen Vorgänge, abgesehen von den Anhebungen des Zählers
b_v ... Zeitkonstante des Kindes v zur Anhebung des Zählers um 1
x_{ij} ... Häufigkeit der Anhebung des Zählers bei Aufgabe i unter Modellvariante j

Es handelt sich hier um ein lineares Modell. Die Lösungszeiten steigen in Abhängigkeit von der Anzahl der erforderlichen Anhebungen des Zählers um einen gleichbleibenden Wert.

Die Lösungszeiten t_{vi} sind empirische Größen, Ergebnisse von Erhebungen an Kindern, denen entsprechende Aufgaben vorgelegt werden. Hingegen sind die Häufigkeiten x_{ij} der zur Lösung einer Aufgabe benötigten Zähleranhebungen hypothetische Größen. Sie werden unter Zugrundelegung der Annahmen einer der Modellvarianten festgelegt. Die Zeitkonstanten a_{vj} und b_j sind freie Modellparameter. Sie werden auf der Basis der Modellgleichung (1) bei gegebenen x_{ij} mit Hilfe der bei einem Kind erhobenen Aufgabenlösungszeiten t_{vi} geschätzt. Voraussetzung dafür, daß die Schätzwerte für diese Zeitkonstanten sinnvoll interpretiert werden können, ist natürlich eine hinreichende Geltung von Gleichung (1). Es sind also Modellgeltungstests erforderlich.
Bei exakter Geltung von Modellvariante C – sie wird aufgrund ihrer relativ guten empirischen Bewährung herausgehoben behandelt – wäre das in Abbildung 3a gezeigte Bild zu erwarten. Auf die charakteristische lineare Beziehung zwischen den erwarteten Aufgabenlösungszeiten und den angenommenen Häufigkeiten der Zähleranhebungen wurde schon hingewiesen. Die Steigung b der Geraden entspricht dem Zeitbedarf zur Erhöhung des Zählers um 1. Der Abstand a des Ordinatenschnittpunkts der Ge-

Tabelle 1: Klassifikation der Aufgaben nach der unter Zugrundelegung von Modellvariante C erforderlichen Häufigkeit der Anhebungen des Zählers. Bei Modellgeltung ist die Lösungszeit für alle Aufgaben einer Kategorie gleich. (Zur Schreibweise: «26» steht für die Aufgabe «2+6».)

x = 0	00, 10, 20, 30, 40, 50, 60, 70, 80, 90, 01, 02, 03, 04, 05, 06, 07, 08, 09
x = 1	11, 21, 31, 41, 51, 61, 71, 81, 12, 13, 14, 15, 16, 17, 18
x = 2	22, 32, 42, 52, 62, 72, 23, 24, 25, 26, 27
x = 3	33, 43, 53, 63, 34, 35, 36
x = 4	44, 54, 45

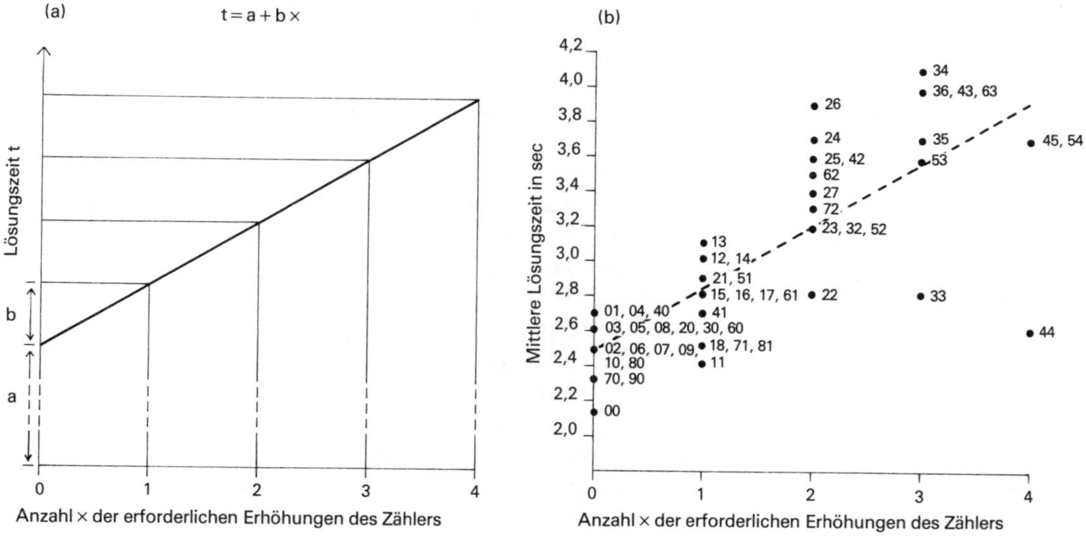

Abbildung 3: Modellvariante C des linearen Lösungsmodells von Groen & Parkman (1972) für das Addieren.

(a) Erwartete Aufgabenlösungszeiten in Abhängigkeit von der Anzahl der erforderlichen Anhebungen des Zählers. (Tabelle 1 zeigt, für welche Aufgaben identische Lösungszeiten vorhergesagt werden.) Um den Vergleich mit der folgenden Abbildung zu erleichtern, wurden den freien Modellparametern a und b die Werte gegeben, die für sie in der empirischen Untersuchung tatsächlich geschätzt wurden.
(b) Beobachtete Aufgabenlösungszeiten (nach Groen & Parkman, 1972, S.335). Die Koordinaten jeder Aufgabe («26» steht für «2+6» usw.) entsprechen der angenommenen Häufigkeit der Anhebungen des Zählers, bzw. der über die Kinder gemittelten durchschnittlichen Lösungszeit. Die lineare Funktion ist die empirisch ermittelte Regressionsgerade.

raden von der Abszisse gibt die Zeit an, die laut Modell für alle übrigen Aufgabenbearbeitungsprozesse benötigt wird. In Abbildung 3a sind diese Größen in einer Weise festgelegt, die den Vergleich mit Abbildung 3b erleichtert, in der empirisch gewonnene Lösungszeiten wiedergegeben werden. Tabelle 1 zeigt, bei welchen Aufgaben unter Zugrundelegung von Modellvariante C (mit x = Minimum [m, n]) identische Lösungszeiten erwartet werden.

Groen und Parkman (1972) haben eine *empirische Untersuchung* zur Geltung der diskutierten Modellvarianten (und zweier weiterer) durchgeführt. 37 Kindern am Ende des ersten Schuljahres (Durchschnittsalter 6 Jahre und 10 Monate) wurden die 55 Additionsaufgaben des dargestellten Typs vier Mal an aufeinanderfolgenden Tagen vorgegeben. Jeder Wert t_{vi} stellt somit eine gemittelte Größe dar. In die weitere Analyse einbezogen wurden ausschließlich die Zeiten bei richtig gelösten Aufgaben, wobei die Fehlerrate nur 3% betrug.

Die Geltung der einzelnen Modellvarianten wurde für jedes Kind getrennt geprüft. Über statistische Regressionsrechnungen wurde bestimmt, wie gut die beobachteten Lösungszeiten anhand der einzelnen Modellvarianten nach bestmöglicher Schätzung der Zeitkonstanten a und b vorhergesagt werden können. Maße für die Güte der Übereinstimmung sind in diesem Fall der Anteil der durch das Modell aufgeklärten Varianz an der Gesamtvarianz der Lösungszeiten und damit zusammenhängend die Größe und statistische Signifikanz des Steigungsparameters b der Regressionsgeraden.

Auf der Basis des letztgenannten Kriteriums wurden 19 bzw. 20 der Kinder – Groen und Parkman machen dazu widersprüchliche Aussagen – der Modellvariante C zugeordnet, ein weiteres einer anderen Variante. Die Lösungszeiten der restlichen Kinder konnten mit keiner der Modellvarianten hinlänglich genau beschrieben werden.

Abbildung 3b zeigt die Ergebnisse der Modellvariante C für die Kinder, deren Lösungszeiten mit dieser Variante am besten erklärbar waren. Jede Aufgabenlösungszeit stellt nun einen über diese Kinder gemittelten Wert dar. Dementsprechend sind die resultierenden Schätzungen für die Zeitkonstanten als Durchschnittswerte aller Kinder zu interpretieren. Für die Zeitdauer der Erhöhung des Zählers um 1 wurde ein Wert von .34 Sekunden ermittelt (vgl. den Anstieg der Geraden in der Abbildung). 2.53 Sekunden beträgt die geschätzte Dauer der übrigen Aufgabenbearbeitungsprozesse (vgl. den entsprechenden Abschnitt auf der Ordinate).

Abbildung 3b macht deutlich, daß die beobachteten Lösungszeiten und die auf der Regressionsgeraden liegenden erwarteten Werte mäßig bis gut übereinstimmen, allerdings mit einer systematischen Ausnahme. Die Lösungszeiten für die Additionen mit identischen Summanden, wie «3+3» und «4+4», sind deutlich kürzer als aufgrund des Modells erwartet und hängen auch nicht ersichtlich von der Größe der Zahlen ab.

Insgesamt interpretieren Groen und Parkman (1972) und nachfolgende Autoren wie Resnick (1981) und Greeno und Simon (1984) die Ergebnisse so:

- Die Mehrzahl der Kinder dieser Altersstufe ermittelt die Lösung auf derartige Additionsaufgaben konstruktiv und reproduziert sie nicht «bloß» aus dem Gedächtnis.
- Die Kinder verwenden einen mathematisch originellen und sehr effizienten Lösungsalgorithmus, der – und das ist das Überraschende – gar nicht unterrichtet worden war.

Um noch direkter überprüfen zu können, ob Kinder wirklich selbständig effiziente Lösungsroutinen entwickeln, führten Groen und Resnick (1977) eine Studie durch, in der sie fünf Vorschulkinder selbst unterrichteten. Die Untersuchung erstreckte sich über mehrere Wochen. Als Aufgabentyp wurden die schon bekannten Additionsprobleme «m+n» verwandt. Gelehrt wurden ein mit Modellvariante A (Zähler m mal erhöhen, dann zusätzlich n mal) verwandter Algorithmus. Er wurde in der ersten Phase der Untersuchung mit konkreten Objekten, nämlich Würfeln, eingeübt. Trotz dieses Unterrichts und der Aussage der Autoren, daß die Kinder am Beginn der Untersuchung noch nicht in der Lage gewesen waren, die geforderten Additionen durchzuführen, wurden bei drei der fünf Kinder in der zweiten Phase der Studie Aufgabenlösungszeiten festgestellt, die gut mit Modellvariante C in Einklang stehen. Das ist für Resnick (1981, S. 372) «ein klarer Fall von Erfindung».

Auch bei Erwachsenen hängen die Lösungszeiten bei im Kopf gerechneten Additionen systematisch von der Größe der zu berücksichtigenden Zahlen ab. Groen und Parkman (1972; vgl. auch Parkman & Groen, 1971) fanden bei einer Prüfung der verschiedenen Varianten einer konstruktiven Lösungsermittlung wiederum die beste Anpassung für Modellvariante C. Allerdings ergab sich für den Steigungsparameter b ein Wert, der mit 0.02 Sekunden so niedrig liegt, daß er kaum mit der Vorstellung eines «mentalen» Zählens in Einklang zu bringen ist. Die Autoren schlagen daher ein Modell vor, das sowohl einen Suchvorgang im Gedächtnis, als auch bei dessen Versagen einen konstruktiven Prozeß vorsieht.

In neuerer Zeit haben Autoren wie Ashcraft und Stazyk (1981) und Geary, Widaman und Little (1986) argumentiert, daß sich die bei Erwachsenen gefundenen Lösungszeiten mit der Annahme eines reproduktiven Vorgangs durchaus in Einklang bringen lassen. Sie gehen davon aus, daß das Faktenwissen zur Addition, aber auch zur Multiplikation, in einem «Netzwerk» gespeichert ist, und die Lösung einer Aufgabe durch Aktivierung der in ihr gegebenen Zahlen wie aus einer mentalen Tabelle abgerufen werden kann. Wenn man als Ordnungsprinzip einer solchen angenommenen Tabelle die Größe der Zahlen und weiterhin einen mentalen Prozeß der Durchmusterung postuliert, sind bei größeren Zahlen längere Reaktionszeiten zu erwarten.

Die Frage ist somit offen, ob die Beantwortung einfacher Additionsaufgaben beim Erwachsenen eher als Durchführung einer Rechenroutine, als Suchprozeß im Gedächtnis oder aber als eine Verbindung beider Vorgänge zu sehen ist. Vorberg (1987) hat stochastische Modelle zur detaillierten Beschreibung der zeitlichen Eigenschaften der beteiligten Prozesse vorgeschlagen, die eine exaktere empirische Überprüfung der konkurrierenden Vorstellungen ermöglichen sollen.

Halten wir, diese Ausführungen zu Lösungszeitmodellen abschließend, noch zwei Punkte fest.

(1) Die eingangs gestellte Frage, ob Lösungen konstruktiv ermittelt oder aus dem Gedächtnis reproduziert werden, ist nicht per se beantwortbar. Ein erfolgversprechendes Vorgehen ist es, die unterschiedlichen Annahmen zu präzisieren und die resultierenden Modelle hinsichtlich ihrer empirischen Geltung zu prüfen und zu vergleichen. Je überzeugender die Umsetzung der Ausgangshypothesen in die Modelle gelingt, desto aussagekräftiger ist die Modellprüfung für die interessierende Fragestellung. Das von GROEN und PARKMAN (1972) gewählte Vorgehen, nur eine Alternative, in diesem Fall die konstruktive Lösungsfindung, als Modell zu spezifizieren und zu prüfen, ist problematisch. Auch bei einer mehr oder minder befriedigenden Geltung des Modells kann nicht ausgeschlossen werden, daß aus der alternativen Überlegung vielleicht ein ebenso tragfähiges Modell hätte abgeleitet werden können.

(2) Der Versuch, die Lösungs- oder Reaktionszeiten als Summe der Dauer der Durchführung mentaler Prozesse darzustellen, ist in der Kognitionspsychologie sehr üblich. Natürlich sind die Modelle nicht immer so einfach, wie im hier diskutierten Fall. *Lineare Lösungszeitmodelle serieller mentaler Prozesse* gehen unter anderem auf DONDERS (1868) und in neuerer Zeit auf STERNBERG (1969) zurück (vgl. auch Kapitel 2, Wahrnehmung, Abschnitt 3.1.3). Bei ihrer Anwendung muß vorausgesetzt werden, daß eine parallele Durchführung der analysierten mentalen Vorgänge ausgeschlossen ist. Problematisch ist, daß *einer einzigen Indikatorvariable,* der Lösungszeit, *viele Unbekannte* gegenüberstehen. Aus welchen Operationen, in welcher Häufigkeit des Vorkommens und Abfolge innerhalb des geistigen Gesamtgeschehens besteht der interessierende mentale Prozeß? Nur über sehr restriktive Annahmen ergeben sich Modelle, die über die Lösungszeit einer Prüfung zugeführt werden können.

2.4 Ein Wahrscheinlichkeitsmodell der Lösungsrichtigkeit

Ebenso wie die Lösungszeit kann die *Richtigkeit des Ergebnisses* als Kriterium zur Bewertung der Bearbeitung einer algorithmischen Aufgabe gelten. Es ist daher naheliegend, auch die Lösungsrichtigkeit als Indikator für die bei der Aufgabenlösung ablaufenden Prozesse heranzuziehen.

Ein möglicher Weg ist der folgende. Man versucht, die unterschiedliche *Schwierigkeit der Aufgaben* eines Gegenstandsbereichs auf die differierende *Anzahl und Schwierigkeit der den Lösungsprozeß konstituierenden kognitiven Operationen* zurückzuführen. Wenn man

(a) die Schwierigkeit einer Aufgabe als Wahrscheinlichkeit ihrer Lösung definiert,

(b) die Schwierigkeit einer Operation als Wahrscheinlichkeit ihrer korrekten Anwendung und

(c) die Aufgabenlösungswahrscheinlichkeit beispielsweise über die relative Häufigkeit richtiger Lösungen in einer Stichprobe von Probanden schätzt,

kommt man zu einem Modell, das man in Abhebung vom Lösungszeitmodell *Wahrscheinlichkeitsmodell der Lösungsrichtigkeit* nennen könnte.

SUPPES (1969, 1972) hat ein einfaches Beispiel eines derartigen Modells entwickelt (vgl. auch SPADA, 1976) und auf arithmetische Aufgaben, wie das Addieren, Subtrahieren und Multiplizieren von mehrstelligen Zahlen angewandt (SUPPES & MORNINGSTAR, 1972). Das Modell ist aber durchaus auch auf andere Gegenstandsbereiche übertragbar.

Im Modell wird die *Wahrscheinlichkeit einer richtigen Lösung* auf eine Aufgabe *gleichgesetzt* dem *Produkt der Wahrscheinlichkeiten einer richtigen Ausführung der zur Lösung erforderlichen kognitiven Operationen.* Damit wird stark vereinfachend angenommen, daß die Fehlerwahrscheinlichkeit bei einer Operation nicht vom Ergebnis der Durchführung der anderen Operationen abhängt. Mit Hilfe des Modells können

(a) Hypothesen über den angewandten Aufgabenalgorithmus geprüft und

(b) Fehlerwahrscheinlichkeiten für die beteiligten kognitiven Operationen geschätzt werden, auch wenn die Operationen und ihre direkten Konsequenzen der Beobachtung nicht zugänglich sind. Der Ansatz gestattet als mathematisch formuliertes Modell eine befriedigende Geltungsprüfung.

Die *Grundgleichung des Modells* von SUPPES (1969, 1972) hat folgende Gestalt:

$$P_i = \prod_j (1-\alpha_j)^{f_{ij}} \qquad (2)$$

mit P_i ... Wahrscheinlichkeit einer richtigen Lösung der Aufgabe i

α_j ... Wahrscheinlichkeit einer fehlerhaften Anwendung von Operation j

f_{ij} ... Häufigkeit, mit der Operation j im Lösungsprozeß von Aufgabe i benötigt wird.

$\prod$ ... Produktzeichen

Die Operationshäufigkeiten f_{ij} sind auf der Grundlage des vermuteten Lösungsalgorithmus für die einzelnen untersuchten Aufgaben festzulegen. Es handelt sich dabei um Hypothesen, die durch empirische Anwendung des Modells einer Prüfung zugeführt werden. Hingegen sind die Fehlerwahrscheinlichkeiten α_j freie Parameter, die Werte zwischen 0 und 1 annehmen können. Sie werden ausgehend von Modellgleichung (2) unter Voraussetzung der Operationshäufigkeiten f_{ij} empirisch geschätzt. Dazu werden die Daten einer Stichprobe von Probanden herangezogen, denen Aufgaben des interessierenden Gegenstandsbereichs zur Lösung vorgelegt wurden.

Zur *Schätzung der Operationsfehlerwahrscheinlichkeiten* und zur *Kontrolle der Modellgeltung* hat SUPPES (1969, 1972) zwei Verfahren vorgeschlagen (vgl. auch SPADA, 1976):

(a) die multiple lineare Regressionsanalyse und

(b) die Maximum-Likelihoodmethode,

wobei wir allerdings in dieser Darstellung nur den erstgenannten Ansatz aufgreifen.

Bei Schätzung der Parameter mittels multipler linearer Regression geht man von den relativen Häufigkeiten richtiger Lösungen auf die einzelnen Aufgaben aus. Diese Häufigkeiten seien mit r_i bezeichnet. Es gilt somit: $r_i \approx P_i$.

Logarithmieren der beiden Seiten von Gleichung (2),

$$\ln(P_i) = \ln(\prod_j (1-\alpha_j)^{f_{ij}}),$$

liefert bei Einbeziehung der relativen Aufgabenlösungshäufigkeiten:

$$\ln r_i \approx \ln P_i = \sum_j f_{ij} \ln(1-\alpha_j). \qquad (3)$$

Es liegt somit ein Gleichungssystem vor, das soviele Gleichungen enthält, wie Aufgaben vorhanden sind, und soviele Unbekannte, wie Operationen berücksichtigt wurden. Unter den üblichen Voraussetzungen können somit über multiple lineare Regression Schätzungen für die $\ln(1-\alpha_j)$ und damit für die Operationsfehlerwahrscheinlichkeiten ermittelt werden. Die Logarithmen der relativen Häufigkeiten richtiger Lösungen der Aufgaben stellen die Kriteriumsvariable dar, die durch optimale Festlegung der Operationsfehlerwahrscheinlichkeiten (Regressionsgewichte) anhand der Operationshäufigkeiten (Prädiktoren) erklärt werden soll. Kriteriumsvariable und Prädiktoren sind gegeben, die Regressionsgewichte werden geschätzt.

Modellgeltung kann angenommen werden, wenn die Kriteriumsvariable anhand der Prädiktoren und der Regressionsgewichte hinreichend genau bestimmt werden kann. Eine besonders überzeugende Prüfung liegt vor, wenn die an einer Stichprobe von Aufgaben ermittelten Operationsfehlerschätzungen zur Prognose der Fehlerhäufigkeiten bei einem neuen Satz von Aufgaben herangezogen werden.

Treten bei einzelnen Aufgaben größere Differenzen zwischen Prognose und beobachteter Fehlerrate auf, ist zu vermuten, daß für diese Aufgaben die Operationshäufigkeiten nicht adäquat festgelegt wurden. Abweichungen bei vielen Aufgaben sprechen dafür, daß das Modell bzw. einzelne seiner Annahmen, für den gesamten Aufgabentyp zu verwerfen sind.

Betrachten wir als *empirisches Illustrationsbeispiel* die von SUPPES und MORNINGSTAR 1972) beschriebene Anwendung des Modells auf die Addition von jeweils zwei mehrstelligen Zahlen. Tabelle 2 zeigt eine derartige Aufgabe. Die Datenerhebung erfolgte im Rahmen eines Projekts zum computerunterstützten Anfängerunterricht in Arithmetik. Die Lösungen waren von den Schülern auf einem Datenerfas-

Tabelle 2: Addition zweier mehrstelliger Zahlen; ein Beispiel. Ermittlung der Operationshäufigkeiten für das Modell mit drei Parametern von SUPPES & MORNINGSTAR (1972). Die Überträge sind in der Tabelle festgehalten, um die Bestimmung der Operationshäufigkeiten nachvollziehbar zu machen. Sie waren nicht Teil der erhobenen Daten.

Summand 1			3	5	1	9	7
Summand 2			9	2	2	3	8
Überträge		1	0	0	1	1	
Summe		1	2	7	4	3	5
berücksichtigte	1	1	1	1	1	1	1
Operationen/	2	1	0	0	1	1	0
Fehlerarten	3	0	1	1	0	0	0

Häufigkeiten der berücksichtigten Operationen/ Fehlerarten

$f_{i1} = 6 \quad f_{i2} = 3 \quad f_{i3} = 2$

sungsgerät einzutippen. Wenn ein Schüler eine falsche Zahl eingab, wurde ihm der Fehler automatisch zurückgemeldet. Dies verhinderte, ganz im Sinne der Annahme stochastischer Unabhängigkeit der Operationen, daß ein Fehler zwangsläufig weitere Fehler in den nächsten Spalten der Summe nach sich zog. Eine Möglichkeit, die Überträge schriftlich festzuhalten, gab es nicht.

SUPPES und MORNINGSTAR (1972) haben auf der Basis von Gleichung (2) ein dreiparametriges Modell spezifiziert, in dem die unterschiedlichen Häufigkeiten richtiger und falscher Lösungen auf Additionsaufgaben dieses Typs auf drei Operationen bzw. damit korrespondierende Typen von Fehlern zurückgeführt werden:

Operation 1/Fehlertyp 1: Richtige oder falsche Addition der Zahlen einer Spalte, evtl. unter Einbeziehung eines (durch eine der beiden anderen Operationen gesetzten) Übertrags, und Festhalten der diese Spalte betreffenden Zahl der Summe (z. B. in Spalte 3 der Aufgabe in Tabelle 2: 1+2+1=4),

Operation 2/Fehlertyp 2: Korrekte Bildung bzw. irrtümliche Unterlassung eines Übertrags in einer Spalte, in der ein Übertrag erforderlich ist (z. B. in Spalte 2),

Operation 3/Fehlertyp 3: Korrekte Unterlassung bzw. irrtümliche Bildung eines Übertrags in einer Spalte, in der kein Übertrag zu berücksichtigen ist (z. B. Spalte 4).

SUPPES und MORNINGSTAR (1972) ermittelten in mehreren Stichproben von Schülern anhand unterschiedlicher Gruppen von Aufgaben folgende Schätzwerte für die Wahrscheinlichkeit der einzelnen Fehler:

Fehlertyp 1: $\hat{\alpha}_1 = 0.03$
Fehlertyp 2: $\hat{\alpha}_2 = 0.06$
Fehlertyp 3: $\hat{\alpha}_3 = 0.01$

Die irrtümliche Unterlassung eines Übertrags ist somit der wahrscheinlichste Fehler. Hingegen tritt die fälschliche Bildung eines Übertrags relativ selten auf. Dies sind für eine gezielte Reduktion der Fehlerhäufigkeiten durch Unterricht wertvolle Informationen.

An der in Tabelle 2 dargestellten und schon besprochenen Aufgabe läßt sich illustrieren, wie die Prognose einer Fehlerrate für eine noch nicht empirisch untersuchte Aufgabe erfolgt. Spezifiziert für diese Aufgabe lautet Modellgleichung (2)

$$P_i = (1-\alpha_1)^6 (1-\alpha_2)^3 (1-\alpha_3)^2,$$

da der Fehlertyp 1 in der Bearbeitung der Aufgaben sechsmal, Fehlertyp 2 dreimal und Fehlertyp 3 zweimal auftreten könnte. Legt man die für die Operationsfehlerwahrscheinlichkeiten ermittelten Schätzwerte zugrunde, ergibt sich als Prognose

$$P_i = (1-0.03)^6 (1-0.06)^3 (1-0.01)^2 = 0.68.$$

Es ist daher in nicht weniger als 32% der Fälle bei dieser Aufgabe in vergleichbaren Schülerstichproben mit einer fehlerhaften Bearbeitung zu rechnen.

Zwar sprechen SUPPES und MORNINGSTAR (1972) von einer insgesamt durchaus befriedigenden Modellgeltung. Sie verweisen aber darauf, daß bei einigen Aufgaben erhebliche und systematische Abweichungen zwischen den aufgrund des Modells erwarteten und den beobachteten Fehlerraten auftreten. Die Autoren trugen diesen Abweichungen durch eine Erweiterung des Modells auf vier Parameter Rechnung. In dieser Modellvariante wird unterschieden, ob ein Übertrag irrtümlich gebildet wird, nachdem an der vorangehenden Stelle tatsächlich ein Übertrag zu bilden war oder nicht. Es zeigte sich, daß im ersten Fall die Fehlerwahrscheinlichkeit sehr beträchtlich, im anderen praktisch Null war. Auch dies ist wiederum ein Hinweis, wo für eine gezielte Reduktion der Fehlerraten anzusetzen ist.

Betrachten wir aber jetzt die erheblichen *Probleme,* die mit dieser Modellierung von Aufgabenlösungsprozessen verbunden sind.

In der dargestellten Form beruht das Modell auf *sehr restriktiven Annahmen.* So wird die Wahrscheinlichkeit einer falschen Ausführung einer Operation weder abhängig von der Aufgabe angesehen, zu deren Lösung sie herangezogen, noch von der Stelle im Lösungsalgorithmus, an der sie angewandt wird.

Noch gravierender ist, daß die *Operationshäufigkeiten und* die *Operationsfehlerwahrscheinlichkeiten* im Lösungsprozeß einer Aufgabe als *konstant über* alle *Probanden* der untersuchten Stichprobe angenommen werden. Es wird also vorausgesetzt, daß alle Personen einer analysierten Population denselben Algorithmus zur Aufgabenlösung heranziehen und ihn gleich häufig fehlerhaft anwenden. SUPPES beschränkt daher die Anwendung des Modells auf Fälle, in denen ein bestimmter Algorithmus unterrichtet wurde, und die Probanden die zur Lösung führenden Schritte im Prinzip kennen.

Welche Konsequenzen für die Modellierung von Aufgabenlösungsprozessen ergeben sich aus den beiden Konstanzannahmen? Es läßt sich zeigen (SPADA, 1976), daß auch bei Vorliegen desselben Lösungsalgorithmus die Anwendung des durch Gleichung (2) definierten Modells mit konstanten Operationsparametern sehr problematisch ist, wenn individuell unterschiedliche Fehlerwahrscheinlichkeiten vorliegen. Die resultierenden Schätzungen der Operationsparameter von Gleichung (2) lassen sich nämlich nicht als Durchschnittswerte der individuellen Fehlerraten interpretieren, und – noch schlimmer – das Modell wird durch derartige Daten im allgemeinen falsifiziert.

Aus diesem Grund haben schon SUPPES und MORNINGSTAR (1972) Überlegungen angestellt, ein analoges *Modell mit individuellen Parametern* zu formulieren. Sie betrachteten die Aufgabenlösungen jedes einzelnen Schülers und setzten sie in Beziehung zu interindividuell unterschiedlichen Operationsfehlerwahrscheinlichkeiten. Die Annahme eines für alle Probanden identischen Lösungsalgorithmus wird beibehalten. Dieser Ansatz führt aber zu einem ungünstigen Verhältnis von Daten zu Parametern, da nun für jeden Probanden getrennt Parameter zu schätzen sind. Eine Lösung dieses Problems stellen die Arbeiten von SCHEIBLECHNER (1972), FISCHER (1974) und SPADA (1976) dar, die auf der Basis des sog. *Linearen Logistischen Testmodells* ein Konzept realisierten, das allgemeine, für alle Individuen gültige, *und* individuelle Parameter vorsieht.

Allen diesen Ansätzen ist aber der *Nachteil* gemeinsam, durch die Annahme *eines* für alle Individuen (bis auf Fehler in der Durchführung) gleichen *Lösungsweges* der auch bei algorithmischen Aufgaben durchaus gegebenen *Vielfalt menschlichen Denkens* nicht hinreichend gerecht zu werden. Mathematisch-numerische Modelle dieses Typs zwängen die Beobachtungen in ein sehr enges Korsett, das zwangsläufig nur in begrenztem Umfang weiterführende Aussagen zuläßt.

Negativ zu bewerten ist auch, daß in derartigen Modellierungen die Reihenfolge, in der die Operationen angewandt werden, nicht berücksichtigt ist. Es liegt *keine Rekonstruktion der Lösung* vor. Dies zeigt sich auch darin, daß zwar Aussagen zur Wahrscheinlichkeit bestimmter Fehler im Lösungsprozeß gemacht werden – und das ist eine wichtige, aber sehr globale Information – eine Erklärung des Zustandekommens der Fehler aber nicht Teil der Modellierung ist.

Offensichtlich ist auch die Datenbasis sehr begrenzt, wenn nur die Häufigkeit korrekter Aufgabenlösungen analysiert wird.

Halten wir fest: Ein mathematisch-numerisches Modell, wie das besprochene Wahrscheinlichkeitsmodell der Lösungsrichtigkeit, gestattet teilweise eine Rückführung der unterschiedlichen Schwierigkeit von Aufgaben auf die Häufigkeit und Schwierigkeit der bei der Lösung angewandten Operationen. Es kann für algorithmisch lösbare Aufgaben auch dann interessante und beispielsweise im Unterricht nutzbare Hinweise auf Fehlerraten bei einzelnen Operationen liefern, wenn deren direkte Erfassung unmöglich ist. Allerdings gestattet die Art der Modellierung keine detaillierte Rekonstruktion der Aufgabenlösung; eine Erklä-

rung für das Auftreten von Fehlern bei der Durchführung der Operationen wird nicht gegeben. Auch werden individuelle Unterschiede zwischen den Personen im allgemeinen nicht berücksichtigt.
Können diese Probleme auf einem anderen Weg der Lösung nähergebracht werden? Dieser Frage ist die zweite Hälfte dieses Abschnittes gewidmet.

2.5 Modelle zur Rekonstruktion richtiger und falscher Lösungen

Auf die Frage: «Was soll wie modelliert werden?» sind offensichtlich schon bei so relativ einfachen Denkprozessen, wie sie beim Lösen der bisher behandelten Aufgaben erforderlich sind, verschiedene Antworten möglich. Allerdings resultieren je nach Art des Vorgehens Modelle, die nur bestimmte Aspekte explizieren, andere hingegen nur implizit oder gar nicht berücksichtigen und damit einer weitergehenden Analyse entziehen.
Folgende Gesichtspunkte liegen den im folgenden besprochenen Ansätzen zur Rekonstruktion richtiger und falscher Lösungen zugrunde:
(1) *Richtige Lösungen* werden erklärt, indem sie auf die *Beherrschung* und korrekte Anwendung der Teilschritte eines *Lösungsalgorithmus* zurückgeführt werden.
(2) *Falsche Bearbeitungen* werden als Ergebnis einer *korrekten Ausführung* einer *fehlerhaften* oder *unvollständigen Lösungsprozedur* aufgefaßt und somit als Indikatoren eines falschen oder lückenhaften Wissens verstanden.
(3) In den Modellen werden die *kognitiven Strukturen* und *Operationen selbst explizit repräsentiert* und nicht nur einzelne ihrer Merkmale, wie beispielsweise «Richtigkeit» und «Bearbeitungszeit».
(4) Die *Modelle* sind *symbolisch*, nicht numerisch *formuliert*, und sie sind *ausführbar*. Ein Computerprogramm, geschrieben etwa in einer Programmiersprache wie LISP, spezifiziert das Modell und generiert die Aufgabenlösungen. Die beobachteten *Leistungen* sind somit *rekonstruierbar*.
(5) Häufig wird, ausgehend von der jeweiligen Repräsentation der gegenstandsspezifischen kognitiven Strukturen und Prozesse, *für jede* einzelne *Person* ein *individuelles Modell* angestrebt.
(6) Dieser *Diagnosevorgang* kann im Prinzip *automatisiert* werden. Ein entsprechend konzipiertes Computerprogramm, das als Eingabe Aufgaben des untersuchten Gegenstandsbereichs und deren Lösungen durch einen Probanden erhält, liefert dann als Ausgabe das mit den Daten verträgliche individuelle Modell dieser Person.
Symbolisch formulierte kognitionswissenschaftliche Modelle, die diesen Gesichtspunkten entsprechen, sind den zuvor dargestellten *mathematisch-numerischen Modellen* in mehrfacher Weise überlegen. Es werden richtige und falsche Lösungen mit ausführbaren Modellen rekonstruiert. Die Möglichkeit, die Lösungen selbst zu generieren und nicht nur einzelne Lösungsaspekte zu beschreiben, beruht darauf, daß auch die kognitiven Strukturkomponenten und Prozesse explizit repräsentiert werden. Die umfassenderen Darstellungsmöglichkeiten, die symbolische kognitionswissenschaftliche Modelle auszeichnen, haben aber ihren Preis. Sie erfordern ein detaillierteres Wissen über die zu repräsentierenden kognitiven Strukturen und Prozesse und die Konzeptualisierung und computerisierte Umsetzung eines derartigen Modells sind aufwendig. Auch wirft die empirische Prüfung der im Modell getroffenen Annahmen Probleme auf, die sich bei den detailärmeren und restriktiveren mathematisch-numerischen Modellen nicht in derselben Weise stellen.
Vorteile (und Nachteile) lassen sich an der unterschiedlichen Behandlung von falschen Lösungen illustrieren. Wir beschränken uns dabei auf die in diesem zweiten Abschnitt des Kapitels 4 dargestellten Modelle. Im Lösungszeitmodell sind fehlerhafte Antworten gänzlich ausgeklammert. Im Wahrscheinlichkeitsmodell der Lösungsrichtigkeit werden Fehler als Ergebnis einer falschen Ausführung des richtigen Algorithmus gesehen. Hingegen formulierten YOUNG und O'SHEA (1981, S. 154) im Kontext eines symbolischen Modells: «It is more fruitful to regard the child as faithfully executing a faulty algorithm than as wrongly following a correct one.» Auftretende Fehler werden somit nicht als zufällig angesehen. Dem Probanden wird ein durchaus regelhaftes, sy-

stematisches, wenn auch falsches Vorgehen unterstellt. Dies hat direkte Konsequenzen für (a) den inhaltlichen Umfang und die Aussagekraft der resultierenden Modellierung, (b) für die Prüfung der empirischen Geltung und (c) für die Ableitung praktischer Schlußfolgerungen.

(a) Eine Modellierung, durch die fehlerhafte Lösungen auf mangelhaftes, falsches oder auch fehlendes Wissen zurückgeführt werden, ist aus psychologischer Sicht wesentlich interessanter als ein Ansatz, der zur Erklärung dieser Art von beobachtetem Verhalten nichts beiträgt.

(b) Während in mathematisch-numerischen Modellen die Möglichkeit von Zufallsfehlern im allgemeinen berücksichtigt wird und ihnen in der statistischen Modellgeltungsprüfung eine zentrale Rolle zukommt, ist die Mehrzahl symbolischer Modelle rein deterministisch formuliert. Zufälligen Abweichungen von einzelnen Annahmen, beispielsweise durch das Auftreten unsystematischer, psychologisch-inhaltlich unbedeutender Fehler, wird nicht Rechnung getragen.

(c) Wenn es zutrifft, daß beispielsweise Schüler viel häufiger falsche Prozeduren anwenden, als daß ihre Antworten Ergebnis von Zufallsfehlern sind, hat dies für den Unterricht wichtige Konsequenzen. Ein Schüler, der eine unvollständige oder teilweise falsche Aufgabenlösungsprozedur anwendet, kann durch eine systematische Gegenüberstellung seiner fehlerhaften und der richtigen Teilschritte sicherlich rascher zum Verständnis der vollständig richtigen Prozeduren geführt werden, als wenn er nur auf die Anzahl seiner falschen Lösungen hingewiesen bzw. darüber informiert wird, welche seiner Aufgabenlösungen falsch und welche richtig sind.

Es folgt die Darstellung zweier typischer Arbeiten mit symbolischen Modellen zur Rekonstruktion richtiger und falscher Lösungen. Es handelt sich um das viel beachtete Konzept von Brown und Burton (1978) und die ebenso wegweisende Studie von Young und O'Shea (1981). Gemeinsamer Gegenstandsbereich der beiden Arbeiten ist die schriftliche Subtraktion mehrstelliger Zahlen. Beispiele derartiger Aufgaben (mit richtigen und falschen Lösungen und mit Hinweisen auf unterschiedliche Lösungsalgorithmen) enthält Abbildung 1 am Beginn dieses Abschnitts. Die dargestellten Formalismen zur Wissensrepräsentation sind natürlich nicht auf diesen Inhaltsbereich beschränkt; sie können aber an ihm gut dargestellt werden.

2.5.1 Der Ansatz von Brown und Burton (1978)

Die Arbeit «Diagnostic Models for Procedural Bugs in Basic Mathematical Skills» von John Seely Brown und Richard Burton (1978; vgl. auch Spada & Reimann, 1988; Wenger, 1987) markiert den Beginn der Analyse von einfachen Arithmetikaufgaben mit symbolisch formulierten kognitionswissenschaftlichen Modellen. Brown und Burton setzten die methodischen Standards für die Forschung in diesem Bereich und regten eine ganze Reihe weiterführender Arbeiten an. Ihr erklärtes Ziel war es, für jeden untersuchten Schüler anhand seiner Aufgabenbearbeitungen ein Modell seines korrekten bzw. fehlerhaften Aufgabenlösungsverhaltens abzuleiten. Aufgrund der größeren Schwierigkeit und der Vielzahl beobachteter Aufgabenlösungsvarianten wurden Subtraktionen als hauptsächliches Analyseobjekt gewählt, obwohl die ersten Studien zu Additionsaufgaben durchgeführt worden waren.

Zur Repräsentation des Wissens, das der Lösung derartiger Aufgaben zugrundeliegt, arbeiteten Brown und Burton (1978) mit einem *prozeduralen Netzwerk*. Dies ist ein Formalismus, der kurz zuvor von Sacerdoti (1977) vorgeschlagen wurde, um eine hierarchische, durch Und/Oder-Zielstrukturen verbundene Abfolge von in ihren Zielsetzungen kommentierten Schritten zu beschreiben, wie sie beispielsweise bei der Aufstellung und Abarbeitung eines Plans zur Lösung eines Problems auftreten kann (vgl. für weiterführende Überlegungen auch Nilsson, 1980). Für die Anwendung des Formalismus bei Brown und Burton war wesentlich, daß damit der kontrollierte Ablauf eines aus vielen und vielfach benötigten Prozeduren bestehenden Algorithmus beschrieben werden kann, von denen in Abhängigkeit von der gestellten konkreten Aufgabe jeweils nur eine Teilmenge tatsächlich zur Anwendung kommt. Diese Form der Repräsentation ermöglicht eine *Klassifikation aller Proze-*

duren, die in der Bearbeitung der Aufgaben eines bestimmten Gegenstandsbereichs auftreten können, und zwar *anhand ihrer Stellung im Ablauf der Gesamtprozedur.* Die Zerlegung der Prozeduren in Teilprozeduren wird so lange fortgesetzt, bis auf dem erreichten Niveau anstelle lernbedingter systematischer Fehler nur noch – wenn überhaupt – mit Zufallsfehlern zu rechnen ist.

Sehen wir uns aber jetzt Details der Umsetzung dieses Formalismus bei BROWN und BURTON (1978) für Subtraktionsaufgaben an. (Diese Darstellung ist in einzelnen Teilen übernommen aus SPADA & REIMANN, 1988.)

Ein prozedurales Netzwerk besteht aus einer Menge von *Prozeduren,* die die *Knoten des Netzwerks* bilden. Sie sind *durch Aufrufbeziehungen miteinander verbunden.* Jede Prozedur hat zwei Teile, eine Beschreibung ihrer Funktion und einen Teil, der diese Funktion realisiert und aus einem oder mehreren kurzen LISP-Programmen besteht, die Methoden genannt werden. Die Konzeption mehrerer Programme pro Funktion berücksichtigt den Fall, daß verschiedene Methoden zur Realisierung derselben Funktion einsetzbar sind.

Was leistet diese Repräsentationsform? Zum einen stellt sie eine umfassende und detaillierte Beschreibung des Lösungsalgorithmus dar, in dem der gesamte Rechenvorgang in Prozeduren zerlegt wird, wobei auch deren Zusammenhang und ihre jeweilige Abfolge explizit abgebildet werden. In der von BROWN und BURTON (1978) vorgestellten Modellierung sind derartige Prozeduren beispielsweise die Subtraktion in einer Spalte, die als Unterziel damit verbundene Prüfung, ob eine Borgeprozedur erforderlich ist, die Durchführung dieser Prozedur und die eigentliche Subtraktion der Zahlen der Spalte, evtl. nachdem der Minuend durch die Borgeprozedur um 10 vergrößert wurde. Abbildung 4 gibt einen Ausschnitt des prozeduralen Netzwerks von BROWN und BURTON für die Subtraktion wieder. Sie zeigt, auf welche Prozeduren die Subtraktion in einer Spalte zurückgeführt wird und wie diese Prozeduren wieder in Teilprozeduren zerlegt werden. Dabei ist die Spaltensubtraktion selbst nur ein mehrfach wiederkehrender Schritt bei der Subtraktion mehrstelliger Zahlen. Die Abfolge der Prozeduren wird an einem Beispiel in Tabelle 3 illustriert.

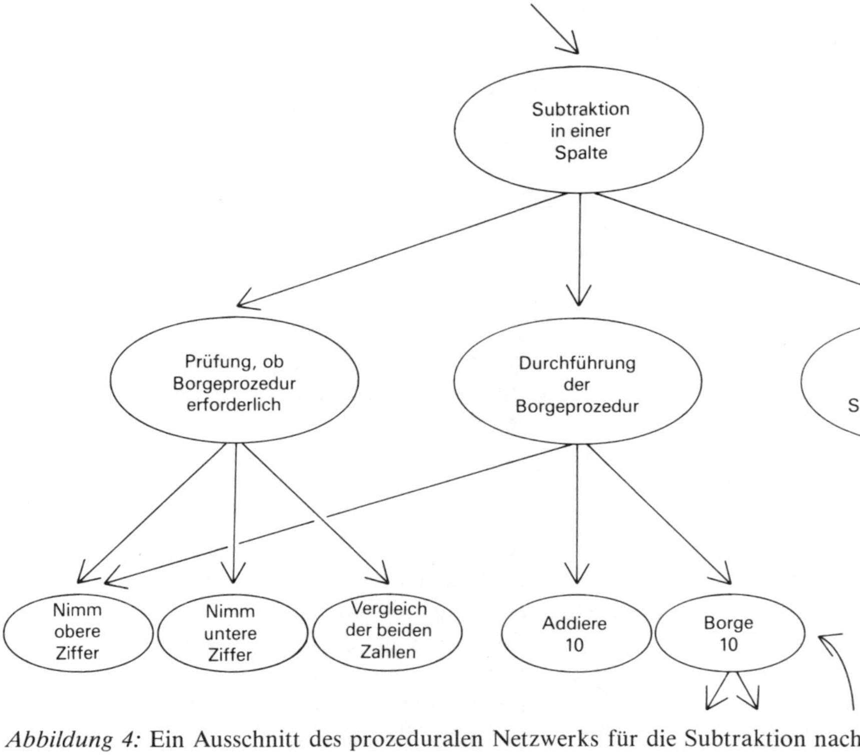

Abbildung 4: Ein Ausschnitt des prozeduralen Netzwerks für die Subtraktion nach BROWN & BURTON (1978, S. 162).

Tabelle 3: Eine Aufgabe zur Veranschaulichung der einzelnen Komponenten und ihrer Abfolge des in Abbildung 4 dargestellten Ausschnitts eines prozeduralen Netzwerks für die Subtraktion. Es werden nur die Prozeduren angeführt, die Teil des Ausschnitts sind.

	8	~~7~~	~~4~~
		6	14
−	1	2	8
	7	4	6

Subtraktion in der rechten Spalte
- Prüfung, ob Borgeprozedur erforderlich
  - Nimm obere Ziffer → 4
  - Nimm untere Ziffer → 8
  - Vergleiche die beiden Zahlen → 4<8

  (Prüfung, ob Borgeprozedur erforderlich, mit positivem Ergebnis abgeschlossen, da Minuend kleiner als Subtrahend)
- Durchführung der Borgeprozedur
  - Nimm obere Ziffer → 4
  - Addiere 10

    .

    (Addiere 10 mit dem Ergebnis abgeschlossen, daß im Minuend in der rechten Spalte eine «14» steht)
  - Borge 10

    .
    .
    .

    (Borge 10 mit dem Ergebnis abgeschlossen, daß im Minuend in der mittleren Spalte eine «6» steht)

  (Durchführung der Borgeprozedur abgeschlossen)
- Durchführung der Spaltensubtraktion

  .
  .
  .

  (Durchführung der Spaltensubtraktion mit dem Ergebnis abgeschlossen, daß an der Einerstelle des Ergebnisses eine «6» steht)

(Subtraktion in der rechten Spalte abgeschlossen)

Dieser Analyseprozeß wurde von Brown und Burton (1978) solange fortgesetzt, bis man auf der Ebene sog. primitiver, aus der Sicht der Autoren eine weitere Zerlegung nicht mehr erfordernder Teilprozeduren angelangt war. Als *primitive Teilprozeduren* gelten in dieser Modellierung beispielsweise das Erkennen einer Ziffer und ihre korrekte Eingabe in den Rechenprozeß («Nimm obere Ziffer», «Nimm untere Ziffer»), der Übergang zur nächsten Spalte, das Schreiben einer Ziffer, aber auch der «Vergleich zweier Zahlen» zur Feststellung, welche der beiden größer ist. Auch die von keiner weiteren Operation begleitete Addition und Subtraktion von Zahlen, wie in der Aufgabe «4+10 = 14», als Teil der Durchführung der Borgeprozedur, und «14−8 = 6», die Spaltensubtraktion im engeren Sinn, werden den primitiven Teilprozeduren zugezählt. In der Abbildung sind sie daran zu erkennen, daß sie selbst nicht auf weitere Teilprozeduren verweisen.

Alle primitiven Teilprozeduren sind dadurch gekennzeichnet, daß unter Berücksichtigung des Entwicklungs- und Kenntnisstandes der Schüler bei ihnen nicht mit systematischen Fehlern zu rechnen ist. Dies bedeutet allerdings keineswegs, daß die Anzahl von Fehlern bei ihrer Durchführung generell vernachlässigbar klein wäre. Da sie als «zufällige» Fehler aber nicht modelliert sind, ist als Konsequenz eine hundertprozentige Übereinstimmung zwischen dem individuellen Modell eines Schülers und den mit seiner Hilfe generierten Antworten auf der einen Seite und den tatsächlich vom Schüler gegebenen Antworten andererseits nicht zu erwarten.

Fehlwissen im Sinne *systematisch fehlerhafter Prozeduren* kann mittels desselben Formalismus abgebildet werden, wie er zur Repräsentation des korrekten Lösungsalgorithmus angewandt wird. Derartige «Bugs», um den im Englischen in diesem Zusammenhang gebräuchlichen Ausdruck zu verwenden, werden simuliert, indem man Prozeduren, also Knoten des Netzwerks und ihre gegenseitigen Aufrufbeziehungen verändert. Man kann im Rahmen dieser Repräsentationsform folgende *Typen von Fehlwissen* unterscheiden.

(a) Eine oder mehrere Prozeduren fehlen.

(b) Eine oder mehrere Prozeduren arbeiten falsch.

(c) Der wechselseitige Aufruf von Prozeduren ist fehlerhaft; Prozeduren werden in einer falschen Reihenfolge abgearbeitet.

Natürlich kann *eine* falsche Prozedur auch *mehrere* korrekte Prozeduren ersetzen.

Eine wichtige Eigenschaft des Ansatzes von Brown und Burton ist, daß die für die einzelnen Schüler resultierenden Modelle *ausführbar* sind; sie liefern Antworten auf Subtraktionsaufgaben, die je nach zugrundegelegten

Prozeduren richtig oder falsch sind. Über den Formalismus des prozeduralen Netzwerkes wird ein Programm definiert, mit den Knoten als Unterprogrammen und den Verbindungen zwischen ihnen als Kontrollstruktur.

Zur Konkretisierung der Vorstellungen über fehlerhafte Prozeduren und zur *empirischen Prüfung des Ansatzes* standen aus einem Unterrichtsprojekt von SEARLE, FRIEND und SUPPES (1976) die Daten von 1325 nicaraguanischen Schülern der Klassenstufen 4 bis 6 zur Verfügung. Ihnen waren u.a. je 15 Subtraktionsaufgaben des von BROWN und BURTON untersuchten Typs vorgelegt worden. Anhand eines Teils dieser Daten wurde, gestützt auf die in die Modellierung eingegangene detaillierte sachlogische Analyse der möglichen Lösungsprozeduren, eine Vielzahl von systematischen Fehlern (bugs) in der Bearbeitung der Aufgaben erschlossen. Dabei wurden *einfache und* aus zwei oder einer größeren Anzahl von einfachen *zusammengesetzte fehlerhafte Prozeduren* unterschieden. Aufgrund der kombinatorischen Explosion stellen letztere ein besonderes Problem bei der Ermittlung der individuellen Schülermodelle dar. Letztlich arbeiteten BROWN und BURTON (1978) mit einer Fehlerbibliothek von 60 einfachen und 270 zusammengesetzten fehlerhaften Prozeduren. In einer späteren Arbeit listet BURTON (1982) sogar 110 einfache fehlerhafte Prozeduren auf.

Eine Form einer *automatisierten* Erstellung eines individuellen Schülermodells, die sich direkt aus dem Ansatz von BROWN und BURTON ableiten läßt, ist die folgende: Man gebe alle Aufgaben, die von einem Schüler bearbeitet wurden, in ein Programm ein, welches die korrekte(n) Lösungsprozedur(en) und alle einfachen und – soweit sie berücksichtigt werden sollen – zusammengesetzten fehlerhaften Prozeduren in Form eines prozeduralen Netzwerks enthält. Dann generiere man für jeden Fall die aus der Anwendung der jeweiligen Prozeduren resultierenden Aufgabenlösungen. Schließlich vergleiche man die Schülerantworten mit den rekonstruierten Lösungen. Wenn in einem Fall genau die Lösungen resultieren, die auch der Schüler erarbeitet hat, ist das Diagnoseproblem gelöst. Bei einer geeigneten Auswahl von Testaufgaben lassen sich schon bei einer geringen Anzahl von Items eine Vielzahl von fehlerhaften Prozeduren diagnostizieren, vorausgesetzt es treten keine Zufallsfehler auf. Auf Möglichkeiten ihrer Berücksichtigung im Diagnoseprozeß geht BURTON (1982) ein. In welchem Verhältnis stehen aber systematische und zufällige Fehler?

An dem schon erwähnten Datensatz nicaraguanischer Schüler zeigten BROWN und BURTON (1978), daß das Antwortverhalten von 39% dieser Kinder mit der Anwendung einer oder zweier fehlerhafter Prozeduren erklärt werden kann. Weitere etwa 12% der Schüler gaben ausschließlich oder auf nahezu alle Aufgaben richtige Antworten, wandten also systematisch eine korrekte Rechenprozedur an. Bei 35% sprechen BROWN und BURTON vom Auftreten verschiedener fehlerhafter Prozeduren, ohne daß eine eindeutige Rückführung des Antwortverhaltens möglich gewesen wäre. Das Antwortverhalten der restlichen Kinder konnte mit diesem Ansatz überhaupt nicht beschrieben werden. Dieses Ergebnis mag auf den ersten Blick enttäuschen. Offensichtlich ist doch mit einer beträchtlichen Anzahl von unsystematischen Fehlern zu rechnen. Andererseits ist zu berücksichtigen, daß der zur Verfügung stehende Datensatz nicht für diesen Zweck erhoben wurde, so daß beispielsweise die jeweils vorgelegten 15 Subtraktionsaufgaben für die Erfassung eines Teils der fehlerhaften Rechenprozeduren nicht optimal geeignet waren. Zugleich ist zu bedenken, daß immerhin für 39% der Schüler das Ergebnis einen direkten Weg zeigt, wie durch gezielte Unterrichtung die den falschen Antworten zugrundeliegenden Fehler in Zukunft mit hoher Wahrscheinlichkeit ausgeschlossen werden können.

Der häufigste Fehler trat übrigens im Rahmen der Borgeprozedur auf. In 153 der 1325 Testbearbeitungen wurde es unterlassen, in den Fällen, in denen an der Stelle des Minuenden, die um 1 zu reduzieren ist, eine 0 steht, auch die übernächste Stelle in die Borgeprozedur einzubeziehen (vgl. Abbildung 1, Beispiel e, am Anfang dieses Abschnitts).

Nur am Rande sei darauf hingewiesen, daß der Ansatz von BROWN und BURTON (1978) auch dazu herangezogen wurde, *Lehrer im Erkennen von systematischen Fehlern* bei arithmetischen Aufgaben zu *schulen.*

Die Frage der empirischen Geltung der dem

Ansatz von Brown und Burton zugrundeliegenden Annahmen läßt eine eindeutige Antwort nicht zu. Welche zusätzlichen Bewertungskriterien sind heranzuziehen? Welche Folgerungen für die weitere Forschung ergeben sich? Betrachten wir dazu kritisch den Repräsentationsformalismus eines prozeduralen Netzwerks und fragen wir uns abschließend, was er *nicht* leistet. Wenger (1987, S.157) führt dazu an: «In the representational language of procedural networks, any buggy subprocedure is only related to the correct one by virtue of carrying out the same subgoal, that is of being called under the same circumstances ... The language has no facility for explicitly representing the semantic nature of the deviation the bug stands for, let alone how it was generated». Der Formalismus stellt also eine Architektur bereit, in die fehlerhafte Prozeduren durch Ersetzung korrekter eingeordnet werden können; die Bedeutung des einzelnen Fehlers und die Art seiner Entstehung können in diesem Formalismus aber nicht ausgedrückt werden. Darüber hinaus ist auch die Abbildung von fehlerhaften Prozeduren in den Fällen schwierig, in denen eine Änderung der durch das prozedurale Netzwerk definierten relativ starren Kontrollstruktur notwendig wäre. In nachfolgenden Arbeiten wurden daher flexiblere und zugleich mächtigere Formalismen zur Repräsentation von Wissen und seiner Veränderung herangezogen, beispielsweise wie bei Young und O'Shea (1981) Produktionssysteme.

2.5.2 Die Studie von Young und O'Shea (1981)

Produktionssysteme (Klahr, Langley & Neches, 1987; Newell, 1973; Opwis, 1988; vgl. auch Kapitel 10, Ausgewählte Methoden, Abschnitt 4.3) sind ein zur Modellierung von wissens- und denkpsychologischen Theorien häufig und erfolgreich angewandter Formalismus. Eine interessante Arbeit zum Gegenstandsbereich der Subtraktion wurde von Young und O'Shea (1981) vorgelegt. Sie verwendeten in ihrer Studie das Programmsystem OPS2 (*O*fficial *P*roduction *S*ystem, Version *2*; Forgy & McDermott, 1977). OPS2 stellt, wie eine Reihe anderer Computerprogramme dieses Typs, ein Werkzeug für eine vereinfachte Entwicklung von Modellierungen in Form von Produktionssystemen bereit. Generell umfassen derartige Systeme

(a) einen oder mehrere *Datenspeicher,*
(b) einen oder mehrere *Produktionenspeicher* und
(c) einen *Interpreter.*

Der Produktionenspeicher enthält Wissen in Form von «Wenn ..., dann ...-Regeln». Dies sind die sog. «*Produktionen*». Ein Beispiel aus der Arbeit von Young und O'Shea (1981) ist die folgende Regel, hier in einer verbalen Umschreibung. (Die von den Autoren gewählten und hier übernommenen Regelnamen sind leider nicht sehr einprägsam.)

Name:	B2A
Bedingung:	Wenn S > M,
Aktion:	dann Borgeprozedur erforderlich.

Dabei steht S für eine Zahl in einer Spalte des Subtrahenden, z.B. «8», M für die entsprechende Zahl im Minuenden, «4». (Führen Sie sich bitte zum besseren Verständnis dieser Aussage und der folgenden Ausführungen die Subtraktion mit dem Minuenden «74» und dem Subtrahenden «28» vor Augen und denken Sie an den Lösungsalgorithmus, dessen Borgeprozedur ausschließlich den Minuenden betrifft.) Generell spezifiziert der «Wenn-Teil» einer Regel die Bedingungen, die anhand des jeweiligen Inhalts des Datenspeichers geprüft werden. Sie müssen erfüllt sein, damit die im «Dann-Teil» definierten Aktionen ausgeführt werden können. Im Falle der Produktion B2A wird geprüft, ob der Datenspeicher die Information enthält, daß S größer als M ist. Sie kann das Ergebnis eines in einer vorausgegangenen Produktion als Aktionsteil durchgeführten Vergleichs der beiden Zahlen sein. Wenn die Bedingung erfüllt ist, wird die Produktion B2A ausgeführt und als Aktion im Datenspeicher die Information hinterlegt, daß eine Borgeprozedur erforderlich ist. Der Inhalt des Datenspeichers ist nun so verändert, daß der Bedingungsteil von Produktionen erfüllt wird, die zuvor aufgrund fehlender Passung nicht hätten ausgeführt werden können. In der Modellierung von Young und O'Shea (1981) sind dies die Produktionen

BS1

Wenn Borgeprozedur erforderlich, dann addiere 10 zu M.

und

BS2

Wenn Borgeprozedur erforderlich, dann verringere die Zahl in der nächsten Spalte des Minuenden um 1.

Wie man sieht, sind die Bedingungsteile der beiden Produktionen identisch. Sie wären somit beide gleichermaßen ausführbar. Da aber im allgemeinen immer nur eine Produktion zu einem Zeitpunkt «feuern» kann, besteht ein *Konflikt*. Seine *Lösung* ist Teil der Aufgaben des *Interpreters*. Er beinhaltet das *allgemeine Kontrollwissen* des Systems, während das gegenstandsspezifische Kontrollwissen im Bedingungsteil der Produktionen selbst repräsentiert ist.

Durch den Interpreter (vgl. für eine umfassendere Darstellung Opwis, 1988) werden

(a) die in den «Wenn-Teilen» der Produktionen definierten Bedingungen durch Vergleich mit dem jeweiligen Inhalt des Datenspeichers daraufhin ausgewertet, ob sie zum gegebenen Zeitpunkt erfüllt sind *(Auswertung)*. Das Ergebnis dieses Prüfprozesses ist die Menge der momentan potentiell ausführbaren Produktionen. Während im Beispiel der beiden Borgeprozedurproduktionen identische Bedingungsteile zum Konflikt führen, umfaßt die Menge der ausführbaren Regeln im allgemeinen solche mit unterschiedlichen Bedingungsteilen, allerdings nur diejenigen mit Passung zu Inhalten des Datenspeichers.

(b) Die *Auswahl* der letztendlich auszuführenden Produktion und damit die Konfliktlösung orientiert sich an verschiedenen Kriterien, die von System zu System unterschiedlich sein können. Sie sollen (1) verhindern, daß eine Produktion mit Zugriff auf dieselben Elemente des Datenspeichers mehrmals hintereinander ausgeführt wird (Vermeidung von Endlosschleifen), (2) sicherstellen, daß neue Inhalte des Datenspeichers eher die Ausführung einer Produktion auslösen als ältere, und (3) gewährleisten, daß spezifische Produktionen gegenüber allgemeinen bevorzugt werden. In dem von Young und O'Shea (1981) im Rahmen von OPS2 genutzten Interpreter spielt auch noch die Reihenfolge, in der die Produktionen in das System eingegeben wurden, eine – wenn auch nachrangige – Rolle.

(c) Zuletzt wird die im Aktionsteil der ausgewählten Produktion definierte Operation ausgeführt *(Ausführung)*.

Die Abarbeitung eines im Rahmen von Produktionssystemen formulierten Programms besteht nun in der Hintereinanderausführung mehrerer bzw. vieler solcher *Auswertungs-Auswahl-Ausführungs-Zyklen*.

Für die weiter oben dargestellten Produktionen BS1 und BS2 der Borgeprozedur spielt die Reihenfolge ihrer Abarbeitung keine Rolle. Durch den Interpreter ist sicherzustellen, daß sie *beide* bei der Durchführung einer Borgeprozedur *einmal* durchgeführt werden.

Produktionen als «Wenn-Dann-Regeln» enthalten *sowohl Kontrollwissen* im Bedingungsteil *als auch operatives Wissen* im Aktionsteil. «Rules ... specify what is to happen and when.» (Young & O'Shea, 1981, p. 173.) Dies macht Produktionssysteme zu einer mächtigen und flexiblen Form der Wissensrepräsentation. Im Gegensatz dazu beinhalten die Knoten eines prozeduralen Netzwerks nur operatives Wissen, während das Kontrollwissen in starrer Form in den Verbindungen zwischen den Knoten und damit den gegenseitigen Aufrufbeziehungen repräsentiert ist.

In einem Produktionssystem ist die Wissensrepräsentation *uniform/homogen* und *modular*. Das bedeutet, alle Wissensinhalte werden in derselben Form dargestellt, die das Wissen repräsentierenden Komponenten haben dieselbe syntaktische Struktur, und sie interagieren nicht direkt miteinander, beispielsweise über starre Aufrufbeziehungen. Der eine bestimmte kognitive Leistung rekonstruierende Ablauf der Produktionen kommt «fast wie von selbst» dadurch zustande, daß die Anwendung einer Regel den Inhalt des Arbeitsspeichers so ändert, daß ihr eine nun passende Produktion folgt usw. Ohne die Funktion eines geeignet konstruierten Interpreters wäre dies allerdings unmöglich.

Im Kontext von Produktionssystemen wird somit eine geistige Fertigkeit verstanden als «made up from a collection of independent pieces each representing a chunk of codified local knowledge the child has ...» (YOUNG & O'SHEA, 1981, p. 173).

Die Modularität und die «flache» Kontrollstruktur erleichtern die Modifikation des repräsentierten Wissens wesentlich, da die Hinzufügung neuer Regeln und die Weglassung alter relativ unproblematisch sind. «The ability to write PSs (Produktionssysteme) which, when some of their rules are omitted, continue to tackle the original problem in a modified but still psychologically realistic way, contrasts favorably with the difficulty achieving this using any of the more familiar means of expressing information-processing models, such as flowcharts or sequential-flow computer language.» (YOUNG & O'SHEA, 1981, p. 171.)

Mit Blick auf die *Repräsentation unvollständigen und fehlerhaften gegenstandsspezifischen Wissens* durch Produktionssysteme lassen sich drei Fälle unterscheiden und an der Arbeit von YOUNG und O'SHEA (1981) illustrieren:

(a) Eine oder mehrere der korrekten Produktionen *fehlen*. Dies führt bei Anwendung des Produktionssystems im allgemeinen nicht zu einem Stillstand der Aufgabenbearbeitung sondern zu einer fehlerhaften Lösung. Wenn beispielsweise die Regel

CM

Wenn	M = m, S = s,
dann	Vergleiche M und S

fehlt, unterbleibt die Prüfung, ob S größer als M ist. Die Voraussetzung für die Ausführung der Produktionen B2A (Erkennen der Notwendigkeit der Borgeprozedur) und BS1 und BS2 (Durchführung der Borgeprozedur) ist nicht gegeben. Der Borgevorgang wird daher auch in den Fällen nicht durchgeführt, in denen er erforderlich wäre. Stattdessen wird in der Modellierung von YOUNG und O'SHEA (1981) über eine Produktion TS der absolute Wert der Differenz von M und S bestimmt:

TS

Wenn	Differenz zu ermitteln,
dann	Berechne den Betrag der Differenz.

Die Anwendung dieser Produktion ohne vorausgegangene Borgeprozedur führt zum falschen Ergebnis $|4-8| = 4$. Nach erfolgtem Borgevorgang würde sich das richtige Resultat in dieser Spalte mit $|14-8| = 6$ ergeben. Wenn auch die auf diesem Weg ermittelten Ergebnisse als korrektes bzw. typisches fehlerhaftes Resultat Sinn machen, so vermag doch der durch die Produktion TS repräsentierte Wissensinhalt psychologisch nicht zu überzeugen. Welches Kind, das sich in das schriftliche Subtrahieren zweier Zahlen einarbeitet, weiß etwas vom Betrag einer Zahl bzw. einer Differenz?

(b) Durch die *Veränderung* des *Bedingungs-* und/oder des *Aktionsteils einer korrekten Regel* kann eine fehlerhafte Produktion erzeugt werden. Dies sei an den falschen Regeln B2B und B1 illustriert, die beide einen gegenüber B2A veränderten Bedingungsteil aufweisen:

B2B

Wenn	M > S,
dann	Borgeprozedur erforderlich.

B1

Wenn	M = m, S = s,
dann	Borgeprozedur erforderlich.

Ist von diesen drei Produktionen B1, B2A und B2B nur B2B Teil des Produktionssystems, wird die Borgeprozedur irrtümlich gerade dann ausgeführt, wenn die Zahl des Minuenden in der eben betrachteten Spalte größer ist als die des Subtrahenden; im Falle von B1 würde die Borgeprozedur immer angewandt. Ein fehlerhaftes Wissen des letzten Typs könnte dadurch zustandekommen, daß ein Kind zur Einübung der Borgeprozedur eine ganze Reihe von Beispielen vorgelegt bekommt, die diesen Schritt erfordern. Wenn nicht gleichzeitig anhand von weiteren Aufgaben erläutert wird, unter welchen Bedingungen diese Prozedur anzuwenden ist und wann nicht, ist eine falsche Generalisierung denkbar und als deren Ergebnis eine Regel wie B1.

c) Falsche Lösungen können auch in *zusätzlichen fehlerhaften Wissenselementen* ihre Ursache haben. Ein Beispiel ist die folgende Regel:

ZNN

Wenn	M = 0, S = s,
dann	Ergebnis = s; gehe zur nächsten Spalte über.

Diese Produktion führt in den Fällen, in denen in der Spalte des Minuenden eine Null steht, dazu, daß das falsche Ergebnis $0-s=s$ ermittelt wird.

Tabelle 4: Modellierung des Wissens zur Lösung von Subtraktionsaufgaben (Young & O'Shea, 1981): Zusammenstellung der im Text behandelten korrekten und fehlerhaften Produktionen, Ausschnitt der Abfolge der Produktionen bei der korrekten Bearbeitung der Subtraktion mit dem Minuenden 74 und dem Subtrahenden 28. (Es werden auch hier nur die diskutierten Produktionen angeführt.)

(<Name>	<Bedingungsteil>	<Aktionsteil>)
Einige korrekte Regeln		
B2A	S > M	Borgeprozedur erforderlich
BS1	Borgeprozedur erforderlich	Addiere 10 zu M
BS2	Borgeprozedur erforderlich	Verringere (um 1)
CM	M = m, S = s	Vergleiche M und S
TS	Differenz zu ermitteln	Berechne den Betrag der Differenz
Einige fehlerhafte Regeln		
B2B	M > S	Borgeprozedur erforderlich
BA	M = m, S = s	Borgeprozedur erforderlich
ZNN	M = 0, S = s	Ergebnis = s, gehe zur nächsten Spalte
Ausschnitt der Abfolge der Produktionen		
., CM, B2A, BS1, BS2,., TS, ..., CM, ., TS, ...		

Tabelle 4 faßt die Ausführungen durch eine Auflistung der behandelten Produktionen zusammen.

Diagnose individuellen Wissens bedeutet bei diesem Ansatz den Rückschluß von den richtigen und falschen Aufgabenbearbeitungen eines Schülers auf eine Menge korrekter und fehlerhafter Produktionen. Es wird also jenes Produktionssystem ermittelt, das Aufgabenlösungen generiert, die sich möglichst exakt mit den tatsächlich bei Schülern gefundenen Antworten decken.

Zur *empirischen Prüfung* ihres Ansatzes konnten auch Young und O'Shea (1981) auf einen schon vorliegenden Datensatz zurückgreifen. Es handelt sich um 1549 Bearbeitungen von Subtraktionsaufgaben, zurückgehend auf 51 Tests unterschiedlichen Umfangs, durchgeführt an 10 Jahre alten Schulkindern. Über Arbeitsblätter gab es direkte Informationen zumindestens zu den Rechenprozeduren, die Spuren auf den Blättern hinterlassen hatten. Dadurch war es möglich, das Verhältnis von für die Modellierung uninteressanten reinen Rechenfehlern zu den systematischen, in der Mehrzahl algorithmischen Fehlern zu schätzen. Es betrug etwa 2 zu 3. Von den 178 diagnostisch relevanten Fehlern in den 51 Testbearbeitungen konnten anhand von nur 8 Produktionssystemen zur Abbildung verschiedener Formen fehlerhaften Wissens 160 korrekt «vorhergesagt» werden, bei 18 war das nicht möglich. 32 Fehler wurden abgeleitet, die tatsächlich nicht aufgetreten waren. Das Verhältnis von theoretischer Vorhersage und beobachteten Antworten ist noch etwas günstiger zu beurteilen, wenn man berücksichtigt, daß einzelne Kinder während der Testbearbeitung von einer falschen Rechenprozedur auf eine korrekte übergingen, ein Vorgang, der zur Inkonsistenz der Vorhersagen beiträgt, da Lernen in der Modellierung unberücksichtigt blieb.

Neben dem das korrekte Lösungsverhalten rekonstruierenden Produktionssystem wurden als besonders häufige individuelle Schülermodelle die folgenden drei Produktionssysteme diagnostiziert:

- die korrekten Produktionen, aber ohne B2A und mit der fehlerhaften Regel B2B
- die korrekten Produktionen mit der fehlerhaften Regel ZNN
- die korrekten Produktionen, aber ohne CM bzw. B2A.

Überlegen Sie sich für einige selbst gewählte Aufgaben, ob und zu welchen Fehlern die einzelnen Regelmengen Anlaß geben!

Zusammenfassend und im Vergleich zur Bewährung der Modellierung von Brown und Burton (1978) läßt sich sagen, daß von den 51 Testbearbeitungen 25% ausschließlich richtige Lösungen aufwiesen und damit anhand des Produktionssystems zur Abbildung korrekten Wissens beschreibbar waren; 10% konnten perfekt anhand von Systemen mit fehlerhaften Produktionen bestimmt werden, weitere 24% bis auf eine Aufgabe und nochmals 20%, wenn man die reinen Rechenfehler nicht berücksichtigt. Auch wenn die beiden Datensätze nicht direkt vergleichbar sind, schneidet das Vorgehen von Young und O'Shea (1981) zweifelsohne nicht schlecht ab, insbesondere wenn man die geringe Anzahl der dabei zur Erklärung der interindividuellen Unterschiede herangezogenen Produktionssysteme (im Vergleich zu der großen Anzahl von «bugs» bei BROWN & BURTON, 1978) in Rechnung stellt.

2.5.3 Diagnose und tutorielle Förderung

Bei Modellen zur Rekonstruktion richtiger und falscher Lösungen ist Diagnose mehr als die Feststellung, wieviele Aufgaben eine Person richtig gelöst hat. Was man erreicht - Modellgeltung vorausgesetzt - ist eine Diagnose in Form eines detaillierten Bildes von gegenstandsspezifischem Wissen der untersuchten Person, das Informationen über korrekte und fehlerhafte Komponenten der interessierenden geistigen Fertigkeit enthält. Das manifeste Aufgabenverhalten wird auf die latente Ebene richtiger und fehlerhafter Wissenselemente bezogen.

Was ist allgemeinpsychologisch, was differentiellpsychologisch bei diesen Modellen? Allgemeingültigkeit beansprucht die Art des gewählten Repräsentationsformalismus, also die Festlegung der Form der Wissenselemente und der Kontrolle des Ablaufs der kognitiven Prozesse. Auch die Gesamtmenge der bei einem Gegenstand unterschiedenen korrekten und fehlerhaften Wissens- und Denkkomponenten beschreibt den Aufgabentyp in Wechselwirkung mit der gesamten untersuchten Population von Probanden. Der einzelne wird durch die ihm zugeschriebenen richtigen und mangelhaften kognitiven Komponenten, d.h. durch sein individuelles Modell, charakterisiert.

Für *Fragen des Lernens und Lehrens* des betreffenden Wissensgegenstands und der tutoriellen Förderung des einzelnen lassen sich anhand von Modellen zur Rekonstruktion richtiger und falscher Lösungen eine Reihe von Erkenntnissen gewinnen. Korrekte Lösungswege werden in den Modellen mit jenem Auflösungsgrad beschrieben, wie er für die Unterrichtsgestaltung besonders vorteilhaft ist, da gerade bis auf das Niveau jener Teilschritte heruntergegangen wird, bei dem noch mit systematischen Fehlern zu rechnen ist. Die Beschreibung dieser systematischen Fehler ist so detailliert, daß ein gezielter Unterricht zur Behebung des Fehlwissens möglich wird. Über die Modellierung des Wissens des einzelnen Schülers in verschiedenen Stadien des Lernens kann direkt in einer auch computerisierten, individuellen Förderung auf die bei ihm vermuteten Wissensdefizite und falschen Wissenskomponenten eingegangen werden.

Eine noch weitergehende Form der Modellierung bestünde darin, nicht nur die Ursachen für richtige und falsche Aufgabenbeantwortungen im Wissen und Denken einer Person zu suchen, sondern auch die *Genese dieses Wissens,* also insbesondere die Entstehung fehlerhafter Wissenselemente, zu hinterfragen. Das leisten die bisher besprochenen Ansätze nicht. Tabelle 5 zeigt diese beiden Formen einer Modellierung, den rekonstruktiven und den *generativen Ansatz.*

Tabelle 5: Rekonstruktive und generative Modellierung.

Ebene der Aufgabenlösungen
(manifeste Datenebene)
Anhand welcher Wissensstrukturen und Denkprozesse lassen sich die beobachteten richtigen und falschen Aufgabenlösungen rekonstruieren?
Ebene der Wissensstrukturen und Denkprozesse
(latente Konstruktebene)
Anhand welcher Vorgänge (Entwicklung, Lernen) lassen sich die untersuchten Wissensstrukturen und Denkprozesse generieren?
Ebene der auf den Wissensstrukturen und Denkprozessen operierenden, sie verändernden Vorgänge.

2.6 Generative Modelle: Erwerb korrekten und fehlerhaften Wissens

Aus grundlagenwissenschaftlicher Sicht wäre es unbefriedigend, die Analyse dort enden zu lassen, wo der Erwerb und die Veränderung von Wissen ins Blickfeld rücken. Auch praktische diagnostische und pädagogische Interessen sprechen dafür, bei der Erklärung von Verhalten durch zugrundeliegendes Wissen nicht stehenzubleiben. So muß bei den bisher besprochenen Modellen die Menge der korrekten und fehlerhaften Prozeduren bekannt sein, bevor das Diagnosesystem eingesetzt werden kann. Die Wissensdiagnose beruht auf einer fest vorgegebenen Bibliothek von Prozeduren («Fehlerbibliothek»). Die Nachteile bei diesem Vorgehen sind offensichtlich: Zum einen müssen die fehlerhaften Prozeduren zunächst zeitaufwendig anhand von Aufgabenanalysen und empirischen Daten identifiziert und computergerecht repräsentiert werden. Zweitens kann man nie sicher sein, daß alle relevanten Prozeduren in der Bibliothek enthalten sind. Auch kann sich eine für den Aufbau der Fehlerbibliothek sehr wünschenswerte systematische Einteilung der Fehler im wesentlichen nur an deren Bezug zu den korrekten Prozeduren orientieren. Aspekte der Fehlergenese finden in der Fehlerbibliothek keine Entsprechung.

Wir wollen daher zum Abschluß dieses Abschnitts über Wissen und Denken mit einfachen Lösungsalgorithmen zwei generative Modelle skizzieren, die aus den zuvor dargestellten Ansätzen hervorgegangen sind. Der Gegenstandsbereich bleiben Subtraktionen mit mehrstelligen Zahlen.

0 1 ~~1~~02 - 39 ——— 3	Da 9 nicht von 2 abgezogen werden kann, borge ich. Die nächste Zahl ist 0; daher verringere ich die 1 um 1 und addiere die 10 zur 2; zieht man davon 9 ab, ergibt sich 3. Da 3 nicht von 0 abgezogen werden kann, borge ich. Die nächste Zahl ist 0; mehr Zahlen gibt es aber nicht.
Sackgasse 1	Es geht nicht weiter.
Lösungs-versuch 1	Ich gehe nochmals zur Spalte mit der 3 und der 0 zurück.
Sackgasse 2 Lösungs-versuch 2	Da 3 nicht von 0 abgezogen werden kann, ziehe ich stattdessen 0 von 3 ab.
102 - 39 ——— 33	Das Ergebnis ist 3. Fertig!

Abbildung 5: Ein hypothetisches Fallbeispiel zur Illustration der Entstehung eines fehlerhaften Rechenschrittes nach dem Auftreten einer Sackgasse aufgrund eines nur unvollständig beherrschten Lösungsalgorithmus (verändert übernommen von VanLehn, 1983c, S.232).

2.6.1 Die Flickwerk-Theorie von Brown und Van Lehn (1980)

Brown und VanLehn (1980; vgl. auch VanLehn, 1983c; Spada & Reimann, 1988; Wenger, 1987) entwickelten eine computerisierte Theorie, die das Auftreten fehlerhaften algorithmischen Wissens und damit die Entstehung von falschen Rechenprozeduren am Beispiel des Subtrahierens beschreibt. Dieser Theorie lag folgende Beobachtung zugrunde. Viele Schüler, die bei Anwendung eines nur unvollständig beherrschten Rechenalgorithmus in Schwierigkeiten kommen, umgehen die sich ergebenden «Sackgassen» durch eine oft sehr kreative Ersetzung der fehlenden Teile. Diese neuen Rechenprozeduren können korrekt oder aber fehlerhaft sein, so daß der insgesamt resultierende Algorithmus häufig ein «Flickwerk» ist, das fehlerhafte Aufgabenbearbeitungen zur Folge hat. Abbildung 5 zeigt ein von VanLehn (1983c) in veränderter Form übernommenes Fallbeispiel der Entstehung eines fehlerhaften Rechenschrittes nach dem Auftreten einer Sackgasse als Folge eines unvollständigen Lösungsalgorithmus.

In dieser *Flickwerk-Theorie* (engl. Repair Theory) erfolgt die Ableitung einer fehlerhaften Prozedur in zwei Schritten: Zuerst wird der vollständige, korrekte Algorithmus unter Beachtung bestimmter Regeln durch die Weglassung einzelner Teile in einen unvollständigen überführt; dann werden die entstandenen Lücken beim Auftreten von Sackgassen, die sich bei der Bearbeitung von Aufgaben ergeben, ebenfalls regelbasiert durch Hinzufügen neuer und häufig fehlerhafter Teilprozeduren geflickt. Systematische Rechenfehler sind die Folge. Den Regeln des zweiten Schrittes kommt als allgemeinen Problemlöseheurismen eine gewisse psychologische Plausibilität zu. Es handelt sich um Strategien wie «Zurückgehen in der Prozedur um einen Schritt» und «Einfügen einer Prozedur, die unter den gegebenen Bedingungen durchführbar ist». Hingegen ist die Annahme, daß fehlerhaftes Wissen im allgemeinen seinen Ausgang von vollständig korrektem Wissen nimmt, wenig überzeugend.

Die Flickwerk-Theorie wurde unter Nutzung eines *generalisierten Und/Oder-Graphen* (engl. abgekürzt GAO-Graph) als Produktionssystem formuliert. Sie weist damit verschiedene der günstigen Eigenschaften von

Produktionssystemen auf, aber auch eine explizite Kontrollstruktur, was für derartige Systeme untypisch ist. Die Abfolge der Produktionen wird von einer Hierarchie von Und/Oder-Zielen gesteuert, die den Teilzielen eines Subtraktionsvorgangs entsprechen. Wenn aufgrund des Fehlens einer Prozedur eine Sackgasse erreicht ist, wechselt die Kontrolle von dieser speziellen Form eines Interpreters auf einen lokalen Problemlösemechanismus, der Lösungsversuche (potentielle «Flicken») zur Überwindung der Lücke generiert.

Die Flickwerk-Theorie hat insofern auch erhebliche Konsequenzen für Unterrichtsfragen, als Interventionen nahegelegt werden, die sich nicht nur auf die fehlerhaften Prozeduren beziehen, sondern auch auf die Lücken der Ausgangsprozedur, die für ihre Entstehung ursächlich waren.

Zur *empirischen Kontrolle* der Flickwerk-Theorie gingen BROWN und VANLEHN (1980) der Frage nach, wieviele der empirisch beobachteten fehlerhaften Prozeduren durch das Computermodell generiert werden können.

Je nach Modellvariante kamen sie auf 25% bis 50%, gemessen an der Häufigkeit tatsächlich festgestellter falscher Routinen. Allerdings stieg mit zunehmender Anzahl relevanter falscher Prozeduren auch weit überproportional die Häufigkeit bisher nicht beobachteter und teilweise völlig unplausibler Fehlervarianten.

Unstrittig ist, daß eine umfassende Theorie der Entwicklung von fehlerhaftem Wissen nur auf der Basis einer Theorie des Erwerbs der in Frage stehenden geistigen Fertigkeit denkbar ist. Ein entsprechender Ansatz liegt von VANLEHN (1983a, 1987) vor.

2.6.2 Das Lernsystem «SIERRA» von VANLEHN (1983a, 1987)

Unter Verwendung von Konzepten maschinellen Lernens hat VAN LEHN (1983a, 1983b, 1987; vgl. auch WENGER, 1987) eine *formalisierte Theorie induktiven Lernens* entwickelt, die den Aufbau von Rechenalgorithmen anhand geeignet ausgewählter und sequenzierter Beispielaufgaben und ihrer Lösungen zum Inhalt hat. Mit dem Ziel, die jeweiligen Aufgabenbearbeitungen nachzuvollziehen, wird der Lösungsalgorithmus, automatisiert mit den steigenden Anforderungen der Aufgaben, Schritt für Schritt erweitert. Der Erwerb fehlerhafter Prozeduren wird vor allem auf ungünstig gewählte Beispiele und eine nicht optimale Abfolge der Aufgaben zurückgeführt, also auf Fälle, die es den modellierten Lernmechanismen unmöglich machen, den Lösungsalgorithmus zielführend aufzubauen.

VANLEHN geht davon aus, daß der Erwerb einer geistigen Fertigkeit und das evtl. damit verbundene Auftreten fehlerhaften Wissens nur verstanden (modelliert) werden können, wenn man exakte *Annahmen über* die *Lernmechanismen* trifft *und* die *Informationsbasis,* auf die die Mechanismen zugreifen können, spezifiziert. Als Lernform betrachtet er ausschließlich induktives Lernen (vgl. auch den nachfolgenden Abschnitt zum deduktiven und induktiven Denken), als Lernmaterial Aufgaben des folgenden Typs:

	12	812	812	812
92	92̸	9̸2̸	9̸2̸	9̸2̸
–44	–44	–44	–44	–44
			8	48

Ziel der Arbeiten von VANLEHN ist die Modellierung der Prozesse, die es ermöglichen, den Berechnungsalgorithmus anhand derartiger Aufgaben und der angegebenen Bearbeitungsschritte induktiv zu erschließen. Mit dieser Zentrierung auf induktives Lernen soll aber keineswegs negiert werden, daß beim Erwerb von algorithmischem Wissen häufig auch einer expliziten Unterweisung eine wichtige Rolle zukommt.

Aus der Sprachpsychologie sind Konversationsprinzipien bekannt, die stillschweigend von Kommunikationspartnern eingehalten werden, um ein Verstehen des Gesagten zu ermöglichen und um den Austausch der Information zu optimieren (GRICE, 1975). In analoger Form hat VANLEHN (1983a) *Prinzipien für die Gestaltung und Sequenzierung von Aufgaben* formuliert, die den induktiven Erwerb eines Rechenalgorithmus erleichtern. Die von ihm modellierten Lernmechanismen sind nur dann erfolgreich, wenn diese Prinzipien erfüllt sind. Ihre Verletzung hat den Aufbau fehlerhaften Wissens zur Folge. Im einzelnen handelt es sich um folgende, hier sehr verkürzt wiedergegebene Regeln der Aufgabengestaltung:

- Die Aufgaben sind so zu gruppieren, daß in aufeinanderfolgenden Lektionen jeweils eine und nur eine zusätzliche Prozedur des Lösungsalgorithmus erworben werden muß.
- Die zum Erwerb einer Prozedur benötigte Mindestanzahl von Aufgaben in den einzelnen Lektionen ist sicherzustellen.
- Die Beispiele sind so aufzubauen, daß zunächst, soweit dies möglich ist, alle Zwischenschritte sichtbar gemacht werden. (Der Lernende kann davon ausgehen, daß es nicht notwendig ist, versteckte Zwischenrechnungen induktiv zu erschließen.)
- Durch die Abfolge der Lektionen ist zu gewährleisten, daß eine neue Prozedur in den bis zu diesem Zeitpunkt gelernten Algorithmus so integriert werden kann, daß eine weitergehende Umstrukturierung des schon Gelernten nicht erforderlich ist.

Unter diesen Voraussetzungen ist das *computerisierte Lernsystem SIERRA* (VanLehn, 1987) in der Lage, anhand einer Sequenz von Lektionen mit Beispielen einen korrekten Lösungsalgorithmus für das Subtrahieren selbständig (automatisiert) zu generieren.
Kern von SIERRA ist ein *Parser* (vgl. Kap. 10, Ausgewählte Methoden, Abschnitt 3). Ausgehend von den bereits erworbenen Teilfertigkeiten werden neue Probleme soweit als möglich zu bearbeiten versucht. Die Abfolge der Lösungsschritte wird vom System analysiert («geparst»). Das «Verstehen» einer Aufgabe bedeutet, eine interne Repräsentation mit Hilfe des Parsers so aufzubauen, daß die einzelnen Schritte der Aufgabenbearbeitung anhand eines für die Aufgabe spezifizierten Lösungsstrukturbaumes nachvollzogen werden können. Aufgrund der Vereinbarung, daß nur eine Prozedur pro Lektion erworben werden muß, braucht an dem Knoten, an dem der Prozeß des Parsens aufgrund eines noch nicht hinreichenden Lösungsstrukturbaumes abbricht, nur ein neues Unterziel angefügt werden. Ein erfolgreicher Lernschritt besteht in der Erschließung jener noch fehlenden Prozedur, die den Lösungsstrukturbaum für die Aufgaben der gegebenen Lektion so vervollständigt, daß ihre korrekte Bearbeitung möglich wird.
Auch wenn einige optimistisch stimmende empirische Befunde zum Vergleich der Lernergebnisse von SIERRA und von Schülern bei der Durcharbeitung derselben Sequenz von Aufgaben eines Schulbuches erhoben wurden, legt VanLehn (1983a) selbst wesentlich größeren Wert auf eine sorgfältige theoretische Begründung. Unter dem Stichwort einer *«competitive argumentation»* fordert er generell für Modellierungen dieses Typs, daß jede ihrer zentralen Annahmen expliziert und begründet werde. Dabei sei besonderes Augenmerk auf den Vergleich mit konkurrierenden Annahmen zu richten. Eine solide theoretische Argumentation könne wertvoller sein, als manches empirische Validierungsergebnis, ja sogar als das Modell selbst, für das sie ins Treffen geführt werde.
Selbstverständlich haben wir mit der Darstellung der Flickwerk-Theorie und des Lernsystems SIERRA und generell mit der Diskussion des Erlernens arithmischer Routinen nur einen kleinen Ausschnitt des Erwerbs algorithmischer Kenntnisse behandelt. Wir hoffen aber, daß die Art der Fragestellungen und der Möglichkeiten ihrer Bearbeitung an diesen Beispielen verdeutlicht werden konnten. In einem Teil des nächsten Abschnitts werden Probleme induktiven Lernens nochmals zur Sprache kommen. Im Kapitel 10, Ausgewählte Methoden, wird unter dem Stichwort «Prozeduralisierung von Wissen» diskutiert, wie in der «ACT»-Theorie von Anderson der Übergang zu automatisiert ausgeführten kognitiven Fertigkeiten modelliert wird. Ausführlich werden allgemeine Fragen des Wissenserwerbs im Abschnitt 7 des Kapitels 2, Gedächtnis und Wissen, behandelt.

3. Deduktives und induktives Denken

3.1 Deduktives Denken

Haben junge Katzen ein Milchgebiß? Stellen Sie sich vor, diese Frage würde an Sie gerichtet. Wissen Sie die Antwort in dem Sinn, daß Sie sie direkt aus dem Gedächtnis abrufen können? Oder müssen Sie nachdenken? Vielleicht antworten Sie unter Zuhilfenahme der folgenden Schlußfigur:

Katzen sind Säugetiere.
Alle jungen Säugetiere haben ein Milchgebiß.

Deshalb haben auch junge Katzen ein Milchgebiß.

Von der Richtigkeit der ersten Prämisse sind Sie überzeugt. Bezüglich der zweiten haben Sie einige Zweifel. Deshalb sind Sie auch unsicher, ob die Folgerung eine zutreffende Aussage darstellt. Die Korrektheit des Deduktionsprozesses selbst, hier die Verarbeitung eines (etwas salopp formulierten) kategorischen Syllogismus, erscheint hingegen selbstverständlich, ja zwingend. Wenn beide Prämissen zuträfen, bestünde auch an der Richtigkeit der Folgerung kein Zweifel.

Ähnlich geht es der Mutter beim Autofahren, deren Sohn auf dem Kindersitz nach Blick auf die Armaturen kräht: «Wir haben kein Benzin mehr». Nach einer kurzen Schrecksekunde kann sie ihn belehren: «Das kann nicht sein. Natürlich haben wir Benzin, das Auto fährt ja.» Vermutlich hat sie, ohne die einzelnen Schritte im Detail zu reflektieren, folgenden konditionalen Schluß gezogen:

Wenn kein Benzin, dann kein laufender Motor. Da der Motor läuft, kann die Bedingung, daß kein Benzin im Tank ist, nicht zutreffen.

Gültige deduktive Inferenzen ermöglichen, wenn die Prämissen wahr sind, die Ableitung ebenfalls zutreffender Folgerungen. Niemals kann eine falsche Konklusion durch einen gültigen Schluß aus wahren Prämissen inferiert werden.

Deduktives Denken dient der gezielten *Wissenserweiterung* durch eine aktive Verarbeitung gegebener Kenntnisse mit Hilfe von Inferenzen. Deduktiv über gültige Schlußfolgerungen erarbeitetes Wissen ist sicheres Wissen.

Wie die Beispiele angedeutet haben, werden wir uns bei diesem Thema vor allem mit zwei Varianten schlußfolgernden Denkens beschäftigen, (a) dem *Denken mit Quantoren,* also der Verarbeitung *kategorischer Syllogismen,* und (b) dem *Denken in Implikationen,* also dem konditionalen oder *bedingten Schließen.*

3.1.1 Denken in Implikationen: Konditionales oder bedingtes Schließen

Eine wichtige Form deduktiven Denkens bezieht sich auf das bedingte Schließen. Gegeben ist ein *Konditionalsatz,* bei dem zwei Aussagen *P* und *Q* durch eine *Implikation* verbunden sind.

Ein Beispiel: Wenn der Wecker tickt, dann kann Peter nicht schlafen.

In einem derartigen Satz bezeichnet man die erste Aussage *P* als das Vorderglied, die zweite Aussage *Q* als das Hinterglied. Ausgehend von einem solchen Konditionalsatz als *Hauptprämisse* und der Bestätigung oder Negation einer der beiden Aussagen *P* oder *Q* als *Nebenprämisse,* ist zu erschließen, ob die jeweils andere Aussage oder ihre Negation zutrifft, bzw. es ist festzustellen, daß ein eindeutiger Schluß gar nicht möglich ist. Dies klingt kompliziert, läßt sich aber anhand der Fortführung des Beispiels einfach erläutern.

Hauptprämisse:	Wenn der Wecker tickt, dann kann Peter nicht schlafen.
Nebenprämisse:	Peter kann schlafen.
Folgerung:	Der Wecker tickt nicht.

Dies ist ein Beispiel eines gültigen bedingten Schlusses. Man spricht vom *Modus Tollens.* Derselbe Schluß kann für beliebige Aussagen *P* und *Q* wie folgt dargestellt werden:

Wenn *P,* dann *Q.*
Q nicht gegeben.

Folgerung: *P* nicht gegeben

Oder noch kürzer:

$P \Rightarrow Q$
$\neg Q$

$\neg P$

Dabei kennzeichnet «⇒» eine Implikation und «¬» steht für eine Negation.

Tabelle 6 faßt die vier *Schlußschemata zur Implikation* $P \Rightarrow Q$ zusammen, von denen bisher erst eines, nämlich der Modus Tollens, eingeführt wurde. Sie zeigt, daß nur der *Modus Ponens,* der die Inferenz von P auf Q und damit ein Vorwärtsschließen beinhaltet, und der *Modus Tollens,* der einen Rückwärtsschluß erfor-

Tabelle 6: Die vier Schlußschemata zum Konditionalsatz $P \Rightarrow Q$, ihre Illustration an einem Beispiel und eine Wahrheitswerttabelle zur Beurteilung der Gültigkeit der einzelnen Schlußschemata.

Die vier Schlußschemata zum Konditionalsatz $P \Rightarrow Q$

Modus Ponens
$P \Rightarrow Q$
P
_____
Q gültiges Schlußschema

Negation des Vordergliedes
$P \Rightarrow Q$
$\neg P$
_____ eindeutiger Schluß nicht möglich

Bestätigung des Hintergliedes
$P \Rightarrow Q$
Q
_____ eindeutiger Schluß nicht möglich

Modus Tollens
$P \Rightarrow Q$
$\neg Q$
_____
$\neg P$ gültiges Schlußschema

Ein inhaltliches Beispiel

Hauptprämisse: Wenn große Trockenheit herrscht, dann werden die Blätter gelb.

Modus Ponens:
Es herrscht große Trockenheit.
Folgerung: Die Blätter werden gelb.

Negation des Vordergliedes:
Es herrscht keine große Trockenheit.
Eine eindeutige Folgerung, ob die Blätter gelb werden oder nicht, ist nicht möglich. Auch andere Ursachen könnten zum Gelbwerden der Blätter führen.

Bestätigung des Hintergliedes:
Die Blätter werden gelb.
Eine eindeutige Folgerung, ob eine große Trokkenheit herrscht, ist nicht möglich. Auch andere Ursachen könnten zum Gelbwerden der Blätter führen.

Modus Tollens
Die Blätter werden nicht gelb.
Folgerung: Es herrscht keine große Trockenheit.

Wahrheitswerttabelle für die Aussagen P und Q und die Implikation $P \Rightarrow Q$

P	Q	$P \Rightarrow Q$
W	W	W
F	W	W
F	F	W
W	F	F

---

derlich macht, gültige Inferenzschemata darstellen. In den anderen beiden Fällen ist – wie auch das inhaltliche Beispiel deutlich macht – ein eindeutiger Schluß unmöglich. Die Gültigkeit bzw. Nichtgültigkeit der einzelnen Schlußschemata kann man auch anhand einer *Wahrheitswerttabelle* prüfen, wie sie ebenfalls Teil der Tabelle 6 ist. Es sind für jede Aussage nur die beiden *Wahrheitswerte wahr* und *falsch* zugelassen, so daß in jedem Fall entweder die Aussage selbst oder aber ihre Negation zutrifft. Nur wenn die Aussage *P* wahr und die Aussage *Q* falsch ist, wird die Implikation $P \Rightarrow Q$ widerlegt. Dies bedeutet aber, daß unter Voraussetzung der Gültigkeit der Implikation für den Fall, daß P wahr ist, abgeleitet werden kann, daß auch Q wahr sein muß (Modus Ponens) und für den Fall «Q falsch» P ebenfalls falsch sein muß (Modus Tollens). Hingegen sind für «P falsch» und «Q wahr» als Nebenprämissen eindeutige Schlüsse nicht möglich.

Dies war ein kurzer Abriß der Regeln des *konditionalen Schließens* als *Teil der Aussagenlogik.* In ihr werden neben der schon erwähnten Negation und der Implikation auch die Konjunktion und die Disjunktion behandelt.

Aus der Fülle *empirischer psychologischer Untersuchungen* zum bedingten Schließen (vgl. Evans, 1982) greifen wir einige zu zwei zentralen Versuchsparadigmen heraus, die besonders deutlich zeigen, welche Probleme Menschen bei derartigen Inferenzen haben.

Versuchsparadigma 1: Probanden haben die Gültigkeit bedingter Schlußschemata zu beurteilen (Evans, 1977; Taplin & Staudenmayer, 1973).

Versuchsparadigma 2: Probanden müssen selbst bedingte Schlüsse bei der Bearbeitung eines Problems nach Wason (1966) ziehen (D'Andrade, 1982; Johnson-Laird & Wason, 1970; Wason & Shapiro, 1971).

Bezüglich der *Beurteilung der Gültigkeit bedingter Schlußschemata* zeigte sich generell, daß der Modus Ponens nahezu von allen Probanden korrekt als gültige Inferenzregel erkannt wird. Hingegen wird der Modus Tollens je nach experimenteller Bedingung nur von etwa zwei Drittel bis drei Viertel der Personen als valider Schluß eingestuft. Andererseits glauben nahezu gleichviele Probanden irrtümlich, daß im Falle von $\neg P$ eindeutig auf $\neg Q$

geschlossen werden kann, und daß aus der Bestätigung von *Q P* inferiert werden kann. (Man vergleiche zum leichteren Verständnis dieser Ausführungen Tab. 6.)

Wie werden diese Ergebnisse in der Literatur gedeutet? Im Falle der fälschlichen Annahme der Gültigkeit der Schlußfiguren

$$\begin{array}{c} P \Rightarrow Q \\ \neg P \\ \hline \neg Q \end{array} \quad \text{und} \quad \begin{array}{c} P \Rightarrow Q \\ Q \\ \hline P \end{array}$$

wird argumentiert (Evans, 1982), daß die Hauptprämisse, also der Konditionalsatz falsch interpretiert und kognitiv repräsentiert werde. Er werde *bikonditional* statt konditional verstanden; anstelle der Implikationsrelation werde eine *Äquivalenzrelation* angenommen. Wenn aber die Hauptprämisse bikonditional als «Wenn P, dann und nur dann *Q*» interpretiert wird, folgt tatsächlich, daß aus dem Wahrheitswert einer Aussage in allen vier Fällen eindeutig auf den Wahrheitswert der anderen Aussage geschlossen werden kann. (Wenn Sie als Übung eine Wahrheitstafel für die durch eine Äquivalenzrelation verbundenen Aussagen P und Q, analog zu der in Tabelle 6, aufstellen, wird Ihnen das Gesagte noch klarer werden.)

Die Bewertung nicht valider bedingter Schlußschemata als gültig könnte auch damit zusammenhängen, daß viele Personen nicht präzise *zwischen einem logisch eindeutigen Schluß und der Ableitung einer Hypothese unterscheiden.* Die Generierung im Alltag brauchbarer Hypothesen ist ein in seiner Wichtigkeit kaum hoch genug einzuschätzender Teil menschlichen Denkens. (Wir werden Hypothesenbildung und Hypothesenprüfung im Kontext induktiven Denkens erörtern.) Nun ist zwar anhand der Prämissen

«Wenn der Wecker tickt, dann kann Peter nicht schlafen»

und

«Der Wecker tickt nicht»

ein eindeutiger Schluß auf

«Peter kann schlafen»

nicht möglich. Aber es ist natürlich eine plausible, testenswerte Hypothese, daß Peter schlafen kann, wenn der Wecker nicht mehr tickt. In diesem Sinn erweisen sich viele ungültige Schlüsse als Ableitung sinnvoller Hypothesen und damit als wertvolle Produkte des Denkens.

Zur Erklärung der Schwierigkeiten bei der Beurteilung des Modus Tollens als gültigem Schlußschema wird angeführt (Anderson, 1988), daß sowohl die zweite Prämisse, als auch die Konklusion negierte Aussagen sind. Wir sind aber im allgemeinen nicht darin geübt, aus der Negation einer Aussage Schlüsse zu ziehen bzw. überhaupt mit verneinten Aussagen mental zu operieren. Auch erschwert die Notwendigkeit rückwärts zu schließen, also vom Hinterglied eine Inferenz auf das Vorderglied zu bilden, das Eindenken in dieses Schlußschema.

Welche *Befunde* liegen aber *zum aktiven Umgang mit bedingten Schlüssen* vor?

Auf Wason (1966) geht ein Untersuchungsparadigma zurück, das wie kein anderes Experiment zum Denken in Implikationen angeregt hat. Wir geben ein *Beispiel einer typischen Versuchsanordnung.*

Dem Probanden wird mitgeteilt, daß Karten erstellt wurden, von denen jede auf der einen Seite einen Buchstaben und auf der anderen Seite eine Zahl trägt. Vier derartige Karten werden der Vp so vorgelegt, daß für sie beispielsweise folgende Symbole sichtbar sind: R, J, 2 und 8. Die Aufgabe der Vp ist es nun, die Gültigkeit der folgenden Regel zu prüfen:

«Wenn auf der einen Seite der Karte ein R steht, dann befindet sich auf der anderen Seite eine 2».

Es sind jene der vier Karten anzugeben, die man zur eindeutigen Prüfung der Regel umdrehen muß.

Versuchen Sie zuerst selbst die richtige Lösung zu ermitteln. Allerdings haben Sie durch den vorangegangenen Text schon einen erheblichen Wissensvorsprung gegenüber den Vpn, deren deduktives Denken in solchen Untersuchungen geprüft wurde.

Tabelle 7 zeigt die über mehrere Experimente von Johnson-Laird und Wason (1970) zusammengefaßten Ergebnisse. Nur gerade 4% aller Vpn entschieden sich für die zur Prüfung der Regel notwendigen und hinreichenden Karten mit den Symbolen R und 8, also zur Anwendung des Modus Ponens und des Modus Tollens. Unter Voraussetzung der durch die Regel gegebenen Implikation R ⇒ 2, muß eine Karte

Tabelle 7: Befunde zum Untersuchungsparadigma von WASON (1966); Prüfung der Gültigkeit der Regel R ⇒ 2; Wahl der Karten mit den aufgedruckten Symbolen R, J, 2 und 8; die Ergebnisse sind übernommen von JOHNSON-LAIRD & WASON (1970).

Gewählte Karten	Prozentsatz von Personen
R, 2	46
R	33
R, 2, 8	7
R, 8	4
andere	10

mit einem R auf der anderen Seite eine 2 aufweisen (Modus Ponens), eine Karte mit einer 8, das heißt keiner 2, darf auf der anderen Seite kein R zeigen (Modus Tollens). Die große Mehrzahl wählte die Karten mit den Symbolen R und 2 oder nur die Karte mit dem R. Die Karte mit der 2 liefert aber keinerlei Information über die Gültigkeit der infrage stehenden Regel, da die andere Seite sowohl ein R als auch kein R tragen kann, ohne die Regel zu verletzen.

Die große Schwierigkeit dieser Problemstellung zum bedingten Schließen wird von EVANS (1982) unter anderem darauf zurückgeführt, daß die Vpn aktiv logische Schlußschemata entwickeln und konstruktiv in der gegebenen Situation umsetzen müssen. Auch das Verständnis des Falsifikationsprinzips ist erforderlich. Angewandt auf den vorliegenden Fall beinhaltet es, daß zur Prüfung der Gültigkeit der Implikation alle jene Karten umzudrehen sind, die die Regel verletzen könnten. Auf die gegenteilige Tendenz menschlichen Denkens, eher nach bestätigenden Informationen zu suchen, hat im Kontext dieser Aufgabenstellung schon WASON (1966) hingewiesen.

Probleme treten aber auch bei der mentalen Repräsentation des Konditionalsatzes und bei der geistigen Durchmusterung der verschiedenen Kombinationsmöglichkeiten und ihrer Passung bzw. Nichtpassung zur formulierten Regel auf. Gerade bei relativ abstrakten Inhalten, deren mentale Repräsentation und Verknüpfung durch das Hintergrundwissen der Vpn kaum unterstützt wird, sind eine unvollständige oder fehlerhafte Repräsentation und Verarbeitung sehr wahrscheinlich. Es wird im allgemeinen auch leichter sein, in den Inferenzen von den Elementen der zu prüfenden Regel, also von dem R und der 2 auszugehen, als von ihren Negationen, d. h. in diesem Beispiel dem J und der 8.

Wie deutlich die Häufigkeit richtiger Lösungen ansteigt, wenn die Repräsentation erleichtert wird, zeigen experimentelle Befunde mit Konditionalsätzen, deren Inhalte den Vpn vertraut sind. Dabei ist natürlich darauf zu achten, daß die Regel selbst nicht Teil des allgemeinen Wissens der Probanden ist. Eine derartige Untersuchung geht auf WASON und SHAPIRO (1971) zurück. Sie ließen bei formal gleicher Problemstellung, wie im bisher dargestellten Versuchsparadigma, anhand von vier Karten mit den aufgedruckten Worten «Manchester», «Leeds», «Car» und «Train» die Regel prüfen: «Every time I go to Manchester, I travel by car.» Bei diesen den Vpn bekannten und gut aufeinander beziehbaren Inhalten wählten 63% der Probanden korrekt die Karten mit den Worten «Manchester» und «train». Analoge Resultate fanden D'ANDRADE (1982) und JOHNSON-LAIRD, LEGRENZI und LEGRENZI (1972). Sie verwendeten allerdings Regeln, bei denen eine direkte Vorerfahrung nicht ausgeschlossen werden kann: «If a purchase exceeds $ 30, then the receipt must have the manager's signature on the back.», bzw. «If a letter is sealed, then it has a 50-lire stamp on it.»

In allen Fällen mit aus dem Alltag vertrauten Inhalten ist es relativ leicht, sich in der Vorstellung ein Bild von den verschiedenen Verknüpfungen der Aussagen zu machen und sie mit der in der Regel zum Ausdruck kommenden Implikation in Beziehung zu setzen. Auf die Rolle derartiger *mentaler Modelle* im Denkprozeß hat insbesondere JOHNSON-LAIRD (1983) hingewiesen. Wir werden diesen Ansatz, der auch zur Erklärung der Befunde zum bedingten Schließen herangezogen wurde, allerdings erst im Kontext kategorischer Syllogismen behandeln.

RIPS (1983) hat mit ANDS (*A Natural Deduction System*) ein *Computermodell für aussagenlogische Beweisprobleme* der folgenden Art vorgelegt:

Prämisse: Wenn nicht (*A* und *B*), dann *C*.

Folgerung: Wenn nicht *B*, dann *C*.

Es ist zu prüfen, ob sich die Folgerung schlüssig aus der Prämisse ergibt. Probleme dieses Typs gehen über das bisher behandelte reine bedingte Schließen hinaus. Die Aussagen und Aussagenverknüpfungen sind nun nicht nur unter Verwendung von Negation und Implikation, sondern auch von Konjunktion und Disjunktion formuliert. Es kann – wie in diesem Beispiel – eine, es können aber auch mehrere Prämissen gegeben sein.

Mit Hilfe des Systems *ANDS versucht* Rips (1983) *zu rekonstruieren, wie Menschen derartige Probleme lösen*. Die zentralen *Annahmen des Modells* sind:

(a) Der Mensch verfügt über eine Reihe von Inferenzregeln, die zur Prüfung der Gültigkeit derartiger Schlüsse herangezogen werden.

(b) Fehler sind darauf zurückzuführen, daß die zur Beweisführung benötigten Inferenzregeln nicht vollständig verfügbar sind.

(c) Prozesse des Vorwärtsschließens (von den Prämissen zur Folgerung) und des Rückwärtsschließens (in umgekehrter Richtung) ergänzen einander.

(d) Im Sinne einer heuristischen Lösungsfindung werden Annahmen formuliert, die zwischen Prämissen und Folgerung vermitteln. Ihr Beweis wird anschließend als Teil der Gesamtlösung versucht.

Das Modell ist in der Programmiersprache LISP in Anlehnung an den Wissensrepräsentationsformalismus der Produktionssysteme geschrieben, den wir im zweiten Abschnitt dieses Kapitels näher behandelt haben. Die potentielle Mächtigkeit dieses Formalismus wird aber in ANDS nur sehr begrenzt genutzt.

Inferenzregeln, deren Verfügbarkeit im allgemeinen angenommen wird, sind beispielsweise der Modus Ponens, aber auch die Schlußfolgerung

P oder *Q*.
Nicht *P*.

Q

und die nicht mehr gleichermaßen evidente Regel

Nicht (*P* und *Q*).

Nicht *P* oder nicht *Q*.

Diese Inferenzschemata sind im Modell als «Wenn ..., dann ...»-Regeln so spezifiziert, daß entweder Vorwärts- oder Rückwärtsschlüsse möglich werden. Am Beispiel des Modus Ponens läßt sich diese Art der Regelformulierung verdeutlichen:

Modus Ponens, Vorwärtsschluß

Bedingungen:	Wenn die Implikation $P \Rightarrow Q$ und *P* gegeben sind,
Aktion:	dann notiere *Q* als bewiesen.

Modus Ponens, Rückwärtsschluß

Bedingungen:	Wenn das momentane Teilziel der Beweis von *Q* ist und die Implikation $P \Rightarrow Q$ gegeben ist,
Aktionen:	dann setze als neues Teilziel den Beweis von *P* und – falls dieser Beweis erreicht ist – notiere *Q* als bewiesen.

Am Beginn der Bearbeitung eines aussagenlogischen Beweisproblems durch das System ANDS sind in einem Datenspeicher die gegebene(n) Prämisse(n) und die Folgerung repräsentiert. Ein Produktionsspeicher enthält die für das System verfügbaren Inferenzregeln. Nun wird der Inhalt des Datenspeichers darauf geprüft, ob er die Bedingungsseite einzelner Inferenzregeln erfüllt. Die erste Regel, für die das der Fall ist, wird ausgeführt. Entsprechend ihrem Aktionsteil werden Eintragungen in den Gedächtnisspeicher vorgenommen. Dabei wird ausgehend von den Prämissen ein Beweisbaum entwickelt und in umgekehrter Richtung von der Folgerung, also dem Ziel her, ein Teilzielbaum aufgebaut. Nach der Ausführung einer Regel wird der erweiterte Speicherinhalt aufs neue durchmustert. Die erste Inferenzregel, die sich als anwendbar erweist, wird ausgeführt usw. Wie diese Darstellung zeigt, verfügt das Modell nur über einen sehr einfachen Mechanismus zur Kontrolle des Auswertungs-/Auswahl-/Ausführungszyklus. Die Kontrollinformation ist im wesentlichen im Bedingungsteil der Inferenzregeln selbst enthalten. Wenn die Endglieder des Beweisbaumes den Teilzielen des Zielbaumes entsprechen, gilt der Beweis als geführt, das Schlußschema wird vom System als valide eingestuft.

Sehen wir uns das Ganze am schon eingeführ-

ten *Beispiel* eines aussagenlogischen Beweisproblems an. Die Darstellung ist gegenüber RIPS (1983, Abbildung 2, S. 51) vereinfacht.
Zu prüfen ist die Gültigkeit von

Wenn nicht (*A* und *B*), dann *C*.

Wenn nicht *B*, dann *C*.

In einem ersten Schritt wird die Inferenzregel

Nicht (*P* und *Q*).

Nicht *P* oder nicht *Q*.

als Vorwärtsschluß herangezogen und führt zu folgender Erweiterung des Beweisbaumes:

Wenn nicht (*A* und *B*), dann *C*.
    Wenn nicht *A* oder nicht *B*, dann *C*.

In einem späteren Schritt wird, orientiert an den aus der Folgerung «Wenn nicht *B*, dann *C*» abgeleiteten Teilzielen *C* und *B*, die es zu erfüllen gilt, und auf der Basis der Regel

Wenn *P* oder *Q*, dann *R*.
P

R

bzw.

Wenn *P* oder *Q*, dann *R*.
Q

R

die als Rückwärtsschluß formuliert ist, inferiert:

Wenn nicht (*A* und *B*), dann *C*.
Wenn nicht *A* oder nicht *B*, dann *C*.
    Wenn nicht *B*, dann *C*.
Womit die Gültigkeit der Folgerung geprüft ist.

Auf diesem Weg rekonstruiert das System ANDS von RIPS (1983) die Führung eines aussagenlogischen Beweises. Wenn die gegebene Folgerung aus der(n) Prämisse(n) inferiert werden kann, wird der Schluß als gültig, ansonsten als ungültig bewertet.
RIPS (1983) hat die in seinem Modell getroffenen Annahmen anhand von Protokollen des lauten Denkens von Probanden, denen entsprechende Aufgaben vorgelegt wurden, zu prüfen versucht, und fand ermutigende Parallelen zwischen den simulierten und den berichteten Denkabläufen.
Eine *statistische empirische Prüfung* erfolgte im Rahmen einer Modifikation des Modells. RIPS (1983) führte die Annahme ein, daß die einzelnen Inferenzregeln nur mit bestimmten Wahrscheinlichkeiten verfügbar sind. Ähnlich wie im Wahrscheinlichkeitsmodell der Lösungsrichtigkeit von SUPPES (1969, 1972; vgl. Abschnitt 2 dieses Kapitels) wird die *Wahrscheinlichkeit der richtigen Lösung eines Beweisproblems auf die Wahrscheinlichkeit der Verfügbarkeit der für dieses Problem benötigten Inferenzregeln zurückgeführt.* Anhand von Daten von Probanden, die die Validität entsprechender aussagenlogischer Schlüsse zu beurteilen hatten, wurden die Gültigkeit dieser Modellvariante geprüft und die Wahrscheinlichkeiten der Verfügbarkeit der einzelnen Inferenzregeln geschätzt. Letztere spiegeln ihre Schwierigkeit wider. Aufgrund des ungünstigen Verhältnisses von Daten (Anzahl vorgelegter Probleme) zur Anzahl der freien Parameter (für die Inferenzregeln) vermag aber diese Modellprüfung nicht zu überzeugen. Auch war der Modellgeltungstest dadurch erschwert, daß unterschiedliche Kombinationen von Inferenzregeln bei den einzelnen Aufgaben zur Lösung führen. Nicht zuletzt ist kritisch anzumerken, daß die *probabilistische Modellversion nur* auf einem *Teil der Annahmen des Modells zur Rekonstruktion der Aufgabenlösungen* beruht (vgl. die entsprechende Diskussion zum Vergleich numerisch-statistischer Modelle und symbolisch formulierter Modelle im Abschnitt 2).
Schon in der ersten Hälfte der siebziger Jahre haben LÜER (1973) und DÖRNER (1974) die Bearbeitung aussagenlogischer Beweisprobleme intensiv analysiert. Sie taten dies aus der Perspektive einer dem Informationsverarbeitungsparadigma (KLIX, 1971; NEWELL & SIMON, 1972) verpflichteten Problemlösepsychologie (vgl. auch KLUWE, 1979). Dabei wurde versucht, systematische Abfolgen elementarer Denkschritte als «Grundrhythmen» der Organisation derartiger mentaler Prozesse aufzudecken (LÜER, 1973) und auf dem Rechner zu rekonstruieren (DÖRNER, 1974). Protokolle des lauten Denkens bildeten den zentralen Teil der empirischen Basis. DÖRNER (1974) verglich aber beispielsweise auch die Lösungszeiten bei unterschiedlich komplexen Beweis-

problemen anhand der Daten der Vpn und des Simulationsprogramms. Die gefundene lineare Beziehung - verschiedene absolute Bearbeitungszeiten aber vergleichbare Unterschiede zwischen den Aufgaben - wurde als Hinweis auf die Gültigkeit der modellierten Annahmen aufgefaßt. Als wichtiger Mechanismus auch bei der Bearbeitung aussagenlogischer Beweisprobleme wurde die vom «General Problem Solver» (NEWELL, SHAW & SIMON, 1960) bekannte Mittel-Ziel-Analyse identifiziert (vgl. den Abschnitt 4 dieses Kapitels). Rückwärtsschlüsse, wie sie das Modell von RIPS (1983) postuliert, wurden selten beobachtet.

3.1.2 Denken mit Quantoren: Der kategorische Syllogismus

(1) Alle Mitglieder des Gemeinderats sind Vertreter der CVP.
(2) Einige Personen aus alteingesessenen Familien sind Mitglieder des Gemeinderats.
(3) Einige Mitglieder des Gemeinderats sind keine Bauern.
(4) Keine Frau ist Mitglied des Gemeinderats.
Sätze, wie diese, stellen *kategorische Aussagen* dar. Die in ihnen enthaltenen Quantoren *alle, einige, einige ... keine, keine* lassen sich klassifizieren als:

universell bejahend: alle,
partikulär bejahend: einige,
partikulär verneinend: einige ... keine und
universell verneinend: keine.

Ein Teil unseres Wissens um die Welt - in diesem Fall über ein Dorf in der Innerschweiz - ist in Form derartiger kategorischer Aussagen faßbar. Sie bilden aber auch die Basis für eine *deduktive Wissenserweiterung*. So können aus ihnen Schlußfolgerungen abgeleitet werden, die selbst wiederum die Form kategorischer Sätze haben. Beispielsweise folgt aus den Prämissen 1 und 2 die Aussage:
(5) Einige Personen aus alteingesessenen Familien sind Vertreter der CVP.
Aus den Sätzen 1 und 3 kann erschlossen werden:
(6) Einige Verteter der CVP sind keine Bauern.
Falsch wäre aber beispielsweise der Schluß von 1 und 4 auf
(7) Keine Frau ist Vertreterin der CVP.
Schlußschemata dieses Typs bezeichnet man als *kategorische Syllogismen.*
Während in der mathematischen Logik und der Informatik mit der *Prädikatenlogik* und anderen formalen Kalkülen, aber auch Programmiersprachen wie Prolog, Ansätze vorliegen, die weiterreichende Ausdrucks- und Analysemöglichkeiten bieten (CLOCKSIN & MELLISH, 1981, EBBINGHAUS, FLUM & THOMAS, 1978; GENESERETH & NILSSON, 1987, OBERSCHELP 1974), hat man in der Psychologie vor allem diese auf Aristoteles zurückgehenden kategorischen Syllogismen zum Untersuchungsgegenstand gemacht.
Um einen Einfluß des gegenstandsspezifischen Hintergrundswissens der Vpn auszuschließen, werden die Objektklassen, die durch kategorische Aussagen miteinander in Beziehung gesetzt werden, häufig durch Buchstaben, wie *A, B, C* repräsentiert. An die Stelle der Aussagen 1 bis 4 treten dann Sätze wie:
(8) Alle *B*s sind *C*s.
(9) Einige *A*s sind *B*s.
(10) Einige *B*s sind keine *D*s.
(11) Keine *E*s sind *B*s.
Die als Beispiele angeführten gültigen Schlüsse erhalten dadurch die Form:

Alle *B*s sind *C*s.
Einige *A*s sind *B*s.

Einige *A*s sind *C*s.

Einige *B*s sind keine *D*s.
Alle *B*s sind *C*s.

Einige *C*s sind keine *D*s.

Wie läßt sich menschliches Denken im Umgang mit derartigen Syllogismen beschreiben, welche Fehler sind typisch, wie sind sie erklärbar? Das sind die Fragen dieses Abschnitts. Vor ihrer Beantwortung ist es aber erforderlich, noch *weitere Informationen* über diese Form der Schlußschemata zu geben, um die psychologischen Befunde nachvollziehbar und einer kritischen Bewertung zugänglich zu machen.
Die Prämissen eines kategorischen Syllogismus sind jeweils so aufgebaut, daß sie einen sog. Mittelterm gemeinsam haben. In unseren

Beispielen sind dies die *B*s. Die Schlußfolgerung verbindet die beiden Randterme, z. B. die Menge der *A*s mit der Menge der *C*s. Aus der Anordnung der Randterme und des Mittelterms in den Prämissen ergeben sich vier *Figuren,* hier dargestellt in der klassischen Form mit dem Prädikat der Konklusion in der ersten Prämisse und dem Subjekt in der zweiten.

I	II	III	IV
B–C	*C–B*	*B–C*	*C–B*
A–B	*A–B*	*B–A*	*B–A*
A–C	*A–C*	*A–C*	*A–C*

Wenn man die Reihenfolge der Prämissen einer Figur ändert, hat dies auf die Gültigkeit der Schlußfigur keinen Einfluß, die Schwierigkeit der Beurteilung der Gültigkeit kann aber durchaus beeinflußt werden.

Figur I ermöglicht den Vorwärtsschluß *A–B–C* vom Subjekt der Konklusion über den Mittelterm zum Prädikat. Dies wird besonders evident, wenn man die Reihenfolge der Prämissen umdreht. Figur IV erfordert den Rückwärtsschluß *C–B–A*.

Da bei vier möglichen Quantoren pro Aussage vier Fälle zu unterscheiden und drei Aussagen pro Syllogismus und vier Figuren zu berücksichtigen sind, ergeben sich $(4\times4\times4)\times4=256$ verschiedene Syllogismen, von denen allerdings nur ein kleiner Teil gültig ist. Bei Einbeziehung des Faktors der Reihenfolge der Prämissen kommt man sogar auf $256\times2=512$ Anordungen.

Zur Beurteilung der Gültigkeit von Syllogismen und der Fehler, die viele Menschen bei diesen Schlußschemata machen, ist es hilfreich, sich die exakte logische Bedeutung der einzelnen Quantoren vor Augen zu führen. Sie deckt sich teilweise nicht mit ihrer alltagssprachlichen Interpretation. Da die in diesem Abschnitt diskutierten kategorischen Sätze Relationen zwischen jeweils zwei Mengen von Objekten ausdrücken, eröffnen *Venn-Diagramme* eine Möglichkeit, diese Aussagen zu veranschaulichen und zu interpretieren.

Abbildung 6 zeigt anhand von Venn-Diagrammen, welche Relationen zwischen zwei Mengen *A* und *B* für die *Interpretation kategorischer Aussagen* zu unterscheiden sind. In einem derartigen Diagramm symbolisiert eine Kreisfläche eine Menge von Objekten. Wenn beide Kreise identisch sind (Variante 1) bedeutet dies, daß beide Mengen dieselben Objekte enthalten. Liegt ein Kreis im anderen Kreis (Varianten 2 und 3), so zählen alle Objekte der einen Menge auch zur anderen, ein Teil der Objekte der anderen Menge fällt aber nicht unter die erstgenannte. Wenn sich die Kreise in der in Abbildung 6 als vierte Variante dargestellten Weise überschneiden, dann gibt es Objekte, die beiden Mengen angehören, jede Menge weist aber auch Objekte auf, die nicht Teil der anderen Menge sind. Falls kein Objekt der einen Menge Objekt der anderen ist, wird dies durch getrennte Kreise symbolisiert (Variante 5).

Tabelle 8 illustriert verschiedene Interpretationen kategorischer Aussagen anhand der fünf Varianten von Venn-Diagrammen der Abbildung 6. Dargestellt sind die logisch korrekte Interpretation, eine durch die umgangssprachliche Bedeutung der Quantoren fälschlicherweise nahegelegte und eine sehr eingeschränkte fehlerhafte Repräsentation. Greifen wir ein Beispiel heraus. Die kategorische Aussage «Einige *A*s sind *B*s» ist wahr, wenn eines der Venn-Diagramme 1, 2, 3 oder 4 die Relation der Objektmengen *A* und *B* zutreffend wiedergibt. Die logisch korrekte Interpretation dieser Aussage umfaßt somit alle vier angeführten Möglichkeiten. Nur die im Venn-Diagramm 5 zum Ausdruck gebrachte Beziehung der beiden Objektklassen würde diese Aussage falsifizieren. Im Vergleich zur logisch korrekten Interpretation ist die umgangssprachlich naheliegende deutlich restriktiver. Unter «Einige *A*s sind

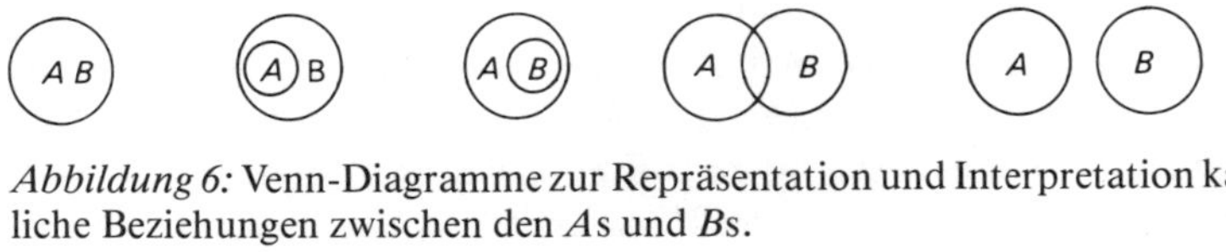

Abbildung 6: Venn-Diagramme zur Repräsentation und Interpretation kategorischer Aussagen. Fünf mögliche Beziehungen zwischen den *A*s und *B*s.

*B*s» wird nicht der Fall gefaßt, daß alle Objekte der Menge *A* auch Objekte der Menge *B* sind (Venn-Diagramme 1 und 2). Noch eingeschränkter ist die dritte der in Tabelle 8 dargestellten Interpretationen. Hier wird der partikulär bejahende Quantor «Einige» überhaupt nur auf den Fall bezogen, daß es Objekte gibt, die beiden Mengen angehören, jede Menge aber auch Objekte aufweist, die nicht Teil der jeweils anderen Menge sind. Eine Konsequenz der unterschiedlichen Repräsentationen ist beispielsweise, daß im Rahmen der zweiten und dritten Interpretation aus «Einige *A*s sind *B*s» die Aussage «Einige *A*s sind keine *B*s» inferiert werden kann, ein Schluß, der sich auf der Basis der korrekten ersten Deutung nicht ergibt und somit logisch unzulässig ist.

Wie wir eben gesehen haben, hat die Art der Interpretation kategorischer Aussagen, oder anders formuliert, die Art ihrer bedeutungsmäßigen mentalen Repräsentation, bestimmenden Einfluß auf die resultierenden Inferenzen. Selbst bei korrekter Verarbeitung ergeben sich im allgemeinen falsche Konklusionen, wenn die Prämissen nicht korrekt repräsentiert sind. Halten wir fest: *Eine fehlerhafte mentale Repräsentation kategorischer Aussagen könnte eine wesentliche Ursache für falsche Schlußfolgerungen sein.*

Wie kommt es aber überhaupt zu korrekten Inferenzen auf der Grundlage kategorischer Aussagen? In der *klassischen Logik* wurde beispielsweise die Schlüssigkeit eines Syllogismus unter anderem dadurch zu beweisen versucht, daß man ihn durch verschiedene Operationen in einen gültigen Syllogismus der ersten Figur verwandelte, wenn dies möglich war (von Freytag-Löringhoff, 1966). Diese galten als so einsichtig, daß sie selbst keines Beweises bedurften. Ein schon angeführtes Beispiel eines validen Syllogismus der ersten Figur ist:

Alle *B*s sind *C*s.
Einige *A*s sind *B*s.

Einige *A*s sind *C*s.

Eine Schlußfigur, die in diesen Syllogismus durch Operationen, wie die «conversio simplex» (Vertauschung von Subjekt und Prädikat der Aussage; zulässig bei den Quantoren «Einige» und «Keine») und eine «metathesis praemissarum» (Vertauschung der Prämissen) umgewandelt werden kann, und sich damit im Sinne dieses Vorgehens ebenfalls als gültiger Syllogismus erweist, ist etwa:

Einige *B*s sind *C*s.
Alle *B*s sind *A*s.

Einige *A*s sind *C*s.

Wenig spricht allerdings dafür, daß Menschen im allgemeinen bei der Prüfung der Schlüssigkeit eines Syllogismus in dieser Weise vorgehen.

In Abbildung 7 ist ein Weg dargestellt, wie die *Prüfung der Gültigkeit von kategorischen Syllogismen* über die Repräsentation der Aussagen in Form von Venn-Diagrammen erfolgen kann. Für beide Prämissen werden die zulässigen Relationen zwischen den Objektmengen durch Venn-Diagramme festgelegt. Je nach beteiligtem Quantor handelt es sich um eine bis maximal vier Relationen (vgl. Tabelle 8). Die diesen Relationen entsprechenden Venn-Diagramme werden vollständig miteinander kombiniert. Es ergeben sich je nach Prämissen und ihrer Interpretation im Minimum eine (1×1) und im Maximum 16 (4×4) Kombinationen. In den beiden Beispielen der Abbildung sind es jeweils nur 2 (im ersten Beispiel 1×2, im zweiten 2×1). Wie die Abbildung zeigt, werden für jede einzelne Kombination die mit ihr im Einklang stehenden Relationen zwischen den in der Konklusion angesprochenen Objektklassen abgeleitet. Wenn Widersprüche zur Konklusion auftreten, handelt es sich um einen Fehlschluß. Ansonsten ist der Schluß valide.

Zwar sind Venn-Diagramme nur eines von verschiedenen Hilfsmitteln, um die Bedeutung kategorischer Aussagen zu veranschaulichen. Auch werden in der Verwendung derartiger Diagramme ungeübte Personen solche Aussagen sicherlich anders repräsentieren. Trotzdem lassen sich anhand dieses Ansatzes einige auch für andere Vorgehensweisen wichtige Punkte aufzeigen und erste Hypothesen über menschliches Denken mit kategorischen Syllogismen formulieren.

Basis der Prüfung der Gültigkeit einer Schlußfigur ist die Überlegung, daß eine *Konklusion* nur *dann gültig* ist, *wenn* es *keine Möglichkeit* gibt, die *Prämissen korrekt so zu interpretie-*

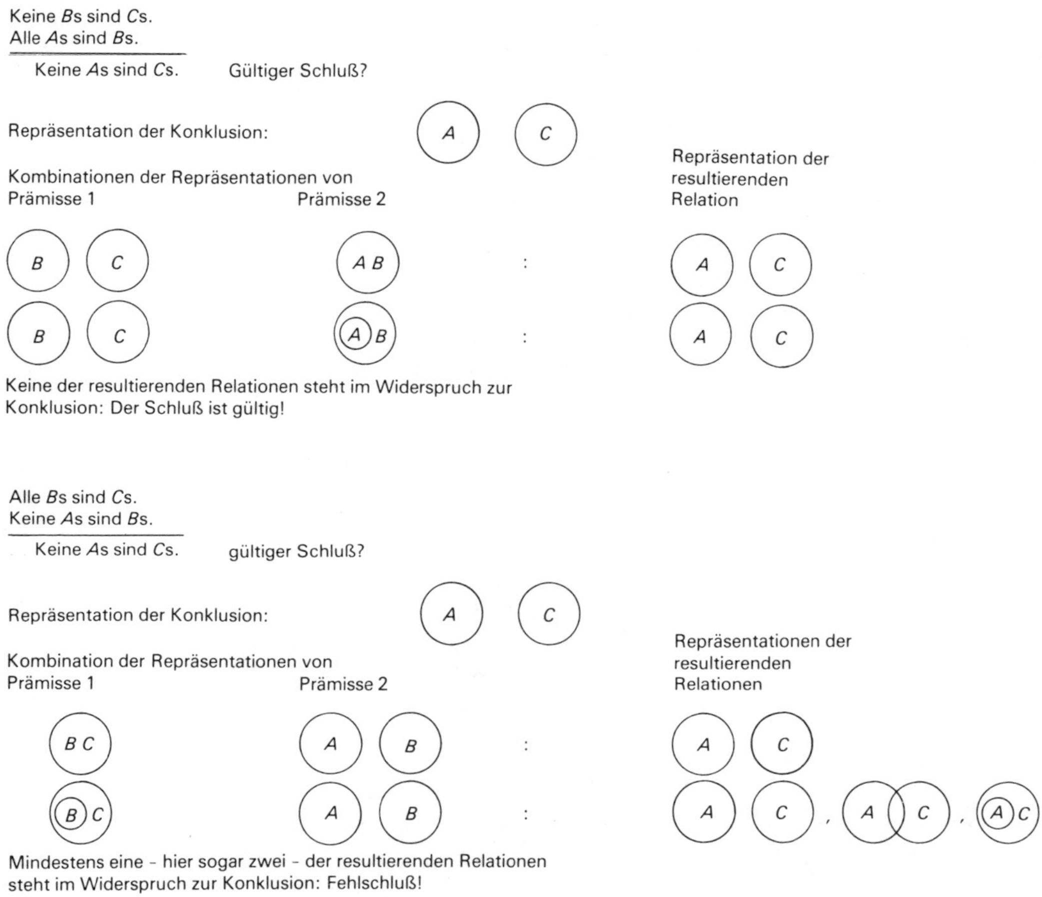

Abbildung 7: Prüfung der Gültigkeit zweier Syllogismen. Die kategorischen Aussagen sind anhand von Venn-Diagrammen repräsentiert.

Tabelle 8: Verschiedene Interpretationen kategorischer Aussagen illustriert mit Hilfe von Venn-Diagrammen: die logisch korrekte, eine durch die umgangssprachliche Bedeutung der Quantoren nahegelegte und eine sehr eingeschränkte Interpretation. (Die Ziffern verweisen auf die in Abbildung 6 gezeigten Venn-Diagramme zur Darstellung der Relationen zwischen zwei Objektmengen.)

Kategorische Aussagen	Venn-Diagramme der logisch korrekten Interpretation	Venn-Diagramme der umgangssprachlichen Interpretation	Venn-Diagramme einer sehr eingeschränkten Interpretation
Alle *A*s sind *B*s	1, 2	1, 2	1
Einige *A*s sind *B*s	1, 2, 3, 4	3, 4	4
Einige *A*s sind keine *B*s	3, 4, 5	3, 4	4
Keine *A*s sind *B*s	5	5	5

ren, daß dies zu einem *Widerspruch* führt. Beim Prüfvorgang kann man drei Phasen unterscheiden:

- die Enkodierung des Gehalts der Prämissen, also ihre Repräsentation und damit Interpretation,
- das Inbeziehungsetzen der Prämissen durch Kombination der ihrer Bedeutung entsprechenden Relationen der Objektmengen und
- die Prüfung dieser kombinierten Repräsentationen dahingehend, ob die vorgegebene Konklusion keiner Möglichkeit widerspricht.

Man beachte, daß die Anzahl der zu berücksichtigenden Möglichkeiten natürlich nicht nur von der Art der Prämissen sondern auch von der Vollständigkeit ihrer Interpretation abhängt. Die Prüfung eines Syllogismus, wie

Einige *B*s sind *C*s.
Alle *A*s sind *B*s.

Einige *A*s sind *C*s.

erfordert die Berücksichtigung von $4 \times 2 = 8$ Kombinationen bei korrekter Interpretation beider Prämissen. Die eingeschränkte, als dritte Variante in Tabelle 8 angeführte Interpretation führt bei derselben Schlußfigur nur zu einer einzigen Kombination ($1 \times 1 = 1$), damit aber auch zur nicht zutreffenden Beurteilung, dieser Syllogismus sei schlüssig.

Welche *Hypothesen* lassen sich nun *über das Denken mit Quantoren* aufstellen?

(a) Die logisch korrekte Interpretation kategorischer Aussagen erfordert die Berücksichtigung von bis zu vier Relationen zwischen zwei Objektmengen. Es sind daher häufig unvollständige und damit *fehlerhafte mentale Repräsentationen* zu erwarten.

(b) Das Inbeziehungsetzen gerade der korrekt und damit vollständig repräsentierten Prämissen stellt aufgrund der Vielzahl zu beachtender Kombinationen von Relationen der Objektmengen große Anforderungen an die mentale Informationsverarbeitungskapazität. Selbst bei im Prinzip korrekten Inferenzregeln ist mit Fehlern aufgrund von Auslassungen und Verwechslungen zu rechnen. *Vorzeitig abgebrochene Verarbeitungs- und Suchprozesse* bei der Durchmusterung der Kombinationen sind wahrscheinlich.

(c) Auch *fehlerhafte Prüfprozeduren* selbst sind möglich, etwa wenn gar nicht systematisch nach falsifizierender Information gesucht wird.

(d) Es ist zu vermuten, daß häufig eine Reduktion der bei der Prüfung kategorischer Syllogismen gegebenen erheblichen mentalen Belastung angestrebt wird. Sie würde in folgenden Fällen eintreten, wäre allerdings mit der Gefahr von Fehlschlüssen verbunden:

- Die kategorischen Aussagen werden bedeutungsmäßig eingeschränkt repräsentiert.
- Sie werden nur unvollständig zueinander in Beziehung gesetzt.
- Es werden *ganz andere, einfachere aber häufig fehlerbehaftete Wege der Verarbeitung der Information kategorischer Aussagen* beschritten.

Allen drei Formen der Verringerung der mentalen Belastung werden wir bei der Besprechung empirischer psychologischer Untersuchungen und der Darstellung von Theorien über das Denken mit kategorischen Syllogismen begegnen.

Empirische Befunde zum Denken mit Quantoren und ihre Interpretation haben im Laufe der Jahrzehnte zu einer Reihe vielbeachteter Publikationen geführt (Begg & Denny, 1969; «Konversionshypothese», Chapman & Chapman, 1959; «Theorie mentaler Modelle», Johnson-Laird, 1980; Johnson-Laird & Steedman, 1978; «Theorie der transitiven Verkettung», Sternberg, Guyote & Turner, 1980; Wilkins, 1928; «Atmosphärenhypothese», Woodworth & Sells, 1935; vgl. für einen Überblick Evans, 1982) Die empirischen Erhebungen erfolgten zumeist auf der Basis eines der folgenden drei Paradigmen:

(1) Prüfung, ob ein vollständiger kategorischer Syllogismus (zwei Prämissen, eine Konklusion) schlüssig ist;

(2) Prüfung, ob eine von mehreren vorgegebenen Konklusionen zwingend aus zwei Prämissen folgt;

(3) Ableitung einer Konklusion aus zwei vorgegebenen Prämissen, bzw. Feststellung, daß diese beiden Prämissen keinen gültigen Schluß erlauben.

Wichtige Ergebnisse, in denen die verschiedenen Autoren übereinstimmen, sind:

(a) Menschen beurteilen sehr häufig Fehlschlüsse als gültig, bzw. inferieren selbst nicht valide Konklusionen.
(b) Schlüssige Syllogismen werden keineswegs immer als solche erkannt.
(c) Fehler treten bei den verschiedenen Syllogismen in ganz unterschiedlicher Häufigkeit auf. Diese hängt in systematischer Weise davon ab, um welche Quantoren es sich handelt (Universelle Quantoren in den Prämissen geben beispielsweise zu einer geringeren Anzahl von Fehlern Anlaß als partikuläre.), welche Figur vorliegt (Bei Figur I sind weniger Fehler zu beobachten.) und ob die kategorischen Aussagen Objektmengen betreffen, zu denen Hintergrundwissen vorliegt (Mit entsprechendem Wissen sinkt die Fehlerrate.).
Der historisch älteste Versuch einer allgemeinen Beschreibung der Regelhaftigkeiten menschlichen Denkens im Umgang mit kategorischen Syllogismen liegt in der *Atmosphärenhypothese* von Woodworth und Sells (1935) vor. Sie besagt in der Formulierung von Begg und Denny (1969):
(1) Wenn mindestens eine der beiden Prämissen eine partikuläre Aussage darstellt, dann wird auch eine partikuläre Konklusion angenommen, ansonsten eine universelle.
(2) Wenn mindestens eine der beiden Prämissen eine verneinende Aussage darstellt, dann wird auch eine verneinende Konklusion angenommen, ansonsten eine bejahende.
Wenn Menschen sich in dieser Weise von der *Atmosphäre* der Prämissen «anmuten» ließen, und diesen Regeln folgten, müßten sie die folgenden gültigen Syllogismen

Alle *B*s sind *C*s.
Alle *A*s sind *B*s.

Alle *A*s sind *C*s.

Keine *B*s sind *C*s.
Alle *A*s sind *B*s.

Keine *A*s sind *C*s.

als valide einstufen. Allerdings würden sie auch die beiden Fehlschlüsse

Alle *C*s sind *B*s.
Alle *B*s sind *A*s.

Alle *A*s sind *C*s.

Einige *B*s sind *C*s.
Einige *A*s sind *B*s.

Einige *A*s sind *C*s.

– neben vielen anderen – irrtümlicherweise als gültig beurteilen, während beispielsweise der folgende nicht schlüssige Syllogismus:

Alle *B*s sind *C*s.
Einige *A*s sind *B*s.

Keine *A*s sind *C*s.

korrekt als fehlerhaft bezeichnet würde.
Tatsächlich führen die Regeln der Atmosphärenhypothese häufig zu Urteilen, die mit den Antworten der Vpn übereinstimmen. Auch kann man argumentieren, daß es sich bei dieser Form der Beurteilung der Gültigkeit kategorischer Syllogismen um eine durchaus brauchbare Heuristik handelt. Sie ergibt immerhin in mehr als drei Viertel aller Syllogismen dasselbe Resultat, wie die viel aufwendigere, logisch korrekte Prüfung. In einem typischen Experiment mit Dutzenden von Syllogismen, die es als schlüssig oder nicht schlüssig zu bewerten gilt, könnte ein so einfaches Beurteilungsschema wie die Regeln der Atmosphärenhypothese schon verführerisch für die Vpn sein. Denkt der Mensch aber wirklich so «unlogisch», so schematisch, wie es diese Hypothese nahelegt? Verzichtet er tatsächlich auf jede weitergehende Analyse der Bedeutung von Prämissen und Konklusionen?
Dagegen spricht, daß es auch eine Reihe systematischer Abweichungen zwischen den Urteilen aufgrund der Atmosphärenhypothese und den tatsächlich beobachteten Antworten gibt. So stufen Vpn schlüssige Syllogismen häufiger als valide ein als nicht schlüssige, auch wenn die Atmosphärenhypothese die Konklusion in beiden Fällen gleichermaßen nahelegt. Noch gravierender ist, daß nach dieser Hypothese die Figur des Syllogismus und die Reihenfolge der Prämissen ohne jeden Einfluß auf das Urteil sein sollten. Tatsächlich ist das Gegenteil der Fall (Dickstein, 1978; Johnson-Laird & Steedman, 1978). So werden beispielsweise schlüssige Syllogismen der Figur I eher korrekt beurteilt als solche der Figur IV.
Zur Vorsicht gegenüber einer voreiligen Annahme der Atmosphärenhypothese nur mit

Blick auf den relativ hohen Anteil «aufgeklärter» Varianz der beobachteten Daten mahnt auch der Umstand, daß eine konkurrierende Theorie, nämlich die *Konversionshypothese,* in etwa denselben Grad an empirischer Bestätigung aufweist. Diese von CHAPMAN und CHAPMAN (1959) formulierte Hypothese beruht aber auf völlig anderen Annahmen über das Denken mit kategorischen Aussagen. Sie besagt, daß der Mensch derartige Sätze generell so interpretiert, als ob Subjekt und Prädikat vertauschbar wären. Logisch zulässig ist dies aber nur bei den Quantoren «Einige» und «Keine» (Man vergleiche dazu die korrekte Interpretation dieser Quantoren anhand von Venn-Diagrammen in Tabelle 8.). Wenn aber auch «Alle *A*s sind *B*s.» so interpretiert wird, als impliziere es «Alle *B*s sind *A*s.» und «Einige *A*s sind keine *B*s.», als folge daraus «Einige *B*s sind keine *A*s.», dann sind ganz systematische Fehlbeurteilungen zu erwarten. Zu ihnen zählt, daß alle vier Syllogismen mit dem Quantor «Alle» in beiden Prämissen und der Konklusion als schlüssig bewertet werden, unabhängig davon, um welche Figur es sich handelt. So wird der Syllogismus

Alle *C*s sind *B*s.
Alle *B*s sind *A*s.

Alle *A*s sind *C*s.

irrtümlich als schlüssig eingestuft, wenn im Sinne der Konversionshypothese inferiert wird, daß auch gilt:
Alle *B*s sind *C*s.
Alle *A*s sind *B*s.
Diese Prämissen stehen mit der Konklusion
Alle *A*s sind *C*s.
im Einklang.

Allerdings ergibt sich dieselbe fehlerhafte Beurteilung auch aus den Regeln der Atmosphärenhypothese, so daß anhand dieses aber auch vieler anderer Syllogismen eine empirische Entscheidung zwischen den beiden Ansätzen nicht möglich ist.

Das *Denken im Sinne der Konversionshypothese* läßt sich auf eine *fehlerhafte Interpretation der kategorischen Aussagen* zurückführen. Wenn man die in Tabelle 8 als dritte Variante angeführte Interpretation der Bedeutung kategorischer Sätze zugrundelegt, ist tatsächlich die Vertauschung von Subjekt und Prädikat bei allen Quantoren zulässig.

Ausgehend von beiden Erklärungsansätzen, der Atmosphären- und der Konversionshypothese, hat REVLIS (1975) je ein formales Modell entwickelt. Dazu war es erforderlich, zusätzliche Annahmen einzuführen, die die Prozesse der Repräsentation der Bedeutung kategorischer Aussagen und die weitere Verarbeitung dieser Information spezifizieren. Die Modelle wurden anhand desselben Datensatzes geprüft, ohne daß allerdings bei recht guter Passung beider eine klare Entscheidung für den einen oder den anderen Ansatz möglich gewesen wäre. Trotzdem favorisiert dieser Autor die Konversionshypothese, da sie, nach seiner Ansicht, die Fehler im Denken klarer und auch plausibler lokalisierte.

Während bei der Konversionshypothese Fehler in der Repräsentation der Bedeutung kategorischer Aussagen angenommen werden, gehen STERNBERG et al. (1980; vgl. auch GUYOTE & STERNBERG, 1981; STERNBERG & TURNER, 1978) davon aus, daß Fehlschlüsse erst in den späteren Stadien der Ableitung bzw. der Prüfung eines logischen Schlusses auftreten. Sie werden vor allem auf eine *begrenzte Kapazität zur simultanen Verarbeitung von Information* zurückgeführt. Diese kann sich – nach dieser Theorie – sowohl bei der mentalen Auflistung der Möglichkeiten zur Kombination der Bedeutungen der Prämissen auswirken, als auch bei ihrer anschließenden Durchmusterung. Letztere dient der eventuellen Aufdeckung eines Widerspruchs bezüglich einer vorgegebenen Konklusion oder aber zur selbständigen Ableitung einer derartigen Schlußfolgerung.

Zur Repräsentation der Bedeutung kategorischer Aussagen haben die Autoren eine eigene symbolische Notation entwickelt, von der sie annehmen, daß sie der mentalen Repräsentation beim Menschen besser entspricht, als beispielsweise Venn-Diagramme. So wird etwa die Aussage «Alle *A*s sind *B*s» wie folgt notiert:

(1)	$a_1 \rightarrow B$	$b_1 \rightarrow A$
	$a_2 \rightarrow B$	$b_2 \rightarrow A$
(2)	$a_1 \rightarrow B$	$b_1 \rightarrow A$
	$a_2 \rightarrow B$	$b_2 \rightarrow -A$

Dabei symbolisiert (1) den Fall, daß beide Mengen dieselben Objekte enthalten, (2) die Situation, daß alle Objekte der Menge A auch Teil der Menge B sind, daß aber nicht alle Objekte von B auch zur Menge A gehören.

Einfache Inferenzregeln dienen der Verknüpfung der auf diesem Wege repräsentierten Relationen der Objektmengen, die in den Prämissen eines Syllogismus gegeben sind. Von ihnen hat der Ansatz von STERNBERG et al. (1980) seinen Namen: *Theorie der transitiven Verkettung*. Die Autoren gehen davon aus, daß der Mensch maximal vier der bis zu 16 möglichen Kombinationen von Relationen simultan verarbeiten kann. Daraus und aus Annahmen über die Abfolge, in der diese Möglichkeiten aufgestellt und abgearbeitet werden, resultieren Erwartungen über die Wahrscheinlichkeit von Fehlbeurteilungen bzw. Fehlschlüssen bei den einzelnen Syllogismen.

STERNBERG et al. (1980) haben auf dieser Basis ein mathematisches Wahrscheinlichkeitsmodell entwickelt und auf einen größeren Datensatz angewandt. Anhand derselben Daten wurden auch einfache Varianten eines Atmosphärenhypothesenmodells und eines Konversionshypothesenmodells auf ihre Geltung geprüft. Die besten, wenn auch keineswegs perfekten Ergebnisse, lieferte das Modell von STERNBERG et al. (1980). Am relativ schlechtesten schnitt das Modell zur Atmosphärenhypothese ab. Allerdings kann auch die Theorie der transitiven Verkettung bestimmte Effekte der Anordnung von Subjekt und Prädikat in den Prämissen *(Figureneffekte)* ebensowenig erklären wie die Atmosphären- und die Konversionshypothese. Daß es sich dabei durchaus um starke Effekte handeln kann, haben – wie schon erwähnt – Untersuchungen von DICKSTEIN (1978) und JOHNSON-LAIRD und STEEDMAN (1978) deutlich gemacht.

Betrachten wir in Anlehnung an JOHNSON-LAIRD (1980) folgendes Beispiel einer Aufgabenstellung, wobei sich die Aussagen auf einen klar umrissenen Personenkreis, beispielsweise die Teilnehmer einer Party, beziehen sollen:

Einige Schweden sind Radfahrer.
Alle Radfahrer sind Wissenschaftler.

?

Welche valide(n) Konklusion(en) läßt sich – wenn überhaupt – ziehen? Viele Personen, denen eine derartige Aufgabe vorgelegt wird, antworten mit der Konklusion «Einige Schweden sind Wissenschaftler.», kaum einer mit «Einige Wissenschaftler sind Schweden.», obwohl auch diese Schlußfolgerung gleichermaßen gültig ist. Gerade umgekehrt ist aber das Ergebnis, wenn die folgenden beiden Prämissen zum Ausgangspunkt der Schlußfolgerung genommen werden:

Alle Radfahrer sind Schweden.
Einige Wissenschaftler sind Radfahrer.

?

In einer empirischen Untersuchung konnten JOHNSON-LAIRD und STEEDMAN (1978) mit Aufgaben dieses Typs zeigen, daß bei Vorgabe der Prämissen in der Form

A–B
B–C

51% der Vpn mit einer Konklusion der Form *A–C*, jedoch nur 6% mit *C–A* reagierten, während bei

B–A
C–B

nur 5% eine Schlußfolgerung der Form *A–C*, aber 48% der Form *C–A* zogen.

Das Ergebnis macht deutlich, wie sehr Schlußfolgerungen der Figur I – bei JOHNSON-LAIRD und STEEDMAN (1978) mit geänderter Reihenfolge der Prämissen – gegenüber solchen der Figur IV bevorzugt werden. Dies ist allerdings nicht erst seit dieser Arbeit bekannt, sondern im Grunde seit ARISTOTELES, war allerdings in der Psychologie vielleicht etwas in Vergessenheit geraten. Es ist auch intuitiv einleuchtend, daß ein Vorwärtsschluß (A–B–C) leichter zu ziehen ist als ein Rückwärtsschluß (C–B–A).

Eine detaillierte Erklärung dieses Effekts und darüber hinaus eine allgemeine Theorie der Repräsentation und Verarbeitung von Informationen gehen auf JOHNSON-LAIRD (1980, 1983, 1988) zurück. Er schrieb *mentalen Modellen* eine entscheidende Rolle beim Wissen und Denken zu. Dieses Konstrukt nimmt generell in der Kognitiven Psychologie einen wichtigen Platz ein, wird aber von verschiedenen Autoren recht unterschiedlich verstanden (vgl. Kap. 3, Gedächtnis und Wissen, Abschnitt 6.4; für ei-

nen breiten Überblick Mandl & Spada, 1988). Bei Johnson-Lard und angewandt auf das Denken mit kategorischen Aussagen beruht der Ansatz auf folgenden Annahmen.
Konfrontiert mit einer kategorischen Aussage konstruiert der Mensch ein mentales Modell der in ihr ausgedrückten Situation. Er schafft sich eine Miniwelt, die der Aussage entspricht. In ihr werden eine begrenzte Anzahl von Objekten der in der Aussage verknüpften Mengen mental repräsentiert. Dies könnte für die erste Prämisse «Einige Schweden sind Radfahrer» des weiter oben angeführten Problems etwa folgendermaßen aussehen:

Schwede	=	Radfahrer
Schwede	=	Radfahrer
(Schwede)		
		(Radfahrer)

Das mentale Modell enthält mehr oder weniger lebhafte Vorstellungsbilder von Schweden, die zugleich Radfahrer sind, von Schweden, die keine Radfahrer sind und von Radfahrern, die keine Schweden sind. Die Klammer bedeutet, daß dieser Typ von Person in der Situation gegeben sein kann, aber nicht muß.
Versuchen Sie selbst ein analoges mentales Modell für die zweite Prämisse «Alle Radfahrer sind Wissenschaftler» zu bilden. Wenn die Theorie von Johnson-Laird (1980, 1983) zutrifft, und wir in diesen mentalen Modellen denken, sollte Ihnen dies nicht allzu schwer fallen, leichter zumindest als der Umgang mit den anderen in diesem Abschnitt diskutierten Repräsentationsformaten.
Im nächsten Schritt werden die beiden Modelle integriert, oder genauer gesagt, der Mensch ergänzt die Abbildung der ersten Prämisse um die Elemente der zweiten. Das Ergebnis könnte im Sinne der Theorie folgendes Modell der durch beide Prämissen ausgedrückten Situation sein:

Schwede	=	Radfahrer	=	Wissenschaftler
Schwede	=	Radfahrer	=	Wissenschaftler
(Schwede)				
		(Radfahrer	=	Wissenschaftler)
				(Wissenschaftler)

Ebenso wäre aber auch dieses Gesamtmodell denkbar:

Schwede	=	Radfahrer	=	Wissenschaftler
Schwede	=	Radfahrer	=	Wissenschaftler
(Schwede			=	Wissenschaftler)
		(Radfahrer	=	Wissenschaftler)
				(Wissenschaftler).

Beide Modelle sind auf der Basis der vorgegebenen Prämissen möglich. Eine Konklusion muß daher beiden gerecht werden, soll sie gültig sein. Auch ist für eine gültige Schlußfolgerung Voraussetzung, daß *eine* Konklusion über die Relation von Subjekt und Objekt zwingend aus den Prämissen folgt. Sorgfältig zu unterscheiden ist, welche Elemente der Mengen Teil der Situation sein müssen und welche anderen ihr zwar angehören können, aber nicht unbedingt vorliegen müssen. Es ergibt sich als korrekte Schlußfolgerung «Einige Schweden sind Wissenschaftler.».
Für diese Konklusion wurden die Modelle von links nach rechts analysiert. Dadurch wird das Subjekt der ersten Prämisse zum Subjekt der Konklusion, das Objekt der zweiten wird zum Objekt der Schlußfolgerung. Nur bei der viel weniger naheliegenden Durchmusterung des Modells von rechts nach links ergibt sich als zweite korrekte Konklusion im Sinne eines Rückwärtsschlusses mit vertauschten Rollen von Subjekt und Objekt (Figur 4) «Einige Wissenschaftler sind Schweden.».
Das dargestellte Vorgehen führt bei fehlerfreier Anwendung und vollständiger Suche nach allen zulässigen Modellen sicher zur richtigen Schlußfolgerung oder zur Feststellung, daß eine solche aufgrund der gegebenen Prämissen nicht möglich ist.
Selbstverständlich sind aber Fehler bei der Interpretation der einzelnen Aussagen und insbesondere bei der Suche nach den Modellen, die mit einem Prämissenpaar kompatibel sind, wahrscheinlich. Johnson-Laird (1988) weist

darauf hin, daß die Schwierigkeit einer logisch korrekten Beurteilung eines Prämissenpaars vor allem davon abhängt, wie viele verschiedene Modelle aufgestellt werden müssen. Er spricht davon, daß 92% einer Stichprobe von Studenten korrekte Konklusionen in den Fällen zogen, in denen nur ein Modell zu konstruieren war, aber nur 46% bei zwei und 28% bei drei Modellen. Ein Beispiel eines Problems, das nur ein Modell erfordert, ist:

Alle Schweden sind Radfahrer.
Alle Radfahrer sind Wissenschaftler.

?

Das Modell könnte dann die folgende Form haben:

Schweden	=	Radfahrer	=	Wissenschaftler
Schweden	=	Radfahrer	=	Wissenschaftler
		(Radfahrer	=	Wissenschaftler)
				(Wissenschaftler).

Die Konklusion ist eindeutig und lautet «Alle Schweden sind Wissenschaftler.», was sich natürlich wiederum nur auf die Mitglieder der erwähnten Party bezieht. Ein valider Schluß, bei dem die Wissenschaftler das Subjekt der Aussage bilden und die Schweden das Objekt, ist nicht möglich.

Versuchen Sie sich aber anschließend an folgendem besonders schwierigen Problem, dessen Lösung hier nicht verraten werden soll. Nach Johnson-Laird (1988, S.229–230) sind drei mentale Modelle zu entwickeln und für die Ableitung der Schlußfolgerung zu berücksichtigen. Die Prämissen lauten:

Kein Archäologe ist ein Biologe.
Alle Biologen sind Schachspieler.

?

Zusammenfassend bleibt festzuhalten, daß die vorgestellten Theorien und empirischen Befunde es unwahrscheinlich machen, daß der Mensch nur mit einer Lösungsstrategie an die Bewältigung von Aufgabenstellungen zu kategorischen Syllogismen herangeht. Vieles spricht dafür, daß die Schwierigkeit einer korrekten Interpretation kategorischer Aussagen und die hohe mentale Belastung bei einer vollständigen Verknüpfung der in den Aussagen zum Ausdruck kommenden Relationen zwischen den Objektmengen dazu führen, daß auch in Abhängigkeit vom Aufgabentyp sehr unterschiedliche Lösungswege gewählt werden, von denen einige nichts anderes als grobe Heuristiken sind.

3.2 Induktives Denken

3.2.1 Bildung, Überprüfung und Veränderung von Hypothesen

Der Osterurlaub stand unter keinem guten Stern. Bei der Einreise mußte Andreas stundenlang auf sein Gepäck warten, das im Flughafen fehlgeleitet worden war. Dann regnete es und war für Badeferien einfach zu kalt. Zuletzt lag er noch mit Grippe im Bett. Da kümmerten sich allerdings die Besitzer des kleinen Hotels rührend um ihn.

Zu Hause erzählt Andreas seinen Freunden, daß das Wetter um diese Jahreszeit dort kalt und regnerisch sei, der Flughafen wäre miserabel organisiert, die Bevölkerung sei aber überaus herzlich und entgegenkommend.

Andreas *zieht aus Einzelerfahrungen allgemeine Schlüsse.* Der *hypothetische Charakter* seiner *induktiven Inferenzen* wird ihm dabei gar nicht ohne weiteres bewußt.

Ein zweites Beispiel. Der kleine Klaus sitzt auf der Terrasse. Ein Brot mit Marmelade liegt vor ihm. Fliegen surren umher. Der Junge versucht sie zu verscheuchen. Als sich eine besonders große mit schwarz-gelber Färbung sogar auf die Marmelade setzt, greift Klaus nach ihr und wird gestochen. Es war eine Wespe. Ab nun bleiben alle schwarz-gelben Insekten unbehelligt, ja Klaus läuft sogar ängstlich davon, wenn eine in seine Nähe kommt. Erst durch seine ältere Schwester, die ihn gerne belehrt, erfährt er, daß es auch unter den ganz harmlosen Schwebfliegen, die nicht stechen können, schwarz-gelb gezeichnete Tiere gibt. Man könne sie daran erkennen, daß sie wie alle Fliegen nur ein Paar Flügel hätten, im Gegensatz zu den Wespen mit vier Flügeln.

Auch bei diesem zweiten Beispiel ist induktives Denken im Spiel. Am Beginn hat Klaus offensichtlich ein zu weit gefaßtes Konzept. Die fehlende Unterscheidung von Fliegen und Wespen führt zu einem Verhalten, das schmerzlich als fehlerhaft erlebt wird. Konzeptdiskrimination ist die Folge. Zur Kategorie der harmlosen Fliegen werden nur noch die nicht schwarz-gelb gefärbten gezählt, die schwarz-gelben Insekten hingegen bilden eine neue Kategorie.

Diskrimination ist einer der zentralen Mechanismen des induktiven Denkens und Lernens. Letzteres ist im Spiel, denn induktives Denken ist im allgemeinen wissenserweiternd. Die Unterscheidung zwischen Wespen und wespenähnlichen aber nicht stechenden Schwebefliegen gelingt Klaus nicht mehr selbständig. Da er allen weiteren Erfahrungen mit schwarz-gelben Insekten möglichst aus dem Weg geht (vgl. für Ursachen des Vermeidungsverhaltens Kap. 6.1, Klassische und operante Konditionierung), fehlt die für diese Diskrimination erforderliche Information. Sie kommt erst von der Schwester.

Dieser Abschnitt ist, wie die Beispiele zeigen, dem induktiven Denken und Lernen gewidmet. *Induktives Denken* hat *Inferenzen vom Besonderen auf das Allgemeine* zum Inhalt. LANGLEY, SIMON, BRADSHAW und ZYTKOW (1987, S. 14) definieren Induktion als «the process of going from a finite set of facts (a body of data) to a universally quantified generalization (a law).» und haben dabei vor allem die Entdeckung naturwissenschaftlicher Gesetzmäßigkeiten vor Augen.

Worin unterscheiden sich Induktion und Deduktion? *Gültige deduktive Schlußfolgerungen ermöglichen bei wahren Prämissen sicher zutreffende Konklusionen.* Die Wahrheit der Prämissen überträgt sich auf die Schlußfolgerungen; ein deduktiver Schluß ist wahrheitserhaltend. Hingegen ist eine *induktiv gewonnene Aussage* nur mehr oder weniger *wahrscheinlich,* auch wenn die Prämissen wahr sind und die Inferenz korrekt durchgeführt wird. *Induktives Denken ist* prinzipiell *mit Unsicherheit behaftet.* Dieses Merkmal wird bei HOLLAND, HOLYOAK, NISBETT und THAGARD (1986, S. 1) zum Kern ihrer Definition von Induktion, wenn sie «all inferential processes that expand knowledge in the face of uncertainty» darunter fassen.

Induktives Denken führt somit zu *Hypothesen.* Es beinhaltet ihre *Bildung und Überprüfung,* gegebenenfalls auch Revision im Lichte neuer Information. Induktives Denken ist *konstruktiv* und *interaktiv.* Der Mensch geht in seinen Hypothesen aktiv über das in den Fakten Vorliegende hinaus. Er sucht – häufig in einem intensiven Austauschprozeß mit seiner Umwelt – neue Informationen zur Bestätigung oder Verwerfung seiner Annahmen. Beides, Hypothesenbildung und -testung, ist wesentlich vom Vorwissen des Menschen geprägt.

Induktives Denken stellt einen Lernmechanismus dar; es wirkt wissenserweiternd, ist allerdings mit der Gefahr verbunden, daß die neuen Wissenselemente unzureichend und fehlerhaft sind. Ein induktiver Schluß ist nicht notwendigerweise wahrheitserhaltend, da die Konklusion über die Gesamtheit der Information der Prämissen hinausgeht.

Zwei besonders wichtige psychologische Untersuchungsparadigmen zum induktiven Denken sind die *klassische Konzeptbildung* und die *Entdeckung naturwissenschaftlicher Gesetzmäßigkeiten.* Wir werden sie im folgenden behandeln und dabei besonders die Mechanismen der *Generalisierung* und *Diskrimination* betrachten. Aus Platzgründen nicht aufgenommen wurden unter anderem das analoge Schließen (KLIX, 1982, 1988; STERNBERG, 1977) und kognitive Fehlleistungen bei Wahrscheinlichkeitsurteilen (GIGERENZER & MURRAY, 1987; TVERSKY & KAHNEMAN, 1974).

3.2.2 Die klassische Konzeptbildungsforschung nach BRUNER, GOODNOW und AUSTIN (1956)

«*A Study of Thinking* has in many ways the flavor of the opening of a new science. ..., these findings are cast with the precision and objectivity which is indeed the mark of a science finding its bearing.» (OPPENHEIMER, 1958, zitiert nach BRUNER & GOODNOW, 1986). Mit diesen fast überschwenglichen Worten bewertete der bedeutsame Physiker das Buch von BRUNER, GOODNOW und AUSTIN (1956) knapp nach dessen Erscheinen. Tatsächlich wird heute dieses Werk als ein Wegbereiter der kognitiven Forschungsorientierung in der Psychologie gesehen und damit als ein Buch, das wesentlich zur Überwindung des Behaviorismus beitrug. Darüber hinaus wird es aber auch genannt, wenn es generell um die geistigen Wurzeln der Kognitionswissenschaft geht.

Das Buch behandelt die Frage, «how mind reduces the variegated world of experience to an underlying set of meaningful conceptual categories.» (BRUNER & GOODNOW, 1986, S. IX.) Die Konzeptbildung und die Nutzung begrifflichen Wissens mit der Funktion des Zurechtfindens in der Welt sind Themen, die zum Gegenstandsbereich einer ganzen Reihe von Disziplinen zählen. Bei BRUNER et al. (1956) beruht ihre Behandlung auf einem Rahmenkonzept, das wie folgt charakterisiert werden kann: *Konzeptbildung ist Denken,* ist eine *aktive* und *konstruktive* geistige *Tätigkeit,* bei der in gezielter Interaktion mit dem infragestehenden Gegenstandsbereich *Information aufgenommen* und *verarbeitet* wird. «... thinking is best conceived as a strategy exercised over a series of active encounters with a domain of information.» (BRUNER & GOODNOW, 1986, S. XII.) Zentral ist die Überlegung der Autoren, daß nur über eine detaillierte Analyse und adäquate Beschreibung der ablaufenden Prozesse der Vorgang der Konzeptbildung rekonstruierbar und damit wissenschaftlich faßbar ist.

Allerdings ist der experimentell vorgegebene Gegenstandsbereich in dem sich die Vpn bei BRUNER et al. (1956) und vielen ihrer Nachfolger zurechtfinden mußten, äußerst eingeschränkt. Es handelt sich um eine begrenzte Anzahl von Objekten, die anhand einiger weniger leicht erkennbarer äußerer Merkmale eindeutig und ohne Ausnahme vordefinierten Klassen zugeordnet sind. Es ist die Aufgabe der Vpn, die Zuordnungsvorschriften, das heißt, die Regeln und die in ihnen berücksichtigten Merkmale, induktiv zu erschließen. Nur diese Form der Konzeptbildung wird untersucht.

Sehen wir uns aber die von BRUNER et al. (1956) verwendeten Aufgaben, die Art der Versuchsgestaltung und einzelne Ergebnisse genauer an, um eine differenziertere Bewertung zu ermöglichen.

Abbildung 8 zeigt einen Ausschnitt eines typischen Versuchsmaterials. Die Beispiele variieren in insgesamt vier Merkmalen, wobei jeweils eine von drei Ausprägungen pro Merkmal möglich ist: Anzahl der Objekte (1, 2 oder 3), Form der Objekte (Kreuz, Kreis oder Quadrat), Farbe der Objekte (weiß, grau oder schwarz; im Original grün, rot oder schwarz) und Anzahl der Umrandungen (1, 2 oder 3). Bei vollständiger Kombination ergeben sich $3 \times 3 \times 3 \times 3 = 81$ Varianten.

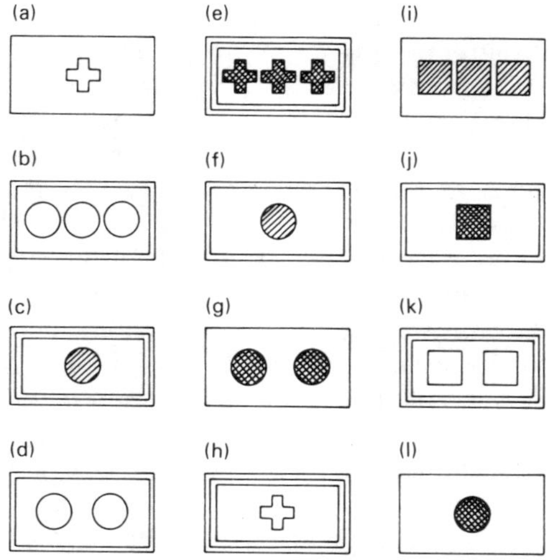

Abbildung 8: Teile des Versuchsmaterials der klassischen Konzeptbildungsuntersuchungen von BRUNER et al. (1956, S. 42). Die einzelnen Beispiele sind durch Buchstaben gekennzeichnet, um im Text darauf Bezug nehmen zu können.

In den Untersuchungen von BRUNER et al. (1956), auf die wir uns im folgenden beziehen, wurde nur mit konjunktiven Konzepten gearbeitet. Sie sind dadurch charakterisiert, daß zwei oder mehrere Merkmale in einer ganz bestimmten Ausprägung gegeben sein müssen, damit ein Beispiel unter das entsprechende Konzept fällt. «Weiß *und* 3 Umrandungen» wäre etwa ein derartiges *konjunktives Konzept.* Es ist durch die Farbe «weiß» und eine Anzahl von 3 Umrandungen definiert. Von den Beispielen der Abbildung 8 sind (h) und (k) hier zuzuordnen; es sind positive Beispiele; alle anderen sind für dieses konjunktive Konzept negative Instanzen.

Für ein *disjunktives Konzept* wie «schwarz *oder* Kreuz» sind nur die Beispiele negativ, die weder das eine noch das andere Merkmal in der geforderten Ausprägung aufweisen. «Oder» wird hier in der Bedeutung «und/oder» verwendet. Von den Beispielen aus Abbildung 8 fallen (a), (e), (g), (h), (j) und (l) unter dieses Konzept.

Daneben kann man konditionale, bikonditionale und viele andere Typen von Regeln unterscheiden, die bei der Definition eines Konzepts

herangezogen werden können. Besonders einfach sind *einwertige Konzepte*. Die Menge der Beispiele wird danach in zwei Klassen geteilt, ob ein Beispiel *ein Merkmal* in einer bestimmten Ausprägung aufweist oder nicht. Eine entsprechende Kategorisierungsvorschrift wäre «3 Umrandungen».
Wenn man der Vp vor Beginn der Untersuchung mitteilt, um welchen Regeltyp (konjunktiv, disjunktiv, usw.) es sich handelt, und sie nur noch die relevanten Merkmale induktiv inferieren muß, spricht man von *Merkmalsidentifikation*. Sie war im allgemeinen in den Untersuchungen von Bruner et al. (1956) gefordert. Sind hingegen die Merkmale bekannt und ist der Regeltyp herauszufinden, so wird dies als *Regellernen* bezeichnet. Am schwierigsten ist das *Konzeptlernen* im engeren Sinn, da gleichzeitig die Regel und die relevanten Merkmale erschlossen werden müssen.
Hinsichtlich der Auswahl der Beispiele, anhand derer die Kategorisierungsvorschrift zu inferieren ist, unterscheidet man nach Bruner et al. (1956) zwei Varianten, das *Rezeptions-* und das *Selektionsparadigma*. Bei ersterem werden die Beispiele den Vpn vom Versuchsleiter vorgelegt. Bei jedem Beispiel hat die Vp eine Erwartung darüber zu äußern, ob es sich um eine positive, dem Konzept entsprechende Instanz handelt oder nicht. Auch kann sie eine Hypothese darüber äußern, wie die Kategorisierungsvorschrift lautet. Als Rückmeldung erfährt sie aber nur, ob tatsächlich ein positives oder ein negatives Beispiel vorliegt. Mit der Vorlage des nächsten Beispiels beginnt ein weiterer Durchgang. Im allgemeinen hat die Vp beim Rezeptionsparadigma jeweils nur ein Beispiel vor sich liegen. Rückfragen zu früheren Vorgaben sind nicht zulässig. Die Beispielssequenz wird abgebrochen, wenn die Vp durch ihre Antworten zu erkennen gibt, daß sie das richtige Konzept gebildet hat.
Beim Selektionsparadigma wird die Auswahl der Beispiele der Vp selbst überlassen, der sonstige Ablauf ist analog. Das Element einer aktiven Suche nach Information ist expliziter Bestandteil dieses Erhebungsparadigmas, bei dem somit nicht nur *Informationsverarbeitungsprozesse* sondern auch *Informationssuchstrategien* analysiert werden können.

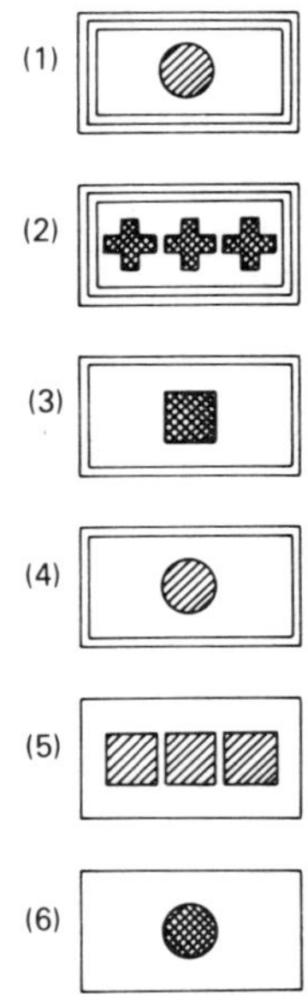

Abbildung 9: Eine Sequenz von Beispielen (nähere Ausführungen im Text).

Abbildung 9 zeigt eine Sequenz von Beispielen. Ihre Aufgabe sei es, die relevanten Merkmale eines konjunktiven Konzepts herauszufinden. Nehmen Sie bitte zwei Blatt Papier und legen Sie diese so auf die Abbildung, daß jeweils nur ein Beispiel sichtbar ist. Sie erfahren, daß das erste ein positives Beispiel ist. Betrachten Sie jetzt bitte das zweite und äußern Sie eine Vermutung, ob es sich um ein negatives oder ein positives Beispiel handelt. Tatsächlich liegt ein negatives vor. So geht es weiter: Beispiel, Ihre Vermutung, Rückmeldung (für Beispiel 3: negativ, 4: positiv, 5: negativ und 6: positiv). Das zugrundeliegende Konzept ist «1 Kreis». Haben Sie es herausgefunden? Wenn nein, die folgende Darstellung zeigt einen guten Weg.
Die von Bruner et al. (1956) beschriebene *Generalisierungsstrategie* (auch *ganzheitliche* oder *Fokussierungsstrategie* genannt) ist ein Verfahren insbesondere zur Merkmalsidentifikation bei konjunktiven Konzepten. Tabelle 9 faßt die Regeln dieser Strategie zusammen. Konsequent und korrekt angewandt führt sie bei einer relativ geringen mentalen Belastung mit Sicherheit zum Erfolg. Im Gedächtnis ist nur die jeweilige Hypothese zu behalten. Der erforderliche Vergleich von Merkmalen beschränkt sich auf diese Hypothese und das momentan vorliegende positive Beispiel.
Relativ viele der von Bruner et al. (1956) un-

Tabelle 9: Die Generalisierungsstrategie nach BRUNER et al. (1956, S.130–131) zur Merkmalsidentifikation bei konjunktiven Konzepten im Rezeptionsparadigma.

Nimm alle Merkmale des ersten positiven Beispiels als Ausgangshypothese!

Bei den folgenden Beispielen sind vier Fälle zu unterscheiden

Fall 1: Ein tatsächlich positives Beispiel wurde korrekt als solches eingestuft.
Behalte die bisherige Hypothese bei!

Fall 2: Ein tatsächlich positives Beispiel wurde irrtümlich für ein negatives gehalten.
Generalisiere die bisherige Hypothese!
Nimm nur das als relevant an, was die bisherige Hypothese und das momentane Beispiel gemeinsam haben!

Fall 3: Ein tatsächlich negatives Beispiel wurde korrekt als solches eingestuft.
Behalte die bisherige Hypothese bei!

Fall 4: Ein tatsächlich negatives Beispiel wurde irrtümlich für ein positives gehalten.
Dieser Fall kann bei korrekter Strategieanwendung nicht eintreten.

Anwendung der Generalisierungsstrategie auf die Sequenz der Beispiele der Abbildung 9:

	Beispiel/Hypothese	Vorhersage	Rückmeldung
(1)	1 grauer Kreis, 3 Umrandungen		+
	Hypothese: Die Merkmale des ersten positiven Beispiels werden übernommen. «1 grauer Kreis, 3 Umrandungen»		
(2)	3 schwarze Kreuze, 3 Umrandungen	–	–
	Fall 3: Hypothese wird beibehalten.		
(3)	1 schwarzes Quadrat, 2 Umrandungen	–	–
	Fall 3: Hypothese wird beibehalten.		
(4)	1 grauer Kreis, 2 Umrandungen	–	+
	Fall 2: Hypothese wird generalisiert. «1 grauer Kreis»		
(5)	3 graue Quadrate, 1 Umrandung	–	–
	Fall 3: Hypothese wird beibehalten.		
(6)	1 schwarzer Kreis, 1 Umrandung	–	+
	Fall 2: Hypothese wird generalisiert. «1 Kreis»		

Diese Hypothese entspricht dem zugrundeliegenden Konzept.

tersuchten Personen verwendeten diese Strategie mit gutem Erfolg. Andere Autoren, wie BOURNE (1963) beobachteten sie seltener. Ihr Auftreten hängt wesentlich von den spezifischen Rahmenbedingungen des Experiments ab, was hier aber nicht weiter interessieren soll. Eine logische Analyse zeigt, daß diese Form einer Generalisierung unter verschieden wichtigen, beim Material von BRUNER et al. (1956) allerdings nicht gegebenen Bedingungen, versagt. Dazu zählen

(a) fehlerhafte Daten (einzelne falsche Rückmeldungen, Fehler bei der Merkmalsidentifikation, usw.),

(b) Veränderungen des Konzepts über die Zeit und

(c) disjunktive Merkmalsverknüpfungen.

Die Schwierigkeiten bei fehlerhaften Daten und einem Konzeptwechsel hängen damit zusammen, daß der Algorithmus der diskutierten Generalisierungsstrategie nichts vorsieht, wodurch eine einmal erfolgte aber nicht zielführende Generalisierung rückgängig gemacht werden könnte. Warum diese Strategie bei disjunktiven Konzepten versagt, verdeutlicht der folgende exemplarische Fall: Zum disjunktiven Konzept «Kreis oder 3 Umrandungen» werden die Beispiele aus Abbildung 9 vorgelegt. (Die Darstellung ist analog zu der in Tabelle 9):

	Beispiel/Hypothese	Vorhersage	Rückmeldung
(1)	1 grauer Kreis, 3 Umrandungen, Hypothese: Die Merkmale des ersten positiven Beispiels werden übernommen. «1 grauer Kreis 3 Umrandungen»		+
(2)	3 schwarze Kreuze, 3 Umrandungen, Fall 2: Hypothese wird generalisiert. «3 Umrandungen»	–	+
(3)	1 schwarzes Quadrat, 2 Umrandungen, Fall 3: Hypothese wird beibehalten.	–	–
(4)	1 grauer Kreis, 2 Umrandungen, Fall 2: Hypothese soll generalisiert werden. Es gibt aber nichts, was die bisherige Hypothese und das momentane Beispiel gemeinsam haben.	–	+

Die Strategie führt nicht zur Identifikation der für das disjunktive Konzept relevanten Merkmale.

Eine zweite Strategie, die BRUNER et al. (1956) für die Merkmalsidentifikation unter den Bedingungen des Rezeptionsparadigmas postulierten, im Detail beschrieben und bei einem Teil ihrer Vpn anhand der Daten auch diagnostizierten, ist die *sukzessive Hypothesenprüfung* (auch als *selektive Scanning-Strategie* bezeichnet). Es wird eine auf das erste positive Beispiel passende Hypothese über das Konzept formuliert, indem willkürlich einige der Merkmale, in der Hoffnung, die richtigen zu treffen, herausgegriffen werden. Immer dann, wenn die bisherige Hypothese zu einer falschen Einstufung eines Beispiels führt, wird sie verworfen und durch eine neue ersetzt. Bei der Formulierung der neuen Hypothese werden die bis zu diesem Zeitpunkt vorgelegten aber dann wieder entfernten Beispiele soweit als möglich berücksichtigt. Eine effektive Anwendung der Strategie der sukzessiven Hypothesenprüfung stellt somit hohe Anforderungen an das Gedächtnis. Es ist daher nicht erstaunlich, daß BRUNER et al. (1956) häufig eine fehlerhafte Anwendung dieser Strategie bei den Teilnehmern ihrer Experimente konstatierten.

Beim *Selektionsparadigma* haben Generalisierungsstrategien interessante Konsequenzen für das Informationssuchverhalten. Als *konservative Generalisierungsstrategie* oder *vorsichtiges Einkreisen* wurde beispielsweise folgendes Vorgehen bezeichnet. Anhand des ersten Beispiels wird, wie auch bisher, die alle Merkmale einschließende Ausgangshypothese formuliert. Die nächsten Beispiele werden so ausgewählt (Selektionsparadigma!), daß jeweils nur ein Merkmal variiert. So kann die Relevanz der einzelnen Merkmale Schritt für Schritt abgeklärt werden. Bei der *gewagten Generalisierungsstrategie* werden hingegen mehrere Merkmale gleichzeitig verändert. Handelt es sich beim nächsten wieder um ein positives Beispiel, können alle diese Merkmale mit einem Schlag als irrelevant aus der Hypothese ausgeschieden werden, im anderen Fall bleibt alles offen.

Der folgende Fall illustriert eine Anwendung der konservativen Generalisierungsstrategie unter den Bedingungen des Selektionsparadigmas. Die Vp wählt Schritt für Schritt die angegebenen Beispiele aus und kreist das vom Versuchsleiter zugrundegelegte Konzept immer weiter ein.

Beispiel/Hypothese	Vorhersage	Rückmeldung
(1) Ausgangsbeispiel: 1 grauer Kreis, 3 Umrandungen, Hypothese: «1 grauer Kreis, 3 Umrandungen»		+
(2) gewähltes Beispiel: 1 grauer Kreis, 2 Umrandungen, Merkmal «Anzahl der Umrandungen» als irrelevant eliminiert. Hypothese: «1 grauer Kreis»	–	+
(3) gewähltes Beispiel: 1 graues Quadrat, 3 Umrandungen, Merkmal «Form (Kreis)» als relevant bestätigt. Hypothese: «1 grauer *Kreis*»	–	–
(4) gewähltes Beispiel: 1 schwarzer Kreis, 3 Umrandungen, Merkmal «Farbe» als irrelevant eliminiert. Hypothese: «1 *Kreis*»	–	+
(5) gewähltes Beispiel: 2 graue Kreise, 3 Umrandungen, Merkmal «Anzahl der Objekte (1)» als relevant bestätigt. Hypothese: «*1 Kreis*»	–	–

In den Studien von Bruner et al. (1956) wird eine *Forschungsstrategie* deutlich, die wir, gemessen am damaligen Stand der Theorienentwicklung und den in den fünfziger Jahren gegebenen technischen Möglichkeiten, unter verschiedenen Aspekten als vorbildlich für kognitionspsychologische Arbeiten ansehen. Man könnte sie etwas überzeichnend als *theoriegeleitet* im Gegensatz zu einem primär datengetriebenen Vorgehen charakterisieren. Auf der Grundlage einer intensiven Beschäftigung mit dem Gegenstandsbereich, die explorative empirische Erhebungen miteinschloß, entwickelten die Autoren anhand detaillierter Aufgabenanalysen Vorstellungen darüber, wie die interessierenden kognitiven Leistungen überhaupt möglich sind. Diese Modellvorstellungen wurden präzise als prototypische Strategien formuliert. Nach Langley (1987, S.101) gilt für diese konzeptuellen Entwicklungen, daß sie «could have been easily cast into running programs.» Jede der definierten Konzeptbildungsstrategien stellt eine gegenstandsspezifische Mini-Theorie induktiven Denkens dar. Wie die Überlegungen der Autoren etwa zur mentalen Belastung deutlich machen, interessierten von Anfang an vor allem die beim Menschen aufgrund seiner begrenzten Informationsverarbeitungskapazität zu erwartenden Lösungsstrategien und nicht «ideale» Vorgehensweisen.

Mit diesen prototypischen Strategien vor Augen wurden experimentelle Daten erhoben und ausgewertet. Durch einen Vergleich des aufgrund einer Strategie zu erwartenden Verhaltens mit den bei den Vpn tatsächlich beobachteten Reaktionen konnte diagnostiziert werden, welche dieser Strategien, wie häufig, wie genau und unter welchen Bedingungen auftreten. Die empirischen *Daten wurden anhand der Modellvorstellungen interpretiert,* wobei dieser Interpretationsprozeß Informationen für die Weiterentwicklung der theoretischen Überlegungen lieferte.

Inwieweit sind aber die von Bruner et al. (1956) dargestellten Ergebnisse auch aussagekräftig für die *Begriffsbildung bei natürlichen Objekten,* also die Kategorisierung der Dinge der alltäglichen Umwelt (vgl. auch Kap. 3, Gedächtnis und Wissen)?

Bruner et al. (1956) haben mit künstlichen Reizen gearbeitet, die nur bezüglich einer kleinen Anzahl von unkorrelierten Merkmalen mit jeweils einigen wenigen Ausprägungen variierten. Über einen invarianten Satz notwendiger und hinreichender Bedingungen wurde ein Konzept definiert.

Dies greift tatsächlich zu kurz, um die im Alltag erforderliche Begriffsbildung zufriedenstellend analysieren zu können. Betrachten wir etwa den Begriff «Student». Unter dieser Kategorie werden so unterschiedliche Personen zusammengefaßt, wie etwa (a) eine 20jährige Abiturientin, die an einer Universität klassischen Zuschnitts die Fächer Germanistik und Romanistik belegt hat, den Magister anstrebt und in der Woche über 25 Stunden Vorlesungen und Seminare besucht und (b) ein schon aus dem Berufsleben ausgeschiedener Jurist, der sich mit Studienmaterial einer Fernhochschule in seinem Hobby, der Biologie, gezielt weiterbilden möchte. Was wären hier – abgesehen vom Oberbegriff «Lernender» – die gemeinsamen Merkmale, und würde eine derart abgemagerte Begriffsbeschreibung nicht fast alles Wesentliche außer Acht lassen?

Zwar ist der Begriff «Student» durch eine ganze Reihe von Punkten charakterisiert, diese lassen aber teilweise sehr unterschiedliche Belegungen zu. Solche Punkte oder Leerstellen sind etwa die Institutionen, die die Lehre durchführen, die Fächerkombination, die gewählt wurde, die vorangegangene Schulbildung, usw. *Form und Definition dieser Leerstellen und die für sie zugelassenen Belegungen definieren den Begriff.* Einzelne Studenten unterscheiden sich darin, wie durch sie diese Leerstellen ausgefüllt werden. Dies macht sie zu mehr oder minder charakteristischen Vertretern dieser Kategorie. An die Stelle eines festen Satzes von – jetzt müssen wir präzise formulieren – Merkmalsausprägungen (wie: Anzahl «3», Farbe «rot», Form «Quadrat») tritt eine Liste von definierten Leerstellen (Lehrinstitution, gewählte Fächer, Vorbildung, Ausbildungsziel usw.) die in unterschiedlich charakteristischer Weise belegt sein können (Universität, Fernhochschule; Germanistik und Romanistik, Biologie; Abitur usw.).

Begriffsbildung wird daher von vielen Autoren als *Erwerb von Schemata* gedeutet. Schemaorientierte Repräsentationssysteme, wie «Frames» (MINSKY, 1975), weisen die eben angesprochenen Merkmale auf. ANDERSON (1988) gibt einen knappen Überblick zur diesbezüglichen psychologischen Literatur (vgl. auch Kap. 3, Gedächtnis und Wissen, Abschnitt 6.3, Schemata und Skripts). Als ein Beleg für die Repräsentation von Begriffen in Form von Schemata dienen Untersuchungen von ROSCH (1973, 1975) und anderen zur *Typikalität*. Sie zeigen, daß unter einen Begriff fallende Objekte als für ihn unterschiedlich typisch angesehen werden (ROSCH, 1973) und damit zusammenhängend unterschiedlich rasch als Vertreter der Kategorie erkannt werden (ROSCH, 1975). So wurde beispielsweise das Rotkehlchen als Prototyp eines Vogels eingestuft und rasch der Kategorie der Vögel zugeordnet, während das Huhn als eher untypisch bezeichnet und nur mit einiger Verzögerung als Vogel identifiziert wurde. Die differierende Typikalität der einzelnen Vertreter einer Kategorie wird darauf zurückgeführt, daß die Leerstellen des diesbezüglichen Schemas mehr oder weniger charakteristisch ausgefüllt sind. Nach dieser Betrachtung werden Begriffe wie Student, Vogel, Tisch oder Buch mit Hilfe abstrakter Schemata repräsentiert. Häufig veranschaulicht sich der Mensch einen derartigen Begriff aber auch durch einen prototypischen Vertreter oder er operiert mental mit den charakteristischen Belegungen der Leerstellen, auch wenn kein existierender Vertreter alle diese Merkmalsausprägungen in sich vereinigt.

Ausführliche Darstellungen weiterführender, teilweise aber auch konkurrierender Theorien zur Repräsentation der Bedeutung von Begriffen finden sich bei AEBLI (1981, 1988) und im Zusammenhang mit Fragen zielgerichteten Denkens und zur Rolle merkmals- und ereignisbestimmter Begriffsbeziehungen als lokalen Organisationsprinzipien der menschlichen Wissensrepräsentation bei KLIX (1984, 1988) und VAN DER MEER (1987).

3.2.3 Mathematisch-numerische Modelle und Computersimulationsmodelle

Wie wir gesehen haben, ist ein Weg, vielleicht sogar *der* Weg, um das Verhalten von Menschen, etwa bei der Lösung eines Induktionsproblems, wissenschaftlich zu analysieren, seine Rekonstruktion anhand theoretischer Vorannahmen und deren Veränderung, bis die Verhaltensdaten und die theoretischen Erwartungen hinreichend übereinstimmen. Dieser Vorgang der Verhaltensinterpretation und Theorierevision, aber auch die Kommunikation über seine Ergebnisse, erfordern eine Repräsentation der Annahmen in geeigneter Form. Die Umgangssprache ist dazu schon aufgrund der Vieldeutigkeit und Unschärfe ihrer Begriffe nicht geeignet. In den letzten Jahrzehnten hat man sich bemüht, auch die Unzulänglichkeiten einer rein fach*sprachlichen* Theorienformulierung zu überwinden. Diese erweist sich insbesondere dann als untauglich, wenn es darum geht, die Konsistenz der Annahmen einer Theorie zu prüfen, die Ansätze verschiedener Wissenschaftler (mit unterschiedlichen «Fachdialekten») zu vergleichen, präzise Verhaltensvorhersagen aus den Annahmen abzuleiten usw.

Welche Repräsentationsform könnte aber geeignet sein? Selbstverständlich kann darauf keine abschließende Antwort gegeben werden. Die Weiterentwicklung der Form, in der kognitionspsychologische Theorien gefaßt werden, ist ebenso Teil des wissenschaftlichen Erkenntnisfortschritts, wie die Ausdifferenzierung und Verbesserung der Inhalte selbst. Auch kann nicht jeder Inhalt in jede Form gebracht werden. Es lassen sich aber Kriterien nennen, die die Beurteilung der *Qualität einer Repräsentationsform* ermöglichen:

- Was läßt sich in der Repräsentationsform ausdrücken und was nicht?
- Gestattet sie eine Rekonstruktion der untersuchten kognitiven Leistung?
- Wie elaboriert und verbreitet ist sie? (Damit hängt zusammen, ob Merkmale der Repräsentationsform gezielt genutzt werden können, und wie die Kommunikationsmöglichkeiten zu bewerten sind.)
- Welche Wege zur Prüfung der über sie formulierten Annahmen gibt es?
- Inwieweit wird eine methodisch disziplinierte Revision der Annahmen unterstützt?

Wir werden diese Kriterien bei der nachfolgenden Diskussion und Bewertung einiger Modellierungen induktiven Denkens heranziehen. Es wird sich dabei um mathematisch-numerische und Computersimulationsmodelle handeln. Erstere haben in den sechziger Jahren dominiert, letztere danach die Forschungsentwicklung bestimmt.

Ein *Prototyp eines mathematisch-numerischen Modells der Konzeptbildung* ist der Ansatz von BOWER und TRABASSO (1964; vgl. auch ATKINSON, BOWER & CROTHERS, 1965; DEPPE, 1977 und Kap. 10, Ausgewählte Methoden, Abschnitt 2).

Eine typische Aufgabe, deren Bearbeitung mit Hilfe dieses Modells analysiert wird, ist die Merkmalsidentifikation bei einwertigen Konzepten. Das Untersuchungsmaterial ist ähnlich aufgebaut wie bei BRUNER et al. (1956); allerdings hat jedes Merkmal nur zwei Abstufungen. Bei n Merkmalen und vollständiger Kombination ergeben sich 2^n Beispiele.

Das Modell bildet eine *Variante einer sukzessiven Hypothesenprüfung* ab. Es wird postuliert, daß die Vp jeweils eine Hypothese im Auge hat und an den Beispielen prüft. Wenn ihre Vorhersage mit der Antwort des Versuchsleiters übereinstimmt, wird die Hypothese beibehalten; ansonsten wird eine neue aufgestellt, die zu dem momentan betrachteten Beispiel paßt. Dabei können auch bereits geprüfte aber verworfene Hypothesen neu aufgegriffen werden. Es wird also angenommen, daß sich die Versuchsteilnehmer nicht merken, welche Hypothesen sie schon (mit negativem Erfolg) getestet haben. Die Wahrscheinlichkeit, daß nach einem Fehler die richtige Hypothese gewählt wird, ist nach diesem Modell über die Zeit konstant. Weder die Anzahl der bisherigen Durchgänge noch die der schon getesteten Hypothesen spielen eine Rolle. Induktives Lernen wird somit als ein Versuchs-Irrtumsprozeß gedeutet, der mit einer bestimmten Wahrscheinlichkeit zum Erfolg führt. Lernen hat *Alles-oder-Nichts*-Charakter. Entweder wird nicht gelernt, etwa wenn eine falsche Hypothese durch eine andere unzutreffende ersetzt wird. Wenn aber gelernt wird, dann bleibt die Person ab diesem Zeitpunkt bei der richtigen Hypothese; es werden nur noch korrekte Vorhersagen abgegeben.

Woher kommen aber dieses Annahmen? Wieso erscheint menschliches Denken derart beschränkt; warum ist das Material auch im Vergleich zu BRUNER et al. (1956) weiter in seiner Komplexität reduziert? Die Antwort auf diese Fragen ist in der Form der Modellierung zu suchen. Sie beruht auf der Theorie der Markov-Prozesse, von denen ein Spezialfall, die Markov-Ketten, genutzt werden (vgl. DEPPE, 1977). Dies ist eine Repräsentationsform mit Vorteilen, aber auch gravierenden Nachteilen. Elaboriert in der mathematischen Stochastik sind ihre Voraussetzungen und Eigenschaften wohlbekannt. Vorhersagen über die zu erwartende Verteilung der Fehler über die Durchgänge, die relative Häufigkeit von Fehlern nach einem Fehler und vieles andere mehr sind möglich. Sie erlauben Modellgeltungstests, die zu statistischen Aussagen darüber führen, ob die Daten einer Stichprobe von Vpn hinreichend den Annahmen entsprechen.

Schon auf den ersten Blick stört aber, wie sehr der Inhalt der psychologischen Theorie durch die Repräsentationsform eingeschränkt wird. Dem Gesichtspunkt einer einfachen mathematischen Handhabbarkeit des resultierenden Modells wird erste Priorität beigemessen. Dies erklärt beispielsweise, wieso die Annahme von über die Zeit hinweg invarianten Übergangswahrscheinlichkeiten (Übergang vom Zustand falscher Hypothesen zum Zustand der korrekten Hypothese) getroffen wird und woher das Postulat stammt, daß die Wahrscheinlichkeitsverteilung im Durchgang n ausschließlich vom Ergebnis des unmittelbar vorangehenden Durchgangs abhängt. Nur unter der letztgenannten Voraussetzung liegt nämlich ein Markov-Prozeß vor.

Man kann aber auch argumentieren, daß über stringente Modellgeltungstests die Geltung der Annahmen prüfbar ist, eine lange Debatte der Gründe, die zu ihrer Formulierung geführt haben, hingegen nur wenig bringt. Tatsächlich haben empirische Untersuchungen von Bower und Trabasso (1964) und anderen Autoren gezeigt, daß das Modell unter den definierten experimentellen Rahmenbedingungen die Daten recht gut zu beschreiben vermag. Auch für die Annahme einer über die Zeit hinweg konstanten Wahrscheinlichkeit des Übergangs zur kor-

Tabelle 10: Konzeptbildung; mathematisch-numerische Modelle und Computersimulationsmodelle der ersten und zweiten Phase im schematischen Vergleich. Die besonderen Stärken der einzelnen Ansätze sind durch Kursivdruck hervorgehoben.

	Mathematisch-numerische Modelle
Prototyp:	Bower & Trabasso (1964)
Art der Formulierung:	*präzises mathematisch-numerisches Modell auf der Basis theoretisch elaborierter stochastischer Prozesse* (z.B. Markov-Prozesse)
Abbildung von Denk- und Lernmechanismen:	nur implizite Berücksichtigung relativ schlichter Mechanismen; «black-box»-Modellierung
Domänwissen:	nur implizit berücksichtigt
Allgemeines Wissen:	nicht berücksichtigt
Rekonstruktion der kognitiven Leistung:	erfolgt nicht
Anwendungsbereich:	sehr eingeschränkt
Empiriebezug bei der Formulierung des Modellansatzes:	begrenzt; Orientierung an den Eigenschaften stochastischer Prozesse
Empirische Prüfung:	*fundiert mit Hilfe elaborierter statistischer Verfahren der Modellgeltungsprüfung unter Einbeziehung experimenteller Bedingungsvariation*
Modellrevision anhand empirischer Daten:	methodisch durch die Art der berücksichtigten stochastische Prozesse eingeschränkt; über statistische Vergleichstests kontrolliert durchführbar

rekten Hypothese fanden sich Belege. So benötigten Personen, die noch nicht die zutreffende Hypothese gefunden hatten, von da an eine im Schnitt konstante Anzahl von weiteren Durchgängen, unabhängig davon, ob das Konzept vom Versuchsleiter zu diesem Zeitpunkt geändert wurde oder nicht. Auch können im Prinzip komplexere mathematisch-numerische Modelle entwickelt werden, wenn dies die Datenlage erfordert. So hat etwa LEVINE (1970) ein Modell formuliert, das eine über die Zeit hinweg zunehmende Wahrscheinlichkeit für die Wahl der richtigen Hypothese postuliert.

Wirklich entscheidend für das letztliche Scheitern dieser Forschungsrichtung waren folgende Kritikpunkte. Die Arbeit mit einer derartigen experimentellen Anordnung und diesem Typ von Konzepten reduziert zwar die Gefahr einer Falsifikation des Modells, liefert aber Erkenntnisse, die nur sehr begrenzt verallgemeinerbar sind. Auch werden im Rahmen dieses Ansatzes keine Aussagen über das Kernstück des analysierten Vorgangs gemacht, nämlich darüber, *wie* eine Person Hypothesen formuliert. Der Konzeptbildungsprozeß wird durch das Modell nicht rekonstruiert. Genau dies ist aber *das* Kennzeichen der im folgenden besprochenen Computersimulationsmodelle.

Tabelle 10 zeigt einige Merkmale mathematisch-numerischer Modelle der Konzeptbildung in einem schematischen Vergleich mit Computersimulationsmodellen.

Es folgt ein zeitlich und vom Wissenschaftsverständnis großer Sprung zu einem typischen Vertreter der Computermodellierung der achtziger Jahre. LANGLEY (1985, 1987) hat sich im

Computersimulationsmodelle	
der ersten Phase	der zweiten Phase
DÖRNER, LUTZ & MEURER (1969)	LANGLEY (1987)
Computerprogramm	*anhand von elaborierten Formalismen zur Repräsentation von Wissen und seiner Veränderung (z. B. Produktionssystemen) als Computerprogramm*
explizite domänspezifische *Formulierung und Implementation verschiedener Mechanismen zur Induktion*	*explizite, domänübergreifende Formulierung eines oder einiger Mechanismen zur Induktion*
berücksichtigt	berücksichtigt
nicht berücksichtigt	nicht berücksichtigt
gegeben	*gegeben*
eingeschränkt	verschiedene Gegenstandsbereiche
teilweise gegeben	begrenzt; Orientierung an den Eigenschaften wissensbasierter Repräsentationsformalismen, Abhängigkeit von entsprechenden Entwicklungen in der Forschung zur Künstlichen Intelligenz
Vergleich von Simulationsdaten mit Daten von Probanden ohne strenge methodische Fundierung	eher ad hoc
Anpassung ohne strenge methodische Kontrolle	selten

Rahmen der *Theorie der Informationsverarbeitung* (LANGLEY & SIMON, 1981; NEWELL & SIMON, 1972) intensiv mit Fragen des *Diskriminationslernens* beschäftigt. Unter Nutzung des Repräsentationsformalismus der *Produktionssysteme* (KLAHR et al., 1987; OPWIS, 1988) entwickelte er verschiedene computerisierte Systeme zu diesem wichtigen induktiven Denk- und Lernmechanismus. Sie stellen Modellierungen der Konzeptbildung im klassischen Sinn, aber auch anderer Formen des Wissenserwerbs bis hin zum Aufbau von Lösungsstrategien etwa bei Denkspielen dar.

Wir haben bisher vor allem Generalisierungsstrategien (vgl. die Fokussierungsstrategie nach BRUNER et al., 1956) und reine Versuchs-/Irrtumsstrategien (z.B. die sukzessive Hypothesenprüfung) behandelt. Bei Anwendung einer Generalisierungsstrategie zur Konzeptbildung werden die positiven, also die dem Konzept entsprechenden Beispiele daraufhin geprüft, welche Merkmale sie gemeinsam haben. Ausgangspunkt ist das erste positive Beispiel, dessen Merkmale vollständig in die am Anfang gebildete Hypothese übernommen werden. Generalisierung bedeutet Verallgemeinerung, die Ersetzung von spezifischen Merkmalsausprägungen durch Leerstellen.

Diskriminationsstrategien gehen hingegen von einem möglichst allgemein gefaßten Konzept aus; die Merkmalsausprägungen sind nicht oder so wenig als möglich festgelegt. Über die Suche nach jenen Merkmalen, in denen sich die positiven und negativen Beispiele unterscheiden, wird das Merkmalsmuster so lange spezifiziert, bis das Konzept gefunden ist, das weit genug ist, um alle positiven Beispiele zu erfassen und hinreichend eng, alle negativen auszuschließen.

Reine Generalisierungsstrategien führen in der Lernphase zur irrtümlichen Einstufung von Beispielen als negativ; bei Diskriminationsstrategien werden hingegen häufig negative Beispiele als positiv klassifiziert.

Sehen wir uns aber am Beispiel der klassischen Konzeptbildung näher an, wie *ein diskriminationsbasierter Lernprozeß* abläuft. Gegeben sei das konjunktive Konzept «1 Kreis». Das erste Beispiel, das vorgelegt wird, ist wie üblich ein positives:

«1 grauer Kreis mit 3 Umrandungen» (Anzahl der Objekte: 1, Farbe der Objekte: grau, Form der Objekte: Kreis, Anzahl der Umrandungen: 3).

Es wird die völlig unspezifizierte Hypothese formuliert:

«Anzahl der Objekte: beliebig, Farbe der Objekte: beliebig, Form der Objekte: beliebig, Anzahl der Umrandungen: beliebig.»

Diese Hypothese sei dargestellt als «x, x, x, x». Das nachfolgende zweite Beispiel ist ein negatives:

«2 graue Kreise mit 3 Umrandungen.»

Aufgrund der vorliegenden Hypothese wird es irrtümlich als positiv eingestuft. Der von LANGLEY (1987) diskutierte Diskriminationslernmechanismus arbeitet nun wie folgt. Es wird nach den Merkmalen gesucht, in denen sich das falsch eingestufte Beispiel vom letzten mit derselben Hypothese korrekt klassifizierten unterscheidet. Im hier skizzierten Fall liegt nur eine Differenz vor und zwar bei der Variable «Anzahl der Objekte». Die Aufdeckung dieser Differenz führt zur Spezifizierung der bisherigen Hypothese «x, x, x, x» zu «1, x, x, x». Diese neue Hypothese hätte korrekt das zweite Beispiel als negativ und das erste als positiv klassifiziert. Die Vorlage eines dritten Beispiels:

«1 graues Quadrat mit 3 Umrandungen»,

reicht aus, um in analoger Weise über eine weitere Diskrimination zum zutreffenden Konzept «1, x, Kreis, x» zu gelangen.

Das Diskriminationslernen führt allerdings im vorliegenden Fall nur deshalb so rasch zum korrekten Konzept, weil die Beispielsequenz optimal für diesen Lernmechanismus ist. Die negativen Beispiele unterscheiden sich vom positiven Eingangsbeispiel nur in jeweils einem relevanten Merkmal. Ganz anders würde die Situation bei den Beispielen aus Abbildung 9 aussehen, also bei der im Zusammenhang mit der Generalisierungsstrategie von BRUNER et al. (1956) diskutierten Sequenz. Schon nach dem ersten negativen Beispiel:

«3 schwarze Kreuze mit 3 Umrandungen»

sind im Vergleich zum positiven Ausgangsbeispiel:

«1 grauer Kreis mit 3 Umrandungen»

in drei Merkmalen Unterschiede gegeben. Sollen nun drei neue in jeweils einer Variable spezifizierte Hypothesen aufgestellt werden? Welche Hypothese ist dann zur Klassifikation der nachfolgenden Beispiele heranzuziehen?

Die Lösung der aufgeworfenen Fragen erfordert, ebenso wie der Versuch, mit Hilfe dieses Ansatzes Wissenserwerb in verschiedenen Gegenstandsbereichen zu modellieren, eine Repräsentation des Lernmechanismus in einer allgemeinen und zugleich flexiblen Form. LANGLEY hat dazu den Formalismus der Produktionssysteme gewählt, den wir schon im Abschnitt 2.5.2 näher beschrieben haben. Er verwendete das Programmsystem PRISM (*P*rogram for *R*esearch *I*nto *S*elf-*M*odifying Systems, LANGLEY & NECHES, 1981; vgl. auch OPWIS, STUMPF & SPADA, 1987), und damit einen formalen Rahmen auf der Basis von LISP für die Entwicklung von Modellierungen mit Lernkomponenten in Form von Produktionssystemen.

Die von LANGLEY (1985, 1987) vorgestellten Modellierungen beruhen jeweils auf einer Komponente, die den Diskriminationslernmechanismus selbst enthält, und auf domainspezifischen Teilen, die Wissen über die einzelnen Gegenstandsbereiche umfassen.

Es handelt sich um *adaptive, sich selbst modifizierende Produktionssysteme:* Neue Regeln werden generiert; die Stärke der Regeln wird in Abhängigkeit vom Erfolg ihrer Anwendung verändert.

Ein Teil der als Produktionen formulierten Regeln steht dabei für Hypothesen, z. B.

Wenn Anzahl der Objekte: 1,
Farbe der Objekte: beliebig,
Form der Objekte: Kreis,
Anzahl der Umrandungen: beliebig,
dann klassifiziere das Beispiel als ein positives.

Die Stärke einer Regel ist für die Konfliktlösung (vgl. Abschnitt 2.5.2) wichtig, also für die Bestimmung der tatsächlich auszuführenden Produktion aus der Menge der zu einem Zeitpunkt potentiell anwendbaren. Beispielsweise wird, um beim Fall der klassischen Konzeptbildung zu bleiben, diejenige Hypothese zur Klassifikation eines Beispiels gewählt, die den größten Stärkeparameter aufweist. Wieso liegen aber überhaupt mehrere Hypothesen vor? Sie resultieren im Prozeß der Diskrimination aus der Generierung neuer, stärker in ihrem Bedingungsteil eingeschränkter Regeln. Wenn zwischen einem falsch und dem letzten korrekt klassifizierten Beispiel in mehr als einem Merkmal ein Ausprägungsunterschied festgestellt wird, kommt es zur Bildung entsprechend vieler neuer Hypothesen. Auch unterbleibt eine Eliminierung der «alten» Hypothesen, um bei Bedarf auf sie zurückgreifen zu können. Über die weitere Rolle einer Hypothese entscheidet ihr Erfolg bei der Klassifikation der Beispiele. Je erfolgreicher eine Hypothese ist, desto höher wird ihr Stärkeparameter. Letztendlich setzt sich die korrekte Hypothese durch.

Die von LANGLEY (1985, 1987) gewählte Form der Modellierung macht den Diskriminationslernmechanismus – verglichen beispielsweise mit der Generalisierungsstrategie nach BRUNER et al. (1956) – sehr robust und vielseitig anwendbar. Er versagt weder bei fehlerhaften Daten, noch bei Veränderungen der Konzepte über die Zeit; auch bei disjunktiven Merkmalsverknüpfungen führt er zum richtigen Ergebnis (LANGLEY, 1987). Darüber hinaus ist er – wie schon erwähnt – in seiner Anwendung keineswegs auf die klassische Konzeptbildung beschränkt.

So beschreibt LANGLEY (1987) *kognitive Entwicklung* am Beispiel eines zunehmenden Verständnisses für Waagebalkenaufgaben (vgl. für diesen Aufgabentyp Abbildung 2 zu Beginn des zweiten Abschnitts dieses Kapitels) als diskriminationsbasierten Lernprozeß. Während INHELDER und PIAGET (1958) die Veränderung des Aufgabenlösungsverhaltens im Detail darstellten, auf SIEGLER (1976) ein daraus abgeleitetes Stadienmodell zurückgeht, KLAHR (1981) dieses in ein Produktionssystem umsetzte, wird nun auch der *Übergang zwischen* einzelnen dieser *Stadien modelliert.*

SIEGLER postulierte unter anderem ein Stadium, in dem das Kind nur das Gewicht bei Waagebalkenproblemen beachtet, und er nahm eine darauf folgende Phase an, in der – allerdings nur im Falle gleicher Gewichte auf beiden Seiten des Waagebalkens – auch die Distanzen, also die Entfernungen zwischen den Aufhängungspunkten der Gewichte und dem Drehpunkt des Waagebalkens berücksichtigt werden.

LANGLEY (1987) geht nun davon aus, daß der Aufgabenbearbeitung im erstgenannten Stadium die folgenden beiden als Produktionen formulierte Regeln zugrunde liegen:

Stadium 1:

Erste Gleichgewichtshypothese:
Wenn die Gewichte auf beiden Seiten des Waagebalkens gleich sind,
dann sage voraus: «Gleichgewicht».

Erste Ungleichgewichtshypothese:
Wenn das Gewicht auf der einen Seite des Waagebalkens größer ist,
dann sage voraus: «Waagebalken geht auf dieser Seite herunter».

Den Übergang zum nächsten Stadium deutet und modelliert er als Hypothesendiskrimination. Stellen wir uns dazu folgendes vor. Ein Kind löst die Aufgabe
«Linke Seite des Waagebalkens: Gewicht 3, Entferung 4; rechts: Gewicht 3, Entfernung 4»
mit Hilfe der ersten Gleichgewichtshypothese korrekt. (Die Aufgabe liegt in graphischer Form, wie in Abbildung 2 gezeigt, vor.) Auf die Aufgabe
«Links: Gewicht 2, Entfernung 3; rechts: Gewicht 2, Entfernung 2» reagiert es mit derselben Hypothese, erwartet also irrtümlich ebenfalls einen Gleichgewichtszustand. Konfrontiert man das Kind mit dem tatsächlichen Ergebnis, ist nach LANGLEY (1987) Diskriminationslernen zu erwarten. Die falsch beantwortete Aufgabe wird mit der aufgrund derselben Hypothese korrekt gelösten verglichen. Der festgestellte Unterschied, hier ungleiche Entfernungen, zuvor gleiche Entfernungen, führt zur Generierung der folgenden neuen Hypothese mit stärker spezifiziertem Bedingungsteil.
Zweite Gleichgewichtshypothese:
Wenn die Gewichte auf beiden Seiten des Waagebalkens und die Entfernungen gleich sind,
dann sage voraus: «Gleichgewicht».

Diese Gleichgewichtshypothese ist aber eine Regel des zweiten von SIEGLER postulierten Entwicklungsstadiums, in dem unter Bedingung gleicher Gewichte auch die Entfernungen berücksichtigt werden. Diskriminationslernen hat von einer Wissenskomponente des ersten Stadiums zu einem Bestandteil des zweiten geführt.

Bei einer genaueren Analyse des hier nur sehr schematisch angedeuteten Prozesses des Erwerbs von zunehmend spezifischeren und besser zutreffenden Hypothesen ergeben sich aber eine *Reihe kritischer Fragen.* Wir wollen zwei herausgreifen, die für alle Modellierungen von LANGLEY (1987) zum Diskriminationslernen Bedeutung haben. Die eine betrifft die *hohen Anforderungen an das Gedächtnis.* Bei dem postulierten Lernmechanismus sind mehrere, evtl. sogar viele Hypothesen im Gedächtnis zu behalten und auch der Vergleich verschiedener Beispiele «im Kopf» ist gedächtnisintensiv. Nicht zuletzt die berichteten Studien zur klassischen Konzeptbildung haben es aber wahrscheinlich gemacht, daß der Mensch mit Strategien arbeitet, die das Gedächtnis wenig belasten. Auch wenn Modellierungen auf dem von LANGLEY (1987) vorgezeichneten Weg mit restriktiveren Annahmen zur Speicherung von Hypothesen und Beispielen möglich sind, bleibt dieser Punkt für jede psychologische Theorie eines effizienten Diskriminationslernens kritisch.

Weiterer Forschung bedarf auch ein zweiter Aspekt. LANGLEY (1987) folgend setzten wir in den Beispielen immer voraus, daß die Menge der relevanten und irrelevanten Merkmale sehr klein und dem Menschen bekannt bzw. dem computersimulierten System vorgegeben ist. Unter realen Bedingungen sind wir aber nur aufgrund unseres allgemeinen und gegenstandsspezifischen Vorwissens in der Lage, unsere Aufmerksamkeit trotz der Überfülle an möglichen Merkmalen auf die kleine Anzahl vermutlich relevanter zu richten. Diesem Aspekt der *Bedeutungszuweisung aufgrund von Wissen* wird in den Arbeiten von LANGLEY (1987) zum Diskriminationslernen – aber auch generell in weiten Teilen der bisherigen einschlägigen psychologischen Forschung – nicht Rechnung getragen.

LANGLEY (1985, 1987) beschreibt auch den *Erwerb von Lösungsstrategien* bei einer bestimmten Klasse von Denkproblemen (Interpolationsprobleme, vgl. den Abschnitt zum Problemlösen) als Diskriminationslernen. Führen Sie sich beispielsweise ein Denkspiel vor Augen, bei dem in einer Linie in einer bestimmten Abfolge angeordnete Münzen in eine vorgegebene andere Sequenz überzuführen sind. Zulässig ist die Anwendung der beiden Operatoren: «Verschieben um eine Stelle» und «Überspringen einer Münze». Gesucht ist der Lösungsweg mit minimaler Zugzahl. Das von LANGLEY (1985, 1987; vgl. auch PLÖTZNER & OPWIS, 1987) für durchaus auch ernsthaftere Probleme entwickelte computerisierte System trägt den Namen SAGE (*s*trategy *a*cquisition governed by *e*xperimentation).

Zu Beginn der Bearbeitung eines Problems wird dem System an domänspezifischen Kenntnissen Wissen über den Anfangszustand, den erwünschten Endzustand und die Operatoren mit auf den Weg gegeben, die zur Überführung eines Zustands in einen anderen zugelassen sind. Auch muß das System in die Lage versetzt werden, die verschiedenen im Problemraum möglichen Zustände repräsentieren zu können. In einer ersten Problembearbeitungsphase wird die Lösung durch Versuch und Irrtum in einem mehr oder minder langwierigen systematischen Suchprozeß ermittelt. Ist ein Lösungsweg bekannt, besteht die Möglichkeit, erfolgreiche und nicht erfolgreiche Operatoranwendungen danach zu unterscheiden, ob sie zu einem Fortschritt auf dem Lösungsweg oder aber in die Irre führten. Es kann aber auch Lernen *während* der Problembearbeitung modelliert werden. Dazu wird jeweils die Situation, in der ein Operator zuletzt erfolgreich angewandt wurde, mit der verglichen, die in eine Sackgasse führte. Über die Ermittlung der Unterschiede werden die Bedingungen der Operatoranwendung so spezifiziert, daß dieser nicht zielführende Schritt in Zukunft unterbleibt. Die Bewertung des Erfolgs einer Operatoranwendung ohne Kenntnis eines endgültigen Lösungswegs erfordert aber zusätzliche im allgemeinen gegenstandsspezifische Beurteilungsheuristiken. SAGE ist somit ein System, das Problemlösen als die zusätzliche Berücksichtigung von Bedingungen bei der Anwendung bekannter Operatoren modelliert.

Die Arbeiten von LANGLEY (1987) sind ein positives Beispiel für die kognitive Modellierung von Mechanismen induktiven Denkens und Lernens. Typische Merkmale dieser Modellierungen sind in Tabelle 10 in der Spalte «Computersimulationsmodelle der zweiten Phase» zusammengefaßt. Zu diesen Charakteristiken zählt die Arbeit mit elaborierten Methoden zur Repräsentation von Wissen, wie Produktionssystemen. Die Modellierung kognitiver Mechanismen erfolgt in einer so generellen und flexiblen Form, daß ihre Analyse in ganz unterschiedlichen Gegenstandsbereichen möglich wird. Gerade durch eine explizite, aber jeweils getrennte Berücksichtigung domänspezifischen Wissens wird dieser Grad an Übertragbarkeit und Allgemeingültigkeit erreicht. Ungelöst ist aber das Problem der Einbeziehung von umfassenden Wissensbeständen zur effektiven Steuerung des gesamten induktiven Denk- und Lernprozesses.

Ein weiteres wesentliches Merkmal ist die Rekonstruktion der interessierenden Denkleistungen und Lerneffekte. Die Modellierung generiert die analysierten Phänomene. Allerdings läßt die Prüfung der empirischen Geltung der jeweiligen Rekonstruktion, wie überhaupt der Bezug zu empirischen Daten, in den verschiedenen Phasen der Modellierung und ihrer Revision zu wünschen übrig.

GRONER, KELLER und MENZ (1981, S. 295) haben auf das für fast alle kognitive Modellierungen typische Problem verwiesen, daß die Entwicklung eines am Rechner lauffähigen Modells viele Detailannahmen voraussetzt, für die keine theoretische Basis gegeben ist. In der psychologischen Literatur sucht man vergeblich nach Hinweisen, so daß man auf Plausibilitätsargumente zurückgreifen oder überhaupt ad hoc Entscheidungen treffen muß, deren spätere empirische Bewertung sehr schwierig ist.

Nur kurz können wir *Computersimulationsmodelle der Konzeptbildung* aus den sechziger Jahren streifen, die in Tabelle 10 als Arbeiten *der ersten Phase* bezeichnet werden. Zu ihnen kann man etwa die Modelle von HUNT, MARIN und STONE (1966). DÖRNER, LUTZ und MEURER (1967) und GREGG und SIMON (1967) zählen. Diese Arbeiten sind in direkter Auseinandersetzung mit mathematisch-numerischen Modellen entstanden und mit Blick auf eine Überwindung dieses theoretischen Ansatzes.

So entwickelten GREGG und SIMON (1967) zwei Computersimulationsmodelle, von denen das eine ohne jede explizite Repräsentation der infragestehenden experimentellen Situation auskommt und kognitionspsychologisch nichtssagend wirkt. Tatsächlich beruht es auf den Annahmen des mathematisch-numerischen Modells von BOWER und TRABASSO (1964). Das andere Computersimulationsmodell bildet verschiedene Mechanismen der Hypothesenauswahl in der Konzeptbildung ab, bleibt allerdings auf einen sehr engen Ausschnitt derartiger Lernprozesse beschränkt.

Dörner et al. (1967; vgl. auch Deppe, 1977) formulierten ein Modell, das einen wesentlich breiteren Bereich der klassischen Begriffsbildung abdeckt. Es rekonstruiert den Erwerb einfacher, konjunktiver und disjunktiver Begriffe auf der Grundlage insbesondere einer Fokussierungsstrategie. Ganz im Gegensatz dazu haben in einer interessanten theoretischen Kontroverse Goede und Klix (1971) die Rolle der sukzessiven Prüfung abstrakter, d. h. wenig spezifizierter Hypothesen mit – wenn erforderlich – nachfolgender Diskrimination betont.

Die Aussagen in Tabelle 10 zu Computermodellen der ersten Phase beziehen sich insbesondere auf die im deutschsprachigen Bereich einflußreiche Arbeit von Dörner et al. (1967). Zwei Hauptunterschiede zu den späteren Modellierungsstudien sind die folgenden.

Die beispielsweise bei den Arbeiten von Langley (1987) so auffällige Flexibilität und Allgemeinheit der Modellierung von Lernmechanismen, die eine Übertragung auf ganz unterschiedliche inhaltliche Bereiche möglich macht, ist bei Dörner et al. (1967) aufgrund der gewählten Form der Programmierung nicht gegeben. Zu erwähnen ist hier auch die eher starre Ablaufsteuerung.

Wesentlich gezielter wurde hingegen im Vergleich zu Langley (1987) von Dörner et al. (1967) der Bezug zur Empirie gestaltet. Der Vergleich zwischen den Leistungen von Probanden und eines ersten am Rechner implementierten Lernalgorithmus zeigte, daß das Modell wesentlich weniger Fehler macht als der Mensch. Dörner et al. (1967) führten dies darauf zurück, daß sie den Algorithmus mit einem perfekten Gedächtnis ausgestattet hatten. Sie versuchten die Leistungsfähigkeit des Modells in psychologisch plausibler Weise, beispielsweise durch die Einführung eines Vergessensprozesses, zu verschlechtern. Angewandt auf Begriffe unterschiedlicher Komplexität lieferte dieser zweite Algorithmus in einigen Aspekten mit Lernverläufen von Probanden gut übereinstimmende Ergebnisse. Kritisch ist anzumerken, daß die Adaptierung verschiedener quantitativer Parameter dieses Algorithmus ohne strenge methodische Kontrolle erfolgte.

3.2.4 Die Modellierung induktiven Denkens: ein Ausblick

Bisher untersuchten wir vor allem die induktive Erschließung von Merkmalen von Begriffen oder Bedingungen von Lösungsschritten. Selbstverständlich hat induktives Denken aber einen umfassenderen Gegenstandsbereich. So behandeln Holland, Holyoak, Nisbett und Thagard (1986) in ihrem wichtigen Werk «Induction: Processes of Inference, Learning and Discovery» unter anderem auch die klassische und operante Konditionierung (vgl. Kap. 6.1, Abschnitte 2 und 3), analoges Denken und wissenschaftliche Entdeckungen. Zum letztgenannten Thema wurde von Langley, Simon, Bradshaw und Zytkow (1987) das Computersystem BACON entwickelt. Es ist nach dem berühmten englischen Philosophen und Staatsmann Bacon (1561–1625) benannt, der der Wissenschaft vorschrieb, sie dürfe nur von Einzelerfahrungen ausgehend zu allgemeineren Sätzen gelangen, das heißt auf induktivem Weg. Mit Hilfe verschiedener Versionen des BACON-Programmsystems ist es möglich, insbesondere quantitative aber auch qualitative naturwissenschaftliche Gesetze anhand von geeigneten Datensätzen «wiederzuentdecken». Beispiele sind das dritte Gesetz der Planetenbewegung von Kepler, das Gesetz zur gleichförmig beschleunigten Bewegung von Galileo Galilei und das Gesetz zum Verhältnis von Gasdruck und Volumen von Boyle.

Das folgende Beispiel illustriert das durch BACON realisierte Vorgehen. Es ist durch die Nutzung einiger einfacher Suchheurismen gekennzeichnet. Das dritte Gesetz der Planetenbewegung von Kepler besagt: «$D^3/P^2 = c$», wobei D für die *D*istanz eines Planeten zur Sonne steht, P für die Umlaufzeit (*P*eriode); c ist eine Konstante.

Tabelle 11 gibt die normierten Werte dieser Variablen für drei Planeten an. Zur Erschließung eines gesetzmäßigen Zusammenhangs zwischen Variablen nutzt BACON Heurismen der folgenden Art:

Tabelle 11: Ausgangsvariablen und abgeleitete Größen bei «Wiederentdeckung» des dritten Gesetzes der Planetenbewegung nach KEPLER durch BACON (LANGLEY et al., 1987). Erläuterung der Variablen im Text.

	Planet A	Planet B	Planet C
Distanz D	1.0	4.0	9.0
Periode P	1.0	8.0	27.0
abgeleitete Größe D/P	1.0	0.5	0.33
abgeleitete Größe D^2/P	1.0	2.0	3.0
abgeleitete Größe D^3/P^2	1.0	1.0	1.0

Heurismus 1:
Wenn die Werte einer Variable konstant sind,
dann inferiere, daß diese Variable immer diesen Wert hat.

Heurismus 2:
Wenn die Werte zweier Variablen gemeinsam ansteigen,
dann ermittle als abgeleitete Größe ihren Quotienten.

Heurismus 3:
Wenn die Werte der einen Variable ansteigen, die der anderen aber fallen,
dann ermittle als abgeleitete Größe ihr Produkt.

Eine Betrachtung der Werte der Variablen D und P in Tabelle 11 zeigt, daß in einem ersten Schritt Heurismus 2 anwendbar ist. Er führt zur abgeleiteten Größe D/P. Nun sind die Voraussetzungen für Heurismus 3 gegeben. Er könnte sowohl auf das Variablenpaar D und D/P, als auch auf P und D/P angewandt werden. In der Tabelle ist nur das Ergebnis des ersten Falls angegeben, das ist die abgeleitete Größe D^2/P. Eine neuerliche Anwendung von Heurismus 3, diesmal auf die beiden bisher abgeleiteten Größen D/P und D^2/P, ergibt über die dabei vorgesehene Produktbildung D^3/P^2. Auf diese abgeleitete Größe trifft aber Heurismus 1 zu. BACON hat damit aus den vorgegebenen Daten unter Nutzung einfacher Heurismen die Gesetzmäßigkeit «$D^3/P^2 = c$» ermittelt.

Die schematische Darstellung hat etwas den Blick dafür verdeckt, wieviele Irrwege ein datengetriebenes System wie BACON im allgemeinen geht, um funktionale Beziehungen zwischen Variablen induktiv aufzudecken. Das Ergebnis ist auch bloß eine Beschreibung eines Zusammenhangs und keine Erklärung des analysierten Phänomens.

Eine rein syntaktische Suche, wie in diesem Beispiel, die ohne gegenstandsspezifisches Wissen und ohne damit verbundene allgemeine theoretische Annahmen erfolgt, beschreibt aber sicherlich nicht hinlänglich, wie der Mensch derartige Problemstellungen bewältigt. Wissenschaftler gehen (zumeist) nicht ohne inhaltliche Hypothesen an die Auswertung von Daten, und auch beim entdeckenden Lernen des Schülers im naturwissenschaftlichen Unterricht und bei der Erschließung von Zusammenhängen im Alltag spielt das Vorwissen eine zentrale Rolle.

In diesem Sinne sind auch Ergebnisse von KLAHR und DUNBAR (1988) zu verstehen. Nach einer Einführung in die elektronische Steuerung eines Spielzeugpanzers mit Hilfe einer LOGO-ähnlichen Programmiersprache hatten die Probanden ihrer Untersuchung die Bedeutung einer weiteren Funktionstaste herauszufinden. Sie mußten Hypothesen darüber formulieren, Experimente dazu durchführen und deren Resultate evaluieren. Die Autoren führen zwei Hauptstrategien der Vpn zur Generierung von Hypothesen an: (a) die Nutzung einschlägigen Wissens (zum Programmieren, zu anderen Steuerungsfunktionen des Geräts usw). und (b) die Generalisierung von Einzelerfahrungen aus vorangegangenen Experimenten.

Auf der Basis von Arbeiten von SIMON und LEA (1974) und bestätigt durch diese Ergebnisse ihrer Untersuchung, entwickelten KLAHR und DUNBAR (1988) das (noch) nicht implementierte Modell SDDS. Das Akronym steht für «*S*cientific *d*iscovery as *d*ual *s*earch». Damit wird zum Ausdruck gebracht, daß induktives Denken und Lernen als eine zweifache Suche verstanden wird, eine Suche in einem Raum der Hypothesen und dem ihnen zugrundeliegenden Wissen, und eine Suche in einem Raum der über die Experimente abgespeicherten Daten. Die Arbeiten von LANGLEY (1987) zur Induktion von Merkmalen oder Bedingungen und von LANGLEY et al. (1987) zur Aufdeckung funktionaler Zusammenhänge, aber auch von anderen Autoren, etwa von REIMANN (1989) zur Modellierung beider Formen induktiven Denkens im Kontext entdeckenden Lernens, zeigen die Wichtigkeit, aber zugleich auch die Grenzen eines rein induktiven Vorgehens. Ohne Bedeutungszuweisung aufgrund von Wissen ist der Suchprozeß nach relevanten Gemeinsamkeiten, Unterschieden und Zusammenhängen langwierig und mühsam.

Interessant ist in diesem Zusammenhang eine Beschreibung der *Stärken und Schwächen menschlichen Denkens* von STILLINGS et al. (1987): Der Mensch ist durch die Fähigkeit charakterisiert, Wissen in großem Umfang zu speichern und – was ihn besonders auszeichnet – effizient und inhaltlich passend wieder aus dem Gedächtnis abzurufen. Dieser geordnete Wissensbesitz ist für menschliches induktives und deduktives Denken von zentraler Bedeutung. Hingegen sind enge Grenzen der Kapazität des Menschen gesetzt, in bewußt kontrollierter Form Information zu verarbeiten und auch die Schnelligkeit derartiger Abläufe ist relativ gering. Optimale Strategien induktiven und deduktiven Denkens nutzen daher die immense Wissensbasis und beschränken die Verarbeitung auf das, was bewältigbar ist. Darüber hinaus hat der Mensch die Möglichkeit, bei Bedarf gezielt in Interaktion mit seiner Umwelt sein Wissen zu erweitern.

Fehler im logischen Denken treten in psychologischen Untersuchungen daher insbesondere dann auf, wenn der Mensch in Situationen gebracht wird, in denen sein Wissen nicht nutzbar ist oder sogar in die Irre führt und die Informationsverarbeitungskapazität überlastet wird. Verschiedene der in diesem Abschnitt zum induktiven und deduktiven Denken diskutierten Untersuchungsparadigmen unterfordern und überfordern den Menschen im Sinne dieser beiden Aspekte. Sie sind auch untypisch für die Anforderungen, denen sich der Mensch im Alltag oder beispielsweise in Schule und Beruf ausgesetzt sieht. Die polemisch gestellte Frage von GARDNER (1985, S. 361) «Mensch als logische Niete?», die von den Ergebnissen derartiger psychologischer Untersuchungen ausgeht, wird daher der tatsächlichen Leistungsfähigkeit wissensbasierten menschlichen Denkens nicht gerecht.

Dies zeigt auch die Forschung zum sog. «Maschinellen Lernen» (MICHALSKI, CARBONELL & MITCHELL, 1983, 1986), einem Teilgebiet der Künstlichen Intelligenz. Etwa seit Mitte der achtziger Jahre wird in diesem Forschungszweig zunehmend mit Ansätzen gearbeitet, bei denen rein induktives Lernen ergänzt wird durch die Nutzung von Vorwissen zur Erklärung und Umsetzung neuer Erfahrungen. In diesem Zusammenhang sind etwa Arbeiten zum erklärungsbasierten Lernen von MITCHELL, KELLER und KEDAR-CABELLI (1986) und zum fallbasierten Lernen von SCHANK und LEAKE (1989) zu nennen. Erklärungs- und fallbasiertes Lernen ist analytisch und wissensintensiv. Die Arbeit an diesen Lernsystemen erfolgt mit einer sehr positiven Einschätzung der Leistungsfähigkeit menschlichen Denkens und Lernens und der Rolle, die domänspezifischem und allgemeinem Wissen dabei zukommt.

Nicht zuletzt diese neue Orientierung der Forschung zum Maschinellen Lernen mit einer Betonung wissensbasierter Denk- und Lernprozesse hat die Grenze zwischen kognitionswissenschaftlicher Forschung und Arbeiten zur Künstlichen Intelligenz noch fließender gemacht. Aber auch die verschiedenen diskutierten Arbeiten von LANGLEY können schon dem Überschneidungsfeld von Psychologie und Informatik zugerechnet werden.

4. Problemlösen

4.1 Einleitung und Definition des Problemlösens

Wissenschaftliche Abhandlungen über die Psychologie des Problemlösens beginnen häufig mit der Frage, was eigentlich ein Problem sei. Dabei wird übersehen, daß Definitionen für Probleme bereits theoretische Voraussetzungen beinhalten. Läßt man diese Voraussetzungen aber beiseite, wird die Frage, was ein Problem sei, zu einem rein philosophischen Problem.

Wir beginnen mit einem Beispiel. Daran soll demonstriert werden, welche theoretischen Konzepte die Problemlösepsychologie entwickelt hat, um ihren Gegenstand überhaupt erforschbar zu machen. Erst danach kommen wir auf Definitionsmöglichkeiten für Probleme zurück. Dem Stand der heutigen Forschung entsprechend werden wir das Gebiet vor dem Hintergrund des *Paradigmas der Informationsverarbeitung* abhandeln. An dieser Stelle können wir nicht weiter darauf eingehen, welche wissenschaftstheoretische Bedeutung der Begriff des Paradigmas für die Forschung hat (vgl. hierzu Westermann, 1987). Lachman, Lachman und Butterfield (1979) haben jedoch aus einer wissenschaftshistorischen Perspektive heraus zeigen können, wie wirkungsvoll der Paradigmenwechsel vom Behaviorismus zur Psychologie als Informationsverarbeitungsprozeß für den Erkenntnisgewinn geworden ist.

Als ein einfaches Beispiel für Problemlösen wählen wir das von Klix (1971) und auch von seinen Mitarbeitern untersuchte Spiel *Turm von Hanoi* aus. Es ist Gegenstand vieler Untersuchungen im Zusammenhang mit der psychologischen Problemlöseforschung geworden: Newell und Simon (1972); Simon (1974); Karat (1982); Anzai und Simon (1979); Amarel (1983), um nur einige Quellen zu nennen. Die folgende Abbildung 10 zeigt das Spielmaterial.

Der Einfachheit halber besteht der an der Position A liegende Turm nur aus drei Scheiben. Jede zusätzlich hinzugefügte Scheibe verkompliziert das Problem erheblich. Ziel ist es, alle drei Scheiben von A auf die PositionC zu bringen. Dabei sind folgende Regeln zu beachten: (1) Bei jedem Zug darf nur eine Scheibe bewegt werden. (2) Eine kleinere Scheibe muß immer auf einer größeren Scheibe liegen, das Umgekehrte ist nicht erlaubt.

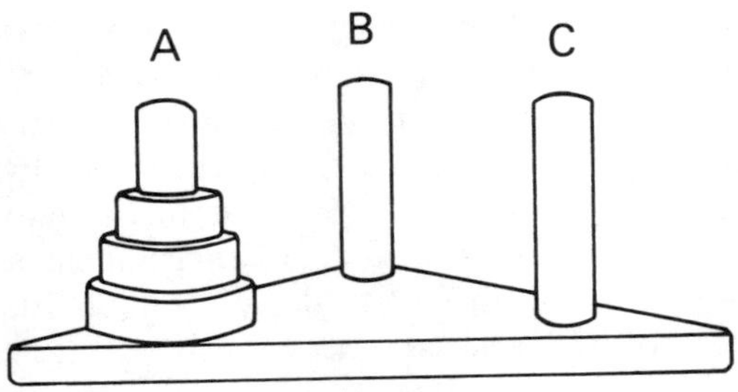

Abbildung 10: Turm von Hanoi.

Wir beginnen damit, einige grundlegende Bestimmungsstücke für eine Theorie des Problemlösens zu benennen. Bezug genommen wird dabei auf Arbeiten von Klix (1971) und Newel und Simon (1972) sowie auf Ausarbeitungen und Weiterentwicklungen, wie sie z.B. von Dörner (1976), Dörner et al. (1983) und Anderson (1983) vorgenommen worden sind. In der Problemlösepsychologie unterscheidet man drei Bereiche voneinander: (1) Die *Aufgabenumwelt als solche* (die sog. *task environment*); (2) das *innere Abbild* (oder die *Repräsentation*), das sich ein Problemlöser von der Umwelt macht; (3) die *objektive Beschreibung* der Aufgabenumwelt, die für dieses Problem gegeben werden kann.

Zum Punkt (1) kann die Psychologie als empirische Wissenschaft nicht beitragen. Hier handelt es sich um ein philosophisches Problem. – Beim Punkt (2) geht es um das Herzstück der psychologischen Problemlöseforschung. Die subjektive Abbildung der Aufgabenumwelt im Problemlöser wird mit einem sog. *Problemraum* zusammengefaßt und beschrieben. Um diesen Begriff ordnen sich die theoretischen Vorstellungen und Entwürfe. – Den Gliederungspunkt (3) wollen wir (wie auch den Punkt (2)) am Beispiel des Turms von Hanoi verdeutlichen. Beginnen wir zunächst mit (2). – Sieht man auf die Abbildung 10 ohne gleichzeitig die zum Spiel gehörenden Regeln zu kennen, würde aus dieser Anordnung kein Problem erkannt werden können. Kenne ich jedoch die Regeln, kann ich in meiner Vorstellung mit dem Spiel beginnen und eine Lösung suchen. Bewege ich in meiner Vorstellung die kleinste Scheibe nach C, die mittlere dann nach B, danach die kleinste auch nach B und die größte nach C, komme ich zu dem Ergebnis, daß auf diesem Wege eine Lösung herbeigeführt werden kann. In meiner Vorstellung habe ich einen Teilweg für die angestrebte Lösung konstruiert, der zu einem *Zwischenziel* – die große Scheibe liegt schon auf C – führt. Diese Veränderung erkenne ich bereits als zum Ziel führend an. Konstruiert habe ich in meiner Vorstellung ein *inneres Abbild* von der Aufgabenumwelt mit einem Weg zur Lösung und den dazu notwendigen Handlungen. Man unterstellt, der Problemlöser hat einen *Problemraum* konstruiert, bestehend aus *Anfangs-, Zwischen-*

und *Zielzustand, Lösungsweg* und den notwendigen *Handlungen.*
Das Ziel, für die Aufgabenumwelt des Turm von Hanoi eine objektive Beschreibung (siehe unter Punkt (3)) zu geben, ist von KLIX (1971) mit einer Darstellung in der Form eines Graphen gelöst worden. Ein solcher Graph berücksichtigt die möglichen Anfangs-, Ziel- und Zwischenzustände. Außerdem gibt er – gemessen an der Zahl notwendiger Züge – Entfernungen vom Start und zum Ziel an. Denkbar wären auch ganz andere Beschreibungsdimensionen des Spiels Turm von Hanoi: Farben, Materialarten usw. Sie würden allerdings nichts über mögliche und nichtmögliche Lösungswege zum Ziel aussagen. Deshalb sind sie für die Problemlösepsychologie unbedeutend. Abbildung 11 zeigt für den Drei-Scheiben-Fall des Turm von Hanoi den dazugehörigen Lösungsbaum als eine objektive Beschreibung der Aufgabenumwelt.
Mit drei Scheiben lassen sich genau 27 verschiedene Problemzustände herbeiführen (Ausgangszustand und Zielzustand eingeschlossen). Jeder Knoten soll einem solchen Zustand entsprechen. Jede Kante symbolisiert einen Zustandswechsel. Lege ich die kleinste Scheibe auf C, muß ich darauffolgend einen Zwangszug mit der mittleren Scheibe nach B machen. Dieser neue Zustand bedeutet: Fünf Schritte vom Ziel auf kürzestem Weg entfernt, zwei Schritte vom Ausgangspunkt entfernt. Die nächste Kante entsteht durch den Zug C nach B, die dann folgende von A nach C usw. Hätte ich die Lösung mit dem Zug von A nach B begonnen und dann von A nach C folgen lassen, wäre ich der linken Dreieckskante gefolgt. Der Zugzahl nach wäre ich am Ende dieses Weges genauso weit vom Ziel entfernt wie vom Ausgangspunkt.
Man kann sich leicht vorstellen, daß das Hinzufügen weiterer Scheiben zu erheblich umfangreicheren Graphen führt. Führt der kürzeste Weg im beschriebenen Beispiel über vier frei herbeiführbare plus drei Zwangszüge, also insgesamt 7 Zustände, beträgt der kürzeste Weg (rechte Außenkante des Graphen) bei sechs Scheiben bereits $2^{n-1} = 32$ Schrittpaare (n = Anzahl der Scheiben), wenn je ein freier und ein Zwangsschritt zu einem Zug zusammengefaßt werden. Trennt man Einzelschritt und Zwangsschritt, errechnet sich die minimale Schrittfolge nach der Formel 2^n-1. Für sechs Scheiben führt das also zu 63 Einzelschritten. Von *objektiver Problembeschreibung* spricht man demnach nur, wenn mit formalen Mitteln alle möglichen Zustände und ihre Veränderungen vollständig und widerspruchslos dargestellt werden können. Natürlich können sich objektive Beschreibungen des Problems auch auf ganz andere Merkmale beziehen als auf Problemzustände und Möglichkeiten ihrer Veränderung. Solche Möglichkeiten wollen wir hier aber außer acht lassen.
Viele Probleme in unserer Welt lassen sich nicht formal in Graphen oder mathematischen Formeln abbilden. Um dennoch ihre Merkmale und Eigenarten bestimmen zu können, hat man sog. *Problemklassifikationen* entwickelt. Diese Klassifikationen sind keine objektiven Problembeschreibungen, sondern beziehen sich zumeist auf Charakteristika des Problemraumes, in dem die Probleme beim Problemlöser repräsentiert sind.
Stimmen Problemräume mit objektiven Problembeschreibungen, also z. B. Graphen, überein? Diese Frage führt schon mitten hinein in die psychologische Problemlöseforschung. Durch Protokollierungen von Spielverläufen des Turm von Hanoi läßt sich z. B. ermitteln, daß Anfänger in der Regel Umwege einschlagen, mit zunehmender Erfahrung aber kürzere Wege finden und sogar nach entsprechender Übung kürzest mögliche Schrittfolgen realisieren. Eine Untersuchung von KLIX und RAUTENSTRAUCH-GOEDE (1967) stellte Problemlöseleistungen mit dem Turm von Hanoi von 50 Schülern eines mathematischen Zweiges solchen von mathematisch hochbegabten Schülern aus einer Spezialklasse gegenüber. Gespielt wurde mit sechs Scheiben. Die Hochbegabten beginnen nicht nur gleich zu Anfang mit weniger überflüssigen Umwegzugpaaren, sondern haben bereits nach dem vierten Spiel (die andere Gruppe erst nach dem neunten Spiel) das Minimum an nötigen Schritten erreicht. – Natürlich belegen solche Ergebnisse nicht, daß Hochbegabte als innere Repräsentation einen Problemraum aufbauen, der ein Graph ist. Ihre Spielstrategie garantierte ihnen jedoch einen kurzen Lösungsweg über Zwischenzustände direkt zum Ziel. Die Schrittfolge be-

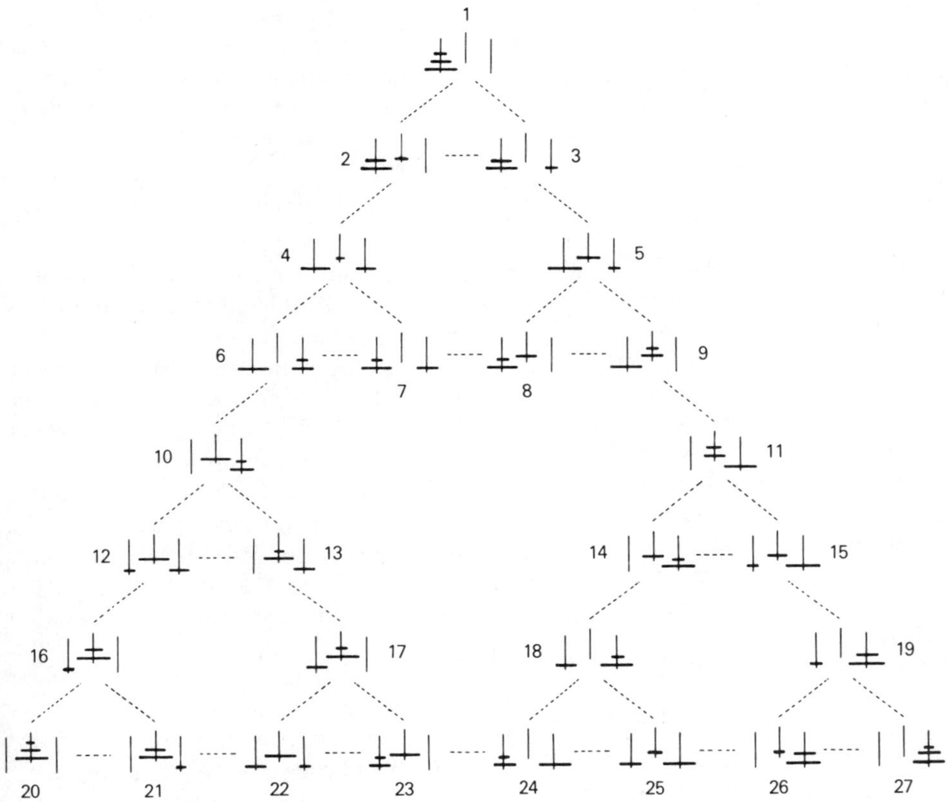

Abbildung 11: Vollständiger Problemraum für den Turm von Hanoi.

wegte sich dabei auf der rechten Außenkante des Lösungsgraphen entlang.
Die bisherigen Beispiele zeigen uns Zusätzliches. Damit können wir jetzt eine Abgrenzung der Problemlösepsychologie vornehmen:

1. *Problemlösen* muß immer *zielgerichtet* sein. Richtungsloses Vorgehen, wie es z.B. beim Tagträumen vorkommt, führt zu keiner stabilen Suchrichtung.
2. *Problemlösen* besteht immer aus einer *längeren Kette höherer geistiger Operationen*. Das einfache Erinnern eines Datums ist noch kein Problemlösen. Ebenso sind aber auch Sequenzen motorischer Abläufe nach automatischen Programmen wie das Mischen von Spielkarten oder das Hinaufsteigen einer Treppe kein Problemlösen.

An dieser Stelle können wir einen ersten Überblick geben. Einem Turm-von-Hanoi-Spieler ordnet die Problemlösepsychologie folgende Vorgehensweisen zu:

1. Aufbau einer internen Repräsentation der Aufgabenumwelt. Dieses Abbild ist dem *Problemraum* des Problemlösers äquivalent.
2. Der Aufbau des Problemraumes auf seiten des Problemlösers ist mit einem *Selektions- und Interpretationsprozeß* verbunden. Nicht alle möglichen Einzelheiten der Aufgabenumwelt werden in seinem Problemraum repräsentiert, sondern nur jene Details und Aspekte, zu denen der Problemlöser sein vorhandenes Wissen verwenden kann. Dieses Wissen entnimmt er entweder aus der Instruktion, die er bei der Problemstellung erhält, oder seinem Gedächtnis, das möglicherweise über ähnliche oder gleiche Inhalte verfügt, wie sie für die Problemlösung gefordert werden. Damit kann er zu einer angemessenen Abbildung der Aufgabenumwelt ebenso kommen wie zu einer unvoll-

ständigen, teilweise oder aber auch ganz falschen internen Repräsentation.

3. Ist ein Problemraum als interne Repräsentation der Außenwelt beim Problemlöser entstanden, werden *elementare Änderungsmöglichkeiten* (= *Operatoren*) mit den Problemeigenschaften in Verbindung gebracht und verknüpft.

4. Aus der Verknüpfung der Merkmale der Aufgabenumwelt mit den verfügbaren Handlungsmöglichkeiten entsteht der sog. *Suchraum* (KLIX, 1971). In ihm vermutet und sucht der Problemlöser den Lösungsweg zum angestrebten Ziel. Ein Suchraum ist somit ein Teil des Problemraumes. In ihm sind lediglich diejenigen Ausschnitte aus der Aufgabenumwelt enthalten, an denen der Problemlöser zielgerichtet Veränderungen mit den ihm verfügbaren Operatoren vornehmen kann. Gelingt keine Lösungsfindung, sind folgende weitere Schritte möglich:

(1) Veränderung des Problemraumes durch Abbildung neuer, bisher unberücksichtigter Merkmale der Aufgabenumwelt. Nun können neue Verknüpfungen mit Operatoren entstehen, der Suchraum ist erweitert worden (KRAUSE & KRAUSE, 1980).

(2) Berücksichtigung neuer, bisher nicht beachteter Operatoren und deren Verknüpfung mit Eigenschaften des Problemraumes.

(3) Abbruch der Problemlösung.

5. Auf dem Wege der Problemlösung können neue Unterprobleme entstehen, deren Bearbeitung mit den vorgenannten Punkten 1–4 erfolgen kann.

Unsere *Definition für ein Problem* kann nun formuliert werden: Ein Problem liegt dann vor, wenn ein Subjekt an der Aufgabenumwelt Eigenschaften wahrgenommen hat, sie in einem Problemraum intern repräsentiert und dabei erkennt, daß dieses innere Abbild eine oder mehrere unbefriedigende *Lücken* enthält. Der Problemlöser erlebt eine *Barriere,* die sich zwischen dem ihm bekannten Istzustand und dem angestrebten Ziel befindet. – Die Lücken im Problemraum können von unterschiedlicher Art sein. Es können Unklarheiten oder Wissensdefizite über den Anfangs-, die Zwischenzustände und den Endzustand bestehen. Weiterhin können Operatoren zur Zielerreichung fehlen, Suchrichtungen unbekannt sein u.v.a. mehr. Daraus folgt, daß die erlebte Barriere auf sehr unterschiedliche Gründe zurückgeführt werden kann, worauf schon DÖRNER (1976) hinwies.

Die vorangegangene Beschreibung vereinigt viele Vorteile in sich:

1. Das Problemlösen wird als Interaktionsprozeß zwischen Problemlöser und Aufgabenumwelt beschrieben.

2. Ob ein Zustand in der Aufgabenumwelt überhaupt als Problem erkannt wird, hängt von der Art des individuellen Problemraumes ab, den ein Problemlöser aufbaut.

3. Für das Entstehen von Problemen sind immer *Lücken im Problemraum* verantwortlich. Diese können von sehr verschiedener Art sein, z.B. Wissensdefizite über Problemzustände, erfolgreiche Operatoren oder nicht ausreichende Suchräume.

4. Ob und wie schnell jemand sein Problem löst, hängt von der Art und dem Umfang seines Problemraumes ab, von der Art und Größe der Lücke darin und von seiner Möglichkeit, einen geeigneten Suchraum abzugrenzen.

4.2 Taxonomien für Lücken im Problemraum: Problemklassifikationen

Vom Idealfall, alle vorkommenden Probleme mit formalen Mitteln, wie etwa mit einem Graphen, beschreiben zu können, sind wir weit entfernt. Lebensprobleme, politische oder ökologische Probleme entziehen sich weitestgehend solchen Formalisierungsansprüchen. Um dennoch Eigenschaften von Problemen angeben zu können hat man sog. *Klassifikationen für Probleme* entwickelt. Sie sind an Merkmalen der internen Repräsentation des Problemlösers orientiert und damit auf der subjektiven Seite anzusiedeln, nämlich auf der Ebene des Problemraumes.

Als Ordnungsgesichtspunkt hat man Charakteristika der Lücken verwandt, die in der Regel im Problemraum auftreten, wenn bestimmte Anforderungen gesetzt sind. Mit der folgenden Tabelle 12 wollen wir eine beispielhafte aber zwangsläufig nicht vollständige Übersicht über vorliegende Klassifikationssysteme für Probleme geben.

Tabelle 12: Klassifikation für Probleme.

Betroffene Sektoren im Problemraum, wo Lücke lokalisiert ist	Charakteristik des Defizits im Problemraum	Benennung des Problemtyps	Autor
Abbildung von Anfangs- oder Endzustand	unscharfe und/oder unvollständig interne Repräsentation	schlecht definierte Probleme	MINSKY (1965); REITMAN (1965); KLIX (1971)
		dialektische Probleme	DÖRNER (1976)
Abbildung allgemeiner Problemzustände	Relationen zwischen den Elementen der Problemzustandsstruktur unbekannt	Neuordnungsprobleme Transformationsprobleme Induktionsprobleme	GREENO (1978)
Abbildung von Operatoren	Sequenz der Operatoren unbekannt	Interpolationsprobleme	KLIX (1971); DÖRNER (1976); GREENO (1976)
	geringe oder keine Verfügbarkeit über die Operatoren	Syntheseprobleme	KLIX (1971); DÖRNER (1976)
	Art der Operatoren, die auszuführen sind, bereiten Schwierigkeiten	Klassifikations-, Kompositions- und Transformationsprobleme	SYDOW (1972)
Abbildung von Wissen im Gedächtnis (Vorwissen; Expertenwissen; Wissen über die Welt usw.)	Defizit im Wissensaufbau bzw. in der Wissensanwendung	Probleme ohne spezielle Anforderungen an die Wissensbasis bzw. mit Anforderungen an die Wissensbasis	KRAUSE (1982); HESSE (1983); KOTOVSKY, HAYES & SIMON (1985); SPIES & HESSE (1987)

Schlecht definierte Probleme sind entweder mit unscharfem Anfangs- oder Endzustand behaftet. «Die allgemeine Lebensqualität von Menschen verbessern» gehört zu solchen Problemtypen. Es ist weder klar, von welcher Anfangssituation aus Verbesserungen vorgenommen werden sollen, noch zu welchem Ziel sie führen müssen. Als ein *dialektisches Problem* bezeichnet DÖRNER (1976) z.B. das Ziel, seine Wohnung verschönern zu wollen. Eine klare Zielsetzung fehlt für diesen allgemeinen Wunsch ebenso wie für den Bereich, auf den sich das beziehen soll: Neue Tapeten? Neue Möblierung? Neuarrangement der vorhandenen Möbel?

Neuordnungsprobleme erfordern – wie bei Anagrammaufgaben – den Austausch der Einzelelemente zu einer sinnvollen Gesamteinheit. Ein typisches *Transformationsproblem* im Sinne von GREENO ist der Turm von Hanoi. *Induktionsprobleme* sind vor allem bei Analogieaufgaben vorhanden. Relationen zwischen Problemelementen müssen erkannt werden und auf eine neue Problemsituation übertragen werden. – Eine Analyse des Schachspiels (CHASE & SIMON, 1973) zeigte, daß alle drei vorangegangenen Problemtypen beim Schachspielen auftauchen.

Auf die *Sequenz von Operatoren* beziehen sich Probleme wie z.B. das Spiel Turm von Hanoi. Welche Handlungen ich ausführen darf, auf welche Problemzustände sie anwendbar sind und wohin sie führen sollen, ist präzise festgelegt. Offen ist lediglich die richtige Abfolge, die Zugsequenz z.B. beim Turm von Hanoi.

Bei *Syntheseproblemen* steht die mangelnde Verfügbarkeit über erfolgreich anzuwendende Operatoren im Vordergrund. Hierzu gehört z.B. das sog. Neunpunkteproblem. Neun quadratisch angeordnete Punkte sind in einem Zug durch vier Geraden zu verbinden (vgl. Abb. 12).

An diesem Problem erfährt man gleichzeitig ein weiteres Phänomen: Die Schwierigkeit der

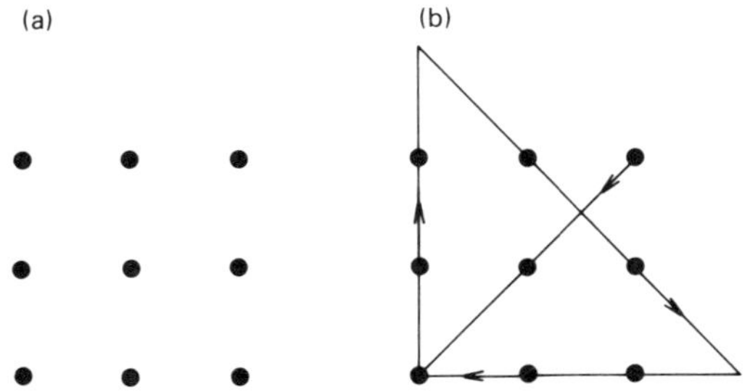

Abbildung 12: Neun-Punkte-Problem.

Lösungsfindung liegt in der Beschränkung des selbstaufgebauten Suchraumes. Erst das Zugeständnis, über die Punkte hinauszuzeichnen, erweitert den Suchraum und schafft damit neue Verbindungen zwischen Problemzuständen und Operatoren.

Klassifikations-, Kompositions- und *Transformationsprobleme* unterscheiden sich in der Zerlegung, Zusammenführung oder Veränderung. Soll eine Menge in zwei oder mehrere Teilmengen zerlegt werden (z. B. nach dem Kriterium «trifft zu» und «trifft nicht zu»), steht das Klassifikationsziel im Vordergrund. Bei Legespielen (Tangram z. B.), bei denen aus Einzelstücken Figuren konstruiert werden sollen, handelt es sich um *Kompositionsprobleme. Transformationsprobleme* sind wiederum den oben genannten Interpretationsproblemen äquivalent (Turm von Hanoi), bei denen es um das Auffinden einer richtigen Handlungssequenz geht.

Das Nichtvorhandensein bzw. Vorhandensein von Wissen, das für die Lösung eines vorliegenden Problems verwandt werden kann, stellt einen weiteren Einteilungsgesichtspunkt für Probleme dar. Läßt man das Problem «Turm von Hanoi» nur anhand der vorher beschriebenen Regeln und Bedingungen von Probanden spielen, die dieses Problem vorher nicht kannten, ist eine Problemlösung ohne Vorwissen gefordert. Solche Probleme nennt man auch *Puzzle-Probleme* oder *einfache Probleme* (SPIES & HESSE, 1987). Ein weiteres typisches Puzzle-Problem ist das sog. *kryptarithmetische Problem:*

```
   DONALD
 + GERALD
 --------
   ROBERT        D=5
```

Jeder Buchstabe soll durch eine einstellige Zahl von 0 bis 9 ersetzt werden, dieselben Buchstaben sind denselben Zahlen zugeordnet. Schließlich muß nach Umwandlung der Buchstaben in Zahlen die Summenbildung rechnerisch stimmen.

Bei *einfachen* oder *Puzzle-Problemen* kann Vorwissen in der Regel nicht oder nur in sehr minimalem Umfang genutzt werden. Es muß für die Lösungsfindung aus den Instruktionen erst aufgebaut werden.

Bei sog. *komplexen Problemen* greifen Problemlöser hingegen auf vorhandenes Vorwissen, das über den Inhalt der Instruktion hinausgeht, zurück. Die Anforderung z. B., die Rolle eines Bürgermeisters in einer fiktiven Stadt zu übernehmen (vgl. hierzu DÖRNER et al., 1983), wird neben den konkreten Lösungsanforderungen, die sich aus der Instruktion ergeben, zu einem sehr großen Teil auch mit bereits vorhandenem Wissen über ein derartiges politisches Amt und den damit verbundenen Aufgaben erledigt. Ein Ineinandergreifen von alten und neu aufzubauenden problemspezifischen Wissensbeständen ist erforderlich.

Die vorangegangene Tabelle 12 über Problemklassifikationen hebt einige Akzente der Problemlöseforschung hervor. So läßt sich bilanzieren:

1. Problemklassifikationen basieren hauptsächlich auf der Entwicklung des wissenschaftlichen Kenntnisstandes über die Vorgänge der internen Repräsentation beim Problemlösen.
2. Problemklassifikationen greifen einige aber nicht alle bekannten Gesichtspunkte der internen Abbildung auf und bleiben damit selektiv.
3. Während in früheren Jahren vor allen Dingen Zustands- und Operatorbildungen zur Problembeschreibung herangezogen worden sind, konzentriert sich das Interesse aktueller Forschung mehr auf den Wissensaufbau, die Wissensorganisation und die Wissensverwendung.

4.3 Interne Repräsentation der Aufgabenumwelt: Aufbau des subjektiven Problemraumes

Im folgenden wollen wir uns der subjektiven Repräsentation der Aufgabenumwelt zuwenden. Ein angenommener Problemraum ist der Beobachtung des Forschers nicht zugänglich. Aus vielen Experimenten sind jedoch allgemeine Eigenschaften bekanntgeworden, die ein solches internes Abbild auf seiten des Problemlösers charakterisieren. NEWELL und SIMON (1972), die dieses Konzept am weitesten ausgearbeitet und verfolgt haben, zählen drei Hauptpunkte auf. Demnach enthält ein Problemraum:

1. Das *Wissen des Problemlösers*. Es umfaßt: Ein Startwissen, das der Instruktion und der Problemsituation entnommen wird und im Laufe der Problemlösung weiterentwickeltes Wissen über Anfangs-, Zwischen- und Zielzustände. Hinzugerechnet werden muß aber auch weiteres Wissen, das der Problemlöser für die Aufgabenlösung aus seinem Gedächtnis aktiviert und in den Problemraum einbringt. Alles Wissen zusammen wird in einer Menge von Elementen repräsentiert, die zu einer Symbolstruktur verknüpft ist.
2. *Wissen über eine Menge von verfügbaren Handlungen, Operatoren* genannt, mit denen aus vorhandenem Wissen durch Neuverbindungen neues Wissen generiert werden kann.
3. Das *Problem selbst,* das aus einem erwünschten Zielzustand besteht, gleichzeitig aber Lücken verschiedener Art im Problemraum offenbart. Die Anwendung von Operatoren soll die Lücken schließen und das Erreichen des Zieles ermöglichen.

Natürlich ist das Wissen über die Zustände, die ein Problem annehmen kann, von Individuum zu Individuum sehr verschieden. Ebenso variiert interindividuell auch die Zahl der Operatoren, über die verfügt werden kann. Und schließlich ist auch das gesamte Wissen, über das Problemlöser verfügen, von Person zu Person unterschiedlich. Problemräume über gleiche Problemsituationen variieren demnach von Problemlöser zu Problemlöser außerordentlich stark.

Mögen auch die Ausmaße und auch Ausformungen der Problemräume sehr verschieden sein, die drei aufgezählten Punkte sind aber bei jedem Problemlöser vorfindbar, der sich um Lösungen bemüht. Als *invariant* angenommen werden deshalb lediglich *wichtige Merkmale des Problemraumes,* nicht aber Eigenschaften wie Größe oder Differenziertheit.

In der Problemlösepsychologie sind viele Versuche unternommen worden, subjektive Problemräume zu studieren und darzustellen. Bevorzugtes Thema dieses Wissenschaftszweiges war es über viele Jahre, Wege kennenzulernen, die zielorientiert arbeitende Problemlöser bei der Lösungssuche durch den Problemraum ausprobieren und anwenden.

Unser Beispiel Turm von Hanoi wollen wir noch einmal aufnehmen, um einen möglichen Problemraum darzustellen. Abbildung 11 zeigt alle möglichen Spielzustände für den Drei-Scheiben-Fall, die aus Scheibenbewegungen entstehen können.

Würde sich ein Spieler diese Zeichnung präzise vorstellen können, hätte er einen vollständigen Problemraum aller möglichen Scheibenkonstellationen des Spieles aufgebaut. Der kürzeste Weg zur Lösung wäre ablesbar.

Für sehr viele Spiele läßt sich eine graphische Darstellung eines Problemraumes nicht mehr angeben. Am Beispiel Schach läßt sich zeigen, daß auch bei einem Spiel, bei dem alle möglichen Operatoren wohlbekannt sind, eine graphische Darstellung des Problemraumes nurmehr theoretisch, nicht aber praktisch gegeben werden kann. Als Eröffnungszug sind immerhin zwanzig verschiedene Figurenbewegungen einzubeziehen. Von jedem der zwanzig Erstpositionen spannt sich wieder ein ganzer Fächer neuer Möglichkeiten für den Zweitzug auf usw. Im Abschnitt 4.7 werden wir kennenlernen, mit welchen Mitteln Schachspieler die Vielfalt der Möglichkeiten zu beherrschen lernen.

Problemräume mit allen Problemzuständen, wie in der Abbildung 11 dargestellt, stehen dem Problemlöser in aller Regel nicht zur Verfügung. Dennoch findet er Lösungen, die keineswegs Zufallsprodukte sind. Er kann sich offenbar erfolgreich mit Hilfe von unvollständigen oder auch unzureichenden internen Repräsentationen orientieren. Zur Demonstration ziehen wir ein Experiment von SYDOW (1970) heran. Probanden erhielten jeweils zwei Zwischenzustände von Spielergebnissen mit dem Turm von Hanoi gleichzeitig dargeboten. Ihre Aufgabe war es anzugeben, welcher der beiden Zwischenzustände näher am Ziel ist. SYDOW fand heraus, daß zu jedem Zeitpunkt eine definierte Abhängigkeit des subjektiv eingeschätzten Zielzustandes vom objektiven Zielzustand besteht und daß die subjektive und objektive Abstandsfunktion sich mit zunehmender Spielerfahrung annähern. Offensichtlich können Problemlöser, ohne über einen vollständigen Problemraum zu verfügen, Spielzustände nach der Zielnähe richtig klassifizieren. Wie ist so etwas möglich? Hierauf gibt die Problemlösepsychologie mehrere Antworten.

1. Problemlöser fassen Einzelinformationen nach übergeordneten Gesichtspunkten zusammen. Sie bilden Klumpen *(Chunks)*. Da hier *Kapazitätsgesichtspunkte* angesprochen sind, diskutieren wir dieses Thema der Informationsorganisation im Gedächtnis im nächsten Abschnitt. Eine ausführliche Darstellung ist im Kapitel 3 dieses Buches, Gedächtnis und Wissen, Abschnitt «Kapazität des Kurzzeitgedächtnisses» zu finden.
2. Problemlöser entwickeln Strategien, nach denen sie einen erfolgversprechenden Weg durch die im Problemraum vorhandenen Zwischenzustände suchen. Diesen Gesichtspunkt führen wir im Zusammenhang mit der Besprechung von Problemlöseprozessen im übernächsten Abschnitt aus.

4.4 Die Bedeutung von Gedächtnisleistungen für das Problemlösen

Als festen Bestandteil des Informationsverarbeitungsparadigmas haben wir das Konzept des Gedächtnisspeichers kennengelernt. Auch die Annahme eines Problemraumes als internes Abbild der Aufgabenumwelt setzt umfangreiche Gedächtnisbildungen unverzichtbar voraus. Seitdem also kognitive Leistungen wie Denken und Problemlösen als Prozesse der Informationsverarbeitung beschrieben und verstanden werden, kommt der Untersuchung des Gedächtnisses zum Verständnis solcher kognitiven Leistungen eine enorme Wichtigkeit zu. Die Problemlösepsychologie bevorzugt für ihre Theorienbildung ein Modell vom Gedächtnis, in dem unterschiedliche Teilsysteme berücksichtigt werden. Man nennt es das sog. *Mehrspeichermodell.* Für ein tiefergehendes Verständnis dieses Ansatzes wird die Lektüre des Kapitels 3 in diesem Buch empfohlen. – Unterteilungen in *sensorischer Speicher, Kurzzeitspeicher* und *Langzeitspeicher* (Newell & Simon, 1972; Dörner, 1976; Hoffmann, 1982; Klix, 1984), in *Kurzzeitsystem* und *Langzeitsystem* (Shiffrin & Geissler, 1973) oder in *Arbeitsgedächtnis, deklaratives* und *prozedurales Gedächtnis* (Anderson, 1988) stehen für dieses Konzept. Zentrale Annahme solcher Gedächtnismodelle ist es, ein Kurzzeitgedächtnis für die aktuelle Informationsverarbeitung und ein Langzeitgedächtnis für die dauerhafte Speicherung von Wissen zu postulieren. Weiterhin wird in solchen Theorien ein sensorisches Register angenommen, in dem Reize aus der Umwelt vor ihrer Verarbeitung kurzfristig aktiv gehalten werden. Fassen wir die für das Problemlösen wichtigen Gedächtnisfunktionen zusammen:

- Ein Gedächtnisteil *(Langzeitgedächtnis)* speichert langfristig (möglicherweise ein Leben lang) Erfahrungen bzw. Gelerntes und hält dieses Wissen über die Welt auf Abruf zur Verfügung.
- Ein weiteres Gedächtnissystem *(Kurzzeitgedächtnis)* operiert als Schaltstelle an der Naht zwischen Langzeitspeicher und aktuellem Informationseingang aus der Umwelt mit dem Ziel der Erkennung, Weiterverarbeitung sowie Klassifikation und Bedeutungsverleihung.

Wenn wir bisher von der Überwindung der Barriere bzw. dem Schließen von Lücken im Problemraum gesprochen haben, erkennen wir jetzt, daß dieses mit der einfachen Verwendung von Gedächtnisbesitz aus dem Langzeitgedächtnis allein nicht möglich ist. Entweder fehlt z.B. Wissen über die Problemzustände oder es mangelt an der Verfügbarkeit geeigneter Operatoren, die in der benötigten Form nicht im Gedächtnis abgelegt sind (siehe Problemklassifikation). Die im Problemraum abgebildeten Eigenarten der Aufgabenumwelt mit ihren Anforderungen in Form einer zielgerichteten Änderung der Problemzustände finden keine Entsprechungen im Langzeitgedächtnis. Das Kurzzeitgedächtnis, das relevante Teile des Problemraumes aktiv und bewußt hält, findet ebenso keine Entsprechungen im Langzeitgedächtnis, mit denen eine Problemlösung herbeizuführen wäre.
Der beschriebene mögliche Tätigkeitskatalog

zeigt, daß Gedächtnisse für das Problemlösen in folgenden Funktionen notwendig sind:

- In der Funktion des *Aktivhaltens* unmittelbarer Anforderungen in Form von *Informationen* aus der *Aufgabenumwelt;*
- in der Funktion der *Speicherung erlernten Wissens* und erworbener Erfahrungen;
- in der Funktion einer *Verarbeitungsinstanz,* die versucht, *aktuelle Anforderungen mit vorliegendem Wissen in Einklang zu bringen,* um angestrebte Änderungen in Richtung auf eine Lösungsfindung zu erreichen.

Aus solchen Anforderungen an das Gedächtnis resultiert die Vorstellung von einem *dynamischen Austauschprozeß* zwischen den verschiedenen Gedächtnisteilen. Mit der Interpretation von einem passiven «Aufbewahrungsort» muß eine derartige Modellvorstellung konsequent brechen.

Verstehen wir Gedächtnisprozesse als eine Basis, auf der und mit der höhere geistige Prozesse wie das Problemlösen operieren, müssen auch die Grenzen eines solchen kognitiven Systems erkannt werden, die ihre Auswirkungen haben. Diese Begrenzungen liegen für das Problemlösen vor allem in der *Kapazität.* Seit EBBINGHAUS (1885) und später durch MILLER (1956) wissen wir von der begrenzten *Gedächtnisspanne* bzw. der eingeschränkten Kapazität des Kurzzeitgedächtnisses. Man hat sich in der experimentellen Psychologie großer Mühen unterzogen, um herauszufinden, wieviel tatsächlich unmittelbar behalten werden kann. Solche Ergebnisse sind für das Problemlösen selber von großer Bedeutung. Ein Spieler des Turm von Hanoi oder ein Schachspieler, der erfolgreiche Handlungssequenzen für eine Lösungsfindung sucht, muß auch ständig vergangene und zukünftige Spielzustände parat haben, um effektiv weiter planen zu können. Wieviel davon aber kann er unmittelbar behalten? Größenschätzungen von unmittelbar zu behaltendem Gedächtnismaterial finden wir bei ANDERSON (1988). Danach können wir uns beispielsweise unmittelbar merken:

Vier sinnlose Silben aber nicht sechs;
sechs einsilbige Wörter aber nicht neun;
drei viersilbige Wörter (= zwölf Silben) aber nicht sechs;
einen Satz aus 19 Wörtern.

Erst der von MILLER (1956) eingeführte Begriff *Chunk* und die von SIMON (1974) gefundene Antwort auf die Frage nach seiner Größe haben uns verstehen lassen, daß es hierbei nicht um das Abzählen formaler Einheiten zur Festlegung des Umfanges der Gedächtniskapazität geht. Chunks erhalten ihre Größe aus den Abspeichermodalitäten im Langzeitgedächtnis. Danach bestimmt sich der Umfang eines behaltenen Materials nach Eigenschaften des Langzeitgedächtnisses (vgl. hierzu auch LASS, LÜER & ULRICH, 1987).

Zu Knoten als Beispiel für Repräsentanten abgespeicherter Problemzustände im Langzeitgedächtnis werden Verbindungen zum Kurzzeitspeicher hergestellt. Eine häufige Schätzung für die Anzahl der Verbindungen pro Arbeitstakt ist etwa fünf bis sieben. Da jede Verbindung genau einen Chunk im Kurzzeitspeicher hält, bleibt die Anzahl zwar invariant, die Chunks selber aber werden durch Modalitäten des Langzeitspeichers in ihrer Größe variiert. Nach ihrem Gebrauch verschwinden die Verbindungen wieder.

Halten wir uns nun noch einmal vor Augen, welche Anforderungen eine Problemraumtheorie des Problemlösens an das Gedächtnis stellt. Das Gedächtnis muß in einem ständigen Wechselspiel Informationen der Außenwelt mit gespeichertem Wissen vergleichen und in Einklang zu bringen versuchen. Erkannt werden können Eigenschaften eines Problems nur dann, wenn entsprechendes Wissen aus dem Gedächtnis und in das Kurzzeitgedächtnis aufgenommene Information «zusammenpassen». Dieser Prozeß eines wechselnden Informationsflusses kann mit einem aus mehreren Systemen bestehenden Gedächtnismodell hinreichend gut beschrieben werden. Die den einzelnen Speichern zugeordneten Aufgaben werden durch Parameter wie *Kapazität, Einspeichergeschwindigkeit, Kodierungsart* und *Behaltenszeit* funktionell festgelegt. Offen bleibt jedoch die komplizierte Steuerung des Informationsflusses zwischen den Speichern.

Für den Prozeß des Problemlösens müssen Gedächtnissysteme zur Verfügung stehen, die nach zwei Seiten hoch adaptibel sind: zu den Informationen, die aus der Umwelt einlaufen sowie zu den Informationen, die im Wissensspeicher vorhanden sind. Hinzukommen müssen aber unterschiedliche Auflösungsebenen, auf denen Informationen verarbeitet werden können. Solchen Desideraten kann vermutlich der *Levels-of-Processing-Ansatz* mit seinem *Elaborationsprozeß* am ehesten nachkommen (vgl. hierzu die Ausführungen über Elaboration in Kap. 3, Wahrnehmung und Gedächtnis, Abschnitt 3.7.2). HAYES (1978) berücksichtigt daher konsequenterweise beide Ansätze der Modelle des menschlichen Gedächtnisses, das Mehrspeichermodell und das Levels-of-Processing-Modell, um die für das Problemlösen wichtige Wissensbasis unter dem Gesichtspunkt der Speicherung und Verarbeitung zu beschreiben.

4.5 Elementare Problemlöseprozesse und Strategien der Lösungssuche

Bisher hat die Behandlung von Problemen und deren subjektive Repräsentation im Problemraum im Vordergrund gestanden. Im folgenden soll untersucht werden, wie Problemlöser ihren Weg durch den Problemraum bis zur Lösung finden.

Zunächst ist die grundlegende Frage zu diskutieren, welche Art der Informationsverarbeitung für das Problemlösen angenommen werden muß. Zwei hauptsächliche Anschauungen stehen sich hier gegenüber: *Serielle* vs. *parallele Verarbeitung*. Mit der seriellen Verarbeitung ist die aufeinanderfolgende Sequenz von Informationsverarbeitungsschritten im Sinne eines Nacheinanderabarbeitens gemeint. Dies schließt auch Schleifenbildungen ein, also Rückgriffe auf bereits einmal vorgekommene Schritte. Parallele Verarbeitung bedeutet, daß gleichzeitig mehrere und unterschiedliche geistige Prozesse zeitparallel nebeneinander ablaufen können. Für das Problemlösen hat die Entscheidung über das Wie der Verarbeitung durchaus wichtige Konsequenzen. Wenn wir Problemlösen als zielgerichtetes Suchen im Problemraum bezeichnen, macht es natürlich einen Unterschied, ob dieses ein- oder mehrspurig erfolgen kann. Mit der gegenwärtigen Entwicklung neuer Rechnerarchitekturen hat die Frage nach der Art der Verarbeitung eine neue Dimension erhalten. Das von MCCLELLAND und RUMELHART (1986) publizierte zweibändige Werk berücksichtigt solche grundlegend neuen Konzeptionen und erläutert sie an Beispielen. Eine Einführung in diese Materie bietet auch das Kapitel 10 in diesem Buch, wo es im Abschnitt 4.4 um *konnektionistische Modelle der Wissensrepräsentation* geht. Für die Psychologie des Problemlösens werden solche konnektionistischen Ansätze, in denen eine parallele Informationsverarbeitung möglich ist, möglicherweise hohe Bedeutung erlangen. Mit ihrer Hilfe lassen sich zukünftig vielleicht lange gehegte Mutmaßungen erhärten, daß Denken und Problemlösen als höchste Formen der menschlichen Geistestätigkeit auch von effektiv arbeitenden parallel verarbeitenden Prozessen unterstützt werden.

Was wissen wir heute aus experimentellen Befunden über die *seriellen* und *parallelen Informationsprozesse* beim Menschen?

Experimente des holländischen Physiologen DONDERS (1868), Literaturanalysen über experimentelle Befunde zur Reaktionszeitmessung von SMITH (1968) sowie Untersuchungen von STERNBERG (1975) legen es nahe, die serielle Informationsverarbeitung als dominierend beim Ablauf höherer geistiger Prozesse anzusehen. Diese wie auch NEISSERS (1963) Befunde zur Möglichkeit der parallelen Verarbeitung werden im Kapitel 2, Wahrnehmung, im Abschnitt «Stufen der Informationsverarbeitung» dargestellt. Auch Entscheidungsexperimente hierzu, wie sie von EGETH (1966) (vgl. auch Kap. 2) durchgeführt wurden, erbrachten keine klare Antwort. Nach unserem derzeitigen Stand des Wissens können wir allenfalls zusammenfassen: *Parallele Verarbeitung* wird bei automatisierten Abläufen gefunden, die keinen größeren Aufmerksamkeitsaufwand und keine bewußte Steuerung erfordern. Für alle komplizierten und kognitiv aufwendigeren Abläufe wird die *serielle Verarbeitung* unterstellt. Für das Problemlösen kämen vermutlich beide Formen in Frage, allerdings wohl mit einer Bevorzugung der letztgenannten Variante.

4.5.1 Einsicht und Umstrukturieren beim Problemlösen

Zu den frühen ertragreichen Forschungsbeiträgen in der Psychologie des Problemlösens gehören die Resultate gestaltpsychologisch orientierter Denkpsychologen. Auch heute noch wird auf diese Quellen zurückgegriffen, wenn es um das tiefgründige Verstehen empirisch auffindbarer Phänomene geht, über deren Bedeutung Unklarheit herrscht. So lohnt sich das Studium der Werke von SELZ (1922), KÖHLER (1921), DUNKER (1935) und WERTHEIMER (1945) über menschliche Denkprozesse auch heute noch ohne jede Einschränkung.

Gestaltpsychologen verstanden das Vorhandensein eines Problems als Vorliegen einer *defekten Gestalt* im Menschen. Die Zielorientierung erhält durch den Wunsch nach einer *guten Gestalt* ihre Richtung. Als Mittel steht dazu der Vorgang der *Umstrukturierung* zur Verfügung, mit dessen Hilfe eine *Neu-* und *Reorganisation* der Problemsituation erreicht werden soll. Als erfolgreiches Ende dieses Umstrukturierungsprozesses kann die Lösungsfindung angesehen werden, die nach BÜHLER (1922) oft sogar erlebnismäßig von dem sog. *Aha-Erlebnis* begleitet wird.

Im Gegensatz zu behavioristisch orientierten Lernpsychologen, wie z.B. THORNDIKE, der durch *Versuch-Irrtum-Sequenzen* den Aufbau eines Lernprozesses beschrieb, erklärte KÖHLER (1921) die Lösungsfindung als Ergebnis jenes *Umstrukturierungsprozesses,* begleitet von einer nachfolgenden *Einsicht* in die Problemstruktur. An seinen Versuchen mit Primaten auf der Insel Teneriffa, auf der er während des Ersten Weltkrieges interniert war, demonstrierte er dieses Prinzip.

Seinem Versuchstier, dem Menschenaffen Sultan, legte er Bananen, unerreichbar für das Tier, auf den Boden außerhalb des Käfigs. Im Gitterverschlag lagen Bambusstäbe, die einzeln allein zu kurz waren, um mit ihnen an die Bananen gelangen zu können. Nach anfänglichen Versuchen, die Früchte mit den Armen durch die Gitterstäbe zu erreichen, beobachtete KÖHLER nach den gescheiterten Versuchen des Affen ruhiges und scheinbar überlegtes und planendes Verhalten beim Tier. Nach einiger Zeit steckte Sultan die Einzelstäbe zusammen und holte sich nun mit dem verlängerten Stock das begehrte Futter in den Käfig. Der Affe hatte - so KÖHLER - *Einsicht* in die Problemsituation gewonnen.

Durch die Notwendigkeit des Vorhandenseins von *Einsicht in die Problemstruktur* gelingt den Gestaltpsychologen die Unterscheidung von *produktivem* und *reproduktivem* Denken. *Problemlösen* ist immer mit *produktivem* Denken verbunden. Unter neuen Gesichtspunkten - die *eingesehen* werden müssen - werden vorhandene Wissenbestände neu organisiert und neu kombiniert. Durch diesen Umstrukturierungsprozeß entsteht die gesuchte Lösung. - Bei *reproduktivem Denken* wird altes Wissen in der alten Organisationsform belassen und angewendet. *Produktives Denken* aus der Sicht der Gestaltpsychologen umfaßt unterscheidbare Situationen, die mit folgenden Begriffen anschaulich beschreibbar sind (vgl. WALLAS, 1926): (1) *Vorbereitung;* (2) *Inkubation;* (3) *Erleuchtung;* (4) *Verifikation.*

Die unterteilte Sequenz läßt sich auch beschreiben durch (1) das *Vorhandensein einer schlechten Gestalt;* (2) Versuche der *Umstrukturierung unter dem Ziel der Erreichung einer besseren Gestalt;* (3) *Einsicht in die Problemsituation* mit Entdeckung der Lösung; (4) *Lösungsfindung* und Ergebnisprüfung mit *Aha-Erlebnis.*

4.5.2 Heuristische Strategien beim Lösen einfacher Probleme

Als nächstes soll uns die Frage beschäftigen, wie Problemlöser einen Weg durch den Problemraum bis zu einem antizipierten Zielzustand finden. Wir haben in Erinnerung, daß Problemlösen zielgerichtet abläuft und fügen hinzu, daß die Suche nach geeigneten Wegen planvoll und - jedenfalls nicht längerfristig - zufällig erfolgt.

Die richtungsgebenden Komponenten im Denkprozeß waren schon in der Würzburger Schule als *determinierende Tendenzen* bekannt. Wo haben solche Richtungsweisungen ihre Quellen? Auf gröberem Auflösungsniveau lassen sich zwei Ursachen unterscheiden. Im Stadium des Aufbaus eines Problemraumes und in Phasen der Vervollständigung der internen Repräsentation tritt die Kombination einzelner wahrgenommener Daten zu größeren Einheiten in den Vordergrund. Einzeldaten aus der Problemsituation formen sich im Problemraum zu größeren Konzepten. Diese Richtung wird als *Bottom-up-Verarbeitung* beschrieben, aufsteigend also vom grundlegenden Detail zur größeren konzeptuellen Einheit. Der umgekehrte Prozeß, als *Top-down-Verarbeitung* bekannt, wendet Wissen aus vorhandenen Konzepten über Wahrnehmungsdaten an und versucht auf diese Weise, die Umwelt zu verstehen. Ein Erkennen und Verstehen wird erzeugt. Die durch Bottom-up-Vorgehen gekennzeichnete Richtung wird auch als *datengetrieben* (LINDSAY & NORMAN, 1981) beschrieben. Die Top-down-Verarbeitung heißt entsprechend *konzeptgetrieben.*

Bottom-up und Top-down können für sich allein nicht längere Zeit vom Problemlöser beibehalten werden. Ein nur datengetriebener Problemlöser würde bald unter der Last der zu berücksichtigenden Daten zusammenbrechen und als Enzyklopäde agieren müssen. Ein konzeptgetriebener Verarbeiter verlöre hingegen leicht den Bezug zur Realität, weil er die daraus stammenden Daten nicht berücksichtigt.

Es ist anzunehmen, daß sich beide Vorgehensweisen in einem ständigen Abwechseln befinden. So wird in Zeiten ausbleibenden Fortschritts in der Lösungsfindung sowohl eine peniblere Datenanalyse mit Bottom-up-Vorgehen als auch Versuche der Reflexion und der Integration der Daten weiterführen können.

Führen wir unsere Suche nach dem Weg durch den Problemraum weiter, fragen wir nun nach den Programmen, mit denen die Einzelschritte koordiniert werden. Ausgehend von der empirisch begründbaren Annahme (SÜLLWOLD, 1958), daß das Vorgehen nach Versuch und Irrtum nur in Phasen der ersten Anfangsorientierung vorkommt, zeigt sich systematisches Kombinieren geeigneter Lösungsschritte schon recht frühzeitig. Wie kommt es zu diesen Systematiken? Und eine weitere Frage gleich dazu: Bleibt die einmal eingeschlagene Strategie bei der Wegsuche durch den Problemraum bis zur Lösungsfindung stabil?

Die Antwort auf die letzte Frage heißt: Sicherlich nicht. Schon bei Problemen vom Typus Interpolationsproblem, also z.B. beim Turm von Hanoi, oder bei der Lösung aussagenlogischer Aufgaben, beobachtet man Entwicklungen und Veränderungen der angewendeten Strategien (LÜER, 1973). Ebenso ist ein *Wechsel* von Prinzipien, nach denen ein Weg durch den Problemraum gesucht wird, feststellbar. Mit einem besonders *hohen Grad* an *Flexibilität* der Handlungsprogrammierung aber haben wir es bei sog. *komplexen Problemen* zu tun. Auf entsprechende Befunde kommen wir später zurück.

Die ersten Problemlöseschritte in Richtung auf ein Ziel, die datengetrieben und ohne jede brauchbare Konzeptanwendung operieren, tragen häufig Züge des zufälligen Handelns. Abgelöst werden sie zumeist durch *Ein-Schritt-Verfahren,* die bereits Handlungsprogrammierungen sind. Mit ihnen schätzt der Problemlöser ab, ob eine angestrebte Ein-Schritt-Änderung des aktuellen Problemzustandes zu einem *zieländlicheren Zustand* führt oder nicht. In der Literatur ist ein derartiges Vorgehen als *Bergsteigermethode (hill-climbing)* bekannt: Das generelle Ziel des Berggipfels im Auge unternimmt der Bergsteiger einen Schritt und prüft, ob er ein Stück an Höhe gewonnen hat oder nicht (WICKELGREEN, 1974). Dabei besteht die Gefahr, trotz Höhengewinns den falschen Gipfel zu besteigen. Hill-climbing kann sowohl zum richtigen als auch zu einem falschen Ziel führen. Sicherer wird die Methode erst, wenn zusätzlich eine Überprüfung der Zielnähe mit einbezogen wird.

Formal umsetzbar ist ein Ein-Schritt-Verfahren in der sog. *TOTE-Einheit* nach MILLER, GALANTER und PRIBRAM (1960). Diese Einheit setzt sich zusammen aus der Sequenz: *T*est-*O*perate-*T*est-*E*xit. In diese Folge läßt sich auch die Bergsteigermethode übersetzen. Auf einen *negativ* ausgegangenen Test, ob das angestrebte Ziel schon erreicht ist, folgt eine Operation mit der Folge eines neuen Zustandes, der wiederum mit dem Ziel verglichen wird. Ist das Ziel erreicht, wird der Prozeß beendet. Fiel der Test wiederum negativ aus, erfolgt eine neue Handlung usw. Ein systematisches Ein-Schritt-Verfahren benötigt also mindestens ein *Kriterium* (im Bergsteigerbeispiel der Höhengewinn), um Fortschritte bei der Lösungsfindung zu erzielen. Daß der Bergsteiger damit allein einen anvisierten Gipfel noch nicht erreicht, macht die Notwendigkeit der Berücksichtigung weiterer Kriterien für die Testphase deutlich. Das führt aber zu *Mehr-Schritt-Planungen* bei der Wegsuche durch den Problemraum. Schon das Problemlösen nach solcher Ein-Schritt-Methode geschieht unter dem Ziel der *Suchraumeinschränkung.* Wir nennen solche Methoden der planvollen Suche nach Wegen durch den Problemraum *heuristische Strategien*. Ihre Anwendung ist immer dann nötig, wenn Lücken im Problemraum zu überwinden sind. Ihr Einsatz führt zur Einschränkung des Suchraumes, in dem die Lösung vermutet wird. Liegt hingegen ein für die Lösungsfindung lückenloser Problemraum vor, werden sog. *Algorithmen* als feste Regeln angewandt, die sicher zur Lösung führen.

Algorithmen sind Regeln oder Regelsysteme, deren korrekte Anwendung bei gegebenen Voraussetzungen sicher das gesuchte Ergebnis liefert (vgl. Abschnitt 2 dieses Kapitels). Dieser Fall ist für die Problemlösepsychologie weitgehend uninteressant, weil solche Regeln und das Wissen um ihre Anwendungsbedingungen dem Problemlöser bei der Lösungssuche im allgemeinen nicht zur Verfügung stehen. (Er hätte dann auch keine Lücken in seinem Problemraum.) Er kann sie sich nur herleiten.

Heuristische Strategien sind Lösungsmethoden, deren Anwendung nicht sicher zu Lösungen führen muß, die jedoch die Lösungsfindung häufig erleichtern. Sie reichen vom selten vorkommenden *Versuch-Irrtum-Verhalten* bei der Anfangsorientierung nach unmittelbarer erster Begegnung mit der Problemsituation über *Ein-Schritt-Methoden* bis zu *planvollem Vorgehen über erhebliche Weiten eines Lösungsweges*.

Als klassische Beispiele für heuristische Methoden gehen wir zunächst auf die von Duncker (1935) beschriebenen Verfahren ein und stellen als zweites Beispiel die im *General Problem Solver (GPS)* (Newell, Shaw & Simon, 1960) enthaltene *Mittel-Ziel-Analyse* dar. In allen Fällen handelt es sich um Organisationsprinzipien für die Suche nach Wegen durch den Problemraum.

In den Protokollen des lauten Denkens fand Duncker heuristische Methoden in Form von Analyseprozessen, die durch Fragen gekennzeichnet werden können. Antworten auf diese Fragen tragen zur Lösungsfindung bei. Diese Methoden sind in Tabelle 13 aufgelistet.

Die vier von Duncker aufgezählten heuristischen Methoden sind bei Problemlösern im Laufe der Lösungssuche immer wieder beobachtbar. Es handelt sich dabei um Versuche, zu den Details der aktuellen Problemsituation Distanz zu gewinnen. Die direkte Arbeit am Problem wird für eine diagnostische Phase unterbrochen. Richtige Antworten auf die *Konfliktanalyse, Situationsanalyse, Materialanalyse* und *Zielanalyse* führen zur präziseren Beurteilung der vorliegenden Situation und der darauf anwendbaren Mittel. Eine angemessene *Vergrößerung oder Verkleinerung des Suchraumes* zusammen mit einer exakten *Festlegung der Zielrichtung* können zum Erfolg der Lösungsfindung führen.

Auf Newell, Shaw und Simon (1960) geht der Heurismus des GPS zurück. Es handelt sich um ein Computerprogramm, das zur Lösungsfindung bei vielen Problemen geeignet ist. Das GPS-System löst u.a. auch die Aufgabe *Turm von Hanoi* sowie eine große Anzahl weiterer Denksportaufgaben und Anforderungen aus Gesellschaftsspielen. Spezialisiert ist es auf einfache oder Puzzle-Probleme, für die es kein Vorwissen verwenden muß. Durch eine Verbindungstabelle *(table of connections)* wird die Dimensionierung des Suchraumes dem Programm vorgegeben.

Das heuristische Vorgehen des GPS wird durch das Ineinandergreifen von drei Zielsetzungen herbeigeführt. Jede dieser drei Heuristiken, die in Tabelle 14 angeführt sind, enthält eine der

Tabelle 13: Heuristische Methoden (nach Duncker, 1935).

Methode	Frage	Bezug zum Problemraum (PR)
Konfliktanalyse	Warum geht es eigentlich nicht?	Diagnose der Lücke im PR
Situationsanalyse	Was ist der Grund des Übels?	Diagnose der Barriere im PR
Materialanalyse	Was kann ich brauchen?	Operatorauswahl
Zielanalyse	Was will ich eigentlich?	Präzisierung des erwünschten Zieles im PR

Tabelle 14: Drei Zwischenziele der GPS-Heuristiken nach NEWELL & SIMON (1972).

Heuristische Methode	Funktion	Ergebnis
Transformations-methode	Vergleicht Zustände A und B und stellt Differenz D zwischen A und B fest	Beseitigt bzw. vermindert die Unterschiede D als neues Ziel durch Anwendung der Reduktionsmethode
Reduktionsmethode	Operatorsuche zur Beseitigung des gefundenen Unterschiedes D	Operatoranwendungsmethode als neues Ziel
Operatoranwen-dungsmethode	Prüfung der Anwendbarkeit des Operators	Anwendbarkeit gegeben: Operatoranwendung – Anwendbarkeit nicht gegeben: Aufruf der Reduktionsmethode

beiden anderen, zwei enthalten sich wechselseitig:
Transformationsmethode *enthält* Reduktionsmethode *enthält* Operatoranwendungsmethode *enthält* Reduktionsmethode. Operatoranwendungsmethode und Reduktionsmethode *enthalten sich wechselseitig*. Man nennt sie deshalb *rekursiv*.
Heuristische Strategien sind Programmierungen für das Handeln. KLIX (1971) nennt zwei Hauptgründe, die zu solchen Handlungsprogrammierungen führen:
1. *Prozesse des Klassifizierens:* Es wird frühzeitig erkannt, daß im Problemraum vorhandene Repräsentationen in Verbindungen mit repräsentierten Operatoren Lösungsfindungen zulassen.
2. *Prozesse der Hypothesenbildung:* Es werden frühzeitig Vorstellungen von möglichen Lösungswegen aufgebaut.

4.5.3 Informationsverarbeitungsprozesse bei der Bewältigung komplexer Probleme

DÖRNER et al. (1983) überließen ihren Problemlösern die auf dem Computer simulierte Stadt *Lohhausen* mit der Aufforderung, die Rolle des Bürgermeisters dieser Kleinstadt zu übernehmen. Zugebilligt wurden ihnen nahezu diktatorische Vollmachten, erwartet wurde die Führung der Stadt in eine bessere Zukunft. Hierzu konnten sie die mit dem Bürgermeisteramt verbundenen Vollmachten und Möglichkeiten nutzen.
Die Autoren der Untersuchung nannten die Art des Problemlösens den *Umgang mit Unbestimmtheit*. Sie entsteht dadurch, daß die riesige Anzahl möglicher Problemzustände sowie die über 2000 zu berücksichtigenden Merkmale (Variablen) mit jeweils mehreren Zuständen und die kaum noch zählbaren Handlungsmöglichkeiten für jeden einzelnen Problemzustand nur zu einer sehr groben internen Repräsentation im Problemraum führen kann. Hinzu kommt die Unbestimmtheit über die Zielsituation. So bleibt es jedem einzelnen Problemlöser selber überlassen, aus welchen Vorstellungen über eine bessere Zukunft er Ziele für sein eigenes Handeln ableitet.
Problemanforderungen, wie sie von DÖRNER et al. den Probanden gestellt und in reichhaltigem Maße erforscht wurden, werden *komplexe Probleme* genannt. Nach unserer in Tabelle 12 gegebenen Klassifikation handelt es sich dabei um *schlecht definierte Probleme* mit großen *Anforderungen* an eine *vorhandene Wissensbasis*. DÖRNER et al. (1983) zählen zusätzliche Eigenschaften auf, die diese komplexen Probleme charakterisieren:

- *große Komplexität* durch eine riesige Anzahl von Variablen, durch die die Problemzustände sich beschreiben lassen;
- *Vernetztheit* der Variablen untereinander. Dabei folgen die Zusammenhänge zwischen den vernetzten Variablen häufig nichtlinearen Funktionen, wodurch die Prognose der Fortentwicklung der einzelnen Variablen und des gesamten Systems sehr erschwert wird;
- *Intransparenz* der Problemzustände und der

sie kennzeichnenden Variablen. Dem Problemlöser ist es fast unmöglich, das Problem zu «durchschauen».

- *Eigendynamik*. In der komplexen Problemsituation sind Variablen enthalten, die sich auch ohne Eingriffe durch den Problemlöser von selbst verändern.
- *Polytelie*. Die komplexen Probleme bieten immer viele Ziele an, die verfolgt werden können. Eine unzweifelhaft eindeutige *Problemstellung* besteht nicht, der Problemlöser kann seine Ziele im Laufe des Lösungsprozesses auch wechseln.

Die nicht vollständig aufgezählten Eigenschaften von komplexen Problemen sollen typische Merkmale sein, die auch in Alltagsproblemen immer enthalten sind. Das Lösen komplexer Probleme soll deshalb dem in der Realität vorfindbarem Lösungssuchen in Problemsituationen ähnlicher sein als es bei einfachen oder Puzzle-Problemen der Fall sein kann, die derartige Eigenschaften nicht haben. Hierüber hat es in den letzten Jahren wissenschaftliche Kontroversen gegeben, die vor allem von FUNKE (1986) ausgelöst wurden. Als Hauptargumente gegen die Erforschung komplexer Problemanforderung wurden vorgetragen:

- die vermutete *Realitätsnähe* komplexer Problemanforderungen ist nicht belegt. Validitätsuntersuchungen liegen bisher nicht vor.
- Die Unüberschaubarkeit möglicher Problemzustände und die damit nicht mehr übersehbare riesige Anzahl von eingeschlagenen Lösungswegen machen die *individuelle Problemlösung zu einem Einzelergebnis,* das nicht mit demjenigen eines anderen Probanden vergleichbar ist. Damit werden Untersuchungen an Stichproben von Probanden problematisch.
- Es fehlen Möglichkeiten zur *formalen Systembeschreibung* derartig computersimulierter komplexer Problemsituationen. Damit können auch keine Diagnosen über die Zielnähe oder den Problemlöseerfolg in eindeutiger Weise gegeben werden.

Wie dennoch Problemlöser einen Weg durch den sehr grobmaschigen Problemraum finden, ist von DÖRNER et al. (1983) in einem Flußdiagramm skizziert worden. Es ist in Abbildung 13 wiedergegeben und beruht auf Analysen von Problemlöseprotokollen und Beobachtungen im Umgang mit computersimulierten komplexen Problemanforderungen. Hinzuzufügen ist, daß diese Grobstruktur von den Autoren an vielen Stellen feiner aufgelöst ist und damit präzisere Beschreibungen ermöglicht, als das hier referiert werden kann.

Zur weiteren Aufklärung vorkommender Problemlöseprozesse hat auch eine Untersuchung von PUTZ-OSTERLOH (1983) beigetragen. Besonders interessant ist der wiedergegebene Problemlöseablauf als Wegsuche durch den unbestimmten und komplexen Problemraum wegen folgender Besonderheiten:

- Problemlösern wird die ihnen vorgeführte Aufgabenumwelt durch Formulierung eines Generalzieles überhaupt erst zum Problem. Zunächst muß erst einmal geschaffen werden, was Voraussetzung allen Problemlösens ist: Ein *Zielaufbau,* um überhaupt zielgerichtet handeln zu können.
- Der *Aufbau eines Problemraumes,* der erst nach der Zielformulierung durch Abfrage von Zustandseigenschaften vorankommt.
- Der Aufbau einer *Wichtigkeitshierarchie* (mit einer Anzahl hier nicht genannter weiterer Mechanismen) als Ordnungsversuch für die nicht mehr handhabbare Fülle von Zielen und Absichten.
- Der Problematik des *interindividuellen Vergleichs von Lösungswegen durch den Problemraum.* Durch das offene Ziel können Problemlöser sehr unterschiedliche Generalziele ableiten und damit untereinander völlig unvergleichbare Problemräume aufbauen.

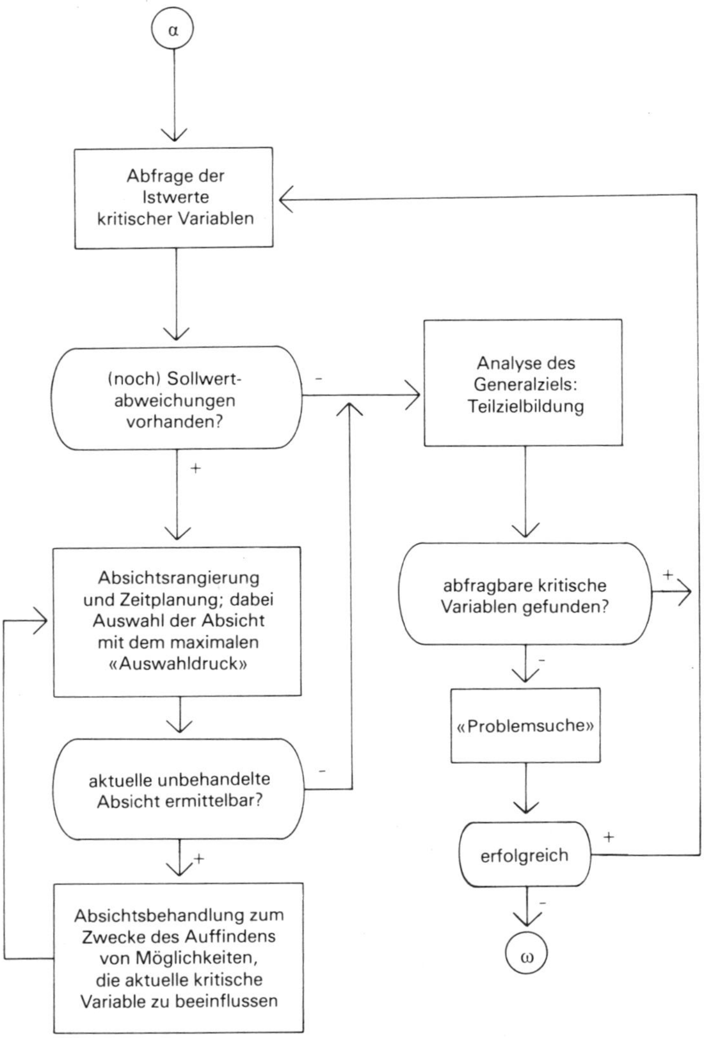

Abbildung 13: Komplexes Problemlösen. Suche im Problemraum (nach DÖRNER et al., 1983, S. 398).

4.5.4 Fehlerhaftes, «illegales» und unflexibles Denken

Bisher haben wir nur erfolgreiches Problemlösen untersucht. Die empirische Forschung hat jedoch auch das Versagen bei der Lösungssuche in ihre Analysen mit einbezogen. Mißerfolge beim Problemlösen lassen sich weitgehend auf zu große oder nicht füllbare Lücken im Problemraum zurückführen. Folgen solcher Unzulänglichkeiten können auch *Denkfehler* sein, die Probanden begehen. Ergebnisse ihrer Lösungsbemühungen werden von ihnen selber dann irrtümlicherweise für Erfolge gehalten.

In früheren Untersuchungen (z.B. HENLE, 1962) hatte man sich mit dem Nachweis begnügt, daß Problemlöser bei Vorgabe von Aufgaben, die der Ableitung logischer Schlüsse strukturell äquivalent waren, nicht immer den Regeln der deduktiven Logik folgen. Solche Ergebnisse verwiesen darauf, daß *Denken nicht logisches Denken* sein muß (vgl. Abschnitt 3 dieses Kapitels, *deduktives und induktives Denken).* Bei Berücksichtigung des Problemraumes als theoretisches Rahmenkonzept kann das auch gar nicht erwartet werden. Es müßte dann zusätzlich angenommen werden, daß mit den Operatoren zugleich auch die Regeln der Logik im Problemraum abgebildet sind. Dieses trifft, wie uns die Alltagserfahrung lehrt, bei den allermeisten Menschen mit Sicherheit nicht zu.

Einen anderen Weg verfolgte DÖRNER (1973), als er anhand von Protokollen des lauten Denkens über das Beweisen aussagenlogischer Theoreme Denkfehler von Problemlösern aufspürte und die Entstehungsbedingungen dieser Defizite aufzuklären versuchte. Immerhin fand er pro Problemlöser im Durchschnitt für jede Aufgabe einen Verstoß gegen das regelrechte Vorgehen. Solche Verstöße nannte er *illegales Denken*. Gründe hierfür fand er vor allem in der unvollständigen oder falschen Repräsentation von Anwendungsbedingungen für Operatoren. Handlungen wurden neu erfunden, obwohl das bei der Aufgabenstellung ausdrücklich verboten war. Operatoren wurden auch durch Analogieschlüsse hergeleitet, durch nicht haltbare Überlegungen neu erstellt und auf Fälle angewandt, bei denen restriktive Anwendungsbedingungen einfach übersehen wurden. Auf diesem Wege entstanden - wohl unter dem ausbleibenden Erfolg - «falsche» Problemräume, mit denen Problemlöser die Lösungsfindung zu erzwingen suchten. Solche Ergebnisse zeigen deutlich, daß ungenaue und lückenhafte interne Abbildungen von Aufgabenumwelten zu falschen oder auch widersinnigen Problemlösungen führen können.

Nicht nur illegales Denken zeigt die Gefahr des Abkommens vom richtigen Pfad durch den Problemraum. Problemlöser bleiben häufig auch länger auf einmal eingeschlagenen Wegen, als dies für die Lösungsfindung gut ist. Zwar liegt hier kein fehlerhaftes Problemlösen vor, als Phänomen wird vielmehr ein Beharren auf einmal gefundenen Lösungsprinzipien untersucht, das zu sehr umständlichen Lösungen führen kann. Als Beispiel hierfür zitieren wir die bekannte Wasserumfüllaufgabe, mit der LUCHINS und LUCHINS (1959) sehr anschaulich experimentierten.

Tabelle 15: Wasserumfüllaufgabe nach LUCHINS & LUCHINS (1959).

Problem	Behälter (in l)			gesuchte Litermenge
	A	B	C	
1	29	3		20 (Demonstration)
2	21	127	3	100
3	14	163	25	99
4	18	43	10	5
.	.	.	.	.
7	23	49	3	20
8	15	39	3	18
.	.	.	.	.
11	14	36	8	6

Probanden erhielten die Aufgabe, mit drei Behältern von verschiedenem Fassungsvermögen eine gesuchte Menge Wasser abzufüllen. Die folgende Tabelle 15 spezifiziert das Problem.

Aufgaben 2 bis 4 lassen sich nach dem Algorithmus lösen:

B–A–2C

Beispiel: Aufgabe 2

127–21–6 = 100.

Die Aufgaben 7 bis 11 sind viel leichter zu lösen:

Beispiel: Aufgabe 7: A–C = 20. Dennoch behielten die meisten Probanden den möglichen aber umständlichen Drei-Schritt-Weg für die Aufgabe 7 bis 11 bei. - Zusätzlich gefördert wird solche *Set-Bildung* durch Zeitdruck. Es wäre sicherlich falsch, das Beibehalten des einmal eingefahrenen Algorithmus als «Fehler» zu werten. Es gibt Problemlösesituationen, in denen unter vielen anderen Anforderungen auch eine Aufgabe mit vorher häufig verwendetem Algorithmus vorkommen kann. Es ist zweifelhaft, ob in einem solchen Fall ein Wechsel z.B. unter dem Gesichtspunkt des Zeitbudgets positiv zu bewerten ist.

Behindernd für eine Lösungsfindung wirkt sich auch die Verwendung von Gegenständen in einer neuen Problemlöseaufgabe aus, die vorher in anderen Kontexten benutzt worden waren. DUNCKER (1935) nannte dieses Phänomen *funktionale Gebundenheit*. Es besagt, daß alltäglich und oft gebrauchte Mittel in neuen Situationen nur schwer andersartig verwendet werden, obwohl das die Lösungsfindung stark erleichtern würde. Hier handelt es sich um die Beeinträchtigung einer Möglichkeit zur Umstrukturierung, die gefordert ist. DUNCKER (1935) demonstrierte dieses Phänomen an dem sog. *Schachtelproblem*. Probanden erhielten das Problem, drei Kerzen vertikal an einem aufrecht stehenden Schirm zu befestigen. Zur Verfügung stehen folgende Materialien: drei Pappschachteln von verschiedener Größe, fünf gefüllte Streichholzschachteln und fünf Reißnägel. – Die Lösung ist einfach, wird von Probanden aber erfahrungsgemäß nur schwer gefunden: Die Kerzen werden mit flüssigem Wachs auf den Schachteln befestigt, die Schachteln mit daraufstehender Kerze dann mit Reißnägeln am Schirm angebracht.

Schließen wir diesen Abschnitt mit einigen allgemeinen Bemerkungen ab. – Zunächst konnten wir an einigen prominenten Beispielen zeigen, auf welche unterschiedliche Art und Weise interne Repräsentationen beim Problemlösen entstehen. Derartige Untersuchungen sind sehr häufig durchgeführt worden und führten zur Auflistung zahlreicher heuristischer Vorgehensweisen. Besonders viel weiß man heute über die Entstehung von Problemräumen und deren Handhabung in Verbindung mit Puzzle-Problemen, Denksportaufgaben, aussagenlogischen Beweisen und bei Analogieaufgaben. Schwierigkeiten bereitet der Forschung vor allem der hohe Grad an interindividueller Verschiedenheit des Lösungsgeschehens. Ungelöst bleibt deshalb die Frage nach einem allgemeingültigen Regelsystem, nach dem die Wege des Problemlösens ausgesucht, kombiniert, gegangen und wieder gewechselt werden.

4.6 Architektonische Vorstellungen über den kognitiven Apparat

Die Überschrift besagt schon, daß es im folgenden Abschnitt um die Darstellung von *Strukturvorstellungen* geht, nach denen jene psychischen Prozesse geordnet sind, die dem Denken und Problemlösen zugrundeliegen. Es existieren heute in der Problemlösepsychologie mehrere Vorschläge zur Beschreibung eines sog. *kognitiven Apparates,* dem die Fähigkeit zum Denken zugeordnet wird. Kluwe (1979) zeigte, daß solche Strukturvorstellungen über theoretisch angenommene kognitive Prozesse Aspekte und Ergebnisse verschiedener Forschungsrichtungen einschließen und als integrative Ansätze in der kognitiven Psychologie anzusehen sind. Im folgenden wollen wir drei solcher Entwürfe vorstellen: von Klix (1971), Dörner (1976) und Anderson (1983). Alle drei Ansätze sind unter das Paradigma der Informationsverarbeitungspsychologie zu subsumieren.

Klix (1971) nennt Elemente einer Theorie des menschlichen Problemlösens, die miteinander verknüpft ein sequentielles System der Informationsverarbeitung ergeben. Daraus resultiert folgender Ablauf:

1. Merkmalsfolgen aus der Aufgabenumwelt werden vom Problemlöser aufgenommen und Gedächtnisstrukturen zugeordnet. Diese Gedächtnisstrukturen enthalten Konzepte, die durch Verknüpfungen aus Einzelelementen entstanden sind und als Wissen zur Verfügung stehen. Sie eignen sich zu *Klassifizierungsleistungen* beim Erkennen einer neuen Aufgabenumwelt und werden damit zur Grundlage der Diagnose der Problemsituation.
2. Die unter (1) genannten Gedächtnisstrukturen sind mit einer weiteren sprachlichen Ebene von Gedächtnisinhalten verbunden, die als Benennungen zu bezeichnen sind. Zu den Klassifizierungsprozessen treten auf dieser Stufe *Begriffsbildungen* im sprachlichen Sinne hinzu.
3. In einem dritten Gedächtnisteil sind elementare und miteinander verknüpfte *Transformationen (Operatoren)* gespeichert. Sie können auf die erkannten Merkmalsfolgen (siehe Punkt 1) der Außenwelt angewandt werden. Treten sie mit den unter (2) genannten Benennungen in Verbindung, entsteht Sprachproduktion.
4. Im Problemraum treten die unter (1) genannten und erkannten Merkmalsfolgen mit ihren Benennungen mit zugehörigen Transformationen aus dem dritten Gedächtnisteil in Wechselwirkung. Eine *interne Repräsentation* mit den für die Problemlösung als relevant erkannten und benannten Merkmalsfolgen aus der Aufgabenumwelt plus zugehörige Transformationen ist entstanden. Ein Suchraum kann festgelegt werden, in dem die Lösung für das Problem vermutet wird. Der Problemlöser konzentriert seine Lösungssuche auf diesen Ausschnitt des Problemraumes, eben diesen Suchraum.
5. Operatoren werden durch einen *Bewertungsprozeß* ausgewählt. Dieser wird auch von

nichtkognitiven Faktoren wie Streß, emotionalen und motivationalen Komponenten beeinflußt.
6. Wird eine Transformation als Handlung ausgeführt, erfolgt eine Zuordnung motorischer Aktivitäten zum beabsichtigten *Merkmalswechsel.*

Über die Wirkungsweise der dargestellten Komponentenkomplexe sind sowohl im einzelnen als auch im Zusammenhang des kognitiven Geschehens Experimente durchgeführt worden. Sammeldarstellungen von B. KRAUSE (1981), HOFFMANN (1982) und W. KRAUSE (1982) informieren über den erreichten Forschungsstand.

DÖRNER (1976) plaziert den Problemlöseprozeß in einer Zwei-Ebenen-Struktur. Er unterscheidet eine *Datenbasis* als Informationsträger, die er *epistemische Struktur (ES)* nennt, von einer *Informationsauswerteebene,* die er *heuristische Struktur (HS)* nennt. Beides zusammen ergibt die sog. *kognitive Struktur (KS)* bzw. den *kognitiven Apparat.* Problemlösen findet in einem wechselseitigen Zusammenspiel beider Ebenen statt. Dabei wird der *epistemischen Struktur* die *reproduktive Rolle* der Wissensspeicherung zugeordnet, während die *heuristische Struktur* den Part des *produktiven bewußten Denkens* übernimmt.

Die epistemische Struktur ist von sich aus zu keiner selbständigen Problemlöseleistung fähig. Sie beherbergt Gedächtnisse (als Modell für das Gedächtnis wird das Mehrspeichermodell mit sensorischem Register, Kurzzeit- und Langzeitgedächtnis eingesetzt), in denen Wissen über die Aufgabenumwelt sowie Operatoren für die Veränderung von Problemzuständen gespeichert sind.

Über die Informationsverarbeitung in der epistemischen Struktur werden detaillierte Beschreibungen angeboten. Danach ist das Wissen selber in netzwerkartigen Gebilden abgelegt. Durch die Festlegung der Relationsarten zwischen den Wissensknoten als Repräsentanten der internen Abbildung werden Organisationsprinzipien der Speicherung von Wissen ermöglicht. So wird auch zwischen zwei Informationsverarbeitungsrichtungen unterschieden: einer *Abstraktionshierarchie* (abstrakte vs. konkrete Inhalte) und einer *Komplexionshierarchie* (aus vielen bzw. wenigen Komponenten bestehend). Dadurch werden unterschiedliche Formen der internen Repräsentation gewährleistet.

Über der *epistemischen Ebene* arbeitet die sog. *heuristische Struktur* mit einer Sammlung von Programmen zur Informationsverarbeitung. Aus den elementaren Operatoren der epistemischen Ebene fügt sie neue Handlungsprogramme zu *heuristischen Strategien* zusammen, mit denen Problemlösungen versucht werden. Diese Programme werden auch im Gedächtnis aufbewahrt und für bestimmte Problemarten und Problemzustände für spätere Fälle bereitgehalten.

Die Zusammenarbeit zwischen epistemischer und heuristischer Struktur beschreibt DÖRNER (1976) mit der sog. *Tintenfischhypothese.* Das Wissen und die zugehörigen elementaren Operatoren sind im netzwerkartig organisierten Langzeitgedächtnis gespeichert. Gleichsam wie ein Tintenfisch greift der mit dem Kurzzeitgedächtnis verbundene Prozessor der Informationsverarbeitung mit acht Tentakeln in dieses Netzwerk hinein und ertastet Knoten. Verfolgt nun der Tintenfisch mit seinen acht Armen die Verbindungen zwischen den Knoten (entspricht ungefähr der Kapazität des Kurzzeitgedächtnisses), geschieht folgendes:
1. Es wird die *Verbindung* zwischen den im Kurzzeitgedächtnis befindlichen Informationen über die aktuelle Problemsituation und den für relevant erachteten Langzeitgedächtnisinhalten hergestellt.
2. Es entsteht aus dieser Verbindung ein *internes Abbild* der Problemsituation, der Problemraum (Begriff wird von DÖRNER nicht benutzt).
3. Durch die Verknüpfung von Zuständen der Problemsituation mit verfügbaren Operatoren wird der *Suchraum* festgelegt.
4. Verfolgt der Tintenfisch die Verbindungen zwischen den Knotenpunkten weiter, kann eine *Problemraumerweiterung* bzw. eine *Fokussierung* geschehen.

Nach DÖRNER ist der gesamte kognitive Apparat ein dynamisches und hochflexibles System. Ziel der Problemlöseforschung muß es deshalb sein, die Organisationsprinzipien dieser Struktur zu entschlüsseln und die Grundeinheiten in ihren Eigenschaften und Parametern zu beschreiben.

Einen weit ausgearbeiteten *produktionssystemtheoretischen* Ansatz kognitiver Prozesse stellt ANDERSON (1983) mit seiner *ACT*-Theorie* vor. Er wurde aus früheren ACT-Varianten (ANDERSON, 1976) weiterentwickelt und wird vom Autor als eine psychologische Theorie kognitiver Prozesse angesehen. Eine ausführlichere Darstellung dieser kognitiven Architektur ist im Kapitel 10 unter dem Gliederungspunkt 4.3 zu finden. Eine Einordung und Würdigung dieser Theorie des kognitiven Geschehens gibt HESSE (1985).

Als grundlegende Annahme wird formuliert, daß es nur *ein einziges kognitives System beim Menschen* gibt, das alle Arten geistiger Leistungen hervorbringt. Die Annahme spezieller Fähigkeitskomplexe, so wie sie etwa Faktorenanalytiker der Intelligenz vertreten, wird als unzutreffend abgelehnt.

Wie bei der Darstellung von Gedächtnismodellen werden zwei Seiten unterschieden: (1) Die *Aufgabenumwelt* mit ihren Problemsituationen – (2) Die *interne Repräsentation* von Zuständen der Außenwelt im Problemlöser. – Nahtstelle zwischen beiden Seiten ist das *Arbeitsgedächtnis,* das die Informationen aus der Außenwelt als Symbolfolgen aufnimmt und für die Verarbeitung mit sog. *Produktionssystemen* bereithält. Gleichzeitig ist das Arbeitsgedächtnis in der Lage, das *Wissensgedächtnis* zu befragen, ob Gedächtnisinhalte vorhanden sind, die mit den Informationen aus der Außenwelt korrespondieren.

Allen kognitiven Leistungen liegen sog. *Produktionen* zugrunde (zur näheren Beschreibung der sog. *Produktionssysteme* vergleiche Kapitel 10, Abschnitt 4.3, aber auch den Abschnitt 2.5 dieses Kapitels). Sie bestehen jeweils aus einem «Wenn... Dann...-Paar»: Zusammengehörig sind immer bestimmte *Anwendungsbedingungen* mit *Aktionen.* Anwendungsbedingungen sind als Datenmuster vorhanden. Wenn über die Außenwelt Symbolfolgen als Datenmuster im Arbeitsgedächtnis gegeben sind und wenn diese Datenmuster den im Gedächtnis gespeicherten Anwendungsbedingungen von Produktionen entsprechen und auch Aktionen dafür vorliegen, können diese ausgeführt werden. – *Beispiel:* Unser Produktionssystem enthalte die Bedingungs-Aktionseinheit: Wenn Person A die Mutter von B ist und wenn Person B die Mutter von C ist, dann ist Person A die Großmutter von C. – Wird im Arbeitsgedächtnis die Information aus der Außenwelt gespeichert, daß Maria die Mutter von Gisela ist und weiterhin, daß Gisela die Mutter von Ursula ist, so würde eine Anwendung der obigen Produktion als neues Wissenselement ergeben: Maria ist Großmutter von Ursula.

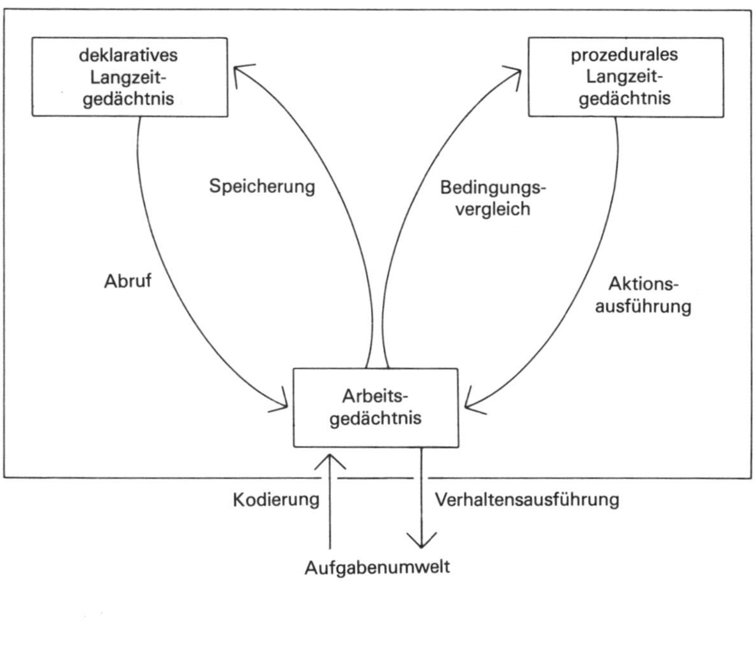

Abbildung 14: Kognitive Komponenten der ACT*-Theorie nach ANDERSON (1983, S. 19).

Das von ANDERSON entworfene System besitzt drei Gedächtnisse: Das *Arbeitsgedächtnis* (als Kurzzeitgedächtnis mit begrenzter Kapazität), das *deklarative Gedächtnis* (als Langzeitgedächtnis für «Wissen, daß ...») und das *prozedurale Gedächtnis* (als Langzeitgedächtnis für «Wenn..., dann...-Wissen»). Das Prozeßgeschehen wird in der Abbildung 14 dargestellt.
Durch Enkodierungsprozesse werden Reize aus der Umwelt in Symbolfolgen transformiert. Sie stehen uns im Arbeitsgedächtnis zur Verfügung. Der Einspeicherprozeß kann von den Inhalten des Arbeitsgedächtnisses *Kopien* anfertigen und in das deklarative Gedächtnis leiten. Darüber hinaus kann er die Inhalte des deklarativen Gedächtnisses stärken und bevorrechtigen und somit gegen das Vergessen immunisieren. Mit dem Rückrufprozeß geraten Inhalte aus dem deklarativen Langzeitgedächtnis ins Arbeitsgedächtnis zurück. Im Vergleichsprozeß werden die Daten im Arbeitsgedächtnis mit den Bedingungen für die Anwendung der Produktionen verglichen. Besteht Übereinstimmung, werden die Aktionen, die zu den Produktionen gehören, ausgeführt. Das kann beispielsweise zu einer neuen Eintragung in das Arbeitsgedächtnis führen. Handelt es sich um eine neue Produktion (also ein neues Paar aus Bedingungen und Aktionen), merkt sich das System die neue Produktion (wenn Maria die Mutter von Gisela ist, dann ist Maria die Großmutter von Ursula). Das System lernt also selber durch Anwendung.
Folgende Prinzipien der ACT*-Theorie sollen noch genannt werden. *Steuerungsfunktionen* übernehmen sog. *Aktivationsprozesse*. So sind z.B. im deklarativen Gedächtnis die Knotenpunkte als Repräsentanten von Wissen mit unterschiedlichen Graden der Aktivation versehen. Treten mehrere in Konkurrenz, wird der höher aktivierte Knoten ausgewählt. Über das ganze System legt sich also eine Art *Relief von Aktivationsausprägungen,* aus dem sich Bevorzugungen und Rückstellungen in der Verarbeitung und Anwendung ergeben.
Weiterhin sind *Kontrollprinzipien* in der ACT*-Theorie enthalten, nach denen letztlich entschieden wird, welche Produktion realisiert wird. Da eine unüberschaubare Anzahl von Produktionen existiert, müssen Kriterien formuliert werden, nach denen Produktionen letztlich ausgewählt werden. Mit fünf solcher Kriterien kommt dieser Ansatz aus.
Aus dieser Skizze wird ersichtlich, daß das System ACT* sowie Produktionssysteme generell sparsame aber sehr präzise Annahmen über den Ablauf von Informationsverarbeitungsprozessen machen. Sie erheben den Anspruch, als Theorien über die Arbeitsweise geistiger Prozesse zu gelten. Sie liegen in der Form von Programmen vor und stellen eine für die Psychologie besonders interessante Variante von Informationsverarbeitungsmodellen dar. Als vertiefende Literatur zu den genannten Produktionssystemen und damit als Grundlage der hier dargestellten Ideen können in besonderem Maße die Arbeiten von KLAHR, LANGLEY und NECHES (1987) und OPWIS (1988) herangezogen werden.
Zum Abschluß dieses Kapitels wollen wir die Frage aufnehmen, ob die Erforschung der *Architektur des kognitiven Apparates* in den Bereich nur phantasievoller Spekulationen zu verweisen ist. Die Antwort darauf kann heißen: «Ja, aber ...» *Ja,* weil es sich dabei um sehr weitgehende Annahmen über psychische Prozesse handelt, deren Evidenz zwar vorliegen mag, deren experimentelle Prüfung aber in weiter Ferne liegt oder auch ganz unmöglich erscheint. *Aber* deshalb, weil mit solchen Ansätzen nicht nur Forschungsprogramme formuliert und zielgerichtet durchgeführt werden können, sondern weil aus solchen Theoriegebäuden *Strukturprinzipien* abgeleitet werden können, die aus anderen Wissenschaftszweigen bekannt sind und damit per Analogie auf die kognitive Psychologie übertragbar werden. So hat beispielsweise die Erforschung der künstlichen Intelligenz wesentlich dazu beigetragen, das Paradigma der Informationsverarbeitung in der kognitiven Psychologie so fruchtbar werden zu lassen.

4.7 Erfolgreiches Problemlösen: Experten und die Wirkung von Trainingsmethoden

Ist jemand Experte in einem Sachgebiet, muß ihm aufgrund eines umfangreichen Wissenserwerbs und häufiger Übung die Abbildung der Problemsituation im Problemraum, die Festlegung des Suchraumes und das Auffinden geeigneter Wege durch den Problemraum besonders gut gelingen. An einigen klassischen Beispielen wollen wir diesen Weg der Erforschung expertenhaften Problemlösens nachvollziehen.

Expertenproblemlösen ist besonders ausführlich bei Schachspielern untersucht worden. DE GROOT (1965) fand zwischen Schachspielern mit hoher Spielstärke und Anfängern zunächst kaum Unterschiede heraus. Man gelangte zunächst nur zu der trivialen Beobachtung, daß spielstarke Probanden bessere Züge ausführen. Tiefere Vorausplanungen über viele mögliche Züge wurden an Experten im Vergleich mit Anfängern jedoch nicht beobachtet. Gutes Schachspielen ließ sich auch nicht mit Intelligenzunterschieden erklären und war auch nicht auf unterschiedliche Gedächtnisleistungen zurückzuführen. Deutliche Unterschiede ergaben sich jedoch beim Erfassen von Figurkonstellationen auf dem Brett. Schachmeister konnten nach einer kurzzeitigen Darbietung (5 sec) eines Schachbrettes mit darauf befindlicher Spielsituation aus 26 Figuren mehr als 20 Figuren auf einem zur Verfügung stehenden Schachbrett auf den richtigen Positionen nachbauen. Anfängern gelangen hingegen nur vier bis fünf richtige Reproduktionen. Bietet man allerdings zufällig auf dem Brett verteilte Figuren kurzfristig dar (sinnvolle Figurenstellungen kamen auf dem Schachbrett also nicht mehr vor), so unterscheiden sich Experten und Anfänger in ihrer Reproduktionsleistung nicht mehr. – Offensichtlich verfügen Experten über eine größere Kapazität des Kurzzeit- bzw. Arbeitsgedächtnisses. Wie wir schon früher gesehen haben, ist das über *Chunk-Bildungen* erreichbar. Durch sorgfältige Beobachtungen konnten CHASE und SIMON (1973) solche Chunk-Bildungen bei Experten beschreiben und die DE GROOTschen Befunde bestätigen (vgl. auch LASS, LÜER & ULRICH, 1987).

SIMON und GILMARTIN (1973) schätzen, daß Schachmeister über etwa 50000 Chunks als schnell erkennbare Figurenkonstellationen verfügen können. Die Zeit des Erwerbs eines solchen umfänglichen Wissens wird auf etwa 10 Jahre veranschlagt. Verfügen sie aber über eine derartige Anzahl von analysierten Problemzuständen, werden sie auch Operatoren damit assoziiert haben, die in solchen Situationen anzuwenden sind. Das wiederum würde bedeuten, daß Schachmeister über etwa 50000 Produktionen verfügen können (NEWELL & SIMON, 1972). Auch in noch so ausdauernden Langzeitstudien wird man im psychologischen Versuch solches Expertentum in seiner Entstehung nicht ausreichend untersuchen können.

Expertiseuntersuchungen zeigen, daß Trainingsmethoden nicht dazu da sein können, jemanden aus dem Stand heraus schnell zum erfolgreichen Problemlöser oder gar Experten zu machen. Der zeitraubende Aufbau von Wissen sowie die Möglichkeiten der effektiven Chunk-Bildung lassen sich als Stadien nicht einfach überspringen. Vielmehr muß man davon ausgehen, daß nach einem ersten sog. *kognitiven Stadium,* in dem mit viel Aufwand die erforderlichen Leistungen bewußt erbracht werden, das zweite *automatische* Stadium erst folgen kann. In diesem Abschnitt werden die Einzelabläufe weitgehend ohne bewußte Kontrolle zuverlässig vollzogen. Wird ein solches Stadium über viele Jahre hinweg durch intensives Training verbessert, kommt es schließlich zum Expertentum, das durch *automatische Verarbeitungsprozesse, riesig große Wissensmengen* und durch die Fähigkeit charakterisiert ist, Wissen und Verarbeitungsprozesse sehr schnell und zuverlässig *auf neue Situationen anwenden zu können,* die zum Anwendungsbereich des Wissens gehören. Expertenwissen wird deshalb auch als *bereichsspezifisch* bezeichnet.

Obwohl sich heute eine Menge Wissen über menschliches Problemlösen angesammelt hat, bleibt es umstritten, in welchem Maße man diese Erkenntnisse auch praktisch anwenden kann. Eine hervorragende Anwendung wäre z.B. die Herbeiführung einer Verbesserung der Fähigkeit zum Problemlösen. Gelingt es schon, mit vorliegenden Forschungsergebnissen Programme aufzustellen, mit deren Hilfe man die Problemlösefähigkeit steigern kann? Auf diese Frage gibt es unterschiedliche Antworten.

Zweifellos sind Untersuchungen veröffentlicht worden, die den Nachweis der Effektivität von Trainingsprogrammen für die Verbesserung des Problemlösens erbracht haben. PUTZ-OSTERLOH (1974), HESSE (1982) und REITHER

(1979) haben mit unterschiedlichen Trainingsmethoden meßbare Steigerungraten erzielt. Für den Bereich des Intelligenztrainings hat KLAUER (1989) Wege aufgezeigt, wie sich durch wirkungsvolles Training von elementaren Informationsverarbeitungsprozessen erstaunliche Effekte in der Leistungsverbesserung erreichen lassen. Demgegenüber erwiesen sich Trainingsbemühungen beim Lösen komplexer Probleme als wirkungslos (DÖRNER et al., 1983). (Interessanterweise waren die Trainierten jedoch selber der Meinung, aus den Trainingsprogrammen Nutzen gezogen zu haben.)
Das Angebot erprobter und besonders auch nichterprobter Trainingsmethoden ist groß. DÖRNER (1976) hat vier von der Zielsetzung her unterschiedliche Verfahrensgruppen unterschieden.

1. *Übungstraining.* - Erwartung: Durch Einüben ähnlicher Aufgaben mit einem einzigen oder aber sehr wenigen Lösungsschritten verbessert sich die Problemlöseleistung. - Beispiel: Erkennen von Gleichheit und Unterschieden.
2. *Taktiktraining.* - Erwartung: Die Anwendung von Teilabläufen des Problemlöseprozesses wirkt sich positiv auf das gesamte Problemlösegeschehen aus. - Beispiel: Erstellung von Unterschiedslisten zwischen verschiedenen Problemzuständen.
3. *Strategietraining.* - Erwartung: Der Ablauf eines gesamten Lösungsprozesses soll bewußt angewendet werden und so eine Lösungsfindung erleichtern. - Beispiel: Anwendung der Mittel-Ziel-Analyse beim Problemlösen (vergleiche hierzu die Ausführungen über *heuristische Strategien* des Problemlösens im Abschnitt 4.5.2 dieses Kapitels).
4. *Selbstreflektion.* - Erwartung: Das bewußte Nachdenken über das eigene Denken soll zukünftige Vorgehensweisen beim Problemlösen verbessern. - Beispiel: Analyse des gegenwärtig erreichten bzw. ausgebliebenen Lösungsfortschrittes und Rekapitulation der bisherigen Vorgehensweisen. Hierzu eignen sich die von DUNCKER (1935) aufgezählten heuristischen Methoden in besonderem Maße (vgl. Tabelle 13 in diesem Kapitel).

Gravierende Verbesserungen des Problemlösens lassen sich nur erzielen, wenn Prinzipien guten Problemlösens bekannt sind.

Literaturverzeichnis

ACH, N. (1905). *Über die Willenstätigkeit und das Denken.* Göttingen: Vandenhoeck & Ruprecht.

AEBLI, H. (1981). *Denken: Das Ordnen des Tuns. Band II: Denkprozesse.* Stuttgart: Klett-Cotta.

AEBLI, H. (1988). Begriffliches Denken. In H. Mandl & H. Spada (Hrsg.), *Wissenspsychologie* (S. 227-246). München: Psychologie Verlags Union.

AMAREL, S. (1983). Problems of representation in heuristic problem solving: Related issues in the development of expert systems. In R. Groner, M. Groner & W. F. Bischof (Eds.), *Methods of heuristics* (pp. 245-350). Hillsdale. N. J.: Erlbaum.

ANDERSON, J. R. (1976). *Language, memory, and thought.* Hillsdale, N. J.: Erlbaum.

ANDERSON, J. R. (1983). *The architecture of cognition.* Cambridge, Mass.: Harvard University Press.

ANDERSON, J. R. (1988). *Kognitive Psychologie.* Heidelberg: Spektrum.

ANZAI, Y. & SIMON, H. A. (1979). The theory of learning by doing. *Psychological Review, 86,* 124-140.

ASHCRAFT, M. H. & BATTAGLIA, J. (1978). Cognitive arithmetic: Evidence for retrieval and decision processes in mental addition. *Journal of Experimental Psychology: Human Learning and Memory, 4,* 527-538.

ASHCRAFT, M. H. & STAZYK, E. H. (1981). Mental addition: A test of three verification models. *Memory & Cognition, 9,* 185-196.

ATKINSON, R. C., BOWER, G. H. & CROTHERS, E. J. (1965). *An introduction to mathematical learning theory.* New York: Wiley.

BEGG, I. & DENNY, P. J. (1969). Empirical reconciliation for atmosphere and conversion interpretations of syllogistic reasoning errors. *Journal of Experimental Psychology, 81,* 351-354.

BOURNE, L. E. (1963). Factors affecting strategies used in problems of concept-formations. *American Journal of Psychology, 76,* 229-238.

BOWER, G. H. & TRABASSO, T. R. (1964). Concept identification. In R. C. Atkinson (Ed.), *Studies in mathematical psychology* (pp. 32-94). Stanford: Stanford University Press.

BROADBENT, D. E. (1958). *Perception and communication.* London: Pergamon Press.

BROWN, J. S. & BURTON, R. R. (1978). Diagnostic models for procedural bugs in basic mathematical skills. *Cognitive Science, 2,* 155-192.

BROWN, J. S. & VANLEHN, K. (1980). Repair theory: A generative theory of bugs in procedural skills. *Cognitive Science, 4,* 379-427.

BRUNER, J.S. & GOODNOW, J.J. (1986). Preface to the 1986 Edition. In J.S. Bruner, J.J. Goodnow & G.A. Austin (Eds.), *A study of thinking* (pp. IX–XV). New Brunswick: Transaction.

BRUNER, J.S., GOODNOW, J.J. & AUSTIN, G.A. (1956). *A study of thinking*. New York: Wiley.

BURTON, R.R. (1982). Diagnosing bugs in a simple procedural skill. In D. Sleeman & J.S. Brown (Eds.), *Intelligent Tutoring Systems* (pp. 157–183). New York: Academic Press.

BÜHLER, K. (1907, 1908). Tatsachen und Probleme zu einer Psychologie der Denkvorgänge. I. Über Gedanken; II. Über Gedankenzusammenhänge; III. Über Gedankenerinnerungen. *Archiv für Psychologie*, (1907), *9*, 297–365; (1908), *10*, 1–12; 24–92.

BÜHLER, K. (1922). *Die geistige Entwicklung des Kindes*. Jena: Fischer.

CHAPMAN, L.J. & CHAPMAN, J.P. (1959). Atmosphere effect reexamined. *Journal of Experimental Psychology, 58*, 220–226.

CHASE, W.G. & SIMON, H.A. (1973). Perception in chess. *Cognitive Psychology, 4*, 55–81.

CLOCKSIN, W. & MELLISH, C. (1981). *Programming in Prolog*. Berlin: Springer.

D'ANDRADE, R. (1982). *Reason versus logic*. Paper presented at the Symposium of the Ecology of Cognition: Biological, Cultural, and Historical Perspectives. Greensboro, N.C.

DE GROOT, A.D. (1965). *Thought and choice in chess*. The Hague: Mouton.

DEPPE, W. (1977). *Formale Modelle in der Psychologie*. Stuttgart: Kohlhammer.

DICKSTEIN, L.S. (1978). The effect of figure on syllogistic reasoning. *Memory and Cognition, 6*, 76–83.

DONDERS, F.C. (1969). Attention and performance. *Acta Psychologica, 30*, 412–431. (Original erschienen 1868.)

DÖRNER, D. (1973). Illegal thinking. In A. Elithorn & D. Jones (Eds.), *Artificial and human thinking* (pp. 310–318). Amsterdam: Elsevier.

DÖRNER, D. (1974). *Die kognitive Organisation beim Problemlösen*. Bern: Huber.

DÖRNER, D. (1976). *Problemlösen als Informationsverarbeitung*. Stuttgart: Kohlhammer.

DÖRNER, D., KREUZIG, H.W., REITHER, F. & STÄUDEL, T. (Hrsg.), (1983). *Lohhausen. Vom Umgang mit Unbestimmtheit und Komplexität*. Bern: Huber.

DÖRNER, D., LUTZ, W. & MEURER, K. (1967). Informationsverarbeitung beim Konzepterwerb. *Zeitschrift für Psychologie, 174*, 194–230.

DREYFUS, S.E. & DREYFUS, H.L. (1987). Towards a reconciliation of phenomenology in AI. In D. Partidge & Y.A. Wilks (Eds.), *Foundational issues in artificial intelligence*. Cambridge, Mass.: Cambridge University Press.

DUNCKER, K. (1935). *Zur Psychologie des produktiven Denkens*. Berlin: Springer.

EBBINGHAUS, H. (1885). *Über das Gedächtnis*. Leipzig: Duncker.

EBBINGHAUS, H.-D., FLUM, J. & THOMAS, W. (1978). *Einführung in die Mathematische Logik*. Darmstadt: Wissenschaftliche Buchgesellschaft.

EGETH, H. (1966). Parallel versus serial processes in multidimensional stimulus discrimination. *Perception and Psychophysics, 1*, 245–252.

ERICSSON, K.A. & SIMON, H.A. (1984). *Protocol analysis*. Cambridge, Mass.: MIT Press.

EVANS, J. (1977). Linguistic factors in reasoning. *Quarterly Journal of Experimental Psychology, 29*, 297–306.

EVANS, J. (1982). *The psychology of deductive reasoning*. London: Routledge & Kegan Paul.

FISCHER, G.H. (1974). *Einführung in die Theorie psychologischer Tests*. Bern: Huber.

FORGY, C.L. & MCDERMOTT, J. (1977). *The OPS2 reference manual*. Technical Report. Department of Computer Science. Carnegie-Mellon-University.

FUNKE, J. (1986). *Komplexes Problemlösen*. Heidelberg: Springer.

GARDNER, H. (1985). *The mind's new science*. New York, N.Y.: Basic Books.

GEARY, D.C., WIDAMAN, K.F. & LITTLE, T.D. (1986). Cognitive addition and multiplication: Evidence for a single memory network. *Memory & Cognition, 14*, 478–487.

GENESERETH, M.R. & NILSSON, J. (1987). *Logical foundations of artificial intelligence*. Los Altos, C.A.: Kaufman.

GIGERENZER, G. & MURRAY, D.J. (1987). *Cognition as intuitive statistics*. Hillsdale, N.J.: Erlbaum.

GOEDE, K. & KLIX, F. (1971). Strategien des Erwerbs von nicht benannten Begriffen. *Zeitschrift für Psychologie, 179*, 149–201.

GRAUMANN, C.F. (1965). Denken im vorwissenschaftlichen Verständnis. In C.F. Graumann (Hrsg.), *Denken*. (S. 15–22). Köln: Kiepenheuer & Witsch.

GREENO, J.G. (1978). Natures of problem-solving abilities. In W.K. Estes (Ed.), *Handbook of learning and cognitive processes. Vol. 5. Human information processing* (pp. 239–270). Hillsdale. N.J.: Erlbaum.

GREENO, J.G. & SIMON, H.A. (1984). *Problem solving and reasoning*. Technical Report, University of Pittsburgh, Learning Research and Development Center.

GREGG, L.W. & SIMON, H.A. (1967). Process models of stochastic theories of simple concept formation. *Journal of Mathematical Psychology, 4*, 246–276.

GRICE, H.P. (1975). Logic and Conversation. In P. Cole & J.L. Morgan (Eds.), *Syntax and Semantics*. Vol. 3 (pp. 41–58). New York: Seminar Press.

GROEN, G.J. & PARKMAN, J.M. (1972). A chronometric analysis of simple addition. *Psychological Review, 79,* 329–343.

GROEN, G.J. & RESNICK, L.B. (1977). Can preschool children invent addition algorithms? *Journal of Educational Psychology, 69,* 645–652.

GRONER, R., KELLER, B. & MENZ, CH. (1981). Formale Präzision, Wo und Wozu, oder: Der Affe auf dem Baum. In R. Kluwe & H. Spada (Hrsg.), *Studien zur Denkentwicklung* (S.291–302). Bern: Huber.

GUYOTE, M.J. & STERNBERG, R.J. (1981). A transitive-chain theory of syllogistic reasoning. *Cognitive Psychology, 13,* 461–525.

HABEL, C. (Hrsg.), (1985). *Künstliche Intelligenz.* Frühjahrsschule Dassel (Solling), März 1984. Berlin: Springer.

HAYES, J.R. (1978). *Cognitive psychology.* Homewood, Ill.: Dorsey Press.

HENLE, M. (1962). On the relation between logic and thinking. *Psychological Review, 69,* 366–378.

HESSE, F.W. (1982). Training induced changes in problem solving. *Zeitschrift für Psychologie, 190,* 405–423.

HESSE, F.W. (1983). *Aufbau der Wissenrepräsentation in Problemlösesituationen und Mechanismen der Problembearbeitung* (Arbeitsbericht Nr. 6). Göttingen: Institut für Psychologie der Georg-August-Universität.

HESSE, F.W. (1985). Review: John R. Anderson, 1983, The architecture of cognition. *Sprache & Kognition, 4,* 231–237.

HOFFMANN, J. (1982). *Das aktive Gedächtnis.* Berlin: VEB Deutscher Verlag der Wissenschaften.

HOLLAND, J., HOLYOAK, K., NISBETT, R.E., & THAGARD, P. (1986). *Induction: Processes of inference, learning and discovery.* Cambridge. Mass.: MIT Press.

HOPCRAFT, J.E. & ULLMAN, J.D. (1979). *Introduction to automata theory, languages and computation.* Reading, Mass.: Addison-Wesley.

HUNT, E.B., MARIN, J. & STONE, P.J. (1966). *Experiments in induction.* New York: Academic Press.

INHELDER, B. & PIAGET, J. (1958). *The growth of logical thinking from childhood to adolescence.* New York: Basic Book.

JOHNSON-LAIRD, P.N. (1980). Mental models in cognitive science. *Cognitive Science, 4,* 71–115.

JOHNSON-LAIRD, P.N. (1983). *Mental models.* Cambridge, Mass.: Harvard University Press.

JOHNSON-LAIRD, P.N. (1988). *The computer and the mind.* Cambridge, Mass.: Harvard University Press.

JOHNSON-LAIRD, P.N., LEGRENZI, P. & LEGRENZI, M.S. (1972). Reasoning and a sense of reality. *British Journal of Psychology, 63,* 395–400.

JOHNSON-LAIRD, P.N. & STEEDMAN, M. (1978). The psychology of syllogisms. *Cognitive Psychology, 10,* 64–99.

JOHNSON-LAIRD, P.N. & WASON, P.C. (1970). A theoretical analysis of insight into a reasoning task. *Cognitive Psychology, 1,* 134–148.

KARAT, J. (1982). A model of problem solving with incomplete constraint knowledge. *Cognitive Psychology, 14,* 538–559.

KLAHR, D. (1981). Informationsverarbeitungsmodelle der Denkentwicklung. In R. Kluwe & H. Spada (Hrsg.), *Studien zur Denkentwicklung* (S.231–289). Bern: Huber.

KLAHR, D. & DUNBAR, K. (1988). Dual space search during scientific reasoning. *Cognitive Science, 12,* 1–48.

KLAHR, D., LANGLEY, P. & NECHES, R. (Eds.), (1987). *Production system models of learning and development.* Cambridge, Mass.: MIT Press.

KLAUER, K.J. (1989). *Denktraining für Kinder I. Ein Programm zur intellektuellen Förderung.* Göttingen: Hogrefe.

KLIX, F. (1971). *Information und Verhalten.* Bern: Huber.

KLIX, F. (1982). *Erwachendes Denken.* Berlin: Deutscher Verlag der Wissenschaften.

KLIX, F. (Hrsg.), (1984). *Gedächtnis, Wissen, Wissensnutzung.* Berlin: Deutscher Verlag der Wissenschaften.

KLIX, F. (1988). Gedächtnis und Wissen. In H. Mandl & H. Spada (Hrsg.), *Wissenspsychologie* (S.19–54). München: Psychologie Verlags Union.

KLIX, F. & RAUTENSTRAUCH-GOEDE, K. (1967). Struktur- und Komponentenanalyse von Problemlösungsprozessen. *Zeitschrift für Psychologie, 174,* 167–193.

KLUWE, R. (1979). *Wissen und Denken.* Stuttgart: Kohlhammer.

KLUWE, R. (1988). Methoden der Psychologie zur Gewinnung von Daten über menschliches Wissen. In H. Mandl & H. Spada (Hrsg.), *Wissenspsychologie* (S.359–385). München: Psychologie Verlags Union.

KOTOVSKY, K., HAYES, J. & SIMON, H.A. (1983). *Tower of Hanoi. Problem isomorphs and solution processes.* CMU Pittsburgh.

KÖHLER, W. (1921). *Intelligenzprüfungen an Menschenaffen.* Berlin: Springer.

KRAUSE, B. (1981). Zur Analyse der Informationsverarbeitung in kognitiven Prozessen. *Zeitschrift für Psychologie,* (Suppl. 2).

KRAUSE, B. & KRAUSE, W. (1980). Human problem solving: An information processing approach. In F. Klix & B. Krause (Eds.), *Psychological Research. Humboldt-Universität Berlin 1960–1980* (pp.108–132). Berlin: Humboldt-Universität.

KRAUSE, W. (1982). Problemlösen – Stand und Perspektiven Teil 1. *Zeitschrift für Psychologie, 190,* 17–36.

LACHMAN, R., LACHMAN, J.L. & BUTTERFIELD, E.C. (1979). *Cognitive psychology and information processing: An introduction.* Hillsdale, N.J.: Erlbaum.

LANGLEY, P. (1985). Learning to search: From weak methods to domain-specific heuristics. *Cognitive Science. 9,* 217–260.

LANGLEY, P. (1987). A general theory of discrimination learning. In D. Klahr, P. Langley & R. Neches (Eds.), *Production system models of learning and development* (pp. 99–161). Cambridge, Mass.: MIT Press.

LANGLEY, P. & NECHES, R. (1981). *PRISM user's manual.* Technical Report. Pittsburgh, P.A.: Computer Science Department. Carnegie-Mellon University.

LANGLEY, P. & SIMON, H.A. (1981). The central role of learning in cognition. In J.R. Anderson (Ed.), *Cognitive skills and their acquisition* (pp. 361–380). Hillsdale, N.J.: Lawrence Erlbaum Associates.

LANGLEY, P., SIMON, H.A., BRADSHAW, G.L. & ZYTKOW, J.M. (1987). *Scientific discovery: computational explorations of the creative process.* Cambridge, Mass.: MIT Press.

LASS, U., LÜER, G. & ULRICH, M. (1987). Lernen und Gedächtnis: Codierung und Organisation im Gedächtnis. In G. Lüer (Hrsg.), *Allgemeine Experimentelle Psychologie* (S. 309–370). Stuttgart: Fischer.

LEVINE, M. (1970). Human discrimination learning: The subsetsampling assumption. *Psychological Bulletin, 74,* 397–404.

LINDSAY, P.H. & NORMAN, D.A. (1981). *Einführung in die Psychologie.* Berlin: Springer.

LUCHINS, A.S. & LUCHINS, E.H. (1959). *Rigidity of behavior: A variational approach to the effects of Einstellung.* Eugene: University of Oregon Books.

LÜER, G. (1973). *Gesetzmäßige Denkabläufe beim Problemlösen.* Weinheim: Beltz.

LÜER, G. (1988). Kognitive Prozesse und Augenbewegungen. In H. Mandl & H. Spada (Hrsg.), *Wissenspsychologie* (S. 386–399). München: Psychologie Verlags Union.

MANDL, H. & SPADA, H. (1988). *Wissenspsychologie.* München: Psychologie Verlags Union.

MARBE, K. (1901). *Experimentell-psychologische Untersuchungen über das Urteil.* Leipzig: Engelmann.

MAYER, A. & ORTH, J. (1901). Zur qualitativen Untersuchung der Assoziationen. *Zeitschrift für Psychologie, 26,* 1–13.

MCCLELLAND, J.A. & RUMELHART, D.E. (Eds.), (1986). *Parallel distributed processing: Explorations in the microstructure of cognition (Volume II: Psychological and biological models).* Cambridge, Mass.: MIT Press.

MICHALSKI, R.S., CARBONELL, J.G. & MITCHELL, T.M. (Eds.), (1983). *Machine Learning: An artificial intelligence approach.* Palo Alto, C.A.: Tioga.

MICHALSKI, R.S., CARBONELL, J.G. & MITCHELL, T.M. (Eds.), (1986). *Machine Learning: An artificial intelligence approach 2.* Los Altos, C.A.: Morgan Kaufmann.

MILLER, G.A. (1956). The magical number seven plus or minus two: Some limits on our capacity for processing information. *Psychological Review, 63,* 81–97.

MILLER, G.A., GALANTER, E. & PRIBRAM, K.H. (1960). *Plans and the structure of behavior.* New York: Holt.

MINSKY, M. (1965). Steps toward artificial intelligence. In R.D. Luce, R.R. Bush & E. Galanter (Eds.), *Readings in mathematical psychology* (Vol. II, pp. 18–40). New York: Wiley.

MINSKY, M.A. (1975). A framework for representing knowledge. In P.H. Winston (Ed.), *The psychology of computer vision* (pp. 211–277). New York: McGraw Hill.

MITCHELL, T.M., KELLER, R.M., KEDAR-CABELLI, S.T. (1986). Explanation-based generalization: a unifying view. *Machine Learning, 1,* 47–80.

NEISSER, U. (1963). Decision-time without reaction time: Experiments in visual scanning. *American Journal of Psychology, 76,* 376–385.

NEISSER, U. (1967). *Cognitive psychology.* New York: Appleton-Century-Crofts.

NEWELL, A. (1973). Production systems: Models of control structure. In W.G. Chase (Ed.), *Visual information processing* (pp. 463–526). New York: Academic Press.

NEWELL, A., SHAW, J.C. & SIMON, H.A. (1960). A variety of intelligent learning in a general problem solver. In M.C. Yovits, & S. Cameron (Eds.), *Self-organizing systems* (pp. 153–189). Oxford: Pergamon Press.

NEWELL, A. & SIMON, H.A. (1972). *Human problem solving.* Englewood Cliffs, N.J.: Prentice Hall.

NILSSON, N. (1980). *Principles of Artificial Intelligence.* Palo Alto, C.A.: Tioga.

OBERSCHELP, A. (1974). *Elementare Logik und Mengenlehre I.* Mannheim: Bibliographisches Institut.

OPPENHEIMER, R.J. (1958). A study of thinking. *Sewanee Review, 67,* 481–489.

OPWIS, K. (1988). Produktionssysteme. In H. Mandl & H. Spada (Hrsg.), *Wissenspsychologie* (S. 74–98). München: Psychologie Verlags Union.

OPWIS, K., STUMPF, M. & SPADA, H. (1987). *PRISM: Einführung in die Theorie und Anwendung von Produktionssystemen.* (Forschungsberichte des Psychologischen Instituts der Universität Freiburg Nr. 39), Freiburg.

PARKMAN, J.M. & GROEN, G.J. (1971). Temporal aspects of simple addition and comparison. *Journal of Experimental Psychology, 89,* 333–342.

PLÖTZNER, R. & OPWIS, K. (1987). *Modeling discrimination learning in a production system framework*. (Forschungsberichte des Psychologischen Instituts der Universität Freiburg Nr.40), Freiburg.

PUTZ-OSTERLOH, W. (1974). Über die Effektivität von Problemlösetraining. *Zeitschrift für Psychologie, 182,* 253–276.

PUTZ-OSTERLOH, W. (1983). Über Determinanten komplexer Problemlöseleistungen und Möglichkeiten zu ihrer Erfassung. *Sprache & Kognition, 2,* 100–116.

PYLYSHYN, Z.W. (1987). Cognitive Science. In S.C. Shapiro (Ed.), *Encyclopedia of artificial intelligence* (Vol.I, pp.120–124). New York: Wiley.

REIMANN, P. (1989). *Problem solving models of scientific discovery learning processes.* Unveröff. Diss., Albert-Ludwigs-Universität, Freiburg.

REITHER, F. (1979). *Über die Selbstreflexion beim Problemlösen*. Unveröff. Dissertation. Liebig Universität Gießen.

REITMAN, W.R. (1965). *Cognition and thought.* New York: Wiley.

RESNICK, L.B. (1981). Die Bedeutung von Erfindungen in der Entwicklung mathematischer Kompetenz. In R.H.Kluwe & H.Spada (Hrsg.), (S. 361–411). Bern: Huber.

REVLIS, R. (1975). Two models of syllogistic reasoning: Feature selection and conversion. *Journal of Verbal Learning and Verbal Behavior, 14,* 180–195.

RIPS, L.J. (1983). Cognitive processes in propositional reasoning. *Psychological Review, 90,* 38–71.

ROSCH, E. (1973). On the internal structure of perceptual and semantic categories. In T.E.Moore (Ed.), *Cognitive development and the aquisition of language* (pp.111–144). New York: Academic Press.

ROSCH, E. (1975). Cognitive representations of semantic categories. *Journal of Experimental Psychology: General 104,* 192–223.

SACERDOTI, E. (1977). *A structure for plans and behavior.* The Artificial Intelligence Series. New York: Elsevier North-Holland.

SCHANK, R.C. & LEAKE, D.B. (1989). Creativity and learning in a case-based explainer. *Artificial Intelligence, 40,* 353–385.

SCHEIBLECHNER, H. (1972). Das Lernen und Lösen komplexer Denkaufgaben. *Zeitschrift für Experimentelle und Angewandte Psychologie, 19,* 476–505.

SEARLE, B., FRIEND, J. & SUPPES, P. (1976). *The radio mathematics project: Nicaragua 1974–1975.* Institute for Mathematical Studies in the Social Sciences, Stanford University.

SELZ, O. (1913). *Über die Gesetze des geordneten Denkverlaufs.* Stuttgart: Spemann.

SELZ, O. (1922). *Zur Psychologie des produktiven Denkens und des Irrtums.* Eine experimentelle Untersuchung, Bonn: Cohen.

SHIFFRIN, R.M. & GEISLER, W.S. (1973). Visual recognition in a theory of information processing. In R.L.Solso (Ed.), *Contemporary issues in cognitive psychology* (pp.53–101). Washington: Winston.

SIEGLER, R.S. (1976). Three aspects of cognitive development. *Cognitive Psychology, 8,* 481–520.

SIMON, H.A. (1974). How big is a chunk? *Science, 83,* 482–488.

SIMON, H.A. & GILMARTIN, K.A. (1973). A simulation of memory for chess positions. *Cognitive Psychology, 5,* 29–46.

SIMON, H.A. & LEA, G. (1974). Problem solving and rule induction: a unified view. In L.W.Gregg (Ed.), *Knowledge and cognition* (pp.105–127). Hillsdale, N.Y.: Erlbaum.

SMITH, E.E. (1968). Choice reaction time: An analysis of the major theoretical positions. *Psychological Bulletin, 69,* 77–110.

SPADA, H. (1976). *Modelle des Denkens und Lernens.* Bern: Huber.

SPADA, H. & REIMANN, P. (1988). Wissensdiagnostik auf kognitionswissenschaftlicher Basis. *Zeitschrift für Differentielle und Diagnostische Psychologie, 9,* 183–192.

SPIES, K. & HESSE, F.W. (1987). Problemlösen. In G.Lüer (Hrsg.), *Allgemeine Experimentelle Psychologie* (S.371–430). Stuttgart: Fischer.

STERNBERG, R.J. (1977). Component processes in analogical reasoning. *Psychological Review, 84,* 353–378.

STERNBERG, R.J., GUYOTE, M.J. & TURNER, M.E. (1980). Deductive reasoning. In R.E.Snow, P.A. Federico & W.E.Montague (Eds.), *Aptitude, learning and instruction. Volume 1: Cognitive process analysis of aptitude* (pp.219–245). Hillsdale, N.J.: Lawrence Erlbaum.

STERNBERG, R.J. & TURNER, M.E. (1978). *Components of syllogistic reasoning* (NR 150-412 ONR Technical Report No.6). Department of Psychology. New Haven: Yale University.

STERNBERG, S. (1969). The discovery of processing stages: Extensions of Donders' method. In W.G. Koster (Ed.), *Attention and Performance* (Vol.2, pp.276–315). Amsterdam: North-Holland.

STERNBERG, S. (1975). Memory Scanning: New findings and current controversies. *Quarterly Journal of Experimental Psychology, 27,* 1–32.

STILLINGS, N.A., FEINSTEIN, M.H., GARFIELD, J.L., RISSLAND, E.L., ROSENBAUM, D.A., WEISLER, S. E. & BAKER-WARD, L. (1987).*Cognitive Science.* Cambridge, Mass.: MIT Press.

SUPPES, P. (1969). Stimulus response theory of finite automata. *Journal of Mathematical Psychology, 6,* 327–355.

SUPPES, P. (1972). Theory of automata and its application to psychology. In G.J.Dalenoort (Ed.), *Process models for psychology.* Lecture notes of the NUFFIC International Summer course (pp. 78–123).

SUPPES, P. & MORNINGSTAR, M. (1972). *Computer-assisted instruction at Stanford, 1966–1968. Data, models and evaluation of the arithmetic programs.* New York: Academic Press.

SÜLLWOLD, F. (1958). Experimentelle Untersuchungen über den Zufall als Determinante im Problemlösungsverhalten. In A. Wellek (Hrsg.), *Ber. 21. Kongreß des DGfPs* (S.178-180). Göttingen: Hogrefe.

SYDOW, H. (1970). Zur metrischen Erfassung von subjektiven Problemzuständen und zu deren Veränderung im Denkprozeß. *Zeitschrift für Psychologie, 177,* 145–198 (I) und *178,* 1-50 (II).

SYDOW, H. (1972). Zur Klassifikation von Problemen und Lösungsprozeduren. In F. Klix, W. Krause & H. Sydow (Hrsg.), *Analyse und Synthese von Problemlösungsprozessen* (Bd. 1, S. 11–27). Berlin: Deutscher Verlag der Wissenschaften.

TAPLIN, J.E. & STAUDENMAYER, H. (1973). Interpretation of abstract conditional sentences in deductive reasoning. *Journal of Verbal Learning and Verbal Behavior, 12,* 530–542.

TITCHENER, E.B. (1909). *Lectures on the experimental psychology of the thought processes.* New York: Macmillan.

TOLMAN, E.C. (1932). *Purposive behavior in animals and men.* New York: Appleton-Century-Crofts.

TVERSKY, A. & KAHNEMAN, D. (1974). Judgment under uncertainty: Heuristics and biases. *Science, 185,* 1124–1131.

VAN DER MEER, E. (1987). Zur Kennzeichnung ereignisbestimmten Wissens. *Wissenschaftliche Zeitschrift der Humboldt-Universität zu Berlin, Math.-Naturwiss. Reihe, 36,* 5, 398–406.

VANLEHN, K. (1983a). *Felicity conditions for human skill acquisition: validating an AI-based theory.* Doctoral dissertation, Massachusetts Institute of Technology, Cambridge, Massachusetts.

VANLEHN, K. (1983b). Human procedural skill acquisition: theory, model and psychological validation. *Proceedings of the National Conference on Artificial Intelligence,* Washington, D.C., 420-423.

VANLEHN, K. (1983c). On the representation of procedures in repair theory. In M.P. Ginsburg (Ed.), *The development of mathematical thinking* (pp. 197–252). New York: Academic Press.

VANLEHN, K. (1987). Learning one subprocedure per lesson. *Artificial Intelligence, 31,* 1–40.

VON FREYTAG-LÖRINGHOFF, B. (1966). *Logik.* Stuttgart: Kohlhammer.

VORBERG, D. (1987). *Kognitive Repräsentation von Zahlen und elementaren mathematischen Operationen.* Unveröff. Antrag an die Deutsche Forschungsgemeinschaft.

WALLAS, G. (1926). *The art of thought.* New York: Harcourt.

WASON, P.C. (1966). Reasoning. In B.M. Foss (Ed.), *New Horizons in Psychology I.* Harmondsworth: Penguin.

WASON, P.C. & SHAPIRO, D. (1971). Natural and contrived experience in a reasoning problem. *Quarterly Journal of Experimental Psychology, 23,* 63–71.

WATT, H.J. (1905). Experimentelle Beiträge zu einer Theorie des Denkens. *Archiv für die gesamte Psychologie, 4,* 289–436.

WENGER, E. (1987). *Artificial intelligence and tutoring systems.* Los Altos, C.A.: Kaufmann.

WERTHEIMER, M. (1964). *Produktives Denken.* Frankfurt a.M.: Kramer. (Original erschienen 1945.)

WESTERMANN, R. (1987). Wissenschaftstheoretische Grundlagen der experimentellen Psychologie. In G. Lüer (Hrsg.), *Allgemeine Experimentelle Psychologie* (S. 5–42). Stuttgart: Fischer.

WICKELGREEN, W.A. (1974). *How to solve problems.* San Francisco: Freeman.

WILKINS, M.C. (1928). The effect of changed material on the ability to do formal syllogistic reasoning. *Archives of Psychology, 102.* New York.

WINOGRAD, T. (1983). *Language as a cognitive process. Vol. I. Syntax.* Reading, Mass.: Addison-Wesley.

WOODWORTH, R.S. & SELLS, S.B. (1935). An atmosphere effect in syllogistic reasoning. *Journal of Experimental Psychology, 18,* 451–460.

WUNDT, W. (1920). *Einführung in die Psychologie.* Leipzig: Dürr'sche Buchhandlung.

YOUNG, R.M. & O'SHEA, T. (1981). Errors in children's subtraction. *Cognitive Science, 5,* 153–177.

Kapitel 5: Sprechen und Sprachverstehen

THEO HERRMANN, Mannheim

Inhaltsverzeichnis

(1) Betrachten wir zum Einstieg in das Kapitel-Thema ein typisches sprachpsychologisches Problem:
Herr X hat einen langweiligen Gast Y und möchte endlich allein sein, doch macht Y keine Anstalten, sich zu verabschieden. Herr X hat für solche Situationen erlerntermaßen mancherlei Mittel zur Verfügung, um sein Ziel (Alleinsein) zu erreichen. So könnte X etwa ostentativ gähnen, auf die Uhr schauen oder die Fenster öffnen, um Durchzug zu erzeugen. Und/oder er könnte mancherlei *sagen* (z.B.: «Es ist schon reichlich spät geworden.» oder: «Nun hauen Sie schon endlich ab!» – und vieles andere mehr). Im vorliegenden Fall gähnt Herr X, lächelt gequält und sagt:

Es ist schon reichlich spät geworden. (1)

Herr Y fragt darauf:

Wie bitte? (2)

Herr X sagt dann (ohne Lächeln und Gähnen):

Ich meinte, es ist schon ziemlich spät geworden. (3)

Nun äußert Herr Y:

Ja, es ist schon bald elf Uhr. (4)

Und Herr Y beginnt ein neues Gesprächsthema. –

Dazu einige Fragen: Warum verwendet Herr X in dieser Situation überhaupt sprachliche Mittel? Warum sind seine Äußerungen (1) und (3) sehr indirekte Aufforderungen an Y, sich zu verabschieden? Warum ist (3) keine genaue Wiederholung von (1)? Kann man aus der Äußerung (2) schließen, daß Y den X nicht verstanden hat? Wenn ja: was bedeutet hier Nichtverstehen? Kann man aus der Äußerung (4) schließen, daß Y eine sehr indirekte Aufforderung nicht als solche erkannt hat? Wenn ja: warum hat Y den X derart mißverstanden? Hängt das z.B. mit der Mimik und Gestik des X zusammen? Kann man vorhersagen, wie X auf den Versuch des Y reagieren wird, ein neues Gesprächsthema zu beginnen? (Wird er es mit einer anderen «Aufforderungsstrategie» versuchen?) Usw. – Kann man Situationen dieser Art mit Hilfe der psychologischen Experimentalmethodik untersuchen? Lassen sich Situationen, in denen (verbal) aufgefordert wird, von anderen Situationen systematisch trennen, und kann man Varianten von solchen Aufforderungssituationen zuverlässig und erschöpfend klassifizieren? Lassen sich sprachliche Aufforderungsvarianten zuverlässig und erschöpfend klassifizieren? Gibt es gesetzesartige (regelhafte) Zusammenhänge zwischen Varianten von Situationen und Aufforderungsvarianten? Wenn ja: welche? Usw. – Einige der genannten Fragen lassen sich bereits sprachpsychologisch beantworten, andere sind noch offen. (Vgl. zu diesem Beispiel Herrmann, Winterhoff-Spurk, Mangold & Nirmaier, 1984.)

(2) Und nun einige Definitionen und begriffliche Abgrenzungen: Das Sprechen als Erzeugung geordneter Folgen von Sprachlauten und die psychischen Prozesse, die diesem Vorgang vorangehen (Sprechplanung) und die ihn begleiten (Kontroll- und Regulationsprozesse), faßt man gemeinhin als *Sprachproduktion* zusammen. Allerdings rechnet man zur Sprachproduktion auch die Erzeugung nicht-lautlicher (nicht-phonetischer) Sprachprodukte (z.B. Schreiben). Die nicht-phonetische Sprachproduktion kann aus Raumgründen in diesem Kapitel nicht speziell behandelt werden. – Die Wahrnehmung partnerseitigen Sprechens (das Hören des Gesprochenen), die psychischen Prozesse, mit denen das Gehörte kognitiv und emotional weiterverarbeitet wird, und die handlungsbezogene Nutzung derart verstandener (oder mißverstandener) Äußerungen von Partnern nennt man *Sprachrezeption* (oder auch einfach Sprachverstehen). Zur Sprachrezeption gehört auch das Lesen von Geschriebenem oder Gedrucktem. Auch auf diese Tatbestände kann aus Platzmangel hier kaum Bezug genommen werden.
Die Sprachproduktion und Sprachrezeption sind als psychische Funktionen bzw. als Mittel zur individuellen Daseinsbewältigung (und zur Erhaltung und Entwicklung der menschlichen Art) untrennbar verknüpft. Beide Funktionen sind stammesgeschichtlich gemeinsam entstanden. Die ihnen zugrundeliegenden Hirnstrukturen sind benachbart und in komplizierter Weise vernetzt (Friederici, 1984). Beide Funktionen entwickeln sich in der Individualgeschichte des Menschen in enger Wechselwirkung (Szagun, 1980). Menschen agieren in der Regel als «integrierte Hörer/Sprecher». Die Erzeugung *und* das Aufnehmen, Verarbeiten und Nutzen gesprochener Äußerungen bilden

zusammen die beiden, strikt aufeinander bezogenen Hauptbestandteile menschlicher Kommunikation.

Sprachproduktion, Sprachrezeption und deren Zusammenspiel bei der Beteiligung von Individuen am menschlichen Kommunikationsgeschehen sind das Hauptthema der *Sprachpsychologie* (engl.: Psychology of Language oder Psychology of Speech). Statt Sprachpsychologie findet man auch häufig die Bezeichnung *Psycholinguistik* (engl.: Psycholinguistics). Andere Themenbereiche der Sprachpsychologie sind beispielsweise das Behalten und Erinnern von sprachlichem Material. Auch gibt es diverse «Und-Themen», wie Sprechen *und* Denken, Sprechen *und* nichtsprachliche Ausdruckserscheinungen (Gestik, Mimik) usw. Die Sprachpsychologie ist eine Teildisziplin der Allgemeinen Psychologie, mit der Sie sich soeben befassen. Die Sprachentwicklungspsychologie (als Subdisziplin der Entwicklungspsychologie) wird hier nicht behandelt. Eine gute Einführung in diesen Themenbereich findet man bei GRIMM (1982). Zur Abgrenzung der Sprachpsychologie von der Allgemeinen Sprachwissenschaft (Linguistik), von der Semiotik («Zeichenlehre») und von der Kommunikationswissenschaft vgl. man GRIMM und ENGELKAMP (1981): Wichtige sprachwissenschaftliche Nachbargebiete sind die linguistische Pragmatik und die Sprechakttheorie.

(3) Als eine *Sprache* bzw. als ein Sprachsystem (engl.: language; franz.: la langue) versteht man einen für eine Sprachgemeinschaft verbindlichen, gesellschaftlich normierten und historisch veränderlichen Bestand an Lautklassen (Phonemen), Wörtern, grammatischen Regeln usw. Eine Sprache – etwa das Deutsche oder die Oberhessische Mundart – kann vom individuellen Akt des Sprechens (engl.: speech; franz.: la parole) unterschieden werden (BÜHLER, 1934; DE SAUSSURE, 1931). Es genügt nun nicht für das individuelle Sprechen und Verstehen von Gesprochenem, ein solches Sprachsystem «erworben» zu haben, es zu «beherrschen» und es zu «verwenden». Menschen könnten sich also nicht situationsgerecht und zielführend äußern und fremde Sprachäußerungen angemessen verstehen und für ihre eigene Handlungsplanung nutzen, wenn sie lediglich Sprachen, also einen Wortschatz, grammatische Regeln, ein sprachspezifisches System von Phonemen (Vokalen und Konsonanten) und allenfalls noch Verwendungsregeln erlernt hätten, die für die jeweilige Einzelsprache spezifisch sind. (Eine solche einzelsprachenspezifische Verwendungsregel kann sich z.B. darauf beziehen, im *Englischen* in bestimmten *sprachlichen* Kontexten eine spezielle Höflichkeitsfloskel zu verwenden [z.B. HOUSE & KASPAR, 1981].) Vielmehr gehen die Sprachproduktion und Sprachrezeption über die Beherrschung und Verwendung von Sprachen (nebst auf Sprachen bezogenen Verwendungsregeln) weit hinaus. Das Sprechen und das Sprachverstehen sind wesentlich durch nichtsprachliche Bedingungen (z.B. durch unser Wissen vom «Funktionieren der Welt», unsere jetzige Situationsauffassung, Bedürfnislage und Zielsetzung) determiniert.

Danach sind aber die Bezeichnungen «*Sprach*produktion» und «*Sprach*rezeption» ziemlich mißverständlich, sobald man sie wörtlich nimmt. Dasselbe gilt sogar für den Terminus «Sprachpsychologie»: Der systematische Bezugspunkt und das primäre Thema der Sprachpsychologie ist eben *nicht die Sprache* als ein historisch entstandenes, «überindividuelles» System, das vom einzelnen Individuum beherrscht und verwendet wird. (Erst recht mißverständlich ist aus jetzt leicht einsehbaren Gründen die Bezeichnung «Psycholinguistik».) Gleichwohl haben sich diese Fachausdrücke im wissenschaftlichen Sprachgebrauch eingebürgert; sie sollen auch in diesem Kapitel beibehalten werden.

Der sprachpsychologische Forschungsgegenstand ist vielmehr das *menschliche Individuum,* das sich in seiner Umwelt orientiert, Ziele verfolgt, Bedürfnisse befriedigt, erlernten Konventionen unterworfen ist, Probleme und Aufgaben zu lösen hat (usw.) – und das bei alledem und deswegen *auch* spricht (schreibt usw.) und *auch* andere Sprecher (Schreiber usw.) zu verstehen sucht. Die Sprachproduktion und Sprachrezeption stehen mit den anderen psychischen Funktionen des Menschen in vielfältigem und engem Zusammenhang (HERRMANN, 1985). Daraus folgt auch, daß es in diesem Kapitel häufig um allgemeinpsychologische Sachverhalte geht, denen die anderen Kapitel dieses Lehrbuchs speziell gewidmet

sind (Beispiele: Motivation, Gedächtnis, Wahrnehmung). Andererseits wird in den anderen Kapiteln unter sehr verschiedenen Gesichtspunkten auf die Sprachproduktion und Sprachrezeption Bezug genommen. (Dies auch, wenn sie dort nicht ausdrücklich so genannt und zum Thema gemacht werden.)
Dieses Kapitel ist nach *Sachgesichtspunkten* und nicht historisch, nach Maßgabe der Geschichte der Sprachpsychologie, gegliedert. (Zur Geschichte der Sprachpsychologie vgl. BLUMENTHAL, 1970; HÖRMANN, 1977).

1. Sprachproduktion und Sprachrezeption im Kontext des menschlichen Handelns

1.1 Interaktion, Kommunikation, Regulation, Sprechen und Sprachverstehen

Dieser Abschnitt enthält die Klärung einiger Grundbegriffe und, im Zusammenhang damit, eine erste funktionale Einordnung des Sprechens und Sprachverstehens in den allgemeinen Zusammenhang des individuellen Handelns.
Wenn wir unsere Mitmenschen oder uns selbst dabei beobachten, wie wir sprechen und uns bemühen, fremde Äußerungen zu verstehen, so wird uns bald deutlich, daß die Sprachproduktion und die Sprachrezeption wichtige Voraussetzungen dafür sind, uns in Situationen zurecht zu finden und diese Situationen durch unser Handeln zu bewältigen. Freilich sind Situationen auch oft so beschaffen, daß wir für ein adäquates Situationsverständnis und für unser situationsangemessenes Handeln keine Sprachproduktion oder -rezeption benötigen. Stellen wir uns ein Kind vor, das am Baum einen Apfel hängen sieht, den Apfel essen möchte und ihn pflückt. Hier erreicht jemand sein Ziel, ohne zu sprechen, ohne eine fremde Äußerung zu verstehen oder ohne auch nur überhaupt mit anderen Menschen in eine *soziale Interaktion* zu treten (z.B. ARGYLE, 1969; BONAMA, 1976; IRLE, 1975; KELLEY & THIBAUT, 1978).
Nun mag der Apfel aber so hoch hängen, daß ihn das Kind nicht erreichen kann. Wenn z.B. sein älterer Bruder neben ihm steht, kann das Kind versuchen, den Apfel zu bekommen, indem es mit dem Bruder sozial interagiert. Eine solche Interaktion muß nicht immer sprachlicher Natur sein: Das Kind könnte seinen Bruder anstupsen, damit sich dieser ihm zuwendet, dann mag es intensiv auf den Apfel schauen und mit dem Finger auf den Apfel deuten. Dieses nichtsprachliche interaktive Handeln des Kindes wird vielleicht ausreichen, den Apfel zu erhalten.
Wenn sich der Bruder jedoch etwas weiter vom Baum entfernt aufhält, wird das Kind sein Ziel eher erreichen, wenn es mit dem Bruder *sprachlich kommuniziert.* Es könnte sagen: «He, ich komme nicht an den Apfel ran, hol ihn mir doch mal runter.» Der Bruder wird vielleicht zunächst erwidern: «Streng dich doch mal selbst ein bißchen an, ich bin doch nicht dein Diener.» Darauf nörgelt das Kind: «Nun hab dich doch nicht so!» Und der Bruder kommt herbei, pflückt den Apfel und gibt ihn dem Kind. Hier erreicht das Kind sein Ziel nur deshalb, weil es zunächst eine sprachliche Kommunikation beginnt (= initiatives Sprechen), dann die Sprachäußerung des Bruders adäquat rezipiert und aus dieser Sprachrezeption eine eigene erfolgreiche sprachliche Replik (= respondentes Sprechen) folgen läßt. Das Sprechen und Sprachverstehen sind hier – wie fast stets – Bestandteile einer situationsspezifischen Kette aus Handlungen und Handlungsverstehen. Das Sprechen ist eine besondere Art des Handelns, das in einen Handlungszusammenhang eingebunden ist. Und das Sprachverstehen ist das Verstehen einer besonderen Art fremden Handelns, wobei dieses Verstehen in das Verständnis der gesamten Situation eingebettet ist. (Vgl. dazu auch BLOOMFIELD, 1933; BÜHLER, 1934; HÖRMANN, 1977, S.107, S.166f.)
Soziale Interaktionen sind – vereinfacht formuliert – dadurch gekennzeichnet, daß das Handeln eines jeden beteiligten Individuums wesentlich durch das Handeln der jeweils anderen Individuen beeinflußt wird. Das eigene Handeln ist nicht nur von den eigenen Zielen, dem eigenen Wissen und anderen persönlichen Merkmalen und auch nicht nur von der vorgegebenen, während der Interaktion ziemlich gleichbleibenden Umweltkonstellation deter-

miniert. Es ist vielmehr zu jedem Zeitpunkt in hohem Maße davon beeinflußt, wie die Interaktionspartner gerade handeln und wie man dieses fremde Handeln versteht (Müller, 1984). Überwiegend findet soziale Interaktion so statt, daß dabei auch sprachlich kommuniziert wird (s. Köck, 1978). Die *sprachliche Kommunikation* kann als Komponente oder sehr häufig vorkommende Teilklasse sozialer Interaktionen verstanden werden.

Menschen lernen, daß sie ihr Ziel meist leichter und zuverlässiger erreichen, wenn sie während der sozialen Interaktion sprachlich kommunizieren. Wir vergegenwärtigen uns das am Beispiel der *Objektbenennung:* Zur Zielerreichung gehört es oft, die Aufmerksamkeit des Interaktionspartners auf ein Objekt zu lenken. (Das Kind in unserem Beispiel mußte den Bruder auf den Apfel aufmerksam machen, um den es ihm ging.) Eine solche objektbezogene Lenkung der Aufmerksamkeit des Partners (oft «Objekt-Referenz» genannt) kann allenfalls schon - nichtsprachlich - durch das bloße intensive *Anblicken* dieses Objekts erreicht werden. Sehr kleinen Kindern steht zunächst nur dieses Mittel der Aufmerksamkeitslenkung zur Verfügung (Pechmann & Deutsch, 1980). Oder man *zeigt* (deutet) auf das Objekt. Oder aber man *benennt* es.

Kinder lernen in der Vorschulzeit, dieses sprachliche Mittel der Objekt-Referenz immer mehr dem bloßen Anblicken und Zeigen vorzuziehen. Oft ist es mit dem Anblicken und Zeigen nicht getan; der Partner würde so das fragliche Objekt nicht identifizieren können. (Dies ohnedies dann, wenn das Objekt nicht im gemeinsamen Wahrnehmungsfeld des Sprechers und Hörers anwesend ist.)

Pechmann und Deutsch (1980) brachten ihre Versuchspersonen in einem Laborexperiment in eine Situation, in der nur eine adäquate sprachliche Benennung dem Partner die richtige Objektidentifikation ermöglichte. In dieser Lage konnten zweijährige Kinder noch keine angemessene Objektbenennung produzieren; diese Kinder verwendeten aber - erfolglos - zu 85% eine Zeigegeste. Schulanfänger lieferten zu 50% eine adäquate Benennung; 38% von ihnen zeigten noch auf das Objekt. Bei den Neunjährigen stieg der Anteil richtiger Benennungen auf 78%; der Anteil von Zeigegesten sank auf 13% ab. (Ähnlich wie die Neunjährigen verhielten sich die Erwachsenen.) Das (sprachliche) Benennen ersetzt also mit steigendem Alter immer mehr das (nichtsprachliche) Zeigen, falls das Zeigen nicht zum Erfolg führen kann. Auch der Erwachsene sucht aber die Objektbenennung, wenn möglich, durch das Anblicken des Objekts und durch Zeigegesten zu unterstützen (z.B. Bühler, 1934; Rommetveit, 1968). Die Objektbenennung ist ein charakteristisches Beispiel dafür, wie das sprachliche Kommunizieren als wesentliche Komponente der sozialen Interaktion ins Spiel tritt.

Menschen sprechen indes nicht nur, wenn sie ihr situationsbezogenes Handlungsziel nicht oder nur viel aufwendiger auf andere Weise erreichen können. Menschen sprechen auch, um soziale Regeln (Konventionen) einzuhalten und somit den Erwartungen ihrer Mitwelt zu entsprechen und soziale Sanktionen zu vermeiden. Und dies geschieht auch dann, wenn das Sprechen nicht den eigenen spezifischen Handlungszielen dient: Wenn der Partner grüßt, muß man den Gruß erwidern; man soll Fragen beantworten; man muß sich in bestimmten Situationen bedanken, usw. (z.B. Clark & Clark, 1977, S.227ff.). Wir sagen etwas (Bestimmtes), wenn auch andere etwas (Entsprechendes) sagen würden, weil wir gelernt haben, daß dies insgesamt entlastend und erfolgversprechend ist. (Zu sozialen Konventionen s. auch Geiger, 1964; Lewis, 1975.) Sprechen kann also auch dann ein «zu erfüllendes Soll» sein, wenn es kein Mittel zur Erreichung eigener spezifischer Ziele ist.

Das derart *konventionelle* Sprechen und das sozusagen *strategisch* eingesetzte Sprechen zur Erreichung eigener Handlungsziele haben die folgende Gemeinsamkeit: Sprechen ist eine Art des Handelns, die ein an einer sozialen Interaktion Beteiligter einsetzt, nachdem er aufgrund seines «Wissens von der Welt» die jeweilige Umweltkonstellation in bestimmter Weise auffaßt bzw. interpretiert (= Situationsauffassung). Dabei erkennt er einen vorliegenden *Ist-Zustand.* Und er bemerkt auch, wenn dieser Ist-Zustand von einem bestimmten *Soll-Zustand* abweicht. (Beispiele: Ist-Zustand: Apfel hängt am Baum - Soll-Zustand: Apfel wird gegessen; Ist-Zustand: Frage des Partners ist gestellt – Soll-Zustand: Frage ist beantwortet.) Der Interaktionsteilnehmer hat gelernt, daß sich eine solche *Ist-Soll-Abweichung* mit hoher Wahrscheinlichkeit verringert oder daß sie verschwindet, wenn er eine bestimmte Art sprachlicher Äußerungen produziert. Also spricht er. Nach erfolgter Sprachproduktion ändert sich die Umweltkonstellation. (Beispielsweise erwidert der Partner etwas, er führt eine bestimmte, nichtsprachliche Handlung aus, usw.) Der Interaktionsteilnehmer interpretiert diese Änderung der Umweltkonstellation (= neue Situationsauffassung) und vergleicht nunmehr den neuen Ist-Zustand mit dem vorliegenden Soll-Zustand. So erkennt er, ob sich die Ist-Soll-Abweichung verändert hat. Je nach dem gewonnenen Vergleichsergebnis handelt er weiter – und produziert allenfalls eine neue sprachliche Äußerung, usw.

Die Abfolge (geordnete Sequenz) des Vergleichens von Ist-Zuständen mit Soll-Zuständen und der Tätigkeiten zur Verkleinerung der Ist-Soll-Differenz nennt man *Regulieren* oder *Regeln.* So sind das Sprechen und das Sprachverstehen Komponenten der individuellen *Handlungsregulation.* (Vgl. dazu CARVER & SCHEIER, 1981; HACKER, 1973; LANTERMANN, 1980.)

Die Handlungsregulation darf man sich nicht als einen allzu einfachen Vorgang vorstellen. So kommt es oft vor, daß sich der vom Interaktionsteilnehmer erkannte Soll-Zustand (z.B. Handlungsziel) im Zuge fortlaufender Handlungsregulation *ändert.* Oder der angesteuerte Soll-Zustand ist das Resultat der zuvor erfolgten Lösung eines *Zielkonflikts.* Z.B. mag jemand sein Handlungsziel nur erreichen können, indem er eine soziale Konvention «kalkuliert» übertritt. (Er könnte etwa eine erpresserische Drohung aussprechen.) Er muß sich nun entweder für die Einhaltung von Konventionen oder für sein spezifisches Handlungsziel entscheiden.

1.2 Das «klassische» Kommunikationsmodell

Eine – wie sich zeigen wird: korrektur- und ergänzungsbedürftige – wissenschaftliche Beschreibung der sprachlichen Kommunikation liefert ein auch in der Sprachpsychologie wichtig gewordenes, inzwischen «klassisch» zu nennendes *Kommunikationsmodell,* das auf ein ähnliches Modell aus der Nachrichtentechnik zurückgeht (z.B. MASER, 1971; MEYER-EPPLER, 1959; SHANNON & WEAVER, 1949). Man kann dieses Modell wie in Abbildung 1 veranschaulichen.

Die Teilnehmer an einer sprachlichen Kommunikation befinden sich (oft abwechselnd) in der Rolle des *Senders* oder *Empfängers.* Der Sender und auch der Empfänger haben jeweils ei-

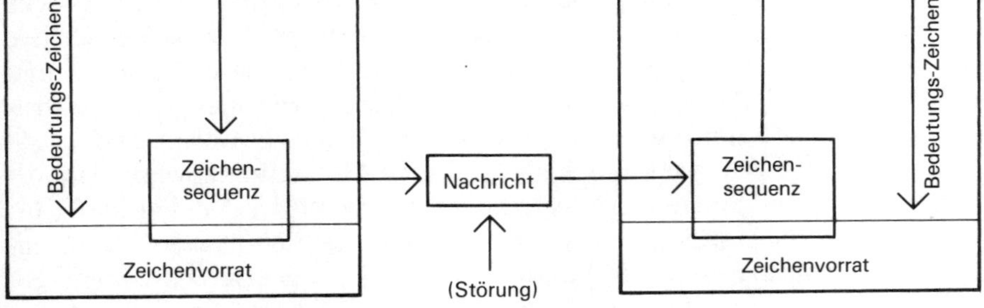

Abbildung 1: Das «klassische» Kommunikationsmodell.

nen Vorrat von *Bedeutungen* (z.B. Begriffen, Gedanken usw. bzw. von subjektiven Repräsentationen von Dingen, Ereignissen, usw.) sowie einen Vorrat von *Zeichen* (z.B. Buchstaben, Wörtern, usw.). Eine Kommunikation zwischen Sender und Empfänger kann nur erfolgreich sein, wenn der Bedeutungs- und der Zeichenvorrat des Empfängers mit demjenigen des Senders hinreichend übereinstimmen. Die Zeichen (oder geordnete Gruppen von Zeichen, z.B. Wortfolgen) und die Bedeutungen sind einander paarweise zugeordnet: Ein Zeichen oder eine Zeichengruppe stehen für genau eine Bedeutung. Wiederum kann Kommunikation nur gelingen, wenn auch diese Zeichen-Bedeutungszuordnung beim Sender und Empfänger hinreichend übereinstimmt.
Der Sender entnimmt seinem Bedeutungsvorrat eine Menge von Bedeutungen und bringt sie in eine geordnete Abfolge. Dann entnimmt er seinem Zeichenvorrat genau die Zeichen, die dieser Bedeutungsfolge zugeordnet sind: Er *enkodiert* die Bedeutungen. Die so entstehende Zeichenfolge sendet der Sender in der Form wahrnehmbarer Signale (hörbarer Schallereignisse, sichtbarer Figuren aus Tinte, usw.) an den Empfänger. Diese Signalfolge nennt man auch *Nachricht.* Auf dem Wege vom Sender zum Empfänger kann die Nachricht in verschiedener Weise «gestört» werden (z.B. Überlagerung durch Geräusche). Der Empfänger identifiziert Merkmale der einlaufenden Signalfolge als Elemente seiner Zeichensequenz. Auch beim Empfänger ist jedes Element des Zeichenvorrats bzw. jede Gruppe von Zeichenelementen genau einer Bedeutung zugeordnet. So entnimmt er, zufolge dieser Zeichen-Bedeutungszuordnung, seinem Bedeutungsvorrat diejenigen Bedeutungen, die den identifizierten Zeichen entsprechen, und baut so eine Bedeutungssequenz auf: Er *dekodiert* die empfangene Nachricht.
Zu einer *optimalen* Kommunikation gehört es also, daß Sender und Empfänger über gleiche Bedeutungs- und Zeichenvorräte sowie über gleiche Zeichen-Bedeutungszuordnungen verfügen. Für erfolgreiche Kommunikationen muß diese Sachlage zumindest in Annäherung vorliegen. Nach dem «klassischen» Kommunikationsmodell ist die *Sprachproduktion* im wesentlichen ein *Enkodiervorgang;* die *Sprachrezeption* ist im wesentlichen ein *Dekodiervorgang.* Die sprachliche Kommunikation ist dadurch gekennzeichnet, daß (Sequenzen von) *Zeichen* ausgetauscht werden, die per Zuordnungsregeln eine «Zeichen-Bedeutung» besitzen. Man kommuniziert, indem man etwas in Zeichen verwandelt und indem man diese Zeichen möglichst spiegelbildlich zurückverwandelt.

1.3 Sprachpsychologie: Ergänzung und Korrektur des «klassischen» Modells

Das «klassische» Kommunikationsmodell hat als ein Versuch, das tatsächlich beim Menschen ablaufende sprachliche Kommunikationsgeschehen theoretisch nachzuzeichnen, erhebliche Mängel und Schwächen. Es stellt gewiß nicht mehr als eine erste Annäherung an dieses Geschehen dar. Das wird besonders deutlich, wenn man die vielfältigen Überlegungen und Untersuchungsergebnisse der neueren Sprachpsychologie betrachtet. Durch sie ergibt sich ein Bild des Kommunikationsvorgangs beim Menschen, das vom «klassischen» Modell stark abweicht und es als korrektur- und ergänzungsbedürftig erweist. Einschlägige Argumente und Untersuchungsbefunde werden im folgenden kurz referiert.

Sprachproduktion: informativ und instrumentell

Sprecher äußern sich so, daß ihre Äußerungen für den Hörer möglichst *informativ* sind. Das bedeutet, daß der Hörer das vom Sprecher Gemeinte verstehen kann, daß die Äußerung ihm hilft, die jeweilige Situation zu begreifen, angemessen zu reagieren, usw. (s. Grice, 1975). Sprecher äußern sich aber auch so, daß ihre Äußerungen für ihre eigenen Ziele und Zwecke förderlich sind, daß sie für sie selbst positive Folgen haben, usw. Solche Äußerungen sind für den Sprecher *instrumentell.* (Zur «Instrumentalität» im Sinne der Motivationspsychologie vgl. Kap. 8, Motivation, sowie Heckhausen, 1980; Vroom, 1964.) Der Aspekt der Instrumentalität findet im «klassischen» Kommunikationsmodell keine Berücksichtigung. Nicht jede für den Hörer informative Äußerung ist für den Sprecher instrumentell. Will jemand z.B. seinen Kommunikationspartner auffordern, eine bestimmte Handlung auszuführen, so genügt es nicht, irgendeine für diesen verstehbare sprachliche Aufforderung zu produzieren; diese Aufforderung sollte vielmehr beim Partner möglichst auch keine aversive (widerstrebende oder gar feindselige) Reaktion auslösen; denn das wäre für den Sprecher nur wenig dienlich. Herrmann et al. (1984) haben in experimentellen Untersuchungen gefunden, daß Sprecher sehr direkte, nachdrückliche oder gar «massive» Aufforderungen (z.B. «Sie müssen mir jetzt sofort meine 20 DM zurückgeben.») nur dann verwenden, wenn sie (a) ihre eigene Legitimation (Berechtigung, Befugnis) zum Auffordern als unzweifelhaft stark *und* wenn sie zugleich (b) die Bereitschaft des Partners, der Aufforderung nachzukommen, als eher gering einschätzen. Beurteilen Sprecher hingegen ihre eigene Legitimation als relativ schwach, befinden sie sich also in einer für sie ungünstigen Interaktionssituation, so verwenden sie Aufforderungen von nur mäßiger Direktheit, vor allem sog. «Wunschfragen», die sie noch mittels Höflichkeitsfloskeln, Konjunktivierungen und dergleichen zusätzlich «weichmachen» (z.B. «Könnten Sie mir nicht vielleicht bitte meine 20 DM zurückgeben, wenn es Ihnen keine Mühe macht?»). Aufforderungsvarianten werden also nicht nur unter dem Aspekt ausgewählt, vom Hörer verstanden zu werden; man kalkuliert auch ihre Instrumentalität ein. (Vgl. auch den Abschnitt zur Selektion.)

Fast allen Menschen steht für ihre sprachliche Kommunikation nicht nur eine einzige «Sprachschicht» oder «Subsprache» zur Verfügung. So kann man sich etwa des korrekten und neutralen Standarddeutsch oder aber einer informellen Umgangssprache oder eines deftigen Jargons oder eines «Insider-Slangs» bedienen. Untersuchungen zeigen, daß Kommunikationsteilnehmer (von speziellen Ausnahmen abgesehen) solche nicht-standardsprachlichen Sprachvarianten nur dann verwenden, wenn sie (a) ihre «soziale Distanz» (Bogardus, 1925) zum jeweiligen Partner als gering einschätzen, d.h. beispielsweise sich diesem sehr vertraut fühlen, ihn als Angehörigen der eigenen Gruppe betrachten usw., *und* wenn sie sich (b) im jeweiligen Gesprächsthema gut auskennen und an ihm intensiv interessiert und emotional beteiligt sind. «Im Zweifel» – wenn einem der Partner und/oder das Thema «fernstehen» – spricht man hingegen die neutrale Standardsprache, um keine sozialen Konventionen zu verletzen und um Sanktionen zu vermeiden. Und auch dies ist eine durchaus instrumentelle Strategie (Herrmann, 1982, S. 89ff.; vgl. auch Scherer & Giles, 1979).

Clark und Schunk (1980) zeigen, daß sich Sprecher in sehr flexibler Weise mit der Wahl ihrer Äußerung an jeweils geltenden kommunikativen Konventionen orientieren: Sie untersuchten, wie Hörer *antworten,* wenn sie von ihrem Partner in höflicher Weise aufgefordert werden, etwas zu tun. Eine solche höfliche Aufforderung (in Form einer «Wunschfrage», s.o.) lautet etwa: «Würden Sie mir bitte Ihren Namen sagen?» Falls der Hörer diese Äußerung lediglich so dekodierte, wie dies nach dem «klassischen» Modell vorauszusetzen ist, so würde er eine *Frage* verstehen und etwa «Ja» (oder «Nein») antworten. Und falls er sie lediglich als eine *Aufforderung,* also als eine alternative Formulierung von «Sagen Sie mir Ihren Namen!» verstünde, so würde er, wenn er zum Beispiel Otto Müller heißt, erwidern: «Ich heiße Otto Müller.» Nun ist es aber sehr wahrscheinlich, daß die Antwort lautet: «Ja, ich heiße Otto Müller.» Diese Formulierung ist wohl nur so zu interpretieren, daß sich die Erwiderung *sowohl* auf die «wörtliche Bedeutung» der gehörten Äußerung (= Frage) *als auch* auf dasjenige bezieht, was der Partner mit seiner Frage meint (= Aufforderung). Die Erwiderung folgt einerseits der Konvention, daß Fragen zu beantworten sind. Zugleich (d.h. mit *derselben* Äußerung) wird aber auch eine zweite Konvention befolgt, nämlich (zumutbaren) Aufforderungen nachzukommen. Die genannte Antwort stellt eine außerordentlich feine Anpassung an die Erfordernisse einer konventionellen Kommunikationsaufgabe dar. Die genannten Konventionen einzuhalten, hat etwas mit Höflichkeit zu tun und ist in der Regel für Sprecher sehr instrumentell.

Sprachproduktion und Aufgabenkontext

Was jemand sagt und wie jemand spricht, hängt eng damit zusammen, in welchen Aufgabenkontext sein Sprechen eingebettet ist. Dieser Tatbestand ist ein wichtiges Beispiel dafür, daß die Sprachproduktion nur dann hinreichend verständlich wird, wenn man sie als Teil von umfassenderen Handlungszusammenhängen betrachtet. Auch die Aufgabenbezogenheit des Sprechens wird im «klassischen» Modell nicht berücksichtigt.

Ein Experiment von STREITZ (1982) illustriert die Aufgabenbezogenheit von Sprachproduktionen: Der Autor las mehreren Versuchspersonengruppen denselben Text vor. Die Versuchsteilnehmer einer dieser Gruppen waren nur instruiert worden, daß sie den Text aus dem Gedächtnis wiedergeben (reproduzieren) sollten. Die Teilnehmer zweier anderer Gruppen hatten sowohl den Text zu reproduzieren als auch, auf der Basis von im Text enthaltenen Informationen, Denkaufgaben zu lösen. Bei diesen unterschiedlichen Problemorientierungen fielen die Sprachproduktionen (Textwiedergaben) spezifisch verschieden aus: Soweit die Textwiedergabe die einzige Aufgabe der Versuchspersonen war, glich der reproduzierte Text in Annäherung dem gehörten Originaltext. Bei denjenigen Versuchsteilnehmern hingegen, die im Anschluß an die Textwiedergabe noch Denkaufgaben zu lösen hatten, enthielten die Textreproduktionen weitgehend *nicht* diejenigen Textinformationen, die sie zur *Lösung der Denkaufgaben* benötigten. Vielleicht kann man wie folgt interpretieren: Was die Sprecher für andere Zwecke verwenden mußten, machten sie nicht zum Bestandteil ihrer Sprachproduktion. Sie teilten gewissermaßen den gehörten Text in eine Textkomponente, die sie zu reproduzieren hatten, und in eine Komponente, die sie als «Material» für die Lösung von Denkaufgaben verwendeten. (Vgl. auch den Abschnitt zur Selektion.) Der Autor stellte sicher, daß die Versuchspersonen die nicht-verbalisierten Textteile durchaus im Gedächtnis parat hatten; sie äußerten sie nur nicht. Da es die Gesamtanlage des Experiments wahrscheinlich macht, daß die verschiedenen Versuchspersonengruppen den ihnen vorgegebenen (immer gleichen) Text nicht bereits während des Hörens unterschiedlich aufgefaßt bzw. aufgenommen haben, kann die Untersuchung wohl als Beispiel dafür dienen, wie Sprecher ihre Äußerungen situationsspezifisch und aufgabenspezifisch gestalten.

Sprachproduktion: Verbales und Nonverbales

Die Sprachproduktion ist mit der Produktion von nicht-sprachlichen Ausdruckserscheinungen (Mimik, Gestik usw.; z.B. EKMAN, 1978; SCHERER, 1980, 1982) eng verknüpft. Diese Ausdruckserscheinungen «begleiten» nicht nur unser Sprechen, sondern stehen mit diesem in spezifischer Wechselwirkung: Sprecher kombinieren das Gesprochene und die Ausdruckserscheinungen in systematischer Weise, um ihre kommunikativen Ziele zu erreichen bzw. um ihre Kommunikationsaufgaben (s.o.) möglichst optimal zu lösen. WINTERHOFF-SPURK (1983) zeigte anhand experimenteller Rollenspiele, daß mit *gleichen* sprachlichen Äußerungen in systematischer Weise *unterschiedliche* (nonverbale) Ausdruckserscheinungen einhergehen, wenn die Sprachäußerungen vom Hörer *unterschiedlich* verstanden werden sollen. So suchen Sprecher mit dem Partner intensiven Blickkontakt, wenn sie Äußerungen von der Art «Jetzt würde ich gern einen Kaffee trinken.» als eine sehr indirekte *Aufforderung* (Kaffee kochen!) aufgefaßt wissen wollen. Dieser intensive Blickkontakt fehlt fast ganz, wenn die *gleiche* Äußerung vom Sprecher als bloße *Mitteilung* (seiner «Bedürfnislage») gemeint ist. (Ein solcher Tatbestand ist im «klassischen» Modell nicht vorgesehen.)

Ein anderes Untersuchungsergebnis: In Situationen, in denen der Erfolg einer Aufforderung an den Partner stark zweifelhaft erscheint, verwenden Sprecher nachdrückliche Aufforderungen (z.B. «Jetzt machen Sie mir bitte einen Kaffee!») fast nur dann, wenn sie zugleich ein intensives Lächeln zeigen und die (im Imperativ formulierte) Aufforderung mit einer «entschuldigenden» Frage-Intonation aussprechen. Das Lächeln und die Frage-Intonation bleiben jedoch weitgehend aus, wenn der Sprecher bei der Produktion der *gleichen* Aufforderung davon ausgehen kann, daß er zum Auffordern hochlegitimiert und daß die Bereitschaft des Partners, der Aufforderung nachzukommen, stark ausgeprägt ist.

Es ergibt sich: Soweit man die Sprachproduktion überhaupt als das Enkodieren von Bedeutungen verstehen darf, steht dieser Enkodiervorgang in enger Wechselbeziehung mit der simultanen Erzeugung nonverbaler Ausdruckserscheinungen. Dabei darf nicht vorausgesetzt werden, daß die (nonverbale) Ausdrucksproduktion in einseitiger Weise von der jeweiligen Art der sprachlichen Enkodierung abhängt; vielmehr handelt es sich um ein komplexes Wechselspiel. (Am Telefon wählt man bestimmte sprachliche Äußerungsvarianten deshalb nicht, weil der Partner die «zugehörige» nonverbale Ausdruckserscheinung nicht wahrnehmen kann.)

Sprachproduktion und Sprachrezeption: Asymmetrien

Es erscheint fraglich, wie weit die Vorstellung führt, daß Sender Bedeutungen in Zeichenfolgen enkodieren und daß Empfänger – umgekehrt – diese Zeichenfolgen dekodieren und so Bedeutungen erzeugen bzw. diese aus ihrem Bedeutungsvorrat auswählen. Es spricht nur wenig dafür, daß die Enkodierung und die Dekodierung tatsächlich *spiegelbildliche Prozesse* sind. Die *Asymmetrie* von Enkodierung und Dekodierung – oder allgemeiner: von Sprachproduktion und -rezeption – zeigt sich schon darin, daß Schädigungen derjenigen Hirnstrukturen, die der Sprachproduktion (BROCAsches Zentrum) und der Sprachrezeption (WERNICKEsches Zentrum) zugeordnet sind, zu Leistungsausfällen führen, die das Dekodieren keineswegs als «umgekehrtes Enkodieren» erscheinen lassen. So muß ein *Sprecher,* soll er eine adäquate sprachliche Äußerung «frei» produzieren, auch die jeweiligen Regeln der Grammatik (Syntax) beherrschen und richtig anwenden können. Wer das nicht kann, hat starke Leistungsausfälle beim Sprechen. Andererseits ist ein *Hörer* im allgemeinen durchaus auch dann zum angemessenen Verständnis gehörter Äußerungen imstande, wenn er erhebliche, auf die Syntax bezogene Leistungsausfälle hat (vgl. dazu auch 2.4). Mängel bei der Beherrschung bzw. Verwendung grammatischer Regeln wirken sich also auf das Sprechen und Sprachverstehen unterschiedlich aus; die Sprachproduktion und -rezeption «funktionieren» verschieden (FRIEDERICI, 1984).

Auch sprachpsychologische Experimente demonstrieren vielfältige Asymmetrien der Sprachproduktion und Sprachrezeption. So untersuchten DEUTSCH und JARVELLA (1984), wieviel Zeit Sprecher dafür benötigen, Bilder zu beschreiben, und wieviel Zeit Hörer benötigen, rezipierte Bildbeschreibungen anhand von Bildern auf ihre Richtigkeit hin zu beurteilen (= Verifikationsaufgabe). Die Autoren gingen bei ihren Untersuchungen wie folgt vor:

Produktionsbedingung: Die Vpn hatten die Aufgabe, jeweils drei Rechtecke zu beschreiben. Die jeweils auf einem Dia exponierten Rechtecke waren nebeneinander angeordnet, hatten stets die gleiche Form und Größe, unterschieden sich aber in der Farbe. Sie waren entweder (a) alle verschiedenfarbig, oder (b) zwei Rechtecke waren gleichfarbig und unterschieden sich in der Farbe vom dritten Rechteck. Es ergab sich zunächst, daß die Vpn bei der Anordnung (a) stets Äußerungen der folgenden Art produzierten: «Das linke ist rot, das mittlere ist blau und das rechte gelb.» Das Satzgefüge besteht hier aus drei aneinandergereihten Teilsätzen (= A-Sätze). Bei der Anordnung (b) hatten die Äußerungen fast ausnahmslos die Form: «Das linke und das rechte sind rot, das mittlere ist blau.» Hier enthält das Satzgefüge zwei Teilsätze, von denen der erste aus der Kombination zweier Nominalphrasen («Satzgegenstände») besteht (= B-Sätze).

Verifikationsbedingung: Anderen Vpn zeigte man entweder Dias mit Rechtecken nach der obigen Anordnung (a), nachdem sie kurz zuvor einen A-Satz gehört hatten, oder man konfrontierte sie mit Rechtecken nach der Anordnung (b) und zuvor entsprechend mit einem B-Satz. Die Vpn hatten so schnell wie möglich per Knopfdruck zu entscheiden, ob die Rechteckkonfiguration mit dem Satzinhalt übereinstimmt oder nicht.

Für die Produktionsbedingung wurde die Zeit gemessen, die zwischen dem Beginn der Dia-Exposition und dem Beginn der beschreibenden Äußerung verstrich (Latenzzeit). Für die Verifikationsbedingung wurde die Zeit zwischen dem Beginn der Dia-Exposition und dem Knopfdruck registriert, mit dem die Versuchspersonen ihr Übereinstimmungs- vs. Nichtübereinstimmungsurteil abgaben (Reaktionszeit).

Es ergab sich: Die Latenzzeit bei der *Produktion* von *B-Sätzen* war statistisch hochsignifikant länger als bei der Produktion von A-Sätzen. Die Reaktionszeit bei der *Verifikation* von *A-Sätzen* war in statistisch bedeutsamem Ausmaß länger als bei der Verifikation von B-Sätzen. Die Interpretation dieser Befunde hat etwas mit der Struktur von kognitiven Inhalten, ihrer Umsetzung in Worte und ihrer Gewinnung aus Worten zu tun. (Vgl. auch den Abschnitt zum Verstehen sprachlicher Äußerungen.) Hier genügt es festzuhalten, daß sich in der unterschiedlichen Länge der Latenz- und Reaktionszeiten für die Erzeugung und für die verifizierende Verarbeitung von A- und B-Sätzen eine Asymmetrie kognitiver Prozesse zeigt, die sich nur schlecht mit der Symmetrie-Annahme des «klassischen» Kommunikationsmodells verträgt.

Sprachrezeption und die Zuordnung von Zeichen und Bedeutungen

Soweit man die Rezeption sprachlicher Äußerungen als Dekodiervorgang begreift, muß man sich vergegenwärtigen, daß das Dekodieren die kognitive Verarbeitung *grammatischer Information* einschließt, die in den empfangenen Zeichenfolgen repräsentiert ist. Grammatische Informationen kann der Hörer u.a. aus den Wortformen einschließlich Wortendungen oder aus speziellen Wörtern entnehmen, die eine rein grammatische Funktion haben (= Funktionswörter: z.B. Konjunktionen wie «und», Artikel wie «dem»). Wir werden die hörerseitige Verarbeitung grammatischer Information im zweiten Teil dieses Kapitels ausführlicher erörtern. Doch zeigt etwa schon die Existenz der soeben genannten grammatischen *Funktionswörter,* daß man das Dekodieren nicht so auffassen darf, als sei jedem Wort (Wortzeichen) «seine» Wortbedeutung im Sinne des «klassischen» Kommunikationsmodells fest zugeordnet: Welcher Bedeutung sollten die Wörter «und» und «dem» fest zugeordnet sein?

Aber auch z.B. Wortzeichen wie «du», «hier» und «jetzt», die Bühler (1934) *Zeigwörter* nannte, sind nicht jeweils mit *einer* definierten Klasse von Dingen, Ereignissen oder Sachverhalten bzw. mit *einem* Begriff fest verknüpft, so daß der Empfänger etwa beim Vorliegen des Zeichens «du» seinem Bedeutungsvorrat immer dieselbe Bedeutung entnehmen könnte. Mit «du», «hier» usw. *verweist* der Sprecher den Kommunikationspartner auf etwas, was – je nach Situation – höchst unterschiedlich sein kann (s. auch unten); mit solchen Wörtern *benennt* man nichts auch nur leidlich Invariantes.

Aber auch wenn man Dinge (usw.) *benennt,* ist es mit einer festen Zuordnung von Wort-Zeichen und bezeichnetem kognitiven Inhalt nicht weit her. Sprachpsychologische Experimente haben ergeben, daß man ein Ding nicht nur höchst verschieden benennt, sondern daß diese Unterschiedlichkeit auch festen Regeln folgt: Man benennt Dinge so, daß sie vom Kommunikationspartner möglichst nicht mit anderen Dingen (Kontextobjekten) verwechselt werden können. Dasselbe Ding, das Inhalt unseres Bewußtseins ist, wird also sehr verschieden benannt, wenn seine ebenfalls in unserem Bewußtsein repräsentierten Kontextobjekte entsprechend verschieden sind.

Olson (1970) berichtet über ein Experiment, bei dem Kindern nebeneinanderliegende Holzklötze vorgelegt wurden. Diese Klötze unterschieden sich nach Form und Farbe. Im Beisein eines Kindes wurde unter einem Klotz ein kleines Geschenk versteckt. Das Kind sollte einem anderen Kind, das nicht wußte, wo sich das Geschenk befand, sagen, unter welchem Klotz es liegt. Das Geschenk lag immer unter demselben Klotz; die außerdem vorhandenen Klötze wurden systematisch variiert. Es ergab sich: Wenn der Klotz, unter dem das Geschenk lag, beispielsweise weiß und rund war und wenn ein anderer Klotz daneben lag, der weiß und eckig aussah, sagten die Kinder: «Unter dem runden.» War der Klotz mit dem Geschenk *wiederum* weiß und rund, war aber der daneben liegende Klotz diesmal schwarz und rund, so sagten die Kinder: «Unter dem weißen.» Andere Versuchsvarianten erbrachten gleiche Befunde.

Was geschieht, wenn sich das zu benennende Objekt und ein Kontextobjekt in mehr als einer Hinsicht bzw. Dimension voneinander unterscheiden, wenn also mehr als eine Benennungsvariante es dem Partner erlaubt, das benannte Objekt zu identifizieren? Z.B. könnten – in Olsons Experiment – das zu benennende Objekt grau und rund und das Kontextobjekt schwarz und eckig gewesen sein. Hier wären sowohl die Äußerungen «unter dem grauen» als auch «unter dem runden» für den Partner hinreichend informativ. Experimentelle Untersuchungen (vgl. HERRMANN & DEUTSCH, 1976) ergaben u.a., daß Sprecher in dieser Lage diejenige Benennungsvariante wählen, mit der auf den *größten Unterschied* zwischen den beiden Objekten Bezug genommen wird. Falls sich z.B. die beiden soeben genannten Klötze mehr nach der Form als nach der Farbe unterscheiden, sagt man: «unter dem runden» und nicht: «unter dem grauen». Der Sprecher kalkuliert also beim Benennen die zu erwartenden «Unterscheidungsprobleme» seines Partners ein.

Bei alledem darf man durchaus annehmen, daß die Wörter «rund», «eckig», «grau» usw. ihnen relativ fest zugeordnete Bedeutungen besitzen. (So sind «rund», «round», «rond», «rotondo» usw. jeweils in verschiedenen Sprachen relativ feste Zeichen für das Runde.) Doch erweist sich dies als unerheblich dafür, auf welche Weise beim Benennen einem im Bewußtsein repräsentierten Objekt Wortzeichen zugeordnet werden (vgl. auch den Abschnitt zum Verstehen sprachlicher Äußerungen). Allgemein betrachtet, ist die Auffassung, daß Wörter ihre Bedeutung *haben* oder daß sie Zeichen für bestimmte Begriffe bzw. für Klassen von Dingen, Ereignissen oder Sachverhalten *sind,* für viele sprachpsychologische Fragestellungen wenig relevant. Es kommt dort vielmehr darauf an, wie man Wörter situationsgerecht und zielbezogen als Zeichen *verwendet.* (Im obigen Beispiel: wann *verwendet* man die deutschen Wörter «rund» oder «grau»?)

Sprachrezeption und ihre Situationseinbettung

Das Ergebnis einer Kommunikation nach dem «klassischen» Modell besteht darin, daß nunmehr «im Kopf» des Empfängers eine (aus dem Bedeutungsvorrat ausgewählte) Bedeutungssequenz vorhanden ist, die vor dem Empfang der betreffenden Nachricht nicht vorlag. Diese Vorstellung ist aus unterschiedlichen Gründen korrektur- oder zumindest ergänzungsbedürftig. Man beachte z.B., daß sich sprachliche Äußerungen fast stets auch auf kognitive Inhalte beziehen, die bereits vor der Sprachrezeption im Bewußtsein des Empfängers vorhanden waren. Der Empfänger verarbeitet den ihn erreichenden Informations-Input (Informationseingabe, Eingangsinformation) immer gleichzeitig und in Zusammenhang mit anderen situationsspezifischen Informationen; die kognitive Verarbeitung von sprachlichen Zeichenfolgen ist also stets die Verarbeitung eines «input-plus-situation» (BRANSFORD & NITSCH, 1978). Sprachrezeption bedeutet ganz wesentlich, aus Sprachlautsequenzen entschlüsselte Informationen in das bereits im Bewußtsein Vorhandene (d.h. in die jeweils schon in bestimmter Weise aufgefaßte Situation) zu *integrieren.* So erkennen Hörer übrigens oft nur, daß etwas Gesagtes «nicht wörtlich zu nehmen» ist, wenn sie zunächst versucht hatten, das Gesagte in seiner buchstäblichen Bedeutung in das bereits im Bewußtsein Befindliche zu integrieren, und wenn ihnen das nicht gelang. Erst ein solcher mißlungener Integrationsversuch führt dann dazu, das Gesagte etwa als Ironie, als Gleichnis, als Metapher oder dergleichen zu verstehen (z.B. CLARK & LUCY, 1975).

Hörer können das sprecherseitig Geäußerte in der Regel überhaupt nur dann angemessen verstehen, wenn sie weitere (nicht-sprachliche) Information erhalten und nachdem sie bereits über ein spezifisches Wissen über Nichtsprachliches verfügen (z.B. zusammenfassend BRANSFORD, 1979). Wie soll man die Äußerung «Darf ich nachlegen» verstehen? Man versteht diese Äußerung, wenn man z.B. weiß, daß man in einem herrschaftlichen Haus vor dem Kaminfeuer sitzt und daß sich der Butler am Feuerholz zu schaffen macht und er der Produzent dieser Äußerung ist. Oder man versteht die gleiche Äußerung, doch versteht man sie diesmal ganz anders, wenn man etwa in einem gutgeführten Restaurant speist, der Kellner an der Warmhalteplatte hantiert und er es ist, der diese Äußerung erzeugt. Allgemein betrachtet, ist auch die Sprachrezeption als ein wesentlicher Teil der menschlichen Informationsverarbeitung keineswegs nur von den *Daten* determiniert, die aus der Umgebung aufgenommen werden, sondern auch von den *Erwartungen* gesteuert, über die der Mensch als informationsverarbeitendes System jeweils bereits verfügt; die Sprachrezeption ist nicht nur «datengetrieben», sondern auch «erwartungs- oder konzeptgesteuert» (WIMMER & PERNER, 1979, S.25f.).

Sprachrezeption: Beeinflussung des Wissens

Die Sprachrezeption trägt nicht nur zu unserem jeweiligen aktuellen Situationsverständnis bei, sondern sie verändert auch unser Wissen über die Wirklichkeit. Insofern hat die Sprachrezeption *Nachwirkungen.* LOFTUS (1975) zeigte ihren Vpn einen Film über einen Verkehrsunfall. Dann stellte sie einer ihrer Versuchspersonengruppen u.a. die Frage: «Wie schnell fuhr das Auto, als es das Stoppschild überfuhr?» Eine andere Versuchspersonengruppe erhielt diese Frage nicht. Tatsächlich war im Film gar kein Stoppschild zu sehen gewesen. Nach einer Weile fragte die Autorin dann alle ihre Vpn, welche Verkehrsschilder im Film vorgekommen waren. Diejenigen Vpn, denen sie zuvor die genannte Frage nach der Geschwindigkeit des Autos gestellt hatte, behaupteten häufiger als die übrigen, im Film sei ein Stoppschild zu sehen gewesen. Bei der Frage nach der Geschwindigkeit war nur implizit auf den Sachverhalt Bezug genommen worden, daß ein Stoppschild vorhanden war. (Genauer: die Behauptung, daß ein Stoppschild vorhanden war, wurde in der obigen Frage lediglich «präsupponiert». Zu «Präsuppositionen» vgl. ENGELKAMP & ZIMMER, 1983.) Trotzdem genügte diese Information, bei den Vpn später eine spezifische Fehlerinnerung auszulösen. Als die Frage gestellt wurde, war bei den Vpn der Inhalt des Films nur noch als Gedächtnisinhalt vorhanden. In diesen wurde die sprachlich vermittelte – «objektiv» falsche – Information sozusagen eingebaut. Eine gehörte Äußerung (Frage) hatte das «subjektive» Wissen von Personen verändert.

Sprachrezeption und die Lenkung der Aufmerksamkeit

Wie gezeigt wurde, sind Sprachrezeptionen in die gesamte Situationsauffassung des Hörers eingebettet. Man kann diese Sachlage auch wie folgt interpretieren (z.B. HÖRMANN, 1976, 1981): Rezipierte Äußerungen sind Verweise auf etwas im Bewußtsein des Hörers Vorhandenes, und sie sind zugleich so etwas wie *Instruktionen* an den Hörer, bestimmte Teilinhalte seines Bewußtseins besonders zu beachten. Anders formuliert: rezipierte Äußerungen lenken die Aufmerksamkeit des Hörers.

Jemand sieht bei einem Spaziergang einen Hund, nähert sich ihm und vernimmt vom Hundebesitzer die Äußerung: «Vorsicht, dieser Hund ist bissig.» Schon vor der Rezeption dieser Äußerung hatte der Hörer ein bestimmtes Situationsverständnis, das sich u.a. auf den Hund bezog. Mit der Äußerung wird auf diesen kognitiven Inhalt hingewiesen. (Das wird sehr deutlich: der Sprecher sagt «*dieser* Hund»!) Zugleich wird die Aufmerksamkeit des Hörers auf einen anderen kognitiven Inhalt, nämlich auf *bissig* gelenkt, der mit dem Inhalt *Hund* verknüpft ist und den der Hörer zuvor offensichtlich nicht beachtet hatte. Und außerdem handelt es sich um eine Handlungsanweisung an den Hörer, die man gemeinhin *Warnung* nennt und die des Hörers gesamte Bewußtseinslage (Situationsauffassung) nebst Handlungsplanung durchgreifend ändert. Er wird sich vom Hund nun respektvoll fernhalten. (Vgl. zu diesem Beispiel HÖRMANN, 1981, S.27.) Der hier kurz beschriebene Gesamttatbestand läßt sich ersichtlich im «klassischen» Kommunikationsmodell nicht zufriedenstellend darstellen.

Daß Äußerungen geeignet sind, die Aufmerksamkeit des Hörers zu lenken, ist in vielen Experimenten nachgewiesen worden. Diese Aufmerksamkeitslenkung hängt u.a. davon ab, wie der Sprecher seine Äußerung im einzelnen formuliert. Die beiden folgenden Äußerungen betreffen denselben Sachverhalt: (a) «Es sind Rosen, die ihr ehemaliger Freund ihr geschenkt hat.» (b) «Es ist ihr ehemaliger Freund, der ihr Rosen geschenkt hat.» Bei solchen *Spaltsätzen* (s. ENGELKAMP & KRUMNACKER, 1978; ENGELKAMP & ZIMMER, 1981; ZIMMER, 1985) verpackt der Sprecher die Information, die der Hörer besonders beachten soll, in den «Es ist»-Teil des Spaltsatzes; was weniger wichtig ist, steht im Relativsatz.

HORNBY (1974) berichtet über zwei Experimente, von denen eines hier etwas genauer beschrieben werden soll. Geprüft wird folgende Hypothese: Wenn Vpn den Inhalt eines kurzzeitig dargebotenen Bildes und den Inhalt eines Spaltsatzes, der den Bildinhalt beschreibt, auf Übereinstimmung bzw. Nichtübereinstimmung beurteilen, so machen sie mehr Fehler, wenn die mit dem Bildinhalt nicht übereinstimmende Information im Relativsatz-Teil statt im «Es ist»-Teil des Spaltsatzes verbalisiert ist.

Der Autor verwendet «echte» Spaltsätze (Beispiel: «*It is the girl* that is petting the cat») und sog. Pseudospaltsätze (Beispiel: «The one that is petting the cat *is the girl*»). Bei diesen steht die relevante Information des «Es ist»-Teils hinten im Satz, der Relativsatz-Teil ist eingeschoben. Die Hypothese soll sowohl für «echte» Spaltsätze als auch entsprechend für Pseudospaltsätze zutreffen.

Versuchspersonen: Am Experiment nahmen im Einzelversuch 32 weibliche und 32 männliche Studenten (undergraduate students) aus einem New Yorker Universitäts-College teil.

Versuchsanordnung: Jede Vp hörte über Kopfhörer jeweils einen gesprochenen Spaltsatz oder Pseudospaltsatz. Nach einem Zeitintervall von 1 Sekunde wurde ihr mittels eines Tachistoskops (= Vorrichtung zur kurzzeitigen Darbietung von visuellen Reizen) für 50 msec eine Zeichnung dargeboten, in der ein «Drei-Element-Ereignis» dargestellt war: Ein *Akteur* vollführt an einem *Objekt* eine *Handlung*. Sofort nach Beendigung der Bilddarbietung hatte die Vp «richtig» zu sagen, wenn nach ihrem Urteil Bild- und Satzinhalt übereinstimmten; wenn nach ihrem Urteil keine Übereinstimmung vorlag, hatte sie «falsch» zu sagen. Diese Verbalreaktionen der Vpn wurden zur späteren Auswertung auf einem Tonband registriert.

Jede Vp erhielt 30-Bild-Satz-Kombinationen, davon jeweils 15 Spaltsätze und 15 Pseudospaltsätze. In 6 Fällen stimmten alle Bild- und Satzinformationen überein. In 12 Fällen bestand Nichtübereinstimmung bezüglich des Akteurs und in 12 Fällen bezüglich des Objekts. Die Nichtübereinstimmungen bezogen sich jeweils zur Hälfte auf Informationen, die im Relativsatz-Teil der Sätze verbalisiert waren; zur anderen Hälfte bezogen sie sich auf den «Es ist»-Teil der Sätze. Auf diese Weise wurden 8 verschiedene Serien von Bild-Satz-Kombinationen hergestellt, denen nach Zufall jeweils 8 der 64 Vpn zugeordnet wurden.

Ergebnisse: Tabelle 1 zeigt das *arithmetische Mittel der Fehlerzahl* als abhängig von *Satzart* (Spaltsatz vs. Pseudospaltsatz), *Art der Nichtübereinstimmung* (Akteur vs. Objekt) und *Verbalisierung der nichtübereinstimmenden Information* (Relativsatz-Teil vs. «Es ist»-Teil). Eine varianzanalytische Datenauswertung ergibt, daß sich die Fehlerzahl sehr signifikant

Tabelle 1: Mittlere Fehlerzahl bei der Beurteilung von Nichtübereinstimmungen im Satz-Bild-Vergleich.

Nichtübereinstimmung		Spaltsatz	Pseudospaltsatz
Relativsatz-Teil	Akteur	2.19	2.25
	Objekt	2.09	2.13
«Es ist»-Teil	Akteur	1.53	1.09
	Objekt	1.03	1.03

($p < .001$) danach unterscheidet, ob die Nichtübereinstimmung entweder im Relativsatz-Teil oder im «Es ist»-Teil der Sätze verbalisiert ist; diese Unterschiede liegen in Richtung der obigen Hypothese. Die Hypothese kann somit als experimentell erhärtet gelten. (Die Varianzquellen «Spaltsatz vs. Pseudospaltsatz» sowie «Akteur vs. Objekt» erbringen keine signifikanten Effekte. Auch überzufällige Wechselwirkungseffekte sind nicht nachweisbar.)

Die etwas ausführlichere Darstellung des Experiments von Hornby sollte einerseits an einem Beispiel zeigen, wie übliche sprachpsychologische Forschungsuntersuchungen beschaffen sind. Das Untersuchungsergebnis können wir zudem als eine empirische Stützung für die genannte allgemeine Annahme interpretieren, daß Sprecher durch die grammatische Gestaltung ihrer Äußerungen die Aufmerksamkeit ihres Kommunikationspartners erfolgreich auf spezifische kognitive Inhalte lenken können. Mit «echten» und Pseudospaltsätzen wird die Aufmerksamkeit des Hörers auf einen bestimmten *Teil* der Gesamtinformation gerichtet, die der Satz vermittelt. Besteht nun die Nichtübereinstimmung von Satzinhalt und Bildinhalt in Hinblick auf diesen besonders beachteten Informationsteil, so wird die Nichtübereinstimmung vom Hörer besonders leicht erkannt. In Hinblick auf die Gesamtargumentation dieses Kapitelteils soll abschließend noch einmal darauf hingewiesen werden, daß Tatbestände wie diese mittels des «klassischen» Kommunikationsmodells nicht angemessen beschrieben werden können.

1.4 Zusammenfassung

Einige wichtige Ergebnisse der Lektüre des bisherigen Teils des vorliegenden Kapitels lassen sich wie folgt zusammenfassen:
Die *sprachliche Kommunikation* ist ein wesentlicher Bestandteil des sozialen Interaktionsgeschehens und in dieses eingebettet. Die Teilnahme an der sprachlichen Kommunikation umfaßt in der Regel sowohl die Sprachproduktion als auch die Sprachrezeption. Die sprachliche Kommunikation kann *in erster Annäherung* als der Austausch von geordneten Sprachzeichen-Sequenzen aufgefaßt werden. Diese Auffassung ist jedoch in vielerlei Hinsicht zu relativieren und zu ergänzen.
Die *Sprachproduktion* ist Teil der Handlungsregulation des Sprechers. Sie erfolgt nach sozialen Konventionen und dient der Erreichung spezifischer Handlungsziele und kann unter den Gesichtspunkten der Informativität für den Partner und der Instrumentalität für den Sprecher beurteilt werden. Die Sprachproduktion ist aufgabenbezogen. Sie steht mit der Erzeugung nonverbaler Ausdruckserscheinungen in enger Wechselbeziehung. Man kann spezifische Teilprozesse der Sprachproduktion als Enkodierung verstehen. Bei dieser Enkodierung handelt es sich aber nicht um eine einfache Punkt-zu-Punkt-Übersetzung von Bedeutungssequenzen in Zeichensequenzen.
Die Sprachproduktion und die Sprachrezeption sind *keine spiegelbildlichen Prozesse.*
Die *Sprachrezeption* ist in das allgemeine Situationsverständnis des Hörers und seine Handlungsregulation eingebettet. Sie ist oft nur beim gleichzeitigen Vorliegen anderer (nichtsprachlicher) Informationen möglich. Vom Hörer rezipierte Äußerungen verweisen auf bereits in seinem Bewußtsein befindliche kognitive Inhalte, lenken seine Aufmerksamkeit, modifizieren seine Situationsauffassung, ändern (nachwirkend) sein Wissen von der Wirklichkeit und beeinflussen sein Handeln. Man kann spezifische Teilprozesse der Sprachrezeption allenfalls als Dekodierung verstehen. Bei dieser Dekodierung handelt es sich aber nicht um eine einfache Punkt-zu-Punkt-Rückübersetzung von Zeichensequenzen in Bedeutungssequenzen.

2. Der Prozeß der Sprachrezeption

Nachdem im ersten Teil dieses Kapitels die Sprachproduktion und die Sprachrezeption überblickartig als eng aufeinander bezogene Komponenten des menschlichen Handelns und Handlungsverstehens dargestellt wurden, wenden wir uns jetzt detaillierter wichtigen Teilprozessen der Sprachrezeption und ihrem Zusammenwirken zu.

2.1 Ebenen des Verstehens von Sprachäußerungen

Was bedeutet es, wenn wir im Zusammenhang mit der Sprachrezeption vom *Verstehen* (oder auch Erkennen, Identifizieren, Kognizieren und dergleichen) sprechen? Damit kann sehr Unterschiedliches gemeint sein: (a) Wir können kogniziert (erkannt, verstanden) haben, daß der Sprecher ein *f* und z. B. kein *p* ausgesprochen hat. (b) Wir können verstanden haben, daß der Sprecher das Wort «Franke» und z. B. nicht «Pranke» verbalisiert hat. (c) Wir können erkannt haben, daß der Sprecher die Wortfolge «Franke liebt Hessin» und z. B. nicht «Franken lieben Hessen» ausgesprochen hat. (d) Wir können kogniziert bzw. den kognitiven Inhalt im Bewußtsein haben, daß ein Franke eine Hessin liebt, nicht aber z. B., daß Franken Hessen lieben oder daß eine Hessin einen Franken liebt. (e) Wir können verstanden haben, daß der Sprecher mit dem Gesagten beabsichtigt, uns eine ernsthafte Information zu geben und uns z. B. nicht mit einer lustigen Formulierung zu erheitern. (f) Wir können erkannt haben, daß die Situation, so wie wir sie insgesamt verstehen, jetzt von uns eine bestimmte Antwort fordert.
Man kann danach die folgenden Ebenen oder auch Teilprozesse des Verstehens sprachlicher Äußerungen unterscheiden:
(a) Wahrnehmung von *Lauten und Lautklassen (Phonemen);*
(b) und (c) Wahrnehmung von *Wörtern* und *zusammenhängenden, grammatisch geordneten Wortfolgen;*
(d) Erkennen von *kognitiven Inhalten* (singulären Objekten usw.; Begriffen [Konzepten]

und ihren Relationen; Propositionen), auf welche sich Wörter oder eine geordnete Wortfolge beziehen;
(e) Erkennen, was der *Sprecher beabsichtigt,* indem er etwas sagt (= Sprecherintention);
(f) Bewertung des vom Sprecher Gesagten und des von ihm Beabsichtigten im Hinblick auf die hörerseitige *Situationsauffassung und Handlungsplanung.*

Die Teilprozesse der Sprachrezeption, deren Resultate die unter (a)–(f) genannten Verstehensarten sind, laufen nicht strikt nacheinander ab, sondern überlappen sich zeitlich und erfolgen z. T. simultan bzw. parallel. So muß man z. B. nicht zuerst alle Wörter eines Satzes erkannt und seine grammatische Struktur durchschaut haben, bevor die Teilprozesse (d)–(f) beginnen können. Man muß nicht immer erst erkannt haben, was jemand gesagt hat, um verstehen zu können, was er beabsichtigt (z. B. GIBBS, 1979). Teilprozesse auf höherer Ebene haben oft schon begonnen, wenn Teilprozesse auf niedriger Ebene einsetzen.

MARSLEN-WILSON und TYLER (1980) behandelten in einer Reihe von komplex angelegten Experimenten Bedingungen für die Schnelligkeit, mit der Hörer vorher verabredete Wörter (Zielwörter) (wieder-)erkennen können, sobald diese Zielwörter als Teile von Wortfolgen dargeboten werden. Die Versuchspersonen hatten per Knopfdruck so schnell wie möglich anzuzeigen, wann das Zielwort als Teil der Wortfolge auftrat. Die Autoren fanden unter anderem, daß der Knopfdruck bereits erfolgt, wenn der Hörer erst zwei oder drei Phoneme dieses Wortes gehört hat. Die verlangte Knopfdruckreaktion auf ein erkanntes Zielwort geschah im Durchschnitt bereits 273 msec nach dem Beginn der Darbietung dieses Wortes. Da die Darbietungsdauer der Zielwörter im Mittel aber 369 msec betrug, fällt der Erkennungszeitpunkt in einen Zeitraum, der vor dem Darbietungsende des Zielworts liegt. Diese hohe Erkennungsgeschwindigkeit läßt sich indes nur nachweisen, wenn es sich bei der Wortfolge, deren Teil das Zielwort ist, um «sinnvolle Sätze» handelt. Wichtig erscheint auch der Befund, daß Zielwörter auch dann sehr schnell erkannt werden können, wenn sie den Anfang eines «sinnvollen» Testsatzes bilden, falls dieser Testsatz auf einen unmittelbar zuvor dargebotenen «Kontextsatz» folgt, der mit dem Testsatz in einem deutlichen Sinnzusammenhang steht.

Allgemein ist die Vorstellung abzulehnen, daß die Sprachrezeption einseitig «von unten nach oben» («bottom up») verläuft, daß also immer erst die Resultate niedrigerer Teilprozesse vorliegen müssen, um als «Material» für höhere Teilprozesse weiterverarbeitet werden zu können. Andererseits verläuft der Rezeptionsprozeß aber auch nicht strikt «von oben nach unten» («top down»). Sonst könnte man z. B. einen Sprachlaut immer erst dann identifizieren, wenn man u. a. schon weiß, was der Sprecher mit dem Gesagten beabsichtigt; das wäre absurd.

Das Ergebnis eines Teilprozesses kann im Lichte der Ergebnisse anderer Teilprozesse korrekturbedürftig werden. Die Teilprozesse korrigieren sich gegenseitig. So mag man zunächst das Wort «Pranke» wahrgenommen haben und dann im Laufe der Sprachrezeption erkennen, daß der Sprecher «Franke» gesagt hat – sonst würde seine Äußerung keinen Sinn ergeben (z. B. HÖRMANN, 1976). Oder wir mögen die Sprecherintention zunächst so verstanden haben, daß der Sprecher uns mit seiner Äußerung «Ich hätte gern, daß du kommst» zum Kommen auffordern will (Teilprozeß e). Erkennen wir aber, daß der Sprecher anschließend sagt, er wisse allerdings, daß unser Kommen unmöglich ist (Teilprozeß d), so müssen wir das Ergebnis von Teilprozeß (e), also unsere Auffassung von der Sprecherintention (zum Kommen auffordern), revidieren (HERRMANN et al., 1982).

Zusamenfassend kann gesagt werden, daß die Informationsverarbeitung bei der Sprachrezeption (1) nicht strikt «von unten nach oben» verläuft, also nicht völlig «*datengetrieben*» ist (s. o.); sie erfolgt aber auch nicht einseitig «von oben nach unten», ist also auch nicht nur «*erwartungs- bzw. konzeptgesteuert*». Darüber hinaus besteht die Informationsverarbeitung bei der Sprachrezeption (2) überhaupt nicht aus *sequentiell* arbeitenden Teilprozessen; vielmehr verlaufen diese Teilprozesse zeitlich wesentlich *parallel* (s. LINDSAY & NORMAN, 1977). Im folgenden Abschnitt wird eine sprachpsychologische Modellvorstellung besprochen, in der das Zusammenwirken der Teilprozesse dargestellt werden kann.

2.2 Sprachrezeption als komplexer Regulationsprozeß

Wenn man sich die Sprachrezeption in einem etwas gewagten Gleichnis vorstellen will, so kann man von ihr das folgende Bild zeichnen (z.B. BOWER & COHEN, 1981; HINTON & ANDERSON, 1981): Die Sprachrezeption kommt durch die gemeinsame Arbeit vieler gleichberechtigter Fachleute zustande. Es gibt hochspezialisierte Experten für eine einzelne Lautklasse, die lediglich dafür zuständig sind anzugeben, ob das von ihnen «verwaltete» Phonem (z.B. *f*) vorliegt oder nicht. Entsprechend gibt es Experten für einzelne Wörter, Wortverbindungen und grammatikalische Konstruktionen. Andere Fachleute geben an, auf welche Begriffe, Begriffsstrukturen usw. sich Wörter und Wortfolgen beziehen (z.B. englisch: «iron» → *Eisen* oder → *bügeln*). Wieder andere Fachleute sind für die Interpretation der Sprecherintention, für die generelle Situationsauffassung und für die hörerseitige Handlungsplanung zuständig. Jeder Experte reagiert nur auf die spezifische Art von Information, für die er zuständig ist: Dem einen geht es nur um «seinen» Laut, dem anderen nur um «seine» grammatische Konstruktion, usw.

Diese Expertenversammlung steht vor einer Wandtafel, und jeder Fachmann schreibt nach seinem besten Spezialistenwissen auf, was er jeweils erkannt hat, oder er verändert es oder wischt es wieder weg. So entstehen beim Empfang sprecherseitiger Äußerungen *gleichzeitig* sehr unterschiedliche und ständig wechselnde Eintragungen auf der Wandtafel. So mag der «f-Fachmann» ein *f* eintragen, der «p-Fachmann» mag ein *p* wieder auslöschen, der Experte für ein bestimmtes Wort mag «Franke» eintragen, ein Fachmann für das Erkennen kognitiver Inhalte mag die Eintragung wegwischen, die Wortfolge beziehe sich darauf, daß eine Hessin einen Franken liebt, ein Situationsexperte mag eintragen, daß die kommunikative Gesamtsituation so oder so beschaffen ist, usw. Manche Einzeleintragungen stimmen überein, andere widersprechen einander. Diese Widersprüche werden beseitigt, indem jeder Experte seine Eintragungen im Lichte der anderen Eintragungen einschätzt; wird die «Gegenevidenz» zu groß, löscht er seine Eintragungen wieder aus. Kein einzelner Fachmann ist der «Chef», der allein über alle Eintragungen entscheidet. Im günstigen Falle entsteht so auf der Wandtafel eine widerspruchsfreie Gesamteintragung: diese ist das Ergebnis einer erfolgreichen Sprachrezeption.

Selbstverständlich ist dieses «Wandtafel-Modell» («Blackboard-Modell») nach der gegenwärtigen Darstellung nur eine Metapher. Man kann es aber auch so strikt formulieren, daß es als ein wissenschaftliches Modell geeignet ist, das Rezeptionsgeschehen als einen *Prozeß vielfältiger interaktiver Regulationen* zu beschreiben. Innerhalb dieses komplexen Gesamtprozesses erfolgen viele einzelne Ist-Soll-Vergleiche und entsprechende Änderungen von Ist-Zuständen. Dabei beeinflussen die einzelnen Änderungen von Ist-Zuständen die jeweils anderen Ist-Soll-Abweichungen, was wiederum zu neuen Änderungen von Ist-Zuständen führt, usw.: die einzelnen Regulationen sind *interaktiv*. Endlich kann ein Gesamtzustand erreicht werden, bei dem der Gesamtbetrag aller Ist-Soll-Abweichungen sehr klein wird oder gegen null geht. (Meist ist diese Balance des Gesamtzustands nicht von Dauer, schon weil den Hörer neue sprachliche Äußerungen erreichen.)

Mit einer technischen Metapher kann man den Rezeptionsvorgang auch als Zusammenspiel vieler hochspezialisierter Bausteine eines Systems (Module) konzipieren; es ist dann keine zentrale Steuerungsinstanz vorhanden, von der das Prozeßergebnis abhängt.

Mit dem «Blackboard-Modell» läßt sich übrigens einsichtig machen, warum die Sprachrezeption auch dann noch gelingen kann, wenn sozusagen einige der beteiligten Experten außer Gefecht gesetzt sind, d.h. wenn einzelne Instanzen des Gesamtprozesses ausfallen. Das kann durch physiologische Störungen und Schädigungen ebenso geschehen wie durch Deformation der empfangenen Sprachsignale (undeutliche Aussprache, Geräuschüberlagerung usw.). POLLACK und PICKETT (1964) fanden, daß Hörer zwar leicht imstande waren, ein auf Tonband aufgezeichnetes Gespräch zu verstehen; als die Autoren aber aus dem Tonband einzelne Wörter herausschnitten und sie ihren Hörern separat vorspielten, konnten diese nicht mehr als 47% der isoliert dargebotenen Wörter identifizieren. Die Ergebnisse des Teilprozesses (b) (s.o.) fielen also etwa zur Hälfte aus. Dieser Ausfall konnte aber offenbar durch andere Teilprozesse so gut «kompensiert» werden, daß die Sprachrezeption – hier: das Verstehen eines Gesprächs – dennoch gelang.

Die besondere Eigenart der «Blackboard-Auffassung» wird deutlich, wenn man sie mit anderen, ähnlichen Modellen der Informationsverarbeitung vergleicht. Z.B. ist im für das Erkennen von figuralen Mustern entwickelten *Pandämonium-Modell* (Selfridge, 1970; vgl. auch Wimmer & Perner, 1979, S.33ff.) die Informationsverarbeitung *hierarchisch* geordnet. Auch in diesem Modell wird angenommen, daß die Informationsverarbeitung von einer Vielzahl von Spezialisten («Dämonen») besorgt wird. Soll z.B. ein A erkannt werden, so gibt es (1) – auf der niedrigsten Hierarchie-Ebene – einen «Abbildungsdämon», der für A's zuständig ist und der das A solange als Kopie des vorliegenden Reizmusters festhält, bis (2) die «Merkmalsdämonen» das Abbild des A nach demjenigen spezifischen graphischen Merkmal (z.B. spitzer Winkel, Querstrich) abgesucht haben, für das jeder von ihnen verantwortlich ist. Die «Merkmalsdämonen» geben die Information über «ihr» graphisches Merkmal an (3) die «Kognitiven Dämonen» weiter. Diese sind für jeweils einen Buchstaben zuständig. Im vorliegenden Fall wird der «A-Dämon» am meisten durch die von den «Merkmalsdämonen» gemeldeten Merkmalsinformationen zufriedengestellt; einige andere «Kognitive Dämonen» werden zwar auch über im Abbild vorhandene Merkmale informiert, die «ihrem» Buchstaben entsprechen, doch dies in geringerem Ausmaß. Sobald ein «Kognitiver Dämon» alles über die vorhandenen Merkmale weiß, die zu «seinem» Buchstaben gehören, meldet er sich (4) beim «Entscheidungsdämon». Je mehr Merkmale für «seinen» Buchstaben ein «Kognitiver Dämon» geltend machen kann, umso intensiver fällt seine Meldung aus. Der «Entscheidungsdämon» entscheidet allein darüber, welcher Buchstabe vorliegt: Es ist derjenige Buchstabe, dessen «Kognitiver Dämon» sich am intensivsten bemerkbar gemacht hat. Im vorliegenden Fall ist das der «A-Dämon»: der Buchstabe ist ein A.

Beim Pandämonium-Modell ist die Informationsverarbeitung *hierarchisch* gegliedert; man kann vier Hierarchie-Ebenen unterscheiden. Einer der beteiligten Spezialisten hat die endgültige Entscheidungsbefugnis. Außerdem ist die Informationsverarbeitung *seriell;* Informationen aus einer niedrigeren Hierarchie-Ebene müssen vorliegen, bevor die «Dämonen» einer höheren Ebene tätig werden können. Und die Dämonen *interagieren* nicht; ihre «Handlungen» sind nicht *wechselseitig* voneinander abhängig. – Alle diese Merkmale treffen auf das Wandtafel-Modell nicht zu: Dieses ist nicht-hierarchisch; es ist nicht seriell, sondern parallel; keine einzelne Instanz entscheidet allein und endgültig; die Prozeßinstanzen interagieren.

2.3 Zum Wahrnehmen von Lauten und Wörtern

Alle Teilprozesse der Sprachrezeption führen gemeinsam und in ihrem soeben beschriebenen Zusammenspiel in der Regel zum Verstehen sprecherseitiger Äußerungen. Wenn diese Sachlage auch weiterhin beachtet werden soll, so kann man doch die unter 2.1 genannten, niedrigen Teilprozesse (a) und (b) separat betrachten. Schon die Identifikation einzelner Sprachlaute (und Buchstaben) hat sich als ein sehr komplizierter Vorgang erwiesen, der zwar eingehend erforscht wurde, für den jedoch noch immer eine empirisch hinreichend gesicherte Gesamtkonzeption fehlt. (Eine informative Übersicht finden Sie bei Clark & Clark, 1977, S.175ff.)

Probleme der Lautidentifikation

Will ein Hörer erkennen, ob ein Sprecher ein *f* produziert hat, so steht er vor der Schwierigkeit, daß mehrere, relativ unterschiedliche physikalisch-akustische Schallereignisse (Muster von Frequenzen und Amplituden von Schallwellen) sein Ohr erreichen können, die sämtlich als *f* zu identifizieren sind. So identifizieren Hörer auch etwa den ersten Laut der Silben *di* und *du* jeweils als *d,* obwohl die dem *d* in *di* und *du* entsprechenden Schallereignisse stark verschieden sind (Liberman, Cooper, Shankweiler & Studdert-Kennedy, 1967). Umgekehrt kann es sich bei *einem* Schallereignis z.B. um eine Variante des *f oder* des *p* handeln. Ladefoged und Broadbent (1957) stellten auf synthetischem Wege Schallmuster her. Eines davon war so beschaffen, daß es physikalisch-akustisch zwischen den Schallmustern der Silben *bit* und *bet* eine Zwischenstellung einnahm. Die Autoren gaben ihren Versuchspersonen u. a. dieses akustisch zwischen *bit* und *bet* angesiedelte Schallmuster vor, wobei anzugeben war, ob es sich dabei um eines der (englischen) Wörter «bit», «bet», «bat» oder «but» handelt. Unmittelbar vor der Darbietung des künstlich erzeugten Schallmusters hörten die Vpn den «Einleitungssatz»: «Please say what this word is.» Wenn dieser «Einleitungssatz» in *hoher* Tonlage produziert war, identifizierten die Versuchsteilnehmer das künstliche Schallmuster zu 87% als «bit»; wurde der «Einleitungssatz» in *tiefer* Tonlage vorgegeben, so identifizierten sie *dasselbe* Schallmuster zu 90% als «bet». Gleiche akustische Ereignisse wurden also in Abhängigkeit von der Tonhöhe, auf die sich die Versuchsteilnehmer beim Hören des zuvor Gesprochenen eingestellt hatten, spezifisch verschieden identifiziert. Hörer passen sich allgemein erstaunlich schnell an die Sprechweise des Kommunikationspartners an (z.B. Dialektfärbung, Sprachfehler, aber auch Flüstern usw.; s. Hörmann, 1977, S.25ff.).

«Hilfsmittel» bei der Laut- und Worterkennung

Hörer verfügen über eine größere Anzahl von «Hilfsmitteln», mit denen sie den aufgezeigten Schwierigkeiten der Lautidentifikation (bzw. Klassifikation von Lauten) und auch bei der Worterkennung begegnen. Einige davon seien hier aufgeführt:

(i) Hörer sind bei der Lautwahrnehmung auf eine bestimmte *Sprache* eingestellt. In jeder Sprache sind bestimmte Lautfolgen möglich und andere nicht (Studdert-Kennedy, 1975). Ein Hörer sei auf die deutsche Sprache eingestellt und habe das erste von mehreren Schallereignissen als *f* identifiziert, dem die weiteren identifizierten Laute *p, u* und *r* folgen. Nun ist aber die Lautfolge *fpur* im Deutschen nicht möglich. So mag der Hörer (auch angesichts des Resultats anderer Teilvorgänge der Sprachrezeption) das erste der vier Schallereignisse nun nicht mehr als *f,* sondern als ʃ interpretieren. (ʃ ist das phonetische Zeichen für «sch».) Der Laut ʃ zusammen mit *p, u* und *r* ergibt nämlich die im Deutschen mögliche Lautfolge *ʃpur.* (Es handelt sich hier um einen der vielen für die Sprachrezeption charakteristischen Regulationsvorgänge, von denen schon im Abschnitt 2.2 die Rede war.)

(ii) Stevens (1960), Liberman et al. (1967) und andere Forscher haben vermutet, daß Hörer Schallereignisse als bestimmte Lautfolgen identifizieren können, weil sie über ein «Internes Lauterzeugungssystem» verfügen, mit dem sie «innere» (d.h.: unhörbare, stumme) Lautfolgen produzieren können. Nimmt nun ein Hörer akustisch-physikalische Schallereignisse auf, so versucht er, (stumme) Lautfolgen zu erzeugen und zwar so, daß seine Lauterzeugung genau diejenigen Schallereignisse ergibt, die er soeben aufgenommen hat. Aus seiner eigenen Lauterzeugung entnimmt er also, um welche Laute es sich bei den Schallereignissen handelt. Wir haben darauf hingewiesen, daß ein Hörer z.B. den Anfang von *di* und von *du* jedesmal als ein *d* identifizieren kann, obwohl es sich um zwei sehr unterschiedliche Schallereignisse handelt. Das gelingt ihm deshalb, weil seine beidesmal *gleiche* interne Produktion des Lauts *d* vor *i* und vor *u* zu genau diesen beiden *unterschiedlichen* Schallereignissen führt. Hörer «analysieren» demnach Lautfolgen, indem sie sie selbst «synthetisieren». Die hier interessierenden Theorien heißen denn auch «Analyse-durch-Synthese-Theorien». Eine besonders von Lieberman (1967) vertretene Theorievariante ist als «Motor-Theorie der Sprachwahrnehmung» bekannt geworden: Man identifiziert das Gesprochene, indem man selbst *sprechmotorisch* tätig wird. – Die Theorien sind nicht zuletzt deshalb umstritten, weil es bisher nicht gelungen ist, befriedigende Hinweise dafür zu finden, daß Menschen beim Hören von Äußerungen tatsächlich wie auch immer unhörbar sprechen (s. Fourcin, 1975). (Eine positive Auffassung zum «inneren Sprechen» wird in der sowjetischen Psychologie vertreten [s. Prucha, 1974].)

(iii) Seit etwa einhundert Jahren ist bekannt (vgl. Cattell, 1886), daß man Laute und Buchstaben besser identifizieren kann, wenn sie Teile von Wörtern sind (= Wortüberlegenheitseffekt). Reicher (1969) fand, daß man einen Buchstaben leichter als ein Element einer von zwei zur Auswahl stehenden Buchstaben-Klassen identifizieren kann (etwa als ein *p* oder ein *f*), wenn der Buchstabe *Teil eines Wortes* ist, als wenn er *für sich allein* steht. Dies auch dann, wenn der jeweils andere zur Auswahl stehende (Alternativ-)Buchstabe ebenfalls ein sinnvolles Wort ergibt. Der Erkennbarkeitsvorteil von Buchstaben, die Teile von Wörtern sind, beruht also *nicht* (*nur;* s.u. [iv]) darauf, daß lediglich sie, nicht aber ihre Alternativen «einen Sinn ergeben».

Unter Berücksichtigung solcher Befunde haben McClelland und Rumelhart (1981) ein *Interaktives Aktivationsmodell* der Laut-, Buchstaben- und Worterkennung entwickelt. Durch Computer-Simulation wurde es erfolgreich getestet. Wir erläutern das Modell vereinfacht anhand der simultanen Buchstaben- und Worterkennung: Im Informationsverarbeitungssystem des Menschen liegen in speziellen Speichern Buchstaben und Wörter vor. Diese gespeicherten Buchstaben und Wörter können als Informationselemente aufgefaßt werden, die zu Beginn eines Buchstaben- und Worterkennungsprozesses einen bestimmten, bereits unterschiedlichen Aktivations-(Aktiviertheits-)Betrag haben. Jedes Informationselement beeinflußt den Aktivationsbetrag der übrigen Elemente während des Erkennungsprozesses wie folgt: (1) Stärker aktivierte Buchstaben senken den Aktivationsbetrag der weniger stark aktivierten Buchstaben; während des Erkennungsprozesses wird also der Aktivationsgradient der Buchstaben steiler. (2) Stärker aktivierte Wörter senken den Aktivationsbetrag der weniger stark aktivierten Wörter (Versteilung des Aktivationsgradienten der Wörter). (3) Buchstaben aktivieren diejenigen Wörter zusätzlich, in denen sie enthalten sind, und hemmen diejenigen, in denen sie nicht enthalten sind. (4) Wörter aktivieren diejenigen Buchstaben zusätzlich, die in ihnen enthalten sind, und hemmen die anderen Buchstaben.

Der Buchstaben- und Worterkennungsvorgang sieht wie folgt aus: Das Informationsverarbeitungssystem nimmt zunächst die graphischen Repräsentationen irgendwelcher Buchstaben auf (visueller Input) und analysiert diese graphischen Figuren auf das Vorliegen und Nichtvorliegen bestimmter figuraler Merkmale (z.B. senkrechter Strich links, horizontaler Strich oben, usw.). Je mehr Merkmale einem gespeicherten Buchstaben entsprechen, umso stärker wird er zusätzlich aktiviert. Die relativ stark aktivierten Buchstaben hemmen die weniger stark aktivierten Buchstaben und aktivieren zudem diejenigen Wörter zusätzlich, in denen sie enthalten sind; die übrigen Wörter werden von ihnen gehemmt. Die Wörter aktivieren wiederum rückwirkend die Buchstaben, die in ihnen enthalten sind; die übrigen Buchstaben werden von ihnen gehemmt. Und die stärker aktivierten Wörter hemmen die weniger stark aktivierten Wörter. Durch diesen vielfältigen simultanen Aktivierungs- und Hemmungsaustausch zwischen Buchstaben und Buchstaben, Wörtern und Wörtern sowie Buchstaben und Wörtern erhält endlich ein Wort einen so hohen Aktivationsbetrag, daß dieser als erster einen Schwellenwert übersteigt: Das Wort ist damit *identifiziert.* Dies übrigens auch dann, wenn noch nicht jeder einzelne Buchstabe, aus dem es besteht, sehr stark aktiviert ist und ebenfalls den genannten Schwellenwert überschritten hat, also «erkannt» worden ist. (Vgl. dazu auch die weiter oben dargestellten Experimente von Marslen-Wilson & Tyler, 1980.)

Das Interaktive Aktivationsmodell von McClelland und Rumelhart (1981) hat bedeutsame Merkmale, die es mit der Blackboard-Auffassung teilt und die es z.B. vom Pandämonium-Modell unterscheiden (s.o. den Abschnitt Sprachrezeption als komplexer Regulationsprozeß): Die vielen *parallel* verlaufenden Teilprozesse sind hoch *interaktiv;* der Zustand eines jeden Informationselements hängt in jedem Augenblick entscheidend von den Zuständen der anderen Informationselemente ab. Das Prozeßergebnis wird zudem *nicht* von einer einzelnen, zentralen Prozeßinstanz gesteuert.

(iv) Neben den bereits genannten «Hilfsmitteln» stehen dem Hörer beim Versuch, Laute, Buchstaben und Wörter zu erkennen, auch die Ergebnisse höherer Teilprozesse der Sprachrezeption zur Verfügung. So kann ein Laut oder ein Buchstabe oft nur so und nicht anders beschaffen sein, weil die rezipierte Äußerung des Sprechers sonst keinen Sinn ergeben würde. Das verdeutlicht eine Untersuchung von Mil-

LER und ISARD (1963): Man erkennt Wortfolgen und die in ihnen enthaltenen Wörter und Laute bei starker Geräuschüberlagerung viel besser, wenn es sich um grammatisch korrekte und sinnvolle Sätze handelt, als wenn diese Wortfolgen zwar grammatisch korrekt, aber sinnlos sind oder wenn sie sogar nur aus ungeordneten, beliebigen Aneinanderreihungen von Wörtern bestehen.

Was das Wahrnehmen von Wörtern betrifft, so haben wir bereits betont, daß man keineswegs alle Laute identifiziert haben muß, um ein Wort zu erkennen. Man muß auch nicht jedes Wort identifiziert haben, um eine kohärente Wortfolge zu erkennen. Vieles kann der Hörer interpolieren bzw. inferieren, d.h. schlußfolgern (vgl. den Abschnitt Inferenzen). Empfängt jemand etwa an einem leicht gestörten Telefon die folgende Nachricht: «Tante Ilse fährt am Karfrei krz wieder krz Hause.», so kann er im Normalfall leicht schlußfolgern, daß die Wörter «Karfreitag» und «nach» gesagt worden sind. Der Hörer interpoliert übrigens «im Zweifelsfall» oft das üblichere Wort, z.B. dasjenige, das im Deutschen häufiger vorkommt (z.B. MILLER, HEINE & LICHTEN, 1951) oder auf das er irgendwie «voreingestellt» ist. Der Aufklärungsphilosoph G.C. LICHTENBERG berichtet scherzhaft von einem Gelehrten, der sich so eingehend mit HOMER befaßt hatte, daß er statt «angenommen» immer «Agamemnon» las. (Solche «Fehlleistungen» hängen ebenfalls mit – mißgeleiteten – Inferenzen zusammen.) Und es sei daran erinnert, daß man eine Wortfolge häufig nicht oder nicht vollständig identifiziert haben muß, um zu verstehen, was der *Sprecher* im Kontext der vorliegenden Situation mit seiner Äußerung beabsichtigt (vgl. Teilprozeß (e)): Der Auslandstourist versteht die Absicht des Basarhändlers, wenn ihm dieser in *fremder* Sprache seine Waren anpreist.

2.4 Zum Verstehen sprachlicher Äußerungen

Die folgenden Abschnitte behandeln Aspekte des Sprachverstehens, die über das Erkennen von Lauten, Buchstaben, Wörtern und Wortfolgen hinausreichen. Zu Beginn wird nochmals klargestellt, daß und inwiefern ein Hörer die vom Sprecher jeweils «gemeinten» Inhalte nicht dadurch ermitteln kann, daß er nach der Identifikation von Wörtern und Wortfolgen sozusagen ein inneres Lexikon aufschlägt und dort nachschaut, was das jeweilige Wort bedeutet. Dann werden die wichtigsten Hilfsmittel diskutiert, auf die sich der Hörer, nachdem von einer Punkt-zu-Punkt-Zuordnung von Wörtern und solchen «Lexikoneintragungen» keine Rede sein kann, bei seiner Rezeptionsarbeit stützt. Zu diesen Hilfsmitteln gehört zunächst die *grammatische Information,* die in wahrgenommenen Wortfolgen steckt. Weiter nutzt der Hörer die besondere Art, in der beim Sprechen *«alte» und «neue» Information* miteinander kombiniert wird. Ein wichtiges Hilfsmittel sind zudem die schon genannten vielfältigen *Schlußfolgerungen* (Inferenzen), die der Hörer durchführt, um Gesprochenes verstehen zu können. Und endlich sind *erlernte Erwartungen,* mit denen der Hörer Äußerungen des Sprechers antizipiert, für die Sprachrezeption von zentraler Bedeutung. Es geht also im folgenden nach der im Abschnitt 2.1 dargestellten Einteilung um die Teilprozesse (c) bis (f).

Worauf verweisen wahrgenommene Wörter und Wortfolgen?

Man kann Wörter und Wortfolgen (*als* Wörter und Wortfolgen) wahrnehmen bzw. identifizieren und sie z.B. richtig nachsprechen oder auch mit ihnen Reime bilden, ohne doch zu wissen, auf welche kognitiven Inhalte (subjektive Repräsentationen von (Klassen von) Dingen, Ereignissen oder Sachverhalten) sie verweisen. So mag man die Wörter «esca» und «pertisieren» richtig lesen und aussprechen können, ohne doch zu verstehen, was sie bedeuten. (Im Italienischen bedeutet «esca» den Köder; «pertisieren» bedeutet nichts.) Zur erfolgreichen Sprachrezeption gehört es also, zu verstehen, auf welche bereits im Bewußtsein vorhandenen kognitiven Inhalte eine Wortfolge verweist, welcher dieser Inhalte besonders zu beachten ist, welche im Gedächtnis befindlichen Inhalte zu reaktivieren sind, usw.

Übrigens können wir auch – umgekehrt – kognitive Inhalte im Bewußtsein haben, für die uns momentan das «zugehörige» Wort fehlt und wobei uns das gesuchte Wort bereits «auf der Zunge liegt» (Tip-of-the-tongue-Phänomen; s. YARMEY, 1973). So weiß jemand vielleicht bereits, daß es sich bei dem von ihm gesuchten Namen eines reformatorischen Theologen der Luther-Zeit, dessen Vorname «Philipp» lautet, um ein dreisilbiges Wort handelt, das mit «Me-» beginnt. Er verfügt schon über ein «antizipatorisches Schema» dieses Namens (SELZ, 1913), dessen erster Teil bereits mit «Me-» ausgefüllt ist und für dessen noch offene «Leerstellen» er zwei fehlende Silben sucht, um den Namen «Melanchthon» zu finden. Wenn man ein Wort sucht, das man noch nicht aus dem Gedächtnis zurückrufen kann, weiß man also in der Regel keineswegs *nichts* über dieses Wort; was man schon weiß (vgl. das «antizipatorische Schema»), schränkt die Zahl möglicher Suchalternativen ein und lenkt den Suchprozeß.

Nicht alle wahrgenommenen bzw. erkannten Wörter sind feste Zeichen für irgendwelche kognitiven Inhalte (Beispiele: «du», «die»); das wurde schon unter 1.3 betont. Manche Wörter können auch - je nach Kontext - sehr verschiedenen kognitiven Inhalten zugeordnet werden. So kann sich das Wort «Bank» auf eine Parkbank oder auf ein Bankinstitut, «Tor» kann sich auf einen dummen Menschen, auf ein Garten- oder Fußballtor oder auf einen germanischen Gott beziehen, usw. Umgekehrt können mehrere Wörter für dieselbe Klasse von Dingen stehen (vgl. «Cousin» und «Vetter»). Wörter können überdies lediglich als ein *Ausdruck* von Gefühlszuständen des *Sprechers* verwendet werden, wobei ihr Bezug zu bestimmten kognitiven Inhalten unerheblich wird. (So wird ein Sprecher mit dem Ausruf «Donnerwetter!» den Hörer wohl kaum auf das Konzept *Gewitter* verweisen, sondern auf seinen Gemütszustand.) Außerdem können Wörter als bloße (meist konventionell festgelegte) *Auslöser* hörerseitigen Verhaltens dienen (z.B. als Startsignal: «ab!») (z.B. BÜHLER, 1934).

Oft auch bezieht sich nicht ein einzelnes Wort, sondern eine untrennbar zusammengehörige Wortgruppe auf jeweils *einen* kognitiven Inhalt. (Beispielsweise bezeichnet «friedlich» etwas Bestimmtes; «Koexistenz» bezeichnet etwas anderes; «friedliche Koexistenz» aber bezeichnet etwas Drittes, einen spezifischen politischen Begriff, der nicht einfach als Resultat der «Addition» dieser beiden Wortbedeutungen aufgefaßt werden darf.) Nimmt man noch die erörterte höchst variable Verwendung von Wörtern beim Benennen hinzu, so wird klar, daß die Vorstellung, das Sprachverstehen sei das bloße Aufsuchen von «zugehörigen» Bedeutungen in einem vorhandenen Bedeutungsvorrat (oder in einem sog. «subjektiven Lexikon»), wohl falsch, zumindest aber viel zu stark simplifiziert ist (s. HÖRMANN, 1976, S.506 u.a.O.).

Schon gar nicht erzeugt der Hörer, auf der Basis empfangener Zeichenfolgen, einfache Bedeutungsreihen oder gar bloße ungeordnete Mengen von einzelnen kognitiven Inhalten. Das deshalb nicht, weil die kognitiven Inhalte in unserem Bewußtsein und Gedächtnis spezifisch strukturierte Zusammenhänge bilden (s. WENDER, COLONIUS & SCHULZE, 1980). (Vgl. auch Kap.3, Gedächtnis und Wissen.) Kognitive Inhalte sind nach der Meinung vieler Forscher *propositional* strukturiert. (Vgl. CHAFE, 1970; ENGELKAMP, 1976; FILLMORE, 1982; KINTSCH, 1977; NORMAN & RUMELHART, 1975; PYLYSHYN, 1973. Eine abweichende Auffassung vertritt z.B. JOHNSON-LAIRD, 1983.) Nach propositionaler Betrachtungsweise bilden kognitive Inhalte *Prädikat-Argument-Strukturen:* Bestimmte kognitive Inhalte (= Prädikate) haben die Funktion, anderen kognitiven Inhalten (= Argumenten) zugeschrieben (prädiziert) zu werden. So kann z.B. dem kognitiven Inhalt (Konzept) *Junge* und dem kognitiven Inhalt (Konzept) *Mädchen* (= Argumente) der kognitive Inhalt (Konzept) *Lieben* (= Prädikat) derart zugeschrieben sein, daß *Mädchen* der «Akteur» des Liebens (= Agent-Argument) und *Junge* der «Betroffene» des Liebens (= Patient-Argument) ist. Man kann diese Proposition wie folgt schreiben:

[Prädikat: LIEBEN (Agent: MÄDCHEN; Patient: JUNGE)]

Die Konzepte *Mädchen, Junge* und *Lieben* bilden hier keineswegs eine bloße Sequenz oder «Summe», sondern eine propositionale Struktur; bei anderer propositionaler Struktur könnten *dieselben* Inhalte auch ergeben, daß der Junge das Mädchen liebt. Das Verstehen des Gesprochenen oder Geschriebenen bedeutet (auch), anhand von wahrgenommenen Wortfolgen nicht Abfolgen von Bedeutungselementen, sondern propositionale Strukturen von kognitiven Inhalten zu erzeugen. Und es bedeutet, diese Propositionen in die jeweils schon im Bewußtsein vorhandenen propositionalen Gefüge bzw. Netzwerke einzubauen oder einzupassen. Anders formuliert: Sprachrezeption ist (auch) die Erzeugung bzw. Ermittlung von strukturierter Information und ihre Integration in bereits verfügbare Informationsbestände. Dabei kann man sich das Einpassen der mit Hilfe der Wahrnehmung von Wortfolgen erzeugten Information in die schon im Bewußtsein vorhandenen Informationsgefüge oft so vorstellen, daß diese Informationsgefüge sozusagen Leerstellen haben, die durch die «neue» Information ausgefüllt werden. (Vgl. dazu weiter unten: Erlernte Erwartungen und Textverständnis.)

Wortabfolge und grammatische Information

Wie kann der Hörer auf der Basis der wahrgenommenen Wortfolge «Das Mädchen liebt den Jungen» die richtige Proposition erzeugen, d. h. finden, daß das Mädchen den Jungen liebt (und nicht etwa der Junge das Mädchen)? Hierzu stehen ihm, vereinfacht dargestellt, *zwei Strategien* zur Verfügung:

(i) In einfachen Fällen der Sprachrezeption beachtet der Hörer lediglich diejenigen Wörter oder zusammenhängenden Wortgruppen eines Satzes, die sich auf einzelne kognitive Inhalte beziehen (= Inhaltswörter). In unserem Beispiel sind das die Wörter «Mädchen», «liebt» und «Jungen», nicht aber «das» und «den». Auch die Endungen von Inhaltswörtern («lie**bt**», «Junge**n**») und andere Wortabwandlungen beachtet der Hörer hierbei kaum. Er entnimmt primär der *Abfolge von Inhaltswörtern* (engl.: «word order»), wie die kognitiven Inhalte, auf die die Wörter oder Wortgruppen verweisen, propositional strukturiert sind: Z. B. steht in einfachen Subjekt-Prädikat-Objekt-Sätzen dasjenige Inhaltswort, das das Agent-Argument bezeichnet, vorn im Satz und das Wortzeichen für das Patient-Argument hinten; das Verb, das dazwischen steht, verweist auf das Prädikat. Auch für etwas kompliziertere Sätze bestehen solche Abfolgeregeln (s. CLARK & CLARK, 1977, S. 73ff.). Oft reicht die bloße Anwendung dieser erlernten Abfolgeregeln aus, um damit Prädikat-Argument-Strukturen zu ermitteln. Hierbei greifen freilich auch andere Teilprozesse der Sprachrezeption ein (s. o.). Z. B. wird die Findung von Propositionen häufig dadurch erleichtert, daß des Hörers Auffassung von der kommunikativen Gesamtsituation nur eine bestimmte propositionale Beziehung zwischen kognitiven Inhalten sinnvoll erscheinen läßt.

Ersichtlich gelten die vorbestehenden Formulierungen nur für den Gebrauch von Sprachen, für die überhaupt feste Wortabfolgeregelungen bestehen (beispielsweise für die Verwendung des Englischen). Bei anderen Sprachen (beispielsweise beim Finnischen oder Serbokroatischen) treten an die Stelle standardisierter Wortabfolge-Informationen Informationen, die sich aus *Flexionsmustern* (Mustern aus Vorsilben, Endungen und dergleichen) ergeben. Hier sind es also die Flexionsmuster der Inhaltswörter, aus denen der Hörer relativ leicht entnehmen kann, wie kognitive Inhalte propositional strukturiert sind (s. BOWERMAN, 1973).

(ii) Dem Hörer kann eine wahrgenommene Wortabfolge jedoch so kompliziert erscheinen, daß eine einfache Wortabfolge- oder Flexionsmusteranalyse für die Propositionenfindung nicht ausreichen. Oder ein entsprechender Versuch etwa auf der Basis des bloßen «word order» kann zu einem Ergebnis führen, das sich nicht damit verträgt, was der Hörer außerdem noch in bezug auf die vorliegende Situation weiß. In diesen Fällen verarbeitet der Hörer in eingehender Weise (mit größerem Zeitaufwand, mit stärkerer Aufmerksamkeitszuwendung, sozusagen auf erhöhtem Reflexionsniveau) vielfältige grammatische Informationen. Zu diesen gehören neben der Wortabfolge und den Flexionen von Inhaltswörtern u. a. das Auftreten von Wörtern lediglich syntaktischer Funktion (= Funktionswörter) sowie *spezifische* Abweichungen von der üblichen Wortabfolge (z. B. bei Frage- oder Passivsätzen). Nur im Extremfall führen Hörer allerdings *vollständige* grammatische Analysen durch, um die (Gefüge von) Propositionen zu finden, auf die in einem Satz verwiesen wird. Wenn die wahrgenommene Äußerung lautet «Das Mädchen liebt der Junge», so kann die Proposition, auf die dieser etwas unübliche Satz verweist – daß nämlich der Junge das Mädchen liebt und nicht umgekehrt – gefunden werden, wenn der Hörer beachtet, daß das zweitletzte Wort des Satzes «der» (und nicht «den») lautet und daß diese Artikel-Form (Nominativ) den Jungen zum Satzsubjekt und damit zum Agent-Argument der gesuchten Proposition macht; das erste Wort «Das» muß dann als Akkusativ verstanden werden, wodurch das Mädchen in die Patient-Rolle versetzt wird. Und damit verträgt sich auch, daß am Satzende «Junge» und nicht «Jungen» steht.

Es existieren formale Modelle für die *vollständige* grammatische Analyse von Sätzen, auf deren Basis auch Computer so programmiert werden können, daß sie die grammatische Struktur auch schwieriger Sätze analysieren können (s. RITCHIE, 1978). (Vgl. auch Kapitel 10.) Ein solches Modell ist das «Modell der Erweiterten Übergangsnetzwerke» (engl.: «Augmented Transition Networks (ATN)») (z. B. KAPLAN, 1975; WANNER & MARATSOS, 1978; WOODS, 1970). Ob man solche Modelle auch verwenden kann, um die menschliche Sprachproduktion besser zu begreifen, ist bis heute umstritten (s. LACHMAN, LACHMAN & BUTTERFIELD, 1979). Dagegen spricht, daß der menschliche Hörer eben nur im Extremfall (etwa als Linguist im Dienst) vollständige grammatische Satzanalysen durchzuführen pflegt. Angemessener erscheinen *Zwei-Stufen-Vorstellungen:* Der Hörer beschränkt sich danach – etwa beim Gebrauch des Englischen – bei der Ermittlung von im Satz angesprochenen Propositionen auf die *Abfolge von Inhaltswörtern* (=1. Stufe); erst wenn er auf der 1. Stufe nicht zum Erfolg kommt oder einen Mißerfolg vorhersieht, unternimmt er eine eingehendere Analyse der gesamten *grammatischen Struktur* des Satzes (=2. Stufe) (z. B. FODOR & FRAZIER, 1980, FRAZIER & FODOR, 1978).

Alte und neue Information

Nicht nur die erörterte Abfolge von Inhaltswörtern, Flexionsmuster und weitere spezifische grammatische Informationen helfen dem Hörer, wahrgenommene Wortsequenzen zu verstehen. Z. B. haben Sprecher gelernt – und Hörer wissen das –, ihre Äußerungen so zu formulieren, daß der Hörer im allgemeinen leicht erkennen kann, (a) auf welchen bereits im Bewußtsein befindlichen oder schon beachteten Inhalt verwiesen wird *und* (b) wodurch dieser Inhalt (z. B. durch Abruf eines anderen kognitiven Inhalts aus dem Gedächtnis) ergänzt werden soll. Sätze enthalten fast stets *sowohl* einen Verweis auf die Information, auf die der Hörer bereits «zentriert» ist bzw. die er «fokussiert» (= *alte* Information) *als auch* die Anweisung an den Hörer, wie er diese alte Information ergänzen, ändern oder ersetzen soll (= *neue* Information) (z. B. CLARK & HAVILAND, 1977; ENGELKAMP, 1982). Weiß der Hörer bereits, daß sich der Sprecher beispielsweise auf einen Zwerg bezieht, und fährt der Sprecher dann fort: «Der Zwerg hatte eine lange Nase», so verweist «Der Zwerg» auf die alte Information (Zwerg); «hatte eine lange Nase» verweist auf die neue Information. Die neue Information wird in der Regel artikulatorisch betont; sie erhält den «Satzakzent» (s. HALLIDAY, 1967). In einfachen Subjekt-Prädikat-Objekt-Sätzen steht die neue Information ganz überwiegend hinten im Satz. Sie kann aber, wie etwa die Spaltsatz-Konstruktionen (s. o. 1.3) verdeutlichen, auch dadurch zusätzlich betont werden, daß der Sprecher sie im Satz nach vorn rückt (z. B. FLORES D'ARCAIS, 1973; allgemein: ENGELKAMP & ZIMMER, 1983).

Häufig erscheint die zunächst neue Information im *nächsten* Satz noch einmal als nunmehr alte Information, auf die wiederum eine neue Information folgt, usw.: «Ich sah einen Zwerg. *Er* hatte eine lange Nase. Die *Nase* war ganz rot. ...» Dieses jeweils doppelte Auftreten einer Information als *neu* und *alt* hilft dem Hörer zu erkennen, wie die nacheinander angesprochenen kognitiven Inhalte zusammenhängen bzw. welchem kontinuierlichen Gedankengang er folgen soll.

Ein Sprecher kann beabsichtigen, die Aufmerksamkeit des Hörers über mehrere Sätze hinweg auf ein und dasselbe Konzept zu lenken, dieses Konzept also als «Thema» (engl.: «topic») *beizubehalten*. Man nennt dies die *Topikalisierung* von Dingen, Ereignissen oder Sachverhalten (s. FLORES D'ARCAIS, 1973). Die Topikalisierung kann so erfolgen, daß man das betreffende Konzept immer wieder als *Satzsubjekt* verbalisiert. («Es war einmal ein Zwerg. *Der Zwerg* hatte eine lange Nase. *Er*

lebte in der Nähe von Kiel. *Er* ...») Hier wird über die jeweils gleiche alte Information in mehreren Sätzen unterschiedlich Neues ausgesagt; die alte Information erhält unterschiedliche Kommentierungen (engl.: «comments»).
In diesem Zusammenhang kann übrigens auch verständlich gemacht werden, warum Sprecher in ihrer Rede häufig *Passivsätze* verwenden. Nehmen wir an, daß ein Fußballreporter soeben gesagt hat: «Völler macht heute ein ganz großes Spiel.» Der Reporter fährt fort: «Er wird jetzt von Förster umgestoßen.» (Der Sprecher sagt nicht: «Förster stößt ihn jetzt um.») Völler ist topikalisiert; dieser Fußballspieler stellt die alte Information dar, auf die der Hörer «zentriert» ist. Im nachfolgenden Satz verweist der Sprecher nun auf eine Proposition, in der Völler das Patient-Argument ist. Damit aber Völler weiter topikalisiert bleibt, wird auf ihn auch im nachfolgenden Satz in Form des *Satzsubjekts* verwiesen. Das ist aber nur möglich, wenn dieser Satz ein Passivsatz ist; im Passivsatz entspricht das Satzsubjekt dem Patient-Argument (s. URBAN, 1980). Auch Passivsätze dienen so dazu, dem Hörer die Erfassung des Zusammenhangs der Rede zu erleichtern.

Inferenzen

Das soeben angeführte Beispiel zeigt auch, daß der Hörer immer wieder erschließen (inferieren) muß, worauf sich ein Wort oder Wortfolgen beziehen: Worauf bezieht sich das Pronomen «Er» in unserem letzten Beispiel? Der Hörer muß inferieren, daß es sich auf den kognitiven Inhalt *Völler* bezieht. Der Hörer hat so etwas wie Abfolgeschemata für Satzkonstruktionen erlernt. So kann er etwa erwarten, daß «Er» für die alte Information steht, die – wie in unserem letzten Beispiel – im vorhergehenden Satz bereits die alte Information gewesen war oder die – wie in einem früheren Beispiel – im vorhergehenden Satz als neue Information vorlag. Die sprecherseitige Gestaltung der Satzfolge ist hier ein Hilfsmittel für richtiges hörerseitiges Inferieren. (Zum Inferieren vgl. u.a. BRANSFORD & JOHNSON, 1972; CLARK, 1978; FREDERIKSEN, 1975; KINTSCH, KOZMINSKY, STREBY, MCKOON & KEENAN, 1975; MANDL, 1981; RICKHEIT & KOCK, 1983; WENDER, 1982.)
Im soeben besprochenen Fall bestand das Inferieren darin, herauszufinden, auf welchen kognitiven Inhalt (Konzept) sich ein Wort oder eine Wortfolge beziehen (=*Konzept-Inferenz*). Es gibt daneben noch andere Arten des Inferierens, von denen hier zwei weitere genannt seien: Der Hörer möge die Äußerung wahrnehmen: «Maria holte die Picknick-Utensilien aus dem Wagen. Das Bier war warm.» (s. CLARK & HAVILAND, 1974). Er muß hier erkennen, daß der kognitive Inhalt *Bier* zum kognitiven Inhalt *Picknick-Utensilien* im Verhältnis eines Teils zum Ganzen steht (Teil-Ganzes-Relation; s. DÖRNER, 1979, S. 28ff.); sonst wird ihm der Sachzusammenhang nicht klar, auf den *beide Sätze zusammen* verweisen. Zu verstehen, daß das Bier ein Teil der Picknick-Utensilien ist, kann als das Resultat einer *Inferenz von Konzeptrelationen* bezeichnet werden.
Wenn in einem früher berichteten Experiment (s. Abschnitt zur Ergänzung des «klassischen» Modells) der Hörer erschließen muß, daß sich die Äußerung «unter dem runden» auf einen Holzklotz bezieht, so geht es um eine besondere Art der Inferenz von Konzeptrelationen, nämlich um eine *Objekt-Inferenz:* Daß sich hier die Wörter «dem runden» auf etwas Rundes beziehen, erfordert vom Hörer keine besondere (Konzept-)Inferenz. Er muß vielmehr erschließen, daß der durch die Wörter «dem runden» bezeichnete kognitive Inhalt *rund* dem kognitiven Inhalt *Bauklotz* zuzuschreiben ist. Diese Zuschreibung ist eine notwendige Voraussetzung dafür, ein bestimmtes Objekt zu identifizieren. (Auf den Bauklotz wurde in der fraglichen Äußerung überhaupt nicht explizit Bezug genommen.)
Bei der Inferenz von Konzeptrelationen und speziell bei der Objekt-Inferenz werden noch mehr als bei der Konzept-Inferenz kognitive Leistungen gefordert, die nicht mehr allein auf der Basis von Informationen erfolgen können, die in den wahrgenommenen Wortfolgen selbst stecken. In starkem Maße ist der Hörer auf sein Verständnis der kommunikativen Gesamtsituation und damit auch auf sein Wissen von der Wirklichkeit angewiesen, soweit dieses nicht «Sprachwissen» ist. Das zusammen mit dem Sprachverstehen erforderliche Inferieren bringt Teilprozesse der Sprachrezeption (s. Abschnitt zu Ebenen des Verstehens: Teilprozesse (e) und (f)) ins Spiel, welche nicht im engeren

Sinne als «Sprachverarbeitungsvorgänge» gekennzeichnet werden können.

Erlernte Erwartungen und Textverständnis

Ein wesentliches Hilfsmittel für das Verstehen des «Inhalts» wahrgenommener Wortfolgen besteht darin, daß Hörer für bestimmte Sorten von längeren, zusammenhängenden Sprachäußerungen schriftlicher oder mündlicher Art spezielle *Erwartungen* über das *Nacheinander und den inhaltlichen Zusammenhang der Äußerungskomponenten* besitzen (z.B. CLARK, 1978; KINTSCH & VAN DIJK, 1978; SCHANK & ABELSON, 1977). So weiß man etwa, was eine Gebrauchsanweisung oder ein Kochrezept ist, und man erwartet, wenn man sie liest, eine bestimmte Anordnung des Textes bzw. bestimmte im Text mitgeteilte Informationen in bestimmter Reihenfolge. Solche Erwartungen können sich ebenso auf die Beschreibung von Personen (WINTERMANTEL & CHRISTMANN, 1983) oder einer Wohnung (LINDE & LABOV, 1975) beziehen wie auf die Schilderung eines Arztbesuchs (BOWER, BLACK & TURNER, 1979) oder auf das Erzählen von Geschichten. Schon Kinder haben gelernt zu erwarten, daß der Sprecher beim Erzählen eines Märchens mit einer kurzen Beschreibung der «Szenerie» (des «Setting») beginnt: «Es war einmal ein König. Der regierte seit ...», daß er dann zu einer (ersten) Handlungsepisode übergeht, weitere Episoden folgen läßt, bis er das Märchen eventuell mit einer «moralischen Nutzanwendung» abschließt (s.u.). Es gibt inzwischen eine Reihe verschiedener theoretischer Modelle, die diese «Geschichtenstrukturen» – allgemein: «Textstrukturen» – zu konzeptualisieren versuchen. (Vgl. BOCK, 1978; GLOWALLA, 1981; GRAESSER, 1978; HOPPE-GRAFF & SCHÖLER, 1980; RUMELHART, 1975; STEIN & GLENN, 1977; THORNDYKE, 1977; WIMMER, 1982; s. auch Kapitel 10.)

Man sollte die folgende Unterscheidung treffen: (1) Die Erwartungen, von denen hier die Rede ist, können sich auf die *Dinge, Ereignisse und Sachverhalte* selbst beziehen, über die jeweils gesprochen oder geschrieben wird. Sie haben eine bestimmte «typische» Beschaffenheit. Dies unabhängig davon, wie über sie gesprochen oder geschrieben wird. Das gilt z.B. für Wohnungen ebenso wie für Restaurantbesuche. Wie «typische» Wohnungen aussehen und wie «typische» Restaurantbesuche verlaufen, wissen wir, und wenn uns jemand darüber in welcher Weise auch immer berichtet, so können wir aus unserem Sachwissen Erwartungen darüber ableiten, was der Sprecher sagen wird. (2) Außerdem verfügen wir über das bereits genannte Wissen über «typische» *Textstrukturen*. So wissen wir, in welcher Weise irgendwelche Märchen erzählt oder irgendwelche Kochrezepte angegeben werden. Hören wir ein Märchen, das wir noch nicht kennen, so genügt es schon zu wissen, daß es sich überhaupt um ein Märchen handelt, um spezifische Erwartungen über die jeweils als nächstes folgende Äußerung des Sprechers zu bilden. So können wir etwa erwarten, daß eine Episode des Märchens mit irgendeinem Geschehnis beginnt (initiating event), welches «innere», z.B. emotionale Auswirkungen auf den «Helden» hat (internal response), daß der «Held» dann einen Handlungsplan entwirft (internal plan) und diesen auszuführen versucht (attempt); diese Handlungsausführung kann zum Ziel führen oder nicht (result), usw. (s. STEIN & GLENN, 1979, S. 60f.). Solche allgemeinen Ablaufstrukturen können wir für unser Sprachverstehen nutzen, auch wenn wir kein konkretes Sachwissen darüber haben, um *welche* Geschehnisse, «inneren» Auswirkungen, Planentwürfe und dergleichen es sich dabei handelt (s. RICKHEIT & STROHNER, 1985).

Wir müssen also beispielsweise unser Wissen über «typische» *Wohnungen* (= (1)) vom Wissen über den «typischen» Ablauf der *Beschreibung* von Wohnungen (= (2)) unterscheiden (z.B. HERRMANN, 1985; VAN DIJK & KINTSCH, 1983). Beiderlei Wissen erleichtert die Sprachrezeption. Für beide Arten des Wissens lassen sich gemeinsame allgemeine Charakteristiken angeben. Sowohl für unser *Weltwissen* (Sachwissen, Wissen vom «Funktionieren der Wirklichkeit») als auch für unser *Text- oder Diskurswissen* (Diskurs: von franz.: «discours», Unterredung, Gespräch) herrschen heute die folgenden theoretischen Auffassungen vor (z.B. ABELSON, 1981; RUMELHART & ORTONY, 1977): Menschen verfügen über im Gedächtnis gespeicherte und bei Bedarf abrufbare *kognitive Schemata* oder auch *Skripts* (engl.: «script», Drehbuch), in denen häufig vorkommende und handlungsrelevante Umgebungskonstellationen subjektiv repräsentiert sind. (Vgl. auch Kap. 3, Gedächtnis und Wissen.) Schemata und Skripts – ihre theoretische Bestimmung ist nicht identisch, auch gibt es gravierende Auffassungsunterschiede zu beiden theoretischen Konstrukten – sind fest verknüpfte Gefüge oder Netzwerke von strukturierten Konzeptmengen. Der Zusammenhang zwischen den Konzepten ist vorwiegend zeitlicher, kausaler oder auch räumlicher Art. So stehen im Restaurant-Skript die Konzepte *Essen* und *Bezahlen* in einer bestimmten zeitlichen Relation zueinander, die nicht derjenigen im Schnellimbiß-Skript entspricht. Schemata und Skripts sind so beschaffen, daß die in ihnen enthaltenen Konzepte die Funktion von *Variablen* haben können, die mittels «passender» Information mit Werten belegbar (instantialisierbar) sind. Zu einem erlernten Wohnungs-Schema dürfte in der Regel das Konzept *Küche* gehören; Wohnungen haben irgendwelche Küchen. Man kann wahrnehmen oder sich daran erinnern, wie eine *bestimmte* Küche aussieht. Dieser Vorgang kann nun als Instantialisierung der Küchen-Variablen durch externe oder gespeicherte Information aufgefaßt werden. Denkt man an keine bestimmte Küche oder stehen keine speziellen Informationen aus der Wahrnehmung oder aus dem Gedächtnis zur Verfügung, so werden die Variablen – abhängig von vorgängigen Lernerfahrungen – mit «typischen» Werten (engl.: «default assignments», Ersatzzuweisungen) belegt; man hat dann etwa die Vorstellung einer «normalen» Küche. – Der Skript-Begriff unterscheidet sich tendenziell vom Schema-Begriff dadurch, daß es bei ihm besonders um die Verknüpfung von Situations- und Handlungswissen, also darum geht, was man jeweils beim Vorliegen bestimmter Situationsmerkmale zu tun hat (Beispiel: Restaurant-Skript).

Nimmt jemand in seiner Umgebung Einzelheiten wahr, die geeignet sind, relevante Variablen z. B. eines Wohnungs-Schemas zu instantialisieren, so führt das dazu, das gespeicherte Wohnungs-Schema als ganzes im Gedächtnis aufzurufen, es zu aktivieren. Mit Hilfe des aktivierten Schemas kann jetzt in der Umgebung nach weiteren Informationen gesucht werden, die geeignet sind, weitere Variablen dieses Schemas zu instantialisieren. Gelingt das, so ist damit zum einen bestätigt, daß es sich bei der Umgebungskonstellation um eine Wohnung handelt, zum anderen kann diese Erkenntnis dazu benutzt werden, nachfolgende Informationen aus der Umgebung adäquat einzuordnen und sie somit zu «verstehen». So kann man auch Erwartungen über Gegebenheiten bilden, die man noch nicht wahrnimmt (man erwartet beispielsweise, daß sich irgendwo die Küche befindet); man kann aktiv nach dem «noch Fehlenden» suchen (etwa nach dem Kleiderschrank); man kann schema-spezifische Handlungen planen (z. B. Überlegungen zur Einrichtung des Schlafzimmers), usw. – Und so kann man das Wohnungs-Schema auch verwenden, um Erwartungen darüber abzuleiten, was ein *Sprecher* über eine Wohnung zu *berichten* haben wird. Und das erleichtert, wie betont, die Sprachrezeption erheblich.

Entsprechendes gilt, wenn Informationen aus unserer Umgebung dazu führen, etwa ein Märchen-Schema oder aber das Schema für Kochrezepte zu aktivieren. Auch dieses *schematisierte Text- bzw. Diskurswissen* setzt uns instand, etwas zu erwarten, Fehlendes zu vermissen, Lücken zu schließen, also zu inferieren, usw.

Das Welt- und das Textwissen erleichtern es dem Hörer, den «roten Faden» (GLOWALLA, 1981) einer vielgliedrigen Äußerung zu erkennen. Und so kann er auch das Wesentliche vom Unwesentlichen unterscheiden. Er wird im Wege der kognitiven Weiterverarbeitung des Gehörten oder Gelesenen und bei dessen Einspeicherung ins Gedächtnis das Unwesentliche nicht mehr beachten; er wird es tilgen. Er wird Gemeinsamkeiten mehrerer Einzelheiten des Texts zusammenfassen und im Text vorhandene Informationslücken durch eigene freie Hinzufügungen schließen. So erzeugt er eine geordnete *Makrostruktur* des Gehörten oder Gelesenen (KINTSCH & VAN DIJK, 1978; vgl. auch Kap. 10, Ausgewählte Methoden), die er in sein Wissen einbaut. Die Makrostruktur betrifft sozusagen die wesentlichen Ideen oder den Kern der Sache. Der Hörer behält die auf das Wesentliche beschränkte Makrostruktur einer Geschichte oder dergleichen im Gedächtnis, nicht aber den ursprünglich wahrgenommenen Wortlaut oder irgendwelche beliebigen Teile des Wortlauts (s. BARTLETT, 1932).

Was jeweils das Wesentliche bzw. der Kern einer Geschichte ist, erfährt man z.B., wenn man Versuchspersonen *Zusammenfassungen* von gehörten oder gelesenen Geschichten anfertigen läßt. Aus der Analyse der spezifischen Unterschiede zwischen dem wahrgenommenen (Original-)Text und der produzierten Zusammenfassung kann man zu erschließen versuchen, nach welchen Prinzipien Menschen kognitive Gebilde von der Art der Makrostrukturen erzeugen. Neben KINTSCH und VAN DIJK (1978) hat eine Reihe anderer Autoren unter Verwendung des Originaltext-Zusammenfassungs-Vergleichs Gesetzmäßigkeiten bei der Beschränkung auf das Wesentliche einer Geschichte gefunden. (Eine instruktive Übersicht gibt AEBLI, 1981, S.166ff.) Z.B. fand RUMELHART (1975) die folgende Weglassungsregel: Im Originaltext vorkommende, kausal verknüpfte Sachverhalte von der Art, daß ein *Akteur* (Agent) durch eine *Handlung* einen *Effekt* bei einem *Betroffenen* (Patient) bewirkt, werden in Zusammenfassungen durch *Weglassung der Handlung* verkürzt. AEBLI (1981, S.165) gibt dazu das folgende Beispiel: Im Originaltext steht: «Die Schlange biß den Knaben und bewirkte, daß der Knabe starb.» Der folgende kausale Sachverhalt ist in diesem Satz ausgedrückt: Die Schlange (Akteur) biß (Handlung) den Knaben (Patient) und verursachte so, daß der Knabe (Patient) starb (Effekt). Nach der Weglassung der *Handlung* sieht dann die Zusammenfassung wie folgt aus: «Die Schlange bewirkte den Tod des Knaben.» Die Kausalstruktur hat sich geändert: Der Akteur bewirkt einen Effekt beim Betroffenen; daß er dies durch eine Handlung tut, ist in der Zusammenfassung getilgt. Das Wesentliche des Vorgangs ist auch so erhalten geblieben.

Der von einem Hörer wahrgenommene Text kann sich auf Sachverhalte beziehen, für die er über schematisiertes Sach- oder Weltwissen (s.o.) verfügt. Der Hörer kann dann sein Gedächtnis dadurch entlasten, daß er das betreffende Schema oder Skript und daneben lediglich die Abweichungen vom schemaspezifisch «Typischen» sowie auffällige Spezifikationen des «Typischen» speichert; d.h. er muß nicht alle Einzelheiten behalten. Was jemand nach der gehörten Beschreibung von Frau Müllers Wohnung im Gedächtnis speichert, ist dann zum einen der Sachverhalt, daß es sich um eine Wohnung handelt, und zum anderen, daß gerade diese Wohnung vom «Typischen» so und so abweicht und daß sie diese und jene Besonderheit aufweist. Diese Auffassung von der Gedächtnisspeicherung von Texten bzw. Diskursen nennt man das *Script-plus-tag-Modell* (engl.: «to tag», etikettieren, auszeichnen, anhängen). Experimentelle Untersuchungen dazu haben insbesondere GRAESSER, GORDON & SAWYER (1979) vorgelegt.

3. Der Prozeß der Sprachproduktion

Die Sprachproduktion kann in diesem Kapitel auf engerem Raum abgehandelt werden als die Sprachrezeption, weil schon in den vorstehenden Abschnitten häufig Gesichtspunkte angesprochen wurden, die gleichermaßen für die Sprachrezeption und -produktion gelten und hier nicht mehr wiederholt werden müssen. Auch darf nicht übersehen werden, daß bisher bei weitem weniger sprachpsychologische Forschungsergebnisse zu Produktionsprozessen als zu Rezeptionsvorgängen vorliegen (HERRMANN, 1982, S.5ff.; HERRMANN, 1985, S.205ff.).

3.1 Allgemeines zum Produktionsvorgang

Produzieren und Rezipieren im globalen Vergleich

Die Prozesse der Sprachrezeption und die der Sprachproduktion laufen bei einem Teilnehmer an einer sprachlichen Kommunikation nacheinander und z.T. in zeitlicher Überlappung ab. Sie sind eng aufeinander bezogen: Davon, wie wir das von einem Kommunikationspartner Gesagte und Gemeinte verstehen, hängen unsere eigenen Äußerungen ab, unsere Äußerungen verändern die Umweltkonstellation, indem sie beim Partner zu Äußerungen führen, die wiederum wir selbst aufnehmen und verarbeiten müssen, usw. Bei alledem sind jedoch die Sprachrezeption und die Sprachproduktion keine spiegelbildlichen Prozesse.

(i) Betrachten wir eine bestimmte sprachliche Äußerung, z.B. eine als Satz formulierte Wortfolge: Man kann diesen Satz oder doch das mit der Äußerung dieses Satzes vom Sprecher Gemeinte durchaus *verstehen,* ohne etwa jeden Laut, jedes Wort und jede in ihm realisierte grammatische Regel identifiziert bzw. verstanden zu haben. Man kann aber denselben Satz nicht «frei» *produzieren,* wenn man nicht *jedes* seiner Wörter und *jeden* seiner Laute erzeugt und nicht *alle* anzuwendenden grammatischen Regeln korrekt verwendet hat. Insofern ist hier im Unterschied zur Sprachrezeption kein Teilprozeß ersetzbar. (In unserem früheren Wandtafel-Gleichnis gesprochen: kein «Experte» darf hier ausfallen.) Auch wenn man diesen Befund nur mit Vorsicht zu einer generellen Kennzeichnung der Sprachproduktion verallgemeinern darf und wenn er auch nicht für alle Varianten der Produktion von Äußerungen in gleichem Maße gilt, so ist die *Ersetzbarkeit bzw. Kompensierbarkeit von Teilprozessen durch andere Teilprozesse* doch bei der Sprachproduktion sehr viel geringer, als das bei der Sprachrezeption der Fall ist.

(ii) Die Sprachrezeption kann als ein Gesamtvorgang verstanden werden (vgl. den Abschnitt zur Sprachrezeption als komplexer Regulationsprozeß), bei dem viele parallel ablaufende Teilprozesse gemeinsam und mit wechselndem Anteil zum Endergebnis führen. Bei der Sprachproduktion handelt es sich eher um ein Geschehen, bei dem das Vorliegen von Resultaten eines vorgeordneten Teilprozesses zur notwendigen Voraussetzung für den Start eines nachgeordneten Teilprozesses wird. Auch wenn dies ebenfalls nur in Annäherung richtig ist und auch Rückwirkungen von nachgeordneten Teilprozessen auf vorgeordnete nicht fehlen (s.u.), so ist die Produktion doch eher als die Rezeption ein *serielles Auf- und Auseinanderfolgen von Teilprozessen.* (Das bedeutet nicht, daß ein vorgeordneter Prozeß nicht *gleichzeitig* mit einem nachgeordneten ablaufen könnte. Dies ist der Fall, wenn mit dem vorgeordneten Prozeß schon die *nachfolgende* Äußerung vorbereitet wird, während gleichzeitig die *vorhergehende* Äußerung noch mit dem nachgeordneten Prozeß «exekutiert» wird.)

Drei Prozeßstufen

Beim Gesamtprozeß der Sprachproduktion kann man in groben Zügen drei Prozeßstufen unterscheiden (z.B. Chafe, 1976; Schlesinger, 1977; Sidner, 1983). (Der Leser vergleiche diese Dreiteilung auch mit den Annahmen des «klassischen» Kommunikationsmodells.)

Erste Stufe: Erzeugung der kognitiven Äußerungsbasis: Der Sprecher richtet seine Aufmerksamkeit auf diejenigen Bewußtseinsinhalte, die die (propositional strukturierte) Basis dessen sind, worüber er reden will. In anderer Begrifflichkeit (vgl. Kapitel 3): Das Sprecher-System aktiviert in seinem Arbeitsspeicher diejenigen Informationen (Netzwerkbereiche), die zur Enkodierung anstehen. Schlesinger (1977, S.81) spricht hier von der nichtsprachlichen «kognitiven Struktur», die der Sprecher bereitstellt und «from what he is aware of and intends to talk about». So erinnert sich ein Sprecher an den Arztbesuch, über den er erzählen will; ein Sprecher fokussiert den Sachverhalt, daß er von seinem Kommunikationspartner Geld zurückhaben will; darüber will er mit dem Partner sprechen, usw.

Zweite Stufe: Selektion und Linearisierung: Auch auf dieser Stufe treten noch keine Sprachzeichen ins Spiel. Doch werden aus der kognitiven Äußerungsbasis (1. Stufe) diejenigen Teilinhalte ausgewählt, die überhaupt (oder als nächstes) sprachlich verschlüsselt werden sollen. Nicht alles, worüber man sprechen will, wird nämlich tatsächlich enkodiert. Wenn etwa ein Kind «meint», daß sein Bruder ihm einen Apfel *vom Baum* herunterholen soll, *weil es ihn essen möchte,* so wird es vielleicht doch nur *sagen* (= enkodieren), daß sein Bruder ihm den Apfel herunterholen soll. Für die sprachliche Verschlüsselung wählt es hier aus der kognitiven Ausgangsbasis seiner Sprachproduktion eine *Teilmenge* kognitiver Inhalte aus. Man nennt diesen Vorgang die *Selektion* eines «Inputs» (einer «Eingabe») für den nachfolgenden Teilprozeß der Enkodierung (= 3. Stufe). Schlesinger (1977) nennt diesen Input «I-Marker». Ich verwende den Begriff *semantischer Input* (Herrmann, 1982).

Zugleich bringt der Sprecher die auf der 1. Stufe vorliegende Äußerungsbasis (bzw. Teile davon) bei längeren (mehrgliedrigen) Äußerungen in eine *Abfolge;* man muß entscheiden, was man jeweils als *nächstes* enkodieren will; auch die zu erzeugenden Sprachzeichen sind ja im Sinne eines Nacheinander («linear») geordnet. Die

Herstellung der Abfolge der nacheinander zu enkodierenden Teile der kognitiven Äußerungsbasis nennt man *Linearisierung* (CHAFE, 1976; LEVELT, 1982).

Dritte Stufe: Enkodierung: Der semantische Input wird in eine geordnete Wortfolge verwandelt; er wird sprachlich verschlüsselt bzw. *enkodiert.* Die Enkodierung besteht aus einander wechselseitig beeinflussenden Komponenten. Die wichtigsten sind (a) die *lexikalische* Enkodierung («Wortwahl»), (b) die *grammatisch-syntaktische* Enkodierung («Satzbau»: Wortabfolge im Satz, grammatisch bestimmte Wortabwandlungen (Flexionen) einschließlich Wortendungen, usw.) und (c) die *prosodische* Enkodierung (Tonhöhen-und Betonungsverlauf, Pausen). Dieser 3. Stufe wird auch oft noch die phonetisch-artikulatorische Realisation («Aussprache») der zu erzeugenden Äußerung zugeordnet (SCHLESINGER, 1977); man kann die phonetisch-artikulatorische Realisation aber auch vom eigentlichen Enkodiervorgang trennen (HERRMANN, 1982). Beim Enkodieren mag der zu verschlüsselnde *semantische Input* (vgl. 2. Stufe) beispielsweise die folgende propositionale Struktur haben: [GEBEN (= Prädikat) (ARZT (= Agent-Argument), ICH (= Patient-Argument), REZEPT (= Objekt-Argument))]. Nach erfolgter Enkodierung mag dann die in bestimmter Weise betonte *Sprachäußerung* bei einem englischen Sprecher die Form haben: «The doc gave me a prescription». (Zur Enkodierung s. u. a. BOCK, 1982; FROMKIN, 1973; GARRETT, 1975; HERRMANN, 1985; SCHLESINGER, 1977.)

Wenn auch die Teilprozesse dieser drei Stufen als im Regelfall aufeinander folgend betrachtet werden dürfen (s. o.), so muß doch noch einmal betont werden, daß sie sich *zeitlich überlappen* können. So wählt man den jeweils nächsten Input aus (2. Stufe), während man den vorherigen Input bereits enkodiert (3. Stufe), oder man kann auch bereits einen Satz auszusprechen beginnen (= Enkodier- und Realisationsvorlauf), während man die Bestandteile des semantischen Inputs noch nicht vollständig beisammen hat (KEMPEN, 1977; PECHMANN, 1984). Es gibt zudem *Rückwirkungen* beispielsweise der Prozesse der Enkodierstufe auf diejenigen der Selektions- und Linearisierungsstufe. Allgemein: Zur Sprachproduktion gehören vielerlei *Regulationsvorgänge:* So ersetzen wir oft einen semantischen Input (oder Teile davon) durch einen anderen, wenn uns der Versuch der lexikalischen Enkodierung mißlingt, wenn uns also «nicht das richtige Wort einfällt». Oder wir bemerken plötzlich mit Schrecken, daß dasjenige, was wir schon zu enkodieren begonnen haben, irgendeine soziale Konvention verletzt, brechen den begonnenen Satz ab und wählen einen anderen Input. Oder uns wird während des Enkodierens klar, daß auf die versuchte Weise kein korrekter Satz zustande kommt, und revidieren die Enkodierung (z. B. FROMKIN, 1973; ROMMETVEIT, 1968). Und wir verfertigen und verbessern oft sogar dasjenige, über das wir sprechen wollen (1. Stufe), während wir bereits reden – und indem wir unserer Rede selbst «zuhören» (s. HEINRICH VON KLEIST, 1806: «Über die allmähliche Verfertigung der Gedanken beim Reden»).

3.2 Kognitive Äußerungsbasis, Selektion und Linearisierung

Aus Raumgründen werden wir den Enkodierungsvorgang (3. Stufe) und die phonetisch-artikulatorische Realisation einer Äußerung nicht separat besprechen. (Eine instruktive Einführung finden Sie bei CLARK & CLARK, 1977, S. 259ff.) Wir wenden uns den Stufen 1 und 2 des Sprachproduktionsprozesses zu und werden nur noch im Anschluß an die Linearisierung auf zwei wichtige, den Enkodierprozeß betreffende Gesichtspunkte hinweisen.

Kognitive Äußerungsbasis

Wir haben in jedem Augenblick ein spezifisches Situationsverständnis, das auch durch die Rezeption von Äußerungen unseres Kommunikationspartners mitbestimmt sein kann. Wir nehmen unsere Umwelt wahr, wir erinnern uns an Gewußtes, usw. Unsere Situationseinschätzung (zusammen mit unseren Handlungsplänen) kann ergeben, daß wir zum Zwecke der Erreichung unserer Ziele oder auch nur der Befolgung von Konventionen jetzt etwas sagen sollten. Wir richten unsere Aufmerksamkeit auf etwas, was «Gegenstand» unserer Äußerung(en) sein soll; wir *fokussieren* damit bestimmte Inhalte unseres Bewußtseins oder *reaktivieren* Gedächtnisbestände und bereiten diese im

Wege von Denkvorgängen auf. So mögen wir z.B. eine Kommunikationssituation so einschätzen, daß wir unserem Partner ein Erlebnis erzählen werden, um die Gesprächsatmosphäre aufzulockern (QUASTHOFF, 1980). Oder wir beurteilen die vorliegende Situation etwa so, daß wir gern einen Bonbon essen würden, daß wir aber keinen haben, daß wir ihn aber hätten, wenn ihn uns unser Partner geben würde; dieser könnte ihn uns geben und würde das auch tun, falls wir ihn darum bitten; und wir fühlen uns auch legitimiert, den Bonbon vom Partner zu erbitten. Also werden wir den Partner zur Hergabe eines Bonbons auffordern. Wir schätzen also die vorliegende Situation als eine «Aufforderungssituation» ein und haben so eine kognitive Basis für eine zu erzeugende Äußerung generiert.

Das Situationsverständnis, aus dem die Erzeugung einer Äußerungsbasis folgt, ist in starkem Maße von unserem *Weltwissen* abhängig. Wir können in oft erlebte, zur Routine gewordene *Standardsituationen* geraten, für die wir vorgefertigte Schemata oder Skripts haben (vgl. den Abschnitt zum Verstehen sprachlicher Äußerungen). Wenn wir sehr häufig ein bestimmtes Märchen erzählt haben, so wissen wir, ohne lange zu überlegen, worüber wir sprechen wollen. Befinden wir uns in einem Restaurant und kommt der Kellner an unseren Tisch, so wissen wir, wovon die Rede sein soll (GRAESSER, GORDON & SAWYER, 1979; SCHANK & ABELSON, 1977; vgl. auch Kap. 2, Wahrnehmung). In anderen Fällen – *Nicht-Standardsituationen* – stellt die Erzeugung einer Äußerungsbasis keine Abarbeitung einer Routineaufgabe, sondern ein *Problem* dar (DÖRNER, 1979). Dies mag der Fall sein, wenn wir zunächst nicht wissen, worüber wir auf einer Party mit einem/einer «interessanten Fremden» sprechen sollen oder wie wir ein delikates Verkaufsgespräch «aufziehen» könnten oder wie der «Stoff» eines schriftlich zu bearbeitenden Prüfungsthemas beschaffen ist. Die Problematik der Erzeugung von Äußerungsbasen in Nicht-Standardsituationen kann ebenso aus Wissensmängeln wie aus Schwierigkeiten der sozialen Interaktion erwachsen.

Selektion

(1) In der Untersuchung von STREITZ (1982), die Sie im Abschnitt zur Ergänzung der «klassischen» Modelle kennenlernten, ging es um die Aufgabenbezogenheit von Sprachproduktionen. Seinen Versuchspersonen können wir allesamt die gleiche Äußerungsbasis unterstellen; sie alle hatten den gleichen Originaltext gehört und im Gedächtnis behalten. Doch war die *Selektion der semantischen Inputs* bei den einzelnen Versuchsgruppen verschieden: Die Versuchsteilnehmer, die lediglich den gehörten Text zu reproduzieren hatten, wählten Teile der Äußerungsbasis für die Enkodierung aus, die von den anderen Versuchspersonen, die außerdem Denkaufgaben zu lösen hatten, nicht bei der Sprachproduktion verwendet wurden. Die Input-Selektion war also je nach der im Experiment gestellten Aufgabe verschieden.

Soeben haben wir, als Beispiel für eine kognitive Äußerungsbasis, beschrieben, wie ein Sprecher eine vorliegende Situation als «Aufforderungssituation» fokussiert. Diese kognitive Basis für das Auffordern enthält eine ganze Reihe miteinander «sachlich» verknüpfter kognitiver Teilinhalte (u.a.: Sprecher will einen Bonbon essen, Partner kann den Bonbon hergeben, Sprecher ist zur Bitte befugt, usw.). Ein Sprecher wählt nun aus dem Insgesamt dieser Teilinhalte (Äußerungsbasis) einen Teilinhalt als semantischen Input für die Enkodierung aus. So kann der Sprecher den Teilinhalt «Sprecher will einen Bonbon essen» selektieren und dann etwa sagen: «Ich würde jetzt gern einen Bonbon essen.» (Das wäre eine ziemlich indirekte Aufforderung.) Oder er kann den Teilinhalt «Partner kann den Bonbon hergeben» auswählen und so die Äußerung erzeugen: «Kannst du mir einen Bonbon geben?» (Das wäre eine der schon genannten «Wunschfragen», die sehr oft produziert werden, wenn man eine Aufforderung beabsichtigt.) Oder der Sprecher selektiert den Input «Sprecher ist zur Bitte befugt» und äußert: «Ich kann von dir einen Bonbon verlangen.» (Dies wäre schon recht «massiv».) Usw. (s. HERRMANN, 1982, S. 115ff.)

(2) Welche Teilinhalte von kognitiven Äußerungsbasen werden jeweils als semantischer Input selektiert und welche nicht? Dies richtet

sich nach *situations- und zielspezifischen Selektionsregeln,* die Sprecher während ihrer Lerngeschichte erwerben. Die Input-Selektion erfolgt nach dem Regelschema:

Falls die Situation und das Handlungsziel das Merkmal *S* haben, dann selektiere aus der Äußerungsbasis den Teilinhalt *I* als semantischen Input! Nun liegt *S* vor. Also selektiere *I*!

Die Input-Selektion beruht also wesentlich auf der im Gedächtnis gespeicherten oder durch kognitive Vorgänge ad hoc ermittelten *Verknüpfung von Situations/Ziel-Merkmalen und Teilinhalten der Äußerungsbasis.* Man kann diesen Sachverhalt auch als das Aktivieren eines *Selektionsprogramms* interpretieren, das die Auswahl von Teilinhalten einer Äußerungsbasis steuert. Das Programm enthält Variablen, die erst jeweils durch den Abruf von Informationen aus dem Gedächtnis (Langzeitspeicher) und/oder durch aktuelle Informationsaufnahme mit konkreten Werten belegt werden müssen.

Wir veranschaulichen das an einem Beispiel (z.B. ENGELKAMP, MOHR & MOHR, 1985; HERRMANN et al., 1984): Die Selektion bestimmter semantischer Inputs für die Enkodierung von sprachlichen Varianten des *Aufforderns* (s.o.) hängt u.a. davon ab, welcher Wert der Variablen «Bereitschaft des Partners zur Befolgung der Aufforderung» (z.B. «hoch» vs. «niedrig») zugewiesen wird. Diese Wertzuweisung erfolgt (in Standardaufforderungssituationen, z.B. beim Kauf einer Zeitung am Kiosk) auf der Basis eines abgerufenen kognitiven Schemas oder Skripts: Zu unserem Weltwissen gehört, daß unter «Normalbedingungen» die Bereitschaft des Kiosk-Angestellten zum Zeitungsverkauf hoch ist. In anderen Fällen (in Nicht-Standardaufforderungssituationen) sind Prozesse der aktuellen Informationssuche und entsprechender Informationsverarbeitungen erforderlich, um der genannten Bereitschafts-Variablen einen konkreten Wert zuschreiben zu können (z.B.: Bereitschaft des Partners ist niedrig). Die auf diese Weise resultierenden Wertzuteilungen bestimmen wesentlich, welcher Teilinhalt der Äußerungsbasis als semantischer Input für die Enkodierung einer Aufforderungs-Äußerung ausgewählt wird.

Eine Input-Selektion erfolgt dann z.B. folgendermaßen: Ein Sprecher faßt eine Situation als Aufforderungssituation auf (= Äußerungsbasis). Er will also seinen Partner auffordern (ihm z.B. einen Bonbon zu geben) und aktiviert eine Selektionsregel für Aufforderungssituationen (bzw. ein entsprechendes Selektionsprogramm). Diese Regel möge im Sinne des zuvor genannten Regelschemas von folgender Art sein: *Wenn die Bereitschaft deines Partners zur Ausführung der Aufforderung den Wert x hat und wenn deine Legitimation zum Auffordern den Wert y hat und wenn … (usw.), dann wähle den Teilinhalt I_g der Äußerungsbasis zum Enkodieren aus!* Nach erfolgter Informationssuche möge der Sprecher der Bereitschafts-Variablen den Wert «x = niedrig» und der Legitimations-Variablen den Wert «y = hoch» zuweisen (usw.). Setzt er diese Werte nun in die genannte Regel ein (bzw. instantialisiert er das entsprechende Selektionsprogramm in dieser Weise), so wählt der Sprecher den Teilinhalt «Sprecher ist zur Bitte befugt» als semantischen Input I_g seiner Enkodierung aus. Er sagt dann etwa (s.o.): «Ich kann von dir einen Bonbon verlangen.» (Er sagt z.B. *nicht:* «Ich würde jetzt gern einen Bonbon essen.»)

(3) Eine genauere Betrachtung führt zu der folgenden Unterscheidung: Die situativen Bedingungen, unter denen man spricht (z.B. Merkmale des Gesprächspartners, eigene Handlungsziele bzw. zu erfüllende Kommunikationsaufgaben), wirken sich sowohl auf die *kognitive Äußerungsbasis* als auch auf die Selektion *semantischer Inputs* aus dieser Äußerungsbasis aus:

(a) Wenn man eine Party besucht hat und später von seinem Gesprächspartner gebeten wird, von dieser Party zu erzählen, so sieht die *kognitive Äußerungsbasis* unterschiedlich aus, wenn der Partner entweder das neueste Gerücht über das Vorleben der Gastgeberin hören oder wenn er über ihre Wohnungseinrichtung informiert werden möchte. Die jeweilige Äußerungsbasis des Sprechers stellt bereits eine situations- bzw. kommunikationsspezifische *Selektion* aus der Menge dessen dar, was er von der Party weiß bzw. im Gedächtnis behalten hat.

(b) Außerdem wird sich der Sprecher – falls es sich beispielsweise um die Wohnungseinrichtung handelt, für die er eine bestimmte Äußerungsbasis gebildet hat – über verschiedene (und verschieden viele) Details der Wohnung äußern, wenn er entweder eine möglichst genaue und vollständige Wohnungsbeschreibung liefern oder aber eher seinen globalen ästhetischen Eindruck schildern will oder soll. Sprecher pflegen nach der hier berichteten Auffassung für solche Fälle disparate *Selektionsprogramme* zur Verfügung zu haben, die auch (in Annäherung) auf der gleichen kognitiven Äußerungsbasis arbeiten können. (Man kann über «dasselbe» in verschiedener Weise sprechen.) Dies erinnert uns an die bereits besprochenen Text- bzw. Diskursschemata (vgl. oben den Abschnitt: Erlernte Erwartungen und Textverständnis). Man kann Selektionsprogramme, die standardisiert und konventionell festgelegt sind, als *für die Sprechplanung verwendete Text- bzw. Diskursschemata* auffassen. Bei den Text- bzw. Diskursschemata handelte es sich, vereinfacht formuliert, darum, was erlerntermaßen in welcher Abfolge gesagt wird – und was nicht gesagt wird. Etwa das Kochrezept-Schema oder das Märchen-Schema dienen auch dazu, bei der Sprachproduktion bestimmte Dinge, Ereignisse oder Sachverhalte zu berücksichtigen und andere nicht. So enthalten klassische Märchen stets Angaben über einen oder mehrere «Helden» oder Protagonisten, wohl kaum aber darüber, ob der «Held» Betriebsausgaben von der Steuer absetzen kann.

Das Zusammenspiel mehrerer Einflußgrößen auf die *Nutzung von Wissen* in kommunikativen Situationen kann wie folgt untersucht werden (Herrmann, Hoppe-Graff, Nirmaier & Schöler, 1985). Da es sich um ein für diesen Themenbereich charakteristisches Untersuchungsparadigma handelt, wird das Experiment etwas ausführlicher dargestellt. Es geht um die folgenden Annahmen: (1) Wenn mehrere Menschen mit einem und demselben Ereignis konfrontiert sind, so können sie es je nach ihrer *Voreinstellung* bzw. nach der «Perspektive», unter der sie es betrachten, sehr unterschiedlich auffassen (und entsprechend unterschiedlich im Gedächtnis behalten). Sie werden insofern über das Ereignis auch spezifisch Unterschiedliches sagen (s. Anderson & Pichert, 1978). (2) Menschen werden, selbst wenn sie das Ereignis unter der gleichen «Perspektive» aufgefaßt (und behalten) haben, über dieses Ereignis Unterschiedliches äußern, wenn sie mit ihrer Äußerung angesichts der jeweiligen Gesprächssituation unterschiedliche *Handlungsziele* verfolgen bzw. *Kommunikationsaufgaben* erfüllen. (3) Zudem fallen die Äußerungen über das Ereignis auch verschieden aus, wenn ihre jeweilige Kommunikationsaufgabe unterschiedliche *Äußerungstypen* (s. oben: Textschemata) verlangt. – Wie spielen solche Einflußgrößen bei der Reaktivierung gespeicherten Wissens zusammen? Es wird geprüft, wie *detailgenau* unter den folgenden Bedingungen über ein Ereignis gesprochen wird:

Unabhängige Variablen: Alle Versuchspersonen (Vpn) sahen einen Stummfilm, der die Zubereitung eines Fischgerichts in einer hochmodernen Küche zum Inhalt hatte. (1) Die eine Hälfte der Vpn sah den Film unter der in einer experimentellen Vorphase etablierten Voreinstellung, daß es sich beim Film um das *Kochen* (eines Fischgerichts) handelt; die andere Hälfte sah den Film unter der Voreinstellung, daß es um eine hochmoderne *Küche* geht. (2) Jeweils die Hälfte beider Vpn-Gruppen wurden in der sich anschließenden Kommunikationsphase des Experiments von einem Partner gebeten, entweder über die *Küche* oder das *Kochen* zu sprechen (= Kommunikationsaufgabe I). (3) Jeweils die eine Hälfte der Vpn aus den nunmehr vier Versuchsgruppen erhielt die Aufgabe, über Küche oder Kochen «genau und vollständig» zu *berichten;* die andere Hälfte hatte den Partner *anzuweisen:* Anweisung zur Herstellung des Fischgerichts in Form eines Rezepts bzw. Anweisung zur Herstellung eines genauen Plans der Anordnung der Kücheneinrichtung (= Kommunikationsaufgabe II). Die Tabelle 2 gibt die acht Bedingungen wieder.

Abhängige Variable: Die Filminformationen, die sich auf Einzelheiten der Küche (z. B. Rollschrank, Kaffeemaschine) und des Kochens (z. B. Zwiebel, Pilzeschneiden) beziehen, wurden von unabhängig voneinander arbeitenden Einschätzern protokolliert. Die von ihnen übereinstimmend angegebenen Details bilden die Elemente von zwei *Detail-Listen* (Küche, Kochen). Die Äußerungen jeder Vp wurden verschriftlicht, und es wurde ausgezählt, wieviele Elemente aus beiden Listen insgesamt in diesen Äußerungen vorkamen; die *Detailge-*

Tabelle 2: Versuchsplan.

Kommunikationsaufgabe I		Küche		Kochen	
Kommunikationsaufgabe II		Berichten	Anweisen	Berichten	Anweisen
Voreinstellung	Küche				
	Kochen				

nauigkeit ist also über die Anzahl der in den Vpn-Äußerungen vorkommenden Filmdetails definiert.

Versuchspersonen: 64 Vpn (männliche Studierende verschiedener Fachrichtungen der Universität Mannheim) nahmen in Einzeluntersuchungen an dem hier berichteten Experiment teil. Je acht Vpn wurden per Zufall einer der acht Bedingungen (Tab.2) zugeteilt.

Ergebnisse: Die Detailgenauigkeit (= Abhängige Variable) wurde einer Varianzanalyse unterzogen; Varianzquellen waren erstens die Voreinstellung, zweitens die Kommunikationsaufgabe I (K I) und drittens die Kommunikationsaufgabe II (K II) (s. Unabhängige Variablen). Die Tabelle 3 zeigt das Ergebnis der Varianzanalyse für eine von zwei Versuchsvarianten. (Die andere Variante erbrachte ein äquivalentes Ergebnismuster.)

Aus der Tabelle 3 ergibt sich die folgende Befundsituation: (1) Die Voreinstellung bzw. «Perspektive», unter der der Stummfilm betrachtet worden war (Küche vs. Kochen), wirkt sich nicht bedeutsam auf die Detailgenauigkeit der Äußerungen aus. (2) Dasselbe gilt für die Kommunikationsaufgabe I: Wenn die Vpn entweder über die Küche oder das Kochen sprechen, so unterscheiden sie sich dabei nicht erheblich in der Detailgenauigkeit. (3) Die Detailgenauigkeit variiert hingegen signifikant unter der Bedingungsvariation «genaues Berichten vs. Anleiten» (Kommunikationsaufgabe II). Einzelanalysen ergeben, daß die Vpn in bedeutsamem Ausmaß detailgenauer sprechen, wenn sie Anleitungen geben (Rezept, Plan), statt «genau und vollständig» zu berichten. (4) Ebenfalls signifikant ist die Wechselwirkung von Voreinstellung und Kommunikationsaufgabe I: Wenn die Vpn über denjenigen «Aspekt» des Films (Küche vs. Kochen) zu sprechen haben, unter dem sie den Film (per Voreinstellung) zuvor betrachtet hatten, so sprechen sie detailgenauer, als wenn die Voreinstellung und die Kommunikationsaufgabe I unterschiedlich sind. (5)–(7) Die übrigen Wechselwirkungen sind statistisch nicht bedeutsam. Es zeigen sich hier zwei (voneinander unabhängige) Quellen für die Detailgenauigkeit des Sprechens: Zum einen «verlangen» bestimmte Äußerungsweisen (z.B. Rezepte) eine größere Detailgenauigkeit als andere (z.B. «genaues und vollständiges» Berichten). Hierbei erscheint es interessant, daß die bloße Bitte, beim Berichten genau und vollständig zu sein, zu einer geringeren Genauigkeit führt als die Ausrichtung an einem konventionell festgelegten

Tabelle 3: Varianzanalyse der Detailgenauigkeit.

Varianzquelle	MQ	FG	F	p
(1) Voreinstellung	0,013	1	0,382	.539
(2) K I	0,040	1	1,146	.289
(3) K II	0,161	1	4,568	*.037*
Wechselwirkungen:				
(4) Voreinstellung/K I	0,188	1	5,361	*.024*
(5) Voreinstellung/K II	0,008	1	0,231	.633
(6) K I/K II	0,007	1	0,194	.661
(7) Wechselwirkungen 2. Ordnung	0,051	1	1,459	.232
Fehler	0,035	56		

Textschema (z.B. Rezeptschema), das gewissermaßen von sich aus zum Detailreichtum verpflichtet, indem es so etwas wie Leerstellen (Schema-Variablen) enthält, die bei der Sprechplanung auszufüllen sind (z.B.: Angabe aller Zutaten). Zum anderen können Vpn detailgenauer sprechen, wenn sie über eine Sache unter demjenigen «Aspekt» zu reden haben, unter dem sie diese Sache schon zuvor kognitiziert hatten.

Linearisierung

(1) Die zuvor erörterten Selektionsprogramme haben zugleich den Charakter von *Linearisierungsprogrammen,* die die *Aufeinanderfolge der Selektion* von Teilinhalten der kognitiven Äußerungsbasis steuern. Menschen verfügen, wie betont, nicht nur als *Hörer* über Text- bzw. Diskursschemata für bestimmte Textsorten (Märchen, Beschreibung einer Wohnung usw.). Als *Sprecher* benutzen sie diese Schemata auch als Selektions- bzw. Linearisierungsprogramme. Die Textschemata lenken so auch das Nacheinander von Textelementen (s. VAN DIJK & KINTSCH, 1983). So beginnt man die Beschreibung einer Wohnung fast stets, indem man einen imaginären «Rundgang» an der Wohnungstür anfangen läßt (LINDE & LABOV, 1975). Neben solchen erlernten Abfolge-Schemata, die sich auf spezifische Äußerungsarten beziehen, verfügt der Mensch aber auch über *allgemeine Prinzipien,* nach denen er die Teilinhalte von Äußerungsbasen linearisiert. Das wichtigste und wohl auch trivialste besteht darin, bei der sprachlichen Darstellung von nichtsprachlichen Sachverhalten, die in sich selbst *zeitlich geordnet* sind (z.B. ein Fußballspiel), am Anfang zu beginnen, auf der Zeitachse fortzuschreiten und am Schluß aufzuhören.

Wie aber verhält man sich, wenn dasjenige, worüber man reden will, nicht in sich selbst zeitlich strukturiert ist und wenn man keines der genannten Textschemata zur Verfügung hat? Dazu hat LEVELT (1982) experimentelle Untersuchungen vorgelegt. Er fand, daß das Nacheinander der sprachlichen Darstellung *räumlicher Strukturen* u.a. dem folgenden Prinzip folgt: Man soll sich möglichst wenig möglichst kurzfristig merken müssen! Anders formuliert: Die gewählte Art der Linearisierung dient der Entlastung der Kapazität des Arbeitsspeichers. Bei der Beschreibung räumlicher Gegebenheiten muß man z.B. behalten, an welchem Ort im Raum man die Beschreibung begonnen hat und wo eine «Verzweigung» liegt, von der aus man die Beschreibung zunächst in der einen Richtung fortgesetzt hat und zu der man zurückkehren muß, um in der anderen Richtung fortfahren zu können. Die Linearisierung pflegt nun so zu erfolgen, daß die Zahl solcher «Merkpunkte» so klein wie möglich bleibt und jeder «Merkpunkt» so kurzzeitig wie möglich behalten werden muß. (Über eine weitere Beschreibungsstrategie für räumliche Strukturen, nämlich die Komplexität der Beschreibung durch möglichst viele systematische *Zusammenfassungen des jeweils Gleichen* zu reduzieren, berichten DEUTSCH & JARVELLA, 1984.)

(2) Das Resultat des Selektierens und Linearisierens, also der *semantische Input* der sprachlichen Verschlüsselung, ist nicht die einzige Bedingung für die vom Sprecher erzeugte Sprachäußerung; man kann nicht allein vom semantischen Input aus die genaue Formulierung der Sprachäußerung vorhersagen (LEVELT, 1983). Diesen Gesichtspunkt kann man als *Unterbestimmtheitpostulat* bezeichnen: Die verschlüsselte Äußerung bleibt durch den semantischen Input unterbestimmt. Z.B. der semantische Input: [Prädikat: LIEBEN (Agent: MÄDCHEN; Patient: JUNGE] kann – im Deutschen – unter anderem alternativ wie folgt in eine Abfolge von Wörtern verwandelt werden:

Das Mädchen liebt den Jungen.
Die Biene steht echt auf den Typ.
Den Jungen liebt das Mädchen.
Liebt nicht das Mädchen den Jungen?!
Der Junge wird von dem Mädchen geliebt.
Es ist das Mädchen, das den Jungen liebt.
Wen das Mädchen liebt, ist der Junge.
Sie liebt ihn.
Sie ihn (etwa als Antwort auf eine Frage).
(Usw.)

Solche Varianten der Verschlüsselung eines und desselben semantischen Inputs ergeben sich aus Merkmalen der kommunikativen Gesamtsituation, aus Merkmalen des Partners, aus dem kognitiv-emotionalen Zustand des Sprechers, aus demjenigen, was dieser Äußerung soeben – sprachlich oder nichtsprachlich – vorausgegangen war, aus situationsspezifischen Einstellungen des Sprechers auf eine bestimmte Sprachschicht, aus erlernten Redegewohnheiten und anderem mehr (Herrmann, 1985, S. 247 ff.). Es ist der Sprachpsychologie bei weitem noch nicht möglich, alle üblichen Verschlüsselungsvarianten aus den jeweils vorliegenden, vielfältigen Bedingungen des Sprechens befriedigend zu erklären oder vorherzusagen.

(3) Beim Verschlüsseln können *Fehler* auftreten – solche, die der Sprecher bemerkt und sogleich «repariert», und solche, die ihm nicht auffallen. Aus der Art der Fehlerverbesserung lassen sich Vermutungen darüber gewinnen, wie die verbale Verschlüsselung von semantischen Inputs im einzelnen funktioniert (Fromkin, 1973; Levelt, 1983). So zeigt sich im Alltag und in sprachpsychologischen Untersuchungen, daß der Sprecher, der sich beim Bemerken eines Fehlers unterbricht, seine korrigierte Rede oft nicht dort fortsetzt, wo er aufgehört hat, sondern daß er dabei zuvor Gesagtes wiederholt. Die genaue Stelle des Wiedereinsatzes der Rede ist keineswegs beliebig und läßt erkennen, daß der Sprecher nicht sozusagen Wort für Wort verschlüsselt und daß er dementsprechend auch nicht nach der Unterbrechung bei jedem beliebigen Wort fortfährt. Die «Verschlüsselungseinheiten» bestehen in der Regel aus mehreren Wörtern und stimmen mit linguistisch bestimmbaren Satzteilen (sog. Satzkonstituenten) überein. So erzeugt der Sprecher z. B. eine Nominalphrase in einem Zug.

Eine Frage zum Schluß: Findet der Sprachwissenschaftler bei seinen grammatischen Analysen solche Satzkonstituenten, weil das psychophysiologische *Sprachverschlüsselungssystem* so gebaut ist, daß seine Teilmechanismen jeweils genau eine solche «Verschlüsselungseinheit» erzeugen? Oder verschlüsselt der Mensch

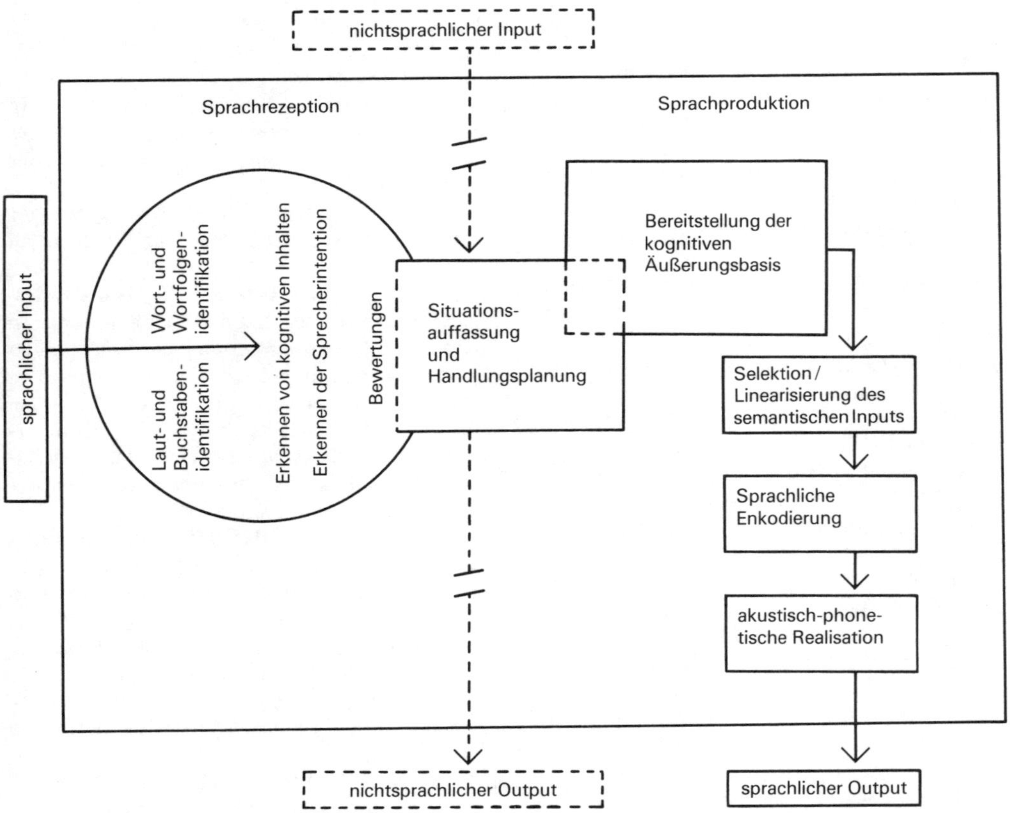

Abbildung 2: Schema der Sprachrezeption und Sprachproduktion.

im genannten Sinne «Einheit für Einheit», weil die *Sprache* (das jeweils historisch vorliegende Sprachsystem) eine bestimmte syntaktisch-grammatische Struktur (Konstituentenstruktur) besitzt, die sich im individuellen Sprechen «realisiert» (und die der Sprachwissenschaftler zu analysieren vermag)? Oder handelt es sich hier um eine Frage wie die, was zuerst existierte: Ei oder Henne? (s. BÜHLER, 1965).

4. Zusammenfassung des zweiten und dritten Kapitelteils

Die Prozesse der Sprachrezeption und der Sprachproduktion kann man unter Weglassung einiger (ebenfalls) wichtiger Gesichtspunkte im folgenden Schaubild schematisch zusammenfassen (Abb. 2).

Literaturverzeichnis

ABELSON, R.P. (1981). Psychological status of the script concept. *American Psychologist, 36,* 715–729.

AEBLI, H. (1981). *Denken: Das Ordnen des Tuns* (Bd. 2). Stuttgart: Klett-Cotta.

ANDERSON, R.C. & PICHERT, J.W. (1978). Recall of previously unrecallable information following a shift in perspective. *Journal of Verbal Learning and Verbal Behavior, 17,* 1–12.

ARGYLE, M. (1969). *Social interaction.* London: Methuen.

BARTLETT, F.C. (1932). *Remembering: An experimental and social study.* Cambridge: Cambridge University Press.

BLOOMFIELD, L. (1933). *Language.* New York: Holt, Rinehart & Winston.

BLUMENTHAL, A.L. (1970). *Language and psychology.* New York: Wiley.

BOCK, J.K. (1982). Toward a cognitive psychology of syntax: Information processing contributions to sentence formulation. *Psychological Review, 89,* 1–47.

BOCK, M. (1978/1979). Überschriftspezifische Selektionsprozesse bei der Textverarbeitung. *Archiv für die gesamte Psychologie, 131,* 77–93.

BOGARDUS, E.S. (1925). Measuring social distance. *Journal of Applied Sociology, 9,* 299–308.

BONAMA, T.V. (1976). Conflict, cooperation, and trust in three power systems. *Behavioral Science, 21,* 495–514.

BOWER, G.H., BLACK, J.B. & TURNER, T.J. (1979). Scripts in memory for text. *Cognitive Psychology, 11,* 177–220.

BOWER, G.H. & COHEN, P.R. (1981). *Emotional influences in memory and thinking: Data and theory.* Stanford: Stanford University.

BOWERMAN, M. (1973). *Early syntactic development: a cross-linguistic study with special reference to Finnish.* Cambridge: Cambridge University Press.

BRANSFORD, J.D. (1979). *Human cognition.* Belmont: Wadsworth.

BRANSFORD, J.D. & JOHNSON, M.D. (1972). Contextual prerequisites for understanding: Some investigations of comprehension and recall. *Journal of Verbal Learning and Verbal Behavior, 11,* 717–726.

BRANSFORD, J.D. & NITSCH, K.E. (1978). Coming to understand things we could not previously understand. In J.F. Kavanagh & W. Strange (Eds.), *Speech and language in the laboratory, school, and clinic* (pp. 267–307). Cambridge: MIT Press.

BÜHLER, K. (1934, 1965). *Sprachtheorie.* Jena: 1934. Stuttgart: Fischer, 1965.

CARVER, C.S. & SCHEIER, M.F. (1981). *Attention and self-regulation: A control theory approach to human behavior.* New York: Springer.

CATTELL, J.M. (1886). The time taken up by cerebral operations. *Mind, 11,* 220–242.

CHAFE, W.L. (1970). *Meaning and the structure of language.* Chicago: University of Chicago Press.

CHAFE, W.L. (1976). *Bedeutung und Sprachstruktur.* München: Hueber.

CLARK, H.H. (1978). Inferring what is meant. In W.J. Levelt & G.B. Flores d'Arcais (Eds.), *Studies in perception of language* (pp. 295–322). New York: Wiley.

CLARK, H.H. & CLARK, E.V. (1977). *Psychology and language.* New York: Harcourt Brace Jovanovich.

CLARK, H.H. & HAVILAND, S.E. (1974). Psychological processes as linguistic explanation. In D. Cohen (Ed.), *Explaining linguistic phenomena* (pp. 91–124). Washington, D.C.: Hemisphere Publishing.

CLARK, H.H. & HAVILAND, S.E. (1977). Comprehension and the given-new contract. In R.O. Freedle (Ed.), *Discourse production and comprehension* (pp. 1–40). Norwood: Ablex.

CLARK, H.H. & LUCY, P. (1975). Understanding what is meant from what is said: A study in conversationally conveyed requests. *Journal of Verbal Learning and Verbal Behavior, 14,* 56–72.

CLARK, H.H. & SCHUNK, D.H. (1980). Polite responses to polite requests. *Cognition, 8,* 111–143.

DE SAUSSURE, F. (1931, 1967). *Grundfragen der allgemeinen Sprachwissenschaft* (1931). Berlin: de Gruyter, 1967.

DEUTSCH, W. & JARVELLA, R.J. (1984). Asymmetrien zwischen Sprachproduktion und Sprachverstehen. In C.F. Graumann & Th. Herrmann

(Hrsg.), *Karl Bühlers Axiomatik* (S. 173-199). Frankfurt: Klostermann.

DÖRNER, D. (1979). *Problemlösen als Informationsverarbeitung.* Stuttgart: Kohlhammer.

EKMAN, P. (1978). Facial expression. In A. W. Siegman & S. Feldstein (Eds.), *Nonverbal behavior and communication* (pp. 97-116). New York: Wiley.

ENGELKAMP, J. (1976). *Satz und Bedeutung.* Stuttgart: Kohlhammer.

ENGELKAMP, J. (1982). *Given and new information. Theoretical positions and empirical evidence* (Arbeiten der Fachrichtung Psychologie). Saarbrücken: Universität des Saarlandes.

ENGELKAMP, J. & KRUMNACKER, H. (1978). The effect of cleft sentence structures on attention. *Psychological Research, 40,* 27-36.

ENGELKAMP, J., MOHR, G. & MOHR, M. (1985). Zur Rezeption von Aufforderungen. *Sprache & Kognition, 4,* 65-75.

ENGELKAMP, J. & ZIMMER, H. D. (1981). Clause relations and picture viewing, *Archiv für die gesamte Psychologie, 133,* 129-138.

ENGELKAMP, J. & ZIMMER, H. D. (1983). *Dynamic aspects of language processing.* Berlin: Springer.

FILLMORE, C. J. (1982). Towards a descriptive framework for spatial deixis. In R. J. Jarvella & Klein (Eds.), *Speech, place, and action* (pp. 31-59). New York: Wiley.

FLORES D'ARCAIS, G. B. (1973). *Cognitive principles in language processing.* Leiden: Universitaire Pers Leiden.

FODOR, J. D. & FRAZIER, L. (1980). Is the human sentence parsing mechanism an ATN? *Cognition, 8,* 417-459.

FOURCIN, A. J. (1975). *Language development in the absence of expressive speech. Foundations of language development* (Vol. 2, pp. 263-268). New York: Academic Press.

FRAZIER, L. & FODOR, J. D. (1978). The sausage machine: A new two-stage parsing model. *Cognition, 6,* 291-325.

FREDERIKSEN, C. H. (1975). Effects of context-induced processing operations on semantic information acquired from discourse. *Cognitive Psychology, 7,* 139-166.

FRIEDERICI, A. D. (1984). *Neuropsychologie der Sprache.* Stuttgart: Kohlhammer.

FROMKIN, V. (Ed.). (1973). *Speech errors as linguistic evidence.* The Hague: Mouton Publishers.

GARRETT, M. F. (1975). The analysis of sentence production. In G. H. Bower (Ed.), *The psychology of learning and motivation* (Vol. 9, pp. 133-177). New York: Academic Press.

GEIGER, TH. (1964). *Vorstudien zu einer Soziologie des Rechts.* Neuwied: Luchterhand.

GIBBS, R. W. (1979). Contextual effects in understanding indirect requests. *Discourse Processes, 2,* 1-10.

GLOWALLA, U. (1981). *Der Rote Faden – ein handlungstheoretisches Modell zur Textverarbeitung.* Dissertation, Universität Braunschweig.

GRAESSER, A. C. (1978). How to catch a fish: The representation and memory of common procedures. *Discourse Processes: A Multidisciplinary Journal, 1,* 72-89.

GRAESSER, A. C., GORDON, S. C. & SAWYER, J. D. (1979). Recognition memory for typical and atypical actions in scripted activities: Tests of a script pointer tag hypothesis. *Journal of Verbal Learning and Verbal Behavior, 18,* 319-332.

GRICE, H. P. (1975). Logic and conversation. In P. Cole & J. L. Morgan (Eds.), *Syntax and semantics* (Vol. 3: Speech acts, pp. 41-58). New York: Academic Press.

GRIMM, H. (1982). Sprachentwicklung: Voraussetzungen, Phasen und theoretische Interpretationen. In R. Oerter & L. Montada (Hrsg.), *Entwicklungspsychologie: Ein Lehrbuch* (S. 506-566). München: Urban & Schwarzenberg.

GRIMM, H. & ENGELKAMP, J. (1981). *Sprachpsychologie.* Berlin: Schmidt.

HACKER, W. (1973). *Allgemeine Arbeits- und Ingenieurpsychologie. Psychische Struktur und Regulation von Arbeitstätigkeiten.* Berlin: VEB Deutscher Verlag der Wissenschaften.

HALLIDAY, M. A. K. (1967). Notes on transitivity and theme in English. *II. Journal of Linguistics, 3,* 199-244.

HECKHAUSEN, H. (1980). *Motivation und Handeln.* Berlin: Springer.

HERRMANN, TH. (1982). *Sprechen und Situation.* Heidelberg: Springer.

HERRMANN, TH. (1985). *Allgemeine Sprachpsychologie.* München: Urban & Schwarzenberg.

HERRMANN, TH. & DEUTSCH, W. (1976). *Psychologie der Objektbenennung.* Bern: Huber.

HERRMANN, TH., HOPPE-GRAFF, S., NIRMAIER, H. & SCHÖLER, H. (1985). *Partnerbezogenes Berichten: Perspektive, Fokus und Linearisierung* (Bericht Nr. 3). Heidelberg/Mannheim: Universität Heidelberg/Mannheim, Arbeiten der Forschergruppe Sprechen und Sprachverstehen im sozialen Kontext.

HERRMANN, TH., SCHÖLER, H. & WINTERHOFF-SPURK, P. (1982). *Inkonsistenzmanagement. Überlegungen zur kognitiven Verarbeitung sprachlicher Äußerungen.* (Bericht Nr. 24). Mannheim: Universität Mannheim, Arbeiten der Forschungsgruppe Sprache und Kognition am Lehrstuhl Psychologie III der Universität.

HERRMANN, TH., WINTERHOFF-SPURK, P., MANGOLD, R. & NIRMAIER, H. (1984). Auffordern und Informationsnutzung. *Sprache & Kognition, 1,* 41-53.

HINTON, G. E. & ANDERSON, J. A. (Eds.). (1981). *Parallel models of associative memory.* Hillsdale: Erlbaum.

Hörmann, H. (1976). *Meinen und Verstehen. Grundzüge einer psychologischen Semantik.* Frankfurt: Suhrkamp.

Hörmann, H. (1977). *Psychologie der Sprache* (2. Auflage). Berlin: Springer.

Hörmann, H. (1981). *Einführung in die Psycholinguistik.* Darmstadt: Wissenschaftliche Buchgesellschaft.

Hoppe-Graff, S. & Schöler, H. (1980). *Wie gut verstehen und behalten Kinder einfache Geschichten? Wichtigkeitsurteile und Reproduktionsdaten* (Bericht Nr. 17). Mannheim: Universität Mannheim, Arbeiten der Forschungsgruppe Sprache und Kognition am Lehrstuhl III der Universität Mannheim.

Hornby, P.A. (1974). Surface structure and presupposition. *Journal of Verbal Learning and Verbal Behavior, 13,* 530–538.

House, J. & Kasper, G. (1981). Politeness markers in English and German. In F. Coulmas (Ed.), *Conversational routine* (pp. 157–185). New York: Mouton.

Irle, M. (1975). *Lehrbuch der Sozialpsychologie.* Göttingen: Hogrefe.

Johnson-Laird, P. N. (1983). *Mental models.* Cambridge: Cambridge University Press.

Kaplan, R. (1975). *Transient processing load in sentence comprehension.* Unpublished doctoral dissertation, Harvard University.

Kelley, H.H. & Thibaut, J.W. (1978). *Interpersonal relations: A theory of interdependence.* New York: Wiley.

Kempen, G. (1977). Conceptualizing and formulating in sentence production. In S. Rosenberg (Ed.), *Sentence production* (pp. 259–274). Hillsdale: Erlbaum.

Kintsch, W. (1977). *Memory and cognition.* New York: Wiley.

Kintsch, W., Kozminsky, E., Streby, W.J., McKoon, G. & Keenan, J.M. (1975). Comprehension and recall of text as a function of content variables. *Journal of Verbal Learning and Verbal Behavior, 14,* 196–214.

Kintsch, W. & van Dijk, T.A. (1978). Toward a model of text comprehension and production. *Psychological Review, 85,* 363–394.

Köck, W.K. (1978). Kognition – Semantik – Kommunikation. In P.M. Heil, W.K. Köck & G. Roth (Hrsg.), *Wahrnehmung und Kommunikation* (S. 197–213). Frankfurt: Lang.

Lachman, R., Lachman, J.W. & Butterfield, E.C. (1979). *Cognitive psychology and information processing.* Hillsdale: Erlbaum.

Ladefoged, P. & Broadbent, D. (1957). Information conveyed by vowels. *Journal of the Acoustical Society of America, 29,* 98–104.

Lantermann, E.D. (1980). *Interaktionen. Person, Situation und Handlung.* München: Urban & Schwarzenberg.

Levelt, W.J.M. (1982). Linearization in describing spatial networks. In S. Peters & E. Saarinen (Eds.), *Processes, beliefs, and questions* (pp. 199–220). Dordrecht: Reidel.

Levelt, W.J.M. (1983). Monitoring and self repairs in speech. *Cognition, 14,* 41–104.

Lewis, D. (1975). *Konventionen. Eine sprachpsychologische Abhandlung.* Berlin: de Gruyter.

Liberman, A.M., Cooper, F.S., Shankweiler, D.P. & Studdert-Kennedy, M. (1967). Perception of the speech code. *Psychological Review, 74,* 431–461.

Lieberman, P. (1967). *Intonation, perception, and language.* Cambridge: MIT Press.

Linde, C. & Labov, W. (1975). Spatial networks as a site for the study of language and thought. *Language, 51,* 924–939.

Lindsay, P.H. & Norman, D.A. (1977). *Human information processing* (2. Aufl.). New York: Academic Press.

Loftus, E.F. (1975). Leading questions and the eyewitness report. *Cognitive Psychology, 7,* 560–572.

Mandl, H. (Hrsg.). (1981). *Zur Psychologie der Textverarbeitung.* München: Urban & Schwarzenberg.

Marslen-Wilson, W.D. & Tyler, L.K. (1980). The temporal structure of spoken language understanding. *Cognition, 8,* 1–71.

Maser, S. (1971). *Grundlagen der allgemeinen Kommunikationstheorie.* Stuttgart: Berliner Union, Kohlhammer.

McClelland, J.L. & Rumelhart, D.E. (1981). An interactive activation model of context effects in letter perception: Part 1. An account of basic findings. *Psychological Review, 88,* 375–407.

Meyer-Eppler, W. (1959). Grundlagen und Anwendung der Informationstheorie. Berlin: Springer.

Miller, G.A., Heine, G.A. & Lichten, W. (1951). The intelligibility of speech as a function of the context of the test materials. *Journal of Experimental Psychology, 41,* 329–335.

Miller, G.A. & Isard, S. (1963). Some perceptual consequences of linguistic rules. *Journal of Verbal Learning and Verbal Behavior, 2,* 217–228.

Müller, G.F. (1984). *Prozesse sozialer Interaktion.* Habilitationsschrift, Universität Mannheim.

Norman, D.A. & Rumelhart, D.E. (1975). *Explorations in cognition.* San Francisco: Freeman.

Olson, D.R. (1970). Language and thought: Aspects of a cognitive theory of semantics. *Psychological Review, 77,* 257–273.

Pechmann, T. (1984). *Überspezifizierung und Betonung in referentieller Kommunikation.* Dissertation, Universität Mannheim.

Pechmann, T. & Deutsch, W. (1980). *From gesture to word and gesture.* (Papers and Reports on

Child Language Development). Stanford: Stanford University, Department of Linguistics.

POLLACK, I. & PICKETT, J.M. (1964). Intelligibility of excerpts from fluent speech: Auditory vs. structural context. *Journal of Verbal Learning and Verbal Behavior, 3,* 79–84.

PRUCHA, J. (1974). *Sowjetische Psycholinguistik.* Düsseldorf: Schwann.

PYLYSHYN, Z.W. (1973). What the mind's eye tells the mind's brain: A critique of mental imagery. *Psychological Bulletin, 80,* 1–24.

QUASTHOFF, U.M. (1980). *Erzählen in Gesprächen.* Tübingen: Narr.

REICHER, G.M. (1969). Perceptual recognition as a function of the meaningfulness of the material. *Journal of Experimental Psychology, 81,* 275–280.

RICKHEIT, G. & KOCK, H. (1983). Inference processes in text comprehension. In G. Rickheit & M. Bock (Eds.), *Psycholinguistic studies in language processing* (pp. 182–206). Berlin: de Gruyter.

RICKHEIT, G. & STROHNER, H. (1985). Psycholinguistik der Textverarbeitung. *Studium Linguistik, 17/18,* 1–78.

RITCHIE, G. (1978). *Augmented transition network grammars and semantic processing* (Report CSR-20–78). Edinburgh: University of Edinburgh.

ROMMETVEIT, R. (1968). *Words, meanings, and messages.* New York: Academic Press.

RUMELHART, D. (1975). Notes on a schema for stories. In D. Bobrow & A. Collins (Eds.), *Representation and understanding* (pp. 211–236). New York: Academic Press.

RUMELHART, D. & ORTONY, A. (1977). The representation of knowledge in memory. In R.C. Anderson, R.J. Spiro & W.E. Montague (Eds.), *Schooling and the aquisition of knowledge* (pp. 99–135). Hillsdale: Erlbaum.

SCHANK, R.C. & ABELSON, R.P. (1977). *Scripts, plans, goals, and understanding.* Hillsdale: Erlbaum.

SCHERER, K.R. (1980). The functions of nonverbal signs in conversation. In R. St. Clair & H. Giles (Eds.), *The social and psychological contexts of language* (pp. 225–244). Hillsdale: Erlbaum.

SCHERER, K.R. (Hrsg.). (1982). *Verbale Kommunikation: Nonverbale Aspekte des Sprachverhaltens.* Weinheim: Beltz.

SCHERER, K.R. & GILES, H. (Eds.). (1979). *Social markers in speech.* Cambridge: Cambridge University Press.

SCHLESINGER, I.M. (1977). *Production and comprehension of utterances.* Hillsdale: Erlbaum.

SELFRIDGE, O. (1970). Pandemonium: A paradigm for learning. In P.C. Dowell (Ed.), *Perceptual learning and adaptation* (pp. 465–478). Harmondsworth: Penguin Books.

SELZ, O. (1913). *Über die Gesetze des geordneten Denkverlaufs.* Stuttgart: Speemann.

SHANNON, C.E. & WEAVER, W. (1949). *The mathematical theory of communication.* Urbana: University of Illinois Press.

SIDNER, C.L. (1983). Focusing and discourse. *Discourse Processes, 6,* 107–130.

STEIN, N.L. & Glenn, C.G. (1977). *The role of structural variation in children's recall of simple stories* (Paper presented at the Society for Research in Child Development meeting). New Orleans.

STEIN, N.L. & GLENN, C.G. (1979). An analysis of story comprehension in elementary school children. In R.O. Freedle (Ed.), *New directions in discourse processing* (Vol. 2, pp. 53–120). Norwood: Ablex.

STEVENS, K.N. (1960). Toward a model for speech recognition. *Journal of the Acoustical Society of America, 32,* 47–55.

STREITZ, N.A. (1982). The role of problem orientations and goals in text comprehension and recall. In: A. Flammer & W. Kintsch (Eds.), *Discourse processing* (pp. 362–378). Amsterdam: North-Holland.

STUDDERT-KENNEDY, M. (1975). Speech perception. In N.J. Lass (Ed.), *Contemporary issues in experimental phonetics* (pp. 243–293). Springfield: Thomas.

SZAGUN, G. (1980). *Sprachentwicklung beim Kind.* München: Urban & Schwarzenberg.

THORNDYKE, P. (1977). Cognitive structures in comprehension and memory of narrative discourse. *Cognitive Psychology, 9,* 77–110.

URBAN, K. (1980). Zu einigen pragmatischen Variablen bei der Verwendung von Aktiv- vs. Passivkonstruktionen. *Linguistische Berichte, 60,* 69–83.

VAN DIJK, T.A. & KINTSCH, W. (1983). *Strategies of discourse comprehension.* New York: Academic Press.

VON KLEIST, H. (1946). Über die allmähliche Verfertigung der Gedanken beim Reden (1806). In A.H. Mueller (Hrsg.), *Vom Gespräch* (S. 24–32). Hamburg: Hauswedell.

VROOM, V.H. (1964). *Work and motivation.* New York: Wiley.

WANNER, E. & MARATSOS, M. (1978). An ATN approach to comprehension. In M. Halle, J. Bresnan & G.A. Müller (Eds.), *Linguistic theory and psychological reality* (pp. 119–161). Cambridge: MIT Press.

WENDER, K.F. (1982). Inference processes in discourse comprehension measured by sentence reading times. In A. Flammer & W. Kintsch (Eds.), *Discourse Processing* (pp. 166–171). Amsterdam: North-Holland.

WENDER, K.F., COLONIUS, H. & SCHULZE, H.H. (1980). *Modelle des menschlichen Gedächtnisses.* Stuttgart: Kohlhammer.

WIMMER, H. (1982). *Zur Entwicklung des Verstehens von Erzählungen.* Bern: Huber.

WIMMER, H. & PERNER, J. (1979). *Kognitionspsychologie.* Stuttgart: Kohlhammer.

WINTERHOFF-SPURK, P. (1983). *Die Funktionen von Blicken und Lächeln beim Auffordern. Eine experimentelle Untersuchung zum Zusammenhang von verbaler und nonverbaler Kommunikation.* Frankfurt: Lang.

WINTERMANTEL, M. & CHRISTMANN, U. (1983). Person description: Some empirical findings concerning the production and reproduction of a specific text type. In G. Rickheit & M. Bock (Eds.), *Psycholinguistic studies in language processing* (pp. 137-151). Berlin: de Gruyter.

WOODS, W.A. (1970). Transition network grammars for natural language analysis. *Communications of the A.C.M., 13,* 591-606.

YARMEY, D.A. (1973). «I can recognize your face but I can't remember your name»: Further evidence on the «TOT-Phenomenon». *Memory and Cognition, 1,* 287-290.

ZIMMER, H.D. (1985). Die Repräsentation und Verarbeitung von Wortformen. In Ch. Schwarze & D. Wunderlich (Hrsg.), *Handbuch der Lexikologie* (S. 271-291). Königstein: Athenäum.

Kapitel 6: Lernen

6.1 Klassische und operante Konditionierung

HANS SPADA, ANDREAS M. ERNST und WERNER KETTERER, Freiburg

Inhaltsverzeichnis

1. Einführung

Ein kleines Kind greift auf eine heiße Herdplatte und verbrennt sich dabei die Finger. Es wird dies vermutlich nicht wieder tun. Nachdem sich der Schmerz gelegt hat und die Tränen getrocknet sind, ist es aber guter Laune und plappert vor sich hin, dies und das, einmal auch «papapa». Letzteres gefällt dem Vater, er hält im Lesen der Zeitung inne, wendet sich dem Kind zu, streichelt seinen Kopf und sagt nicht ohne Stolz: «Papa!». Vermutlich wird das Kind bald wieder «papapa» sagen, und später mit noch angenehmeren Konsequenzen «Papa!».

Zwei andere Beispiele: Sie essen eine fremdländische, appetitlich aussehende, interessant süß-bitter schmeckende Speise. Da sie verdorben ist, was Sie aber erst später zu vermuten beginnen, wird Ihnen nach einigen Stunden aufgrund bestimmter Giftstoffe todübel. Obwohl Sie sich nach einiger Zeit wieder erholen, weckt von diesem Vorfall an allein der süßbittere Geschmack deutlichen Ekel. Es hat sich eine Geschmacksaversion herausgebildet, die sehr beständig sein kann und auch in einer Situation, in der die Frische der Speisen garantiert scheint, keineswegs von selbst verschwindet. Viele Menschen, die den Schrecknissen von Bombennächten in Luftschutzkellern ausgesetzt waren, mit dem schrillen Krachen der Explosionen und den damit verbundenen massiven Angstgefühlen, erleben noch Jahrzehnte später eine starke Beklemmung beim Ertönen von Sirenen.

Die angeführten Beispiele illustrieren zwei zentrale Paradigmen der Lernpsychologie (auch wenn sie in ihrer Komplexität über diese hinausgehen), die ersten beiden mit dem Kleinkind die *operante Konditionierung,* die letzten beiden die *klassische Konditionierung*. Die Erforschung dieser beiden Formen der Konditionierung galt über lange Zeit als Schlüssel zum Verständnis erlernten Verhaltens bei Tier und Mensch und zur Überwindung unerwünschten und zur Förderung positiven Verhaltens. «Die wissenschaftliche Sicht des Menschen bietet erregende Möglichkeiten. Wir haben noch nicht erkannt, was der Mensch aus dem Menschen machen kann» (SKINNER 1973, S.220). So begeistert schrieb der Lernpsychologe B.F. SKINNER über die Anwendungsmöglichkeiten dessen, was in diesem Kapitel besprochen wird. Auch wurde das Lernen von Verhaltensweisen durch Versuch und Irrtum, orientiert am Kriterium des Erfolgs, als psychologisches, ontogenetisches Gegenstück zum evolutionsbiologischen, phylogenetischen Ausleseprinzip verstanden und dementsprechend in seiner Bedeutung für das Verständnis der Effekte individueller Lernerfahrungen hoch eingeschätzt.

Die Erforschung der Lerngesetze faszinierte über mehrere Jahrzehnte hinweg viele, besonders amerikanische Psychologen, die der Richtung des *Behaviorismus* nahestanden. Man war zuversichtlich, allgemeingültige Gesetze des Lernens auf der Basis streng objektiv beobachtbarer Verhaltensmerkmale aufstellen zu können. Zugleich hoffte man mittels dieser Gesetze eine Verhaltenstechnologie zu entwikkeln, die Möglichkeiten zur Beseitigung psychischer Störungen bieten sollte, ebenso wie Chancen zur Verhaltensbeeinflussung im Bereich der Erziehung und allgemein des menschlichen Zusammenlebens.

Die Umsetzung lerntheoretischer Gedanken im klinischen Bereich fand in der *Verhaltenstherapie* statt, die heute, allerdings auf einer wesentlich breiteren theoretischen Grundlage, über eine Vielzahl von Instrumenten zur Verhaltensbeeinflussung verfügt (KANFER & PHILLIPS, 1975).

Der *Lerntechnologie* im Sinne von SKINNER (1968) war hingegen nur ein kurzer Erfolg in Form von (teilweise computerisierter) programmierter Unterweisung beschieden. Die modernen Formen computerunterstützten Unterrichts (vgl. WENGER, 1987) beruhen auf völlig anderen Konzepten, und zwar auf Erkenntnissen der Wissens- und Denkpsychologie (vgl. die entsprechenden Kapitel in diesem Band).

Die Idee, das menschliche Zusammenleben allgemein mit verhaltenstechnologischen Maßnahmen zu beeinflussen, hat vermutlich nie viele Anhänger gehabt. Das darf aber nicht darüber hinwegtäuschen, daß lerntheoretische Prinzipien eine wichtige Rolle in der menschlichen Interaktion spielen, seien sie nun von einem Interaktionspartner gezielt eingesetzt oder aber Teil des nicht weiter reflektierten Verhaltensablaufs.

Der Glaube an die Allgemeingültigkeit von Lerngesetzen und die ausschließliche Beschränkung der Datenerhebung auf beobachtbares Verhalten hatten für die lernpsychologische Forschung weitreichende Konsequenzen. Man konnte Tierversuche im Labor durchführen, dabei die Möglichkeiten experimenteller Methodik voll nutzen, sich auf bestimmte, gut manipulierbare Reizbedingungen und präzise erfaßbare Reaktionen beschränken und hatte doch – so meinte man – den Nachteil einer eingeschränkten Gültigkeit der Ergebnisse nicht zu befürchten. Dies war ein Trugschluß. Auch die «einfachsten» Reiz-Reaktions-Verknüpfungen erwiesen bald ihre theoretische Komplexität, selbst Ratten mußte man Kognitionen zuschreiben, die Übertragbarkeit von Erkenntnissen vom Tierversuch auf das Humanexperiment war und ist begrenzt.

Schon lange werden daher im Zusammenhang mit Lernphänomenen auch Gedächtnis-, Denk- und Motivationsprozesse erforscht, Vorgänge also, die aus streng behavioristischem Forschen ausgeklammert waren. Einer der bedeutendsten Vertreter dieser *«kognitiven Wende»* ist BANDURA (1974, 1979), dessen «sozial-kognitive Lerntheorie» im Teil 6.2 dieses Buches («Beobachtungslernen und die Wirkung von Vorbildern») behandelt wird. Er kritisierte die behavioralen Theorien, in denen der Mensch einseitig als abhängig von seiner Umwelt betrachtet wird und seiner aktiven Einwirkung auf seine Umgebung und sich selbst sowie den zugrundeliegenden geistigen Prozessen nicht genügend Aufmerksamkeit geschenkt wird.

Aber auch viele andere Autoren, wie BOLLES (1972) und RESCORLA (1972), haben immer wieder die Bedeutung von kognitiven Konstrukten wie «Erwartung» und «Information» betont. Forscher, die der Kognitionswissenschaft nahestehen, wie HOLLAND, HOLYOAK, NISBETT und THAGARD (1986) modellieren klassisches und operantes Konditionieren als induktive Lernprozesse mit Hilfe von Produktionssystemen. Als Vater einer kognitiven Betrachtung von Lernphänomenen kann aber TOLMAN (1932, 1959) gelten, dessen Arbeiten über Jahrzehnte von besonderem Einfluß waren.

Neben den Ergebnissen kognitiv orientierter Psychologen waren es vor allem die Untersuchungen von Verhaltensbiologen und Tierpsychologen, die Zweifel an der Gültigkeit verschiedener «Lerngesetze» und ihrer Verallgemeinerbarkeit aufkommen ließen. SELIGMAN (1970) hat die diesbezüglichen Befunde in einer eigenen Theorie zusammengefaßt, die die lange negierte Rolle artspezifischen Verhaltens in den Vordergrund rückt.

In den nächsten beiden Abschnitten dieses Kapitels wenden wir uns zunächst der Untersuchung der *klassischen Konditionierung* durch und in der Nachfolge von PAWLOW zu und besprechen die *operante Konditionierung* (SKINNER u.a.). Dann beschreiben wir die Zusammenführung dieser lerntheoretischen Ansätze zur Erklärung komplexer Phänomene *(Angst und Vermeidung, gelernte Hilflosigkeit* und *Aufsuchen-Meiden-Konflikt)* und behandeln schließlich im letzten Abschnitt, ausgehend vom klassischen Autor TOLMAN, einige *neuere theoretische Entwicklungen*.

Im folgenden werden die Darstellung zentraler *Phänomene* des Lernens, die zu ihrer Beschreibung nützlichen *Kernbegriffe* sowie die zu ihrer Erforschung verwandten *experimentellen Paradigmen* im Vordergrund stehen. Sie alle gehören zu dem Fundus von inhaltlichen und methodischen Ergebnissen, die zum klassischen Bestandteil der heutigen Psychologie zählen. Dies gilt nicht in gleichem Maße für die zur Erklärung der Ergebnisse herangezogenen Theorien, deren Behandlung daher knapper ausfällt.

Ausführliche Darstellungen der empirischen, methodischen und theoretischen Befunde finden sich in BOWER und HILGARD (1983/1984) und BREDENKAMP und WIPPICH (1977).

Wir werden Beispiele zu Experimenten mit Tieren manchmal direkt neben Beispiele aus dem Bereich menschlichen Verhaltens setzen. Hier gilt die Grundregel: Die Aufdeckung einer bestimmten Regelhaftigkeit im Verhalten bei Tieren rechtfertigt im allgemeinen nicht ihre direkte Übertragung auf den Menschen. Sie kann aber als Hinweis gelten, beim Menschen ebenfalls nach vergleichbaren Mechanismen zu forschen. Auch stellt selbstverständlich das Verhalten von Tieren selbst einen wichtigen Analysegegenstand dar.

2. Klassische Konditionierung

Einige Experimente zum Paradigma des klassischen Konditionierens zählen zu den bekanntesten psychologischen Untersuchungen überhaupt. Wer kennt nicht die Versuche mit Hunden, deren Speichelfluß nach einer Lernphase durch einen Glockenton oder einen Lichtreiz ausgelöst werden kann oder die Studie mit dem kleinen Albert, der lernen mußte, eine weiße Ratte zu fürchten, obwohl diese ihm nichts Böses getan hatte.

2.1 Pawlow: Speichelsekretion bei Hunden

Die experimentelle Untersuchung der klassischen Konditionierung geht auf den russischen Physiologen Iwan Petrowitsch Pawlow (1849–1936) zurück. In Arbeiten zur Physiologie der Verdauung (1898) maß er bei Hunden die Speichelabsonderung nach Vorgabe verschiedener Substanzen, wie z.B. Fleischpulver. Dabei bemerkte er, wie auch zuvor neutrale Reize (beispielsweise die Schritte des nahenden Experimentators) den Speichelfluß auslösten, sofern sie schon einige Male gemeinsam mit oder knapp vor der Futtergabe aufgetreten waren. Nach dieser Entdeckung wandte sich Pawlow von seinen ursprünglichen, rein physiologischen Forschungsarbeiten ab, für die ihm 1904 sogar noch der Nobelpreis verliehen wurde. Er konzentrierte sich in der Folge auf eine sorgfältige experimentelle Untersuchung dieser Lernprozesse.

Der Vorgang der Speichelabsonderung auf erlernte Reize wurde zuerst als «psychische Sekretion» bezeichnet, später wurden Lernphänomene dieses Typs als *«konditionierte Reflexe»* bezeichnet; heute spricht man allgemein von der *«klassischen Konditionierung»* und berücksichtigt dabei neben Reflexen auch andere Arten von Reaktionen, die durch gelernte Reize ausgelöst werden können. Mit seinen Arbeiten schuf Pawlow, unterstützt durch einen großen Mitarbeiterstab, die Basis für eine der bedeutendsten Forschungsrichtungen innerhalb der Lernpsychologie. Wichtige englischsprachige Veröffentlichungen der Untersuchungen von Pawlow erschienen in den Jahren 1927, 1928 und 1932; deutschsprachige 1926 und 1953–1956.

Das klassische Experiment hat folgenden Aufbau (Pawlow, 1927): Erhält ein Hund Fleischpulver ins Maul, sondert er Speichel ab. Das Fleischpulver wird als *unkonditionierter* Reiz oder *Stimulus* (abgek. US), der Speichel als *unkonditionierte Reaktion* (UR) bezeichnet. Nun bietet man dem Hund mehrmals in Verbindung mit dem Fleischpulver einen *neutralen Stimulus* (NS) dar, z.B. einen Glockenton. Wird diese Koppelung oft genug durchgeführt, führt der Glockenton allein zum Auftreten von Speichelfluß. Aus dem neutralen Glockenton wurde ein *konditionierter* (engl. «conditioned») *Stimulus* (CS), der nun – auch ohne Paarung mit dem unkonditionierten oder unbedingten Stimulus – die *konditionierte* (oder bedingte) *Reaktion* (CR), in diesem Falle den Speichelfluß, auslöst.

Anhand einer genaueren Analyse derartiger Experimente können eine Reihe weiterer empirischer Befunde erläutert werden. Das typische experimentelle Vorgehen kann in drei bzw. vier Phasen unterteilt werden (Tabelle 1 gibt einen Überblick; Abbildung 1 zeigt Teile der verwendeten apparativen Einrichtung):

Kontrollphase (Phase 1): Es ist zu prüfen, ob der US ein zuverlässiger Auslöser der UR ist. Hingegen darf der NS in der Kontrollphase noch nicht die UR auslösen. Er ruft jedoch – falls er dem Tier unbekannt ist – die sog. *Orientierungsreaktion* (OR, Sokolov, 1963) hervor. Sie beinhaltet eine Hinwendung zur Reizquelle und eine allgemeine Steigerung der Aufmerksamkeit, die sich beispielsweise in einer Pupillenerweiterung und einer Erhöhung des Herzschlages ausdrücken kann. Die einzelnen Komponenten der UR sollten sich deutlich von denen der OR unterscheiden. Ansonsten könnte die OR fälschlicherweise als CR interpretiert werden (Gormezano & Moore, 1969).

Konditionierungsphase (Phase 2): Der NS und der US werden mehrmals gemeinsam dargeboten, wobei der US die UR auslöst. Sehr wichtig ist die zeitliche Beziehung zwischen den beiden Reizen (Jones, 1962; Mackintosh, 1974). Abbildung 2 zeigt vier Varianten, die besonders häufig untersucht wurden, die *verzögerte Konditionierung*, die *simultane Konditionierung*, die *Spurenkonditionierung* und die *rückwirkende Konditionierung*. Der zeitliche Abstand zwischen dem Beginn des NS und dem Einset-

Tabelle 1: Terminologie und Vorgang der klassischen Konditionierung illustriert an einem Beispiel.

Terminologie:	US ... unkonditionierter Stimulus (Fleischpulver)	
	UR ... unkonditionierte Reaktion (Speichelfluß)	
	NS ... neutraler Stimulus (Glockenton)	
	OR ... Orientierungsreaktion (Ohren aufstellen usw.)	
	CS ... konditionierter Stimulus (Glockenton)	
	CR ... konditionierte Reaktion (Speichelfluß)	
Vorgehensweise:	Kontrollphase	US löst aus: UR NS löst aus: OR
	Konditionierungsphase:	NS ist gepaart mit US US löst aus: UR
	Ergebnis des Konditionierungstrainings:	NS wird CS CS löst aus: CR
	Löschungsphase:	Kein US CS löst aus: CR
	Ergebnis der Löschungsphase:	Keine spezifische Reaktion auf den CS
	Spontanerholung:	Kein US CS löst nochmals aus: CR

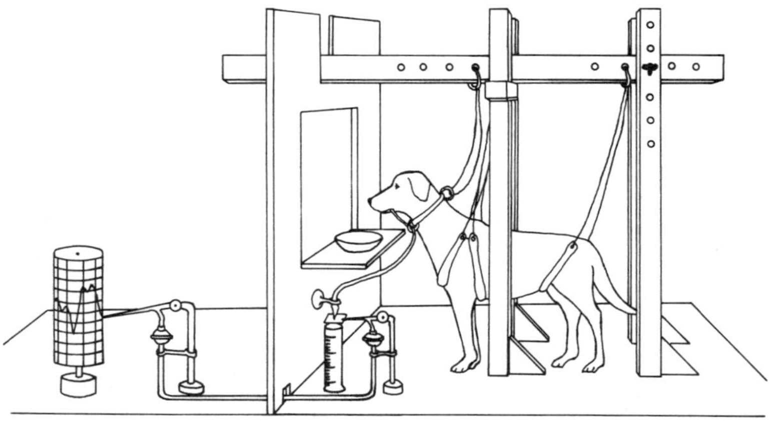

Abbildung 1: Eine Versuchsanordnung nach Pawlow zur klassischen Konditionierung. Die Zeichnung zeigt die Haltevorrichtung, die zur Messung der Speichelabsonderung verwendete Apparatur und den Futternapf.

zen des US wird als *Interstimulusintervall* (abgek. ISI) bezeichnet.

Untersuchungen haben gezeigt, daß von den in Abbildung 2 dargestellten Varianten die verzögerte Konditionierung am raschesten zum Aufbau einer bedingten Reaktion führt, während es im Falle einer rückwirkenden «Konditionierung» umstritten ist, ob überhaupt ein systematischer Lerneffekt eintritt (Jones, 1962; Spetch, Wilkie & Pinel, 1981; vgl. für eine Übersicht zu älteren Arbeiten auch Foppa, 1970). Bei schnellen Reaktionen der (Skelett-) Muskulatur, wie dem Lidschlag, Abwehrbewegungen und dem Zurückziehen von Gliedmaßen liegt der optimale Abstand zwischen dem Beginn des NS und dem Einsetzen des US im Bereich von wenigen Zehntelsekunden (Wickens, 1973). Bei nicht willentlich beeinflußbaren Reaktionen, wie dem Speichelfluß und der galvanischen Hautreaktion, beträgt das günstigste Interstimulusintervall hingegen mehrere Sekunden. Ein Erklärungsversuch besagt (vgl. Jones, 1962), daß das ISI dann von optimaler Dauer ist, wenn es etwas länger als

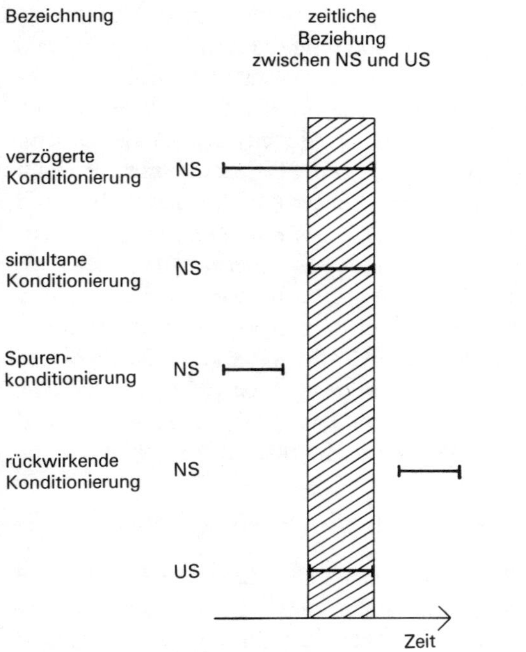

Abbildung 2: Zeitliche Beziehung zwischen NS und US bei vier Formen klassischer Konditionierung. Der US ist schraffiert eingezeichnet.

die physiologisch bedingte Latenzzeit der Reaktion ist. Am Beispiel eines Hundes, dessen Speichelsekretion bedingt durch ein Tonsignal knapp vor dem Zeitpunkt einsetzt, zu dem ihm Futter gegeben wird, ist diese Annahme auch nicht unplausibel. Der CS führt zeitgerecht zum Auftreten der dem US entsprechenden Reaktion. Überhaupt lassen sich viele der Ergebnisse zur zeitlichen Beziehung zwischen NS und US unter dem Gesichtspunkt betrachten, inwieweit der NS durch die jeweilige Versuchsanordnung Signalcharakter für den US erwirbt und dadurch zum CS wird.

Löschungsphase (Phase 3): Der CS wird ohne Koppelung mit dem US, d.h. alleine dargeboten. Im Falle einer erfolgreichen Konditionierung tritt die bedingte Reaktion in den ersten Durchgängen deutlich auf, ohne jedoch im allgemeinen die Stärke der unbedingten Reaktion zu erreichen. Dies ist mit ein Grund, auch terminologisch zwischen einer UR und einer CR zu unterscheiden. Nach einer Reihe von Darbietungen des CS nimmt die CR in ihrer Stärke immer weiter ab, bis sie schließlich gelöscht ist.

Wird dem Versuchstier nach einer längeren Pause nochmals der CS geboten, tritt die zuvor gelöschte Reaktion wieder auf. Man spricht von einer *Spontanerholung* (Phase 4). Allerdings ist diese CR in ihrer Stärke deutlich geringer als die Reaktion zu Beginn der Löschungsphase und verschwindet bei weiteren Durchgängen sehr rasch (PAWLOW, 1927). Abbildung 3 zeigt die geschilderten Zusammenhänge am Beispiel des konditionierten Speichelflusses mit dem Anblick von Futterpulver als konditioniertem Reiz.

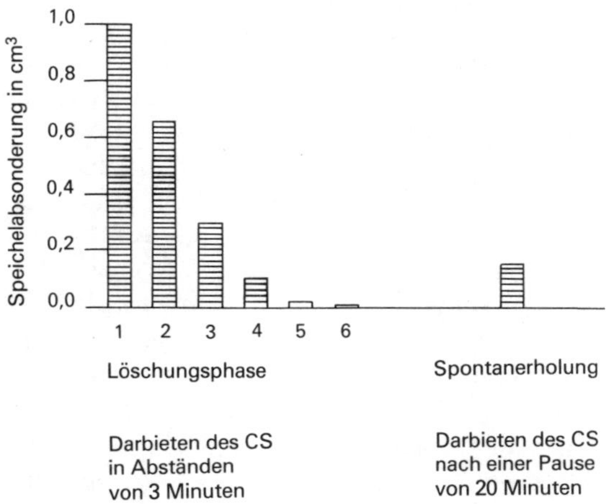

Abbildung 3: Löschungsphase und Spontanerholung bei der klassischen Konditionierung. Daten nach PAWLOW (1927) zu einem Experiment mit Speichelfluß als UR bzw. CR und dem Anblick von Futterpulver als CS.

Die Löschung einer bedingten Reaktion ist kein Vergessensprozeß, sondern kann als weitere Phase eines Lernvorgangs aufgefaßt werden. Der Organismus lernt, daß eine Koppelung von CS und US nicht mehr gegeben ist; der Reiz büßt seinen Signalcharakter ein.

Im Experiment, auf das sich Abbildung 3 bezieht, wurde die Stärke der bedingten Reaktion anhand der Menge des Speichelflusses bestimmt. Die *Reaktionsamplitude,* d.h. das Ausmaß der Reaktion, ist aber nur eine von verschiedenen Möglichkeiten, die Stärke einer bedingten Reaktion zu quantifizieren. Andere, häufig verwendete Maße sind: Die *Reaktionslatenz,* die Schnelligkeit, mit der die bedingte Reaktion auf den konditionierten Reiz folgt,

und der *Löschungswiderstand,* ermittelt beispielsweise anhand der Anzahl der Durchgänge, in denen der konditionierte Reiz ohne Paarung mit dem unkonditionierten Reiz vorgegeben werden kann, bis die bedingte Reaktion nicht mehr auftritt.
Zu beachten ist, daß diese Maße keineswegs beliebig austauschbar sind. So kann sich je nach gewählter Variable ein unterschiedliches Bild vom Einfluß anderer Größen ergeben.

2.2 Reizgeneralisierung und Reizdiskrimination

Bisher gingen wir implizit davon aus, daß der konditionierte Reiz bei jeder Darbietung identisch ist. Aber auch ein ihm ähnlicher Reiz vermag die konditionierte Reaktion auszulösen. Hat beispielsweise ein Hund in der Versuchsanordnung nach PAWLOW gelernt, auf den optischen Reiz «Kreis» mit einer Speichelsekretion zu antworten, so wird diese Reaktion im allgemeinen auch durch eine kreisähnliche Ellipse ausgelöst. Dieses Phänomen wird *Reizgeneralisierung* genannt (vgl. für eine detaillierte Diskussion HEINEMANN & CHASE, 1975). Der komplementäre Vorgang ist die *Reizdiskrimination.* Sie bewirkt, daß die bedingte Reaktion nur durch einen genau definierten Reiz, nicht aber durch einen ihm ähnlichen ausgelöst wird.
Beim *Diskriminationstraining* werden beispielsweise zwei ähnliche Reize in unregelmäßiger Folge dargeboten. In Verbindung mit dem einen Reiz (etwa dem Kreis) wird jedes Mal der unkonditionierte Reiz präsentiert, auf den anderen Reiz, etwa eine Ellipse, folgt der unkonditionierte Reiz nicht. Nach mehreren Versuchsdurchgängen reagiert das Versuchstier nur auf den Kreis mit der konditionierten Reaktion. Es hat also gelernt, zwischen den Reizen «Kreis» und «Ellipse» zu unterscheiden (PAWLOW, 1953–1956, Bd. III).
Selbstverständlich sind der Diskriminationsfähigkeit Grenzen gesetzt. Ihre Überschreitung ist bei Tieren im Labor mit einer deutlichen emotional-motivationalen Reaktion verknüpft. Man kann beispielsweise das Diskriminationstraining, in dem Hunde lernen, zwischen den Reizen «Kreis» und «Ellipse» zu unterscheiden, so weiterführen, daß der Unterschied zwischen diesen Reizen im Verlaufe des Trainings zunehmend verringert wird. Beim Versuchstier sinkt daraufhin nicht nur die Diskriminationsleistung drastisch ab, sondern es werden auch Anzeichen emotionaler Störungen sichtbar. Als die Ellipsen durch die Veränderung ihrer Achsen fast kreisähnlich waren, zeigten PAWLOWS Hunde massive Verhaltensstörungen, und zwar innerhalb und außerhalb der Versuchssituation. Sie wurden unruhig, winselten und bellten und verweigerten teilweise auch die Nahrung. Man spricht in diesem Zusammenhang von einer *experimentellen Neurose* (PAWLOW, 1953–1956, Bd. III; vgl. auch BOWER & HILGARD, 1983/1984).

2.3 Bedingte Furcht-/Angst-Reaktionen

Wir haben bisher die klassische Konditionierung anhand von Reflexen diskutiert. Unter einem Reflex versteht man eine angeborene spezifische Organreaktion auf einen bestimmten Reiz. FOPPA (1970) führt eine ganze Reihe von Reflexen an, auf die der experimentelle Aufbau einer konditionierten Reaktion im Humanexperiment versucht wurde, darunter den Lidschlußreflex und die Veränderung der Pupillenweite.
Ein wesentlicher Teil der Bedeutung, die der klassischen Konditionierung zugemessen wird, beruht aber darauf, daß auch emotional-motivationale Reaktionen an unterschiedliche, zuvor neutrale Reize gekoppelt werden können. So wird der *Erwerb von Furcht-/Angst-Reaktionen* gegenüber bestimmten situativen Bedingungen auf Vorkommnisse in der individuellen Lebensgeschichte eines Menschen zurückgeführt, die als Vorgänge einer klassischen Konditionierung interpretiert werden können.
Ein Beispiel liefert die Untersuchung von WATSON und RAYNER (1920) mit dem «kleinen Albert», der im Verlauf des Versuchs lernen mußte, eine Ratte zu fürchten. WATSON (WATSON & MORGAN, 1917) hatte schon zuvor die Hypothese aufgestellt, daß eine Vielzahl emotionaler Reaktionen auf bestimmte situative Bedingungen über den Prozeß einer klassischen Konditionierung erworben werde. Diese Hypothese sollte nun einem Test unterzogen werden.

Der kleine Albert war zum Zeitpunkt der Untersuchung, die sich über mehrere Monate erstreckte, zwischen 9 und 13 Monaten alt. Er wurde als Kind einer Krankenschwester in einem Kinderheim aufgezogen. In der ersten Phase des Versuchs wurde geprüft, ob Albert, wie erwartet, auf das unvermutete Hämmern auf einen Stahlstab eine *Schreck-/Angst-Reaktion* zeigte. Diese Verbindung zwischen einem unkonditionierten Reiz (plötzlicher Lärm) und einer unkonditionierten Reaktion (Schreck-/Angst-Reaktion) wurde bestätigt. Auch wurden seine Reaktionen auf eine weiße Ratte, ein Kaninchen, Gesichtsmasken mit und ohne Haare usw. getestet. Der kleine Albert zeigte sich den Tieren und Objekten gegenüber interessiert und zutraulich. Einige Zeit später begann das Konditionierungstraining. Dem Kind wurde mehrmals die Ratte (NS) gezeigt, wobei jedes Mal hinter seinem Rücken mit einem Hammer gegen den Stahlstab geschlagen und damit ein lautes Geräusch (US) erzeugt wurde. Dieses Geräusch löste im allgemeinen eine Schreck-/Angst-Reaktion (UR) aus. Nach wenigen Koppelungen zwischen Ratte (NS) und Geräusch (US) begann der kleine Albert schon allein beim Anblick der Ratte zu weinen und sich abzuwenden. Der zuerst neutrale Reiz «weiße Ratte» war durch mehrmalige, gemeinsame Darbietung mit einem aversiven Reiz selbst zu einem Furcht und Angst auslösenden Reiz geworden. WATSON und RAYNER (1920) berichten, daß die konditionierte Furcht-/Angst-Reaktion von der Ratte teilweise auch auf andere Felltiere und Objekte mit Fell generalisierte.

Das Experiment zeigt, wie eine emotionale Reaktion an einen neuen Reiz gekoppelt wurde. Dabei ist zu beachten, daß die unkonditionierte Reaktion, die Schreck-/Angst-Reaktion und die konditionierte Reaktion, die Furcht-/Angst-Reaktion, nicht völlig identisch sind. Wir werden auf diesen Punkt und das durch die Furcht-/Angst-Reaktion ausgelöste Vermeidungsverhalten im Abschnitt 4.1, Angst und Vermeidung, zurückkommen (vgl. auch Kapitel 7, Emotionen).

Das Experiment von WATSON und RAYNER (1920) mit dem kleinen Albert ist nicht nur ein sehr bekanntes, sondern auch ein berüchtigtes Experiment. Ein wehrloses kleines Kind wird in einem Experiment dazu gebracht, sich in einer Reihe neuer Situationen zu fürchten. Eine Aufhebung dieser gelernten Furcht-/Angst-Reaktion erfolgte im Rahmen des Experiments nicht. Dies und die unkritische und zum Teil falsche Übernahme der Ergebnisse in die psychologische Literatur hat bis in die jüngste Zeit zu einer heftigen Auseinandersetzung mit diesem Experiment geführt (HARRIS, 1979; SAMELSON, 1980).

Die Bedeutung der klassischen Konditionierung für den Erwerb kognitiver Fertigkeiten ist nicht hoch einzuschätzen, so daß wir auf dieses Thema nicht näher eingehen.

Eine interessante Form der klassischen Konditionierung ist die sog. *«interozeptive» Konditionierung.* Dabei betreffen der unkonditionierte und/oder der konditionierte Reiz die Stimulation eines inneren Organs, etwa des Magens, der Harnblase oder des Herzens. In der Literatur wird eine Vielzahl solcher Experimente berichtet, die gezeigt haben, daß Aktivitätssteigerungen in verschiedenen inneren Organen konditioniert werden können (BYKOV, 1957; RAZRAN, 1961). Ein Beispiel soll das Vorgehen bei der interozeptiven Konditionierung verdeutlichen. Drei Vpn, denen aufgrund bestimmter medizinischer Gegebenheiten ein aufblasbarer Gummiballon zur Messung des Drucks in die Harnblase eingesetzt war, hatten die Bewegung eines angeschlossenen Zeigers auf einer Skala zu verfolgen (NS, später CS), während ihre Blase mit Luft oder Flüssigkeit gefüllt wurde (US). Der Blasendruck führte zum Harndrang (UR). Nach einer Reihe von Koppelungen des NS mit dem US trat Harndrang auch dann auf, wenn allein die Zeigerstellung entsprechend verändert wurde. Es bestand eine konditionierte Reaktion auf den zuvor neutralen Stimulus «Zeigerstellung der Skala» (RAZRAN, 1961; vgl. auch TARPY, 1979).

Das Phänomen der interozeptiven Konditionierung hat insbesondere im Zusammenhang mit der Analyse *psychosomatischer Symptome* Bedeutung erlangt.

3. Operante Konditionierung

3.1 Lernen am Erfolg: Das Versuchsparadigma der operanten Konditionierung

3.1.1 THORNDIKE und SKINNER: Katzen, Ratten, Tauben

Eine hungrige Katze wird in einen Käfig gesperrt. Eine Schale mit Futter ist gut sichtbar außerhalb des Käfigs aufgestellt. Durch Zug an einer von der Käfigdecke herabhängenden Schlaufe könnte die Käfigtüre geöffnet werden. Die Katze ist unruhig, läuft im Käfig umher und kratzt an den Wänden. Nach einiger Zeit tritt sie zufällig in die Schlaufe, die Tür öffnet sich und damit der Weg zum Futter. Bei einer mehrfachen Wiederholung des Versuchs wird sich die von der Katze zum Öffnen des Käfigs benötigte Zeit immer mehr verringern. Der Lernfortschritt ist graduell. Nach vielen Durchgängen ist schließlich die erste Bewegung des Tiers der Griff zur Schlaufe, sobald es im Käfig eingesperrt wird. Die Katze hat nach *Versuch und Irrtum* gelernt.

Der eben beschriebene Versuch geht auf EDWARD L. THORNDIKE (1874–1949) zurück, der etwa zeitgleich mit PAWLOW bahnbrechende Studien zum Lernen durchführte (THORNDIKE, 1898, 1911). In der Formulierung aus dem Jahre 1911 besagt das von THORNDIKE aufgestellte *Gesetz des Effekts,* soweit es sich auf Situationen wie die des geschilderten Experiments bezieht, daß «unter verschiedenen Reaktionen, die auf dieselbe Situation hin ausgeführt werden, ... diejenigen stärker mit der Situation verknüpft werden, die von einem für das Tier befriedigenden Zustand begleitet oder innerhalb kurzer Zeit gefolgt werden ...» (zitiert nach BOWER & HILGARD, 1983, S.45).

THORNDIKES mechanistische Auffassung des Lernens am Erfolg durch Versuch und Irrtum stand bewußt im Gegensatz zu einer zum Zeitpunkt seiner frühen Arbeiten weit verbreiteten Auffassung, daß Tiere in derartigen Situationen durch Denken zur Lösung kommen.

Während es bei der klassischen Konditionierung darum geht, eine natürliche, angeborene Reaktion des Organismus auf einen bestimmten und bekannten auslösenden Reiz mit einem anderen (ursprünglich neutralen) zu koppeln, handelt es sich hier um eine andere Form der Konditionierung, bei der die Auftretenswahrscheinlichkeit eines auf die Umwelt einwirkenden Verhaltens aufgrund positiver Konsequenzen erhöht wird. Ein spontan auftretendes Verhalten eines Lebewesens wirkt auf seine Umwelt ein, wobei die zu diesem Verhalten führenden Reize häufig nicht im Detail bekannt sind; man spricht von *operantem,* nicht im Sinne der klassischen Konditionierung reizgebundenem Verhalten. Folgt dem Auftreten einer operanten Verhaltensweise ein verstärkender Reiz, so erhöht sich von nun an die Wahrscheinlichkeit dafür, daß dieses Verhalten in gleichen oder ähnlichen Situationen auftritt (zur Entwicklung des Konzepts des operanten Verhaltens vgl. COLEMAN, 1981).

Einen *Verstärker* definiert SKINNER durch seine Wirkung: Es handelt sich um einen Reiz, der als Konsequenz eines Verhaltens auftritt und dessen Stärke erhöht. Deutlich wird hier die Gefahr einer zirkulären Definition.

Ein zur Untersuchung der operanten Konditionierung typisches experimentelles Vorgehen kann beispielhaft anhand einer *Versuchsanordnung von* SKINNER (1938, 1951) erläutert werden.

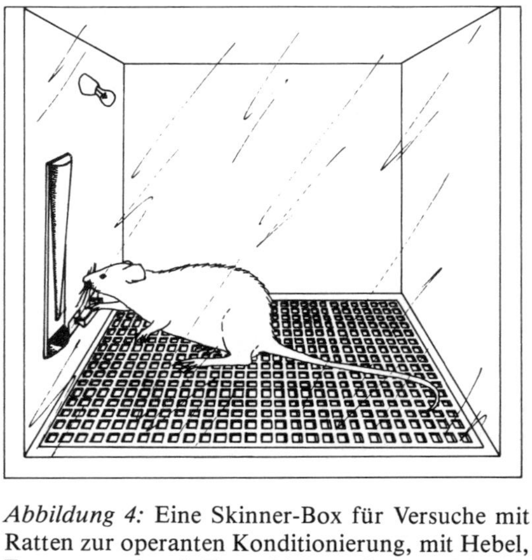

Abbildung 4: Eine Skinner-Box für Versuche mit Ratten zur operanten Konditionierung, mit Hebel, Futtermagazin mit Trog, Lichtquelle und elektrifizierbarem Bodengitter.

Die Versuchstiere, zumeist Ratten oder Tauben, wurden in sog. *Skinner-Boxen* trainiert. Ein derartiger Versuchskäfig, in diesem Fall für Ratten, ist in Abbildung 4 dargestellt. An einer Wand ist ein Hebel angebracht, der, wenn er von der Ratte gedrückt wird, zu einer kurzzeitigen Öffnung des Futtermagazins führt. Darüber ist eine Lichtquelle angebracht. Der Boden besteht aus einem elektrifizierbaren Gitter, über das die Ratte Schmerzreizen ausgesetzt werden kann. Oft wird der Versuchsablauf elektromechanisch überwacht, d.h. die Reizvorgabe erfolgt automatisiert und auch die Registrierung des interessierenden Verhaltens der Ratte erfolgt automatisch.

3.1.2 Phasen einer operanten Konditionierung

Beim Aufbau einer operanten Konditionierung mit Hilfe eines positiven Verstärkers lassen sich häufig, analog dem Vorgehen bei der klassischen Konditionierung, folgende vier Phasen unterscheiden:

1. *Die Bestimmung der Basisrate (Grundrate):* Der Experimentator registriert, wie oft das zu konditionierende Verhalten ohne Verstärkung auftritt. Es wird beispielsweise aufgezeichnet, wie häufig eine Ratte in der Skinner-Box pro gewählter Zeiteinheit spontan den Hebel drückt.

2. *Verstärkung des Verhaltens in der Trainingsphase:* Das zu konditionierende Verhalten wird vom Experimentator gezielt verstärkt. So rollt etwa jedes Mal nach einem Hebeldruck des Versuchstiers prompt ein Futterkügelchen in den Trog. Im Laufe der Trainingsphase nimmt die Häufigkeit des infragestehenden Verhaltens zu.

3. *Löschung (Extinktion) des Verhaltens:* Das Verhalten wird nicht weiter verstärkt. Auch wenn die Ratte den Hebel drückt, erhält sie kein Futter. Der Effekt der Löschung ist eine Abschwächung des Verhaltens, so daß im allgemeinen nach einer ausgedehnten Löschungsphase kein Effekt der Konditionierung mehr beobachtet werden kann.

4. *Spontanerholung:* Abgeschwächte Reaktionen treten nach einiger Zeit ohne Verstärkung wieder gehäuft auf, wenn die experimentelle Situation unterbrochen und danach wieder hergestellt wird. Eine Ratte, die nach Löschung des Hebeldrückens einige Zeit außerhalb der Skinner-Box verbracht hat, betätigt – dorthin zurückgebracht – wieder den Futterhebel, allerdings keineswegs so oft wie am Ende der Trainingsphase.

Ein typisches Ergebnis des Ablaufs der vier genannten Phasen einer operanten Konditionierung, illustriert an der Anzahl der Reaktionen pro Zeiteinheit, zeigt die Abbildung 5.

Nicht immer sind alle vier Phasen gleichermaßen wichtig. Gerade in Übertragung auf den Menschen in der klinischen Verhaltenstherapie und bei Interventionen im Erziehungsbereich kommt es häufig darauf an, ein Verhalten dauerhaft aufzubauen (Phase 2) oder aber konsequent zu löschen (Phase 3).

In der Literatur wird gelegentlich zwischen *operanter* und *instrumenteller Konditionierung* unterschieden (BREDENKAMP & WIPPICH, 1977); andere Autoren benutzen nur den einen oder den anderen Begriff. In der instrumentellen Situation ist das Versuchstier auf ganz wenige oder nur eine Verhaltensweise beschränkt, wobei eine Verhaltenswiederholung nicht ohne Eingriff des Versuchsleiters möglich ist. Ein Beispiel wäre eine Ratte in einem Laufgang, deren Laufgeschwindigkeit vom Start ins Ziel durch Lernen verändert werden soll. Sie muß

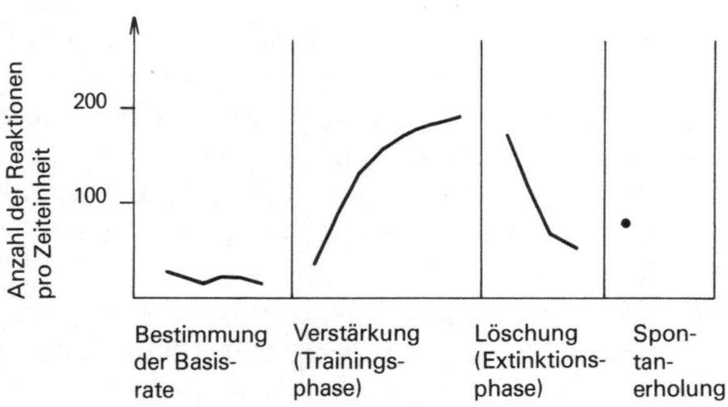

Abbildung 5: Vier Phasen einer operanten Konditionierung (fiktive Daten).

nach dem Durchlaufen des Ganges erst an den Ausgangspunkt zurückgesetzt werden, bevor sie dieses Verhalten erneut zeigen kann. In der operanten Situation ist das Tier frei, das Verhalten oder ein anderes zu zeigen und es zu wiederholen (z.B. in der Skinner-Box). Der Versuchsleiter kontrolliert das Verhalten nur über die Verstärkung. Wir sprechen im folgenden generell von operanter Konditionierung, geben aber jeweils an, um welche Versuchsanordnung mit welchen Verhaltensrestriktionen es sich handelt.

3.2 Verstärkung, Bestrafung, Hinweisreize

In den bisher beschriebenen experimentellen Situationen wurde, nachdem das infragestehende Verhalten gezeigt worden war, ein angenehmer Reiz (etwa Futter für das Versuchstier nach Drücken des Hebels) der Situation hinzugefügt. Das nennt man *positive Verstärkung*.
Verstärkend kann aber auch die Entfernung eines unangenehmen Reizes aus der Situation wirken. Man spricht dann von einer *negativen Verstärkung*. Stellen wir uns einen Versuchskäfig vor, der ähnlich wie eine Skinner-Box aufgebaut ist, aber aus zwei Abteilen besteht, die durch eine verschließbare Öffnung miteinander verbunden sind. Wenn nun das Bodengitter in dem Abteil, in dem sich die Ratte gerade befindet, leicht unter Strom gesetzt wird, dann lernt die Ratte nach wenigen Durchgängen, von diesem Abteil in das andere zu fliehen. Negative Verstärkung ist die wesentliche Komponente dieses *Fluchttrainings*. Ein aversiver Reiz endet, wenn das Versuchstier das gewünschte Verhalten zeigt.
Beide, *positive wie negative Verstärkung, erhöhen die Auftretenswahrscheinlichkeit eines Verhaltens*; Verhalten wird gefördert.
Bestrafung hingegen zielt auf *Verhaltensunterdrückung,* die Auftretenswahrscheinlichkeit des Verhaltens wird verringert. Auch dies kann mit Blick auf die Qualität des Reizes auf zwei verschiedene Arten geschehen. Entweder wird ein unangenehmer Reiz zur Situation hinzugefügt *(Bestrafung vom Typ 1)* oder aber es wird ein angenehmer Reiz entfernt *(Bestrafung vom Typ 2)*. Ein Beispiel für den ersten Fall ist ein Stromstoß über das Bodengitter nach Hebeldruck durch die Ratte; dann kommt es zu einer mehr oder minder ausgeprägten Unterdrükkung dieses Verhaltens. Als Illustration für die Bestrafung vom Typ 2 kann eine Situation dienen, bei der einer Ratte mehrmals ein Futterkügelchen bei einer bestimmten Bewegung durch das Bodengitter verlorengeht. Auch in dieser Situation ist mit einer Verringerung der Häufigkeit dieses Verhaltens zu rechnen. Verhaltensunterlassung aufgrund negativer Konsequenzen wird auch als *passives Vermeidungslernen* bezeichnet.
Viele Alltagssituationen lassen sich im Sinne positiver bzw. negativer Verstärkung und Bestrafung interpretieren. Denken wir beispielsweise an ein kleines Kind, das mit Holzklötzchen spielt. Soeben hat es mehrere davon derart aufeinandergestapelt, daß der Turm zwar wankt, aber nicht fällt. Die Mutter lobt das Kind, das, auf diese Weise angefeuert, weitere Türme baut. Nach einiger Zeit benutzt es die Klötzchen in anderer Weise. Es wirft sie durchs Zimmer, u.a. auch auf die Bodenvase, die einen leicht scheppernden Klang von sich gibt. Die Mutter gibt ihm einen Klaps auf die Finger. In einer vergleichbaren späteren Situation nimmt sie ihm die Klötzchen weg. Sie ist ohnedies schlechter Laune, da sie Kopfweh hat. Die Einnahme von Schmerztabletten läßt das Kopfweh vergehen. In der kurzen Aufzählung sind Beispiele enthalten für positive Verstärkung, Bestrafungen vom Typ 1 und vom Typ 2 und negative Verstärkung.
Eine schematische Zusammenfassung der bisher vorgenommenen Unterscheidungen gibt Tabelle 2.
Was passiert, wenn eine Ratte in der Skinner-Box auf Hebeldruck immer nur dann Futter erhält, wenn die Lampe in dem Käfig leuchtet? Sie wird nach einer Reihe von Versuchsdurchgängen lernen, den Hebel nur dann zu drücken, wenn das Lichtsignal gegeben ist. Das Licht ist für sie zu einem *diskriminativen Hinweisreiz* geworden. Man spricht in diesem Fall von einem *diskriminativen Belohnungstraining*. Das Verhalten wird durch positive Verstärkung gezielt nur dann gefördert, wenn der diskriminative Hinweisreiz vorliegt.
Von herausragender Bedeutung sind diskriminative Hinweisreize in experimentellen Untersuchungen mit aversiven Reizen. So läßt sich

Tabelle 2: Förderung und Unterdrückung von Verhalten durch operantes Konditionieren: eine Klassifikation.

		Verhalten wird	
		gefördert	unterdrückt
angenehmer Reiz	wird hinzugefügt	positive Verstärkung	-
	wird entfernt	-	Bestrafung Typ 2
unangenehmer Reiz	wird hinzugefügt	-	Bestrafung Typ 1
	wird entfernt	negative Verstärkung	-
		diskriminativer Hinweisreiz wird	
		nicht gegeben	gegeben
positive Verstärkung		Belohnungstraining	diskriminatives Belohnungstraining
negative Verstärkung		Fluchttraining	aktives Vermeidungstraining

der im Zusammenhang mit dem Fluchttraining beschriebene Versuch so abwandeln, daß beispielsweise jeweils eine bestimmte Zeit bevor ein schwacher Stromstoß durch das Gitter des einen Käfigabteils geschickt wird, ein für das Tier gut sichtbares Licht aufleuchtet. In dieser Versuchssituation lernt die Ratte, auf den Lichtreiz hin aus dem einen Käfigabteil in das andere zu laufen und, wenn dies rechtzeitig geschieht, dadurch den Schmerzreiz ganz zu vermeiden. Es handelt sich hier um ein *aktives Vermeidungslernen*. Die Ausführung eines Verhaltens führt dazu, einem unangenehmen Reiz zu entgehen. Das oben beschriebene Fluchttraining und das aktive Vermeidungslernen unterscheiden sich dadurch, daß im zweiten Fall die Information eines diskriminativen Hinweisreizes genutzt werden kann, um den Schmerzreiz völlig zu vermeiden. Wir kommen auf diese Fragen im Abschnitt 4.1, Angst und Vermeidung, zurück.

Auch im Falle von Bestrafung können diskriminative Hinweisreize eine wichtige Rolle spielen. Denken wir beispielsweise an einen Schüler, der für ein bestimmtes Verhalten bei Anwesenheit des einen Lehrers mit negativen Konsequenzen zu rechnen hat, von anderen jedoch weiß, daß er ungestraft davonkommen wird.

3.3 Positive Verstärkung

3.3.1 Arten von Verstärkern

Was wirkt als Verstärker? Man kann drei Klassen von Verstärkern unterscheiden: primäre, sekundäre und generalisierte Verstärker.

Primäre Verstärker befriedigen physiologische Bedürfnisse, wie etwa Hunger und Durst. Sie wirken ohne vorhergehenden Lernprozeß. In den bisher besprochenen Tierversuchen handelte es sich zumeist um eine derartige primäre Verstärkung durch Bereitstellung von Futter. Die Wirksamkeit eines primären Verstärkers ist abhängig von den jeweiligen Bedürfnissen des Organismus. Soll Futter als positiver Verstärker eingesetzt werden, so ist es erforderlich, mit hungrigen Tieren zu arbeiten. Eine umfassende Theorie des Einflusses der von der Dauer der Deprivation (etwa Futterentzug) abhängenden Triebstärke auf die Verhaltensstärke geht auf HULL (1943) zurück. Die Entwicklung seiner Theorie, die eine größere Anzahl das Lernergebnis beeinflussender intervenierender Variablen vorsieht, wird detailliert im Kapitel 8, Motivation, Abschnitt 2.2, Von Trieb- zu Anreiztheorien, behandelt, so daß hier trotz der großen Bedeutung des Autors für die Lerntheorie auf eine Darstellung verzichtet wird.

Ein zuvor neutraler Reiz wird durch häufige gemeinsame Darbietung mit einem primären Verstärker zu einem *sekundären Verstärker*, der nun selbst die Wahrscheinlichkeit des Auftretens eines Verhaltens verstärken kann. Geht dem Erscheinen der Futterpille im Trog immer ein Geräusch im Futtermagazin voraus, so wird nach einer Reihe von Durchgängen allein das Geräusch als Verstärker wirken. Es könnte genutzt werden, um eine neue Verhaltensweise anzutrainieren. Dem Prinzip der sekundären Verstärkung kommt eine wichtige Rolle im Aufbau von Verhaltenssequenzen, also von Ketten von Verhaltensweisen (vgl. Abschnitt 3.4), zu.

Beziehen Verstärker ihre Wirksamkeit aus der in der Lerngeschichte des Individuums erfolgten Verknüpfung mit mehreren primären und sekundären Verstärkern, so spricht man von *generalisierten Verstärkern* (SKINNER, 1953). Im Alltagsleben des Menschen wirken in diesem Sinne verstärkend beispielsweise hoher sozialer Status, Macht, Geld usw.

Ein personifizierter generalisierter Verstärker tritt im «Jedermann» von Hugo von Hofmannsthal auf. Gegen Ende des Stückes stehen einander Jedermann und Mammon im Dialog gegenüber:

Jedermann: Warst mir zu Diensten in Haus und Gassen.
Mammon: Ja, Dich am Schnürl tanzen lassen.
Jedermann: Warst mein leibeigener Knecht und Sklav.
Mammon: Nein, Du mein Hampelmann recht brav.

Dieser kurze Ausschnitt illustriert zugleich trefflich den Tatbestand, daß *Verhalten unter der Kontrolle eines Verstärkers* steht.

Nicht nur materielle Belohnungen oder die Zuwendung einer geliebten Person *(Personenverstärker)* wirken verstärkend, sondern auch die Möglichkeit zu gerne ausgeführten Aktivitäten. Das *Premack-Prinzip* (PREMACK, 1959, 1965) besagt, daß eine beliebte Aktivität als Verstärker für eine weniger beliebte Aktivität eingesetzt werden kann.

Die Überlegungen von PREMACK (1959, 1965; vgl. auch BOWER & HILGARD, 1983/1984) gehen auf das Problem zurück, daß eine weithin akzeptierte Formulierung des Gesetzes der Verstärkung zirkulären Charakter hat: Wird eine lernbare Reaktion von einem verstärkenden Reiz gefolgt, so erhöht sich ihre Stärke oder Auftretenswahrscheinlichkeit. Schon MEEHL (1950) hat den Versuch gemacht, der Aussage einen empirisch prüfbaren Gehalt zu geben, indem er formulierte, daß sich ein Verstärker zur Erhöhung der Auftretenswahrscheinlichkeit *jeder* beliebigen lernbaren Reaktion verwenden läßt. PREMACK (1959, 1965) differenzierte diese Aussage dahingehend, daß er annahm, daß eine bestimmte Aktivität nur für eine niedriger bewertete, nicht aber für eine beliebtere Aktivität zum Verstärker werden kann. Zur Abschätzung der Beliebtheit einer Verhaltensweise schlug er die Häufigkeit vor, mit der dieses Verhalten in einer das Tier oder den Menschen nicht einschränkenden Situation an den Tag gelegt wird.

So könnte man im Sinne des Premack-Prinzips beispielsweise das Hören von Musik nach der Lektüre von Prüfungsliteratur zur Verstärkung einsetzen, natürlich nur unter der Voraussetzung, daß der/die Betroffene lieber Musik hört als Prüfungsliteratur liest.

Eine weitere Verstärkungsart ist noch zu erwähnen: Seit den Experimenten von OLDS und MILNER (1954) ist bekannt, daß elektrische Reizung in bestimmten Gebieten des Zwischenhirns verstärkend wirkt. Eine derartige gezielte *kortikale Reizung* scheint für Ratten attraktiver als Futter zu sein; dies geht bis zur Gefährdung durch Hungertod. So konnten Ratten in einem Experiment von ROUTTENBERG und LINDY (1965) durch ihr eigenes Verhalten bestimmen, ob sie Futter oder eine elektrische Reizung von Teilen des Hypothalamus erhielten. Trotz massiver Futterdeprivation wurde fast ausschließlich die kortikale Reizung gewählt.

3.3.2 Verstärkungspläne

Die Art und Weise, wie Verstärker im Experiment verabreicht werden, nennt man Verstärkungspläne. Wird beispielsweise jedes Auftreten des infragestehenden Verhaltens (etwa Hebeldrücken) verstärkt, so spricht man von *kontinuierlicher Verstärkung,* wird nicht jedes Auftreten verstärkt, so liegt eine *intermittierende Verstärkung* vor.

Die Unterbrechungen bei der intermittierenden Verstärkung können nach zwei Kriterien gestaltet werden:

- Bei einem *Intervallplan* gibt es jeweils für die erste Reaktion nach einem festgelegten *Zeitintervall* eine Verstärkung.

- Bei einem *Quotenplan* ist eine Verstärkung erst nach einer bestimmten *Anzahl von Reaktionen* vorgesehen.

Sowohl den Intervall- als auch den Quotenplan kann man fixiert oder variabel gestalten. Bei einem *fixierten Intervallplan* wird mit gleichbleibenden, bei einem *variablen Intervallplan* jedoch mit zufällig wechselnden Zeitabständen gearbeitet, wobei allerdings auch bei einem variablen Plan darauf geachtet wird, daß die Abstände eine bestimmte durchschnittliche Dauer ergeben. Bei einem *fixierten Quotenplan* wird genau jede n-te Reaktion verstärkt, während bei einem *variablen Quotenplan* die Anzahl der Reaktionen ohne Verstärkung zwar zufällig ist, die Dichte der Verstärkungen allerdings dadurch festgelegt wird, daß durchschnittlich jede n-te Reaktion eine Verstärkung erfährt.

Darüber hinaus gibt es viele Kombinationen der verschiedenen, gerade angeführten Verstärkungsvarianten (vgl. FERSTER & SKINNER, 1957).

Dabei kann man die Art des Verstärkungsplans als unabhängige Variable betrachten und als abhängige Variablen (a) die Lerngeschwindigkeit, gemessen an der Veränderung der Reaktionshäufigkeit und der Intensität der Reaktionen über die Zeit, und (b) den Löschungswiderstand des Verhaltens. Zwischen unabhängiger und abhängigen Variablen bestehen nun charakteristische Zusammenhänge (SKINNER, 1938, 1950, 1951).

Kontinuierliche Verstärkung führt rascher zum angestrebten Verhalten als intermittierende Verstärkung; eine hohe Ausführungshäufigkeit wird auf diesem Wege schneller erreicht. Intermittierende Verstärkung hingegen hat löschungsresistenteres Verhalten zur Konsequenz. Quotenpläne führen im allgemeinen zu einer höheren Reaktionshäufigkeit als Intervallpläne. Variable Verstärkungspläne haben ein über die Zeit gesehen sehr gleichmäßiges Verhalten zur Folge; fixierte Pläne hingegen führen zu stark wechselnden Verhaltenshäufigkeiten.

Betrachten wir zur Erläuterung den Fall einer fixierten Intervallverstärkung. SKINNER (1938) stellte fest, daß Ratten pro Verstärkung etwa gleich viele Reaktionen zeigen. Dies hat zur Folge, daß beispielsweise bei einem Vierminutenplan etwa nur die Hälfte der Reaktionen auftritt, die bei einem Zweiminutenplan registriert werden. Besonders interessant ist das Ergebnis, daß das Versuchstier nach Erhalt der Verstärkung häufig pausiert, und erst gegen Ablauf des Zeitintervalls das Verhalten wieder vermehrt zeigt. Unmittelbar vor der Bekräftigung ist die Reaktionsfrequenz sehr hoch. Es liegt ein Fall von Zeitdiskrimination vor.

Dieser Effekt sehr unterschiedlicher Reaktionsfrequenzen in Abhängigkeit vom erwarteten Zeitpunkt der Verstärkung tritt bei einem variablen Intervallplan nicht auf, da hier der Zeitpunkt der Verstärkung nicht vorhersehbar ist. Verstärkungspläne mit variablen Intervallen führen daher zu einem stabilen und einheitlichen Verhalten, so daß dieser Verstärkungsplan häufig genutzt wird, wenn es darum geht, den Effekt anderer situativer Bedingungen auf ein gelerntes Verhalten zu untersuchen.

Auch bestimmte Interaktionssituationen des Alltags lassen sich im Lichte der Verstärkungspläne und ihrer Effekte interpretieren.

Wenn ein Kleinkind im Beisein der Eltern zum ersten Mal allein erfolgreich auf einen Stuhl klettert, dann ist dies für die Eltern Anlaß zu Freude und Lob. Lob ist in dieser Situation ein äußerst wirksamer Personenverstärker. Die Eltern werden eine zeitlang noch jedes Mal, dann aber nur noch ab und zu durch Aufmerksamkeit und Lob verstärkend wirken, bis sie schließlich das Verhalten gar nicht mehr verstärken. Aber das bleibt nun ohne negative Konsequenzen für das Auftreten des Verhaltens, denn der Lernprozeß ist erfolgreich abgeschlossen und möglicherweise üben nun andere Verstärker eine stabilisierende Wirkung aus (so beispielsweise die Beschäftigung mit den auf dem Tisch erreichbaren Dingen). Die Eltern haben, ohne darüber zu reflektieren, einen *optimalen Verstärkungsplan* angewandt: Kontinuierliche Verstärkung zum Verhaltensaufbau, gefolgt von einer über einen langen Zeitraum abnehmenden intermittierenden variablen Verstärkung zur Verhaltensstabilisierung (vgl. auch NATION & BOYAJIAN, 1980).

Bisher haben wir den im allgemeinen ausschließlich interessierenden Fall einer kontingenten Verstärkung behandelt. Was passiert aber, wenn *nicht kontingent* verstärkt wird, wenn also Verstärkungen ganz unabhängig vom Auftreten eines bestimmten Verhaltens nach einem variablen oder fixierten Zeitintervallplan gegeben werden? Es sollte sich die Auftretenswahrscheinlichkeit des unmittelbar vor der Verstärkung gezeigten Verhaltens erhöhen, somit die Wahrscheinlichkeit für das Auftreten dieses Verhaltens auch vor der nächsten Verstärkung usw. Bei Versuchstieren kann man mit diesem Vorgehen seltsame Rituale erzeugen. Beispielsweise dreht sich eine Taube ständig im Kreis und ruckt mit dem Körper. Eine andere pickt auf eine bestimmte Stelle des Käfigs, eine weitere plustert sich auf und hebt den Kopf (Skinner, 1948, 1951). Man spricht von einem *abergläubischen Verhalten*. Es ist sehr löschungsresistent. Sollten auch bestimmte menschliche Verhaltensweisen in dieser Weise interpretierbar sein?

3.3.3 Verstärkungsmenge

Welchen Effekt hat die Verstärkungsmenge auf den Erwerb und die Ausführung eines Verhaltens? Wie wirkt sich eine *Veränderung der Verstärkungsmenge* aus? Eine häufig zitierte Untersuchung zur Beantwortung dieser Fragen wurde von Crespi (1942) durchgeführt. Da die dabei verwendete Versuchsapparatur und damit zusammenhängend die Art der untersuchten Verhaltensweisen von den bisher zumeist besprochenen Ansätzen abweicht, ist eines der von Crespi durchgeführten Experimente in Form von Tabelle 3 etwas ausführlicher dargestellt. Abbildung 6 zeigt die Ergebnisse des Experiments.

Die Ergebnisse lassen sich wie folgt zusammenfassen. Die Verstärkungsmenge stand in einem monotonen Zusammenhang mit der Geschwindigkeit der Ausführung des Verhaltens: je größer die Verstärkungsmenge, desto höher war die Laufgeschwindigkeit der Ratten. Besonders interessant sind nun die Phänomene, die sich bei einer Änderung der Verstärkungsmenge zeigten. Bei einer Reduktion verringerte sich die Laufgeschwindigkeit der Tiere drastisch *(negativer Kontrasteffekt),* sie fiel im Schnitt sogar unter diejenige, die bei der Kontrollgruppe (mit konstant geringer Verstärkung) registriert wurde (Depressionseffekt). In einem anderen Experiment dieser Untersuchungsreihe zeigte sich, daß auch das Umgekehrte der Fall ist: Die Laufgeschwindigkeit kann durch Erhöhung der Verstärkung sprunghaft gesteigert werden *(positiver Kontrasteffekt).*

Generell läßt sich sagen, daß in der Trainingsphase eines Lernexperiments die Stärke des konditionierten Verhaltens mit der Verstärkungsmenge wächst. Nicht eindeutig sind hingegen die Ergebnisse zum Zusammenhang zwischen Verstärkungsmenge und Löschungswiderstand.

Tabelle 3: Der Effekt einer reduzierten Verstärkungsmenge auf konditioniertes Verhalten (Crespi, 1942).

Versuchsaufbau: Ratten liefen durch einen etwa 7 m langen, durch Seitenwände begrenzten Gang. In dem Gang konnten sie sich jedoch frei (vor- und rückwärts) bewegen. Am Zielende wurde eine Verstärkung in Form von Futter verabreicht. Die Zeit für das Zurücklegen der Laufstrecke wurde für jede Ratte in jedem Durchgang gemessen.

Ablauf: An dem Versuch waren insgesamt 24 futterdeprivierte Ratten beteiligt. 10 von ihnen *(Kontrollgruppe)* erhielten am Ziel 16 Futtereinheiten, 7 erhielten 64 *(Experimentalgruppe 1)* und weitere 7 256 Futtereinheiten *(Experimentalgruppe 2).* Pro Tag wurde der Versuch einmal durchgeführt. Es wurde darauf geachtet, daß (über den Tag verteilt) alle Tiere die gleiche Futtermenge zu sich nehmen konnten. Am 20. Tag wurde für die Experimentalgruppen die Verstärkung am Ziel auf 16 Futtereinheiten reduziert.

Ergebnisse: Die Durchschnittsgeschwindigkeit der beiden Experimentalgruppen lag bis zum 20. Durchgang über der der Kontrollgruppe, sank aber dann *unter* deren Werte (Abbildung 6). Die Tiere zeigten nach der Reduktion ungewöhnlich aufgeregtes und wenig zielstrebiges Verhalten.

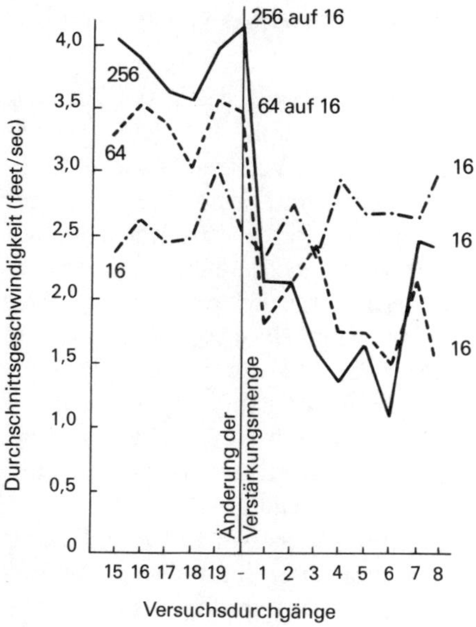

Abbildung 6: Negativer Kontrasteffekt einer reduzierten Verstärkungsmenge auf konditioniertes Verhalten nach CRESPI (1942, S. 508). Erläuterungen in Tabelle 3.

3.3.4 Latentes Lernen: Kompetenz und Performanz

Kontrasteffekte beruhen auf einer Veränderung der Verstärkungsmenge. Was geschieht aber, wenn phasenweise, und zwar insbesondere am Beginn eines Trainings, überhaupt *keine Verstärkung* geboten wird?
Ein Versuch von TOLMAN und HONZIK (1930b), der im Anschluß an eine ähnliche Studie von BLODGETT (1929) durchgeführt wurde, gibt Hinweise zur Beantwortung dieser Frage. In diesem häufig genannten Experiment sollten Ratten lernen, in einem großen und verwinkelten Labyrinth von der Startkammer in die Zielkammer zu gelangen. Die Verstärkungsmenge wurde variiert: Eine Gruppe wurde vom ersten Tag an verstärkt (kontinuierliche Verstärkung mit Futter), eine zweite gar nicht (keine Verstärkung mit Futter), eine dritte erst ab dem 11. Versuchstag. Abbildung 7 zeigt die durchschnittliche Fehleranzahl (Betreten von Sackgassen) der drei verschiedenen Gruppen über die Versuchstage hinweg. Für die kontinuierlich verstärkte Gruppe ergab sich der übliche Lerneffekt. Die Anzahl der Fehler sank über die Tage, wobei der im Verhalten erkennbare Lerngewinn in den ersten Versuchen deutlicher war als in späteren. Aber auch bei der Gruppe ohne Verstärkung nahm die Fehleranzahl, allerdings nur geringfügig, ab. Diese Tiere erhielten beim Erreichen der Zielkammer kein Futter, sondern wurden aus ihr ohne Verstärkung entfernt. Das entscheidende Phänomen zeigte sich aber bei der dritten Gruppe von Versuchstieren. Nach Einsetzen der Verstärkung ab dem 11. Tag erzielten sie (und zwar bereits im unmittelbar nachfolgenden Durchgang) Ergebnisse, die gleich gut oder besser waren als die der kontinuierlich verstärkten Tiere.
Dieses Resultat ist in Übereinstimmung mit den zum Kontrasteffekt berichteten Befunden. Es macht aber einen weiteren Punkt deutlich. Die Ratten dieser Gruppe mußten auch an den ersten 10 Tagen gelernt haben; sie zeigten jedoch

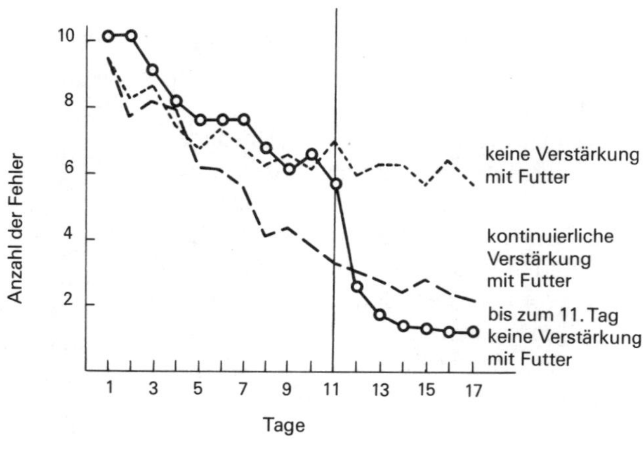

Abbildung 7: Ergebnisse eines Versuchs zum latenten Lernen von TOLMAN & HONZIK (1930b, S. 267). Durchschnittliche Anzahl von Fehlern von drei Gruppen von Ratten in Abhängigkeit davon, ob bzw. ab wann Verstärkung gegeben wurde.

die erworbene Kompetenz noch nicht. Man spricht in diesem Zusammenhang von einem *latenten Lernen.* «Latent» wird dieses Lernen genannt, weil es eine Kompetenz ausdrückt, die zunächst keinen Niederschlag im Verhalten (der Performanz) findet. Erst die Motivierung der Versuchstiere durch das Einsetzen der Verstärkung läßt die erworbene Kompetenz auch im Verhalten deutlich werden.

Latentes Lernen, umfassend verstanden, bezieht sich auf jeden Lernprozeß, der sich zum Zeitpunkt seines Ablaufs nicht im Verhalten manifestiert. Typischerweise finden wir latentes Lernen unter der Bedingung eines geringen Antriebs oder aber, wie im geschilderten Experiment, im Falle fehlender Verstärkung.

An dieser Stelle wird deutlich, daß eine enge behavioristische Definition von Lernen als Veränderung der Verhaltenshäufigkeit zu kurz greift. Die Befunde zu den Kontrasteffekten und zum latenten Lernen legen nahe, zwischen dem *Erwerb einer Kompetenz* und seiner *Umsetzung im* beobachtbaren *Verhalten (Performanz)* sorgfältig zu unterscheiden.

Eine wesentliche Kritik an der Interpretation des vorgestellten Experiments als Nachweis von Lernen ohne Verstärkung ist, daß zwar keine Verstärkung durch Futter erfolgte, aber vielleicht bei Ratten ein *natürliches Explorationsverhalten* wirksam sei. Die Verstärkung bestehe in der Reduktion der «Neugier». Auf spontan auftretendes Explorationsverhalten, das umso häufiger ist, je komplexer das Labyrinth ist, in das eine Ratte gesetzt wird, hat Uster (1977) hingewiesen. Er stellte fest, daß Ratten auch ohne Verstärkung durch Futter dazu tendieren, nahezu alle Labyrinthabschnitte mindestens einmal zu betreten. Olton (1979) beschrieb die große Verhaltensvariabilität von Ratten als Teil ihrer natürlichen Futtersuchstrategien.

Während also die Frage, ob es sich in der ersten Phase eines latenten Lernprozesses um ein Lernen ohne Verstärkung handelt, mit Hilfe des Experiments von Tolman und Honzik (1930b) nicht eindeutig geklärt werden kann (vgl. aber Revenstorff, 1966), bleibt der Befund unstrittig, daß ein wesentlicher Teil des Gelernten erst dann in Performanz umgesetzt wird, wenn entsprechende Verstärkung gegeben wird.

3.3.5 Zeitintervall zwischen Verhalten und Verstärkung

Je größer das Zeitintervall ist, das zwischen der Ausübung des Verhaltens und der Verabreichung des Verstärkers verstreicht, desto langsamer wird gelernt, und desto geringer ist die Stärke des konditionierten Verhaltens. Spence (1947) ging so weit zu behaupten, daß jede zeitliche Verzögerung Lernen unterbindet. Nur über sekundäre Verstärkung sei ein Lernerfolg bei verzögerter Verstärkung möglich. Beispiele sekundärer Verstärkung sind ein Geräusch im Futtermagazin vor dem Auftauchen der Futterpille oder aber charakteristische Reize auf dem Weg zum Ziel in einem Labyrinth.

Die Ausschaltung derartiger Reize und damit die Verhinderung einer sekundären Verstärkung war das Ziel eines Experiments von Grice (1948) zum *Einfluß zeitlich verzögerter Verstärkung.* Seine Idee war es, die Bedingungen in einem Diskriminationslernexperiment in der Phase zwischen der Entscheidung für eine der beiden Alternativen und der Verstärkung völlig gleichzuhalten, gleichgültig, ob die richtige oder die falsche Alternative gewählt wurde. Zur Verwirklichung dieser Idee diente eine Anordnung, die in Tabelle 4 dargestellt ist. Das Versuchstier war sowohl nach dem korrekten Verhalten (Wahl des weißen Ganges), wie auch nach dem falschen (Wahl des schwarzen Ganges) denselben situativen Bedingungen (grauer Gang) ausgesetzt. Wie die in Abbildung 8 dargestellten Ergebnisse zeigen, ist unter diesen Bedingungen Lernen in extremer Weise davon abhängig, wieviel Zeit zwischen der Ausübung des Verhaltens und der Verstärkung verstreicht.

Nicht zuletzt mit Blick auf die Ergebnisse zur Verstärkungsverzögerung wurde versucht, günstige Bedingungen für menschliches Lernen im *«programmierten Unterricht»* zu schaffen. Dabei wurden kleine Lernschritte vorgegeben (in Buchform oder durch Computer) und es wurde jeweils die Reaktion des Lernenden durch Rückmeldung der richtigen Antwort ohne zeitliche Verzögerung verstärkt (Skinner, 1968, 1972). Diese Form der Unterweisung war aber ein Mißerfolg. Zwar kam dem Ansatz sicherlich zugute, daß bei bestimmten Typen von Aufgaben auch beim Menschen eine

Tabelle 4: Der Effekt einer Verzögerung der Verstärkung auf konditioniertes Verhalten (GRICE, 1948).

Versuchsaufbau: Ratten sollten von einer Startkammer durch einen Gang zu einer Zielkammer laufen. Unmittelbar hinter dem Start lag jedoch zunächst eine sog. Diskriminationskammer, die in zwei parallele Gänge mündete. Die eine Hälfte der Diskriminationskammer war weiß und führte in einen Gang mit einem weißen Vorhang, die andere war schwarz, übergehend in einen Gang mit einem schwarzen Vorhang. Die Farbe sollte zum diskriminativen Hinweisreiz werden. (Zur Kontrolle von Links-Rechts-Richtungspräferenzen konnten die beiden Kammern vertauscht werden.) Sowohl der weiße wie auch der schwarze Gang mündeten in einen grauen Gang, dessen Länge vom Versuchsleiter zwischen 45 cm und 180 cm eingestellt werden konnte. Türen zwischen den einzelnen Gangteilen versperrten den Rückweg, teilweise aber auch für eine gewisse Zeit den Weg zum Ziel.

Ablauf: In einem Vortraining mit Verstärkung lernten die Ratten vom Start zum Ziel zu laufen, wobei alle Teile der Versuchsapparatur grau gehalten waren. Danach wurden die 55 Ratten in 6 Gruppen aufgeteilt, die sich durch die Zeit unterschieden, die zwischen der Wahl des weißen Gangs (Diskriminationsleistung) und der Verstärkung (Futter) verstrich. Je nach Gruppe betrug die Verstärkungsverzögerung 0 sek, 0,5 sek, 1,2 sek, 2 sek, 5 sek und 10 sek. Bei 0 Sekunden Verzögerung erfolgte die Verstärkung unmittelbar nach der Diskriminationskammer, bei den anderen Gruppen wurde der graue Gang unterschiedlich lang eingestellt bzw. sogar eine der zum Ziel führenden Türen solange geschlossen gehalten, bis die vorgesehene Zeit verstrichen war. Es erfolgten bis zu 20 Durchgänge pro Tag.

Ergebnisse: Die Ergebnisse des Experiments sind in Abbildung 8 dargestellt. Auf der Ordinate ist der Prozentsatz korrekter Reaktionen, d.h. der Wahl des weißen Gangs aufgetragen. Manche Tiere hatten am Beginn des Hauptversuchs eine geringfügige Präferenz für den schwarzen Gang, was zu Häufigkeiten korrekten Verhaltens zwischen 40% und 50% führte. Je größer nun die Verstärkungsverzögerung war, desto langsamer wurde gelernt. In der Gruppe mit 10 Sekunden Verzögerung erreichte die Mehrzahl der Tiere das Lernkriterium (18 von 20 Durchgängen korrekt, davon die letzten 10) selbst nach 1440 Durchgängen nicht.

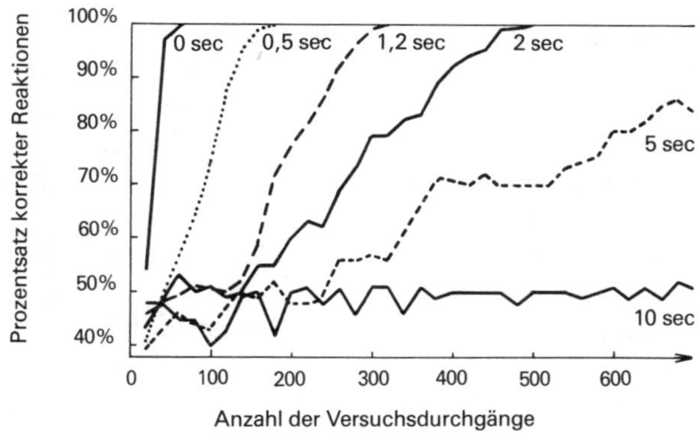

Abbildung 8: Ergebnisse eines Versuchs zum Effekt einer zeitlichen Verzögerung nach GRICE (1948, S.8). Erläuterung in Tabelle 4.

unmittelbare Rückmeldung nützlich ist. Es fehlte aber eine kognitive Theorie des Erwerbs und der Repräsentation von Wissen beim Menschen und damit eine zentrale Vorbedingung für eine sachgerechte Präsentation von Lehrstoff (vgl. aber für einen ganz anderen Typ eines computerisierten Unterrichts Kapitel 4, Denken und Problemlösen, Abschnitt 2).

Für viele Alltagssituationen gilt, daß ältere Kinder und Erwachsene durchaus vor allem mittels sprachlicher Repräsentation im Gedächtnis ein Zeitintervall überbrücken können (TERRELL, 1965). Schon für Kleinkinder ist aber häufig sofortige Verstärkung am wirksamsten.

Welche Schwierigkeiten auch erwachsene Menschen haben, wenn sie beispielsweise mit Situationen konfrontiert werden, in denen positive Konsequenzen sofort eintreten, negative aber nur mit starker zeitlicher Verzögerung, hat beispielsweise PLATT (1973) in seinen Untersuchungen zu den sog. *sozialen Fallen* (social traps) gezeigt. Verschiedenste Umweltprobleme lassen sich als dieser Typ eines Dilemmas mit seinen ungünstigen, langfristig erfolgreiches Verhalten erschwerenden Kontingenzen betrachten.

3.4 Reizdiskrimination, Verhaltensdifferenzierung, Aufbau von Verhaltensketten

Welche Möglichkeiten gibt es, im Rahmen operanter Konditionierung besonders situationsangepaßtes, differenziertes und aus mehreren Einheiten bestehendes Verhalten aufzubauen? Drei Begriffe sind in diesem Zusammenhang hervorzuheben: *Reizdiskrimination, Verhaltensdifferenzierung* und *Verhaltensverkettung.*

Reizdiskrimination haben wir schon bei der Besprechung der Rolle diskriminativer Hinweisreize, insbesondere im Zusammenhang mit dem diskriminativen Belohnungstraining und dem aktiven Vermeidungslernen, diskutiert. Ein weiteres Beispiel einer Reizdiskrimination war die im Zusammenhang mit verzögerter Verstärkung besprochene Versuchssituation, in der eine Ratte lernt, in einen weißen und nicht in einen schwarzen Gang zu laufen, also ein Verhalten erwirbt, das auf eine bestimmte Ausprägung eines festgelegten Merkmals bezogen ist.

Zu welchen erstaunlichen Diskriminationsleistungen Tiere in der Lage sind, zeigt das Phänomen des *Ausblendens* («fading»). Unter «fading» versteht man das schrittweise Ausblenden eines (zu Beginn starken) diskriminativen Hinweisreizes bzw. das Ausblenden von Unterschieden zwischen zwei derartigen Reizen. Lernen bedeutet in diesem Kontext die differenzierte Berücksichtigung von minimalen Reizunterschieden. Ein auf den ersten Blick verblüffendes Beispiel liefert die «lesende» Taube von REESE (1966). Wenn das Wort «turn» auf einem Schirm erschien, drehte sie sich im Kreis und auf das Wort «peck» begann sie zu picken. Wie kam das zustande? Normalerweise würde eine Taube, falls man ihr über operante Konditionierung beigebracht hätte, bei Erscheinen des Wortes «peck» zu picken, auch bei Erscheinen jedes anderen Wortes picken. Tatsächlich ging ein Lernprozeß voran, an dessen Beginn die beiden Wörter «turn» und «peck» stark unterschiedliches Aussehen nach Größe und Farbe hatten. Das Versuchstier lernte, auf jeden der beiden noch sehr leicht unterscheidbaren Reize mit der jeweils entsprechenden Verhaltensweise zu reagieren. Dann wurden die Unterschiede zwischen den beiden diskriminativen Hinweisreizen schrittweise reduziert, bis schließlich beide Wörter gleiches Format und gleiche Farbe hatten. Zu berücksichtigen ist dabei, daß Tauben ein sehr gutes optisches Diskriminationsvermögen besitzen.

Ein interessantes Phänomen im Zusammenhang mit dem Diskriminationslernen ist auch, daß Tiere, die eine ganze Reihe von Diskriminationsaufgaben zu bewältigen haben, derartige Lernaufgaben zunehmend rascher und effektiver lösen. Während es zunächst einer großen Anzahl von Versuchsdurchgängen bedarf, bis das Tier richtig reagiert, löst es nach mehreren derartigen Aufgaben neue bereits nach wenigen Durchgängen. Tiere scheinen zu lernen, wie man lernt (MEDIN, 1972; REESE, 1964). Deutliche Unterschiede zeigten sich aber bei einem Vergleich verschiedener Tierarten in der Effektivität des *Lernens zu lernen.* Sie wurde anhand der Verbesserung der Lernleistung bei aufeinanderfolgenden Aufgabenstellungen ermittelt. WARREN (1965) nennt beispielsweise folgende Rangordnung, aufgestellt nach der Höhe des Lerngewinns: (1) Rhesusaffen, (2) Totenkopfäffchen, (3) Krallenaffen, (4) Katzen, (5) Ratten, (6) Eichhörnchen. Die Fähigkeit, die Lösung von Diskriminationsaufgaben zu lernen, wurde von verschiedenen Autoren auch als *Indikator für Intelligenzunterschiede* zwischen Tierarten angesehen.

Zur Frage der *Reizgeneralisierung* im Rahmen operanter Konditionierung wurden im allgemeinen keine Trainingsexperimente durchgeführt, in denen dasselbe Verhalten nach Auftreten bei verschiedenen, aber ähnlichen Bedingungen verstärkt wurde. Untersucht wurde hingegen die *Stärke der generalisierten Reaktion auf Reize unterschiedlicher Ähnlichkeit.* Das Tier wird mit positiver Verstärkung trainiert, auf einen bestimmten Reiz ein Verhalten zu zeigen. Geprüft wird in der Löschungsphase, inwieweit dem Hinweisreiz ähnliche Reize ebenfalls zu einer entsprechenden Reaktion führen bzw. inwieweit die Stärke der Reaktion mit zunehmender Unähnlichkeit des Reizes abnimmt. Ein entsprechendes Experiment stammt von GUTTMAN und KALISH (1956). Tauben pickten auf eine Plastikscheibe und erhielten als Verstärkung Futter. Als diskriminativer Hinweisreiz wurde ein in Farbe und Wellenlänge genau definiertes Licht verwendet. In der Löschungsphase wurde die Stärke der Reaktion (gemessen an der Anzahl der Reaktionen) in Abhängigkeit von der Ähnlichkeit der Reize geprüft. Die Reaktionshäufigkeit sank mit zunehmender Unähnlichkeit zwischen dem ursprünglich gelernten diskriminativen Hinweisreiz und den Testreizen. Die sich ergebende Funktion wird *Generalisierungsgradient* genannt.

In einem ganz anderen theoretischen Rahmen, nämlich dem der kognitiven Theorie der Informationsverarbeitung, werden Generalisierung und Diskrimination als kognitive Leistungen des Menschen im Kapitel 4, Denken und Problemlösen, Abschnitt 3.2, Induktives Denken, ausführlich behandelt.

Wenden wir uns jetzt Veränderungen auf der Verhaltensseite zu. Von *Verhaltensdifferenzierung* spricht man, wenn einzelne Merkmale eines Verhaltens, wie seine Geschwindigkeit oder Intensität, in einem Lernprozeß verändert werden. Um eine derartige Verhaltensdifferenzierung zu erreichen, ist das Verhalten selektiv nur dann zu verstärken, wenn es das infragestehende Merkmal im gewünschten Ausprägungsgrad aufweist. Soll etwa eine Ratte in der Skinner-Box lernen, den Hebel sehr kräftig zu drücken, so wird in einer ersten Phase jedes Drücken des Hebels verstärkt, danach nur noch dann Futter gegeben, wenn Verhalten mit höherer Intensität auftritt, zuletzt ausschließlich bei einem sehr kräftigen Druck des Hebels. Auf diese Weise kommt es zu einer *Verhaltensformung* («shaping»), einer *stufenweisen Annäherung* an das gewünschte Verhalten.

Verhaltensformung stellt aber auch eine Methode dar, mit der ein neuartiges Verhalten aufgebaut werden kann. Während bei der operanten Konditionierung ansonsten zumeist nur die Wahrscheinlichkeit des Auftretens eines auch spontan produzierten Verhaltens erhöht wird, geht es nun um das Erlernen komplizierterer und nicht im natürlichen Repertoire vorkommender Verhaltensweisen.

Das Vorgehen bei der Verhaltensformung durch gezielte Verstärkung von stufenweise sich dem gewünschten Verhalten annähernden Reaktionen ist wie folgt: Ein Tier, das beispielsweise zu lernen hat, den richtigen Knopf eines Fernsehapparates zu drücken, wird in der ersten Phase des Trainings schon für die Hinwendung des Kopfes zum Gerät verstärkt, danach für die Hinwendung des Kopfes zu den Knöpfen, später für die Berührung des richtigen Knopfes, zuletzt für das Drücken des Knopfes mit der Schnauze. Verstärkungen werden also mit steigender Dauer des Trainingsexperiments zunehmend nur noch für Verhaltensweisen gegeben, die immer besser mit dem angestrebten Zielverhalten übereinstimmen.

Verhaltensformung spielt auch in der klinischen Verhaltensmodifikation eine wichtige Rolle, wenn es beispielsweise darum geht, ein neuartiges Verhalten Schritt für Schritt aufzubauen. Ein Beispiel wäre die Hinführung eines besonders scheuen Kleinkindes zu einem intensiven Sozialkontakt mit den Gleichaltrigen in einer Kindergartengruppe (vgl. etwa BLACKHAM & SILBERMAN, 1975).

Recht spektakuläre Erfolge hat Verhaltensformung in der Tierdressur. Man denke beispielsweise an Schweine oder Pferde, die in amerikanischen Fernsehserien in menschlichen Rollen ein erstaunliches Verhalten an den Tag legen. Für den Aufbau derartiger komplexer Verhaltensabläufe spielt aber neben der Verhaltensformung, die sich insbesondere auf die Ausgestaltung einzelner Verhaltenseinheiten bezieht, der Aufbau von *Verhaltensketten* eine wichtige Rolle.

Dabei wird zunächst das Verhalten m, das in der Kette an letzter Stelle stehen soll, und das selbst primär, beispielsweise durch Futter, verstärkt wird, auf einen diskriminativen Hinweisreiz n trainiert. Auf den Hinweisreiz n–1 wird Verhalten m–1 konditioniert, wobei als Verstärker der diskriminative Hinweisreiz n dient. Dabei handelt es sich um einen sekundären Verstärker, der durch seine Koppelung mit dem primären Verstärker Futter die Auftretenswahrscheinlichkeit des Verhaltens m-1 erhöht. Man denke in diesem Zusammenhang an das weiter oben dargestellte Beispiel, in dem dem Geräusch des Futtermagazins die Funktion eines sekundären Verstärkers zukam. Auf einen diskriminativen Hinweisreiz n-2 wird ein Verhalten m-2 gelernt; als sekundärer Verstärker dient der diskriminative Hinweisreiz n-1. Am Ende eines derartigen Experiments ist die Verhaltenskette 1, 2, ... m-2, m-1, m aufgebaut. SKINNER (1951) führt eine Reihe von Beispielen zum Erlernen von Reaktionsketten in der Tierdressur an.

BOWER und HILGARD (1983/1984) beschreiben im Anschluß an HULL den Aufbau einer Verhaltenskette in einer Form, bei der das Verhalten m selbst die Funktion eines sekundären Verstärkers für das Verhalten m-1 übernimmt usw. Anders herum betrachtet kommt dem Verhalten m-1 die Funktion eines diskriminativen Hinweisreizes für das Verhalten m zu usw. Streng genommen sind es die mit dem Verhalten einhergehenden «inneren» Reize, die die Funktion eines Verstärkers bzw. eines diskriminativen Hinweisreizes erhalten. Nach einem längeren Training genügt dann schon der erste diskriminative Hinweisreiz, um die gesamte Verhaltenskette, vermittelt über die von ihnen ausgelösten inneren Reize, ablaufen zu lassen.

Eine Verhaltenskette stellt somit eine Abfolge von Reiz-Reaktions-Einheiten dar, wobei jedes einzelne Verhalten entweder als Konsequenz einen weiteres Verhalten auslösenden diskriminativen Hinweisreiz zur Folge hat oder aber selbst als solcher dient. Bezogen auf das vorangegangene Verhalten hat der diskriminative Hinweisreiz die Funktion eines Verstärkers.

HULL (1931, 1952) hat das interessante Konstrukt der *unvollständigen antizipatorischen Zielreaktionen* («fractional anticipatory goal responses») eingeführt. Ausgehend von der Annahme von Reizen, die u.a. auf den das jeweilige Verhalten motivierenden inneren Antrieb des Organismus, z.B. Hunger, zurückgehen, vermutet HULL, daß bei einer zielgerichteten Abfolge von Verhaltensweisen diese Reize Teile der Zielreaktion (also beispielsweise Kauen und Schlucken) bereits vor Erreichen des Zieles auslösen. Diese unvollständigen, antizipatorischen Zielreaktionen sind wiederum von inneren Reizen begleitet, die nach den Vorstellungen von HULL im Lernprozeß eine wichtige Rolle spielen. Sie repräsentieren die Verstärkung, die im Ziel erfolgt, sind aber im Gegensatz zu dieser während der gesamten Verhaltenskette präsent. Ihnen kommt damit eine motivierende Funktion zu. In gewisser Weise sah HULL sie am Aufbau jeder sekundären Verstärkung beteiligt.

BOWER und HILGARD (1983/1984) führen in diesem Kontext folgenden Punkt an. Ratten lernen beispielsweise leichter in einem weißen Labyrinth nach links und in einem schwarzen nach rechts zu laufen, wenn die Art der Verstärkung, die am Ziel der beiden Labyrinthe gegeben wird, unterschiedlich ist, also etwa im einen Fall aus einem Futterpulver, im anderen aus einer Zuckerlösung besteht. Das Diskriminationslernen wird durch die in diesem Beispiel unterschiedlichen Zielreaktionen (Fressen bzw. Trinken) und damit auch differierenden, unvollständigen antizipatorischen Zielreaktionen gefördert, da letztere zu verschiedenen inneren Reizen führen, die wiederum mit der jeweils erforderlichen Richtungsänderung verknüpft werden.

3.5 Bestrafung, Löschung und Ablösung von Verhalten

Um die Ausführungshäufigkeit eines Verhaltens zu reduzieren, gibt es drei unterschiedliche Möglichkeiten:

(1) Das Verhalten kann bestraft werden,

(2) die das Verhalten aufrechterhaltenden Verstärker können entzogen werden, so daß es zur Löschung kommt, und

(3) es kann ein konkurrierendes Verhalten aufgebaut werden, das das alte ablöst.

Auf diese drei Möglichkeiten gehen wir in der Folge ein.

3.5.1 Bestrafung und das Phänomen der konditionierten emotionalen Reaktion

Der Frage der *Wirksamkeit der Bestrafung* ging ESTES (1944, vgl. auch 1969) in einer Serie von Experimenten nach. Eines dieser Experimente und seine Ergebnisse sind in Tabelle 5 und Abbildung 9 dargestellt. Typisch für Bestrafungsexperimente im Rahmen der operan-

Tabelle 5: Der Effekt von Bestrafung auf die Häufigkeit konditionierten Verhaltens (Estes, 1944; Experiment A).

Versuchsaufbau: Dieses Experiment wurde mit einer Skinner-Box mit Hebel, Futtermagazin und elektrifizierbarem Bodengitter (s. Abbildung 4) durchgeführt. Ein Mechanismus war angeschlossen, der die Anzahl registrierte, mit der der Hebel pro Zeiteinheit gedrückt wurde.

Ablauf: In einer Phase mit positiver Verstärkung wurden 16 Ratten in der Skinner-Box auf möglichst häufiges Hebeldrücken operant konditioniert. Über mehrere Tage hinweg wurden sie zunächst kontinuierlich, später intermittierend über einen Zeitraum von einer Stunde pro Tag mit Futter verstärkt. Das Ergebnis war eine stabil hohe Reaktionsfrequenz.
In einer 1. Löschungsphase wurden 8 Tiere *(Experimentalgruppe)* während einer einstündigen Periode nicht nur nicht mehr verstärkt, sondern auch von der 5. bis zur 20. Minute bei Hebeldruck *oft,* aber *nicht immer,* leicht über dem Bodenrost elektrisch geschockt. Die restlichen 8 Tiere *(Kontrollgruppe)* wurden während der gleichen Zeit für Hebeldrücken weder verstärkt noch bestraft (Löschung). In der 2. und 3. Löschungsphase wurde das Verhalten beider Gruppen nur gelöscht, d.h. weder verstärkt noch bestraft.

Ergebnisse: Die Ergebnisse des Experiments sind in Abbildung 9 dargestellt. Nach Beendigung der Bestrafung der Experimentalgruppe (20. Minute der 1. Löschungsphase) war die Häufigkeit des Drückens des Hebels deutlich niedriger als die der Kontrollgruppe. Sie nahm aber noch in derselben Löschungsphase (21. bis 60. Minute) wieder zu. In der 2. Löschungsphase war die Verhaltenshäufigkeit etwa gleich in beiden Gruppen, in der 3. Löschungsphase übertraf sogar die Häufigkeit in der Experimentalgruppe die der Kontrollgruppe.

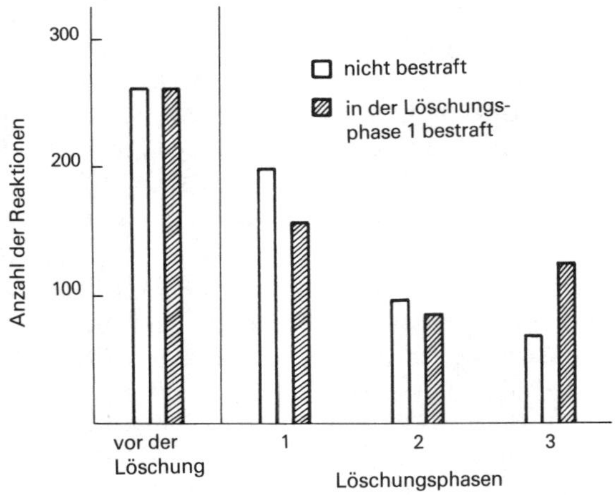

Abbildung 9: Ergebnisse eines Versuchs zum Effekt von Bestrafung nach Estes (1944, Experiment A); Erläuterung in Tabelle 5; um die Daten der Gruppen besser vergleichbar zu machen, sind die Reaktionshäufigkeiten, die vor der Löschung nicht identisch waren, auf gleiches Niveau transformiert.

ten Konditionierung ist, daß mit Versuchstieren gearbeitet wird, bei denen in einer ersten Versuchsphase ein Verhalten durch positive Verstärkung aufgebaut und in der zweiten Phase, seiner Löschung, unter festgelegten experimentellen Bedingungen sein Auftreten mit Hilfe aversiver Reize bestraft wird.
Ähnlich wie Skinner (1938) interpretierte Estes (1944) die Ergebnisse seiner Untersuchungen in der Weise, daß Bestrafung zwar zu einer gewissen Unterdrückung von Verhalten führt, allerdings insgesamt gesehen nicht als sehr wirksam anzusehen ist: «Clearly, punishment results in a suppression rather than a weakening of the response» (S. 14). Die Auffassung, daß Bestrafung eine relativ unwirksame Methode zur Erzielung überdauernder Verhaltensänderungen sei, wurde häufig zitiert und zu einem wichtigen lerntheoretischen Argument für positive Verstärkung und gegen negative Verhaltenskonsequenzen im Erziehungs- und Therapiebereich. Spätere Untersu-

chungen, beispielsweise von Boe und Church (1967) und Azrin und Holz (1966) haben aber deutlich gemacht, daß aufgrund der frühen Experimente, in denen zumeist mit relativ schwachen aversiven Reizen gearbeitet wurde, die Wirksamkeit von Bestrafung unterschätzt wurde.

Zusammenfassend läßt sich sagen, daß die Unterdrückung des Verhaltens durch Bestrafung umso stärker und dauerhafter ist, je intensiver der Strafreiz ist. Bei intermittierender Bestrafung ist der Unterdrückungseffekt langfristiger als bei kontinuierlicher Bestrafung. Wichtig ist, daß der Strafreiz direkt auf das fragliche Verhalten folgt. Die Wirksamkeit der Bestrafung wird herabgesetzt, wenn dem Verhalten gelegentlich auch positive Verstärkungen folgen. Wenn gleichzeitig mit der Unterdrückung eines Verhaltens eine Alternativreaktion aufgebaut wird und diese die Verstärkung an sich zieht, die zuvor die nun bestrafte Reaktion erfahren hat, so ist dieses Vorgehen besonders wirkungsvoll.

Wenn also – zumeist aufgrund von Tierexperimenten – an einer gewissen Wirksamkeit von Bestrafung kein Zweifel besteht, so sind doch beim Versuch der Übertragung dieser Ergebnisse, beispielsweise auf die Kindererziehung, eine Reihe sehr kritischer Punkte zu beachten.

Unstrittig ist die Aussage von Estes (1944), daß Bestrafung Verhalten unterdrückt und nicht mit Löschung gleichzusetzen ist. Ein Verhalten wird also nicht «vergessen»; die Bestrafung hat primär Einfluß auf die Häufigkeit seines Auftretens, also die Performanz. Zu berücksichtigen ist, daß das bestrafte Verhalten aller Voraussicht nach dann wieder auftritt, wenn das Individuum keine weitere Bestrafung erwartet, weil beispielsweise der Bestrafende nicht zugegen ist. Kritisch ist auch, daß die Aufmerksamkeit des Bestraften *gerade auf das nicht erwünschte Verhalten* gelenkt wird. Nur durch den Aufbau eines Alternativverhaltens kann dies vermieden werden. Bei der Bestrafung ist auch die Beeinträchtigung der Beziehung zwischen Bestraftem und Bestrafendem zu berücksichtigen und der Aspekt, daß der Bestrafende in einer völlig unerwünschten Form zu einem Modell für den Bestraften wird (vgl. Teil 6.2, Beobachtungslernen und die Wirkung von Vorbildern). Nicht zuletzt sind die emotionalen und motivationalen Folgen für den Bestraften zu bedenken.

Negative Konsequenzen eines Verhaltens werden häufig dann nicht als Bestrafung (im eigentlichen Sinn) aufgefaßt, wenn die Verhaltensfolgen «naturgegeben» sind, oder so erlebt werden. Ein Kind, das sich an einer heißen Herdplatte leicht die Finger verbrennt und das von der Mutter für ein bestimmtes, von ihr als unerwünscht angesehenes Verhalten einen etwa gleich schmerzhaften Klaps auf die Hand bekommt, wird nach einer kurzen Phase der ersten Schmerzverarbeitung aller Wahrscheinlichkeit nach recht unterschiedlich reagieren. Naturgegebene negative Konsequenzen werden leichter ertragen als eine Bestrafung durch einen anderen Menschen, wenn dem Bestraften klar ist, daß es in der Entscheidung der anderen Person liegt, ihn zu bestrafen oder nicht. Im ersten Fall haben die negativen Konsequenzen vor allem eine informative Funktion, im zweiten neben dieser eine vielschichtige soziale Komponente. Je deutlicher die informative Funktion für den Bestraften ist und dazu beiträgt, Schaden von ihm abzuwenden, desto eher wird im allgemeinen eine Bestrafung zu rechtfertigen sein.

Kehren wir aber nach diesem Exkurs über die Rolle der Bestrafung beim Menschen wieder zur Beschreibung experimenteller Paradigmen zurück.

Die *konditionierte emotionale Reaktion* («conditioned emotional response»), ein zuerst von Estes und Skinner (1941) diskutiertes Phänomen, ist keine Bestrafung im eigentlichen Sinn. Zwar wird mit aversiven Reizen gearbeitet. Diese werden aber nicht nach einem bestimmten Verhalten gesetzt, sondern treten verhaltensunabhängig auf. Die konditionierte emotionale Reaktion ist daher sorgfältig vom verhaltenskontingenten Bestrafungstraining zu unterscheiden. Bei diesem wird ein bestimmtes Verhalten mittels eines aversiven Reizes bestraft. Dies führt zur Reduzierung seiner Auftretenswahrscheinlichkeit.

In einem typischen Experiment zur konditionierten emotionalen Reaktion wird ein bestimmtes Verhalten durch positive Verstärkung aufgebaut. Nach Erreichung einer hohen und stabilen Verhaltensrate erfolgt eine klassische

Konditionierung: In einer Reihe von Durchgängen wird unabhängig vom augenblicklichen Verhalten ein aversiver Reiz (US) dargeboten, der durch einen diskriminativen Hinweisreiz (NS, danach CS) signalisiert wird. Es besteht keine Möglichkeit, dem aversiven Reiz zu entfliehen oder ihn zu vermeiden. Die Auftretenswahrscheinlichkeit des operant konditionierten Verhaltens ist in der Folge in Gegenwart des diskriminativen Hinweisreizes reduziert, selbst wenn kein aversiver Reiz mehr erfolgt.

In einem Experiment von Hunt und Brady (1955) wurden die Effekte einer konditionierten emotionalen Reaktion und einer Verhaltensunterdrückung nach einem Bestrafungstraining (passivem Vermeidungslernen) verglichen. Ratten lernten zunächst, den Hebel in einer Skinner-Box zu drücken. In der nächsten Phase wurde eine Gruppe einem Bestrafungstraining unterzogen, in dem immer dann, wenn der Hinweisreiz vorlag und der Hebel gedrückt wurde, ein kurzer elektrischer Schlag erfolgte. Die andere Gruppe wurde im Sinne des Aufbaus einer konditionierten emotionalen Reaktion unabhängig von ihrem Verhalten Stromschlägen ausgesetzt, die durch einen Hinweisreiz signalisiert wurden. In der Phase der Verabreichung aversiver Reize lernten beide Gruppen gleichermaßen, den Hebel nicht zu drücken, wenn der Hinweisreiz vorlag. Allerdings betätigten die dem diskriminativen Bestrafungstraining unterzogenen Ratten bei Fehlen des Hinweisreizes den Hebel sehr viel häufiger als die Tiere der anderen Gruppe. Ihr Verhalten war generell unterdrückt. Auch erwies sich die konditionierte emotionale Reaktion als deutlich löschungsresistenter. Zugleich zeigten die Tiere dieser Gruppe in Gegenwart des Hinweisreizes ein Verhalten wie Zu-Boden-Kauern, Einkoten usw., das bei der Bestrafungsgruppe nicht auftrat.

3.5.2 Löschung

Verstärker können unerwünschte genauso wie erwünschte Reaktionen aufrechterhalten. Die Reduktion der Auftretenshäufigkeit eines Verhaltens ist nach dieser Betrachtungsweise auch möglich, wenn man die betreffenden Verstärker ausfindig macht und sie aus der Situation entfernt. Es kann dann zur *Löschung der Verhaltensweise* kommen.

Williams (1959) hat ein entsprechendes Beispiel berichtet: Ein knapp zweijähriges Kleinkind erfuhr während einer schweren Krankheit sehr viel Zuwendung (hohes Maß an positiver Verstärkung). Nach seiner Gesundung zwang der Junge mit Hilfe von Schreikrämpfen und Wutanfällen nach dem Zubettgehen seine Eltern, noch bis zu zwei Stunden bei ihm am Bett zu bleiben. Der hinzugezogene Erziehungsberater vermutete, daß gerade diese Form der Zuwendung als Verstärkung für das unerwünschte Verhalten wirke. Die Eltern wurden aufgefordert, ihr Kind in einer ruhigen und liebevollen Art und Weise zu Bett zu bringen, dann aber trotz einsetzendem Weinen das Zimmer zu verlassen. Wenngleich die Überwindung für die Eltern groß gewesen sein mag, und ihr Kind am ersten Tag noch 45 Minuten lang schrie, sank die Dauer des Weinens doch ständig und lag schon eine Woche später bei nur noch einer Minute; nach zehn Tagen konnte das Insbettgehen als völlig entspannt bezeichnet werden. Als aber die Tante das Kind, wie in früheren Fällen auch, einmal zu Bett brachte, trat das Schreien wieder auf, so daß sie bei ihm blieb. Nach einer weiteren Nicht-Verstärkungs-Phase konnte aber eine endgültige Löschung erzielt werden. In diesem Beispiel gab der Erfolg dem Erziehungsberater recht: Das Schreien wurde aller Wahrscheinlichkeit nach durch den Verstärker aufrechterhalten und konnte gelöscht werden. Negative Konsequenzen wären allerdings möglich, wenn dem Schreien eine andere Ursache zugrunde läge (Schmerzen, Angst), da zwar vielleicht das Weinen unterdrückt würde, die eigentliche Ursache aber nicht ins Blickfeld käme.

3.5.3 Ablösung von Verhalten

Besonders wirkungsvoll ist die Löschung von Verhalten, aber auch die Bestrafung von Verhalten, wenn *gleichzeitig* ein *konkurrierendes Verhalten* durch positive Verstärkung aufgebaut wird. Einerseits konkurriert das neue mit dem abzulösenden Verhalten, macht ihm also im Verhaltensablauf den Platz streitig, andererseits kommt es nicht wie sonst bei einer Löschung zum Entzug von positiver Verstärkung.

Auf das vorgenannte Beispiel angewandt, könnte man sich denken, daß beim Zubettbringen des Kindes mit ihm eine Reihe netter, beruhigender, das Kind dem Schlaf näherbringender «Rituale» eingeübt werden, wie Anordnen der Stofftiere auf dem Bett, Aufziehen des Musikbären usw.

4. Verschiedene komplexere Phänomene und ihre lerntheoretische Interpretation

4.1 Angst und Vermeidung

In der klassischen Untersuchung von Watson und Rayner (1920) mußte der «kleine Albert» lernen, eine Ratte zu fürchten. Eine emotionale Reaktion, hier eine Furcht-/Angst-Reaktion, war über den Prozeß einer klassischen Konditionierung erworben worden. Welche Rolle kommt dieser *Furcht-/Angst-Reaktion* aber im Prozeß eines aktiven Vermeidungsverhaltens zu? Dient sie als *Antrieb,* auch *neuartiges Vermeidungsverhalten zu lernen?* Wie stabil ist Vermeidungsverhalten? Mit diesen Fragen setzte sich Miller (1948a) in einem vielzitierten Versuch auseinander. Er ist in Tabelle 6 einschließlich seiner Ergebnisse beschrieben. Abbildung 10 zeigt den von Miller (1948a) verwandten Versuchskäfig.

In diesem Versuch lernten die Ratten zur aktiven Vermeidung des Stromschlags zuerst jene Verhaltensweise, die sie schon als Fluchtverhalten erworben hatten. Dann lernte ein Teil der Versuchstiere auch ein neuartiges Vermei-

Tabelle 6: Gelernte Furcht-/Angst-Reaktion als Antrieb zu Vermeidungsverhalten (Miller, 1948a).

Versuchsaufbau: Den von Miller verwandten Versuchskäfig zeigt Abbildung 10. Die linke Hälfte dieses Rattenkäfigs war weiß und mit einem elektrifizierbaren Bodengitter versehen, die rechte Hälfte schwarz ohne Bodengitter. Beide Hälften waren durch eine schwarz-weiß gestreifte Falltür getrennt. Diese Türe konnte entweder durch den Versuchsleiter fernbedient oder von einem Versuchstier durch Drehen an einer Rolle über der Tür oder Drücken eines Hebels links von ihr geöffnet werden. Sowohl die Umdrehungen der Rolle als auch das Betätigen des Hebels wurden registriert.

Ablauf: 25 Ratten waren die Versuchstiere in dem Experiment.
Phase 1: Die Tiere konnten bei offener Türe beide Hälften des Käfigs explorieren. In jeder der folgenden vier Phasen wurden die Tiere zunächst in die weiße Käfighälfte gesetzt.
Phase 2: In einem ersten Durchgang wurden die Tiere nach 60 Sekunden ohne elektrischen Schlag 60 Sekunden lang alle 5 Sekunden bei geschlossener Tür kurz geschockt; dann wurde das Bodengitter dauernd unter Strom gesetzt, dabei aber die Türe geöffnet. In einem zweiten Durchgang wurde der Strom bald nach Einsetzen der Tiere in den Käfig ohne Unterbrechung angestellt und die Tür geöffnet. In weiteren 8 Durchgängen floß bereits Strom bei Einsetzen des Tiers in den Käfig und die Tür wurde vom Versuchsleiter geöffnet, wenn das Tier auf sie zulief.
Phase 3: In 5 Durchgängen wurden die Tiere nicht geschockt und sofort durch die Türe in die schwarze Hälfte gelassen.
Phase 4: Wiederum erfolgte kein elektrischer Schlag, aber die Türe öffnete sich nur, wenn die Ratte an der Rolle drehte (16 Durchgänge).
Phase 5: Nun öffnete nicht mehr Drehen an der Rolle, sondern Drücken des Hebels die Tür (10 Durchgänge ohne elektrischen Schlag).

Ergebnisse:
Phase 1: Die Tiere zeigten keine Präferenz für eine der beiden Käfighälften.
Phase 2: Die Tiere lernten schnell, in die schwarze Hälfte zu flüchten.
Phase 3: Nun liefen die Tiere auch ohne Schock rasch in die schwarze Hälfte.
Phase 4: Die Tiere zeigten zunächst verschiedenes spontanes Verhalten, in dessen Verlauf 13 von 25 Tieren die Rolle drehten und so die Tür öffnen lernten. Die andere Hälfte der Tiere zeigte unter anderem Reaktionen des Sich-Zusammenkauerns und wurde vom weiteren Experiment ausgeschlossen. Die Geschwindigkeit, mit der die erfolgreichen Tiere die Tür öffneten, erhöhte sich über die Durchgänge.
Phase 5: Innerhalb von 10 Durchgängen lernten 12 der noch verbliebenen 13 Tiere, nicht mehr an der Rolle zu drehen, sondern mit zunehmender Schnelligkeit den Hebel zu drücken, um die Tür zu öffnen.

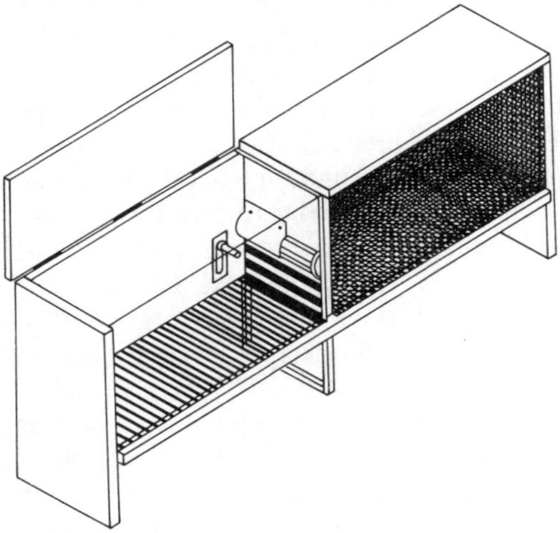

Abbildung 10: Der von MILLER (1948a, S.90) im Versuch zur gelernten Furcht-/Angst-Reaktion verwandte Versuchskäfig. Erläuterung in Tabelle 6.

dungsverhalten, das Drehen einer Rolle bzw. das Drücken eines Hebels. Der Antrieb zum Erwerb dieses neuartigen Verhaltens wurde von MILLER (1948a) in der gelernten Furcht-/Angst-Reaktion gesehen.

Tabelle 7 faßt eine Interpretation des eben geschilderten Versuchs in Anschluß an MOWRER (1947, vgl. auch KROHNE, 1976) als Verbindung von klassischer und operanter Konditionierung zusammen. Man spricht von der *Zweifaktoren-Theorie* der gelernten Furcht-/Angst-Reaktion und des aktiven Vermeidungslernens. Es wird eine Furcht-/Angst-Reaktion auf die weiße Käfighälfte bei den Versuchstieren postuliert und diese Reaktion als im Sinne der *klassischen Konditionierung* gelernt angesehen. Die weiße Käfighälfte wird durch ihre Paarung mit dem die Schmerz-/Angst-Reaktion auslösenden Stromschlag zum konditionierten Reiz. Als *operante Konditionierung* werden der Aufbau des Fluchtverhaltens und der Erwerb der verschiedenen Formen des Vermeidungsverhaltens interpretiert. Als *negative Verstärkung des Fluchtverhaltens* wird die *Beendigung des Stromschlages* und damit der Schmerz-/Angst-Reaktion angesehen; als *negative Verstärkung des aktiven Vermeidungsverhaltens,* und zwar sowohl des Verlassens der weißen Käfighälfte wie auch der neuartigen Verhaltensweisen, des Drehens der Rolle bzw. des Drückens des Hebels, gilt die *Verringerung*

Tabelle 7: Interpretation des Versuchs von MILLER (1948a) als Verbindung von klassischer und operanter Konditionierung (vgl. Tabelle 6 für Details des Versuchs).

	klassische Konditionierung	operante Konditionierung
Phase 2 des Versuchs	Stromschlag (US) löst aus: Schmerz-/Angst-Reaktion (UR).	Verlassen der weißen Käfighälfte (Fluchtverhalten) wird negativ verstärkt durch Beendigung des Stromschlags (aversiver Reiz).
	Weiße Käfighälfte (NS) ist gepaart mit Stromschlag (US).	
	Weiße Käfighälfte wird konditionierter Reiz (CS).	Weiße Käfighälfte wird diskriminativer Hinweisreiz.
	Weiße Käfighälfte löst aus: Furcht-/Angst-Reaktion (CR).	
Phase 3 des Versuchs		Verlassen der weißen Käfighälfte (aktives Vermeidungsverhalten) wird negativ verstärkt durch Verringerung der Furcht-Angst bei Beendigung des diskriminativen Hinweisreizes.
Phasen 4 und 5 des Versuchs		Drehen der Rolle bzw. Drücken des Hebels (neuartiges aktives Vermeidungsverhalten) wird negativ verstärkt durch Verringerung der Furcht-Angst bei Beendigung des diskriminativen Hinweisreizes.

der Furcht-Angst bei Beendigung des diskriminativen Hinweisreizes.

Aus dieser Interpretation ergibt sich auch eine Erklärung für den Umstand, daß ein in dieser Form erlerntes aktives Vermeidungsverhalten ausgesprochen löschungsresistent ist. Darunter ist zu verstehen, daß es häufig auch dann noch gezeigt wird, wenn der diskriminative Hinweisreiz (bei MILLER: die weiße Hälfte des Versuchskäfigs) gar nicht mehr mit einem aversiven Reiz (bei MILLER: Stromschlag) in Verbindung steht. Vermeidungsverhalten verhindert die Konfrontation mit dem unkonditionierten Reiz und somit auch die Erfahrung, daß der konditionierte Reiz und der unkonditionierte Reiz unter Umständen gar nicht mehr gepaart sind. *Erfolgreiches Vermeidungsverhalten verhindert die Erfahrung seiner Unangemessenheit.* Eine Löschung der klassisch konditionierten Reaktion findet nicht statt; der diskriminative Hinweisreiz behält in irreführender Weise den Charakter eines Gefahrensignals.

Wie löschungsresistent ein derartiges aktives Vermeidungsverhalten sein kann, haben eine ganze Reihe von Untersuchungen an Tieren und Menschen gezeigt. SOLOMON und WYNNE (1954) berichteten, daß bei ihren Versuchstieren (Hunden) nach einer kurzen Lernphase hunderte Vermeidungsreaktionen ohne Anzeichen einer Extinktion auftraten. Dabei wurde das Vermeidungsverhalten der Hunde zunehmend stereotyper, die Latenzzeiten bis zum Auftreten des Verhaltens wurden kürzer, die Angstsymptome traten hingegen zurück. Wurde das Vermeidungsverhalten erschwert oder verhindert, so gab es wieder starke Hinweise auf Angst.

BIRBAUMER (1975) berichtete von einem *Humanexperiment,* bei dem der aversive Reiz ebenfalls aus einem unangenehmen, aber völlig unschädlichen elektrischen Schlag bestand. Es zeigte sich, daß die auftretenden aktiven Vermeidungsreaktionen außerordentlich stabil waren und teilweise sehr stereotype Form annahmen. Auch in der Phase, in der der aversive Reiz gar nicht mehr auftreten konnte, also der konditionierte Reiz dieses Experiments in Wirklichkeit kein Gefahrensignal mehr war, wurde von der Mehrzahl der Vpn die Vermeidungsreaktion beibehalten. Dies geschah trotz der Tatsache, daß ihre (physiologisch gemessene) Erregung nach stabilem Aufbau der Vermeidungsreaktion schnell abnahm.

Die im Sinne der Zweifaktorentheorie interpretierten Befunde zum Erwerb von Furcht-/Angst-Reaktionen und zur Rolle der Furcht als Antrieb bei aktivem Vermeidungsverhalten wurden auch herangezogen, um *extreme, situationsunangepaßte Angst, Phobien* und bestimmte Formen des *Zwangsverhaltens* beim Menschen zu erklären. Ziehen wir dazu nochmals einen (selbstverständlich nicht unproblematischen) Vergleich mit einem fiktiven Ergebnis eines Tierversuchs. Eine Ratte, die in einer Anordnung nach MILLER gelernt hat, alles daran zu setzen, um den weißen Käfigteil zu verlassen und dies auch dann tut, wenn ihr in diesem Teil überhaupt keine Gefahr mehr droht, zeigt Symptome einer extremen situationsunangemessenen Angst. Wenn es ihr nicht gelingt, diese Käfighälfte zu verlassen, kauert sie sich nieder, kotet ein und macht auf einen Beobachter einen sehr verängstigten Eindruck. Sie wird Futter, das man ihr reicht, aller Wahrscheinlichkeit nach nicht annehmen, von einem möglichen Sexualpartner keine Kenntnis nehmen und bei Vorhandensein einer Rolle bzw. eines Hebels Zwangsverhalten zeigen.

Was kann zum Abbau eines derartigen Vermeidungsverhaltens und zur Reduktion des erlebten Gefahrencharakters einer Situation und der Angstauslösung in ihr getan werden? Im Tierversuch gelang es nur sehr begrenzt, mittels «*Konfrontation*» und damit einhergehender «*Reizüberflutung*» den entsprechenden Reizen den Charakter eines Gefahrensignals zu nehmen (SOLOMON, KAMIN & WYNNE, 1953). Die genannten Autoren versuchten eine Reduktion der Furcht-/Angst-Reaktion dadurch zu erreichen, daß sie die Tiere zwangen, in Anwesenheit der furchtauslösenden Reize auszuharren. Sie sollten erfahren, daß kein Stromschlag mehr verabreicht wurde, und der gelernte Reiz somit seinen furchtauslösenden Signalcharakter verloren hatte. *Konfrontationstherapie* beim Menschen wird aus naheliegenden Gründen nur selten systematisch angewandt (vgl. aber BARTLING, FIEGENBAUM & KRAUSE, 1980; RACHMAN & BERGOLD, 1976).

Ein anderer Weg ist die *systematische Desensi-*

bilisierung (WOLPE, 1958), bei der versucht wird, mit der Methode der reziproken Inhibition die bisher angstauslösenden Stimuli mit einem Verhalten zu paaren, zu dem Angst nicht kompatibel ist. Dazu wird häufig mit einem Entspannungstraining gearbeitet, wie es beispielsweise von JACOBSON (1938) entwickelt wurde.

Trotz einer gewissen Plausibilität wurde die *Zweifaktorentheorie* in verschiedener Hinsicht *kritisiert*. So haben schon SOLOMON und WYNNE (1954) darauf hingewiesen, daß die extreme Löschungsresistenz von aktivem Vermeidungsverhalten mit Hilfe der Zweifaktorentheorie nur begrenzt erklärbar ist. Insbesondere macht der Befund stutzig, daß in den entsprechenden Versuchen bei Tieren und Menschen Latenzzeiten des Vermeidungsverhaltens (etwa Betätigen eines Hebels) beobachtet wurden, die deutlich kürzer sind als die zum Auftreten einer Furcht-/Angst-Reaktion benötigte Zeit. Letztere läßt sich beispielsweise anhand physiologischer Indikatoren abschätzen. Dies deckt sich auch mit den Beobachtungen, daß gerade bei einem stabilen Vermeidungsverhalten die Angstsymptome verschwinden. Was aber hält das Vermeidungsverhalten aufrecht, wenn nicht die Reduktion der Furcht-/Angst-Reaktion als negativer Verstärker? Zur Erklärung führten SOLOMON und WYNNE (1954) neue Annahmen ein, die aber selbst wieder auf Kritik stießen.

Ein ganz anderer theoretischer Ansatz, in dem völlig auf das Konstrukt «Furcht-Angst» verzichtet wird, geht auf SCHOENFELD (1950) zurück. Er ging davon aus, daß der diskriminative Hinweisreiz durch seine Koppelung mit dem primären aversiven Reiz die Eigenschaft eines sekundären aversiven Reizes erhält. Die Beendigung eines derartigen Reizes müßte aber ebenfalls negativ verstärkend wirken. Faktisch ist allerdings damit auch nicht mehr gewonnen, da die experimentellen Vorhersagen der beiden Theorien kaum unterscheidbar sind.

HERRNSTEIN (1969) hat wie andere Autoren der 60er und 70er Jahre den *Informationsgehalt* des diskriminativen Hinweisreizes betont. Für ihn tritt der Aspekt der Auslösung einer Furcht-/Angst-Reaktion ganz zurück. Zentral ist die Frage, welchen Informationsgehalt ein Reiz im Hinblick auf den primären aversiven Reiz hat.

Die sehr differenziert geführte, in ihren Ergebnissen aber uneinheitliche Debatte über die Gültigkeit der Zweifaktorentheorie kann in verschiedenen Texten, so in KROHNE (1976) und TARPY (1979) im Detail nachgelesen werden. Allerdings wird dabei deutlich, daß es bei den im Bereich dieser lernpsychologischen Forschung üblichen Formen der Theoriebildung nicht gelingt, die ablaufenden Prozesse so detailliert und präzise zu rekonstruieren, daß auf diesem Weg ein weiterer substantieller Erkenntnisgewinn wahrscheinlich ist. Dazu sind *andere methodologische Orientierungen erforderlich*, die über eine Phänomendeskription und nachfolgend grobe theoretische Einordnung hinausführen. Wir sehen entsprechende Ansätze insbesondere in der neueren neuro- und kognitionswissenschaftlichen Forschung (vgl. etwa GLUCK & THOMPSON, 1987; HOLLAND et al., 1986).

4.2 Gelernte Hilflosigkeit

Auf Beobachtungen von OVERMIER und SELIGMAN (1967) und ein heute schon als klassisch geltendes Experiment von SELIGMAN und MAIER (1967) geht eine Forschungsrichtung zurück, die sich mit dem Phänomen der *gelernten Hilflosigkeit* beschäftigt.

Aus den mit Tieren durchgeführten Untersuchungen wurde geschlossen, daß gelernte Hilflosigkeit dann resultiert, wenn *unabhängig vom augenblicklichen Verhalten unkontrollierbare und unvermeidbare aversive Reize auftreten*. Unter Unkontrollierbarkeit versteht man, daß keine Möglichkeit besteht, dem Reiz zu entfliehen bzw. ihn zu beenden; Unvermeidbarkeit drückt das Fehlen eines Angebots zu Vermeidungsverhalten aus. Der Organismus kann kein Verhalten entwickeln, das verhindert, daß er den aversiven Reizen ausgesetzt ist. Gelernte Hilflosigkeit ist in dieser Interpretation ein Zustand, der aus einer Situation erwächst, in der *weder Flucht- noch Vermeidungsverhalten* gegenüber einem aversiven Reiz *möglich* sind.

Überprüft wird das Phänomen anhand eines Flucht- und Vermeidungsverhaltens-Trainings in einer neuen experimentellen Situation. Zeigt sich hier gegenüber einer Kontrollgruppe eine reduzierte Lernleistung, also die Unfähigkeit, aversiven Reizen zu entfliehen bzw. sie überhaupt zu vermeiden, obwohl dies nun möglich wäre, spricht man von gelernter Hilflosigkeit.

Sehen wir uns im folgenden anhand von Tabelle 8 die experimentelle Anordnung zur gelernten Hilflosigkeit von SELIGMAN und MAIER (1967) genauer an, da sie auch für eine Reihe von Untersuchungen zum menschlichen Lernverhalten wegweisend geworden ist.

Wie unterscheiden sich aber die Lernbedingungen, die zu gelernter Hilflosigkeit führen, von denen, die den geradezu entgegengesetzten Effekt haben, nämlich erstaunliche Leistungen beim Erwerb von Flucht- und Vermeidungsverhalten und eine extreme Stabilität des Vermeidungsverhaltens gegenüber Löschung? Im klassischen Experiment des zweiten Typs, der besprochenen Untersuchung von MILLER (1948a), erfolgten zwar ebenfalls in der ersten Phase des Experiments unabhängig vom augenblicklichen Verhalten aversive Reize. Es wurde aber nach kurzer Zeit die Möglichkeit gegeben, dem aversiven Reiz zu entfliehen oder ihn bei Beachtung eines diskriminativen Hinweisreizes ganz zu vermeiden. Auf dieser Erfahrungsbasis erwarben Versuchstiere in nachfolgenden Experimentalphasen neuartiges Vermeidungsverhalten auch bei völligem Fehlen des primären aversiven Reizes.

Tabelle 9 zeigt diese Gegenüberstellung von gelernter Hilflosigkeit und besonders erfolgreichem aktiven Vermeidungslernen. Um einen detaillierten Überblick über verschiedene Versuchsparadigmen zu Lernleistungen im Zusammenhang mit aversiven Reizen zu geben,

Tabelle 8: Gelernte Hilflosigkeit (SELIGMAN & MAIER, 1967).

Versuchsaufbau: Der Versuchsaufbau umfaßte zwei voneinander unabhängige Einheiten:
(1) Eine Apparatur zum Verabreichen von elektrischen Schlägen, in der Hunde als Versuchstiere in einer Lederhalterung angeschirrt werden konnten. Durch Beiseitedrücken von links und rechts vom Kopf der Tiere angebrachten Platten konnte unter einer der Versuchsbedingungen der elektrische Schlag beendet werden.
(2) Einen Käfig, der durch eine für jeden Hund im Experiment schulterhohe Barriere in zwei Hälften geteilt wurde. Ein elektrifizierbares Bodengitter zum Verabreichen von elektrischen Schlägen war ebenso vorhanden wie Lampen für Hinweisreize.

Ablauf: Es wurden 3 Gruppen mit je 8 Hunden gebildet.
Gruppe 1 erhielt 64 elektrische Schläge in der Apparatur mit durchschnittlich 90 Sekunden Intervall. Die Tiere konnten den elektrischen Schlag durch Betätigung einer der Platten mit dem Kopf beenden (unvermeidbare aber kontrollierbare Schocks). Taten sie dies nicht, wurde er nach 30 Sekunden vom Versuchsleiter beendet. 24 Stunden später wurden die Tiere in die eine Hälfte des oben beschriebenen Käfigs gebracht. Nach dem Auslöschen der Lampen folgte jeweils mit 10 Sekunden Verzögerung ein elektrischer Schlag. Diesem konnten die Hunde über die Barriere entfliehen oder aber er wurde nach 60 Sekunden beendet. Es gab 10 Durchgänge.
Gruppe 2 wurde derselben Prozedur in der Apparatur unterzogen, jedoch konnten die elektrischen Schläge durch die Hunde *nicht* abgestellt werden (unvermeidbare und unkontrollierbare Schocks). Es wurde aber aus Gründen der experimentellen Kontrolle darauf geachtet, daß die durchschnittliche Schockdauer die der Gruppe 1 nicht überstieg. Sowohl 24 Stunden später als auch nach 7 weiteren Tagen erfolgte das beschriebene Flucht- und Vermeidungstraining im Käfig.
Gruppe 3 wurde als Kontrollgruppe nur dem Flucht- und Vermeidungstraining im Käfig unterzogen.

Ergebnisse: Die Tiere der Gruppe 1 lernten im ersten Versuchsabschnitt immer besser, den Schock durch Drücken der Seitenplatten zu kontrollieren. Im Käfig zeigten sie in etwa drei Viertel der Fälle das angemessene Vermeidungs- bzw. Fluchtverhalten bei einer durchschnittlichen Latenzzeit von 27 Sekunden. Auch die Kontrollgruppe wies im Käfig in etwa dasselbe Verhalten wie Gruppe 1 auf.
Die Tiere von Gruppe 2 zeigten ein gänzlich anderes Verhalten. Schon in der Schockvorrichtung versuchten sie nach etwa 30 Durchgängen nicht mehr, die Seitenplatten zu betätigen. Im Käfig flüchteten 6 der 8 Hunde in nahezu allen Durchgängen nicht. Bei den restlichen Tieren war die Latenzzeit des Verhaltens doppelt so hoch wie bei Gruppe 1. Von den erwähnten 6 Hunden zeigten 5 auch nach 7 Tagen nicht das adäquate Vermeidungs- bzw. Fluchtverhalten.

Tabelle 9: Passives Vermeidungslernen, diskriminatives passives Vermeidungslernen, aktives Vermeidungslernen, erlernte Furcht-/Angst-Reaktion als Antrieb, gelernte Hilflosigkeit, konditionierte emotionale Reaktion: eine Gegenüberstellung typischer experimenteller Vorgehensweisen.

Passives Vermeidungslernen: Auf ein Verhalten folgt jedesmal oder intermittierend Bestrafung in Form eines aversiven Reizes.
Häufig wird in einer vorangehenden Phase dieses Verhalten durch positive Verstärkung aufgebaut.
Folge: Die Auftretenswahrscheinlichkeit dieses Verhaltens ist reduziert.

Diskriminatives passives Vermeidungslernen: Wie passives Vermeidungslernen, außer daß Bestrafung nur in Gegenwart eines diskriminativen Hinweisreizes erfolgt.
Folge: Die Auftretenswahrscheinlichkeit des Verhaltens ist in Gegenwart des Hinweisreizes reduziert.

Aktives Vermeidungslernen: Unabhängig vom augenblicklichen Verhalten erfolgen aversive Reize, im Labor zumeist in Form eines Stromschlags, signalisiert durch einen diskriminativen Hinweisreiz.
Es wird im allgemeinen sofort oder nach einigen Durchgängen die Möglichkeit gegeben, diesen aversiven Reizen zu entfliehen bzw. sie ganz zu vermeiden, wenn nach Auftreten des Hinweisreizes ein bestimmtes Verhalten rechtzeitig gezeigt wird (kontrollierbare bzw. völlig vermeidbare aversive Reize).
Folge: Aktives Vermeidungsverhalten wird aufgebaut.

Gelernte Furcht-/Angst-Reaktion als Antrieb zu Vermeidungslernen im Sinne des Versuchs von MILLER (1948a): Es handelt sich um eine Variante des aktiven Vermeidungslernens.
Im allgemeinen wird aber in der ersten Phase nicht die Möglichkeit geboten, die aversiven Reize zu vermeiden, sondern nur, ihnen zu entfliehen. Die experimentelle Prozedur ist darüber hinaus insofern erweitert, als nicht nur nachgewiesen wird, daß *(Folge 1)* ein mit dem Fluchtverhalten identisches Vermeidungsverhalten auftritt, sondern auch *(Folge 2)* neuartige Verhaltensweisen zur Vermeidung aufgebaut werden, und dies bei völligem Fehlen des Schmerzreizes (z. B. Stromschlag).
Der Lernvorgang wird als Verbindung von klassischer und operanter Konditionierung im Sinne der Zweifaktorentheorie interpretiert.

Gelernte Hilflosigkeit im Sinne des Versuchs von SELIGMAN & MAIER (1967): Unabhängig vom augenblicklichen Verhalten erfolgen aversive Reize (in der Mehrzahl der Experimente nicht signalisiert durch einen Hinweisreiz); es besteht keine Möglichkeit, ihnen zu entfliehen (Unkontrollierbarkeit) oder sie gänzlich zu vermeiden (Unvermeidbarkeit).
In einer zweiten Phase wird nach dem experimentellen Paradigma des Flucht- und aktiven Vermeidungstrainings vorgegangen. Zumeist wird eine andere experimentelle Situation gewählt als in der ersten Phase.
Folge: Flucht- und aktives Vermeidungsverhalten treten kaum auf.

Konditionierte emotionale Reaktion: Auf ein bestimmtes Verhalten A erfolgt jedesmal oder intermittiernd eine Verstärkung.
Nach Erreichung einer hohen Auftretenswahrscheinlichkeit von Verhalten A erfolgen unabhängig vom augenblicklichen Verhalten aversive Reize, im Labor zumeist in Form eines Stromschlags, signalisiert durch einen diskriminativen Hinweisreiz; es besteht keine Möglichkeit, den aversiven Reizen zu entfliehen oder sie gänzlich zu vermeiden (unkontrollierbare und unvermeidbare Reize).
Folge: Die Auftretenswahrscheinlichkeit von Verhalten A ist in Gegenwart des diskriminativen Hinweisreizes über viele Durchgänge hinweg reduziert, auch wenn der aversive Reiz nicht mehr vorliegt.

---

sind auch das passive Vermeidungslernen und die konditionierte emotionale Reaktion in der Tabelle berücksichtigt.
Nach dem Vorbild des Versuchs von SELIGMAN und MAIER (1967) sehen Experimente zur gelernten Hilflosigkeit im Sinne eines *triadischen Designs* häufig zwei Experimentalgruppen und eine Kontrollgruppe vor. Eine Experimentalgruppe ist in der ersten Phase unvermeidbaren und unkontrollierbaren aversiven Reizen ausgesetzt, die zweite Experimentalgruppe unvermeidbaren, *aber kontrollierbaren* aversiven Reizen. Die Kontrollgruppe erfährt in der ersten Phase keine Behandlung. Die zweite Experimentalphase besteht in dem Flucht- und aktiven Vermeidungstraining. Im allgemeinen zeigt sich, daß die Experimentalgruppe, die zwar unvermeidbaren, aber kontrollierbaren

aversiven Reizen ausgesetzt war, in der zweiten Phase ebenso gute Lernleistungen zeigt wie die Kontrollgruppe. Hingegen sind, wie dargestellt, die Ergebnisse der in der ersten Phase mit unvermeidbaren und unkontrollierbaren aversiven Reizen konfrontierten Gruppe deutlich schlechter.

Analoge Ergebnisse wurden auch in *Untersuchungen im Humanbereich* gefunden, wenn die geschilderte Versuchsanordnung genau übertragen wurde. Ein entsprechendes Experiment geht auf HIROTO (1974) zurück. Der aversive Reiz war ein lauter Ton von hoher Frequenz. In der ersten Experimentalgruppe traten die Töne zwar unvermeidbar auf, konnten aber von den Vpn durch Drücken eines Knopfes abgestellt werden. In der zweiten Experimentalgruppe hatte das Betätigen des Knopfes keinen Effekt, die Töne waren daher unvermeidbar *und* unkontrollierbar. Die dritte Gruppe, die Kontrollgruppe, nahm erst am zweiten Teil des Experiments teil, in dem ein durch ein Licht angekündigter ebenfalls unangenehmer Ton durch das Hin- und Herschieben eines Knopfes bei rechtzeitiger Betätigung verhindert bzw. nach Einsetzen zumindestens abgestellt werden konnte. Das erfolgreiche Vermeidungs- bzw. Fluchtverhalten bestand also in einer Reaktion, die der von den Hunden im Versuch von SELIGMAN und MAIER (1967) geforderten strukturell sehr ähnlich war. Dort war ein Sprung von einem Käfigteil in den anderen erforderlich, hier ein Verschieben des Knopfes von der einen Seite auf die andere. Auch im Versuch von HIROTO (1974) ergab sich, daß die Gruppe, die im ersten Teil des Experiments unvermeidbaren und unkontrollierbaren unangenehmen Tönen ausgesetzt worden war, im zweiten Teil hilfloser reagierte, d.h. wesentlich schlechtere Lernleistungen erbrachte. Einen Überblick über Humanversuche zur gelernten Hilflosigkeit geben MILLER und NORMAN (1979).

Im ersten Jahrzehnt nach den klassischen Experimenten wurde gelernte Hilflosigkeit – kurzgefaßt – folgendermaßen interpretiert: Im ersten Teil des Experiments machen die Versuchstiere, aber auch Menschen unter analogen Bedingungen, die Erfahrung, daß ihre Reaktionen und die aversiven Reize *voneinander unabhängig* sind. Sie lernen, daß nichts von dem, was sie tun, eine die negativen Reize vermeidende oder kontrollierende Wirkung hat. Daraus resultiert eine *Hilflosigkeitserwartung,* die auf andere Situationen *generalisiert* wird, selbst wenn in diesen Situationen erfolgreiches Verhalten möglich wäre (vgl. SELIGMAN, 1975; SELIGMAN, MAIER & SOLOMON, 1971).

Die *Hilflosigkeitserwartung* wurde mit einem *dreifachen Defizit* in Beziehung gesetzt:

(a) einem *motivationalen Defizit,* das sich in reduziertem Auftreten spontaner Verhaltensweisen manifestiert. Das hat zur Folge, daß die Wahrscheinlichkeit verringert ist, daß allein durch Versuch und Irrtum ein effektives Flucht- und Vermeidungsverhalten aufgebaut wird;

(b) einem *emotionalen Defizit,* das aus Symptomen eines depressiven Zustandes erschlossen wurde und

(c) einem *kognitiven Defizit,* im Sinne schlechterer Leistungen im Erkennen von möglichen Zusammenhängen zwischen Verhaltensweisen und ihren Konsequenzen.

Durch die Art der Untersuchungen wurde ausgeschlossen, daß es allein die Menge der aversiven Reize sein könnte, die zu gelernter Hilflosigkeit führt. So war ja die Gruppe mit den zwar unvermeidbaren, aber kontrollierbaren aversiven Reizen insgesamt jeweils im selben Umfang diesen Reizen ausgesetzt, wie diejenige, bei der sich gelernte Hilflosigkeit aufbaute.

Die frühen Studien regten eine ganze Reihe von Autoren an, eine Vielzahl menschlicher Anpassungsprobleme in der einen oder anderen Form auf gelernte Hilflosigkeit zurückzuführen. SELIGMAN (1974, 1975) selbst sah in diesem Phänomen einen Ansatzpunkt, um bestimmte Formen der Depression beim Menschen erklären zu können, andere Autoren wie BERGLAS und JONES (1978) untersuchten den Drogenmißbrauch, DWECK und REPPUCCI (1973) das Schulversagen als Verhaltensproblem im Kontext gelernter Hilflosigkeit.

Zunehmend zeigte sich aber, daß das Phänomen der gelernten Hilflosigkeit nicht so einfach auf den Menschen übertragen werden kann, wie es in der ersten Begeisterung über die Relevanz der tierexperimentellen Befunde den Anschein hatte.

In der Folge kam es zu einer *Neuformulierung der Theorie* (ABRAMSON, SELIGMAN & TEASDALE, 1978; vgl. auch PETERSON & SELIGMAN, 1983; MILLER & NORMAN, 1979; HECKHAUSEN, 1980; KUHL, 1981). Die Neuformulierung der Theorie hat einen ausgeprägt kognitiven, motivationalen Schwerpunkt. *Kausalattributionen* werden nunmehr als die entscheidenden Größen für die Erklärung von gelernter Hilflosigkeit angesehen. Die Erfahrung der Unabhängigkeit von eigenem Verhalten und unangenehmen Ereignissen wird nicht mehr als ausreichend angesehen, um Hilflosigkeit auszulösen. Entscheidend ist nach diesem Ansatz, ob (a) negative Ereignisse «*global*» und «*stabil*» attribuiert werden, d.h. ob die Erwartung der Hilflosigkeit sich auf viele Lebensbereiche erstreckt und auf einen langen Zeitraum, und ob (b) der fehlende Erfolg der eigenen Bemühungen *internal* oder external attribuiert wird, d.h. ob Mißerfolg auf die eigene Unfähigkeit oder aber auf äußere, nicht zu verantwortende Umstände bezogen wird.

Diese Unterscheidung von internaler und externaler Ursachenzuschreibung geht insbesondere auf Untersuchungen zurück, in denen kognitive Leistungen, beispielsweise bei Konzeptidentifikationsaufgaben, untersucht wurden. In dieser Art von Experimenten wurde versucht, gelernte Hilflosigkeit dadurch zu erzeugen, daß unlösbare Aufgaben gestellt wurden. Dabei zeigte sich in Abhängigkeit von der Art der Zuschreibung der Ursachen der Erfolglosigkeit teilweise sogar eine Leistungssteigerung. Wenn aber mangelnde eigene Fähigkeit für die erfolglosen Bemühungen verantwortlich gemacht wurde, traten Phänomene gelernter Hilflosigkeit auf (WORTMAN, PANCIERA, SHUSTERMAN & HIBSCHER, 1976).

Gelernte Hilflosigkeit als einen Zustand zu charakterisieren, in dem das Individuum fehlende Kontrolle über unangenehme Ereignisse auf die eigene Unfähigkeit zurückführt und dies in vielen Lebensbereichen tut und kein Ende sieht, stellt aber weniger eine neue Theorie, als vielmehr eine präzisere Umschreibung des Phänomens dar.

KUHL (1981) sieht gelernte Hilflosigkeit als einen Zustand, in dem im Sinne einer «*Lageorientierung*» selbstbezogene Kognitionen die aktive Beschäftigung mit dem Problem an sich reduzieren und somit die Möglichkeit eines Erfolgs herabsetzen (vgl. Kapitel 8, Motivation, Abschnitt 3.3, Selbstbezogene Kognitionen).

Die kognitive und motivationspsychologische Ausrichtung der neueren Forschung zur gelernten Hilflosigkeit geht über den Bereich der in diesem Abschnitt dargestellten Lernpsychologie hinaus. Relevante Aspekte der Diskussion können detaillierter in HECKHAUSEN (1980) nachgelesen werden.

4.3 Aufsuchen-Meiden-Konflikt

Der vier Jahre alte Tobias fühlt sich unbeobachtet. Im Wohnzimmer des Hauses seines Onkels hängt eine große, eine Hexe darstellende Holzmaske an der Wand. Tobias läuft von der Eingangstür kommend auf die Maske zu, wird langsamer, bleibt stehen, geht wieder einige Schritte zurück, dann kommt er wieder etwas näher. Sein Gesichtsausdruck ist angespannt. Offensichtlich würde er gerne die Maske anfassen, sie vielleicht sogar vor sein Gesicht setzen, wie er dies bei seinem Onkel schon gesehen hat, zugleich aber fürchtet er sich vor der Maske. Trotz allem übt sie eine so große Anziehungskraft auf ihn aus, daß er immer wieder ins Wohnzimmer geht und in dieselbe Situation kommt.

Was sagt die Lernpsychologie zu einem derartigen Verhalten? Bisher haben wir nur Situationen betrachtet, in denen ein Objekt (z.B. die Zielkammer eines Labyrinths oder ein Teil eines Käfigs) aufgrund vorangegangener positiver Verstärkung aufgesucht oder wegen dort erhaltener aversiver Reize gemieden wurde. Selbstverständlich versucht ein Lebewesen üblicherweise die Konfrontation mit einem furchtauslösenden Reiz zu vermeiden. Doch was geschieht, wenn dieser Reiz gleichzeitig positive Valenzen aufweist?

Mit dieser Frage beschäftigten sich MILLER (1944, 1951, 1959) und seine Mitarbeiter (wie BROWN, 1948) sowohl theoretisch, als auch in einer Reihe vielbeachteter experimenteller Studien. Unter dem Begriff des *Aufsuchen-Meiden-Konflikts* (auch *Appetenz-Aversions-Konflikt)* sind diese Arbeiten in die Literatur eingegangen. In diesem Konflikt wird ein Ob-

Tabelle 10: Stärke der Aufsuchen- und der Meiden-Tendenz in Abhängigkeit von der Nähe zum Ziel (Brown, 1948).

Versuchsaufbau: Der Versuchsaufbau bestand aus einem 2 m langen Laufgang für Ratten. An zwei Punkten im Gang (30 cm und 170 cm von dem mit einem Licht gekennzeichneten Ziel) konnte mittels einer Feder die Zugstärke der angeschirrten Ratte hin zum oder weg vom Ziel registriert werden. Am Ziel konnte entweder Futter oder ein elektrischer Schlag verabreicht werden.

Ablauf: Vor dem eigentlichen Experiment wurden vier Gruppen von insgesamt 72 Ratten mit Futter als Verstärkung darauf trainiert, rasch den Gang zum Ziel zu durchlaufen. Dann wurde den Tieren der *Gruppe 1* 46 Stunden das Futter entzogen, um eine starke Aufsuchen-Tendenz zu erzeugen. Den in dieser Phase nicht Futter-deprivierten Tieren von *Gruppe 3* wurde am Ziel ein starker elektrischer Schlag versetzt, um eine starke Meiden-Tendenz zu erzielen. Die Zugstärke der Tiere hin zum bzw. weg vom Ziel wurde an beiden Punkten im Gang gemessen. Um den Effekt von schwacher Aufsuchen- bzw. Meiden-Tendenz zu untersuchen, wurden zwei weitere Gruppen (*Gruppe 2:* geringe Futterdeprivation, *Gruppe 4:* schwacher elektrischer Schlag) gebildet.

Ergebnisse: Abbildung 11 zeigt die Ergebnisse der Gruppen 1 und 3. (Die Geraden zwischen den Punkten für 30 cm und 170 cm Entfernung vom Ziel sind interpoliert.)
(1) Mit zunehmender Annäherung an das Ziel stieg die Zugstärke (Gruppe 1: hin zum Ziel; Gruppe 3: weg vom Ziel)
(2) Der Anstieg (Gradient) der Meiden-Tendenz (Gruppe 3) war steiler als der Aufsuchengradient (Gruppe 1).
(3) Die Ergebnisse der anderen Gruppen zeigten, daß mit schwacher Aufsuchen-Tendenz (geringer Hunger) bzw. schwacher Meiden-Tendenz (schwacher Stromschlag) die Zugstärken im Vergleich zu den Gruppen 1 und 3 geringer ausfielen.

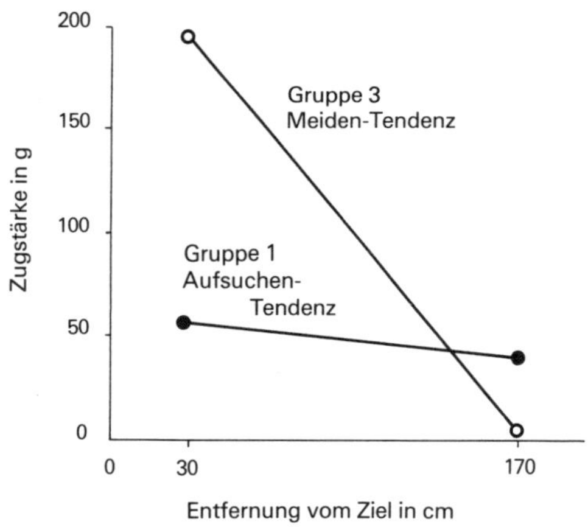

Abbildung 11: Stärke der Aufsuchen- und der Meiden-Tendenz in Abhängigkeit von der Nähe zum Ziel (Brown, 1948, S. 457). Erläuterung in Tabelle 10.

jekt gleichzeitig angestrebt *(Aufsuchen-Tendenz)* und gefürchtet *(Meiden-Tendenz)*.
In einer erst 1948 veröffentlichten, aber auf eine schon 1940 fertiggestellte Dissertation zurückgehenden Studie von Brown wurde die Stärke der Aufsuchen- und der Meiden-Tendenz in Abhängigkeit von der Nähe zum Ziel empirisch untersucht. Aufbau und Ergebnisse dieser Arbeit sind in Tabelle 10 und in Abbildung 11 zusammenfassend dargestellt. Die Ergebnisse zeigen, (a) daß die Aufsuchen-Tendenz umso stärker ist, je geringer die Entfernung des Versuchstiers vom Ziel ist, (b) daß dieselbe Aussage für die Meiden-Tendenz gemacht werden kann, daß aber (c) die Meiden-Tendenz rascher ansteigt als die Aufsuchen-Tendenz.
In einer weiteren von Miller und Mitarbeiter durchgeführten Studie (Miller, 1959) wurde der eigentliche Konflikt empirisch untersucht. Die experimentelle Anordnung war analog wie in der dargestellten Untersuchung von Brown (1948). Der Konflikt wurde in folgender Weise ausgelöst: Ratten lernten in einem Gang zum Ziel zu laufen, da sie dort durch Futter positiv verstärkt wurden. Danach wurden dieselben Tiere elektrischen Schlägen im Ziel ausgesetzt. Variiert wurde die Stärke der elektrischen Schläge und die Dauer des Futterentzugs. Dadurch wurde die Höhe der Aufsuchen-Tendenz und der Meiden-Tendenz manipuliert. Es zeigte sich, daß die Versuchstiere, wenn man sie an den Beginn des Laufgangs setzte, wie erwartet in Richtung Ziel liefen, dann aber stoppten,

bzw. sich unruhig hin und her bewegten. Eine Reduktion der Futterdeprivation hatte denselben Effekt wie eine Erhöhung der Stärke der elektrischen Schläge. In beiden Fällen wanderte der Punkt, an dem die Ratten verharrten oder scheinbar ziellos hin und her liefen, weiter weg vom Ziel. Ein Sammelreferat zu Experimenten zu diesem Konflikt wurde von FEGER (1964) verfaßt.

Wie werden diese Befunde *theoretisch interpretiert?* MILLER (1944, 1959) hat zum Aufsuchen-Meiden-Konflikt ein Modell entwickelt, das auf folgenden *fünf Grundannahmen* beruht:

(1) Die Aufsuchen-Tendenz wächst mit zunehmender Zielnähe.

(2) Die Meiden-Tendenz wächst mit zunehmender Zielnähe.

(3) Die Meiden-Tendenz wächst rascher als die Aufsuchen-Tendenz (Der Meiden-Gradient ist steiler als der Aufsuchen-Gradient).

(4) Die Stärke der Aufsuchen-Tendenz und der Meiden-Tendenz hängt von dem jeweils zugrundeliegenden Antrieb ab (etwa vom Hunger durch Futter-Deprivation bzw. dem mit der Stärke elektrischer Schläge zusammenhängenden Ausmaß an Furcht).

(5) Wenn zwei miteinander unvereinbare Verhaltenstendenzen in Konflikt stehen, so setzt sich die stärkere Tendenz durch.

Abbildung 12 illustriert die Annahmen 1, 2, 3 und 5 des *Modells* von MILLER (1944, 1959) *zum Aufsuchen-Meiden-Konflikt.* Sowohl Aufsuchen-Tendenz als auch Meiden-Tendenz steigen mit zunehmender Nähe zum Ziel. Dabei ist der Meiden-Gradient steiler. Versteht man die auf der Abszisse abgetragene Nähe zum Ziel als zunehmende örtliche Annäherung an ein Objekt, dann besagt das Modell, daß die aus der Differenz zwischen Aufsuchen-Tendenz und Meiden-Tendenz ermittelbare Verhaltenstendenz hin zum Ziel in großer Entfernung gering ist, dann langsam anwächst, aufgrund der einsetzenden Meiden-Tendenz wieder abnimmt, um schließlich im Punkte k gegen 0 zu gehen. Dies ist der Punkt, an dem die beiden miteinander nicht vereinbaren Tendenzen im Gleichgewicht gesehen werden. Es wird erwartet, daß an diesem Punkt ein Verhaltenskonflikt auftritt, der sich darin äußert, daß das Tier oder der Mensch an etwa diesem Punkt wie gefangen von den konfligierenden Tendenzen ist.

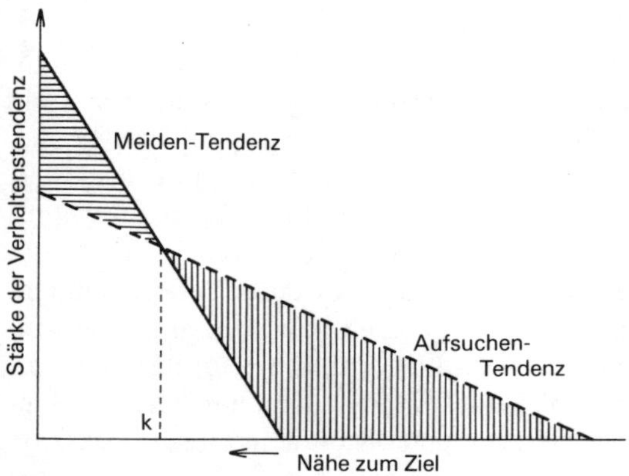

Abbildung 12: Aufsuchen-Meiden-Konflikt in schematischer Darstellung nach MILLER (1944, 1959). Erläuterung im Text.

Wie ist der empirische Bestätigungsgrad des Modells von MILLER (1944, 1959) zu beurteilen? Der dargestellte Tierversuch von BROWN (1948) kann als Beleg für die Annahmen 1, 2, 3 und 4 angesehen werden. Eine Unterstützung der Annahme 5 ergibt sich aus den Daten des von MILLER (1959) dargestellten Experiments.

Sehen wir uns noch etwas näher einige der theoretischen Grundlagen des Konfliktmodells an. Schon LEWIN (1931, 1935) hat drei Situationen differenziert analysiert, in denen bestimmte Verhaltenstendenzen zueinander im Widerspruch stehen: Der Aufsuchen-Aufsuchen-Konflikt (Beispiel: Esel zwischen zwei Heuhaufen), der Meiden-Meiden-Konflikt (Beispiel: mühsame Prüfungsvorbereitung oder Prüfungsversagen) und der Aufsuchen-Meiden-Konflikt.

Die Annahme einer zum Ziel hin anwachsenden Aufsuchen-Tendenz, aber auch Meiden-Tendenz, geht auf HULL (1932, 1943, 1952) und sein Konstrukt des *Verstärkungs- bzw. Zielgradienten* zurück. Wie wir bei der Diskussion der Rolle des Zeitintervalls zwischen Reaktion und Verstärkung gesehen haben, sinkt die Lernleistung rapide, wenn die Verstärkung verzögert erfolgt. Dies gilt allerdings nur unter der Bedingung, daß nicht sekundäre Verstärkung zwischen dem Verhalten des Individuums und dem primären Verstärker vermittelt (SPENCE, 1947). Besondere Bedeutung kommt sekundärer Verstärkung und nach HULL (1931, 1952) damit auch den unvollständigen antizipatorischen Zielreaktionen beim Aufbau und Ablauf von Verhaltensketten zu. Wir haben sie im Abschnitt 3.4 besprochen.

Mit Hilfe des Postulats eines sehr steilen und kurzen zeitbezogenen Gradienten in bezug auf die primäre Verstärkung und von sekundär verstärkenden Reizen, die entlang eines Weges zum Ziel bzw. ausgelöst von den zum Ziel führenden Verhaltensweisen selbst angenommen wurden, entwickelten HULL (1932, 1952) und SPENCE (1947) das Konstrukt des Zielgradienten. Mit diesem Konstrukt wird dem Umstand Rechnung getragen, daß zielnahe Verhaltensweisen nachhaltiger und schneller gelernt werden als frühe Komponenten einer Verhaltenskette. Folgende Befunde stimmen beispielsweise mit der Annahme eines Zielgradienten überein: In Labyrinthen werden falsche Reaktionen, die in Sackgassen führen, wesentlich rascher eliminiert, wenn sie nahe dem Ziel erfolgen, als wenn es sich um zielferne Reaktionen handelt; kurze Wege werden langen vorgezogen (HULL, 1932). Von diesem Konstrukt eines Zielgradienten lassen sich nun die beiden ersten Postulate von MILLER (1944) ableiten, also die Annahme von zum Ziel hin steigenden Tendenzen des Aufsuchens bzw. Meidens.

Interessant ist die *Begründung* von MILLER (1959) *für* die *unterschiedliche Steilheit der* beiden *Gradienten.* Er führt dies auf die Antriebsbedingungen zurück, die den beiden Verhaltenstendenzen zugrundeliegen. Die Meiden-Tendenz, die auf eine gelernte Furcht-/Angst-Reaktion aufgrund eines aversiven Reizes im Bereich des Ziels zurückgeführt wird, ist völlig *situationsabhängig.* Das Ziel selbst und (in deutlich zunehmender Stärke) Reize auf dem Weg dorthin haben die Funktion von die Furcht auslösenden diskriminativen Hinweisreizen. Die Meiden-Tendenz tritt daher erst auf, wenn das Ziel relativ nahe ist, und steigt dann deutlich an.

Hingegen ist die organismische Basis der Aufsuchen-Tendenz, beispielsweise der Hunger bei entsprechender Deprivation, *situationsunabhängig* und daher in beliebiger Entfernung vom Ziel gegeben. Die Tendenz wird allerdings durch entsprechende Hinweisreize auf dem Weg zum Ziel verstärkt. Während also die Meiden-Tendenz eng an die ursprüngliche, aversive Reizsituation gebunden ist, ist die Basis der Aufsuchen-Tendenz unabhängig von einem speziellen Ziel.

Wenden wir uns als nächstes einigen *Anwendungsfragen* im Zusammenhang mit den von MILLER (1944) ausgelösten Forschungen zum Aufsuchen-Meiden-Konflik zu. MILLER selbst hat Wesentliches zu dieser Debatte beigetragen (vgl. beispielsweise das Buch «Personality and Psychotherapy» von DOLLARD & MILLER, 1950). Das besondere Interesse an diesem Konflikt leitet sich unter anderem aus dem Umstand ab, daß eine *Verhaltensblockierung,* wie sie bei gleichstarken Tendenzen des Aufsuchens und Meidens zu erwarten ist, als besonders *angstauslösend* angesehen wird (vgl. KROHNE, 1976). Die Situation, in der eine Aufsuchen-Tendenz etwa gleich stark wie eine Meiden-Tendenz ist, ist für ein Lebewesen nicht nur deshalb äußerst unangenehm, weil eine Verhaltensblockierung eintritt, sondern auch aufgrund des *hohen Anspannungsgrades,* der sich nach dem Konfliktmodell aus der Summe der beiden Tendenzen ergibt. In diesem Sinne würde auch eine weitere Erhöhung der Aufsuchen-Tendenz, die bei einem Versuchstier beispielsweise durch eine noch längere Deprivationsdauer erzielbar wäre, zwar den Ort des Gleichgewichtszustandes näher an das Ziel verschieben, dies aber auf Kosten eines noch größeren Spannungszustandes. Es ist daher, wenn man an Möglichkeiten der therapeutischen Intervention denkt, eher zu versuchen, die Meiden-Tendenz herabzusetzen, als umgekehrt vorzugehen.

Bisher haben wir, auch mit Blick auf die durchgeführten tierexperimentellen Studien, den Weg zum Ziel zumeist als räumliches Geschehen betrachtet. Nähe war räumliche Nähe. Man kann das Konfliktmodell aber auch auf Situationen anwenden, in denen die *Zeitdimension* betrachtet wird oder aber eine Dimension der Ähnlichkeit bzw. Unähnlichkeit mit dem Zielobjekt. KROHNE (1976) diskutiert als Beispiel für einen Aufsuchen-Meiden-Konflikt mit zeitlicher Nähe zum Ziel die Situation einer auf einen bestimmten Termin fixierten Prüfung. Zwar hat sich der Student noch rechtzeitig zur Prüfung angemeldet und auch begonnen zu lernen. Mit näherrückendem Termin

wächst aber seine Furcht vor dem Ereignis bis zu einem Punkt, an dem er unter Umständen beschließt, nicht zur Prüfung zu gehen.
Einen interessanten Fall eines zugleich attraktiven wie massiv furchtauslösenden Ereignisses haben EPSTEIN und Mitarbeiter (EPSTEIN, 1962; EPSTEIN & FENZ, 1965) untersucht: Fallschirmspringen. Aus Selbsteinschätzungen und neurophysiologischen Indikatoren der Aktivation ergab sich eine klare Zunahme der Meiden-Tendenz bis zum Zeitpunkt des Signals zum Absprung, die allerdings bei erfahrenen Fallschirmspringern hinsichtlich ihres Spitzenwerts immer weiter vom Zeitpunkt des Sprunges in die Vorbereitungszeit rückte.
MILLER (1948b) hat den Aufsuchen-Meiden-Konflikt auch mit dem psychoanalytischen Konzept der *Verschiebung* in Verbindung gebracht. Diese Vorstellungen wurden von MURRAY und BERKUN (1955) zu einem dreidimensionalen Modell weiterentwickelt, wobei die drei Dimensionen die Nähe zum Ziel, die Ähnlichkeit mit dem ursprünglichen Zielobjekt und die Stärke der Verhaltenstendenz sind. Das Modell soll das Phänomen beschreiben, daß anstelle eines ursprünglich angestrebten Zielobjekts, das zugleich massiv furchtauslösend ist, ein anderes Objekt tritt, das weniger attraktiv, aber zugleich auch in weitaus geringerem Maße furchtauslösend ist. Aus einer tierexperimentellen Studie der Autoren ließ sich für Interventionsfragen ableiten, daß der Kontakt mit Objekten, die dem Zielobjekt nur teilweise ähnlich sind (denen sich der Proband aber gerade noch annähern kann), dazu führt, daß allmählich die Vermeidungstendenz für das ursprünglich betrachtete Zielobjekt so sinkt, daß auch hier Annäherung möglich wird.

5. Beschränkte Gültigkeit und Reinterpretation der «Gesetze» der klassischen und der operanten Konditionierung

Eine implizite Prämisse vieler der in diesem Kapitel angeführten Experimente war zumindest zum Zeitpunkt ihrer Durchführung, daß die dabei aufgedeckten Regelhaftigkeiten *Allgemeingültigkeit* beanspruchen könnten. Die mittels eines spezifischen experimentellen Vorgehens an einer Tierart zu einer bestimmten Reiz-Reaktions-Verknüpfung untersuchten Lerngesetze sollten im Prinzip (a) auf andere Tierarten und den Menschen, (b) auf andere (experimentelle) Situationen und damit auch (c) auf andere Reize und Reaktionen generalisierbar sein. Welchen Sinn hätte es ansonsten gehabt, an relativ willkürlich herausgegriffenen Tierarten in gestellt wirkenden Situationen Reize wie Lichtsignale und Glockentöne und Reaktionen wie das Betätigen eines Hebels und Speichelsekretion zu untersuchen?
Dabei glaubte man gerade durch die Beschäftigung mit nicht natürlichen Situationen und willkürlichen Reiz-Reaktions-Verbindungen über die Ausschaltung individueller Vorerfahrungen die Allgemeingültigkeit der Ergebnisse sicherzustellen. Andererseits orientierte man sich an pragmatischen Überlegungen, wie z.B. welche Reize leicht vorgegeben, welche Reaktionen einfach registriert und welche Versuchstiere ohne große Kosten großgezogen werden konnten. Die Gefahr, Lerngesetze zu formulieren, die nur für spezielle experimentelle Situationen und ausgewählte biologisch eher unbedeutende Reiz-Reaktions-Verbindungen gelten, wurde nicht gesehen.
Tatsächlich muß heute jede der angeführten Teilannahmen einer generellen Gültigkeit der Gesetze der klassischen und operanten Konditionierung als *widerlegt* gelten. Es gibt – was in dieser Form eine triviale Aussage ist – erhebliche Verhaltensunterschiede zwischen verschiedenen Arten von Tieren und zwischen Tier und Mensch, und damit zusammenhängend auch Differenzen bezüglich dessen, was wie lernbar ist. Es trifft nicht zu, daß jeder vom Organismus wahrnehmbare Reiz mit jeder Reaktion, die er auszuführen in der Lage ist, verknüpft

werden kann. Zentrale Bedeutung dafür, welche Verhaltensweisen gelernt werden können und welche Reize dafür wesentlich sind, kommt phylogenetisch begründeten biologischen Dispositionen zu. Wir werden diesen Fragen, d.h. welche Reize und Reaktionen unter welchen artspezifischen Bedingungen erlernt werden können, im folgenden Abschnitt 5.1 nachgehen.

Auch die Verallgemeinerung der in spezifischen experimentellen Versuchsanordnungen gewonnenen Erkenntnisse über Regelhaftigkeiten des Verhaltens auf andere Situationen ist sehr sorgfältig zu prüfen. Häufig ist es so, daß sich diese experimentellen Bedingungen in komplexeren Situationen nicht mehr eindeutig identifizieren lassen. Je nachdem, welche situativen Bedingungen aus dem komplexen Kontext isoliert werden bzw. welche der möglichen Verhaltensweisen in welcher Verbindung mit den isolierbaren Reizen berücksichtigt werden, können für dieselbe Situation verschiedene der Lerngesetze zur Verhaltensvorhersage herangezogen werden. Dies kann aber zu Widersprüchen führen, auch wenn die einzelnen Lerngesetze in ihrem jeweiligen experimentellen Rahmen empirisch gut abgesichert sind (vgl. die kritische Diskussion von Westmeyer, 1978).

Das Inventar von Analysemethoden und Konstrukten zur Beschreibung von Lernprozessen bei Tier und Mensch, das die Forschung zur klassischen und zur operanten Konditionierung bereitstellt, gestattet nur in begrenzter Weise, komplexe Verhaltensabläufe so detailliert zu rekonstruieren, daß grundlagenwissenschaftlich befriedigende Erklärungen und anwendungsrelevante Interventionsmöglichkeiten resultieren. In den letzten beiden Jahrzehnten hat sich gezeigt, daß die *kognitionswissenschaftliche Analyse* (vgl. beispielsweise die Kapitel 3, Gedächtnis und Wissen und 4, Denken und Problemlösen) hier eine wichtige Ergänzung darstellt, ja teilweise die bisherigen Konzeptualisierungen ersetzt.

Welche Rolle einer kognitiven Interpretation der im restriktiven Rahmen klassischer und operanter Konditionierung ablaufenden Prozesse zukommt, wird im letzten Teil dieses Kapitels, dem Abschnitt 5.2, diskutiert.

5.1 Lernen aus biologischer Sicht

Seligman (1970) faßte die zunehmende empirische Evidenz gegen die Annahme, daß bei jeder Tierart jede Reaktion mit jedem beliebigen Reiz verknüpft werden könne, in einem wegweisenden Artikel zusammen. Unter dem Begriff «preparedness» wies er darauf hin, daß *biologische Dispositionen* den Aufbau von Verhaltensweisen in Abhängigkeit von der jeweiligen Reizsituation steuern. Er vertrat die Ansicht, daß Reize und Reaktionen und die zwischen ihnen möglichen Verknüpfungen beim Aufbau situationsangepaßter Verhaltensweisen biologisch gesehen sehr unterschiedliche Bedeutung haben. Für Verhalten, das in der Evolution seine Brauchbarkeit in bestimmten Klassen von Situationen erwiesen hat, besteht im allgemeinen in einem entsprechenden Kontext eine hohe biologische Lerndisposition. Andere Verhaltensweisen, für die eine Gegendisposition vorliegt, sind kaum erlernbar. Für eine Fülle von in diesem Zusammenhang irrelevanten Verhaltensweisen ist der Organismus unvorbereitet. Diese waren aber häufig Grundlage der lernpsychologischen Studien.

Im Rahmen *klassischer Konditionierung* ist das Phänomen der *Geschmacksaversion* zu erwähnen, das aufgrund einer biologischen Disposition eine Reihe besonderer Merkmale aufweist.

Eine vielbeachtete Untersuchung stammt von Garcia und Koelling (1966). Durstigen Ratten wurde saccharinhaltiges Wasser angeboten, wobei der Trinkvorgang Lichtblitze und Lärm auslöste. Dabei wurden die Versuchstiere einer starken Röntgenbestrahlung ausgesetzt. Dieses aus wissenschaftsethischer Sicht kaum zu vertretende Vorgehen führte nach etwa einer Stunde zu einer starken Übelkeit. Später wurde getestet, ob die Ratten gegenüber einer der Komponenten der Reizsituation (Saccharinwasser, Lichtblitze, Lärm) eine Aversion aufgebaut hatten. Es zeigte sich, daß sie eine starke Geschmacksaversion gebildet hatten, aber keine Aversion gegen die Lichtblitze und den Lärm.

Im Sinne der klassischen Konditionierung kann das süße Saccharinwasser als zuvor neutraler (im allgemeinen sogar präferierter), danach als konditionierter Reiz angesehen werden, die Röntgenbestrahlung als unkonditionierter Reiz, die resultierende Übelkeit als unkonditionierte Reaktion und die Aversion gegen das süße Wasser als konditionierte Reaktion. Obwohl Lichtblitze und Lärm theoretisch gleichermaßen zu Auslösern der bedingten Reaktion hätten werden können, war dies nicht der Fall. Hingegen zeigten GARCIA und KOELLING (1966) in einem zusätzlichen Experiment, in dem der unkonditionierte Reiz ein elektrischer Schlag war, daß unter den Bedingungen dieses primären aversiven Reizes die Lichtblitze und der Lärm Vermeidungsverhalten auslösten, während dies für das Saccharinwasser nicht der Fall war.

Nach SELIGMAN läßt sich sagen, daß Ratten biologisch darauf vorbereitet sind, Übelkeit mit dem Geschmack und Geruch von Futter und Flüssigkeiten zu verbinden, nicht aber mit visuellen und optischen Reizen. Hingegen liegt vermutlich eine Gegendisposition dazu vor, einen elektrischen Schock mit Geschmacksreizen zu verbinden, während dessen Verbindung mit visuellen und akustischen Reizen biologisch unvorbereitet («unprepared») und somit noch relativ formbar sein dürfte.

Geschmacksaversionen lassen sich auch beim Menschen häufig beobachten. Nahrungsmittel, nach deren Genuß Übelkeit, Erbrechen oder Durchfall auftreten, werden oft für lange Zeit gemieden, wobei der Geschmack und Geruch derartiger Nahrungsmittel massive Ekelempfindungen hervorrufen können.

Der zur Geschmacksaversion führende Lernmechanismus ist für die Anpassung eines Organismus an das zur Verfügung stehende Nahrungsmittelangebot von großer Bedeutung. BURDACH (1988) weist darauf hin, daß dies insbesondere für den Menschen und jene Tierarten gilt, die zu den Omnivoren, also den Allesfressern, zählen. Ein möglicherweise gefährliches Nahrungsmittel kann schon nach einmaliger negativer Erfahrung gemieden werden.

Unter dem Blickwinkel der Diskussion der Allgemeingültigkeit von Lerngesetzen sind Geschmacksaversionen deshalb besonders interessant, weil sich an ihnen zeigen läßt, daß im Falle einer biologischen Lerndisposition viele der sonst gültigen Annahmen nicht zutreffen. So beruht die Effizienz des Warnsystems der Geschmacksaversion auf Besonderheiten, die den Lernvorgang von einer normalen klassischen Konditionierung in typischer Weise unterscheiden (vgl. ebenfalls BURDACH, 1988): (a) Oft genügt *eine einzige* negative Erfahrung, um eine dauerhafte Geschmacksaversion zu erzeugen. (b) Die visuellen und akustischen Reize, die zu dem Zeitpunkt vorliegen, zu dem das verdorbene Nahrungsmittel die Übelkeit verursacht, werden *nicht* konditioniert. (c) Zwischen der Erfahrung des Geschmacks und des Geruchs der Speise und dem Beginn der Übelkeit liegen häufig Stunden; trotzdem wird eine stabile konditionierte Reaktion aufgebaut. (d) Geschmacksaversionen sind darüber hinaus äußerst *löschungsresistent*.

WILCOXON, DRAGOIN und KRAL (1971) zeigten, wie *artspezifisch* die Lernvorgänge im Zusammenhang mit Aversionen dieses Typs sein können. Während Ratten eine Aversion gegenüber mit bestimmten Geschmacksstoffen versehenem Wasser, nicht aber gefärbtem Wasser, erwarben, entwickelten Wachteln eine deutlich stärkere Aversion gegenüber gefärbtem Wasser als gegenüber Wasser mit einem bestimmten Geschmack. Dies ist nicht überraschend, da visuellen Reizen und Geschmacksreizen bei Ratten und Wachteln stark unterschiedliche Bedeutung zukommt.

Schon THORNDIKE (1911) hat in seinen Untersuchungen zur *operanten Konditionierung* Beobachtungen gemacht, die gegen die Annahme sprechen, Reize und Reaktionen könnten beliebig miteinander verknüpft werden. Während Katzen ohne allzu große Schwierigkeiten lernten, durch Zug an einer von der Käfigdecke herabhängenden Schlaufe oder durch Drücken eines Knopfes oder eines Hebels das Öffnen der Käfigtüre zu erreichen, um zum Futter zu kommen, war es nahezu unmöglich, sie in dieser Situation daraufhin zu trainieren, daß sie sich beispielsweise ihr Fell leckten oder sich kratzten.

Bei Untersuchungen zum *aktiven Vermeidungslernen* (D'AMATO & SCHIFF, 1964) mit Ratten und Stromschlägen als aversiven Reizen gelang es bei einem Teil der Tiere trotz tausender Versuche nicht, sie zu trainieren, einen Hebel zu drücken, um den aversiven Reiz zu vermeiden. Hingegen ist es einfach, Reaktionen des Weglaufens oder des Auf-eine-Plattform-Springens in einer derartigen Situation anzutrainieren.

BOLLES (1970) hat auf der Basis derartiger Befunde eine neue *Theorie des Vermeidungslernens* aufgestellt. Er trifft darin die Annahme, daß jede Tierart mit bestimmten angeborenen Abwehrreaktionen auf schmerzhafte oder bedrohliche Situationen reagiere *(artspezifische Abwehrreaktionen)*. Danach sind in einem Experiment mit elektrischen Schlägen bei Ratten als Abwehrreaktionen zu erwarten: Fliehen, Starrwerden und Zusammenkauern, aggressives Verhalten, in die Höhe Springen usw. Während derartige Verhaltensweisen sehr rasch als Flucht- oder Vermeidungsreaktionen in ihrer Auftretenswahrscheinlichkeit erhöht werden können, ist der Erwerb anderer Verhaltensweisen in derartigen Situationen nur nach vielen Lerndurchgängen oder gar nicht möglich, auch wenn die Verstärkungsbedingungen dieselben sind.

Auf die *Dominanz artspezifischer Verhaltensmuster* gegenüber gelernten willkürlichen Verhaltensketten haben BRELAND und BRELAND (1961) mit überzeugenden Beispielen hingewiesen.

Zum Verständnis, *warum* bestimmte Verhaltensweisen in spezifischen Situationen leicht erlernbar sind, andere hingegen kaum, trägt auch eine Studie von SHETTLEWORTH (1975) bei. Sie untersuchte das Verhalten von Goldhamstern, indem sie einerseits analysierte, welche Verhaltensarten wie häufig in Abhängigkeit vom Ausmaß einer Futterdeprivation auftraten und andererseits prüfte, welchen Effekt eine positive Verstärkung mit Futter auf die Häufigkeit des Auftretens dieser Verhaltensarten hatte. Dabei zeigte sich, daß die Verhaltensarten, deren Auftretenswahrscheinlichkeit durch Verstärkung mit Futter massiv erhöht werden konnte (Scharren an der Käfigwand, «Männchen»-Machen, Graben) zugleich diejenigen waren, die auch ohne Verstärkung häufig im Zustand der Futterdeprivation beobachtet werden konnten. Hingegen veränderte sich die Häufigkeit anderer Verhaltensarten (Gesichtputzen, Kratzen des Körpers, Geruchsmarke Setzen) durch positive Verstärkung mit Futter nicht. Dies waren die Verhaltensarten, die mit zunehmender Futterdeprivation seltener zu beobachten waren.

Die Studie von SHETTLEWORTH (1975) läßt sich dahingehend interpretieren, daß der Erfolg einer Konditionierung davon abhängt, wie vereinbar die zu lernende Reaktion mit denjenigen ist, die ohnedies in Erwartung des Verstärkers ausgeführt werden. Eine Konditionierung greift immer in einen Verhaltensstrom ein, der vom gegebenen motivationalen Zustand des Organismus abhängt. Das Ergebnis der Konditionierung hängt mit davon ab, wie die zu konditionierende Reaktion in diesen Verhaltensstrom paßt.

Die letztgenannten Studien machen deutlich, daß der Verbindung von angeborenem und erlerntem Verhalten eine zunehmend größere Rolle zugeschrieben wird. *Lernen* wird insbesondere bei Tieren gesehen *als* eine *ontogenetische Ergänzung und Ausdifferenzierung eines phylogenetisch vorgegebenen Rahmens.*

5.2 Lernen aus kognitiver Sicht

5.2.1 TOLMAN: Zielgerichtetes Verhalten

EDWARD C. TOLMAN (1886–1959) hat in der Zeit der Blüte der behavioristischen Reiz-Reaktions-Auffassungen eine *kognitive Theorie des Lernens* entwickelt und anhand origineller Experimente belegt. Ein Schwerpunkt seiner Untersuchungen galt dem *Ortslernen*. Ratten hatten in Labyrinthen unter mancherlei Schwierigkeiten, wie dem unvermuteten Auftreten von Blockaden in zuvor offenen Wegen, vom Start in ein Ziel (mit Futter) zu finden. Ortslernen bedeutete für TOLMAN das Herausbilden von Wissen über Wege, nicht aber den Aufbau einer fixierten Folge von Reiz-Reaktions-Verbindungen.

Ein erstes Beispiel eines Experiments, durchgeführt von MACFARLANE (1930), kann als Beleg für diese Interpretation herangezogen werden. Ratten hatten in diesem Experiment gelernt, auf einem bestimmten Weg vom Start ins Ziel zu laufen. Nachdem das Labyrinth unter Wasser gesetzt worden war, kamen sie schwimmend ans Ziel, ein Befund, der im Rahmen einer streng am Lernen von Bewegungen orientierten behavioristischen Auffassung kaum erklärbar ist.

Das bekannteste Experiment zum Ortslernen stammt aber von TOLMAN und HONZIK (1930a).

Tabelle 11: Ortslernen bei Ratten (Tolman & Honzik, 1930a, Experiment III).

Versuchsaufbau: In dieser Untersuchung wurde ein einfaches Labyrinth verwandt, das aus 4 cm schmalen, etwa 75 cm über dem Boden angebrachten Bahnen bestand, die Ratten als Laufsteg dienen sollten. Die Form des Labyrinths ist in Abbildung 13 dargestellt. Drei Wege führten vom Start zum Ziel, von denen Weg 1 der kürzeste und Weg 3 der längste war. Ein Zurückkehren auf Weg 2 wurde durch ein Einweggatter in einem kurzen Tunnel verhindert. Zwei Sperren konnten entweder Weg 1 (Sperre A) oder aber die Wege 1 und 2 (Sperre B) schließen. Weitere Manipulationen waren möglich.

Ablauf: Bei zwei Gruppen von insgesamt 25 Tieren wurde in einem komplizierten und für eine eindeutige Interpretation des eigentlichen Versuchs nicht unproblematisch gestalteten Vortraining folgende Verhaltenshierarchie (Gewohnheitshierarchie) erzeugt: Ohne Sperren wurde Weg 1 bevorzugt, mit Sperre A der Weg 2 in etwa 90% der Fälle und der Weg 3 nur in etwa 10% der Fälle gewählt. In den eigentlichen Testläufen wurde Sperre B (oder abwechselnd A und B) verwandt.

Ergebnisse: Fanden die Ratten Weg 1 durch Sperre B blockiert, so wählten sie, zurück am Ausgangspunkt der drei Wege – trotz der antrainierten gegenteiligen Verhaltenshierarchie – schon im 1. Durchgang (je nach Gruppe in 70% bzw. 93% der Fälle) mit Weg 3 den in diesem Fall einzig möglichen Weg zum Ziel und versuchten erst gar nicht, über den Weg 2 ins Ziel zu kommen.
Auch wenn abwechselnd Sperre A und Sperre B eingesetzt wurden, so wurde in zielführender Weise nahezu immer im ersten Fall Weg 2, im zweiten Weg 3 gewählt.
Ein interessantes Detail am Rande: Schon im Vortraining bedurfte es verschiedener Manipulationen, um die Ratten im Falle der Sperre A dazu zu bringen, überhaupt in den Weg 1 hineinzulaufen. Sie lernten nämlich ganz rasch, vom Ausgangspunkt aller drei Wege bloß zu schauen, ob Sperre A vorlag, um dann unmittelbar Weg 1 oder Weg 2 bzw. seltener Weg 3 zu wählen.

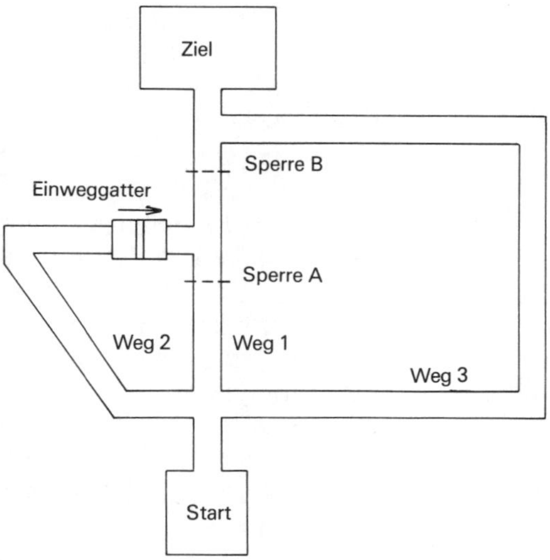

Abbildung 13: Ortslernen bei Ratten. Das von Tolman & Honzik (1930a, Experiment III) verwandte Labyrinth. Erläuterung in Tabelle 11.

Versuchsanordnung und Ergebnisse sind in Tabelle 11, die Form des verwendeten Labyrinths in Abbildung 13 dargestellt. Wie sind die Ergebnisse im Sinne von Tolman zu interpretieren? Trotz einer *Verhaltens-* oder *Gewohnheitshierarchie* («habit-family hierarchy», Hull, 1934), hier einer Bevorzugung des jeweils kürzeren Wegs vor dem längeren, zeigten die Tiere ein «einsichtiges», flexibles Verhalten, wenn sie auf dem Weg zum Ziel auf ein Hindernis stießen. War der kürzeste und damit bevorzugte Weg 1 versperrt, und zwar in einer Weise, daß auch Weg 2 letztlich nicht gangbar war, so versuchten die Ratten gar nicht erst diesen Weg, sondern wählten gleich den zwar längsten, aber in diesem Fall einzig zielführenden Weg 3. Dies spricht dafür, daß die Ratten nicht Bewegungsfolgen gelernt hatten, sondern Wege zum Ziel. Ansonsten wäre zu erwarten, daß erst nach einer Blockierung der Weg 2 entsprechenden Bewegungsfolge die letzte Präferenz in der Hierarchie, Weg 3, gewählt würde. Nach Tolman verhalten sich die Ratten so, als ob sie ein Bild des Labyrinths erworben hätten, eine *kognitive Landkarte,* nach der sie sich flexibel in ihrem zielbezogenen Verhalten orientieren. Es werden *Zeichen gelernt, nicht Reiz-Reaktions-Verknüpfungen.*
Die Betonung der *Zielbezogenheit von Verhalten* durchzieht das gesamte Werk von Tolman (man vergleiche beispielsweise sein Buch «Purposive Behavior in Animals and Men», 1932). Ein herausgehobenes Konstrukt ist das der *«Erwartung»,* weshalb man seine Überlegun-

gen auch als «Erwartungstheorie» bezeichnet. Erwartungen sind dreigliedrige Einheiten, die als (S_1 - R_1 - S_2) geschrieben werden können. Dabei steht S für Stimulus und R für Reaktion, so daß eine Erwartung ausdrückt, unter welcher Reizbedingung S_1 welche Reaktion R_1 zu welcher neuen Reizbedingung S_2 führt. Es handelt sich also um Wissen, unter welchen Bedingungen oder in welcher Situation welches Verhalten zu welchem Ziel führt.

Beispiele für derartige Erwartungen wären: Wenn ich, die Ratte, in einer Skinner-Box bin (S_1) und den Hebel drücke (R_1), dann erhalte ich eine Futterpille (S_2). Oder: Wenn der Weg 1 im Punkt B versperrt ist (S_1) und ich laufe den Weg 3 (R_1), dann komme ich in das Ziel mit Futter (S_2). Erwartungen, hier etwas locker illustriert, werden durch Erfahrungen in der Umwelt bestätigt und damit verstärkt, oder aber widerlegt. Eine differenzierte Diskussion der theoretischen Positionen von TOLMAN findet sich bei MACCORQUODALE und MEEHL (1954, vgl. auch BOWER & HILGARD, 1983/1984).

Erwartungen machen Verhalten flexibel und anpassungsfähig, da bei einem entsprechend umfassenden Wissen viele differenzierte Erwartungen (etwa zu unterschiedlichen Wegen zur Erreichung desselben Ziels) vorliegen und situationsgerecht und zweckdienlich eingesetzt werden können.

TOLMAN ging noch einen Schritt weiter, indem er sich Denkprozessen zuwandte, die er als *Inferenz* bezeichnete. Wenn beispielsweise die Erwartung (S_1 - R_1 - S_2) besteht und Wissen über die Verknüpfung von S_2 - S_3 aufgebaut wird, so ist eine neue Erwartung (S_1 - R_1 - S_3) inferierbar.

Experimentelle Belege für systematische Verhaltensmuster auch schon in der Lernphase, die auf das *Testen von Hypothesen* zurückgeführt wurden, hat KRECHEVSKY (1932) aus Labyrinthversuchen mit Ratten vorgelegt. Als Hypothesen interpretierte er systematische Lösungsversuche und unterschied diese vom bei Tieren normalerweise am Beginn eines Trainings beobachteten zufälligen Verhalten. Bei der Einordnung dieser Befunde ist allerdings zu berücksichtigen, daß schon Jahre zuvor KÖHLER (1917) über Lernen durch Einsicht bei Schimpansen berichtet hatte, und daß andererseits das Untersuchungsobjekt von KRECHEVSKY (1932) und TOLMAN, nämlich Ratten, ohne Zweifel nicht das geeignetste ist, um gerade das Testen von Hypothesen zu untersuchen.

Eine wichtige Unterscheidung, die für die Arbeiten von TOLMAN charakteristisch ist, betrifft die Begriffe *Kompetenz* und *Performanz*. Wie wir schon im Anschluß an die Darstellung des Experiments zum latenten Lernen (TOLMAN & HONZIK, 1930b) dargestellt haben, ist nach TOLMAN sorgfältig zwischen Lernen und damit Kompetenzerwerb und dessen Auswirkung im Verhalten (Performanz) zu unterscheiden. Lebewesen machen sich ein Bild von ihrer Umwelt, indem sie *Erwartungen über Zusammenhänge* bilden. Dieses *Lernen* geschieht nach TOLMAN ständig, *auch ohne explizite Verstärkung. Verstärkungen* können in diesem Rahmen als die *Bestätigung von Erwartungen* gesehen werden. Sie beinhalten die Information, nach der ein Lebewesen sein Verhalten regulieren kann. Erwartungen führen immer dann zu einem Verhalten, wenn das Ziel (S_2) auch dazu motiviert (vgl. für eine Diskussion der Arbeiten von TOLMAN unter motivationspsychologischen Gesichtspunkten Kapitel 8, Motivation, Abschnitt 2.2, Von Trieb- zu Anreiztheorien).

TOLMAN (1932) kann als einer der Väter der kognitiven Psychologie angesehen werden. Er blieb aber den experimentellen Anordnungen und teilweise auch den Fragestellungen treu, die für die behavioristische Lernpsychologie charakteristisch waren. Zwar arbeitete auch er mit Ratten, interpretierte aber ihr Verhalten kognitiv und kam im Verlaufe dieser Studien zu völlig neuen Beobachtungen und Erkenntnissen.

Bei der Bewertung seiner Arbeiten ist zu berücksichtigen, welchen großen Einfluß zur Zeit TOLMANS beispielsweise noch die Arbeiten von THORNDIKE (1911) hatten, so daß es nicht einfach gewesen sein dürfte, sich von dessen Ansichten zu lösen. Auf der anderen Seite beeinflußte TOLMAN nachhaltig andere Autoren, wie beispielsweise HULL (1943, 1952).

Eine Zuwendung zu Untersuchungsparadigmen im Humanbereich, in denen der kognitive Ansatz erst voll zur Geltung kommen kann, wie Studien des Denkens oder der Sprache, blieb aber den Arbeiten im Anschluß an die kognitive Wende vorbehalten bzw. war Teil der sich im ersten Drittels dieses Jahrhunderts pa-

rallel zum Behaviorismus entwickelnden Forschung der deutschen Denkpsychologie (vgl. Kapitel 4, Denken und Problemlösen, Abschnitt 1.2, Historische Entwicklungen).
Ein *kognitives Lernmodell* aus neuerer Zeit, das die Frage, was gelernt wird, mit Bezug auf TOLMAN beantwortet, stammt von BOLLES (1972). Er geht davon aus, daß nicht Reiz-Reaktions-Verbindungen (S–R) gelernt werden, sondern Erwartungen über Reiz-Reiz-Beziehungen (S–S*) und Reaktions-Reiz-Beziehungen (R–S*) aufgebaut werden.
Sein Konzept ist in fünf als Gesetze bezeichneten Punkten zusammengefaßt. Im ersten wird ausgesagt, daß Lernen den Aufbau von Erwartungen über Kontingenzen zwischen Ereignissen in der Umwelt beinhaltet (S–S*, *Reiz-Folge-Kontingenzen*). Solche Erwartungen können beispielsweise im Sinne der klassischen Konditionierung das Wissen darüber enthalten, in welcher Situation mit welchen aversiven Reizen zu rechnen ist, sie können sich aber auch auf Hinweisreize beziehen, die mit positiven, eine Bedürfnisbefriedigung ermöglichenden Zielsituationen zusammenhängen. Im zweiten Punkt seiner Theorie geht es um *Verhaltens-Folge-Kontingenzen* (R–S*). Der Bezug zu verschiedenen Phänomenen der operanten Konditionierung ist deutlich. Im dritten Teil werden Aussagen darüber getroffen, wie beide Typen von Erwartungen, also Wissen über Abfolgen von Situationen und über die Effekte von Verhaltensweisen das *Verhalten* eines Organismus bestimmen. Im vierten Punkt berücksichtigt BOLLES (1972) *biologische und artspezifische Dispositionen* und *die bisherige Lerngeschichte* des Organismus. Der letzte Teil seiner Theorie betrifft die Frage, was ein Verhalten *motiviert*. BOLLES (1972) führt dazu aus, daß die Wahrscheinlichkeit des Auftretens einer bestimmten Verhaltensweise positiv zusammenhängt mit der Stärke der beteiligten S–S*-Erwartung, der Stärke der R–S*-Erwartung und dem Wert, den das Ziel S* für den Organismus hat.
Auch wenn die Theorie von BOLLES (1972) in der Lern- und Motivationspsychologie durchaus positiv aufgenommen wurde, ist kritisch anzumerken, daß es mit einem Ansatz dieses Typs nicht gelingt, die beim Lernen ablaufenden Prozesse detailliert zu beschreiben und fundierte Verhaltensprognosen abzuleiten.

5.2.2 Die kognitive Wende

Ausgehend von zwei typischen Experimenten (KAMIN, 1969; RESCORLA, 1968) zeigen wir in diesem letzten Teil der Behandlung der klassischen und der operanten Konditionierung, welche Rolle der *Information von Reizen* im Lernprozeß zukommt (vgl. auch RESCORLA & HOLLAND, 1982, für eine Übersicht über neuere kognitiv interpretierte Tierexperimente zur klassischen und operanten Konditionierung). Häufig unter Nutzung des *Paradigmas der konditionierten emotionalen Reaktion,* also mit der Möglichkeit, die Stärke einer klassischen Konditionierung anhand der Unterdrükkung eines operant konditionierten Verhaltens zu prüfen, haben verschiedene Autoren deutlich gemacht, daß weniger die Häufigkeit des gemeinsamen Auftretens eines zu konditionierenden Reizes mit einem unkonditionierten Reiz von Bedeutung ist, als vielmehr die Rolle des zu lernenden Reizes im Prozeß der Informationsverarbeitung. Um konditioniert zu werden, muß ein Reiz ein verläßlicher Prädiktor sein (RESCORLA, 1968) und er muß gegenüber anderen schon gelernten Reizen zusätzliche Information enthalten (KAMIN, 1969).
Wir werden kurz einige theoretische Entwicklungen skizzieren, die von derartigen Befunden ihren Ausgang genommen haben. Dazu können beispielsweise gezählt werden ein mathematisch-numerisches Modell von RESCORLA (1972) und ein für die neueren Entwicklungen noch charakteristischerer Ansatz, nämlich die kognitive Rekonstruktion der bei klassischer und operanter Konditionierung ablaufenden Lernprozesse im Rahmen einer Computersimulation (HOLLAND et al., 1986).
Das in Tabelle 12 dargestellte Experiment von RESCORLA (1968) zeigt, daß nur Reize, die *verläßliche Information* vermitteln, gelernt werden. Untersucht wurde die Unterdrückung eines operant konditionierten Verhaltens durch eine konditionierte emotionale Reaktion in Abhängigkeit von der Korrelation zwischen dem zu konditionierenden Reiz und dem unkonditionierten aversiven Reiz. Um das Vorgehen verständlich zu machen, sei kurz rekapituliert, was unter dem Versuchsparadigma einer konditionierten emotionalen Reaktion zu verstehen ist (vgl. auch Tabelle 9 und den Abschluß des Abschnitts 3.5.1).

Tabelle 12: Nur Reize, die verläßliche Information vermitteln, werden gelernt (RESCORLA, 1968, Experiment 2).

Ablauf:
Phase 1: 80 hungrige Ratten wurden in einer Skinner-Box auf Betätigen des Hebels mittels Verstärkung durch Futter trainiert.
Phase 2: Im Anschluß daran wurden sie in 10 Gruppen aufgeteilt und es wurde ihnen (in fünf zweistündigen Sitzungen) je zwölfmal ein Ton dargeboten und in unterschiedlicher Häufigkeit kurze elektrische Schläge verabreicht. Die Behandlung der Gruppen unterschied sich nun darin, daß (a) die Wahrscheinlichkeit des Auftretens des elektrischen Schlags *während eines Tons* als auch (b) die Wahrscheinlichkeit des Auftretens des *Schlags* in den Zeitintervallen *ohne Ton* variiert wurden. So trat beispielsweise in den Gruppen, in denen der elektrische Schlag mit einer Wahrscheinlichkeit von .4 während des Tons auftrat, der elektrische Schlag je nach Gruppe mit einer Wahrscheinlichkeit von .0 (d.h. nie), von .1, .2 oder gar .4 auch dann auf, wenn kein Ton dargeboten wurde.
Phase 3: Schließlich wurde die Häufigkeit des Hebeldrückens in einer nachfolgenden Testphase registriert. In ihr wurde das Verhalten wieder verstärkt, zugleich aber auch in gewissen Abständen der Ton dargeboten, allerdings ohne je vom elektrischen Schlag gefolgt zu werden.

Ergebnisse: Trat im Training (Phase 2) der elektrische Schlag mit gleicher Wahrscheinlichkeit während des Tons auf wie außerhalb dieser Intervalle, so wurde in der Testphase (Phase 3) der Hebel etwa gleich häufig in den Zeiten mit und ohne Ton gedrückt (keine Unterdrückung). Wurde der elektrische Schlag in Phase 2 aber häufiger zusammen mit dem Ton als ohne Ton gegeben, so wurde in der Testphase das Verhalten bei Anwesenheit des Tons unterdrückt. Diese Unterdrückung war umso stärker, je seltener in Phase 2 der elektrische Schlag ohne den Ton aufgetreten war.

Beim *Aufbau einer konditionierten emotionalen Reaktion* wird, wie auch im Experiment von RESCORLA (1968), so vorgegangen, daß zuerst ein bestimmtes Verhalten durch positive Verstärkung trainiert wird. Dann schließt sich eine Phase an, in der unabhängig vom jeweiligen Verhalten des Organismus ein aversiver Reiz erfolgt, der durch einen Hinweisreiz signalisiert wird. Das Erlernen dieses Hinweisreizes wird als klassische Konditionierung interpretiert, das Ergebnis des Lernvorgangs als konditionierte emotionale Reaktion bezeichnet. Der in dieser Weise gelernte Reiz unterdrückt in der Folge (ähnlich wie zuvor der aversive Reiz selbst) auch allein das in der ersten Phase operant aufgebaute Verhalten. Die *Stärke der klassischen Konditionierung,* also der konditionierten emotionalen Reaktion, wird daran gemessen, wie effektiv die *Unterdrückung des operanten Verhaltens* ist. Keine Unterdrükkung bedeutet, daß das operant konditionierte Verhalten ebenso häufig in Anwesenheit des konditionierten Reizes gezeigt wird, wie wenn dieser Reiz nicht vorliegt.

Im Experiment von RESCORLA war die Betätigung des Hebels das operant konditionierte Verhalten, der zu konditionierende Reiz ein Ton und der unkonditionierte, aversive Reiz ein elektrischer Schlag. Das Besondere des Experiments von RESCORLA (1968) bestand nun darin, daß in Abhängigkeit von den experimentellen Bedingungen der zu konditionierende Reiz ein unterschiedlich zuverlässiger Prädiktor des unkonditionierten Reizes war.

Normalerweise ist bei einer klassischen Konditionierung der zu konditionierende Reiz (CS) immer mit dem unkonditionierten, aversiven Reiz (US) gepaart. Einem Auftreten von CS folgt US, in Abwesenheit des CS gibt es keinen US.

Im Experiment von RESCORLA (1968) hingegen trat je nach experimenteller Bedingung der US mit einer bestimmten Wahrscheinlichkeit auch in Abwesenheit des CS auf; aus dem Fehlen des CS folgte somit nicht, daß auch der US nicht zu erwarten war. Die Korrelation zwischen CS und US wurde systematisch variiert.

Das Ergebnis in der Testphase (in der nur noch der konditionierte Reiz ohne den unkonditionierten auftrat) war, daß eine deutliche Unterdrückung nur dann erfolgte, wenn der CS in der Phase des Aufbaus der Konditionierung ein zuverlässiger Prädiktor des US gewesen war. Der Unterdrückungseffekt in der Testphase war gleich Null, wenn der elektrische Schlag in der Trainingsphase mit der gleichen Wahrscheinlichkeit bei Anwesenheit und bei Abwesenheit des CS aufgetreten war, und dies unabhängig von der absoluten Häufigkeit der elektrischen Schläge. Bei einer über mehrere experimentelle Bedingungen hinweg konstanten Wahrscheinlichkeit des Auftretens des US während des Vorliegens des CS war der Unterdrückungseffekt umso größer, je geringer die Wahrscheinlichkeit des US bei Abwesenheit des CS war. Die Anzahl der Paarungen von CS und US war nicht die entscheidende Größe, sondern die Vorhersagbarkeit des US durch den CS.

Das Experiment von Kamin (1969, s. Tabelle 13) verdeutlicht, daß nur Reize, die *zusätzliche Information* vermitteln, gelernt werden. Das dabei untersuchte Phänomen wird auch als *Blockierungseffekt* bezeichnet. Ähnlich wie im Experiment von Rescorla (1968) wurde mit dem Paradigma der konditionierten emotionalen Reaktion gearbeitet; es wurde also wiederum nach dem Aufbau einer operanten Konditionierung über die Koppelung eines zuvor neutralen Reizes mit einem aversiven Reiz eine Verhaltensunterdrückung erreicht und in einer nachfolgenden Phase quantitativ erfaßt, wie stark der Effekt dieser Unterdrückung bei Vorgabe des nun konditionierten Reizes war.

Das Typische an den Experimenten zur Untersuchung von Blockierungseffekten ist nun, daß gezielt auf seiten des CS mit *zusammengesetzten Reizen* gearbeitet wird. Im Experiment von Kamin (1969) bestand der CS je nach experimenteller Bedingung aus einem Lichtreiz, einem Lärmreiz (Rauschen) oder aber der gleichzeitigen Vorgabe von Licht *und* Lärm. In der Phase des Aufbaus der konditionierten Reaktion wurden verschiedene Abfolgen des zusammengesetzten Reizes und der Einzelreize so vorgegeben, daß anhand der Erfassung der Verhaltensunterdrückung bestimmte Hypothesen über die Stärke der Konditionierung eines Einzelreizes getestet werden konnten.

Auch das Ergebnis dieses Experiments macht deutlich, daß der Informationsgehalt eines Reizes entscheidend für die Stärke seiner Kon-

Tabelle 13: Nur Reize, die zusätzliche Information vermitteln, werden gelernt (Kamin, 1969, Versuchsgruppen A, B und G).

Ablauf:

Phase 1: Futterdeprivierte Ratten wurden in einer Skinner-Box mit Futter als Verstärkung auf Drücken eines Hebels trainiert.

Phase 2: Nach dem Aufbau einer stabilen Verhaltensrate wurden den Tieren zusätzlich, aber völlig unabhängig vom Betätigen des Hebels, nach untenstehendem Plan zunächst neutrale Reize (lautes Rauschen, Licht, lautes Rauschen *und* Licht) von 3 Minuten Dauer dargeboten, gefolgt von einem kurzen elektrischen Schlag. Die Darbietung wurde nach folgendem Plan gestaltet:

Gruppe A: 8 × Licht und Rauschen, 16 × Rauschen

Gruppe B: 16 × Rauschen, 8 × Licht und Rauschen

Gruppe G: 8 × Licht und Rauschen.

Schon in Phase 2 während des diesbezüglichen Trainings wurde der Unterdrückungseffekt auf das in Phase 1 gelernte Verhalten gemessen.

Phase 3: In einem Testdurchgang wurde schließlich erfaßt, wie sehr der Lichtreiz allein das Betätigen des Hebels unterdrückt. In der Testphase erfolgten keine elektrischen Schläge.

Ergebnisse: Die Darbietung der zunächst neutralen, dann konditionierten Reize (Licht, Rauschen, Licht und Rauschen), jeweils gefolgt vom elektrischen Schlag, führte in Phase 2 in allen Gruppen in wenigen Durchgängen zur fast völligen Unterdrückung des in Phase 1 antrainierten Verhaltens.

In Phase 3, dem Test der Stärke der Konditionierung des Lichtreizes, ergab sich in den Gruppen folgendes:

Gruppe A: teilweise Verhaltensunterdrückung

Gruppe B: kaum Verhaltensunterdrückung

Gruppe G: fast vollständige Verhaltensunterdrückung.

Trotz gleich häufiger Paarung von Licht und elektrischem Schlag (je 8 ×) war in den Gruppen A, B und G das Ausmaß der Konditionierung des Lichtreizes in Abhängigkeit von seinem Auftreten in der Sequenz der Durchgänge der Phase 2 sehr unterschiedlich.

ditionierung und damit das Ausmaß des Unterdrückungseffekts ist. Enthält der Reiz keine Information, die über das hinausgeht, was schon aufgrund der Beachtung anderer Reize bekannt ist, so wird der neue Reiz nicht gelernt *(«Blockierung»)*. Dieses Phänomen zeigte sich bei den Ergebnissen der Gruppe B, für die der Lichtreiz keine über den schon gelernten Lärmreiz hinausgehende Information enthielt; im nachfolgenden Test ergab sich praktisch kein Unterdrückungseffekt. Bei der gleichen Anzahl von Paarungen von Lichtreiz und Stromschlag in Gruppe G trat hingegen ein substantieller Lerneffekt auf. *Nicht die Anzahl der Paarungen* ist somit entscheidend, *sondern der Umfang der neuen Information* eines zu konditionierenden Reizes.

Rescorla (1972) und Rescorla und Wagner (1972) haben ein *einfaches mathematisch-numerisches Modell* zur Beschreibung des Typs von Befunden entwickelt, wie wir sie anhand der Experimente von Rescorla (1968) und Kamin (1969) diskutiert haben. Es handelt sich um ein Modell, in dem der Lerngewinn eines Durchgangs für einen zu konditionierenden Reiz als Funktion von drei Größen ausgedrückt wird. Diese sind: (a) das bei einem gegebenen unkonditionierten Reiz überhaupt asymptotisch erreichbare Ausmaß der Konditionierung, (b) die bisher erreichte Konditionierungsstärke des zu lernenden Reizes und (c) die Konditionierungsstärke anderer mit ihm konkurrierenden Reize. Das Modell bringt damit zum Ausdruck, daß (a) die Stärke der Konditionierung eines Reizes von Merkmalen des unkonditionierten Reizes abhängt, also beispielsweise von dessen Stärke, daß (b) der Lerngewinn in einem Durchgang begrenzt wird durch den Lernzuwachs, der überhaupt noch möglich ist, und daß – und dies ist in dem Modell von Rescorla und Wagner das neue Element – (c) die Stärke der Konditionierung eines Reizes auch dadurch limitiert wird, welche Stärke andere Reize als Prädiktoren desselben unkonditionierten Reizes aufweisen. Mit diesem Ansatz gelingt es Rescorla und Wagner (1972), eine Reihe der erwähnten Befunde zu beschreiben (vgl. die Darstellung eines anderen mathematischen Lernmodells im Kapitel 10, Ausgewählte Methoden, Abschnitt 2, Die Lerntheorie von Estes).

Holland et al. (1986) kritisieren aber an diesem Ansatz, daß er keine detaillierte inhaltliche Rekonstruktion des Lernprozesses ermöglicht. Insbesondere enthalte er keinen Mechanismus zur *Generierung neuen Wissens*. Das mathematische Modell beschreibe die Anpassung bereits postulierter Verknüpfungen von zu konditionierenden Reizen und unkonditioniertem Reiz, erkläre aber nicht die Genese neuer. Sie selbst behandeln *klassische und operante Konditionierung* als *Teil induktiven Lernens*. In ihrem Buch «Induction: Processes of Inference, Learning and Discovery» stellt die Konditionierung nur eines von verschiedenen Beispielen dar, bei denen induktives Denken und Lernen eine zentrale Rolle spielen. Zu diesen Bereichen zählen Konzeptbildung, die Entdeckung naturwissenschaftlicher Gesetzmäßigkeiten usw. *Induktion* wird *als Erwerb von Regeln* verstanden, die erfahrungsabhängig generiert, generalisiert und diskriminiert und in ihrer Stärke verändert werden. Der Ansatz ist *kognitionswissenschaftlich*. Es wird zur formalen Repräsentation der theoretischen Vorstellungen mit Produktionssystemen gearbeitet (vgl. Kapitel 10, Ausgewählte Methoden, Abschnitt 4.2, Produktionssysteme). Die *Rekonstruktion von Lernprozessen* in Form von Computersimulationen erfolgt mit einem Grad an Detailliertheit und Präzision, wie er bisher in der Lernpsychologie nicht üblich war. Da dieser Ansatz aber nicht aus ihr erwachsen ist und hier nur eines von verschiedenen Anwendungsfeldern findet, wird er im Kontext dieses Kapitels nicht ausführlich behandelt (vgl. aber für verwandte Ansätze Kapitel 4, Denken und Problemlösen, Abschnitt 3.2, Induktives Denken).

Unter welchen Bedingungen tritt Lernen auf? Was wird eigentlich gelernt? Wie hängt das Gelernte mit dem Verhalten zusammen? Wir haben versucht, auf der Basis der Psychologie der klassischen und der operanten Konditionierung in diesem Kapitel einige Antworten auf diese Fragen zu geben.

Was bleibt? Die erwähnten Einschränkungen einer generellen Gültigkeit der Gesetze der klassischen und der operanten Konditionierung sollten nicht als Widerlegung der Erkenntnisse, sondern als ihre Relativierung verstanden werden. Die Lernpsychologie hat in hervorragenden Tierexperimenten und Studien im Humanbereich eine Fülle von Befunden zusammengetragen, deren Gültigkeit im eingeschränkten Rahmen unstrittig ist. Die verschiedenen Interpretationen dieser Befunde, einmal aus reiz-reaktions-theoretischer Sicht, dann aus dem Blickwinkel eines erweiterten Verständnisses unter Berücksichtigung intervenierender Variablen (wie etwa Furcht) bis hin zur kognitiven Interpretation, repräsentieren einen wichtigen Ausschnitt der wissenschaftlichen Psychologie dieses Jahrhunderts. Die Erkenntnisse haben die Entwicklung nahezu aller Teilgebiete dieses Faches beeinflußt, wobei der Grad heuristischer Anregung besonders deutlich im Bereich der Klinischen und der Pädagogischen Psychologie gewesen ist.

Literaturverzeichnis

ABRAMSON, L.Y., SELIGMAN, M.E.P. & TEASDALE, J.D. (1978). Learned helplessness in humans: Critique and reformulation. *Journal of Abnormal Psychology, 87,* 49–74.

AZRIN, N.H. & HOLZ, W.C. (1966). Punishment. In W.K. Honig (Ed.), *Operant behavior: Areas of research and application* (pp.380–447). New York: Appleton-Century-Crofts.

BANDURA, A. (1974). Behavior theory and the models of man. *American Psychologist, 29,* 859–869.

BANDURA, A. (1979). *Sozial-kognitive Lerntheorie.* Stuttgart: Klett-Cotta.

BARTLING, G., FIEGENBAUM, W. & KRAUSE, R. (1980). *Reizüberflutung. Theorie und Praxis.* Stuttgart: Kohlhammer.

BERGLAS, S. & JONES, E.E. (1978). Drug choice as a self-handicapping strategy in response to noncontingent success. *Journal of Personality and Social Psychology, 36,* 405–417.

BIRBAUMER, N. (1975). *Physiologische Psychologie.* Berlin: Springer.

BLACKHAM, G.J. & SILBERMAN, A. (1975). *Grundlagen und Methoden der Verhaltensmodifikation bei Kindern.* Weinheim: Beltz.

BLODGETT, H.C. (1929). The effect of the introduction of reward upon the maze performance of rats. *University of California Publications in Psychology, 4,* 113–134.

BOE, E.E. & CHURCH, R.M. (1967). Permanent effects of punishment during extinction. *Journal of Comparative and Physiological Psychology, 63,* 486–492.

BOLLES, R.C. (1970). Species-specific defense reactions in avoidance learning. *Psychological Review, 77,* 32–48.

BOLLES, R.C. (1972). Reinforcement, expectancy, and learning. *Psychological Review, 79,* 394–409.

BOWER, G.H. & HILGARD, E.R. (1983/1984). *Theorien des Lernens* (I und II). Stuttgart: Klett-Cotta.

BREDENKAMP, J. & WIPPICH, W. (1977). *Lern- und Gedächtnispsychologie* (Bd.I). Stuttgart: Kohlhammer.

BRELAND, K. & BRELAND, M. (1961). The misbehavior of organisms. *American Psychologist, 16,* 681–684.

BROWN, J.S. (1948). Gradients of approach and avoidance responses and their relation to level of motivation. *Journal of Comparative and Physiological Psychology, 41,* 450–465.

BURDACH, K.J. (1988). *Geschmack und Geruch.* Bern: Huber.

BYKOV, K.M. (1957). *The cerebral cortex and the internal organs.* New York: Chemical Publishing.

COLEMAN, S.R. (1981). Historical context and systematic functions of the concept of the operant. *Behaviorism, 9,* 207–226.

CRESPI, L. (1942). Quantitative variation of incentive and performance in the white rat. *American Journal of Psychology, 55,* 467–517.

D'AMATO, M.R. & SCHIFF, D. (1964). Long-term discriminated avoidance performance in the rat. *Journal of Comparative and Physiological Psychology, 57,* 123–126.

DOLLARD, J. & MILLER, N.E. (1950). *Personality and psychotherapy.* New York: McGraw-Hill.

DWECK, C.S. & REPPUCCI, N.D. (1973). Learned helplessness and reinforcement responsibility in children. *Journal of Personality and Social Psychology, 25,* 109–116.

EPSTEIN, S. (1962). The measurement of drive and conflict in humans: Theory and experiment. In M.R. Jones (Ed.), *Nebraska Symposium on Motivation 1962* (pp.127–206). Lincoln: University of Nebraska Press.

EPSTEIN, S. & Fenz, W.D. (1965). Steepness of approach and avoidance gradients in humans as a function of experience: Theory and experiment. *Journal of Experimental Psychology, 70,* 1–12.

ESTES, W.K. (1944). An experimental study of punishment. *Psychological Monographs, 57,* No. 263.

ESTES, W.K. (1969). Outline of a theory of punishment. In B.A. Campbell & R.M. Church (Eds.), *Punishment and aversive behavior* (pp.57–82). New York: Appleton-Century-Crofts.

ESTES, W.K. & SKINNER, B.F. (1941). Some quantitative properties of anxiety. *Journal of Experimental Psychology, 29,* 390–400.

FEGER, H. (1964). Neobehavioristische Konfliktforschung. *Archiv für die gesamte Psychologie, 116,* 424–449.

FERSTER, C.B. & SKINNER, B.F. (1957). *Schedules of reinforcement.* New York: Appleton-Century-Crofts.

FOPPA, K. (1970, 7. Aufl.). *Lernen, Gedächtnis, Verhalten*. Köln: Kiepenheuer und Witsch.

GARCIA, J. & KOELLING, R. (1966). Relation of cue to consequence in avoidance learning. *Psychonomic Science, 4,* 123–124.

GLUCK, M. A. & THOMPSON, R. F. (1987). Modeling the neural substrates of associative learning and memory: A computational approach. *Psychological Review, 94,* 176–191.

GORMEZANO, I. & MOORE, J. W. (1969). Classical conditioning. In M. H. Marx (Ed.), *Learning: Processes* (pp. 119–203). New York: Macmillan.

GRICE, G. R. (1948). The relation of secondary reinforcement to delayed reward in visual discrimination learning. *Journal of Experimental Psychology, 38,* 1–16.

GUTTMAN, N. & KALISH, H. I. (1956). Discriminability and stimulus generalization. *Journal of Experimental Psychology, 51,* 79–88.

HARRIS, B. (1979). Whatever happened to little Albert? *American Psychologist, 34,* 151–160.

HECKHAUSEN, H. (1980). *Motivation und Handeln*. Berlin: Springer.

HEINEMANN, E. G. & CHASE, S. (1975). Stimulus generalization. In W. K. Estes (Ed.), *Handbook of learning and cognitive processes* (Vol. 2, pp. 305–349). New Jersey: Hillsdale.

HERRNSTEIN, R. J. (1969). Method and theory in the study of avoidance. *Psychological Review, 76,* 49–69.

HIROTO, D. S. (1974). Locus of control and learned helplessness, *Journal of Experimental Psychology, 102,* 187–193.

HOLLAND, J. H., HOLYOAK, K. J., NISBETT, R. E. & THAGARD, P. R. (1986). *Induction: Processes of inference, learning, and discovery.* Cambridge, MA.: MIT Press.

HULL, C. L. (1931). Goal attraction and directing ideas conceived as habit phenomena. *Psychological Review, 38,* 487–506.

HULL, C. L. (1932). The goal gradient and maze learning. *Psychological Review, 39,* 25–43.

HULL, C. L. (1934). The concept of the habit-family hierarchy, and maze learning. *Psychological Review, 41,* 33–54.

HULL, C. L. (1943). *Principles of behavior.* New York: Appleton-Century-Crofts.

HULL, C. L. (1952). *A behavior system.* New Haven: Yale University Press.

HUNT, H. F. & BRADY, J. V. (1955). Some effects of punishment and intercurrent «anxiety» on a simple operant. *Journal of Comparative and Physiological Psychology, 48,* 305–310.

JACOBSON, E. (1938). *Progressive relaxation.* Chicago: The University of Chicago Press.

JONES, J. E. (1962). Contiguity and reinforcement in relation to CS-UCS intervals in classical aversive conditioning. *Psychological Review, 69,* 176–186.

KAMIN, L. J. (1969). Predictability, surprise, attention, and conditioning. In B. A. Campbell & R. M. Church (Eds.), *Punishment* (pp. 279–296). New York: Appleton.

KANFER, F. H. & PHILLIPS, J. S. (1975). *Lerntheoretische Grundlagen der Verhaltenstherapie.* München: Kindler.

KÖHLER, W. (1917). *Intelligenzprüfungen an Anthropoiden.* Abhandlungen der Preußischen Akademie der Wissenschaften.

KRECHEVSKY, I. (1932). «Hypotheses» in rats. *Psychological Review, 39,* 516–532.

KROHNE, H. W. (1976). *Theorien zur Angst.* Stuttgart: Kohlhammer.

KUHL, J. (1981). Motivational and functional helplessness: The moderating effect of state versus action orientation. *Journal of Personality and Social Psychology, 40,* 155–170.

LEWIN, K. (1931). *Die psychologische Situation bei Lohn und Strafe.* Leipzig: Hirzel.

LEWIN, K. (1935). *A dynamic theory of personality.* New York: McGraw-Hill.

MACCORQUODALE, K. & MEEHL, P. E. (1954). Edward C. Tolman. In W. K. Estes et al. (Eds.), *Modern learning theory* (pp. 177–266). New York: Appleton-Century-Crofts.

MACFARLANE, D. A. (1930). The role of kinesthesis in maze learning. *University of California Publications in Psychology, 4,* 277–305.

MACKINTOSH, N. J. (1974). *The psychology of animal learning.* New York: Academic Press.

MEDIN, D. L. (1972). Role of reinforcement in discrimination learning set in monkeys. *Psychological Bulletin, 77,* 305–318.

MEEHL, P. E. (1950). On the circularity of the law of effect. *Psychological Bulletin, 47,* 52–75.

MILLER, I. W. III & NORMAN, W. H. (1979). Learned helplessness in humans: A review and attribution-theory model. *Psychological Bulletin, 86,* 93–118.

MILLER, N. E. (1944). Experimental studies of conflict. In J. McV. Hunt (Ed.), *Personality and the behavior disorders* (pp. 431–465). New York: Ronald Press.

MILLER, N. E. (1948a). Studies of fear as an acquirable drive: I. Fear as motivation and fear-reduction as reinforcement in the learning of new responses. *Journal of Experimental Psychology, 38,* 89–101.

MILLER, N. E. (1948b). Theory and experiment relating psychoanalytic displacement to stimulus-response generalization. *Journal of Abnormal and Social Psychology, 43,* 155–178.

MILLER, N. E. (1951). Learnable drives and rewards. In S. S. Stevens (Ed.), *Handbook of experimental psychology* (pp. 435–472). New York: Wiley.

MILLER, N. E. (1959). Liberalization of basic S-R concepts: Extensions to conflict behavior, motivation and social learning. In S. Koch (Ed.), *Psy-*

chology: A study of a science (Vol.2, pp.196–292). New York: McGraw-Hill.

MOWRER, O.H. (1947). On the dual nature of learning: A reinterpretation of «conditioning» and «problem-solving». *Harvard Educational Review, 17,* 102–148.

MURRAY, E.J. & BERKUN, M.M. (1955). Displacement as a function of conflict. *Journal of Abnormal and Social Psychology, 51,* 47–56.

NATION, J.R. & BOYAJIAN, L.G. (1980). Continuous before partial reinforcement: Effect on persistence training and resistance to extinction in humans. *American Journal of Psychology, 93,* 697–710.

OLDS, J. & MILNER, P.M. (1954). Positive reinforcement produced by electrical stimulation of septal area and other regions of the rat brain. *Journal of Comparative and Physiological Psychology, 47,* 419–427.

OLTON, D.S. (1979). Mazes, maps, and memory. *American Psychologist, 34,* 583–596.

OVERMIER, J.B. & SELIGMAN, M.E.P. (1967). Effects of inescapable shock upon subsequent escape and avoidance learning. *Journal of Comparative and Physiological Psychology, 63,* 28–33.

PAWLOW, I.P. (1898). *Die Arbeit der Verdauungsdrüsen.* Wiesbaden: Bergmann.

PAWLOW, I.P. (1926). *Die höchste Nerventätigkeit (das Verhalten) von Tieren.* München: Bergmann.

PAWLOW, I.P. (1927). *Conditioned reflexes.* London: Oxford University Press.

PAWLOW, I.P. (1928). *Lectures on conditioned reflexes.* New York: International.

PAWLOW, I.P. (1932). The reply of a physiologist to psychologists. *Psychological Review, 39,* 91–127.

PAWLOW, I.P. (1953-1956). *Sämtliche Werke* (Bde. I-VI). Berlin: Akademie-Verlag.

PETERSON, C. & SELIGMAN, M.E.P. (1983). Hilflosigkeit, Attributionsstil und Depression. In F.E. Weinert & R.H. Kluwe (Hrsg.), *Metakognition, Motivation und Lernen* (S.164–192). Stuttgart: Kohlhammer.

PLATT, J. (1973). Social traps. *American Psychologist, 28,* 641–651.

PREMACK, D. (1959). Toward empirical behavioral laws: I. Positive reinforcement. *Psychological Review, 66,* 219–233.

PREMACK, D. (1965). Reinforcement theory. In D. Levine (Ed.). *Nebraska Symposium on Motivation 1965* (pp.123–180). Lincoln: University of Nebraska Press.

RACHMAN, S. & BERGOLD, J.B. (1976). *Verhaltenstherapie bei Phobien.* München: Urban & Schwarzenberg.

RAZRAN, G. (1961). The observable unconscious and the inferable conscious in current Soviet psychophysiology. Interoceptive conditioning, semantic conditioning, and the orienting reflex. *Psychological Review, 68,* 81–147.

REESE, E.P. (1966). *The analysis of human operant behavior.* Dubuque, Iowa: Brown.

REESE, H.W. (1964). Discrimination learning set in rhesus monkeys. *Psychological Bulletin, 61,* 321–340.

RESCORLA, R.A. (1968). Probability of shock in the presence and absence of CS in fear conditioning. *Journal of Comparative and Physiological Psychology, 66,* 1–5.

RESCORLA, R.A. (1972). Informational variables in Pavlovian conditioning. In G.H. Bower (Ed.), *The psychology of learning and motivation* (pp. 1–46). New York: Academic Press.

RESCORLA, R.A. & HOLLAND, P.C. (1982). Behavioral studies of associative learning in animals. *Annual Review of Psychology, 33,* 265–308.

RESCORLA, R.A. & WAGNER, A.R. (1972). A theory of Pavlovian conditioning: Variations in the effectiveness of reinforcement and nonreinforcement. In A.H. Black & W.F. Prokasy (Eds.), *Classical conditioning II: Current research and theory* (pp. 64–99). New York: Appleton-Century-Crofts.

REVENSTORFF, D. (1966). Theorien und Experimente zum latenten Lernen. *Psychologische Beiträge, 9,* 122–163.

ROUTTENBERG, A. & LINDY, J. (1965). Effects of the availability of rewarding septal and hypothalamic stimulation on bar pressing for food under conditions of deprivation. *Journal of Comparative and Physiological Psychology, 60,* 158–161.

SAMELSON, F. (1980). J.B. Watson's Little Albert, Cyril Burt's twins, and the need for a critical science. *American Psychologist, 35,* 619–625.

SCHOENFELD, W.N. (1950). An experiment approach to anxiety, escape and avoidance behavior. In P.H. Hoch & J. Zubin (Eds.), *Anxiety* (pp. 70–99). New York: Grune & Stratton.

SELIGMAN, M.E.P. (1970). On the generality of the laws of learning. *Psychological Review, 77,* 406–418.

SELIGMAN, M.E.P. (1974). Depression and learned helplessness. In R.J. Friedman & M.M. Katz (Eds.), *The psychology of depression: Contemporary theory and research* (pp.83–113). Washington, D.C.: Winston.

SELIGMAN, M.E.P. (1975). *Helplessness: On depression, development, and death.* San Francisco: Freeman.

SELIGMAN, M.E., P. & MAIER, S.F. (1967). Failure to escape traumatic shock. *Journal of Experimental Psychology, 74,* 1–9.

SELIGMAN, M.E.P., MAIER, S.F. & SOLOMON, R.L. (1971). Unpredictable and uncontrollable aversive events. In F.R. Brush (Ed.). *Aversive conditioning and learning* (pp.347–400). New York: Academic Press.

SHETTLEWORTH, S.J. (1975). Reinforcement and the organization of behavior in golden hamsters: Hunger, environment, and food reinforcement. *Journal of Experimental Psychology: Animal Behavior Processes, 104,* 56–87.

SKINNER, B.F. (1938). *The behavior of organisms: An experimental analysis.* New York: Appleton-Century-Crofts.

SKINNER, B.F. (1948). Superstition in the pigeon. *Journal of Experimental Psychology, 38,* 168–172.

SKINNER, B.F. (1950). Are theories of learning necessary? *Psychological Review, 57,* 193–216.

SKINNER, B.F. (1951). How to teach animals. *Scientific American, 185,* 26–29.

SKINNER, B.F. (1953). *Science and Human Behavior.* New York: The Free Press.

SKINNER, B.F. (1968). *The technology of teaching.* Englewood Cliffs, NJ: Prentice-Hall.

SKINNER, B.F. (1972, third edition). *Cumulative record.* New York: Appleton-Century-Crofts.

SKINNER, B.F. (1973). *Jenseits von Freiheit und Würde.* Reinbek: Rowohlt.

SOKOLOV, E.N. (1963). Higher nervous functions: The orienting reflex. *Annual Review of Physiology, 25,* 545–580.

SOLOMON, R.L., KAMIN, L.J. & WYNNE, L.C. (1953). Traumatic avoidance learning: The outcomes of several extinction procedures with dogs. *Journal of Abnormal and Social Psychology, 48,* 291–302.

SOLOMON, R.L. & WYNNE, L.C. (1954). Traumatic avoidance learning: The principles of anxiety conservation and partial irreversibility. *Psychological Review, 61,* 353–385.

SPENCE, K.W. (1947). The role of secondary reinforcement in delayed reward learning. *Psychological Review, 54,* 1–8.

SPETCH, M.L., WILKIE, D.M. & PINEL, J.P.J. (1981). Backward conditioning: A reevaluation of the empirical evidence. *Psychological Bulletin, 89,* 163–175.

TARPY, R.M. (1979). *Lernen.* Berlin: Springer.

TERRELL, G. (1965). Delayed reinforcement effects. In L.P. Lipsitt & C.C. Spiker (Eds.), *Advances in child development and behavior* (Vol.2, pp.127–158). New York: Academic Press.

THORNDIKE, E.L. (1898). Animal intelligence. An experimental study of the associative processes in animals. *Psychological Review Monogr. Suppl., 2* (8).

THORNDIKE, E.L. (1911). *Animal intelligence.* New York: Macmillan.

TOLMAN, E.C. (1932). *Purposive behavior in animals and men.* New York: Appleton-Century-Crofts.

TOLMAN, E.C. (1959). Principles of purposive behavior. In S. Koch (Ed.), *Psychology: A study of a science* (Vol.2, pp.92–157). New York: McGraw-Hill.

TOLMAN, E.C. & HONZIK, C.H. (1930a). «Insight» in rats. *University of California Publications in Psychology, 4,* 215–232.

TOLMAN, E.C. & HONZIK, C.H. (1930b). Introduction and removal of reward, and maze performance in rats. *University of California Publications in Psychology, 4,* 257–275.

USTER, H.-J. (1977). *Analyse des Explorationsverhaltens von Ratten in Labyrinthen unterschiedlicher Komplexität.* Unveröff. Dissertation, ETH Zürich.

WARREN, J.M. (1965). Primate learning in comparative perspective. In A.M. Schrier, H.F. Harlow & F. Stollnitz (Eds.), *Behavior of nonhuman primates. Modern research trends* (Vol.I, pp.249–281). New York: Academic Press.

WATSON, J.B. & MORGAN, J.J.B. (1917). Emotional reactions and psychological experimentation. *American Journal of Psychology, 28,* 163–174.

WATSON, J.B. & RAYNER, R. (1920). Conditioned emotional reactions. *Journal of Experimental Psychology, 3,* 1–14.

WENGER, E. (1987). *Artificial intelligence and tutoring systems.* Los Altos, CA.: Morgan Kaufmann.

WESTMEYER, H. (1978). Wissenschaftstheoretische Grundlagen Klinischer Psychologie. In U. Baumann, H. Berbalk & G. Seidenstücker (Hrsg.), *Trends in Forschung und Praxis* (Bd.1, S.108–132). Bern: Huber.

WICKENS, D.D. (1973). Classical conditioning, as it contributes to the analyses of some basic psychological processes. In F.J. McGuigan & D.B. Lumsden (Eds.), *Contemporary approaches to conditioning and learning* (pp.213–244). Washington: Winston.

WILCOXON, H.C., DRAGOIN, W.B. & KRAL, P.A. (1971). Illness-induced aversion in rat and quail. Relative salience of visual and gustatory cues. *Science, 171,* 826–828.

WILLIAMS, C.D. (1959). The elimination of tantrum behavior by extinction procedures. *Journal of Abnormal and Social Psychology, 59,* 269.

WOLPE, J. (1958). *Psychotherapy by reciprocal inhibition.* Stanford, CA.: Stanford University Press.

WORTMAN, C.B., PANCIERA, L., SHUSTERMAN, L. & HIBSCHER, J. (1976). Attributions of causality and reactions to uncontrollable outcomes. *Journal of Experimental Social Psychology, 12,* 301–316.

6.2 Beobachtungslernen und die Wirkung von Vorbildern

Frank Halisch, München

Inhaltsverzeichnis

Können wir lernen, indem wir das Verhalten anderer beobachten? Die Frage klingt trivial; dennoch ist sie lange Zeit in der Lernpsychologie selten aufgegriffen worden, denn sie enthält Annahmen, die elementar den Postulaten behavioristischer Theoriebildung widersprechen, nach denen Lernpsychologie lange betrieben wurde. Lerntheoretisch formuliert nämlich lautet die Frage: Können Lernprozesse stattfinden, ohne daß der Lernende das in Frage stehende Verhalten selbst ausführt und ohne daß er selbst die Verhaltenskonsequenzen erfährt? Nach behavioristischer Vorstellung besteht Lernen in der Bildung neuer Situations-Verhaltens-Verknüpfungen. Das Verhalten aber muß der Lernende selbst ausführen und die Konsequenzen muß er selbst erfahren, damit die neuen Verknüpfungen gestiftet werden können. Das Lernen am Vorbild wurde daher lange Zeit entweder aus lerntheoretischen Überlegungen ganz ausgeklammert oder als ein Spezialfall der Lernprinzipien des klassischen (z.B. GUTHRIE, 1952; HOLT, 1931) oder operanten Konditionierens (z.B. GEWIRTZ & STINGLE, 1968; MILLER & DOLLARD, 1941) aufgefaßt.

Die außerordentliche Effizienz des Beobachtungslernens und sein evolutionärer Vorteil, der ja gerade darin besteht, daß ein Verhalten nicht erst gezeigt werden muß, bevor gelernt werden kann, konnten aber auf Dauer nicht übersehen werden. BANDURA, der die Forschung zum Beobachtungslernen nachhaltig beeinflußt hat, hat denn auch immer wieder (1962, 1965a, 1971a, 1977a) den außerordentlichen Überlebensvorteil des Lernens am Vorbild hervorgehoben. Sein Beispiel eines Fahrschülers ist drastisch, aber treffend: Würde Autofahren ausschließlich nach den Prinzipien des operanten Konditionierens unterrichtet (der Fahrlehrer hätte jeweils zu warten, bis sein Schüler die richtige Reaktion mehr oder weniger zufällig ausführt, um ihm dann eine Bekräftigung zu verabreichen), würde der Lernprozeß vermutlich ein Leben lang dauern – vorausgesetzt, die beiden würden die unvermeidlichen Unfälle überhaupt lebend überstehen. Tatsächlich lernen wir sehr viel mehr und schneller durch Beobachtung als durch den mühsamen Prozeß einer schrittweisen Verhaltensannäherung (im Sinne von SKINNER, 1953).

Im folgenden wird zunächst an einem Beispiel der methodische Ansatz dargestellt, durch den das Lernen am Vorbild einer experimentellen Analyse zugänglich gemacht wurde. Daran anknüpfend werden grundlegende Fragestellungen für die Vorbildforschung abgeleitet. Dem folgt ein Abriß der wichtigsten Theorien. Deutlich werden wird, daß die theoretische Analyse des Vorbildlernens in einem recht mühevollen Prozess von den Fesseln behavioristischer Theoriebildung befreit werden mußte. Zum Abschluß wird ein Überblick über den inzwischen zu unübersehbarer Reichhaltigkeit angewachsenen Befundbestand gegeben.

1. Ein experimentelles Beispiel

Vier- bis fünfjährige Kinder beobachten allein in einem Raum einen Fernsehfilm, in dem ein Erwachsener eine lebensgroße Plastikpuppe, die ihm nicht «aus dem Weg gehen will», mit einer Reihe aggressiver Akte malträtiert: Er wirft sie auf den Boden, setzt sich auf sie und boxt ihr auf die Nase; er richtet sie wieder auf und schlägt ihr mit einem Holzhammer auf den Kopf; er kickt sie mit dem Fuß durch den Raum; er wirft Gummibälle nach ihr. Jeden dieser Akte begleitet er mit Verbalaggressionen, die z.T. Wortneuschöpfungen sind («Pow ... boom, boom», «Sockero»).

Das Filmende gibt es in drei verschiedenen Versionen: In einer Fassung erscheint ein zweiter Erwachsener, lobt den ersten für sein hervorragendes Verhalten, bezeichnet ihn als «starken Burschen» und belohnt ihn reichlich mit Süssigkeiten und Getränken. In einer zweiten Fassung erscheint ebenfalls der zweite Erwachsene, aber er tadelt den ersten und mißbilligt sein Verhalten. Nachdem dieser zurückweicht, strauchelt und stürzt, schlägt er ihn mit einer zusammengerollten Zeitung und droht ihm weitere Bestrafung an, falls er sich weiter so unfreundlich gegenüber der Puppe verhalten würde. Diese beiden Filmfassungen realisieren somit Bedingungen der *stellvertretenden* (vikariellen) *Belohnung* und *Bestrafung*, die das beobachtende Kind nicht direkt, sondern durch Beobachtung des Vorbilds nur indirekt erfährt. Die dritte Filmfassung endet ohne das Erscheinen eines zweiten Erwachsenen; das aggressive Verhalten bleibt folgenlos.

Unmittelbar im Anschluß an die Filmvorführung kommen die Kinder - ebenfalls allein - in ein Spielzimmer, das eine Reihe verschiedener Spielzeuge enthält, darunter auch die Gegenstände, die im Film zu sehen waren (mitsamt der lebensgroßen Plastikpuppe). Was geschieht?

Die Kinder zeigen verschiedene Spielaktivitäten, darunter auch aggressive Handlungen gegenüber der Puppe. Letztere sind z.T. exakte Abbilder des vorher beobachteten Erwachsenenverhaltens; sie spiegeln die spezifischen Kombinationen motorischer Akte mit bestimmten Verbaläußerungen (inkl. der Wortneuschöpfungen) wider. Und, was mehr ist, die Nachahmung der aggressiven Akte ist bei Kindern, die verschiedene Filmversionen gesehen haben, unterschiedlich ausgeprägt. Die Abbildung 1 zeigt die durchschnittliche Anzahl der in den drei Versuchsbedingungen (Filmversionen) nachgeahmten Aggressionshandlungen (helle Säulen). Die Kinder, die gesehen haben, wie das Vorbild bestraft wurde, zeigen weniger Nachahmungsaggression als die Kinder der anderen Versuchsgruppen.

Haben die Kinder unter den drei Bedingungen unterschiedlich gelernt? Fördert die Belohnung und hemmt die Bestrafung des Vorbilds das Lernen durch Beobachtung? Im zweiten Teil des Versuchs werden den Kindern für jede der zuvor beobachteten Verhaltensweisen, die

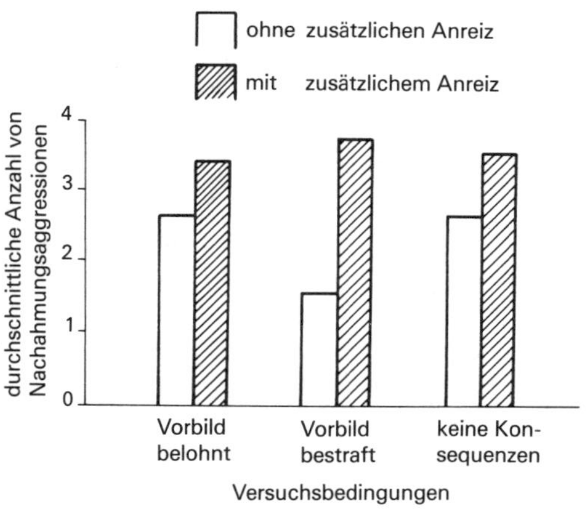

Abbildung 1: Nachahmungsaggression 4–5jähriger Kinder in Abhängigkeit von unterschiedlichen Konsequenzen des Vorbildverhaltens und unterschiedlichen Anreizbedingungen (nach BANDURA, (1965b).

sie erinnern und zeigen können, Belohnungen in Aussicht gestellt Es wird also der zusätzliche Anreiz einer *direkten Bekräftigung* eingeführt. Das nun erhöht in allen drei Versuchsgruppen die Nachahmungsrate und läßt die Unterschiede zwischen den Bedingungen verschwinden (Abbildung 1, dunkle Säulen). Demnach haben alle Kinder das Vorbildverhalten in gleicher Weise aufgenommen, gelernt, aber unterschiedlich häufig - abhängig von den Konsequenzen, die das Vorbild erfuhr - spontan reproduziert. Man muß also unterscheiden zwischen dem Erwerb *(Akquisition)* und der Ausführung *(Performanz)* des beobachteten Verhaltens.

Die geschilderte Untersuchung (BANDURA, 1965b) entstammt einer Serie von Experimenten, die von der Arbeitsgruppe um BANDURA durchgeführt wurde (zusammenfassend: BANDURA, 1965a, 1971b). Sie ist in verschiedener Hinsicht exemplarisch.

Sie zeigt den Grundansatz, durch den die Prozesse des Vorbildlernens einer experimentellen Analyse zugänglich gemacht werden können: Personen beobachten unter kontrollierten Bedingungen ein Vorbild, das ein bestimmtes Verhalten demonstriert. Geprüft wird im Anschluß, wie dadurch das Verhalten der Beobachter beeinflußt wird, im engeren Sinne, wieweit diese das Vorbildverhalten nachahmen. (Selten allerdings wurde eine Veränderungswirksamkeit des Vorbilds direkt geprüft, etwa indem Häufigkeit und Qualität des in Frage stehenden Verhaltens *vor* und *nach* der Vorbildbeobachtung verglichen wurden.)

Dieses experimentelle Grundparadigma sieht einfach aus; es mußte allerdings in der damaligen wissenschaftshistorischen Situation erst entwickelt werden. Noch 1965 beklagte FOPPA einen Mangel an experimentellen Untersuchungen von Nachahmungsvorgängen:

> Die Untersuchung solcher Lernvorgänge stößt auf große Schwierigkeiten. Da die Nachahmungsbereitschaft von der Existenz eines Vorbilds abhängt, sind experimentelle Analysen des Prozesses kaum durchführbar. ... Was hier fehlt, ... sind sorgfältige Analysen des menschlichen Verhaltens. ... Freilich wird man dabei die eingefahrenen Bahnen des üblichen (lernpsychologischen) Tierversuchs verlassen müssen.

Der im nachhinhein verblüffenden Einfachheit von BANDURAS Vorgehen ist es wohl auch zu verdanken, daß es einen geradezu rasanten Anstieg von Forschungsarbeiten auf dem Gebiet des Vorbildlernens gegeben hat, der allerdings den Erkenntnisfortschritt um nicht viel mehr bereichert hat als um den Nachweis, daß Personen unter geeigneten Anreizbedingungen nahezu alles, was sie beobachten, nachahmen.

Die geschilderte Untersuchung belegt wie viele andere Arbeiten auch, daß die Häufigkeit aggressiven Verhaltens durch die Beobachtung aggressiver Beispiele erhöht werden kann. Diese Befunde haben u.a. auch nachhaltigen Einfluß auf die Fernsehwirkungsforschung gehabt (LIEBERT, SPRAFKIN & DAVIDSON, 1982). Die Untersuchung ist schließlich geeignet, eine Reihe von Forschungsfragen zu erläutern, die sich der Vorbildforschung stellen.

2. Forschungsfragen

Was muß eine Theorie der Imitation und der Vorbildwirkung erklären? Welche kognitiv-funktionalen und motivationalen Prozesse auf seiten des Beobachters sind bei der Nachahmung und beim Beobachtungslernen von Bedeutung?

Ein Zentralbefund der geschilderten Untersuchung war, daß die Kinder z.T. exakt die mitunter sehr ungewöhnlichen Kombinationen verschiedener Verhaltenselemente des Vorbilds reproduzierten. Sie mußten also nachahmen können. Das ist eine komplexere Angelegenheit, als es auf den ersten Blick scheint. Um nachzuahmen, muß man (a) das Vorbildverhalten wahrnehmen, (b) ein wie auch immer geartetes kognitives Abbild davon erzeugen und speichern und (c) zu einem späteren Zeitpunkt das eigene Verhalten diesem Abbild angleichen können.

Sind wir mit der Kompetenz zu solch komplexen Leistungen von vornherein ausgestattet, ist Imitationsfähigkeit genetisch verankert, wie manche Instinkttheoretiker annahmen (z.B. JAMES, 1890)? Oder entwickeln wir die notwendigen Fähigkeiten erst im Lauf der Ontogenese (PIAGET, 1945/1969)?

Um ein beobachtetes Verhalten nachahmen zu können, muß man es ausführen können. Auch wenn generelle Imitationsfähigkeit vorhanden ist, werden Imitationsleistungen begrenzt, wenn die Kompetenz zur Ausführung des Verhaltens fehlt: Niemand wird z.B. von einem Dreijährigen erwarten, daß er ein Auto steuern kann, auch wenn dieser es schon hunderte Male bei seinen Eltern beobachtet hat. Zur *Imitationskompetenz* muß die *Ausführungskompetenz* hinzukommen. Diese auf den ersten Blick simple Annahme mündet in die Frage, was denn eigentlich durch Beobachtung gelernt werden kann und ob tatsächlich *neue* Verhaltensweisen auf diesem Wege erworben werden können. Eine theoretische Analyse, die schon auf KOFFKA (1921) zurückgeht, fördert mehrere Möglichkeiten zutage:

(1) Der Beobachter hat das Verhalten bereits in seinem Repertoire. Durch die Beobachtung lernt er, dieses Verhalten auch in anderen Situationen als bisher zu zeigen. Was neu ist, ist die ganz spezifische Situations-Verhaltens-Verbindung. Um im geschilderten Beispiel (BANDURA, 1965b) zu bleiben: Mit dem Fuß zu kikken, war für die Kinder sicher nicht neu. Neu war allerdings, dieses Verhalten gegenüber der lebensgroßen Plastikpuppe zu zeigen.

(2) Der Beobachter erwirbt via Beobachtung neue Verhaltensmöglichkeiten, über die er bislang noch nicht verfügte. Wenn die Kinder im Stechschritt und mit eigenwilligen Wortschöpfungen auf den Lippen auf die Plastikpuppe losgehen, so ist es höchst unwahrscheinlich, daß sie dieses Verhalten jemals vorher gezeigt haben. Aber was ist wirklich «neu» daran? Die grundlegende Kompetenz zu solchem Verhalten ist bei den Kindern sicher vorhanden gewesen. Neu dürfte hingegen die spezifische (ungewöhnliche) Kombination der verschiedenen Verhaltenselemente sein. Es hat eine Diskussion darum gegeben, ob überhaupt völlig neues Verhalten durch Beobachtung gelernt werden kann oder ob es nicht vielmehr immer nur um eine neuartige Verknüpfung verfügbarer Teilleistungen geht. Man wird kaum abstreiten können, daß letztlich jedes Verhaltensmuster, das durch Beobachtung gelernt wird, Teilkomponenten enthält, die dem Beobachter auch vorher schon verfügbar waren.

(3) Schließlich gibt es noch den Fall, daß eine Person sich durch eine andere Person in deren

Gegenwart mehr oder weniger unwillkürlich «anstecken» läßt. Jeder weiß z.B., wie ansteckend das Gähnen eines anderen sein kann. Dieser Fall wird häufig unter dem Begriff der Imitation subsumiert, hat aber mit Imitations- oder Beobachtungs*lernen* wenig zu tun, da es weder um das Stiften neuer Reiz-Reaktions-Verbindungen noch um den Aufbau neuer Verhaltenssequenzen geht.

Bis hier wurde Imitation und Lernen durch Beobachtung unter dem Gesichtspunkt des *Könnens* behandelt. Keineswegs aber wird trotz vorhandener Imitations- und Ausführungskompetenz alles Beobachtete in Verhalten umgesetzt. *Motivation* muß hinzukommen. Damit wird die bereits von TOLMAN (1932) vorgenommene Unterscheidung von Lernen und Motivation aufgegriffen. Lernen ist Kompetenzerwerb, zur Handlung bedarf es der Motivation. Das gerade betrifft den Kern der geschilderten Untersuchung zur Nachahmung aggressiven Verhaltens: In der 1. Phase der spontanen Nachahmungsmöglichkeit wurden viele der aggressiven Verhaltensweisen des Vorbilds von den Kindern nicht gezeigt, obwohl sie, wie die 2. Phase der stärkeren Anreizbedingung belegt, durchaus dazu in der Lage gewesen wären. Die Kinder hatten demnach durch Beobachtung gelernt, verfügten also über das Wissen und Können, setzten es aber nicht in Handlungen um.

Was veranlaßt zur Nachahmung? Zwei Antworten sind möglich, die nach den Zielen des Handelns unterscheiden:

(1) Handlungsziel ist die Imitation. Die Handlungsveranlassung liegt in der Imitation selbst, und zwar unabhängig von den Inhalten der Imitationshandlung. Ein solches Konzept einer eigenen Motivation zur Imitation findet sich z. B. in jenen lerntheoretischen Konzeptionen wieder, die einen (gelernten) Imitationstrieb («drive to imitate», MILLER & DOLLARD, 1941) oder ein sekundäres Motivationssystem der Imitation und Identifkation (SEARS, 1957) postulieren. Auch instinkttheoretische Vorstellungen wären hier anzusiedeln ebenso wie die psychoanalytische Konzeption der Identifizierung (FREUD, 1921, 1933), deren Ziel darin gesehen wird «das eigene Ich ähnlich zu gestalten wie das andere zum Vorbild genommene» (1921, S.116).

(2) Bei der zweiten Erklärung wird die Veranlassung zur Nachahmung an den Inhalt der Imitationshandlung gebunden. Handlungsleitend sind die Konsequenzen, die die Ausführung des (vorher durch Beobachtung gelernten) Verhaltens erwarten läßt. Nachgeahmt wird nicht, weil die Imitation an sich als befriedigend erlebt wird, sondern weil man Anlaß sieht, weitere positive Handlungsfolgen der Nachahmungshandlung zu erwarten. Dies ist der Grundgedanke von BANDURAS Konzeption (1965a, 1977a).

Die Vorstellung, daß im Verlauf der Ontogenese an einem bestimmten Punkte Imitationskompetenz erworben wird, die dann unverändert verfügbar bleibt und mit einer nahezu unbegrenzten Plastizität das Erlernen fast jeden Verhaltens ermöglicht, ist allerdings unter einer entwicklungspsychologischen Sichtweise zu einfach. Die Basiskompetenzen, die den Nachahmungshandlungen unterliegen, sind ebenso wie Motivationsprozesse, die deren Ausführung regulieren, entwicklungsabhängige Variablen. Imitation selbst ist ein *Entwicklungsmerkmal.* Imitationsleistungen sind durch den kognitiven Entwicklungsstand des Kindes begrenzt und sind ihrerseits ein wesentlicher Motor des Entwicklungsfortschritts (PIAGET, 1945/1969; UZGIRIS, 1979, 1981; YANDO, SEITZ & ZIGLER, 1978). Nach solcher Vorstellung verbessern sich Imitationsleistungen schrittweise. Erst mit etwa 2 Jahren wird ein Stadium erreicht, in dem das Kind zur Nachahmung auch komplexerer Handlungen und zur aufgeschobenen Nachahmung befähigt ist, d.h. zur Nachahmung, auch wenn das Verhalten am Vorbild selbst nicht mehr beobachtet werden kann. Erst dann nämlich gelingt eine Vorstellung des Vorbildverhaltens, die von nun ab immer der Nachahmungshandlung vorausgeht *(repräsentative Nachahmung,* PIAGET, 1945/1969). Auch in der weiteren Entwicklung sind Fortschritte von Imitationsleistungen vermutet, aber selten empirisch geprüft worden. Nach YANDO et al. (1978) gibt es einen erneuten Entwicklungsschub der Qualität und Quantität von Imitationsleistungen, wenn ab etwa 5–7 Jahren Kinder zu einer symbolisch-sprachlichen Kodierung in der Lage sind und nicht mehr nur auf eine bildliche Speicherung des Vorbildverhaltens angewiesen sind.

Vorbilder machen nicht nur bestimmte singuläre Handlungsweisen vor, die von Beobachtern mehr oder weniger vollkommen nachgeahmt werden. Sie haben - gerade auch unter Alltagsbedingungen - eine weit darüber hinausgehende *informative Funktion*. Sie vermitteln - meist implizit - eine Menge an Informationen, z.B. über Aufgabenschwierigkeiten, Werte und sozial verbindliche Standards, über angemessene und unangemessene Problemlösestrategien. Solche Informationen werden von Beobachtern in Schlußfolgerungsprozessen, in denen auch personspezifische Voreingenommenheiten zum Tragen kommen, zu Urteilen verarbeitet, die das Handeln steuern. Das hat verschiedene Auswirkungen. So gibt es Vorbildeinflüsse auf Verhaltensweisen, die das Vorbild nicht demonstriert hat, die aber dem Vorbildverhalten *äquivalent* sind. Aus Untersuchungen, die nach dem gleichen Paradigma durchgeführt wurden, wie das geschilderte Experiment von BANDURA (1965b), wissen wir, daß aggressive Vorbilder auch nichtimitative Aggression erhöhen (z.B. BANDURA, ROSS & ROSS, 1963b).

Aber nicht nur das. In allen Vorbilduntersuchungen gibt es Vpn, die das Vorbildverhalten nicht übernehmen und auch keine äquivalenten Verhaltensweisen zeigen. Eine motivationspsychologische Analyse sieht in diesen Fällen mehr als ungeklärte Restvarianz. Es kann sich nämlich um eine *motivierte Nichtnachahmung* handeln. Mitunter sogar finden sich in Experimenten Hinweise darauf, daß Personen bestrebt sind, sich von einem Vorbild abzusetzen, indem sie ein Verhalten zeigen, daß zum Vorbildverhalten konträr ist (DAVIDSON & SMITH, 1982; HALISCH, 1983; MASTERS, GORDON & CLARK, 1976). Ein solches Verhalten, das bereits MCDOUGALL (1908) notierte und als *Kontraimitation* bezeichnete, ist in der Vorbildforschung kaum einmal systematisch untersucht worden.

Und schließlich haben Vorbilder auch *indirekte Wirkungen,* d.h. Einflüsse auf Verhalten, das dem Vorbildverhalten weder ähnelt noch ihm äquivalent ist. Z.B. zeigen Vpn, die eine andere Person beobachtet hatten, die erfolglos schwierige Aufgaben zu lösen versuchte, anschließend mehr Ausdauer bei eigenen Lösungsversuchen als Vpn, die eine erfolgreiche Person beobachtet hatten (PAULUS & SETA, 1975). Das hat augenscheinlich wenig mit Imitation zu tun. Dennoch bildet das Verhalten der anderen Person eine wesentliche Informationsquelle für das Handeln des Beobachters. Spätestens hier entfernt sich die Analyse vom Beobachtungslernen oder von Imitation und geht in eine allgemeine Motivationsanalyse der Vorbildwirkung über.

Zusammengefaßt lassen sich somit folgende Problembereiche und daraus abgeleitete Fragestellungen für die Vorbildforschung identifizieren.

(1) *Imitationskompetenz.* Welche sind die basalen Fähigkeiten der Imitation? Ist die Befähigung zur Nachahmung genetisch angelegt oder ist sie erworben?

(2) *Imitationsbereitschaft.* Wie wird eine Bereitschaft zu imitieren, erworben; was sind deren Lernbedingungen?

(3) *Entwicklung der Imitation.* Was sind die Prozesse und Bedingungen der Ontogenese der Imitation? Gibt es Entwicklungsfortschritte von Imitationsleistungen?

(4) *Motivation zur Imitation.* Welche situationalen und personalen Einflüsse veranlassen im konkreten Fall zur Nachahmung? Hier geht es nicht mehr um Fragen des Lernens und der Entwicklung, sondern um aktuelle Motivierungsbedingungen der Imitation.

(5) *Lernen durch Beobachtung.* Wie können Personen durch die Beobachtung anderer Wissen und Können erwerben; welche Lernprozesse liegen dem zugrunde? Es geht um die kognitiv-funktionalen Bedingungen von Vorbildwirkungen im allgemeinen. Imitation kann, muß aber nicht beteiligt sein.

(6) *Motivation zur Ausführung.* Welche situationalen und personalen Bedingungen lassen Personen durch Beobachtung Gelerntes in Handlung umsetzen; was sind die Veranlassungen zur Handlungsausführung? Es geht also um die motivationalen Bedingungen von Vorbildwirkungen.

(7) *Indirekte Vorbildwirkungen.* Welche Einflüsse haben Vorbilder auf Handlungen, die mit dem gezeigten Vorbildverhalten nur indirekt zu tun haben? Wie beeinflussen Vorbilder Urteilsbildungen und handlungsleitende Kognitionen von Beobachtern, die deren weitere Handlungen steuern?

Diese nicht immer überlappungsfreien Teilbereiche lassen sich nach verschiedenen übergeordneten Gesichtspunkten zu Problemkomplexen gruppieren. So geht es auf der einen Seite um *Imitation* im engeren Sinne, also um die Bedingungen und Möglichkeiten der Nachahmung beobachteten Verhaltens, auf der anderen Seite um *allgemeine Effekte von Vorbildbeobachtung.* Einer *ontogenetischen* Sichtweise steht eine *allgemeinpsychologische* gegenüber: Versucht man Erwerb und Entwicklung von Imitationsfähigkeit und Imitationsbereitschaft zu erklären oder geht es um Bedingungen, Möglichkeiten und Effekte des Lernens durch Beobachtung. Schließlich kann man ganz generell *Kompetenzfaktoren* und *Performanzfaktoren* unterscheiden, also auf der einen Seite all jene Faktoren, die die zur Imitation und zum Beobachtungslernen notwendigen Fähigkeiten und deren Erwerb betreffen, auf der anderen Seite all jene Motivationsfaktoren, die die Ausführung des Verhaltens regulieren.

3. Theorien

Die Theorien des Vorbildlernens haben immer nur einzelne, manchmal mehrere, nie aber alle der genannten Problembereiche behandelt. Meist hat man sich mit Fragen des «Warum» und «Wozu», also den motivationalen Bedingungen des Lernens von Imitation und des Lernens am Vorbild beschäftigt. Den Fragen des «Wie», also den kognitiven Prozessen des Wahrnehmens, Speicherns und Umsetzens in Handlung hat man vergleichsweise weniger Aufmerksamkeit geschenkt.

Der folgende Theorieüberblick trifft eine Auswahl. Aufgegriffen wird (1) die instinkttheoretische Interpretation der Imitation, die unter Psychologen jahrzehntelang völlig diskreditiert war, neuerdings aber wieder gewisse Aufmerksamkeit erlangt hat. Ausführlicher dargestellt werden (2) lerntheoretische Konzeptionen und (3) die sozial-kognitive Lerntheorie. Den Abschluß dieses Abschnitts bilden (4) einige Anmerkungen zu einer Motivationstheorie der Vorbildwirkung. Theorieansätze, die in diesem Forschungsbereich weniger einflußreich waren, wie die psychoanalytische Konzeption (FREUD, 1921, 1933; s. BRONFENBRENNER, 1960) oder die gestaltpsychologische Konzeption (KOFFKA, 1921; s. STRÄNGER, 1979) werden nicht erörtert. Auch auf Entwicklungstheorien der Imitation (KOHLBERG, 1969; PIAGET, 1945/1969; UZGIRIS, 1979, 1981; YANDO et al. 1978) wird nicht mehr näher eingegangen. Überblicke mit anderen Akzentsetzungen finden sich bei BANDURA (1971a), HALISCH (1983), PARTON (1976) und ZUMKLEY-MÜNKEL (1976).

3.1 Instinkttheorie

Seit man in der Nachfolge DARWINS die grundsätzliche Trennung von Erklärungskonzepten für tierisches und menschliches Verhalten aufgegeben hatte, war um die Jahrhundertwende der Instinktbegriff ein gebräuchliches Konzept zur Erklärung auch menschlichen Verhaltens. Unter *Instinkt* verstand man eine genetisch verankerte Verhaltensdisposition, die Lebewesen leitet, ohne Einsicht und ohne vorherige Erfahrungsmöglichkeit der Umwelt angepaßte Verhaltensweisen zu zeigen. Die Hauptbegründer einer Instinktpsychologie waren JAMES (1890) und McDOUGALL (1908). Während JAMES Imitation ausdrücklich den Instinkten zuordnete (1890/1981, S.1027), hat McDOUGALL, der eigentliche Wegbereiter instinkttheoretischer Verhaltenserklärung, entgegen einer immer wieder fälschlich aufgestellten Behauptung der Imitation nicht den Status eines Instinkts gegeben. Weder in seiner ursprünglichen Liste von 12 Instinkten (1908) noch in seiner auf 18 «propensities» erweiterten Liste (1932) taucht Imitation auf. Er mochte zwar für bestimmte Imitationsreaktionen im frühen Säuglingsalter eine genetische Basis nicht ausschließen (eine sehr moderne Ansicht, s.u.), aber so wie er der Versuchung widerstand, wie viele seiner Nachfolger für alles und jedes Verhalten einen Instinkt zu postulieren, so hat er sich auch ganz entschieden gegen die Annahme eines Imitationsinstinkts ausgesprochen.

Die Gründe, warum die Anerkennung eines Nachahmungsinstinkts verweigert werden muß, können folgendermaßen formuliert werden: Nachahmungshandlungen sind äußerst verschieden, denn jede Art von Hand-

> lungen kann nachgeahmt werden; es gibt daher nichts Spezifisches in der Art der Nachahmungsbewegungen und der Sinneseindrücke, durch die die Bewegungen ausgelöst oder geleitet werden. Und diese Vielheit von Bewegungen und Sinneseindrücken entspricht nicht einer Komplikation der entsprechenden seelischen Disposition, wie es bei allen echten Instinkten der Fall ist; denn diese Vielheit kennzeichnet die Nachahmungsbewegungen von der Außenseite. Viel wichtiger ist die Tatsache, daß dieser Vielheit von Nachahmungshandlungen kein gemeinsamer affektiver Zustand zugrunde liegt, wie auch kein gemeinsamer Antrieb, der in einer besonderen Zustandsänderung Befriedigung suchen würde. Wir haben allen Grund, solch einen spezifischen Impuls, der zu fortwährender Handlung treibt, bis seine Befriedigung gesichert ist, als Wesenszug eines jeden echten Instinktablaufs anzusehen. Wenn wir ferner die wichtigsten Verschiedenheiten unter den Nachahmungshandlungen betrachten, finden wir, daß sie alle ohne die Annahme eines speziellen Nachahmungsinstinkts erklärbar sind (McDougall, 1908/1928, S. 87).

Innerhalb der Psychologie ist die Instinkterklärung des Verhaltens bald in eine Sackgasse geraten. Dafür verantwortlich sind vor allem die offensichtliche Zirkularität des Instinktbegriffs (Menschen ahmen nach; woran liegt das? Weil sie einen Nachahmungs-Instinkt haben. Wie belegt man diesen Instinkt? Dadurch, daß Menschen nachahmen ...) und die damit verbundene Neigung, jeglichen Verhaltensweisen Instinkte zu unterlegen. Für die Imitationsforschung dürfte das harte Urteil von Miller und Dollard (1941) ausschlaggebend gewesen sein, Instinkterklärungen der Imitation hätten den Forschungsfortschritt behindert statt gefördert.

Imitation bei Neugeborenen?

In jüngster Zeit aber wird erneut erörtert, ob es nicht doch eine genetische Basis der Imitation gibt (z.B. Yando et al., 1978); dies geschieht allerdings ohne Rückgriff auf die älteren Instinktkonzeptionen. Angeregt wurde dies zweifelsohne durch reichhaltige Belege von Imitation aus dem Tierreich (die natürlich nicht zwangsläufig für eine genetische Erklärung sprechen) sowie durch die Ergebnisse der vergleichenden Verhaltensforschung (Eibl-Eibesfeldt, 1978; Lorenz, 1978). Hier ist die Eingrenzung des Instinktbegriffs auf genetisch fixierte Verhaltensmuster, die durch ganz bestimmte Schlüsselreize ausgelöst werden *(angeborener auslösender Mechanismus)*, äußerst fruchtbar gewesen.

Konkret ausgelöst wurde die Diskussion durch Meltzoff und Moore (1977), die über Nachahmungen ganz bestimmter Bewegungen (vor allem der Mundregion) bei Neugeborenen berichteten. Solche Beobachtungen sind allerdings nicht neu. Bereits Preyer (1890) berichtete von Nachahmungen in der 15. Lebenswoche. Diese Beobachtungen (z.B. McDougall, 1908) sind aber auch damals nicht unwidersprochen geblieben; Kritiker haben vor allem Methodenartefakte der Gelegenheitsbeobachtungen vermutet (s. Ewert, 1983).

Was haben Meltzoff und Moore (1977) gefunden? In zwei Experimenten zeigten achtzehn 12–21 Tage alte Kinder erhöhte Auftretensraten bestimmter Reaktionsweisen, wenn diese von einem erwachsenen Vorbild vorgemacht wurden: Spitzen der Lippen, Öffnen des Mundes, Herausstrecken der Zunge, Öffnen und Schließen der Hand. Die Autoren schließen aus ihren Beobachtungen auf einen erfahrungsunabhängigen aktiven Nachahmungsprozeß, der durch ein abstraktes Repräsentationsmedium vermittelt ist. Demnach wären Neugeborene fähig, die sensorische Information optischer und propriorezeptiver Reize in der gleichen Modalität zu repräsentieren und so miteinander zu vergleichen. Zur gleichen weitreichenden Schlußfolgerung kommen auch Field, Woodson, Greenberg und Cohen (1982), die meinen, eine Nachahmung bestimmter emotionaler Gesichtsausdrücke (glücklich, traurig, überrascht) bei 1–2 Tage alten Kindern belegt zu haben.

Eine solche Schlußfolgerung unterstellt Neugeborenen Kompetenzen, die den gängigen entwicklungspsychologischen Annahmen in eklatanter Weise widersprechen. Solch komplexe Nachahmungsleistungen von Bewegungen, die das Kind an sich selbst nicht beobachten kann, wurden bislang immer als das Ergebnis eines Entwicklungsprozesses betrachtet (PIAGET, 1945/1969); sie sollten erst ab etwa 8–9 Monaten gelingen können.

Die Auseinandersetzung mit den provokanten Behauptungen geschieht in zwei Zielrichtungen. Zum einen wird die Existenz des Phänomens zwar nicht angezweifelt, aber seine Interpretation kritisiert (JACOBSON, 1979), zum anderen werden aufgrund fehlgeschlagener Replikationen der valide Nachweis von Neugeborenenimitation in Zweifel gezogen und, wie schon vor 90 Jahren, Methodenartefakte ins Feld geführt (HAYES & WATSON, 1981; NEUBERGER, MERZ & SELG, 1983). In einer sehr sorgfältig angelegten Untersuchung an 4–21 Wochen alten Kindern gelang es hingegen ABRAVANEL und SIGAFOOS (1984) mit einigem experimentellen Aufwand, die Befunde von MELTZOFF und MOORE (1977) partiell zu replizieren: Nur für den Fall des Herausstreckens der Zunge finden sie einen Nachahmungseffekt und das nur in der Gruppe der 4–6 Wochen alten Kinder. Leider haben sie es versäumt, noch jüngere Kinder zu untersuchen.

Nimmt man die Befunde zusammen und betrachtet sie mit der für die theoretische Tragweite angemessenen Skepsis, so muß man schließen, daß das Phänomen einer allgemeinen Nachahmung bei Neugeborenen sich nicht nachweisen läßt. In den ersten ein bis zwei Lebensmonaten scheint es aber für die sehr eng umschriebene Verhaltensweise des Zunge-Herausstreckens eine «Nachahmungs»-Bereitschaft zu geben. Diese aber verschwindet in den folgenden Lebensmonaten. Das macht eine andere Erklärung als die von MELTZOFF und MOORE (1977) plausibel: Beim Herausstrecken der Zunge handelt es sich um ein genetisch fixiertes Verhaltensmuster, das durch ganz bestimmte visuell wahrgenommene Schlüsselreize ausgelöst wird (im Sinne des *angeborenen auslösenden Mechanismus*). Für eine solche Annahme sprechen auch die Befunde von JACOBSON (1979), wonach die gleiche Reaktion des Säuglings auch durch andere optische Reize ausgelöst werden kann, die dem Zunge-Herausstrecken eines Vorbilds offenbar funktional äquivalent sind (z. B. das langsame Bewegen eines Stiftes auf das Gesicht des Kindes zu). Und genau das kennzeichnet Schlüsselreize: Infolge bestimmter Merkmale, deren Träger sie sind, fungieren sie für das fixierte Verhaltensmuster als Auslöser; andere Reize (z. B. Attrappen, die dem Schlüsselreiz nur grob ähneln) erfüllen ebenfalls diese Funktion, wenn sie nur das kritische Merkmal (bzw. die Merkmalskombination) tragen. (So «sperren» z. B. Amseljunge auf Pappscheiben, die nur grob den Umrissen der Elterntiere ähneln, TINBERGEN & KUENEN, 1939, zitiert nach EIBL-EIBESFELDT, 1978.) Für die Stützung einer solchen Interpretation stünde nun eine präzise Bedingungsanalyse der Reize und ihrer Merkmale an, die das Herausstrecken der Zunge bei Säuglingen auslösen können.

Akzeptiert man diese Interpretation, so bleibt natürlich die Frage, ob ein solcher angeborener Mechanismus überhaupt etwas mit der später sich entwickelnden, kognitiv kontrollierten Imitation zu tun hat, und falls ja, wie diese Beziehung zu denken ist. Hier ist noch vieles im Unklaren.

3.2 Lerntheoretische Konzeptionen

Die deutlichste Gegenposition zu einer Instinkttheorie der Imitation (oder deren modernen Derivaten) vertreten Lerntheoretiker. Sie fassen Imitation als eine erworbene Verhaltensbereitschaft auf. Es geht um das Lernen *von* Imitation, d. h., um die Bedingungen, durch die eine *Bereitschaft* zu imitieren, erworben wird. Imitationsfähigkeit (und Ausführungskompetenz) wird vorausgesetzt oder nicht thematisiert. Das Lernen *durch* Beobachtung beschäftigte Lerntheoretiker erst in zweiter Linie. Allen lerntheoretischen Konzeptionen ist gemein, daß sie Nachahmungsverhalten durch allgemeine Lerngesetze erklären, also auf eines der beiden Prinzipien des klassischen oder des operanten (instrumentellen) Konditionierens oder auf Kombinationen beider zurückführen.

Der Versuch, Imitation ausschließlich durch klassisches Konditionierens zu erklären (z. B. HOLT, 1931; GUTHRIE, 1952), ist, so wie sich in der Lerntheorie generell eine ausschließlich assoziationstheoretische Position nicht durchsetzen konnte, wenig einflußreich geblieben.

Imitation als Spezialfall des instrumentellen Konditionierens

MILLER und DOLLARD (1941) haben als erste eine ausgefeilte Bekräftigungstheorie der Imitation vorgelegt. Der Grundsatz besagt, daß ohne Bekräftigung (worunter sie entsprechend der Theorie HULLS, 1943, Triebreduktion verstanden) kein Lernen und somit auch kein Imitationslernen stattfinden könne. Für jeden Lernakt postulierten sie vier notwendige Bestimmungsstücke: Es muß ein Bedürfnis *(drive)* vorhanden sein, es bedarf eines Hinweisreizes *(cue)*, einer Reaktion *(response)* und schließlich einer Bekräftigung (*reward* = Triebreduktion). Wie diese vier Bestimmungsstücke auf das Lernen von Imitation anzuwenden sind, erläuterten sie an einem Beispiel: Zwei Brüder erwarten die abendliche Heimkehr des Vaters, der ihnen regelmäßig Bonbons mitbringt. Der ältere hört dessen Schritte und läuft ihm entgegen; der jüngere läuft ihm nach. Drei der vier Bestimmungsstücke des Lernens werden für beide Kinder als identisch angenommen, und zwar: «Trieb» ist das Bedürfnis nach Bonbons, «Reaktion» ist das Laufen, «Bekräftigung» ist ein Bonbon. Der «Hinweisreiz» aber, und das ist das Entscheidende, ist für beide Kinder unterschiedlich. Für das ältere Kind sind es die Schritte des Vaters, für das jüngere der laufende Bruder. Es reagiert auf das Verhalten des Vorbilds; es ist davon abhängig und bildet sein Verhalten dem beobachteten nach. MILLER und DOLLARD sprachen daher von *matched-dependent behavior*. Erfährt der Beobachter nun auch in späteren Situationen Bekräftigung für Nachahmung, so bildet sich ein abgeleiteter Imitationstrieb *(drive to imitate)*, der die Grundlage für alle weiteren Nachahmungen bildet.

MILLER und DOLLARD haben ihre theoretische Analyse durch zehn Experimente an Ratten und Kindern zu stützen versucht. Die Rattenexperimente dienten ihnen dazu, die Genese eines Imitationstriebs möglichst unverfälscht, d.h. nicht durch bereits vorher stattgefundenes Imitationslernen überlagert, belegen zu können. Die Kinderexperimente sollten die Angemessenheit der Analyse auch für menschliches Verhalten zeigen. Das experimentelle Vorgehen war in beiden Fällen weitgehend gleich. Zwei Kinder wurden in einen Raum geführt, in dem zwei Kästchen standen. Ihnen wurde gesagt, daß sie in einem der Kästchen ein Bonbon finden würden, und daß es darauf ankäme herauszufinden, in welchem. Sie mußten der Reihe nach gehen. Das erste Kind war vorher, unbemerkt vom zweiten, instruiert worden, zu einem bestimmten Kästchen zu gehen. Das zweite konnte entweder hinter dem ersten herlaufen (imitieren) oder das andere Kästchen wählen. Es gab zwei experimentelle Bedingungen: In einer wurde das (zweite) Versuchskind für Nachahmung bekräftigt, es fand in der vom Vorbild gewählten Schachtel ebenfalls ein Bonbon, nicht aber in der anderen. In der anderen Bedingung fand das Kind ein Bonbon in der vom Vorbild nicht gewählten Schachtel. Die Ergebnisse sind eindeutig: Beim ersten Versuch folgte nur ein knappes Viertel der 40 Versuchskinder dem Vorbild. Aber nach nur wenigen Durchgängen hatten alle Kinder perfekt gelernt und zeigten zu jeweils 100% in der einen Bedingung Nachahmung (wählten also die gleiche Schachtel wie das Vorbild) und in der anderen Bedingung Nicht-Nachahmung. Dieses Verhalten generalisierte auch auf eine andere Situation, in der aus vier Schachteln zu wählen war.

MILLER und DOLLARD schlossen aus solchen Befunden, daß Nachahmung ein *erlerntes Verhalten* darstellt. Neben dem *matched-dependent behavior* diskutierten sie noch eine weitere Klasse von Imitationsverhalten: *copying*. Das ist Nachahmung im eigentlichen Sinne, nämlich Verhaltens*angleichung* an das Vorbild. Der Prozeß entspricht dem des *matched-dependent behavior*, aber anders als dort reagiert der Beobachter zusätzlich durch *korrektive Anpassung* auf Abweichungen des eigenen Verhaltens vom Vorbildverhalten; er versucht, sein Verhalten dem des Vorbilds möglichst exakt nachzubilden.

Der Ansatz von MILLER und DOLLARD ist für lange Zeit einer der elaboriertesten und elegantesten Versuche einer lerntheoretischen Imitationskonzeption gewesen. Wesentliche Schwachstellen sind aber nicht zu übersehen.

(1) Der Ansatz ist – wie schon die älteren Instinkttheorien – in die Zirkularitätsfalle getappt: Man muß letztlich jedem Verhalten einen gelernten Trieb unterstellen. Das macht

den Ansatz unökonomisch und bringt keinen Erklärungsfortschritt.
(2) Es ist nicht möglich, Nachahmung zu erklären, für die der Beobachter nicht bekräftigt wurde.
(3) Der Erwerb neuen Verhaltens kann nicht befriedigend erklärt werden, denn gelernt werden Reiz-Reaktions-Verbindungen; die Reaktionen müssen aber dem Lernenden prinzipiell bereits verfügbar sein. Allerdings könnte man mit Hilfe des *copying*-Prozesses diesem Problem besser gerecht werden, wenn man davon ausgeht, daß «neues» Verhalten immer bekannte Teilkomponenten enthält. *Copying* heißt ja sukzessive Approximation an das vom Beobachter noch nicht beherrschte, für ihn «neue», Vorbildverhalten. Das aber haben MILLER und DOLLARD selbst nicht näher ausgeführt.
(4) Außer der Kritik an der theoretischen Analyse kann man auch die Gültigkeit der Experimente in Frage stellen und die Versuchssituation als einfache Problemlöseaufgabe beschreiben: Wenn in den Schachteln ein Bonbon versteckt sein soll (der Vl sprach ausdrücklich von *einem* Bonbon), so ist es eine sehr angemessene Lösungsstrategie, beim ersten Mal eine andere Schachtel zu wählen als das erste Kind, denn das erhöht die Wahrscheinlichkeit, selbst ein Bonbon zu finden. Und genau das taten Dreiviertel der Versuchskinder (übrigens im Gegensatz zu den Ratten, deren Wahlen im vergleichbaren Experiment im ersten Durchgang sich gleichmäßig auf die beiden Alternativen verteilten). Dieses Verhalten ist wohl kaum das Ergebnis einer «gelernten Nicht-Nachahmung» (so MILLER und DOLLARD), sondern ein adäquater Problemlöseversuch. Sehr schnell erfuhren dann die Kinder in der einen Bedingung, daß ihre Ausgangshypothese zutrifft, in der anderen nicht. Für eine solche Interpretation, die auf eine kognitive Problemlösungsanalyse der Kinder abhebt, spricht im übrigen auch, daß in der «Nachahmungs»-Bedingung die Kinder mehr Durchgänge benötigten und mehr Fehler machten, bis sie das Kriterium erreichten, als die Kinder in der anderen Bedingung. Denn es mußte ihnen erst klar werden, daß sie entgegen der Versuchsanweisung, in der nur von einem Bonbon die Rede war, in der gleichen Schachtel, in der das erste Kind ein Bonbon fand, ebenfalls eines finden würden. So gesehen haben die Experimente von MILLER und DOLLARD nichts mit Imitation zu tun!

Generalisierte Imitation

Eine Fortführung des Ansatzes von MILLER und DOLLARD (1941) stellt das Konzept der *generalisierten Imitation* dar (GEWIRTZ & STINGLE, 1968). Drei der vier zentralen Bestimmungsstücke der Lerntheorie von MILLER und DOLLARD werden beibehalten *(cue, response, reinforcement)*, auf das Triebkonzept wird verzichtet. Dies folgt der funktional-behavioristischen Konzeption von SKINNER (1953), die nicht (wie HULL, 1943) Bekräftigung mit Triebreduktion gleichsetzt, sondern als Bekräftiger all jene Ereignisse auffaßt, die als Bekräftiger *funktionieren*, d.h. die Auftretenswahrscheinlichkeit des jeweils vorangegangenen Verhaltens für die Zukunft verändern. Infolgedessen wird das Konzept eines Triebs überflüssig.
Generalisierte Imitation umschreibt eine Klasse funktional äquivalenter Verhaltensweisen, die in der individuellen Lerngeschichte erworben wird. Der Erwerb ist folgendermaßen zu denken: Erste zufällig aufgetretene oder durch direkte Aufforderung hervorgerufene Imitationsreaktionen werden bekräftigt. Erfolgen weitere Bekräftigungen kontingent auf Nachahmungsreaktionen, so wird beim Kind eine Klasse von Verhaltensweisen generiert, die zwar heterogen sein können, aber im Hinblick auf Bekräftigung funktionsäquivalent sind. Diese Reaktionsklasse kann sich auf Verhaltensweisen ausweiten (generalisieren), deren Nachahmung nie bekräftigt wurde. Zur Aufrechterhaltung der generalisierten Imitation ist dann nach den Prinzipien des operanten Konditionierens nur noch gelegentliche *(intermittierende)* Bekräftigung notwendig (GEWIRTZ & STINGLE, 1968). So kann auf lerntheoretische Weise erklärt werden, wie es zu Imitation kommt, ohne daß unmittelbare Bekräftigung erfolgt, und weshalb Verhaltensweisen nachgeahmt werden, deren Nachahmung nie bekräftigt wurde.
Die Experimente, die zum Beleg dieser Konzeption zahlreich durchgeführt wurden (vgl. die Zusammenstellung bei GREENBERG, 1979) sehen in der Regel folgendermaßen aus: Ein Vorbild demonstriert verschiedene Verhaltenswei-

sen. Das beobachtende Kind wird für die Nachahmung einiger dieser Verhaltensweisen bekräftigt, für die Nachahmung anderer nicht. Generalisierte Imitation ist dann daran abzulesen, in welchem Ausmaß die Kinder auch jene Verhaltensweisen nachahmen, für deren Nachahmung sie nicht bekräftigt wurden. Die Ergebnisse bestätigen durchaus die Vorhersagen der Theorie: Die Kinder imitieren auch nicht bekräftigte Verhaltensweisen. Der Einwand, daß sie lediglich bekräftigte und nicht bekräftigte Reaktionen aufgrund großer Ähnlichkeit nicht unterscheiden könnten, ließ sich nur teilweise bestätigen. Zwar verringert Diskriminationserleichterung das Ausmaß an generalisierter Imitation (BANDURA & BARAB, 1971; STEINMANN & BOYCE, 1971), aber trotz eindeutiger Diskrimination beider Reaktionsklassen (gemessen durch einen späteren Erinnerungstest, GREENBERG, 1979) tritt dennoch Imitation nicht bekräftigten Verhaltens auf.

Der Beitrag der Lerntheorie ist nicht gering zu schätzen. Imitationsverhalten *kann* durch Bekräftigungen reguliert werden. Es bleibt aber eine Reihe von offenen Fragen, so z.B., ob die Genese der Imitation an ihrem Ursprung notwendigerweise durch ein Zusammentreffen einer Imitationsreaktion und einer folgenden Bekräftigung gekennzeichnet ist. Unbefriedigend geklärt ist auch das Problem der Selektivität der Imitation. Generalisierte Imitation «erklärt» ja eigentlich mehr als jemals beobachtet wurde (BANDURA, 1972). Kinder ahmen keineswegs so undifferenziert nach, wie es nach dieser Theorie zu erwarten wäre. Ein weiterer Einwand ist, daß der Vorgang der Nachahmung selbst nicht zum Gegenstand gemacht wird. Wie z.B. gelingt es Kindern ein Verhalten nachzuahmen, wenn das Vorbild selbst nicht mehr anwesend ist, welche Prozesse spielen dabei eine Rolle? Solche Fragen gehörten allerdings auch nicht zum Erklärungsanspruch behavioristischer Lerntheorie.

Kognitiv-affektive Vermittlung

MOWRER (1960a, 1960b) und in seiner direkten Nachfolge ARONFREED (1968, 1969a, 1969b) haben kognitiv-affektive Vermittlungskonstrukte in die Lerntheorie der Imitation eingeführt. Um zu erklären, wie die Spanne zwischen der Beobachtung und der Verhaltensausführung überbrückt werden kann, postulieren sie ein kognitives Abbild des Vorbildverhaltens, das der Beobachter während der Beobachtung erstellt. Dieses Abbild – *image* (MOWRER, 1960b) oder «kognitive Schablone» (*cognitive template*; ARONFREED, 1969a) – dient dem Beobachter später als Vorlage für die eigene Verhaltensausführung. Durch die Einführung eines solchen Konstrukts wird mit der behavioristischen Sichtweise gebrochen, Lernen ausschließlich als das Stiften von Reiz-Reaktions-Verbindungen aufzufassen. Damit ist der Übergang zur Zwei-Faktoren-Theorie der Imitation von BANDURA angelegt: In einem ersten Schritt wird das Abbild des Vorbildverhaltens erworben, in einem zweiten Schritt erfolgt die Verhaltensausführung. Lernen, d.h. der Erwerb des Abbildes, findet nun *vor* der Verhaltensausführung statt. So kommt man der Erklärung des Erwerbs neuen Verhaltens sowie der verzögerten Nachahmung einen Schritt näher.

Sowohl für MOWRER als auch für ARONFREED spielen emotionale Prozesse beim Imitationslernen eine entscheidende Rolle. Nach MOWRER (1960b) gewinnen in der frühesten Kindheit Verhaltensweisen einer Pflegeperson durch die zeitliche Kopplung mit Zuwendung einen hohen sekundären Bekräftigungswert. Das Kind erwirbt ein mit starken positiven Emotionen besetztes Abbild *(image)* dieses Verhaltens. ARONFREED formuliert allgemeiner, daß Affektänderungen, die der Beobachter während der Beobachtung erfährt, durch klassisches Konditionieren mit dem Abbild *(cognitive template)* assoziiert werden:

> The behavior of other people in the child's environment is embedded in a context of inherent and associated stimulation that has an affective impact on the child. It will therefore often be true that the changes of affectivity which are induced in the child, in close conjunction with its observation of another person's behavior, become directly coupled to the cognitive template that the child forms of the behavior (ARONFREED, 1969a, S.270).

Solche Assoziationen können auch stellvertretend erworben werden, wenn der Beobachter den emotionalen Zustand eines Vorbilds mitempfindet. Die affektiven Besetzungen des Abbilds motivieren deren Nachahmung: Durch ein Verhalten, das dem Abbild (und somit dem Vorbildverhalten) möglichst gleicht, erfährt das Kind die affektiven Konsequenzen erneut. Imitation wird somit unabhängig von weiteren externen Konsequenzen, sie ist «selbstbekräftigend» (Mowrer, 1960b) bzw. verfügt über «intrinsischen» Wert (Aronfreed, 1969a).

Zwei Dinge vor allem sind an dieser affektiv-kognitiven Nachahmungstheorie kritisiert worden. Aus kognitionspsychologischer Sicht ist anzumerken, daß das Konstrukt der kognitiven Abbildung zu vage geblieben ist. Es gibt keine präzisen Vorstellungen über seinen Aufbau, seine Speicherung und über die Prozesse der Umsetzung in Verhalten. Anleihen bei der Kognitionspsychologie wären nötig. Aus motivationspsychologischer Sicht ist die ausschließliche Bindung an Emotionsprozesse kritisiert worden. Zweifelsohne spielen emotionale Prozesse beim Imitationslernen eine große Rolle (s. Abschnitt 5.3), ebenso zweifelsohne kann es aber auch in einem nicht-emotionalen Kontext stattfinden.

3.3 Die sozial-kognitive Theorie

Die Fähigkeit des Menschen, durch Beobachtung zu lernen und Einsicht zu gewinnen, bildet ein Kernstück der sozial-kognitiven Lerntheorie von Bandura (1977a). Diese Theorie ist mehr als eine Theorie des Vorbildlernens. Sie stellt nicht weniger dar als den Versuch «einen einheitlichen theoretischen Bezugsrahmen vorzulegen, anhand dessen sich menschliches Denken und Verhalten analysieren läßt» (Bandura, 1977a, S. 9). Das ist ein hoher Anspruch. Ungeachtet dessen, ob sie ihn einlösen kann, gehört die Theorie gegenwärtig zu den einflußreichsten und am meisten zitierten.

Drei Kernannahmen kennzeichnen die Theorie: Sie

> betont die Rolle, die die *stellvertretenden, symbolischen* und *selbstregulierenden* Prozesse für die psychologischen Funktionen spielen.... Die Einsicht, daß das Denken, die Affekte und das Verhalten des Menschen durch Beobachtung anderer ebenso entscheidend beeinflußt werden können wie durch unmittelbare Erfahrung, führte zur Entwicklung von *Beobachtungsparadigmen,* anhand derer sich die Wirkung sozial vermittelter Erfahrung untersuchen läßt. Die außerordentliche Fähigkeit des Menschen, *Symbole* zu verwenden, befähigt ihn, sich Ereignisse vorzustellen, seine bewußte Erfahrung zu analysieren, mit anderen über jede Entfernung in Zeit und Raum in Kommunikation zu treten, zu planen, schöpferisch tätig zu werden, seine Vorstellungen zu entfalten und vorausschauend zu handeln. ... Die weitere Besonderheit der sozial-kognitiven Lerntheorie liegt darin, daß sie den *Selbstregulationsprozessen* entscheidende Bedeutung einräumt. Menschen reagieren nicht einfach auf äußere Einflüsse. Sie wählen Reize aus, die auf sie einwirken, organisieren sie und formen sie um. Durch selbsterzeugte Anreize und Konsequenzen können sie ihr Verhalten in gewissem Maße selbst beeinflussen. (Bandura, 1977a, S. 9f., Hervorhebungen v. Verf.)

Banduras Anliegen war von Beginn an die Auseinandersetzung mit dem Lernbegriff des operanten Konditionierungsansatzes. In seiner Zusammenstellung der ersten Arbeiten zu Vorbildwirkungen (1962) sind bereits nahezu alle Merkmale der späteren Theorie vorgezeichnet. In der seitherigen Theorieentwicklung wurde die eigenverantwortliche Rolle des Individuums bei der Verhaltensregulation zunehmend in den Vordergrund gerückt; erst dabei wurden der Selbstregulationsansatz und die Bedeutung symbolischer Prozesse herausgearbeitet (Bandura, 1971a, 1971b, 1974, 1977a, 1977b, 1978, 1979).

Bandura leugnet keineswegs die Möglichkeit und die Wirksamkeit operanter Lernvorgänge. Er hat allerdings immer wieder betont, daß die Konzentration auf Laboruntersuchungen mit vorwiegend subhumanen Lebewesen trotz (vielleicht auch wegen) des hohen Niveaus experimenteller Methodik zu einer Überschätzung der Bedeutung des operanten Lernprinzips und zu einer Unterschätzung der Effizienz des Beobachtungslernens geführt hat. (Bemerkenswert ist allerdings, daß Bandura seinerseits einsichtiges, kognitiv-strukturierendes Lernen nahezu unerwähnt läßt.)

Präziser als bei ARONFREED (1969a, 1969b) wird die *Zweifaktorentheorie* des Beobachtungslernens formuliert. Erwerb und Ausführung werden verschiedenen Lernprinzipien zugeordnet: Der Erwerb geschieht durch klassisches Konditionieren, die Ausführung wird durch (direkte oder stellvertretende) Bekräftigungen gesteuert: «... the *acquisition* of matching responses results primarily from stimulus contiguity and associated symbolic processes, whereas reinforcing consequences to the model or to the observer have a major influence on the *performance* of imitatively learned responses» (BANDURA, 1965a, S. 7). Die Vermittlung zwischen beiden Prozessen ist kognitiven Repräsentationen des Vorbildverhaltens zugedacht, die in der Erwerbsphase aufgebaut werden und später die Verhaltensausführung regulieren.

> ... when an observer witnesses a model exhibit a sequence of responses the observer acquires, through contiguous association of sensory events, perceptual and symbolic responses possessing cue properties that are capable of eliciting, at some time after a demonstration, overt responses corresponding to those that have been modeled (BANDURA, 1965b, S. 590).

Diese Zweikomponententheorie hat BANDURA später ausdifferenziert (1971a, 1977a); er nimmt nun vier Subprozesse des Beobachtungslernens an: (1) Aufmerksamkeitsprozesse in der Beobachtungsphase, (2) Behaltensprozesse der Speicherung und Verarbeitung, (3) Motorische Reproduktionsprozesse und (4) Motivationsprozesse zur Verhaltensausführung.

Aufmerksamkeitsprozesse

Soll Nachahmung stattfinden oder soll der Beobachter vom Verhalten anderer profitieren, so muß er das Vorbildverhalten wahrnehmen. Das ist trivial. Personen nehmen aber nicht alles wahr, was an Reizen auf sie einstürmt. Bereits beim Aufnahmeprozeß findet Selektion statt, die Wahrnehmung ist ein motivierter Vorgang. BANDURA zählt - eher summarisch - eine Reihe aufmerksamkeitsfördernder Variablen auf (s. auch Abschnitt 5.). Dazu gehören Merkmale des Verhaltens selbst wie Auffälligkeit, Komplexität, Neuigkeit; weiterhin Merkmale des Beobachters wie Wahrnehmungskapazität, Persönlichkeitseigenschaften, Motiviertheitsgrad und Merkmale des Vorbilds wie Tüchtigkeit, Alter, Geschlecht, Status. Die Wirkung der letzteren Variablen ist nach BANDURA darin begründet, daß sie den Beobachter über unterschiedlich wahrscheinliche Bekräftigungsfolgen informieren und so seine Aufmerksamkeit lenken. Einfluß haben auch Variablen, die in der Beobachtungssituation direkt die Aufmerksamkeit beeinflussen wie z. B. begleitende Verbalisierungen des Vorbildverhaltens durch das Vorbild, den Beobachter oder durch Dritte.

Behaltensprozesse

In mehreren empirischen Arbeiten haben sich die Mitarbeiter der BANDURA-Gruppe damit befaßt, auf welche Weise das beobachtete Material symbolisch kodiert wird (BANDURA & JEFFERY, 1973; BANDURA, JEFFERY & BACHICHA, 1974; GERST, 1971). Demnach sind zwei verschiedene Repräsentationssysteme von Bedeutung: Das Material kann entweder bildlich oder sprachlich kodiert, organisiert und gespeichert werden. Sprachliche Kodierung ist bildlicher überlegen: Leitet man Beobachter an, das Material in Form sprachlicher Kürzel zu verarbeiten, so ist die Nachahmungsleistung, vor allem auch nach einer größeren Zeitspanne, besser (GERST, 1971). Offenbar sind die kognitiven Repräsentationen nicht genaue, strukturell isomorphe Abbilder des Beobachteten, sondern vom Beobachter aktiv organisierte Erinnerungshilfen. Nach STRÄNGER (1979) bildet der Beobachter beim *intentionalen* Beobachtungslernen (das abzuheben ist vom *inzidentellen* Beobachtungslernen, bei dem der Beobachter keine explizite Lernabsicht verfolgt) einen strategischen Handlungsplan, der später für die Steuerung bereits verfügbarer motorischer Operationsprogramme verwendet wird.

Nach BOWER und HILGARD (1981) sind solche Ergebnisse für den Gedächtnispsychologen kaum überraschend, denn sie entsprechen den Ergebnissen der typischen Laboruntersuchungen zum verbalen Lernen. Hier ist die Forschung inzwischen wesentlich weiter gekommen. Es geschieht erst in Ansätzen (z. B. STRÄN-

GER, 1979), daß sich Forscher, die sich den kognitiven Prozessen des Beobachtungslernens widmen, mehr an dieser Forschung orientieren.

Motorische Reproduktionsprozesse

Wie kann es gelingen, die kognitive Repräsentation des Vorbildverhaltens in eigenes Verhalten umzusetzen? Hier liegt ein zentrales Problem für eine Theorie des Vorbildlernens, aber dies ist der am geringsten ausgearbeitete Teil der sozial-kognitiven Theorie. BANDURA begnügt sich mit einigen knappen Anmerkungen, daß Diskrepanzen zwischen dem kognitiven Abbild und dem eigenen Verhalten, die in einem Selbstbeobachtungsprozeß registriert werden, zu korrektiven Anpassungsprozessen führen.
Indirekt bedeutet eine solche Annahme eine Relativierung der von BANDURA immer wieder geäußerten Kritik am Primat des Lernens durch Verhaltensausführung. Denn die schrittweise Annäherung des eigenen Verhaltens an die kognitive Vorlage setzt Verhaltensausführung und Rückmeldung über den Abweichungsgrad voraus. Abgesehen von der Annahme einer kognitiven Repräsentation des Vorbildverhaltens liegt somit der Hauptunterschied zum Lernen durch sukzessive Approximation (SKINNER, 1953) darin, daß die Person ihr eigener Steuerungsagent ist, d.h. die Funktionen der Registrierung von Abweichungen und der informativen Rückkopplung (die im behavioristischen Modell einem externen Bekräftigungsagenten zukommen, s. HALISCH, 1976) selbst übernimmt. Einen solchen Gedanken kann man ausbauen zu einer Selbstregulationstheorie der Vorbildwirkung, in die kontrolltheoretische Überlegungen (MILLER, GALANTER & PRIBRAM, 1960; POWERS, 1973) einfließen (s. Abschnitt 4.1).

Motivationsprozesse

Personen setzen nicht alles, was sie durch Beobachtung gelernt haben, in Handlung um (vgl. die eingangs geschilderte Untersuchung von BANDURA, 1965b). Ausführungsregulierend sind Motivationsprozesse, die nach BANDURA ausschließlich durch Bekräftigungsfolgen angeregt sind. Bekräftigungen spielen somit eine zweifach entscheidende Rolle: Sie lenken die Aufmerksamkeit in der Beobachtungsphase und sie regulieren die Ausführung des gelernten Verhaltens.
Verschiedene Bekräftigungsarten sind zu unterscheiden:
(1) direkte Bekräftigungen, die der Beobachter für Nachahmung erfährt, (2) stellvertretende (vikarielle) Bekräftigungen, also direkte Bekräftigungen des Vorbilds, die der Beobachter stellvertretend erfährt, (3) Selbstbekräftigungen, die der Beobachter nach Maßgabe eigener Standards sich selbst verabreicht (und die den direkten und vikariellen Bekräftigungen entgegenwirken können, s. HALISCH, BUTZKAMM & POSSE, 1976, 1977). BANDURAS Bekräftigungskonzeption ist eine anreiztheoretische. Bekräftigungen wirken nicht dadurch, daß sie Reiz-Reaktions-Verbindungen automatisch rückwärts stärken (die behavioristische Konzeption). Stattdessen motiviert die kognitive Antizipation künftiger Handlungsfolgen, bestimmte Handlungen auszuführen und andere zu unterlassen. Direkte und stellvertretende Bekräftigungen haben außerdem noch eine informative Funktion, d.h. sie informieren über die Angemessenheit und die soziale Wünschbarkeit künftiger Handlungen. Die Befunde zur Wirksamkeit dieser verschiedenen Bekräftigungsarten sind allerdings keineswegs eindeutig (s. Abschnitt 5: Befundüberblick).

Vorbildeffekte

BANDURA hat sich mehrfach gegen «überflüssige» Differenzierungen in der Vorbildforschung gewandt (1965a, 1971a). Alle Nachahmungsphänomene und Vorbildwirkungen sollten, solange nicht gezeigt werden könne, daß unterschiedliche Prozesse und Bedingungen eine Rolle spielten, unter ein allgemeines Konzept des *modeling* subsumiert werden. Er hat seinerseits vorgeschlagen, drei verschiedene Vorbild*effekte* zu unterscheiden. (1) Lernen durch Beobachtung *(observational learning effect)*: Neue Verhaltensmuster werden erworben oder aus bekannten Teilreaktionen zusammengesetzt; vorhandene Verhaltensmuster werden unter neue Situationskontrolle gebracht. (2) Hemmung oder Enthemmung *(inhibitory* oder *disinhibitory effect)*: Potentiell verfügbare, aber sozial sanktionierte Verhaltensweisen werden unterdrückt (z. B. Unterlassung von Aggression, Widerstand gegen Versuchungen) oder von Hemmungen befreit (z. B. Überwindung von Phobien, aggressives Verhalten). (3) Reaktionserleichterung *(response facilitation effect)*: Ein Verhalten, das weder neu noch sozial sanktioniert ist, wird durch gleiches Verhalten anderer ausgelöst.

Diese Dreiteilung, die, was die Fälle (1) und (3) betrifft, ihre historischen Vorläufer hat (s. Abschnitt 2: Forschungsfragen), leuchtet auf den ersten Blick ein; sie auf den konkreten Fall anzuwenden, bereitet aber Schwierigkeiten. Bei Vorbildwirkungen auf aggressives Verhalten z. B. werden einerseits neue Verhaltensmuster aus bekannten Teilkomponenten zusammengesetzt (Beobachtungslerneffekt), andererseits sind diese Verhaltensmuster nicht bedeutungsleer, sondern haben aggressiven, sozial sanktionierten Inhalt (Enthemmungseffekt). Das gleiche Problem stellt sich bei Vorbildwirkungen auf Selbstbewertungsstandards in Leistungssituationen (ein sehr häufig verwendetes Paradigma der Vorbildforschung): Es werden verfügbare Handlungsweisen unter neue Situationskontrolle gebracht (man verabreicht sich selbst nur beim Erreichen bestimmter Leistungsstandards Bekräftigungen; = Beobachtungslerneffekt). Zu großzügiges «Selbstbedienungsverhalten» wird andererseits in unserer Gesellschaft negativ bewertet. Ändert sich solches Verhalten durch Vorbildeinfluß, wird es großzügiger oder strenger, so lassen sich die Effekte ohne weiteres als Hemmung oder Enthemmung interpretieren. Eine klare Trennung ist nicht möglich.

Folgerichtig ist diese Differenzierung von Vorbildeffekten zwar gelegentlich zur Systematisierung des Befundbestandes aufgegriffen worden (z. B. Perry & Furukawa, 1980), hat aber kaum eine praktische Forschungsrelevanz gehabt.

4. Ansätze zu einer Motivationstheorie der Vorbildwirkung

Banduras Zweifaktorentheorie setzt sich im Grunde aus einer Reihe allgemeinpsychologischer Annahmen und Erkenntnisse zusammen. Streng genommen handelt es sich um keine eigenständige Theorie des Vorbildlernens. Wo es um die Erzeugung und Speicherung einer Repräsentation des Wahrgenommenen geht, werden Anleihen bei der Kognitionspsychologie gemacht. Was die Ausführung des Verhaltens anlangt, geht es um das handlungspsychologische Problem, wie das eigene Verhalten in Relation zu einem Referenzkriterium reguliert wird, und um die motivationspsychologische Frage, wodurch ein solches Referenzkriterium für die Person zu einem verbindlichen Standard wird. Die beiden letzteren Sachverhalte werden im folgenden aufgegriffen.

4.1 Nachahmung als Selbstregulation

Miller, Galanter und Pribram (1960) entwarfen eine erste Vorstellung davon, wie kybernetische Modelle für eine psychologische Theorie der Verhaltensregulation nutzbar gemacht werden können. Powers (1973) und Carver und Scheier (1981, 1982) haben diesen Ansatz zu einem Rahmenmodell für Motivation und Selbstregulation ausgeweitet. Der Kern ist das einfache Modell des Regelkreises bzw. der TOTE-Einheit (Akronym für **T**est - **O**perate - **T**est - **E**xit): Ein bestehender Zustand wird mit einem Referenzkriterium verglichen (Test); bei Abweichungen (Ist-Soll-Diskrepanzen) wird korrigiert (Operate) und erneut verglichen (Test); dieser Zyklus wird solange durchlaufen, bis eine genügende Ist-Soll-Anpassung erreicht ist (Exit).

Will man ein solches Modell auf die Komplexität menschlicher Verhaltensregulation anwenden, so ist eine Reihe von Zusatzannahmen nötig. Nach Powers (1973) lassen sich zwei Parameter unterscheiden, durch die das System in Gang gesetzt und in Gang gehalten wird: Ziel *(purpose)* und Standard *(goal)*; das Ziel besteht darin, Abweichungen von einem Standard zu verhindern. «The purpose of any given behavior is to prevent controlled perceptions from changing away from the reference condition. Purpose implies goals: The goal of any behavior is defined as the reference condition of the controlled perception» (Powers, 1973, S. 50). Aber was spezifiziert die Referenzbedingung, woher kommt der Standard? Die Antwort des kybernetischen Ansatzes ist, daß eine *Hierarchie* mehrerer ineinander verschachtelter Regelkreise und somit eine hierarchische Ordnung von Standards postuliert wird. Der Informationseinstrom wird auf unterschiedlichen Kontrollniveaus analysiert und mit dem auf dem jeweiligen Niveau gültigen Standard verglichen. Der Standard für einen jeden Regelkreis aber wird durch den *output* des nächst höhergeordneten Regelkreises gebildet.

Neun Kontrollniveaus werden angenommen. Die unterste Ebene betrifft die Kontrolle von Reizintensitäten bzw. deren Empfindungen. Auf den nächsten Ebenen geht es um die Kontrolle motorischer Ausführungen, um die raum-zeitliche Koordination von untereinander in Beziehung stehenden Bewegungsmustern. Auf der Ebene (7) wird das Niveau der *Programm*kontrolle erreicht. Diese betrifft nicht mehr motorische Ausführungen, sondern Entscheidungen über Handlungen und Strategien, wobei die Kenntnis von Wenn-Dann-Beziehungen vorausgesetzt wird. Programme entsprechen nach CARVER und SCHEIER (1982) den *scripts* von SCHANK und ABELSON (1977). Die Ebene (8) ist die *Prinzipien*kontrolle; hier geht es um Orientierung an logischen und moralischen Prinzipien, die in unterschiedlichen Handlungen Ausdruck finden können. Die Ebene (9) schließlich ist die *System-Konzept*kontrolle, die noch generalisiertere Orientierungsleitlinien der Lebensgestaltung beinhaltet (z.B. konsistent mit den Vorstellungen vom eigenen Selbst zu handeln).

Ein Beispiel mag den Grundgedanken erläutern: Jemand hat von sich selbst die Vorstellung eines sozial angepaßten, beliebten Menschen, der anderen Freude bereitet; er möchte dementsprechend handeln *(System-Konzept)*. Eine Möglichkeit ist, anderen zu Festtagen einen Gruß zu schicken *(Prinzip)*. Er beschließt, Weihnachtsgrüße zu schreiben *(Programm)*. Er holt Papier und Stift, setzt sich, schreibt, führt dabei den Stift über das Papier, hält ihn zwischen Daumen und Zeigefinger, spannt die Muskeln, fest, aber nicht zu fest ... (untere Ausführungskontrollebenen).

Keineswegs werden bei allen Handlungen immer alle Kontrollebenen durchlaufen. Die meisten Alltagshandlungen bleiben auf der Ebene der Programmkontrolle; Prinzipien und System-Konzepte sind nicht zwangsläufig involviert.

Nachahmungshandlungen und die Wirkung von Vorbildern lassen sich gut in einem solchen Modell beschreiben: Die Person reguliert ihr Verhalten gemäß einem Referenzstandard, der durch das, was vorher am Vorbild beobachtet wurde, (mit)bestimmt wird. Die Annahme der hierarchischen Ordnung von Standards ist hilfreich für die Analyse verschiedener Probleme. So ist von Bedeutung, auf welcher Kontrollebene das Vorbild den Standard beeinflußt. In dieser Hinsicht macht es einen Unterschied, ob ein Vorbildeinfluß auf die Nachahmung einfacher Bewegungsvorgänge oder beispielsweise auf die Übernahme von Selbstbewertungs- oder moralischen Standards untersucht wird. Während im ersten Fall höchstens die Programm-Kontrollebene beteilig sein wird, geht es im zweiten Fall um die Prinzipien-Ebene. Es ist einleuchtend, daß im zweiten Fall eine Änderung schwerer zu erzielen sein wird (vorausgesetzt, die Ausführungskompetenz steht nicht in Frage).

Das Modell läßt auch die häufig vorgebrachte Kritik, daß es in vielen Untersuchungen gar nicht um tiefere Vorbildwirkungen sondern nur um oberflächliches Spielregelverhalten gehe (z.B. KUHN, 1973), in einem anderen Licht erscheinen. Vorbildwirkungen sind auch in solchen Fällen belegt; wo aber der Untersucher einen Einfluß auf Prinzipien bzw. auf die Standards der entsprechenden Kontrollebene vermutet, gibt es diesen vielleicht nur auf einer unteren Ebene der Verhaltensregulation. M.a.W., die Vpn ahmen Verhalten nach, ohne daß Prinzipien betroffen sind. Ob auch auf Prinzipien-Ebene ein Einfluß stattgefunden hat, ließe sich durch einen Generalisierungtest auf ein Verhalten prüfen, das das Vorbild zwar nicht vorgemacht hat, das aber aus einem veränderten Prinzip abgeleitet werden kann. Wenn z.B. SAGOTSKY und LEPPER (1982) zeigen können, daß die Risikowahl von Kindern in einem Leistungsspiel von der Risikowahl eines Vorbilds beeinflußt wird und daß sich dieser Einfluß auf eine andere Aufgabe in einer anderen Umgebung nach 3 Wochen generalisiert, so muß man davon ausgehen, daß tatsächlich ein Einfluß auf Prinzipien-Ebene stattgefunden hat.

Anhand des Modells läßt sich auch verdeutlichen, wie Vorbildwirkungen auf höherer Kontrollebene eintreten können, *ohne* daß es zu einer erkennbaren Angleichung an das Vorbildverhalten kommt. Das wäre z. B. der Fall, wenn moralische Prinzipien unter Vorbildeinfluß verändert werden, aus diesen veränderten Prinzipien aber Konsequenzen folgen, die Nicht-Nachahmung auf der Verhaltensebene bedeuten. In all jenen Untersuchungen, in denen ein Vorbild sich nicht an seine eigenen Verhaltensvorschriften hält, z. B. sich schon vor Erreichen selbst verkündeter Leistungsstandards bekräftigt (Hildebrandt, Feldman & Ditrichs, 1973; Mischel & Liebert, 1966), richten sich die meisten Kinder zwar in «hedonistischer» Weise nach dem Verhalten des Vorbilds, manche orientieren sich aber doch an den Vorschriften. Für letztere hat es offenbar Wirkungen auf der Ebene der Prinzipien-Kontrolle gegeben (wobei über die Stabilität dieser Effekte zunächst nichts ausgesagt ist).

Durch das Modell kann schließlich auch *Kontraimitation* verständlich gemacht werden. Kontraimitation heißt ja nichts anderes als eine aktive Distanzierung vom Vorbild, also Widerstand gegen einen von außen nahegelegten Standard. Kontraimitation kann als *Reaktanzeffekt* interpretiert werden, der durch die Orientierung an einem übergeordneten Prinzip motiviert ist, das der Erhaltung der persönlichen Freiheit oder der Erhaltung des Selbstwerts und der Erhöhung der eigenen Fähigkeitseinschätzung dient.

Der kontrolltheoretische Selbstregulationsansatz kann somit verschiedenste Phänomene der Vorbildforschung integrieren. Ein solches Beschreibungsmodell gibt aber wenig Auskunft über die motivationalen Bedingungen, d. h. darüber, unter welchen Bedingungen Vorbilder in welcher Weise die Standards von Beobachtern beeinflussen.

4.2 Reaktionsunsicherheit

Die Frage nach den motivationalen Bedingungen der Vorbildwirkung ist die Frage nach der Funktion der Nachahmung. Wie ausführlich erörtert, kann sie darin liegen, in Aussicht stehende Bekräftigungsanreize zu erlangen. Diesem Erklärungsprinzip haben Thelen, Dollinger und Kirkland (1979) das Konzept der Reaktionsunsicherheit *(response uncertainty)* hinzugesellt, das Nachahmung in solchen Situationen erklären soll, in denen keine Bekräftigungsanreize wirken. Reaktionsunsicherheit bezeichnet einen Zustand, in dem die Person nicht über schnell abrufbare Handlungspläne verfügt und sich unsicher über situationsangemessenes Verhalten ist. Dieser Zustand betrifft sowohl Verhaltens-, Kognitions- als auch Emotionsaspekte: «Specifically, the notion implies (a) the absence or low probability of an appropriate *behavior*; (b) *cognitive* uncertainty or lack of knowledge about appropriate behaviors; and (c) an *affectively* aversive state of affairs» (Thelen et al., 1979, S. 142). Dieser Zustand erhöht die Bereitschaft, auf das Verhalten anderer zu achten und sich daran zu orientieren. Nachahmung dient der Unsicherheitsreduktion.

Thelen et al. (1979) zitieren Befunde, die ihre These stützen: Die Bereitschaft zur Nachahmung sinkt (1) mit zunehmender Strukturiertheit der Situation und (2) mit zunehmender Vorkenntnis bezüglich der Aufgabe; sie steigt (3) mit vorheriger Mißerfolgserfahrung. Situationsstrukturiertheit und Vorkenntnisse versorgen die Person mit konkreten Handlungsanleitungen und reduzieren Unsicherheit, Mißerfolgserfahrungen erhöhen diese. Das typische Vorbildexperiment dürfte im übrigen einen hohen Grad an Unsicherheit erzeugen mit der Folge, daß die Vpn bereitwillig das Vorbild zur Orientierung benutzen. Das hat vermutlich zu einer Überschätzung der Wirkung von Vorbildern geführt.

Die Annahme der unsicherheitsreduzierenden Funktion der Nachahmung läßt sich auch mit Theorien in Einklang bringen, die als Ziel der Imitation Kompetenzerlangung ansehen (Kohlberg, 1969; Yando et al., 1978). In Situationen, in denen man nicht über kompetente Bewältigungsstrategien verfügt, kann Nachahmung Unsicherheit vermindern und daher Kompetenzgefühle erhöhen.

Thelen und Mitarbeiter (Akamatsu & Thelen, 1977; Thelen et al., 1979) bringen Reaktionsunsicherheit auch mit Beobachtermerkmalen in Verbindung. So wie generell Persönlichkeitsunterschiede in unstrukturierten stärker als in eindeutigen Situationen zum Tragen kommen sollen (Mischel, 1973), so sollten Personmerkmale besonders in Situationen hoher Unsicherheit Unterschiede des Nachahmungsverhaltens hervorrufen. Das ist nicht zwingend, wie an folgendem Beispiel deutlich wird.

4.3 Vorbildwirkungen beim Leistungshandeln

Die Sensitivität von Parametern leistungsorientierten Handelns für Vorbildeinflüsse beschäftigt die Vorbildforschung seit langem. Man hat versucht, die Ausdauer bei Leistungsaufgaben (GERLING, PETRY-SHELDRICK & WENDER, 1981), die Kausalattribuierung eigener Leistungsergebnisse (GATTING-STILLER, GERLING, STILLER, VOSS & WENDER, 1979), die Bereitschaft zum Belohnungsaufschub (BANDURA & MISCHEL, 1965; KROH-PÜSCHEL & WENDER, 1978; STUMPHAUSER, 1972) oder Leistungsverhalten allgemein (SCHUNK, 1981) durch Vorbilder zu beeinflussen. Diese Bemühungen folgten nicht zuletzt einem pädagogischen Anspruch. Besonderes Interesse fanden Vorbildwirkungen auf Standards, die Kinder an ihr eigenes Leistungshandeln anlegen. Bereits BANDURA und KUPERS (1964) zeigten, daß das Selbstbekräftigungsverhalten von Kindern durch das Selbstbekräftigungsverhalten eines vorher beobachteten Vorbilds beeinflußt wird. Diese Arbeit hat eine große Zahl von Untersuchungen stimuliert, die zeigten, daß kindliche Selbstbewertungsstandards anscheinend mühelos durch Vorbilder beeinflußt werden können (zusammenfassend: BANDURA, 1971b, 1977a; HALISCH, 1983).
Aus der Sicht der Leistungsmotivationstheorie müssen allerdings erhebliche Zweifel an der leichten Beeinflußbarkeit von Selbstbewertungsstandards angemeldet werden, denn diese werden als relativ feste Bestandteile überdauernder Motivsysteme aufgefaßt, die selbst durch massiven Erfahrungswiderspruch nicht so leicht zu ändern sind (HALISCH, 1976; HECKHAUSEN, 1980).
Wie ist der Widerspruch zwischen diesem theoretischen Anspruch und den Befunden zu lösen? Das erörterte Modell einer Hierarchie von Regelkreisebenen und von Standards, kombiniert mit der These der Reaktionsunsicherheit, schafft Klärung.
Die typische Versuchsaufgabe (eine Art Mini-Bowling-Spiel) erfüllt nicht die Grundvoraussetzungen einer leistungsthematischen Situation (HECKHAUSEN, 1980). Es handelt sich um ein Zufallsspiel; die Kinder können kaum einen Bezug zwischen Handlung und Ergebnis herstellen und daher die Aufgabe auch nicht als fähigkeits- oder anstrengungsabhängig erleben. Zudem hatten sie in keiner der Untersuchungen schon vor der Vorbildbeobachtung Erfahrungen mit der Aufgabe machen und ein Bezugssystem zur Beurteilung eigener Ergebnisse aufbauen können. Sie befanden sich stattdessen im Zustand hoher Reaktionsunsicherheit. Demnach hat die Vielzahl der Untersuchungen nicht mehr gezeigt als daß Kinder, wenn sie ein neues Spiel lernen, bereitwillig die Spielregeln, die ihnen jemand vormacht, übernehmen (s. auch KUHN, 1973). Es sind Vorbildwirkungen auf *Programm*ebene nachgewiesen. Bewertungsrelevante Standards für eigenes Handeln liegen aber mindestens auf *Prinzipien*ebene und es ist nicht klar, ob auch sie durch die Vorbildbeobachtung beeinflußt wurden.
Muß man daraus schließen, daß Selbstbewertungsstandards überhaupt nicht durch Vorbilder beeinflußbar sind? Diese Frage wurde in zwei Untersuchungen mit einer Methodik, die den theoretischen Erfordernissen angemessener ist, nachgegangen (HALISCH, 1983). Es wurde eine Leistungsaufgabe verwendet; die Vorerfahrung der Versuchskinder mit der Aufgabe wurde bedingungsmäßig variiert; das Leistungsmotiv der Kinder wurde erhoben. Die Kinder (Durchschnittsalter: 10 Jahre) beobachteten ein Vorbild, das die gleichen Leistungsergebnisse erzielte wie sie (also offenbar gleich tüchtig war – im Unterschied zu einer ähnlichen Arbeit von BANDURA & WHALEN, 1966), sich selbst aber in einer Bedingung hohe, in einer anderen niedrige Leistungsstandards setzte. Als abhängige Variablen wurde auf Seiten der Kinder ein Fächer leistungsthematischer Variablen erhoben: Standardsetzungen, Selbstbewertungen, Schwierigkeits- und Tüchtigkeitseinschätzungen, Kausalattribuierungen.
Die Abbildung 2 faßt die Ergebnisse beider Untersuchungen zu den Standardsetzungen zusammen (Ergebnisse zu den anderen Urteilsvariablen s. HALISCH, 1987). Wie erwartet,

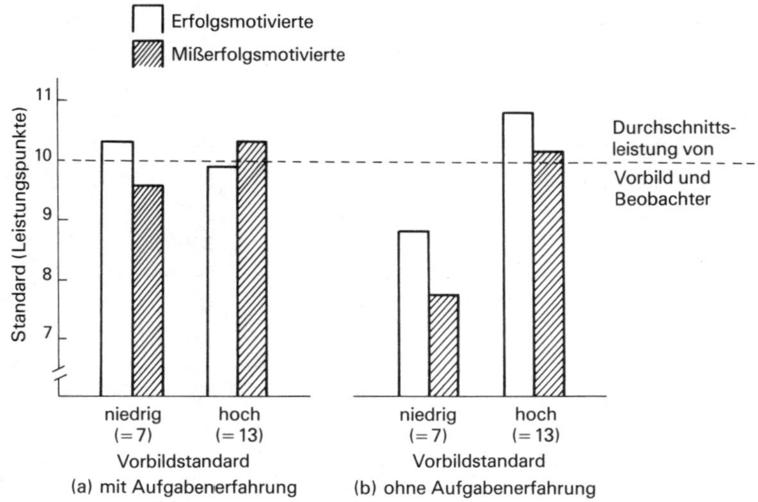

Abbildung 2: Standardsetzung Zehnjähriger bei einer Leistungsaufgabe (gemittelt aus mehreren Bearbeitungsdurchgängen) nach Beobachtung eines Vorbilds, das sich selbst hohe oder niedrige Standards setzte. Die Leistung sowohl der Kinder als auch des Vorbilds lag bei 10 (von 16 möglichen) Leistungspunkten, der hohe Vorbildstandard bei 13, der niedrige bei 7 Leistungspunkten. Die Kinder hatten entweder (a) Aufgabenerfahrung oder (b) nicht. (Nach HALISCH, 1983; Daten aus zwei Experimenten kombiniert.)

orientieren die Kinder ohne Aufgabenerfahrung, also im Zustand hoher Reaktionsunsicherheit, ihren Standard am Standard des Vorbilds (Abb. 2b). Allerdings übernehmen sie diesen nur selten exakt. Stattdessen setzen sie offenbar Vorbildstandard, Vorbildtüchtigkeit und eigene Tüchtigkeit zueinander in Beziehung. Sie übernehmen ein *Prinzip,* eigene Bewertungsstandards in großzügiger oder strenger Weise am eigenen Tüchtigkeitsniveau zu orientieren.

Ganz anders sieht es aus, wenn die Kinder Aufgabenerfahrung haben und ihre eigene Erfolgsbilanz mit der des Vorbilds vergleichen können. Der Vorbildeinfluß ist geringer und es gibt einen klaren Motiveffekt: Mißerfolgsmotivierte richten sich trotz eigener Aufgabenerfahrung nach dem Vorbildstandard (Abb. 2a). Erfolgsmotivierte aber lehnen diesen Standard ab. Sie bleiben entweder unbeeinflußt oder verhalten sich *kontraimitativ,* d.h. setzen den eigenen Standard nach niedrigem Vorbildstandard etwas über dem eigenen Tüchtigkeitsniveau an, nach hohem Vorbildstandard etwas darunter.

In der weiteren Beschäftigung mit der Aufgabe passen Kinder ohne Vorkenntnisse nun ihren Standard zunehmend dem eigenen Leistungsniveau an und werden unabhängig vom Vorbildstandard. Hingegen bleiben Vorbildeffekte (Motivunterschiede), die trotz Vorerfahrung eingetreten sind, über längere Zeit stabil. Diese Effekte gründeten ja gerade darauf, daß die Kinder die Ergebnisse des Vorbilds mit den eigenen Erfahrungen kontrastierten. Die weitere Beschäftigung mit der Aufgabe bringt demgegenüber wenig neue Informationen.

Die These der mühelosen Beeinflußbarkeit von Selbstbewertungsstandards kann somit nur für den seltenen Fall völlig unvertrauter Aufgaben, für die man keine Handlungs- und Bewertungsmuster parat hat, aufrecht erhalten werden. Hier dient die Nachahmung einer ersten, wenig nachhaltigen Orientierung. Sie wird schnell durch die eigenen Erfahrungen abgelöst; der Vorbildeffekt ist flüchtig.

Dann, wenn die Kinder bereits vor der Vorbildbeobachtung Gelegenheit hatten, ihre Tüchtigkeit zu erproben, gibt es Vorbildeffekte nur in Abhängigkeit von Beobachtermerkmalen. Erfolgs- und Mißerfolgsmotivierte folgen unterschiedlichen *Prinzipien* der Standardsetzung. Mißerfolgsmotivierte sind auch hier empfänglich für den Vorbildstandard, Erfolgsmotivierte aber lehnen diesen ab. Sie orientieren sich stärker an den eigenen durch Erfahrung etablierten Tüchtigkeitsstandards. Das spricht gegen die Annahme, daß Personenunterschiede der Vorbildwirkung vor allem in Situationen hoher Reaktionsunsicherheit zum Tragen kommen (AKAMATSU & THELEN, 1977; THELEN et al., 1979). Stattdessen sind offenbar bei mangelnder Aufgabenkenntnis alle Personen ungeachtet dispositioneller Unterschiede auf die Informationen angewiesen, die das Vorbild liefert; alle profitieren gleichermaßen davon. Vertrautheit mit der Aufgabe hingegen läßt Unsicherheit, die in der Person und nicht in der Situation begründet ist, hervortreten. Dann nämlich werden Personunterschiede in der Anfälligkeit für externe Standards und der Fähigkeit zu eigenständiger Handlungsregulation deutlich.

Eine solche Motivationsanalyse zeigt, auf welch vielfältige Weise Vorbilder direkte und indirekte Wirkungen haben und wie unterschiedlich die Informationen, die ein Vorbild bereitstellt, von Beobachtern verarbeitet werden und ihr Handeln beeinflussen.

5. Befundüberblick: Bedingungen der Vorbildwirkung

Die experimentelle Vorbildforschung ist außerordentlich expandiert. Allerdings wurden nur selten Untersuchungen mit dem Ziel der Validierung theoretischer Annahmen durchgeführt (wie etwa die eingangs geschilderte Arbeit von BANDURA, 1965b, in der das Postulat getrennter Erwerbs- und Performanzprozesse geprüft – und gestützt – wurde). Stattdessen hat es viele unkritische, theorie- und konzeptlose «Juchhe-Studien» («whoopee-studies», HETHERINGTON & MCINTYRE, 1975) gegeben, die den Befundbestand unübersichtlich gemacht haben. Es gibt wohl kaum eine Handlungs-, Denk- oder Erlebensweise, die nicht experimentellen Beeinflussungsversuchen durch Vorbildeinsatz unterzogen wurde. Die Spannbreite reicht von Bewegungsmustern (BANDURA & JEFFERY, 1973; STRÄNGER, 1979) über Sprachverhalten (BLOOM, HOOD & LIGHTBOWN, 1974) bis zu Geschlechtsrollenverhalten (PERRY & BUSSEY, 1979) oder moralischem Wahl- und Urteilsverhalten (BANDURA & MCDONALD, 1963; TONER & POTTS, 1981). Pro- und antisoziale Verhaltensweisen wie Hilfsbereitschaft, Kooperation oder Aggression ändern sich durch Vorbildeinfluß ebenso wie Selbstkontrollverhalten und leistungsmotiviertes Verhalten (zusammenfassend: HALISCH, 1983). Und schließlich hat man Vorbilder auch in der pädagogischen und klinischen Intervention erfolgreich eingesetzt, meist zur Überwindung von Phobien, Ängsten und Unsicherheit (zusammenfassend: BAUER, 1979; PERRY & FURUKAWA, 1980).

In der folgenden Auswahl werden einige Leitgedanken herausgefiltert. Ordnungsgesichtspunkt ist eine Orientierung an den Bedingungsvariablen der Vorbildforschung: (1) Merkmale des Vorbilds, (2) Vorbildsituation (Bedingungen, unter denen das Vorbild agiert, inkl. Handlungskonsequenzen, die es erfährt), (3) Beziehung zwischen Vorbild und Beobachter, (4) Merkmale des Beobachters und, soweit sie sich trennen lassen, (5) Merkmale der Beobachtungssituation und (6) der Performanzsituation.

Solche Auflistungen bergen die Gefahr, monokausale Wirkungen nahezulegen. Vor einer solchen Sichtweise ist entschieden zu warnen! Kaum eine der Variablen hat einen so eindeutigen Einfluß als daß er nicht durch das Zusammenspiel mit anderen Variablen gemindert, verändert oder aufgehoben werden könnte. Wo solche Wechselwirkungen empirisch gesichert sind, werden sie angemerkt.

5.1 Merkmale des Vorbilds

Bestimmte Vorbilder werden eher nachgeahmt als andere. Status, Geschlecht, Alter, Rasse, Kompetenz spielen dabei eine Rolle. Mit BANDURA (1977a) kann man vermuten, daß diese Merkmale vom Beobachter als Informationen über zu erwartende Handlungskonsequenzen genutzt werden. Keines der Merkmale hat jedoch einen durchschlagenden Effekt; Interaktionen mit anderen Variablen sind die Regel.

5.2 Vorbildsituation

Größere Bedeutung als überdauernde Vorbildmerkmale haben die situativen Rahmenbedingungen, unter denen das Vorbild agiert, seine das Zielverhalten begleitenden Verhaltensweisen (Emotionen, Verbalisierungen usw.), Handlungsfolgen, die es erfährt und seine Reaktionen darauf. Bekräftigung des Vorbildverhaltens (=*stellvertretende Bekräftigung* für den Beobachter) hat nach THELEN und RENNIE (1972), die die einschlägigen Arbeiten sichteten, nur dann einen förderlichen Effekt auf die Nachahmung, wenn der Beobachter sie als relevant für das eigene Handeln *erkennt*. Ihm muß die Verbindung zwischen Handlung und Bekräftigung ersichtlich sein und er muß bei der Beobachtung zumindest ahnen, daß im Anschluß von ihm ein gleiches Verhalten erwartet wird. Eindeutiger sind nach THELEN und RENNIE (1972) die imitationshemmenden Effekte *stellvertretender Bestrafung*. Wie mühelos aber auch ein solcher scheinbar gesicherter Effekt zunichte gemacht werden kann, zeigten MONTADA und SETTER TO BULTE (1974): Reagiert das Vorbild selbst nämlich gleichgültig oder gar ärgerlich auf die Bestrafung, wird deren Wirkung nahezu völlig aufgehoben.

Neben Fremdbekräftigungen spielen auch *Selbstbekräftigungen,* also Handlungsfolgen, die das Vorbild sich selbst verabreicht, eine Rolle. Deren Wirkung ist überraschenderweise kaum einmal untersucht worden. MASTERS, GORDON und CLARK (1976) fanden, daß die unmittelbare Nachahmung stärker beeinflußt wird, wenn ein Dritter die Bekräftigungen gibt, als wenn das Vorbild sich selbst solche verabreicht. Die Langzeiterinnerung an das Vorbildverhalten (nach 5–9 Wochen) war hingegen am besten, wenn das Vorbild sich selbst positive Bekräftigungen verabreicht hatte.

Auch die Art und Weise, wie das Vorbild sein Verhalten kommentiert, attribuiert und, welche Hinweise es auf die eigene Befindlichkeit gibt, ist von Bedeutung. So wird ein Vorbild, das mitteilt, es fühle sich wohl, eher nachgeahmt als eines, das sich nicht wohlfühlt (ROBERTS, SANTOGROSSI & THELEN, 1977). In der Therapie haben sich Vorbilder als besonders effektiv bei der Überwindung von Ängsten erwiesen, die angesichts der angstauslösenden Reize anfangs selbst einen ängstlich-emotionalen Zustand artikulieren, diesen jedoch dann überwinden und dabei Bewältigungsstrategien deutlich machen (*slider model, coping model;* MEICHENBAUM, 1971, 1972; SARASON, 1975).

Und schließlich macht es auch etwas aus, ob in der Vorbilddarbietung Widersprüchlichkeiten enthalten sind. Konflikthafte Informationen können auf zweierlei Weise entstehen: Das Vorbildverhalten (a) steht nicht im Einklang mit den vom Vorbild selbst verkündeten Verhaltensregeln oder (b) es widerspricht dem, was andere Personen sagen oder tun (*multiple modeling*; FEHRENBACH, MILLER & THELEN, 1979). Den Konflikt, der durch solche unklaren (impliziten) Handlungsanweisungen entsteht, lösen die meisten Vpn auf eine sehr «hedonistische» Weise. Sie wählen für sich selbst dasjenige Verhalten (ahmen das entsprechende Vorbild nach), das ihnen weniger Bedürfnisverzicht abverlangt. Dies zeigt sich etwa beim Selbstkontrollverhalten (HILDEBRANDT et al. 1973; MISCHEL & LIEBERT, 1966), beim prosozialen Verhalten (BRYAN, REDFIELD & MADER, 1971) oder beim aggressiven Verhalten (PARKER & ROGERS, 1981). Allerdings darf man aus solchen Befunden nicht schließen, daß sich Kinder in Vorbilduntersuchungen immer hedonistisch verhalten. Geht es z.B. um tüchtigkeitsrelevante Standardsetzung und leistungsabhängige Selbstbewertung so ist dies keineswegs der Fall (s. Abschnitt 4.3).

5.3 Beziehung zwischen Vorbild und Beobachter

Seit Beginn der empirischen Vorbildforschung wurde ein Einfluß der *Wärme* und Zuwendung, die das Vorbild gegenüber dem beobachtenden Kind zeigt, vermutet. Diese Annahme läßt sich aus verschiedenen Theorien ableiten (ARONFREED, 1969b; MOWRER, 1960b). Die Befundlage ist jedoch uneinheitlich; Wechselwirkungen mit anderen Variablen sind die Regel (MORRIS, SHARKEY & REDD, 1979). Man kann schwerlich Korrelationsstudien, in denen elterliche Zuwendung (per Fragebogen erfaßt) zu verschiedenen kindlichen Identifikationsmaßen in Beziehung gesetzt wurde (z.B. HETHERINGTON & FRANKIE, 1967; MUSSEN & PARKER, 1965) mit experimentellen Studien vergleichen, in denen die Wärme eines (fremden) Vorbilds variiert wurde (z.B. PARTON & SIEBOLD, 1975; YARROW & SCOTT, 1972). Der Einfluß von Wärme scheint auch entwicklungsabhängig mit dem Alter zu sinken (YANDO et al., 1978). Man hat vermutet, daß warme Zuwendung sich nur auf die Nachahmung aufgabenirrelevanten, nicht aber aufgabenbezogenen Verhaltens auswirkt (MORRIS et al., 1979). Eine motivationspsychologische Alternativerklärung scheint plausibler: Geht es nämlich um Verhaltensweisen, die einen Bedürfnisverzicht verlangen, etwa Selbstkritik und Selbstkontrolle (BANDURA, GRUSEC & MENLOVE, 1967), altruistisches Handeln (WEISSBROD, 1976) oder aggressives Handeln (MADSEN, 1968), so *mindert* warme Zuwendung, vor allem wenn sie erst kurz vorher experimentell induziert wurde, die Nachahmung, d.h. die Übernahme strikter Verhaltensstandards. Offenbar sinken durch die Zuwendung des Vorbilds Sanktionsbefürchtungen der Kinder. Geht es hingegen um die Nachahmung neutraler Verhaltensweisen (Bewegungsmuster, o.ä.) so wirkt Wärme nachahmungsfördernd.

Auch die *Bekräftigungsmacht,* die das Vorbild gegenüber dem Kind hat, ist von Bedeutung (BANDURA, ROSS & ROSS, 1963a; BRYAN et al., 1971; MISCHEL & LIEBERT, 1967). Ihre Wirkung wird durch zusätzliche Wärme noch erhöht (MASTERS, ANDERSON & FITZPATRICK, 1975).

Es wurde bereits darauf hingewiesen, daß in der klinischen Therapie sich solcher Vorbilder als besonders effektiv erwiesen haben, die nicht von vorneherein kompetent in der Bewältigung angstauslösender Situationen sind. Auch in anderen Bereichen scheint es weniger auf die Kompetenz an sich anzukommen als vielmehr auf einen *Kompetenzvergleich* zwischen Vorbild und Beobachter. So zeigt sich z.B. bei Leistungssituationen, daß keineswegs die Standards sehr tüchtiger Vorbilder bereitwilliger als die weniger tüchtiger Vorbilder übernommen werden (BANDURA & WHALEN, 1966). DAVIDSON und SMITH (1982) und HALISCH (1983) zeigten, daß es bei Kompetenzungleichheiten zwischen Vorbild und Beobachter zu einer Ablehnung des Vorbilds und zu Kontraimitation kommen kann.

Alle bisher genannten Aspekte gehen von einer einseitigen Wirkungsrichtung vom Vorbild auf den Beobachter aus. Dies ist nur teilweise realitätsangemessen. Den interaktionalen Charakter der Beziehung von Vorbild und Beobachter haben die Untersuchungen zur *reziproken Nachahmung* in den Vordergrund gerückt. Recht einhellig hat sich nämlich zeigen lassen, daß Nachahmung gefördert wird, wenn das spätere Vorbild zunächst den Beobachter imitiert (THELEN, FRAUTSCHI, ROBERTS, KIRKLAND & DOLLINGER, 1981). Die plausibelste Erklärung ist, daß Nachahmung die Attraktivität des Nachahmenden für den Nachgeahmten und somit auch dessen Nachahmungsbereitschaft erhöht. Auf eine solche Weise hat BATES (1975) den Zusammenhang zwischen Zuwendung und Nachahmung umgedeutet. Er zeigte, daß Erwachsene Kinder, die sie nachahmen, besonders positiv beurteilen und sich ihnen zuwenden. Nachahmung kann also Zuwendung eines Vorbilds bewirken. Sie kann im Dienste sozialer Einflußnahme stehen und sie kann als Mittel zur eigenen Machterhöhung eingesetzt werden (DOLLINGER & GASSER, 1981).

5.4 Merkmale des Beobachters

Defizite beim Beobachter, die Aufmerksamkeits-, Speicherungs- und Ausführungsfähigkeiten betreffen, beeinträchtigen natürlich die Nachahmungsleistung. Hinsichtlich überdauernder Persönlichkeitsmerkmale, die die Motivation zur Nachahmung beeinflussen sollen – angefangen bei Geschlecht und Rasse bis hin zu Ängstlichkeit und Leistungsmotiv –, gibt es keine klaren Befunde (AKAMATSU & THELEN, 1974). Dies unterstreicht die Notwendigkeit einer interaktionistischen Sichtweise, die neben überdauernden Personmerkmalen situativ angeregte Motivationsvariablen berücksichtigt.

5.5 Beobachtungssituation

Unter den Rahmenbedingungen der Beobachtungssituation hat der *Modus der Vorbilddarbietung* besonderes Interesse gefunden. Es konnte gezeigt werden, daß symbolisch (filmisch oder sprachlich) dargebotenes Vorbildverhalten der Wirkung realer Vorbilder kaum nachsteht. Aus Gründen der Standardisierung und Durchführungserleichterung nutzt man daher in experimentellen Untersuchungen und auch in der Therapie (THELEN, FRY, FEHRENBACH & FRAUTSCHI, 1979) gerne die Möglichkeit der Vorbilddarbietung per Film oder Video.

Des weiteren spielen all jene Eingriffe eine Rolle, die die Beobachtung und Speicherung beeinflussen, etwa die direkte oder indirekte *Lenkung der Aufmerksamkeit* (WALLER, 1974) oder die *Verbalisierung* des Vorbildverhaltens. Letztere hat meist einen förderlichen Einfluß, allerdings ist der kognitive Entwicklungsstand des Beobachters zu berücksichtigen (COATES & HARTUP, 1969; YUSSEN & SANTROCK, 1974). Anleitung zur begleitenden Beschreibung des Verhaltens durch den Beobachter während der Beobachtung scheint im Falle einfacher Verhaltensweisen förderlich (CULLINAN, 1976), im Falle komplexeren Verhaltens aber eher hinderlich zu sein (ZIMMERMANN & BELL, 1972).

5.6 Performanzsituation

Hier nun spielen all jene Anreizbedingungen eine Rolle, die den Beobachter auf eine direkte oder indirekte Weise auffordern, das gelernte Verhalten auszuführen, oder die ihm Anlaß zur Vermutung geben, daß die Ausführung positive Handlungsfolgen herbeiführen oder negative verhindern wird. Zu den wenigen wirklich gesicherten Befunden der Vorbildforschung gehört, daß *direkte Bekräftigung* der Nachahmung diese wahrscheinlicher macht (ZUMKLEY-MÜNKEL, 1976), was aber im übrigen keine Aussage darüber zuläßt, ob Bekräftigung wirklich eine *notwendige* Bedingung ist. Unmißverständliche Aufforderungen zur Nachahmung erhöhen ebenso die Ausführungswahrscheinlichkeit wie die Anwesenheit des Vorbilds in der Performanzphase (DUBANSKI & PARTON, 1971; THELEN, REHAGEN & AKAMATSU, 1974). Im übrigen kann man vermuten, daß das typische Vorbildexperiment auch dann, wenn keine besonderen Ausführungsanreize gegeben werden, die implizite Anweisung enthält, sich am Vorbild zu orientieren.

Auf der anderen Seite sind es aber auch gerade unklar definierte Situationen, also solche, in denen der Beobachter nicht über fertige, abrufbare Verhaltensmuster verfügt, die seine Bereitschaft erhöhen, auf das Verhalten anderer zu achten und sich daran zu orientieren. So steigt mit der Ambiguität der Situation die Nachahmung (THELEN, PAUL, DOLLINGER & ROBERTS, 1978) während sie mit zunehmender Aufgabenvertrautheit sinkt (HALISCH, 1983; ROBERTS, SANTOGROSSI & THELEN, 1976). Emotionale Erregung erhöht ebenfalls die Nachahmungsbereitschaft, aber nur, wenn sie mit einer Verunsicherung des Beobachters einhergeht (AKAMATSU & THELEN, 1977). Solche Befunde haben zur Formulierung der These der nachahmungsfördernden Wirkung der *Reaktionsunsicherheit* geführt, die bereits erörtert wurde.

6. Ausblick

Viele Ergebnisse der Vorbildforschung gehören mittlerweile zum gesicherten Wissensbestand der Psychologie. Das heißt aber nicht, daß die eingangs definierten Forschungsfragen sämtlich als beantwortet beiseite gelegt werden könnten. Allerdings hat sich der Schwerpunkt verlagert; Fragen des Imitations- und Beobachtungs*lernens* finden zunehmend weniger Interesse. Das hängt nicht zuletzt mit dem oft beschworenen «Niedergang des behavioristischen Paradigmas» zusammen. Auch BANDURAS Theorie ist letztlich ein Abkömmling des bekräftigungstheoretischen Ansatzes gewesen.

Eine integrative Vorbildtheorie ist mehr denn je außer Sicht, aber in fünf weitgehend separierten Teilgebieten finden auch künftig Beobachtungsphänomene Aufmerksamkeit.

(1) Noch nicht schlüssig beantwortet ist die Frage der genetischen Verankerung von Imitationsfähigkeit und Imitationsbereitschaft. Es geht dabei nicht nur um das oben erörterte strittige Phänomen der Nachahmung bei Neugeborenen, sondern um eine allgemeine *evolutionstheoretische Perspektive,* die eine vergleichende, d.h. Species-übergreifende Herangehensweise einschließt (ANGERMEIER, 1983; DAVIS, 1973).

(2) Der *entwicklungspsychologische Ansatz* ist in diesem Beitrag nur gestreift worden. PIAGET (1945/1969) hat die Bedeutung der Imitation in der Ontogenese vorgezeichnet. In der Fortführung dieses Ansatzes geht es nicht um die hier ausführlich behandelte lernpsychologische Sicht, sondern um die Entwicklung der Fähigkeit zur mentalen Repräsentation beobachteten Materials sowie der Fähigkeit und Bereitschaft zur Handlungsregulation anhand von Standards.

(3) Eine (allgemeine) *Motivationstheorie* der Vorbildwirkung muß nicht nur die Bedingungen von Nachahmung klären, sondern auch Phänomene von Nicht-Nachahmung und Kontraimitation sowie indirekte Vorbildwirkun-

gen integrieren. Oben wurde erörtert, wie eine solche Motivationstheorie aussehen könnte.

(4) Unter *kognitionspsychologischer Sicht* sind die Fragen der Erzeugung und Speicherung einer mentalen Repräsentation des Beobachteten sowie seine spätere Umsetzung in Handeln nicht befriedigend geklärt. In dieser Hinsicht geht das Imitationsproblem in der allgemeinen Kognitionspsychologie auf, denn dies sind genau die Fragen, die dort im Zusammenhang mit Wahrnehmung, Informationsverarbeitung und Tätigkeitssteuerung behandelt werden.

(5) Schließlich beschäftigt man sich zunehmend mit den Einflüssen moderner Medien; in diesem Zusammenhang finden «Ansteckungseffekte» (wieder) verstärkt Beachtung (BREKOWITZ, 1984). Auch hier bedient man sich des Vokabulars der modernen Kognitionspsychologie. Die Vorstellung ist, daß durch die Beobachtung beim Beobachter vorhandene kognitive Schemata aktiviert werden *(priming)*, daß diese Aktivierung eine gewisse Zeit lang bestehen bleibt und sich erst allmählich abschwächt und daß sie sich auf andere Schemata ausbreitet, die mit dem aktivierten assoziativ verknüpft sind *(spreading)*. Enthalten diese Schemata verhaltensspezifische Elemente, steigt für eine gewisse Zeit nach der Beobachtung die Wahrscheinlichkeit, daß das entsprechende Verhalten gezeigt wird (CARVER, GANELLEN, FROMING & CHAMBERS, 1983). Eine solche «kognitiv-neoassoziationistische» Analyse (BERKOWITZ, 1984) umfaßt einerseits auch nichtimitative Vorbildwirkungen, ist andererseits auf kurzfristige Effekte begrenzt und setzt das Vorhandensein der entsprechenden Schemata beim Beobachter voraus. Diese Analyse ist bislang nicht auf das *Lern*problem angewendet worden, und es ist offen, ob dies mit Gewinn geschehen kann. CARVER et al. (1983) äußern sich in diesem Punkte optimistisch.

Literaturverzeichnis

ABRAVANEL, E. & SIGAFOOS, A. D. (1984). Exploring the presence of imitation during ealry infancy. *Child Development, 55,* 381–392.

AKAMATSU, T. J. & THELEN, M. H. (1974). A review of the literature on observer characteristics and imitation. *Developmental Psychology, 10,* 38–47.

AKAMATSU, T. J. & THELEN, M. H. (1977). Observer states and traits and the imitative process: A test of a new formulation. *Journal of Research in Personality, 11,* 165–179.

ANGERMEIER, W.F. (1983). *Die Evolution des operanten Lernens.* Basel: Karger.

ARONFREED, J. (1968). *Conduct and conscience.* New York: Academic Press.

ARONFREED, J. (1969a). The concept of internalization. In D.A. Goslin (Ed.), *Handbook of socialization theory and research* (pp.263–323). Chicago: Rand McNally.

ARONFREED, J. (1969b). The problem of imitation. In L.P. Lipsitt & H.W. Reese (Eds.), *Advances in child development and behavior* (Vol.4, pp.209–319). New York: Academic Press.

BANDURA, A. (1962). Social learning through imitation. In M.R. Jones (Ed.), *Nebraska Symposium on Motivation* (pp.211–269). Lincoln: University of Nebraska Press.

BANDURA, A. (1965a). Vicarious processes: A case of no-trial learning. In L. Berkowitz (Ed.), *Advances in experimental social psychology* (Vol.2, 1–55). New York: Academic Press.

BANDURA, A. (1965b). Influence of model's reinforcement contingencies on the acquisition of imitative responses. *Journal of Personality and Social Psychology, 1,* 589–595.

BANDURA, A. (1971a). *Psychological modeling: Conflicting theories.* Chicago: Aldine-Atherton.

BANDURA, A. (1971b). Vicarious and self-reinforcement processes. In R. Glaser (Ed.), *The nature of reinforcement* (pp.228–278). Columbus: Merrill.

BANDURA, A. (1972). Modeling theory: Some traditions, trends, and disputes. In R.D. Parke (Ed.), *Recent trends in social learning theory* (pp.35–61). New York: Academic Press.

BANDURA, A. (1974). Behavior theory and the models of man. *American Psychologist, 29,* 859–869. (dt. 1976: Verhaltenstheorie und die Modelle des Menschen. In A. Bandura [Hrsg.], Lernen am Modell [S.206–229]. Stuttgart: Klett.)

BANDURA, A. (1977a). *Social learning theory.* Englewood Cliffs, N.J.: Prentice Hall. (dt. 1979: Sozialkognitive Lerntheorie. Stuttgart: Klett.)

BANDURA, A. (1977b). Self-efficacy: Toward a unifying theory of behavioral change. *Psychological Review, 84,* 191–215.

BANDURA, A. (1978). The self system in reciprocal determinism. *American Psychologist, 33,* 344–358.

BANDURA, A. (1979). Self-referent mechanisms in social learning theory. *American Psychologist, 34,* 439–441.

BANDURA, A. & BARAB, P.G. (1971). Conditions governing nonreinforced imitation. *Developmental Psychology, 5,* 244–255.

BANDURA, A. & JEFFERY, R.W. (1973). Role of symbolic coding and rehearsal processes in observational learning. *Journal of Personality and Social Psychology, 26,* 122–130.

BANDURA, A. & KUPERS, C.J. (1964). Transmission of patterns of self-reinforcement through modeling. *Journal of Abnormal and Social Psychology, 69,* 1-9.

BANDURA, A. & MCDONALD, F.G. (1963). Influence of social reinforcement and the behavior of models in shaping children's moral judgments. *Journal of Abnormal and Social Psychology, 67,* 274-281.

BANDURA, A. & MISCHEL, W. (1965). Modification of self-imposed delay of reward through exposure to live and symbolic models. *Journal of Personality and Social Psychology, 2,* 698- 705.

BANDURA, A. & WHALEN, C.K. (1966). The influence of antecedent reinforcement and divergent modeling cues on patterns of self-reward. *Journal of Personality and Social Psychology, 3,* 373-382.

BANDURA, A., GRUSEC, J.E. & MENLOVE, F.L. (1967). Some social determinants of self-monitoring reinforcement systems. *Journal of Personality and Social Psychology, 5,* 449-455.

BANDURA, A., JEFFERY, R. & BACHICHA, D.L. (1974). Analysis of memory codes and cumulative rehearsal in observational learning. *Journal of Research in Personality, 7,* 295-305.

BANDURA, A., ROSS, D. & ROSS, S.A. (1963a). A comparative test of the status envy, social power and secondary reinforcement theories of identificatory learning. *Journal of Abnormal and Social Psychology, 67,* 527-534.

BANDURA, A., ROSS, D. & ROSS, S.A. (1963b). Imitation of film-mediated aggressive models. *Journal of Abnormal and Social Psychology, 66,* 3-11.

BATES, J.E. (1975). Effects of a child's imitation versus nonimitation on adults' verbal and nonverbal positivity. *Journal of Personality and Social Psychology, 31,* 840-851.

BAUER, M. (1979). *Verhaltensmodifikation durch Modellernen.* Stuttgart: Kohlhammer.

BERKOWITZ, L. (1984). Some effects of thoughts on anti- and prosocial influences of media events: A cognitive-neoassociation analysis. *Psychological Bulletin, 95,* 410-427.

BLOOM, C., HOOD, L. & LIGHTBOWN, P. (1974). Imitation in language development: If, when and why. *Cognitive Psychology, 6,* 380-420.

BOWER, G.H. & HILGARD, E.R. (1981). *Theories of learning.* Englewood Cliffs, N.J.: Prentice Hall.

BRONFENBRENNER, U. (1960). Freudian theories of identification and their derivatives. *Child Development, 31,* 15-40.

BRYAN, J.H., REDFIELD, J. & MADER, S. (1971). Words and deeds about altruism and the subsequent reinforcement power of the model. *Child Development, 42,* 1501-1508.

CARVER, C.S. & SCHEIER, M.F. (1981). *Attention and self-regulation: A control-theory approach to human behavior.* New York: Springer.

CARVER, C.S. & SCHEIER, M.F. (1982). Control theory: A useful conceptual framework for personality-social, clinical, and health psychology. *Psychological Bulletin, 92,* 111-135.

CARVER, C.S., GANELLEN, R.J., FROMING, W.J. & CHAMBERS, W. (1983). Modeling: An analysis in terms of category accessibility. *Journal of Experimental Social Psychology, 19,* 403-421.

COATES, B. & HARTUP, W.W. (1969). Age and verbalization in observational learning. *Developmental Psychology, 1,* 556-562.

CULLINAN, D. (1976). Verbalization in EMR children's observational learning. *American Journal of Mental Deficiency, 81,* 65-72.

DAVIDSON, E.S. & SMITH, W.P. (1982). Imitation, Social Comparison, and Self-Reward. *Child Development, 53,* 928-932.

DAVIS, J.M. (1973). Imitation: A review and critique. In P.P.G. Bateson & P.H. Klopfer (Eds.), *Perspectives in ethology.* New York: Plenum Press.

DOLLINGER, S.J. & GASSER, M. (1981). Imitation as social influence. *Journal of Genetic Psychology, 138,* 149-150.

DUBANSKI, R.A. & PARTON, D.A. (1971). Effect of the presence of a human model on imitative behavior in children. *Developmental Psychology, 4,* 463-468.

EIBL-EIBESFELDT, I. (1978). Grundriß der vergleichenden Verhaltensforschung (5. Aufl.). München: Piper.

EWERT, O.M. (1983). Eine historische Nachbemerkung zu Neuberger, Merz und Selg: Imitation bei Neugeborenen - eine kontroverse Befundlage. *Zeitschrift für Entwicklungspsychologie und Pädagogische Psychologie, 4,* 277-279.

FEHRENBACH, P.A., MILLER, D.J. & THELEN, M.H. (1979). The importance of consistency of modeling behavior upon imitation: A comparison of single and multiple models. *Journal of Personality and Social Psychology, 37,* 1412-1417.

FIEDLER, P.A. & WINDHEUSER, H.J. (1974). Modifikation kreativen Verhaltens durch Lernen am Modell. *Zeitschrift für Entwicklungspsychologie und Pädagogische Psychologie, 6,* 262-280.

FIELD, T.M., WOODSON, R., GREENBERG, R. & COHEN, D. (1982). Discrimination and imitation of facial expressions by neonates. *Science, 218,* 179-181.

FOPPA, K. (1965). *Lernen, Gedächtnis, Verhalten. Ergebnisse und Probleme der Lernpsychologie.* Köln: Kiepenheuer & Witsch.

FREUD, S. (1967). *Massenpsychologie und Ich-Analyse.* Kap. 7: Die Identifizierung, 1921 (Ges. Werke, Band 8, S. 115-121). Frankfurt: Fischer.

FREUD, S. (1961). Neue Folge der Vorlesungen zur Einführung in die Psychoanalyse. 31. Vorlesung: Die Zerlegung der psychischen Persönlichkeit, 1933 (Ges. Werke, Band 15, S. 62-86). Frankfurt: Fischer.

GATTING-STILLER, I., GERLING, M., STILLER, K., VOSS B. & WENDER, I. (1979). Änderung der Kausalattribuierung und des Ausdauerverhaltens bei mißerfolgsmotivierten Kindern durch Modellernen. *Zeitschrift für Entwicklungspsychologie und Pädagogische Psychologie, 11,* 300-312.

GERLING, M., PETRY-SHELDRICK, A. & WENDER, I. (1981). Zur Modellierung von Attributionen: Effekte zusätzlicher Erfolgserwartungen und affektive Anreize. *Zeitschrift für Entwicklungspsychologie und Pädagogische Psychologie, 13,* 312-321.

GERST, M.S. (1971). Symbolic coding processes in observational learning. *Journal of Personality and Social Psychology, 19,* 7-17.

GEWIRTZ, J.L. & STINGLE, K.G. (1968). Learning of generalized imitation as the basis for identification. *Psychological Review, 75,* 374-397.

GREENBERG, S. (1979). The effects of differential reinforcement on generalized imitation. *Journal of Experimental Child Psychology, 27,* 233-250.

GRUSEC, J.E., SAAS-KORTSAAK, P. & SIMUTIS, R. (1978). The role of example and moral exhortation in the training of altruism. *Child Development, 49,* 920-923.

GUTHRIE, E.R. (1952). *The psychology of learning.* Gloucester, Mass.: Peter Smith.

HALISCH, F. (1976). Die Selbstregulation leistungsbezogenen Verhaltens: Das Leistungsmotiv als Selbstbekräftigungssystem. In H.-D. Schmalt & W.-U. Meyer (Hrsg.), *Leistungsmotivation und Verhalten* (S.137-164). Stuttgart: Klett.

HALISCH, F. (1983). *Vorbildeinfluß und Motivationsprozesse.* Frankfurt/Main: Peter Lang.

HALISCH, F. (1987). Modeling and achievement related behavior. In F. Halisch & J. Kuhl (Eds.), *Motivation, intention, volition* (pp.87-100). Berlin: Springer.

HALISCH, F., BUTZKAMM, J. & POSSE, N. (1976). Selbstbekräftigung: I. Theorieansätze und experimentelle Erfordernisse. *Zeitschrift für Entwicklungspsychologie und Pädagogische Psychologie, 8,* 145-164.

HALISCH, F., BUTZKAMM, J. & POSSE, N. (1977). Selbstbekräftigung: II. Individuelle Unterschiede und Anwendungen in Schule und Therapie. *Zeitschrift für Entwicklungspsychologie und Pädagogische Psychologie, 9,* 127-149.

HAYES, L.A. & WATSON, J.S. (1981). Neonatal imitation: Fact or artifact? *Developmental Psychology, 17,* 655-660.

HECKHAUSEN, H. (1980). *Motivation und Handeln.* Berlin: Springer.

HETHERINGTON, E.M. & FRANKIE, G. (1965). Effects of parental dominance, warmth, and conflict on imitation in children. *Journal of Personality and Social Psychology, 2,* 97-100.

HETHERINGTON, E.M. & MCINTYRE, G.W. (1975). Developmental Psychology. *Annual Review of Psychology, 26,* 97-136.

HILDEBRANDT, D.E., FELDMAN, S.E. & DITRICHS, R.A. (1973). Rules, models, and self-reinforcement in children. *Journal of Personality and Social Psychology, 25,* 1-5.

HOLT, E.B. (1931). *Animal drive and the learning process* (Vol.1). New York: Holt.

HULL, C.L. (1943). *Principles of behavior.* New York: Appleton.

JACOBSON, S.W. (1979). Matching behavior in the young infant. *Child Development, 50,* 425-430.

JAMES, W. (1890). *The principles of psychology.* New York: Holt.

KOFFKA, K. (1921). *Die Grundlagen der psychischen Entwicklung. Eine Einführung in die Kinderpsychologie.* Osterwieck am Harz: Zickfeld.

KOHLBERG, L. (1969). Stage and sequence: The cognitive developmental approach to socialization. In D.A. Goslin (Ed.), *Handbook of socialization theory and research* (pp.347-480). Chicago: Rand McNally. (dt. 1974: Stufe und Sequenz: Sozialisation unter dem Aspekt der kognitiven Entwicklung. In L. Kohlberg, Zur kognitiven Entwicklung des Kindes [S.7-255]. Frankfurt: Suhrkamp.)

KROH-PÜSCHEL, E. & WENDER, I. (1978). Modifikation der Bereitschaft zum Belohnungsaufschub durch Lernen an multiplen Modellen. *Zeitschrift für Entwicklungspsychologie und Pädagogische Psychologie, 10,* 305-314.

KUHN, D. (1973). Imitation theory and research from a cognitive perspective. *Human Development, 16,* 157-180.

LIEBERT, R.M., SPRAFKIN, J.N. & DAVIDSON, E.S. (1982). *The early window. Effects of television on children and youth.* New York: Pergamon Press.

LORENZ, K. (1978). *Vergleichende Verhaltensforschung. Grundlagen der Ethologie.* Wien: Springer.

MADSEN, C. (1968). Nurturance and modeling in preschoolers. *Child Development, 39,* 221-237.

MASTERS, J.C., ANDERSON, E.P. & FITZPATRICK, L.J. (1975). Effects of relative nurturance and social power on observational learning and imitation. *Journal of Research in Personality, 9,* 200-210.

MASTERS, J.C., GORDON, F.R. & CLARK, L.V. (1976). Effects of self-dispensed and externally dispensed model consequences on acquisition, spontaneous and oppositional imitation, and longterm retention. *Journal of Personality and Social Psychology, 33,* 421-430.

MCDOUGALL, W. (1908). *An introduction to social psychology.* London: Methuen. (dt. 1928: Grundlagen einer Sozialpsychologie. Jena: Fischer.)

MCDOUGALL, W. (1932). *The energies of man.* London: Methuen. (dt. 1947: Aufbaukräfte der Seele. Stuttgart: Thieme.)

MEICHENBAUM, D.H. (1971). Examination of model characteristics in reducing avoidance behavior. *Journal of Personality and Social Psychology, 17,* 298-307.

MEICHENBAUM, D.H. (1972). Cognitive modification of test anxious college students. *Journal of Consulting and Clinical Psychology, 39,* 370–380.

MELTZOFF, A.N. & MOORE, M.K. (1977). Imitation of facial and manual gestures by human neonates. *Science, 198,* 75–78.

MILLER, N.E. & DOLLARD, J. (1941). *Social learning and imitation.* New Haven: Yale University Press.

MILLER, G.A., GALANTER, E. & PRIMBRAM, K.H. (1960). *Plans and the structure of behavior.* New York: Holt, Rinehart & Winston. (dt. 1973: Strategien des Handelns. Stuttgart: Klett.)

MISCHEL, W. (1973). Toward a cognitive social learning reconceptualization of personality. *Psychological Review, 80,* 252–283.

MISCHEL, W. & LIEBERT, R.M. (1966). Effects of discrepancies between observed and imposed reward criteria on their acquisition and transmission. *Journal of Personality and Social Psychology, 3,* 45–53.

MISCHEL, W. & LIEBERT, R.M. (1967). The role of power in the adoption of self-reward patterns. *Child Development, 38,* 673–683.

MONTADA, L. & SETTER TO BULTE, U. (1974). Strafwirkung als Funktion der Strafbewertung. *Zeitschrift für Entwicklungspsychologie und Pädagogische Psychologie, 6,* 75–89.

MORRIS, E.K., SHARKEY, R.W. & REDD, W.H. (1979). Adult-child interactions and incidental imitation. *Genetic Psychology Monographs, 99,* 291–315.

MOWRER, O.H. (1960). *Learning theory and behavior.* New York: Wiley.

MOWRER, O.H. (1960). *Learning theory and the symbolic processes.* New York: Wiley.

MUSSEN, P.H. & PARKER, A.L. (1965). Mother nurturance and girls' incidental imitative learning. *Journal of Personality and Social Psychology, 2,* 188–194.

NEUBERGER, H., MERZ, J. & SELG, H. (1983). Imitation bei Neugeborenen - eine kontroverse Befundlage. *Zeitschrift für Entwicklungspsychologie und Pädagogische Psychologie, 4,* 267–276.

PARKER, D.R. & ROGERS, R.W. (1981). Observation and performance of aggression: Effects of multiple models and frustration. *Personality and Social Psychology Bulletin, 7,* 302–308.

PARTON, D.A. (1976). Learning to imitate in infancy. *Child Development, 47,* 14–31.

PARTON, D.A. & SIEBOLD, J.R. (1975). Nurturance and imitation: The mediating role of attraction. *Developmental Psychology, 11,* 859–860.

PAULUS, P.B. & SETA, J.J. (1975). The vicarious partial reinforcement effect: An empirical and theoretical analysis. *Journal of Personality and Social Psychology, 31,* 930–936.

PERRY, D.G. & BUSSEY, K. (1979). The social learning theory of sex differences: Imitation is alive and well. *Journal of Personality and Social Psychology, 37,* 1699–1712.

PERRY, M.A. & FURUKAWA, M.J. (1980). Modeling methods. In F.H.Kanfer & A.P.Goldstein (Eds.), *Helping people change* (pp.131–171). New York: Pergamon.

PIAGET, J. (1945). La formation du symbole chez l'enfant: Imagination, jeu et rêve - image et représentation. Neuchâtel, Paris: Delachaux & Niestle. (dt. 1969: Nachahmung, Spiel, Traum. Die Entwicklung der Symbolfunktion beim Kind. Stuttgart: Klett.)

POWERS, W.T. (1973). Behavior: *The control of perception.* Chicago: Aldine.

PREYER, W. (1890). *Die Seele des Kindes. Beobachtungen über die geistige Entwicklung des Menschen in den ersten Lebensjahren.* Leipzig: Th.Grieben.

ROBERTS, M.C., SANTOGROSSI, D.A. & THELEN, M.H. (1976). The effects of prior task experience in the modeling situation. *Journal of Experimental Child Psychology, 21,* 524–531.

ROBERTS, M.C., SANTOGROSSI, D.A. & THELEN, M.H. (1977). Effects of model affect on imitation. *Personality and Social Psychology Bulletin, 3,* 75–78.

SAGOTSKY, G. & LEPPER, M.R. (1982). Generalization of changes in children's preferences for easy or difficult goals induced through peer modeling. *Child Development, 53,* 372–375.

SAGOTSKY, G., WOOD-SCHNEIDER, M. & KONOP, M. (1981). Learning to cooperate: Effects of modeling and direct instruction. *Child Development, 52,* 1037–1042.

SARASON, I.G. (1975). Test anxiety and the self-disclosing coping model. *Journal of Consulting and Clinical Psychology, 43,* 143–153.

SCHANK, R.C. & ABELSON, R.P. (1977). *Scripts, plans, goals, and understanding.* Hillsdale, N.J.: Erlbaum.

SCHUNK, D.H. (1981). Modeling and attributional effects on children's achievement: A self-efficacy analysis. *Journal of Educational Psychology, 73,* 93–105.

SEARS, R.R. (1957). Identification as a form of behavioral development. In D.B.Harris (Ed.), *The concept of development.* Minneapolis: University of Minnesota Press, 149–161.

SKINNER, B.F. (1953). *Science and human behavior.* New York: Macmillan.

STEINMAN, W.M. & BOYCE, K.D. (1971). Generalized imitation as a function of discrimination difficulty and choice. *Journal of Experimental Child Psychology, 11,* 251–265.

STRÄNGER, J. (1979). Intentionales Beobachtungslernen bei Schülern: Die Entstehung von Handlungsplänen durch Modellbeobachtung. In K.J. Klauer & H.-J.Kornadt (Hrsg.), *Jahrbuch für Empirische Erziehungswissenschaft* (S.143–182). Düsseldorf: Schwann.

STUMPHAUSER, J.S. (1972). Increased delay of gratification in young prison inmates through imitation of high-delay peer models. *Journal of Personality and Social Psychology, 21,* 10–17.

THELEN, M.H. & RENNIE, D.L. (1972). The effect of vicarious reinforcement on imitation: A review of the literature. In B.A. Maher (Ed.), *Progress in experimental personality research* (Vol.6, pp.83–108). London: Academic Press.

THELEN, M.H., DOLLINGER, S.J. & KIRKLAND, K.D. (1979). Imitation and response uncertainty. *Journal of Genetic Psychology, 135,* 139–152.

THELEN, M.H., REHAGAN, N.J. & AKAMATSU, T.J. (1974). Model reward and imitation: The effect of the presence of the experimenter and the model rewarder. *Journal of Psychology, 87,* 311–318.

THELEN, M.H., FRAUTSCHI, N.M., ROBERTS, M.C., KIRKLAND, K.D. & DOLLINGER, S.J. (1981). Being imitated, conformity, and social influence: An integrative review. *Journal of Research in Personality, 15,* 403–426.

THELEN, M.H., FRY, R.A., FEHRENBACH, P.A. & FRAUTSCHI, N.M. (1979). Therapeutic videotape and film modeling: A review. *Psychological Bulletin, 86,* 701–720.

THELEN, M.H., PAUL, S.C., DOLLINGER, S.J. & ROBERTS, M.C. (1978). Response uncertainty and imitation: The interactive effects of age and task options. *Journal of Research in Personality, 12,* 370–380.

TOLMAN, E.C. (1932). *Purposive behavior in animals and men.* New York: Appleton-Century-Crofts.

TONER, I.J. & POTTS, R. (1981). The effect of modeled rationales on moral behavior, moral choice, and level of moral judgement in children. *The Journal of Psychology, 107,* 153–162.

UZGIRIS, I.C. (1979). Die Mannigfaltigkeit der Imitation in der frühen Kindheit. In L.Montada (Hrsg.), *Brennpunkte der Entwicklungspsychologie (S.173–193).* Stuttgart: Kohlhammer.

UZGIRIS, I.C. (1981). Two functions of imitation during infancy. *International Journal of Behavioral Development, 4,* 1–12.

WALLER, M. (1974). Direkte und indirekte Aufmerksamkeitslenkung als erleichternde Bedingung der Ausbildung elementarer Verhaltenserwartungen bei Vorschulkindern. *Zeitschrift für Entwicklungspsychologie und Pädagogische Psychologie, 6,* 225–240.

WEISSBROD, C.S. (1976). Noncontingent warmth induction, cognitive style, and children's imitative donation and rescue effort behaviors. *Journal of Personality and Social Psychology, 34,* 274–281.

WOLF, T.M. & CHEYNE, J.A. (1972). Persistence of effects of live behavioral, televised behavioral, and live verbal models on resistance to deviation. *Child Development, 43,* 1429–1436.

YANDO, R., SEITZ, V. & ZIGLER, E. (1978). *Imitation: A developmental perspective.* Hillsdale, N.J.: Lawrence Erlbaum Ass.

YARROW, M.R. & SCOTT, P.M. (1972). Imitation of nurturant and nonnurturant models. *Journal of Personality and Social Psychology, 23,* 259–270.

YUSSEN, S.R. & SANTROCK, J.W. (1974). Comparison of the retention of preschool and second-grade performers and observers under three verbalization conditions. *Child Development, 45,* 821–824.

ZIMMERMANN, B.J. & BELL, J.A. (1972). Observer verbalization and abstraction in vicarious rule learning, generalization, and retention. *Developmental Psychology, 7,* 227–231.

ZUMKLEY-MÜNKEL, C. (1976). *Imitationslernen. Theorien und empirische Befunde.* Düsseldorf: Schwann.

Kapitel 7: Emotionen

KLAUS SCHNEIDER, Bochum

Die erste Fassung dieses Kapitels wurde im letzten Jahr meiner Tätigkeit im Fachbereich Psychologie der Philipps-Universität Marburg geschrieben. Viele meiner Marburger und auch einige auswärtige Kollegen gaben mir wertvolle Hinweise für Verbesserungen. Ihnen, wie auch dem Herausgeber und seinem Mitarbeiter Herrn ERNST, sowie Frau Dr. CZESCHLIK, Herrn Prof. Dr. HECKHAUSEN, Herrn Prof. Dr. SCHMALT und Herrn PD Dr. SCHMIDT-ATZERT, danke ich für die vielen Hinweise und Verbesserungsvorschläge.

Inhaltsverzeichnis

1. Gegenstand der Emotionspsychologie

Gefühle als Erlebnissachverhalte stellten für die Bewußtseinspsychologie um die Jahrhundertwende eine nur schwer faßbare Klasse psychischer Phänomene dar. Erst im 18. Jahrhundert haben Philosophen überhaupt die Gefühle als eine «besondere, fundamentale und genetisch frühe Klasse seelischer Funktionen» (KRUEGER, 1928, S. 94) anerkannt. Wie lassen sich aber Gefühle von anderen Erlebnissachverhalten, von Empfindungen und Wahrnehmungen, von Vorstellungen und von Gedanken abgrenzen?

Stellen wir uns einmal folgende Szene vor: Ein Geschäftsreisender, mit dem Nachtzug aus einem Ballungsgebiet kommend, öffnet am Morgen die Vorhänge seines Zugabteils und erblickt eine unzerstörte Flußlandschaft in der Morgensonne eines schönen Maitages. Er ist erfreut über diesen Anblick: «Das ist schön – so sollte die Welt noch überall aussehen.» Der Anblick der Landschaft, das Urteil «das ist schön» und die damit einhergehende Freude darüber, daß es solche Landschaften noch gibt, sind erlebnismäßig ineinander verwoben, nur perspektivisch lassen sie sich als unterschiedliche Aspekte dieses Erlebens aufzeigen – und dies hat die ältere Bewußtseinspsychologie geleistet. Während sowohl die Wahrnehmung der Landschaft selbst als auch die Bewertung eindeutig auf Sachverhalte in der Umwelt bezogen sind, wird die Freude darüber, daß es so etwas noch gibt, als Zustand der handelnden Person, als «Ichqualität» (LIPPS, 1901) erfahren. Die schöne Landschaft wird außerhalb der Person wahrgenommen, die Freude wird als innerer, subjektiver Zustand erfahren, der eine Reaktion auf die Wahrnehmung ist oder – was der Selbstbeobachtung besser entspricht – mit der Wahrnehmung einhergeht.

Wenig später schaut der Reisende schon zum dritten Mal aus der Abteiltür, um nach dem Büfettwagen Ausschau zu halten. Er möchte gerne einen Kaffee trinken; das Verlangen danach hat sich plötzlich wieder bemerkbar gemacht und die Freude über die schöne Landschaft aus dem Bewußtsein verdrängt. Weit und breit ist kein Büfettwagen zu sehen oder zu hören – der Reisende erlebt ein schwaches Gefühl von Verärgerung und Enttäuschung, da mit einem leichten Druck in der Magenregion einhergeht. Auch dieses Gefühl erlebt die handelnde Person als Ich-nahen inneren Zustand, der hier verknüpft ist mit der Empfindung einer peripheren körperlichen Veränderung.

Gefühlserlebnisse sind also anscheinend eingebettet in Tätigkeiten – die Wahrnehmung einer unverdorbenen Landschaft im ersten Beispiel. Das Ausschauhalten nach dem Büfettwagen im zweiten –: sie stellen «Färbungen» der Tätigkeitserlebnisse (LIPPS, 1907) dar und können daher auch nur im Zusammenhang mit den den Tätigkeiten zugrundeliegenden Strebungen oder Motivationen verstanden werden. Unterheblich ist es zunächst einmal, ob diese Tätigkeiten – dazu gehören auch Vorstellungs- und Phantasietätigkeit ohne erkennbare äußere Aktivität – von außen, wie im ersten Beispiel, oder von innen, wie im zweiten Beispiel, angeregt werden.

In Gefühlen manifestieren sich weiterhin wertende Stellungnahmen zu Sachverhalten in der Umwelt und zu Zuständen in der Person wie auch zum guten oder schlechten Fortgang einer Handlung (ARNOLD, 1960). So gehören Gefühle der Befriedigung beim Erreichen eines angestrebten Ziels und Gefühle der Enttäuschung und Verärgerung beim Verfehlen zu den häufigsten emotionalen Reaktionen. In emotionalen Reaktionen werden offensichtlich unsere motivationalen Tendenzen oder Strebungen sichtbar, die häufig nicht unmittelbar erlebbar sind, sondern von uns selbst oder von anderen angenommen werden, um Stabilität und Wandel im Verhalten von uns selbst und anderen erklären zu können. Der berühmte Arzt und Naturforscher der Romantik C. G. CARUS sprach von den Gefühlen als den «wunderbaren Mitteilungen des Unbewußten an das Bewußte» (CARUS, 1846, zit. nach GROSSART, 1931). Im Gefühl wird der handelnden Person bewußt, was sie anstrebt und wieweit sie sich dem Ziel genähert hat oder davon abgekommen ist; außerdem drückt sich in solchen Gefühlserlebnissen eine wertende Stellungnahme zu Sachverhalten in der Umwelt aus. In Gefühlen äußern sich damit die überdauernden Verhaltens- und Wertungsdispositionen einer Person. Gefühle sind daher *Bewußtseinsrepräsentationen,* «Abschattungen» (HUSSERL, 1913, S. 77) von Motivationen oder, wie die Motivationsforscher um die Jahrhundertwende zu sagen vorzogen, von *«Instinkten»* (JAMES, 1891; MCDOUGALL, 1908) oder *«Trieben»* (FREUD, 1915). Dabei wird nicht nur der Antrieb zu einer Handlung erfahren, sondern auch die Bewertung des jeweiligen Zustands, der im Hinblick auf die Zielsetzung erreicht worden ist, sowie diejenige der vorgefundenen und der durch eigenes und fremdes Handeln veränderten Umweltgegebenheiten (vgl. Kap. 8, Motivation).

Eine Reihe von Emotionsforschern hat es für zweckmäßig erachtet, zwischen mehr reaktiven «Erlebnistönungen», die mit der Wahrnehmung eines Sachverhaltes einhergehen, und den Gefühlen im engeren Sinne als Bewußtseinszeichen von Motivationsvorgängen zu unterscheiden (s. EWERT, 1965). Tatsächlich gibt es aber fließende Übergänge zwischen diesen Erlebnisweisen, zudem ist auch die Erlebnistönung Ausdruck einer überdauernden Wertungsdisposition der handelnden Person. Wir werden daher im folgenden alle zeitlich begrenzten emotionalen Erlebnisweisen als Gefühle bezeichnen.

Eine andere deskriptive Unterscheidung hat sich dagegen auch unter funktionalen Aspekten als sinnvoll herausgestellt – es ist die Unterscheidung zwischen Gefühlen und Stimmungen (EWERT, 1965). Nehmen wir einmal an, unser Reisender befand sich in den letzten Tagen vor Antritt seiner Reise in einem etwas trübseligen Zustand. Da sich in seinem Leben in der letzten Zeit keine bedeutsamen Veränderungen eingestellt hatten, führte er diesen selbst auf das kalte, unfreundliche und nasse Wetter, das für die Jahreszeit ganz untypisch war, zurück. An diesem Morgen, in einem D-Zug-Abteil der Deutschen Bundesbahn, bessert sich seine Stimmung: Nachdem der Reisende die schöne Landschaft gesehen hat und seinen Kaffee schließlich doch noch bekam, sieht er die Welt wieder in einem rosigeren Licht.

Stimmungen stellen so etwas wie den Hintergrund des Bewußtseinsgeschehens dar, sie färben alles Erleben. Qualitativ verschiedene Gefühle, auch entgegengesetzte, sind auf dem Hintergrund von positiven und negativen Stimmungen durchaus möglich, sie werden aber von diesen Stimmungen eingefärbt. Über eine gute Nachricht freut man sich auch dann, wenn man in einer gedrückten Stimmung ist; das Ausmaß der Freude ist aber sicherlich verschieden von der Freude, die man erlebt, wenn man die gleiche Nachricht auf dem Hintergrund einer gelösten und heiteren Stimmung empfängt.

Diese Bemerkungen mögen zunächst einmal zur Kennzeichnung der Erlebnistatbestände *Gefühle* und *Stimmungen* genügen. Unter *Emotionen* verstehen wir dagegen handlungssteuernde Zustände, die sich in Gefühlen ausdrücken mögen oder auch nicht – zumindest können wir das bei anderen Säugetieren unterhalb der Ebene des Menschen und auch bei Kleinkindern nicht mit letzter Sicherheit sagen. Emotionen als handlungs- und verhaltenswirksame Zustände sind also durch den Hinweis auf ihre jeweils spezifische Erlebnisweise nicht hinreichend beschrieben (s. PLUTCHIK, 1962). Neben der subjektiven Seite der Emotionen, den Gefühlen und Stimmungen, hat man seit den Anfängen der Emotionsforschung die mit den emotionalen Erlebnissen einhergehenden peripheren physiologischen Veränderungen (s. WUNDT, 1910) und auch die körperlichen emotionalen Ausdruckserscheinungen (DARWIN, 1872) zu erfassen gesucht: Im emotionalen Ausdruck teilen sich emotionale Zustände Artgenossen und Gruppenmitgliedern mit; die begleitenden peripheren physiologischen Vorgänge im Organismus wie z. B. die Zunahme des Herzschlages und der Atmungsfrequenz dienen offensichtlich, wie CANNON schon 1929 darlegte, der Vorbereitung des Organismus auf schnelles Handeln.

Emotionale Zustände sind in viel stärkerem Maße als kognitive Prozesse mit peripheren körperlichen Vorgängen verknüpft. Ihre spezifische Erlebnisweise und auch die Wirksamkeit, die sie im Verhalten entfalten, sind sicherlich zu einem Teil Folge dieser engen Anbindung an körperliche Vorgänge, an vegetative und motorische Prozesse.

Emotionen stellen damit explikative Konstrukte oder erschlossene Wirkgrößen dar, denen eine verhaltensregulierende Wirkung zugesprochen wird. Sie manifestieren sich in einer

Reaktionstrias: (1) in den subjektiven Erlebnisweisen, den Gefühlen also, über die eine erwachsene normale Person in der Regel im Verbalreport Auskunft geben kann; (2) in motorischen Verhaltensweisen, speziell im Ausdrucksverhalten, und (3) in begleitenden physiologischen Veränderungen, die auf Erregungen des autonomen Nervensystems (ANS) beruhen. Alle drei Reaktionssysteme sind nur mäßig miteinander korreliert (Eriksen, 1958; Eysenck, 1975; Lang, 1979). Das kann nicht verwundern, da sowohl der emotionale Ausdruck als auch die physiologischen Veränderungen jeweils eigenen Gesetzmäßigkeiten unterliegen. Ausdruck ist auch oder an erster Stelle Mitteilung: Wir lernen aber schon in jungen Jahren, unseren Gefühlsaudruck zu kontrollieren, und halten uns dabei an Sitten und Konventionen. Die physiologischen Veränderungen schließlich, die man an der Oberfläche des Körpers messen kann, stellen integrale Größen verschiedener geregelter Vorgänge dar, die primär innerorganismischen Funktionen dienen. Emotionale Zustände machen sich hier zwar bemerkbar, ihre Wirkung wird aber häufig überlagert durch Veränderungen, die Ausdruck innerorganismischer Organisationsprozesse zur Aufrechterhaltung des Gleichgewichtes im Organismus, *der Homöostase,* sind.

In den folgenden Abschnitten werden die drei Komponenten emotionaler Reaktionen einzeln behandelt, bevor wir die Bedeutung von Emotionen im Handeln diskutieren. Zuvor werden wir aber der Frage nachgehen, welche Funktion Emotionen einschließlich der zugehörigen physiologischen Veränderungen und des emotionalen Ausdrucks im Handeln des Menschen haben. Die bereits angesprochene Anbindung von Emotionen an die Verhaltens- und Wertungsdispositionen, die Strebungen von Lebewesen, macht verständlich, daß den Emotionen in der Regel ein Handlungsantrieb zukommt. Darin offenbart sich u.a. ihre *funktionale Bedeutung.* Emotionen drängen uns Menschen – und vermutlich auch andere Lebewesen – etwas bestimmtes zu tun, anderes zu unterlassen, länger bei einer Sache zu bleiben, eine andere früher abzubrechen, etwas zu wiederholen, was in der Vergangenheit positive Gefühle hervorbrachte. Emotionen stellen damit die «großen Lehrmeister» im Leben dar: Sie erinnern uns ständig daran, daß unser bescheidenes Wissen um die Welt und um uns selbst offensichtlich nicht ausreicht, um die notwendigen Anpassungen an die Gegebenheiten der dinglichen und sozialen Umwelt sicherzustellen – trotz eines anscheinend unbeirrbaren Glaubens an eine rationale Verhaltenssteuerung beim Menschen von der Antike bis zu den modernen Entscheidungs- und Handlungstheoretikern.

Wie ist es nun zu dieser Steuerungsfunktion der Emotionen gekommen, wie ist das Wissen (Information) über förderliche und schädliche Umweltsachverhalte und Handlungsfolgen, das sich in den Emotionen offenbart, in den Organismus gelangt? Offensichtlich bringen ja schon Neugeborene zumindest die primitiven Formen des Lust- und Unlusterlebens mit auf die Welt und regulieren damit ihr Verhalten und über den Emotionsausdruck auch das ihrer nächsten Bezugspersonen. Antwort auf eine solche Frage kann uns nur das Studium der Stammesgeschichte des Menschen geben.

2. Funktion von Emotionen

Verhaltenssysteme, für die man eine genetische Basis annehmen darf, stellen Antworten der Evolution auf die Erfordernisse des Überlebens und der Erhöhung der Fortpflanzungschancen in der Entwicklung einer Art dar. Ein grundlegendes Charakteristikum von Lebewesen – von den einfachsten einzelligen Formen bis zum Menschen – ist ihre Gerichtetheit: hin zu positiven, die Lebenslage verbessernden Situationen und Sachverhalten, und weg von negativen Situationen und Sachverhalten, die den Status des Lebewesens verschlechtern. Damit werden Annäherung und Flucht (Vermeidung) zu den grundlegenden Instrumenten des Verhaltens, um lebenswichtige Ziele zu sichern oder zu erlangen und schädliche Zustände zu beenden oder zu meiden (Maier & Schneirla, 1935; Schneirla, 1959).

Will man also eine Antwort auf die Frage nach der Funktion von Emotionen finden, so muß man zunächst einmal fragen, wie überhaupt sichergestellt werden kann, daß Lebewesen, auch ohne Einsicht in letzte Handlungsziele, förderliche Situationen aufsuchen und schädigende meiden. Im tierlichen Verhalten haben starre Kopplungen von Reizen und Reaktionen im Nervensystem, die eine genetische Basis besitzen, eine relativ große Bedeutung. Die «Instinkthandlungen», wie sie von den Ethologen im Verhalten von Tieren beschrieben werden (z.B. EIBL-EIBESFELDT, 1978; TINBERGEN, 1951), sind dadurch gekennzeichnet, daß bei entsprechender innerer *«Gestimmtheit»* und dem Vorhandensein eines *«Auslösereizes»* eine relativ starre Bewegungsabfolge, die eigentliche Instinkthandlung, ausgelöst wird. Solche Instinkthandlungen sind Ausdruck der Phylogenese einer Art, stellen also Anpassungen der Art an die Umwelt in dem langen Zeitraum ihrer Entstehung dar. In der Stammesentwicklung zu den Säugetieren hin, besonders zu den Primaten, wurden solche starren Verknüpfungen von Reiz und Reaktion offensichtlich wieder aufgegeben. Hier ermöglichen Emotionen, die zwischen Reiz und Reaktion auftreten und nur die grundsätzliche Richtung des Verhaltens anzeigen, eine größere Flexibilität im Verhalten, das dann zusätzlich durch Lernen durch Erfolg und Mißerfolg an sich verändernde Situationen angepaßt werden kann (HAMBURG, 1963; MCDOUGALL, 1908; SCHERER, 1981; 1984; vgl. auch Kap. 6, Lernen).

Emotionen stellen genetisch verankerte Stellungnahmen zur Situation eines Lebewesens in einer gegebenen Umwelt dar. Auch dadurch kann sichergestellt werden, daß lebenswichtige Ziele angestrebt und schädliche Umstände gemieden werden, und zwar mit größerer Flexibilität, als dies durch starre Reiz-Reaktionsverbindungen ermöglicht würde. Durch emotionale Reaktionen werden zunächst einmal nur die grundsätzlichen Richtungen des Verhaltens festgelegt – weg oder hin zu einem Sachverhalt –, die konkreten Verhaltensweisen können dann in Abhängigkeit von der Situation und auch in Abhängigkeit von der Erfahrung eines Lebewesens in vergleichbaren Situationen, von seiner Lerngeschichte, ausgewählt werden. Damit wird deutlich, daß emotionale Reaktionen nicht losgelöst werden können von anderen informationsaufnehmenden und -verarbeitenden Prozessen im Organismus – beginnend mit dem Aufmerken, der Hinwendung der Sinnesorgane auf neue oder sonstwie auffällige Reize, auf die dann die emotionale Bewertung folgt (s. SCHERER, 1981).

In dieser Auffassung der Funktion von Emotionen scheint uns auch der heute noch beachtenswerte Kern der MCDOUGALLschen Auffassung genetisch verankerter «Instinkte» beim Menschen zu liegen (MCDOUGALL, 1908): Danach stellen die emotionalen Reaktionen im Verhalten des Menschen die eigentlichen «Invarianten» des instinktiven, d.h. des genetisch fundierten Verhaltens dar. Auslösende Reize und instrumentelle Verhaltensweisen sind dagegen zumeist variant, häufig gebunden an die individuelle Lerngeschichte eines Lebewesens.

Auch ohne Einsicht in biologische Imperative des Verhaltens sichern Emotionen damit über Lust-Unlust-Mechanismen und das dadurch ermöglichte Lernen, daß wichtige Verhaltensziele, die den Reproduktionserfolg und damit die Weitergabe der Gene sicherstellen, angestrebt und Situationen und Umstände, die ihn gefährden, gemieden werden.

Ihre funktionale Bedeutung erhalten Emotionen damit zunächst einmal durch ihre handlungssteuernde Funktion in genetisch verankerten Motivationssystemen, also solchen Systemen, die im Laufe der Stammesgeschichte entstanden sind und die wir daher in der Regel mit anderen Säugetieren gemeinsam haben. Die Frage, wieviel solcher genetisch verankerter Motivationssysteme es gibt, denen grundlegende (primäre) Emotionen zugeordnet werden können, konnte bislang nicht definitiv beantwortet werden. MCDOUGALL (1928) zählt 7 «Hauptinstinkte» des Menschen auf, zu denen als invariante Reaktion eine charakteristische Emotion gehört: (1) Der Fluchtinstinkt mit der Emotion der Furcht; (2) die Abwehr mit der Emotion des Ekels; (3) Neugier mit der Emotion Staunen; (4) Kampfesinstinkt mit der Emotion Zorn; (5) Selbstbehauptung mit dem positiven Selbstgefühl; (6) Selbsterniedrigung mit dem negativen Selbstgefühl und (7) Pflegeinstinkt mit der Emotion der Fürsorglichkeit. Eine etwas andere Auflistung finden wir bei SCOTT (1958, 1980), der sicherlich in stärkerem Maße mit der Breite tierlichen Verhaltens vertraut war. SCOTT nennt 9 Klassen von Verhaltensweisen, von denen er meint, daß sie im Tierreich weit verbreitet sind und Antworten auf grundlegende Probleme des Lebens und Überlebens von Individuen und Arten darstellen: (1) Nahrungs-, Flüssigkeits- und Sauerstoffaufnahme; (2) Schutzsuche; (3) Exploration: (4) Sexualverhalten; (5) Fürsorge für Nachkommen; (6) Suche nach Fürsorge und Betreuung; (7) agonistisches Verhalten; (8) Nachahmung; (9) Ausscheidung. Auch in dieser Aufstellung sind jedem der Verhaltenssysteme Emotionen zugeordnet – z. B. «Hunger» und «Durst» im erstgenannten Verhaltenssystem, «Furcht» im zweitgenannten System «Schutzsuche».

Bedeutungsvoll ist beim derzeitigen Stand unserer Kenntnisse nicht so sehr diese oder jene Auflistung von «primären» Emotionen, sondern ihre Einbindung in basale Motivationssysteme, für die man mit gutem Recht eine genetische Basis annehmen darf. Das nachfolgende Schema (leicht verändert aus PLUTCHIK, 1975, S. 17) soll noch einmal die Funktion von primären Emotionen für das Verhalten von Lebewesen verdeutlichen. Im Anschluß an McDOUGALL und SCOTT nimmt PLUTCHIK (1962, 1980) primäre Emotionen an, die vorrangig durch spezifische Verhaltensweisen identifiziert werden. Ein Ereignis oder ein Sachverhalt wird wahrgenommen und als gut oder schlecht bewertet, was zur Annäherung oder Vermeidung führt. Je nach dem spezifischen Anreizwert des Sachverhaltes in der Umwelt und dem Zustand, in dem sich das Lebewesen befindet, werden Verhaltensweisen der Annäherung als Orientierung, Exploration, Einverleibung und Paarung und solche der Vermeidung als Weglaufen, Kämpfen, Hilfesuchen oder Ausstoßen ausgelöst. Jeder Klasse dieser Verhaltensweisen sind eine oder mehrere typische Emotionen zugeordnet (Abb. 1).

Nun treten Emotionen beim Menschen nicht nur im Verlaufe solcher Handlungen auf, von denen man mit einiger Wahrscheinlichkeit annehmen darf, daß ihnen eine genetisch fundierte Verhaltens- und Wertungsdisposition zugrunde liegt. Eine Reihe mächtiger Verhaltensdispositionen sind beim Menschen sicherlich eher Ausdruck gelernter Wertschätzungen, die auf sozialen Werten beruhen.

Schon zu Beginn des Jahrhunderts wies McDOUGALL (1908) im Anschluß an SHAND (1896) darauf hin, daß «emotionale Dispositionen» zu Teilen von komplexeren Handlungssystemen werden, in deren Mittelpunkt wertgeschätzte Objekte oder Objektklassen stehen. McDOUGALL bezeichnet ein «solches System

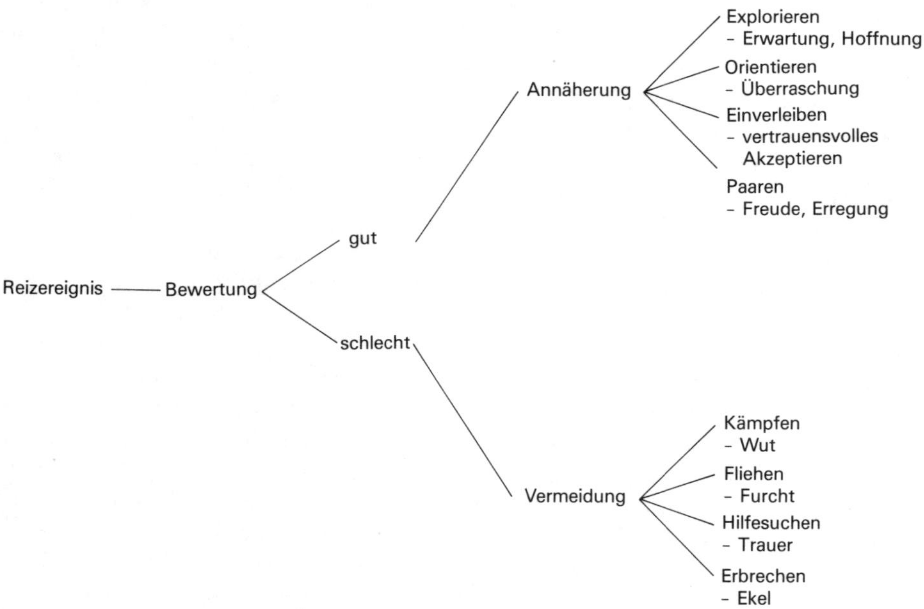

Abbildung 1: Grundlegende Arten der Auseinandersetzung mit der Umwelt, daraus resultierende Verhaltenssysteme und zugeordnete basale Emotionen (verändert, nach PLUTCHIK, 1975, S. 17).

emotionaler Anlagen, die um ein Objekt gruppiert sind» (McDOUGALL, 1928, S.103) als «Gesinnung». Beispiele für Gesinnungen sind Liebe oder Haß als überdauernde Wertungs- und Gefühlsdispositionen, die sich auf bestimmte Personen, Gruppen von Personen oder aber auch auf gesellschaftliche Institutionen und kulturelle Erzeugnisse beziehen und aus denen die unterschiedlichsten emotionalen Reaktionen je nach Situation entstehen können.

Eine eindeutige Zuordnung von solchen komplexen Wertungsdispositionen und Emotionen ist nicht möglich: Die Gesinnung des Hasses mag je nach Situation und Persönlichkeitsspezifik Gefühle der Abscheu, des Ekels, der Verärgerung, der Wut, der Geringschätzung, aber auch der Furcht zur Folge haben. Gesinnungen oder erworbene Wertungsdispositionen sind Ausdruck der Lerngeschichte eines Individuums und damit auch Ausdruck ihres soziokulturellen Umfeldes.

Nach unseren bisherigen Erörterungen besteht die Funktion von Emotionen in der Initiierung von spezifischen Handlungen. Emotionen treten aber auch während und ganz besonders am Ende einer Handlung auf. Ein positiver emotionaler Zustand, die Lust, die wir während einer Handlung erfahren, hält die Handlung aufrecht – ein negativer Zustand, die Unlust, führt zu Änderungen im Verhalten oder sogar zum Abbruch (YOUNG, 1952).

Die Zufriedenheit schließlich über ein erreichtes Handlungsziel und die Unzufriedenheit über ein verfehltes Ziel sind beim Menschen vielleicht diejenigen Emotionen, die uns im Alltag am häufigsten widerfahren. Sie wirken offensichtlich im Sinne des Verstärkungskonzeptes der Lerntheoretiker auf den Erwerb und die Stabilisierung von Handlungsweisen. Lebewesen wiederholen unter vergleichbaren Umständen Handlungsweisen, die in der Vergangenheit zu befriedigenden Zuständen geführt haben, und unterlassen solche, die unbefriedigende Zustände zur Folge hatten (THORNDIKE, 1898; vgl. Kap. 6, Lernen).

Damit haben Emotionen mindestens die folgenden drei Funktionen: (1) Sie ermöglichen die bedürfnis- und situationsgerechte Auswahl von Verhaltensweisen; (2) sie regulieren Intensität und Ausdauer der verschiedenen Verhaltensweisen, und (3) sie bewirken das Lernen (Abspeichern) solcher Verhaltensweisen, die unter bestimmten situativen Umständen erfolgreich waren, und markieren im Gedächtnisbesitz andererseits solche, die zu Mißerfolg führten (s. ZIMMER, 1981).

Neben dieser primären Funktion von Emotionen für die Verhaltenssteuerung und Regulation haben das Ausdrucksverhalten, das mit den Emotionen einhergeht, und die peripheren körperlichen Veränderungen jeweils noch gesonderte Funktionen. Emotionen teilen sich im Ausdruck, in der Mimik, der Gestik, der Körperhaltung und durch Vokalisation mit. Auf die Bedeutung des Ausdrucks von Emotionen für sozial lebende Arten hat schon DARWIN (1872) hingewiesen. Vor aller sprachlichen Kommunikation werden durch Ausdrucksverhalten handlungsrelevante Emotionen den Artgenossen in der Gruppe wie auch Eindringlingen mitgeteilt. Damit kann z. B. eine Koordination der verschiedenen Mitglieder einer Gruppe bei der gemeinsamen Abwehr eines Feindes oder beim gemeinsamen Jagen erreicht werden, oder es können Rangstreitigkeiten innerhalb der Gruppe bereinigt werden, ohne daß es zu blutigen Auseinandersetzungen kommt.

Eine experimentelle Studie an Rhesusaffen soll die vermutete Funktion des Ausdrucks belegen: MILLER, CAUL und MIRSKY (1967) trainierten 3 Rhesusaffen, einen elektrischen Schock, der durch ein Lichtsignal angezeigt wurde, durch die Betätigung eines Hebels zu vermeiden. Sobald das Tier innerhalb einer vorgegebenen Zeitspanne nach Darbietung des Warnsignals reagierte, unterblieb der Strafreiz. Am Ende der Lernphase konnten die Versuchstiere im Mittel den Schock in 95% aller Durchgänge vermeiden. In einer zweiten Phase dieses Experiments konnte dann jeweils ein Tier nur noch das Gesicht eines Partners beobachten, dem seinerseits der Schock durch das bekannte Warnsignal angezeigt wurde. Wollte dieses Beobachter- oder Empfängertier den Schock vermeiden, mußte es innerhalb von 6 Sekunden, nachdem dem Sendertier das Signal dargeboten worden war, reagieren. Im Mittel über alle 6 möglichen Paarkombinationen waren die Empfängertiere immerhin noch in 77% aller Durchgänge dabei erfolgreich.

Das zeigt also, daß Ausdrucksmerkmale von sozial lebenden Tieren genutzt werden können, um kritische Ereignisse in der Umwelt und das Verhalten von Artgenossen vorwegzunehmen. Auf die spezielle Funktion der peripheren physiologischen Veränderungen haben wir schon oben hingewiesen. Diese liegt offensichtlich darin, den Organismus auf Handlung einzustellen (CANNON, 1929). In aller Regel finden wir nämlich bei starken Emotionen einen erhöhten Sympathikotonus, durch den der Organismus auf Aktivität eingestellt wird. Wir werden dieser Frage noch einmal im Abschnitt 7.4 nachgehen.

3. Emotionen als Erlebnistatbestände und ihre Klassifikation

Die Sprachgemeinschaft, in der wir aufgewachsen sind, stellt Begriffe zur Verfügung, von denen wir annehmen, daß alle Menschen sie im großen und ganzen zur Bezeichnung ähnlicher innerer Zustände benutzen. In der Ontogenese erlernt das Kind diese Begriffe in der Interaktion mit den nächsten Bezugspersonen. Die Emotionsforschung ging und geht von diesen emotionalen Erlebnissen aus: Sie alleine kennzeichnen zunächst die qualitative emotionale Vielfalt. Die anderen genannten Indikatoren, das Ausdrucksverhalten und die begleitenden peripheren körperlichen Erregungsvorgänge, treten entweder auch in ganz anderen Funktionszusammenhängen auf, so z.B. die sympathische Aktivierung bei körperlicher und mentaler Anstrengung, oder aber können wie der Ausdruck willentlich eingesetzt, verändert oder unterdrückt werden. In gewisser Weise gilt dies allerdings auch für Gefühle als Erlebnistatbestände. Nicht jede emotionale Reaktion mag ein erlebtes Gefühl einschließen, sei es, weil die Aufmerksamkeit der handelnden Person auf andere Dinge gerichtet ist oder weil sie selbst dieses Gefühl nicht wahrhaben will.

Hierzu ein Beispiel: HAGGARD und ISAACS (1966) konnten durch die Analyse mimischer Reaktionen von kurzer Dauer (kürzer als $^1/_6$ sec), sog. mikromomentaner Reaktionen, in einer klinischen Interviewsituation belegen, daß bei den Patienten kurzfristig emotionale Reaktionen ausgelöst wurden, die dann weder mitgeteilt werden konnten, noch offensichtlich bewußt erlebt wurden. Es handelte sich dabei um emotionale Reaktionen, die durch die Nennung konfliktträchtiger Lebensereignisse oder Personen, etwa der Eltern, angeregt worden waren.

Wie von anderen Bewußtseinsinhalten, so kann auch von emotionalen Erlebnissen die Aufmerksamkeit abgezogen und anderen Sachverhalten zugewandt werden. Emotionale Erlebnisse bleiben dann im Hintergrund und möglicherweise unbemerkt. Besonders solche emotionalen Reaktionen, die im Widerspruch zu Werthaltungen der Person stehen, können auch im Moment ihres Entstehens abgeblockt werden: sie werden nicht wahrgenommen oder verleugnet (FREUD, 1913). Der Normalfall, insbesondere bei nicht-tabuisierten emotionalen Reaktionen, ist dies aber sicherlich nicht. Wir gehen daher davon aus, daß emotionale Erlebnistatbestände, Gefühle, eine wichtige, für das Studium der emotionalen Reaktionsweisen von normalen Erwachsenen zunächst die wichtigste Informationsquelle sind.

Emotionale Erlebnisse sind allerdings zunächst nur der handelnden Person selbst zugänglich. Über den emotionalen Ausdruck hinaus können wir uns aber durch das gesprochene Wort über diese Ereignisse verständigen – im allgemeinen gelingt dies, wie der Alltag und die darstellende Kunst belegen, recht gut. Unsere Sprache, das gilt für andere Sprachen auch, umfaßt eine Vielzahl von Wörtern, mit denen emotionale Zustände bezeichnet werden. In den Sprachen hat sich das psychologische Alltagswissen vieler Jahrhunderte niedergeschlagen. – Darf man aber annehmen, daß der großen Anzahl von Gefühlswörtern eine ebenso große Anzahl unterschiedlicher Emotionen entspricht, oder werden damit nur Nuancen im emotionalen Erleben bezeichnet, deren Unterscheidung mehr durch die auslösenden Umstände als durch die Qualität des Erlebens ermöglicht wird?

Hierzu einige empirische Forschungsansätze: AVERILL (1975) stellte einer Gruppe von Vpn eine Liste von 717 Emotionsbegriffen vor, die aus verschiedenen anderen Listen zusammengestellt worden war: Wann immer zwei von fünf

Beurteilern eines der vorgelegten Wörter als ein Emotionswort identifizierten, wurde es in die endgültige Liste AVERILLS aufgenommen, die 558 Emotionswörter enthält.

Eine Reihe von Forschern hat nun aufgrund der Ähnlichkeitsbeziehungen zwischen solchen Emotionswörtern versucht, diese Vielzahl auf eine überschaubare Anzahl von grundlegenden Dimensionen oder Kategorien von Gefühlen zu reduzieren.

Als Beispiel für diese Vorgehensweise sollen hier zwei ältere Studien von TRAXEL (TRAXEL, 1960; TRAXEL & HEIDE, 1961) etwas ausführlicher dargestellt werden. TRAXEL (1960) ließ 25 Beurteiler bei 8 Emotionsbezeichnungen jeweils die beiden ähnlichsten und die dazu unähnlichste Bezeichnung heraussuchen. Der Ähnlichkeit nach geordnet schließen sich diese Emotionsbezeichnungen zu einem Kreis zusammen (Abb. 2). Abscheu/Widerwille hat im Verständnis dieser Beurteiler sowohl eine hohe Ähnlichkeit mit Zorn als auch mit Angst. Durch eine lineare Anordnung kann dieser Ähnlichkeitsbeziehung nicht Rechnung getragen werden, nur eine kreisförmige Anordnung wird dem Tatbestand gerecht, daß, von einem beliebigen Gefühlswert ausgehend, die Folge der jeweils ähnlichsten Wörter wieder zu diesem zurückführt. Die kreisförmige Anordnung wird durch die angenommenen Achsen «angenehm–unangenehm» und «Submission–Dominanz» interpretiert.

Alle 8 Emotionsbezeichnungen lassen sich durch diese beiden Dimensionen hinreichend lokalisieren; TRAXEL und HEIDE (1961) überprüften das, indem sie eine Gruppe von Beurteilern 21 Emotionswörter nach diesen beiden Dimensionen einschätzen ließen, wobei jeweils zwei neunstufige Skalen mit den Achsenbezeichnungen «angenehm-unangenehm» und «Unterwerfung-Überhebung» vorgegeben waren. Die sich aus dieser Einstufung ergebende Einordnung der 21 Emotionswörter in ein zweidimensionales Achsensystem weist im Hinblick auf die aus der ersten Untersuchung übernommenen Emotionswörter eine fast identische Ordnung bezüglich der Polarkoordinaten auf.

Mit einer anderen Vorgehensweise, einer Einstufung von Emotionswörtern mit dem semantischen Differential – dabei werden Sachverhalte zwischen polaren Beschreibungsbegriffen (Adjektive oder Substantive) eingestuft (z.B. «schön»–«häßlich», «stark»–«schwach») –, gelangten TRAXEL und HEIDE dann schließlich zur Annahme einer dritten Beschreibungsdimension, die in Anlehnung an ältere Klassifikationsversuche (WUNDT, 1910) als *Erregungsdimension* bezeichnet wurde.

Aufgrund der Ähnlichkeitsrelationen der polaren Beschreibungsbegriffe bei der Einstufung unterschiedlicher Beurteilungsgegenstände kann mittels der sog. Faktorenanalyse die Anzahl der Dimensionen ermittelt werden, die zur Beschreibung der Objektmannigfaltigkeit angemessen ist. Die Faktorenanalyse kann allerdings nur die Anzahl der Dimensionen zutage fördern, die in den polaren Begriffen enthalten

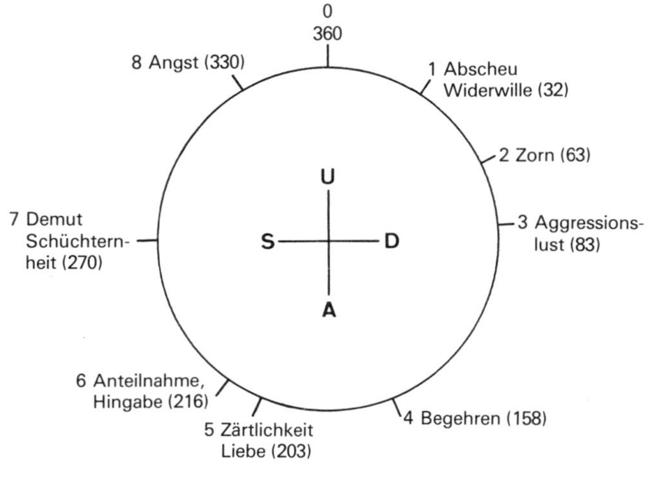

Abbildung 2: Kreisförmige Anordnung von Emotionsbegriffen der Ähnlichkeit nach geordnet (verändert, nach TRAXEL, 1983, S. 22). Die Skalenwerte sind in Winkelgraden angegeben. In den Kreis sind die beiden angenommenen Dimensionen ‹Angenehm – Unangenehm› (A–U) und ‹Submission – Dominanz› (S–D) eingetragen.

sind. Das bedeutet, daß verschiedene Untersucher, die unterschiedliche Begriffe und/oder unterschiedliche Urteilsobjekte verwenden, zu unterschiedlichen Ergebnissen kommen müssen.

So überprüfte MARX (1982) die Ergebnisse von TRAXEL und HEIDE mit einer verbesserten Methodik, in die weniger Vorannahmen eingingen, und fand eine zweidimensionale Anordnung mit den Achsen «Lust–Unlust» und «Aktivation» als ausreichend zur Beschreibung der Traxelschen Emotionswörter. Die Dominanz-Submissions-Dimension konnte nicht bestätigt werden.

Alle Untersuchungen dieser Art basieren auf dem Sprachverständnis der befragten Personen. Selbst dann, wenn man die Versuchspersonen auffordert, sich Gefühle zu vergegenwärtigen, werden diese in der Regel durch Begriffe bezeichnet. Werden Bilder oder andere Reize benutzt, muß man davon ausgehen, daß erwachsene Versuchspersonen die dargestellten emotionalen Zustände sprachlich kodieren. In der Mehrzahl der Studien wurden außerdem als Reaktionsmaß sprachlich bezeichnete Skalen zur Beschreibung der vorgestellten emotionalen Zustände verwandt – so in der Form des semantischen Differentials. Studien, in denen diese Methode Verwendung fand, zeigen also zunächst einmal nicht mehr und nicht weniger als das Faktum, daß unsere Sprache solche impliziten Bewertungsdimensionen enthält.

Diese Bewertung wird durch die Ergebnisse sprachpsychologischer Studien gestützt. In einem groß angelegten Forschungsprogramm haben OSGOOD und Mitarbeiter (OSGOOD, SUCI & TANNENBAUM, 1957) die Bewertungsfunktion der Sprache untersucht und dabei drei wertende Bedeutungsdimensionen nachgewiesen, die später als emotionale Bewertungsdimensionen interpretiert wurden (s. ERTEL, 1964). Von OSGOOD und Nachfolgern wurden diese drei Bedeutungsdimensionen als die Dimensionen (1) der Evaluation (angenehm–unangenehm), (2) der Erregung (beruhigend–erregend) und (3) der Potenz (stark–schwach) bezeichnet.

Die drei OSGOODschen Dimensionen stimmen mit den Dimensionen überein, die schon der Begründer der experimentellen Psychologie, WILHELM WUNDT, als Ordnungsschema für emotionale Erlebnisse postulierte: (1) «Lust-Unlust», (2) «Erregung-Beruhigung», (3) «Spannung-Lösung».

WUNDT (1910) gelangte zu diesem Schema allerdings aufgrund der Analysen introspektiv erfaßter Gefühlstönungen einfacher Sinnesreize, wie Töne, Farben usw., die als zeitlich strukturierte Gebilde vorgegeben wurden. Dabei ist die letzte Dimension (Spannung-Lösung) zuständig für die Beschreibung der Veränderung von Gefühlstönungen, die durch die zeitlichen Verhältnisse in Reizfolgen bewirkt wird – so z.B. wenn ein Signal einen Reiz ankündigt und der erwartete Reiz dann endlich eintritt. Erlebnismäßig steigt in diesem Fall die Spannung an, um mit dem Eintritt des Reizes wieder abzufallen. Dieser *dynamische* Aspekt des Wundtschen Forschungsansatzes ging dann allerdings bei späteren Untersuchern, die weitgehend mit Gefühlswörtern als Beurteilungsobjekte arbeiteten, verloren. Erst neuerdings findet dieser Aspekt wieder zunehmend Beachtung (s. SOLOMON, 1980).

In gleicher Weise wie solche Ähnlichkeitsurteile herangezogen wurden, um emotionale Bewertungsdimensionen zu ermitteln, können sie auch verwendet werden, um Emotionsbegriffe kategorial zu ordnen. Als Beispiel für diese Vorgehensweise und die Ergebnisse, die man dabei erzielen kann, soll hier eine neuere Arbeit von SCHMIDT-ATZERT und STRÖHM (1983) dargestellt werden. Die Autoren erweiterten eine bereits vorliegende Liste von Emotionswörtern (SCHMIDT-ATZERT, (1980). Beurteiler wurden aufgefordert, 56 Begriffe in beliebig viele Gruppen einander ähnlicher Emotionsbezeichnungen zu sortieren. Aus diesen Sortierungen konnten für die Gesamtgruppe Ähnlichkeitsmaße aller möglichen Paare von Emotionsbegriffen gewonnen werden: Zwei Emotionsbegriffe sind um so ähnlicher, je häufiger sie bei der Sortierung ein und derselben Gruppe zugeordnet werden. Eine sog. Clusteranalyse dieser Ähnlichkeitsmaße, bei der die Gesamtmenge der Urteilsobjekte in Teilmengen einander ähnlicher Objekte unterteilt wird, zeigt die Verwandtschaft zwischen allen Begriffen auf (vgl. das Dendrogramm in Abb. 3). Die Autoren halten eine Unterteilung in 14 Kategorien für die angemessenste: Hierbei werden keine allzu unterschiedlichen Emotionsbegriffe zu-

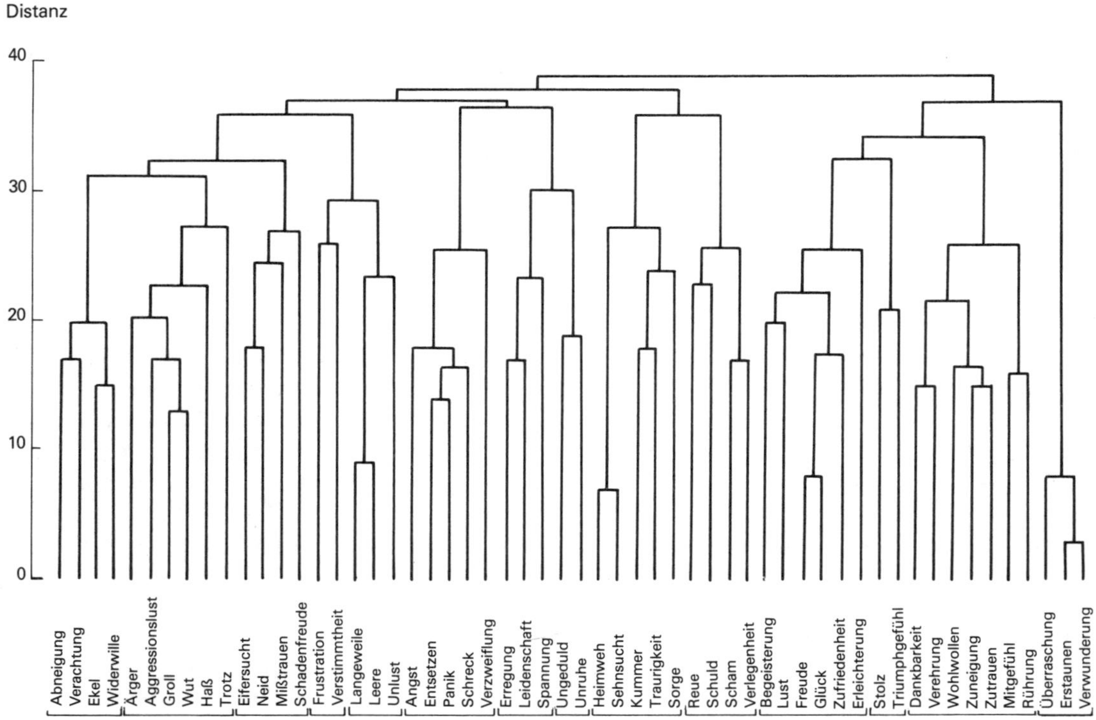

Abbildung 3: Ergebnis der Clusteranalyse der vorgelegten Emotionsbegriffe nach der Average Linkage Methode (aus SCHMIDT-ATZERT & STRÖHM, 1983, S.135). Die Autoren nehmen 14 Cluster an, die durch Unterstreichung verbunden sind.

sammengefaßt, außerdem erscheint ihre Differenzierung hinreichend fein.
Die Entscheidung, die Clusterung bei 14 Clustern abzubrechen, ergibt sich also nicht zwingend aus der angewandten Methode. Auch bei dieser Methode sind die Ergebnisse außerdem abhängig von den vorgelegten Listen von Emotionsbegriffen – es kommt also sehr darauf an, inwieweit die vorgelegte Liste vollständig ist.

4. Emotionen und periphere körperliche Veränderungen

4.1 Die Spezifität physiologischer Reaktionsmuster

Stärker als bei anderen psychischen Vorgängen, die Gegenstand der Allgemeinen Psychologie sind, stärker als bei den informationsverarbeitenden Prozessen z. B., fällt bei den emotionalen Reaktionen die enge Verzahnung mit körperlichen Reaktionen, die durch das sog. unwillkürliche oder autonome Nervensystem (ANS) gesteuert werden, ins Auge. Wir erröten und erblassen, unsere Pupillen weiten sich, Handschweiß bricht aus. Solche Veränderungen sind immer schon zur Identifikation emotionaler Zustände in der sozialen Interaktion genutzt worden. Schriftsteller und darstellende Künstler beziehen sich auf solche Merkmale, um emotionale Zustände anzudeuten. Entsprechend haben solche peripheren Veränderungen schon in den Anfangszeiten der experimentellen Psychologie das Interesse der Forscher gefunden (z.B. LEHMANN, 1899, 1901; WUNDT, 1910).
Darüber hinaus haben spezifische Annahmen über die Verzahnung von peripheren körperlichen Erregungsvorgängen und dem emotionalen Erleben Anregungen zu einer Vielzahl empirischer Untersuchungen gegeben. So war z.B. die sog. JAMES-LANGE-Emotionstheorie in der Geschichte der Emotionsforschung von

großem Einfluß: Danach sollten die erlebten Gefühle nichts anderes sein als die zentralen Repräsentationen der durch die Wahrnehmung eines Objektes ausgelösten peripheren physiologischen Veränderungen einschließlich der Reaktionen der Skelettmuskulatur (JAMES, 1884; LANGE, 1887). Die letzte Annahme findet sich nur bei JAMES, bei LANGE sind die Reaktionen auf die vegetativen Veränderungen begrenzt. Diese Hypothese ist u.a. von CANNON (1927) grundsätzlich in Frage gestellt worden:

(1) Die Eingeweide (Viszera) sind wenig sensitiv, Veränderungen werden nur ungenau wahrgenommen. – Diese Kritik hat an Bedeutung verloren, da man inzwischen erkannt hat, daß die beiden Anteile des autonomen Nervensystems, die die Eingeweide versorgen, der Vagus und der Sympathikus, einen hohen Anteil an afferenten Bahnen umschließen und recht exakte Informationen an das ZNS vermitteln können (s. JÄNIG, 1983).

(2) Viszerale Vorgänge sind unspezifisch: Die gleichen Veränderungen treten bei unterschiedlichen Emotionen auf. – Dieses Argument stimmt auch nur z.T., da zunehmend mehr Befunde die Annahme differentieller Reaktionsmuster auf unterschiedliche emotionsauslösende Reize belegen (s.u.).

(3) Viszerale Reaktionen treten mit zu großer Latenz auf, sie können daher nicht die Basis für «unmittelbar» auftretende emotionale Reaktionen sein. – Diese Kritik ist nach wie vor gültig. Allenfalls ließe sich die JAMES-LANGE-Theorie in diesem Punkt retten, wenn man davon ausgeht, daß nicht die propriorezeptiv rückgemeldeten viszeralen Veränderungen, sondern eine Kopie der efferenten Signale zu den Viszera und zur Skelettmuskulatur die Grundlage für das emotionale Erleben darstellen. Für diese Hypothese liegen aber bislang keine eindeutigen Belege vor.

(4) Eine künstlich erzeugte periphere sympathische Erregung durch Injektion sympathikomimetischer Substanzen, solcher Substanzen also, die eine ähnliche Wirkung wie sympathische Überträgerstoffe haben, erzeugt keine echten Gefühle, sondern allenfalls «Als-ob-Gefühle». – Dieses Argument hat nach wie vor Gültigkeit.

(5) Eine Deafferenzierung der Viszera, die Durchtrennung der zum ZNS ziehenden Nervenbahnen, hat keinen Einfluß auf das emotionale Verhalten. – CANNON stützte sich hierbei auf experimentelle Studien an Tieren, in denen nur das emotionale Verhalten beobachtet werden konnte. Grobmotorisches Verhalten und Ausdrucksverhalten auf der einen Seite und emotionales Erleben auf der anderen Seite sind aber nicht vollständig gekoppelte Indikatoren emotionaler Zustände, sie beruhen auf unterschiedlichen neuronalen Systemen, daher ist diese Beobachtung kein Beweis gegen die Gültigkeit der JAMES-LANGE-Theorie des Zustandekommens von Gefühlen.

Weiterhin führte CANNON (1931) eine von dem Neurologen DANA (1921) untersuchte 40jährige Patientin an, bei der das Rückenmark in der Höhe des dritten und vierten Halswirbels durchtrennt war. Diese Patientin war vom Hals ab gelähmt und hatte keine Körperempfindungen – trotzdem berichtete sie im Beobachtungszeitraum über emotionales Erleben.

Spätere Untersuchungen an solchen Patienten (s. HOHMAN, 1966) zeigten allerdings, daß Personen mit Rückenmarksschädigungen, durch die große Teile des Körpers gelähmt und die Körperempfindungen ausgeschaltet waren, über ein *gedämpftes* emotionales Erleben im Vergleich mit der Lebensphase vor der Verletzung berichteten.

Zwar sind nicht alle Kritikpunkte CANNONS an der JAMES-LANGE-Hypothese heute noch von gleicher Bedeutung wie vor 60 Jahren – insbesondere haben sich die Viszera als ein sehr viel sensibleres Organ herausgestellt als CANNON damals annahm. Nach wie vor gilt aber die grundsätzliche Kritik: es ist bislang nicht belegt worden, daß periphere Erregungsprozesse eine notwendige, noch nicht einmal eine hinreichende Voraussetzung für emotionales Erleben sind. Da die Information über bedeutungsvolle Ereignisse in der Umwelt, die potentiell emotionsauslösend sind, zunächst einmal im ZNS verarbeitet wird, vermutete CANNON (1927) folgerichtig die physiologische Grundlage des emotionalen Erlebens in zentralnervösen Prozessen: Er selbst dachte an ein Zusammenwirken von dienzephalen und kortikalen Erregungsprozessen. – Die neurobiologische Forschung der letzten Jahrzehnte hat ein weit verzweigtes System identifiziert, dem neben kortikalen Arealen und dem Hypothalamus eine Reihe von phylogenetisch älteren Anteilen der Großhirnhemisphären angehören. Dieses von McLean (1952) als «Limbisches System» (von limbus = lat. Rand) bezeichnete Ensemble gilt derzeit als *das* System, das die Ausgestaltung emotionaler Reaktionen ermöglicht. Wenngleich dieses System, besonders was sein Zusammenwirken mit anderen Hirnarealen anbelangt, noch nicht vollständig aufgeklärt ist, so gilt doch ohne Zweifel, daß das emotionale Erleben an Vorgänge im ZNS gebunden ist (vgl. Abschn. 7.5). Periphere körperliche Veränderungen können dann allenfalls einen modifizierenden Einfluß auf das emotionale Erleben und Verhalten ausüben.

In welcher Art und Weise kann ein solcher modifizierender Einfluß wirksam werden? Zunächst einmal ist im Anschluß an Cannon angenommen worden, daß sich in den peripheren körperlichen Veränderungen einzig die Intensität emotionaler Reaktionen widerspiegelt, nicht aber ihre qualitative Ausprägung. Mit stärkeren Emotionen geht in aller Regel eine sympathische Aktivierung einher, durch die in einer Notsituation der Organismus auf schnelles Handeln eingestellt wird – sei dies Angriff oder Flucht (Cannon, 1929, 1931). Dadurch kommt es zu einer Reihe von Veränderungen im Organismus, die z. T. von der handelnden Person an sich selbst und bei anderen beobachtet werden können: die Pupille weitet sich, die Speichelsekretion wird reduziert, das Herz schlägt schneller, der Blutdruck steigt, der Schweiß bricht aus, Blut wird aus den Viszera und von der Haut zu der Skelettmuskulatur und zum Kopf umgeleitet, die Verdauungstätigkeit wird reduziert, Glykogen und Lipoide werden abgebaut und im Organismus als Glukose und freie Fettsäuren zur Verfügung gestellt. Diese Veränderungen werden einmal direkt durch eine nervöse Übermittlung über die sympathischen efferenten Nerven bewirkt, dann aber auch indirekt durch eine sympathisch induzierte Ausschüttung von Catecholaminen (Adrenalin und Noradrenalin) durch das Nebennierenmark vermittelt (vgl. hierzu Lehrbücher der Physiologischen Psychologie: z. B. Birbaumer, 1975; Schandry, 1983). Durch diese Umstellung wird das Lebewesen in die Lage versetzt, schnell und effizient zu handeln.

Die weitergehende Hypothese, nach der auch unterschiedliche Qualitäten von Emotionen sich in den peripheren körperlichen Erregungen auszudrücken vermögen, konnte nur durch wenige experimentelle Studien bestätigt werden: Den ersten überzeugenden Befund berichtete Ax (1953). In einer experimentellen Situation wurde bei den Vpn einmal durch einen scheinbar völlig inkompetenten VI Ärger und dann durch eine furchteinflößende Versuchsapparatur Angst ausgelöst. Bei Ärger fand sich im Vergleich mit der Furchtbedingung ein stärkerer Anstieg im diastolischen Blutdruck, in der Anzahl der Hautleitfähigkeitsänderungen und in der Aktivität des Stirnmuskels sowie eine stärkere Abnahme der maximalen Herzfrequenz. In der Furchtbedingung zeigte sich dagegen im Vergleich mit der Ärgerbedingung ein stärkerer Anstieg der maximalen Herzfrequenz, der Atmungsfrequenz und der Hautleitfähigkeit. Diese Ergebnisse konnten zunächst nur durch einige wenige andere Studien bestätigt werden (z. B. J. Schachter, 1957), andere Emotionsforscher fanden dagegen keine Unterschiede in den psychophysiologischen Reaktionen bei verschiedenen emotionsauslösenden Reizen (z. B. Frankenhäuser, 1975; Mandler, 1975).

Neuerdings konnten Roberts und Weerts (1982) in einer Studie, in der die Vpn aufgefordert wurden, sich eine entsprechende emotionale Situation zu vergegenwärtigen, die Axschen Befunde teilweise replizieren. Auch bei ihren Versuchspersonen stieg der diastolische Blutdruck als Funktion des vorgestellten Ärgers an, während er mit zunehmend stärker vorgestellter Angst eher abnahm. Die Herzfrequenz und der systolische Blutdruck stiegen dagegen sowohl mit zunehmendem vorgestellten Ärger als auch mit zunehmender vorgestellter Angst an.

Etwas andere Ergebnisse fanden kürzlich Ekman, Levenson und Friesen (1983). In dieser Studie wurden die Versuchspersonen – Psychologen und professionelle Schauspieler – aufgefordert, sich einmal in bestimmte Emotionen zu versetzen, ein anderes Mal, typische mimische Muster für die von Ekman vermuteten sechs Grundemotionen einzunehmen und für 10 Sekunden aufrechtzuerhalten. Es handelte sich dabei um die Gesichtsausdrucksbewegungen für die folgenden Emotionen: Überraschung, Ekel, Traurigkeit, Ärger, Furcht und Zufriedenheit. Als periphere physiologische Variablen wurden gemessen: Herzfrequenz, Fingertemperatur (rechts und links), Hautwiderstand und Muskelaktivität des rechten Vorderarms. Die folgende Abbildung 4 illustriert die Veränderungen der Herzfrequenz und der Fingertemperatur in der Bedingung, in der die Versuchspersonen emotionstypische Gesichter einnehmen mußten. Sowohl bei der Ärgermimik als auch bei der Furchtmimik steigt die Herzfrequenz gleichermaßen an – nur beim Ärger, nicht aber bei Furcht steigt auch die Fingertemperatur signifikant an. Der gleiche Unterschied fand sich im übrigen in der Bedingung, in der die Versuchspersonen sich in die entsprechenden emotionalen Zustände hineinzuversetzen suchten.

Die Befunde sind ermutigend, in dieser Richtung weiterzusuchen. Eindeutige Belege für die Spezifitätshypothese erbringen sie nicht, zumal die Atmung in dieser Studie nicht kontrolliert wurde und die veränderten Kreislaufparameter auch Ausdruck einer Veränderung der Frequenz und Tiefe der Atmung sein könnten.

Man wird also bei der nach wie vor widersprüchlichen Befundlage in diesem Forschungsbereich die Frage, ob den verschiedenen emotionalen Zuständen unterschiedliche autonome Reaktionsmuster entsprechen, derzeit noch offenhalten. – Richtig ist sicherlich, daß bei qualitativ unterschiedlichen Emotionen vergleichbare Veränderungen in dem Hypophyse-Nebennierenrinden- und dem Sympathikus-Nebennierenmarksystem auftreten, die den Organismus auf Aktion einstellen (z.B. FRANKENHÄUSER, 1975; MASON, 1975). Es kann auch nicht ausgeschlossen werden – und einige Befunde belegen dies –, daß je nach den Verhaltens- und Stoffwechselerfor-

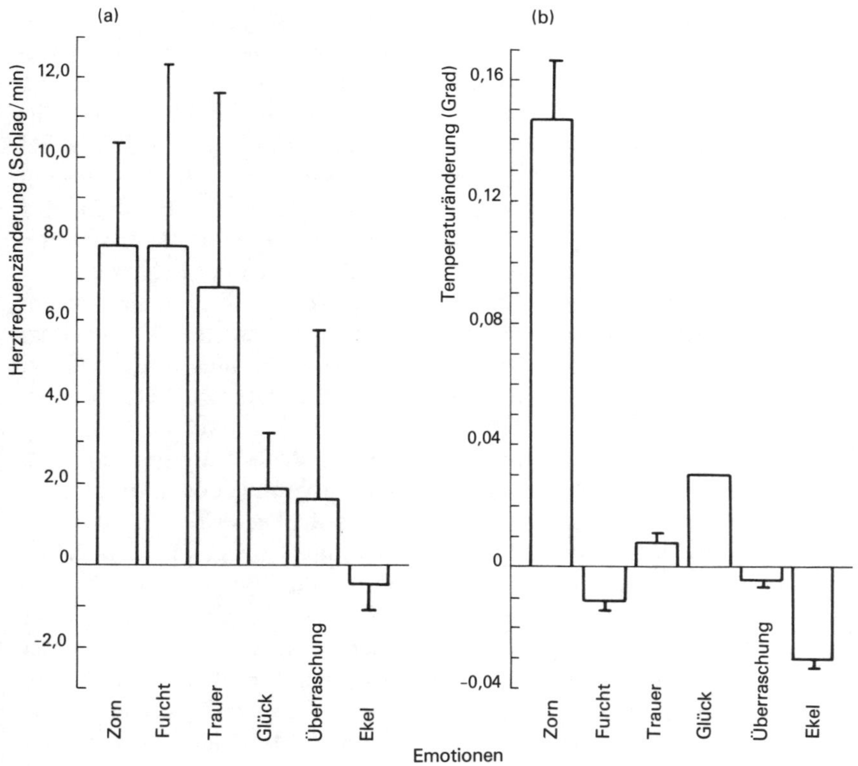

Abbildung 4: Veränderungen der Herzfrequenz (a) und der Fingertemperatur des rechten Fingers (b) in der Bedingung, in der die Vpn emotionstypische Gesichtsausdrücke zeigten (aus EKMAN, LEVENSON & FRIESEN, 1983, S. 1209).

dernissen einer emotionsinduzierenden Situation auch reproduzierbare Unterschiede in den autonomen Reaktionen auftreten. Daß solche differentiellen Reaktionsmuster die Grundlage für das emotionale Erleben abgeben sollen, erscheint aber im Hinblick auf die immer noch gültigen Kritikpunkte CANNONS unwahrscheinlich; in dem Maße, in dem sie wahrgenommen werden, machen sie aber sicherlich einen Teil des emotionalen Erlebens aus. Sehen wir einmal von den peripheren körperlichen Reaktionen als Grundlage des emotionalen Erlebens ab, so ist der Nachweis unterschiedlicher autonomer Reaktionsmuster verschiedener Emotionen ein wichtiges Anliegen der Emotionsforschung, da hierdurch ein weiterer objektiver Verhaltensindikator für Emotionen gewonnen wäre. Auch benötigen die klinische Psychologie und die Psychosomatik solche Kenntnisse, um die körperlichen Wirkungen bei lang anhaltenden emotionalen Zuständen - bei Stimmungen - zu erklären.

4.2 Kognitive Bewertungen und körperliche Erregung als Grundlagen emotionalen Erlebens

Ein wichtiges Argument der Kritik CANNONS an der JAMES-LANGEschen Emotionstheorie war die Unspezifität peripherer körperlicher Erregung. Nachfolgende Studien hatten zudem gezeigt, daß bei einer pharmakologischen Auslösung der sympathischen Erregung die Probanden in der Regel keine echten Emotionen, sondern allenfalls kalte «Als-ob-Emotionen» erleben (LANDIS & HUNT, 1932; MARANON, 1924). Angesichts dieser Befundlage stellten SCHACHTER und SINGER (1962) eine Hypothese auf, die die Emotionsforschung bis heute nachhaltig beeinflußt hat: Danach wird das emotionale Erleben durch eine Situationswahrnehmung und deren Bewertung und die wahrgenommene, aber durch die Situationswahrnehmung erst erklärbare autonome Erregung determiniert. Eine wahrgenommene autonome Erregung, für die in der Situation kein unmittelbarer Anlaß zu liegen scheint, führt dazu, daß die Person nach Ursachen für diese Erregung sucht, um dann die unspezifische Erregung als qualitativ so oder so gearteten Affekt zu interpretieren.

Zur Überprüfung dieser Hypothese haben SCHACHTER und SINGER (1962) ein vielzitiertes Experiment durchgeführt, das, obwohl es viele methodische Schwächen aufweist (ERDMAN & JANKE, 1978; LAZARUS, 1966; PLUTCHIK & AX, 1967; SHAPIRO & SCHWARTZ, 1970), hier etwas ausführlicher dargestellt werden soll: Die Versuchspersonen, College-Studenten, wurden angeworben unter dem Vorwand, daß in dieser Untersuchung die Wirkung eines Vitaminpräparates auf die Sehleistung festgestellt werden sollte. Zur pharmakologischen Induktion einer sympathischen Erregung erhielt dann ein Teil der Versuchspersonen eine Adrenalininjektion (0,5 ml einer Adrenalin-Bitartrat-Lösung: 1:1000), eine kleinere Gruppe als Kontrollgruppe physiologische Kochsalzlösung (Placebo). Den Versuchspersonen der Adrenalingruppe wurden unterschiedliche Erklärungen für mögliche Nebenwirkungen gegeben: (1) Die erste Gruppe erhielt wahrheitsgemäße Informationen über die möglichen wahrnehmbaren Nebeneffekte dieses Präparates (informierte Adrenalingruppe). (2) Die zweite Gruppe wurde uninformiert gelassen, bzw. es wurde ihr gesagt, daß das Präparat keine Nebenwirkungen zeigt (uninformierte Adrenalingruppe). (3) Einer dritten Gruppe schließlich wurden falsche Symptome als Nebeneffekte genannt (falschinformierte Adrenalingruppe). Die Kontrollgruppe wurde in dieser Hinsicht wie die uninformierte Gruppe behandelt.
Alle Vpn mußten dann bis zum eigentlichen Sehtest 20 Minuten warten - angeblich brauchte die Substanz so lange, um wirksam zu werden - und sollten in dieser Zeit einen Fragebogen ausfüllen. Während der Wartezeit wurde ihnen eine angeblich zweite Vp, die aber in Wirklichkeit ein Komplize der Experimentatoren war, zugesellt. Dieser Komplize agierte entweder als launiger Clown, der auf dem Fragebogen kritzelte, Papierbällchen in einen Papierkorb warf, Papierflieger steigen ließ, mit einer Schleuder Papierkugeln verschoß, sich mit einem Hula-Hupp-Reifen versuchte und dabei auch immer die eigentliche Vp zum Mitmachen bei diesen Aktivitäten zu verlocken suchte. In der anderen Begegnung stellte sich der Komplize als ein höchst reizbarer Zeitgenosse heraus, der beim Ausfüllen eines Fragebogens, der teilweise intime und sogar unver-

schämte Fragen enthielt, immer zorniger wurde, diesen Fragebogen schließlich zerriß und wütend aus dem Raum stampfte.

Wir haben also folgende Bedingungsvariation: (1) Vegetativer Zustand: sympathische Erregung vs. Placebo-Bedingung; (2) situative Anregung: euphorischer vs. verärgerter Partner; (3) Kognition oder Bewertung der eigenen Erregung: informiert, uninformiert und falsch informiert. Ein Bedürfnis nach Erklärung der sympathischen Erregung sollten insbesondere die Versuchspersonen erleben, die über mögliche Nebeneffekte nicht oder sogar falsch informiert worden waren. Als abhängige Maße wurden erfaßt: (1) die Stimmung der Versuchspersonen (1. «Wie gut oder glücklich fühlen Sie sich im Augenblick?» 2. «Wie gereizt, zornig oder verärgert fühlen Sie sich im Augenblick?») und (2) das Verhalten der Versuchspersonen mittels einer standardisierten Beobachtung durch einen Einwegspiegel. Hierbei sollte festgestellt werden, in welchem Ausmaß die Versuchspersonen selbst euphorisch oder zornig reagierten, d.h. sich von dem Komplizen anstecken ließen oder ihm widerstanden. Zusätzlich wurden von den Versuchspersonen noch die wahrgenommenen sympathischen Erregungssymptome erfragt; des weiteren wurde die Pulsfrequenz vor und nach den Versuchen gemessen.

Die Ergebnisse zeigen zunächst einmal, daß die Adrenalininjektion, verglichen mit der Placebo-Bedingung, eine erhöhte sympathische Aktivierung bewirkt, die sich sowohl in den objektiven Pulsfrequenzdaten als auch in den mitgeteilten sympathischen Erregungssymptomen niederschlägt. Die Analyse des Verhaltens und der mitgeteilten Stimmungsvariablen bestätigt nur z.T. die Hypothesen der Autoren, wurde aber von ihnen sowie von vielen nachfolgenden Lehrbuchautoren als eine überzeugende Bestätigung der SCHACHTERschen «Zwei-Faktoren-Theorie» der Emotionsentstehung angesehen.

In Tabelle 1 sind die mittleren Werte für die erlebten Stimmungen sowie die mittleren Summenwerte der Verhaltensbeobachtungen für die einzelnen Bedingungen des Experimentes dargestellt.

Die Befunde zeigen, daß sich die Instruktion im Sinne der Hypothesen auswirkt; wenn Personen über mögliche Nebeneffekte einer pharmakologischen Beeinflussung informiert sind, lassen sie sich vom Verhalten des Komplizen weniger anstecken als dann, wenn sie nicht oder falsch informiert sind. Außerdem erleben sie in

Tabelle 1: Mittlere Werte für die Stimmungen und das Verhalten der Vpn in Abhängigkeit von der pharmakologischen Beeinflussung der sympathischen Aktivierung, dem Verhalten des Komplizen und der Instruktion der Vpn über die zu erwartenden Nebeneffekte. Die Bedingung mit Falschinformationen wurde in der Ärgersituation nicht durchgeführt. Die jeweilige Anzahl von Vpn ist in Klammern angegeben.

		Placebo	Adrenalin		
			Informiert	Uninformiert	Falsch informiert
Euphorie	Stimmung[a]	1,61 (26)	0,98 (25)	1,78 (25)	1,90 (25)
	Verhalten[b] (Nachahmung)	16,00 (26)	12,72 (25)	18,28 (25)	22,56 (25)
	Verhalten[c] (initiiertes Verhalten)	0,54	0,20	0,56	0,84
Ärger	Stimmung	1,63 (23)	1,39 (22)	1,91 (23)	
	Verhalten[d] (Nachahmung)	0,79 (22)	-0,18 (22)	2,28 (22)	

a: Differenzwerte zwischen dem Wert für die positive Stimmung und dem Wert für negative Stimmung (Zorn, Verärgerung).

b: Beteiligung an den euphorischen Aktivitäten des Komplizen. Der Wert ist ein Summenwert, in den die einzelnen Aktivitäten mit einem a-priori-Gewicht eingehen (Hula-Hupp = 5; Schießen mit der Gummischleuder = 4; Papierflieger = 3; Papierbälle werfen = 2; Kritzeln = 1).

c: Ähnliche Verhaltensweisen der Vpn, die über das Verhalten des Komplizen hinausgehen.

d: Summenwert, in den die Zustimmung oder ähnliche Äußerungen der Vpn zu den Ärgeräußerungen des Komplizen als positives Ereignis, Ablehnung und Ignorierung als negative Ereignisse eingehen.

den letztgenannten Bedingungen in stärkerem Ausmaß eine Stimmungsveränderung, die dem Verhalten des Komplizen entspricht. Allerdings sind die Unterschiede in den mitgeteilten Stimmungsvariablen weit weniger deutlich als in dem beobachteten Verhalten.

Erstaunlicherweise weisen die Vpn der Placebogruppe, die uninformiert blieben, eine relativ hohe Ähnlichkeit sowohl im emotionalen Erleben als auch im Verhalten mit dem dargestellten Verhalten und Erleben des Komplizen auf und sind in aller Regel näher bei den Vpn der uninformierten Adrenalingruppe als bei denjenigen der informierten Adrenalingruppe anzusiedeln. Der Schluß daraus kann nur sein, daß die autonome Erregung für die erlebten Emotionen oder Stimmungen mehr oder weniger irrelevant ist.

Diese Schlußfolgerung wird durch die Ergebnisse nachfolgender Replikationsversuche dieses Experimentes, darunter auch eine Studie von SCHACHTER selbst (SCHACHTER & WHEELER, 1962), bestätigt. Dabei zeigt sich, daß eine pharmakologisch (MARSHALL & ZIMBARDO, 1979; SCHACHTER & WHEELER, 1962) oder auch hypnotisch induzierte periphere Erregung (MASLACH, 1979) (a) wenig wirksam ist und (b) auch nicht als neutrale Erregung wahrgenommen, sondern (c) eher als ein aversiver Zustand erlebt wird (MARSHALL & ZIMBARDO, 1979; MASLACH, 1979). Obwohl die Zwei-Faktoren-Theorie emotionalen Erlebens in der ursprünglichen Form, wie sie von SCHACHTER & SINGER aufgestellt worden ist, wegen dieser und vieler anderer widersprüchlicher Befunde bislang nicht überzeugend belegt ist (s. REISENZEIN, 1983), war es doch ihr Verdienst, eine Forschung angeregt zu haben, durch die die Bedeutung von Situationsinterpretationen und Bewertungen, auch von vegetativen Erregungsvorgängen, die von der Person an sich selbst beachtet werden, für das emotionale Erleben zweifelsfrei dokumentiert werden konnte.

Eine interessante Fortführung hat die von SCHACHTER und SINGER (1962) begonnene Forschung in den Arbeiten von VALINS (1966) gefunden. Dieser Autor ging davon aus, daß die tatsächliche autonome Aktivierung unbedeutend für das emotionale Erleben ist – daß es vielmehr ausschließlich auf die Bewertung wahrgenommener körperlicher Veränderungen ankomme. Zur Stützung dieser Hypothese führte VALINS (1966) ein Experiment durch, bei dem er den Vpn während der Darbietung von Bildern, u.a. nackter Frauen, unterschiedliche Muster der Veränderungen der Herzfrequenz auditiv rückmeldete und sie glauben ließ, daß es sich dabei um eine tatsächliche Rückmeldung der eigenen Herztätigkeit handelte. Die vermeintliche Wahrnehmung einer steigenden oder fallenden Herzfrequenzrate hatte einen deutlichen Einfluß auf die Beurteilung der Bilder: Bilder mit ansteigender Herzfrequenz werden positiver beurteilt als Bilder mit fallender Herzfrequenz (s. Tab. 2).

Tabelle 2: Mittlere Attraktivitätsskalierungen der Frauenbilder, deren Darbietung zur Hälfte (jeweils 5) mit einer scheinbaren Rückmeldung der autonomen Reaktionen gekoppelt war, die entweder in einem Anstieg der Herzfrequenz oder in einer Abnahme bestand. Die Vpn der Kontrollgruppe hörten ebenfalls bei der Hälfte der Bilder eine ansteigende oder eine abnehmende Herzrate: sie mußten jedoch glauben, daß es sich dabei um ein externes Geräusch handelte.

	Experimentalgruppen		Kontrollgruppen
Bilder	Anstieg (n = 29)	Abstieg (n = 20)	(n = 20)
mit Rückmeldung	71,42	69,26	60,86
ohne Rückmeldung	54,11	65,57	63,76

Auch hier ist es fraglich, wieweit diese Anordnung ein Modell darstellen kann für das Auslösen emotionaler Reaktionen im alltäglichen Verhalten. Typisch für emotionale Reaktionen im normalen Leben des Menschen ist, wenn wir einmal von pathologischen Zuständen absehen, daß die auslösenden Faktoren in der Situation bekannt sind. Die VALINSsche Anordnung bildet daher nur solche Situationen ab, in denen eine überraschende, vielleicht sogar erwartungswidrige physiologische Veränderung wahrgenommen und subjektive Unsicherheit in den Personen induziert wird: Subjektive Unsicherheit darüber, was es damit auf sich habe, und die Person dadurch zu einer Suche nach Erklärungen für diese eigenartigen Veränderungen angeregt wird (s. LIEBHART, 1978). Tatsächlich erweist sich in der Regel, so konnte LIEBHART (1977) zeigen, eine solche Rückmeldung der Herzfrequenz als wirksamer, wenn die Vpn aufgefordert werden, sich über die Ursachen dieser autonomen Veränderung Gedanken zu machen, als dann, wenn sie nur aufgefordert werden, diesen Veränderungen Aufmerksamkeit zu schenken. Auch scheint der Effekt einer vermeintlichen Rückmeldung nur dann aufzutreten, wenn er während der Reizdarbietung erfolgt und der Vp genügend Zeit gegeben ist, an dem Beurteilungsobjekt neue Merkmale zu entdecken, die ihr ihre Reaktion für sich selbst verständlich werden lassen. Unter solchen Bedingungen ist der Effekt, wie die zusammenfassende Darstellung LIEBHARTS (1978) zeigt, robust und auch dann noch nachweisbar, wenn die Vpn anschließend über die Falschheit der Rückmeldung aufgeklärt werden (VALINS, 1974).

Aus all diesen Befunden kann nicht geschlossen werden, daß die tatsächlichen autonom gesteuerten Erregungsvorgänge im Organismus unbedeutend für die Ausgestaltung emotionaler Erlebnisse seien. Tierversuche (s. GELLHORN, 1967) belegen, daß eine von außen induzierte Erregung des peripheren Nervensystems eine Reihe von physiologischen Veränderungen im ZNS zur Folge hat. Darüber hinaus zeigten einige Studien, die im Anschluß an VALINS (1966) durchgeführt wurden, daß zumindest bei relativ schwachen emotionsauslösenden Reizen, wie dies die VALINSchen Bilder von Pin-up-girls darstellen, eine falsche Rückmeldung zu einer richtungsgleichen tatsächlichen Veränderung kardio-vaskulärer Parameter führt (GOLDSTEIN, FINK & METTEE, 1972; HIRSCHMAN, 1975). – Es kann daher nicht ausgeschlossen werden, daß die VALINSschen Effekte zumindest teilweise über tatsächliche Veränderungen peripherer organismischer Kreislaufgrößen und deren bewußte oder unbewußte Rückmeldung an das ZNS zustande gekommen sind, wenngleich eine Reihe anderer Untersuchungen solche Veränderungen der tatsächlichen Herzrate durch falsche Rückmeldungen nicht nachweisen konnte (s. LIEBHART, 1978).

5. Der emotionale Ausdruck

5.1 Die kommunikative Funktion des Ausdrucks

Emotionen, so hatten wir oben gesehen, teilen sich im Ausdruck mit. Die Funktion des emotionalen Ausdrucks für sozial lebende Arten ist schon von DARWIN in dem heute noch lesenswerten Buch «Der Ausdruck der Gemüthsbewegungen bei dem Menschen und den Thieren» (DARWIN, 1872) schlüssig begründet worden: Vor aller verbaler Kommunikation teilen sich nach DARWIN handlungsrelevante innere Zustände im Ausdruck den Artgenossen in der Gruppe mit. Damit kann u. a. die Koordination der Mitglieder einer Gruppe etwa bei der gemeinsamen Abwehr eines Feindes oder beim gemeinsamen Jagen bewerkstelligt werden. In ähnlicher Weise wird Ausdrucksverhalten auch für die effiziente (unblutige) Bereinigung von Dominanzstreitigkeiten zwischen den Mitgliedern einer Tiersozietät eingesetzt.

Damit hat der emotionale Ausdruck zunächst einmal eine *kommunikative Funktion:* die Mitteilung von emotionalen Zuständen, Handlungsabsichten und Bewertungen an andere Gruppenmitglieder. Kommunikationsforscher bezeichnen diese Formen der Mitteilung als nonverbale Kommunikation und untersuchen ihre Bedeutung im Zusammenhang mit der verbalen Kommunikation oder als Ersatz für verbale Mitteilungen (s. SCHERER & WALLBOTT, 1979).

Da Ausdrucksverhalten auch dann auftritt, wenn ein Lebewesen sich unbeobachtet weiß, muß man vermuten, daß dem Ausdrucksverhalten neben dieser kommunikativen Funktion noch andere Funktionen zukommen. Man hat z.B. vermutet, daß das Ausdrucksverhalten auch zur Kontrolle und Regulation emotionaler Zustände – z.B. über Spannungsabfuhr – dient (s. BUCK, 1980), wodurch die Intensität auch des emotionalen Erlebens verändert wird. Wir wollen dies als die *expressive Funktion* des Ausdrucksverhaltens bezeichnen.

Umstritten ist allerdings, ob dem Ausdrucksverhalten eine entscheidende Bedeutung bei der qualitativen Ausgestaltung emotionalen Erlebens zukommt. Anknüpfend an die ältere

Emotionstheorie von JAMES (1884) nehmen Emotionsforscher in neuerer Zeit an, daß das emotionale Erleben an die Propriozeption des mimischen Ausdrucks gebunden ist (GELLHORN, 1964; IZARD, 1971; LEVENTHAL, 1980; PLUTCHIK, 1962; TOMKINS, 1962, 1963). Für eine starke Annahme dieser Art liegen bislang keine überzeugenden Belege vor (s. BUCK, 1980), wenngleich wie gesagt unbestritten ist, daß interozeptiv oder auch exterozeptiv wahrgenommene Ausdrucksbewegungen zum emotionalen Erleben beitragen können.

Ausdrucksverhalten - sei es nur expressiv oder auch kommunikativ - erfolgt in der Regel unwillkürlich, wenngleich auch ein solches unwillkürliches Ausdrucksverhalten willkürlich gehemmt, verstärkt oder in der einen oder anderen Richtung qualitativ verändert werden kann. Eine solche willkürliche Veränderung des Ausdrucks wird eher dann erfolgen, wenn sich die Person der kommunikativen Bedeutung des Ausdruckes in einer sozialen Situation bewußt ist.

In den verschiedenen Kulturen gelten, wie man schon bei Reisen auch innerhalb Europas beobachten kann, die verschiedensten «Darbietungsregeln», welcher Ausdruck bei welcher Gelegenheit angemessen ist und welcher nicht (EKMAN, 1972; EKMAN & FRIESEN, 1969). Kinder erwerben die Fertigkeit zur Kontrolle des emotionalen Ausdrucks im gleichen Alter wie andere Fertigkeiten zur Selbststeuerung (s. SAARNI, 1979, 1982). So nennen erst 10jährige Kinder die Beachtung sozialer Normen als Gründe für das Abweichen eines Gesichtsausdruckes vom «wahren» inneren Zustand, jüngere Kinder erwähnen als Gründe hierfür nur die direkten negativen Folgen eines unangemessenen Gesichtsausdruckes (SAARNI, 1979).

In realen Lebenssituationen wird man in der Regel mit den unterschiedlichsten Mischungen aus expressiven und kommunikativen Anteilen und damit auch aus unwillkürlich zustandegekommenen und willkürlich kontrollierten Mustern im Ausdruck rechnen müssen. Dies soll am Beispiel mimischer Reaktionen von Kindern und Erwachsenen in einer Konkurrenzsituation illustriert werden. ZIVIN et al. (s. ZIVIN, 1977a, 1977b, 1982) beobachteten, daß Kinder, aber auch Erwachsene, zu Beginn einer Konfliktsituation in einer Zweier- oder auch

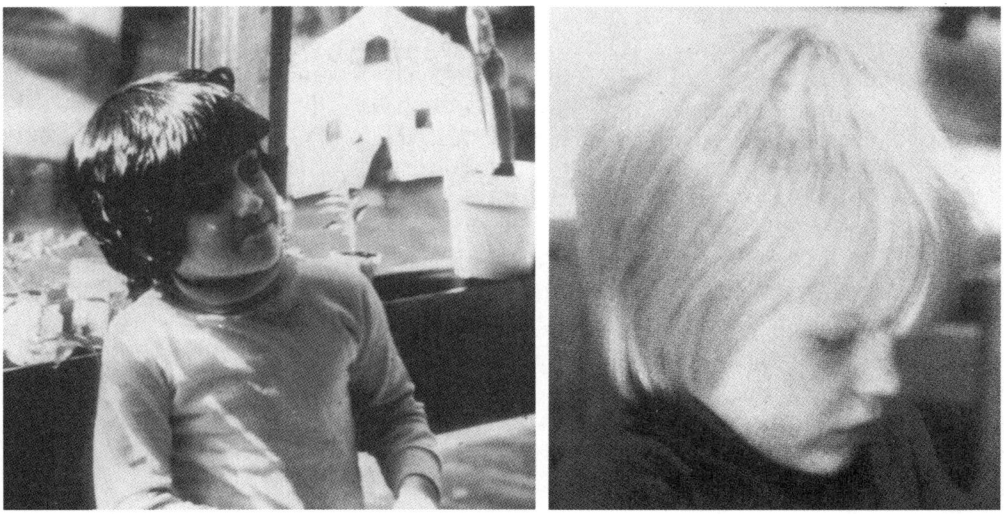

(a) (b)

Abbildung 5:
Abbildung 5a: Gewinner-oder-Plus-Gesicht eines Vorschulkindes (aus ZIVIN, 1982, S. 68–69).
Abbildung 5b: Verlierer-oder-Minus-Gesicht eines Vorschulkindes (aus ZIVIN, 1982, S. 68–69).

Dreiergruppe typische Gesichter zeigten, aufgrund derer mit hoher Wahrscheinlichkeit der Ausgang des Konfliktes vorhergesagt werden konnte. Das Gewinner- oder Plus-Gesicht hat drei charakteristische Merkmale (vgl. Abb. 5a): (1) Die inneren Augenbrauen sind angehoben; (2) direkter Augenkontakt mit dem Gegner; (3) hochgezogenes Kinn.

Das Verlierer- oder Minus-Gesicht stellt sich ganz in Übereinstimmung mit dem Darwinschen Prinzip des Gegensatzes des Ausdrucksgeschehens als Antithese dazu dar: (1) Augenbrauen sind gesenkt; (2) Blick ist nach unten gerichtet, der Gegner wird nicht direkt angeschaut; (3) das Kinn ist gesenkt und etwas zurückgezogen (Abb. 5b).

In verschiedenen Altersgruppen, von Vorschulkindern zwischen 3 und 4 Jahren im Kindergarten bis zu Studenten zwischen 21 und 45 Jahren, die Teilnehmer von Spiel- oder Diskussionsgruppen waren, zeigte sich, daß diejenigen Personen, die zum Beginn der Auseinandersetzungen ein Plus-Gesicht zeigten, in über 90% aller Beobachtungen als Sieger hervorgingen; diejenigen Gruppenmitglieder, die zu Beginn das Minus-Gesicht zeigten, zogen in der Regel den kürzeren, wenngleich die Ergebnisse hier nicht ganz so überzeugend sind (s. Tab. 3).

Tabelle 3: Prozentuale Anteile der Kinder, Jugendlichen und Erwachsenen, die in körperlichen und verbalen Disputen ein Plus- oder Minus-Gesicht zeigten und in diesen Konflikten im Falle eines Plus-Gesichtes siegten oder im Falle eines Minus-Gesichtes verloren.

	Plus-Gesicht und Sieg	Minus-Gesicht und Niederlage
Erwachsene: 21–45 Jahre (n = 17)	96%	33%
Jugendliche: 16–17 Jahre (n = 11)	96%	75%
Schüler: 7–10 Jahre (n = 26)	98%	67%
Vorschulkinder: 4–5 Jahre (n = 23)	94%	58%
Vorschulkinder: 3–4 Jahre (n = 16)	96%	59%

Auseinandersetzungen waren in der Regel körperliche Auseinandersetzungen im Vor- und Grundschulalter und Dispute bei den Studenten.

Weitere Studien machten auch deutlich, wie sich die Plus- und Minus-Gesichter in der Interaktion auswirken. Bei den Vor- und Grundschulkindern, bei denen ähnliche Formen körperlich ausgetragener Konflikte beobachtet wurden, analysierte Zivin (1982) die Reaktionszeit der Kinder, deren Partner zu Beginn ein Plus-Gesicht gezeigt hatten. Die Reaktionszeit wurde gemessen ab dem Moment, in dem der Partner das Plus-Gesicht gezeigt hatte, bis zu der motorischen oder verbalen Reaktion der Kinder.

Nachdem die Kinder ein solches Plus-Gesicht bei dem Gegner wahrnahmen, wiesen sie im Schnitt eine doppelt so lange Reaktionszeit auf wie in den Fällen, in denen der Gegner kein Plus-Gesicht zeigte. Betrachtet man unter allen Reaktionen die körperlichen Vergeltungsmaßnahmen gesondert, dann ist die Reaktionszeit nach einem Plus-Gesicht sogar dreimal so lang wie in allen anderen Fällen.

Weiterführende Untersuchungen belegen, daß ein solches Plus-Gesicht sowohl Ausdruck des emotionalen Zustands des späteren Gewinners ist – er fühlt sich anscheinend selbstsicher und überlegen – als auch als Instrument, als Drohmittel in der Auseinandersetzung eingesetzt wird. Zivin (1977a) analysierte nachträglich Videoaufnahmen der mimischen Reaktionen von Kinderpaaren in einer Wetteifersituation, in der es darum ging, Zugang zu einem Hamsterpaar zu bekommen (Camras, 1975). Auf einem Tisch, an dessen beiden Längsseiten die Kinder sich gegenüber saßen, war ein Hamsterkäfig mit zwei Hamstern aufgestellt. Um die Hamster zu sehen und um mit ihnen spielen zu können, mußte ein Kind jeweils den Käfig zu sich herüberziehen. In einer Bedingungsvariation dieses Experimentes konnten die beiden Kontrahenten sich sehen, in einer anderen war der Blickkontakt durch einen auf dem Tisch aufgestellten Schirm unterbrochen. In beiden Bedingungen zeigen die Gewinner in dieser Auseinandersetzung häufiger das Plus-Gesicht – allerdings dann, wenn sie den Partner sehen können und gesehen werden, etwa doppelt so häufig (bei 60% der Sieger) wie in der Situation, in der der Sichtkontakt unterbrochen ist (nur bei 28% der Sieger). Das Minus-Gesicht wurde unter den Bedingungen dieses Experimentes von den Verlierern insgesamt seltener gezeigt und diskriminiert nicht zwischen der Situation, in der der Gegner sichtbar (26%) oder verdeckt ist (24%).

5.2 Der Universalität des Ausdrucks

Wir hatten bereits kurz die alte Streitfrage angesprochen, ob es sich beim emotionalen Ausdruck um ein allgemeines, überall verständliches Verhalten handelt, das eine genetische Basis hat, oder ob der emotionale Ausdruck ausschließlich auf kulturellen Konventionen beruht. DARWIN (1872) hatte hier bereits eine klare Position bezogen und auch die grundsätzlichen Methoden genannt, die geeignet erscheinen, diese Frage empirisch zu entscheiden. Nach DARWIN besteht eine Kontinuität in der stammesgeschichtlichen Entwicklung der Gesichtsmuskulatur von den Säugern über die infrahumanen Primaten bis zum Menschen (s. HUBER, 1931).

Schon bei den Primaten dient offensichtlich die Mehrzahl der Muskeln des Gesichts ausschließlich zur Kommunikation im mimischen Ausdruck. Von daher liegt es nahe anzunehmen, daß es auch eine Kontinuität in den mimischen Ausdrucksbewegungen in der Entwicklung zum Menschen hin gibt. DARWIN (1872) hat hierfür bereits eine Reihe von allerdings eher anekdotischen Beispielen gesammelt. In neuerer Zeit haben Primatenforscher dafür überzeugendere Belege beigebracht (z.B. CHEVALLIER-SKOLNIKOFF, 1973; VAN HOOFF, 1972).

Die folgende Abbildung 6 aus VAN HOOFF (1972) illustriert die vom Autor vermutete Abstammung des menschlichen Lächelns aus dem stillen Entblößen der Zähne und des Lachens aus dem entspannten Öffnen des Mundes beim Affen. Das entspannte Öffnen des Mundes, das häufig mit Vokalisation einhergeht, ist kennzeichnend für Spielsituationen, während das stille Entblößen der Zähne eher Submission gegenüber Artgenossen signalisiert. Das Schema illustriert nur, wie die Stammesgeschichte dieser Merkmale beschaffen sein könnte, da es sich bei den herausgegriffenen Beispielen um rezente Affenarten handelt.

Neben solchen vergleichenden Beobachtungen, auch Vergleichen zwischen Menschen ver-

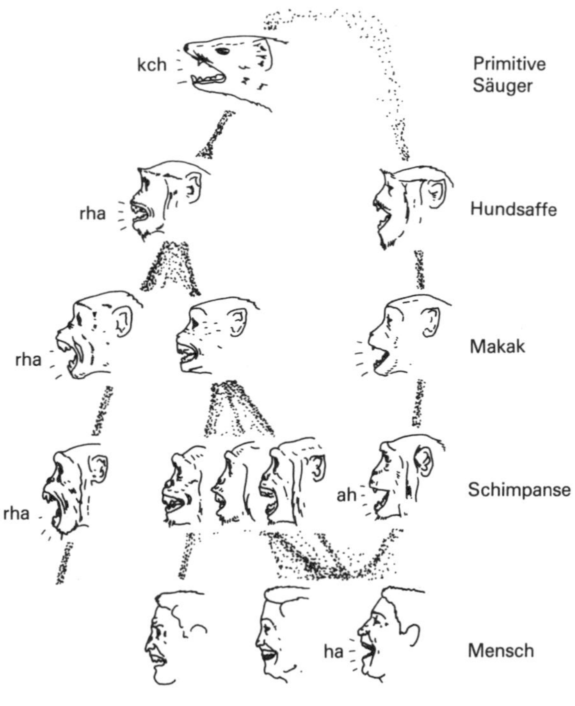

Abbildung 6: Möglicher Weg für die Phylogenese des Lächelns (links) und des Lachens (rechts) beim Menschen über Ausdrucksformen nichtmenschlicher Primaten – im Falle des Lächelns aus dem stillen Entblößen der Zähne und beim Lachen aus dem häufig mit Vokalisation einhergehenden weiten Öffnen des Mundes (aus VAN HOOFF, 1972, S. 237).

schiedener Kulturen und Rassen, stützte DARWIN (1872, 1877) seine Thesen auch auf Beobachtungen an Kindern, u.a. an einem blindtaub geborenen Mädchen. Die neuere Forschung ist DARWIN in dieser Richtung gefolgt und hat inzwischen eine Fülle von Material zusammengetragen, das in überzeugender Weise belegt, daß der emotionale Ausdruck universal ist und vermutlich eine genetische Basis hat (s. EIBL-EIBESFELDT, 1984).

Von Sozialwissenschaftlern, die im Widerspruch zu DARWINS Thesen auf die weitgehende kulturelle Determiniertheit von Ausdrucksbewegungen hingewiesen haben (KLINEBERG, 1940; LABARRE, 1947), ist in der Regel der emotionale Ausdruck mit darstellenden Gesten verwechselt worden. Schon im vorigen Jahrhundert unterschied ENGEL (1844) «ausdrückende» von darstellenden («malenden») Gesten (s. FRIJDA, 1965; KLAGES, 1942). Solche darstellenden Gesten lassen sich nach EKMAN und FRIESEN (1969b) in drei Hauptgruppen unterteilen: (1) die sprachanalogen sog. *Embleme,* die sich ohne Restbedeutung in Sprache übersetzen lassen, wie z.B. das Schütteln des Kopfes als Verneinung, (2) die *Illustratoren,* Gesten, die Begriffe veranschaulichen sollen, und (3) die *Regulatoren,* Gesten und besonders Blickbewegungen, die zur Steuerung der verbalen Kommunikation in der Gruppe eingesetzt werden. Durch Blickbewegungen wird z.B. der Wechsel von der Sprecher- zur Zuhörerrolle und umgekehrt signalisiert (KENDON, 1967). Obwohl auch bei einigen solcher Gesten überraschende Ähnlichkeiten in den verschiedensten Kulturen festgestellt worden sind, die auf angeborene Bewegungsmuster hindeuten – z.B. der von EIBL-EIBESFELDT (1972) dokumentierte Augengruß, bei dem ein Partner durch Hochziehen der Augenbrauen und Anlächeln gegrüßt wird –, sind Gesten in aller Regel kulturspezifisch.

Anders der eigentliche emotionale Ausdruck: Ekman und Mitarbeiter (EKMAN, 1972; EKMAN & FRIESEN, 1971; EKMAN, SORENSEN & FRIESEN, 1969) sowie IZARD (1971) belegen, daß in den unterschiedlichsten Kulturen, darunter auch bei zwei «primitiven» Kulturen auf Borneo und in Neu-Guinea, die mimischen Muster von sechs bis acht sog. Grundemotionen gleichwertig beurteilt werden.

Beispielhaft seien hierzu die Studien von EKMAN et al. dargestellt: In einer ersten Studie von EKMAN und FRIESEN (1971) wurden Studenten in fünf Ländern – Japan, USA, Brasilien, Chile und Argentinien – Fotografien von Gesichtern zur Beurteilung vorgelegt. Die Bilder, die in dieser Studie verwandt wurden, waren aus einer Sammlung von über 3000 Gesichtsaufnahmen ausgewählt worden und sollten die Grundemotionen Zufriedenheit/Glück, Traurigkeit, Ärger, Furcht, Überraschung und Ekel ausdrücken. Die Auswahl geschah auf der Basis der TOMKINSschen Annahme (TOMKINS, 1962, 1963) von wenigen Grundemotionen und deren Zuordnung zu mimischen Bewegungsmustern (s. IZARD, 1971).

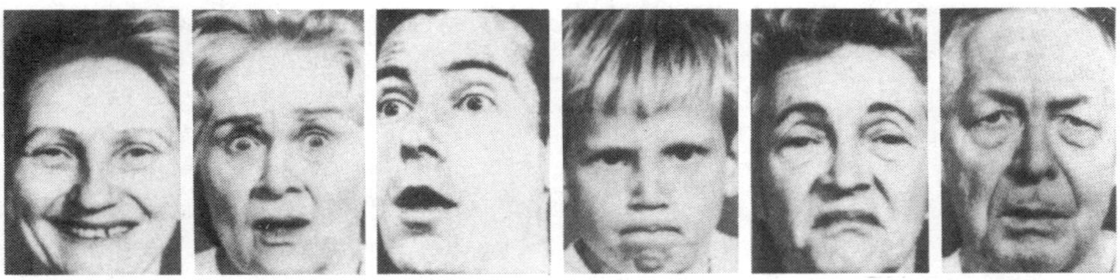

	Glück	Furcht	Überraschung	Zorn	Ekel, Abscheu	Trauer
Japan	87	71	87	63	82	74
Brasilien	97	77	82	82	86	82
Chile	90	78	88	76	85	90
Argentinien	94	68	93	72	79	85
USA	97	88	81	69	82	73

Abbildung 7: Richtige Zuordnungen (in Prozent) von Gesichtsausdrücken und Emotionsbegriffen in 5 verschiedenen Kulturen (aus EKMAN, 1976, S. 32). Die Beurteiler waren Studenten/innen.

Die Abbildung 7 zeigt die wichtigsten Ergebnisse dieser Studie sowie jeweils ein Beispiel für die ausgewählten Gesichter in den sechs Hauptemotionskategorien. Wir finden hohe prozentuale Übereinstimmungen in den Zuordnungen zwischen den verschiedenen Stichproben aus den fünf untersuchten Kulturbereichen.

Auch diese Ergebnisse liefern noch keinen vollständig überzeugenden Beleg für die Universalität des mimischen Ausdrucks, da in den untersuchten Kulturen, zumindest in den Medien - in Film und Fernsehen - möglicherweise die gleichen Vorbilder beobachtet werden konnten. Ekman und Mitarbeiter (Ekman & Friesen, 1971; Ekman, Sorenson & Friesen, 1969) machten sich daher auf, solche Bilder auch Angehörigen von Volksstämmen auf Borneo und Neu Guinea vorzulegen, die auf der Zivilisationsstufe von Steinzeitmenschen lebten und bislang nur ganz vereinzelte Kontakte mit Angehörigen der westlichen Zivilisation hatten. Die Untersucher lasen dabei ihren Vpn in deren Sprache Geschichten vor, in denen durch die Beschreibung des inneren Zustands und der äußeren Umstände deutlich wurde, daß der Protagonist der Geschichte eine bestimmte emotionale Reaktion erfährt. Die Vpn mußten dann aus drei vorgelegten Gesichtern das dazu passende aussuchen. Diese Untersuchung wurde mit 189 Erwachsenen und 130 Kindern durchgeführt. Die Tabelle 4 zeigt, wie oft die Angehörigen dieses Volksstammes auf Neu Guinea das gleiche Bild als passend zu den jeweils in der Geschichte dargestellten Emotionen auswählten, wie dies zuvor amerikanische Studenten getan hatten.

Tabelle 4: Anzahl der richtigen Wahlen des zu dem emotionalen Zustand des Helden der vorgetragenen Geschichte passenden Gesichtes (weiße Nordamerikaner) durch Kinder und Erwachsene eines Stammes von Ureinwohnern auf Neu-Guinea (aus Ekman, 1976).

Emotionen des Helden in der Geschichte	Richtige Wahl des Gesichtes in %	
	Erwachsene (n = 189)	Kinder (n = 130)
Glück	92	92
Trauer	79	81
Zorn	84	90
Ekel	81	85
Überraschung	68	98
Furcht aus Zorn, Ekel oder Trauer	80	92
Furcht aus Überraschung	43	nicht erfragt

In weiteren Studien haben Ekman et al. (s. Ekman, 1972) andere Personen des gleichen Volksstammes gebeten, die Emotionen der Protagonisten der vorgelesenen Geschichte in ihrem eigenen Gesicht auszudrücken. Sie haben den Gesichtsausdruck ihrer Vpn videographiert und die Aufnahmen später amerikanischen College-Studenten zur Beurteilung vorgelegt. Die amerikanischen Studenten konnten ohne Schwierigkeiten die Aufnahmen identifizieren, die Zufriedenheit/Glück, Trauer, Ärger/Zorn und Ekel darstellen sollten. Gesichter, die dagegen Furcht und Überraschung darstellten oder darstellen sollten, wurden von den Beurteilern öfter verwechselt.

Die Annahme, daß die mimischen Grundmuster einiger weniger emotionaler Zustände eine genetische Basis haben, wird durch Untersuchungen gestützt, die auch bei blind geborenen Kindern oder blind-taub geborenen Kindern Ausdrucksverhalten demonstrieren, das in den Grundzügen dem sehender Kinder entspricht. Schon Darwin (1872) führte den Fall eines in der Literatur seiner Zeit dokumentierten blindtaub geborenen Mädchens als Beleg für die Annahme einer genetischen Basis für basale mimische Muster an. Thompson (1941) verglich 26 blinde Kinder, von denen 11 blind geboren waren, mit 29 normal sehenden Kindern im Alter zwischen 6 Wochen und 13 Jahren. Sie stellte keine deutlichen Unterschiede im Ausdrucksverhalten fest; blind geborene Kinder reduzieren einzig nach dem Alter von 6 Jahren die Bewegungen beim Lächeln. Die Autorin führt dies auf den Mangel an Gelegenheit zur Imitation zurück, der sie eine stabilisierende Wirksamkeit zuspricht.

Waren diese frühen Untersuchungen noch schlecht dokumentiert, so belegen inzwischen einige gut dokumentierte Untersuchungen, daß mimische Reaktionen auf verschiedene sensorische Stimuli, aber auch auf soziale Sachverhalte, auf angeborenen motorischen Programmen basieren. Der israelische Forscher Steiner (1979) konnte zeigen, daß Neugeborene in den ersten Lebensstunden mit typischen mimischen Mustern auf «angenehme» und «unangenehme» Geschmacks- und Geruchsreize reagieren. Das gilt auch für ein neugeborenes Kind, das ohne Kortex geboren worden war. In gleicher Weise zeigen blinde Jugendliche, darunter einige blind geborene, identische mimische Merkmale als Reaktionen auf gustatorische und olfaktorische angenehme und unangenehme Reize, die zudem den Bewegungsmustern entsprechen, die von den Neugeborenen auf ähnliche Reize gezeigt worden waren.

EIBL-EIBESFELDT (1973) beobachtete über längere Zeit 5 blind-taub geborene Kinder sowie ein Kind, das blind geboren war und mit 1½ Jahren ertaubte. Die filmische Dokumentation des Ausdrucksverhaltens dieser Kinder zeigte, daß alle Kinder Lächeln, Lachen und Weinen zeigen sowie auch in einzelnen Fällen Ausdrucksmerkmale, die man eher als kulturell formierte und damit gelernte Bewegungen einstufen wird. So findet sich das Kopfschütteln als Ausdruck der Verneinung und das Stampfen mit den Füßen bei Zorn. Bei diesen Kindern ist ganz sicherlich das Lernen von Ausdrucksbewegungen durch Imitation sowie durch instrumentelles Lernen auszuschließen. Die Mehrzahl der Kinder war geistig retardiert, außerdem waren unter den 6 Kindern 2 Contergan-geschädigte Kinder, die auch in ihrer taktilen Exploration aufgrund ihrer unzulänglichen Gliedmaßen behindert waren. Diese Kinder konnten also auch nicht die mimischen Bewegungen ihrer Eltern und Pflegepersonen abtasten.

EIBL-EIBESFELDT weist aber auch darauf hin, daß das Ausdrucksverhalten der blind-tauben Kinder feine Graduierungen, wie sie bei normalen Kindern beobachtet werden, vermissen läßt und abrupter als bei normalen Kindern auftrat und wieder verschwand. Mit Sicherheit kann man annehmen, daß bei sehenden und hörenden Kindern das Ausdrucksverhalten in der Interaktion mit den nächsten Bezugspersonen modifiziert wird. So haben MELTZOFF und MOORE (1977, 1983) und andere Autoren Beobachtungen gemacht, die den Schluß nahelegen, daß schon Neugeborene bestimmte Bewegungsmuster, wie das Zusammenziehen der Brauen und das Öffnen der Lippen und des Mundes, nachahmen (s. FIELD et al., 1982). Beobachtungen der Mutter-Kind-Interaktion zeigen außerdem, daß auch Mütter das mimische Verhalten der Kinder imitieren, wenn es ihnen in der Situation angemessen erscheint, und damit eine Verstärkung des situationsgerechten mimischen Verhaltens bewirken (s. STERN, 1974).

5.3 Der mimische Ausdruck basaler Emotionen

Schon DARWIN (1877) listete die mimischen Merkmale von 8 Grundemotionen auf: Aufmerksamkeit (Interesse), Freude, Unmut/Trauer, Überraschung, Furcht, Wut/Ärger, Ekel und Scham. Die neuere Ausdrucksforschung, die elaborierte Kodierungssysteme zur Identifikation mimischer Merkmale erarbeitet hat, konnte auch hier DARWIN im großen und ganzen bestätigen, wenngleich die Liste der Grundemotionen von Autor zu Autor leicht differiert.

Die folgende Abbildung 8 zeigt im Anschluß an EKMAN und FRIESEN (1975) die typischen mimischen Merkmale von 6 Grundemotionen, für die in kulturvergleichenden Studien der Arbeitsgruppe Ekmans ein überzeugender Beleg ihrer Universalität erbracht werden konnte.

Die dargestellten Gesichter beruhen auf den von EKMAN und FRIESEN (1978) angegebenen mimischen Mustern basaler Emotionen, so wie sie in dem von diesen Autoren entwickelten Kodierungssystem mimischer Bewegungsweisen (FACIAL ACTION CODING SYSTEM) spezifiziert werden. Dieses Kodierungssystem erlaubt die Identifikation von 44 mimischen Bewegungseinheiten als anschauliche Bewegungen der Gesichtsmuskulatur, für die die anatomische Basis bekannt ist. EKMAN und FRIESEN entwickelten dieses Kodierungssystem auf der Grundlage der anatomischen Studien des Schweden HJORTSJÖ (1970).

Das System ist zunächst deskriptiv und nicht bewertend, erlaubt aber die Zusammenfassung einzelner Merkmale als Indizes für unterschiedliche Emotionen. So umfaßt der Ausdruck für Freude – und auch diese Annahme geht schon auf DARWIN (1872) zurück – nach EKMAN und FRIESEN (1978) einmal die Bewegung des M. zygomaticus major, sichtbar im

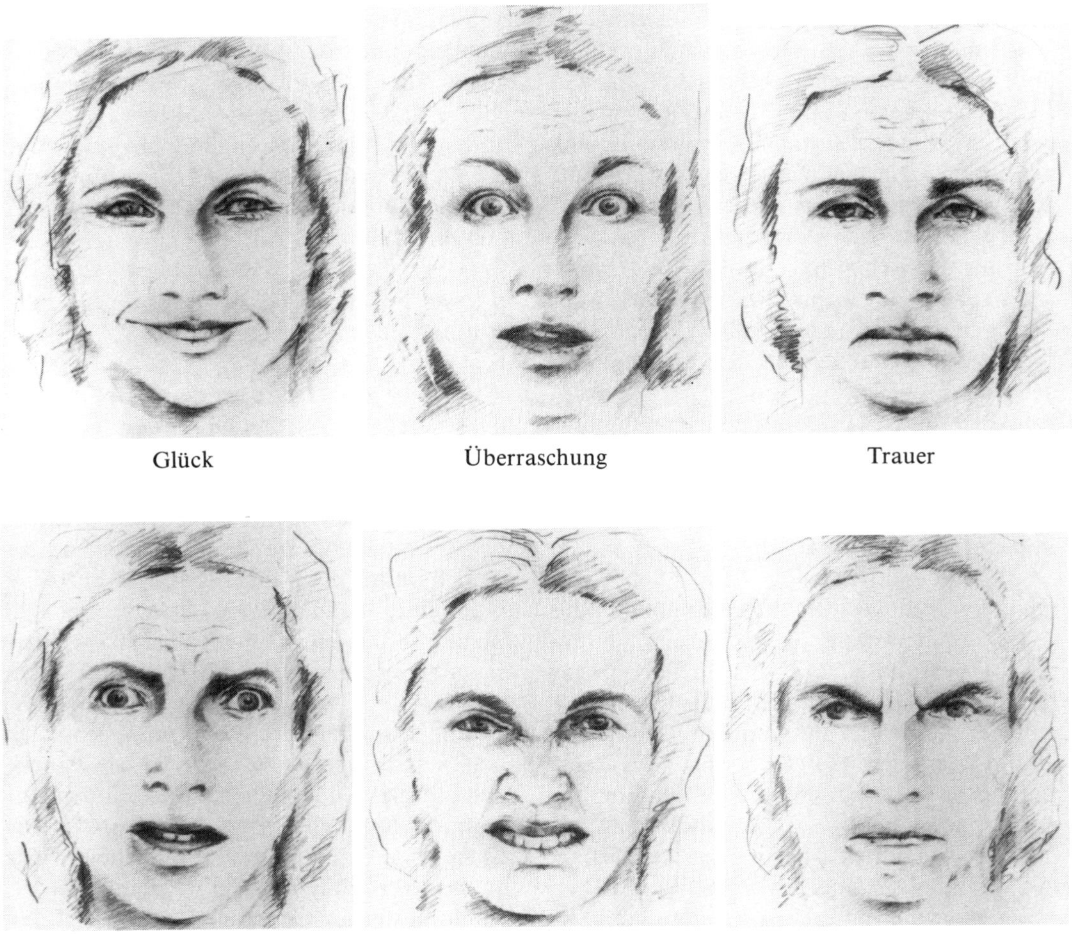

Abbildung 8: Typische mimische Merkmale der 6 Grundemotionen nach Ekman & Friesen (1975, 1978). Glück, Überraschung, Trauer, Angst/Furcht, Ekel/Abscheu und Zorn (angefertigt von Walburga Scheiblechner, Marburg, 1986).

Hoch- und Nach-hinten-Ziehen der Mundwinkel, und die Kontraktionen des M. orbicularis oculi, Pars orbitalis, durch die die Augen verengt und die Wangen nach oben gezogen werden, wobei es zu den typischen Falten oder Krähenfüßchen in den Augenwinkeln kommt. Auch andere Muskelbewegungen führen dazu, daß die Mundwinkel nach hinten und/oder oben gezogen werden und dabei der Ausdruck eines lächelnden Gesichtes entsteht: so durch Reaktionen des M. zygomaticus minor, des M. risorius, des M. caninus und selbst des M. buccinator, einer der Kaumuskeln. Diese Bewegungen induzieren nach Ekman, Friesen und Ancoli (1980) keine Freude. Nur wenn die beiden gesamten Bewegungen, die Reaktion des M. zygomaticus major und des M. orbicularis oculi, gleichzeitig auftreten (Darwin, 1872), kann dieser Ausdruck als Indikator der «wahren» Freude gelten (s. Ekman & Friesen, 1982). Im willkürlichen Ausdruck von Freude, wobei dieser Ausdruck dem inneren Zustand entsprechen kann oder nicht, verändern wir Menschen zumeist nur die Mundwinkel, ein Sachverhalt, den man in den Medien bei Personen des öffentlichen Lebens unschwer beobachten kann. Aber auch im Alltag lächeln wir oft, ohne daß uns danach zumute ist, sei es, weil es die Situation verlangt oder weil wir unseren Mitmenschen mitteilen wollen, daß wir auch mit einer widerlichen Situation fertig werden. In der Regel wird man also in konkreten Situationen auch mit Mischungen aus verschiedenen Emotionen rechnen müssen. Auch solche Mischungen schlagen sich in der Mimik nieder. Die folgende Abbildung nach EKMAN und FRIESEN (1975) illustriert dies mit Hilfe eines Kunstbildes, bei dem die Augenregion die Emotion Freude indiziert, die Mundregion dagegen Ekel, Abscheu. Unschwer kann man sich eine Situation vorstellen, in der eine bestimmte Wahrnehmung sowohl Freude, Spaß oder auch Schadenfreude als auch Ekel und Abscheu hervorruft (Abb. 9).

Nicht immer drücken sich unterschiedliche Emotionen, die gleichzeitig angeregt werden, simultan in unterschiedlichen Gesichtsregionen aus – häufiger folgen die entsprechenden mimischen Merkmale einander auch in schnellem Wechsel. HAGGARD und ISAACS (1966) beobachteten z.B. bei einem klinischen Interview, bei dem auch intime Fragen, wie z.B. das Verhältnis des Patienten zu seinem Vater, angesprochen wurden, einen schnellen Wechsel im Zeitraum von Zehntelsekunden zwischen Lächeln und z.B. einem verärgerten Gesicht. Nur durch eine Zeitlupenanalyse der Aufnahmen konnten diese «mikromomentanen» Veränderungen des Gesichtes dokumentiert und festgestellt werden. In der konkreten Gesprächssituation und auch bei Betrachtung von Aufnahmen mit normaler Geschwindigkeit werden alle Veränderungen, die kürzer als 0,2 sec sind, nicht mehr bewußt wahrgenommen.

Abbildung 9: Mimischer Ausdruck bei einer gemischten Emotion. Die Augenregion zeigt die Emotion Freude, die Mundregion die Emotion Ekel, Abscheu (angefertigt von Walburga Scheiblechner, Marburg, 1986).

Unterschiedliche oder sogar widerstreitende Emotionen mögen sich in verschiedenen Ausdrucksfeldern manifestieren. Wir haben bislang nur die Mimik betrachtet. Emotionale Zustände erschließen wir bei unseren Mitmenschen aber auch aus den Bewegungen des Rumpfes und der Gliedmaßen (vgl. z.B. FREY, 1971), aus der Orientierung und der Haltung des Körpers (ENGEL, 1844) sowie aus Merkmalen der Sprechstimme (s. SCHERER, 1982). Welchem dieser «Ausdruckskanäle» im Hinblick auf die Feststellung emotionaler Zustände bei einem anderen Menschen größere Bedeutung zugemessen wird, dürfte von der speziellen Situation abhängen. Zwar belegen einige Befunde das größere Gewicht der Mimik (z.B. BUGENTAL, KASWAN & LOVE, 1970), doch scheinen Gestik und Körperhaltung sowie der Stimmausdruck weniger leicht kontrollierbar zu sein, so daß zumindest in unserem Kulturkreis in Konfliktfällen gerade solche Merkmale als die valideren Merkmale von wahren emotionalen Zuständen herangezogen werden (s. EKMAN & FRIESEN, 1967, 1969a).

6. Neurobiologie emotionaler Reaktionssysteme

Wie alle psychischen Vorgänge, bewußte und unbewußte, sind emotionale Zustände an physiko-chemische Vorgänge im zentralen Nervensystem (ZNS) gebunden. Im Alltagsleben schon, stärker noch bei der Therapie von «Gemütserkrankungen», greifen wir direkt in dieses Geschehen ein. Pflanzliche Drogen, Genußgifte und Psychopharmaka, die in den letzten 30 Jahren von der Pharmakaforschung entwickelt wurden und zunehmend eingesetzt werden, haben im ZNS ihren Wirkungsort – ihre Auswirkungen im Erleben und Verhalten sind unübersehbar. Jede zukünftige Theorie emotionaler Prozesse wird ohne Zweifel auch die Beeinflussung emotionaler Zustände durch Drogen, Pharmaka usw. erklären müssen, wenn sie für praktische Anwendungen brauchbar sein soll. Das Verständnis der Wirkungsweise dieser Substanzen verlangt neurobiologische Kenntnisse. Auch der Studierende der Psychologie muß sich daher solche Kenntnisse aneignen, da man mit Sicherheit voraussagen kann, daß das Studium emotionaler Prozesse in Zukunft eine interdisziplinäre Organisation verlangen wird.

Nur wenige Beobachtungen zur Wirkungsweise neurobiologischer Mechanismen emotionaler Vorgänge konnten beim Menschen selbst im Rahmen therapeutischer Maßnahmen gesammelt werden. Experimente verbieten sich hier aus ethischen Gründen, wenngleich sog. Psychochirurgen in diesem Bereich offensichtlich nicht immer den ethischen Standards ihres Berufsstandes gerecht wurden (s. VALENSTEIN, 1973). Ganz vorwiegend sind Erkenntnisse über die neurobiologischen Grundlagen emotionaler Zustände am Tiermodell erarbeitet worden.

Da man eine Kontinuität der ZNS-Strukturen und der neurobiologischen Mechanismen in der Entwicklung der Säugetiere nachweisen kann, lassen sich aufgrund von Befunden, die im Tierversuch erarbeitet werden, begründete Hypothesen für die Funktionsweise entsprechender Mechanismen beim Menschen gewinnen. Die immerhin schon jetzt nicht zu leugnenden Fortschritte in der pharmakologischen Behandlung psychischer Erkrankungen konnten nur mit Hilfe von Tierversuchen erreicht werden.

Erste Beobachtungen berichteten schon KARPLUS und KREIDL im Jahre 1909 (vgl. auch 1910). Durch elektrische Stimulation im Hypothalamus konnten bei verschiedenen Versuchstieren periphere körperliche Veränderungen hervorgerufen werden, die als Ausdruck einer Aktivierung des autonomen Nervensystems bekannt sind. Im Hypothalamus haben, wie wir heute wissen, die übergeordneten Zentren für das sympathische und parasympathische Nervensystem ihren Sitz (MCLEAN, 1949).

Nun sind periphere körperliche Veränderungen als Folge einer sympathischen oder parasympathischen Aktivierung nur ein Aspekt emotionaler Prozesse. Diese Befunde lassen noch keinen Schluß darüber zu, wo der Ort der physiologischen Vorgänge im ZNS zu suchen

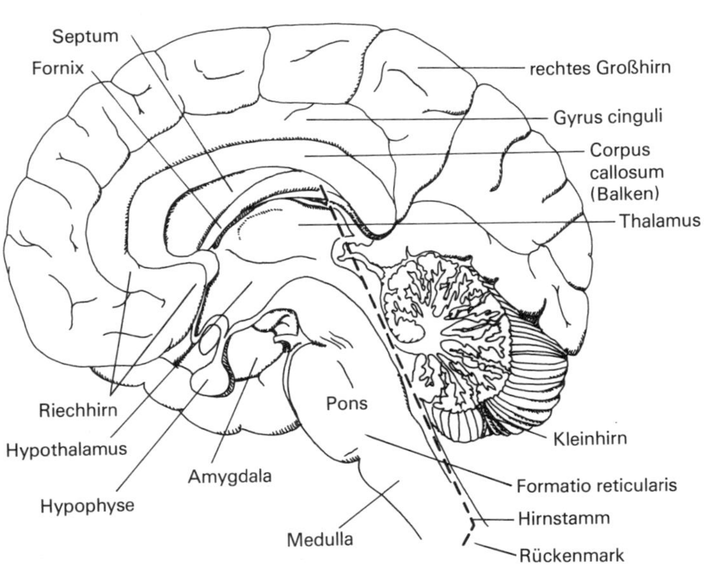

Abbildung 10: Ansicht auf das rechte menschliche Gehirn von der Mittellinie (verändert, nach SCHNEIDER & TARSHIS, 1975, S. 105). Die für die motivational-emotionalen Vorgänge besonders bedeutungsvollen Areale sind benannt.

ist, die die Grundlage des emotionalen Erlebens darstellen. Eine erste einflußreiche Hypothese, in der spezifische Annahmen über die Mechanismen des emotionalen Erlebens und Verhaltens gemacht wurden, wird in der Literatur als die CANNON-BARDsche «Emotionstheorie» diskutiert. Diese Hypothese ist heute nur noch von historischem Interesse, sie mag aber als ein Beispiel für eine neurobiologische Theorie gelten, in der die neurobiologischen Mechanismen sowohl für emotionales Verhalten als auch für das Erleben spezifiziert wurden.

In Absetzung von der oben vorgestellten JAMES-LANGEschen peripheren Theorie des emotionalen Erlebens betonte CANNON (1927) die Bedeutung zentralnervöser Mechanismen. Die von ihm und BARD (s. BARD, 1928, 1934) vorgestellte Theorie macht die Annahme, daß das emotionale Erleben durch eine Rückwirkung thalamischer Erregungen zum Kortex verursacht wird, die Steuerung des emotionalen Verhaltens aber im Hypothalamus lokalisiert wird. Die Abbildung 10 illustriert die Lage dieser Hirnareale.

BARD (1928, 1934) konnte nämlich zeigen, daß Katzen nach Durchtrennung der Hirnteile oberhalb und seitlich vom Hypothalamus noch das vollständige Bild von Wutreaktionen (Verhalten) zeigten, während sie bei Durchtrennung des Hirnstammes unterhalb des Hypothalamus ein deutlich reduziertes affektives Reaktionsvermögen aufwiesen (s. BARD, 1950). – Außerdem führen Läsionen im Thalamus häufig nicht zu Veränderungen im emotionalen Verhalten (z. B. SCHREINER, RIOCH, PECHTEL & MASSERMAN, 1953). Dagegen ließ sich durch eine Läsion im Hypothalamus, speziell im ventromedialen Hypothalamus, bei Katzen eine Tendenz zu aggressiven Verhaltensweisen erzeugen (WHEATLEY, 1944).

Diese Beobachtungen werden durch Befunde gestützt, die mit einer anderen Technik, der direkten Stimulation von Hirnarealen, gemacht werden konnten. HESS et al. (zusammenfassend: HESS, 1954) zeigten in vielen Studien zumeist an der Katze, daß durch elektrische Stimulation im Hypothalamus je nach Reizort nicht nur periphere sympathisch oder parasympathisch vermittelnde Veränderungen im Organismus erzeugt werden konnten, sondern u. a. auch affektive Abwehrreaktionen, besonders bei Stimulation im medialen Hypothalamus in der Nähe der absteigenden Fornix (vgl. Abb. 12). Das folgende Zitat faßt diese Beobachtungen zusammen:

> Besonders auffällig ist ein Benehmen der Katze, welches so aussieht, wie wenn sie von einem Hund oder von feindlichen Artgenossen bedroht wäre. Nach einer nicht unerheblichen Latenzzeit (oft bis gegen 30 Sekunden) sträuben sich die Nackenhaare und der Schwanz wird buschig; die Pupillen erweitern sich, bisweilen ad maximum; die Ohren werden zurückgelegt. Ein Fauchen, Schneuzen oder Knurren ergänzt das sich darbietende typische Bild eines Wutausbruches ... Bei Fortdauer oder Verstärken der Reizung kommt es oft zu einem «tätlichen» Angriff. Die Katze richtet sich gegen eine in der Nähe stehende Person und springt diese an, oder sie schlägt gut gezielt mit der Pfote bei ausgestülpten Krallen nach der ihr entgegengestreckten Hand. Diese Reaktion kann nur heißen, daß mit den somatischen Phänomenen eine entsprechende psychische Einstellung einhergeht. In seinem Aggressionstrieb sucht das Tier einen Gegenpartner, den es zum Objekt der dienzephal (im Zwischenhirn, der Autor) künstlich ausgelösten Affektentladung macht (HESS, 1954, S. 78).

Die Abbildung 11 zeigt das Bild einer solchen affektiv-aggressiven Katze bei elektrischer Reizung im Hypothalamus bei Reizpunkten in der Nähe der absteigenden Fornix.

Wie das Zitat auch verdeutlicht, tritt affektives Verhalten auch auf, wenn kein natürliches Reizobjekt in der Situation vorhanden ist, das Tier sucht sich dann ein Ersatzobjekt. Diese Beobachtung deutet darauf hin, daß durch die elektrische Stimulation affektives Abwehrverhalten nicht automatisch ausgelöst wird. HESS (1954) vermutete, daß diese künstlich erzeugte Erregung «ins Bewußtsein» gelangt, d. h. kortikale Erregungsprozesse induziert und dadurch einen motivational-emotionalen Zustand erzeugt, durch den zielgerichtetes Verhalten ausgelöst wird.

Nachfolgende Stimulationsstudien an der Katze von FLYNN et al. (zusammenfassend: FLYNN, 1973) und von KARLI et al. bei der Ratte (zusammenfassend: KARLI, 1974) belegen die Bedeutung des medialen Hypothalamus für

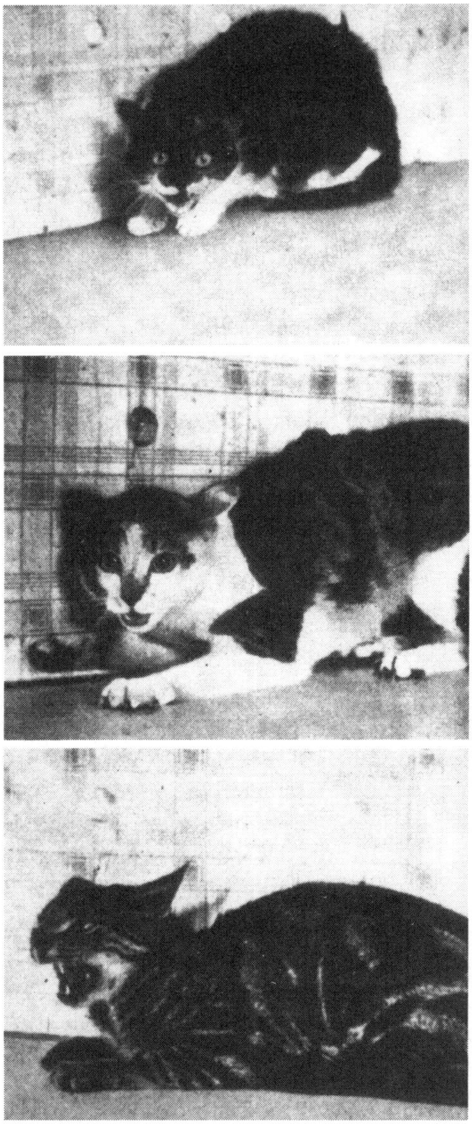

(a) (b) (c)

Abbildung 11: Affektiv-aggressive Verhaltenseffekte bei elektrischer Reizung im Hypothalamus bei einer Katze (aus Hess & Brügger, 1943, S. 34). Die Abbildungen (a) und (b) zeigen die Effekte bei Reizung mit 1 Volt Spannung, die Abbildung (c) bei 2,5 Volt Spannung.

die Auslösung affektiver Abwehrreaktionen. Diese Forschergruppen bestätigen auch die Beobachtungen von Hess, daß gleiche Abwehrreaktionen durch Stimulation im zentralen Höhlengrau, das den Aquädukt des Mittelhirns umgibt, also unterhalb des Hypothalamus, ausgelöst werden können.

Neben diesen auf der Achse von rostral nach kaudal im Hirnstamm angeordneten Arealen haben sich eine größere Anzahl weiterer Hirnregionen besonders des Großhirns als bedeutungsvoll für das emotionale Verhalten herausgestellt. Affektive Abwehrreaktionen wurden z.B. auch nach Läsionen im Septum, einem Areal des Großhirns vor und oberhalb des Hypothalamus gelegen, beobachtet (Brady & Nauta, 1953). Wird die gleiche Region stimuliert, so hat dies offensichtlich eine belohnende Wirkung (Olds & Milner, 1954).

Schon in den 30er Jahren beobachteten Klüver und Bucy (1937), daß bei Rhesus-Affen, bei denen der Temporallappen entfernt worden war, es zu einer Reihe von Veränderungen im affektiven Verhalten kam. Die Tiere zeigten teilweise bizarre Reaktionen in unterschiedlichen Verhaltenssystemen, bei der Nahrungsaufnahme, beim Sexualverhalten und auch bei Furcht und aggressivem Verhalten. Es stellte sich heraus, daß das entscheidende Hirnareal, das durch diese große Operation betroffen worden war, eine mandelförmige Kerngruppe war, die beidseitig in der Spitze des Schläfenlappens lokalisiert ist und als Nucleus amygdaloideum oder kürzer als Amygdala bezeichnet wird.

Durch Stimulation der Amygdala läßt sich je nach Stimulationsort sowohl Flucht als auch affektive Abwehr auslösen (zusammenfassend: Kaada, 1972). Weitere Studien konnten zeigen, daß in der Amygdala offensichtlich zwei antagonistisch wirkende motivational-emotionale Systeme lokalisiert sind. Die Amygdala kann auch aufgrund morphologischer und entwicklungsgeschichtlicher Merkmale in die stammesgeschichtlich älteren medialen und in die jüngeren lateralen Teilkerne unterteilt werden. Fonberg (zusammenfassend: Fonberg, 1972, 1979) konnte bei Hunden beobachten, daß nach Läsionen in der medialen Amygdala die Tiere Apathie, Traurigkeit und soziale Indifferenz zeigten, während nach Läsionen in der lateralen Amygdala das Verhalten der Tiere durch Aktivität, Verspieltheit und eine offensichtlich positive Stimmung gekennzeichnet war. Die genannten Defizite, die nach einer Läsion in der medialen Amygdala auftraten, konnten darüber hinaus durch nachfolgende Läsionen in der lateralen Amyg-

dala wieder aufgehoben werden. Dies belegt, daß beide Systeme antagonistisch angelegt sind, wobei ein Teilsystem das andere System unter normalen Umständen hemmt.
Allerdings fanden sich bei Untersuchungen, in denen Eingriffe an diesen Großhirnkernen vorgenommen wurden, relativ große Unterschiede zwischen den verschiedenen untersuchten Säugetierarten - Katzen, Hunden, Ratten und auch Affen (FONBERG, 1981; KLING, 1966) -, so daß eine Übertragung dieser Befunde auf den Menschen nicht ohne weiteres möglich ist. Eine Reihe von Beobachtungen in einer neurologischen Klinik haben aber gezeigt, daß bei Stimulationen im Bereich der Amygdala Patienten über die unterschiedlichsten emotionalen Zustände berichten: Zumeist löst Stimulation im Bereich der Amygdala eine negative Stimmung aus, bei einzelnen Patienten aber auch positive Stimmungen, bzw. je nach Stärke der Stimulation positive oder negative Stimmung bei ein- und demselben Patienten (BISHOP, ELDER & HEATH, 1963; HEATH, 1964; zusammenfassend: HEATH, 1986).
Dazu im Gegensatz konnten bei Stimulationen im Septum und in dem Teil des Zwischenhirns, durch den das sog. mediale Vorderhirnbündel zieht, bei Patienten in der Regel positive Stimmungen ausgelöst werden (HEATH, 1964). Dieses mediale Vorderhirnbündel ist in der tierexperimentellen Forschung im Anschluß an die Pionierstudie von OLDS und MILNER (1954) als *die* Struktur für die Vermittlung von Belohnungseffekten identifiziert worden. Haben Versuchstiere die Gelegenheit, sich in dieser Struktur selbst zu stimulieren, so tun sie es mit großer Ausdauer und unterdrücken dabei andere Verhaltensweisen, die unter normalen Umständen zur gegebenen Zeit Priorität hätten.
Solche Aufzählungen von Hirnarealen, die an der Ausgestaltung emotionaler Vorgänge beteiligt sind, ergeben noch kein neurobiologisches Modell. - Schon 1937 hat der Neurologe PAPEZ vermutet, daß einige der phylogenetisch älteren Anteile des Endhirns, kortikale Anteile wie der Gyrus cinguli sowie Kerngruppen in der Tiefe des Endhirns wie der Hippocampus, zusammen mit Thalamus und Hypothalamus

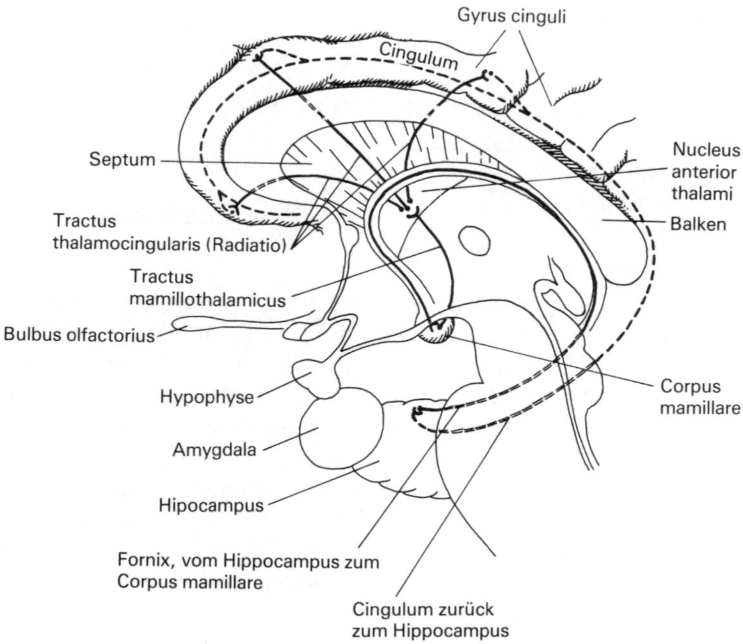

Abbildung 12: Papez Kreis im Gehirn des Menschen (Hippokampus-Fornix-Corpus mamillare-Nucleus anterior thalami-Girus cinguli-Cingulum-Hippokampus; leicht verändert aus DUUS, 1987, S. 276). Einige weitere Strukturen sind zur Orientierung (vgl. auch Abb. 10) gekennzeichnet.

eine funktionelle Einheit bilden, in der die neuronale Basis emotionaler Vorgänge lokalisiert ist (vgl. Abb. 12). Diese Vorstellung ist von McLean (1949, 1952) aufgegriffen und erweitert worden. Das von diesem Autor so genannte Limbische System umfaßt einige weitere kortikale und subkortikale Areale des Endhirns, besonders die Amygdala und das Septum, die miteinander verbunden sind und auch zu weiteren Anteilen des Vorderhirns, insbesondere zum Frontallappen und zum Mittelhirn ausgeprägte Verbindungen haben.

Die psychobiologische Forschung ist nicht bei der Identifikation solcher funktionaler Systeme im ZNS stehengeblieben. Die Entwicklung histochemischer Untersuchungsmethoden hat in den letzten Jahrzehnten darüber hinaus die Identifikation von Verbindungen im ZNS ermöglicht, in denen ganz bestimmte Neurotransmitter vorkommen. So hat man bei Säugetieren zwei wichtige Verbindungen dieser Art zwischen Mittelhirn, Zwischenhirn und Endhirn nachgewiesen, in denen Catecholamine, hier Dopamin und Noradrenalin, als Transmitter an den Synapsen ausgeschüttet werden. Sowohl die dopaminerge als auch die noradrenerge Bahn stellen im Zwischenhirn Teile des medialen Vorderhirnbündels dar, in dessen Nachbarschaft Olds und Milner und viele nachfolgende Untersucher ausgeprägte Selbststimulierung bei unterschiedlichen Versuchstieren nachweisen konnten.

In der Tat hat eine große Anzahl tierexperimenteller Studien gezeigt, daß diese aufsteigenden catecholinergen Bahnen wesentlich für den Belohnungseffekt bei Hirnstimulation sind (zusammenfassend: German & Bowden, 1974). So fanden z.B. Stein und Wise (1969), daß bei Selbststimulation im medialen Vorderhirnbündel die Ausschüttung von Catecholaminen in den Zielgebieten dieser Bahnen, im Hypothalamus, in der Amygdala und im Hippocampus, anstieg. Dieser Befund wird durch pharmakologische Beobachtungen gestützt: Pharmaka, die die Ausschüttung von Catecholaminen reduzieren, verringern die Selbststimulation, solche, die sie ansteigen lassen, erhöhen sie (s. Stein & Wise, 1969, 1971).

Aufgrund solcher und vieler anderer Befunde lag es nahe, Defizite in diesem catecholinergen Belohnungssystem auch für extreme psychopathologische emotionale Veränderungen verantwortlich zu machen, zumal die seit 30 Jahren verwendeten Psychopharmaka u.a. ihren Wirkungsort bei catecholinergen Synapsen haben. So wurden und werden als antipsychotische Pharmaka Dopaminblocker wie Haloperidol und Chlorpromazin verwandt. Als vorläufige Hypothese bot sich an, daß schizophrene Zustände Ausdruck einer Störung des dopaminergen Übertragungssystems im ZNS seien (s. Kety, 1966). Diese Hypothese wird durch viele Beobachtungen gestützt, Alternativhypothesen konnten aber bislang noch nicht ausgeschlossen werden. So haben Stein und Wise (1971) angenommen, daß Störungen in noradrenergen Systemen die Ursache der Schizophrenie seien. Da beide Systeme sich neuroanatomisch weitgehend überlappen und auch pharmakologische Eingriffe in das eine System in der Regel Effekte im anderen System erzeugen, kann derzeit nicht zwischen diesen beiden Hypothesen entschieden werden. Immerhin zeigt sich bereits jetzt, daß die Ergebnisse der psychobiologischen Erforschung der Emotionen neben der Erweiterung des Grundlagenwissens auch für praktische Anwendungen in der Psychopathologie von zunehmender Bedeutung sein werden.

7. Emotionen und menschliches Handeln

7.1 Situative Auslöser emotionaler Reaktionen

Emotionen beziehen sich als wertende Stellungnahmen von Personen auf Ereignisse oder Sachverhalte, die entweder in der Situation angetroffen werden oder auch nur vorgestellt oder erinnert werden. Damit kann grundsätzlich jeder Sachverhalt, jedes Ereignis zum situativen Auslöser emotionaler Reaktionen werden, sofern nur durch einen solchen Sachverhalt irgendeine Handlungs- oder Wertungsdisposition angesprochen wird.

Alle von der Motivationsforschung nachgewiesenen Anreize des Handelns, positive wie negative, stellen solche Auslöser für Emotionen in der Anfangsphase einer Handlung dar – insbesondere für Hoffnung und Furcht. Alle

Handlungsergebnisse, die in der Auseinandersetzung mit der dinglichen und sozialen Umwelt zustande kommen, geben dann wieder Anlaß für emotionale Reaktionen - an erster Stelle Zufriedenheit und Enttäuschung im Falle des Gelingens oder Mißlingens. Eine Taxonomie emotionsauslösender Situationen verlangt daher eine Taxonomie der basalen Motivationssysteme oder Strebungen des Menschen. Einige dieser Strebungen, wie z.B. diejenigen nach Nahrung und Flüssigkeit, nach Schmerzvermeidung und Schutz vor und Vermeidung von Gefahren, nach Erkundung der dinglichen und sozialen Umwelt, nach sexueller Betätigung, teilen wir Menschen mit den meisten anderen höheren Säugetieren. Es kann daher kein Zweifel bestehen, daß diesen Verhaltensdispositionen evolutiv entstandene Mechanismen zugrunde liegen, die eine genetische Basis haben.

Im tierlichen Verhalten umfassen solche «biogenen» Motivationssysteme auch angeborene Auslösereize, von denen man vermuten darf, daß sie bei Tieren in Analogie zum menschlichen Erleben emotionale Reaktionen auslösen. So weint das frischgeschlüpfte Küken, wenn es Mutter und Geschwister verloren hat, und beruhigt sich, wenn es den Ruf der Henne hört. Auch beim Menschen scheint es solche «angeborenen Auslöser emotionaler Reaktionen» zu geben. So haben Entwicklungspsychologen nachgewiesen, daß die Stimme, vor allem einer weiblichen Person, und auch der Körperkontakt bei Säuglingen nicht gelernte Auslöser von Zufriedenheit und emotionaler Beruhigung sind (Bowlby, 1969).

Über viele Jahrzehnte haben allerdings behavioristisch wie auch Freudianisch orientierte Hypothesen die Diskussion in der Entwicklungspsychologie beherrscht, nach der solche Auslöser des Bindungs- und Anschlußverhaltens von Kleinkindern konditionierte Auslöser im Sinne des Pawlowschen Lernparadigmas sind. Durch die zeitliche Kontiguität der wahrnehmbaren Qualitäten der primären Bezugsperson des Kindes, in der Regel der Mutter, mit der Stillung primärer Bedürfnisse in der Fütterungssituation sollten diese Qualitäten die Mächtigkeit eines konditionierten Auslösers für Zuwendungsverhalten und die damit einhergehenden Emotionen erlangen.

Nach Watson (1930), dem Begründer der behavioristischen Denkschule in der Psychologie, sind beim menschlichen Säugling nur wenige angeborene Auslöser für emotionale Reaktionen nachweisbar: (1) Furcht wird ausgelöst durch intensive Reize und durch den Entzug der Unterstützung des Körpers; (2) Ärger wird ausgelöst durch Behinderungen der Aktivität; (3) Liebe schließlich wird ausgelöst durch Körperkontakt (s. Watson & Morgan, 1917). Diese wenigen unbedingt wirksamen Reize sollen, so die Vorstellung Watsons (1930; s. Watson & Rayner, 1920), durch zeitliche und räumliche Koppelung mit zunächst neutralen Reizen, die dann zu konditionierten Auslösern emotionaler Reaktionen werden, um ein Vielfaches vermehrt werden.

Die frühe Studie von Watson und Rayner (1920) zum Nachweis solcher konditionierter emotionaler Reaktionen bei dem elf Monate alten Knaben «Albert» hat Eingang in alle Lehrbücher gefunden: Eine konditionierte Furchtreaktion entstand hier durch zeitliche Koppelung der Darbietung einer weißen Ratte mit einem lauten Geräusch, das durch Schlagen eines Hammers auf eine Eisenstange, die oberhalb des Kopfes des Kindes von der Decke hing, erzeugt wurde. Der kleine Albert erwarb in dieser Situation eine konditionierte Furcht vor der weißen Ratte, die zudem auf andere pelzige Tiere und auch Kleidungsstücke generalisierte. Diese Studie ist aufgrund einiger methodischer Mängel und der ethischen Implikationen der Vorgehensweise berühmt-berüchtigt. Verständlicherweise hat es auch nur wenige Replikationsversuche gegeben, die zudem z. T. noch erfolglos verliefen.

Besser kontrollierte Untersuchungen der letzten Jahre haben über alle Zweifel demonstriert, daß es auch beim Menschen ohne Schwierigkeiten gelingt, durch klassische Konditionierung solche scheinbar beliebigen «neutralen» Reize zu konditionierten Auslösern emotionaler Reaktionen zu machen. Allerdings hat die Forschung der letzten Jahrzehnte die Begrenztheit der *Beliebigkeitsannahme,* die die Lernforschung über viele Jahre dominiert hat, aufgezeigt: So mußte schon Valentine (s. Valentine, 1956) feststellen, daß es nicht gelingen wollte, die Furchtreaktion bei einem kleinen Mädchen an ein in zeitlicher Nähe zu einem lau-

ten Pfiff gezeigtes Opernglas zu konditionieren, während dies ohne Schwierigkeit im Hinblick auf eine gezeigte Raupe gelang.
Nicht jeder Reiz scheint also in gleicher Weise geeignet, zum konditionierten Auslöser emotionaler Reaktionen im menschlichen Verhalten zu werden. Solche Einschränkungen der Konditionierbarkeit waren zwar den Pionieren der Lernforschung nicht unbekannt, sind aber erst in den letzten Jahrzehnten aufgrund insbesondere der Untersuchungen zum Nahrungsvermeidungslernen wieder in das Zentrum der Aufmerksamkeit gerückt. VALENTINE (1956) vermutete, daß nur solche Reize zu konditionierten Auslösern emotionaler Reaktionen werden können, die ebenfalls bereits eine unbedingte emotionale Reaktion hervorrufen. Trifft dies zu, dann handelt es sich in diesen Situationen nicht um das PAWLOWsche Konditionieren eines neuen Reizes, sondern um das Umkonditionieren eines Reizes, ein Vorgang, der anderen Gesetzmäßigkeiten unterliegt.
Neuere Erklärungsansätze versuchten allerdings zunächst einmal dieses Phänomen evolutionsbiologisch zu deuten. Es ist ja zweifellos erstaunlich, daß viele Menschen unwiderstehliche Ängste beim Anblick von Spinnen und Schlangen erleben, mit denen sie sicherlich unter den Umständen unserer technisch-zivilisatorischen Umwelt noch keine negativen Erfahrungen machen konnten, während sie vor tatsächlich gefährlichen Instrumenten, wie etwa elektrischen Haushaltsgeräten, in aller Regel keine Angst empfinden. Man hat daher vermutet, daß es auch im menschlichen Verhalten noch «natürliche» Auslöser für Angstreaktionen gibt, die Teil der genetischen Ausstattung des Menschen sind.
Diese evolutionsbiologische Spekulation mag richtig sein oder nicht, Tatsache ist, daß es leichter gelingt, «phobische» Stimuli (Abbildungen von Schlangen und Spinnen) an eine Furchtreaktion zu konditionieren als andere neutrale Reize. Einige experimentelle Ergebnisse sollen dies illustrieren:
ÖHMAN und DIMBERG (1978) präsentierten ihren Vpn entweder ein verärgertes, ein fröhliches oder ein neutrales Gesicht. Der Vp wurden jeweils 2 Bilder von 2 Personen gezeigt, wobei auf die Darbietung eines Bildes einer Person ein leichter elektrischer Fingerschock folgte. In allen drei Bedingungen konnten die Vpn schnell zwischen den beiden Personen diskriminieren: Die Hautleitfähigkeit als Ausdruck dieser emotionalen Diskrimination spiegelt dies deutlich wider. Die drei Bedingungen unterscheiden sich dabei nicht.
Beim Einsetzen der Löschphase - der konditionierte Reiz wird jetzt ohne den unkonditionierten Schockreiz dargeboten - bricht allerdings die konditionierte Reaktion bei dem fröhlichen und neutralen Gesicht schnell zusammen. Nur das ärgerliche Gesicht bleibt weiterhin im Rahmen der hier vorgenommenen Überprüfung als konditionierter Auslöser wirksam. Offensichtlich stellen ärgerliche Gesichter so etwas wie natürliche Auslöser emotionaler Reaktionen dar und treffen auf phylogenetisch «vorbereitete» Lernmechanismen. Diese leichtere Konditionierbarkeit von ärgerlichen Gesichtern an negative Reize konnte in einer Reihe weiterer Studien belegt werden (z. B. LANZETTA & ORR, 1981; ORR & LANZETTA, 1980).
Bei diesen Ergebnissen kann man noch vermuten, daß der vorbereitete Lernmechanismus Ausdruck der individuellen Lerngeschichte ist: Eine Vp hat die Erfahrung gemacht, daß ein ärgerliches Gesicht bei einem Mitmenschen häufiger mit negativen Folgen einhergeht als ein neutrales oder fröhliches Gesicht. Solche Lernerleichterungen finden sich aber auch wie schon gesagt bei Reizen, mit denen Vpn unseres Kulturkreises und unserer historischen Epoche in aller Regel noch keine negativen Erfahrungen sammeln konnten.
ÖHMAN, FREDERIKSON, HUGDAHL und RIMMÖ (1976) konditionierten bei studentischen Vpn wiederum die Darbietung einer Abbildung durch zeitliche Koppelung mit einem elektrischen Fingerschock. Die Hautleitfähigkeit als Ausdruck der emotionalen Reaktion zeigt, daß sowohl phobische Reize (Abbildungen von Schlangen und Spinnen) wie auch neutrale Reize konditioniert werden können - allerdings unterschiedlich schnell; während bei einem phobischen Reiz ein Durchgang genügt, sind zur Konditionierung neutraler Reize mehrere Durchgänge notwendig. Deutlicher noch lassen sich beide Lernsituationen anhand der Ergebnisse in der Löschprozedur unterscheiden: Während die konditionierte Reaktion bei neutralen Reizen schnell verlöscht, bleibt sie

bei den phobischen Reizen fast in gleicher Höhe erhalten.

Als Fazit läßt sich festhalten: Es gelingt unschwer, auch beim Menschen emotionale Reaktionen an unterschiedliche Stimuli zu koppeln, wenngleich dies bei ausgezeichneten Reizen leichter gelingt als bei solchen, die keinen irgendwie gearteten Bezug zu der konditionierten Reaktion aufweisen.

7.2 Situationsbewertung und Emotionen

In Emotionen, so hatten wir oben angenommen, drücken sich spontan intuitive Bewertungen von Ereignissen und Sachverhalten in der Umwelt, aber auch von eigenen Zuständen und Handlungsergebnissen aus (ARNOLD, 1960). Bewertungen umfassen aber neben emotionalen Reaktionen weitere informationsverarbeitende Prozesse: Ein Sachverhalt muß zunächst einmal perzipiert werden, damit er psychologisch überhaupt wirksam werden kann. Neue Sachverhalte rufen dabei in besonderem Maße eine Hinwendung der Aufmerksamkeit hervor: die schon von PAWLOW beschriebene Orientierungsreaktion.

Die Behauptung, ein informationsverarbeitender Prozeß müsse emotionalen Prozessen vorausgehen, ist daher trivial. Aufgrund der ersten, emotional-kognitiven Stellungnahme zu einem Sachverhalt kann es dann zu weiteren informationssuchenden und -verarbeitenden Prozessen kommen, so z.B. zum Suchen von Gedächtnisinhalten, zur rationalen Bewertung des Sachverhaltes anhand expliziter Maßstäbe, zur Erklärung des Zustandekommens des Sachverhaltes usw.

Die primäre Bewertung, die man auch als eine «präkognitive Bewertung» bezeichnet hat (ZAJONC, 1980), leistet zunächst einmal nichts anderes als eine Grobklassifikation des Ereignisses oder Sachverhaltes in die Klassen neurartiger und bekannter Sachverhalte und förderlicher oder schädlicher Sachverhalte (SCHERER, 1981, 1984). Diese Grobklassifikation ist ausreichend für das von der Situation möglicherweise geforderte schnelle Handeln – für eine Entscheidung darüber, ob man sich dem Sachverhalt oder Ereignis nähern oder ihm aus dem Wege gehen soll. Mit dieser Bewertung geht dann im Sinne der CANNONschen Vorstellung einer Notfallfunktion des autonomen Nervensystems eine körperliche Umstellung, ausgelöst durch eine Erhöhung des Sympathikotonus, einher. Außerdem wird ein Handlungsimpuls ausgelöst, der sich sowohl in Körperstellungen und Handlungsinitien als auch im mimischen und vokalen Ausdruck zusammen mit der Situationsbewertung manifestiert. Alles dies zusammen beeinflußt das emotionale Erleben und bestimmt dessen spezifische Qualität (LAZARUS & LAUNIER, 1978).

Kommt es zu einer Handlung, lassen sich folgende weitere Schritte der Informationsverarbeitung vermuten (s. SCHERER, 1981, 1984): Menschen bewerten Sachverhalte und Ereignisse daraufhin, in welchem Maße sie für eigene übergeordnete Zielsetzungen förderlich oder hinderlich sind; auch diese Bewertung ist mit emotionalen Reaktionen, mit Hoffnung und Furcht, verknüpft. Es folgt dann möglicherweise eine Phase, in der die handelnde Person die Ressourcen, die ihr zur Erreichung des Zieles zur Verfügung stehen oder ihr auch fehlen, beurteilt. Dazu gehört auch eine Analyse der Ursachen von vorangegangenen Handlungsausgängen im gleichen Kontext. Solche Kausalerklärungen oder Attributionen haben ihrerseits dann wieder sekundäre Emotionen zur Folge (s. MEYER, 1983; WEINER, 1982). Schließlich beurteilt die handelnde Person möglicherweise ihre Handlungen und die Ergebnisse ihres Handelns im Hinblick auf übergeordnete ethische und soziale Normen. Auch diese letzte normative Bewertung wird, wenn sie stattfindet, spezifische Emotionen wie Stolz, Scham und Schuldgefühl zur Folge haben.

Emotionale Reaktionen und andere eher «kalte» Formen der Informationsverarbeitung sind also im Verlauf einer Handlung vollständig ineinander verzahnt. Bei der Untersuchung der Frage, wie sich Kognitionen auf Emotionen auswirken und umgekehrt, muß man daher immer im Auge behalten, daß hier nur eine perspektivische Unterscheidung und keine kategoriale vorliegt. Nachfolgend werden wir einige dieser Forschungsansätze und wichtige Ergebnisse daraus vorstellen. Zunächst diskutieren wir die von LAZARUS et al. (LAZARUS, 1966, 1968) initiierte Erforschung der Bedeutung der primären und sekundären

Bewertung von Sachverhalten und Ereignissen für das emotionale Erleben. An zweiter Stelle stellen wir einen Forschungsansatz zur Aufklärung der Wirkung von Emotionen auf einen genuin kognitiven Vorgang, das Abspeichern und Wiedergewinnen von Informationen, vor.

Primäre Bewertungen sind, wie gesagt, Grobklassifikationen von Ereignissen und Sachverhalten in die Klassen der neuen und bekannten sowie förderlichen und schädlichen Sachverhalte. Mit dieser Grobklassifikation gehen Emotionen, z.B. Überraschung, Freude oder Angst, einher. Zusätzlich zu dieser primären Bewertung, zumeist nachfolgend, aber auch zeitlich überlappend, kann die handelnde Person im Sinne der oben dargestellten Stufen der Beurteilung eines Ereignisses oder Handlungsergebnisses sich Gedanken über die Ursachen des Ausgangs sowie über förderliche und hemmende Umstände machen. Diese Neubewertungen werden dann weitere, möglicherweise auch qualitativ andere Emotionen auslösen. Die Priorität ist hier ausdrücklich den Bewertungsprozessen zuerkannt. In einer Reihe von empirischen und theoretischen Arbeiten haben LAZARUS et al. diese Konzeption in den letzten 20 Jahren entwickelt (LAZARUS, 1966, 1968; LAZARUS, AVERILL & OPTON, 1970; LAZARUS, KANNER & FOLKMAN, 1980; LAZARUS & LAUNIER, 1978). Eine ältere Studie aus der Arbeitsgruppe von LAZARUS (SPEISMAN, LAZARUS, MORDKOFF & DAVISON, 1964) soll die Bedeutung solcher Bewertungen (primäre und möglicherweise auch sekundäre Bewertungen, die hier nicht getrennt wurden) für die Auslösung emotionaler Reaktionen, erfaßt über vegetative Veränderungen und über Befindlichkeitswerte, illustrieren.

SPEISMAN et al. (1964) zeigten ihren Vpn einen Film über Beschneidungsriten bei australischen Ureinwohnern. In drei unabhängigen Gruppen erhielten die Vpn dann entweder (a) einen Traumatisierungskommentar, der die Bedrohung und den Schmerz der Jugendlichen betonte, (b) einen Verleugnungskommentar, in dem das ganze Geschehen als harmlos hingestellt wurde, und (c) einen Intellektualisierungskommentar, der eine emotionale Distanz zum Geschehen schaffen sollte. Eine Kontrollgruppe erhielt keinen Kommentar.

In Abbildung 13 sind die mittleren Hautleitfähigkeitswerte als Ausdruck der sympathischen Aktivierung der Vpn in diesen drei Bedingungen dargestellt. Die durch den Kommentar angeregte Bewertung und Verarbeitung der gezeigten Szenen schlägt sich deutlich in den vege-

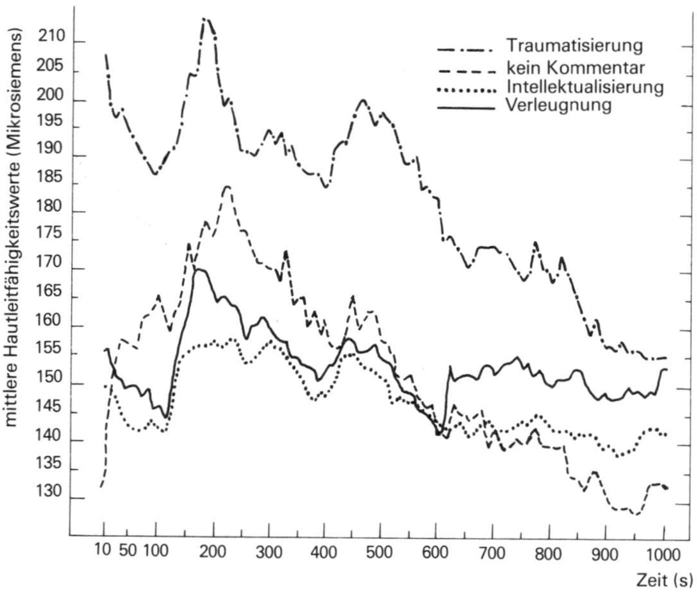

Abbildung 13: Mittlere Hautleitfähigkeitswerte in den drei experimentellen Bedingungen (1) Traumatisierung, (2) Intellektualisierung, (3) Verleugnung und in der Kontrollgruppe (aus SPEISMAN et al., 1964, S. 373).

tativen (emotionalen) Reaktionen der Vpn nieder. Die Analyse der Befindlichkeitsskalen bestätigte dieses Bild.
In einer weiteren Studie (LAZARUS & ALFERT, 1964) konnte zusätzlich gezeigt werden, daß bei einer zuvor induzierten Einstellung zu dem vorgeführten Beschneidungsfilm durch einen vorgeschobenen Verleugnungskommentar die emotionalen (autonomen) Reaktionen von Beginn an gedämpft sind. Offensichtlich wird durch eine solche Voreinstellung auch die primäre Bewertung eines emotionsauslösenden Ereignisses modifiziert.
In diesem Experiment wurde die Voreinstellung zu dem gezeigten Film durch den vorweg eingeschobenen Kommentar experimentell geschaffen. Menschen bringen aber immer schon solche Voreinstellungen in die Bewertungen von Ereignissen und Sachverhalten ein, die u.a. auch Ausdruck überdauernder Handlungs- und Bewertungsdispositionen (Motive) sind (LAZARUS et al., 1970). Dies kann die Unterschiede in den emotionalen Reaktionen von Personen in der objektiv gleichen Situation (interindividuelle Unterschiede) erklären. Auch sekundäre Bewertungen werden durch überdauernde Motive und andere Personeigenschaften mitbestimmt. Neben solchen primären Bewertungen spielen, wie gesagt, sekundäre Bewertungen eine Rolle bei der Ausgestaltung emotionaler Reaktionen.
Sekundäre Bewertungen sind im übrigen auch ein Instrument zur Regulation des emotionalen Geschehens (LAZARUS et al., 1970). Eine wichtige Klasse sekundärer, emotionswirksamer Bewertungen dürften z.B. die sog. Ursachenerklärungen für Ereignisse, eigene Handlungsergebnisse usw. sein: die subjektiven Begründungen dafür, daß ein bestimmtes Ereignis so oder so aufgetreten oder zustande gekommen ist. WEINER, RUSSELL und LERMAN (1979; zusammenfassend: WEINER, 1982) nehmen an, daß im menschlichen Leistungshandeln die primäre Feststellung, daß eine Handlung erfolgreich war, zwar schon eine Emotion zur Folge hat – man freut sich –, daß diese aber nur von kurzer Dauer ist und anschließend durch nachfolgende sekundäre Bewertungen, etwa eine Ursachenerklärung für diesen Erfolg, in der einen oder anderen Richtung verändert wird. Kommt z.B. eine Person zu dem Schluß, daß ihr Erfolg dadurch zustande gekommen ist, daß die vorgelegte Aufgabe sehr leicht war, wird dies ihre Freude dämpfen; kommt sie aber im Vergleich mit anderen zum Schluß, daß sie deswegen erfolgreich war, weil sie für diese Art von Aufgaben begabt ist, wird dies ihre Freude intensivieren und möglicherweise auch andere Emotionen, wie etwa Stolz, auslösen. Solche Ursachenerklärungen dürften in der Tat einen bedeutsamen Einfluß auf die Ausgestaltung emotionaler Reaktionsverläufe haben – leider steht der überzeugende experimentelle Nachweis dafür noch aus (s. MEYER, 1983).

7.3 Emotionen und Gedächtnis

Schon zu Beginn des Jahrhunderts formulierte FREUD (1901) eine einflußreiche Hypothese zum motivierten Vergessen: Danach werden konfliktträchtige Gedächtnisinhalte durch unbewußte Kräfte am Zutritt zum Bewußtsein gehindert, weil sie im Falle, daß sie bewußt würden, Unlust erzeugten. Die FREUDsche Annahme hat eine umfangreiche Forschung angeregt, der es aber nicht gelang, eindeutige und überzeugende Beweise für diese sog. Verdrängungshypothese zu erbringen (s. RAPAPORT, 1977). Zwar belegt die Wirkung posthypnotischer Suggestionen, die erst bei einem hypnotisch vereinbarten Signal ins Bewußtsein gelangen, ohne daß die Person zwischenzeitlich Zugang dazu hatte, die Wirksamkeit dynamischer unbewußter Faktoren beim Erinnern (ERICKSON & ERICKSON, 1941; vgl. KELLOGG, 1929). – Die exakte experimentelle Überprüfung der FREUDschen Verdrängungshypothese erwies sich jedoch wegen der Schwierigkeit, die notwendigen Bedingungen im Labor zu schaffen, als praktisch nicht möglich (s. MACKINNON & DUKES, 1964; RAPAPORT, 1977).
Neben dem wenig erfolgreichen Versuch, die FREUDsche Vorstellung der Verdrängung von konfliktträchtigen Gedächtnisinhalten experimentell zu überprüfen, hat es seit der Jahrhundertwende Untersuchungen gegeben, die der Frage nachgingen, ob emotional getönte Erlebnisse besser oder schlechter behalten werden als neutrale. Es entspricht unserer Alltagserfahrung, daß wir die Ereignisse unseres Lebens besser behalten, die mit starken Emotionen verknüpft waren – vielleicht auch diejeni-

gen besser behalten, die angenehme Emotionen auslösten, als diejenigen, die mit unangenehmen Zuständen verbunden waren.
PETERS (1911) ließ seine Vpn Alltagsereignisse, die ihnen auf ein Reizwort hin ins Gedächtnis kamen, aufschreiben und sie anschließend hinsichtlich ihrer emotionalen Bedeutung beurteilen. 80% der erinnerten Ereignisse wurden als gefühlsbetont eingestuft. Von diesen gefühlsbetonten Ereignissen waren wiederum 65% lustbetont, 30% unlustbetont und 5% gemischt. Ähnliche Ergebnisse wurden von anderen Autoren berichtet (z.B. DUDYCHA & DUDYCHA, 1941; zusammenfassend: MELTZER, 1930; RAPAPORT, 1977; WEINER, 1966).
Es bleibt jedoch in diesen Studien unklar, ob die Häufigkeitsunterschiede zwischen erinnerten positiv und negativ emotional getönten Ereignissen (a) tatsächliche Unterschiede solcher Ereignisse im Leben der Vpn widerspiegeln oder (b) Unterschiede in der Anwendung dieser Kategorien (positive Ereignisse vs. negative Ereignisse) oder (c) tatsächlich ein differentielles Vergessen positiver und negativer Ereignisse belegen (s. BOCK, 1980; BOWER, 1981). Darüber hinaus fanden einige Autoren Hinweise darauf, daß nicht so sehr die Qualität des mit dem Ereignis verbundenen emotionalen Erlebnisses, sondern dessen Intensität der ausschlaggebende Faktor für das bessere Behalten ist: TURNER und BARLOW (1951) ließen die erinnerten angenehmen und unangenehmen Alltagsereignisse anhand einer gemeinsamen Intensitätsskala einstufen. Nach 14 Tagen wurde eine zweite Behaltensprüfung durchgeführt, die vorher nicht angekündigt worden war. Die Vpn sollten alle Erlebnisse erinnern, die sie zuvor erinnert hatten. Es zeigte sich hier, daß die Erlebnisse um so eher wieder erinnert wurden, je intensiver das damit verbundene emotionale Erleben eingestuft worden war, gleichgültig ob es sich um ein angenehmes oder ein unangenehmes Erleben handelte.
Für die Intensitätshypothese sprechen auch die Ergebnisse von Studien, in denen gezeigt werden konnte, daß Gedächtnismaterial, das bei der Darbietung und Einprägung mit einer stärkeren autonomen Aktivierung einhergeht, beim kurzfristigen Behalten zwar schlechter wiedergegeben werden kann, beim langfristigen Behalten aber besser reproduziert wird als solches Material, das mit geringerer autonomer Erregung verknüpft ist (KAPLAN & KAPLAN, 1969; KLEINSMITH & KAPLAN, 1963; SCHÖNPFLUG & BEIKE, 1964; SCHÜRER-NECKER, 1984).
Obwohl auch in diesen Studien nicht eindeutig ausgemacht werden kann, auf welcher Stufe des Abspeicherns und Erinnerns die Effekte einer erhöhten autonomen Erregung wirksam werden, spricht doch vieles dafür, daß eine erhöhte sympathische Aktivierung – und dafür stellt der Hautwiderstand eine geeignete Operationalisierung dar – sich positiv auf den Konsolidierungsprozeß des Materials auswirkt (s. WALKER, 1958). Offen muß allerdings derzeit bleiben, ob dieser Effekt unmittelbar zentral durch die emotionale Bewertung bzw. die damit verbundenen zentralnervösen Erregungsvorgänge vermittelt wird oder aber Ausdruck der Wirkung der aus der Peripherie rückgemeldeten sympathisch gesteuerten Erregungsvorgänge auf den zentralen Konsolidierungsprozeß ist. Immerhin sprechen für die letzte Annahme, die auf den ersten Blick unplausibel erscheinen mag, eine ganze Reihe tierexperimenteller Studien, die belegen, daß bei experimenteller Induktion einer peripheren sympathischen Aktivierung, etwa durch eine systemische Injektion von Catecholaminen, die Lernleistung der Versuchstiere verbessert werden kann (s. McGAUGH, 1983). Da solche systemisch applizierten Catecholamine nicht ins Gehirn gelangen, liegt es nahe anzunehmen, daß dieser Effekt durch eine nervöse Rückmeldung der Aktivierung der verschiedensten Erfolgsorgane des Sympathicus in der Peripherie an das ZNS bewirkt wird (s. GELLHORN, 1964).
Gegenüber den älteren Humanexperimenten, in denen ein förderlicher Effekt einer hohen autonomen Erregung bzw. intensiver emotionaler Erlebnisse auf das langzeitige Behalten nachgewiesen werden konnte, muß kritisch angemerkt werden, daß diese Effekte auch durch unterschiedliche Einprägungs- oder Kodierungsstrategien während des Lernvorganges selbst bewirkt werden können. Die zitierten Tierexperimente bleiben von dieser Kritik ausgenommen, da die Injektion in aller Regel posttrial, d.h. nach dem Lernen erfolgte. Möglicherweise memorieren Vpn emotional intensiv erlebtes Material länger und auch qualitativ an-

ders als neutrale Inhalte, möglicherweise nutzen sie auch andere Techniken, wie etwa die bildliche Vorstellung, um sich dieses Material einzuprägen. Auch dies sind Wirkungen von Emotionen auf die Gedächtnisfunktion, nur liegt der Eingriffsort nicht beim Konsolidierungsprozeß oder beim Abrufprozeß selbst, sondern in der Einprägungsphase bei den hier ausgewählten Techniken.

Fast alle älteren Studien in diesem Forschungsbereich haben nicht zwischen den verschiedenen Stufen des Gedächtnisvorganges unterschieden. Für unsere Zwecke genügt es, vier grobe Stufen zu unterscheiden (MELTON, 1963): (1) das Bemerken oder Wahrnehmen eines Sachverhaltes als Grundvoraussetzung jeder Einprägung; (2) das Einprägen selbst; (3) die Behaltensphase, in der von außen keine neue Information hinzukommt, das abgespeicherte Material aber sowohl konsolidiert (MÜLLER & PILZECKER, 1900) als auch verändert werden kann (BARTLETT, 1932) und (4) die Erinnerungsphase, in der der Zugang zu dem abgespeicherten Material gefunden werden muß. Neuere Experimente versuchen, zwischen diesen Stufen zu unterscheiden, um eine genauere Information über den Eingriffsort emotionaler Bedingungsfaktoren bei der Gedächtnisfunktion zu gewinnen.

Aus einer Vielzahl von human- und tierpsychologischen Studien ist bekannt, daß das Wiedergewinnen von abgespeichertem Material erleichtert wird, wenn zum Zeitpunkt des Lernens und des Reproduzierens identische oder zumindest ähnliche innere und äußere Bedingungen vorherrschen. Als äußere Bedingungen sind alle exterozeptiven Reize, als innere Bedingung spezielle Zustände, wie sie entweder natürlich vorgefunden werden oder aber durch Drogen und Pharmaka experimentell hergestellt werden können, identifiziert worden. Offensichtlich wird, so die Modellvorstellung, ein zu erinnerndes Material im Langzeitspeicher nicht nur mit den vom Experimentator vorgegebenen Stimuli verknüpft, sondern auch an alle anderen inneren und äußeren Signale, die zum Zeitpunkt des Einprägens registriert werden, mehr oder weniger stark gebunden. Soweit es sich dabei um innere Zustände handelt, spricht man von zustandsabhängigem, soweit es sich um äußere Umstände handelt, von kontextabhängigem Lernen.

BOWER et al. (s. BOWER, 1981) haben nun vermutet, daß auch emotionale Zustände in dieser Weise wirksam werden können, daß z.B. beim Einprägungsvorgang von verbalem Material dieses Material nicht nur an andere semantische Inhalte des Langzeitgedächtnisses, sondern auch an die dabei aktualisierten emotionalen Zustände gebunden ist. Solche Zustände sind für den Lernenden zentral repräsentiert als Erlebnisphänomene, aber auch als rückgemeldete periphere Erregungsvorgänge und rückgemeldetes oder an sich selbst wahrgenommenes Ausdrucksverhalten. Ist die Person bei dem Versuch, sich an das vorgelegte Material zu erinnern, im gleichen emotionalen Zustand, so werden die dabei aktualisierten subjektiven, autonomen und motorischen Bestandteile des emotionalen Zustandes als Hinweisreize für das gelernte Material dienen.

BOWER, MONTEIRO und GILLIGAN (1978, Experiment III) versetzten ihre Vpn durch Hypnose entweder in eine glückliche oder in eine traurige Stimmung und ließen sie in dieser Stimmung eine erste Wortliste, Liste 1, lernen. Anschließend lernten die Vpn eine zweite Liste, Liste 2, wobei sie jeweils in die entgegengesetzte Stimmung versetzt worden waren. Beide Listen mußten später reproduziert werden, wobei die Vpn dabei entweder in die gleiche oder in die entgegengesetzte Stimmung, in der sie die Liste gelernt hatten, versetzt wurden. Durch das Lernen zweier Listen werden hier Interferenzen erzeugt, die weniger wirksam werden sollten, wenn die jeweilige Liste in identischer Stimmung gelernt und reproduziert wird, als dann, wenn eine Liste in einer Stimmung reproduziert werden soll, die mit dem Lernen einer anderen Liste verknüpft war. Eine Kontrollgruppe lernte beide Listen in der gleichen Stimmung und wurde auch in dieser Stimmung bei beiden Listen auf ihre Behaltensleistung getestet.

Benutzt wurden zwei Listen mit 60 abstrakten Begriffen, von denen jeweils 8 «glückliche» und 8 «traurige» Wörter waren. Beide Listen wurden im kurzen Abstand zweimal vorgesprochen und von der Vp frei reproduziert, dazwischen wurde in der Experimentalgruppe jeweils die entgegengesetzte Stimmung induziert. Nach einer Zwischentätigkeit von 10 Minuten, für die die Hypnose aufgehoben worden war, wurden die Vpn durch ein posthypnotisches Signal wieder in Hypnose versetzt und dann entweder in die glückliche oder traurige Stimmung gebracht. In dieser hypnotisch erzeugten Stimmung sollten die Vpn dann zuerst alle Wörter der Liste 1, die sie erinnern konnten, reproduzieren, dann alle Wörter von Liste 2. Dafür hatten die Vpn jeweils 3 Minuten Zeit. Die Vpn, 24 College-Studenten, hatte man ausgewählt, weil sie leicht hypnotisierbar waren.

Die Ergebnisse der Behaltensprüfung zeigt die folgende Abbildung 14, in der die Behaltensleistung in Prozent der Leistung beim Lernen der Listen wiedergegeben ist. Beim Lernen unterscheiden sich die Vpn in den beiden Stimmungsbedingungen nicht. Die Behaltensleistungen differieren dagegen deutlich, je nachdem ob die Vpn die Listen in der gleichen Stimmung zu reproduzieren versuchten, in der sie sich die Wörter eingeprägt hatten, oder aber in der jeweils entgegengesetzten Stimmung, in der sie die andere Liste gelernt hatten. Gleiche Stimmung beim Lernen und beim Reproduzieren bei einer Liste kombiniert mit einer anderen Stimmung beim Lernen einer zweiten Liste bewirkt auch deutlich bessere Behaltensleistungen als das Lernen beider Listen und ihrer Reproduktionen in der gleichen Stimmung (Kontrollgruppe).

Man kann sich vorstellen, daß (a) eine identische Stimmung bei der Reproduktion und beim Lernen den Zugang zum gespeicherten Material erleichtert und daß (b) eine unterschiedliche Stimmung beim Lernen beider Listen dazu beiträgt, das gespeicherte Material voneinander zu isolieren und damit Interferenzen zwischen beiden Listen erschwert. Modellvorstellungen für diese Vorgänge, die auf neueren Vorstellungen über die Struktur des Langzeitgedächtnisses basieren, von neueren Ansätzen innerhalb der Emotionsforschung aber gänzlich unbeeinflußt sind, wurden von BOWER (1981) diskutiert.

Der zweite Befund deutet darauf hin, daß die vorhandene Stimmung schon beim Lernen eine organisierende Wirkung auf das Material ausübt. Diese Schlußfolgerung wird belegt durch die Ergebnisse einer weiteren Studie von BOWER et al., in der die Vpn sich das vorgelegte verbale Material entweder in glücklicher oder trauriger Stimmung einprägten, die Überprüfung aber in einer neutralen Stimmung erfolgte.

BOWER, GILLIGAN und MONTEIRO (1981, Experiment I) versetzten ihre Vpn durch posthypnotische Suggestion in eine glückliche oder in eine traurige Stimmung und ließen sie darin eine Geschichte von zwei Studenten lesen, die zusammen Tennis spielen, wobei der eine ein glücklicher Mensch ist, dem alles gelingt, der andere aber ein trauriger Zeitgenosse ist, dem mehr oder weniger alles daneben geht. Die Autoren erfragten von ihren Vpn zusätzlich, mit wel-

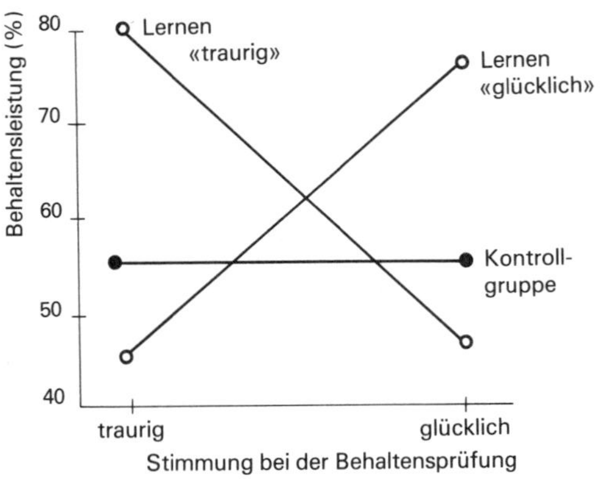

Abbildung 14: Ergebnisse der Behaltensprüfung (angegeben in Prozent der Leistung beim Lernen) in Abhängigkeit von Stimmungsübereinstimmung/fehlender Übereinstimmung in der Lern- und Behaltensprüfphase (aus BOWER, 1981, S. 132).

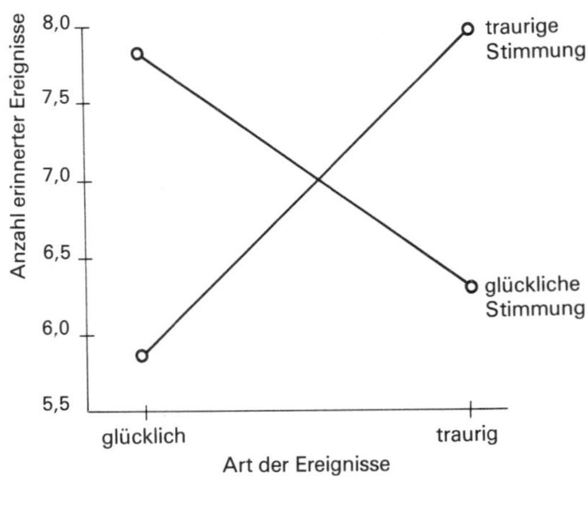

Abbildung 15: Anzahl von glücklichen versus traurigen erinnerten Ereignissen in Abhängigkeit von der induzierten Stimmung (aus BOWER, 1981, S. 144).

chem der beiden Helden der Geschichte sie sich identifizierten und wer die Hauptperson der Geschichte sei. Glückliche Vpn identifizierten sich mit dem glücklichen Zeitgenossen, traurige Vpn mit dem traurigen Helden der Geschichte. In neutraler Stimmung wurden die Vpn am nachfolgenden Tag aufgefordert, den Text zu erinnern. Die Ergebnisse (vgl. Abb. 15) zeigen, daß die Vpn mehr über die Person erinnerten, deren emotionaler Zustand ihrem eigenen Zustand beim Zeitpunkt des Einprägens entsprach.

Wenngleich die exakte Bedingungsanalyse der hinreichenden und notwendigen Bedingungen für solche Wirkungen von Emotionen auf das Einprägen und Erinnern noch nicht sehr weit gediehen ist (s. FIEDLER, 1985), so demonstrieren die bislang vorliegenden Befunde ohne Zweifel den Tatbestand als solchen. Nach einer Phase der weitgehenden Isolation der Erforschung von kognitiven Funktionen und motivational-emotionalen Prozessen in der Allgemeinen Psychologie wird daher derzeit von den verschiedensten Autoren die Notwendigkeit einer Integration dieser Forschungsansätze betont.

Literaturverzeichnis

ARNOLD, M. (1960). *Emotion and personality*. New York: Columbia University Press.

AVERILL, J. R. (1975). A semantic atlas of emotional concepts. *Catalog of Selected Documents in Psychology, 5,* 330.

AX, A.F. (1953). The physiological differentiation between fear and anger in humans. *Psychosomatic Medicine, 15,* 433–442.

BARD, P. (1928). A diencephalic mechanism for the expression of rage with special reference to the sympathetic nervous system. *American Journal of Physiology, 84,* 490–515.

BARD, P. (1934). On emotional expression after decortication with some remarks on certain theoretical views (parts 1 and 2). *Psychological Review, 41,* 309–329 und 424–449.

BARD, P. (1950). Central nervous mechanisms for the expression of anger in animals. In M. L. Reymert (Ed.), *Feelings and emotions: The Mooseheart symposium* (pp. 211–237). New York: McGraw-Hill.

BARTLETT, F.C. (1932). *Remembering*. London: Cambridge University Press.

BIRBAUMER, N. (1975). *Physiologische Psychologie.* Berlin: Springer.

BISHOP, M.P., ELDER, S.T. & HEATH, R.G. (1963). Intracranial self-stimulation in man. *Science, 140,* 394–396.

BOCK, M. (1980). Angenehme und unangenehme Erfahrungen aus gedächtnispsychologischer Sicht – Bilanz einer 80-jährigen Forschung. *Psychologische Beiträge, 22,* 280–292.

BOWER, G.H. (1981). Mood and memory. *American Psychologist, 36,* 129–148.

BOWER, G.H., GILLIGAN, S.G. & MONTEIRO, K.P. (1981). Selectivity of learning caused by affective states. *Journal of Experimental Psychology: General, 110,* 451–470.

BOWER, G.H., MONTEIRO, K.P. & GILLIGAN, S.G. (1978). Emotional mood as a context of learning and recall. *Journal of Verbal Learning and Verbal Behavior, 17,* 573–585.

BOWLBY, J. (1969). *Attachment and loss* (Vol. 1, Attachment). New York: Basic Books.

BRADY, J.V. & NAUTA, W.J.H. (1953). Subcortical mechanisms in emotional behavior: Affective changes following septal forebrain lesions in the albino rats. *Journal of Comparative and Physiological Psychology, 46,* 339–346.

BROWN, T.S. & WALLACE, P.M. (1980). *Physiological psychology* (p. 271). New York: Academic Press.

BUCK, R. (1980). Nonverbal behavior and the theory of emotion: The facial feedback hypothesis. *Journal of Personality and Social Psychology, 38,* 811–824.

BUGENTAL, E.E., KASWAN, J.W. & LOVE, L.R. (1970). Perception of contradictory meanings conveyed by verbal and nonverbal channels. *Journal of Personality and Social Psychology, 16,* 647–655.

CAMRAS, L. (1975). *The role of facial expressions in a competitive interaction.* Paper delivered at the meeting of the Eastern Psychological Association, April.

CANNON, W.B. (1927). The James-Lange theory of emotions: A critical examination and an alternative. *American Journal of Psychology, 39,* 106–124.

CANNON, W.B. (1929). *Bodily changes in pain, hunger, fear, and rage* (2nd ed.). New York: Appleton.

CANNON, W.B. (1931). Again the James-Lange and the thalamic theories of emotions. *Psychological Review, 38,* 281–295.

CHEVALIER-SKOLNIKOFF, S. (1973). Facial expression of emotion in nonhuman primates. In P. Ekman (Ed.), *Darwin and facial expression: A century of research in review* (pp. 11–89). New York: Acamedic Press.

DANA, C.L. (1921). The anatomic seat of the emotions: A discussion of the James-Lange theory. *Archives of Neurology and Psychiatry* (Chicago), *6,* 634–639.

DARWIN, C. (1872). *The expression of the emotions in man and animals.* London: John Murray (dt. 1872: Der Ausdruck der Gemüthsbewegungen bei dem Menschen und den Thieren. Stuttgart: Schweizerbart'sche Verlangshandlung).

DARWIN, C. (1877). A biographical sketch of an infant. *Mind, 2,* 285–294.

DUDYCHA, G.J. & DUDYCHA, M.M. (1941). Childhood memories: A review of the literature. *Psychological Bulletin, 38,* 668–682.

DUUS, P. (1987). *Neurologisch-topische Diagnostik: Anatomie, Physiologie, Klinik.* Stuttgart: Thieme.

EIBL-EIBESFELDT, I. (1972). Similarities and differences between cultures in expressive movements. In R.A. Hinde (Ed.), *Non-verbal communication* (pp.297–311). Cambridge: Cambridge University Press.

EIBL-EIBESFELDT, I. (1973). The expressive behavior of the deaf-and-blind-born. In M. von Cranach & I. Vine (Eds.), *Social communication and movement* (pp.163–194). New York: Academic Press.

EIBL-EIBESFELDT, I. (1978). *Grundriß der vergleichenden Verhaltensforschung. Ethologie.* 5. Aufl. München: Piper.

EIBL-EIBESFELDT, I. (1984). *Die Biologie des menschlichen Verhaltens. Grundriß der Humanethologie.* München: Piper.

EKMAN, P. (1972). Universals and cultural differences in facial expressions of emotion. In J.K. Cole (Ed.), *Nebraska symposium on motivation* (Vol.19, pp.207–283). Lincoln: University of Nebraska Press.

EKMAN, P. (1976). Ein Lächeln ist ein Lächeln ist ein Lächeln. *Psychologie Heute, 3,* 31–35.

EKMAN, P. & FRIESEN, W.V. (1967). Head and body cues in the judgment of emotion: A reformulation. *Perceptual and Motor Skills, 24,* 711–724.

EKMAN, P. & FRIESEN, W.V. (1969a). Nonverbal leakage and clues to deception. *Psychiatry, 32,* 88–105.

EKMAN, P. & FRIESEN, W.V. (1969b). The repertoire of nonverbal behavior: Categories, origins, usage, and coding. *Semiotica, 1,* 49–98.

EKMAN, P. & FRIESEN, W.V. (1971). Constants across cultures in the face and emotion. *Journal of Personality and Social Psychology, 17,* 124–129.

EKMAN, P. & FRIESEN, W.V. (1975). *Unmasking the face: A guide to recognizing emotions from facial cues.* New Jersey: Prentice Hall.

EKMAN, P. & FRIESEN, W.V. (1978). *The facial action code: A manual for the measurement of facial movement.* Palo Alto, Cal.: The Consulting Psychologists' Press.

EKMAN, P. & FRIESEN, W.V. (1982). Felt, false, and miserable smiles. *Journal of Nonverbal Behavior, 6,* 238–252.

EKMAN, P., FRIESEN, W.V. & ANCOLI, S. (1980). Facial signs of emotional experience. *Journal of Personality and Social Psychology, 39,* 1125–1134.

EKMAN, P., LEVENSON, R.W. & FRIESEN, W.V. (1983). Autonomic nervous system distinguishes among emotions. *Science, 221,* 1208–1210.

EKMAN, P., SORENSON, E.R. & FRIESEN, W.V. (1969). Pan-cultural elements in facial displays of emotion. *Science, 164,* 86–88.

ENGEL, J.J. (1844). *Ideen zu einer Mimik.* I, II. Johann Jakob Engels Schriften, Bd.7, 8. Berlin: Mylius.

ERDMANN, G. & JANKE, W. (1978). Interaction between physiological and cognitive determinants of emotions: Experimental studies on Schachter's theory of emotion. *Biological Psychology, 6,* 61–74.

ERICKSON, M.H. & ERICKSON, E.M. (1941). Concerning the nature and character of post-hypnotic behavior. *Journal of General Psychology, 24,* 95–133.

ERIKSEN, C.W. (1958). Unconscious processes. In M.R. Jones (Ed.), *Nebraska symposium on motivation* (Vol.6, pp.169–227). Lincoln: University of Nebraska Press.

ERTEL, S. (1964). Die emotionale Natur des «Semantischen» Raumes. *Psychologische Forschung, 28,* 1–32.

EWERT, O. (1965). Gefühle und Stimmungen. In H. Thomae (Hrsg.), *Handbuch der Psychologie,* Band 2, II. Göttingen: Hogrefe, S.220–271.

EYSENCK, H.J. (1975). The measurement of emotion: Psychological parameters and methods. In L. Levi (Ed.), *Emotions: Their parameters and measurement* (pp.439–467). New York: Raven Press.

FIEDLER, K. (1985). Zur Stimmungsabhängigkeit kognitiver Funktionen. *Psychologische Rundschau, 36,* 125–134.

FIELD, T.M., WOODSON, R., GREENBERG, R. & COHEN, D. (1982). Discrimination and imitation of facial expressions by neonates. *Science, 218,* 179–181.

FLYNN, J.P. (1973). Patterning mechanisms, patterned reflexes, and attack behavior in cats. In J.K. Cole & D.D. Jensen (Eds.), *Nebraska symposium on motivation* (Vol.20). Lincoln: University of Nebraska Press, 125–153.

FONBERG, E. (1972). Control of emotional behavior through the hypothalamus and amygdaloid complex. In R. Porter & J. Knight (Eds.), *Physiology, emotion and psychosomatic illness* (pp.131–161). Elsev. Excerp. Med., Amsterdam: North Holland.

FONBERG, E. (1979). Physiological mechanisms of emotional and instrumental aggression. In S. Feshbach & A. Fraczek (Eds.), *Aggression and behavior change* (pp.6–54). New York: Praeger.

FONBERG, E. (1981). Amygdala and emotions. In C.A.Cioff, W.P.James & T.B. van Itallie (Eds.), *The body weight regulatory system: Normal and disturbed mechanisms* (pp.25-32). New York: Raven Press.

FRANKENHÄUSER, M. (1975). Experimental approaches to the study of catecholamines and emotions. In L.Levi (Ed.), *Emotions - their parameters and measurement* (pp.209-234). New York: Raven Press.

FREUD, S. (1942). *Die Traumdeutung. Über den Traum, 1901.* Ges. Werke, Bd.II/III. London: Imago.

FREUD, S. (1946). *Das Unbewußte, 1913.* Ges. Werke, Bd.X (S.263-303). London: Imago.

FREUD, S. (1946). *Triebe und Triebschicksale, 1915.* Ges. Werke, Bd.X (S.209-232). London: Imago.

FREY, S. (1971). *Eine Methode zur quantitativen Bestimmung der Variabilität des Bewegungsverhaltens.* Dissertationsdruck, Universität Regensburg.

FRIJDA, N.H. (1965). Mimik und Pantomimik. In R.Kirchhoff (Hrsg.), *Handbuch der Psychologie* (Band 5, Ausdruckspsychologie, S.351-421). Göttingen: Hogrefe.

GELLHORN, E. (1964). Motion and emotion: The role of proprioception in the physiology and pathology of the emotions. *Psychological Review, 71,* 457-472.

GELLHORN, E. (1967). *Principles of autonomic somatic integrations: Physiological basis and psychological and clinical implications.* Minneapolis: University of Minnesota Press.

GERMAN, D.C. & BOWDEN, D.M. (1974). Catecholamine systems as the neural substrate for intracranial self-stimulation: A hypothesis. *Brain Research, 73,* 381-419.

GOLDSTEIN, D., FINK, D. & METTEE, D.R. (1972). Cognition of arousal and actual arousal as determinants of emotion. *Journal of Personality and Social Psychology, 21,* 41-51.

GROSSART, F. (1931). Gefühl und Strebung: Grundlinien einer seelischen Gefühlslehre. Teil 1. *Archiv für die gesamte Psychologie, 79,* 385-452.

HAGGARD, E.A. & ISAACS, K.S. (1966). Micromomentary facial expressions as indicators of ego mechanisms in psychotherapy. In L.A.Gottschalk & A.H.Auerbach (Eds.), *Methods of research in psychotherapy* (pp.154-165). New York: Appleton-Century-Crofts.

HAMBURG, D.A. (1963). Emotions in the perspective of human evolution. In P.H.Knapp (Ed.), *Expression of emotions in man* (pp.300-317). New York: International University Press.

HEATH, R.G. (1964). Pleasure response of human subjects to direct stimulation of the brain: Physiologic and psychodynamic considerations. In R.G. Heath (Ed.), *The role of pleasure in behavior* (pp.219-243). New York: Hoeber Medical Division, Harper and Row.

HEATH, R.G. (1986). The neural substrate for emotion. In R.Plutchik & H.Kellerman (Eds.), *Emotion: Theory, research and experience* (Vol.3: Biological foundations of emotion, pp.3-35). Orlando: Academic Press.

HESS, W.R. (1954). *Das Zwischenhirn: Syndrome, Lokalisation, Funktionen.* Basel: Schwabe.

HESS, W.R. & BRÜGGER, M. (1943). Das subcorticale Zentrum der affektiven Abwehrreaktion. *Helvetica Physiologica et Pharmacologica Acta, 1,* 33-52.

HIRSCHMAN, R.D. (1975). Cross modal effects of anticipatory bogus heart rate feedback in a negative emotional context. *Journal of Personality and Social Psychology, 31,* 13-19.

HJORTSJÖ, C.-H. (1970). *Man's face and mimic language.* Lund, Sweden: Studentlitteratur.

HOHMANN, G.W. (1966). Some effects of spinal cord lesions in experienced emotional feelings. *Psychophysiology, 3,* 143-156.

HUBER, E. (1931). *Evolution of facial musculature and facial expression.* Baltimore: John Hopkins Press.

HUSSERL, E. (1913). *Ideen zu einer reinen phänomenologischen Philosophie.* Halle: Niemeyer.

IZARD, C.E. (1971). *The face of emotion.* New York: Appleton.

JAMES, W. (1884). What is an emotion? *Mind, 9,* 188-205.

JAMES, W. (1891). *The principles of psychology.* Vol.II. London: Macmillan.

JÄNIG, W. (1983). Das vegetative Nervensystem. In R.F.Schmidt & G.Thews (Hrsg.), *Physiologie des Menschen* (S.119-157). Berlin: Springer.

KAADA, B.R. (1972). Stimulation and regional ablation of the amygdaloid complex with reference to functional representations. In B.E. Eleftheriou (Ed.), *The neurobiology of the amygdala* (pp. 203-281). New York: Plenum.

KAPLAN, R. & KAPLAN, ST. (1969). The arousal-retention interval interaction revisited: The effects of some procedural changes. *Psychonomic Science, 15,* 84-85.

KARLI, P., EDANCHER, F., VERGNES, M., CHAURAND, J.P. & SCHMITT, P. (1974). Emotional responsiveness and interspecific aggressiveness in the rat. Interactions between genetic and experiental determinants. In J.H.F. van Abeelen (Ed.), *The genetics of behaviour* (pp.291-319). Amsterdam: North Holland.

KARPLUS, J.P. & KREIDL, A. (1909). Gehirn und Sympathicus. I. Mitteilung. Zwischenhirnbasis und Halssympathicus. *Pflügers Archiv für die gesamte Physiologie, 129,* 138-144.

KARPLUS, J.P. & KREIDL, A. (1910). Gehirn und Sympathicus. II. Mitteilung. Ein Sympathicuszentrum im Zwischenhirn. *Pflügers Archiv für die gesamte Physiologie, 135,* 401-416.

Kellogg, E.R. (1929). Duration and effects of post-hypnotic suggestion. *Journal of Experimental Psychology, 12,* 502–514.

Kendon, A. (1967). Some functions of gaze-direction in social interaction. *Acta Psychologica, 26,* 22–63.

Kety, S.S. (1966). Catecholamines in neuropsychiatric states. *Pharmacological Review, 18,* 787–798.

Klages, L. (1942). *Vorschule der Charakterkunde.* 3. Aufl. Leipzig: Barth.

Kleinsmith, L.J. & Kaplan, S. (1963). Paired-associate learning as a function of arousal and interpolated interval. *Journal of Experimental Psychology, 65,* 190–193.

Klineberg, O. (1940). *Social psychology.* New York: Holt.

Kling, A. (1966). Ontogenetic and phylogenetic studies on the amygdaloid nuclei. *Psychosomatic Medicine, 28,* 155–161.

Klüver, H. & Bucy, P. (1937). «Psychic blindness» and other symptoms following bilateral temporal lobectomy in Rhesus monkeys. *American Journal of Physiology, 119,* 352–353.

Krueger, F. (1928). Das Wesen der Gefühle. Entwurf einer systematischen Theorie. *Archiv für die gesamte Psychologie, 65,* 91–128.

LaBarre, W. (1947). The cultural basis of emotions and gestures. *Journal of Personality, 16,* 49–68.

Landis, C. & Hunt, W.A. (1932). Adrenalin and emotion. *Psychological Review, 39,* 467–485.

Lang, P.J. (1979). A bio-informational theory of emotional imagery. *Psychophysiology, 16,* 475–512.

Lange, C.G. (1885, 1887). *Über Gemüthsbewegungen.* (Aus dem dän. übers. von Kurella.) Leipzig: Thomas.

Lanzetta, J.T. & Orr, S.P. (1981). Stimulus properties of facial expressions and their influence on the classical conditioning of fear. *Motivation and Emotion, 5,* 225–234.

Lazarus, R.S. (1966). *Psychological stress and the coping process.* New York: McGraw-Hill.

Lazarus, R.S. (1968). Emotions and adaptation: Conceptual and empirical relations. In W.J. Arnold (Ed.), *Nebraska symposium on motivation* (Vol. 16, pp. 175–270). Lincoln: University of Nebraska Press.

Lazarus, R.S. & Alfert, E. (1964). Short-circuiting of threat by experimentally altering cognitive appraisal. *Journal of Abnormal and Social Psychology, 69,* 195–205.

Lazarus, R.S., Averill, J.R. & Opton, E.M. Jr. (1970). Toward a cognitive theory of emotion. In M. Arnold (Ed.), *Feelings and emotions* (pp. 207–232). New York: Academic Press.

Lazarus, R.S., Kanner, A.D. & Folkman, S. (1980). Emotions: A cognitive-phenomenological analysis. In R. Plutchik & H. Kellerman (Eds.), *Emotion: Theory, research, and experience (Vol. 1: Theories of emotion,* pp. 189–217). New York: Academic Press.

Lazarus, R.S. & Launier, R. (1978). Stress-related transactions between person and environment. In L.A. Pervin & M. Lewis (Eds.), *Perspectives in interactional psychology* (pp. 287–327). New York: Plenum Press.

Lehmann, A. (1899, 1901). *Die körperlichen Äußerungen psychischer Zustände.* 1. und 2. Teil. Leipzig: Reisland.

Leventhal, H. (1980). Toward a comprehensive theory of emotion. In L. Berkowitz (Ed.), *Advances in experimental social psychology* (Vol. 13, pp. 140–207). New York: Academic Press.

Liebhart, E.H. (1977). Effects of false heart rate feedback and task instructions on information search, attributions, stimulus ratings. *Psychological Research, 39,* 185–202.

Liebhart, E.H. (1978). Wahrgenommene autonome Veränderungen als Determinanten emotionalen Verhaltens. In D. Görlitz, W.-U. Meyer & B. Weiner (Hrsg.), *Bielefelder Symposium über Attribution* (S. 107–137). Stuttgart: Klett.

Lipps, T. (1901). *Das Selbstbewußtsein; Empfindung und Gefühl.* Wiesbaden: Bergman.

Lipps, T. (1907). *Vom Fühlen, Wollen, Denken* (2. Aufl.). Leipzig: Barth.

MacKinnon, D.W. & Dukes, W.F. (1964). Repression. In L. Postman (Ed.), *Psychology in the making* (pp. 662–744). New York: Knopf.

MacLean, P.D. (1949). Psychosomatic disease and the «visceral brain»: Recent developments bearing on the Papez theory of emotion. *Psychosomatic Medicine, 11,* 338–353.

MacLean, P.D. (1952). Some psychiatric implications of the physiological studies on frontotemporal portion of limbic systems (visceral brain). *Electroencephalogy and Clinical Neurophysiology, 4,* 407–418.

McDougall, W. (1908). *An introduction to social psychology.* London: Methuen. (dt. [1928]: Grundlagen einer Sozialpsychologie. Jena: Fischer.)

McGaugh, J.L. (1983). Hormonal influences on memory. *Annual Review of Psychology, 34,* 297–323.

Maier, N.R.F. & Schneirla, T.C. (1964). Principles of animal psychology. New York: Dover Publications (first published by McGraw-Hill, 1935).

Mandler, G. (1975). *Mind and emotion.* New York: Wiley (dt. [1979]: Denken und Fühlen. Paderborn: Jungfermann).

Maranon, G. (1924). Contribution à l'étude de l'action émotive de l'adrénaline. *Revue Française d'Endocrinologie, 2,* 301–325.

MARSHALL, G.D. & ZIMBARDO, P.G. (1979). Affective consequences of inadequately explained physiological arousal. *Journal of Personality and Social Psychology, 37,* 970–988.

MARX, W. (1982). Das Wortfeld der Gefühlsbegriffe. *Zeitschrift für experimentelle und angewandte Psychologie, 29,* 137–146.

MASLACH, C. (1979). Negative emotional biasing of unexplained arousal. *Journal of Personality and Social Psychology, 37,* 953–969.

MASON, I.W. (1975). Emotion as reflected in patterns of endocrine integrations. In L. Levi (Ed.), *Emotions: Their parameters and measurement* (pp. 143–181). New York: Raven.

MELTON, A.W. (1963). Implications of short-term memory for a general theory of memory. *Journal of Verbal Learning and Verbal Behavior, 2,* 1–21.

MELTZER, H. (1930). The present status of experimental studies on the relationship of feeling to memory. *Psychological Review, 37,* 124–139.

MELTZOFF, A.N. & MOORE, M.K. (1977). Imitation of facial and manual gestures by human neonates. *Science, 198,* 75–78.

MELTZOFF, A.N. & MOORE, M.K. (1983). The origins of imitation in infancy: Paradigm, phenomena, and theories. In L.P. Lipsitt & C.K. Rovee-Collier (Eds.), *Advances in infancy research* (Vol. 2, pp. 265–301). Norwood: Ablex.

MEYER, W.-U. (1983). Attributionstheoretische Ansätze. In H.A. Euler & H. Mandl (Hrsg.), *Emotionspsychologie* (S. 80–85). München: Urban & Schwarzenberg.

MILLER, R.E., CAUL, W.F. & MIRSKY, I. (1967). Communication of affects between feral and socially isolated monkeys. *Journal of Personality and Social Psychology, 7,* 231–239.

MÜLLER, G.E. & PILZECKER, A. (1900). Experimentelle Beiträge zur Lehre vom Gedächtnis. *Zeitschrift für Psychologie, 1,* 1–300.

ÖHMAN, A. & DIMBERG, U. (1978). Facial expressions as conditioned stimuli for electrodermal responses: A case of «preparedness»? *Journal of Personality and Social Psychology, 36,* 1251–1258.

ÖHMAN, A., FREDRIKSON, M., HUGDAHL, K. & RIMMÖ, P.A. (1976). The premise of equipotentiality in human classical conditioning: Conditioned electrodermal responses to potentially phobic stimuli. *Journal of Experimental Psychology,* General, *105,* 313–337.

OLDS, J. & MILNER, P. (1954). Positive reinforcement produced by electrical stimulation of septal area and other regions of the rat brain. *Journal of Comparative and Physiological Psychology, 47,* 419–427.

ORR, S.P. & LANZETTA, J.T. (1980). Facial expressions of emotion as conditioned stimuli for human autonomic responses. *Journal of Personality and Social Psychology, 38,* 278–282.

OSGOOD, C.E., SUCI, G.J. & TANNENBAUM, P.H. (1957). *The measurement of meaning.* Urbana: University of Illinois Press.

PAPEZ, J.W. (1937). A proposed mechanism of emotion. *Archives of Neurology and Psychiatry, 38,* 725–743.

PETERS, W. (1911). Gefühl und Erinnerung. *Psychologische Arbeiten, 6,* 197–260.

PLUTCHIK, R. (1962). *The emotions. Facts, theories, and a new model.* New York: Random House.

PLUTCHIK, R. (1975). *Programmed learning aid for emotion.* Homewood, Ill.: Irwin, Inc.

PLUTCHIK, R. (1980). Emotion. *A psychoevolutionary synthesis.* New York: Harper & Row.

PLUTCHIK, R. & AX, A.F. (1967). A critique of determinants of emotional state by Schachter and Singer. *Psychophysiology, 4,* 79–82.

RAPAPORT, D. (1942). *Emotions and memory.* Baltimore: Williams & Wilkins (dt. [1977]: Gefühl und Erinnerung. Stuttgart: Klett).

REISENZEIN, R. (1983). The Schachter theory of emotion: Two decades later. *Psychological Bulletin, 94,* 239–264.

ROBERTS, R.J. & WEERTS, T.C. (1982). Cardiovascular responding during anger and fear imagery. *Psychological Reports, 50,* 219–230.

SAARNI, C. (1979). Children's understanding of display rules for expressive behavior. *Developmental Psychology, 15,* 424–429.

SAARNI, C. (1982). Social and affective functions of nonverbal behavior: Developmental concerns. In R.S. Feldman (Ed.), *Development of nonverbal behavior in children* (pp. 123–147). New York: Springer.

SCHACHTER, J. (1957). Pain, fear, and anger in hypertensives and normotensives: A psychophysiological study. *Psychosomatic Medicine, 19,* 17–29.

SCHACHTER, S. & SINGER, J.E. (1962). Cognitive, social, and physiological determinants of emotional state. *Psychological Review, 69,* 379–399.

SCHACHTER, S. & WHEELER, L. (1962). Epinephrine, chlorpromazine, and amusement. *Journal of Abnormal and Social Psychology, 65,* 121–128.

SCHANDRY, R. (1983). Methoden der Emotionsforschung. Nicht-sprachliche Methoden. In H.A. Euler & H. Mandl (Hrsg.), *Emotionspsychologie* (S. 103–108). München: Urban & Schwarzenberg.

SCHERER, K.R. (1981). Wider die Vernachlässigung der Emotionen in der Psychologie. In W. Michaelis (Hrsg.), *Bericht über den 32. Kongreß der Deutschen Gesellschaft für Psychologie in Zürich 1980* (Bd. 1, S. 304–317). Göttingen: Hogrefe.

SCHERER, K.R. (1982). Die vokale Kommunikation emotionaler Erregung. In K.R. Scherer (Hrsg.), *Vokale Kommunikation. Nonverbale Aspekte des Sprechverhaltens* (S. 287–306). Weinheim: Beltz.

SCHERER, K.R. (1984). On the nature and function of emotion: A component process approach. In K.R.Scherer & P.Ekman (Eds.), *Approaches to emotion* (pp.293–317). Hillsdale: Erlbaum.

SCHERER, K.R. & WALLBOTT, H.G. (1979). *Nonverbale Kommunikation.* Weinheim: Beltz.

SCHMALT, H.-D. (1983). Motivation und Emotion. In H.A.Euler & H.Mandl (Hrsg.), *Emotionspsychologie* (S.249–255). München: Urban & Schwarzenberg.

SCHMIDT-ATZERT, L. (1980). *Die verbale Kommunikation von Emotionen: Eine Bedingungsanalyse unter besonderer Berücksichtigung physiologischer Prozesse.* Unveröffentlichte Dissertation, Universität Gießen.

SCHMIDT-Atzert, L. & STRÖHM, W. (1983). Ein Beitrag zur Taxonomie der Emotionswörter. *Psychologische Beiträge, 25,* 126–141.

SCHNEIDER, A.M. & TARSHIS, B. (1975). *Physiological psychology.* New York: Random House.

SCHNEIRLA, T.C. (1959). An evolutionary and developmental theory of biphasic processes underlying approach and withdrawal. In M.R.Jones (Ed.), *Nebraska symposium on motivation* (Vol. 7, pp.1–42). Lincoln: University of Nebraska Press.

SCHÖNPFLUG, W. & BEIKE, P. (1964). Einprägen und Aktivierung bei gleichzeitiger Variation der Absichtlichkeit des Lernens und der Ich-Bezogenheit des Lernstoffs. *Psychologische Forschung, 27,* 366–376.

SCHREINER, L.H., RIOCH, D.M., PECHTEL, C. & MASSERMAN, J.S. (1953). Behavioral changes following thalamic injury in the cat. *Journal of Neurophysiology, 16,* 254.

SCHÜRER-NECKER, E. (1984). Das emotionale Erregungspotential. In A. v. Eye & W.Marx (Hrsg.), *Semantische Dimensionen* (S.11–32). Göttingen: Hogrefe.

SCOTT, J.P. (1958). *Animal Behavior.* Chicago: University of Chicago Press.

SCOTT, J.P. (1980). The function of emotions in behavioral systems: A systems theory analysis. In R.Plutchik & H.Kellerman (Eds.), *Emotion. Theory, research, and experience* (Vol.1: Theories of emotion, pp.35–56). New York: Academic Press.

SHAND, A.F. (1896). Character and the emotions. *Mind, N.S. 5,* 203–226.

SHAPIRO, D. & SCHWARTZ, G. (1970). Psychophysiological contributions to social psychology. *Annual Review of Psychology, 21,* 87–112.

SOLOMON, R.L. (1980). The opponent-process theory of acquired motivation: The costs of pleasure and the benefits of pain. *American Psychologist, 35,* 691–712.

SPEISMAN, J.C., LAZARUS, R.S., MORDKOFF, A. & DAVISON, L. (1964). Experimental reduction of stress based on ego-defensive theory. *Journal of Abnormal and Social Psychology, 68,* 367–380.

STEIN, L. & WISE, C.D. (1969). Release of norepinephrine from hypothalamus and amygdala by rewarding stimulation of the medial forebrain bundle. *Journal of Comparative and Physiological Psychology, 67,* 189–198.

STEIN, L. & WISE, C.D. (1971). Possible etiology of schizophrenia: a progressive damage to the noradrenergic reward system by 6-hydroxydopamine. *Science, 171,* 1032–1036.

STEINER, J.E. (1979). Human facial expressions in response to taste and smell stimulation. *Advances in Child Development and Behavior, 13,* 257–295.

STERN, D.N. (1974). Mother and infant at play: The dyadic involving facial, vocal, and gaze behaviors. In M.Lewis & L.A.Rosenbloom (Eds.), *The effect of the infant on its caregiver* (pp.187–213). New York: Wiley.

THOMPSON, J. (1941). Development of facial expression in blind and seeing children. *Archives of Psychology, 264,* 1–47.

THORNDIKE, E.L. (1898). *Animal intelligence.* Psychological Review Monograph Supplement No.8. New York: Macmillan.

TINBERGEN, M. (1951). *The study of instinct.* London: Oxford University Press (dt.: [1952]: Instinktlehre. Hamburg: Parey).

TODA, M. (1980). Emotion and decision making. *Acta Psychologica, 45,* 133–155.

TOMKINS, S.S. (1962). *Affect, imagery, consciousness* (Vol.I). New York: Springer.

TOMKINS, S.S. (1963). *Affect, imagery, consciousness* (Vol.II). New York: Springer.

TRAXEL, W. (1960). Die Möglichkeit einer objektiven Messung der Stärke von Gefühlen. *Psychologische Forschung, 26,* 75–90.

TRAXEL, W. (1983). Emotionsdimensionen. In H.A.Euler & H.Mandl (Hrsg.), *Emotionspsychologie* (S.19–27). München: Urban & Schwarzenberg.

TRAXEL, W. & HEIDE, H.J. (1961). Dimensionen der Gefühle. Das Problem der Klassifikation der Gefühle und die Möglichkeit seiner empirischen Lösung. *Psychologische Forschung, 26,* 179–204.

TURNER, R.H. & BARLOW, J.H. (1951). Memory for pleasant and unpleasant experiences: Some methodological considerations. *Journal of Experimental Psychology, 42,* 189–196.

UNGERSTEDT, U. (1971). Adipsia and aphagia after 6-hydroxydopamine induced degeneration of the nigrostriatal dopamine system. *Acta Physiologica Scandinavica, Supplementum 367, 81,* 95–122.

VALENSTEIN, E.S. (1973). *Brain control. A critical examination of brain stimulation and psychosurgery.* New York: Wiley.

VALENTINE, C.W. (1956). *The normal child and some of his abnormalities.* London: Pelican Books.

VALINS, S. (1966). Cognitive effects of false heartrate feedback. *Journal of Personality and Social Psychology, 4,* 400–408.

VALINS, S. (1974). Persistent effects of information about internal reactions: Ineffectiveness of debriefing. In H. London & R.E. Nisbett (Eds.), *Thought and feeling* (pp. 116–124). Chicago: Aldine.

VAN HOOFF, J.A.R.A.M. (1972). A comparative approach to the phylogeny of laughter and smiling. In R.A. Hinde (Ed.), *Non-verbal communication* (pp. 209–241). Cambridge University Press.

WALKER, E.L. (1958). Action decrement and its relation to learning. *Psychological Review, 65,* 129–142.

WATSON, J.B. (1930). *Behaviorism.* London: Kegan (dt.: [1968]. Behaviorismus. Köln: Kiepenheuer & Witsch).

WATSON, J.B. & MORGAN, C.L. (1917). Emotional reactions and psychological experimentation. *American Journal of Psychology, 28,* 163–174.

WATSON, J.B. & RAYNER, R. (1920). Conditioned emotional reactions. *Journal of Experimental Psychology, 3,* 1–14.

WEINER, B. (1966). Effects of motivation on the availability and retrieval of memory traces. *Psychological Bulletin, 65,* 24–37.

WEINER, B. (1982). The emotional consequences of causal attributions. In M.S. Clark & S.T. Fiske (Eds.), *Affect and cognition* (pp. 185–209). Hillsdale: Lawrence Erlbaum.

WEINER, B., RUSSEL, D. & LERMAN, D. (1979). The cognition-emotion process in achievement-related contexts. *Journal of Personality and Social Psychology, 37,* 1211–1220.

WHEATLEY, M.D. (1944). The hypothalamus and effective behavior in cats. *Archiv of Neurology and Psychiatry, 52,* 296–316.

WUNDT, W. (1910). *Grundriß der physiologischen Psychologie* (Bd. 2, 6. Aufl.). Leipzig: Engelmann.

YOUNG, P.T. (1952). The role of hedonic processes in the organization of behavior. *Psychological Review, 59,* 249–262.

ZAJONC, R.B. (1980). Feeling and thinking: Preferences need no inferences. *American Psychologist, 35,* 151–175.

ZIMMER, D.E. (1981). *Die Vernunft der Gefühle.* München: Piper.

ZIVIN, G. (1977a). Preschool children's facial gestures predict conflict outcomes. *Social Science Information, 16,* 715–730.

ZIVIN, G. (1977b). On becoming subtle: Age and social rank changes in the use of a facial gesture. *Child Development, 48,* 1314–1321.

ZIVIN, G. (1982). Watching the sands shift: Conceptualizing development of nonverbal mastery. In R.S. Feldman (Ed.), *The development of nonverbal communication in children* (pp. 63–98). New York: Springer.

Kapitel 8: Motivation

Heinz-Dieter Schmalt, Wuppertal und Heinz Heckhausen, München

Inhaltsverzeichnis

Der vom Zweitautor für dieses Kapitel verfaßte Abschnitt «Motivation als Problemfeld» ist in leicht veränderter, teilweise erweiterter Form auch in die 1989 erschienene zweite Auflage seines Buches «Motivation und Handeln» (Springer Verlag, S. 1–18) übernommen worden.

1. Motivation als Problemfeld

1.1 Alltagserfahrungen und drei Problemgebiete

Motivationsfragen sind zu einem guten Teil Wozu-Fragen: Zu welchem Zweck jemand eine Handlung ausführt. Solche Fragen sind in der Regel nicht bedrängend, da es bei den Menschen, die wir kennen und mit denen wir täglichen Umgang haben - geschweige bei uns selbst - nicht fraglich erscheint, wozu sie das tun, was sie tun. Es gibt allerdings drei Anlässe, die diese Fragen nahelegen.

Die *erste* Art des Anlasses liegt vor, wenn Individuen in bestimmten Situationen anders handeln, als es die meisten tun oder (was dasselbe ist) als es üblich und angebracht erscheint. Beispielsweise ist ein Schüler in der Schule lerneifriger als die meisten seiner Mitschüler und zeigt sich auch in seiner Freizeit am Erwerb neuen Wissens sehr interessiert, während ein anderer das Gegenteil darstellt und selbst im Unterricht kaum zum Lernen zu «motivieren» ist. Da solche individuellen Abweichungen nicht nur zeitlich stabil sind, sondern auch über ein Spektrum von verschiedenen Situationen gleich bleiben, sollte es sich um persongebundene, besonders ausgeprägte Eigenarten handeln; sei es, daß das übliche, das situationsangemessene Handeln übertrieben oder aber kaum betont ist oder gar zugunsten eines anderen Handelns ganz ausfällt. Anzahl und relative Stärke solcher persongebundenen Eigenarten, von denen das Handeln schließlich abhängt, sind ein unerschöpfliches Parameterpaar zur Erklärung individueller Unterschiede des Handelns.

Die moderne Motivationspsychologie bezeichnet solche das Individuum charakterisierende Eigenarten als «Motive». Motive sind konzipiert als individuelle Voreingenommenheiten für die Bewertung bestimmter Ereignisse und Sachverhalte. So sagt man beispielsweise, ein Individuum verfüge über ein hohes Leistungsmotiv, wenn seine individuelle Voreingenommenheit darin besteht, das Thema «Leistung» in besonderer Weise positiv zu bewerten. Motive werden deshalb auch als «Wertungsdispositionen» aufgefaßt. Was «Leistung» bedeutet, bedarf dann allerdings noch einer näheren Erläuterung.

Für die Abgrenzung der Motive untereinander wird ein nicht unbeträchtliches Abstraktionsniveau bevorzugt. Jedes Motiv unterscheidet sich hinsichtlich einer ihm eigenen Inhaltsklasse von Handlungszielen, die so allgemein umschrieben werden wie «Leistung», «Hilfeleistung», «Macht» oder «Aggression». Jede solcher Inhaltsklassen von Handlungszielen muß natürlich noch genauer definiert werden. So hat man das «Leistungsmotiv» mit solchen Handlungszielen umschrieben, in denen vornehmlich «eine Auseinandersetzung mit Maßstäben der Tüchtigkeit» (McClelland, Atkinson, Clark & Lowell, 1953) erkennbar ist. Was die tatsächlichen, d. h. die konkreten Ziele betrifft, so gibt es unzählige und sehr verschiedene, die alle unter diese Inhaltsklasse fallen. Ja, verschiedene Geschichtsepochen, verschiedene Kulturen und verschiedene Personen können sich so sehr in ihren leistungsbezogenen Zielen und Handlungen unterscheiden, daß es kaum Gemeinsamkeiten zwischen ihnen zu geben scheint, und doch können alle diese Tätigkeiten unter die Inhaltsklasse von Leistungszielen fallen, da sie sich mit irgendwelchen Tüchtigkeitsmaßstäben auseinandersetzen.

Die Motivationspsychologie knüpft an den Motivbegriff eine Reihe weiterer Fragen. Z. B., wieviel verschiedene Motive es gibt; wie sie sich diagnostizieren lassen; ob sie universal sind oder der historischen Entwicklung und kulturellen Unterschieden unterliegen; wieweit sie genetisch angelegt und wieweit sie durch Erfahrung erlernt sind; wann und wie sie während der Ontogenese entstehen und sich entwickeln; auf welche Weise individuelle Unterschiede entstehen und ob diese nachträglich modifiziert werden können. Eine Fülle von Fragen, die die Natur des Menschen betreffen und mit den derzeitigen empirischen Methoden nicht leicht oder nur näherungsweise zu beantworten sind.

Die *zweite* Art des Anlasses von Motivationsfragen bezieht sich auf den Einfluß, den die Situation ausübt, indem das Handeln wie durch Druck und Zug gelenkt erscheint. Die Gründe des Handelns scheinen weniger im Handelnden als in der Situation zu liegen. Es ist anscheinend die «Gelegenheit, die Diebe macht». Kleine Versuchungen oder Bedrohlichkeiten des Alltags verleiten bzw. zwingen zu entsprechenden Verhaltensweisen. Besonders kraß wird diese Beeinflußbarkeit in Ausnahmesituationen. Solche Anlässe zu Motivationsfragen behandeln die Tragödien des Klassischen Altertums; etwa die von Ödipus, der unwissentlich seinen Vater erschlug und seine Mutter heiratete, ohne ein Raufbold und sittenloser Strolch zu sein. In der modernen Literatur ist es der Detektivroman, der den zweiten Anlaß für Motivationsfragen in hohem Maße kultiviert, d.h. genußfähig gemacht hat. Wer kann den Mord, der schon auf den ersten Seiten entdeckt wird, begangen haben? Nun jeder, der einen «Grund» hat. Einen «Grund» zum Handeln können alle jene haben, die sich in einer Situation befinden (z.B. eine finanzielle Notlage, eine entfachte Leidenschaft), in der sie durch den Tod des Ermordeten einen Vorteil schöpfen können.

Situationen bieten sich nicht selten als Gelegenheiten an, die die Erfüllung langgehegter Wünsche, die Beseitigung von Befürchtungen, kurz: die Realisierung von Zielen verheißen. Sie können aber auch das Eintreten von bedrohlichen Ereignissen andeuten. Alles was Situationen in diesem Sinne als Positives oder Negatives einem Individuum verheißen oder andeuten, wird als «Anreiz» bezeichnet, der einen «Aufforderungscharakter» zu einem entsprechenden Handeln hat. Insofern läßt sich Handeln auch unter dem Gesichtspunkt der Zweckrationalität beurteilen. Es ist dann zweckrational begründet, wenn seine wahrscheinlichen Folgen in solchen Ereignissen oder Zuständen bestehen, die dem Handelnden begehrenswert erscheinen und um derentwillen er handelt. Statt dieser ein wenig ungewöhnlich klingenden Formulierung läßt sich auch sagen, daß es darum geht, die Wahrscheinlichkeit der Realisierung von etwas, das für den Handelnden von Wert ist, durch eigenes Handeln zu erhöhen oder zu sichern. Zwei Größen sind demnach entscheidend: der *Wert* dessen, was man realisieren möchte, und die *Erwartung* (erlebte Wahrscheinlichkeit), mit der man dies zuwege bringen wird.

Damit hat man schon alles beisammen, was die Familie der Erwartung-Wert-Modelle kennzeichnet. Solche Modelle hat man zur Erklärung von Entscheidungen zwischen Handlungsalternativen herangezogen, ja sogar zur rationalen Maxime gemacht, wie man sich entscheiden sollte. In der Motivationsforschung hat man Erwartung-Wert-Modellen, wie dem sog. Risiko-Wahl-Modell von ATKINSON (1957), einen Geltungsbereich zugestanden, der weit über bloße Entscheidungen hinausgeht. Wir werden noch sehen, wieweit das gerechtfertigt ist.

Außergewöhnliche Handlungen, die sich bei näherem Hinsehen als zweckrational erweisen, sind nicht ausschließlich durch außergewöhnliche Situationsumstände hervorgerufen. Natürlich hängt es auch von den individuellen Wertungsdispositionen ab, welche Verheißungsgehalte einer Situation einem wert genug erscheinen, um sich davon zum Handeln auffordern zu lassen. Aber nicht nur dies. Neben dem Wertaspekt ist auch der Erwartungsaspekt nicht nur von situationsgegebener Seite, sondern auch vom Handelnden mit abhängig. Seine Fähigkeiten oder Mittel, die ihm zur Verfügung stehen, bestimmen nämlich auch seine Erwartung, wieweit es ihm möglich sein wird, das anvisierte Handlungsziel zu erreichen. Insofern haben wir es bei der zweiten Art des Anlasses für Motivationsfragen nicht bloß damit zu tun, daß verlockende oder bedrohliche Situationen entsprechende Handlungen veranlassen, die sich bei näherer Analyse als durchaus zweckrational erweisen. Genau genommen geht es um eine Wechselwirkung zwischen Determinanten, die man teils auf der Seite der Situation, teils auf der Seite der Person lokalisieren kann. Man spricht von «Person-Situations-Interaktion» (z.B. MAGNUSSON & ENDLER, 1977). Unter «Motivation» wird stets ein solches Interaktionsprodukt verstanden. Motivation ist eine momentane Gerichtetheit auf ein Handlungsziel, zu deren Erklärung man die Faktoren weder nur auf Seiten der Situation oder der Person, sondern auf beiden Seiten heranziehen muß.

Eng verbunden mit den Prozessen der Bildung aktueller Motivationstendenzen sind Fragen, wie es nach Abschluß einer Tätigkeit zur Aufnahme der nächsten kommt, wie nach Unterbrechung einer Tätigkeit diese später wieder aufgenommen wird. Es ist ja in der Regel nicht so, daß man nach Beendigung einer Handlung in Passivität verfällt, um sich zu überlegen, was man als nächstes tun könnte oder sollte. Vielmehr schließt sich die nächste Tätigkeit gleich an, und zwar in aller Regel ohne daß man darüber nachdenken oder gar einen Entschluß fassen müßte. Was an Handlungen aufeinanderfolgt, welche sich auftuenden Gelegenheiten ergriffen werden oder noch ungenützt bleiben, muß also bereits im voraus – und zwar auch während man etwas anderes tat – vorgeklärt und determiniert worden sein. Anders wäre der kontinuierliche Strom des Tätigseins bei allem Wechsel der verfolgten Handlungsziele nicht zu erklären.

Zur Beantwortung dieser Fragen haben ATKINSON und BIRCH (1970, 1978, Kap. 2) ein «Dynamisches Handlungsmodell» entworfen. Dieses Modell basiert auf den Motivationstendenzen, die sich als Integration der situations- und personspezifischen Erwartungs- und Wertgrößen gebildet haben. Aber es unterwirft die Stärke dieser Motivationstendenzen einer fortgesetzten Änderung. Motivationstendenzen, die sich noch nicht im Handeln realisieren können, nehmen bei situativer Anregung zu. Andererseits werden jene Motivationstendenzen, die gerade handlungsmäßig realisiert werden, mit zunehmender Ausführungsdauer geschwächt. Im wesentlichen sind es diese beiden Arten von Veränderungen, die es bewirken, daß nach einiger Zeit eine latente Handlungstendenz stärker wird als jene, die zurzeit dominant und manifest ist und das Handeln bestimmt, so daß es zum Wechsel in der Tätigkeit zugunsten der bisher latenten Tendenz kommt.

Die *dritte* Art von Anlässen für Motivationsfragen bezieht sich weniger darauf, wieso es – inhaltlich gesehen – zum Handeln kommt als vielmehr, *wie* es dazu kommt. Auch hier sind es auffällige Varianten, die unser motivationspsychologisches Fragebedürfnis anregen. Es gibt Umstände, unter denen aufkommende Wünsche sich schnell in Handlungstendenzen oder Absichten verwandeln, die bei nächster Gelegenheit sich durch geeignetes Handeln zu realisieren suchen. Es gibt auch Personen, die sich selbst gut organisieren können, während andere unentschlossen schwanken und sich hier und jetzt nicht auf das Erreichbare konzentrieren können und lange brauchen, um das als unerreichbar Erkannte aufzugeben.

All dies wird gern individuellen Unterschieden des «Willens», der «Willenskraft», zugeschrieben. Bei näherem Hinsehen handelt es sich um eigene *Prozeßabläufe,* ohne die Handeln nicht zustande käme. Nicht weniger wichtig wie jene Prozesse, die zielgerichtetes Handeln steuern und auf Kurs halten, sind vorbereitende Prozeßstadien, die erst die Handlungstendenz herausbilden. Wenn es nach einem ersten Motivationsstadium, in dem Wünsche auf ihre Wünschbarkeit und Realisierbarkeit elaboriert und geprüft worden sind, genügend Grund gibt, durch eigene Handlungen die Realisierung des Erwünschten zu versuchen, kommt es schließlich zu einer Handlungstendenz, die als innere Zustimmung zum erwogenen Ziel erlebt werden kann (sog. «commitment», deutsch: «Zielbindung»). In ausgeprägteren Fällen besteht dieser Grenzübergang zur Handlungstendenz in der Bildung einer «Intention» oder gar einem Entschlußakt. Eine Intention bezieht sich auf den angestrebten Zielzustand. Häufig ist sie mit Vornahmen verbunden, wann, wo und wie intentionsgeleitetes Handeln aufgenommen, ausgeführt und zu Ende gebracht wird (HECKHAUSEN, 1987). Sobald sich danach eine geeignete Gelegenheit ergibt, erhält die Handlungstendenz Zugang zum Handeln und steuert ein entsprechendes Verhalten bis zur Zielerreichung (s. HECKHAUSEN & KUHL, 1985).

Ehe es zum Handeln kommt, muß, wie gesagt, keineswegs immer eine ausdrückliche Intention gefaßt – oder gar ein Willensakt vorgenommen werden. Es gibt eine Unzahl alltäglicher Anlässe, bei denen es gewohnheitsmäßig, d.h. mehr oder weniger automatisch, zum Handeln kommt. Unser Verhalten hat sich in solchen Situationsanlässen als so zweckmäßig herausgebildet und als so erprobt erwiesen, daß es keiner eigenen Überlegung, geschweige einer besonderen Intention bedarf, damit eine Handlungstendenz entsteht und man dementsprechend tätig wird. Man spricht von Gewohnheitshandlungen. Hier ist es, als sei an der Intentionsschwelle der Schlagbaum gehoben und damit der Grenzübergang zum Handeln freigegeben. Außer Willenshandlungen und

Gewohnheitshandlungen gibt es auch noch Impuls- oder Affekthandlungen. Hier bricht sich bei hoher innerer Erregung der Motivationsimpuls auch bei geschlossenem Schlagbaum seine Bahn ins Handeln hinein.

Es gibt Gründe für die Annahme, daß die einzelnen Prozeßstadien - Motivation, Intention, Handlung - durch unterschiedliche Gesetzmäßigkeiten bestimmt werden; daß z.B. Erwartung-Wert-Modelle nur für das erste Prozeßstadium der Motivation Geltung haben. Das gilt schon für unsere alltäglichen Erfahrungen. Wir kennen die «Qual der Wahl», das endlose Abwägen, wenn schwerwiegende Entscheidungen anstehen, aber auch den «Ruck» eines befreienden Entschlusses. Wir kennen die handlungsvorbereitenden Überlegungen, wenn ein Entschluß gefaßt ist und nach Realisierung drängt, ja sich bei jeder passenden Gelegenheit uns aufdrängt. Schließlich kennen wir auch den entlastenden Übergang zum Handeln, wenn jeder Schritt im Hinblick darauf, wieweit er uns dem Ziele näher bringt, getan und im Kurs korrigiert wird.

Es ist überraschend, daß insbesondere diese letzteren Prozesse einer sog. «Willenspsychologie» seit den klassischen Experimentalstudien von NARZISS ACH (1910) oder MICHOTTE und PRÜM (1910) kaum noch erforscht wurden, ja in Vergessenheit gerieten, aus der sie erst neuerdings wieder gezogen wurden (KUHL, 1983; SCHNEIDER & SCHMALT, 1981). Ein Grund dafür ist paradoxerweise die Erlebniszugänglichkeit solcher Prozesse. Denn mit der Ächtung der Introspektion als Methode verlor im zweiten Drittel unseres Jahrhunderts die subtile Phänomenologie von Willensvorgängen die Respektabilität als Forschungsgegenstand.

Wir haben in diesem Abschnitt drei Arten von Alltagserfahrungen beschrieben, die Fragen nach «der Motivation» veranlassen. Es sind die Fragen nach (1.) individuellen Unterschieden von Wertungsdispositionen und der Abgrenzung zwischen Wertungsdispositionen, nach (2.) den Determinanten einer einzelnen Motivationstendenz, konzipiert als eine Wechselwirkung von Situation und Person und nach (3.) den unterschiedlichen Prozessen vor und nach dem Grenzübergang zu einer Handlungstendenz, wie sie etwa durch eine Intention charakterisiert wird. Diese drei Beobachtungstatbestände entsprechen den drei Problemgebieten, in die man die gesamte Motivationspsychologie aufteilen kann; nämlich dem Problemgebiet (1.) des Motivs, (2.) der Motivation und (3.) der Volition (Bildung einer Handlungstendenz - im ausgeprägten Falle einer Intention - sowie die postintentionalen Phasen vor, während und nach der Handlung).

1.2 Arten naiver Verhaltenserklärung

Ein bestimmtes Verhalten zu erklären, ist nicht nur Sache der Psychologen. Jeder Mensch ist schnell dazu bereit. Die Ursache wird dabei gern in die Person des Handelnden oder in die Situation oder in eine Wechselwirkung zwischen Person und Situation verlegt. Wir können entsprechend von Verhaltenserklärungen auf den ersten, zweiten oder dritten Blick sprechen (s. HECKHAUSEN, 1980). Das heißt jedoch nicht, daß jede Verhaltenserklärung diese drei Stadien durchmachte, eher entspricht die Reihenfolge in der Aufzählung des ersten bis dritten Blicks der Häufigkeit, in der sich die unterschiedlichen Ursachenlokalisierungen in der Alltagserfahrung aufdrängen. Jede dieser Erklärungsweisen ist nach dem gegenwärtigen Diskussionsstand in der Psychologie «naiv», d.h. zwar einleuchtend, aber zu sehr vereinfacht (s. MISCHEL, 1984).

Wie man nun Verhalten erklärt, wird davon beeinflußt, welche Vergleichsdimensionen man zugrundelegt oder besser, welche sich aufdrängen. Drei Vergleichsdimensionen lassen sich unterscheiden (s. KELLEY, 1967); nämlich wie es mit der Änderung des Verhaltens steht, wenn man erstens über verschiedene Situationen, zweitens über verschiedene Zeitpunkte und drittens über verschiedene Personen vergleicht.

Ändert sich das Verhalten einer Person z.B. kaum über verschiedene Situationen und Zeitpunkte und unterscheidet es sich von dem anderer Personen in den gleichen Situationen und Zeitpunkten, so sind es offenbar Eigenschaften der betreffenden Person, die für das beobachtete Verhalten verantwortlich zu machen sind. Das ist eine Verhaltenserklärung auf den ersten Blick, wie sie den Eigenschaftstheorien der Persönlichkeitspsychologie zugrunde gelegen hat (s. HERRMANN, 1969).

Glaubt man jedoch zu beobachten, daß sich das Verhalten von Situation zu Situation auch entsprechend ändert – und damit auch zu verschiedenen Zeitpunkten anders ist –, so sucht man die Ursache in Besonderheiten der Situationen. Das ist eine Verhaltenserklärung auf den zweiten Blick, wie sie heutzutage in weiten Bereichen der Sozialpsychologie aber auch der lerntheoretisch fundierten Klinischen Psychologie vorherrscht.
Stellt man schließlich bei genaueren Vergleichen fest, daß Unterschiede im Handeln sich weder allein auf unterschiedliche Personfaktoren noch allein auf unterschiedliche Situationsfaktoren zurückführen lassen, sondern daß beides eine Rolle spielt – und das auch noch über verschiedene Zeitpunkte hinweg – so hat man es mit einer Verhaltenserklärung auf den dritten Blick zu tun. Solche Erklärungen im Sinne einer Wechselwirkung sind inzwischen in der Motivationspsychologie die Regel, aber auch in der Kognitionspsychologie (etwa bei der Analyse des Problemlösungsverhaltens) und in der neueren Persönlichkeitsforschung (s. Amelang & Bartussek, 1981).
Soweit haben wir die wesentlichen Arten naiver Verhaltenserklärung und einiger ihrer Bedingungen erörtert. Wir haben allerdings auch darauf hingewiesen, daß der naive Charakter der Aufteilung der Ursachen des Handelns auf die beiden Seiten von «Person» und «Situation» kein Hinderungsgrund für ganze psychologische Teildisziplinen wie Persönlichkeits-, Lern- oder Sozialpsychologie ist, eine einseitige Ursachenlokalisation stillschweigend zu unterstellen. Zweimal ist in der bisherigen Forschungsgeschichte der Psychologie diese stillschweigende Unterstellung infrage gestellt und in sog. «Interaktionismusdebatten» diskutiert und untersucht worden. Beide Debatten haben sich innerhalb der Persönlichkeitspsychologie entzündet, und zwar anhand der Frage, ob Persönlichkeitseigenschaften wirklich ein konsistentes Verhalten über ähnliche oder gleiche Situationen und über sich wiederholende Gelegenheiten hinweg determinieren. Die Annahme einer Konsistenz des Verhaltens, vermittelt durch überdauernde Persönlichkeitsdispositionen, ist zum ersten Mal Ende der zwanziger Jahre (Hartshorne & May, 1928, 1929) und erneut Ende der sechziger Jahre (Mischel, 1968) infrage gestellt worden. Dabei hat sich ein Paradox ergeben, dem wir uns nun zuwenden.

1.3 Das Konsistenzparadox

Der naive Beobachter menschlichen Verhaltens ist davon überzeugt, daß er selbst und andere Personen sich in hohem Maße konsistent verhalten, d.h. über breite Abwandlungsreihen von Situationen sich in gleichbleibend charakteristischer Weise von anderen Personen abheben. Von derselben Überzeugung waren und sind eine Reihe von Persönlichkeits- und Differentiellen Psychologen erfüllt. Deshalb, so schien es, bräuchte man nur individuelle Eigenschaften zu messen, um individuelle Unterschiede des Verhaltens in künftigen Situationen von vielerlei Art voraussagen zu können. Sobald man jedoch diese Erwartung empirisch zu bestätigen suchte, fand man eine enttäuschend geringe Konsistenz des Verhaltens. Bem und Allen (1974) haben diesen vielfach erläuterten Sachverhalt als «Konsistenzparadox» bezeichnet. Eine solche Situation ergibt sich zwangsläufig, wenn man Personen über ein objektiv gleichbleibendes Spektrum von Situationen vergleicht.
Stattdessen muß man zunächst erst für jedes Individuum die Klassen dem jeweiligen Individuum gleich erscheinender Situationen und der zugeordneten Handlungen bestimmen und kann dann nur innerhalb solcher persönlicher Äquivalenzklassen von Situationen und Handlungen Konsistenz des individuellen Verhaltens erwarten (Bem, 1972, 1983). Äquivalent ist letztlich, was für den einzelnen «äquifinal» ist, d.h. was ihm die gleichen begehrenswerten Handlungsfolgen verheißt oder die gleichen bedrohlichen Handlungsfolgen befürchten läßt. Äquivalenzklassen von Situationen und Handlungen sind also für jede Person gesondert zu bestimmen. Es sind letztlich die mit individuellen Wertungsgewichten versehenen Folgen, die man durch eigenes Handeln in einer gegebenen Situation herstellen kann, die für eine Äquivalenzklasse und damit für das Ausmaß der Handlungskonsistenz maßgebend sind.
Das Zurückführen konsistenter Verhaltensmerkmale auf Personmerkmale ist auch aus ei-

ner anderen Sicht noch tiefer auszuloten. Es war davon die Rede, daß uns ein Verhalten «auffällt». Damit das Verhalten einer Person auffällt, muß es sich von dem Verhalten der meisten anderen Personen in der gleichen Situation abheben. Wenn ein Student jede Woche wieder an einer Pflichtveranstaltung teilnimmt und dies auch alle anderen Studenten tun, sehen wir keinen Anlaß, für dieses Verhalten eine besondere Personeigenschaft verantwortlich zu machen. Das Verhalten erscheint vielmehr durch die Situation, nämlich durch den Pflichtcharakter der Veranstaltung, veranlaßt. Erst wenn er die Veranstaltung auch dann weiter besucht, wenn es die meisten anderen aufgegeben haben, beginnen wir, dies mit einer besonderen Personeigenschaft unseres Studenten zu erklären.

Den Vergleich über verschiedene Personen in derselben Situation bezeichnet KELLEY (1967) in seinem Kovariationsmodell als *«Konsens»*. Neben Konsens gibt es, wie wir schon erörtert haben, noch zwei weitere Vergleichsdimensionen. Die eine davon, die *«Konsistenz»*, bezeichnet die Übereinstimmung des Verhaltens bei wiederkehrenden Gelegenheiten, d.h. einen Vergleich über Zeitpunkte hinweg. Die dritte Vergleichsdimension, die sich über verschiedene Situationen (oder Zielgegenstände des Handelns) erstreckt, wird als *«Distinktheit»* bezeichnet. Je höher die Distinktheit, d.h. Situationsangepaßtheit des Verhaltens, desto mehr schreibt man es Situationsfaktoren und nicht Personfaktoren zu, zumal dann, wenn dieses Verhalten mit dem Verhalten anderer Personen in der gleichen Situation übereinstimmt (hoher Konsens). Eine Zuschreibung des Verhaltens auf die handelnde Person drängt sich hingegen auf, wenn der Konsens niedrig ist und wenn jemand auf viele verschiedene Situationen gleich reagiert, also deren Besonderheiten vernachlässigt (niedrige Distinktheit) (z.B. ORVIS, CUNNINGHAM & KELLEY, 1975).

Die Dimension der Distinktheit des Verhaltens über verschiedene Situationen hinweg hat uns das Konsistenzparadox beschert. Je distinkter und sensibler jemand in den einem äußeren Beobachter gleich erscheinenden Situationen handelt, desto inkonsistenter muß dessen Verhalten erscheinen. Konsistent erscheint demgegenüber jener, der vieles über einen Leisten schlägt. So betrachtet ist es kein Wunder, daß wir vor einem Konsistenzparadox stehen, solange wir die empirische Feststellung von Konsistenz auf mangelnde Distinktheit des Verhaltens bei der Anpassung an Situationsunterschiede stützen, statt Konsistenz nur innerhalb persönlicher Äquivalenzklassen mit äquifinalen Handlungsfolgen zu erwarten.

1.4 Motiv als Erklärungsbegriff

«Motiv» ist kein Begriff, der etwas beschreiben, sondern einer, der etwas erklären soll. Nachdem wir das Konsistenzparadox erörtert und die drei Vergleichsdimensionen von Konsens, Konsistenz und Distinktheit kennengelernt haben, von denen es abhängt, wieweit ein Verhalten auf Person- und auf Situationsfaktoren zurückgeführt wird, läßt sich der Motivbegriff näher eingrenzen.

Um die Konsistenz des individuellen Verhaltens zu erklären, die einerseits im Sinne einer Übereinstimmung über äquivalente Situationen und über aufeinanderfolgende Zeitpunkte in der Wiederkehr dieser Situationen und andererseits im Sinne stabiler Unterschiede des Verhaltens in denselben Situationen zwischen verschiedenen Personen bestimmt wird, werden Personen unterschiedliche Ausprägungen einer Reihe von Motiven zugeschrieben. Motive werden dabei als überdauernde Dispositionen aufgefaßt. Jedes einzelne Motiv umfaßt eine definierte Inhaltsklasse von Handlungszielen (angestrebten Folgen des eigenen Handelns).

Motive werden auf solche Inhaltsklassen von Handlungszielen eingegrenzt, die in Form überdauernder und relativ konstanter Wertungsdispositionen vorliegen (s. HECKHAUSEN, 1980). Diese Wertungsdispositionen sind «höherer» Art, d.h. für die Aufrechterhaltung der Funktionen des Organismus nicht entscheidend, sie sind nicht angeboren und entwickeln sich erst im Laufe der Ontogenese, sie unterliegen einer Sozialisation und somit den sozialen Normen der ontogenetischen Entwicklungsumwelt. Damit werden nicht alle Äquivalenzklassen von Handlungszielen unter den Motivbegriff gefaßt; nämlich nicht jene, die, wie die physiologisch bedingten Bedürfnisse des Hungers, des Dursts, des Schlafes, der Entleerung

u. a., die zwar auch alle sozialisatorischen Einflüssen unterliegen, aber angeboren und zur Aufrechterhaltung organismischer Funktionen unerläßlich sind; deren Stärke von zyklisch wechselnder Höhe ist und in Abhängigkeit von der Entzugsdauer ihrer Befriedigung anwächst. Jene Klasse von Bedürfnissen, einschließlich der Sexualität, die eine komplizierte Zwischenstellung zwischen Bedürfnis und Motiv einnimmt, werden aus Raumgründen in diesem Abschnitt nicht behandelt (stattdessen wird auf die Darstellungen bei SCHNEIDER & SCHMALT, 1981 verwiesen).

Wieviele Motive man als unterscheidbare Inhaltsklassen in der kaum übersehbaren Menge menschlicher Handlungsziele unterscheiden soll, ist bis heute umstritten. Genauer gesagt scheint es eine nicht letztlich entscheidbare Frage zu sein, auf die es nur heuristische Antworten gibt, die sich für die Forschung als mehr oder weniger zweckmäßig herausstellen. So hat es sich als zweckmäßig erwiesen, Motive auf möglichst hohem Abstraktionsniveau als eine Inhaltsklasse von Handlungszielen zu definieren, die jedoch zugleich unverwechselbare Besonderheiten besitzt.

Ein abstrakt definiertes Motiv wie etwa das Leistungsmotiv kann natürlich in einer unendlichen Vielfalt seine konkrete Manifestation im Handeln und dessen Zielen finden. Die Manifestationen unterliegen einerseits verschiedenen Arten von Wandeln, so einem historischen, einem kulturellen, einem lebensalterbezogenen und auch einem lebensbereichabhängigen. Das Leistungsmotiv einer gegebenen Person umfaßt daraus immer nur einen kleinen Ausschnitt. Dieser Ausschnitt ist die für diese Person gültige Äquivalenzklasse von Handlungszielen, innerhalb derer sie eine gewisse Gleichartigkeit leistungsthematischen Verhaltens zeigt, weil es nämlich die gleiche Klasse von wertgewichteten Folgen ist, die das Handeln bestimmt.

Für viele Menschen gehören einzelne Teile ihrer Berufstätigkeit, für manche auch einzelne Freizeittätigkeiten dazu. Diese Unterschiede der inhaltlichen Bereiche und ihre Umfangsbreite sind aber nicht das einzige, worin sich die individuelle Ausprägung des Leistungsmotivs von der anderer Personen unterscheidet. Unter dem Begriff des Motivs werden auch alle anderen Parameter der individuellen Unterschiede zusammengefaßt. Dazu gehören z. B. die Höhe des Anspruchsniveaus, das man an seine Handlungsergebnisse stellt, oder ob man eher auf das Erringen von Erfolg oder auf das Meiden von Mißerfolg eingestellt ist.

So kann man einem bestimmten Motiv eine Vielzahl von einzelnen Parametern zuordnen. Immer aber bleibt das Motiv ein sog. «hypothetisches Konstrukt», d.h. etwas Ausgedachtes, nicht unmittelbar Beobachtbares. Ein hypothetisches Konstrukt rechtfertigt sich nur durch seine Fruchtbarkeit, nämlich seinen Erklärungswert bei der Interpretation von Befunden. Die gewonnenen Erlebnis- und Verhaltensdaten bleiben ja nicht ungeordnet nebeneinander stehen; sie werden vielmehr in einen theoretischen Gesamtzusammenhang (ein «nomologisches Netzwerk») eingeordnet. Die Einbringung eines hypothetischen Konstrukts von der Art des Motivkonzepts rechtfertigt sich nun in dem Maße, wie es ihm gelingt, zur Deutung dieses theoretischen Gesamtzusammenhangs möglichst Entscheidendes und Wichtiges beizutragen.

Unabhängig von dem, was es mit Hilfe des hypothetischen Konstrukts zu erklären gibt, müssen individuelle Unterschiede des Konstrukts zuvor aus gewissen Indikatoren erschlossen werden. Dazu müssen eigene Verfahrensweisen zur Motivmessung entwickelt werden. Andererseits müssen solche gemessenen Motivunterschiede auch Unterschiede des Verhaltens und seiner Ergebnisse voraussagen lassen. Nur ein solch nachweisbarer Zusammenhang zwischen Indikatoren für Motivdispositionen und nachfolgenden Merkmalen des Verhaltens unter definierten Situationsgegebenheiten rechtfertigt es, das Motiv als ein hypothetisches Konstrukt aufzufassen.

1.5 Motivation

Motivation ist eine Sammelbezeichnung für vielerlei Prozesse, deren gemeinsamer Kern darin besteht, daß ein Lebewesen sein Verhalten um der erwünschten Folgen willen auswählt und hinsichtlich Richtung und Aufwand an Anstrengung und Ausdauer steuert. Die im Verhalten zu beobachtende Zielgerichtetheit, der Beginn und der Abschluß einer übergreifenden Verhaltenseinheit, ihre Wiederaufnahme nach Unterbrechung, der Wechsel zu einem neuen Verhaltensabschnitt, der Konflikt zwischen verschiedenen Zielen des Verhaltens und seine Lösung – all dies wird dem Problemfeld der Motivation zugerechnet. In elaborierten Motivationsmodellen wird hierbei von einem mehrphasigen Handlungsverlauf ausgegangen, in dem zumindest drei Phasen unterschieden werden können: die Handlung selbst, daraus sich ergebende Handlungsergebnisse sowie die sich weiter angliedernden Handlungsfolgen. Situativ angeregte Prozesse der Antizipation von erwünschten oder befürchteten Ereignissen beziehen sich auf die Anreize der Folgen eigenen Handelns (also deren «Wert») sowie auf die subjektiven Wahrscheinlichkeiten, geeignete Ergebnisse durch eigenes Handeln zu erzielen und schließlich der erwarteten *Instrumentalitäten* der Handlungsergebnisse für die infrage stehenden Folgen. Auch wie in einer solchen differenzierten Analyse die verschiedenen Anreiz- und Erwartungsaspekte miteinander verknüpft werden, rechnet zur Motivation. Elaborierte Anreizwerte und Erwartungen sind die Basisdaten für Erwartung-Wert-Modelle, die in mancherlei Abwandlungen den Ausgang von Motivations- oder Entscheidungsprozessen vorhersagen lassen sollen (Feather, 1982a; Heckhausen, 1977).

Motivationsprozesse beschreiben also das, was wir unter mehr formalem Aspekt als Person-Situations-Interaktion erörtert haben. Neben den Anregungsbedingungen der Situation, die etwa in der Wahrnehmung bestimmter Verlockungen oder Verheißungen bestehen, spielen die damit angeregten Motive eine Rolle für die Ausbildung der Anreizwerte der antizipierten Handlungsfolgen. Ein so konzipierter Motivationsprozeß ist handlungsvorbereitend. Man kann ihn als einen kognitiven Elaborationsprozeß mit emotionalen Anteilen auffassen, der mehr oder weniger stark auf einen gewissen Abschluß drängt. Am Ende eines solchen Entscheidungsprozesses steht die Herausbildung einer resultierenden Motivationstendenz, die das nachfolgende Geschehen wesentlich determiniert.

Wenn es um alternative Handlungsmöglichkeiten wie bei Entscheidungen geht, so wird nur die stärkste resultierende Motivationstendenz handlungswirksam. Man hat sich den Übergang von der resultierenden Motivationstendenz zum Handeln lange Zeit sehr einfach vorgestellt; fast so als sei der Verhaltensstrom aus einer laufenden Kette einzelner Episoden zusammengesetzt, als bilde sich immer erst eine Motivationstendenz, die dann handlungsmäßig zum Ziel geführt werde, daraufhin eine weitere Motivationstendenz usf. In Wirklichkeit gibt es jedoch auch immer unausgeführte Motivationstendenzen, weil sich zu ihrer Ausführung etwa noch keine Gelegenheit ergeben hat; des weiteren gibt es unterbrochene und unerledigte Motivationstendenzen. In allen Fällen bestehen die Tendenzen fort. Demnach ist es der Normalfall, daß stets mehrere Motivationstendenzen nebeneinander wirksam sind, von denen in aller Regel aber nur eine den Zugang zum Handeln gewinnt und gewinnen kann, wenn Handeln zielführend sein und bleiben soll.

Dem Verhaltensstrom liegt also ein kontinuierlicher Fluß von auf- und abschwellenden Motivationstendenzen zugrunde, von denen die jeweils stärkste das augenblickliche Handeln bestimmt. So postuliert es beispielsweise auch die *Dynamische Handlungstheorie* (Atkinson & Birch, 1970), nach welcher eine Motivationstendenz, solange sie das Handeln bestimmt, sich zunehmend abschwächt (in einer Rate, die als «konsummatorische Kraft» beschrieben wird) und alle anderen Tendenzen, die noch auf ihre Ausführung warten, nach Maßgabe ihrer situativen Anregung anwachsen (in einer Rate, die als «instigierende Kraft» beschrieben wird). Neben diesen beiden Kräften postuliert die Dynamische Handlungstheorie noch «inhibitorische Kräfte»; des weiteren den «Verschiebungswert» instigierender Kräfte, der sich von einer Motivationstendenz auf eine andere, aber ähnliche Tendenz erstrecken kann, sowie den «Ersatzwert», den das Erreichen eines bestimmten Handlungszieles für die Verfolgung anderer Handlungsziele haben kann. Schon diese drei genannten Kräfte und die beiden Übertragungswirkungen (Verschiebung und Ersatz) machen die theorieabgeleitete Konstruktion des motivationalen Geschehensflusses so kompliziert, daß sie sich auf Computersimulation stützt, um die Implikationen der

Theorie darzulegen. Von den Implikationen sind bisher die motivationskumulative Wirkung nicht-ausgeführter Tendenzen (KUHL & BLANKENSHIP, 1979a, 1979b) und die motivationsreduzierende Wirkung der Handlungsausführung (KUHL, 1983, Kap. 7) experimentell bestätigt worden (vgl. KUHL & ATKINSON, 1986).

Bei allem Fortschritt gegenüber einer rein episodischen Betrachtung des Motivationsgeschehens ist die von der Dynamischen Handlungstheorie postulierte Dynamik trotz ihrer Kompliziertheit sicher noch zu einfach, und zwar wegen ihrer Automatik und des Fehlens übergeordneter Regulationsprozesse. Eine dominante Motivationstendenz bestimmt ja in der Regel, sobald sie vorliegt, keineswegs schon umstandslos das Verhalten. Andernfalls könnte es kaum zu einem geordneten Handeln kommen, in dem das jeweils Begonnene auch möglichst zum Ende geführt würde. Die jeweils stärkste Tendenz, die sich gerade herausbildet, würde gleich die ablaufende Tätigkeit unterbrechen, um zur Ausführung zu gelangen. Ein geordnetes Handeln zur geeigneten Gelegenheit und nach Möglichkeit bis zur Erreichung des Ziels, auch eine Planung der sukzessiven Realisierung von Handlungsabsichten, ja auch die Zurückstellung der stärksten resultierenden Motivationstendenz, weil für eine schwächere Tendenz momentan eine vergleichsweise günstige Gelegenheit vorliegt – all dies wäre unmöglich.

Aber schon aus der Selbsterfahrung wissen wir, daß es dennoch sehr wohl möglich ist. Der Handelnde ist nicht der Gefangene seiner wechselnden Motivationsprozesse, in denen Anreiz- und Wertaspekte bis zu resultierenden Tendenzen elaboriert worden sind und diese kontinuierlichen Veränderungs- und Übertragungswirkungen unterworfen werden. Es muß eigene Prozesse geben, die entscheiden, welche Motivationstendenzen überhaupt realisiert werden sollen, sowie bei welcher Gelegenheit und auf welche Weise dies geschehen soll. Diese Prozesse seien Volitionen genannt.

1.6 Bildung einer Handlungstendenz und Volition

Offensichtlich genügt eine resultierende Motivationstendenz nicht, um das entsprechende Handlungsziel in dem Sinne verbindlich zu machen, daß man dessen Herbeiführung durch die Realisation geeigneter Handlungen sicherstellt. Die resultierende Motivationstendenz muß den Charakter einer Handlungstendenz gewinnen; sie muß den Grenzübergang zur Zielbindung überschreiten. Vermutlich produzieren Menschen mehr resultierende Motivationstendenzen als Handlungstendenzen oder gar Intentionen. Wenn nicht alle unsere Motivationstendenzen den Status von Handlungstendenzen erreichen, so muß es einen eigenen Prozeß geben, der den Übergang von Motivations- zu Volitionsprozessen, d.h. zum Wirken der Handlungsprozesse, regelt. Im Unterschied zur Motivation bezeichnen wir die letzteren Prozesse als «Volition».

Der den Übergang regelnde Prozeß muß genau genommen zwei verschiedene Probleme lösen. Wir wollen ihn der Deutlichkeit halber an der Bildung einer Handlungstendenz erläutern, deren man im Erleben voll gewahr wird, nämlich an der Intention, etwas Bestimmtes bei bestimmter Gelegenheit zur Erreichung eines bestimmten Zieles zu tun. Das erste Problem besteht darin, welche Motivationstendenz überhaupt den Übergang passieren darf, d.h. den Status einer Intention gewinnt, die zu gegebener Zeit das Handeln bestimmt. Zum anderen, welche von den schon bereitliegenden oder gerade frisch gebildeten Intentionen jeweils Zugang zum Handeln erhält, um sich zu realisieren. Man kann deshalb zwei hintereinander liegende Übergänge zwischen Motivation und Handeln annehmen, nämlich die Intentionsbildung und die Handlungsinitiierung (HECKHAUSEN, 1987).

Beim ersten Übergang handelt es sich um den Prozeß der Intentionsbildung. Schon die Elaboration insbesondere von Erwartungsaspekten in der Motivationsphase hat Elemente von Handlungsplänen mit ihren jeweiligen Erfolgsaussichten entstehen lassen. Bevor sich eine Intention bildet, muß die Realisierbarkeit des erwünschten Handlungsziels überprüft werden; nicht zuletzt auch darauf, wieweit eine Realisierung sich in das bereits intendierte Handlungsprogramm einfügt. Mit der Bildung der Intention scheint ein erster Handlungsplan verbunden zu sein; er enthält nicht nur die vorstellungsmäßige Repräsentation des Handlungsziels, d.h. welche Folgen des eigenen Tätigseins schließlich zu erreichen sind, sondern auch die Antizipationen sowohl der Gelegenheiten als auch der ersten Ausführungstätigkeiten, bei welchen bzw. mit denen die Intention durch Handeln realisiert werden kann. Die Intentionsbildung kann auch unvollständig bleiben. Es hat sich zwar eine Zielintention gebildet, die Gelegenheits- und(oder) die Ausführungsvorstellungen sind jedoch noch offen. Die guten Vorsätze, mit denen bekanntlich «der Weg zur Hölle gepflastert ist», sind in der Regel von solch unvollständiger Art.

Ob der Übergang von Motivation zu Volition durch einen vollständigen Willensakt im Sinne eines Entschlusses oder einer Wahlentscheidung markiert ist, oder ob die Intentionsbildung auch als bloße Zustimmung zu einer erwogenen Handlungsalternative auftritt oder ob man impulsiv zu einer Handlung hingerissen wird – stets scheint es einen Übergangspunkt zu geben, an dem aus einer resultierenden Motivationstendenz eine Intention geworden ist, wo Motivationsprozesse aufhören und Volitionsprozesse beginnen.

Will man den Unterschied zwischen beiden Arten von Prozessen kurz charakterisieren, so liegt er im Gegenstand und in der Art der Informationsverarbeitung. Motivationsprozesse sind *realitätsorientiert,* Volitionsprozesse *realisierungsorientiert,* so daß man von einer motivationalen versus volitionalen «Bewußtseinslage» sprechen kann (Heckhausen & Gollwitzer, 1987). In der Motivationsphase geht es darum, Folgen des Handelns mit ihren unterschiedlichen Erreichenswahrscheinlichkeiten sorgfältig zu prüfen und gegen alternative Handlungsziele und Ausführungsmöglichkeiten abzuwägen. Informationen, die geeignet sind, Wert- und Erwartungsaspekte weiter zu klären, werden bevorzugt gesucht, aufgenommen und ausgewertet.

In der Volitionsphase geht es zunächst darum, die Realisierung der Intention im Handeln planend vorzubereiten, besonders hinsichtlich des Ergreifens oder Herbeiführens von geeigneten Gelegenheiten und der Vorbereitung auf passende Ausführungsschritte. So werden denn Informationen bevorzugt gesucht, aufgenommen und verarbeitet, die sich auf die Planung der Handlung selbst sowie auf geeignete Gelegenheiten zu deren Ausführung beziehen. Daraus entstehen häufig Vornahmen mit Intentionscharakter. So reduzieren Initiierungsvornahmen Schwierigkeiten der Handlungsinitiierung. In der aktionalen Volitionsphase geht es dann um die Ausführung des intendierten Handelns.

1.7 Handlung und Handlungsbewertung

Die motivationspsychologische Erforschung des Handelns hat sich bisher im wesentlichen auf die Aspekte der Richtung, Intensität und der Ausdauer beschränkt, kaum aber Fragen der Handlungssteuerung untersucht. In der Leistungsmotivationsforschung wurde unterstellt, daß die Intensität des Handelns eine direkte Funktion der resultierenden Motivationsstärke sei (z.B. Atkinson & Raynor, 1974; Heckhausen, Schmalt & Schneider, 1985). Es spricht allerdings einiges für die Annahme, daß nicht die resultierende Motivationstendenz als eine fixierte Größe, sondern eine variable Stärke der Handlungstendenz, die wir als «Volitionsstärke» bezeichnen, Intensität und Ausdauer des Handelns bestimmt, und zwar nach Maßgabe dessen, was zur Fortführung, zur Überwindung von Schwierigkeiten und zum Abschluß des Handelns erforderlich scheint.

Wie Ach (1910) in seinem «Schwierigkeitsgesetz der Motivation» postuliert und sein Schüler Hillgruber (1912) empirisch bestätigt hat, paßt sich die Volitionsstärke, soweit sie im Anstrengungsaufwand erkennbar ist, innerhalb gewisser Grenzen automatisch (d.h. ohne bewußt zu werden) wechselnden Anforderungen der Tätigkeit an. In neuerer Zeit hat Locke (1968; Locke, Shaw, Saari & Latham, 1981) auf diesen Sachverhalt seine Zielsetzungstheorie aufgebaut, nach welcher mit steigender Zielsetzung auch die Leistung steigt. Bandura und Cervone (1983) haben gezeigt, daß ein schwierigkeitsentsprechender Kräfteeinsatz mit hohen Leistungsergebnissen sich am besten einspielt, wenn neben dem gesetzten Anspruchsniveau auch laufend Rückmeldungen über den bisher erreichten Leistungsstand vorliegen.

Während in diesem Fall die Volitionsstärke (die Stärke der Handlungstendenz) im Unterschied zur resultierenden und fixierten Stärke der Motivationstendenz modulationsfähig ist, besteht eine andere Frage darin, in welchem Stärkeverhältnis Motivationstendenzen in Handlungstendenzen übersetzt werden. Erste Untersuchungen an Sportlern zeigen, daß eine Steigerung der Motivationstendenz von «Normal»- auf «Rekordleistung» auch zu einem Anstieg der Volitionsstärke (gemessen an der Übersäuerung des Blutes, den sog. Laktatwerten) führt; daß es hierbei aber bemerkenswerte individuelle Unterschiede gibt (HECKHAUSEN & STRANG, 1987; HECKHAUSEN, STRANG, SCHIRMER & JANSSEN, 1987). Während eine Gruppe in der Lage ist, den Anstieg der Volitionsstärke in Grenzen zu halten und damit, wie die verbesserte Leistung zeigt, deren Effizienz nicht gefährdet, ist eine andere Gruppe dazu nicht in der Lage. Vielmehr verschlechtert sich in dieser Gruppe mit einer überhohen Volitionsstärke auch deren Effizienz, wie an dem Absinken der motorischen Koordinationsleistungen zu erkennen ist. Individuen unterscheiden sich also darin, wieweit sie bei hochgeübten Tätigkeiten (wie es für Ruderathleten und Basketballspieler einer Regionalliga gilt) fähig sind, eine hohe resultierende Motivationstendenz auf eine Volitionsstärke herunterzumodulieren, die die Effizienz verbessert statt verschlechtert. Diese Modulationsfähigkeit beim Übersetzen von Motivation in Volition kovariiert unter anderem mit einer Fähigkeit zur Handlungsplanung, die mit einem Selbstberichts-Fragebogen (KUHL, 1983) erhoben wurde.

Nicht weniger wichtig, aber noch kaum untersucht, sind Fragen, wie während des Handelns Aufnehmen und Verarbeiten von Information einerseits und das Volitionsgeschehen andererseits miteinander zusammenhängen. Die Informationsverarbeitung wird vornehmlich auf die Überwachung des Tätigkeitsfortgangs im Hinblick auf das intendierte Ziel, auf auftretende Schwierigkeiten, auf erforderliche Umplanungen und laufende Plandetaillierungen gerichtet sein. All dies sollte entsprechende und wechselnde Volitionsvorgänge auslösen, z.B. das Innehalten oder Intensivieren des Handelns mit seinen begleitenden Emotionen und vor allem die Steuerung des Aufwands an Anstrengung, Zeit, Informationseinholung, Planung und sonstigen Kosten. Umgekehrt könnte es auch sein, daß Volitionsprozesse die Informationsverarbeitung, etwa den Bewußtheitsgrad automatisierter oder automatisierbarer Aktivitätsverläufe beeinflussen. Darüber wissen wir bisher kaum etwas (HECKHAUSEN, 1981).

Mit dem Erreichen des intendierten Zieles ist zwar das Handeln, aber noch nicht die Handlung beendet. Denn häufig schließt nicht gleich eine andere Handlung an, bevor nicht ein handlungsbewertender Rückblick und eventuell auch ein handlungsplanender Vorausblick stattgefunden hat. In dieser Bewertungsphase können die Erwartungen, Handlungspläne, vermuteten Ergebnisse und deren Folgen, die alle in der präintentionalen Motivationsphase antizipiert sind, mit dem tatsächlichen Verlauf und seinen Resultaten, d.h. mit der Volitionsphase, verglichen und beurteilt werden. Diese kritische Rückschau ist eine wichtige Quelle der Erfahrungsbildung.

Der wohl wichtigste Punkt, auf den die in der Nachhandlungsphase auftretenden Motivationsprozesse gerichtet sind, ist die Bewertung, ob und wieweit das Ziel der Handlungstendenz erreicht und damit die Intention erledigt ist und aufgelöst werden kann. Eine realisierte Intention kann die Handlung zum endgültigen Abschluß bringen, aber auch den Weg freigeben für eine Anschluß-Intention im Fortschreiten auf ein entferntes oder ein sehr allgemeines Oberziel. Eine nicht realisierte Intention kann auf einer Unterbrechung des Handelns beruhen, so daß in der Nachhandlungsphase die nächste Gelegenheit zur Wiederaufnahme und die geeignetsten Handlungsschritte der Fortführung bedacht werden. Hierzu haben LEWIN (1926) und sein Kreis die theoretische und experimentelle Grundlegung geschaffen, in dem die Wiederaufnahmetendenz nachgewiesen (OVSIANKINA, 1928), die Bedingungen des Vergessens einer Intention untersucht (BIRENBAUM, 1930) und entscheidende Parameter des Erledigungswertes von Ersatzhandlungen analysiert wurden (LISSNER, 1933; MAHLER, 1933).

Genau in diesem Kontext postaktionaler Motivation haben die kognitiven Prozesse der sog. Kausalattribution des erreichten Handlungsergebnisses ihre Bedeutung: Sie liefern im Falle erwartungswidriger und nicht intendierter Ergebnisse wichtige Informationen, um über das weitere Schicksal der ursprünglichen Intention zu entscheiden. In dem Maße, wie man die Ursachen des Mißlingens in variablen und kontrollierbaren Faktoren der eigenen Person (wie Grad der Anstrengung und Ausdauer) oder der Umwelt (z. B. Zufall oder Geneigtheit einer relevanten anderen Person) anstatt in stabilen und unkontrollierbaren Faktoren der eigenen Person (Mangel an Fähigkeit oder materiellen Ressourcen) oder der Umwelt (wie mangelnde Gelegenheiten) sieht, wird man die Intention nicht aufgeben und erneut zu realisieren versuchen; nun allerdings unter Berücksichtigung der erkannten Mißerfolgsursachen.

Ein weiterer entscheidender Teil des postaktionalen Motivationsprozesses sind die ergebnisbewertenden Emotionen. Je nachdem, wieweit die verfolgte Intention realisiert werden konnte und auf welche Ursachenfaktoren die Realisierung oder Nicht-Realisierung zurückgeführt wurde, ergeben sich Emotionen, die für das jeweils wirksame Motivsystem charakteristisch sind. So ist etwa das Leistungsmotiv von Atkinson (1957) geradezu durch das Streben nach selbstbewertenden Emotionen definiert worden, nämlich als ein Streben, Stolz (pride) zu erfahren und Beschämung (shame) zu meiden. Ohne Zweifel sind selbstbewertende Emotionen unmittelbare Folgen von Leistungsergebnissen, um derentwillen die betreffende Leistungstätigkeit zunächst motiviert und dann intendiert sein konnte. Aber das muß nicht die einzige oder überhaupt eine notwendige Ergebnisfolge sein, um derentwillen Leistungshandeln motiviert und intendiert wird. Man kann z. B. auch ein Leistungsziel zu erreichen streben, um der Sache selbst gerecht zu werden, so daß man nach Erfolg oder Mißerfolg eher die Emotionen der Befriedigung bzw. des Bedauerns verspürt (Heckhausen & Rheinberg, 1980).

Schließlich bestehen die postaktionalen Motivationsprozesse auch aus prospektiven Elementen, sofern die verfolgte Intention nicht realisiert werden konnte, aber auch noch nicht aufgegeben wurde. An dieser Stelle geht der postaktionale Motivationsprozeß fließend in einen neuen präintentionalen über. Damit schließt sich der Kreis, den wir oben begonnen haben.

2. Motivation – historisch betrachtet

2.1 Von der Willenspsychologie zu Erwartung-Wert-Modellen

In der älteren deutschen Affekt- und Willenspsychologie taucht der Motiv- und Motivationsbegriff nur vereinzelt auf. Das motivationspsychologische Grundproblem, nämlich das der Behandlung des Wozu menschlichen Handelns, wurde jedoch bereits deutlich erkannt. Man ging hier von einem handelnden und erlebenden Subjekt aus, das sich selbst in seinen Handlungen verwirklicht, indem es das jeweils Erstrebte in konkrete Handlungen umsetzt. Dieser Sachverhalt wurde als ein willenspsychologisches Problem beschrieben. Es wurde allgemein anerkannt, daß es neben Wahrnehmen, Denken, Fühlen, Erinnern eine eigene Erlebnisklasse gibt, in die willenspsychologische Prozesse zwar mit eingehen, die aber durch diese Prozesse nicht erschöpfend beschrieben ist. Gemeint sind die Willensakte, die zu ihrer Kennzeichnung eines typischen Elementes bedürfen: das des Vorsatzes. In einer Wahlsituation wird ein Entschluß gefaßt, ein Vorsatz gebildet, der dann durch Ausführung einer Handlung realisiert wird. Dieses Durchlaufen eines Wahlprozesses, schließlich die Herausbildung eines Vorsatzes und die Ausführung der Handlung machen das eigentliche Wesen einer Willenshandlung aus. An einer solchen Willenshandlung lassen sich generell gesehen drei Phasen unterscheiden (Lewin, 1926, Lindworsky, 1919):

1. Eine *Motivierungsphase,* in der verschiedene Motive, die eine Handlung weiter beeinflussen können, in Wettstreit liegen.
2. Der Wettstreit der Motive wird beendet durch den Akt einer Wahl, die sich in einem Entschluß, einem *Vorsatz,* zum Ausdruck bringt.
3. Schließlich wird die *Vorsatzhandlung* ausgeführt.

Wie leicht erkennbar, handelt es sich bei dieser

Beschreibung der verschiedenen Phasen einer Willenshandlung zugleich um eine Auflistung motivationspsychologischer Grundsachverhalte, die im wesentlichen mit den drei Phasen eines Motivierungsgeschehens, wie wir es oben beschrieben haben, nämlich Motivation, Intentionsbildung und Volition, übereinstimmen. Leider hat LEWIN (1926) selbst – wie wir noch sehen werden – dazu beigetragen, diesen Zugang zur Motivationspsychologie zu verschütten. Es hat über ein halbes Jahrhundert gedauert, bis er wieder freigelegt wurde.

Wie stets, wenn ein bestimmtes Thema – wie hier das Problem des Willensaktes – auf ein breites Interesse der Fachöffentlichkeit stößt, setzt alsbald eine florierende Theorienentwicklung ein. Willenstheorien konzentrieren sich dabei schwerpunktmäßig auf ganz verschiedene Phasen der Willenshandlung und beziehen auch ganz unterschiedliche Teilprozesse in die Theorien ein. Insgesamt besehen lassen sich die verschiedenen Ansätze drei großen Theoriefamilien zuordnen (s. LINDWORSKY, 1922).

Die älteste Konzeption mit dem zugleich weitesten Geltungsanspruch stammt von WUNDT (1905). Er beschreibt die Willenshandlung bereits in ihren wichtigsten Phasen: der Aufforderungsphase (= Motivierungsphase), der Ausführungs- bzw. Tätigkeitsphase (Vorsatzhandlung) und schließlich der Endphase, wobei vor der Ausführungsphase noch ein Akt der Entscheidung bzw. Entschließung (Vorsatz) eingeschoben ist. Willenshandlungen basieren insgesamt auf gefühlsmäßigen Vorstellungen, die den gesamten Ablauf der Willenshandlung leiten und begleiten. In der Aufforderungsphase herrschen häufig solche Vorstellungen vor, die durch die Merkmale des Unlustvollen, Gespannten und Erregten gekennzeichnet sind. Sie sind die «Motive», die «Triebfedern» (WUNDT, 1918, S. 41) des Willens, sie vermitteln den Impuls zur Willenshandlung. Der psychische Vorgang des Hervortretens des schließlich herrschenden Motivs, die Entscheidung (Entschließung), ist ebenfalls von charakteristischen gefühlsbetonten Vorstellungen begleitet, die im Moment des Eintritts in die eigentliche Willenshandlung durch die spezifischen Tätigkeitsgefühle abgelöst werden. Der Abschluß einer Handlung ist wiederum gekennzeichnet durch gefühlsmäßige Vorstellungen, die durch die Merkmale der Lust, Lösung und Beruhigung ausgezeichnet sind.

Die gesamte Willenshandlung ist also in ihren verschiedenen Phasen durch jeweils typische Gefühlsverläufe charakterisiert, die durch ihre spezifische Form der Zusammensetzung Anfang und Endstadium einer Willenshandlung bestimmen und die übrigen Phasen einer Willenshandlung lediglich begleiten. Mit Willenshandlungen sind also im wesentlichen Geschehensabläufe beschrieben, die durch einen Wandel der sie determinierenden Gefühle gekennzeichnet sind. Allerdings bleibt das Geschehen während des Entscheidungsprozesses selbst weitgehend im Dunkeln, vor allem aber auch, in welcher Weise Entscheidungsprozesse auf die End-(Ziel)zustände von Willenshandlungen bezogen sind, d. h. der gesamten Handlung zielausrichtenden Charakter verleihen können. So tragen die Gefühle die gesamte Verantwortung für die Zielausrichtung des Handelns.

Solche, die Handlung begleitenden Gefühle, sollen sich aus Erregungs-, Spannungs- und Lösungsgefühlen zusammensetzen. Dabei soll die Erregung und Spannung der abschließenden Handlung vorauslaufen, während Lösungs- und Erregungsgefühle die Handlung begleiten und diese noch überdauern (WUNDT, 1918, S. 41). Die Lust-Unlust-Dimension kommt hier gar nicht ins Spiel, sie erscheint vielmehr mit der generellen Richtung der Handlung – ob aufsuchend oder meidend – verbunden dergestalt, daß das, was man erstrebt, mit Lust, das, was einem widerstrebt, mit Unlust verbunden ist (WUNDT, 1918, S. 50). Wir haben es hier mit einem ersten Entwurf einer allgemeinen Motivationstheorie zu tun, die allerdings neben den Gefühlen keinerlei andere Motivations- oder Volitionsvorgänge anerkennt.

Gegen Willenstheorien, die ausschließlich auf gefühlsbetonten Vorstellungsverläufen aufbauen, hat sich frühzeitig bereits MEUMANN (1908) mit dem Argument gewandt, daß solchen Theorien das zielausrichtende Moment fehle. MEUMANN knüpft denn auch die charakteristischen Elemente von Willenshandlungen an andere Merkmale. Danach sind Willenshandlungen zumindest durch drei Grundtatsachen gekennzeichnet:

1. die Zielvorstellung,
2. das zustimmende Urteil zu der Zielvorstellung,
3. die durch diese beiden Elemente bedingte bewußte Herbeiführung einer Handlung.

Richtung und Inhalt einer Willenshandlung sind im wesentlichen bestimmt durch die Zielvorstellungen, die als zeitlich gestaffelte Zielstrukturen darstellbar sind. In ihnen werden *unmittelbare Ziele* des Handelns, sich daran angliedernde (zumeist organismisch bedingte) *Zwecke* und weiterreichende *Folgen* einer Willenshandlung unterschieden. Ziel- und Zweckvorstellungen gehen auf «Beweggründe» zurück, die ihren Ursprung in Gefühlen, Sinneseindrücken, angeborenen Neigungen usw. haben können.

Eine Willenshandlung beginnt, wenn sich das Bewußtsein diesen Zielstrukturen zuwendet. Die bewußte Fixierung von Zielen ist jedoch für das Zustandekommen einer Willenshandlung noch nicht hinreichend; hierzu bedarf es der wertenden Übernahme des Handlungsziels, die durch einen bewußten Urteilsprozeß angebahnt wird. Schließlich muß eine Handlung ausgeführt werden, von der der Handelnde der Überzeugung ist, daß er selbst sie bewirkt hat; er muß sich als Urheber der Willenshandlung erleben.

Die handlungs- und motivationstheoretischen Vorstellungen Meumanns (1908) waren ihrer Zeit in zumindest zweierlei Hinsicht weit voraus: Die für motivierte Handlungsverläufe oftmals so typische hierarchische Verschachtelung von Handlungsergebnissen, unmittelbaren und weiterreichenden Folgen, wird deutlich als ein kennzeichnendes Moment für Willenshandlungen herausgearbeitet.

Der zweite Aspekt betrifft die von Meumann (1908) hervorgehobene Bedeutung der Urheberschaft (Selbstverantwortlichkeit) für die ausgeführten Handlungen. Auf die Bedeutung solcher Prozesse für die Handlungssteuerung hat insbesondere die in den siebziger Jahren aufkommende Attributionsforschung aufmerksam gemacht. Selbstverantwortlichkeit für eine Handlung und die herbeigeführten Handlungsergebnisse sind auch eine ganz entscheidende Vorbedingung für die in der Nachhandlungsphase stattfindenden Selbstregulationsprozesse.

Die in den Willensakt einbezogenen Entscheidungsprozesse beziehen sich in dem Modell Meumanns auf Handlungsziele und -folgen. Welche konkrete Handlung für die Erreichung dieses Ziels schließlich eingesetzt wird, ergibt sich allein aus der Lerngeschichte des handelnden Individuums. Meumann stellte sich vor, daß die Beweggründe des Handelns und die Handlungen miteinander assoziiert sein können, so daß das bei einer bestimmten Zielvorstellung wirksam gewordene Motiv die Tendenz hat, die mit ihm am stärksten assoziierte Handlung zur Ausführung zu bringen. Diese Konzeption, die das gesamte Volitionsgeschehen auf die Assoziationsstärke zwischen Motiven und einzelnen Handlungen reduziert, war sicherlich zu einfach.

Auf die Klärung dieses Sachverhalts zielten die Arbeiten von Ach (1905, 1910, 1935). Er bezweifelte, daß das Auftreten bestimmter intendierter Handlungen allein durch die Herstellung von Assoziationen (gelernten Verbindungen) hinreichend gesichert sei. Er machte die Annahme, daß von dem Vorsatz eine «determinierende Tendenz» ausgeht, die die Ausführung der intendierten Handlung sicherstellt und während des Ablaufs kontrolliert.

Eine Willenshandlung ist dabei durch die folgenden Erlebnistatbestände – von Ach «Momente» genannt – gekennzeichnet:

1. *Das gegenständliche Moment.* Es enthält den Entschluß, das was die Person bei bestimmter Gelegenheit zu tun beabsichtigt.
2. *Das aktuelle Moment.* Es enthält die Übernahme der Handlung im Sinne einer Verbindlichkeit. Erlebnismäßig tritt dieses angesichts von Schwierigkeiten in «ich will wirklich» ins Bewußtsein.
3. *Das anschauliche Moment.* In ihm treten Spannungsempfindungen erlebnismäßig hervor.
4. *Das zuständliche Moment.* Es ist gekennzeichnet durch das Erlebnis der Anstrengung.

Die durch diese Erlebnisse gekennzeichnete Willenshandlung besteht also aus einem Vorgang, in dem eine von den Zielvorstellungen ausgehende Tendenz dahinwirkt, den Ablauf des Geschehens «in einer dem Sinn oder der Bedeutung der Zielvorstellung entsprechenden Weise» zu beeinflussen (Ach, 1905, S.193). Motivationspsychologisch besehen handelt es sich hier also um Vorgänge, die die Ausführung einer Handlung kontrollieren – also um einen Sachverhalt aus der realisierungsorientierten Motivationsphase. Die Auswahl von Handlungszielen und Vorsätzen sowie die eigentliche Entschlußfassung sind nicht Gegenstand der ACHschen Willenspsychologie.

SELZ (1911) und LINDWORSKY (1919, 1923) haben diese Einseitigkeit in dem Ansatz ACHs kritisiert und die Bedeutung der Entschlußfassung für Willensvorgänge hervorgehoben. Motivationspsychologisch handelt es sich hierbei um ein ganz anderes Problem, nämlich das der *Wahl eines Handlungsziels* und eines darauf bezogenen *Vorsatzes,* das ist Motivation und Intention. Solche Wahlen kommen nach LINDWORSKY (1923) durch Motive zustande, die ihrerseits wiederum auf subjektiven Werten und Wertvorstellungen beruhen. Entschlüsse kommen nun nicht durch besondere Kräfte oder Willensanspannungen, sondern allein dadurch zustande, daß die wertbesetzten Folgen des Handelns, die Handlungsziele, mit großer Verbindlichkeit und Deutlichkeit ins Bewußtsein treten. Hier erscheint das Willensproblem, das sich bei ACH als ein Problem der Realisation einer Handlung gegen bestimmte Widerstände dargestellt hat, als ein Problem der Auswahl und des Festhaltens an einer bestimmten Zielvorstellung (LINDWORSKY, 1923, S. 73).

Die Entstehung von Motivationstheorien des Erwartung-Wert-Typs wird durch die *Theorie der Vornahmehandlung* (LEWIN, 1926) eingeleitet. Das motivierende Agens wird in diesem Ansatz in einem «inneren Spannungszustand» gesehen, der auf Ausführung einer Vornahmehandlung hindrängt. Ein solcher Spannungszustand entsteht ebenso, wenn Bedürfnisse wirksam werden. In beiden Fällen gehen von bestimmten situativen Gegebenheiten *«Anreize»* aus, die eine Befriedigung des Bedürfnisses oder eine Erledigung der Vornahme versprechen und die Person unmittelbar zu einer Handlung auffordern. Sie haben also einen «Aufforderungscharakter» für Personen mit einem bestimmten Bedürfnis bzw. mit einer bestimmten Vornahme. Diese enge Verwandtschaft zu den Bedürfnissen hat LEWIN (1926, S. 355) bewogen, die Vornahme als ein *Quasibedürfnis* zu betrachten. Bedürfnisse und Quasibedürfnisse äußern sich gleichermaßen darin, daß sie bestimmten Dingen und Ereignissen der Umwelt einen Aufforderungscharakter verleihen. Eine Begegnung mit diesen Dingen läßt eine entsprechende Handlungstendenz entstehen. In beiden Fällen energetisieren innere Spannungszustände das Verhalten. Im Falle von Bedürfnissen drängen sie auf Befriedigung der Bedürfnisse, im Falle von Vornahmehandlungen drängen sie auf «Erledigung» der Vornahme. Beides, die «Sättigung» eines Bedürfnisses und die «Erledigung» eines Vorsatzes führt zu dem gleichen Sachverhalt: Die Dinge, die vorher einen bestimmten Aufforderungsgehalt besaßen, werden neutral, sie sind nicht mehr in der Lage, eine auf Sättigung des Bedürfnisses oder Erledigung des Vorsatzes zielende Handlung auszulösen.

Mit dieser Parallelisierung von Bedürfnis (Motiv) und Quasi-Bedürfnis (Vornahme) nahm LEWIN (1926) eine Weichenstellung vor, die sich als folgenreich erweisen sollte. Er bog mit dieser Konzeption die verheißungsvollen willenspsychologischen Ansätze von ACH (1910) um und versagte dem Volitionsgeschehen einen eigenständigen Status. Stattdessen wurde es wie ein reines Motivationsproblem behandelt. Aus der Volition wurde eine resultierende Motivationstendenz (s. HECKHAUSEN & GÖTZL, in Vorb.).

Die Gleichsetzung einer Intention mit einer resultierenden Motivationstendenz ist sowohl in struktureller als auch energetischer Hinsicht jedoch eine unzulässige Vereinfachung. Zwar besitzen die in einem Vornahmeakt erzeugten Spannungssysteme nichts Eigenständiges, denn ihre Energetisierung erfolgt durch Anbindung an «echte» Bedürfnisse (LEWIN, 1926, S. 347) – mit anderen Worten, ein Vornahmeakt vermag nur dann etwas zu bewirken, wenn «dahinter» ein echtes Bedürfnis steht – doch muß dies nicht dazu führen, die Vornahme selbst mit dynamischen Eigenschaften im Sinne eines bedürfnisbezogenen Spannungssystems auszustatten, wie dies LEWIN (1926) getan hat.

Der Ausbau dieses Ansatzes zu einer allgemeinen Handlungstheorie ist LEWIN allerdings erst ein Jahrzehnt später in seinem feldtheoretischen Ansatz gelungen (LEWIN, 1935). Eine zentrale Aussage dieser Theorie besagt, daß das *Verhalten einer Person eine Funktion seiner Gesamtsituation* zu einem gegebenen Zeitpunkt darstellt. Diese Gesamtsituation («Lebensraum») enthält die psychologisch gegebenen Sachverhalte der Person und seiner Umgebung. LEWIN entwickelte nun für jedes dieser Teilsysteme «Person» und «Umwelt» separate Modellvorstellungen. Die Umwelt wird strukturiert in Regionen und Unterregionen, die definiert sind durch die für eine Person gegebenen Verhaltensmöglichkeiten. Die Person ist in Bereiche gegliedert, die jeweils für bestimmte Handlungsziele stehen. Hierbei entstehen zwischen Regionen mit jeweils unterschiedlichen Nachbarschaftsverhältnissen wiederum Spannungszustände, die als energetische Systeme, Bedürfnisse, Motivationen und Vorsätze vorstellbar sind (s. GRAEFE, 1961, S. 280/281).

Beide Systeme, «Person» und «Umwelt», sind nicht unabhängig voneinander. Vielmehr ist es so, daß Veränderungen der Spannungsverhältnisse in der Person – etwa wenn ein Bedürfnis entsteht – zu charakteristischen Änderungen der wahrgenommenen Umwelt führen. Sachverhalte in der wahrgenommenen Umwelt, die eine Bedürfnisbefriedigung in Aussicht stellen, gewinnen einen «Aufforderungscharakter» für die Person. Solche Sachverhalte (Regionen) werden durch das erlebende Subjekt mit einer positiven oder negativen «Valenz» ausgestattet, d.h. es entsteht eine Zielregion mit Verlockungs- oder Abschreckungscharakter. Die Valenz ist gleichermaßen abhängig von der Attraktivität des Ziels als auch von der Bedürfnisspannung der Person (zu Problemen bei der Integration von Person- und Umweltmodell s. HECKHAUSEN, 1980, S. 184ff.).

Ein solches mit Valenzen versehenes Feld ist unter dynamischer Perspektive als ein Kräftefeld zu sehen, dessen Zentrum in dem Umweltbereich liegt, der mit herausragender Valenz versehen ist. Die Kräfte wirken auf die Person und veranlassen sie – im Falle einer positiven Valenz – den Bereich, in dem sie sich befindet, zu verlassen und sich in Richtung auf den valenzierten Zielbereich hinzubewegen. Die Kraft, die hierbei auf die Person wirkt, ist gleichzusetzen mit einer motivationalen Tendenz. Diese motivationale Tendenz hat zwei Determinanten: die Valenz der Zielregion und die Distanz zwischen der Person und der Zielregion. Die Stärke dieser auf die Person gerichteten Kraft ist direkt proportional der Valenz und umgekehrt proportional zur Distanz. In den Modellbildungen der Schüler LEWINS (insbesondere FESTINGER, 1942) wurde das Distanzkonzept aufgegeben und durch einen Potenzfaktor ersetzt, einer Erwartungsvariablen, die dem Konzept der subjektiven Erfolgswahrscheinlichkeit entspricht.

LEWIN, DEMBO, FESTINGER und SEARS (1944) haben diese Überlegungen aufgegriffen und für die Analyse von Zielsetzungsverhalten im Leistungsbereich weiter ausdifferenziert. Danach wird die Wahl von Aufgaben unterschiedlicher Schwierigkeit von den jeweils zugeordneten positiven Erfolgs- und negativen Mißerfolgsvalenzen determiniert, die ihrerseits noch durch Erfolgs- und Mißerfolgswahrscheinlichkeiten gewichtet werden. Aufgabenwahlen im Anspruchsniveauversuch sind danach von den folgenden vier Variablen abhängig: Den Erfolgsvalenzen, den Mißerfolgsvalenzen und den subjektiven Erfolgs- und Mißerfolgswahrscheinlichkeiten (FESTINGER, 1942, S. 239–240), wobei die Valenzen von Erfolg und Mißerfolg in inverser Weise von den entsprechenden Wahrscheinlichkeiten abhängen.

ATKINSON (1957) hat auf diesen Vorstellungen aufbauend ein Modell für die Wahl unterschiedlich schwieriger leistungsthematischer Aufgaben entwickelt und dieses später (1964; ATKINSON & FEATHER, 1966) zu einer allgemeinen *Theorie leistungsorientierten Verhaltens* ausgebaut, in dem der Erwartung-Wert Grundgedanke konsequent und zugleich auch in experimentell überprüfbarer Weise ausformuliert wurde. Dieses Modell hat in weite Bereiche der Motivationspsychologie hineingewirkt (z.B. FEATHER, 1982a; HECKHAUSEN, 1980; SCHNEIDER & SCHMALT, 1981).

In diesem Modell ist das Verhalten als eine Funktion von Motiven, Anreizen und subjektiven Erwartungen konzipiert. Ausgehend von den Formulierungen LEWINS (1938, S. 106–107), wonach sich die Valenz aus einem Zusammenwirken von Bedürfnisspannung und der Attraktivität des Zielobjekts ergibt, zerlegte ATKINSON das Valenzkonzept in einen Personfaktor, das Motiv, und einen Situationsfaktor, den Anreiz. Mit dem Motiv als einer Dispositionsvariablen wurden auch individuelle Unterschiede innerhalb von Erwartung-Wert-Theorien zum ersten Mal systematisch herangezogen. Da Valenzen jeweils getrennt für «Erfolg» und «Mißerfolg» vorliegen, wurden auch Motive und Anreize getrennt in Rechnung gestellt. Man spricht von einem Erfolgsmotiv (M_e) und einem Mißerfolgsmotiv (M_m) sowie den Anreizen von Erfolg (A_e) und Mißerfolg (A_m).

Die Anreize sind konzipiert als die Attraktivitäten von Erfolg und Mißerfolg; in diesem Fall sind es die antizipierten Affekte, die sich nach Erfolg und Mißerfolg einstellen. Sie sind jedoch keine unabhängigen Größen. Sie hängen von der subjektiven Erfolgswahrscheinlichkeit (W_e) (das ist eine Erwartungsvariable) ab. Der Erfolgsanreiz ist linear invers von der Erfolgswahrscheinlichkeit ($A_e = 1 - W_e$), der Mißerfolgsanreiz ist linear negativ von der Erfolgswahrscheinlichkeit abhängig ($A_m = -W_e$). Psychologisch ist das einleuchtend: Ein Erfolg ist umso attraktiver, je schwieriger die Aufgabe ist; ein Mißerfolg umso bedrohlicher, je leichter die Aufgabe ist.

Durch die multiplikative Zusammenfassung der jeweils auf Erfolg oder Mißerfolg gerichteten Komponenten ergeben sich zwei Motivationstendenzen. Die eine ist leistungsförderlich, die andere leistungshemmend. Die Resultierende Tendenz (RT) stellt sich dar als Differenz aus den beiden Tendenzen:

$$RT = (M_e \times A_e \times W_e) - (M_m \times A_m \times W_m)$$

Diese Resultierende Tendenz soll unmittelbar das Verhalten bestimmen.

Die Weiterentwicklung von Erwartung-Wert-Modellen der Motivation geschah in verschiedenen Richtungen. Der wohl weitreichendste Beitrag kam von WEINER (1972, 1986; WEINER, FRIEZE, KUKLA, REED, REST & ROSENBAUM, 1971), der kognitive Faktoren, insbesondere Ursachenzuschreibungen, in Motivierungsgeschehen einbaute. HECKHAUSEN (1977) hat die summarischen Motivkonzepte in eine Reihe von Subkomponenten aufgelöst und hat insbesondere die Rolle unterschiedlicher Typen von Erwartungen in motivierten Handlungsverläufen spezifiziert.

2.2 Von Trieb- zu Anreiztheorien

Die verhaltenstheoretischen Analysen der anglo-amerikanischen Psychologie brachten eine Abkehr von den affekt- und willenspsychologischen Konzepten der kontinentalen Psychologie. Affektive und kognitive Bewußtseinsinhalte wurden als «mentalistische», wissenschaftlich unzulässige Erklärungskonzepte aus den Forschungsprogrammen ausgeschlossen. Stattdessen richtete sich das Interesse darauf, wie objektive innere oder äußere Reizgegebenheiten das Verhalten determinieren. Soweit innere Reize von Einfluß sind, hat man zunächst an Veränderungen in bestimmten Gewebestrukturen des Organismus gedacht und in ihnen die «Veranlasser» von Verhalten – in der Regel Nahrungs- und Flüssigkeitsaufnahme sowie Sexualverhalten – gesehen (z.B. DASHIELL, 1928). Diese Veranlasser des Verhaltens wurden, einem Sprachgebrauch von WOODWORTH (1918) folgend, als «drives» (Triebe) bezeichnet. Die Anbindung dieser Triebe an anatomisch-physiologische Tatbestände sollte ihnen die wünschenswerte objektivierbare Basis geben.

Diese zunächst nur methodisch begründete Ausklammerung von Bewußtseinsinhalten und die Beschränkung auf die Analyse der inneren und äußeren Bedingungsfaktoren des Verhaltens hatte weitreichende Konsequenzen. Man betrieb die Erforschung des Verhaltens unter Ausschluß von Erlebnisinhalten dort, wo es unproblematisch erschien: bei Tieren, insbesondere bei weißen, domestizierten Ratten. Diese Beschränkung war von der Hoffnung getragen, im Tierreich zunächst grundsätzliche Sachverhalte offenzulegen, die dann später auf den Humanbereich übertragen werden sollten.

HULL (1943), der einflußreichste Theoretiker seiner Zeit, hielt zunächst an der Vorstellung solcher innerorganismischer Veranlasser des Verhaltens fest. Es sind dies Bedürfnisse, die sich auf bestimmte Mangel- oder Störzustände (wie z.B. Nahrungs-, Flüssigkeits-, Schlafdefizite, Schmerz, extreme Temperaturen) im Organismus zurückführen lassen. HULL (1943, S.59–60) nahm weiterhin an, daß diese Bedürfnisse ihrerseits einen Trieb hervorbringen, der dann das Verhalten in unspezifischer Weise energetisiert. Ein Trieb ist also ein unspezifischer allgemeiner Aktivator und Motivator, der auf unterschiedlichen körperlichen Grundlagen aufbauen kann (s. BROWN, 1961, S.60).

Verbunden mit dem Triebzustand, der in seiner Stärke variieren kann, sind es innere Reizereignisse (s_D), die den Organismus in gewisser Weise über seinen eigenen Zustand informieren.

Der Trieb ist in den HULLschen Formulierungen in mehrfacher Hinsicht bedeutungsvoll. Zunächst muß der Organismus «motiviert» sein (also z.B. hungrig sein), wenn er etwas lernen soll. Ein aktivierter Trieb ist notwendige Voraussetzung dafür, daß der Organismus Lernerfahrungen machen kann. Ein aktivierter Trieb übt als Motivation aber auch einen Einfluß darauf aus, *was* gelernt wird. Nur jene Verhaltensweisen werden erlernt, die mit einer Belohnung verbunden sind, also «bekräftigt» werden. Belohnend wirken solche Ereignisse, die einen im Organismus bestehenden Defizitzustand aufheben oder verringern, d.h. triebreduzierend wirken. Triebreduktion ist dasjenige, was das Lernen ermöglicht. Es werden solche Verhaltensweisen bevorzugt ausgeübt und wiederholt, die von einer Triebreduktion begleitet sind. Lernerfahrungen führen zum Aufbau von Verhaltensgewohnheiten (habits). Ihre Stärke hängt wiederum ab von Art und Ausmaß der Bekräftigung (Triebreduktion), dem Zeitintervall zwischen dem Verhalten und dem Einsetzen der Bekräftigung sowie der Anzahl von Bekräftigungen.

HULLS (1943) Verhaltenstheorie hat demnach zwei Komponenten: eine assoziative (strukturelle), die in Form von Gewohnheiten beschreibt, was der Organismus tut oder tun kann, und eine motivationale (dynamische) Komponente, die beschreibt, wann und unter welchen Bedingungen und mit welcher Intensität etwas getan wird. HULL (1943, S.242) verbindet diese beiden Komponenten in multiplikativer Form. Danach ist die Stärke jener Tendenz, die das Verhalten determiniert (dies ist ebenfalls eine resultierende motivationale Tendenz), eine Funktion der Gewohnheitsstärke (S^HR) multipliziert mit der Triebstärke (D); abgekürzt: D×H. Die Triebstärke übernimmt in den Formulierungen von HULL die Rolle der Motivationskomponente. Aufgrund ihrer unspezifisch antreibenden Funktion kann sie jedoch nur das Energetisierungsproblem, nicht hingegen das Problem der spezifischen Zielausrichtung des Verhaltens lösen. HULL hatte sich bereits 1931 dieser Frage zugewandt und einen Mechanismus beschrieben, der das Problem der Zielausrichtung in Reiz-Reaktionsbegriffen beschreibt. Er nimmt hierzu an, daß bereits zu einer Zeit, zu der die eigentliche Zielreaktion (z.B. Fressen) noch nicht auftritt, Teile derselben auftreten können (z.B. Speichelfluß, Kaubewegungen). HULL bezeichnet sie als «fragmentarische vorwegnehmende Zielreaktion» (r_G). Diese Verhaltenselemente, die eigentlich ihren biologisch sinnvollen Platz während des Ablaufs der Zielreaktion haben, können – diese vorwegnehmend – bereits zu einem frühen Zeitpunkt in einer Verhaltenssequenz auftreten. Sie werden vom Organismus selbst wieder wahrgenommen, was für den Organismus eine neue, eigenständige Quelle der Stimulation bedeutet. HULL (1931) bezeichnet diesen Reiz als einen Ziel-Reiz (s_G). Er ist, wie der Triebreiz (s_D) selbst, während der gesamten ablaufenden Verhaltenssequenz zugegen, so daß das Verhalten durch Aneinanderreihung mehrerer r_G-s_G-Einheiten auf das eigentliche Zielereignis ausgerichtet werden kann.

HULL (1931) hat diese Modellvorstellungen entwickelt als das Reiz-Reaktions-Pendant zu dem von TOLMAN (1926, 1932) entwickelten Konstrukt der Erwartung (expectancy) im Rahmen seines *Modells des zweck- und zielgerichteten Verhaltens* (purposive behavior). TOLMAN war der Ansicht, daß eine adäquate Beschreibung und Erklärung des Verhaltens das jeweils angestrebte Ziel enthalten müßte, und zwar mit psychologischen, nicht mit physikalischen oder physiologischen Konzepten. Für die Analyse des Verhaltens ist es deshalb auch ein nachgeordnetes Problem, durch welche konkreten instrumentellen Verhaltensweisen ein Ziel erreicht wird – ob eine Ratte beispielsweise einen Gang durchläuft oder durchschwimmt, um an Futter zu gelangen. So werden nach TOLMAN keine spezifischen Reiz-Reaktionsverbindungen gelernt, sondern Erwartungen. Diese Erwartungen enthalten drei Komponenten: einen auslösenden Reiz (S_1), eine Klasse von instrumentellen Verhaltensweisen (R_1) und das zu erwartende Ergebnis (S_2) (s. MACCORQUODALE & MEEHL, 1953).

Das zu erwartende Ereignis ist motivationspsychologisch zugleich ein Ereignis, das einen positiven oder negativen Wert für den Organismus darstellt. Es ist der wertbesetzte Zielzustand, auf den hin der Organismus sein Verhalten ausrichtet. Er erhält einen bestimmten Wert (value) dadurch, daß sich der Organismus in ganz bestimmten Triebzuständen befindet. Im Zustande des Hungers erhalten beispielsweise Nahrungsmittel einen besonderen (positiven) Wert. Triebzustände haben in diesem System also zwei Funktionen: sie energetisieren das Verhalten und sie haben gleichzeitig die Eigenschaft, bestimmte Dinge mit Werten zu versehen; diese stellen dann gewissermaßen einen Anreiz dar, auf den hin sich der Organismus bewegt. Dementsprechend macht TOLMAN (1959) das Verhalten von drei Grundvariablen abhängig: dem Trieb, der Erwartung und dem Wert des Zielobjektes.

Der Aufbau einer Handlungstendenz besteht – ähnlich wie bei HULL – aus zwei Grundkomponenten, nämlich eine, die auf Lernerfahrungen zurückgeht und eine andere, die für die Motivation des Handelns zuständig ist. Art und Ausmaß der vor einer konkreten Verhaltensepisode liegenden Lernerfahrungen führen zur Herausbildung einer Verhaltensbereitschaft (readiness), die von TOLMAN allerdings nicht als eine mehr oder weniger stabile Verbindung zwischen Reizen und Reaktionen (S-R), sondern als eine kognitive Disposition im Sinne einer Überzeugung (belief) beschrieben wird. Diese Überzeugung führt nun zusammen mit der wahrgenommenen neuen Reizsituation zu einer Erwartung. Die Zielzustände werden zunächst isoliert repräsentiert, und zwar in Form von Werten, die auch als Anreize gefaßt werden können. Sie erhalten dann durch den Trieb ihre spezielle Wertgewichtung, ihre Valenz – das ist ein Sachverhalt der erlebten Umwelt im Sinne des LEWINschen Lebensraums (TOLMAN, 1959, S. 109) – um dann, zusammen mit den Erwartungen, das Verhalten zu beeinflussen. Beides, der physiologisch determinierte Trieb und das auf diesen Zustand bezogene wertbesetzte Ziel bilden die motivationale Komponente des Modells, die von TOLMAN als «Zielverlangen» beschrieben wird. Die Überzeugungen sind in komplexen Überzeugungssystemen (belief-value-matrices) zusammengefaßt. Sie erlauben es dem Organismus, unter gegebenen Triebbedingungen jeweils adäquate Verhaltensweisen zur Erreichung bestimmter (wertbesetzter) Zielereignisse auszuwählen und zu realisieren.

HULL selbst hatte sich lange Zeit gegenüber der Annahme verschlossen, daß Anreize einen eigenständigen Beitrag für die Motivation des Verhaltens leisten könnten. In seiner grundlegenden theoretischen Schrift «Principles of behavior» hat HULL (1943) zwar mit dem Anreizkonzept gearbeitet, war aber nur bereit, dem Anreiz von Zielobjekten (z. B. eine *große* Menge Futter) eine Auswirkung auf das *Lernen* neuer Gewohnheiten einzuräumen. Eine solche Aussage fügte sich nahtlos in das Gerüst der Grundannahmen der Theorie ein. Neue Verhaltensweisen werden danach ja dann gelernt, wenn ein Defizitzustand (z. B. Hunger) besteht, der durch eben diese Verhaltensweise abgebaut wird. Unzweifelhaft ist nun eine vergleichsweise große Menge Futter eher in der Lage, einen Defizitzustand nachhaltig aufzuheben – also triebreduzierend zu wirken – und damit fördernd auf das *Lernen* Einfluß zu nehmen.

Erst nahezu ein Jahrzehnt später war HULL (1952) bereit, dem Anreiz eine eigenständige Rolle auch bei der *Motivation* zuzugestehen. Die Gründe, die für die Akzeptierung eines vom Trieb unabhängigen Motivationsfaktors sprachen, waren erdrückend. So konnte in einer ganzen Reihe von Untersuchungen gezeigt werden, daß das Verhalten während der Lernphase deutlich mit dem Anreiz variiert. Die klassische Untersuchung hierzu hatte CRESPI (1942) durchgeführt. Er hat die Laufleistung von Ratten mal mit einer großen Futtermenge (erste Gruppe) und mal mit einer geringen Futtermenge (zweite Gruppe) belohnt. Wie erwartet, war die Laufleistung der großzügig belohnten Tiere der zweiten Gruppe überlegen. Wurde die erste Tiergruppe jedoch auf die karge Ration der zweiten Tiergruppe gesetzt, sackte die Leistung schlagartig ab und unterschritt sogar die Leistung der zweiten Tiergruppe. Die Annahme, daß dieses durch eine kurzfristige Änderung von Gewohnheiten stattfindet, ist wenig plausibel. Hier müssen sich die motivationalen Grundlagen des Verhaltens geändert haben. Eine Reihe anderer Untersuchungen zeigte sogar, daß «Bekräftigung» für das Lernen neuer Verhaltensweisen entbehrlich, wohl aber dafür verantwortlich ist, ob und inwieweit etwas Gelerntes sich auch tatsächlich im Verhalten niederschlägt.

Mit der Einführung der Anreizkomponente war zugleich ein neues Motivationsprinzip eingeführt. Verhalten ist nicht mehr (ausschließlich) durch eine Kraft motiviert, die das Verhalten gewissermaßen von hinten vorwärts schiebt, sondern ebenso durch einen Faktor, der das Verhalten auf ein bestimmtes Ziel hin ausrichtet, es gewissermaßen dorthin *zieht*. Anreize lösen in eleganter Form das Problem der Zielausrichtung des Verhaltens. SPENCE (1956) bringt denn auch folgerichtig das Anreizkonzept in Zusammenhang mit dem bereits früher von HULL (1931) zur Erklärung der Zielgerichtetheit des Verhaltens entwickelten r_G-s_G-Mechanismus. In der fragmentarischen vorwegnehmenden Zielreaktion, die ja ein zukünftiges Zielereignis, also etwas Angestrebtes, aber noch nicht Erreichtes, repräsentiert, ist ein funktionales Äquivalent zum Anreizkonzept bereits beschrieben, freilich in S-R-theoretischer Begrifflichkeit.

Die Aufnahme des Anreizfaktors in die Reihe derjenigen Faktoren, die das Verhalten letztlich beeinflussen, leitete allerdings auch einen zunehmenden Bedeutungsverlust des HULL-schen Verhaltenssystems ein. Das Eingeständnis, daß äußere Faktoren eine motivierende Funktion haben können, ließ zugleich die Frage entstehen, ob sie das nicht auch allein, ohne ein zwischengeschaltetes Triebkonstrukt, tun können. Die Nützlichkeit des Triebkonstrukts war ohnehin bereits angezweifelt worden. Es hatten sich nämlich die Anzeichen gemehrt, daß der von HULL gleichermaßen für Lern- und Motivationsprozesse als wesentlich angenommene Triebreduktionsmechanismus nicht die Rolle spielen konnte, die ihm zugedacht war. Organismen lernen und tun auch etwas, wenn sie nicht die Möglichkeit haben, einen innerorganismischen Defizitzustand zu beheben, also einen Trieb zu reduzieren. In vielen Fällen ist die Reduktion von Erregung – wie etwa im Falle der Langeweile – eher unangenehm. Daß ein solcher Zustand ein Verhaltensziel sein soll, ist schwer vorstellbar. In anderen Fällen, wie etwa bei bestimmten Formen des Neugier- und Explorationsverhaltens, dürfte dieses Verhalten eher von einer Triebsteigerung (Erregungssteigerung) als von einer Triebreduktion geleitet sein (BERLYNE, 1960). Wenn die Verhaltenserklärung mit Hilfe des Triebreduktionsmechanismus in vielen Fällen offensichtlich falsch ist, so läßt sich auf das Triebkonzept ganz verzichten; es konnte durch das Anreizkonzept ersetzt werden.

In dem Bemühen, das Anreizkonzept inhaltlich näher zu präzisieren, griff man auf alte hedonistische Vorstellungen zurück, wonach das Angenehme aufgesucht und das Unangenehme gemieden wird. Das grundlegende Postulat dieses nun «neohedonistischen» Ansatzes besagt, daß jeder Affektwandel hin zum Positiven motivierende, d.h. antreibende Eigenschaften besitzt (z.B. HILGARD, 1963, S.265). Affektwandel wurde anstelle von Triebreduktion zum eigentlichen motivierenden Agens. OLDS und MILNER (1954) hatten die Existenz mehrerer Areale im Gehirn nachgewiesen, deren elektrische Reizung mit positiven affektiven Zuständen verknüpft ist und deshalb als «Lustzentrum» bezeichnet wurden. Der Nachweis eines solchen neuroanatomischen Substrats für Affektvorgänge verlieh ihnen wissenschaftliche Respektabilität auch in den Augen behavioristischer Verhaltenstheoretiker.

Vorher hatte allerdings bereits MCCLELLAND (MCCLELLAND et al., 1953) eine Motivationstheorie vorgestellt, in der Affekten eine wichtige Funktion zukam, und zwar in zweifacher Hinsicht: zum einen beim Erwerb von Motiven, zum anderen bei der Entstehung einer aktuellen Motivationstendenz. Motive, verstanden als Dispositionen, beruhen nach MCCLELLAND auf einer Verbindung von situativen Reizen mit einem Affektwandel hin zum Lust- oder Unlustvollen. Treten nun diese Reize erneut auf, so können die ursprünglich erlebten Affekte «antizipatorisch wiederhergestellt» werden. Sie werden zeitlich vorwegnehmend erlebt, was sie dann – phänomenologisch gesehen – als *Erwartungsemotionen* vom Typ der Hoffnung (appetite) oder Furcht (anxiety) erscheinen läßt. Diese Erwartungsemotionen sind das motivierende Agens. Sie stellen sicher, daß sich der Organismus auf Handlungen einläßt, die das Erleben der ursprünglichen Lustaffekte ermöglicht (Aufsuchen) bzw. das Erleben der ursprünglichen Unlustaffekte eher ausschließt (Meiden).

Diese Konzeption, nach welcher Motivationsprozesse auf Erwartungsemotionen beruhen, erwies sich als einflußreich. Sie verband einerseits die in der behavioristischen Tradition stehende anreiztheoretische Konzeption mit der Verknüpfung von Erwartung und Wert, andererseits bereitete sie die Entstehung kognitiver Motivationsmodelle vor.

2.3 Das Aufkommen kognitiver Motivationsmodelle

Wie geschildert, trugen die neuentstandenen Anreiztheorien der Motivation zum Niedergang von Theoriesystemen bei, die ihre Wirkvariablen allein auf Verhaltensdaten bezogen. Das Problem war offenkundig. Wenn das Verhalten weniger von innerorganismischen Zuständen gesteuert als von bestimmten Zielzuständen oder deren Antizipation geleitet wird, wie kann dann noch nicht Realisiertes bereits hier und jetzt das Verhalten beeinflussen? Hull (1931) hatte das Problem durch die Annahme zu lösen versucht, daß bei Ablauf der zielgerichteten Handlung bereits Teile der Zielhandlung selbst – gewissermaßen diese antizipierend – auftreten und das Gesamtverhalten damit auf Zielkurs halten.

Was den Erwerb dieses Mechanismus anlangt, so war Hull der Ansicht, daß er auf instrumentellem Lernen (Triebreduktion) beruht, während Spence (1951) den Mechanismus auf klassisches Konditionieren zurückführte. Die letztere Konzeption erlaubte es, vermittelnde Prozesse ganz unterschiedlicher Art (fragmentarische Zielreaktionen (z.B. Speichelfluß) oder gelernte Emotionen, wie Furcht [Mowrer, 1956]), die alle zielausrichtende – d.h. motivierende – Funktionen haben, mit Hilfe eines einzigen Mechanismus zu erklären (s. Bolles, 1975, S. 301).

In einer umfangreichen Literaturanalyse haben Rescorla und Solomon (1967) die Bedeutung solcher Vermittlungsprozesse (r_G) analysiert. Sie fanden, daß bei vielen Verhaltensweisen solche vermittelnden antizipatorischen Zielreaktionen gar nicht auftreten und daß sie dort, wo sie auftreten, nicht die motivierenden zielausrichtenden Eigenschaften besitzen, die ihnen zugeschrieben wurden (Rescorla & Solomon, 1967, S. 169). Dieses Ergebnis hatte weitreichende Konsequenzen. Nachdem bereits Triebe an Bedeutung verloren hatten, waren jetzt auch jene Anreize, die auf verhaltensmäßigen Vermittlungsprozessen beruhen, als Träger von Motivationsprozessen unwahrscheinlich geworden.

Die Schwierigkeiten mit den reizreaktionstheoretischen Erklärungsansätzen veranlaßte viele, nach neuen Modellvorstellungen zu suchen. Äußere Reize erschienen ebenso wenig wie die aus dem Organismus stammenden inneren Reize geeignet, die Zielgerichtetheit des Handelns zu erklären. Man suchte deshalb an anderer Stelle nach solchen Vorgängen, und zwar in den Bewußtseinsinhalten. Diese Suche vollzog sich auf zwei Ebenen: auf der Ebene der Bewußtseinsinhalte selbst und auf der Ebene der diesen Erfahrungen zugrunde liegenden zentralnervösen Prozesse. Die Bewußtseinsinhalte werden in solchen Modellvorstellungen als «Kognitionen» bezeichnet. Sie liegen allem «Wissen» um uns selbst und der Welt zugrunde.

In der zeitgenössischen Kognitionspsychologie werden Kognitionen als «Informationen» betrachtet, die als einzelne Elemente nicht bewußt sein müssen und in kognitiven Systemen agieren, die nach dem Modell eines Regelkreises funktionieren. Der einfache Grundgedanke solcher Modellvorstellungen besagt, daß in einem Informationsverarbeitungssystem zwei Informationen – ein Ist-Wert (eine Ausgangslage) und ein Soll-Wert (ein Zielzustand) – miteinander verglichen werden und der weitere Handlungsverlauf vom Ausgang dieses Ist-Soll-Lagen-Vergleichs bestimmt wird. Das Aufkommen kognitionspsychologischer Verhaltensmodelle ist auch durch die weite Verbreitung, die Regelkreismodelle in der Psychologie gefunden haben, begünstigt worden.

Das Vertrauen auf kognitive Einstellgrößen im Handlungsprozeß und die Erkenntnis, daß kognitive Faktoren aus sich selbst heraus Motivationsprozesse steuern und beeinflussen können, war so weitreichend, daß von einer «kognitiven Wende» (Heckhausen & Weiner, 1972) oder gar von einer «kognitiven Revolution» (Pribram, 1976) gesprochen wurde. Diese Einschätzung gilt allerdings lediglich im Hinblick auf die Hauptströmungen der anglo-amerikanischen Motivationsforschung. Die im deutschsprachigen Raum betriebene Motivationsforschung besaß stets kognitionspsychologische Erklärungselemente (s. SCHNEIDER & SCHMALT, 1981, S. 40), und zwar sowohl vor der «Entdeckung» des Regelkreises wie auch danach.

Selbstverständlich müssen diese Kognitionen nicht alle bewußt sein. Dafür sprechen mehrere Überlegungen. Zunächst einmal, wären sie immer bewußt, so würden wir von einer wahren Informationsflut überwältigt und handlungsunfähig. Es muß zwangsläufig eine Auswahl getroffen werden, und jene Informationen müssen herausgehoben werden, die der Erhaltung der Handlungsfähigkeit besonders dienlich sind. Man stützt sich hier auf Modellvorstellungen, die im Nervensystem ein weit verzweigtes Informationsverarbeitungssystem sehen, in dem an vielen Stellen spezialisierte Informationsverarbeiter tätig sind, die aber verschiedene Sprachen sprechen. Sie benötigen eine Art «Wechselstube für Informationen», in der, neben den vielen speziellen Währungen, eine allgemeine Währung bereitgehalten wird. Die Wechselstube handelt mit *bewußten* Inhalten – einer Währung, die von allen Informationsverarbeitern akzeptiert wird und somit eine Information für das gesamte Verarbeitungssystem darstellt (s. BAARS, 1983). Die Notwendigkeit, sämtliche Teile des Informationsverarbeitungssystems durch bewußte Informationen zu erreichen, entsteht in besonderem Maße, wenn in einer Situation ein Bezug zum eigenen Selbst hervortritt, der das Individuum zum Handeln auffordert, also motiviert. Demnach sind es in besonderem Maße die Vorgänge der Handlungsselektion, der Intentionsbildung und der Ablaufsteuerung der Handlung sowie auch metamotivationale Steuerungsprozesse, deren Ablauf bewußt ist (z. B. NORMAN, 1980; NUTTIN, 1984; SHALLICE, 1978), vor allem dann, wenn diese Vorgänge (noch) nicht routinisiert sind (MANDLER, 1984).

Nach der Ansicht vieler Autoren läßt sich die Unterscheidung von bewußten und nicht-bewußten Kognitionen zurückführen auf eine gedächtnispsychologische Fragestellung; nämlich ob sich Kognitionen im Langzeitspeicher oder im Kurzzeitspeicher aufhalten. Nur im letzten Fall sind Kognitionen bewußt oder können es jederzeit werden (HAMILTON, 1983; MANDLER, 1975; PRINZ, 1983). Modellvorstellungen, die den Ablauf dieser Vorgänge abbilden, nehmen an, daß die Information, die ein Reiz enthält, mit langfristig gespeicherter Information in Beziehung tritt. Das erlebnismäßige (bewußte) Resultat einer solchen Interaktion ist eine Konstruktion, in der das Reizereignis eine Deutung oder Interpretation erfahren hat, ohne daß dieser Konstruktionsvorgang selber bewußt gewesen wäre oder es noch nachträglich würde (POSNER & WARREN, 1972). Der im Reizereignis repräsentierte Sachverhalt erhält durch seine Verbindung mit bereits gespeicherter Information eine *subjektive Bedeutung*.

Der Gedanke, daß es sich bei der Bewußtheit um das Ergebnis eines *aktiven Konstruktionsprozesses* und nicht lediglich um einen anderen Zustand von bereits vorliegenden mentalen Inhalten und Strukturen handelt, wird insbesondere von MARCEL (1983) vertreten. Er meint, daß die Bewußtheit von mentalen Ereignissen im Sinne einer allgemeinen Tendenz des menschlichen Organismus zu interpretieren ist, soviel Daten wie eben möglich auf dem höchsten oder doch zumindest funktional nützlichsten Niveau zu deuten. Einzelinformationen werden demnach in einer Weise zu bewußten Inhalten zusammengefaßt, die der Erhaltung oder Steigerung einer optimalen Handlungsfähigkeit dienlich ist.

Unter motivationspsychologischer Perspektive handelt es sich bei diesem Vorgang um ein ganz wesentliches Ereignis, weil nämlich der Vorgang der subjektiven Bedeutungsverleihung unter Bezug auf die Handlungsziele (Motivziele) des Organismus vorgenommen wird. Kognitionen, als Ergebnis des oben beschriebenen Konstruktionsprozesses, haben nämlich neben ihren rein wissensmäßigen Aspekten häufig auch noch Bezüge zu den angestrebten oder gemiedenen Zielzuständen eines Individuums. Sie sind somit valenzierte, also *mit einem Wertaspekt versehene Kognitionen* (s. BOLLES, 1975, S. 313). Die Behandlung solcher von der Valenz des Zielzustandes her beeinflußter Informationen ist das Kernstück vieler kognitiver Motivationstheorien und konkretisiert das, was MARCEL (1983) mit der

funktional nützlichsten Informationsverarbeitung im Auge hat.
An dieser Stelle wird übrigens die anfangs bemühte Analogie kognitiver Modelle zu den Informationsverarbeitungsmodellen mit einem aufgesetzten Regelmechanismus – eine Anlehnung an die Computertechnologie – unstimmig. Die Vorstellung eines informationsverarbeitenden Systems, das durch ein Regel- und Kontrollsystem gesteuert wird, ist für einen (menschlichen) Organismus, der in einer bestimmten Umgebung überleben muß, sich und seine Familie vor Unbillen des Lebens schützen muß, sich fortpflanzt und seine Kinder erzieht, offensichtlich unzulänglich (NORMAN, 1980). Nicht zuletzt auch aus evolutionsbiologischer Perspektive erscheint es weit sinnvoller, von dem Primat eines Selbst-Regulationsmechanismus auszugehen und diesem das informationsverarbeitende System zu unterstellen.
Eine wichtige Rolle bei der Kommunikation zwischen Regulationssystem und informationsverarbeitendem System kommt den Emotionen zu. Mit ihnen wird der Bezug zur Motivation hergestellt. Denn bei den Anreizen von Motivzielen handelt es sich ja um emotional bewertete Ereignisse; im engeren Sinne sind es sogar antizipierte Emotionen, die aufgesucht oder gemieden werden (s. ATKINSON, 1964). Die Emotionen, die früher häufig nur als Störenfriede in einem ansonsten gut funktionierenden System der Informationsverarbeitung angesehen wurden, ihnen wird nun ein eigenständiger Wert und eine Organisationsleistung von hohem Anpassungswert zugeschrieben. Dieses besorgt den Informationsaustausch zwischen Regulations- und Informationsverarbeitungssystem (NORMAN, 1980, S. 12). Hiermit ist, aus anderer Perspektive, auch der Akt der Bedeutungsanreicherung von Informationen beschrieben, den wir oben im Sinne eines konstruktiven Vorgangs erläutert haben.
Die Einflußnahme von Emotionen auf die Informationsverarbeitung konnte in einer Reihe von Untersuchungen von BOWER et al. belegt werden (zusammenfassend: BOWER & COHEN, 1982). Sie fanden, daß Emotionen wie ein Filter bei der Informationsverarbeitung wirken. Sie erleichtern die Zulassung solcher Inhalte des Informationsstroms ins Bewußtsein, die mit der gegenwärtigen Emotionslage in Einklang stehen und erschweren die Zulassung, wenn kein Einklang besteht. Auch beim Abruf von Informationen aus dem Gedächtnis sind Emotionen von Einfluß. Abgespeichertes Material kann am besten wieder erinnert werden, wenn man sich dabei in einer Emotionslage befindet, die der Emotionslage in jener Situation gleicht, in der das Material eingeprägt wurde.
Die oben hervorgehobene Bewußtheit der Ergebnisse konstruktiver Tätigkeit, die Ereignissen ihren subjektiven Bedeutungsgehalt verleiht, ist auch durch ihre willkürliche Steuerbarkeit und Beeinflußbarkeit gekennzeichnet (PRINZ, 1983, S. 87). Diesen Sachverhalt hat sich die kognitive Motivationspsychologie in ihrer experimentellen Forschung zunutze gemacht, indem sie – in der Regel ohne vorherige theoretische Klärungsversuche – die Steuerbarkeit dieser Prozesse stillschweigend durch deren Beeinflussung durch die Versuchsinstruktion voraussetzte. Das experimentelle Paradigma ist stets das gleiche: Zu einer bestimmten Information, die einen inneren oder äußeren Sachverhalt betrifft, werden den Vpn in mehreren Experimentalgruppen unterschiedliche Interpretationen nahegebracht mit der Zielvorstellung, daß die Vpn diese vorgegebene Interpretation im Sinne eines subjektiv bedeutungsvollen Sachverhalts übernehmen. Die Befunde zeigen in der überwältigenden Mehrzahl stets das gleiche: Der nachfolgende Motivations- und Handlungsprozeß ist eher von den subjektiven Einschätzungen, die die Vpn vornehmen, abhängig als von den objektiven Gegebenheiten. Einige aus der Vielzahl der Untersuchungen herausgegriffene Arbeiten sollen das belegen.
WEINER und SCHNEIDER (1971) gingen von einer häufig berichteten Beobachtung aus, wonach bei stark ausgeprägter Ängstlichkeit Erfolg eine leistungssteigernde, Mißerfolg hingegen eine leistungsbeeinträchtigende Wirkung hat, während es bei nur schwach ausgeprägter Ängstlichkeit umgekehrt sein soll. Die aus der HULLschen Triebtheorie ableitbaren Vorhersagen machen diesen unterschiedlichen Effekt allerdings nicht von den erlebten Erfolgen und Mißerfolgen, sondern von der objektiven Schwierigkeit der zu bearbeitenden Aufgabe abhängig. WEINER und SCHNEIDER (1971) haben Ängstlichkeit (Mißerfolgsfurcht), Er-

folgs-/Mißerfolgsrückmeldung und die objektive Aufgabenschwierigkeit (schwere Aufgabe/leichte Aufgabe) in einem faktoriellen Versuchsplan komplett miteinander kombiniert. Sie fanden die vorhergesagten Interaktionen der Ängstlichkeit nur mit dem erlebten Erfolg oder Mißerfolg, nicht hingegen jene Interaktion von Ängstlichkeit und objektiver Aufgabenschwierigkeit bestätigt.

BERKOWITZ (1969) hat eine Theorie für aggressives Verhalten entwickelt, in der die Beziehung zwischen Frustration und Aggression durch eine Ärger- und Erregungskomponente moderiert wird. GEEN, RAKOSKY und PIGG (1972) haben hierzu ein Experiment durchgeführt, in dem sie ihren Vpn elektrische Stromschläge verabreichten, während sie eine sexuell anregende Erzählung lasen. Zusätzlich erhielten die Vpn ein Placebo, das angeblich eine erregungssteigernde Wirkung haben sollte. In drei verschiedenen Bedingungen wurden sie nun in den Glauben versetzt, ihr Erregungszustand sei entweder auf die Stromschläge, die Erzählung oder auf das Medikament zurückzuführen. Wie erwartet, waren insbesondere jene Vpn in hohem Maße verärgert und aggressionsbereit, die ihre Erregung auf die erlittenen Stromschläge zurückführen mußten. Befunde dieser Art sind relativ gut gesichert (RULE & NESDALE, 1976). Andere Untersuchungen zeigten, daß auch die wahrgenommenen Absichten eines Handlungspartners für das Ausmaß an Aggression ausschlaggebend sind. So hängt eine Vergeltungsaggression weniger davon ab, wie stark jemand tatsächlich geschädigt wurde, sondern eher davon, wie sehr er glauben muß, daß eine Schädigung absichtlich gegen ihn gerichtet war (DYCK & RULE, 1978). Auch hier zeigt sich, daß Interpretationen eines herbeigeführten Ereignisses Einfluß darauf nehmen, wie sich jemand fühlt und wie er handeln wird (BERKOWITZ, 1983, S. 129).

Auch ein Zustand von sog. Gelernter Hilflosigkeit ist von Erlebnistatbeständen abhängig, insbesondere von den Ursachenzuschreibungen, die vorgenommen werden (ABRAMSON, SELIGMAN & TEASDALE, 1978; HECKHAUSEN, 1980). Gelernte Hilflosigkeit soll durch kognitive, emotionale und motivationale Defizite gekennzeichnet sein und in Situationen entstehen, in denen es – objektiv betrachtet – keine Kontingenz zwischen eigenen Handlungen und den resultierenden Handlungsergebnissen gibt. Eines der ersten Experimente, das einen Einfluß vermittelnder Ursachenzuschreibung deutlich machte, haben TENNEN und ELLER (1977) durchgeführt. Sie ließen ihre Vpn an Serien schwierigkeitsgestaffelter Aufgaben arbeiten und boten ihnen einmal leichter werdende, in der anderen Bedingung schwieriger werdende Probleme an. Andauernd vergebliche Bemühungen (objektive Nicht-Kontingenz) sollten bei angeblich leichter werdenden Problemen auf Fähigkeitsmangel, bei angeblich schwieriger werdenden Problemen auf zunehmende Schwierigkeit der Aufgabe zurückgeführt werden. Bei der nachfolgenden Bearbeitung einer andersartigen Aufgabe zeigte sich, daß die Gruppe mit einer induzierten Attribuierung auf mangelnde Fähigkeit die schlechtesten Leistungen aller Versuchsgruppen erbrachte. Mit anderen Worten, die internale und stabile Attribution für einen permanenten Mißerfolg führte zu einer Leistungsverschlechterung, in der sich Einbrüche der kognitiven und motivationalen Regulation manifestieren.

Befunde dieser Art belegen eine ebenso schlichte wie weitreichende Feststellung von BOLLES (1974, S. 19), nach welcher schon bloße Vorstellungen («Kognitionen») aus sich selbst heraus eine Fülle von motiviertem, d. h. zielgerichtetem Verhalten in Gang setzen können. Dies ist der zentrale Gedanke der kognitiven Motivationstheorien.

3. Probleme und Konzepte der Motivationspsychologie

3.1 Motiv und Motivation

Wir hatten bereits eingangs gesehen, daß sich für die Erklärung unterschiedlichen Verhaltens in verschiedenen Situationen Motive im Sinne von Wertungsvoreingenommenheiten anbieten. Die experimentelle Erforschung von Motivationsvorgängen im Humanbereich begann in den fünfziger Jahren Interesse an den interindividuellen Unterschieden der Motivation zu entwickeln und diese mit Unterschieden in den Motivdispositionen in Zusammenhang zu bringen. Interessanterweise entfalteten sich die Forschungsprogramme im Zusammenhang mit zwei Motivkonstrukten, nämlich Ängstlichkeit und dem Leistungsmotiv auf dem Hintergrund ganz unterschiedlicher theoretischer Traditionen. Während in dem Forschungsprogramm zur Ängstlichkeit einer der wenigen bedeutsamen Versuche unternommen wurde, triebtheoretische Konzepte auf den Humanbereich anzuwenden, wurde Leistungsmotivationsforschung innerhalb des Erwartung-Wert-Ansatzes der Motivationspsychologie betrieben.

Zunächst zur *Ängstlichkeit.* Ausgangspunkt waren die Formulierungen von MILLER (1951) und MOWRER (1939), wonach Furcht als eine auf einen aversiven Reiz (z. B. Schmerz) konditionierte emotionale Reaktion aufgefaßt wird. Hinweisreize, die mit diesem Schmerzreiz verbunden sind, sollen dann diese konditionierte Furcht wieder hervorrufen können. Aus der Quelle dieser konditionierten emotionalen Reaktion entsteht - so war die Vorstellung - ein Trieb (D), der dann seinerseits - im Sinne eines Konstrukts mit energetisierenden Eigenschaften - Einfluß auf das Verhalten nimmt. Es wurde die weitere Annahme gemacht, daß sich Menschen habituell in der emotionalen Ansprechbarkeit auf solche bedrohlichen und angstauslösenden Reize, d. h. hinsichtlich ihres allgemeinen Ängstlichkeitsniveaus unterscheiden (zusammenfassend: SPENCE & SPENCE, 1966). Damit war eine Dispositionsvariable beschrieben, die mit Hilfe eines eigens für diese Zwecke entwickelten Fragebogens gemessen wurde (TAYLOR, 1953).

Dieser Angsttrieb soll nun in einer gegebenen Lernsituation mit den in dieser Situation verfügbaren Gewohnheiten (H) interagieren und das Verhalten dann determinieren. Die Hypothesen, die sich aus der HULLschen Theorie ergeben, sind klar: Liegt in einer Situation - etwa dann, wenn die erforderliche Handlung von trivialer Einfachheit ist (z. B. Reflexbetätigung; einstellige Zahlen addieren) - nur eine einzige Gewohnheit bereit, so sollte mit zunehmender Triebstärke auch die Verhaltensstärke und Verhaltenseffizienz zunehmen. Hoch Ängstliche sollten in solchen Situationen besser abschneiden als niedrig Ängstliche. Liegen aber in einer komplexen und weniger gut überschaubaren Situation mehrere etwa gleich starke Gewohnheiten bereit, so ist die Wahrscheinlichkeit groß, daß nicht ausschließlich die «angemessenen», sondern auch «nicht angemessene» Gewohnheiten Einfluß auf die Handlungen nehmen können, was dann bei einer großen Triebstärke zu relativ geringer Verhaltenseffizienz führen sollte. Hoch Ängstliche sollten in solchen Situationen also schlechter abschneiden als niedrig Ängstliche.

In einer Reihe von Untersuchungen konnten diese Vorhersagen, insbesondere bei einfach auszuführenden Verhaltensweisen, bestätigt werden (s. SPENCE & SPENCE, 1966). In einer dieser Untersuchungen ging es um die Konditionierung des Lidschlagreflexes. Bei den in hoch und niedrig Ängstliche eingeteilten Vpn wurde ein Luftstoß (UCS), der durch einen Lichtreiz (CS) angekündigt wurde, auf das Auge geleitet. Gemessen wurde, wie schnell die Vpn lernten, den Lidschlag (CR) zu betätigen, wenn das Lichtsignal auftrat. Erwartungsgemäß lernten dies die hoch Ängstlichen schneller als die niedrig Ängstlichen. Diese Unterschiede in den Lernleistungen wurden bei zunehmender Erfahrung, also mit wachsender Gewohnheitsstärke, ausgeprägter. Dies ist genau das Ergebnis, was bei der Annahme einer multiplikativen Interaktion von D und H erwartet wurde. Zusätzlich zeigt sich noch, daß bei einem starken Luftstoß schneller als bei einem leichten Luftstoß gelernt wird, was auf die zusätzliche Bedeutung des Anreizes hinweist. Dieser Sachverhalt bestätigt die *erweiterten* triebtheoretischen Formulierungen, wonach das Verhalten von D und H und zusätzlich einer Anreizvariablen (I) abhängt.

Die Befundlage bei komplexen Situationen - also bei Vorliegen mehrerer etwa gleich starker Gewohnheiten - ist allerdings weniger einheitlich, was z. T. an der Schwierigkeit liegen mag, die Intra-Aufgabenkonkurrenz zwischen «angemessenen» und «nicht angemessenen» Gewohnheiten zu manipulieren oder zu erfassen. Im übrigen dürfte sich hinter der Kennzeichnung einer Aufgabe als «einfach» oder «komplex» nicht nur das Problem der Bereitstellung von Gewohnheiten, sondern noch ein anderer Sachverhalt verbergen. Komplexe und schwierige Aufgaben lassen eher Mißerfolge erwarten als einfache Aufgaben, bei denen eher Erfolge zu erwarten sind. In der bereits erwähnten Untersuchung von WEINER und SCHNEIDER (1971) hatte sich gezeigt, daß erlebte Erfolge und Mißerfolge das Motivationsgeschehen und auch die Lernleistung deutlich beeinflußten, während der objektive Schwierigkeitsgrad der Aufgabe nicht mit den Dispositionsvariablen in Interaktion trat, wie es nach den triebtheoretischen Überlegungen zu erwarten gewesen wäre.

Das Geschehen in komplexen Aufgabensituationen versuchten auch Theorien zur Prüfungsängstlichkeit zu spezifizieren. MANDLER und SARASON (1952) betrachteten Angst als eine Reaktion auf einen starken inneren Reiz, der seinerseits wiederum von situativen Hinweisreizen abhängen sollte. Nach Meinung der Autoren produziert dieser Angsttrieb eine ganze Reihe von aufgabenirrelevanten Reaktionen (Gefühle des Unwohlseins, Straferwartung usw.), die mit einer effizienten Aufgabenbearbeitung unvereinbar sind und deswegen bei hoch Ängstlichen, die eine Menge von solchen irrelevanten Reaktionen produzieren, zu verminderter Leistungsfähigkeit führen. Die Vermutung, daß hohe Ängstlichkeit in komplexen Lern- und Prüfungssituationen mit verminderter Leistungseffizienz einhergeht, ist unterdessen gut belegt, jedoch zumeist in rein korrelationsstatistischen Untersuchungen, die die Natur der vermittelnden Prozesse, nämlich die Rolle, die die aufgabenirrelevanten Reaktionen spielen, nicht weiter aufklären können. Die Funktion der aufgabenirrelevanten Reaktionen wird allerdings deutlicher, wenn die Bedingungen, unter denen Leistung erbracht werden muß, systematisch variiert werden. WINE (1971, 1982) ist der Ansicht, daß Angst im wesentlichen durch einen Bezug zur Selbstwertthematik einer Person gekennzeichnet ist. Wenn in einer Prüfungssituation Selbstwertaspekte infrage gestellt werden, so sollte sich die Aufmerksamkeit des hoch Ängstlichen nach innen – etwa auf die möglichen Gefahren des Selbstwertverlusts (das sind die aufgabenirrelevanten Reaktionen) – richten, während die Aufmerksamkeit des niedrig Ängstlichen auf Strategien der Aufgabenbewältigung gerichtet ist.

Eine Untersuchung von SARASON (1972) hat diese unterschiedlichen Aufmerksamkeitszentrierungen deutlich gemacht. Er hat seine Vpn unter insgesamt fünf verschiedenen Bedingungen, in denen der Leistungs- und Selbstwertaspekt mehr oder minder deutlich gemacht wurde, an einer Lernaufgabe arbeiten lassen. Er fand, daß hoch Ängstliche unter einer stark leistungsbetonenden Bedingung ihre schlechtesten Lernleistungen erbrachten, wenn sie aber einfach aufgefordert wurden, sich zu der Aufgabe selbst «weiter keine Gedanken zu machen» oder nur motiviert wurden, überhaupt mitzumachen, sehr viel besser abschnitten und sogar die Lernleistung der niedrig Ängstlichen übertrafen. CARVER und SCHEIER (1984) nehmen allerdings einen von dem Angstniveau unabhängigen Effekt der Aufmerksamkeitszentrierung an. Sie konnten zeigen, daß sich unter erhöhtem Aufmerksamkeitsbezug (man schaut in einen Spiegel) die bestehenden Leistungsunterschiede zwischen hoch und niedrig Ängstlichen weiter vergrößerten.

Der hier dargestellte Abriß der Angstforschung ist zugleich charakteristisch für die Veränderung von Forschungsprogrammen in einem Teilbereich der Motivationsforschung, indem sich das Forschungsinteresse von der Verhaltenswirksamkeit von Motivdispositionen auf die Auswirkungen kognitiver Vermittlungsprozesse verlagerte.

Die Forschungsgeschichte im Bereich der *Leistungsmotivation* weist einen ähnlichen Verlauf auf. Dieser Ansatz erhielt seine ersten Impulse durch die Bemühungen, zunächst ein geeignetes Verfahren für die Messung von Motivdispositionen im Humanbereich zu entwickeln (MCCLELLAND et al., 1953). Fragebogenverfahren erschienen für diesen Zweck ungeeignet, weil ihre Verwendung als Motivmeßverfahren auf der Annahme basiert, man könne in die eigene Motivstruktur Einblick nehmen und darüber auch unvoreingenommen berichten. MCCLELLAND bezweifelte dieses und versuchte, das Leistungsmotiv indirekt zu erfassen. Er griff auf den Grundgedanken des *Thematischen Auffassungs-Tests* (MURRAY, 1942) zurück und bot seinen Versuchspersonen Bilder mit leistungsbezogenen Darstellungen an (z.B. Meister und Lehrling in einer Werkstatt), zu denen sie Geschichten berichten sollten. Die Geschichten wurden mit einem eigens hierfür entwickelten Inhaltsschlüssel auf leistungsthematische Inhalte hin analysiert. Die Häufigkeit, mit der leistungsthematische Inhalte in den Geschichten auftraten, wurde als ein Kennwert für die Stärke des Motivs herangezogen. Schon bei den ersten Validierungsstudien des Meßverfahrens zeigten sich Verhaltensunterschiede zwischen Personen mit unterschiedlichen Motivausprägungen. Hoch Leistungsmotivierte neigten eher dazu, sich auf leistungsbezogene Tätigkeiten einzulassen, sie lernten schneller, zeigten höhere Leistungen und blieben unter bestimmten Bedingungen auch länger bei leistungsbezogenen Tätigkeiten (zusammenfassend: McClelland et al., 1953).

Eine bedeutungsvolle Entwicklung wurde durch die theoretischen Arbeiten Atkinsons (1957, 1964) eingeleitet, der das Verhalten nicht mehr direkt vom Motiv, sondern von der Motivation, genauer einer Resultierenden Motivationstendenz, abhängig machte. Durch die Zerlegung des Lewinschen Valenzkonzepts in eine Dispositions- (Motiv-) und eine Anreizvariable sowie durch deren gemeinsamer Interaktion mit einer Situationsvariablen - der subjektiven Erfolgswahrscheinlichkeit - ergibt sich eine *Resultierende Motivationstendenz,* die das Verhalten determiniert und deren Variation in Abhängigkeit von der Motivausprägung und der subjektiven Erfolgswahrscheinlichkeit experimentell überprüft werden kann.

Grundsätzlich besehen lassen sich aus diesem Modell zwei allgemeine Hypothesen ableiten:

1. Erfolgsmotivierte Personen (Me > Mm) lassen sich vergleichsweise eher auf leistungsbezogene Tätigkeiten ein, bevorzugen aber Aufgaben mittlerer Schwierigkeit (weil hier das Produkt aus A_e und W_e den größtmöglichen numerischen Wert erreicht).

2. Mißerfolgsmotivierte Personen (Mm > Me) suchen leistungsbezogene Tätigkeiten eher zu meiden, insbesondere aber dann, wenn die Aufgaben von mittlerer Schwierigkeit sind (weil hier das Produkt aus A_m und W_m den größtmöglichen (negativen) Wert erreicht).

Atkinson und Litwin (1960) haben das erste theoriegeleitete Experiment zu dem Problem der Aufgabenwahlen durchgeführt. In einem Ringwurfspiel konnten ihre Vpn in zehn Durchgängen die Wurfdistanzen frei wählen. Erfolgsmotivierte bevorzugten mittlere Wurfdistanzen, was man als eine Bevorzugung von Aufgaben mit mittelhoher Schwierigkeit interpretieren kann.

Vergleichbare Befunde zeigten sich in Anspruchsniveauuntersuchungen, in denen sich die Vpn ebenfalls mit Anforderungen unterschiedlicher Schwierigkeitsgrade konfrontiert sahen. Erfolgsmotivierte neigten zu Aufgabenanforderungen von mittlerer subjektiver Erfolgswahrscheinlichkeit, während Mißerfolgsmotivierte sich stattdessen eher unter- oder überforderten. Befunde dieser Art können als relativ gut gesichert gelten (Heckhausen, 1963; Schmalt, 1976).

Auch das Leistungs- und Ausdauerverhalten zeigt charakteristische Unterschiede. Aufgaben mit einer mittelhohen subjektiven Erfolgswahrscheinlichkeit wurden von Erfolgsmotivierten besonders effizient und ausdauernd bearbeitet, während Mißerfolgsmotivierte relativ besser und ausdauernder arbeiteten, wenn die subjektiven Erfolgswahrscheinlichkeiten sehr niedrig oder sehr hoch waren - also bei sehr leichten oder sehr schwierigen Aufgaben (Feather, 1961; Karabenick & Youssef, 1968).

Von weitreichender Bedeutung für das dem Modell zugrunde liegende Erwartung-Wert-Konzept sind solche Untersuchungen, die die einzelnen Modellparameter untereinander in Beziehung setzen. Eine grundlegende Überlegung bestand ja darin, das Lewinsche Wert-(Valenz)konzept in dem Risikowahl-Modell Atkinsons durch das Produkt aus Motiv und Anreiz darzustellen (Atkinson & Feather, 1966, S. 360). Demnach sind Valenzen die durch die Motivdispositionen gewichteten Anreize, d.h. die affektiven Konsequenzen von Erfolg und Mißerfolg. Da der Erfolgsanreiz linear invers von der subjektiven Erfolgswahrscheinlichkeit abhängt ($A_e = 1 - W_e$) und die Valenz das Produkt aus $M_e \times A_e$ ist, müßten leistungsbezogene Aufgaben für Erfolgsmotivierte eine höhere Valenz haben als für Mißerfolgsmotivierte. Diese Tendenz müßte mit zunehmender Aufgabenschwierigkeit immer deutlicher werden. Eine erste Überprüfung dieser Annahme hat Litwin (1966) vorgenommen. Er fand, daß die Valenz für Erfolg mit zunehmender Schwierigkeit der Aufgabe für die Erfolgsmotivierten steiler anstieg als für die Mißerfolgsmotivierten.

COOPER (1983) hat eine noch stringentere Überprüfung dieser Annahme durchgeführt, indem er sowohl die Erfolgs- als auch die Mißerfolgsvalenzen erfaßt hat und diese für jeweils drei Gruppen von Vpn (Erfolgsmotivierte, eine mittlere Gruppe und Mißerfolgsmotivierte) getrennt dargestellt hat. Wie in der vorangegangenen Untersuchung so stieg auch hier die Erfolgsvalenz mit der Schwierigkeit der Aufgabe an, und zwar für die Erfolgsmotivierten steiler als für die mittlere und die mißerfolgsmotivierte Gruppe. Bei den Mißerfolgsvalenzen ergaben sich jedoch uneinheitliche Befunde.

Mit der Erfassung oder der Manipulation von subjektiven Erfolgswahrscheinlichkeiten und den Anreizen – den antizipierten Affekten – waren neben den Motiven wichtige Bestimmungsstücke des aktuellen Motivationsgeschehens berücksichtigt. Man gab ihnen den Status von subjektiv erlebbaren Determinanten des Motivationsprozesses. Später ist es dann üblich geworden, solche Größen als kognitive Einflußfaktoren zu beschreiben und Theorien, die in ihnen die wesentlichen Einflußfaktoren sehen, als «kognitive» Motivationstheorien zu bezeichnen.

3.2 Kognition, Emotion und Motivation

In solchen kognitiven Motivationstheorien, die seither stetig an Bedeutung gewonnen haben, wird Vermittlungsprozessen in der Gestalt von Erwartungen, antizipierten Affekten und einer Reihe weiterer Einstellgrößen (zusammenfassend: BAARS, 1986; SORRENTINO & HIGGINS, 1986) Beachtung geschenkt. «Kognition» wurde zunächst nur im Sinne von «Information» verstanden, die allerdings unter Bedingungen, die wir oben näher erläutert haben, zu bewußten Erlebnistatbeständen werden kann. Wir hatten dies als einen Vorgang der subjektiven Bedeutungsverleihung bezeichnet.

Der Akt der subjektiven Bedeutungsverleihung wird durch Emotionen vermittelt. Eine Reihe von Autoren sehen gerade in dieser Fähigkeit der Emotionen, eine Menge von Einzelinformationen bewertend zusammenzufassen und deren Bedeutung schnell und effizient an den Organismus zurückzumelden, ihre wesentliche Aufgabe (z.B. LEVENTHAL, 1982; PLUTCHIK, 1980). Die summarische Zusammenfassung einer komplexen Vielfalt von Einzelinformationen in der Rückmeldung an den Organismus bedeutet nicht nur, daß in einem Gefühlserlebnis die Bedeutungsbewertung erkannt wird, sondern auch die organismische Bereitstellung auf angemessene Reaktionen und nicht zuletzt auch das Auftreten bestimmter Ausdrucksbewegungen, die die Bedeutungsbewertung auch für den Handlungspartner erkennbar machen.

Was das Verhältnis von Kognition und Emotion betrifft, so handelt es sich um globale Begrifflichkeiten, deren klare Abgrenzung voneinander ebenso wie die Festlegung ihrer gegenseitigen Abhängigkeitsverhältnisse durch häufig nicht ausgesprochene Bedeutungsimplikationen erschwert wird. Wie eine aufschlußreiche Kontroverse zwischen ZAJONC (1980, 1984) und LAZARUS (1984) beweist, wird selbst unter Experten das Begriffsverständnis von stillschweigenden phänomenologischen Zusatzbedeutungen des Alltagswissens geleitet (s. EPSTEIN, 1983), nach welchem «Kognition» als Informationsverarbeitung und «Emotion» als Bewertung des Verarbeitungsergebnisses aufgefaßt (LAZARUS) oder «Kognition» mit dem Erkennen von gegenstandsartigen Sachverhalten und bewußten schlußfolgernden Gedankengängen, «Emotion» dagegen mit dem unmittelbaren Erleben diffuser Gefühlszustände, wie Freude, Ekel oder Furcht, zusammengebracht wird (ZAJONC). Es erscheint fruchtbar und dem gegenwärtigen Erkenntnisstand eher angemessen, von einem asymmetrischen Kognitions-Emotions-Verständnis auszugehen und mit «Kognition» *Prozesse und Ergebnisse der Informationsverarbeitung* zu bezeichnen, während «Emotion» sich einerseits auf den *Bewertungsvorgang* selbst und andererseits auf *bestimmte Formen und die bewerteten Ergebnisse der Informationsverarbeitung* bezieht. Wenn ein prozeßhaftes Geschehen gemeint ist, so handelt es sich in aller Regel um ein nicht bewußtes Geschehen, während die Verarbeitungsergebnisse in der Regel bewußt sind oder es jederzeit werden können. In unserem bewußten Erleben werden wir häufig der einzelnen Systembestandteile Kognition und Emotion gar nicht mehr gewahr. Dies sollte jedoch nicht dazu verführen, beides nicht mehr trennen zu wollen.

Es gibt eine Reihe von strukturellen und funktionalen Merkmalen, die eine Unterscheidung zwischen Kognition und Emotion rechtfertigen und nützlich erscheinen lassen. So beziehen sich Kognitionen eher auf Sachverhalte eines endlos erweiterbaren deklarativen Weltwissens, im Vorstellen und Denken kann man die Inhalte willkürlich auf- und abtreten lassen sowie bearbeitbar machen. Emotionen beziehen sich auf momentan bestehende Person-Umwelt-Bezüge, vor allem in Form unmittelbarer Bewertungen, die in eher ganzheitlicher Weise Bereitschaften zu entsprechendem Erleben und Handeln wecken; sie sind willkürlich auch weniger leicht zu steuern als Kognitionen. Im übrigen zeichnen sich Emotionen durch ihre enge Beziehung zu Wertungsvoreingenommenheiten (Motiven) und den allgemeinen Handlungszielen eines Individuums aus. Emotionen sind auch in starkem Maße an körperliche Prozesse gebunden, darunter auch an solche peripherer Art, wie bestimmte physiologische Veränderungen und den Ausdruckserscheinungen in Gestik, Mimik und Stimme (vgl. Kap. 7, Emotionen).

Wie bereits gesagt, beziehen sich Emotionen auf eine bewertende Stellungnahme zu gegebenen Person-Umwelt-Bezügen. Ist eine Handlung bereits eingeleitet, geben Emotionen eine wertende Stellungnahme in bezug auf den Zielerreichungsgrad der Handlung. Sie stellen die summarische Reaktion auf eine erlebte Diskrepanz zwischen dem, was ist, und dem, was sein soll, dar. Herausgehoben sind diese emotionalen Bewertungsprozesse insbesondere nach Abschluß der Handlung in der Phase postaktionaler Motivationsprozesse, wenn das jeweils erreichte Handlungsergebnis mit dem anvisierten Handlungsziel verglichen und Diskrepanzen bewertet werden. Diese emotionalen Bewertungsprozesse dürften im wesentlichen bestimmen, ob die Intention als «erledigt», die entsprechende Handlungstendenz als erloschen betrachtet werden kann oder ob man sich bei geeigneter Gelegenheit erneut um Realisierung bemühen muß und damit einen neuen Motivationszyklus einleitet.

Unter motivationspsychologischer Perspektive sind die postaktionalen Emotionen allerdings noch in anderer Weise bedeutsam. Sie können zeitlich vorweggenommen, antizipiert werden. Antizipierte Emotionen können den Anreiz für motiviertes Verhalten darstellen. Auf diesen Grundgedanken bauen sowohl die späteren Varianten der Triebtheorie als auch Erwartung-Wert-Modelle auf. Am konsequentesten ist dieser Gedanke in dem Risikowahl-Modell ATKINSONs vertreten.

Antizipierte Affekte, also die Anreize, nehmen Einfluß auf das Handeln nicht nur in der realitätsorientierten Motivationsphase, sondern auch in der realisierungsorientierten Phase, wenn es darum geht, eine Handlung auf Zielkurs zu halten, insbesondere dann, wenn bei der Handlungsausführung starke konkurrierende Handlungstendenzen entstehen, die mit der ursprünglichen Tendenz unvereinbar sind und das Verhalten vom Zielkurs abzubringen trachten, wie es für bestimmte Verlockungs- und Versuchungssituationen so typisch ist. KUHL (1983) hat dieses Prinzip der Handlungskontrolle als Motivationskontrolle durch Anreizaufschaukelung beschrieben, ein Prozeß, der aus der Volitionsphase in die Motivationsphase hineingreift und den Anreizparameter so adjustiert, daß die gesamte Handlungstendenz, die die augenblicklich intendierte Handlung stützt, gestärkt wird. So fanden MISCHEL und PATTERSON (1976), daß Kinder insbesondere dann einer Verlockung widerstanden und bei einer intendierten Handlung blieben, wenn sie ausführliche und möglichst konkrete Handlungspläne besaßen und wenn darüber hinaus die emotionalen Folgen bei Absichtsrealisierung oder -unterlassung in besonderer Weise hervorgehoben und bewußt gemacht wurden.

Diese Konstruktion, die Anreize für Verhalten in antizipierten Affekten zu sehen, hatte noch eine andere weitreichende Konsequenz, deren Grundgedanke, etwas vereinfacht, der folgende ist. Wenn Anreize ohne die Zuhilfenahme anderer motivationspsychologischer Konstrukte, wie etwa dem Trieb, Verhalten «motivieren» können und wenn diese Anreize als antizipierte Emotionen aufzufassen sind, so besteht eigentlich gar keine Notwendigkeit mehr, zwischen Emotion und Motivation zu unterscheiden. Die Grenzen zwischen Emotion und Motivation sind aufgehoben (LEEPER, 1965).

Es gibt deshalb auch einige Autoren, die in konsequenter Weise die Perspektive gewechselt haben und Emotionen als das umfassendere Systemgeschehen beschrieben haben, in dem motivationale Erlebniskomponenten enthalten sind, die ihrerseits Einfluß nehmen auf kognitive, perzeptive und motorische Prozesse (z.B. LEVENTHAL, 1982; PLUTCHIK, 1980; SCHERER, 1984). Ein Erkenntnisgewinn scheint mit dem Versuch der Begriffsverdrängung von Motivation durch Emotion jedoch nicht erzielbar zu sein. Alle die Probleme der Herausbildung von Motivations- und Handlungstendenzen, der Zielausrichtung und der Kontrolle des Handelns umfassen genuine Sachverhalte, deren emotionspsychologische Neuinterpretation aussteht und fraglich ist. Angemessener scheint die Trennung zwischen einem Vorgang, der Verhalten initiiert und auf Ziele ausrichtet – der Motivation – und einem anderen Vorgang, dem die Bewertung relevanter Ereignisse in den einzelnen Handlungsphasen, vor allem in der postaktionalen Phase, obliegt – der Emotion. In die gleiche Richtung weisen auch neurophysiologische Befunde. So schlägt PRIBRAM (1971, 1976) vor, in emotionaler Erregung einen «Stop»-Mechanismus für Verhalten zu sehen und Motivation als eine Elaboration des «Go»-Mechanismus zu betrachten; Motivation also für die Initiation und Emotion für die Beendigung einer Handlung verantwortlich zu machen.

Insgesamt besteht also hinreichende Veranlassung, mit den Begriffen Kognition, Emotion und Motivation verschiedene Sachverhalte zu verbinden. Mit Kognition werden Prozesse und Ergebnisse der Informationsverarbeitung beschrieben. Emotionen bewerten diese Sachverhalte unter dem Aspekt ihrer unmittelbaren und summarischen Bedeutung. Motivation fügt diesem schließlich noch die Ziel- und Handlungskomponente hinzu.

3.3 Selbstbezogene Kognitionen

Wir hatten gesehen, daß Kognition zunächst nur im Sinne von Information aufgefaßt wird, die dann eine Verarbeitung, eine «Transformation» erfährt (BOLLES, 1975, S. 313–314; ZAJONC, 1980, S. 154). Solche transformierten, bewerteten Kognitionen spielen in vielen motivierten Handlungsvollzügen eine wichtige Rolle. Sie bilden das Kernstück vieler gegenwärtiger Motivationstheorien, die aus diesem Grunde als «kognitive» Motivationstheorien bezeichnet werden. Inhaltlich besehen beziehen sich diese Kognitionen vor allem auf die folgenden Sachverhalte: auf die Beurteilung der gegenwärtigen Situation, den momentanen Zustand der Person, die Erwartung künftiger Ereignisse und die Bewertung ihrer Folgen, die Wahl einer bestimmten Handlungstendenz und Intention, die Kontrolle der Handlungsausführung sowie schließlich die Ursachenzuschreibung für erreichte Handlungsergebnisse und daran sich angliedernde Prozesse der Selbstbewertung. Die empirische Erforschung dieser kognitiven Prozesse im Motivierungsgeschehen hat sich insbesondere dreier Bereiche zugewendet: dem momentanen Zustand einer Person in einer gegebenen Situation, den Erwartungen sowie den Ursachenzuschreibungen mit den nachfolgenden Bewertungsvorgängen. Damit wollen wir uns in den restlichen Abschnitten dieses Kapitels näher beschäftigen.

Daß Reflektionen über den eigenen momentanen Zustand, zumal in einer kritischen Situation, einen effizienten Umgang mit der Situation eher behindern, wurde in der Prüfungsangsttheorie schon früh angenommen (MANDLER & SARASON, 1952) und in der Theorie der Aufmerksamkeitszentrierung (WINE, 1971) weiter spezifiziert. Ganz in diesem Sinne fand SARASON (1972), daß die Lernleistung hoch Ängstlicher insbesondere dann beeinträchtigt war, wenn die Aufgabensituation eine kognitive Beschäftigung mit der eigenen Lage nahelegt.

HECKHAUSEN (1982) hat diesen Gedanken aufgegriffen und weiter differenziert, indem er selbstwertbezogene Kognitionen, die während einer Prüfung auftreten, nach verschiedenen Inhaltsbereichen gruppierte, um im einzelnen ihre Auswirkung auf das Leistungsverhalten zu analysieren. Gleichzeitig wurde der Motivationszustand der Prüfungskandidaten erfaßt. Prüfungskandidaten mit einem mißerfolgsängstlichen Motivationszustand berichteten über ein häufigeres Auftreten selbstwertbezogener Kognitionen, fühlten sich von ihnen auch in stärkerem Ausmaß beeinträchtigt als die Prüfungskandidaten mit einem erfolgszuversichtlichen Motivationszustand. Im einzelnen wurden insbesondere Kognitionsinhalte, die sich auf die Ursachenanalyse von Erfolg und Mißerfolg, auf die Anreize der Folgen des Prüfungsergebnisses und auf Handlungs-Ergebnis-Erwartungen beziehen, als störend erlebt. Der mißerfolgsbezogene Motivationszustand selbst war mit schlechteren Prüfungsergebnissen verbunden. Und zwar insbesondere dann, wenn der Motivationszustand während der Prüfung durch das Gefühl mangelnder eigener Fähigkeit, von einer negativen Selbstbewertung und von Aufgeregtheit gekennzeichnet war. Prüfungskandidaten mit einem erfolgsbezogenen Motivationszustand berichteten hingegen häufiger ein Erlebnis der Selbstvergessenheit und das Auftreten von Kognitionen, die der Aufgabenbewältigung dienlich sind.

Diener und Dweck (1978) hatten bereits vorher Befunde vorgelegt, die in die gleiche Richtung weisen. Sie hatten ihre Vpn in «Bewältigungsorientierte» und «Hilflose» eingeteilt. Während einer Serie von Mißerfolgen sollten die Vpn ihre spontan auftretenden Gedanken mitteilen. Bewältigungsorientierte Vpn dachten mehr an Möglichkeiten zur Aufgabenbewältigung (z.B. Selbstinstruktionen), während die als hilflos bezeichneten Vpn über das Auftreten negativer selbstbezogener Kognitionen (z.B. Mangel oder Verlust von Fähigkeiten) berichteten.

Kuhl (1981, 1983) hat die unterschiedliche Zentrierung der kognitiven Aktivitäten – die entweder auf die eigene Person, insbesondere ihren Selbstwert, oder auf die Handlung und die Handlungskontrolle gerichtet ist – mit unterschiedlichen Kontrollzuständen für eine Handlung in Verbindung gebracht. Er vermutet, daß eine intensive Beschäftigung mit der eigenen Lage zu funktionalen Leistungseinbrüchen führt, die auf einer Einbuße an Verarbeitungskapazität für handlungsrelevante Kognitionen beruht. In einer Untersuchung konnte Kuhl (1981) ein solches funktionales Leistungsdefizit als Folge massiver selbstwertbezogener Kognitionen bestätigen. Er untersuchte die Auswirkungen (objektiv) nicht-kontingenter Mißerfolgserfahrungen auf nachfolgende Leistungen. Der häufig berichtete Befund einer Leistungsbeeinträchtigung (gelernte Hilflosigkeit) ließ sich in eine Leistungsverbesserung umkehren, wenn die Vpn davon abgehalten wurden, sich mit ihrer eigenen Lage und den damit verbundenen selbstwertthematischen Fragen zu beschäftigen, weil sie stattdessen ihre Lösungsstrategien für die Aufgaben explizieren mußten. Allerdings ließ sich dieser Effekt nur für eine Hälfte der Vpn aufzeigen, nämlich für jene, die habituellerweise dazu neigen, sich mit ihrer eigenen Lage zu befassen (Lageorientierung).

Diese Konzepte und Befunde verweisen auf einen Vorgang des postintentionalen, realisierungsorientierten Volitionsgeschehens, in dem die Aufmerksamkeit von jenen kognitiven Inhalten, die zur Bewältigung einer Situation notwendig sind – das dürften in der Regel strategische Überlegungen zur Aufgabenbewältigung sein – abgezogen wird zugunsten einer Beachtung selbstwertbezogener Aspekte der Handlung oder der erreichten Handlungsergebnisse und -folgen. Dadurch wird die Effizienz des Handlungsvollzugs stark beeinträchtigt.

3.4 Erwartungen

Kognitive Sachverhalte im Motivationsgeschehen, so wie die hier beschriebenen, sind auch dadurch gekennzeichnet, daß in ihnen das eigene Tun mit den unmittelbaren und weiterreichenden Konsequenzen verknüpft wird. Solche Verknüpfungen (Kontingenzen) sind kognitionspsychologisch als Erwartungen aufzufassen. In der Regel bezieht sich eine Erwartung auf den wahrgenommenen Zusammenhang zwischen der eigenen Handlung und den sich daran anschließenden Ereignissen, die für den Handelnden einen positiven oder negativen Wert darstellen. Diese Erwartung, eine *Handlungs-Ergebnis-Erwartung,* ist für motivationale Vorgänge von herausgehobener Bedeutung. Sie beschreibt eine Art «Wenn-Dann»-Relation, nämlich das Eintreffen eines bestimmten Ereignisses unter der Bedingung, daß eine Handlung stattfindet (Mischel, 1973). Es ist jene Erwartung, die wir in den elaborierten Erwartung-Wert-Modellen der Motivation wiederfinden. Bolles (1972) hatte unter einer lerntheoretisch orientierten Perspektive den gleichen Sachverhalt hervorgehoben. Danach sollen durch instrumentelles Lernen nicht, wie von der klassischen Triebtheorie angenommen, bestimmte S-R-Verbindungen

(Gewohnheiten) gestiftet und erhärtet, sondern Erwartungen vom Typ der Handlungs-Ergebnis-Erwartung herausgebildet werden. Handlungs-Ergebnis-Erwartungen sind vor allem im Zusammenhang mit leistungsorientiertem Verhalten analysiert worden. SCHNEIDER und POSSE (1978a, b) haben in einer Reihe von Untersuchungen gezeigt, daß sich aus den Wahrscheinlichkeitsangaben der Vpn ein Maß der subjektiven Unsicherheit direkt ableiten läßt, mit dem sich die Aufgabenwahl angesichts unterschiedlicher Schwierigkeiten voraussagen läßt. In einem ausgefächerten Forschungsprogramm hat FEATHER (zusammenfassend: FEATHER, 1982b) im Rahmen der Erwartung-Wert-Theorie die Frage untersucht, inwieweit Erfolgswahrscheinlichkeiten – allein oder im Zusammenhang mit Motiv- und Anreizvariablen – das Verhalten determinieren. In der Tat finden sich eine ganze Reihe von Beziehungen, vor allem zu Leistungsvariablen, die jedoch insgesamt von komplexer Natur sind und von einer ganzen Reihe von Person- und Situationsvariablen moderiert werden.

Lernerfahrungen, die nach dem Muster des «klassischen Konditionierens» erworben worden sind, sollen ihren Niederschlag in der Stiftung von *Situations-Ergebnis-Erwartungen* finden (BOLLES, 1972; MISCHEL, 1973). Organismen lernen, daß bestimmte situative Gegebenheiten das Eintreffen anderer Ereignisse ankündigen, ohne daß für das Eintreffen dieses Ereignisses eigenes Handeln notwendig wäre.

Ein dritter Erwartungstyp schließlich war der am laborexperimentellen Paradigma orientierten Theorienbildung entgangen: Es sind Erwartungen, die Handlungsergebnisse mit weiterreichenden Handlungsfolgen in Verbindung bringen. Auf diesen Erwartungstyp – die *Instrumentalität* eines Handlungsergebnisses für weiterreichende Folgen – hatten Arbeiten, die sich mit Problemen der Motivation am Arbeitsplatz und mit Arbeitszufriedenheit beschäftigen, aufmerksam gemacht (MITCHELL, 1974; VROOM, 1964).

Instrumentalitäten von Handlungsergebnissen für weiterreichende Handlungsfolgen sind bislang selten berücksichtigt worden. KLEINBECK und SCHMIDT (1979) haben die freie Wahl von Aufgaben bei Lehrlingen in der Ausbildung erfaßt. Sie fanden, daß bei der Gruppe der Erfolgsmotivierten die Wahl von Aufgaben durch die wahrgenommene Instrumentalität der Aufgabenergebnisse für den Ausbildungserfolg insgesamt moderiert wurde: Hängt vom Ergebnis sehr viel für die weitere Laufbahn ab, so bevorzugten auch sie – wie die Gruppe der Mißerfolgsmotivierten – Anspruchsniveaus, die mit Sicherheit zu erreichen sind.

Den Instrumentalitätsgedanken hat im Bereich der Aggressionsforschung insbesondere FESHBACH (1970) aufgegriffen und zur Unterscheidung verschiedener Arten aggressiven Verhaltens herangezogen. Er unterscheidet feindselige und instrumentelle Aggression. Beide Typen von Aggression beziehen sich auf Handlungen, die durch die Absicht, jemanden zu schädigen, getragen werden. Bei der feindseligen Aggression ist die Schädigung selbst das eigentliche intendierte Handlungsziel, bei der instrumentellen Aggression ist die Schädigung instrumentell zur Erlangung anderer, nicht unbedingt aggressionsthematischer Folgen (Geld, Status usw.). THOMPSON und KOLSTOE (1974) fanden besonders ausgeprägte Aggressionen, wenn sie sich als instrumentell für die Erreichung eines nicht aggressionsthematischen Handlungsziels erwiesen und wenn gleichzeitig eine ausgeprägtere Frustration vorausging.

Auf einen weiteren Erwartungstyp, die sog. *Effizienz-Erwartung,* hat BANDURA (1977) aufmerksam gemacht und sie zum Kernstück einer Theorie der «Selbst-Wirksamkeit» *(self-efficacy)* gemacht. Eine Effizienzerwartung bezieht sich auf die Überzeugung, wieweit man überhaupt willens und in der Lage ist, eine Handlung auszuführen, mit der allein das anvisierte Ereignis erreicht werden kann. Die Effizienzerwartung ist konzipiert als eine Variable, die die Aufnahme (Initiation) und die Dauer von Verhalten beeinflußt. Motivationspsychologisch besehen handelt es sich bei der von BANDURA beschriebenen Erwartung um eine komplexe Variable, die sich sowohl auf die Erwartung bezieht, daß man eine Intention bildet, als auch darauf, daß man sie realisieren kann. Sie betrifft also sowohl Sachverhalte der realitäts- als auch der realisierungsorientierten Motivationsphase. In einer Untersuchung von BANDURA und CERVONE (1983) konnte gezeigt werden, daß bei Nicht-Erreichen eines Handlungsziels die Anstrengungssteigerung umso größer war, je höher die Selbst-Effizienz eingeschätzt wurde. Dies gilt dann, wenn die Vpn zugleich Rückmeldungen über den jeweils erreichten Leistungsstand erhielten. Die erwartete Selbst-Effizienz steuert also das realisierungsorientierte Motivationsgeschehen.

HECKHAUSEN (1977, 1981) schließlich hat ein allgemeines Handlungsmodell entworfen, das viele dieser Unterscheidungen aufgreift und in einem umfassenden Modell integriert. Das Modell geht von insgesamt vier verschiedenen Stadien im Handlungsvollzug aus: der Situation, der Handlung, dem erzielten Ergebnis und schließlich den Ergebnisfolgen. Die Zusammenführung der einzelnen Handlungsphasen zu übergeordneten Handlungseinheiten leisten die verschiedenen Erwartungstypen, nämlich im wesentlichen die Handlungs-Ergebnis-, Situations-Ergebnis- und schließlich Ergebnis-Folge-Erwartungen. Sie stellen gleichsam die Verbindung zwischen den einzelnen Stadien her.

Konstrukttheoretisch sind die Erwartungen stets auf die Eintretenswahrscheinlichkeit eines Ereignisses auf vorauslaufende Bedingungen bezogen, sie stellen die erlebnismäßigen Repräsentationen objektiver Wahrscheinlichkeiten dar. Inwieweit jedoch Übereinstimmung zwischen den objektiven Wahrscheinlichkeiten und ihrer subjektiven Repräsentation besteht, ist ein großes Problem für die Forschung. ALLOY und TABACHNIK (1984) sind in umfangreichen Analysen der experimentellen Literatur der Frage nachgegangen, wie präzise und valide denn subjektive Wahrscheinlichkeiten überhaupt sein können. Sie stellen zusammenfassend fest, daß die Kovariationswahrnehmung nur teilweise von den objektiven Wahrscheinlichkeiten abhängig ist und diese nur ungenau abbildet. Kovariationsschätzungen werden gesehen als ein Prozeß, in dem sich bereits bestehende Erwartungen und die momentan verfügbare Information gegenseitig beeinflussen. Die Genauigkeit der Kontingenzwahrnehmung hängt dann ab von der relativen Stärke der beiden Erwartungskomponenten und ihrem Übereinstimmungsgrad.

3.5 Ursachenzuschreibungen und Bewertungen

Kognitive Prozesse beschäftigen sich häufig mit «Warum»- und «Wozu»-Fragen. Es geht um die Zuschreibung von *Gründen* für das Intendieren und um die Zuschreibung von *Ursachen* für die Ergebnisse eigenen und fremden Verhaltens. Wir suchen unsere soziale Umwelt nicht nur einfach zu registrieren, sondern sie auch verstehbar und vorhersehbar zu machen. Diese Tendenz, Ordnung in das Beobachtbare zu bringen sowie Sinn und Kausalstrukturen zwischen Ereignissen herzustellen, ist so durchgängig, daß dahinter ein ganz zentrales zugrundeliegendes Motiv des Menschen, und vielleicht auch der höher organisierten Tiere, vermutet wird (HEIDER, 1958, S. 81; KELLEY, 1967, S. 193).

Man kann diese «Wozu»- und «Warum»-Fragen als ein naives epistemisches Verhalten verstehen, in dem der Organismus bemüht ist, Kenntnisse über sich selbst und die Umwelt in einer Weise zu gewinnen, die ihm ein effizientes Handeln ermöglichen. Die Lösung eines solchen epistemischen Problems besteht in der Gewinnung und Aufbereitung von Informationen in der Weise, daß sie für die Erreichung eines wertbesetzten Handlungsziels möglichst dienlich sind («teleologische Funktionalität»; KRUGLANSKI, 1980).

Die Attributionstheorie hat solche Ursachenzuschreibungen analysiert und klassifiziert. Die wichtigsten Unterscheidungen hat HEIDER (1958) vorgenommen, nämlich die Trennung in solche Ursachen, die in der Person selbst (internal) oder in der Situation liegen (external). Die naive Psychologie macht hier eine grundlegende Unterscheidung, die auch von wissenschaftlichen Verhaltenstheorien übernommen worden ist, nämlich die Differenzierung von Person- und Situationsfaktoren bei der Verhaltenserklärung. Die zweite Unterscheidung betrifft die Einteilung in solche Ursachenelemente, die zeitlich stabil bleiben und solche, die zeitlich variabel sind. Von der Zuschreibung auf stabile oder variable Faktoren hängen im wesentlichen die Möglichkeiten für die Vorhersage zukünftigen Verhaltens ab. Die auf HEIDER (1958) zurückgehende Form der Attributionstheorie hat sich ausschließlich mit jener

Art von Zuschreibungen befaßt, die sich auf die wahrgenommenen Ursachen von Handlungsergebnissen beziehen. Ursachenerklärungen ergeben sich, wenn die Frage nach dem «Warum» gestellt wird. Andere Typen von Attributionstheorien beziehen sich allerdings nicht auf die Ursachen eigenen und fremden Verhaltens, sondern auf Begründungen dafür. Solche Begründungen können nur für motiviertes, intentional gesteuertes Verhalten abgegeben werden. JONES und DAVIS (1965) beziehen sich in ihrer Theorie auf solche Motiv- und Intentionsattribuierungen. Diese Zuschreibungsprozesse nehmen ihren Ausgangspunkt von den beobachtbaren Handlungen und Handlungseffekten. Der Schluß von einem herbeigeführten Handlungseffekt auf eine zugrunde liegende Intention (ein «Motiv») ist dann besonders zwingend, wenn mit einer Handlung nur ein einziger Effekt verbunden ist, der zugleich durch keine andere Handlung herbeizuführen war und wenn darüber hinaus dieser Effekt von dem abweicht, was ansonsten unter gleichen Umständen üblich und erwünscht ist. Solche Intentionsattribuierungen spielen, wie wir noch sehen werden, insbesondere bei der Regelung von sozialen Interaktionen eine Rolle.

WEINER (zusammenfassend: 1972, 1986) hat diese Ideen aufgegriffen und für die Motivationspsychologie fruchtbar gemacht. Dieses geschah zunächst im Rahmen leistungsorientierten Verhaltens (WEINER et al., 1971; 1972). Ausgangspunkt waren Modellvorstellungen vom Erwartung-Wert-Typ, wie sie von ATKINSON (1957, 1964) formuliert worden waren. Diese Modellvorstellungen wurden nun ergänzt durch die Annahme, daß Erwartungen, Erwartungsänderungen und Affekte (Anreize) selbst wieder von Attribuierungen abhängen. Die Stabilitätsdimension soll für die Entstehung und Veränderung von Erwartungen verantwortlich sein, die Lokationsdimension (internal-external) für die Affekte. Schließlich soll dann das Verhalten von den durch die Attribution vermittelten Erwartungen und Affekten abhängig sein. Für diese letzte Annahme, daß die Ursachenzuschreibungen nachfolgendes Verhalten via Erwartung und Affekt (Anreiz) beeinflussen, fehlt allerdings bisher eine überzeugende Befundbasis (s. HECKHAUSEN et al., 1985), wenngleich einige Bestandteile des postulierten Gesamtzusammenhangs relativ gut bestätigt sind (s. u.). Das liegt offenbar daran, daß Attribuierungen während eines Handlungsvollzugs nicht allgegenwärtig sind, sondern nur in bestimmten Phasen einer Handlung und dann auch nur bei bestimmten Typen von Handlungen eine Steuerungsfunktion besitzen. Wir kommen darauf zurück.

Prozesse der Ursachen- und Intentionszuschreibung haben Eingang in eine Reihe von Motivationstheorien gefunden. So wurde beispielsweise in der Aggressionsforschung zunehmend die Frage beachtet, mit welcher Intention jemand, der einen anderen schädigt, seine Handlung unternimmt (TEDESCHI, SMITH & BROWN, 1974) oder, welche Intention ihm aus der Sicht des Geschädigten zugeschrieben wird. Feindselige Aggressionen werden insbesondere durch Ärger-induzierende Bedingungen wie eine Beleidigung, eine Attacke oder Frustration ausgelöst (BERKOWITZ, 1969, 1983; KORNADT, 1981). Die Intensität der Vergeltungsaggression hängt weniger von der erfahrenen Beeinträchtigung ab, sondern eher von dem Ausmaß, in dem die Beeinträchtigung als beabsichtigt und ungerechtfertigt (personabhängig) oder unbeabsichtigt (situationsabhängig) erlebt wird (DYCK & RULE, 1978). Ein differenzierteres Bild der kognitiven Vermittlungsprozesse entwerfen FERGUSON & RULE (1983). Sie gehen von der Vorstellung aus, daß Vergeltungsaggression und Ärgeraffekte davon abhängen, inwieweit ein Aggressor für einen zugefügten Schaden für «kausal-verantwortlich» (causal responsible) gehalten wird in Relation zu dem, was in der Situation erwartet wurde oder eigentlich hätte geschehen sollen (is-ought discrepancy; FERGUSON & RULE, 1983, S. 43). Der Zuschreibung von «kausaler» Verantwortlichkeit läuft ein kognitiver Prozeß voraus, in dem geprüft und gewichtet wird, wieweit der Aggressor absichtlich, gerechtfertigt und in Voraussicht der eingetretenen Folgen gehandelt hat.

Auch in die Analyse des Hilfehandelns sind zunehmend Ursachenzuschreibungen einbezogen worden. Vor allem bei der Entscheidung, ob jemandem, der sich in einer Notlage befindet, geholfen werden soll oder nicht, setzen solche Überlegungen ein. Wie bereits bei der

Aggression, so spielen neben den Ursachen, die für die eigene Lage verantwortlich gemacht werden, auch die vermuteten Intentionen des Handlungspartners eine herausgehobene Rolle (ICKES & KIDD, 1976). Eine Reihe von empirischen Untersuchungen wiesen zunächst auf die Rolle der Lokationsdimension (internal-external) hin. ICKES, KIDD und BERKOWITZ (1976) fanden eine erhöhte Hilfsbereitschaft, wenn man die erreichbaren Handlungsergebnisse mit der eigenen Fähigkeit (internal) in Verbindung bringen konnte und die Notlage des anderen externale Ursachen hatte. Entscheidender noch als die Frage nach der Lokationsdimension ist die Frage nach der Kontrollierbarkeit, d.h. in welchem Ausmaß der Hilfsbedürftige seine Notlage selbst verschuldet hat. Hilfeleistung wurde dann angeboten, wenn die Notlage auf Faktoren zurückging, die der Hilfsbedürftige nicht kontrollieren konnte (z.B. ein körperliches Gebrechen, mangelnde Fähigkeit); sie unterblieb hingegen, wenn die Notlage auf kontrollierbare Faktoren zurückging, wie z.B. bei Trunkenheit oder mangelnder Anstrengung (BARNES, ICKES & KIDD, 1979).

MEYER und MULHERIN (1980) und WEINER (1980) arbeiteten mit Szenarien, in denen die beiden Ursachendimensionen Internal-External und Zeitstabilität komplett mit der Kontrollierbarkeit kombiniert wurden. Nach diesen Befunden hat die wahrgenommene Kontrollierbarkeit der Ursachen einer Notlage den stärksten Einfluß auf die Hilfsbereitschaft. Hilfeleistungen unterblieben besonders dann, wenn die wahrgenommenen Ursachen für die Notlage internal und kontrollierbar waren.

Im Bereich leistungsorientierten Verhaltens wurden unterschiedliche Muster der Attribuierung auch mit den beiden Motivgruppen in Zusammenhang gebracht. Es wurde die Hypothese aufgestellt, daß Erfolgsmotivierte sich insbesondere für ihre Erfolge verantwortlich fühlen und diese auf eigene Begabung und hohe Anstrengung zurückführen. Mißerfolgsmotivierte sollten sich insbesondere für ihre Mißerfolge verantwortlich fühlen und diese auf nicht vorhandene Begabung zurückführen. Von der wichtigen Rolle, die den Attribuierungen in diesem Modell zugewiesen wurde, ist das Leistungsmotiv nachträglich umdefiniert worden, nämlich als «die Fähigkeit (capacity), Erfolge als durch internale Faktoren, speziell Anstrengung, verursacht wahrzunehmen» (WEINER et al., 1971, S. 18). Wenn auch diese Fähigkeit nicht zu bezweifeln ist, so bleibt die Frage nach dem, was denn zum Gebrauch dieser Fähigkeit motivieren soll, offen; daß leistungsbezogene Aktivitäten nur deshalb aufgenommen oder unterlassen werden, um Attributionsvorgänge einer bestimmten Art ablaufen lassen zu können, ist wenig einleuchtend (s. HECKHAUSEN et al., 1985).

Annahmen über die Zusammenhänge von Attribuierungen, Erwartungen und Affekten bilden den Kern der attributionstheoretischen Neufassung einer Erwartung-Wert-Theorie (s.o.). In den WEINERschen Formulierungen werden Erwartungsänderungen von der Stabilität der Attribuierung abhängig gemacht. Das ist zunächst auch plausibel, denn wenn die kausalen Determinanten eines Ereignisses stabil bleiben, muß eine anfängliche Erfolgserwartung nach einem Mißerfolg gesenkt, nach einem Erfolg eher angehoben werden. Wenn die kausalen Determinanten hingegen variabel sind, kann man die anfänglichen Zielerwartungen in etwa beibehalten. Trotz ihrer Plausibilität fehlt diesen Annahmen bislang eine empirische Stützung (s. HECKHAUSEN et al., 1985), allenfalls hat sich bisher ein Zusammenhang mit der Höhe der Zielerwartung nachweisen lassen.

Die Zusammenhänge zwischen Attribuierungen und Affekten in leistungsbezogenen Situationen sind ebenfalls komplexer Natur. So zeigte sich in einer Untersuchung von SCHMALT (1979), in der die Vpn Serien von erwartungskonformen und erwartungswidrigen Erfolgen und Mißerfolgen erlebten, daß die im engeren Sinne leistungsthematischen Affekte Stolz und Scham (ATKINSON, 1964) erlebt wurden, wenn erwartungskonforme Erfolge auf hohe Anstrengung und erwartungswidrige Mißerfolge auf mangelnde Begabung zurückgeführt wurden. Daraus läßt sich folgern, daß – den Vorhersagen entsprechend – die leistungsbezogenen Affekte mit internalen Ursachenelementen zusammenhängen, aber auch Merkmale des Ereignisses selbst, auf das sich die Attribuierungen beziehen (hier: Erfolg/Mißerfolg; erwartungskonform/erwartungswidrig), die Zusammenhänge zwischen Attribution und Affekt moderieren.

Eine langlebige, wenn auch inzwischen als nur bedingt gültig erkannte Theorie, das Verhältnis von Ursachenzuschreibung und Emotion betreffend, haben SCHACHTER und SINGER (1962) formuliert. Sie haben an den Emotionen eine kognitive Komponente und eine unspezifische physiologische Erregungskomponente unterschieden und die Ansicht vertreten, daß ein unspezifischer Erregungszustand, um als eine spezifische Emotion erlebt zu werden, ursachenanalytisch aufgehellt sein muß. Anders gesagt: Erst wenn die Ursachen für eine Erregung bekannt sind, können sich spezifische Emotionen bilden (vgl. Kap. 7, Emotionen). Eine Bewertung dieser Theorie anhand der verfügbaren Literatur hat REISENZEIN (1983) vorgenommen. Danach ist die Beziehung zwischen der Erregungskomponente und der Emotion sehr viel schwächer, als von der Theorie behauptet wird. Allerdings kann eine Rückmeldung über den Zustand der Erregung emotionale Erfahrungen intensivieren, auch kann die Beziehung zwischen Erregung und Emotion durch attributionale Prozesse modifiziert werden.

WEINER (1972; WEINER et al., 1971) hat die Modellvorstellung einer von den kognitiven Bewertungsvorgängen zu den emotionalen Erfahrungen verlaufenden Beeinflussung auf den Fall leistungsmotivierten Verhaltens übertragen und die Entstehung von leistungsthematischen Affekten von einer internalen Zuschreibung von Erfolg und Mißerfolg abhängig gemacht. Internale Ursachenzuschreibungen sollen die affektiven Konsequenzen eigenen Handelns maximieren (s. o.). WEINER, RUSSEL und LERMAN (1978, 1979) haben diese Modellvorstellungen in Richtung auf ein Drei-Stadien-Modell erweitert, in dem Emotionen zwar auch von kognitiven Einstellgrößen, aber nicht ausschließlich von Ursachenzuschreibungen abhängig gemacht werden. Zunächst werden Handlungsergebnisse als Erfolge oder Mißerfolge bewertet, was nichtattributional vermittelte Affekte entstehen lassen soll (z. B. Freude und Enttäuschung). Danach sollen Ursachenanalysen für die aufgetretenen Handlungsergebnisse einsetzen, die wiederum spezielle, für die einzelnen Ursachenelemente typische Affekte nach sich ziehen. In einem dritten Stadium schließlich werden Attribuierungen unter dem dimensionalen Aspekt (internal – external) betrachtet und daraufhin analysiert, inwieweit aus ihnen Selbstbewertungskonsequenzen abzuleiten sind. In diesem letzten Stadium entstehen schließlich Selbstbewertungsaffekte. Sie sollen für die Aufrechterhaltung und Stabilisierung des gesamten Motivsystems sorgen (s. u.).

Die Frage nach der Bewertung einer Handlung nach gelungener oder mißlungener Absichtsrealisierung, die ja in der durch Ursachenzuschreibungen vermittelten Emotion bestehen soll, muß differenziert beantwortet werden. Nach der hier entwickelten Sichtweise greifen Emotionen schon relativ «früh» in den Prozeß der Informationsverarbeitung ein und beeinflussen damit auch die nachfolgenden *bewußten «kognitiven»* Prozesse wie die Ursachenzuschreibungen. Dies wird durch Befunde bestätigt, die zeigen, daß durch die Schaffung eines Selbstbezugs – ein Vorgang, der die Bewußtwerdung mentaler Prozesse initiiert – Ursachenzuschreibungen besonders emotional («hedonistisch») verzerrt werden und weniger im Dienste der Wirklichkeitsabbildung als vielmehr im Dienste der Schaffung oder Aufrechterhaltung eines möglichst vorteilhaften Selbstwerts stehen (MILLER, NORMAN & WRIGHT, 1978; MONSON, 1983). Andererseits sind auch die Abhängigkeiten bewußter emotionaler Erlebnisse von Ursachenzuschreibungen gut belegt (WEINER et al., 1978, 1979). Es liegt deshalb nahe, zwischen der Emotion und ihrer bewußten Elaboration, d. h. dem Erlebnis einer Emotion, zu trennen (EPSTEIN, 1983; WALLBOTT & SCHERER, 1985) und eine Abhängigkeit der Emotionen von Ursachenzuschreibungen nur für die *Emotionserlebnisse* einzuräumen. Ursachenzuschreibungen sind in der Vergangenheit häufig in der Rolle des allgegenwärtigen Begleiters und Leiters des Motivationsgeschehens gesehen worden. Sie wurden zum Kernstück der erweiterten Erwartung-Wert-Theorie und haben sich auch als Vermittler einer Reihe weiterer Prozesse als so wichtig erwiesen, daß, auf sie aufbauend, bereits die Entstehung einer völlig neuen Art von Motivationstheorie in Sichtweite zu geraten schien (WEINER, 1982, S. 163, 1986). Aus der Perspektive des hier skizzierten Modells muß einiges davon relativiert werden. So haben Ursachenzuschreibungen vor allem ihren Platz in der postaktionalen Motivationsphase, wenn es darum geht, ein Handlungsergebnis zu bewerten und über das weitere Schicksal der die Handlung tragenden Handlungstendenz (Intention) zu entscheiden. Sie stehen primär im Dienste der Absichtsrealisierung und greifen vornehmlich dann ein, wenn es zu unerwarteten Unterbrechungen kommt oder gar ein Scheitern der Handlung droht. Eine solche, die Bedeutung von Ursachenzuschreibungen einschränkende Betrachtung, wird gestützt durch Befunde, nach denen Ursachenzuschreibungen *spontan* im Erleben nur dann auftreten, wenn es zu unerwarteten Unterbrechungen im Handlungsverlauf kommt (Pyszczynski & Greenberg, 1981; Wong & Weiner, 1981; Weiner, 1985).

Wenngleich auch Ursachenzuschreibungen nicht permanent während eines Handlungsablaufs auftreten, so hat doch die Tatsache, daß sie an einigen herausgehobenen Stellen das Motivations- und Volitionsgeschehen ganz wesentlich beeinflussen, zu weitreichenden theoretischen Konsequenzen geführt. Diese theoretische Konzeption wurde zunächst für den Fall leistungsorientierten Verhaltens entwickelt und führte zu einer Auffassung, in der ein Motiv als ein Selbstbewertungssystem angesehen wurde (Heckhausen, 1978, 1980). Diese Überlegungen basierten auf zwei Voraussetzungen. Erstens, daß Erfolgs- und Mißerfolgsmotivierte unterschiedliche Voreingenommenheiten beim Gebrauch von Attribuierungen von Erfolg und Mißerfolg aufweisen. Erfolgsmotivierte sollen relativ zu den Mißerfolgsmotivierten Erfolge mehr mit guter eigener Begabung und Mißerfolge weniger mit mangelnder Begabung als vielmehr mit mangelnder Anstrengung sowie mit externalen Ursachen in Zusammenhang bringen, während die Mißerfolgsmotivierten vor allem ihre Mißerfolge mit mangelnder Begabung und ihre Erfolge mit externalen Ursachen erklären (s.o.). Diese Attribuierungsasymmetrien haben dann zweitens unterschiedliche Affektkonsequenzen insofern, als sie für die Erfolgsmotivierten auch angesichts gleicher Handlungsergebnisse zu einer vergleichsweise günstigeren Selbstbewertungsbilanz, d.h. zu einer vergleichsweise positiveren Affektbilanz führen (s.o.). Dies führt dann dazu, daß beide Motivgruppen beständig ihr durch ein voreingenommenes Selbstbewertungsverhalten gekennzeichnetes Motivsystem bestätigen und damit langfristig aufrechterhalten und stabilisieren. Diese Konzeption, die bereits in Teilen empirisch erhärtet ist (Heckhausen, 1978), liefert zugleich auch eine befriedigende Erklärung für die oft langandauernde z.T. auch lebenslange Stabilität des Motivsystems und dessen Änderungsresistenz. Sie ist zugleich auch eine anschauliche Präzisierung des oben beschriebenen Sachverhalts motivgebundener Eigenarten des Informationsverarbeitungsprozesses.

Literaturverzeichnis

Abramson, L.Y., Seligman, M.E.P. & Teasdale, J.D. (1978). Learned helplessness in humans: Critique and reformulation. *Journal of Abnormal Psychology, 87,* 49–74.

Ach, N. (1905). *Über die Willenstätigkeit und das Denken.* Göttingen: Vandenhoeck und Ruprecht.

Ach, N. (1910). *Über den Willensakt und das Temperament.* Leipzig: Quelle und Meyer.

Ach, N. (1935). Analyse des Willens. In E. Abderhalden (Hrsg.), *Handbuch der biologischen Arbeitsmethoden* (Bd. 6). Berlin: Urban & Schwarzenberg.

Alloy, L.B. & Tabachnik, N. (1984). Assessment of covariation by humans and animals: The joint influence of prior expectations and current situational information. *Psychological Review, 91,* 112–149.

Amelang, M. & Bartussek, D. (1981). *Differentielle Psychologie und Persönlichkeitsforschung.* Stuttgart: Kohlhammer.

Atkinson, J.W. (1957). Motivational determinants of risk-taking behavior. *Psychological Review, 64,* 359–372.

Atkinson, J.W. (1964). *An introduction to motivation.* Princeton, N.J.: Van Nostrand.

Atkinson, J.W. & Birch, D. (1970). *The dynamics of action.* New York: Wiley.

Atkinson, J.W. & Birch, D. (1978). *An introduction to motivation* (Rev. ed.). New York: Van Nostrand.

Atkinson, J.W. & Feather, N.T. (1966). Review and appraisal. In J.W. Atkinson & N.T. Feather (Eds.), *A theory of achievement motivation* (pp. 327–370). New York: Wiley.

Atkinson, J.W. & Litwin, G.H. (1960). Achievement motive and test anxiety conceived as motive to approach success and motive to avoid failure. *Journal of Abnormal and Social Psychology, 60,* 52–63.

Atkinson, J.W. & Raynor, J.O. (Eds.). (1974).

Motivation and achievement. Washington, D.C.: Winston.

Baars, B.J. (1983). Conscious contents provide the nervous system with coherent, global information. In R.J. Davidson, G.E. Schwartz & D. Shapiro (Eds.)., *Consciousness and self-regulation. Advances in research and theory* (Vol.3, pp.41-79). New York: Plenum Press.

Baars, B.J. (1986). *The cognitive revolution in psychology*. New York: The Guilford Press.

Bandura, A. (1977). Self-efficacy: Toward a unifying theory of behavioral change. *Psychological Review, 84,* 191-215.

Bandura, A. & Cervone, D. (1983). Self-evaluative and self-efficacy mechanisms governing the motivational effects of goal systems. *Journal of Personality and Social Psychology, 45,* 1017-1028.

Barnes, R.S., Ickes, W. & Kidd, R.F. (1979). Effects of the perceived intentionality and stability of another's dependency on helping behavior. *Personality and Social Psychology Bulletin, 5,* 367-372.

Bem, D.J. (1972). Constructing cross-situational consistencies in behavior: Some thoughts on Alker's critique of Mischel. *Journal of Personality, 40,* 17-26.

Bem, D.J. (1983). Further déjà vu in the search for cross-situational consistency: A response to Mischel and Peake. *Psychological Review, 90,* 390-393.

Bem, D.J. & Allen, A. (1974). On predicting some of the people some of the time: The search for cross-situational consistencies in behavior. *Psychological Review, 81,* 506-520.

Berkowitz, L. (1969). The frustration-aggression hypothesis revisited. A re-examination of the frustration-aggression hypothesis. In L. Berkowitz (Ed.), *Roots of aggression* (pp.1-28). New York: Aldine-Atherton.

Berkowitz, L. (1983). The experience of anger as a parallel process in the display of impulsive, «angry» aggression. In R.G. Geen & E.I. Donnerstein (Eds.), *Aggression. Theoretical and empirical reviews.* Theoretical and methodological issues. (Vol.1, pp.103-133). New York: Academic Press.

Berlyne, D.E. (1960). *Conflict, arousal, and curiosity*. New York: McGraw-Hill.

Birenbaum, G. (1930). Das Vergessen einer Vornahme. *Psychologische Forschung, 13,* 218-284.

Bolles, R.C. (1972). Reinforcement, expectancy, and learning. *Psychological Review, 79,* 394-409.

Bolles, R.C. (1974). Cognition and motivation: Some historical trends. In B. Weiner (Ed.), *Cognitive views of human motivation* (pp.1-20). New York: Academic Press.

Bolles, R.C. (1975). *Theory of motivation* (2. Auf.). New York: Harper & Row.

Bower, G.H. & Cohen, P.R. (1982). Emotional influences in memory and thinking: Data and theory. In M.S. Clark & S.T. Fiske (Eds.), *Affect and cognition. The Seventeenth Annual Carnegie Symposium on Cognition* (pp.291-331). Hillsdale, N.J.: Erlbaum.

Brown, J.S. (1961). *The motivation of behavior.* New York: McGraw-Hill.

Carver, C.S. & Scheier, M.F. (1984). Self-focused attention in test anxiety: A general theory applied to a specific phenomenon. In H.M. van der Ploeg, R. Schwarzer & C.D. Spielberger (Eds.), *Advances in test anxiety research,* (Vol.3, pp.3-20). Lisse: Swets and Zeitlinger.

Cooper, W.H. (1983). An achievement motivation nomological network. *Journal of Personality and Social Psychology, 44,* 841-861.

Crespi, L.P. (1942). Quantitative variation of incentive and performance in the white rat. *American Journal of Psychology, 55,* 467-517.

Dashiell, J.F. (1928). *Fundamentals of objective psychology*. Boston: Houghton-Mifflin,

Diener, C.I. & Dweck, C.S. (1978). An analysis of learned helplessness: Continuous changes in performance, strategy, and achievement cognitions following failure. *Journal of Personality and Social Psychology, 36,* 451-462.

Dyck, R.J. & Rule, B.G. (1978). Effect on retaliation of causal attributions concerning attack. *Journal of Personality and Social Psychology, 36,* 521-529.

Epstein, S. (1983). The unconscious, the preconscious, and the self-concept. In J. Suls & A.G. Greenwald (Eds.), *Psychological perspectives on the self* (Vol.2, pp.219-247). Hillsdale, N.J.: Erlbaum.

Feather, N.T. (1961). The relationship of persistence at a task to expectation of success and achievement related motives. *Journal of Abnormal and Social Psychology, 63,* 552-561.

Feather, N.T. (1982a). *Expectations and actions: Expectancy-value models in psychology.* Hillsdale, N.J.: Erlbaum.

Feather, N.T. (1982b). Actions in relation to expected consequences: An overview of a research program. In N.T. Feather (Ed.), *Expectations and actions: Expectancy-value models in psychology,* (pp.53-95). Hillsdale, N.J.: Erlbaum.

Ferguson, T.J. & Rule, B.G. (1983). An attributional perspective on anger and aggression. In R.G. Geen & E.I. Donnerstein (Eds.), *Aggression. Theoretical and empirical reviews.* Theoretical and methodological issues (Vol.1, pp.41-74). New York: Academic Press.

Feshbach, S. (1970). Aggression. In P.H. Mussen (Ed.), *Carmichael's manual of child psychology* (Vol.2, pp.159-259). New York: Wiley.

Festinger, L. (1942). A theoretical interpretation of shifts in level of aspiration. *Psychological Review, 49,* 235-250.

GEEN, R.G., RAKOSKY, J.J. & PIGG, R. (1972). Awareness of arousal and its relation to aggression. *British Journal of Social and Clinical Psychology, 11,* 115-121.

GRAEFE, O. (1961). Über Notwendigkeit und Möglichkeit der psychologischen Wahrnehmungslehre. *Psychologische Forschung, 26,* 262-298.

HAMILTON, V. (1983). *The cognitive structures and processes of human motivation and personality.* New York: Wiley.

HARTSHORNE, H. & MAY, M.A. (1928). *Studies in the nature of character.* Vol.I Studies in deceit. New York: Macmillan.

HARTSHORNE, H. & MAY, M.A. (1929). *Studies in the nature of character.* Vol.II Studies in service and selfcontrol. New York: Macmillan.

HECKHAUSEN, H. (1963). *Hoffnung und Furcht in der Leistungsmotivation.* Meisenheim: Hain.

HECKHAUSEN, H. (1977). Achievement motivation and its constructs: A cognitive model. *Motivation and Emotion, 1,* 283-329.

HECKHAUSEN, H. (1978). Selbstbewertung nach erwartungswidrigem Leistungsverlauf: Einfluß von Motiv, Kausalattribution und Zielsetzung. *Zeitschrift für Entwicklungspsychologie und Pädagogische Psychologie, 10,* 191-216.

HECKHAUSEN, H. (1980). *Motivation und Handeln.* Heidelberg: Springer.

HECKHAUSEN, H. (1981). Ein kognitives Motivationsmodell und die Verankerung von Motivkonstrukten. In H.Lenk (Hrsg.), *Handlungstheorien interdisziplinär III* (pp.283-352). München: Fink.

HECKHAUSEN, H. (1982). Task-irrelevant cognitions during an exam: Incidence and effects. In H.W. Krohne & L.Laux (Eds.), *Achievement, stress, and anxiety* (pp.247-274). Washington: Hemisphere.

HECKHAUSEN, H. (1987). Intentionsgeleitetes Handeln und seine Fehler. In H.Heckhausen, P.M. Gollwitzer & F.E.Weinert (Hrsg.), *Jenseits des Rubikon: Der Wille in den Humanwissenschaften* (S.143-175). Berlin: Springer.

HECKHAUSEN, H. & GÖTZL, H. (in Vorb.). *Vorwort zu «Vorsatz, Wille und Bedürfnis» Band 5 der Werkausgabe Kurt Lewin. Dynamische Theorie der Persönlichkeit.* Bern: Huber und Stuttgart: Klett-Cotta.

HECKHAUSEN, H. & GOLLWITZER, P.M. (1987). Thought contents and cognitive functioning in motivational vs. volitional states of mind. *Motivation and Emotion, 11,* 101-120.

HECKHAUSEN, H. & KUHL, J. (1985). From wishes to action: The dead ends and short cuts on the long way to action. In M.Frese & J.Sabini (Eds.), *Goal-directed behavior: Psychological theory and research on action* (S.134-160). Hillsdale, N.J.: Erlbaum.

HECKHAUSEN, H. & RHEINBERG, F. (1980). Lernmotivation im Unterricht, erneut betrachtet. *Unterrichtswissenschaft, 8,* 7-47.

HECKHAUSEN, H., SCHMALT, H.-D. & SCHNEIDER, K. (1985). *Achievement motivation in perspective.* New York: Academic Press.

HECKHAUSEN, H. & STRANG, H. (1987). *Basketball player's efficiency under maximal performance demands: Exertion control, an individual-difference variable?* München: Max-Planck-Institut für psychologische Forschung.

HECKHAUSEN, H., STRANG, H., SCHIRMER, K.R. & JANSSEN, J.-P. (1987). Die Wirkung einer vorangehenden Leistungserfahrung auf die Energiemobilisierung und deren Effizienz im Hochleistungsrudern. In W.Fritsch, H.Lenk & V.NOLTE (Hrsg.), *Rudern im Spiegel der Wissenschaft.* Hannover: Deutscher Ruderverband.

HECKHAUSEN, H. & WEINER, B. (1972). The emergence of a cognitive psychology of motivation. In P.C.Dodwell (Ed.), *New horizons in psychology* (Vol.2, pp.126-147). London: Penguin.

HEIDER, F. (1958). *The psychology of interpersonal relations.* New York: Wiley.

HERRMANN, TH. (1969). *Lehrbuch der empirischen Persönlichkeitsforschung.* Göttingen: Hogrefe.

HILGARD, E.R. (1963). Motivation in learning theory. In S.Koch (Ed.), *Psychology. A study of a science.* (Vol.5, pp.253-283). New York: McGraw-Hill.

HILLGRUBER, A. (1912). *Fortlaufende Arbeit und Willensbetätigung.* Diss., Phil.Fak. d. königlichen Albertus-Universität zu Königsberg i.Pr.

HULL, C.L. (1931). Goal attraction and directing ideas conceived as habit phenomena. *Psychological Review, 38,* 487-506.

HULL, C.L. (1943). *Principles of behavior.* New York: Appleton-Century-Crofts.

HULL, C.L. (1952). *A behavior system: An introduction to behavior theory concerning the individual organism.* New Haven: Yale University Press.

ICKES, W.J. & KIDD, R.F. (1976). An attributional analysis of helping behavior. In J.H.Harvey, W.J.Ickes & R.F.Kidd (Eds.), *New directions in attribution research,* (Vol.1, pp.311-334). Hillsdale, N.J.: Erlbaum.

ICKES, W.J., KIDD, R.F. & BERKOWITZ, L. (1976). Attributional determinants of monetary helpgiving. *Journal of Personality, 44,* 163-178.

JONES, E.E. & DAVIS, K.E. (1965). From acts to dispositions: The attribution process in person perception. In L.Berkowitz (Ed.), *Advances in Experimental Social Psychology,* (Vol.2, pp.219-266). New York: Academic Press.

KARABENICK, S.A. & YOUSSEF, Z.I. (1968). Performance as a function of achievement motive level and perceived difficulty. *Journal of Personality and Social Psychology, 10,* 414-419.

KELLEY, H.H. (1967). Attribution theory in social

psychology. In D. Levine (Ed.), *Nebraska Symposium on Motivation,* (pp. 192–238). Lincoln: University of Nebraska Press.

KLEINBECK, U. & SCHMIDT, K.-H. (1979). Aufgabenwahl im Ernstfall einer betrieblichen Ausbildung: Instrumentalitätstheoretische Ergänzung zum Risikowahlmodell. *Zeitschrift für Entwicklungspsychologie und Pädagogische Psychologie, 11,* 1-11.

KORNADT, H.-J. (1981). Die Entwicklung der Frustrations- und der Aggressionsforschung. In H.-J. Kornadt (Hrsg.), *Aggression und Frustration als psychologisches Problem* (S. 3–59). Darmstadt: Wissenschaftliche Buchgesellschaft.

KRUGLANSKI, A.W. (1980). Lay epistemo-logic-process and contents: Another look at attribution theory. *Psychological Review, 87,* 70–87.

KUHL, J. (1981). Motivational and functional helplessness: The moderating effect of state versus action orientation. *Journal of Personality and Social Psychology, 40,* 155–170.

KUHL, J. (1983). *Motivation, Konflikt und Handlungskontrolle.* Berlin: Springer.

KUHL, J. & ATKINSON, J.W. (1986). *Motivation, thought and action. Personal and situational determinants.* New York: Praeger.

KUHL, J. & BLANKENSHIP, V. (1979a). The dynamic theory of achievement motivation: From episodic to dynamic thinking. *Psychological Review, 86,* 141–151.

KUHL, J. & BLANKENSHIP, V. (1979b). Behavioral change in a constant environment: Shift to more difficult tasks with constant probability of success. *Journal of Personality and Social Psychology, 37,* 551–563.

LAZARUS, R.S. (1984). On the primacy of cognition. *American Psychologist, 39,* 124–129.

LEEPER, R.W. (1965). Some needed developments in the motivational theory of emotions. In D. Levine (Ed.), *Nebraska Symposium on Motivation,* (pp. 25–122). Lincoln: University of Nebraska Press.

LEVENTHAL, H. (1982). The integration of emotion and cognition: A view from the perceptual-motor theory of emotion. In M.S. Clark & S.T. Fiske (Eds.), *Affect and cognition. The Seventeenth Annual Carnegie Symposium on Cognition,* (pp. 121–156). Hillsdale, N.J.: Erlbaum.

LEWIN, K. (1926). Untersuchungen zur Handlungs- und Affektpsychologie. II. Vorsatz, Wille und Bedürfnis. *Psychologische Forschung, 7,* 330–385.

LEWIN, K. (1935). *Dynamic theory of personality. Selected papers.* New York: McGraw-Hill.

LEWIN, K. (1938). *The conceptual representation and the measurement of psychological forces.* Durham, N.C.: Duke University Press.

LEWIN, K., DEMBO, T., FESTINGER, L. & SEARS, P. (1944). Level of aspiration. In J. Mc. V. Hunt (Ed.), *Personality and the behavior disorders,* (pp. 333–378). New York: Ronald.

LINDWORSKY, J. (1919). *Der Wille, seine Erscheinung und seine Beherrschung.* Leipzig: Barth.

LINDWORSKY, J. (1922). *Experimentelle Psychologie. Band V der Philosophischen Handbibliothek* (2. Aufl.). München: Kösel & Pustet.

LINDWORSKY, J. (1923). *Der Wille, seine Erscheinung und seine Beherrschung* (3. erw. Aufl.). Leipzig: Barth.

LISSNER, K. (1933). Die Entspannung von Bedürfnissen durch Ersatzhandlungen. *Psychologische Forschung, 18,* 218–250.

LITWIN, G.H. (1966). Achievement motivation, expectancy of success, and risk-taking behavior. In J.W. Atkinson & N.T. Feather (Eds.), *A theory of achievement behavior,* (pp. 103–115). New York: Wiley.

LOCKE, E.A. (1968). Towards a theory of task motivation and incentives. *Organizational Behavior and Human Performance, 3,* 218–250.

LOCKE, E.A., SHAW, K.N., SAARI, L.M. & LATHAM, G.P. (1981). Goal setting and task performance: 1969–1980. *Psychological Bulletin, 90,* 125–152.

MACCORQUODALE, K. & MEEHL, P.E. (1953). Preliminary suggestions as to a formalization of expectancy theory. *Psychological Review, 60,* 55–63.

MAGNUSSON, D. & ENDLER, N.S. (1977). Interactional psychology: Present status and future prospects. In D. Magnusson & N.S. Endler (Eds.), *Personality at the crossroads: Current issues in interactional psychology,* (pp. 3–31). Hillsdale, N.J.: Erlbaum.

MAHLER, W. (1933). Ersatzhandlungen verschiedenen Realitätsgrades. *Psychologische Forschung, 18,* 27–89.

MANDLER, G. (1975). Memory storage and retrieval: Some limits on the reach of attention and consciousness. In P.M.A. Rabbit & S. Dornic (Eds.), *Attention and performance* (V, pp. 499–516). London: Academic Press.

MANDLER, G. (1984). The construction and limitation of consciousness. In V. Sarris & A. Parducci (Eds.), *Perspecitves in psychological experimentation: Toward the year 2000,* (pp. 109–126). Hillsdale, N.J.: Erlbaum.

MANDLER, G. & SARASON, S.B. (1952). A study of anxiety and learning. *Journal of Abnormal and Social Psychology, 47,* 166–173.

MARCEL, A.J. (1983). Conscious and unconscious perception: An approach to the relations between phenomenal experience and perceptual processes. *Cognitive Psychology, 15,* 238–300.

MCCLELLAND, D.C., ATKINSON, J.W., CLARK, R.A. & LOWELL, E.L. (1953). *The achievement motive.* New York: Appleton-Century-Crofts.

MEUMANN, E. (1908). *Intelligenz und Wille.* Leipzig: Quelle & Meyer.

MEYER, J.P. & MULHERIN, A. (1980). From attribution to helping: An analysis of the mediating effects of affect and expectancy. *Journal of Personality and Social Psychology, 39,* 201–210.

MICHOTTE, A. & PRÜM, N. (1910). Etude expérimentale sur le choix volontaire et ses antécédents immédiats. *Archives de Psychologie, 10,* 119–299.

MILLER, N.E. (1951). Learnable drives and rewards. In S.S. Stevens (Ed.), *Handbook of experimental psychology,* (pp.435–472). New York: Wiley.

MILLER, D.T., NORMAN, S.A. & WRIGHT, E. (1978). Distortion in person perception as a consequence of the need for effective control. *Journal of Personality and Social Psychology, 36,* 598–607.

MISCHEL, W. (1968). *Personality and assessment.* New York: Wiley.

MISCHEL, W. (1973). Toward a cognitive social learning reconceptualization of personality. *Psychological Review, 80,* 252–283.

MISCHEL, W. (1984). Convergences and challenges in the search for consistency. *American Psychologist, 39,* 351–364.

MISCHEL, W. & PATTERSON, C.J. (1976). Substantive and structural elements of effective plans for self-control. *Journal of Personality and Social Psychology, 34,* 942–950.

MITCHELL, T.R. (1974). Expectancy models of job satisfaction, occupational preference and effort: A theoretical, methodological and empirical appraisal. *Psychological Bulletin, 81,* 1053–1077.

MONSON, T.C. (1983). Implications of the traits v. situations controversy for differences in the attributions of actors and observers. In J. Jaspars, F.D. Fincham & M. Hewstone (Eds.), *Attribution theory and research: Conceptual developmental and social dimensions,* (pp.293–313). New York: Academic Press.

MOWRER, O.H. (1939). A stimulus-response analysis of anxiety and its role as a reinforcing agent. *Psychological Review, 46,* 553–565.

MOWRER, O.H. (1956). Two-factor learning theory reconsidered, with special reference to secondary reinforcement and the concept of habit. *Psychological Review, 63,* 114–128.

MURRAY, H.A. (1942). *Thematic apperception test.* Cambridge, Mass.: Harvard University Press.

NORMAN, D.A. (1980). Twelve issues for cognitive science. *Cognitive Science, 4,* 1–32.

NUTTIN, J. (1984). *Motivation, planning and action: A relational theory of behavior dynamcis.* Hillsdale, N.J.: Erlbaum.

OLDS, B. & MILNER, P. (1954). Positive reinforcement produced by electrical stimulation of septal area and other regions of rat brain. *Journal of Comparative and Physiological Psychology, 47,* 419–427.

ORVIS, B.R., CUNNINGHAM, J.D. & KELLEY, H.H. (1975). A closer examination of causal inference: The roles of consensus, distinctiveness, and consistency information. *Journal of Personality and Social Psychology, 32,* 605–616.

OVSIANKINA, M. (1928). Die Wiederaufnahme unterbrochener Handlungen. *Psychologische Forschung, 11,* 302–379.

PLUTCHIK, R. (1980). *Emotion: A psychoevolutionary synthesis.* New York: Harper and Row.

POSNER, M.I. & WARREN, R.E. (1972). Traces, concepts and conscious constructions. In A.W. Melton & E. Martin (Eds.), *Coding processes in human memory,* (pp.25–43). Washington, D.C.: Winston.

PRIBRAM, K.H. (1971). *Languages of the brain: Experimental paradoxes and principles in neuropsychology.* Englewood Cliffs, N.J.: Prentice Hall.

PRIBRAM, K.H. (1976). Self-consciousness and intentionality. In G.E. Schwartz & D. Shapiro (Eds.), *Consciousness and self-regulation. Advances in research.* (Vol.1, pp.51–100). New York: Wiley.

PRINZ, W. (1983). *Wahrnehmung und Tätigkeitssteuerung.* Berlin: Springer.

PYSZCZYNSKI, T.A. & GREENBERG, J. (1981). Role of disconfirmed expectancies in the instigation of attributional processing. *Journal of Personality and Social Psychology, 40,* 31–38.

REISENZEIN, R. (1983). The Schachter theory of emotion: Two decades later. *Psychological Bulletin, 94,* 239–264.

RESCORLA, R.A. & SOLOMON, R.L. (1967). Two-process learning theory: Relationships between Pavlovian conditioning and instrumental learning. *Psychological Review, 74,* 151–182.

RULE, B.G. & NESDALE, A.R. (1976). Emotional arousal and aggressive behavior. *Psychological Bulletin, 83,* 851–863.

SARASON, I.G. (1972). Experimental approaches to test anxiety: Attention and the uses of information. In C.D. Spielberger (Ed.), *Anxiety. Current trends in theory and research,* (Vol.2, pp.381–403). New York: Academic Press.

SCHACHTER, S. & SINGER, J.E. (1962). Cognitive, social and physiological determinants of emotional state. *Psychological Review, 69,* 379–399.

SCHERER, K.R. (1984). On the nature and function of emotion: A component process approach. In K.R. Scherer & P. Ekman (Eds.), *Approaches to emotion,* (pp.293–317). Hillsdale, N.J.: Erlbaum.

SCHMALT, H.-D. (1976). *Die Messung des Leistungsmotivs.* Göttingen: Hogrefe.

SCHMALT, H.-D. (1979). Leistungsthematische Kognitionen II: Kausalattribuierungen, Erfolgserwartungen und Affekte. *Zeitschrift für Experimentelle und Angewandte Psychologie, 26,* 509–531.

SCHNEIDER, K. & POSSE, N. (1978a). Subjektive Unsicherheit, Kausalattribuierungen und Aufgabenwahl I. *Zeitschrift für Experimentelle und Angewandte Psychologie, 25,* 302–320.

SCHNEIDER, K. & POSSE, N. (1978b). Subjektive Unsicherheit, Kausalattribuierungen und Aufgabenwahl II. *Zeitschrift für Experimentelle und Angewandte Psychologie,* 1978, *25,* 474–499.

Schneider, K. & Schmalt, H.-D. (1981). *Motivation.* Stuttgart: Kohlhammer.

Selz, O. (1911). Die experimentelle Untersuchung des Willensaktes. *Zeitschrift für Psychologie, 57,* 241-270.

Shallice, T. (1978). The dominant action system: An information-processing approach to consciousness. In K.S. Pope & L. Singer (Eds.), *The stream of consciousness: Scientific investigations into the flow of human experience,* (pp. 117-157). New York: Plenum.

Sorrentino, R.M. & Higgins, E.T. (1986). *The handbook of motivation and cognition: Foundations of social behavior.* New York: Guilford Press.

Spence, K.W. (1951). Theoretical interpretations of learning. In S.S. Stevens (Ed.), *Handbook of experimental psychology* (pp. 690-729). New York: Wiley.

Spence, K.W. (1956). *Behavior theory and conditioning.* New Haven: Yale University Press.

Spence, J.A. & Spence, K.W. (1966). The motivational components of manifest anxiety: Drive and drive stimuli. In C.D. Spielberger (Ed.), *Anxiety and behavior,* (pp. 291-326). New York: Academic Press.

Taylor, J.A. (1953). A personality scale of manifest anxiety. *Journal of Abnormal and Social Psychology, 48,* 285-290.

Tedeschi, J.T., Smith, R.B. & Brown, R.C. (1974). A reinterpretation of research on aggression. *Psychological Bulletin, 81,* 540-562.

Tennen, H. & Eller, S.J. (1977). Attributional components of learned helplessness and facilitation. *Journal of Personality and Social Psychology, 35,* 265-271.

Thompson, R.J., jr., & Kolstoe, R.H. (1974). Physical aggression as a function of strength of frustration and instrumentality of aggression. *Journal of Research in Personality, 7,* 314-323.

Tolman, E.C. (1926). A behavioristic theory of ideas. *Psychological Review, 33,* 352-369.

Tolman, E.C. (1932). *Purposive behavior in animals and men.* New York: Appleton-Century-Crofts.

Tolman, E.C. (1959). Principles of purposive behavior. In S. Koch (Ed.), *Psychology: A study of a science,* (Vol. 2, pp. 92-157). New York: McGraw-Hill.

Vroom, V.H. (1964). *Work and motivation.* New York: Wiley.

Wallbott, H.G. & Scherer, K.R. (1985). Differentielle Situations- und Reaktionscharakteristika in Emotionserinnerungen: Ein neuer Forschungsansatz. *Psychologische Rundschau, 36,* 83-101.

Weiner, B. (1972). *Theories of motivation.* Chicago: Markham.

Weiner, B. (1980). A cognitive (attribution)-emotion-action model of motivated behavior: An analysis of judgments of help-giving. *Journal of Personality and Social Psychology, 39,* 186-200.

Weiner, B. (1982). The emotional consequences of causal attributions. In M.S. Clark & S.T. Fiske (Eds.), *Affect and cognition. The Seventeenth Annual Carnegie Symposium on Cognition,* (pp. 185-209). Hillsdale, N.J.: Erlbaum.

Weiner, B. (1985). «Spontaneous» causal thinking. *Psychological Bulletin, 97,* 74-84.

Weiner, B. (1986). *An attributional theory of motivation and emotion.* New York: Springer.

Weiner, B., Frieze, I., Kukla, A., Reed, L., Rest, S. & Rosenbaum, R.M. (1971). *Perceiving the causes of success and failure.* New York: General Learning Press.

Weiner, B., Heckhausen, H., Meyer, W.-U. & Cook, R.E. (1972). Causal ascriptions and achievement behavior: A conceptual analysis of effort and reanalysis of locus of control. *Journal of Personality and Social Psychology, 21,* 239-248.

Weiner, B., Russell, D. & Lerman, D. (1978). Affective consequences of causal ascriptions. In J.H. Harvey, W.J. Ickes & R.F. Kidd (Eds.), *New directions in attribution research,* (Vol. 2, pp. 59-90). Hillsdale, N.J.: Erlbaum.

Weiner, B., Russell, D. & Lerman, D. (1979). The cognition-emotion process in achievement-related contexts. *Journal of Personality and Social Psychology, 37,* 1211-1220.

Weiner, B. & Schneider, K. (1971). Drive versus cognitive theory: A reply to Boor and Harmon. *Journal of Personality and Social Psychology, 18,* 258-262.

Wine, J. (1971). Test anxiety and direction of attention. *Psychological Bulletin, 76,* 92-104.

Wine, J.D. (1982). Evaluation anxiety: A cognitive-attentional construct. In H.W. Krohne & L. Laux (Eds.), *Achievement, stress, and anxiety,* (pp. 207-219). Washington: Hemisphere.

Wong, P.T.P. & Weiner, B. (1981). When people ask «why» questions, and the heuristics of attributional search. *Journal of Personality and Social Psychology, 40,* 650-663.

Woodworth, R.S. (1918). *Dynamic psychology.* New York: Columbia University Press.

Wundt, W. (1905). *Grundriß der Psychologie* (Siebente verbesserte Auflage). Leipzig: Engelmann.

Wundt, W. (1918). *Einführung in die Psychologie* (Vierter Abdruck). Leipzig: Dürr'sche Buchhandlung.

Zajonc, R.B. (1980). Feeling and thinking: Preferences need no inferences. *American Psychologist, 35,* 151-175.

Zajonc, R.B. (1984). On the primacy of affect. *American Psychologist, 39,* 117-123.

Kapitel 9: Psychomotorik

HERBERT HEUER, Bielefeld

Für hilfreiche Anmerkungen zu einer früheren Fassung dieses Kapitels danke ich ANDREAS ERNST, HANNELORE METZ-BERDELMANN, WOLFGANG PRINZ und HANS SPADA.

Inhaltsverzeichnis

1. Vorbemerkungen

1.1 Mit der Bewegung hört alles auf

Diese erste Überschrift im Kapitel zur Psychomotorik ist fast zwangsläufig, wenn das Kapitel zur Wahrnehmung mit der Überschrift «Mit der Wahrnehmung fängt alles an» beginnt. Zum einen sind Bewegungen in bestimmter Hinsicht das Gegenstück zu Wahrnehmungen: Was immer ein Lebewesen an Information aus der Umwelt aufnimmt – es geschieht durch die Wahrnehmung –, und was immer ein Lebewesen an Information an die Umwelt abgibt – es geschieht mit Hilfe von Bewegungen (abgesehen von einigen vegetativen Erscheinungen wie z. B. dem Erröten oder Schwitzen). Zum anderen ist auch die Lehre von den Bewegungen in gewisser Weise das Gegenstück zur Lehre von der Wahrnehmung: Letztere ist der historische Kern und eins der gewichtigsten Teilgebiete der Allgemeinen Psychologie; Psychomotorik dagegen ist zwar auch ein altes Forschungsgebiet, aber es ist über Jahrzehnte stark vernachlässigt worden. Was sind die Ursachen für dieses geringe Interesse von Psychologen an Bewegungen?

Eine gewichtige Rolle scheinen die vorherrschenden Rahmenvorstellungen zu spielen. Solange sich die Psychologie zum Beispiel in erster Linie als eine Wissenschaft vom Erleben versteht, erscheint die Untersuchung von Bewegungen als Fremdkörper. Auch die behavioristische Richtung hat wenig über die Steuerung von Bewegungen zu sagen. Ein zweiter Grund kann in der – wohl auch unter Psychologen – verbreiteten Auffassung gesehen werden, daß Probleme der Bewegungssteuerung eigentlich gar keine psychologischen Probleme sind. Bewegungen stellen nach dieser Auffassung rein körperliche Vorgänge dar, die nichts mit Psychologie zu tun haben, wenn man von der Entwicklungspsychologie einmal absieht. Sie werden gewissermaßen als «Anhängsel des Seelenlebens» betrachtet. Als drittes schließlich mögen technische Probleme bei der Vernachlässigung der Psychomotorik eine Rolle gespielt haben. Besonders die Aufzeichnung der Verläufe uneingeschränkter Bewegungen ist auch heute noch aufwendig und teuer.

Das dünne Rinnsal psychomotorischer Untersuchungen bis vor etwa 10–20 Jahren betraf zu einem großen Teil angewandte Probleme, z. B. der Übungsgestaltung oder der Vorhersage psychomotorischer Leistungen. Nur selten knüpften die Fragestellungen an Theorien der Allgemeinen Psychologie an. Ausnahmen sind z. B. Experimente aus der Leipziger Schule der Ganzheitspsychologie, aber auch eine Reihe von Untersuchungen zu den Konzepten der reaktiven und konditionierten Hemmung der Hullschen Lerntheorie. Dieses Bild hat sich in der jüngeren Zeit geändert. Markierungspunkte für das wachsende Interesse an der Psychomotorik stellen neben dem Erscheinen neuer spezialisierter Zeitschriften drei von Stelmach herausgegebene Bücher dar (Stelmach, 1976, 1978; Stelmach & Requin, 1980). Mit einiger Verzögerung folgten auch einschlägige Lehrbücher (z. B. Kelso, 1982; Schmidt, 1982; Smyth & Wing, 1984).

1.2 Was erwartet Sie, wenn Sie weiterlesen?

Bewegungen kann man auf unterschiedliche Arten analysieren. Zum einen sind sie physikalisch beschreibbare Änderungen der räumlichen Position verschiedener Körperteile. Man kann z. B. das Problem behandeln, auf welche Weise die Absicht, nach einem Gegenstand zu greifen, tatsächlich ausgeführt wird. Wie sieht die räumliche Bahn der Hand zum Objekt aus? Welche Prozesse liegen dieser Leistung zugrunde? Wie hängt sie mit anderen Funktionen wie z. B. Wahrnehmung oder Vorstellung zusammen? Antworten auf diese Fragen sollten Grundlagen liefern für die Lösung angewandter Probleme etwa im Bereich der Sport-, Arbeits- oder Klinischen Psychologie, und mit solchen Fragen befaßt sich dieses Kapitel.

Eine Vielzahl von Bewegungen kann man aber auch auf eine andere Art beschreiben. Sie stellen nicht nur Änderungen der räumlichen Position von Körperteilen dar, sondern haben gleichzeitig eine Bedeutung. Deutlich wird das beim Tanzen oder Gestikulieren. In einem gewissen Sinne kann man also von einer «Semantik von Bewegungen» sprechen. Dieser Bedeutungsaspekt von Bewegungen wird im folgenden vollständig vernachlässigt werden. Er wird jedoch in Kapitel 7 (Emotionen) behandelt.

Analog der Abhängigkeit der Wahrnehmung vom Aufbau unserer Sinnesorgane hängen auch Bewegungen z.T. vom Aufbau unseres Skeletts und unserer Muskulatur ab. Die folgenden Abschnitte beginnen daher mit einer kurzen Darstellung solcher Muskeleigenschaften, die Konsequenzen für die Eigenschaften von Bewegungen haben. Dann folgt ein längerer Abschnitt über die zentrale Steuerung willkürlicher Bewegungen, in dem grundlegende Konzepte wie das des Bewegungsprogramms eingeführt werden. Da eine einzelne Bewegung selten isoliert auftritt, sondern in der Regel kombiniert mit anderen, betrifft der nächste Abschnitt die Koordination verschiedener Bewegungen.

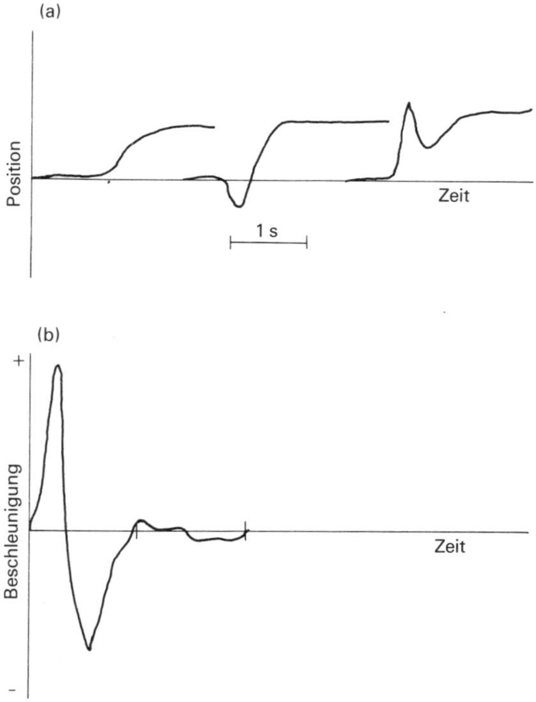

Abbildung 1: Verlaufsmerkmale gezielter Bewegungen. (a) Weg-Zeit-Kurve einer ungestörten Bewegung (links) und zweier Bewegungen, bei denen das bewegte Körperglied kurz vor Bewegungsbeginn vom Ziel weg verlagert wurde (Mitte) oder auf das Ziel hin (rechts; nach Polit & Bizzi, 1979, S.186). (b) Beschleunigungs-Zeit-Kurve (nach Heuer, 1981, S.86).

Einige Bewegungen müssen wir fortlaufend an eine veränderliche Umwelt anpassen – das Dribbeln beim Fußball oder auch der Schlag mit dem Tennisschläger sind Beispiele dafür. Solche Bewegungsmuster werden als offene Fertigkeiten («open skills») bezeichnet. Andere Bewegungen dagegen, die als geschlossene Fertigkeiten («closed skills») bezeichnet werden, finden in einer gleichbleibenden Umwelt statt oder in einer Umwelt, deren Änderungen für den Bewegungsverlauf irrelevant sind, – Beispiele dafür sind das Geräteturnen, das Sprechen oder das Klavierspielen. Der Anpassung von Bewegungen an die wahrgenommene Umwelt und der inneren Repräsentation geschlossener Fertigkeiten sind zwei weitere Abschnitte gewidmet. Als letztes schließlich soll der Zusammenhang zwischen Bewegungen und kognitiven Aktivitäten, insbesondere räumlichen Vorstellungen, besprochen werden. Spätestens nach der Lektüre dieses Abschnitts sollte deutlich geworden sein, daß die Steuerung von Bewegungen kein «Anhängsel des Seelenlebens» ist, sondern ein integrierter Bestandteil.

2. Periphere Mechanismen der Bewegungssteuerung

Eine der einfachsten und im Alltag häufigsten Bewegungen ist die gezielte Bewegung von einer Startposition zu einer Zielposition. Abbildung 1a zeigt links eine typische Weg-Zeit-Kurve, bei der die Position des bewegten Körpergliedes in Abhängigkeit von der Zeit dargestellt ist. Diese Kurve ist in der Regel S-förmig und unsymmetrisch. Die Annäherung an das Ziel erfolgt langsamer als die Entfernung vom Start.

Die Kurven in Abbildung 1a stammen von trainierten Rhesusaffen, deren Ellbogengelenk auf dem Drehpunkt eines horizontalen Hebelarms ruhte. Der Unterarm war mit dem Hebelarm verbunden. Die Position des Hebelarms, die bei dieser Anordnung mit der des Unterarms identisch ist, wird durch einen Winkel an-

gegeben; ein Wert von 0 entspricht der Startposition.
Eine gleichartige Versuchsanordnung wurde bei der Registrierung der Beschleunigungs-Zeit-Kurve in Abbildung 1b verwendet. Allerdings stammt sie von einem Menschen. Diese Kurve erhält man durch zweimalige Ableitung der Weg-Zeit-Kurve nach der Zeit. (Die einmalige Ableitung ergibt die Geschwindigkeits-Zeit-Kurve.) Beschleunigungs-Zeit-Kurven sind vor allem deshalb von Interesse, weil die Beschleunigung der Kraft proportional ist (bzw., wie im Fall von Abb. 1b, die Drehbeschleunigung dem Drehmoment). Zunächst findet sich eine große positive Beschleunigungsphase; sie ist der relativ schnellen Entfernung vom Start zugeordnet. Dann folgt eine länger dauernde Phase negativer Beschleunigung (Bremsphase), deren Maximum kleiner ist und die der langsamen Annäherung an das Ziel zugeordnet ist. Nach diesen beiden Hauptphasen folgen oft weitere Phasen mit sehr viel kleineren Amplituden.
Wie kommen die in Abbildung 1 gezeigten Verlaufsmerkmale gezielter Bewegungen zustande? Man kann zunächst die Auffassung haben, daß sie in allen Einzelheiten das Ergebnis zentraler Steuerung sind und somit Gegenstand der psychologischen Theorienbildung. Die Analogie eines Pendels zeigt aber, daß diese Auffassung sicherlich falsch ist. Die Bewegungen des Pendels hängen nicht nur von den Bewegungen der Hand ab, die das Pendel hält, sondern auch von den mechanischen Eigenschaften des Pendels selbst, z.B. seiner Länge und seinem Gewicht. Bewegungen der Hand entsprechen den zentralen Kommandos an die Muskulatur, das Pendel entspricht der Körperperipherie. Die Analogie zeigt also, daß die Verlaufsmerkmale unserer Bewegungen zu einem Teil durch die mechanischen Eigenschaften von Muskeln und Knochen bestimmt sein dürften.
Pew (1984) betont, daß die Eigenschaften von Bewegungen, die sich auf die Mechanik der Körperperipherie oder auf Leistungen niederer Zentren des Zentralnervensystems zurückführen lassen, keiner psychologischen Theorie bedürfen. Trotzdem sind auch für einen Psychologen rudimentäre Kenntnisse dieser Eigenschaften erforderlich. Er muß wissen, was durch eine psychologische Theorie nicht erklärt werden muß. Welchen Beitrag leistet also die Körperperipherie zur Steuerung von Bewegungen? Zunächst sollen mechanische Eigenschaften von Muskeln betrachtet werden, dann einige Leistungen des Rückenmarks und schließlich die Konsequenzen für Verlaufsmerkmale von Bewegungen.

2.1 Mechanische Eigenschaften von Muskeln

Ein Muskel entwickelt eine Kraft. Diese Kraft hängt unter anderem von seiner Länge ab. Bei zunehmender Länge – der Muskel wird gedehnt – steigt seine Kraft auch dann, wenn er gar nicht aktiv ist. In dieser Hinsicht ist er einem Gummiband ähnlich. Wie stark aber die Kraft des Muskels mit seiner Länge ansteigt, hängt davon ab, wie stark er durch die Motoneurone des Rükkenmarks oder, im Experiment, durch künstliche Reizung aktiviert wird.
Die Abbildung 2 zeigt die Kraft eines Muskels in Abhängigkeit von seiner Länge (Rack & Westbury, 1969; im speziellen Fall handelt es sich um einen Wadenmuskel der Katze). Die verschiedenen Kurven stammen aus Experimenten, in denen der Muskel mit unterschiedlichen Frequenzen gereizt wurde. Bei jeder Reizfrequenz wurde er auf verschiedene Längen gedehnt, und die Kraft wurde gemessen. Bei der kleinsten Frequenz von 3 Imp/s wächst die Kraft erst dann, wenn die Länge des Muskels schon relativ groß ist, und der Anstieg der Kraft bei weiter zunehmender Länge ist auch nur gering.
Wenn der Muskel mit zunehmend höherer Frequenz gereizt wird, ändern sich die Kurven in Abbildung 2 in zweifacher Weise. Zum einen beginnt die Kraftentwicklung bei zunehmend kleinerer Länge, und zum anderen wird der Anstieg der Kraft mit der Länge steiler. Dieser Anstieg ist zunächst etwa linear, beim speziellen Muskel bis etwa 1.5 kp. Beschränkt man sich auf diesen Teil der Kurven, so wird die Analogie zwischen einem Muskel und einer Feder oder einem Gummiband deutlich.
Die Feder besitzt eine Ruhelänge x_0. Wenn man sie dehnt, wächst ihre Kraft, und zwar steigt sie proportional der Abweichung von der Ruhelänge an: $K = c(x - x_0)$. Der Parameter c kenn-

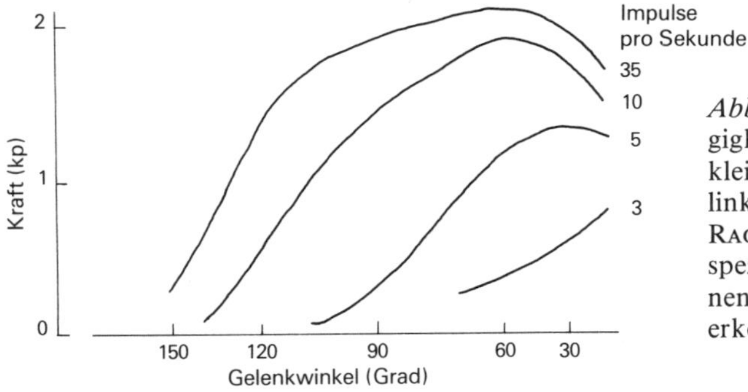

Abbildung 2: Kraft eines Muskels in Abhängigkeit von seiner Länge (die Länge nimmt bei kleiner werdendem Gelenkwinkel zu, also von links nach rechts) und der Reizfrequenz (nach RACK & WESTBURY, 1969, S.455; wegen der speziellen Art der Reizung sind auch bei kleinen Reizfrequenzen keine Einzelzuckungen zu erkennen).

zeichnet die Elastizität. Je größer c ist, desto geringer ist die Elastizität und desto stärker steigt die Kraft mit der Länge an. Wenn $x < x_0$ ist, tritt bei einer Feder eine negative Kraft auf. Sie drückt jetzt anstatt zu ziehen. Eine solche negative Kraft kommt beim Muskel allerdings nicht vor, genausowenig wie bei einem Gummiband. Für $x < x_0$ gilt also $K = 0$. Wendet man die Federanalogie als eine grobe Näherung auf die in Abbildung 2 gezeigten Ergebnisse an, so kann man die Wirkung verstärkter Muskelreizung als eine Verkürzung der Ruhelänge (x_0 wird kleiner) und eine Verminderung der Elastizität (c wird größer) beschreiben.

2.2 Leistungen des Rückenmarks

Das Rückenmark gehört zwar zum Zentralnervensystem und nicht zur Körperperipherie, dennoch soll ein Teil seiner Leistungen hier besprochen werden. Der Grund dafür ist, daß diese Leistungen auf eine Art und Weise wirken, die sich mit Hilfe der Feder-Analogie beschreiben läßt. Außerdem, und das ist der Grund für eine relativ ausführliche Darstellung, lassen sich am Beispiel von Strukturen des Rückenmarks Funktionsprinzipien verdeutlichen, die auf höheren Ebenen der Bewegungssteuerung ebenfalls zu finden sind.

Die wohl am gründlichsten untersuchte Struktur des Rückenmarks ist der sog. Gamma-Kreis, der in Abbildung 3 illustriert ist. Es handelt sich dabei um einen Regelkreis für die Regelung der Muskellänge. Der Muskel ist die Regelstrecke und die Muskellänge die Regelgröße. Die Führungsgröße ist durch die Aktivität der kleinen Gamma-Motoneurone des Rükkenmarks gegeben. Die Differenz zwischen Führungsgröße und Regelgröße wird in den Muskelspindeln gebildet, und zwar durch eine

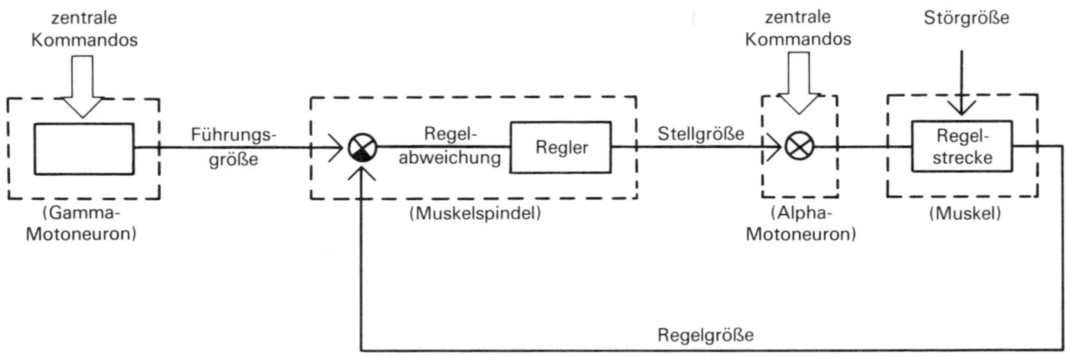

Abbildung 3: Schematische Darstellung eines Regelkreises für die Muskellänge (Gamma-Kreis). Physiologische Begriffe sind in Klammern geschrieben und die zugehörigen Einheiten gestrichelt gezeichnet.

sinnvolle mechanische Vorrichtung. Die mechanisch gebildete Regelabweichung, die Abweichung der Sollänge des Muskels von seiner tatsächlichen Länge, wird nun in Aktionspotentiale umgesetzt. Diese Umsetzung läßt sich der Funktion des Reglers zuordnen, der sowohl für die Größe der Regelabweichung empfindlich ist wie auch für die Geschwindigkeit ihrer Änderung. Die Aktivität der Muskelspindeln entspricht also der Stellgröße. Über die Alpha-Motoneurone wird dann die Kontraktion des Muskels gesteuert. Das Alpha-Motoneuron ist in der Abbildung durch ein einfaches Summierungs-Symbol dargestellt; tatsächlich wirken an dieser Stelle des Regelkreises noch weitere Größen ein, die im momentanen Zusammenhang aber vernachlässigt werden können.

Im Prinzip ist dieser Regelkreis geeignet, eine vorgegebene Muskellänge gegen Kräfte, die von außen auf unseren Körper einwirken, konstant zu halten. Eine äußere Kraft, die ununterbrochen in variierender Weise auf unsere Glieder einwirkt, ist die Schwerkraft. Z.B. unterstützt sie das Senken eines Fingers, wirkt aber dem Heben des Fingers entgegen, und dieselben Bewegungen werden ganz anders durch die Schwerkraft beeinflußt, wenn wir die Hand drehen.

Wenn der Muskel durch äußere Kräfte (Störgröße) gedehnt wird, feuern die Muskelspindeln stärker, die Alpha-Motoneurone werden stärker erregt, und der Muskel entwickelt eine erhöhte Kraft. Das umgekehrte Geschehen läuft ab, wenn eine äußere Kraft abnimmt, so daß die Muskellänge kleiner wird. Ein solcher peripherer Mechanismus für den Ausgleich variabler äußerer Kräfte entlastet die höheren Zentren: sie brauchen nicht mehr zu berücksichtigen, ob ein Finger z.B. gegen die Schwerkraft gestreckt wird, oder mit der Schwerkraft, oder ob die Bewegung in irgendeiner anderen Richtung relativ zur Schwerkraft erfolgt.

Natürlich muß die Muskellänge nicht nur gegen variierende äußere Kräfte aufrechterhalten werden, sondern sie muß auch verändert werden können. Wie geschieht das? Der offensichtliche Weg ist die Änderung der Führungsgröße des Regelkreises, also der Aktivität der Gamma-Motoneurone (MERTON, 1953). Wenn diese Aktivität z.B. erhöht wird, steigt auch die Aktivität der Muskelspindeln (Stellgröße), und der Muskel wird auf dem Weg über die Alpha-Motoneurone verkürzt. Diese sog. «Servo-Hypothese» läßt sich überprüfen.

Wenn eine Änderung der Muskellänge über eine Aktivierung oder Hemmung der Gamma-Motoneurone (Führungsgröße) initiiert wird, dann sollte sich zuerst die Aktivität der Muskelspindeln (Stellgröße) verändern und erst danach die Muskelaktivität. VALLBO (1971) zeigte, daß bei langsamen und schnellen Kontraktionen von Fingermuskeln des Menschen aber eher das Gegenteil der Fall ist: in den meisten Fällen geht die Muskelaktivität der Spindelaktivität voraus. Die Folgerung aus diesen und einer Vielzahl entsprechender Ergebnisse ist, daß die Servo-Hypothese falsch ist. Zutreffend dürfte vielmehr eine Hypothese der «Servo-Unterstützung» sein.

Abbildung 3 zeigt, daß die Alpha-Motoneurone nicht nur auf dem indirekten Weg über die Gamma-Motoneurone aktiviert werden können, sondern auch direkt von höheren Zentren. Nach der Hypothese der Servo-Unterstützung erfolgt die Aktivierung auf beiden Wegen etwa gleichzeitig. Das hat zwei Vorteile: Auf dem direkten Weg kann eine *schnelle* Änderung der Muskellänge erreicht werden; der indirekte Weg sichert eine *genaue* Einstellung der Muskellänge trotz variierender äußerer Kräfte. Das allgemeine Funktionsprinzip ist also: Eine bestimmte Größe (hier: die Muskellänge) wird direkt eingestellt; gleichzeitig wird aber die Führungsgröße eines Regelkreises verändert, der dann die direkt eingestellte Größe überwacht und bei Fehlern eingreift. Diesem Funktionsprinzip werden wir später in einem weniger elementaren Zusammenhang wieder begegnen.

Obwohl der Gamma-Kreis im Prinzip in der Lage ist, eine vorgegebene Muskellänge gegen variable äußere Kräfte aufrechtzuerhalten, dürfen diese Kräfte nicht beliebig groß sein. Die Abweichung von der vorgegebenen Länge erhöht zwar auf alle Fälle die Aktivität der Muskelspindeln und damit die Aktivität der Alpha-Motoneurone, aber die dadurch bewirkte Vergrößerung der Muskelkraft ist nicht immer hinreichend groß, um den äußeren Widerstand zu überwinden. Wenn man z.B. einen unerwartet schweren Gegenstand in die Hand gedrückt bekommt, so sinkt die Hand nach unten, ohne daß der schnelle korrigierende Eingriff des Gamma-Kreises das verhindern kann (s. HOPF et al., 1967).

Die Grenzen des Gamma-Kreises bei der Kompensation äußerer Kräfte lassen vermuten, daß diese ja recht komplizierte Einrichtung auch noch andere Funktionen haben könnte. Was ist die Beziehung dieses Regelkreises zu den elastischen Eigenschaften des Muskels, wie wir sie im letzten Abschnitt besprochen haben? Zunächst fällt auf, daß der Gamma-Kreis die elastischen Eigenschaften des Muskels unterstützt bzw. in einer prinzipiell gleichartigen Weise wirkt. Bei gegebener Aktivität der Gamma-Motoneurone steigt die Spindelaktivität mit der Muskellänge. Zu der eigenen Kraftentwicklung des Muskels infolge der Dehnung kommt also noch eine zusätzliche Kraft hinzu - die Alpha-Motoneurone werden zusätzlich stärker erregt.

Eine weniger offensichtliche Konsequenz des Gamma-Kreises - im Zusammenwirken mit anderen Strukturen des Rückenmarks - wird von NICHOLS und HOUK (1976) beschrieben. Wie in Abbildung 2 zu erkennen ist, ist der Anstieg der Muskelkraft mit der Länge des Muskels nur über einen gewissen Bereich näherungsweise linear. Diese Ergebnisse stammen von Muskeln, bei denen die Wirkungen von Rückenmarks-Strukturen ausgeschaltet waren. Bei einem normal innervierten Muskel dagegen ist der Bereich der Linearität vergrößert. Die Analogie zwischen einem Muskel und einer Feder ist also tatsächlich enger als in den Daten von Abbildung 2 zu erkennen. Die Konsequenzen dieser elastischen Eigenschaften von Muskeln sollen jetzt besprochen werden.

2.3 Das Masse-Feder-Modell

Die kleinste mechanische Vorrichtung, die man für eine Bewegung benötigt, ist ein einfaches Gelenk mit zwei gegeneinander arbeitenden Muskeln (Abb. 4a). Jeder dieser Muskeln kann aktiv verkürzt werden, aber nicht gedehnt - deshalb ist ein Paar erforderlich. Eine Kontraktion des Beugers bewirkt eine Beugung des Gelenks, eine Kontraktion des Streckers eine Streckung. Funktionell gesehen ist im ersten Fall der Beuger der Agonist und der Strecker der Antagonist, während im zweiten Fall der

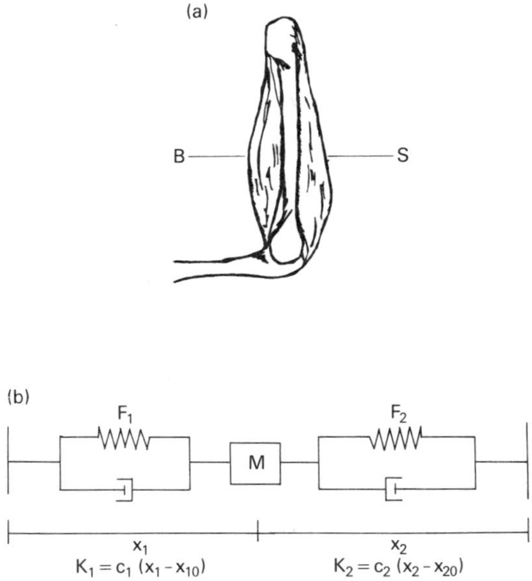

Abbildung 4: Das Masse-Feder-Modell. (a) Gelenk mit zwei antagonistisch arbeitenden Muskeln (B: Beuger, Flexor; S: Strecker, Extensor). (b) Die Muskeln sind als gedämpfte Federn F1 und F2 dargestellt, der bewegte Körperteil als Masse M.

Strecker der Agonist ist und der Beuger der Antagonist.

Abbildung 4b illustriert eine vereinfachte Beschreibung des Gelenks von Abbildung 4a. Die beiden antagonistischen Muskeln (oder Muskelgruppen) werden durch zwei Federn dargestellt, die gegeneinander arbeiten. Zwischen diesen beiden Federn ist eine Masse eingespannt, die dem bewegten Körperteil entspricht. Diese einfache Darstellung genügt, um einige wichtige Konsequenzen der Masse-Feder-Anordnung zu erkennen. (In der Abbildung sind die beiden Muskeln als gedämpfte Federn dargestellt - bei der Änderung ihrer Länge gibt es einen Widerstand, der der Geschwindigkeit proportional ist. Die Dämpfung wirkt sich nur auf die Bewegung der Masse aus, aber nicht auf ihre Ruhepositionen. Daher kann sie hier vernachlässigt werden.)

Die beiden Federn F_1 und F_2 entwickeln zwei Kräfte K_1 und K_2, die in entgegengesetzte Richtungen auf die Masse M einwirken. Die Kräfte K_1 und K_2 hängen von den Elastizitätskonstanten c_1 und c_2 sowie den beiden Ruhelängen x_{10}

und x_{20} ab. Die Ruheposition der Masse liegt bei den Werten von x_1 und x_2, für die $K_1 = K_2$ gilt. Wenn die Position der Masse M geändert werden soll, muß das Verhältnis der beiden Kräfte K_1 und K_2 verändert werden. Das kann geschehen, indem man die Ruhelängen und/oder die Elastizitätskonstanten der Federn verändert. Wie in Abbildung 2 gezeigt ist, hat die Aktivierung eines Muskels eine analoge Wirkung.

Wenn z. B. c_1 vergrößert wird oder x_{10} verkleinert, so steigt die Kraft K_1 der linken Feder. Die Masse wird dann nach links bewegt. Umgekehrt kann auch eine Bewegung nach rechts erfolgen. Stets gilt das Prinzip, daß die Masse in einer Position zur Ruhe kommt, die durch die Gleichheit der beiden Kräfte K_1 und K_2 bestimmt ist (Gleichgewichtsposition). Welche Konsequenzen hat nun eine derartige Anordnung, bei der eine Masse durch die Veränderung der Konstanten zweier Federn bewegt wird? Und gibt es Eigenschaften realer Bewegungen, die diesen Konsequenzen entsprechen?

Eine wichtige Eigenschaft eines Masse-Feder-Systems wird gelegentlich als Äquifinalität bezeichnet. Die Konstanten der beiden Federn definieren eine Gleichgewichtsposition, die die Masse unabhängig von ihrer vorhergehenden Position einnimmt (Kontextfreiheit). Äquifinalität wurde in einem der zentralen Experimente zum Masse-Feder-Modell von Polit und Bizzi (1979) demonstriert.

Aus diesem Experiment stammen die drei in Abbildung 1a gezeigten Weg-Zeit-Kurven. Vor dem eigentlichen Experiment hatten die Rhesusaffen gelernt, mit dem Arm auf nacheinander aufleuchtende Lämpchen zu zeigen. In etwa 80% der Versuchsdurchgänge konnten die Bewegungen dann ungestört ausgeführt werden; unter diesen Bedingungen entsprachen die Weg-Zeit-Kurven der linken Kurve in Abbildung 1a. In etwa 20% der Versuchsdurchgänge aber wurde die Startposition verändert, und zwar mit Hilfe eines Motors. Die Kraft des Motors setzte 150–200 msec vor Bewegungsbeginn ein und dauerte 100–180 msec. In der mittleren Kurve von Abbildung 1a wird der Arm vom Ziel weg verlagert, in der rechten zum Ziel hin. Trotz dieser passiven Verlagerung des Arms durch den Motor wird das Ziel aber genau erreicht. Die Masse des Arms kommt also in einer definierten Gleichgewichtsposition zur Ruhe unabhängig davon, wo sie sich vorher befunden hat.

Dieses Ergebnis erscheint ziemlich trivial, solange noch nicht gesagt ist, daß die Tiere ihren Arm weder sehen noch fühlen konnten. Das Sehen des Arms wurde mit Hilfe einer Sichtblende verhindert. Die Propriozeptoren (Rezeptoren in Muskeln, Sehnen und Gelenken) waren operativ ausgeschaltet. Die Korrektur der Bewegungen kann also weder auf die Wahrnehmung der veränderten Startposition zurückgeführt werden noch auf die Wirkung von Reflexen. Es bleibt die Interpretation im Sinne des Masse-Feder-Modells.

Zwei weitere Eigenschaften des Masse-Feder-Modells zeigen sich bei einer Vergrößerung der Masse und der dauerhaften Einwirkung einer äußeren Kraft. Die Vergrößerung der Masse hat keinen Einfluß auf die Gleichgewichtsposition, die allein durch die beiden Kräfte K_1 und K_2 bestimmt ist. Sie hat allerdings zur Folge, daß nach Änderung der Federkonstanten die neue Gleichgewichtsposition langsamer erreicht wird. Dauerhaft einwirkende Kräfte dagegen verändern die Gleichgewichtsposition. Wenn z. B. die äußere Kraft K_s in die gleiche Richtung wirkt wie die Kraft K_1, so wird die Gleichgewichtsposition durch die Strecken x_1 und x_2 definiert, bei denen $K_2 = K_1 + K_s$ ist. Beide Eigenschaften finden sich auch bei Zielbewegungen von Menschen.

Schmidt und McGown (1980) ließen ihre Vpn sehr schnelle Bewegungen des Unterarms ausführen, im ersten Experiment in der horizontalen Ebene. In einigen Versuchsdurchgängen wurde an dem Hebelarm, der mit dem Arm der Vp verbunden war, eine zusätzliche Masse angebracht, ohne daß die Vpn das bemerkten. In einer anderen Bedingung war die zusätzliche Masse im Regelfall vorhanden, fehlte aber gelegentlich überraschend. Entsprechend den Erwartungen nach dem Masse-Feder-Modell hatte die zusätzliche Masse keinen Einfluß auf die Genauigkeit, mit der das Ziel erreicht wurde, und die Bewegungszeit war bei überraschend erhöhter Masse verlängert und bei überraschend verminderter Masse verkürzt. In diesem Versuch waren die Propriozeptoren übrigens nicht ausgeschaltet, aber die Bewegungszeiten waren mit etwa 200 msec so kurz, daß größere willkürliche Korrekturen der Bewegungen nicht möglich waren (s. Abschnitt 3.1.1).

Ein zweites Experiment von SCHMIDT und McGOWN war fast identisch mit dem ersten, aber die Bewegungen wurden statt in der horizontalen Ebene von unten nach oben ausgeführt. Wegen der Schwerkraft hat eine zusätzliche Masse dann eine dauerhaft gegen die Bewegung wirkende Kraft zur Folge. Entsprechend den Erwartungen nach dem Masse-Feder-Modell fallen die Bewegungen jetzt bei unerwartet großem Widerstand kürzer und bei unerwartet kleinem Widerstand weiter aus als die Kontrollbewegungen.

Die letzte Eigenschaft des Masse-Feder-Modells, die besprochen werden soll, ist das Verhalten bei Zeitmangel. Der Übergang der Masse von einer Gleichgewichtsposition zur nächsten erfordert stets eine gewisse Zeit. Wenn, wie bei einer gezielten Bewegung, nur eine einzelne Änderung der Federkonstanten erfolgt, steht natürlich genug Zeit zur Verfügung. Wenn aber mehrere Änderungen aufeinanderfolgen, kann es passieren, daß eine Gleichgewichtsposition nur für so kurze Zeit eingestellt ist und so schnell zur nächsten wechselt, daß sie gar nicht vollständig erreicht wird. Bei immer schneller aufeinanderfolgenden Gleichgewichtspositionen sollte daher ein zunehmend stärkeres «Unterschießen» auftreten. Das läßt sich z.B. beim Sprechen beobachten.

Beim Sprechen müssen die Artikulatoren (Zunge, Gaumensegel, Lippen, usw.) für jedes Phonem Positionen einnehmen, die eine bestimmte Konfiguration des Vokaltraktes entstehen lassen. Während die Positionen einiger Artikulatoren für ein gegebenes Phonem kritisch sind, können die Positionen anderer Artikulatoren relativ frei variiert werden. Z.B. können sie schon für ein künftiges Phonem voreingestellt werden. Auch die von den kritischen Artikulatoren einzunehmenden Positionen können etwas variieren, ohne daß das Phonem dadurch unverständlich wird. Z.B. kann man ein «a» mit unterschiedlich weit geöffneten Lippen aussprechen.

Wenn auch die Artikulatoren den Prinzipien von Masse-Feder-Systemen gehorchen, sollte sich im Fall des Zeitmangels ein zunehmendes Unterschießen von Gleichgewichtspositionen finden. Abbildung 5 zeigt entsprechende Daten von LINDBLOOM (1983): Die Öffnung der Lippen beim «a» der Silbe «dad» wird umso kleiner, je kleiner die Silbendauer ist. Die Dauer der Silbe wurde dadurch variiert, daß unterschiedlich viele Silben folgten. (Eine Silbe wird in der Regel umso kürzer, je mehr Silben folgen.)

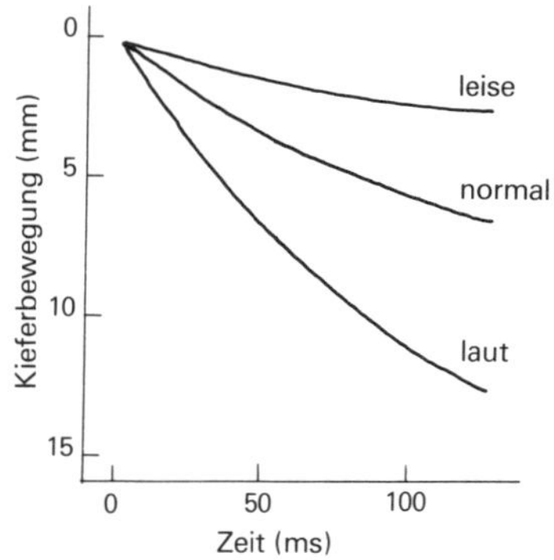

Abbildung 5: Weite der Kieferbewegung beim «a» in der Silbe «dad» in Abhängigkeit von der Lautstärke und der Silbendauer (nach LINDBLOM, 1983, S.231).

Das Unterschießen der Gleichgewichtspositionen beim schnellen Sprechen hat akustische Konsequenzen, die aus dem Alltag vertraut sind. Obwohl die Verständlichkeit beim schnellen Sprechen sehr leicht leidet, kann man diese Beeinträchtigung doch vermeiden. Wenn wir uns anstrengen, können wir durchaus schnell *und* deutlich sprechen. LINDBLOOM (1983) weist darauf hin, daß das Unterschießen der Gleichgewichtspositionen bei Zeitmangel tatsächlich nicht zwangsläufig ist. Mit Hilfe insgesamt erhöhter Kräfte, die im Rahmen des Masse-Feder-Modells z.B. durch gleichzeitige Erhöhung beider Elastizitätskonstanten zustande kommen, können die Gleichgewichtspositionen in jeweils kürzeren Zeiten erreicht werden.

Nach der bisherigen Darstellung des Masse-Feder-Modells kann man den Eindruck gewinnen, daß den höheren Prozessen der Bewegungssteuerung eigentlich nur die Aufgabe zufällt, eine diskrete Folge von Gleichgewichtspositionen zu definieren. Die Einzelheiten des kontinuierlichen Bewegungsverlaufs wären dann vollständig durch das periphere Masse-Feder-System bestimmt. Formalisierungen des Masse-Feder-Modells gehen tatsächlich von einer solchen Annahme aus (COOKE, 1980). Es läßt sich aber relativ einfach zeigen, daß sie unzutreffend ist.

Beuger und Strecker des menschlichen Ellbogengelenks haben ganz offensichtlich unterschiedliche Eigenschaften. Diese Unterschiede sollten unterschiedliche Bewegungsverläufe zur Folge haben, wenn der *rechte* Ellbogen in einer horizontalen Ebene gebeugt oder gestreckt wird. Wenn der Verlauf einer gezielten Bewegung tatsächlich durch das periphere Masse-Feder-System bestimmt wäre, dann sollten sich zwischen Beugungen und Streckungen des *linken* Arms gleichartige Unterschiede beobachten lassen. Die Tatsache, daß eine Beugung des rechten Arms eine Bewegung nach links ist und eine Streckung eine Bewegung nach rechts, während es beim linken Arm genau umgekehrt ist, sollte keine Rolle spielen. Sie spielt aber eine Rolle.

Beschleunigungs-Zeit-Kurven wie die in Abbildung 1b lassen sich in einzelne Abschnitte unterteilen, z.B. vom Anfang der Bewegung bis zum Maximum der Beschleunigung, von da bis zum Nulldurchgang, von da bis zum Minimum, usw. Tabelle 1 zeigt die mittlere Dauer solcher Abschnitte, und zwar jeweils für Beugungen und Streckungen des linken und rechten Arms mit vorgegebener Weite (HEUER, 1981). Von Interesse sind hier weniger die Unterschiede zwischen beiden Armen als vielmehr die Frage, ob Beugungen und Streckungen sich beim einen Arm in gleicher Weise unterscheiden wie beim anderen. Das ist nur bei den letzten drei Abschnitten der Fall. In den ersten drei Abschnitten dagegen unterscheiden sich die Beugungen und Streckungen beider Arme in genau entgegengesetzter Weise. Aber Bewegungen nach links und rechts weisen gleichartige Unterschiede auf. Demnach sind Unterschiede zwischen den Bewegungen im ersten Teil – bis etwa zum Minimum der Beschleunigungs-Zeit-Kurve – durch die räumliche Richtung bestimmt und erst in späteren Abschnitten der Bewegung durch die Körpersymmetrie.

Tabelle 1: Mittlere Dauer (msec) aufeinanderfolgender Abschnitte T1 ... T6 von Beschleunigungs-Zeit-Kurven von Beugungen und Streckungen des linken und rechten Ellbogengelenks. Für jeden Arm und jeden Abschnitt ist die kürzere Zeit kursiv geschrieben (nach HEUER, 1981, S.88).

	linker Arm		rechter Arm	
Abschnitt	Beugung (nach rechts)	Streckung (nach links)	Beugung (nach links)	Streckung (nach rechts)
T1	*110*	125	120	*107*
T2	129	*108*	*109*	136
T3	*126*	134	149	*132*
T4	*234*	283	*248*	269
T5	*54*	96	*67*	84
T6	*111*	112	*87*	101

T1: Beginn der Bewegung bis 1. Maximum
T2: 1. Maximum bis 1. Nulldurchgang
T3: 1. Nulldurchgang bis 1. Minimum
T4: 1. Minimum bis 2. Nulldurchgang
T5: 2. Nulldurchgang bis 2. Maximum
T6: 2. Maximum bis 3. Nulldurchgang

Die Ergebnisse von Tabelle 1 sind unvereinbar mit der Auffassung, daß die höheren Zentren des Zentralnervensystems bei einer gezielten Bewegung nur eine neue Gleichgewichtsposition für die beteiligten Muskeln festlegen und alles andere dem peripheren Masse-Feder-System überlassen. Wenn die Änderung der Gleichgewichtsposition während einer gezielten Bewegung direkt erfaßt wird, zeigt sich, daß sie tatsächlich nicht von einem Wert zum anderen springt, sondern vielmehr langsam wandert. Demnach definieren die höheren Zentren der Bewegungssteuerung in der dynamischen Phase der Bewegung in kontinuierlicher Weise den zeitlichen Verlauf der Änderung der Gleichgewichtsposition (BIZZI et al., 1982) und bestimmen so in ausschlaggebender Weise die Verlaufsmerkmale der Bewegung. Erst in der statischen Phase, beim Einpendeln des bewegten Körpergliedes auf das Ziel und bei der Aufrechterhaltung der neuen Zielposition gegenüber verschiedenen Störeinflüssen, werden die Verlaufsmerkmale wesentlich durch die Eigenschaften des peripheren Masse-Feder-Systems bestimmt.

Obwohl das periphere Masse-Feder-System nicht immer einen ausschlaggebenden Einfluß auf die Verlaufsmerkmale einer Bewegung hat, ist es doch immer vorhanden und überlagert die Wirkungen der zentralen Kommandos von höheren Zentren; gleichzeitig entlastet es die höheren Prozesse der Bewegungssteuerung von der Notwendigkeit, bestimmte Störungen der Bewegung zu kompensieren, z.B. Störungen durch die variierende Wirkung der Schwerkraft. Die Behandlung solcher Störungen ist gewissermaßen an die niederen Zentren und an die Körperperipherie delegiert. Die Vorgaben aber stammen von höheren Prozessen. Diesen wollen wir uns jetzt zuwenden.

3. Regelung und Programmsteuerung

Wenn wir nach einem Objekt greifen, können wir die Abweichung zwischen der Position des Objektes und der Position unserer Hand zumeist sehen. Wirkt sich das auf den Verlauf der Bewegung aus? Wenn wir im dunklen Hausflur auf den erleuchteten Lichtschalter drücken, können wir die gesehene Position des Schalters mit der gefühlten Position unserer Hand vergleichen. Ist das eine Voraussetzung für unsere Fähigkeit, den Schalter tatsächlich zu treffen?

Wenn wir beide Fragen mit ja beantworten können, haben wir es mit Regelprozessen zu tun, analog der im Abschnitt 2.2 beschriebenen Regelung der Muskellänge, nur auf einer höheren Ebene. Die Führungsgröße ist durch die wahrgenommene Position des Ziels gegeben, die Regelgröße durch die physikalische Position des bewegten Körpergliedes. Diese wird sensorisch erfaßt und rückgekoppelt. Die Abweichung zwischen den erfaßten Positionen von Ziel und Körperglied ist die Regelabweichung, die in entsprechende motorische Kommandos an die niederen Zentren der Bewegungssteuerung umgesetzt wird.

Wenn wir beide Fragen mit nein beantworten können, haben wir es mit einer Steuerung zu tun. Der wahrgenommenen Position des Ziels werden dann direkt motorische Kommandos zugeordnet, die das Körperglied zu diesem Ziel hin bewegen. Die Rückmeldungen über die Position des Körpergliedes – auch wenn sie real vorhanden sein mögen – sind dann funktionell bedeutungslos; in diesem Sinne existieren sie nicht.

An dieser Stelle ist eine begriffliche Erläuterung notwendig, um unnötige Verwirrung zu vermeiden. Der Begriff «Steuerung» wird in diesem Kapitel in einer engen und einer weiten Bedeutung verwendet. In der engen Bedeutung stellt er einen Gegensatz zur Regelung dar – ein Regelkreis besitzt eine Rückkopplung und ist für seine Funktion auf Rückmeldungen angewiesen, eine Steuerkette dagegen nicht. In der weiten Bedeutung schließt der Begriff sowohl die Steuerung im engeren Sinne wie auch die Regelung ein, entsprechend dem englischen Begriff «control».

Regelung und Steuerung wurden lange Zeit als alternative Modi der Bewegungssteuerung diskutiert («closed-loop» versus «open-loop»). Extreme Positionen wurden z.B. von Adams (1976) auf der einen Seite und von Jones (1978) auf der anderen Seite vertreten. Ein solches Entweder-oder ist aber keineswegs gerechtfertigt. Regelung und Steuerung ergänzen sich vielmehr in idealer Weise. Ein Beispiel dafür haben wir bereits auf einer niederen Ebene der Bewegungssteuerung kennengelernt, nämlich bei der Änderung der Muskellänge. In diesem Abschnitt sollen zunächst die Regelung, dann die Steuerung und schließlich die Kombinationen beider Modi besprochen werden.

3.1 Regelung

Im folgenden sollen zunächst Regelprozesse bei gezielten Bewegungen betrachtet werden. Anschließend soll auf solche Bewegungen eingegangen werden, bei denen wir ein Werkzeug benutzen.

3.1.1 Regelung bei gezielten Bewegungen

Die Bedeutung der visuellen Regelung bei gezielten Bewegungen kann man auf relativ einfache Weise zeigen, indem man nämlich die Rückmeldungen ausblendet. Keele und Posner (1968) ließen Bewegungen von etwa 15 cm Weite zu Zielen mit einem Durchmesser von etwa 6 mm ausführen. Variiert wurde die vorgegebene Bewegungszeit. Außerdem wurden die Bewegungen mit oder ohne Sehen ausgeführt. Bei Bewegungen ohne Sehen erlosch die Be-

Tabelle 2: Genauigkeit gezielter Bewegungen unterschiedlicher Dauer mit und ohne Sehen. Die Genauigkeit ist als prozentualer Anteil der Treffer angegeben (nach KEELE & POSNER, 1968, S.156).

Soll-Bewegungszeit (msec)	mittlere Bewegungszeit (msec)		Genauigkeit (%)	
	mit Sehen	ohne Sehen	mit Sehen	ohne Sehen
150	190	185	32	31
250	267	254	53	42
350	357	338	72	48
450	441	424	85	53

leuchtung bei Bewegungsbeginn, so daß weder die Hand noch das Ziel sichtbar waren.

Tabelle 2 zeigt die Ergebnisse. Die tatsächlichen Bewegungszeiten entsprachen den vorgegebenen nicht ganz exakt, sondern es zeigte sich ein sog. range-Effekt: die kurzen Bewegungszeiten sind zu lang und die langen eher zu kurz. Außerdem sind die Bewegungszeiten mit Sehen stets etwas länger als die ohne Sehen. In den Trefferquoten zeigen sich zwei wichtige Tendenzen:

1. Bewegungen mit Sehen werden erst bei Bewegungszeiten über etwa 200 msec genauer als solche ohne Sehen.
2. Auch ohne Sehen steigt die Genauigkeit, wenn die Bewegungszeit länger wird.

Das zweite Ergebnis soll zunächst zurückgestellt werden. Was bedeutet das erste Ergebnis?

Das Sehen von Ziel- und Handposition ist erst dann von Nutzen, wenn eine hinreichend lange Zeit von mehr als etwa 200 msec für die Bewegung zur Verfügung steht. Die Zeit von 200–250 msec wird daher oft als die minimale Zeit angesehen, die für die Verarbeitung visueller Rückmeldungen erforderlich ist (CHRISTINA, 1970). Eine genauere Überlegung zeigt jedoch zum einen, daß eine solche allgemeine Zeitangabe allenfalls ein sehr grober Richtwert sein kann, und zum anderen, daß der von CHRISTINA angegebene Wert zu groß ist.

Eine allgemeine Angabe über die Verarbeitungszeit für visuelle Rückmeldungen kann nur ein grober Richtwert sein, da die benötigte Zeit natürlich auch davon abhängt, auf welche Weise die visuelle Rückmeldung verarbeitet werden muß. Z.B. sollte die Änderung der Richtung einer Bewegung komplizierter sein als die Änderung der Weite. Zumindest erfordert die Wahl zwischen zwei verschiedenen Bewegungsrichtungen mehr Zeit als die zwischen zwei verschiedenen Bewegungsweiten (MEGAW, 1972).

Aus der Beobachtung, daß Bewegungen mit einer Dauer über 200 msec von dem Vorhandensein visueller Rückmeldungen profitieren, folgt nicht, daß die Verarbeitung visueller Rückmeldungen etwa 200 msec erfordert, sondern vielmehr, daß sie schneller erfolgt. Die gesehene Abweichung zwischen Ziel und Hand sollte nämlich erst dann zu einer erhöhten Genauigkeit beitragen können, wenn sie bereits relativ klein ist. Das Sehen der Hand, wenn sie kaum die Startposition verlassen hat, sollte wenig oder gar nicht nützen. Außerdem ist ein gleichzeitiges etwa foveales Sehen von Ziel und Hand – mit dem Vorteil der hohen räumlichen Auflösung – nur möglich, wenn die Hand dem Ziel schon recht nahe ist.

Diese Überlegung wird durch Experimente von CARLTON (1981) bestätigt. Die Vpn hatten möglichst schnelle und genaue Bewegungen von 32 oder 64 cm Weite zu einem Ziel von 13 mm Durchmesser auszuführen. Durch eine Kopfstütze war die Bewegungsfreiheit des Kopfes eingeschränkt, und eine Sichtblende verdeckte die ersten 0, 25, 50, 75 oder 93% der Wegstrecke. Das Vorhandensein einer solchen Sichtblende kann entweder gar keinen Effekt haben oder aber einen von zwei möglichen Effekten: Die Genauigkeit kann sinken oder die Bewegungszeit steigen. Indem die Vp die Bewegung verlangsamt, erhöht sie die Zeit, die ihr nach Sichtbarwerden der Hand für Korrekturen zur Verfügung steht.

Abbildung 6 zeigt die Ergebnisse des Experiments. Wenn bis zu 50–75% der Wegstrecke der Hand nicht einsehbar sind, hat das weder auf die Bewegungszeit noch auf die Genauigkeit einen Einfluß. Erst bei Abdeckung von 75% der Wegstrecke steigen Bewegungszeit und Fehlerquote an. In Abbildung 6 sind die Fehlerquoten nur zusammengefaßt für beide Bewegungsweiten angegeben. CARLTON berichtet jedoch, daß bei dem 75%-Punkt die Fehlerquote für die weite Bewegung wesentlich

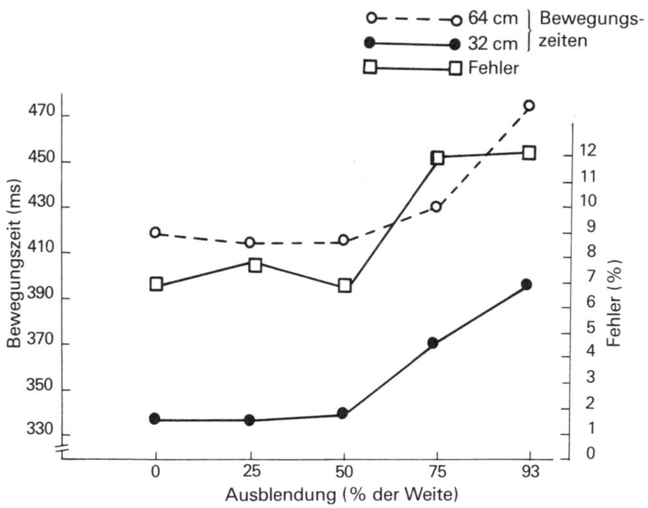

Abbildung 6: Bewegungszeit und Fehlerquote gezielter Bewegungen in Abhängigkeit vom nicht sichtbaren Anteil (Ausblendung) der Gesamt-Wegstrecke (nach Carlton, 1981, S.1022).

größer ist als für die kurze. Dem entspricht der geringere Anstieg der Bewegungszeit bei der weiten Bewegung.

In einem zweiten Experiment verwendete Carlton (1981) nur die Blenden für 75 und 93% der Wegstrecke. Die Bewegungen wurden gefilmt. Aus den Geschwindigkeits-Zeit-Kurven und den Beschleunigungs-Zeit-Kurven wurden die Zeitpunkte bestimmt, zu denen nach Sichtbarwerden der Hand eine Änderung im Verlauf der Bewegung erkennbar wurde (z.B. ein erneuter Anstieg der Geschwindigkeit gegen Ende der Bewegung oder eine abrupte Änderung im Verlauf der Bremsung). Wegen der Kontinuität der Bewegungen sind die Zeitpunkte solcher Ereignisse immer nur relativ ungenau zu bestimmen; außerdem ist nicht immer sicher, ob die Änderungen tatsächlich eine Konsequenz der Auswertung visueller Rückmeldungen sind. Die von Carlton geschätzte Zeit von etwa 135 msec liegt jedoch wesentlich unter der sonst oft angegebenen Zeit von 200–250 msec. Die gemessenen Zeiten werden noch kürzer, wenn statt der Änderungen in den Verlaufsmerkmalen Änderungen im Elektromyogramm, also der elektrischen Aktivität der Muskeln, erfaßt werden. Soechting und Lacquaniti (1983) fanden auf diese Weise Zeiten von etwa 100 msec bei der Anpassung der Bewegung an eine abrupte Änderung der Zielposition.

Die Experimente von Carlton zeigen, daß visuelle Rückmeldungen in kürzerer Zeit als 200–250 msec ausgewertet werden, und daß die Verfügbarkeit visueller Rückmeldungen in der ersten Hälfte der Wegstrecke die Genauigkeit nicht vergrößert, sofern in der zweiten Hälfte der Wegstrecke ebenfalls visuelle Rückmeldungen verfügbar sind. Aus diesem Ergebnis folgt nun aber nicht, daß die Rückmeldungen während der ersten Hälfte der Bewegung gar nicht ausgewertet werden. Paillard (1982) berichtet Ergebnisse, nach denen die Verfügbarkeit visueller Rückmeldungen im ersten Teil einer gezielten Bewegung durchaus die Genauigkeit erhöht, aber nur dann, wenn das bewegte Körperglied im zweiten Teil nicht sichtbar ist, und nicht – wie es auch Carlton fand – wenn gegen Ende der Bewegung visuelle Rückmeldungen vorhanden sind. Eine naheliegende Folgerung ist, daß visuelle Rückmeldungen die Genauigkeit umso mehr erhöhen, je später sie zur Verfügung stehen – vorausgesetzt, es bleibt noch genügend Zeit für die Verarbeitung. Der Nutzen früher Rückmeldungen wird also durch den später Rückmeldungen übertroffen. Daher wird er in der Genauigkeit der Bewegungen nicht mehr erkennbar, sofern späte Rückmeldungen vorhanden sind.

3.1.2 Varianten der Regelung bei gezielten Bewegungen

Die Variante der Regelung, die bisher besprochen wurde, kann man als visuell-visuelle Regelung bezeichnen, da sowohl die Position des Ziels wie auch die der Hand visuell erfaßt werden. Ziel- und Handposition werden dabei nicht nur durch die gleiche Sinnesmodalität erfaßt, sondern die Abweichung ist zudem unmittelbar durch den Abstand der entsprechenden Bilder auf der Netzhaut bzw. die relative Querdisparation gegeben. Anders formuliert: die Hand kann unmittelbar allozentrisch – relativ zum Zielpunkt – lokalisiert werden. Dieser Vorteil fehlt, sobald andere Sinnesmodalitäten bei der Erfassung von Ziel- und/oder Handposition genutzt werden.

Regelprozesse setzen nicht voraus, daß Ziel- und Handposition durch die gleiche Sinnesmodalität erfaßt werden, sondern sie sind auch intermodal möglich. Die Möglichkeit intermodaler Regelvorgänge macht das bisher zurückgestellte zweite Ergebnis von KEELE und POSNER (1968) verständlich: Die Genauigkeit gezielter Bewegungen steigt auch dann mit der Bewegungszeit, wenn kein Sehen möglich ist (s. Tab. 2). In dieser Situation wird vermutlich die propriozeptiv erfaßte Handposition an die erinnerte Zielposition angepaßt. Wie jeder Regelvorgang erfordert auch dieser Zeit. Die Anpassung wird daher umso genauer, je mehr Zeit zur Verfügung steht. Auf der anderen Seite kann man jedoch vermuten, daß die erinnerte Zielposition im Verlauf der Zeit ungenau wird. Dadurch sollte, trotz der für die Regelung ausreichenden Zeit, auch die Bewegung wieder ungenauer werden. Tatsächlich fanden BEGGS, ANDREW, BAKER, DOVE, FAIRCLOUGH und HOWARTH (1972), daß die Genauigkeit bei Bewegungszeiten über etwa 0.5 sec wieder sinkt.

Bei hinreichend langen Bewegungszeiten und einem Ziel, das kontinuierlich erfaßt werden kann, sollte die Genauigkeit verschiedener Regelvorgänge von zwei Faktoren abhängen. Der erste ist die Genauigkeit der Registrierung von Ziel- und Handposition. Der zweite ist die Relation zwischen den beteiligten Modalitäten. Wenn die Modalitäten verschieden sind, scheint eine Übersetzung erforderlich zu sein, die die Genauigkeit zusätzlich vermindert. Das zeigt ein Ergebnis von LEGGE (1965). LEGGES Vpn konnten das Ziel entweder visuell oder propriozeptiv lokalisieren. Bei der propriozeptiven Lokalisation konnten sie es mit der einen Hand ertasten. Zu diesem Ziel mußten sie einen Zeiger führen. Entweder führten sie den Zeiger direkt, wobei sie ihn propriozeptiv lokalisieren konnten, aber nicht sehen, oder sie führten ihn über ein Hebelsystem; dabei konnten sie ihn zwar sehen, aber die propriozeptiven Rückmeldungen gaben keine Information über seine Position. Die Genauigkeit der Bewegungen war dann am größten, wenn Ziel und Zeiger gesehen werden konnten. Sie war wesentlich kleiner, wenn Ziel- und Zeigerposition beide propriozeptiv erfaßt wurden. Dieser Unterschied geht auf die unterschiedliche Genauigkeit beider Modalitäten zurück sowie auf die Möglichkeit der unmittelbaren allozentrischen Lokalisation bei der visuellen Aufgabe. Wenn Ziel- und Zeigerposition durch unterschiedliche Modalitäten erfaßt wurden, sank die Genauigkeit noch weiter ab. Hier zeigt sich also der durch die notwendige Übersetzung zusätzlich eingeführte Fehler.

3.1.3 Regelung bei der Benutzung von Werkzeugen

Bei der bisher besprochenen gezielten Bewegung ist die Regelgröße, die an die Führungsgröße angepaßt werden muß, die Handposition. Häufig aber sind die Positionen unserer Hand von geringem Interesse. Wenn wir z. B. eine Scheibe Brot abschneiden, kommt es auf die Bewegung der Messerschneide an, wenn wir mit dem Auto fahren, auf die Bewegung des Fahrzeugs. In allen diesen Fällen ist unser Körper durch ein Werkzeug erweitert, und die Regelgröße, deren Übereinstimmung mit der in der Umwelt definierten Führungsgröße kritisch ist, ist nicht mehr die Position eines Körperteils, sondern die (eines Teils) des Werkzeugs.

Der Begriff «Werkzeug» ist hier in einem sehr allgemeinen Sinne zu verstehen. Was ein Werkzeug ausmacht, ist eine Transformation der Körperbewegung. Bei einer Kneifzange z. B. ist die Transformation einfach: Sie besteht im wesentlichen aus einer Verstärkung der Kraft der Hand. Komplizierte Transformationen finden sich z. B. bei Kränen: Hier ist nicht nur die Beziehung zwischen Handbewegung und Bewe-

gung des Auslegers von Bedeutung, sondern außerdem müssen die Pendelbewegungen der anhängenden Last berücksichtigt werden. Welche Rolle spielen Regelprozesse bei derartigen Aufgaben?
Für die experimentelle Untersuchung dieser Frage werden in der Regel Tracking-Aufgaben verwendet, die heute zumeist mit Hilfe elektronischer Mittel realisiert werden. Auf einem Bildschirm wird ein Zielpunkt dargeboten, der sich entsprechend einer bestimmten Weg-Zeit-Kurve (Vorlage) bewegt. Die Vp muß einen Folgepunkt mit dem Zielpunkt in Deckung halten, so gut es geht. Dazu hat sie ein Bedienelement, z. B. einen Hebel, in der Hand. Die Positionen dieses Hebels werden erfaßt und in ein elektrisches Signal umgewandelt, das den Folgepunkt auf dem Bildschirm steuert. Vor der Darstellung auf dem Bildschirm können beliebige Transformationen eingeführt werden, z. B. Verzögerungen oder Integrationen. Die Integration z. B. ist eine Modellsituation für das Lenken eines Autos: Die *Position* des Lenkrades ist der *Geschwindigkeit* proportional, mit der sich die Fahrtrichtung verändert.
Die Bedeutung der visuellen Regelung für die Beherrschung einer Tracking-Aufgabe kann mit Hilfe des gleichen methodischen Prinzips untersucht werden, das wir schon im Fall der gezielten Bewegung kennengelernt haben: die Rückmeldungen werden ausgeblendet. Je länger die Zeitintervalle mit ausgeblendetem Folgepunkt sind, desto schlechter wird die Leistung (POULTON, 1957a). Wie aber hängt diese Leistungseinbuße von der Art der Transformation ab?
Die Antwort auf diese Frage kann man sich relativ einfach überlegen. Wenn bei der gezielten Bewegung die visuellen Rückmeldungen ausgeblendet werden, kann die visuell-visuelle Regelung durch eine, allerdings weniger genaue, visuell-propriozeptive Regelung ersetzt werden. Das ist natürlich auch dann möglich, wenn ein Werkzeug benutzt wird. Nur liefern die propriozeptiven Rückmeldungen in erster Linie Information über die eigenen Gliedmaßen, aber nicht über die Regelgröße, das Werkzeug oder einen Teil davon.
Information über die eigenen Gliedmaßen ist aber in dem Maße auch Information über die Regelgröße, in dem die Transformation durch das Werkzeug bekannt ist. Je einfacher und besser gelernt also die Transformation ist, desto weniger sollte sich die Ausblendung der visuellen Rückmeldungen auswirken; je schwerer und weniger geübt die Transformation ist, desto stärker sollte die Leistung von der Verfügbarkeit visueller Rückmeldungen abhängen. Tatsächlich ist die Leistungseinbuße bei ausgeblendetem Folgepunkt im Fall einer einfachen Transformation geringer als im Fall einer schwierigen, und zu Beginn der Übung größer als am Ende (s. HEUER, 1983, S. 54). Je besser wir also mit einer bestimmten Transformation vertraut sind, etwa beim Lenken eines Autos, desto weniger sind wir auf visuelle Rückmeldungen angewiesen. Während ein Fahrschüler relativ ununterbrochen auf die Straße guckt, scheint ein geübter Autofahrer durchaus für einige Zeit woanders hingucken zu können; er ist in geringerem Maße darauf angewiesen, die Konsequenzen seiner Lenkbewegungen für die Fahrtrichtung visuell zu erfassen.

3.2 Programmsteuerung

Die Bedeutung von Regelvorgängen für die Bewegungssteuerung wird kaum ernsthaft bestritten. Ist es überhaupt notwendig, weitere Prozesse anzunehmen? Hier soll die Annahme eines weiteren Prozesses - der Programmsteuerung - zunächst begründet werden und anschließend die heute wohl relativ breit akzeptierte Variante des Konzepts erläutert.
Nach einer klassischen Definition von KEELE (1968) zeichnet sich die Programmsteuerung durch zwei Merkmale aus:
1. Sie erlaubt die Ausführung einer Bewegung auch dann, wenn keine sensorischen Rückmeldungen aus der Körperperipherie existieren. Das Fehlen einer Rückkopplung ist ein Definitionsmerkmal jeder Steuerung (im engeren Sinne).
2. Die motorischen Kommandos werden bereits vor Beginn der Bewegung bereitgestellt. Dieses zweite Merkmal ist eine Besonderheit der Programmsteuerung. Sie ist nicht auf eine stetig vorhandene Eingangsgröße angewiesen, die mehr oder weniger fortlaufend in motorische Kommandos umgesetzt wird, sondern sie besitzt eine gewisse Autonomie. Für eine be-

stimmte Bewegung kann ein Programm bereitgestellt werden, das dann ohne weitere Information von außen die motorischen Kommandos auch für kompliziertere Bewegungsmuster liefert.
Diese beiden Merkmale der Programmsteuerung kann man als Kriterien für die Beantwortung der Frage nutzen, ob es tatsächlich sinnvoll ist, neben den beschriebenen Regelprozessen noch einen weiteren Prozeß der Bewegungssteuerung anzunehmen. Das soll im folgenden geschehen.

3.2.1 Begründung des Konzepts

Bewegungen ohne periphere Rückmeldungen

Wenn alle visuellen und propriozeptiven Rückmeldungen ausgeschaltet werden, sollte ein Regelkreis nicht mehr funktionsfähig sein. Wäre Regelung der einzige Prozeß bei der Bewegungssteuerung, so sollten Bewegungen unter diesen Bedingungen schwere Störungen aufweisen oder gar nicht mehr stattfinden. Die Tatsache einer nur geringfügigen Störung ist ein klarer Beleg dafür, daß Bewegungen nicht allein das Resultat von Regelvorgängen sind.
Ein Beispiel für dieses Ergebnis haben wir bereits mit den Befunden von Polit und Bizzi (1979) kennengelernt (Abschnitt 2.3). Hier wollen wir etwas genauer auf ein Experiment von Taub, Goldberg und Taub (1975) eingehen. In diesem Experiment wurden ebenfalls gezielte Bewegungen bei Affen untersucht, bei denen die Propriozeptoren operativ ausgeschaltet waren. Die Operation bestand in einer Durchtrennung afferenter Nervenfasern. Beim Menschen kann ein vergleichbarer Zustand, eine Deafferentierung, z.B. infolge von Verletzungen auftreten.
In der Versuchssituation saßen die Tiere vor einer Sichtblende; eine Öffnung in dieser Sichtblende von 15 × 5 mm stellte das Ziel dar, das entweder direkt vor dem Tier lag oder 6 cm links bzw. 5 cm rechts davon. In einer Shaping-Prozedur lernten die Tiere gezielte Bewegungen bis zum Erreichen einer Leistungsasymptote unter folgenden Bedingungen:
a) der Arm konnte gesehen werden,
b) der Arm konnte nicht gesehen werden, aber am Ende der Bewegung war der Zeigefinger sichtbar,
c) nur das Ziel konnte gesehen werden.

Das Training dauerte bei den deafferentierten Tieren zwei- bis dreimal so lange wie bei den Kontroll-Tieren mit vorhandener Propriozeption.
Nach Abschluß des Trainings folgten, verteilt über mehrere Tage, Testsitzungen, in denen Belohnungen unabhängig von der Güte der Bewegung gegeben wurden. Der variable Fehler, die Streuung der Bewegungs-Endpositionen um ihren Mittelwert, ist in Tabelle 3 gezeigt. Zwei wesentliche Tendenzen sind zu erkennen: Zum einen sind die Bewegungen der Kontroll-Tiere genauer als die der deafferentierten Tiere, und zum anderen werden die Bewegungen bei Ausschaltung des Sehens ungenauer. Wenn man die variablen Fehler in den einzelnen Testsitzungen betrachtet, zeigt sich, daß deafferentierte Tiere an guten Tagen genauer sind als die Kontroll-Tiere an schlechten Tagen.

Tabelle 3: Variabler Fehler (in cm) beim Zeigen auf ein Ziel unter verschiedenen Bedingungen mit (Kontroll-Tiere) und ohne Propriozeption (deafferentierte Tiere; nach Taub et al., 1975, S. 183).

	Sehen des Arms	Sehen des Fingers in der End-position	nur Sehen des Ziels
Kontroll-Tiere	0.30	0.33	0.40
deafferen-tierte Tiere	1.20	1.37	1.82

Die Möglichkeit relativ genauer gezielter Bewegungen ohne visuelle und propriozeptive Rückmeldungen ist ein recht starker Beleg dafür, daß es neben der Regelung wohl noch einen anderen Prozeß bei der Steuerung gezielter Bewegungen geben muß, der von Rückmeldungen aus der Körperperipherie unabhängig ist. Die geringere Genauigkeit der deafferentierten Tiere bei Bewegungen ohne Sehen ist wenig erstaunlich; den Kontroll-Tieren bleibt ja unter diesen Bedingungen noch die Möglichkeit der propriozeptiven Regelung, während den deafferentierten Tieren nur die Programm-Steuerung bleibt.
Warum aber sind die deafferentierten Tiere auch dann ungenauer, wenn eine visuelle Regelung möglich ist? Dieses Ergebnis scheint auf

eine relativ unspezifische Störung der Motorik durch die Deafferentierung zu verweisen, die über die Ausschaltung propriozeptiver Rückmeldungen hinausgeht. Ihre Ursachen könnten z. B. – wegen des Ausfalls des Gamma-Kreises – in einer Änderung der mechanischen Eigenschaften der Muskeln zu suchen sein, wie wir sie in einem früheren Abschnitt besprochen haben.

Wie bereits erwähnt, kann ein der Deafferentierung der Affen vergleichbarer Zustand bei Menschen infolge von Verletzungen eintreten. LASHLEY (1917) untersuchte einen Patienten mit einer Schußverletzung des Rückenmarks, die eine völlige sensorische Unempfindlichkeit des linken Kniegelenks zur Folge hatte. Der Patient bemerkte weder passive Bewegungen, bei denen der Vl den Unterschenkel des Patienten bewegte, noch konnte er solche Bewegungen reproduzieren. Auch fehlte der Patellarsehnenreflex. Auf der anderen Seite konnte er aber aktive Bewegungen mit dem Unterschenkel ausführen, die sich in der Genauigkeit kaum von denen gesunder Vpn unterschieden.

Das erste Kriterium für die Annahme einer Programm-Steuerung – Bewegungen sind auch ohne sensorische Rückmeldungen aus der Körperperipherie möglich – kann nach den vorliegenden Befunden als erfüllt gelten. Ein solches Ergebnis wirft natürlich die Frage auf, ob Rückmeldungen möglicherweise auch dann, wenn sie vorhanden sind, gar nicht genutzt werden. Für visuelle Rückmeldungen hatten wir gesehen, daß das auf alle Fälle bei Bewegungszeiten unter 200–250 msec der Fall ist. Ähnlich dürfte es sich mit der Auswertung propriozeptiver Rückmeldungen verhalten. Nur ist die kritische Zeit in diesem Fall nicht genau bekannt, da sich propriozeptive Rückmeldungen nicht so leicht experimentell ein- und ausblenden lassen wie visuelle.

Die für die Auswertung von Rückmeldungen prinzipiell benötigte Zeit wird gelegentlich als Argument dafür angeführt, daß Bewegungen nicht ausschließlich das Ergebnis kontinuierlicher Regelvorgänge sein können. CRAIK (1947) und POULTON (1966) weisen darauf hin, daß ein Regelvorgang mit so großen Verzögerungszeiten, wie sie sich in den hier betrachteten Fällen finden, instabil sein müßte. Zumindest sollte ein Ziel nur nach lange dauernden Oszillationen erreicht werden. Nach LASHLEY (1951) erfordern bestimmte Fertigkeiten wie etwa das Klavierspiel so schnelle Bewegungen, daß ihr Zustandekommen kaum anders zu erklären ist als durch zentrale Programmierung.

Bereitstellung motorischer Kommandos vor Bewegungsbeginn: Programmierung

Bewegungsprogramme sollen vor Beginn einer Bewegung bereitgestellt werden. Das Konzept der Programm-Steuerung impliziert folglich die Existenz vorbereitender Prozesse, die zumindest teilweise spezifisch für die auszuführende Bewegung sind. Vorbereitende Prozesse lassen sich sowohl mit Hilfe physiologischer wie auch psychologischer Methoden nachweisen. Hier möchte ich mich auf Experimente der letzteren Gruppe beschränken; einen Überblick über Experimente mit physiologischen Techniken geben z. B. REQUIN (1980) und BRUNIA, HAAGH und SCHEIRS (1985).

Die Bereitstellung motorischer Kommandos vor Bewegungsbeginn, die Programmierung, sollte eine gewisse Zeit erfordern. Diese Annahme liegt praktisch allen psychologischen Methoden zur Untersuchung von Programmierungsprozessen zugrunde. Eine zweite Annahme ist, daß die Programmierung komplexerer Bewegungen längere Zeit erfordern sollte als die Programmierung einfacher Bewegungen. Dieser Gedanke geht auf die «memory drum»-Theorie von HENRY und ROGERS (1960) zurück und wird dort mit Hilfe der Computer-Analogie begründet. Bevor das Programm eines Rechners gestartet werden kann, muß es aus einem peripheren Speicher, z.B. einem Trommelspeicher, in den Arbeitsspeicher übertragen werden. Dieser Vorgang dauert umso länger, je länger das Programm ist. In ähnlicher Weise soll auch die Übertragung eines «neuro-motorischen Programms» aus einem langfristigen Speicher in die an der Bewegungsausführung beteiligten Zentren länger dauern, wenn es eine komplexere Bewegung zu steuern hat.

HENRY und ROGERS (1960) verglichen die Reaktionszeit bei drei verschiedenen Bewegungen: (1) Heben des Fingers um wenige Millimeter, (2) Griff zu einem Tennisball in 15 cm Höhe und 30 cm horizontaler Entfernung, (3) Schlag gegen einen Tennisball, Rückkehr zum Startpunkt, Schlag gegen einen zweiten Ball. Die mittleren Reaktionszeiten in verschiedenen Experimenten und mit verschiedenen Vpn betrugen 179, 216 und 230 msec.

Dieser ersten Versuchsreihe von HENRY und ROGERS folgten mit einer Latenzzeit von etwa 10 Jahren eine Vielzahl von Experimenten, in denen verschiedene Bewegungsmerkmale systematisch variiert wurden. Hinsichtlich zweier Merkmale scheinen die Ergebnisse einen hohen Grad an Konsistenz aufzuweisen (MARTENIUK & MCKENZIE, 1980a):

a) Die Reaktionszeit steigt mit der Zahl der Elemente in einer Bewegungsfolge, z. B. der Zahl der sukzessiven Anschläge auf einer Schreibmaschine (OSTRY, 1980) oder der Zahl der Wörter (bzw. der betonten Silben) in einer Wortfolge (STERNBERG et al., 1978).

b) Die Reaktionszeit steigt mit der Zahl der simultanen Elemente einer Bewegung. Z. B. ist die Reaktionszeit bei einer beidarmigen Bewegung länger als bei einer einarmigen (GLENCROSS, 1973), und sie ist größer, wenn bei einer Hebelbewegung zusätzlich eine Taste am Hebel niederzudrücken ist (KLAPP & ERWIN, 1976).

Bei einer Vielzahl anderer Bewegungsmerkmale sind die Ergebnisse uneinheitlich, so z. B. für die verschiedenen Charakteristika gezielter Bewegungen wie Weite, Zielgröße und Geschwindigkeit. Ein relativ gesicherter Befund ist allenfalls noch der Anstieg der Reaktionszeit bei zunehmender Dauer und/oder sinkender Geschwindigkeit einer Bewegung.

Die Annahme, daß die Programmierung einer komplexeren Bewegung mehr Zeit erfordern sollte als die einer einfacheren Bewegung, ist zwar auf den ersten Blick plausibel, auf den zweiten aber nicht mehr. Welche von zwei Bewegungen komplexer ist, können wir zunächst nur intuitiv entscheiden, und zwar auf der Grundlage der sichtbaren, «oberflächlichen» Bewegungsmerkmale. Eine Bewegung aber, die an der Oberfläche komplexer erscheint, muß nicht notwendig auch durch ein komplexeres oder längeres Programm gesteuert werden. Immer dann, wenn die Reaktionszeiten für zwei scheinbar unterschiedlich komplexe Bewegungen nicht verschieden sind, kann das also auf das Fehlen eines Unterschiedes in der Komplexität der zugehörigen Bewegungsprogramme zurückgeführt werden. Die Theorie von HENRY und ROGERS ist somit nicht widerlegbar. Ihr Wert dürfte vorwiegend darin bestehen, die Untersuchung der Programmierung mit Hilfe von Reaktionszeitexperimenten angeregt zu haben.

Der Gedanke, daß ein Bewegungsprogramm vor dem Beginn einer Bewegung aus einer Art Langzeitgedächtnis in die an der Bewegungssteuerung beteiligten Zentren übertragen werden muß, legt die Auffassung nahe, daß das Programm etwas Ganzheitliches ist, und daß es für jede Bewegung ein eigenes Programm geben müsse. Tatsächlich aber scheint ein Bewegungsprogramm eine Reihe von unterscheidbaren Spezifikationen zu umfassen, die die einzelnen Merkmale einer Bewegung festlegen. Für diese Auffassung sprechen Ergebnisse aus Wahlreaktionszeitexperimenten, in denen z. B. auf das eine oder andere Signal hin eine Bewegung A oder eine Bewegung B möglichst schnell auszuführen ist.

Wenn es für die Bewegung A ein ganzheitliches Programm gäbe, das jeweils vor der Ausführung «geladen» werden müßte, dann sollte die Reaktionszeit bei der Bewegung A stets gleich sein, egal, was für eine Bewegung B ist. Als Beispiel möge A das Heben und Senken des rechten Zeigefingers in 200 msec sein. Die Reaktionszeit sollte nicht davon abhängen, ob die Bewegung B ein Heben und Senken des linken Zeigefingers in ebenfalls 200 msec ist oder aber die Bewegung 400 msec dauern soll.

Ganz andere Ergebnisse sind zu erwarten, wenn die Programme für die Bewegungen A und B unterscheidbare Spezifikationen umfaßten. Im Beispiel sind das je eine Spezifikation für «Hand» und «Dauer» der Bewegung. Wenn die Bewegungen A und B gleiche Dauer haben, braucht die Vp mit der Festlegung der entsprechenden Spezifikation gar nicht zu warten, bis das Reaktionssignal dargeboten wird. Diese Spezifikation kann vielmehr vorher festgelegt werden – sie kann vorprogrammiert werden. Eine Vorprogrammierung der Dauer sollte dagegen nicht möglich sein, wenn die Bewegungen A und B sich in der Dauer unterscheiden. Bei gleicher Dauer muß nach der Darbietung des Reaktionssignals also nur noch die Hand spezifiziert werden, bei unterschiedlicher Dauer aber auch die Dauer der geforderten Bewegung. In der zweiten Bedingung sollte die Reaktionszeit daher länger ausfallen als in der ersten. Das ist tatsächlich der Fall (HEUER, 1984a). Die Reaktionszeit hängt also nicht nur davon ab, welche Bewegung tatsächlich ausgeführt wird, sondern auch davon, wie stark sich andere Bewegungen, die ebenfalls hätten gefordert sein können, von der ausgeführten Bewegung unterscheiden. Je nach der Relation zwischen den alternativen Bewegungen können unterschiedlich viele Spezifikationen vorprogrammiert werden.

Der Gedanke, daß Bewegungsprogramme keine einheitlichen Gebilde sind, sondern unterschiedliche Spezifikationen umfassen, die je nach der Relation zwischen den alternativen Bewegungen in einer Wahlsituation in unterschiedlichem Maße vorprogrammiert werden können, hat zu einem in den letzten Jahren häufig verwendeten methodischen Vorgehen geführt. Das Prinzip der Methode wurde wohl zuerst von KLAPP (1977) verwendet und von ROSENBAUM (1980) voll entwickelt. Eine einigermaßen der Methode und den mit ihr gefundenen Ergebnissen gerecht werdende Darstellung erfordert aber viel Platz, der hier mit einem Hinweis auf ein Sammelreferat von ROSENBAUM (1983) eingespart werden soll.

Obwohl die Reaktionszeitexperimente zur Programmierung ein manchmal verwirrendes Bild liefern, zeigt die Existenz einiger klarer und konsistenter Ergebnisse doch, daß vor dem Beginn einer Bewegung vorbereitende Prozesse ablaufen, die in systematischer Beziehung zu den Merkmalen dieser Bewegung stehen. Auch das zweite Kriterium für die Annahme einer Programm-Steuerung kann demnach als erfüllt gelten.

3.2.2 Generalisierte Bewegungsprogramme

Die Ergebnisse der Reaktionszeitexperimente zur Programmierung lassen den Schluß zu, daß ein Bewegungsprogramm kein einheitliches Gebilde ist, sondern «stückweise» aufgebaut wird. Wenn eine Bewegung auszuführen ist, wird offenbar nicht einfach ein dafür geeignetes fertiges Programm aus einem Langzeitspeicher abgerufen, sondern es sind eine Reihe einzelner Spezifikationen erforderlich, die die Einzelheiten der auszuführenden Bewegung festlegen. Diese Folgerung wird durch einige recht allgemeine Überlegungen unterstützt.

Ein Mensch kann sehr viele unterschiedliche Bewegungen ausführen; allein die möglichen Lautbildungen gehen wohl in die tausende. Ist es angesichts der großen Zahl eine vernünftige Annahme, daß Programme für alle unterschiedlichen Bewegungen gespeichert sind? Und wenn jede beherrschte Bewegung durch ein eigenes Programm gesteuert wird, wie können wir überhaupt neue Bewegungen ausführen? Diese beiden Fragen bezeichnet SCHMIDT (1975) als das Speicherproblem und das Neuigkeitsproblem. Beide Probleme verschwinden, wenn Bewegungsprogramme nicht als fertige Einheiten gedacht werden, sondern als «generalisiert».

Das Konzept des generalisierten Bewegungsprogramms ist eine Variante der Auffassung, daß Bewegungsprogramme Mengen von Spezifikationen umfassen. Das besondere an diesem Konzept ist, daß zwei prinzipiell verschiedene Arten von Spezifikationen unterschieden werden. Eine Art von Spezifikationen wird als «Programme» bezeichnet, die zweite als «Parameter». Ein Programm steuert jeweils eine Klasse von Bewegungen; welche spezielle Bewegung aus dieser Klasse realisiert wird, wird durch die Parameter bestimmt. Bei der Ausführung einer gezielten Bewegung z. B. wird zunächst das Programm für diese Klasse von Bewegungen bereitgestellt. Merkmale wie Weite und Geschwindigkeit werden dann durch die Parameter festgelegt. Diese Unterscheidung zwischen Programm und Parametern entspricht dem Alltagseindruck, daß sich Bewegungen zum einen qualitativ und zum anderen quantitativ voneinander unterscheiden.

Welche Merkmale von Bewegungen werden durch Programme festgelegt und welche durch Programm-Parameter? Für die Beantwortung dieser Frage ist es notwendig, nach invarianten Merkmalen von Bewegungen zu suchen, also Merkmalen, die unverändert bleiben, wenn ein anderes Merkmal variiert wird. Ein invariantes Merkmal definiert eine Klasse von Bewegungen, die sich im variierenden Merkmal unterscheiden. Während das invariante Merkmal durch das Programm festgelegt werden sollte, sollte das variierende Merkmal durch Programm-Parameter bestimmt werden.

Invariante Merkmale von Bewegungen

Die wohl am häufigsten genannten invarianten Merkmale sind die relativen Zeitintervalle innerhalb einer Bewegung und die relativen Kräfte. Dauer, mittlere Kraft und ausführende Muskelgruppe werden dagegen als durch Programm-Parameter bestimmte Merkmale angesehen (SCHMIDT, 1980). Im folgenden soll diese Auffassung genauer untersucht werden.

Die Auffassung, daß die relativen Zeitintervalle innerhalb einer Bewegung durch das Programm festgelegt werden, ist vor allem durch die Beobachtung invarianter zeitlicher Strukturen («invariant relative timing») bei Variation der Dauer unterschiedlichster Bewegungsmuster begründet. Als Beispiel soll das Laufen dienen. SHAPIRO, ZERNICKE, GREGOR und DIESTEL (1981) filmten fünf erfahrene Langstreckenläufer auf einem Laufband bei Geschwindigkeiten von 3–12 km/h. Bei einer Geschwindigkeit von 7–8 km/h wechselten die Läufer ihre Gangart.

Für ihre Analyse benutzten SHAPIRO et al. eine gebräuchliche Einteilung des Schrittzyklus. Die Schwingphase beginnt, wenn sich das Bein in der hinteren Position vom Boden löst, und endet, wenn es in der vorderen Position wieder aufsetzt. Sie wird unterteilt in die Flexionsphase F und die erste Extensionsphase E1. Nach dem Abheben des Beins wird das Kniegelenk ja zunächst gebeugt und anschließend wieder gestreckt; der minimale Kniewinkel definiert die Grenze zwischen den Phasen F und E1. Mit dem Aufsetzen des Beins in der vorderen Position beginnt die Stemmphase. Zunächst gibt das Kniegelenk unter dem verlagerten Körpergewicht trotz aktiver Streckmuskeln nach (Phase E2), anschließend, während der Körper nach vorn geschoben wird, wird das Bein wieder gestreckt (Phase E3); die Grenze zwischen den Phasen E2 und E3 ist wieder durch den minimalen Kniewinkel definiert.

Abbildung 7 zeigt die relative Dauer jeder der vier Phasen in Abhängigkeit von der Laufgeschwindigkeit; die mittlere Dauer jeder Phase ist durch die Gesamtdauer des Zyklus dividiert. Während sich beim Übergang von einer Gangart zur anderen deutliche Änderungen finden, sind die Änderungen innerhalb jeder Gangart nur geringfügig und statistisch nicht zuverlässig.

Für Fertigkeiten wie das Laufen haben sich im Verlauf der Stammesgeschichte möglicherweise ganz spezielle Strukturen der Bewegungssteuerung entwickelt. Invarianz zeitlicher Strukturen findet sich aber nicht nur bei solchen Fertigkeiten, sondern auch bei «kulturellen Fertigkeiten» wie dem Schreibmaschineschreiben: Die relativen Intervalle zwischen aufeinanderfolgenden Anschlägen bleiben konstant, wenn die Dauer für das Tippen eines Wortes variiert (TERZUOLO & VIVIANI, 1980). Sogar bei Folgen von Zielbewegungen, die nur für relativ kurze Zeit im Labor geübt wurden, wird die gelernte zeitliche Struktur beibehalten, wenn die Vpn instruiert werden, die Folge

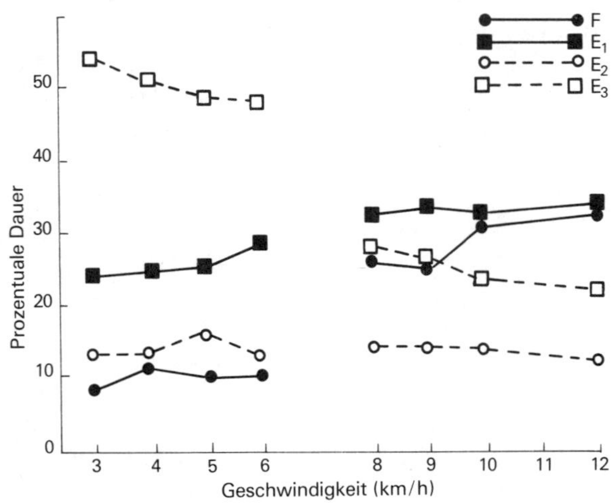

Abbildung 7: Relative Dauer von Phasen des Schrittzyklus bei unterschiedlichen Geschwindigkeiten. Schwingphase: F und E1; Stemmphase: E2 und E3 (nach SHAPIRO et al., 1981, S. 42).

möglichst schnell und unter Vernachlässigung der gelernten Zeiten auszuführen (z. B. CARTER & SHAPIRO, 1984). Die Beobachtung invarianter relativer Zeitintervalle bei einer Anzahl recht unterschiedlicher Bewegungsmuster stützt die Auffassung, daß die zeitliche Struktur einer Bewegung durch ein generalisiertes Bewegungsprogramm festgelegt wird, während ihre Dauer durch einen Parameter bestimmt ist. Bei Variation des globalen Geschwindigkeits- oder Zeit-Parameters läuft das Programm also langsamer oder schneller ab.

Angesichts der recht klaren Befunde zur Invarianz der zeitlichen Struktur scheint manchmal eine Tendenz zu bestehen, die oft vorhandenen kleinen Abweichungen von der perfekten Invarianz zu übersehen. In Abbildung 7 ist z. B. zu erkennen, daß die Stemmphase (E2 + E3) bei zunehmender Geschwindigkeit des Gehens zu einer relativen Verkürzung tendiert, die Schwingphase (F + E1) aber zu einer relativen Verlängerung. Wenn man von einer Invarianz der zeitlichen Struktur spricht, so ist damit in der Regel also nicht eine perfekte Invarianz gemeint, sondern eine deutlich erkennbare Tendenz, der gegenüber die Abweichungen vernachlässigt werden können.

In einigen Experimenten zeigen sich klare Abweichungen von der Invarianz der zeitlichen Struktur, z. B. beim Schreibmaschineschreiben (GENTNER, 1982) oder bei gezielten Bewegungen (HEUER, 1984b). Der Grund dafür ist etwas unklar. Zum einen kann es sein, daß bei hinreichend scharfen Methoden der Analyse im Prinzip immer Abweichungen gefunden werden können, da die Invarianz der zeitlichen Struktur wohl selten perfekt ist. Auf der anderen Seite aber ist auch nicht auszuschließen, daß die Invarianz der zeitlichen Struktur doch kein nahezu universelles Merkmal ist, sondern nur in bestimmten Fällen beobachtet werden kann.

Der Gedanke eines globalen Zeit- oder Geschwindigkeits-Parameters generalisierter Bewegungsprogramme legt die Vermutung nahe, daß es auch einen globalen Amplituden- oder Kraft-Parameter geben müsse. Eine Bewegung hat ja nicht nur eine zeitliche Ausdehnung, sondern auch eine räumliche. Die Hypothese einer Dualität bei der Steuerung zeitlicher und räumlicher Aspekte einer Bewegung wurde wohl zuerst von v. HOLST (1939) formuliert. Bei menschlichen Bewegungen bezieht er sich auf das sog. Gesetz der konstanten Figurzeit (DERWORT, 1938; HACKER, 1974). Wenn man gleiche Figuren unterschiedlicher Größe mit dem Finger nachfährt, ist die benötigte Zeit näherungsweise unabhängig von der Größe. Die Variation der Größe scheint also allein durch die Variation eines globalen Kraft- oder Amplituden-Parameters zustandezukommen, bei dessen Variation andere Bewegungsmerkmale wie relative Kräfte und Zeitintervalle invariant bleiben.

Für die Existenz eines Kraft-Parameters beim Schreiben sprechen Ergebnisse von DENIER VAN DER GON und THURING (1965). Wenn z. B. «momom» mit unterschiedlicher Größe geschrieben werden soll (2–11 mm Höhe), bleibt die Dauer praktisch unverändert. Die Größenvariation kommt allein durch Variation der Kraft zustande. Dabei werden nicht nur die Kräfte in der Ebene der Schreibfläche verändert, sondern mit der Größe der Schrift steigt auch der Schreibdruck und seine Variabilität. Die Veränderung der Größe durch einen globalen Kraft-Parameter findet sich aber nur dann, wenn ein ganzes Wort kleiner oder größer geschrieben werden soll. Wenn die Größe innerhalb eines Wortes variiert wird, z. B. bei «elelel», wird die zeitliche Struktur der Muskelkontraktionen verändert; Variation der Größe wird dann erzielt, indem die Kräfte für unterschiedliche Zeit in die eine oder andere Richtung wirken.

Neben Dauer und Kraft nennt SCHMIDT (1980) die beteiligte Muskelgruppe als drittes Merkmal von Bewegungen, das durch Programm-Parameter festgelegt wird. Für diese Hypothese spricht z. B. die Beobachtung, daß die Handschrift beim Schreiben mit unterschiedlichen Muskelgruppen relativ unverändert bleibt, also invariante Merkmale aufweist. Diese Beobachtung diente PEW (1974) unter anderem zur Begründung des Konzepts generalisierter Bewegungsprogramme.

Insgesamt stützen die beschriebenen Befunde vorläufig das Konzept eines generalisierten Bewegungsprogramms mit Dauer, Kraft und beteiligter Muskelgruppe als Parameter. Die Suche nach invarianten Merkmalen ist aber ein noch nicht abgeschlossenes Kapitel der Forschung. Es ist nicht auszuschließen, daß das Konzept des generalisierten Bewegungsprogramms in den kommenden Jahren in seiner inhaltlichen Ausfüllung erheblich modifiziert werden muß.

Bewegungsprogramme und koordinative Strukturen

Analogien bergen stets die Gefahr, daß sie zu weit geführt werden. Das Konzept des Bewegungsprogramms ist eine Analogie zum Programm eines Computers. Man könnte daher zu der Auffassung kommen, daß der Inhalt des Programms im Prinzip beliebig sein kann. Das ist aber nicht der Fall, wie das Beispiel des Zeichnens belegt: Wenn ein generalisiertes Bewegungsprogramm eine bestimmte Figur wie etwa eine Ellipse festlegt, ist damit auch die zeitliche Struktur der Bewegung weitgehend festgelegt und kann nicht mehr beliebig gewählt werden.

DERWORT (1938) beschreibt eine einfache Demonstration des Zusammenhangs zwischen den figuralen und zeitlichen Merkmalen der Bewegung beim Zeichnen. Es ist praktisch unmöglich, bei geschlossenen Augen einen Kreis zu zeichnen und dabei die Geschwindigkeit systematisch zu variieren, so daß sie an zwei gegenüberliegenden Abschnitten des Kreisumfanges groß ist, an den anderen beiden aber klein. Die Variation von Geschwindigkeit und Krümmung der gezeichneten Linie ist vielmehr so miteinander verknüpft, daß im Beispiel in der Regel eine Ellipse entsteht. Wenn keine besondere Instruktion für die Geschwindigkeit gegeben wird, ist sie generell umso kleiner, je stärker die Krümmung ist. Eine genauere Darstellung des Zusammenhangs gibt VIVIANI (1986).

Zusammenhänge dieser Art werden vom Konzept des generalisierten Bewegungsprogramms nicht berücksichtigt. Es liefert keinen begrifflichen Rahmen für die Abgrenzung zwischen solchen Bewegungen, die zwar physikalisch möglich sind, aber nie oder fast nie ausgeführt werden, und solchen, die im Repertoir von Menschen tatsächlich vorkommen. Das Konzept der koordinativen Struktur und die mit diesem Konzept verbundene Denkweise ist dagegen von vornherein auf die Einschränkungen ausgerichtet, denen menschliche Bewegungen unterliegen.

Der Begriff der koordinativen Struktur wird gelegentlich als Bezeichnung für komplizierte Reflexe verwendet, bei denen die Reflexantwort nicht nur eine einzelne Muskelzuckung ist, sondern aus einem koordinierten Bewegungsmuster besteht (z.B. EASTON, 1978). In der Regel wird eine koordinative Struktur aber als flexibel gedacht, als etabliert für einen bestimmten Bewegungszweck. Sie ist eine Kopplung zwischen den an einer Bewegung beteiligten Muskeln bzw. zwischen den zugeordneten zentralnervösen Strukturen, wie wir sie auch bei komplexen Reflexen finden, aber ohne deren Inflexibilität. Im Zusammenhang der Koordination werden wir solche Kopplungen ausführlich besprechen.

Was ist die Beziehung zwischen dem Konzept des Bewegungsprogramms und dem der koordinativen Struktur? In einer Reihe von Arbeiten werden diese Konzepte als radikale Gegensätze gegenübergestellt (z.B. KELSO, 1981). Tatsächlich sind die allgemeinen Rahmenmodelle, in die sie eingebettet sind, sehr verschieden voneinander. Dennoch handelt es sich meines Erachtens nicht um alternative Konzepte, sondern vielmehr um komplementäre Sichtweisen, die für verschiedene Zwecke in unterschiedlichem Maße geeignet sind.

Das Konzept des Bewegungsprogramms zielt auf eine *direkte* Beschreibung von Bewegungsmerkmalen. Im Zentrum des Interesses stehen die Prozesse vor Beginn einer Bewegung, durch die diese Merkmale festgelegt werden, und die Invarianzen, die bei Variation z.B. der Dauer einer Bewegung zu beobachten sind. Gewissermaßen als die «Hardware», die ein Bewegungsprogramm realisiert, kann man sich eine neuronale Struktur denken, ein Netz von Nervenzellen. Das Konzept der koordinativen Struktur betrifft die Abhängigkeiten, die durch dieses neuronale Netz zwischen verschiedenen Muskeln hergestellt werden. Wenn man von koordinativen Strukturen spricht, zielt die Beschreibung also nicht mehr auf die Bewegungsmerkmale an sich, sondern auf die durch das neuronale Netz festgelegten Abhängigkeiten zwischen Muskeln; der raum-zeitliche Verlauf der Bewegung wird als Folge dieser Abhängigkeiten angesehen. Er wird also nicht direkt beschrieben, sondern nur *indirekt*.

Diese kurze Beschreibung des Konzepts der

koordinativen Struktur wird dem allgemeinen Rahmen, in den es eingebettet ist, nicht gerecht. Daher sei auf die einführende Darstellung von KELSO und KAY (1987) verwiesen.

3.3 Das Zusammenwirken von Regelung und Programmsteuerung

Nachdem nun Regelung und Programmsteuerung jeweils für sich besprochen sind, bleibt die Frage nach ihrem Zusammenwirken. Diese Frage ist wenig untersucht. Die Ursache dafür ist vermutlich, daß Regelung und Programmsteuerung lange Zeit als alternative Modi der Bewegungssteuerung gesehen wurden. Die Frage nach dem Zusammenwirken gewinnt ja erst dann eine zentrale Bedeutung, wenn man sie als komplementäre Modi ansieht. Im folgenden sollen vier Möglichkeiten des Zusammenwirkens skizziert werden.

3.3.1 Regelung und Programmsteuerung in verschiedenen Dimensionen

Die einfachste Form des Zusammenwirkens von Regelung und Programmsteuerung findet sich dann, wenn eine Bewegung in der einen Dimension durch ein Programm gesteuert wird, in einer anderen Dimension aber geregelt. Ein Beispiel ist die Eiroll-Bewegung der Graugans. Die Gans rollt mit Hilfe des Schnabels das Ei auf ihren Körper zu. Die Bewegung des Schnabels auf den Körper zu geht einher mit seitlichen Ausgleichsbewegungen, die erforderlich sind, damit das Ei nicht neben dem Schnabel wegrutscht. Wenn nun das Ei nach Beginn der Bewegung entfernt wird, so wird die Bewegung des Schnabels auf den Körper zu weitergeführt, während die seitlichen Ausgleichsbewegungen fortfallen. Die Komponente in Längsrichtung des Körpers wird also einmal ausgelöst und läuft dann ohne weitere Berücksichtigung der Umwelt zu Ende; die Komponente senkrecht zur Längsachse des Körpers wird dagegen kontinuierlich an die variierende Umwelt angepaßt.
Eine ähnliche Unterteilung in zwei Komponenten dürfte sich bei der Katze finden, die, wenn sie von oben auf eine Tischkante hin bewegt wird, ihre Pfote ausstreckt. Wenn die Tischkante mit Aussparungen versehen ist, muß das Bein nicht nur gestreckt werden, sondern das Tier muß es auch seitlich bewegen, damit es nicht in eine der Aussparungen gerät. Die Streckung und die seitliche Anpassung sind in ihrer Entwicklung an unterschiedliche Voraussetzungen gebunden. Die Streck-Komponente entwickelt sich auch dann, wenn das Tier die eigene Pfote nie gesehen hat. Die seitliche Komponente dagegen erfordert vorhergehendes Sehen der aktiv bewegten Pfote. Einen genaueren Überblick über die unterschiedlichen Entwicklungsbedingungen gibt HEIN (1980).

3.3.2 Überwachung der Programmsteuerung durch einen Regelkreis

Das zweite Prinzip des Zusammenwirkens von Regelung und Steuerung haben wir am Beispiel des Gamma-Kreises des Rückenmarks kennengelernt, nämlich die Überwachung eines Steuervorgangs durch einen Regelkreis und das etwaige korrigierende Eingreifen. Dieses Prinzip findet sich vermutlich bei gezielten Bewegungen. Während des ersten Teils wird die Bewegung durch ein Programm gesteuert, und zum Ende beseitigt der überwachende visuelle Regelvorgang die restliche Zielabweichung. Diese Auffassung wurde zuerst von WOODWORTH (1899) vertreten, der zwischen «initial impulse» und «current control» unterscheidet. Die gegen Ende der Zielbewegung zunehmende Bedeutung der Regelung zeigt sich z.B. darin, daß visuelle Rückmeldungen gegen Ende der Bewegung einen wesentlich stärkeren Einfluß auf die Genauigkeit haben als zu Beginn (s. Abschnitt 3.1.1).
In welchem Maße der überwachende Regelvorgang gegen Ende einer gezielten Bewegung den Verlauf bestimmt, hängt natürlich vom Grad der Übung und der erforderlichen Genauigkeit ab. Wenn die Genauigkeitsanforderungen gering sind oder wenn eine gezielte Bewegung sehr hoch geübt ist, sollte die Programmsteuerung allein hinreichend genau sein. In dem Maße aber, in dem die Genauigkeitsanforderungen steigen, sollte die Bedeutung des überwachenden Regelvorgangs zunehmen. Damit geht eine zunehmende Aufmerksamkeit für die Zielbewegung einher. Die zunehmenden Aufmerksamkeitsanforderungen zeigen sich in den sog. Testreaktionszeiten; das sind Reaktionszeiten auf ein zusätzliches Signal, das während der Bewegung dargeboten wird. Die

Verarbeitung dieses Signals wird in dem Maße verlangsamt, in dem die Vp durch die Zielbewegung beansprucht ist. Am Ende von Zielbewegungen zu kleinen Zielen ist die Verlangsamung besonders stark (s. HEUER & WING, 1984).

3.3.3 Abtast-Regelung

Das Prinzip der Abtast-Regelung bei menschlichen Bewegungen wurde zuerst von CRAIK (1947) beschrieben. CRAIK beobachtete diskrete Korrekturbewegungen beim Tracking (s. Abschnitt 3.1.3), die etwa alle halbe Sekunde auftraten. Er postulierte, daß in regelmäßigen Zeitintervallen die Abweichung zwischen Zielpunkt und Folgepunkt erfaßt und durch eine ballistische, programmgesteuerte Bewegung korrigiert wird. Während der Programmierung und Ausführung der Korrekturbewegung soll keine Information aus der Umwelt mehr aufgenommen werden. Erst nach der Bewegung, die den Fehler bis auf einen kleinen Rest beseitigt, beginnt der Zyklus von Fehlererfassung (Abtastung) und Korrektur erneut.

CROSSMAN und GOODEVE (1963/1983) wendeten das Prinzip der Abtast-Regelung auf die Genauigkeit gezielter Bewegungen an, speziell auf eine Interpretation des FITTSschen Gesetzes. Das ist eine der bekanntesten und stabilsten Gesetzmäßigkeiten bei gezielten Bewegungen.

Wie die meisten Dinge, so kann man auch Zielbewegungen entweder langsam und genau oder schnell und ungenau ausführen. Das FITTSsche Gesetz beschreibt den Zusammenhang zwischen Bewegungszeit und Genauigkeit bei unterschiedlichen Bewegungsweiten (FITTS, 1954):

$$T = a + b \cdot \log_2(2D/W_e)$$

mit T als Bewegungszeit, D als Weite, W_e als variablem Fehler (Standardabweichung der Bewegungsendpunkte um ihren Mittelwert) und a und b als Konstanten. Anstelle der experimentell bestimmten Größe W_e wird oft die Breite des Ziels (W) in die Gleichung eingesetzt.

Das FITTSsche Gesetz ist unter sehr vielen Bedingungen zumindest näherungsweise gültig (KEELE, 1981). Die Bewegungszeit (T) bleibt also konstant, wenn das Verhältnis von Weite (D) und Zielbreite (W) konstant bleibt: Ein Anstieg der Bewegungszeit infolge einer größeren Weite z.B. kann vermieden werden, wenn die Breite des Ziels proportional vergrößert wird. Wenn das Verhältnis D/W wächst, steigt die Bewegungszeit zunächst schneller und dann langsamer an. Bei der Darstellung der Bewegungszeit gegen den Logarithmus des Verhältnisses D/W erhält man eine Gerade. (Die Verwendung des Logarithmus zur Basis 2 und des Verhältnisses 2D/W statt D/W ist durch die theoretischen Überlegungen von FITTS (1954) begründet, die aber als unzutreffend gelten, und ist heute nur noch eine Konvention. Die Einhaltung dieser Konvention erlaubt es, die Konstanten a und b über verschiedene Untersuchungen hinweg zu vergleichen.) Einen umfassenderen Überblick über den Zusammenhang zwischen Geschwindigkeit und Genauigkeit gezielter Bewegungen, auch über Alternativen zum FITTSschen Gesetz, geben HANCOCK und NEWELL (1985).

Wie kann das FITTSsche Gesetz mit Hilfe des Prinzips der Abtast-Regelung interpretiert werden? CROSSMAN und GOODEVE (1963/1983) postulieren, daß eine Zielbewegung zu einem Ziel in der Entfernung D aus einer Folge von Teilbewegungen mit konstanter Dauer t besteht. Jede Teilbewegung überbrückt den Anteil p an der Reststrecke. Nach der ersten Teilbewegung ist also die Strecke pD zurückgelegt, nach der zweiten die Strecke $pD + pD(1 - p)$, nach der dritten die Strecke $pD + pD(1 - p) + pD(1 - p)^2$ usw. Wieviele Teilbewegungen der Dauer t sind nötig, bis das Ziel erreicht wird? Das Ziel hat die Breite W; es wird also erreicht mit der Teilbewegung, nach der die Summe der Weiten aller Teilbewegungen größer oder gleich $D - 0.5\,W$ ist. CROSSMAN und GOODEVE zeigen, daß die Zahl der erforderlichen Teilbewegungen und damit die Bewegungszeit etwa linear mit dem Schwierigkeitsindex («index of difficulty») $\log_2(2D/W)$ ansteigt. Diese Begründung des FITTSschen Gesetzes hat die Arbeit von CROSSMAN und GOODEVE zu dem im Bereich der Psychomotorik wohl am häufigsten zitierten unveröffentlichten Aufsatz gemacht; die Veröffentlichung erfolgte mit 20jähriger Verspätung erst im Jahre 1983.

Trotz seiner Popularität ist das Modell der Abtast-Regelung für die Begründung des FITTSschen Gesetzes nicht zutreffend. Nach dem Modell ist z.B. die Weite der ersten Teilbewegung (pD) nur von der Entfernung des Ziels abhängig, aber nicht von seiner Breite. Die Breite des Ziels soll sich nur auf die Anzahl der Teilbewegungen auswirken. Tatsächlich hängt aber auch schon die erste identifizierbare Teilbewegung von den Genauigkeitsanforderungen ab (JAGACINSKI et al., 1980; LANGOLF et al., 1976). Ein kleineres Ziel hat also einen von vornherein anderen Bewegungsverlauf zur Folge; es wirkt sich nicht nur in einer vergrößerten Anzahl von Teilbewegungen aus.

Die von CROSSMAN und GOODEVE postulierten Teilbewegungen sind im Verlauf gezielter Bewegungen nicht immer aufzufinden (s. Abb. 1). Als allgemeine Grundlage für eine Theorie gezielter Bewegungen ist das Prinzip der Abtast-Regelung daher nicht geeignet. Unter bestimmten Bedingungen finden sich aber klar voneinander abgegrenzte diskrete Korrekturen (z. B. WING & MILLER, 1984), die vermuten lassen, daß ein zweiter oder auch dritter programmgesteuerter Bewegungsabschnitt existiert. Generell aber ist unklar, wann Segmentierungen von Bewegungsverläufen in diskrete programmgesteuerte Abschnitte auftreten und wann nicht.

3.3.4 Parameter-Regelung

Ein letztes Prinzip des Zusammenwirkens von Regelung und Programmsteuerung schließlich ist das der Parameter-Regelung. Wenn eine Bewegung durch ein generalisiertes Bewegungsprogramm gesteuert wird, sollten Regelprozesse möglich sein, bei denen die Regelgröße nicht mehr unmittelbar die Position von Körpergliedern ist, sondern vielmehr ein Parameter eines Bewegungsprogramms. Z. B. werden die Artikulationsbewegungen beim Sprechen vermutlich durch generalisierte Bewegungsprogramme gesteuert, während die Lautstärke durch Programm-Parameter festgelegt wird. Die Regelung der Lautstärke, also ihre Abhängigkeit von der Rückkopplung der eigenen Stimme, zeigt sich z. B. dann, wenn zwei Personen miteinander sprechen, von denen die eine gleichzeitig über einen Kopfhörer Musik hört. Diese spricht in der Regel sehr laut, die andere Person aber in normaler Lautstärke, obwohl dem Zweck der Verständigung das Gegenteil dienlicher wäre.

Das wohl bekannteste experimentelle Beispiel für Parameter-Regelung beschreibt PEW (1966). Die Aufgabe der Vp bestand darin, eine Marke in der Mitte eines Bildschirms zu halten, indem sie in schneller Folge alternierend auf zwei Tasten drückte. Nach jedem Tastendruck wurde die Marke mit einer konstanten Beschleunigung in die eine oder andere Richtung bewegt. Zu Beginn der Übung waren die Zeitintervalle zwischen den einzelnen Tastenbetätigungen relativ groß, so daß die Marke mit großen Amplituden um die Bildschirmmitte oszillierte. Die Tätigkeit machte den Eindruck, als drückte die Vp eine Taste, wartete auf die folgende Bewegung der Marke, drückte dann die andere Taste, usw.

Nach längerer Übung erfolgten die Betätigungen der Tasten in sehr schneller Abfolge, so daß die Marke nur noch geringfügig um die Bildschirmmitte oszillierte. Da aber die Intervalle zwischen den Tastenbetätigungen nicht völlig gleichmäßig waren, driftete die Marke langsam von der Mitte des Bildschirms weg. Dieser durch die Drift entstehende Fehler wurde von den Vpn auf zwei verschiedene Arten korrigiert. Einige Vpn unterbrachen die schnelle Bewegungsfolge und korrigierten den Fehler mit wenigen langsameren Bewegungen; andere Vpn kehrten das Verhältnis der Zeitintervalle zwischen den Tastenbetätigungen um und damit die Richtung der Drift. Statt des Zeitpunktes einzelner Fingerbewegungen werden nach längerer Übung also Verhältnisse von Zeitintervallen an die Aufgabenerfordernisse angepaßt, und die relevante Information ist nicht mehr die einzelne Auslenkung der Marke, sondern die Drift, die von kleinen Oszillationen überlagert ist.

4. Koordination von Bewegungen

Auch wenn im Experiment Beugungen und Streckungen eines Gelenks des öfteren isoliert untersucht werden, im Alltag sind derart einfache Bewegungen äußerst selten. Schon am einfachen Greifen nach einem Objekt sind eine Reihe von Gelenken beteiligt, beginnend bei der Schulter und endend bei den Fingern. Wie werden die Einzelbewegungen in den verschiedenen Gelenken koordiniert? Die gleiche Frage stellt sich bei beidhändigen Bewegungen, und sie stellt sich in noch allgemeinerer Weise im Hinblick auf die Beziehung zwischen Zielmotorik und Stützmotorik. Wenn wir z. B. unseren Arm vom Körper weg bewegen, verändert sich die Lage des Körperschwerpunktes. Um dennoch das Gleichgewicht zu halten, muß die Armbewegung mit ausgleichender Aktivität in den Muskeln der Beine einhergehen. Bevor ich auf solche Einzelphänomene der Koordination eingehe – die intersegmentale Koordination, die intermanuelle Koordination, den Rhythmus und schließlich die Beziehung zwischen Zielmotorik und Stützmotorik – möchte ich einige allgemeinere Überlegungen anstellen.

4.1 Über die Grundlagen der Koordination

Die Abhängigkeit zwischen Bewegungen unserer verschiedenen Gliedmaßen ist doppelgesichtig. Auf der einen Seite fördert sie unsere Bewegungsleistung bei bestimmten biologisch wichtigen Aktivitäten. Beim Laufen z.B. schwingen die Arme mehr oder weniger von allein im Gegenrhythmus zu den Beinbewegungen. Wenn das Bein auf einer Seite nach vorn bewegt wird, wird der Arm nach hinten bewegt. Durch die Armbewegung erfolgt also eine Kompensation für die Verlagerung des Körperschwerpunktes als Folge der Beinbewegung. Auf der anderen Seite aber beeinträchtigen die Abhängigkeiten unsere Bewegungsleistungen. Es ist z. B. relativ einfach, mit beiden Händen gleichzeitig zwei Kreise zu zeichnen. Mit der einen Hand einen Kreis und mit der anderen ein Quadrat zu zeichnen, ist dagegen kaum oder gar nicht möglich.

Was ist die Grundlage solcher Abhängigkeiten? Für eine recht globale Antwort ist das Konzept der koordinativen Struktur nützlich. Eine koordinative Struktur ist eine Gruppe von Muskeln, deren Aktivität in bestimmter Weise aneinander gekoppelt ist. Die zugrundeliegenden neuronalen Netze können zwar prinzipiell flexibel für bestimmte Bewegungen aufgebaut werden, aber dabei sollten Reflex-Zentren eingeschlossen werden. Reflex-Zentren leisten bestimmte Verknüpfungen zwischen Muskeln, die durch überdauernde zentralnervöse Strukturen bestimmt sind. Diese dauerhaften Verknüpfungen sollten vor allem biologisch wichtige Aktivitäten unterstützen. Durch die Integration von Reflexen in koordinative Strukturen werden also der Beliebigkeit der Koordination Grenzen gesetzt.

Diese sehr allgemeine Auffassung über die Grundlagen zumindest eines Teils der Abhängigkeiten zwischen Bewegungen verschiedener Gliedmaßen macht sofort deren Doppelgesichtigkeit plausibel. Die in koordinativen Strukturen integrierten Reflexe fördern die Leistung bei biologisch wichtigen Aktivitäten und behindern sie bei davon abweichenden Aufgaben. Darüber hinaus gibt es experimentelle Bestätigungen für eine einfache Konsequenz dieser Auffassung. Wenn nämlich eine bestimmte neuronale Struktur Grundlage eines Reflexes ist und gleichzeitig in das neuronale Netz für eine willkürliche Bewegung integriert wurde, dann sollte die willkürliche Bewegung durch Ausnutzung der Reflex-Afferenzen unterstützt werden können.

Ein Beispiel dafür beschreiben HELLEBRANDT, HOUTZ, PARTRIDGE und WALTERS (1956). Der untersuchte Reflex ist der tonische Halsreflex, der sich bei Säuglingen direkt beobachten läßt. Wenn man bei einem liegenden Säugling den Kopf zur Seite dreht, so zeigt der Arm der kopfzugewandten Seite eine Streckung, der der kopfabgewandten Seite aber eine Beugung. Die Kopfdrehung hat also eine Bahnung der Streckmuskeln im zugewandten Arm und eine Bahnung der Beugemuskeln im abgewandten Arm zur Folge.

Die Vpn von HELLEBRANDT et al. mußten ihr Handgelenk wiederholt beugen und strecken. Dabei lag eine zusätzliche Masse, die zu heben war, entweder auf der Handfläche oder auf dem Handrücken. Diese Aufgabe wird nach einiger Zeit sehr anstrengend. Dann zeigen die Vpn spontan eine Kopfhaltung, wie sie dem Muster des tonischen Halsreflexes entspricht. Wenn das Gewicht auf dem Handrücken liegt, wenden sie den Kopf zu (Bahnung der Streckmuskeln), liegt das Gewicht aber auf der Handfläche, so wenden sie den Kopf ab (Bahnung der Beugemuskeln). Umgekehrt wurde auch die Leistung untersucht, die die Vpn bei instruierter Kopfhaltung erbringen. Abbildung 8 zeigt die Leistung in sukzessiven Blöcken von jeweils etwa 25 Hebungen. Der Takt der Bewegungen war durch ein Metronom vorgegeben.

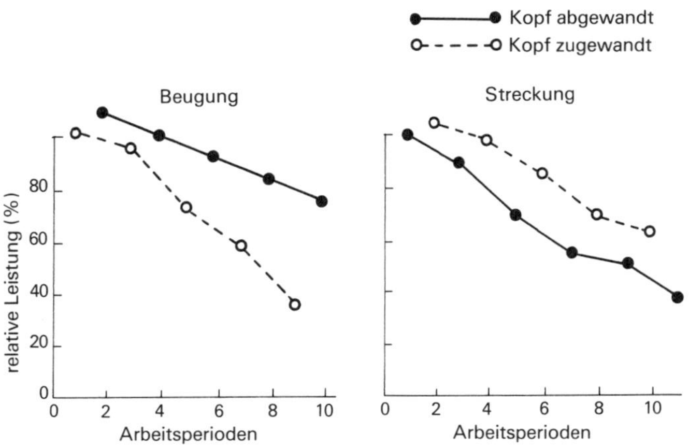

Abbildung 8: Relative Leistung in sukzessiven Serien von Hebungen eines Gewichts auf der Handfläche (links) bzw. auf dem Handrücken (rechts). Die Leistung in der ersten Serie ist gleich 100% gesetzt. In alternierenden Serien ist der Kopf zu- oder abgewandt (nach HELLEBRANDT et al., 1956, S.148).

Deutlich ist die Wechselwirkung: Streckung des Handgelenks wird durch Zuwendung des Kopfes gefördert, Beugung des Handgelenks aber durch Abwendung.

Die Integration von Reflex-Zentren in die neuronalen Netze für willkürliche Bewegungen zeigt sich auch darin, daß die Reflexantwort auf einen äußeren Reiz verändert werden kann. Dabei wird sie an den jeweiligen Zustand der übergeordneten Bewegung (die nicht notwendig willkürlich sein muß) angepaßt. Ein Beispiel ist die sog. Reflex-Umkehr im Verlauf des Schrittzyklus (z.B. FORSSBERG et al., 1976). Wenn der Fußrücken einer Katze durch leichte Berührung oder auch elektrisch gereizt wird, so wird in der Stemmphase die Aktivität der Streckmuskeln erhöht, in der Schwingphase dagegen die Aktivität der Beugemuskeln, verbunden mit einer erhöhten Streckmuskel-Aktivität im kontralateralen Bein, das sich gerade in der Stemmphase befindet. Die Zweckmäßigkeit dieser unterschiedlichen Reaktionsformen ist offensichtlich, wenn man berücksichtigt, daß der Reiz unter natürlichen Bedingungen ein Hindernis indiziert. In der Schwingphase wird das Bein über das Hindernis gehoben, in der Stemmphase wird dem Hindernis zusätzlicher Widerstand entgegengesetzt.

Die relativ allgemeinen Überlegungen dieses Abschnitts über die Grundlagen der Koordination lassen sich auf folgende Weise zusammenfassen: Die neuronale Struktur, die ein Bewegungsprogramm realisiert, stellt Verknüpfungen zwischen verschiedenen Muskeln her (koordinative Struktur). Da sie gewisse fest verschaltete Anteile umfaßt, die auch an komplexen Reflexen beteiligt sind, sind die Verknüpfungen nicht in vollem Maße flexibel. Vielmehr sind sie z. T. durch die fest verschalteten Anteile bestimmt. Diese wiederum sollten im Verlauf der Evolution speziell für die Bewältigung biologisch wichtiger Aktivitäten entwickelt worden sein. Ihr Einschluß in koordinative Strukturen fördert also Bewegungsmuster, die den biologisch wichtigen entsprechen, behindert aber davon abweichende.

4.2 Intersegmentale Koordination

In diesem und in den folgenden Abschnitten soll weniger nach den Grundlagen von Abhängigkeiten zwischen verschiedenen Muskelgruppen gefragt werden als vielmehr nach ihren Erscheinungsformen. Das erste Problem ist das der Koordination zwischen den verschiedenen Segmenten eines Körpergliedes oder den verschiedenen Artikulatoren beim Sprechen. Wenn wir z. B. mit dem Finger auf einen Gegenstand zeigen, so bewegen wir Schulter-, Ellbogen- und Handgelenk mehr oder weniger gleichzeitig. Wie hängen die Bewegungen in den verschiedenen Gelenken miteinander zusammen?

Einzelne Gelenkbewegungen kann man als Elemente einer Gesamtbewegung betrachten. Daher ist es nicht erstaunlich, daß in der ganzheitspsychologischen Schule Versuche unternommen wurden, um auch für Bewegungen zu zeigen, daß «das Ganze mehr ist als die Summe seiner Teile» (z.B. STIMPEL, 1933). Die Integration der «Teile» zu einem «Ganzen» kann über statische und dynamische Abhängigkeiten erfolgen. Statische Abhängigkeiten sind solche zwischen den Positionen verschiedener Gelenke oder Artikulatoren. Dynamische Abhängigkeiten dagegen betreffen Merkmale wie die Geschwindigkeit. Beide Arten der Abhängigkeit sollen im folgenden genauer beschrieben werden.

Als Beispiel für statische Abhängigkeiten soll ein Experiment von HUGHES und ABBS (1976) dienen, in dem es um die Koordination von Oberlippe, Unterlippe und Kiefer beim Aussprechen bestimmter Vokale geht (z.B. beim i in «hibib»). Alle drei Artikulatoren tragen zur Öffnung der Lippen bei, können aber zum Erreichen einer bestimmten Öffnung auf unterschiedliche Arten zusammenwirken. Unterschiedliche Bewegungsmuster können also denselben Zweck erfüllen. Dieses recht allgemeine Prinzip wird oft als motorische Äquivalenz bezeichnet.

In Abbildung 9 ist links das typische Koordinationsmuster gezeigt. Über eine Reihe von Äußerungen mit etwa konstanter Lippenöffnung variiert die Position der Oberlippe kaum. Die Positionen von Kiefer und Unterlippe variieren dagegen kompensatorisch. Wenn die Oberlippe wenig nach unten bewegt wird, wird der Kiefer weit nach unten bewegt, und umgekehrt. Rechts in Abbildung 9 ist ein weniger typisches Muster der Koordination gezeigt. Über die ersten vier Äußerungen zeigt sich wieder eine kompensatorische Beziehung zwischen Unterlippe und Kiefer, allerdings mit zusätzlicher Variation der Oberlippen-Position. Über die letzten vier Äußerungen dagegen bleibt die Kieferposition unverändert, während sich eine klare kompensatorische Beziehung zwischen den Positionen von Oberlippe und Unterlippe findet.

Die in Abbildung 9 gezeigte kompensatorische Kovariation zwischen den Positionen von Artikulatoren findet sich nicht nur dann, wenn die Positionen spontan variieren, sondern auch dann, wenn z.B. die Unterlippe durch eine äußere Kraft zurückgehalten wird (Sammelreferat: ABBS et al., 1984). Diese Kompensation setzt voraus, daß die Unterlippen-Position sehr schnell registriert wird, denn sie kann nicht durch die mechanischen Eigenschaften von Muskeln erklärt werden (s. Abschnitt: Das Masse-Feder-Modell). Sie erfolgt nämlich mit Hilfe eines anderen Artikulators als des in seiner Bewegung gestörten. Die in der koordinativen Struktur angelegte Kopplung zwischen verschiedenen Muskeln muß sich daher auf den sensorisch überwachten Zustand der Kör-

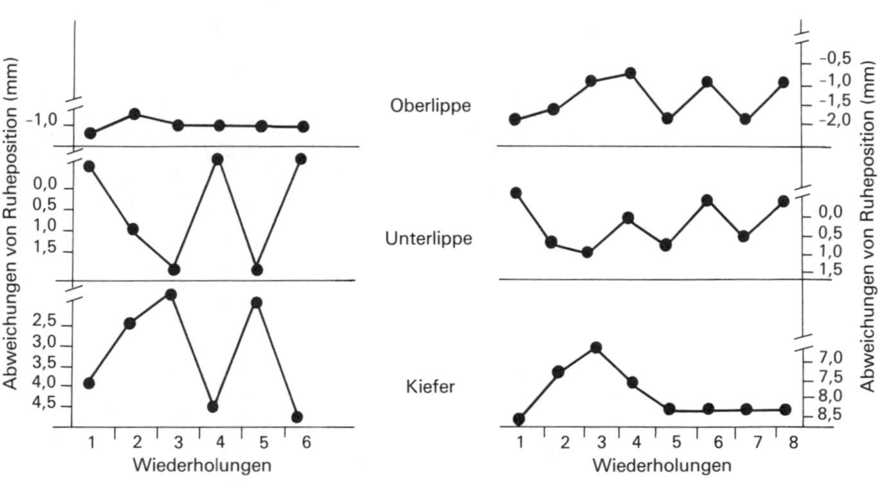

Abbildung 9: Positionen von Oberlippe, Unterlippe und Kiefer beim Aussprechen eines Vokals mit etwa konstanter Öffnung der Lippen. Messungen aus zwei Folgen wiederholter Äußerungen. Bei der Oberlippe entsprechen die höher liegenden Punkte einer größeren Lippenöffnung, bei Unterlippe und Kiefer die niedriger liegenden Punkte (nach HUGHES & ABBS, 1976, S.205, 212).

perperipherie beziehen. Sie ist nicht nur eine zentrale Kopplung zwischen motorischen Kommandos an verschiedene Muskeln, die gegenüber äußeren Störkräften unempfindlich ist.

Dynamische Abhängigkeiten zwischen Bewegungen des Schulter- und Ellbogengelenks beim Zeigen untersuchten SOECHTING und LACQUANITI (1981). In der Startposition war der Oberarm etwa vertikal, der Unterarm etwa horizontal, und der Zeigefinger war gestreckt. Vor der Vp befand sich ein Bildschirm, auf dem der Zielpunkt in unterschiedlichen Positionen dargeboten wurde. Beim Zeigen mußte der Oberarm nach vorn bewegt werden und der Arm gestreckt.

Eine theoretisch interessante Lösung dieser Bewegungsaufgabe könnte darin bestehen, beide Gelenke mit zueinander proportionalen Geschwindigkeiten zu bewegen. Die Geschwindigkeit des einen Gelenks wäre dann eine lineare Funktion der Geschwindigkeit des anderen. Diese Lösung ist motorisch sehr einfach: Die Bewegungen beider Gelenke könnten durch ein einzelnes Signal gesteuert werden, das nur unterschiedlich verstärkt wird. Das Ergebnis aber wäre eine relativ komplizierte Bewegungsbahn der Hand.

Was sich tatsächlich findet, ist eine gerade Bahn der Hand vom Start zum Ziel, und die Beziehung zwischen den Geschwindigkeiten der beiden Gelenke ist nicht linear. Eine lineare Beziehung zwischen den beiden Geschwindigkeiten fanden SOECHTING und LACQUANITI nur in der Bremsphase; HOLLERBACH und ATKESON (1986) zeigten jedoch, daß diese lineare Beziehung gegen Ende der Bewegung keine Rückschlüsse auf die Steuerung der Bewegung zuläßt, sondern allein mechanische Ursachen hat. Sie ist immer dann zu erwarten, wenn die Hand sich der Grenze des Greifraumes nähert. Obwohl die Geschwindigkeiten der beiden Gelenke keine lineare Beziehung zueinander haben, sind sie doch nicht völlig unabhängig voneinander. Sie erreichen etwa zur gleichen Zeit ihr Maximum. Eine ähnliche zeitliche Kopplung findet sich auch bei einem ganz anderen Koordinationsproblem, nämlich dem Reichen zu einem Objekt und dem Öffnen der Finger, um das Objekt zu ergreifen.

Abbildung 10 zeigt die Weg-Zeit-Kurven von Transport- und Greif-Komponente einer solchen Bewegung, also die Position des Handgelenks und die Öffnung der Finger in Abhängigkeit von der Zeit (JEANNEROD, 1981). Beim Reichen nach einem kleinen Objekt (links) werden die Finger weniger weit geöffnet als beim Reichen nach einem großen Objekt (rechts), während die Weg-Zeit-Kurve der Transport-Komponente unabhängig von der Größe des Objekts ist. Trotz dieser Unabhängigkeit aber sind die beiden Komponenten zeitlich gekoppelt. Die maximale Fingeröffnung liegt stets an einem bestimmten Punkt der Geschwindigkeits-Zeit-Kurve des Transports. Es scheint also so etwas wie einen gemeinsamen Zeitrahmen für beide Komponenten zu geben, während die Größen der aufgewendeten Kräfte unabhängig voneinander sind.

So attraktiv der Gedanke eines gemeinsamen Zeit-Parameters und unabhängiger Kraft-Parameter beider Komponenten ist, er ist wohl nicht ganz treffend. WING und FRASER (1983) berichten z.B. von unveröffentlichten Ergebnissen von DOUGLAS, nach denen bei sehr schnellen Reichbewegungen die antizipatori-

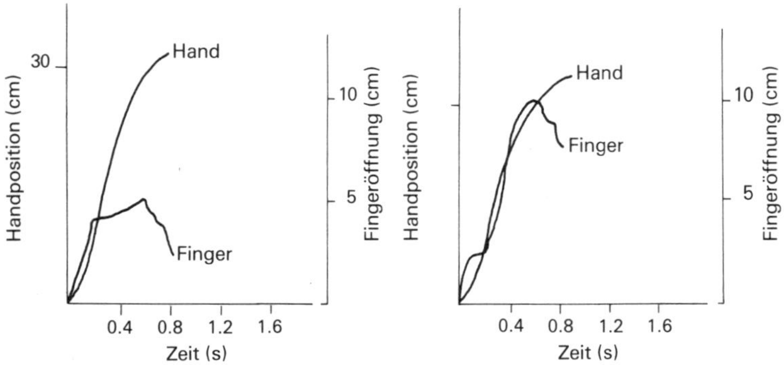

Abbildung 10: Weg-Zeit-Kurven für die Transport- und Greifkomponente einer Reichbewegung zu einem kleineren Objekt (links) und einem größeren (rechts; nach JEANNEROD, 1981, S.160).

sche Öffnung der Finger größer wird und auf diese Weise Ungenauigkeiten in der Transport-Komponente kompensiert. Ganz offensichtlich finden sich also subtilere Abhängigkeiten zwischen beiden Komponenten, für die WING und FRASER weitere Beispiele geben, als allein eine gemeinsame Zeitbasis.

Eine naheliegende Frage angesichts der beschriebenen statischen und dynamischen Abhängigkeiten zwischen verschiedenen Gelenken und Artikulatoren, die an einer Bewegung beteiligt sind, ist die nach dem Zweck oder Nutzen. Beim Artikulations-Beispiel (Abb.9) ist der Nutzen offensichtlich. Hier wird eine bestimmte Öffnung der Lippen angestrebt. Die verschiedenen Artikulatoren sind so gekoppelt, daß diese Öffnung auch bei erheblicher Variation einzelner Artikulator-Positionen oder bei äußeren Störeinflüssen in möglichst gleichförmiger Weise erreicht wird. Die Art der Kopplung ist durch das Bewegungsziel vorgegeben, und sie dient dem Erreichen dieses Ziels.

Was aber ist der Zweck oder Nutzen der beschriebenen dynamischen Kopplungen? Bei der Aufgabe von SOECHTING und LACQUANITI (1981) z.B. könnte das Ziel genauso gut erreicht werden, wenn die Geschwindigkeitsmaxima der beteiligten Gelenke zu unterschiedlichen Zeitpunkten lägen. Bei der Aufgabe von JEANNEROD (1981) könnte das Objekt genauso gut ergriffen werden, wenn das Maximum der antizipatorischen Öffnung der Finger in beliebigen Abschnitten der Bewegungsbahn des Handgelenks liegen würde. Der Nutzen dieser Kopplungen scheint also nicht dadurch gegeben zu sein, daß sie dem Erreichen des Bewegungsziels dienen. Sie vereinfachen jedoch die Bewegungssteuerung, indem sie die Zahl der zu steuernden Variablen – der Freiheitsgrade – vermindern. Wenn z.B. der zeitliche Verlauf der Greif-Komponente an den der Transport-Komponente gekoppelt ist, so braucht die jeweilige Entfernung vom Objekt nur noch einmal verarbeitet zu werden statt zweimal, z.B. nur für die Steuerung der Transport-Komponente. Der richtige zeitliche Verlauf der Greifkomponente ergibt sich gewissermaßen als Abfallprodukt der in der koordinativen Struktur angelegten zeitlichen Kopplung, ohne daß er direkt gesteuert werden muß.

In vielen Fällen ist eine Reduktion der Zahl der Freiheitsgrade erforderlich, damit eine Bewegung überhaupt an die Umwelt angepaßt werden kann. Die Position eines Bleistiftes beim Schreiben z.B. ist bestimmt durch die Positionen von Schulter-, Ellbogen-, Hand- und verschiedenen Fingergelenken. Wenn wir den Bleistift von einer Position zu einer anderen bewegen wollen, welches der zahlreichen Gelenke sollen wir dafür benutzen? Eine einfache Analogie für dieses Problem liefert die Gleichung $z = x + y$. Wenn wir z verändern wollen, sollen wir x oder y verändern? Eine Lösung des Problems besteht in der Einführung einer Kopplung, die manchmal durch die Aufgabe vorgegeben sein kann, oft aber auch nicht. Im letzteren Fall mag aus irgendwelchen Gründen die eine oder andere Form der Kopplung zur Gewohnheit werden. In unserer Analogie könnte z.B. die Kopplung $y = ax$ eingeführt werden. Die Frage, auf welchem Wege wir z verändern sollen, ist dann eindeutig zu beantworten.

Eine zweite Möglichkeit zur Verminderung der Zahl der Freiheitsgrade besteht darin, einzelne Gelenke gar nicht zu benutzen. In der Analogie würde x oder y auf einen konstanten Wert gesetzt werden. Beim Schreiben z.B. werden mein Ellbogen- und Schultergelenk gar nicht benutzt (außer für die Bewegung der Hand entlang der Zeile), während meine Hand- und Fingergelenke auf eine für eine Beobachtung ohne technische Hilfsmittel nicht durchschaubare Weise gekoppelt sind. Eine ganz andere Lösung des Problems der Freiheitsgrade beim Schreiben kann man gelegentlich bei Kindern beobachten. Sie versteifen das Handgelenk und führen die Bewegungen vor allem mit Hilfe des Ellbogengelenks aus.

4.3 Intermanuelle Koordination

Es ist allgemein bekannt, daß Bewegungen unserer beiden Arme nicht unabhängig voneinander sind. Welches sind die Erscheinungsformen dieser Abhängigkeit? Zunächst zeigt sich, wie schon bei der intersegmentalen Koordination, eine zeitliche Kopplung.

KELSO, SOUTHARD und GOODMAN (1979) und KELSO, PUTNAM und GOODMAN (1983) ließen ihre Vpn gleiche oder unterschiedliche Zielbewegungen mit beiden Armen ausführen. Die

Bewegungen unterschieden sich hinsichtlich ihrer Weite und der Größe des Ziels, wobei die Bewegung mit kleinerer Weite zu einem größeren Ziel führte. Nach dem FITTSschen Gesetz (s. Abschnitt: Abtast-Regelung) ist bei dieser Bewegung eine kürzere Bewegungszeit zu erwarten als bei der Bewegung mit größerer Weite zum kleineren Ziel. Wenn die Bewegungen einzeln ausgeführt werden, zeigt sich der Unterschied in den Bewegungszeiten. Bei gleichzeitiger Ausführung der beiden Bewegungen dagegen werden die Bewegungszeiten nahezu identisch, wobei vor allem die kürzere Bewegungszeit verlängert wird. Die Vpn waren in diesem Versuch nur instruiert, beide Bewegungen gleichzeitig auszuführen, aber ihnen war nicht vorgegeben, auf welche Weise sie das tun sollten. Das Ergebnis besagt also nicht, daß Menschen Zielbewegungen unterschiedlicher Dauer nicht gleichzeitig ausführen können, sondern nur, daß sie es nicht tun, wenn sie es nicht müssen.

Wenn zwei gezielte Bewegungen unterschiedlicher Weite in etwa gleicher Zeit ausgeführt werden, müssen sich die Beschleunigungen und Geschwindigkeiten - also die aufgewendeten Kräfte - deutlich voneinander unterscheiden. Das Ergebnis von KELSO et al. läßt daher, analog den Ergebnissen von JEANNEROD (1981) zur Koordination von Transport- und Greif-Komponente beim Reichen, die Folgerung zu, daß Bewegungen beider Hände zwar eine gemeinsame Zeitbasis haben, aber hinsichtlich des Kraft-Parameters unabhängig voneinander sind.

Diese Folgerung wird gestützt durch Ergebnisse von SCHMIDT, ZELAZNIK, HAWKINS, FRANK und QUINN (1979). Die Vpn mußten mit beiden Händen Zielbewegungen mit gleicher vorgegebener Weite und Dauer ausführen. Natürlich streuen die tatsächlichen Weiten und Bewegungszeiten um die vorgegebenen Werte. Über eine Folge von Bewegungen wurde sowohl die Korrelation zwischen den Bewegungszeiten beider Hände berechnet wie auch die Korrelation zwischen den Bewegungsweiten. Entsprechend der Hypothese gemeinsamer Zeit-Parameter war die Korrelation zwischen den Bewegungszeiten sehr hoch (etwa 0.8), und entsprechend der Hypothese unabhängiger Kraft-Parameter war die Korrelation zwischen den Bewegungsweiten nur klein (etwa 0.1).

Die zeitliche Kopplung gleichzeitiger Bewegungen beider Hände ist nicht perfekt. Bei der Aufgabe von KELSO et al. (1979, 1983) weicht die Dauer jeder Bewegung von der mittleren Dauer beider Bewegungen in Richtung derjenigen Dauer ab, die sie bei Einzelausführung hätte. Wenn man diese verbleibenden Unterschiede betont, kann man durchaus zu der Folgerung gelangen, daß beidarmige Bewegungen keineswegs eine gemeinsame Zeitbasis besitzen (MARTENIUK & MACKENZIE, 1980b). Allerdings ist die Annäherung der Bewegungszeiten aneinander wesentlich beeindruckender als der verbleibende Unterschied. Die Verallgemeinerung einer zeitlichen Kopplung und einer Unabhängigkeit der Kräfte beider Arme ist also gerechtfertigt, aber nicht im Sinne einer perfekten Kopplung bzw. Unabhängigkeit zu verstehen.

Neben der zeitlichen Kopplung gibt es auch eine homologe Kopplung, eine Tendenz zur gleichzeitigen Aktivierung gleicher Muskelgruppen beider Arme. Diese Form der Kopplung findet sich deutlich bei den Fingern und am Handgelenk, während am Schultergelenk zumindest für bestimmte Bewegungen eine genau entgegengesetzte Kopplung existiert. Eine offenbar vielen Kindern bekannte Konsequenz der homologen Kopplung ist, daß man Spiegelschrift am einfachsten mit der linken Hand schreiben kann, wenn man gleichzeitig mit der rechten Hand normal schreibt.

Die homologe Kopplung am Handgelenk zeigte COHEN (1971). Die Vpn hatten gleichzeitig rhythmische Beugungen und Streckungen beider Gelenke mit einer Frequenz von zwei bis vier Zyklen pro Sekunde auszuführen. Bei symmetrischen Bewegungen, bei denen jeweils homologe Muskelgruppen gleichzeitig aktiviert werden, stimmten die Bewegungsbahnen in höherem Maße überein als bei asymmetrischen Bewegungen. Außerdem, und das ist leicht zu demonstrieren, kommt bei asymmetrischen Bewegungen gelegentlich ein fehlerhafter Übergang zu symmetrischen Bewegungen vor, während ein umgekehrter Übergang nie zu beobachten ist. Der Übergang von asymmetrischen zu symmetrischen Bewegungen ist kaum zu vermeiden, wenn die Frequenz der periodischen Bewegungen erhöht wird. KELSO (1984) berichtet, daß er in recht konsistenter

Weise beim etwa 1.3fachen der bevorzugten Frequenz asymmetrischer Bewegungen erfolgt. Durch besondere Anstrengung kann diese Übergangsfrequenz erhöht werden.

MACKAY und SODERBERG (1971) zeigten die homologe Kopplung der Finger. Die Aufgabe bestand darin, die Finger beider Hände gleichzeitig in der Reihenfolge von links nach rechts (oder von rechts nach links) zu bewegen. Die häufigsten Fehler dabei waren gleichzeitige Bewegungen mit homologen Fingern, also gleichen Fingern der linken und rechten Hand. Auch diese Aufgabe ist relativ einfach, solange man die Bewegungen langsam ausführt. Homologe Fehler treten vor allem bei schneller Ausführung auf.

Am Schultergelenk findet sich, wie erwähnt, bei bestimmten Bewegungen eine asymmetrische Kopplung, und zwar dann, wenn die hängenden Arme vor und zurück geschwungen werden. Die Ergebnisse von GUNKEL (1962), die diese Kopplung zeigen, seien bis zum nächsten Abschnitt zurückgestellt. Eine solche asymmetrische Kopplung entspricht offensichtlich den Armbewegungen beim Laufen; während der eine Arm nach vorn bewegt wird, wird der andere nach hinten bewegt.

Aus der Existenz symmetrischer und asymmetrischer Kopplungen bei gleichzeitigen Bewegungen beider Arme und Hände könnte man den Schluß ziehen, daß Kopplungen zwischen den Bewegungen verschiedener Gliedmaßen generell als bevorzugte Koaktivierungen bestimmter Muskelgruppen definiert sind. Eine Versuchsreihe von BALDISSERA, CAVALLARI und CIVASCHI (1982) zeigt jedoch, daß das nicht immer so ist, sondern daß es auch räumliche Kopplungen gibt. Wenn man die Hand flach auf den Tisch legt und mit Hilfe einer Bewegung im Handgelenk abwechselnd hebt und senkt, während man gleichzeitig mit Hilfe einer Bewegung im Fußgelenk den Fuß hebt und senkt, so geht das leichter, wenn Hand und Fuß jeweils gleichzeitig gehoben und gesenkt werden, als dann, wenn das Heben der Hand jeweils mit dem Senken des Fußes zusammenfällt bzw. das Heben des Fußes mit dem Senken der Hand. Dieser Unterschied bleibt erhalten, wenn man die Hand umdreht, so daß der Handrücken nach unten zeigt. Je nach Haltung der Hand geht die bevorzugte gleiche räumliche Richtung der Bewegungen mit einer bevorzugten gleichzeitigen Aktivierung unterschiedlicher Muskelgruppen einher.

Die bisher in diesem Abschnitt besprochenen Experimente betrafen stets gleichzeitige Bewegungen verschiedener Gliedmaßen, insbesondere der beiden Hände und/oder Arme. Solche Aufgaben stellen sicherlich die naheliegendste Methode dar, intermanuelle Abhängigkeiten zu untersuchen. Aber sie können zu der falschen Folgerung führen, daß die Abhängigkeiten erst im Augenblick der Ausführung entstehen. Z.B. könnte ein Teil derjenigen motorischen Kommandos, die die Bewegungen der einen Hand steuern, auch die andere Hand erreichen (PREILOWSKI, 1975). Nach unseren Überlegungen über die Bereitstellung von Bewegungsprogrammen (oder den Aufbau koordinativer Strukturen) vor Beginn einer Bewegung aber sollten intermanuelle Abhängigkeiten schon vorher nachweisbar sein, nämlich bei der Programmierung. Wie kann man solche eher versteckten Abhängigkeiten zeigen?

In Abschnitt 3.2.1.2 haben wir gesehen, daß die Wahlreaktionszeit von der Relation zwischen den beiden alternativen Bewegungen abhängt. Diejenigen Merkmale, die beiden Bewegungen gemeinsam sind, sollten auf alle Fälle vorprogrammiert werden können. Wenn nun die eine der beiden alternativen Bewegungen mit der einen Hand auszuführen ist und die andere mit der anderen, dann sollte die Vorprogrammierung derjenigen Merkmale, in denen sich die beiden Bewegungen unterscheiden, davon abhängen, ob sie von einer intermanuellen Kopplung betroffen sind oder nicht (HEUER, 1984c). Wenn z. B. zwischen gezielten Bewegungen unterschiedlicher Dauer zu wählen ist, sollte die Reaktionszeit im Vergleich zur Wahl zwischen Bewegungen gleicher Dauer verlängert sein – die zeitliche Kopplung sollte die gleichzeitige Vorprogrammierung unterschiedlicher Bewegungszeiten für die linke und rechte Hand verhindern oder zumindest erschweren. Wenn der linken und rechten Hand dagegen Zielbewegungen unterschiedlicher Weite zugeordnet sind, sollte sich keine Reaktionszeitverlängerung im Vergleich zur Wahl zwischen Bewegungen gleicher Weite finden. Nach den Ergebnissen bei der Untersuchung gleichzeitiger Bewegungen sind die Kräfte beider Arme ja unab-

hängig voneinander. Beide Hypothesen lassen sich bestätigen (HEUER, 1986a).
Etwas komplizierter sind die Befunde zur homologen Kopplung. Die beschriebenen Aufgaben von COHEN (1971) und MACKAY und SODERBERG (1971) sind einfach, solange man die Bewegungen langsam ausführt. Diese und andere informelle Beobachtungen lassen vermuten, daß die homologe Kopplung etwas mit der Auswahl der zu aktivierenden Muskelgruppen zu tun hat, aber sich nicht mehr zeigt, wenn die Auswahl beendet ist und die gewählten Muskelgruppen nur noch aktiviert werden müssen. Entsprechend dieser Überlegung ist die Reaktionszeit bei der Wahl zwischen Bewegungen mit verschiedenen (nicht-homologen) Fingern der beiden Hände – verglichen mit der Wahl zwischen gleichen (homologen) Fingern – nicht verlängert, sofern die Auswahl der Finger bereits einige Zeit vor dem Reaktionssignal erfolgen kann (HEUER, 1984c). Das ist der Fall, wenn die Vp bereits längere Zeit vor dem Reaktionssignal weiß, welcher Finger der linken bzw. rechten Hand für die Reaktion benutzt werden soll. Wenn die Auswahl des zu aktivierenden Fingers aber im Augenblick des Reaktionssignals noch nicht vollständig abgeschlossen ist, zeigt sich die Wirkung der homologen Kopplung in einer Reaktionszeitverlängerung (HEUER, 1986b). Das ist z.B. der Fall, wenn die der linken und rechten Hand zugeordneten Finger der Vp erst sehr kurz vor dem Reaktionssignal mitgeteilt werden.
Die Experimente zur Wahl zwischen Bewegungen mit der rechten und linken Hand führen zu gleichartigen Folgerungen über die Art der Abhängigkeiten zwischen beiden Händen wie die Analyse gleichzeitig ausgeführter Bewegungen. In den Reaktionszeitexperimenten aber wird die Bewegung mit der einen Hand, die die Bewegung mit der anderen Hand beeinflußt, gar nicht ausgeführt, sondern nur zur gleichen Zeit (vor-)programmiert wie die ausgeführte Bewegung. Ihr Einfluß kann daher nicht erst während der Ausführung entstehen. Die Konvergenz der Folgerungen aus den verschiedenen Versuchsanordnungen stützt die Auffassung, daß die in diesem Abschnitt besprochenen intermanuellen Abhängigkeiten bei gleichzeitiger Ausführung ebenfalls einen zentralen Ursprung haben. Sie sind in den Bewegungsprogrammen oder koordinativen Strukturen angelegt und entstehen nicht erst dann, wenn die Muskeln aktiviert werden.

4.4 Rhythmen

Zeitliche Kopplung, wie wir sie bei der intersegmentalen und intermanuellen Koordination kennengelernt haben, tritt nicht nur zwischen verschiedenen Segmenten eines Körpergliedes oder zwischen beiden Händen auf, sondern scheint ein nahezu universelles Phänomen zu sein, das sich auf fast alle gleichzeitig ausgeführten Tätigkeiten erstreckt. Tätigkeiten, deren zeitliche Struktur sich in bestimmter Weise unterscheidet, können nur schwer oder gar nicht gleichzeitig ausgeführt werden. PETERS (1977) ließ z.B. seine Vpn einen bekannten englischen Kindervers aufsagen und gleichzeitig mit der Hand einen 1-3-123 Rhythmus schlagen. Keine der 100 Vpn, die sich an dieser Aufgabenkombination versuchten, war dazu in der Lage. Die Alltagserfahrung zeigt zudem, daß es nicht nur schwierig oder unmöglich ist, zwei verschiedene Rhythmen gleichzeitig zu produzieren; es ist auch schon schwierig, einen bestimmten Rhythmus zu schlagen, während man einen anderen Rhythmus hört.
Die wohl ersten umfangreichen Untersuchungen zur Abhängigkeit zwischen verschiedenen Rhythmen werden von VON HOLST (1939) berichtet. Allerdings handelte es sich dabei um die rhythmischen Bewegungen der Flossen von Fischen. Vergleichbare Untersuchungen zur «relativen Koordination» bei Menschen wurden von GUNKEL (1962) durchgeführt. Die Vpn waren instruiert, die hängenden Arme in unterschiedlichen Rhythmen hin und her zu schwingen. Die Abbildung 11 zeigt einige illustrative Ergebnisse.
In Abbildung 11a ist der schnelle Rhythmus durch den langsamen überlagert, in Abbildung 11b zeigt der schnelle Rhythmus eine Amplituden-Modulation, eine systematische Änderung der Amplitude, in der Frequenz des langsamen. In Abbildung 11c sind beide Formen der Abhängigkeit kombiniert. Außerdem zeigt sich eine einzelne Einstreuung des schnellen Rhythmus in den langsamen. In Abbildung 11d alternieren beide Rhythmen: während der eine Arm seine rhythmische Bewegung ausführt, bleibt der andere unbewegt.

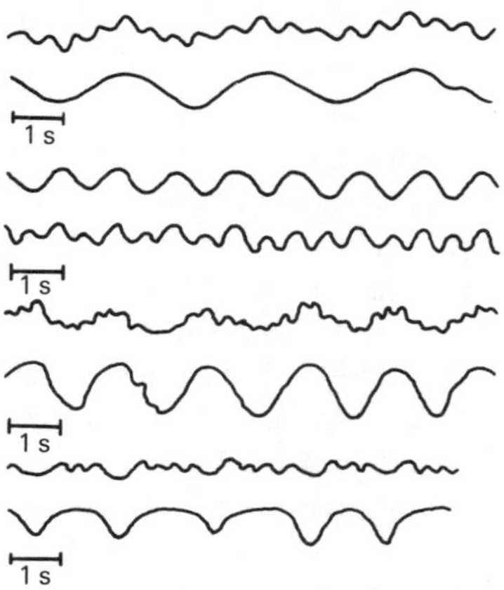

Abbildung 11: Vier Beispiele für wechselseitige Beeinflussungen zwischen rhythmischen Armbewegungen. Gezeigt sind jeweils die Weg-Zeit-Kurven für beide Arme (nach GUNKEL, 1962, S. 473).

Die Weg-Zeit-Kurven beider Arme in Abbildung 11 sind relativ zueinander invertiert. In der jeweils oberen Kurve bedeutet aufwärts eine Bewegung des Arms nach vorn, in der unteren Kurve aber nach hinten. Die bevorzugte relative Phasenlage der Armbewegungen, VON HOLST bezeichnet sie als Koaktionslage, beträgt also 180°. Die Kopplung ist nicht homolog, sondern asymmetrisch.

Die Befunde von GUNKEL (1962) belegen die Vielfalt der Wechselbeziehungen zwischen gleichzeitig ausgeführten rhythmischen Bewegungen. Welche Regeln lassen sich finden, mit deren Hilfe man zumindest näherungsweise die Schwierigkeiten bei der Kombination verschiedener Rhythmen vorhersagen kann? Ergebnisse von KLAPP (1979, 1981) mit beidhändigen Rhythmen sowie Kombinationen von Fingerbewegungen und gesprochenen Silben legen die Verallgemeinerung nahe, daß Bewegungen mit unterschiedlichen Rhythmen dann einfach sind, wenn sie auf einen einzelnen Grundrhythmus abgebildet werden können. Jeder Schlag in diesem Rhythmus ist mit einem Ereignis verknüpft, z. B. rechten Finger heben/senken, linken Finger heben/senken, beide Finger heben/senken, nichts tun. Diese Strategie scheinen z. B. ungeübtere Klavierspieler zu verwenden, wenn sie eine Duole mit einer Triole zu kombinieren haben. (Ein Wort wie «Erdäpfelstock» definiert die Zeitpunkte für den zweiten Schlag der Triole durch die Silbe «äp», den zweiten Schlag der Duole durch die Silbe «fel», und den dritten Schlag der Triole durch die Silbe «stock».) Das Ziel der Übung ist es jedoch, eine weitestgehende Unabhängigkeit der beiden Hände zu erreichen.

Auch zwei Rhythmen mit gleicher Frequenz können nicht beliebig miteinander kombiniert werden. Wie wir bei Bewegungen des Hand- und des Schultergelenks gesehen haben, gibt es bevorzugte Phasenlagen. Diese Phasen-Bevorzugungen zeigen sich sehr deutlich in Ergebnissen von YAMANISHI, KAWATO und SUZUKI (1980). Die Vpn hatten mit beiden Händen einen Rhythmus mit einer Periodendauer von 1 sec zu schlagen. Die Schläge der einen Hand sollten jeweils erfolgen, wenn 0, 10, 20, ... 90% der Periode der anderen Hand vergangen waren, also 0, 100, 200, ... 900 msec nach dem jeweils vorhergehenden Schlag mit der anderen Hand; bei 0% fallen die Schläge beider Hände zusammen, bei 50% findet sich ein strenges Alternieren beider Hände. Zu Beginn jeder Meßreihe wurden Schrittmacher-Signale dargeboten, die erst nach 10 Perioden wegfielen. Die Reihe war anschließend über 20 Perioden fortzusetzen, und während dieser Zeit erfolgten die Messungen. Abbildung 12 zeigt die Fehler in

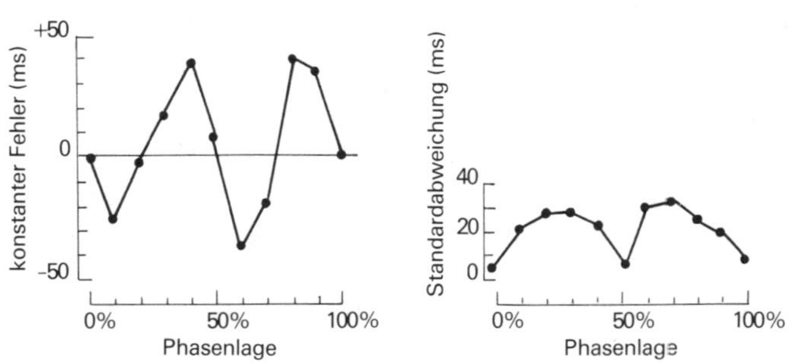

Abbildung 12: Konstanter Fehler und Standardabweichung der Zeitpunkte rhythmischer Fingerbewegungen in Abhängigkeit von der vorgegebenen Phasenlage (nach YAMANISHI et al., 1980, S. 221).

Abhängigkeit von der vorgegebenen Phasenlage.
Links in Abbildung 12 sind die konstanten Fehler gezeigt, die mittleren Abweichungen von den Soll-Zeitpunkten, rechts die variablen Fehler (Standardabweichungen). Letztere sind am kleinsten bei den Phasenlagen 0 und 50%. Bei diesen stabilen Phasenlagen ist auch der konstante Fehler fast Null. Alle anderen Phasenlagen sind instabil: die variablen Fehler sind erhöht, und die konstanten Fehler tendieren zu einer der stabilen Phasenlagen. Bei etwa 30 und etwa 70% sind die variablen Fehler am größten. Die konstanten Fehler sind hier zwar sehr klein, aber bei sehr hoher interindividueller Variabilität. Die Vpn tendieren mal zur einen und mal zur anderen der beiden stabilen Phasenlagen, so daß sich die Fehler im Durchschnitt ausgleichen.
Einen wichtigen Aspekt der Abhängigkeit zwischen gleichzeitig ausgeführten Rhythmen haben wir bisher vernachlässigt: Ihre Wechselbeziehung ist nicht notwendig symmetrisch. In Abbildung 11 z.B. wirkt sich der langsamere Rhythmus deutlich stärker auf den schnelleren aus als umgekehrt. GUNKEL (1962) berichtet auch die relativ informelle Beobachtung, daß die Abhängigkeit der Rhythmen bei Rechtshändern schwächer ist, wenn der rechte Arm den schnellen und der linke Arm den langsamen Rhythmus auszuführen hat, während sich bei Linkshändern zumeist das umgekehrte Ergebnis findet.
Diese Asymmetrie wurde von PETERS (1981) – offenbar unabhängig von dem vorläufigen Befund GUNKELS – näher untersucht. Die Aufgabe bestand darin, je einen Hebel mit der einen Hand im Takt eines Metronoms und mit der anderen möglichst schnell zu betätigen. Einzelne Versuchsdurchgänge dauerten jeweils 10 Sekunden. Von Durchgang zu Durchgang wurde die Frequenz des Metronoms erhöht. Wenn man diese Aufgabe ausführt, kann man feststellen, daß dies ab einer gewissen Frequenz nicht mehr möglich ist. Diese Frequenz ist bei Rechtshändern wesentlich höher, wenn die linke Hand den Takt schlägt und die rechte Hand möglichst schnelle Bewegungen ausführt als im umgekehrten Fall. Bei den Linkshändern war keine klare Asymmetrie vorhanden.
Wenn man nach der Ursache der Asymmetrie fragt, fällt auf, daß sie wohl etwas mit der normalen alltäglichen Benutzung unserer Hände zu tun hat. Bei beidhändiger Tätigkeit hat die linke Hand nämlich zumeist Haltefunktionen, während die Manipulationen von der rechten Hand ausgeführt werden. Beispiele finden sich beim Stricken oder beim Einfädeln eines Fadens in ein Nadelöhr. Das rigide Schlagen eines Taktes dürfte nun funktionell der Haltetätigkeit ähnlich sein, die flexiblen schnellen Bewegungen aber den Manipulationen. Eine solche Interpretation der Asymmetrie betont einen interessanten Aspekt unserer Händigkeit. Bei den unterschiedlichen motorischen Leistungen, zu denen wir mit der rechten und linken Hand in der Lage sind, handelt es sich möglicherweise weniger um einen allgemeinen Unterschied in der Leistungsfähigkeit als vielmehr um eine funktionelle Spezialisierung beider Hände. (Dies ist eine spekulative Hypothese, denn abgesehen davon, daß die Reaktionszeit der nicht-bevorzugten Hand in einer Reihe von Experimenten kürzer ist als die der bevorzugten Hand, scheint es keine Leistung zu geben, bei der die nicht-bevorzugte Hand überlegen ist.)

4.5 Zielmotorik und Stützmotorik

Das letzte Problem der Koordination von Bewegungen, das hier besprochen werden soll, ist das der Beziehung zwischen Zielmotorik und Stützmotorik. Wenn wir z.B. einen Ball werfen, ist nicht nur die Armbewegung wichtig. Als Folge der Armbewegung wirken vielmehr Kräfte auf unseren Körper ein, die aufgefangen werden müssen, und zwar durch Muskelkontraktionen auch an entfernten Körperteilen wie den Beinen.
Auf welche Weise erfolgt die Anpassung der Stützmotorik an die Zielmotorik? Die erste Möglichkeit ist, daß sie auf reflexivem Wege erfolgt. Es ist ja ganz offensichtlich, daß an der Aufrechterhaltung unseres Gleichgewichts Reflexe beteiligt sind, wie sie z.B. von NASHNER und WOOLLACOTT (1979) beschrieben werden. Auslösende Reize waren in diesen Untersuchungen Bewegungen einer Plattform, auf der die Vpn standen. Etwa 100–200 msec nach einem solchen Reiz finden sich charakteristische

Aktivitätsmuster in verschiedenen Beinmuskeln, die die Störung des Gleichgewichts beseitigen.

Störungen des Gleichgewichts durch äußere Reize und durch aktive Bewegungen unterscheiden sich darin, daß sie im letzteren Fall antizipiert werden können, im ersteren aber nicht. Obwohl auch im Fall aktiver Bewegungen die Störungen des Gleichgewichts reflexiv behoben werden könnten, wäre eine antizipatorische Berücksichtigung der bevorstehenden Gleichgewichtsstörung effektiver: die Störung des Gleichgewichts bräuchte dann nämlich gar nicht erst aufzutreten. Zumindest zwei Arten von Ergebnissen sprechen dafür, daß die Stützkomponente eines Bewegungsmusters tatsächlich ein Bestandteil des Bewegungsprogramms oder der koordinativen Struktur ist und nicht nur eine reflexive Konsequenz der Gleichgewichtsstörung.

Das erste Ergebnis zeigt, daß die Maßnahmen zur Aufrechterhaltung des Gleichgewichts unterschiedlich ausfallen können je nachdem, ob eine bestimmte Bewegung passiv bzw. reflexiv oder aktiv ausgeführt wird. DUFOSSÉ, MACPHERSON, MASSION und POLIT (1983) beschreiben zwei Varianten der Stützmotorik der Katze beim Heben eines Beins. Beim «diagonalen Muster» (Abb. 13, links) wird das Gewicht auf das kontralaterale Vorderglied und ipsilaterale Hinterglied verlagert, beim «nicht-diagonalen Muster» aber nur auf das kontralaterale Vorderglied, einhergehend mit einer Krümmung der Wirbelsäule und einer entsprechenden Verlagerung des Schwerpunktes (Abb. 13, rechts). Diese beiden Muster treten unter verschiedenen Bedingungen auf. Das diagonale Muster findet sich bei unerwartetem Wegfall der Stützung durch ein Vorderglied (z. B. der Boden unter dem Bein wird plötzlich entfernt; die Bewegung des Beins ist eine Reflexantwort auf einen taktilen Reiz oder sie wird durch kortikale Reizung ausgelöst), das nicht-diagonale Muster findet sich dagegen bei klassisch oder operant konditionierten Beinbewegungen.

Das zweite Ergebnis zeigt, daß die Stützkomponente des Bewegungsmusters der Zielkomponente zeitlich vorausgehen kann. CORDO und NASHNER (1982) ließen ihre Vpn auf ein auditives Signal hin möglichst schnell an einem Hebel ziehen. Erfaßt wurde das Elektromyogramm von Muskeln des Oberarms und der Wade. Aktivität in den Wadenmuskeln, die zur Aufrechterhaltung des Gleichgewichts dient, fand sich etwa 110 msec nach Darbietung des Tons, Aktivität in den Oberarmmuskeln aber erst nach etwa 155 msec. Diese Zeitverhältnisse sind natürlich nicht vereinbar mit einer Hypothese, nach der die Stützmotorik eine Reflexantwort auf eine Störung des Gleichgewichts ist, denn stützende Aktivität findet sich bereits antizipatorisch, bevor die Störung des Gleichgewichts eingetreten ist. Die antizipatorische Stützaktivität fehlt im übrigen, wenn der Körper der Vp abgestützt ist, so daß er durch das Ziehen am Hebel nicht verlagert wird. Unter diesen Bedingungen ist auch die Latenzzeit der Aktivität in den Oberarmmuskeln kürzer.

5. Wahrnehmung und Bewegung

In diesem Abschnitt soll die bisher als selbstverständlich hingenommene Tatsache, daß wir unsere Bewegungen an die Umwelt anpassen können, genauer besprochen werden. Dabei ist es zweckmäßig, zwei Funktionen der Wahrnehmung für die Bewegungssteuerung zu un-

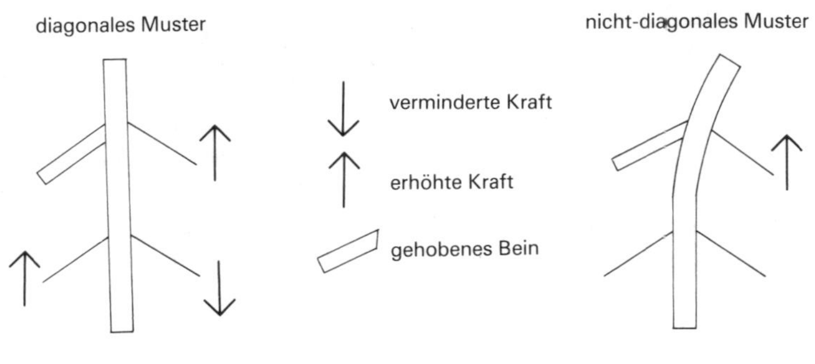

Abbildung 13: Zwei Formen der Aufrechterhaltung des Gleichgewichts, wenn bei der Katze die Stützung durch ein Bein entfällt (nach DUFOSSÉ et al., 1983, S. 23).

terscheiden. Die erste Funktion kann man als «aufrufend» kennzeichnen, die zweite als «führend».

Ein typisches Beispiel für die aufrufende Funktion einer visuellen Wahrnehmung liefert die schwarze Katze, die von links vor das Auto läuft. Der Tritt auf das Bremspedal wird durch diesen Reiz aufgerufen oder ausgelöst, aber er wird in keinerlei Weise durch die Wahrnehmung der Katze geführt. Allgemein kann man sagen, daß für den Aufruf eines Bewegungsmusters neben den speziellen Wahrnehmungsbedingungen eine mehr oder weniger spezifische Intention erforderlich ist. Bei gegebener Intention können verschiedene Wahrnehmungsbedingungen für den Aufruf eines bestimmten Bewegungsmusters unterschiedlich effektiv sein, und bei relativ generellen Intentionen bestimmen die Wahrnehmungsbedingungen auch, welches motorische Programm aufgerufen wird. Für den Aufruf der Bremsbewegung z. B. ist die Entfernung der Katze vom Auto kritisch; bei größerer Entfernung wird eher die Hupe betätigt werden.

Die führende Funktion der visuellen Wahrnehmung kommt immer dann ins Spiel, wenn eine Bewegung an die Position oder Bewegung eines gesehenen Objektes angepaßt werden muß. Diese Anpassung kann während der Ausführung der Bewegung erfolgen, beispielsweise beim Fangen, oder auch vor der Ausführung während der Programmierung, wie z. B. beim Werfen. In beiden Fällen der «Führung» einer Bewegung durch die visuelle Wahrnehmung kann man von visu-motorischer Koordination sprechen, der In-Beziehung-Setzung visueller und motorischer Variablen.

Aus der Unterscheidung von aufrufender und führender Funktion der Wahrnehmung folgt nicht, daß ein bestimmtes wahrgenommenes Objekt nur die eine oder andere Funktion haben kann. Die Tasse auf meinem Schreibtisch z. B. hat zum einen eine aufrufende Funktion – wäre sie nicht da, würde ich sicherlich nicht zu dem Ort reichen, an dem sie zu stehen pflegt –; zum anderen hat ihre Position eine führende Funktion für die Transport-Komponente meiner Reichbewegung und ihre Form für deren Greif-Komponente.

5.1 Aufruf motorischer Programme

Die Bedingungen, unter denen ein bestimmtes motorisches Programm aufgerufen werden soll, können in nahezu beliebiger Weise vereinbart werden. In vielen psychologischen Experimenten z. B. müssen die Vpn möglichst schnell auf die eine Taste drücken, wenn eine gesehene Buchstabenfolge ein Wort ist, und auf eine andere Taste, wenn sie kein Wort ist. Diese Zuweisung von Aufrufbedingungen zu unterschiedlichen Bewegungen geschieht einfach durch eine Absprache zwischen Vl und Vp. Trotz des hohen Grades von Beliebigkeit bei der Festlegung von Aufrufbedingungen gibt es aber Unterschiede in der Schwierigkeit. Was sind die Ursachen dafür?

In sehr vereinfachter Weise kann man sich die Aufrufbedingungen als eine Art von «Etiketten an einem motorischen Programm» vorstellen. Für das Bremsen beim Autofahren könnte ein solches Etikett z. B. «Hindernis in Fahrtrichtung» sein. Sobald ein Reiz vorhanden ist wie die schwarze Katze, die als «Hindernis in Fahrtrichtung» repräsentiert wird, stimmen die innere Repräsentation des Reizes und die Aufrufbedingung überein – das motorische Programm für das Bremsen wird aufgerufen. Wie sicher und schnell dieser Aufruf erfolgt, sollte von drei Faktoren abhängen: (1) der Enge der Zuordnung der Aufrufbedingungen zum motorischen Programm, (2) dem Grad der Übereinstimmung von Aufrufbedingungen und Reizrepräsentation, (3) der Stärke der Verbindung zwischen Reiz und seiner inneren Repräsentation. (Die schwarze Katze muß keineswegs zwangsläufig als «Hindernis in Fahrtrichtung» repräsentiert werden; es gibt vermutlich Unfälle, bei denen Fahrer gewissermaßen sehenden Auges gegen Hindernisse fahren, die aus irgendwelchen Gründen im kritischen Augenblick nicht als Hindernis intern repräsentiert sind.) Ausführlichere Überlegungen zum Aufruf motorischer Programme finden sich im Kapitel 2 (Wahrnehmung). In unserem Zusammenhang sind vor allem die Faktoren (1) und (2) von Bedeutung. Im folgenden soll ihr Einfluß auf die Schnelligkeit und Sicherheit des Aufrufs motorischer Programme gezeigt werden.

Es scheint einige Aufrufbedingungen zu geben,

die motorischen Programmen sehr eng und wohl mehr oder weniger zwangsläufig zugeordnet sind. Dazu gehören die sensorischen Begleiterscheinungen bei der Ausführung der entsprechenden Bewegung. (Im Abschnitt «Repräsentation einfacher Zielbewegungen» werde ich ausführlicher darstellen, daß die innere Repräsentation einer Bewegung nicht nur aus dem Programm besteht, sondern auch die sensorischen Begleiterscheinungen umfaßt.) Wenn ein Reiz diesen sensorischen Begleiterscheinungen entspricht, z.B. beim Nachsprechen eines gehörten Wortes oder Nachahmen einer gesehenen Bewegung, ist der Aufruf des entsprechenden Programms extrem einfach. In solchen Fällen von «ideomotorischer Kompatibilität» (GREENWALD, 1972) erfolgt die Ausführung der Bewegung gelegentlich sogar unwillkürlich (ideomotorisches Phänomen oder Carpenter-Effekt).

LEONARD (1959) verwendete in einem Wahlreaktionszeitexperiment eine ideomotorisch kompatible Zuordnung zwischen Signalen und Reaktionen. Die Finger der Vpn lagen auf Tasten. Der Finger, der durch eine mechanische Vorrichtung in der Taste taktil gereizt wurde, war jeweils möglichst schnell niederzudrücken. Bei einer derart hochkompatiblen Signal-Reaktions-Zuordnung fehlt der übliche Anstieg der Wahlreaktionszeit mit der Zahl der alternativen Signale bzw. Reaktionen.

Räumliche Merkmale einer Bewegung scheinen, wie die sensorischen Begleiterscheinungen, ebenfalls Aufrufbedingungen zu sein, die dem Programm sehr eng zugeordnet sind. Wenn z.B. in einem Wahlreaktionszeitexperiment das Signal das Aufleuchten eines Lämpchens ist und mit dem Finger reagiert werden muß, dessen Position dem des Lämpchens entspricht, ist die Reaktionszeit kurz und steigt nur relativ wenig mit der Zahl der Alternativen an. Auch die Fehlerzahl ist klein. In dem Maße aber, in dem die räumliche Anordnung der Signale von den räumlichen Merkmalen der zugeordneten Bewegungen abweicht, steigen die Reaktionszeit – vor allem, wenn die Anzahl der Reaktionsalternativen groß ist – und die Fehlerquote (FITTS & SEEGER, 1953). Bei geringerer räumlicher Korrespondenz von Signalen und Reaktionen sinkt der Grad der Übereinstimmung von Aufrufbedingungen und Reizrepräsentation; spätestens dann, wenn die räumliche Korrespondenz vollständig fehlt, können wohl die gewissermaßen natürlichen Aufrufbedingungen – die räumlichen Merkmale der Bewegungen – nicht mehr genutzt werden.

Für die Enge der Zuordnung von anderen Aufrufbedingungen als den sensorischen Begleiterscheinungen und räumlichen Merkmalen zu motorischen Programmen spielen Lernen und Erfahrung eine ausschlaggebende Rolle. Da die Lernerfahrungen innerhalb einer Kultur zum Teil relativ gleichförmig sind, entstehen Populations-Stereotype. Das sind relativ schnelle und sichere Aufrufbedingungen für bestimmte Bewegungsmuster, die sich bei fast allen Mitgliedern einer bestimmten Population finden. Ein Beispiel dafür zeigt sich im sog. STROOP-Effekt (STROOP, 1935): Das Lesen eines Farbwortes erfolgt mit geringerer Latenz als das Benennen eines Farbflecks, und wenn ein Farbwort (z.B. blau) in einer anderen Farbe (z.B. rot) geschrieben ist, wird das Lesen durch die andere Farbe weniger gestört als das Benennen der Farbe durch das Wort.

Die Nutzung von Populations-Stereotypen dürfte zu den Kniffen guter Trainer gehören. Ob kompliziertere sportliche Bewegungsmuster gelingen oder nicht, scheint manchmal davon abzuhängen, ob der Trainer die für den Aufruf geeigneten Wahrnehmungsbedingungen findet oder nicht; diese Wahrnehmungsbedingungen schließen verbale Instruktion ein. ANNETT (1985) beschreibt als Beispiel die Instruktion eines Badminton-Trainers, «so zu tun wie ein Indianer auf dem Kriegspfad, der sein Tomahawk schwingt». Offenbar gibt es in unserer Kultur eine stereotype Vorstellung davon, was ein Indianer auf dem Kriegspfad mit seinem Tomahawk macht. Zumindest soll die Haltung des Badminton-Schlägers in Erwartung der gegnerischen Angabe mit Hilfe dieser Instruktion leicht zu erlernen sein.

Es gibt weitere Beispiele für Populations-Stereotype, die sich kaum auf individuelle Lernerfahrungen zurückführen lassen. Die Tendenz, die Hände wegzustrecken, wenn ein Hindernis vor einem auftaucht, mag noch als eine Anpassung im Verlauf der Stammesgeschichte zu verstehen sein. Eine praktische Konsequenz dieser Tendenz ist es z.B., daß die Hupe im Auto durch Drücken zu betätigen sein sollte, aber nicht durch Ziehen. Weitere Stereotype, deren Ursprung noch unklarer erscheint, finden sich in der Musik. Das wohl bekannteste ist die Quarte (oder auch Quinte) aufwärts, die mit aufwärtsgerichteten Bewegungen assoziiert ist; ausgenutzt wird dieses Stereotyp z. B. beim Tusch, mit dem Büttenreden im Karneval begleitet werden. Eine eher umgekehrte Wirkung hat das Seufzer-Motiv, die kleine Terz abwärts.

Bei den verschiedenen Beispielen für unterschiedlich schwierige Aufrufbedingungen, die in diesem Abschnitt beschrieben wurden, mag aufgefallen sein, daß das intuitive Urteil über die Schwierigkeit eigentlich in den meisten Fällen zutrifft. Tatsächlich ist die Intuition hier eine gute Richtschnur: Sie erlaubt in der Regel zutreffende Vorhersagen darüber, welche von zwei möglichen Zuordnungen zwischen Signalen und Bewegungen tatsächlich schwieriger ist, also z. B. in einem Wahlreaktionszeitexperiment mit längeren Reaktionszeiten und einer größeren Fehlerquote einhergeht.

5.2 Visu-motorische Koordination

Im folgenden wollen wir uns der führenden Funktion der Wahrnehmung zuwenden. Die Fähigkeit, eine Bewegung an die Position eines Objektes in der Umwelt anzupassen, ist eine der weniger selbstverständlichen Selbstverständlichkeiten unseres Alltags. Daß diese Fähigkeit tatsächlich nicht selbstverständlich ist, zeigt ein Gedankenexperiment. Wir können ohne weiteres nach einem gesehenen Objekt greifen, auch wenn wir unsere Hand nicht sehen. Was aber würde passieren, wenn vor Beginn der Bewegung die Längen von Ober- und Unterarm verändert würden? Die normalen motorischen Kommandos würden dann einen ganz anderen mechanischen Effekt auf den Arm haben, und wir würden neben das Objekt greifen. Die Fähigkeit, eine gesehene Position in die Parameter eines Bewegungsprogramms umzusetzen, setzt also eine bekannte Körpertransformation voraus, eine bekannte Beziehung zwischen motorischen Kommandos und resultierender Bewegung (Heuer, 1983). Diese Transformation ändert sich im Verlauf des Wachstums, und zwar in einer Art und Weise, die nicht nur genetisch festgelegt ist, sondern auch von äußeren Faktoren wie der Ernährung abhängt. Die visu-motorische Koordination muß daher mehr oder weniger zwangsläufig flexibel und modifizierbar sein. Die Plastizität der visu-motorischen Koordination ist das erste Problem, das hier besprochen werden soll. Das zweite Problem ist die dynamische Koordination. Im Fall einer gezielten Bewegung zu einem Objekt ist es relativ offensichtlich, daß die Parameter eines Programms für Zielbewegungen an die Position des Objektes angepaßt werden. Aber was wird an was angepaßt, wenn wir z. B. einen Ball fangen oder mit dem Auto in eine Kurve fahren?

Als letztes schließlich soll gefragt werden, wie spezifisch die visu-motorische Koordination ist. Wenn wir ein Objekt wahrnehmen können und eine Bewegung ausführen, folgt daraus, daß wir die Bewegung auch an das gesehene Objekt anpassen können? Oder ist die visu-motorische Koordination nicht etwas jeweils sehr spezifisches, was für jeden speziellen Fall gelernt werden muß? Eine solche Spezifität würde z. B. bedeuten, daß visu-motorische Koordinationen auch neben und unabhängig von unserer bewußten Wahrnehmung der Welt existieren könnten, ein Gedanke, der auf den ersten Blick recht fremdartig erscheint.

5.2.1 Plastizität der visu-motorischen Koordination

Plastizität der visu-motorischen Koordination zeigt sich in Experimenten, in denen die natürliche oder gewohnte Beziehung zwischen Wahrnehmung und Bewegung experimentell verändert wird, z. B. mit Hilfe von Prismenbrillen. Unter dem Gesichtspunkt der visu-motorischen Koordination stellen Prismenexperimente eine Möglichkeit dar, die Plastizität zu untersuchen, die im Alltag z. B. die Anpassung an veränderte Körperproportionen erlaubt. Ein Prisma oder eine andere optische Transformation wird nur deshalb verwendet, weil der Körperbau experimentell nicht verändert werden kann.

Die prinzipielle Gleichartigkeit von optischer Verschiebung eines Reizes durch ein Prisma um z. B. 5 cm und einer Verbreiterung der Schulter um ebenfalls 5 cm kann man sich relativ einfach verdeutlichen. Wenn eine Vp nach einer Verbreiterung der Schulter mit gestrecktem rechtem Arm auf ein direkt vor ihr liegendes Ziel zeigen muß, so muß im Vergleich zur normalen Schulterbreite der Winkel zwischen Oberarm und Schultergürtel um einen bestimmten Betrag verringert werden. Um genau den gleichen Betrag muß er verringert werden, wenn das Prisma verwendet wird: Die Vp sieht das Ziel zwar direkt vor sich, tatsächlich befindet es sich aber 5 cm links davon, und dorthin muß sie zeigen.

Die Ergebnisse von Prismenexperimenten sind im Kapitel 2 (Wahrnehmung) ausführlich beschrieben. Das Grundphänomen ist der negative Nacheffekt beim Zeigen ohne visuelle Rückmeldungen: Wenn das Ziel nach der Darbietungsperiode wieder ohne Prisma gesehen wird, zeigt die Vp systematisch neben das Ziel, und zwar entgegen der optischen Verschiebung durch das Prisma. Wenn das Ziel durch das Prisma zwar geradeaus erschien, tatsächlich aber 5 cm links davon lag (optische Verschiebung nach rechts), zeigt die Vp im Nachtest ohne Prisma links neben das Ziel.

Die Plastizität der visu-motorischen Koordination im Prismenexperiment ist ein Beleg dafür, daß die Beziehung zwischen der wahrgenommenen Position eines Zielreizes und den Parametern eines Bewegungsprogramms nicht fest ist, sondern flexibel. Die Annahme einer flexiblen Beziehung dieser Art ist der Kern der Schema-Theorie von Schmidt (1975), deren Grundbegriffe kurz erläutert werden sollen. Diese Theorie ist der Reafferenz-Theorie von Hein und Held (1962) recht ähnlich, die im Kapitel 2 (Wahrnehmung) beschrieben ist. Sie entstammt aber einem ganz anderen Forschungszusammenhang, nämlich dem des motorischen Lernens.

Ausgangspunkt der Schema-Theorie ist das Konzept des generalisierten Bewegungsprogramms. Die Parameter des Programms müssen zum gewünschten Ergebnis der Bewegung in Beziehung gesetzt werden, z. B. ihrer Dauer oder ihrer Endposition. Dafür wird eine Regel postuliert, das motorische Schema («recall schema»), das durch Lernen modifiziert werden kann. Wenn also ein bestimmtes Ergebnis der Bewegung vorgegeben ist, erlaubt das motorische Schema den Zugriff auf die geeigneten Parameter eines Bewegungsprogramms.

Neben dem motorischen Schema wird ein perzeptives Schema («recognition schema») postuliert, das die Beziehung zwischen Ergebnis der Bewegung und sensorischen Begleiterscheinungen angibt. Dieses Schema erlaubt zumindest bei kurz dauernden Bewegungen wie Würfen eine Angabe über das Gelingen, auch wenn das geworfene Objekt gar nicht gesehen wird; das Ergebnis kann allein auf der Grundlage der sensorischen Begleiterscheinungen der ausgeführten Bewegung abgeschätzt werden. (Einen neueren Überblick über die Schema-Theorie geben Shapiro & Schmidt, 1982.)

Der Begriff des Schemas hat in der Schema-Theorie eine sehr spezielle Bedeutung. Er bezeichnet nämlich eine Zuordnungsregel, und diese Bedeutung weicht von der geläufigen Bedeutung des Begriffes ab. Nach der geläufigen Bedeutung wäre z. B. auch das generalisierte Bewegungsprogramm als Schema zu bezeichnen.

Die wohl wichtigste Folgerung aus der Schema-Theorie betrifft die Bedingungen des motorischen Lernens. Für das Erlernen eines Schemas sollten variable Aufgaben besser geeignet sein als stets gleichbleibende. Wenn z. B. eine neue Beziehung zwischen wahrgenommener Position eines Ziels und Parametern eines Bewegungsprogramms erlernt werden soll, sollte es günstiger sein, unterschiedliche Zielpositionen zu verwenden statt nur eine. Eigenartigerweise aber wird die Schema-Theorie bislang nicht auf Prismenexperimente angewendet, und ihre Vorhersagen für solche Experimente sind nicht überprüft. Typischerweise wird in Prismenexperimenten nur eine Position des Ziels verwendet – zumindest in Experimenten mit gut kontrollierten Reizbedingungen. Mit dieser «punktuellen Übung», die gewissermaßen nur einen Punkt im Schema betrifft, nämlich eine Zielposition und die zugeordneten Programm-Parameter, mag es zusammenhängen, daß die Nacheffekte im Prismenexperiment meist relativ schnell abklingen, und zwar auch dann, wenn die Vp im Dunklen sitzt (Dewar, 1971). Bei längeren und variablen Darbietungsperioden könnten die Änderungen im Prismenexperiment möglicherweise dauerhaft werden. Das würde die Annahme stützen, daß es sich tatsächlich um die Änderungen handelt, die im Alltag eine dauerhafte Anpassung an einen veränderten Körperbau erlauben.

5.2.2 Dynamische visu-motorische Koordination

Die Anpassung der Parameter eines Bewegungsprogramms für gezielte Bewegungen an die gesehene Position eines Ziels ist eine sehr einfache Form der visu-motorischen Koordination. Bei vielen Alltagsaufgaben haben wir es mit komplizierteren Problemen zu tun, insbesondere mit der Anpassung an relativ zu uns selbst bewegte Objekte. Wenn wir z.B. einen Ball fangen, muß die antizipatorische Bewegung der Arme an die Annäherung des Balls angepaßt werden. Wenn wir vor einer Ampel bremsen, muß der Druck auf das Bremspedal so eingestellt werden, daß das Auto direkt an der Ampel zum Stillstand kommt. Bei derartigen Leistungen gibt es offenbar komplexere Zusammenhänge zwischen Merkmalen visueller Reize und Parametern motorischer Programme, über die noch relativ wenig bekannt ist. Hier wollen wir uns auf ein Beispiel beschränken.

Ein bewegtes Objekt stellt einen relativ komplizierten Reiz dar, der sich auf unterschiedliche Arten beschreiben läßt. Wenn man fragt, wie eine Bewegung an einen solchen Reiz angepaßt wird (oder durch ihn geführt wird), ist zunächst eine genaue Analyse des Reizes selbst erforderlich. Es gilt, diejenigen Variablen zu identifizieren, deren Erfassung der Anpassung der Bewegung zugrundeliegen könnte. Eine Variable, die vermutlich bei der dynamischen visu-motorischen Koordination eine gewichtige Rolle spielt, wird mit dem griechischen Buchstaben τ bezeichnet.

Wenn sich ein Objekt der Größe s dem Beobachter nähert, so gilt für den Sehwinkel $\alpha(t) = s/D(t)$. Für die erste Ableitung des Sehwinkels nach der Zeit gilt $\alpha'(t) = -sD'(t)/D^2(t)$, wobei $D'(t)$ die erste Ableitung der Distanz des Objektes nach der Zeit ist. Die Variable τ ist definiert als $\tau(t) = \alpha(t)/\alpha'(t) = -D(t)/D'(t)$. Da die Einheit von D m ist und die von D′ m/s, ist die Einheit von τ s: Die Variable τ gibt die Zeit an, die noch vergeht, bevor das Objekt auf das Auge trifft, vorausgesetzt, die Geschwindigkeit $D'(t)$ bleibt unverändert. Diese Zeit muß also nicht auf komplizierte Art und Weise geschätzt werden, sondern ist direkt durch das Verhältnis von Sehwinkel (α) und seiner ersten Ableitung nach der Zeit (α') gegeben.

Die Variable τ ist ganz offensichtlich für alle Aufgaben potentiell bedeutsam, bei denen wir eine Bewegung an ein Objekt anpassen müssen, das sich uns nähert oder dem wir uns nähern. Eine solche Aufgabe ist das Fangen. Die Arme und Hände müssen vor dem Eintreffen des Balls in eine bestimmte Position gebracht werden. Für die Anpassung dieser Bewegung an den sich nähernden Ball könnte Information über die noch verbleibende Zeit genutzt werden. Natürlich könnte die antizipatorische Bewegung auch an die jeweilige Entfernung des Balls gekoppelt sein oder an seine Geschwindigkeit. Ergebnisse von LEE, YOUNG, REDDISH, LOUGH und CLAYTON (1983) zeigen jedoch, daß der zeitliche Verlauf der antizipatorischen Bewegung an die Variable τ gekoppelt ist.

Die Aufgabe der Vp bestand darin, einem herabfallenden Ball entgegenzuspringen und ihn im Scheitelpunkt des Sprungs wieder hochzuprellen. Eine der antizipatorischen Bewegungen bei dieser Aufgabe ist es, in die Knie zu gehen und anschließend hochzuspringen. An welches Merkmal des visuellen Reizes ist diese Bewegung zeitlich gekoppelt? Diese Frage läßt sich beantworten, weil unterschiedliche Merkmale zu unterschiedlichen Vorhersagen für die drei Versuchsbedingungen führen, in denen der Ball aus Höhen von 3, 5 und 7.2 m geworfen wurde. Diese Vorhersagen sind in Abbildung 14 illustriert.

Gezeigt sind die Höhe und die Geschwindigkeit des Balls sowie τ in Abhängigkeit von der Zeit bis zum Ballkontakt, jeweils für die drei Abwurfhöhen. Die horizontalen Linien markieren die Unterschiede zwischen den drei Versuchsbedingungen, die zu erwarten sind, wenn bestimmte Punkte im Verlauf der antizipatorischen Bewegung (z.B. Beginn, Minimum des Kniewinkels) an bestimmte Höhen, Geschwindigkeiten oder Werte von τ gekoppelt wären. Wenn also die antizipatorische Bewegung an die Höhe des Balls gekoppelt wäre, sollte sie umso früher vor dem Ballkontakt einsetzen, je geringer die Abwurfhöhe ist. Das Gegenteil wäre bei einer Kopplung der antizipatorischen Bewegung an die Geschwindigkeit des Balls zu erwarten, ebenso bei einer Kopplung an die Variable τ. Im letzteren Fall allerdings sollten die Unterschiede zwischen den drei Bedingungen in den späteren Abschnitten der antizipatorischen Bewegung verschwinden.

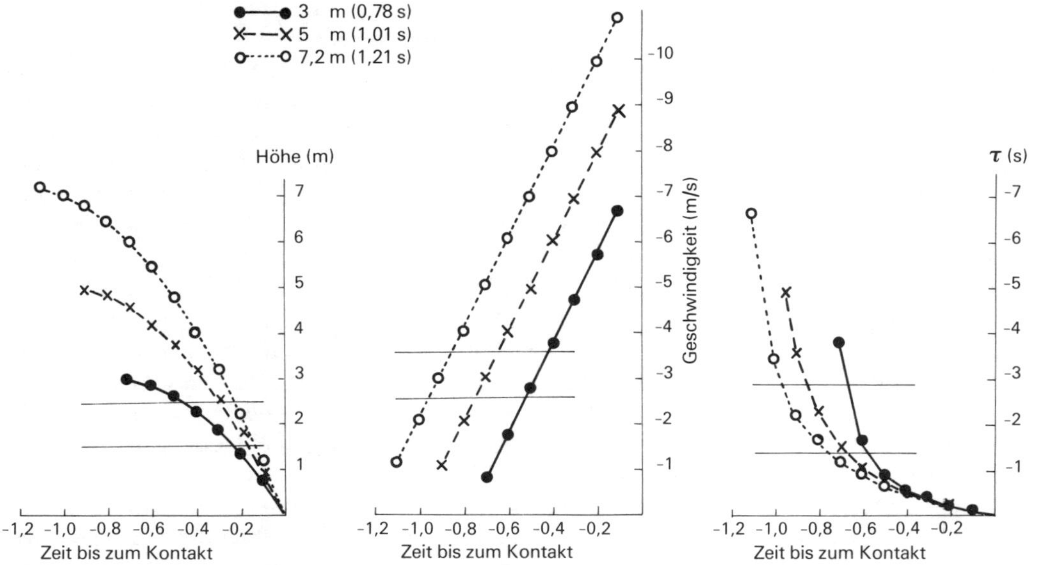

Abbildung 14: Höhe, Geschwindigkeit und τ in Abhängigkeit von der Zeit bis zum Kontakt mit einem aus drei verschiedenen Höhen fallenden Ball. Die horizontalen Linien markieren die Zeitpunkte motorischer Ereignisse in Abhängigkeit von der Fallhöhe unter den Annahmen, daß sie an Höhe, Geschwindigkeit oder τ gekoppelt sind.

Die Ergebnisse entsprechen den Erwartungen nach der «τ-Hypothese»: Die Kniebeugung setzt umso früher vor dem Ballkontakt ein, je größer die Abwurfhöhe ist. Der Zeitpunkt des minimalen Kniewinkels ist schon weniger von der Abwurfhöhe beeinflußt, und während der Kniestreckung schließlich werden die Weg-Zeit-Kurven des Kniewinkels unter den drei Bedingungen praktisch identisch. Stellt man den Kniewinkel nicht in Abhängigkeit von der Zeit bis zum Ballkontakt dar, sondern in Abhängigkeit von τ, so verschwinden die Unterschiede zwischen den drei Bedingungen.

Nach diesen Ergebnissen hängt der zeitliche Verlauf der antizipatorischen Kniebeugung in ganz bestimmter Weise von der optischen Variablen τ ab: Diese Variable wird gewissermaßen als Zeitachse in das Bewegungsprogramm eingegeben. Statt einer «inneren Uhr», mit deren Schlägen jeweils bestimmte motorische Kommandos verknüpft sind (ROSENBAUM, 1985), und deren schnellerer oder langsamerer Lauf Bewegungen unterschiedlicher Dauer, aber gleicher zeitlicher Struktur zur Folge hat, haben wir es hier mit einer «äußeren Uhr» zu tun. Das Programm definiert nicht eine Weg-Zeit-Kurve p(t), deren unabhängige Variable t intern bereitgestellt wird, sondern eine Weg-Zeit-Kurve p(τ), deren unabhängige Variable τ sensorisch erfaßt wird, nämlich durch das Verhältnis des Sehwinkels und seiner ersten Ableitung nach der Zeit, $\alpha(t)/\alpha'(t)$.

LEE et al. zeigen, daß die Variable τ für die visumotorische Koordination bei einer Reihe weiterer Fertigkeiten wie dem Bremsen eines Autos oder dem Weitsprung von Bedeutung sein dürfte, generell bei Aufgaben, bei denen eine Bewegung zeitlich an ein Objekt angepaßt werden muß, das sich uns nähert oder dem wir uns nähern. Einen kurzen Überblick geben LEE und YOUNG (1986).

5.2.3 Spezifität der visu-motorischen Koordination

Was kann ein naiver Beobachter darüber sagen, auf welche Weise er die antizipatorischen Bewegungen seiner Arme und Hände an die Annäherung eines Balls anpaßt? Möglicherweise entspricht seine Beschreibung der τ-Hypothese, etwa «Ich richte mich danach, wieviel Zeit mir noch bleibt, bis der Ball da ist». Während des Fangens selbst aber dürfte ein Erleben der verbleibenden Zeit kaum zu beobachten sein. Hier – und in vielen anderen Fällen – scheint ein Bewegungsmuster an ein Merkmal eines visuellen Reizes gekoppelt zu sein, ohne daß wir dieses Merkmal unmittelbar erleben. Wie eng hängt eigentlich das Erleben unserer Umwelt mit der motorischen Anpassung an sie zusammen? Im folgenden soll der Gedanke diskutiert werden, daß visu-motorische Koordination in spezifischer Weise visu-*motorisch* ist und nicht notwendig mit dem Erleben, das dem visuellen Reiz zugeordnet ist, übereinstimmen muß. Die Fortführung dieses Gedankens ist es, eine noch weitergehende Spezifität zu postulieren, nämlich die Existenz visu-motorischer Systeme, die jeweils spezifische Kopplungen zwischen einzelnen Merkmalen visueller Reize und speziellen Bewegungsmustern herstellen.

Bewegungssteuerung und Erleben

Wir erleben einen einheitlichen Raum, in dem sich Objekte befinden und in dem wir uns bewegen. Nichts scheint darauf hinzudeuten, daß ein Objekt nicht nur eine Position im Raum haben könnte, sondern zwei, die eine in unserem Erleben und die andere für unsere Bewegungen. Ein solcher Gedanke mag manchem fast schon bizarr erscheinen. Dennoch gibt es verschiedene Beobachtungen, nach denen er gerechtfertigt ist. Eine Klasse solcher Beobachtungen ist bereits im Kapitel 2 (Wahrnehmung) beschrieben: Die Anpassung der visu-motorischen Koordination an optische Transformationen erfolgt in der Regel schneller und vollständiger als die Anpassung des Erlebens. Zwei weitere Klassen sollen hier beschrieben werden.

Die erste Klasse von Experimenten zeigt, daß auch dann relativ genau auf Reize gezeigt werden kann, wenn deren räumliche Position gar nicht erlebt wird. Dieses Ergebnis findet sich bei Patienten, die Skotome (Blindheit in Teilen des Gesichtsfeldes) als Folge kortikaler Läsionen haben. PERENIN und JEANNEROD (1978) untersuchten Vpn mit einer Hemianopsie (Halbfeld-Blindheit) als Folge der Entfernung einer der beiden kortikalen Hemisphären. Die Kontroll-Vpn hatten eine Hemianopsie als Folge einer Verletzung der Sehbahn vor dem Corpus geniculatum laterale. (Bei einer solchen Verletzung werden außer den kortikalen visuellen Feldern auch die visuellen Zentren des Hirnstamms ausgeschaltet.)

Im Versuch saßen die Vpn im Zentrum eines halbzylindrischen Schirms und fixierten einen Punkt in der Mitte. Mit dem gestreckten Arm mußten sie auf visuelle Zielreize zeigen, die in zufälliger Folge in unterschiedlich weit seitlich gelegenen Positionen dargeboten wurden. Die Reize waren relativ große Streifenmuster von 8° Breite und 6° Höhe. Im intakten Halbfeld konnten die Vpn genau zeigen. Im blinden Halbfeld weisen die Bewegungen der Kontroll-Vpn keine Beziehung zu den Positionen der Reize auf, wohl aber die Bewegungen der Vpn mit Hemianopsie als Folge einer kortikalen Läsion.

PERENIN und JEANNEROD berichten, daß die Kontroll-Vpn bei Darbietung des Reizes im blinden Halbfeld einen schwachen Glanz wahrnehmen, der sich von der Mitte des Schirms in die normale Hälfte hin erstreckt. Die Patienten mit kortikalem Skotom beschrieben den Eindruck, daß im blinden Teil des Gesichtsfeldes ein sehr heller Reiz eingeschaltet wird, der sich von dort in das normale Feld ausdehnt. Form oder Größe des Reizes war aber nicht zu erkennen, und es gab keine bewußte Vorstellung über seine Position. (Einen Überblick über die visuellen Leistungen bei Skotomen infolge kortikaler Läsionen geben CAMPION, LATTO und SMITH, 1983.)

Nach diesen Befunden zum sog. «blindsight» ist das bewußte Erleben der räumlichen Position eines Objektes keine Voraussetzung dafür, nach ihm greifen zu können. Die zweite Klasse experimenteller Befunde – an gesunden Vpn – zeigt außerdem, daß die erlebte und gezeigte Position eines Zielreizes auseinanderfallen können.

BRIDGEMAN, KIRCH und SPERLING (1981) nutzen in ihrer Untersuchung das Phänomen der induzierten Bewegung aus. Wenn ein kleiner Reiz von einem Rahmen umgeben ist und dieser Rahmen bewegt wird, so scheint sich der Zielreiz relativ zum Beobachter zu bewegen. Ein Beispiel für induzierte Bewegungen läßt sich in stürmischen Nächten am Himmel beobachten: Der Mond scheint hinter den Wolken entlangzujagen. BRIDGEMAN et al. bewegten nun den Rahmen um den Zielreiz zyklisch hin und her. Nach jeweils kurzer Zeit wurde der visuelle

Reiz ausgeblendet, wenn sich die tatsächliche Bewegung des Rahmens und die scheinbare Bewegung des Zielreizes an einem der Umkehrpunkte befanden. Sofort nach Ausblendung mußten die Vpn auf die letzte Position des Zielreizes zeigen. Entspräche die gezeigte Position der erlebten, so sollten die Vpn in unterschiedliche Richtungen zeigen je nachdem, ob sich der Zielreiz bei der Ausblendung am linken oder am rechten Umkehrpunkt seiner scheinbaren Bewegung befand. Tatsächlich aber zeigten die Vpn stets auf die gleiche Position. Die erlebten Änderungen der Position des Zielreizes werden also von der Hand nicht mitvollzogen.
In einer zweiten Bedingung des Experiments bewegte sich der Zielreiz mit dem Rahmen mit, und zwar so, daß die reale Bewegung die scheinbare Bewegung gerade ausglich. Als Ergebnis erscheint der Zielreiz stationär, obwohl er sich tatsächlich bewegt. Unter diesen Bedingungen hing nun die Richtung des Zeigens durchaus davon ab, ob die Ausblendung am linken oder rechten Endpunkt der Bewegungsbahn erfolgte. Die Hand folgt hier also den realen Änderungen der Position des Zielpunktes, die aber gar nicht erlebt werden.
Bei beiden beschriebenen Experimenten kann man fragen, auf welche Weise die Dissoziation von Bewegungssteuerung und Erleben zustandekommt. Hier interessiert uns aber weniger die Ursache dieser Dissoziation als vielmehr die Folgerung, die sich aus ihrer Existenz ergibt: Zumindest teilweise erfolgt die Verarbeitung visueller Reize spezifisch für das Erleben und spezifisch für die Bewegungssteuerung. Es scheint keine einheitliche innere Repräsentation unserer Umwelt zu geben, die sowohl unserem Erleben wie auch unserer Bewegungssteuerung zugrundeliegt. Wenn man diesen Gedanken der Spezifität weiterführt, gelangt man zum Konzept visu-motorischer Systeme.

Visu-motorische Systeme

Visu-motorische Systeme lassen sich funktionell definieren durch bestimmte Merkmale visueller Reize als Eingangsgröße und bestimmte motorische Muster als Ausgangsgröße (s. Arbib, 1981). Die Leistung eines visu-motorischen Systems besteht in der Herstellung einer sehr spezifischen visu-motorischen Koordination. Die Implikationen, die sich aus diesem Konzept ergeben, lassen sich am einfachsten bei Tieren mit einem begrenzten Verhaltensinventar untersuchen.
Eine erste Implikation des Konzepts ist die Spezifität der Entwicklung bzw. des Lernens. Wenn z. B. gelernt wurde, einen bestimmten visuellen Reiz für die Steuerung der einen Bewegung zu nutzen, folgt daraus nicht, daß er auch für die Steuerung einer anderen Bewegung benutzt werden kann. Gezeigt werden muß natürlich, daß diese andere Bewegung unter anderen Reizbedingungen durchaus beherrscht wird. Nur dann nämlich kann das Versagen auf das Fehlen einer spezifischen visu-motorischen Koordination zurückgeführt werden. Befunde dieser Art finden sich in Versuchen zur Entwicklung gezielter Pfotenbewegungen der Katze.
Wie im Abschnitt «Regelung und Programmsteuerung in verschiedenen Dimensionen» beschrieben ist, erfordert die Beherrschung der sog. «visuell geführten Bewegung» der Katze vorhergehendes Sehen der aktiv bewegten Pfote. Die Katze wird schräg von oben auf eine Tischkante hin bewegt, die mit Aussparungen versehen ist. Geprüft wird die seitliche Anpassung der Bewegung, die verhindert, daß die Pfote in eine der Aussparungen gerät. Kätzchen, die während ihrer bisherigen Entwicklung mit dem einen Auge nur die eine Pfote gesehen haben, mit dem anderen Auge aber beide, beherrschen im Test beim Sehen mit dem einen Auge nur die seitlichen Anpassungen der einen Pfote. Wenn sie dagegen mit dem anderen Auge sehen können, beherrschen sie die Bewegung mit beiden Pfoten (Hein & Diamond, 1971).
Die Tiere können also mit beiden Augen die Position des Ziels wahrnehmen – egal, mit welchem Auge sie gucken, sie können wenigstens eine Pfote richtig bewegen. Die Tiere können auch mit beiden Pfoten die Bewegung ausführen. Es liegt also weder ein Defizit der Wahrnehmung vor noch ein Defizit der Bewegungssteuerung. Dennoch sind visuell geführte Bewegungen mit einer Augen-Pfoten-Kombination nicht möglich; für diese spezifische Kombination fehlt die visu-motorische Koordination.
Eine zweite Implikation des Konzepts visu-motorischer Systeme ist die Spezifität von Störun-

gen. INGLE (1982) beschreibt eine Serie von Experimenten zur Identifikation visu-motorischer Systeme beim Frosch, in denen unter anderem versucht wird, funktionell durch Eingangs- und Ausgangsgröße definierte Systeme auch anatomisch zu lokalisieren. Diese Lokalisation erfolgt im wesentlichen mit Hilfe des Nachweises, daß Läsionen zu spezifischen Störungen führen. Das soll an Hand von zwei visumotorischen Systemen illustriert werden, dem für den Beutefang und dem für die Hindernisvermeidung.

Beim Beutefang zeigt ein Frosch eine Reaktion, die aus zwei Komponenten besteht. Die erste Komponente ist die Orientierung des Körpers zum Beuteobjekt, die zweite der Sprung auf die Beute zu. Beide Reaktionskomponenten erfordern ein intaktes optisches Tectum (ein Teil des Hirnstamms). Bei der Hindernisvermeidung zeigen sich ebenfalls eine Orientierung des Körpers und ein Sprung, aber nicht auf einen visuellen Reiz zu, sondern an ihm vorbei. Diese Leistung ist nicht an ein intaktes optisches Tectum gebunden, sondern wird von einem anderen Teil des Hirnstamms vermittelt, dessen Läsion wiederum den Beutesprung des Frosches unbeeinträchtigt läßt.

Die Untersuchungen an Katzen und Fröschen verdeutlichen das Konzept visu-motorischer Systeme und seine Implikationen, die Spezifität der Entwicklung und die Spezifität von Störungen. Ist es sinnvoll, auch beim Menschen eine Vielzahl solcher Systeme zu postulieren? Betrachtet man nur die auslösende Funktion der Wahrnehmung, so ist die Antwort trivial: Es gibt eine Vielzahl unterschiedlicher Wahrnehmungen, auf die wir in spezifischer Weise mit bestimmten Bewegungen antworten; die Zuordnung von Aufrufbedingungen zu motorischen Programmen kann in nahezu beliebiger Weise erfolgen. Aber die Bezeichnung beliebiger Signal-Reaktions-Zuordnungen als «visu-motorische Systeme» trägt zum Verständnis nichts bei. Einen Nutzen hat das Konzept wohl nur dann, wenn es auf die führende Funktion der Wahrnehmung bezogen wird.

In diesem Fall impliziert das Konzept, daß visumotorische Koordination nicht eine Beziehung zwischen einem «motorischen System» auf der einen Seite und einem «visuellen System» auf der anderen Seite darstellt, sondern vielmehr eine Anzahl spezifischer Beziehungen zwischen bestimmten Merkmalen visueller Reize und bestimmten Parametern motorischer Programme umfaßt. Man kann z.B. postulieren, daß es ein visu-motorisches System für antizipatorische Bewegungen beim Fangen eines Balls gibt (VON HOFSTEN, 1987, spricht von einem «action system»). Systematische Untersuchungen zur Abgrenzung unterschiedlicher visu-motorischer Systeme beim Menschen aber sind selten.

JEANNEROD und BIGUER (1982) unterscheiden zwei visu-motorische Systeme, die sie als «visuomotor channels» bezeichnen. Ausgangspunkt ist die Unterscheidung zweier visueller Systeme, die TREVARTHEN (1968) mit den schwer übersetzbaren Ausdrücken «ambient» und «focal» bezeichnet hat. Das erstere System erfaßt das ganze Gesichtsfeld und dient im wesentlichen einer Analyse räumlicher Reizmerkmale. Das zweite System ist dagegen auf das zentrale Gesichtsfeld beschränkt und dient der Analyse von Formmerkmalen. JEANNEROD und BIGUER setzen diese zunächst auf der Wahrnehmungsseite unterschiedenen Systeme zu den beiden Komponenten der Reichbewegung (s. Abschnitt: Intersegmentale Koordination) in Beziehung: Der Raum-Kanal («ambient») ist der Transport-Komponente zugeordnet, der Objekt-Kanal («focal») der Greif-Komponente. Die unterschiedlichen visuellen Reizmerkmale sollen somit für die Steuerung verschiedener motorischer Muster kritisch sein.

Unabhängig davon, ob der Gedanke spezifischer visu-motorischer Systeme beim Menschen sich als tragfähig erweist oder nicht, zunächst hat er einiges an Plausibilität für sich und ist außerdem von heuristischem Wert. Er verlangt nämlich detaillierte Analysen der visu-motorischen Koordination bei verschiedenen Fertigkeiten, speziell eine Antwort auf die Frage, welche Merkmale von Bewegungsmustern an welche Merkmale visueller Reize gekoppelt sind.

6. Repräsentation von Bewegungen

Bewegungen müssen in unterschiedlich starkem Maße an die Umwelt angepaßt werden.

Beim Lenken eines Autos etwa sind die relevanten Merkmale der Umwelt variabel, und es ist eine mehr oder weniger kontinuierliche Anpassung an sie erforderlich. Beim Schalten dagegen sind die relevanten Merkmale der Umwelt, an die die Bewegung angepaßt werden muß, unveränderlich. POULTON (1957b) bezeichnet Bewegungsmuster, die an variable Umweltmerkmale angepaßt werden müssen, als offene Fertigkeiten («open skills»), und solche, bei denen das nicht der Fall ist, als geschlossene Fertigkeiten («closed skills»).

Für offene Fertigkeiten ist das Problem der Beziehung zwischen Wahrnehmung und Bewegung, wie es im letzten Abschnitt behandelt wurde, grundlegend. Für geschlossene Fertigkeiten stellt sich dagegen eher das Problem der Repräsentation von Bewegungen, also ihrer Abbildung im Zentralnervensystem. In diesem Abschnitt soll zunächst gefragt werden, welche Merkmale einfacher gelernter Bewegungen repräsentiert sind, und anschließend, wie die Repräsentation einer Bewegungsfolge organisiert ist.

6.1 Repräsentation einfacher Zielbewegungen

Nach einer zeitweilig recht populären Theorie von ADAMS (1971) umfaßt die innere Repräsentation einer gezielten Bewegung alle sensorischen Konsequenzen. Diese globale Repräsentation wird als perzeptive Spur bezeichnet. Bei der Reproduktion dient sie als Führungsgröße eines Regelkreises, an die die aktuellen Rückmeldungen angepaßt werden. Die perzeptive Spur soll umso stärker sein, je mehr sensorische Rückmeldungen vorhanden sind, und je stärker die perzeptive Spur ist, desto genauer kann natürlich die Bewegung reproduziert werden.

Zur Prüfung dieser Vorhersage ließen ADAMS, MARSHALL und GOETZ (1972) ihre Vpn unter fünf verschiedenen Bedingungen eine Zielbewegung ausführen, die nach einem Behaltensintervall von 5 oder 90 sec reproduziert werden mußte. Die Vorgabe der Bewegung erfolgte, indem die Vpn einen Schieber auf einer Bahn bis an einen mechanischen Anschlag bewegten. Die Weite (bzw. Endposition) der Bewegung sollte behalten werden. In einer Bedingung konnte die Vp die Bewegung des Schiebers hören, in der zweiten Bedingung wurde die Bewegung gegen einen elastischen Widerstand ausgeführt, in der dritten Bedingung konnte die Vp ihre Hand sehen. In der vierten Bedingung schließlich waren alle drei Formen der Rückmeldung vorhanden, und in der fünften fehlten alle drei. Die Genauigkeit der Reproduktionen war beim längeren Behaltensintervall von 90 sec kleiner als beim kurzen Behaltensintervall von 5 sec, aber die Wirkung der verschiedenen Rückmeldungen war in beiden Fällen nicht verschieden. Die über beide Behaltensintervalle gemittelten absoluten Fehler sind in Tabelle 4 angegeben.

Tabelle 4: Absoluter Fehler (in mm) bei der Reproduktion gezielter Bewegungen unter verschiedenen Rückmeldungsbedingungen (nach ADAMS et al., 1972, S.94).

Zusätzliche Rückmeldungen	Genauigkeit
akustisch	26
propriozeptiv (Widerstand)	33
visuell	20
akustisch + propriozeptiv + visuell	20
keine	32

Das Vorhandensein eines elastischen Widerstandes verbessert die Genauigkeit nicht, zumindest nicht bei nur einmaliger Vorgabe der Bewegung. Bei längeren Übungsperioden allerdings werden Bewegungen gegen einen elastischen Widerstand genauer als solche ohne Widerstand, vorausgesetzt, das bewegte Körperglied kann nicht gesehen werden (ADAMS, GOPHER & LINTERN, 1977). Eine leichte Verbesserung der Leistung tritt ein, wenn die Bewegung gehört werden kann, und die größte Genauigkeit wird erreicht, wenn die Hand gesehen wird. Der Anstieg der Genauigkeit bei verbesserten sensorischen Rückmeldungen soll auf die Entwicklung einer stärkeren perzeptiven Spur zurückgehen. Insofern bestätigen die Ergebnisse die zentrale Vorhersage der Theorie von ADAMS (1971). Allerdings fällt auf, daß dann, wenn die Hand gesehen wird, die Genauigkeit durch weitere Rückmeldungen nicht mehr erhöht wird.

Ist die innere Repräsentation einer gezielten Bewegung tatsächlich ein einheitliches Gebilde, das zudem nur die sensorischen Begleiterscheinungen der Bewegung umfaßt? Oder gibt es nicht eher eine «Vielheit» von Repräsentationen, die jeweils spezielle Aspekte der Bewegung betreffen? Tatsächlich spricht einiges dafür, daß die verschiedenen sensorischen Begleiterscheinungen einer Bewegung nicht zu einer einheitlichen Repräsentation verschmelzen, sondern jeweils ihre Eigenständigkeit behalten. Außerdem sind nicht alle Repräsentationen einer gezielten Bewegung sensorisch. Nach den bisher beschriebenen Überlegungen zur gezielten Bewegung sollte es auch eine motorische Repräsentation geben, die etwa aus dem generalisierten Bewegungsprogramm zusammen mit den einer speziellen Bewegung zugeordneten Parametern besteht.

In dem beschriebenen Experiment von ADAMS et al. (1972) war die verfügbare sensorische Information bei Vorgabe und Reproduktion der gezielten Bewegung identisch. Unterstellt man die Existenz einer einheitlichen (sensorischen) Repräsentation, so kann die Genauigkeit der Reproduktion zum einen von der bei der Vorgabe verfügbaren Information abhängen – sie bestimmt die Güte der Repräsentation – und zum anderen natürlich von den sensorischen Begleiterscheinungen der Reproduktion. Sie sollte aber nicht davon beeinflußt werden, ob die verfügbare Information bei Vorgabe und Reproduktion gleich oder verschieden ist. Derartige Ergebnisse zeigen vielmehr, daß unterschiedliche Arten der sensorischen Information bei der Vorgabe nicht quantitative Effekte auf die Güte einer einheitlichen Repräsentation haben, sondern daß qualitativ verschiedene, insbesondere modalitätsspezifische, Repräsentationen entstehen. Bei visueller Vorgabe z.B. entsteht eine visuelle Repräsentation; visuelle Rückmeldungen bei der Reproduktion können daran genauer angepaßt werden als propriozeptive. Bei einer Vorgabe ohne Sehen dagegen entsteht nur eine propriozeptive Repräsentation; propriozeptive Rückmeldungen bei der Reproduktion können daran genauer angepaßt werden als visuelle.

Belege für die Abhängigkeit der Reproduktions-Genauigkeit von der Gleichheit versus Verschiedenheit der bei Vorgabe und Reproduktion verfügbaren Information liefern Ergebnisse zur intra- und intermodalen Anpassung: Wenn eine bestimmte Distanz visuell oder propriozeptiv dargeboten wird und anschließend reproduziert werden muß, wobei sie visuell oder propriozeptiv erfaßt werden kann, ist die intramodale Anpassung generell genauer als die intermodale (z.B. NEWELL, SHAPIRO & CARLTON, 1979). Dieses Ergebnis entspricht im übrigen den Ergebnissen zur Anpassung visuell oder propriozeptiv erfaßter Bewegungen an Zielpositionen, die in der gleichen oder anderen Modalität unmittelbar erfaßt werden.

Welche Ergebnisse belegen die Existenz motorischer Repräsentationen? KELSO (1977) schaltete bei seinen Vpn die sensorische Erfassung von Fingerbewegungen mit Hilfe einer Abbindung am Unterarm aus. Zunächst war eine Bewegung frei gewählter Weite (der Bereich der wählbaren Weiten war instruiert) auszuführen und anschließend zu reproduzieren. Die Reproduktionen waren nur geringfügig ungenauer als ohne die Ausschaltung der Propriozeption. Da bei der Vorgabe keine sensorische Information vorhanden war, konnte natürlich auch keine sensorische Repräsentation aufgebaut werden, sondern nur eine motorische. (Die Ausschaltung der Propriozeption beim Menschen geht nicht mit einer Ausschaltung des Erlebens einher. Das Erleben einer aktiven Bewegung ist nicht an intakte Sinnesorgane gebunden. Entsprechend sollte man sich eine motorische Repräsentation nicht als dem Bewußtsein entzogen vorstellen.)

Wenn bei der Vorgabe die Weite der Bewegung frei ausgewählt werden kann, entspricht sie den Parametern, die in das generalisierte Bewegungsprogramm eingesetzt wurden. Diese Parameter brauchen bei der Reproduktion nur wiederholt zu werden; eine motorische Repräsentation erlaubt also eine genaue Reproduktion. Wenn dagegen bei der Vorgabe ein mechanischer Anschlag verwendet wird, wie in dem beschriebenen Experiment von ADAMS et al. (1972), entsprechen die Programm-Parameter nicht genau der Weite. Die motorische Repräsentation erlaubt in diesem Fall also keine genaue Reproduktion. Bewegungen, die auf letztere Art vorgegeben werden, können nach Ausschaltung der Propriozeption praktisch gar nicht reproduziert werden, und unter normalen Bedingungen werden sie generell ungenauer reproduziert als Bewegungen mit frei ausgewählter Weite (Überblick bei KELSO & WAL-

LACE, 1978). Immer dann also, wenn die motorische Repräsentation eine genaue Reproduktion erlaubt, haben wir tatsächlich genauere Reproduktionen als dann, wenn die motorische Repräsentation nicht der vorgegebenen Bewegung entspricht.

Nach den bisher beschriebenen Befunden sollten gezielte Bewegungen auf multiple modalitätsspezifische Weise repräsentiert werden, nämlich motorisch, propriozeptiv und/oder visuell. Wenn während des Lernens weitere Information zur Verfügung steht, z.B. akustische, dürften auch weitere Repräsentationen entwickelt werden. Motorisches Lernen sollte daher stets ein gewisses Maß von Spezifität im Hinblick auf die in der Lernphase vorhandene Information aufweisen. Ist es möglich, beim Lernen willkürlich einzelne Repräsentationen aufzubauen oder bei der Reproduktion einzelne Repräsentationen völlig zu vernachlässigen?

Die Befunde, die zu dieser Frage vorliegen, beziehen sich nur selten auf modalitätsspezifische Repräsentationen. Bei der Ausführung einer gezielten Bewegung werden nicht nur verschiedene Modalitäten angesprochen, sondern eine gezielte Bewegung besitzt auch verschiedene Merkmale, die in spezifischer Weise repräsentiert werden können. Zwei solche Merkmale sind die Weite und die Endposition der vorgegebenen Bewegung. Solange die Startpositionen bei Vorgabe und Reproduktion gleich sind, kann man nicht entscheiden, ob sich die Vpn das eine oder andere eingeprägt haben. Das ist aber möglich, wenn bei der Reproduktion eine andere Startposition verwendet wird als bei der Vorgabe.

Die Repräsentationen von Weite und Endposition können bei der Vorgabe in flexibler Weise aufgebaut und bei der Reproduktion in flexibler Weise genutzt werden. Das zeigen Ergebnisse von HAGMAN und FRANCIS (1975), die die Instruktionen für das Einprägen und die Reproduktion unabhängig voneinander variierten. Tabelle 5 zeigt für übereinstimmende Instruktionen ein oft bestätigtes Ergebnis, das hier allerdings nicht sehr deutlich ausfällt: Die Reproduktion der Endposition ist genauer (16 mm) als die Reproduktion der Weite (18 mm). Das gleiche Ergebnis zeigt sich, wenn sich die Vpn Weite und Endposition einprägen sollten. Das wesentliche Ergebnis aber ist die Wechselwirkung: Nach dem Einprägen primär der Weite gelingt die Weiten-Reproduktion genauer, nach dem Einprägen primär der Endposition die Endpositions-Reproduktion.

Tabelle 5: Absoluter Fehler (in mm) bei der Reproduktion von Weite und Endposition gezielter Bewegungen bei unterschiedlichen Behaltens-Instruktionen (nach HAGMAN & FRANCIS, 1975, S.143).

	Reproduktions-Instruktion	
Behaltens-Instruktion	Weite	Endposition
Weite	18	27
Endposition	24	16
Weite und Endposition	18	15

Welche Repräsentation, die der Weite oder die der Endposition, in erster Linie genutzt wird, hängt nicht nur von der Instruktion ab, sondern auch von der Weite der Bewegung. GUNDRY (1975) gab Bewegungen unterschiedlicher Weite jeweils mehrfach vor und ließ sie mehrfach reproduzieren. Bei den verschiedenen Reproduktionen wurden die Startpositionen in so kleinen Schritten verändert, daß das von den Vpn gar nicht bemerkt wurde. Daher konnte die Instruktion bezüglich der Reproduktion von Weite versus Endposition uneindeutig sein. Im Fall der Endpositions-Reproduktion sollten die Endpositionen von den Veränderungen der Startposition unbeeinflußt bleiben, während sie im Fall der Weiten-Reproduktion mit der Startposition verschoben werden sollten. Das Ausmaß der Verschiebung der Endpositionen der Reproduktionen war nun umso größer, je geringer die Weite der Bewegung war. Demnach wird bei kurzen Bewegungen die Repräsentation der Weite eher genutzt als bei weiten Bewegungen.

Obwohl die Repräsentationen von Weite und Endposition je nach Instruktion und Weite der Bewegung in flexibler Weise genutzt werden können, geht die Flexibilität doch nicht so weit, daß eine der beiden Repräsentationen vollständig vernachlässigt werden kann. Auch dann, wenn die Vpn instruiert sind, sich nur die Weite bzw. die Endposition einzuprägen und zu reproduzieren – wobei die Startposition bei Vorgabe und Reproduktion natürlich verschieden ist –, zeigen die Reproduktionen einen systematischen Fehler in Richtung der durch die jeweils zu vernachlässigende Repräsentation definierten Bewegung (LAABS, 1974). Wenn also die Weite zu reproduzieren ist, endet die Reproduktion zu nah an der Endposition der vorgegebenen Bewegung; wenn die Endposition zu reproduzieren ist, ist die Weite der Reproduktion der der vorgegebenen Bewegung zu ähnlich. Der durch die zu vernachlässigende Endposition verursachte Fehler bei der Reproduktion der Weite ist generell größer als der durch die zu vernachlässigende Weite verursachte Fehler bei der Reproduktion der Endposition (s. HEUER, 1983, S. 75–78).

Nach den besprochenen Ergebnissen können gezielte Bewegungen in flexibler Weise mehrfach repräsentiert werden. Die möglichen Repräsentationen betreffen die motorischen Kommandos und die sensorischen Begleiterscheinungen, wie sie durch verschiedene Sinnesmodalitäten erfaßt werden. Daneben kann man Repräsentationen nach den verschiedenen Merkmalen einer gezielten Bewegung wie Weite oder Endposition klassifizieren. Diese beiden Klassifikationen von Repräsentationen sind vermutlich nicht völlig unabhängig voneinander. Befunde von KELSO (1977) verweisen z. B. darauf, daß motorische Repräsentationen in stärkerem Maße die Endposition betreffen als propriozeptive Repräsentationen (HEUER, 1983, S. 77–78). Auf alle Fälle aber hat die innere Repräsentation einer gezielten Bewegung eher den Charakter einer «Vielheit», die durch ihre qualitativ verschiedenen Komponenten charakterisiert ist, als den einer «Einheit», die nur in ihrer Stärke variiert.

6.2 Repräsentation von Bewegungsfolgen

Bewegungsfolgen können in einzelne Segmente oder Elemente untergliedert werden, z. B. in Anschläge beim Maschineschreiben und Klavierspiel oder in Sprachlaute beim Sprechen. Modelle zur inneren Repräsentation solcher Folgen betreffen in aller Regel nicht die Frage, auf welche Weise die einzelnen Elemente repräsentiert sind; diese Frage haben wir am Beispiel der gezielten Bewegung behandelt, und sie soll uns in diesem Abschnitt nicht weiter beschäftigen. Stattdessen wollen wir uns der Frage zuwenden, auf welche Weise die einzelnen Elemente einer Bewegungsfolge miteinander verknüpft sind.

Dabei werden wir ein Problem vernachlässigen, das hier aber zumindest kurz erwähnt werden soll. Die einzelnen Elemente einer Bewegungsfolge ändern sich, wenn benachbarte Elemente verändert werden. Solche Kontexteffekte finden sich vor allem beim Sprechen, aber auch bei Bewegungen der Gliedmaßen (SCHAPPE, 1965). Das Problem ist der Übergang von den (postulierten) kontextunabhängigen Elementen der inneren Repräsentation zu den (beobachtbaren) kontextabhängigen Elementen der resultierenden Bewegungsfolge: Auf welche Weise entstehen z. B. aus einer bestimmten Repräsentation eines Sprachlautes je nach benachbarten Lauten verschiedene Bewegungsmuster der Artikulatoren?

Kontexteffekte mögen unterschiedlichste Ursachen haben. Hier soll ein Beispiel genügen, das zwar allenfalls einen geringen Anteil von Kontexteffekten erklärt, aber in allgemeinerer Weise illustriert, daß ihre Existenz kein Argument gegen die Annahme kontextunabhängiger Elemente der inneren Repräsentation darstellt. Dieses Beispiel wurde im Abschnitt «Das Masse-Feder-Modell» beschrieben. Unterstellt man, daß die Elemente der inneren Repräsentation Zielpositionen von Artikulatoren spezifizieren und mit vorgegebenen Zeitintervallen abgearbeitet werden, dann können identische Ziele in variabler Weise «unterschossen» werden. Diese Unterschiede hängen u. a. von der verfügbaren Zeit ab (vgl. Abb. 5) – und damit indirekt auch von den nachfolgenden Silben, die dieses Zeitintervall beeinflussen, – sowie von der Ausgangsposition des Artikulators. Sie sind somit nicht in der inneren Repräsentation angelegt, sondern entstehen erst bei ihrer Umsetzung in die Bewegung, im Beispiel durch die Eigenschaften des peripheren Masse-Feder-Systems.

6.2.1 Sequenzen von Fingerbewegungen

Die einfachste Aufgabe, mit deren Hilfe man die Repräsentation von Bewegungsfolgen untersuchen kann, ist eine sequentielle Abfolge von Fingerbewegungen. Die einfachste Hypothese ist, daß die Struktur der vorgegebenen Folge von Einzelbewegungen ihren Niederschlag in der Struktur der Elemente der inneren Repräsentation findet. Zumindest für eine hierarchische Struktur gibt es Belege dafür, daß das der Fall ist. Ein Experiment von Rosenbaum, Kenny und Derr (1983) soll das illustrieren.

Rosenbaum et al. verwendeten Sequenzen der Art ZzZzMmMm oder mZmZzMzM; (Z, z) bezeichnet den Zeigefinger, (M, m) den Mittelfinger, Großbuchstaben die rechte Hand und Kleinbuchstaben die linke. Die beiden Zeige- und Mittelfinger lagen auf Tasten, die in der richtigen Reihenfolge gedrückt werden mußten. Eine Sequenz wurde zunächst geübt, bis die Vpn das Gefühl hatten, daß sie sie beherrschten. Anschließend war sie ohne Pausen sechsmal hintereinander möglichst schnell auszuführen.

Die Sequenzen haben eine hierarchische Struktur, die sich mit Hilfe eines Entscheidungsbaumes darstellen läßt, wie er in Abbildung 15 (oben) gezeigt ist. Die Knoten der untersten Ebene stellen die einzelnen Bewegungen dar, die der zweiten Ebene die Zweiergruppen, die der dritten Ebene die Vierergruppen und der oberste Knoten schließlich die ganze Sequenz. Unabhängig von komplizierteren theoretischen Überlegungen kann man eine solche Darstellung als Untergliederung der Bewegungsfolge in die intuitiv erkennbaren Gruppen oder «Einheiten höherer Ordnung» betrachten. Solche Einheiten höherer Ordnung finden sich z. B. in der Sprache (Phonem, Silbe, Wort) und in der Musik (ein 4/4-Takt etwa besteht aus zwei Einheiten niederer Ordnung von je zwei Schlägen).

Man kann nun postulieren, daß die innere Repräsentation einer Bewegungsfolge mit einer hierarchischen Struktur ebenfalls hierarchisch organisiert ist. Die Beschreibung wird damit zu einer vermuteten psychologischen Realität. Diese Hypothese über die Repräsentation läßt

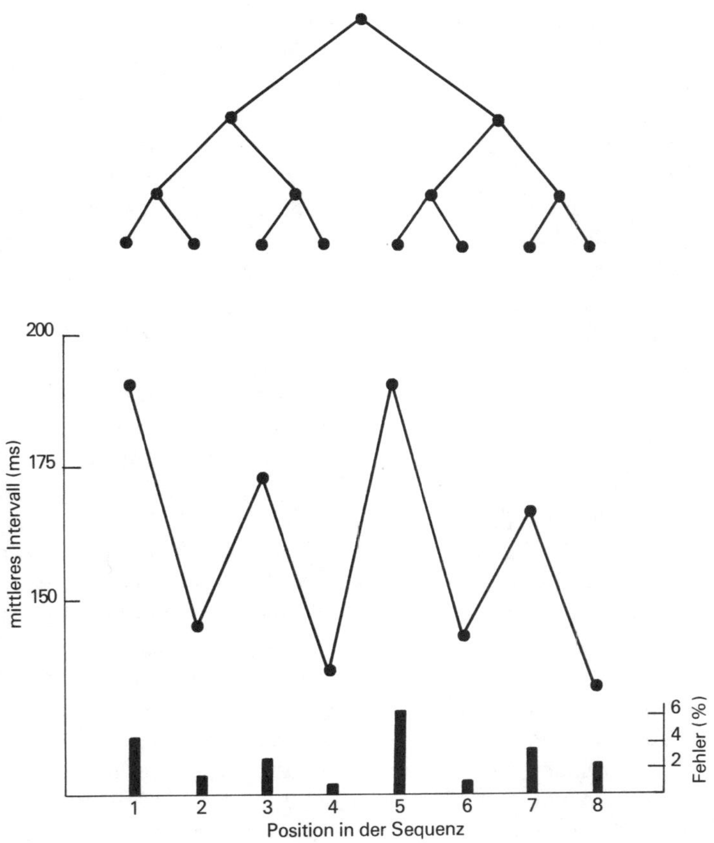

Abbildung 15: Hierarchische Baum-Struktur einer Folge von Fingerbewegungen (oben) und mittlere Intervalle vor sowie Fehlerquoten bei jeder Einzelbewegung (unten; nach Rosenbaum et al., 1983, S. 91).

sich prüfen, wenn sie durch eine Annahme über deren Umsetzung in eine zeitlich ausgedehnte Bewegungsfolge ergänzt wird.
Eine einfache Annahme ist, daß bei der Umsetzung der hierarchisch strukturierten Repräsentation die Hierarchie, also der Entscheidungsbaum, durchlaufen wird. ROSENBAUM et al. sprechen von einem «tree traversal process». Dann sollten die Zeitintervalle zwischen den einzelnen Bewegungen davon abhängen, auf welcher Ebene der Hierarchie sie miteinander verknüpft sind. Vom ersten zum zweiten Element der untersten Ebene ist z. B. nur ein Knoten zu durchlaufen, vom zweiten zum dritten Element aber sind es drei. Da außerdem jeder Knoten eine Möglichkeit für das Auftreten eines Fehlers darstellt, sollte die Fehlerhäufigkeit bei einem bestimmten Element der Sequenz ebenfalls davon abhängen, wie viele Knoten beim Übergang vom vorhergehenden Element zu durchlaufen sind.
Die mittleren Zeitintervalle vor jeder einzelnen Fingerbewegung und die Fehlerhäufigkeiten sind in Abbildung 15 (unten) gezeigt. Beide sind an den Positionen 1 und 5 am größten, an den Positionen 3 und 7 am zweitgrößten und an den geradzahligen Positionen am kleinsten. In diesen Daten wird also deutlich die hierarchische Struktur reflektiert: Je mehr Knoten vor einer Einzelbewegung durchlaufen werden, desto länger ist das Zeitintervall und desto größer die Zahl der Fehler.
Die Ergebnisse von ROSENBAUM et al. werden durch Befunde von POVEL und COLLARD (1982) bestätigt, die zwei weitere in unserem Zusammenhang wichtige Ergebnisse berichten. Zum einen zeigen sie, daß das für hierarchische Strukturen charakteristische Profil der Zeitintervalle zwischen den Einzelbewegungen nicht auf unterschiedlich schwierige Übergänge von einem Finger zum nächsten zurückgeführt werden kann. Zum anderen verwendeten sie auch unstrukturierte Bewegungsfolgen. Diese Folgen wurden insgesamt langsamer ausgeführt als die strukturierten, und im Profil der Zeitintervalle zwischen den Einzelbewegungen zeigten sich nur noch die Auswirkungen unterschiedlich schwieriger Fingerübergänge. Es ist nicht ganz klar, ob die Vpn auch die unstrukturierten Folgen auf interindividuell unterschiedliche Weise strukturierten. Je weniger eindeutig nämlich eine bestimmte Struktur vorgegeben ist, desto unterschiedlicher können die individuellen Strukturierungen ausfallen, und wenn sie hinreichend verschieden sind, treten sie in den Mittelwerten nicht mehr in Erscheinung.
Eine hierarchische Organisation ist ganz offensichtlich kein Merkmal, das sich nur bei der Repräsentation von Bewegungsfolgen findet. Bildung von Einheiten höherer Ordnung ist vielmehr ein sehr häufig zu beobachtendes Phänomen, wann immer wir Gedächtnisleistungen oder Repräsentationen von Wissen betrachten (s. Kap. 3, Gedächtnis und Wissen). Man kann daher die Vermutung haben, daß die Repräsentation von Bewegungssequenzen nicht prinzipiell verschieden ist von der Repräsentation irgendwelcher anderen Gegebenheiten, zumindest was die Prinzipien der Organisation der Elemente angeht. Die Elemente selbst natürlich sollten durchaus verschieden sein, wenn es sich z. B. um eine innere Repräsentation der Bewegungsfolge beim Spielen einer Fuge handelt oder um eine innere Repräsentation des Alphabets.

6.2.2 Sprechen

Annahmen über die innere Repräsentation einer intendierten sprachlichen Äußerung finden sich in einer Vielzahl unterschiedlicher Modellvorstellungen. Hier sollen nur einige wenige Prinzipien dargestellt werden, die relativ breit akzeptiert sind, und die nicht allzuweit über die vorhandenen Daten hinausgehen.
Die wohl nächstliegende Frage im Zusammenhang mit inneren Repräsentationen intendierter Äußerungen ist, ob es sie überhaupt gibt. Offensichtlich haben wir – von Ausnahmen abgesehen – vor dem Beginn einer Äußerung eine Idee davon, was wir sagen wollen. Aber geht dieser Gedanke auch mit einer Repräsentation der Artikulationen einher, mit deren Hilfe wir ihn ausdrücken werden? Diese Frage ist im übrigen für einen strengen Behavioristen sinnlos: Wenn Denken als «unterschwelliges Sprechen» betrachtet wird, ist der Inhalt des Denkens unmittelbar an die Artikulation gebunden. Das Problem der Bewegungssteuerung besteht nur noch in einer hinreichenden Verstärkung der motorischen Kommandos, damit das Sprechen hörbar wird.

Der wohl klarste Beleg für die Existenz einer Repräsentation der Artikulationen ergibt sich aus Versprechern, bei denen einzelne Phoneme zwischen aufeinanderfolgenden Wörtern vertauscht werden. Ein typischer Spoonerismus wie «**K**asse **T**affee» besteht aus einem Austausch von z. B. den Anfangsphonemen zweier Wörter, ohne daß sonst irgendwelche Änderungen auftreten. Seltener als die Anfangsphoneme sind andere Silbenpositionen betroffen (z. B. BAARS & MOTLEY, 1976). (Die Bezeichnung «Spoonerismus» für Vertauschungen der beschriebenen Art geht auf Reverend Dr. WILLIAM ARCHIBALD SPOONER, 1844–1930, zurück, dem Rektor eines College in Oxford. SPOONER zeigte zwar Auffälligkeiten unter anderem der Sprache, aber nicht die typischen Spoonerismen. Sie wurden ihm wohl nur von anderen Personen zugeschrieben. S. POTTER, 1980.)

Fragt man nach der Art der Repräsentation einer geplanten Äußerung, so kann man zunächst zwei Ebenen unterscheiden (vgl. MACNEILAGE, HUTCHINSON & LASATER, 1981). Auf einer prämotorischen Ebene sind die Einheiten der Repräsentation Sprachsegmente wie Phoneme, Silben oder Wörter. Auf der motorischen Ebene sind dagegen Bewegungen von Artikulatoren repräsentiert. Ein wichtiges Kriterium für diese Unterscheidung ist die Tatsache, daß bei Vertauschungen von Phonemen, Silben oder Wörtern nicht alle Merkmale der Artikulation betroffen sind. Die vertauschten Sprachsegmente werden in ihrem neuen Kontext nicht so ausgesprochen, wie es zum ursprünglichen und richtigen Kontext gehört hätte, sondern sie werden im Hinblick auf Koartikulation, Betonung und Sprachmelodie an den neuen und falschen Kontext angepaßt. Die Vertauschung erfolgt also auf der prämotorischen Ebene, und die Umsetzung in motorische Kommandos für die Artikulation erfolgt erst nach der Vertauschung.

Die Annahmen darüber, welche Merkmale von Artikulator-Bewegungen auf der motorischen Ebene repräsentiert sind, variieren sehr stark zwischen einzelnen Modellen. In erster Linie hängen sie ab von den Annahmen über den Prozeß, durch den aus dieser Repräsentation das reale Muster der Artikulator-Bewegungen entsteht. Allgemein kann man sagen, daß die motorische Repräsentation die Information enthält, die das motorische System benötigt, seien das nun Festlegungen von motorischen Kommandos oder Festlegungen von Führungsgrößen für nachgeordnete Regelkreise.

Eines der augenfälligsten Merkmale der Sprache ist die Möglichkeit, Einheiten unterschiedlicher Größe zu definieren. In aufsteigender Folge sind das Phonem, die Silbe, das Wort und das Satzglied zu nennen. Diese Existenz von Einheiten unterschiedlicher Größe läßt eine hierarchische Repräsentation auf der prämotorischen Ebene vermuten, durch die die verschieden großen Einheiten konstituiert werden.

Eine Möglichkeit für eine hierarchische Repräsentation auf der prämotorischen Ebene beschreibt SHAFFER (1976). Zunächst werden zwei Ebenen nach schwacher und starker Betonung der Silbe unterschieden, dann zwei Ebenen für das Anfangsglied und den Rest jeder Silbe. Die «Tasse Kaffee» wird also dargestellt als

$$\mathrm{T_{as}} \qquad\qquad \mathrm{K_{af}}$$
$$\quad \mathrm{s_e} \qquad\qquad\quad \mathrm{f_{ee.}}$$

Eine solche Darstellung – und das gilt auch für andere Formen hierarchischer Repräsentationen (z. B. MACKAY, 1982) – macht eine Reihe von Versprechern plausibel. Die Grundregel ist, daß Vertauschungen im wesentlichen innerhalb einer Ebene auftreten. Der Anfangskonsonant einer Silbe wird praktisch nie mit einem Phonem aus der Mitte oder vom Ende einer anderen Silbe vertauscht, und eine betonte Silbe praktisch nie mit einer unbetonten. Auf der anderen Seite aber reicht das Modell von SHAFFER (1976), das neben Annahmen über die Repräsentation natürlich auch Annahmen über das «Auslesen» dieser Repräsentation enthält, nicht aus, um alle Versprecher zu erklären, wie sie z. B. bei Zungenbrechern auftreten (BUTTERWORTH & WHITTAKER, 1980).

Die Unterscheidung zwischen prämotorischer und motorischer Ebene ist vermutlich nicht nur im Zusammenhang mit dem Sprechen bedeutsam, sondern auch für andere Bewegungssequenzen. Sind z. B. Elemente der hierarchischen Repräsentation der Sequenzen von Fingerbewegungen tatsächlich Repräsentationen

von Einzelbewegungen in der Art, wie wir sie im Abschnitt «Repräsentation einfacher Zielbewegungen» besprochen haben? Oder handelt es sich nur um «Etiketten» auf einer prämotorischen Ebene, die sich ähnlich wie ein Phonem der Information zuordnen lassen, die das motorische System für die Steuerung der Bewegung benötigt?
Eine Möglichkeit zur Beantwortung dieser Frage besteht in einer genaueren Analyse der Fehler. Voraussetzung für diese Analyse ist, daß einzelne Merkmale der Fingerbewegungen, wie z.B. der Druck, von ihrer Position abhängen. Wenn im Fall eines Fehlers der Druck der richtigen Position auch in der falschen beibehalten wird, handelt es sich um eine Vertauschung auf der motorischen Ebene. Wenn aber mit dem vertauschten Finger der für die neue Position richtige Druck ausgeübt wird, dann sollte es sich um eine Vertauschung auf der prämotorischen Ebene handeln, genauso, wie eine Vertauschung von Silben ohne Vertauschung z.B. der Satzmelodie der prämotorischen Ebene zugeschrieben wird. Da die Häufigkeit von Fehlern die hierarchische Organisation reflektiert, folgt aus der Zuordnung der Fehler zur prämotorischen oder motorischen Ebene auch die Zuordnung der Hierarchie. Untersuchungen dieser Art aber stehen aus. Die Frage, ob tatsächlich Repräsentationen der Einzelbewegungen hierarchisch organisiert sind oder aber nur die «Etiketten» auf einer prämotorischen Ebene, bleibt daher unbeantwortet.

6.3 Implizite Repräsentationen der Umwelt

Bisher haben wir innere Repräsentationen von Einzelbewegungen und Bewegungsfolgen betrachtet. Neben Repräsentationen von Bewegungen gibt es natürlich auch solche der Umwelt. Abschließend möchte ich darauf hinweisen, daß eine Repräsentation von Bewegungen gleichzeitig eine Repräsentation der Umwelt darstellen kann.
Wenn man ein bestimmtes Wort auf einer Schreibmaschine schreiben will, muß man wissen, wo sich die entsprechenden Tasten befinden. Ein solches Wissen, aufgrund dessen man z.B. in ein Schema einer Schreibmaschinentastatur die zugeordneten Buchstaben eintragen kann, möchte ich als explizite Repräsentation der Umwelt bezeichnen. Wenn man gelernt hat, eine einem bestimmten Wort zugeordnete Folge von Fingerbewegungen auszuführen, kann die Zuordnung der Buchstaben zu den Tasten im Prinzip vergessen werden. Obwohl dann keine explizite Repräsentation der Umwelt mehr existiert, enthalten die Bewegungen doch eine implizite Repräsentation, da sie an die Umwelt angepaßt sind. Tatsächlich scheinen hochgeübte Typistinnen die Aufgabe, Buchstaben in das Schema einer Schreibmaschinentastatur einzutragen, zu bewältigen, indem sie sich die erforderlichen Fingerbewegungen vorstellen (Hay, 1974).
Ein operationales Kriterium für die Unterscheidung zwischen expliziten und impliziten Repräsentationen der Umwelt ist die fehlende oder vorhandene Abhängigkeit von der Ausführung bestimmter Bewegungen. Explizite Repräsentationen lassen unterschiedlichste Bewegungen zu, implizite Repräsentationen nur eine. Andere auf eine implizit repräsentierte Umwelt bezogene Leistungen – wie die verbale Beschreibung – sind nur auf dem Umweg über die Vorstellung des Bewegungsablaufs möglich.
Die Unterscheidung zwischen expliziten und impliziten Repräsentationen bezieht sich zunächst nur auf die räumlichen Merkmale der Umwelt. Sie läßt sich verallgemeinern zu der Unterscheidung zwischen deklarativem und prozeduralem Wissen. Grob gesprochen betrifft deklaratives Wissen Fakten, während prozedurales Wissen in Form von Produktionen, bedingungsbezogenen Handlungen, repräsentiert ist. Analog dem von Anderson (1982) postulierten Übergang von einem deklarativen Stadium zu einem prozeduralen Stadium im Verlauf der Übung kann man im Verlauf des sensumotorischen Lernens einen Übergang von einer expliziten zu einer impliziten Repräsentation der Umwelt erwarten. Solche Übergänge sollten allerdings nur dann stattfinden, wenn bestimmte räumliche Aspekte der Umwelt nur für ein einzelnes oder wenige Bewegungsmuster relevant sind.

7. Bewegung und Vorstellung

Auf dem Weg von den mechanischen Eigenschaften des Muskels zu den inneren Repräsentationen von Bewegungen sind wir den höheren geistigen Prozessen immer näher gekommen. In diesem Abschnitt soll nun direkt nach Beziehungen zwischen Bewegungssteuerung und kognitiven Prozessen gefragt werden. Wenn an der Ausführung von Bewegungsmustern unterschiedliche innere Repräsentationen beteiligt sind, sollten diese nicht mit anderen Repräsentationen der Umwelt interferieren können? Sollte es nicht auch möglich sein, Repräsentationen von Bewegungen rein mental zu manipulieren und auf diese Weise die zugeordneten Bewegungen zu verändern?

Bevor wir diese Fragen näher besprechen, ist es notwendig, auf den etwas schillernden Begriff der inneren Repräsentation genauer einzugehen. Dieser Begriff bezeichnet die Abbildung einer äußeren Gegebenheit im Zentralnervensystem. Im extrem vereinfachten Fall, den es real nicht gibt, stellt also eine einzelne Nervenzelle, deren Aktivierung eine bestimmte Bewegung zur Folge hat, eine Repräsentation dieser Bewegung dar. Dieses Beispiel soll deutlich machen, daß eine innere Repräsentation einer äußeren Gegebenheit nicht identisch ist mit deren Erleben. Wir können über innere Repräsentationen sprechen, ohne uns um das, was erlebt wird, zu kümmern. Das haben wir bisher getan. Z.B. haben wir unterschiedliche Repräsentationen von Bewegungen nur nach Verhaltenskriterien unterschieden.

Man kann nun nicht nur über innere Repräsentationen sprechen, ohne sich um das Erleben zu kümmern, sondern innere Repräsentationen existieren offenbar auch dann, wenn es kein irgendwie auf sie bezogenes Erleben gibt. Es ist ja ganz offensichtlich, daß es eine größere Zahl von Repräsentationen der Umwelt oder auch eigener Bewegungen gibt, als uns jeweils bewußt ist.

Obwohl die innere Repräsentation einer äußeren Gegebenheit nicht notwendig mit Erleben einhergeht, sollte umgekehrt das Erleben einer äußeren Gegebenheit an die Existenz einer inneren Repräsentation gebunden sein. Man kann kaum bestreiten, daß Bewußtsein auf die Aktivität unseres Zentralnervensystems zurückgeht. Wenn bewußtes Erleben sich auf eine äußere Gegebenheit bezieht, stellt das zugrundeliegende neuronale Aktivitätsmuster somit auch eine Abbildung dieser äußeren Gegebenheit dar. Wenn wir uns also z.B. eine Bewegung vorstellen, sollte dieser Vorstellung eine innere Repräsentation der entsprechenden Bewegung zugrundeliegen.

Eine Besonderheit unserer Vorstellungen ist es, daß sie sich von den real existierenden äußeren Gegebenheiten lösen können. Wir können uns Dinge vorstellen, die wir nicht wahrgenommen haben, und Bewegungen, die wir nicht ausgeführt haben. Wenn solche Vorstellungen mit inneren Repräsentationen speziell von Bewegungen einhergehen, sollten wir nicht anschließend entsprechende Bewegungen ausführen können? Wie wir sehen werden, ist das unter bestimmten Bedingungen tatsächlich der Fall. Zunächst aber soll gezeigt werden, daß auch solche Vorstellungen, die gar nicht auf Bewegungen bezogen sind, eine Beziehung zu den an der Bewegungssteuerung beteiligten Strukturen aufweisen.

7.1 Interferenzen zwischen Bewegungssteuerung und räumlichen Vorstellungen

Wenn wir zwei Tätigkeiten gleichzeitig ausführen, geht das in der Regel mit einer Leistungseinbuße bei der einen oder anderen Tätigkeit einher. Beispiele sind gleichzeitige Bewegungen beider Hände, aber auch stärker voneinander verschiedene Tätigkeiten wie das Lenken eines Autos und die gleichzeitige Unterhaltung mit dem Beifahrer. Auf welche Weise kommen solche Doppeltätigkeits-Interferenzen zustande?

In relativ grober Weise (eine genauere Darstellung findet sich bei Heuer & Wing, 1984) kann man unspezifische und spezifische Ursachen unterscheiden. Unspezifische Interferenz geht im wesentlichen auf eine Überforderung zurück. Der zentrale Begriff bei ihrer Interpretation ist der der Kapazität. Unabhängig von jeder inhaltlichen Bedeutung hat diese hypothetische Variable drei wesentliche Merkmale:

1. Die Gesamtkapazität eines Menschen ist begrenzt.
2. Kapazität kann, mit einigen Ausnahmen, ei-

ner bestimmten Tätigkeit in willkürlich kontrollierbarem Maße zugewiesen werden.
3. Je mehr Kapazität einer Tätigkeit zugewiesen wird, desto besser ist die Leistung.
KAHNEMAN (1973) gibt einen Überblick über eine Vielzahl von experimentellen Ergebnissen, die sich mit Hilfe eines solchen Kapazitäts-Konzeptes interpretieren lassen.
Eine der inhaltlichen Konnotationen des Begriffs der Kapazität ist Anstrengung. In diesem Sinne ist Kapazität ein energetisches Konzept. Die gesamte Energie, die uns zur Verfügung steht, kann auf mehrere gleichzeitig ausgeführte Aufgaben verteilt werden. Allerdings reicht sie oft nicht aus, um die Aufgaben mit gleicher Güte auszuführen wie im Fall der Einzeltätigkeit.
In unserem Zusammenhang bedeutsamer sind die spezifischen Ursachen von Interferenzen. Spezifische Interferenz geht im wesentlichen auf die gleichzeitige Beanspruchung derselben Strukturen oder Funktionen zurück, ganz allgemein darauf, daß bestimmte Aufgabenkombinationen Gemeinsamkeiten haben, die andere Aufgabenkombinationen nicht besitzen. Der Nachweis spezifischer Interferenz erfordert bestimmte Muster experimenteller Ergebnisse (HEUER, 1985a), und zwar solche, die nicht mehr mit Hilfe des globalen Kapazitäts-Konzeptes zu erklären sind. Für die Interferenz zwischen Bewegungssteuerung und räumlichen Vorstellungen liegt ein solches Ergebnismuster vor.
BADDELEY, GRANT, WIGHT und THOMSON (1975) und BADDELEY und LIEBERMAN (1980) kombinierten in einer Serie von Experimenten Tracking-Aufgaben mit Vorstellungsaufgaben. Für die Tracking-Aufgabe wurde ein Pursuit-Rotor verwendet, eins der klassischen Geräte vor allem im Bereich des motorischen Lernens. Es besteht im wesentlichen aus einem auf einer Kreisbahn rotierenden Zielpunkt, den die Vp mit einem in der Hand gehaltenen Griffel verfolgen muß.
In einem Experiment mußten die Vpn Sätze lernen, die die Plazierung von Ziffern in einer vorgestellten Matrix beschrieben (z. B. «In the next square to the *right* put a 2», «In the next square *up* put a 3»). In der Kontrollbedingung hatte das Lernmaterial keinen räumlichen Bezug (z. B. «In the next square to the *quick* put a 2», «In the next square to the *good* put a 3»). Diese Sätze wurden zum einen dargeboten, während die Vp gleichzeitig die Tracking-Aufgabe ausführte, und zum anderen ohne diese Zweitaufgabe. Im Fall der Doppeltätigkeit war die Vp instruiert, in ihrer Tracking-Leistung nicht nachzulassen. Ohne die zusätzliche Tracking-Aufgabe war die Gedächtnisleistung bei den beiden Aufgaben nicht verschieden, ihre Schwierigkeit war also im wesentlichen gleich. Mit der zusätzlichen Tracking-Aufgabe war die Gedächtnisleistung nur bei der Vorstellungsaufgabe beeinträchtigt. Die Interferenz der Tracking-Aufgabe mit der Vorstellungsaufgabe ist also stärker als die mit der Kontroll-Aufgabe. Dieses Ergebnis wurde für verschiedene Arten von Vorstellungs- und Kontroll-Aufgaben bestätigt, und auch mit einer auditiven statt einer visuellen Tracking-Aufgabe.
Aus der Tatsache, daß die Tracking-Aufgaben mit den Vorstellungsaufgaben stärker interferieren als mit den Kontroll-Aufgaben, folgt noch nicht eine spezifische Ursache der Interferenz. Dieses Ergebnis kann auch darauf zurückgehen, daß die Vorstellungsaufgaben mehr Kapazität erfordern, so daß das Fehlen der Kapazität, die für die Tracking-Aufgaben benötigt wird, zu einer stärkeren Leistungseinbuße führt als bei den Kontroll-Aufgaben. Aus der unspezifischen Interpretation folgt aber, daß die Leistungseinbuße bei den Vorstellungsaufgaben auch dann größer ist, wenn die Tracking-Aufgaben durch andere Zweitaufgaben ersetzt werden. Diese Implikation wurde nicht bestätigt. Wenn als Zweitaufgabe eine Helligkeits-Diskrimination (BADDELEY & LIEBERMAN, 1980) oder eine einfache Reaktionszeitaufgabe (GRIFFITH & JOHNSTON, 1973) verwendet wird, findet sich vielmehr eine stärkere Leistungseinbuße in Kombination mit den Kontroll-Aufgaben als mit den Vorstellungsaufgaben.
Aus dem beschriebenen Ergebnismuster folgt eine spezifische Ursache der Interferenz zwischen Tracking-Aufgaben und Vorstellungsaufgaben. Welches die gemeinsamen Strukturen oder Funktionen sind, die der spezifischen Interferenz zugrundeliegen, ist aus den Ergebnissen nicht unmittelbar ersichtlich. Die Vermutung ist aber zumindest naheliegend, daß es sich um solche Strukturen handelt, die mit der

Repräsentation räumlicher Gegebenheiten zu tun haben.

7.2 Funktionelle Äquivalenz von Bewegungen und Bewegungsvorstellungen

Während die bisher beschriebenen Experimente als Nachweis gemeinsamer Strukturen für räumliche Vorstellungen und die Steuerung zumindest bestimmter Bewegungen gelten können, geht das folgende Experiment über diesen Nachweis hinaus. Es zeigt eine funktionelle Äquivalenz von vorgestellten und tatsächlich ausgeführten Bewegungen, d.h., nach bestimmten Kriterien gleichartige Wirkungen. Diese funktionelle Äquivalenz impliziert, daß Bewegungen und Bewegungsvorstellungen mit zumindest teilweise identischen Repräsentationen einhergehen, durch die ihre gleichartige Wirkung zustandekommt. Im speziellen Fall handelt es sich um den Einfluß auf die innere Repräsentation einer vorher gelernten Bewegung.

Johnson (1982) ließ seine Vpn eine Bewegung von 30 oder 60 cm Weite 15mal ausführen. Die Weite war durch einen mechanischen Anschlag festgelegt; außerdem war die Zielposition durch ein rotes Licht markiert. Nach einem Behaltensintervall von 40 sec Dauer war diese Bewegung zehnmal zu reproduzieren (ohne das rote Licht). Im Behaltensintervall war jeweils eine von vier verschiedenen Aktivitäten auszuführen:

(1) In Dreierschritten rückwärts zählen.

(2) Zehn Bewegungen mit jeweils anderer Weite als bei Vorgabe ausführen.

(3) Wie (2), aber die Vp sollte sich die Bewegungen nur vorstellen.

(4) Wie (3), aber die vorgestellten Bewegungen hatten die gleiche Weite wie die vorgegebene Bewegung.

Tabelle 6 zeigt die konstanten Fehler. Beim Zählen im Intervall oder beim Vorstellen der vorgegebenen Bewegung wird diese im Mittel genau reproduziert. Führen die Vpn aber im Intervall Bewegungen anderer Weite aus oder stellen sich diese vor, so fallen die Reproduktionen zu kurz aus, wenn die zusätzliche Bewegung kürzer ist als die vorgegebene, und zu weit, wenn sie weiter ist. Für die Größe dieser Verzerrung der Reproduktionen ist es gleichgültig, ob die Vpn die zusätzlichen Bewegungen ausführen oder sie sich nur vorstellen.

Tabelle 6: Konstanter Fehler (in mm) bei der Reproduktion einer gezielten Bewegung nach unterschiedlichen Aktivitäten im Behaltensintervall; ein positiver Wert bezeichnet eine zu große Weite der Reproduktion, ein negativer Wert eine zu geringe Weite (nach Johnson, 1982, S.353).

	Aktivität zwischen Vorgabe und Reproduktion			
			vorgestellte	
Weite (cm)	Zählen	andere Bewegungen	andere Bewegungen	gleiche Bewegungen
30	−4	+48	+42	0
60	−4	−45	−47	0

Lassen sich Merkmale der Bewegungsvorstellung identifizieren, die für die Interferenz mit der vorher gelernten Bewegung kritisch sind? Annett (1985) beschreibt ein Experiment zu dieser Frage, in dem versucht wurde, die Bewegungsvorstellungen selektiv zu beeinträchtigen. Das Experiment entsprach in seinen Grundzügen dem von Johnson (1982). Gleichzeitig mit der Vorstellung der zusätzlichen Bewegung aber war eine von insgesamt sechs verschiedenen Zweitaufgaben auszuführen. In je zwei dieser Aufgaben war auf visuelle oder akustische Reize zu achten, oder es waren rhythmische Bewegungen auszuführen. Die Reize wurden entweder nur in einer Position dargeboten oder in zwei voneinander entfernten Positionen; die Bewegungen waren entweder nur an einer Stelle auszuführen oder alternierend an zwei. Wenn zwei Positionen verwendet wurden («räumliche Zweitaufgaben»), lagen die dadurch definierten Strecken stets parallel zu den Bahnen der gezielten Bewegungen.

Das Ergebnis dieses Experiments zeigt in recht eindeutiger Weise, daß die räumlichen Merkmale der vorgestellten Bewegungen für ihren Einfluß auf die Reproduktion kritisch sind. Der Einfluß der vorgestellten Bewegungen auf die Reproduktion, wie er in Tabelle 6 gezeigt ist, bleibt erhalten, wenn bei der Zweitaufgabe Reize an einer einzelnen Position zu beachten sind oder Bewegungen an einer einzelnen Position auszuführen. Er verschwindet dagegen bei den räumlichen Zweitaufgaben, bei denen zwei Positionen verwendet werden. Der räumliche Aspekt dieser Aufgaben interferiert offenbar mit den räumlichen Merkmalen der vorgestellten Bewegungen, so daß sie ihren Einfluß auf die Reproduktionen verlieren.

7.3 Mentale Übung

Wenn es gelingt, die Reproduktion einer gezielten Bewegung durch eine vorgestellte Bewegung in gleicher Weise zu beeinflussen wie durch eine tatsächlich ausgeführte, sollte es dann nicht auch gelingen, mit Hilfe von Vorstellungen Bewegungsmuster zu erlernen? Das ist tatsächlich der Fall. Einen umfassenden Überblick über die vorliegenden Ergebnisse geben Feltz und Landers (1983).

Nach den Befunden zur funktionellen Äquivalenz von Bewegungen und Bewegungsvorstellungen liegen den letzteren in erster Linie räumliche Repräsentationen zugrunde. Mentale Übung – die wiederholte Vorstellung von Bewegungen – sollte also vorwiegend oder ausschließlich räumliche (oder raum-zeitliche) Repräsentationen betreffen. Das ist der Kern der sog. kognitiven Hypothese, die eine der beiden zentralen Hypothesen zur Wirkungsweise mentaler Übung ist. (Die kognitive Hypothese bezieht sich auch auf symbolische oder verbale Repräsentationen von Bewegungen, die hier aber vernachlässigt werden sollen.) Für die tatsächliche Ausführung von Bewegungen sollte mentale Übung also in dem Maße nützlich sein, in dem räumliche Repräsentationen dafür von Nutzen sind.

Die räumliche Repräsentation einer Riesenwelle am Hochreck, mag sie noch so exakt sein, hat nun keineswegs zur Folge, daß ich ein solches Bewegungsmuster ausführen kann; einem guten Sportler könnte es dagegen gelingen. In allgemeiner Weise kann man sagen, daß die räumliche Repräsentation eines Bewegungsmusters nur dann für die Ausführung von Nutzen ist, wenn sie in eine entsprechende motorische Repräsentation umgesetzt werden kann, also z. B. in den Aufruf eines geeigneten generalisierten Bewegungsprogramms und das Einsetzen der erforderlichen Parameter. Wenn das nicht der Fall ist, bleibt die Veränderung der räumlichen Repräsentation während der mentalen Übung gewissermaßen isoliert.

Aufgaben, bei denen die Umsetzung einer räumlichen Repräsentation in entsprechende motorische Kommandos möglich ist und bei denen vor allem eine bestimmte räumliche Repräsentation zu erwerben ist, werden oft als «kognitive Aufgaben» bezeichnet. Aufgaben dagegen, bei denen die Umsetzung einer räumlichen Repräsentation in motorische Kommandos nicht gelingt und bei denen in erster Linie diese Umsetzung gelernt werden muß, sind eher «motorisch». Nach dem Überblick von Feltz und Landers (1983) ist es einer der am besten gesicherten Befunde, daß die Wirkung der mentalen Übung bei kognitiven Aufgaben größer ist als bei motorischen. Dieses Ergebnis entspricht der kognitiven Hypothese zur Wirkungsweise der mentalen Übung. (Ein zweiter gut gesicherter Befund ist, daß die Wirkung mentaler Übung in veröffentlichten Arbeiten größer ist als in unveröffentlichten.)

Die Annahme, daß Bewegungsvorstellungen in erster Linie an eine räumliche Repräsentation von Bewegungen gebunden sind, und daß das Umsetzen dieser zunächst isoliert veränderten Repräsentation in motorische Kommandos nur bei bestimmten Bewegungen gelingt, macht einen großen Teil der Befunde zur mentalen Übung verständlich. Es gibt aber einige Ergebnisse, nach denen Bewegungsvorstellungen auch direkt zu motorischen Repräsentationen in Beziehung stehen.

Im Abschnitt «Aufruf motorischer Programme» haben wir das ideomotorische Phänomen erwähnt: Die Vorstellung (oder auch das Sehen) einer Bewegung trägt gewissermaßen die Tendenz zu ihrer Realisierung in sich. Tatsächlich läßt sich während der Vorstellung einer Bewegung Aktivität in den betroffenen Muskeln beobachten (Jacobson, 1932). Diese Aktivität ist aber sehr schwach und nicht immer vorhanden. Dennoch gibt es eine Hypothese, die psychoneuromuskuläre Hypothese, – und das ist die zweite zentrale Hypothese zur Wirkungsweise der mentalen Übung – nach der sie die Grundlage der Wirkung der mentalen Übung darstellt. Wichtiger aber wohl als die periphere Muskelaktivität ist der zentrale Prozeß, der durch sie indiziert wird.

Einen näheren Einblick in diesen Prozeß erlauben Befunde von ROLAND, LARSEN, LASSEN und SKINHOJ (1982) zur lokalen cerebralen Durchblutung, die als Indikator für den Grad der Aktivität verschiedener Regionen der Hirnrinde dienen kann. Die Vpn führten zum einen eine bestimmte Folge von Fingerbewegungen aus, und zum anderen stellten sie sich diese Tätigkeit vor. Formal gesehen waren diejenigen Hirnregionen, die bei der Vorstellung aktiviert waren, eine Teilmenge der bei der Ausführung besonders aktiven Regionen. Speziell war der primäre motorische Kortex, der eine sehr direkte Verbindung zu den Motoneuronen von Fingermuskeln besitzt, nur bei der Ausführung aktiv. Der supplementär-motorische Kortex dagegen zeigte bei Ausführung und Vorstellung eine erhöhte Aktivität. Eine der Funktionen, die dieser Hirnregion zugeschrieben werden, ist die Programmierung von Bewegungen (WIESENDANGER, 1986).

Den Gedanken, daß die Vorstellung einer Bewegung mit ihrer Programmierung einhergeht und auf diese Weise zur Verbesserung der motorischen Leistung beiträgt, kann man als Programmierungs-Hypothese bezeichnen (HEUER, 1985b). Dieser Gedanke mag ungewohnt sein, da wir Vorstellungen zumeist als eine Art von «blassen Wahrnehmungen» ansehen und damit als an sensorische Repräsentationen gebunden, aber nicht an motorische. Aber auch Wahrnehmungen aktiver Bewegungen können durch die motorischen Kommandos zustandekommen, ohne daß sensorische Information erforderlich ist.

Welche Belege gibt es dafür, daß die mit Bewegungsvorstellungen vermutlich einhergehende Programmierung zum Erfolg mentaler Übung beiträgt? Sie bestehen vor allem in der Tatsache, daß mentale Übung auch bei solchen Bewegungen erfolgreich sein kann, deren Verlauf in erster Linie durch die motorischen Kommandos bestimmt wird. Der Wurf z. B. ist eine sehr kurz dauernde Bewegung, bei der die Zeit für eine Anpassung motorischer Kommandos an eine sensorische Repräsentation während der Bewegung nicht ausreichen sollte. Dafür sprechen zum einen die Zeitverzögerungen, die bei der Verarbeitung von sensorischer Information für Korrekturen einer Bewegung zu beobachten sind. Zum anderen bemerken wir Fehlwürfe oft schon dann, wenn das geworfene Objekt kaum die Hand verlassen hat. Offenbar wird der Vergleich der sensorischen Rückmeldungen mit einer sensorischen Repräsentation erst nach dem Ende der Bewegung beendet, wenn es für eine Korrektur zu spät ist.

Der klassische Versuchsplan von Experimenten zur mentalen Übung umfaßt drei Gruppen, die mental übende Versuchsgruppe sowie eine physisch und eine gar nicht übende Kontrollgruppe. MENDOZA und WICHMAN (1978) fanden bei der nicht übenden Gruppe vom Vortest zum Nachtest einen Leistungsfortschritt von 6% beim Pfeilwerfen und bei der physisch übenden Gruppe von 34%. Der Leistungsanstieg der mental übenden Gruppe, die sich unter anderem die Korrektur vorgestellter Fehlwürfe vorstellen sollte, lag mit 22% zwischen den beiden Kontrollgruppen. Ein solches Ergebnis stützt die Auffassung, daß zumindest bei einigen Bewegungen auch eine mit Bewegungsvorstellungen einhergehende Programmierung zu einer Leistungsverbesserung beitragen kann.

Es ist nicht ohne weiteres einsichtig, warum bei wiederholter Vorstellung und Programmierung der Bewegung beim Werfen die Genauigkeit des Treffens steigen sollte. Die erhöhte Genauigkeit setzt ja voraus, daß bei der wiederholten Programmierung eine Änderung der motorischen Repräsentation erfolgt, und zwar nicht eine beliebige, sondern eine gerichtete. Wodurch aber wird die Richtung der Änderung angegeben? Bei der Ausführung des Wurfes erfährt die Vp etwas über seine Genauigkeit, und der nachfolgende Wurf kann entsprechend modifiziert werden. Bei der Vorstellung des Wurfes aber gibt es keine solche Kenntnis des Resultats.

Das Experiment von MENDOZA und WICHMAN (1978) liefert einen Hinweis auf eine mögliche Antwort, die aber sehr spekulativ ist. In einer vierten Gruppe des Experiments führten die Vpn die Wurfbewegungen aus wie in der physisch übenden Gruppe, aber sie hielten keinen Pfeil in der Hand und bekamen somit keine Kenntnis des Resultats. Mit 24% entsprach der Leistungsanstieg in dieser Gruppe dem in der mental übenden Gruppe. Der größere Leistungsanstieg in der physisch übenden Gruppe (34%) dürfte auf die Kenntnis des Resultats zurückgehen. Der gleichartige Leistungsanstieg bei Ausführung der Wurfbewegungen und bei mentaler Übung legt die Vermutung nahe, daß in beiden Fällen eine «interne Kenntnis des Resultats» wirksam sein könnte. Genauso, wie die Genauigkeit einer Wurfbewegung relativ genau auf der Grundlage sensorischer Rückmeldungen der Bewegung selbst festgestellt werden kann, kann möglicherweise auch die Genauigkeit einer nur programmierten Bewegung festgestellt werden.

Literaturverzeichnis

ABBS, J.H., GRACCO, V.L. & COLE, K.J. (1984). Control of multi-movement coordination: Sensorimotor mechanisms in speech motor programming. *Journal of Motor Behavior, 16,* 195–232.

ADAMS, J.A. (1971). A closed-loop theory of motor learning. *Journal of Motor Behavior, 3,* 111–150.

ADAMS, J.A. (1976). Issues for a closed-loop theory of motor learning. In G.E. Stelmach (Ed.), *Motor control: issues and trends* (pp. 87–107). New York: Academic Press.

ADAMS, J.A., GOPHER, D. & LINTERN, G. (1977). Effects of visual and proprioceptive feedback on motor learning. *Journal of Motor Behavior, 9,* 11–22.

ADAMS, J.A., MARSHALL, P.H. & GOETZ, E.T. (1972). Response feedback and short-term motor retention. *Journal of Experimental Psychology, 92,* 92–95.

ANDERSON, J.R. (1982). Acquisition of cognitive skill. *Psychological Review, 89,* 369–406.

ANNETT, J. (1985). Motor learning: A review. In H. Heuer, U. Kleinbeck & K.-H. Schmidt (Eds.), *Motor behavior: Programming, control, and acquisition* (pp. 189–212). Berlin: Springer.

ARBIB, M.A. (1981). Perceptual structures and distributed motor control. In V.B. Brooks (Ed.), *Handbook of physiology* (Section 1: The nervous system. Vol. 2: Motor control, Teil 2 [pp. 1449–1480]). Bethesda, Maryland: American Physiological Society.

BAARS, B.J. & MOTLEY, M.T. (1976). Spoonerisms as sequencer conflicts: Evidence from artificially elicited errors. *American Journal of Psychology, 89,* 467–484.

BADDELEY, A.D., GRANT, S., WIGHT, E. & THOMSON, N. (1975). Imagery and visual working memory. In P.M.A. Rabbitt & S. Dornic (Eds.), *Attention and performance V* (pp. 205–217). New York: Academic Press.

BADDELEY, A.D. & LIEBERMAN, K. (1980). Spatial working memory. In R.S. Nickerson (Ed.), *Attention and performance VIII* (pp. 521–539). Hillsdale, N.J.: Erlbaum.

BALDISSERA, F., CAVALLARI, P. & CIVASCHI, P. (1982). Preferential coupling between voluntary movements of ipsilateral limbs. *Neuroscience Letters, 34,* 95–100.

BEGGS, W.D.A., ANDREW, J.A., BAKER, M.L., DOVE, S.R., FAIRCLOUGH, I. & HOWARTH, C.I. (1972). The accuracy of non-visual aiming. *Quarterly Journal of Experimental Psychology, 24,* 515–523.

BIZZI, E., ACCORNERO, N., CHAPPLE, W. & HOGAN, N. (1982). Arm trajectory formation in monkeys. *Experimental Brain Research, 46,* 139–143.

BRIDGEMAN, B., KIRCH, M. & SPERLING, A. (1981). Segregation of cognitive and motor aspects of visual function using induced motion. *Perception & Psychophysics, 29,* 336–342.

BRUNIA, C.H.M., HAAGH, S.A.V.M. & SCHEIRS, J.G.M. (1985). Waiting to respond: electrophysiological measurements in man during preparation for a voluntary movement. In H. Heuer, U. Kleinbeck & K.-H. Schmidt (Eds.), *Motor Behavior: Programming, control, and acquisition* (pp. 35–78). Berlin: Springer.

BUTTERWORTH, B. & WHITTAKER, S. (1980). Peggy Babcock's relatives. In G.E. Stelmach & J. Requin (Eds.), *Tutorials in motor behavior* (pp. 647–656). Amsterdam: North-Holland.

CAMPION, J., LATTO, R. & SMITH, Y.M. (1983). Is blindsight an effect of scattered light, spared cortex, and near-threshold vision? *The Behavioral and Brain Sciences, 6,* 423–486.

CARLTON, L.G. (1981). Processing of visual feedback information for movement control. *Journal of Experimental Psychology: Human Perception and Performance, 7,* 1019–1030.

CARTER, M.C. & SHAPIRO, D.C. (1984). Control of sequential movements: Evidence for generalized motor programs. *Journal of Neurophysiology, 52,* 787–796.

CHRISTINA, R.W. (1970). Minimum visual feedback processing time for amendment of an incorrect movement. *Perceptual and Motor Skills, 31,* 991–994.

COHEN, L. (1971). Synchronous bimanual movements performed by homologous and nonhomologous muscles. *Perceptual and Motor Skills, 32,* 639–644.

COOKE, J.D. (1980). The organization of simple, skilled movements. In G.E. Stelmach & J. Requin (Eds.), *Tutorials in motor behavior* (pp. 199–212). Amsterdam: North-Holland.

CORDO, D.J. & NASHNER, L.M. (1982). Properties of postural adjustments associated with rapid arm movements. *Journal of Neurophysiology, 47,* 287–302.

CRAIK, K.J.W. (1947). Theory of the human operator in control systems. I. The operator as an engineering system. *British Journal of Psychology, 38,* 56–61.

CROSSMAN, E.R.F.W. & GOODEVE, P.J. (1983). Feedback control of hand movement and Fitts' law. Paper presented at the meeting of the Experimental Psychology Society, Oxford, July 1963. *Quarterly Journal of Experimental Psychology, 35A,* 251–278.

DENIER VAN DER GON, J.J. & THURING, J.P. (1965). The guidance of human writing movements. *Kybernetik, 2,* 145–148.

DERWORT, A. (1938). Untersuchungen über den Zeitablauf figurierter Bewegungen beim Menschen. *Pflügers Archiv für die gesamte Physiologie, 240,* 661–675.

DEWAR, R. (1971). Adaptation to displaced vision: Variations in the shaping technique. *Perception & Psychophysics, 9,* 155–157.

DUFOSSÉ, M., MACPHERSON, J.M., MASSION, J. & POLIT, A. (1983). Maintenance of equilibrium during movement. In A.Hein & M.Jeannerod (Eds.), *Spatially oriented behavior* (pp.15–33). Heidelberg: Springer.

EASTON, T.A. (1978). Coordinative structures – the basis of a motor program. In D.M.Landers & R.W.Christina (Eds.), *Psychology of motor behavior and sport – 1977* (pp.63–81). Champaign, Ill.: Human Kinetics Publishers.

FELTZ, D.L. & LANDERS, D.M. (1983). The effects of mental practice on motor skill learning and performance: A meta-analysis. *Journal of Sport Psychology, 5,* 25–57.

FITTS, P.M. (1954). The information capacity of the human motor system in controlling the amplitude of movement. *Journal of Experimental Psychology, 47,* 381–391.

FITTS, P.M. & SEEGER, C.M. (1953). S-R compatibility: Spatial characteristics of stimulus and response codes. *Journal of Experimental Psychology, 46,* 199–210.

FORSSBERG, H., GRILLNER, S., ROSSIGNOL, S. & WALLÉN, P. (1976). Phasic control of reflexes during locomotion in vertebrates. In R.M.Herman, S.Grillner, P.S.G.Stein & D.G.Stuart (Eds.), *Neural control of locomotion* (pp.647–674). New York: Plenum Press.

GENTNER, D.R. (1982). Evidence against a central control model of timing in typing. *Journal of Experimental Psychology: Human Perception and Performance, 8,* 793–810.

GLENCROSS, D.J. (1973). Response complexity and the latency of different movement patterns. *Journal of Motor Behavior, 5,* 95–104.

GREENWALD, A.G. (1972). On doing two things at once: Time sharing as a function of ideomotor compatibility. *Journal of Experimental Psychology, 94,* 52–57.

GRIFFITH, D. & JOHNSTON, W. (1973). An information processing analysis of visual imagery. *Journal of Experimental Psychology, 100,* 141–146.

GUNDRY, J. (1975). The use of location and distance in reproducing different amplitudes of movement. *Journal of Motor Behavior, 7,* 91–100.

GUNKEL, M. (1962). Über relative Koordination bei willkürlichen menschlichen Gliederbewegungen. *Pflügers Archiv für die gesamte Physiologie, 275,* 472–477.

HACKER, W. (1974). Anforderungen an Regulation und Zeitbedarf bei geführten Bewegungen: Zur Gültigkeit des Derwort-von Weizsäckerschen Gesetzes der konstanten Figurzeit. *Zeitschrift für Psychologie, 182,* 307–337.

HAGMAN, J.D. & FRANCIS, E.W. (1975). The instructional variable and kinesthetic cue recall. *Journal of Motor Behavior, 7,* 141–146.

HANCOCK, P.A. & NEWELL, K.M. (1985). The movement speed-accuracy relationship in space-time. In H.Heuer, U.Kleinbeck & K.-H.Schmidt (Eds.), *Motor behavior. Programming, control, and acquisition* (pp.153–188). Berlin: Springer.

HAY, J.C. (1974). Motor transformation learning. *Perception, 3,* 487–496.

HEIN, A. (1980). The development of visually guided behavior. In C.S.Harris (Ed.), *Visual coding and adaptability* (pp.51–67). Hillsdale, N.J.: Erlbaum.

HEIN, A. & DIAMOND, R.M. (1971). Contrasting development of visually triggered and guided movements in kittens with respect to interocular and interlimb equivalence. *Journal of Comparative and Physiological Psychology, 76,* 219–224.

HEIN, A. & HELD, R. (1962). A neural model for labile sensorimotor coordinations. In E.E.Bernard & M.R.Kare (Eds.), *Biological prototypes and synthetic systems 1* (pp.71–74). New York: Plenum Press.

HELLEBRANDT, F.A., HOUTZ, S.J., PARTRIDGE, M.J. & WALTERS, C.E. (1956). Tonic neck reflexes in exercises of stress in man. *American Journal of Physical Medicine, 35,* 144–159.

HENRY, F.M. & ROGERS, D.E. (1960). Increased response latency for complicated movements and a «memory-drum» theory of neuromotor reaction. *Research Quarterly, 31,* 448–458.

HEUER, H. (1981). Fast aiming movements with the left and right arm: Evidence for two-process theories of motor control. *Psychological Research, 43,* 81–96.

HEUER, H. (1983). *Bewegungslernen.* Stuttgart: Kohlhammer.

HEUER, H. (1984a). Binary choice reaction time as a function of the relationship between durations and forms of responses. *Journal of Motor Behavior, 16,* 392–404.

HEUER, H. (1984b). On re-scaleability of force and time in aiming movements. *Psychological Research, 46,* 73–86.

HEUER, H. (1984c). Bewegungen mit der rechten und linken Hand: Interferenzen bei der Programmierung. *Psychologische Beiträge, 26,* 561–581.

HEUER, H. (1985a). Some points of contact between models of central capacity and factor analytic models. *Acta Psychologica, 60,* 135–155.

Heuer, H. (1985b). Wie wirkt mentale Übung? *Psychologische Rundschau, 36,* 191–200.

Heuer, H. (1986a). Intermanual interactions during programming of aimed movements: Converging evidence on common and specific parameters of control. *Psychological Research, 48,* 37–46.

Heuer, H. (1986b). Intermanual interactions during programming of finger movements: Transient effects of «homologous coupling». In H. Heuer & C. Fromm (Eds.), *Generation and modulation of action patterns* (pp. 87–101). Berlin: Springer.

Heuer, H. & Wing, A. (1984). Doing two things at once: Process limitations and interactions. In M. Smyth & A. Wing (Eds.), *Psychology of human movement* (pp. 183–213). London: Academic Press.

Hollerbach, J. M. & Atkeson, L. G. (1986). Characterization of joint-interpolated arm movements. In H. Heuer & C. Fromm (Eds.), *Generation and modulation of action patterns* (pp. 41–54). Berlin: Springer.

Hopf, H. C., Handwerker, H. & Hausmanns, J. (1967). Die rasche Willkürbewegung des Menschen. Untersuchungen zur Bedeutung der zentralen Programmierung. *Deutsche Zeitschrift für Nervenheilkunde, 191,* 196–209.

Hughes, O. M. & Abbs, J. H. (1976). Labial-mandibular coordination in the production of speech: Implications for the operation of motor equivalence. *Phonetica, 33,* 199–221.

Ingle, D. J. (1982). Organization of visuomotor behaviors in vertebrates. In D. J. Ingle, M. A. Goodale & R. J. W. Mansfield (Eds.), *Analysis of visual behavior* (pp. 67–109). Cambridge, Mass.: MIT Press.

Jacobson, E. (1932). Electrophysiology of mental activities. *American Journal of Psychology, 44,* 677–694.

Jagacinski, R. J., Repperger, D. W., Moran, M. S., Ward, S. L. & Glass, B. (1980). Fitts' law and the microstructure of rapid discrete movements. *Journal of Experimental Psychology: Human Perception and Performance, 6,* 309–320.

Jeannerod, M. (1981). Intersegmental coordination during reaching at natural visual objects. In J. Long & A. Baddeley (Eds.), *Attention and performance IX* (pp. 153–169). Hillsdale, N. J.: Erlbaum.

Jeannerod, M. & Biguer, B. (1982). Visuomotor mechanisms in reaching within extrapersonal space. In D. J. Ingle, M. A. Goodale & R. J. W. Mansfield (Eds.), *Analysis of visual behavior* (pp. 387–409). Cambridge, Mass.: MIT Press.

Johnson, P. (1982). The functional equivalence of imagery and movement. *Quarterly Journal of Experimental Psychology, 34A,* 349–365.

Jones, B. (1978). The role of efference in motor control: A centralist emphasis for theories of skilled performance. In D. M. Landers & R. W. Christina (Eds.), *Psychology of motor behavior and sport – 1977* (pp. 36–58). Champaign, Ill.: Human Kinetics Publishers.

Kahneman, D. (1973). *Attention and effort.* Englewood Cliffs, N. J.: Prentice-Hall.

Keele, S. W. (1968). Movement control in skilled motor performance. *Psychological Bulletin, 70,* 387–403.

Keele, S. W. (1981). Behavioral analysis of movement. In V. B. Brooks (Ed.), *Handbook of physiology* (Section 1: The nervous system. Vol. 2, Motor control) (pp. 1391–1414). Bethesda, Maryland: American Physiological Society.

Keele, S. W. & Posner, M. I. (1968). Processing of visual feedback in rapid movements. *Journal of Experimental Psychology, 77,* 155–158.

Kelso, J. A. S. (1977). Motor control mechanisms underlying human movement reproduction. *Journal of Experimental Psychology: Human Perception and Performance, 3,* 529–533.

Kelso, J. A. S. (1981). Contrasting perspectives on order and regulation in movement. In J. Long & A. Baddeley (Eds.), *Attention and performance IX* (pp. 437–457). Hillsdale, N. J.: Erlbaum.

Kelso, J. A. S. (Ed.) (1982). *Human motor behavior.* Hillsdale, N. J.: Erlbaum.

Kelso, J. A. S. (1984). Phase transitions and critical behavior in human bimanual coordination. *American Journal of Physiology: Regulatory, Integrative, and Comparative, 246,* R1000–R1004.

Kelso, J. A. S. & Kay, B. A. (1987). Information and control: A macroscopic analysis of perception-action coupling. In H. Heuer & A. F. Sanders (Eds.), *Perspectives on perception and action* (pp. 3–32). Hillsdale, N. J.: Erlbaum.

Kelso, J. A. S., Putnam, C. A. & Goodman, D. (1983). On the space-time structure of human interlimb co-ordination. *Quarterly Journal of Experimental Psychology, 35A,* 347–375.

Kelso, J. A. S., Southard, D. L. & Goodman, D. (1979). On the co-ordination of two-handed movements. *Journal of Experimental Psychology: Human Perception and Performance, 5,* 229–238.

Kelso, J. A. S. & Wallace, S. A. (1978). Conscious mechanisms in movement. In G. E. Stelmach (Ed.), *Information processing in motor control and learning* (pp. 79–116). New York: Academic Press.

Klapp, S. T. (1977). Response programming, as assessed by reaction time, does not establish commands for particular muscles. *Journal of Motor Behavior, 9,* 301–312.

Klapp, S. T. (1979). Doing two things at once: The role of temporal compatibility. *L emory and Cognition, 7,* 375–381.

Klapp, S. T. (1981). Temporal compatibility in dual motor tasks II: Simultaneous articulation and hand movements. *Memory and Cognition, 9,* 398–401.

Klapp, S.T. & Erwin, C.I. (1976). Relation between programming time and duration of the response being programmed. *Journal of Experimental Psychology: Human Perception and Performance, 2,* 591–598.

Laabs, G.J. (1974). The effect of interpolated motor activity on the short-term retention of movement distance and end-location. *Journal of Motor Behavior, 6,* 279–288.

Langolf, D.G., Chaffin, D.B. & Foulke, J.A. (1976). An investigation of Fitts' law using a wide range of movement amplitudes. *Journal of Motor Behavior, 8,* 113–128.

Lashley, K.S. (1917). The accuracy of movement in the absence of excitation from the moving organ. *American Journal of Physiology, 43,* 169–194.

Lashley, K.S. (1951). The problem of serial order in behavior. In L.A. Jeffres (Ed.), *Cerebral mechanisms in behavior* (pp.112–146). New York: Wiley.

Lee, D.N. & Young, D.S. (1986). Gearing action to the environment. In H. Heuer & C. Fromm (Eds.), *Generation and modulation of action patterns* (pp.217–230). Berlin: Springer.

Lee, D.N., Young, D.S., Reddish, P.E., Lough, S. & Clayton, T.M.H. (1983). Visual timing in hitting an accelerating ball. *Quarterly Journal of Experimental Psychology, 35A,* 333–346.

Legge, D. (1965). Analysis of visual and proprioceptive components of motor skills by means of a drug. *British Journal of Psychology, 56,* 243–254.

Leonard, J.A. (1959). Tactual choice reactions. *Quarterly Journal of Experimental Psychology, 11,* 76–84.

Lindblom, B. (1983). Economy of speech gestures. In P.F. MacNeilage (Ed.), *The production of speech* (pp.217–245). New York: Springer.

MacKay, D.G. (1982). The problem of flexibility, fluency, and speed-accuracy trade-off in skilled behavior. *Psychological Review, 89,* 483–506.

MacKay, D.G. & Soderberg, G.A. (1971). Homologous intrusions: An analogue of linguistic blends. *Perceptual and Motor Skills, 32,* 645–646.

MacNeilage, P.F., Hutchinson, J.A. & Lasater, S.A. (1981). The production of speech: Development and dissolution of motoric and premotoric processes. In J. Long & A. Baddeley (Eds.), *Attention and performance IX* (pp.503–519). Hillsdale, N.J.: Erlbaum.

Marteniuk, R.G. & MacKenzie, C.L. (1980a). Information processing in movement organization and execution. In R.S. Nickerson (Ed.), *Attention and performance VIII* (pp.29–57). Hillsdale, N.J.: Erlbaum.

Marteniuk, R.G. & MacKenzie, C.L. (1980b). A preliminary theory of two-hand co-ordinated control. In G.E. Stelmach & J. Requin (Eds.), *Tutorials in motor behavior* (pp.185–197). Amsterdam: North-Holland.

Megaw, E.D. (1972). Directional errors and their correction in a discrete tracking task. *Ergonomics, 15,* 633–643.

Mendoza, D. & Wichman, H. (1978). Inner darts: Effects of mental practice on performance of dart throwing. *Perceptual and Motor Skills, 47,* 1195–1199.

Merton, P.A. (1953). Speculations on the servo control of movement. In G.E.W. Wolstenholme (Ed.), *The spinal cord* (pp.247–255). Boston: Little Brow.

Nashner, L.M. & Woollacott, M. (1979). The organization of rapid postural adjustments of standing humans: An experimental-conceptual model. In R.E. Talbott & D.R. Humphrey (Eds.), *Posture and movement* (pp.243–257). New York: Raven Press.

Newell, K.M., Shapiro, D.C. & Carlton, M.J. (1979). Coordinating visual and kinesthetic memory codes. *British Journal of Psychology, 70,* 87–96.

Nichols, T.R. & Houk, J.C. (1976). The improvement in linearity and the regulation of stiffness that results from the actions of the stretch reflex. *Journal of Neurophysiology, 39,* 119–142.

Ostry, D.J. (1980). Execution-time movement control. In G.E. Stelmach & J. Requin (Eds.), *Tutorials in motor behavior* (pp.457–468). Amsterdam: North-Holland.

Paillard, J. (1982). The contribution of peripheral and central vision to visually guided reaching. In D.J. Ingle, M.A. Goodale & R.J.W. Mansfield (Eds.), *Analysis of visual behavior* (pp.367–385). Cambridge, Mass.: MIT Press.

Perenin, M.T. & Jeannerod, M. (1978). Visual function within the hemianopic field following early cerebral hemidecortication in man. – I. Spatial localization. *Neuropsychologia, 16,* 1–13.

Peters, M. (1977). Simultaneous performance of two motor activities: The factor of timing. *Neuropsychologia, 15,* 461–465.

Peters, M. (1981). Attentional asymmetries during concurrent bimanual performance. *Quarterly Journal of Experimental Psychology, 33A,* 95–103.

Pew, R.W. (1966). Acquisition of hierarchical control over the temporal organization of skill *Journal of Experimental Psychology, 71,* 764–771.

Pew, R.W. (1974). Human perceptual motor performance. In B.H. Kantowitz (Ed.), *Human information processing: Tutorials in performance and cognition* (pp.1–39). Hillsdale, N.J.: Erlbaum.

Pew, R.W. (1984). A distributed processing view of human motor control. In W. Prinz & A.F. Sanders (Eds.), *Cognition and motor processes* (pp.19–27). Berlin: Springer.

Polit, A. & Bizzi, E. (1979). Characteristics of motor programs underlying arm movements in monkeys. *Journal of Neurophysiology, 42,* 183–194.

Potter, J.M. (1980). What was the matter with Dr. Spooner? In V.A. Fromkin (Ed.), *Errors in linguistic performance: Slips of the tongue, ear, pen, and hand* (pp.13–34). New York: Academic Press.

Poulton, E.C. (1957a). On the stimulus and response in pursuit tracking. *Journal of Experimental Psychology, 53,* 189–194.

Poulton, E.C. (1957b). On prediction in skilled movements. *Psychological Bulletin, 54,* 467–478.

Poulton, E.C. (1966). Tracking behavior. In E.A. Bilodeau (Ed.), *Acquisition of skill* (pp.361–410). New York: Academic Press.

Povel, D.J. & Collard, R.F.A. (1982). Structural factors in patterned finger tapping. *Acta Psychologica, 52,* 107–123.

Preilowski, B. (1975). Bilateral motor interaction: Perceptual-motor performance of partial and complete «split-brain» patients. In K.J. Zülch, O. Creutzfeldt & G.G. Galbraith (Eds.), *Cerebral localization* (pp.115–132). Berlin: Springer.

Rack, P.M.H. & Westbury, D.R. (1969). The effects of length and stimulus rate on tension in the isometric cat soleus muscle. *Journal of Physiology, 204,* 443–460.

Requin, J. (1980). Toward a psychobiology of preparation for action. In G.E. Stelmach & J. Requin (Eds.), *Tutorials in motor behavior* (pp.373–398). Amsterdam: North-Holland.

Roland, P.E., Larsen, B., Lassen, N.A. & Skinhoj, E. (1980). Supplementary motor area and other cortical areas in organization of voluntary movements in man. *Journal of Neurophysiology, 43,* 118–136.

Rosenbaum, D.A. (1980). Human movement initiation: Specification of arm, direction, and extent. *Journal of Experimental Psychology: General, 109,* 444–474.

Rosenbaum, D.A. (1983). The movement precuing technique: Assumptions, applications, and extensions. In R.A. Magill (Ed.), *Memory and control of action* (pp.231–274). Amsterdam: North-Holland.

Rosenbaum, D.A. (1985). Motor programming: A review and scheduling theory. In H. Heuer, U. Kleinbeck & K.-H. Schmidt (Eds.), *Motor behavior: Programming, control, and acquisition* (pp.1–33). Berlin: Springer.

Rosenbaum, D.A., Kenny, S.B. & Derr, M.A. (1983). Hierarchical control of rapid movement sequences. *Journal of Experimental Psychology: Human Perception and Performance, 9,* 86–102.

Schappe, R.H. (1965). Motion element synthesis – an assessment. *Perceptual and Motor Skills, 20,* 103–106.

Schmidt, R.A. (1975). A schema theory of discrete motor skill learning. *Psychological Review, 82,* 225–260.

Schmidt, R.A. (1980). On the theoretical status of time in motor program representation. In G.E. Stelmach & J. Requin (Eds.), *Tutorials in motor behavior* (pp.145–166). Amsterdam: North-Holland.

Schmidt, R.A. (1982). *Motor control and learning: A behavioral emphasis.* Champaign, Ill.: Human Kinetics Publishers.

Schmidt, R.A. & McGown, C. (1980). Terminal accuracy of unexpectedly loaded rapid movements: Evidence for a mass-spring mechanism in programming. *Journal of Motor Behavior, 12,* 145–161.

Schmidt, R.A., Zelaznik, H.N., Hawkins, B., Frank, J.S. & Quinn, J.T. (1979). Motor-output variability: A theory for the accuracy of rapid motor acts. *Psychological Review, 86,* 415–451.

Shaffer, L.H. (1976). Intention and performance. *Psychological Review, 83,* 375–393.

Shapiro, D.C. & Schmidt, R.A. (1982). The schema theory: Recent evidence and developmental implications. In J.A.S. Kelso & J.E. Clark (Eds.), *The development of movement control and co-ordination* (pp.113–150). New York: Wiley.

Shapiro, D.C., Zernicke, R.F., Gregor, R.J. & Diestel, J.D. (1981). Evidence for generalized motor programs using gait pattern analysis. *Journal of Motor Behavior, 13,* 33–47.

Smyth, M. & Wing, A. (Eds.). (1984). *Psychology of human movement.* London: Academic Press.

Soechting, J.F. & Lacquaniti, F. (1981). Invariant characteristics of a pointing movement in man. *Journal of Neuroscience, 1,* 710–720.

Soechting, J.F. & Lacquaniti, F. (1983). Modification of trajectory of a pointing movement in response to a change in target location. *Journal of Neurophysiology, 49,* 548–564.

Stelmach, G.E. (Ed.). (1976). *Motor control: Issues and trends.* New York: Academic Press.

Stelmach, G.E. (Ed.). (1978). *Information processing in motor control and learning.* New York: Academic Press.

Stelmach, G.E. & Requin, J. (Eds.). (1980). *Tutorials in motor behavior.* Amsterdam: North-Holland.

Sternberg, S., Monsell, S., Knoll, R.L. & Wright, C.E. (1978). The latency and duration of rapid movement sequences: Comparisons of speech and typewriting. In G.E. Stelmach (Ed.), *Information processing in motor control and learning* (pp.118–152). New York: Academic press.

Stimpel, E. (1933). Der Wurf. *Neue Psychologische Studien, 9,* 105–138.

Stroop, J.R. (1935). Studies of interference in serial verbal reactions. *Journal of Experimental Psychology, 18,* 643–662.

Taub, E., Goldberg, I.A. & Taub, P. (1975). Deafferentation in monkeys: Pointing at a target without visual feedback. *Experimental Neurology, 46,* 178–186.

TERZUOLO, C. A. & VIVIANI, P. (1980). Determinants and characteristics of patterns used for typing. *Neuroscience, 5,* 1085–1103.

TREVARTHEN, C. B. (1968). Two mechanisms of vision in primates. *Psychologische Forschung, 31,* 299–337.

VALLBO, A. B. (1971). Muscle spindle response at the onset of isometric voluntary contractions in man: Time difference between fusimotor and skeletomotor effects. *Journal of Physiology, 218,* 405–431.

VIVIANI, P. (1986). Do units of motor action really exist? In H. Heuer & C. Fromm (Eds.), *Generation and modulation of action patterns* (pp. 201–216). Berlin: Springer.

VON HOFSTEN, C. (1987). Catching. In H. Heuer & A. F. Sanders (Eds.), *Perspectives on perception and action* (pp. 33–46). Hillsdale, N. J.: Erlbaum.

VON HOLST, E. (1939). Die relative Koordination als Phänomen und als Methode zentralnervöser Funktionsanalyse. *Ergebnisse der Physiologie, 42,* 228–306.

WIESENDANGER, M. (1986). The initiation of voluntary movements and the supplementary motor area. In H. Heuer & C. Fromm (Eds.), *Generation and modulation of action patterns* (pp. 3–13). Berlin: Springer.

WING, A. & MILLER, E. (1984). Research note: Peak velocity timing invariance. *Psychological Research, 16,* 121–127.

WING, A. & FRASER, C. (1983). The contribution of the thumb to reaching movements. *Quarterly Journal of Experimental Psychology, 35A,* 297–309.

WOODWORTH, R. S. (1899). The accuracy of voluntary movement. *Psychological Review Monogr. Suppl., whole no. 13.*

YAMANISHI, J., KAWATO, M. & SUZUKI, R. (1980). Two coupled oscillators as a model of the coordinated finger tapping by both hands. *Biological Cybernetics, 37,* 219–225.

Kapitel 10: Ausgewählte Methoden

KARL FRIEDRICH WENDER, Trier

Inhaltsverzeichnis

In diesem Kapitel kommen einige methodische Fragen zur Sprache, die in der Allgemeinen Psychologie eine Rolle spielen. Wir wollen allerdings keinen Überblick über die Methodenlehre geben. Hierfür wird auf Lehrbücher der Methodenlehre, der Statistik oder auch der Meßtheorie und Skalierung verwiesen. Stattdessen werden vier methodische Ansätze herausgegriffen, die in der Allgemeinen Psychologie einen besonderen Stellenwert haben: Die Signaldetektionstheorie, mathematische Modelle der Lerntheorie, Grammatiken als Werkzeug psychologischer Theorienbildung und Methoden oder Wissensrepräsentation.

In den vier ausgewählten Bereichen ist die Formalisierung der psychologischen Theorien vergleichsweise fortgeschritten. Die Auswahl deutet auch die Vielfältigkeit der Methoden ein wenig an. Die Signaldetektionstheorie entstammt dem Teilgebiet Wahrnehmung, das mathematische Modell der Lernpsychologie, Grammatiken werden hauptsächlich in der Psycholinguistik verwendet und die Fragen der Simulation, speziell der Wissensrepräsentation, betreffen die Gedächtnis- wie auch die Denkpsychologie. Dabei ist klar, daß das Methodenarsenal der Allgemeinen Psychologie noch sehr viel mehr umfaßt. Unsere Auswahl ist bestimmt nicht repräsentativ, sondern hat eher exemplarischen Charakter. Jedoch gehören die ausgewählten Bereiche sicherlich mit zu den wichtigsten methodischen Ansätzen in der Allgemeinen Psychologie.

Bei der Darstellung wurden jeweils die grundlegenden Konzepte anschaulich gemacht. Zur Verdeutlichung der Grundgedanken wurden möglichst einfache Beispiele gewählt. Daher ist die Darstellung nicht immer vollständig. Sie reicht in den meisten Fällen nicht aus, um ein Modell nachzurechnen bzw. es auf einen Datensatz anzuwenden. Hierfür wird auf die Originalliteratur verwiesen.

1. Die Signal-Detektions-Theorie

1.1 Grundlegende Annahmen

Die *Theorie der Signalentdeckung* (Theory of Signal Detection) wurde ursprünglich bei Untersuchungen in der Nachrichtentechnik entwickelt. In der Psychologie wurde sie zunächst im Rahmen psychophysischer Experimente angewandt. Die der Theorie zugrundeliegende Konzeption ist jedoch so allgemein, daß sie inzwischen in vielen anderen Bereichen eingesetzt worden ist.

Die Signal-Detektions-Theorie (SDT) ist immer dann anwendbar, wenn ein Beurteiler die Aufgabe hat, innerhalb einer vorgegebenen Periode zu entscheiden, ob ein bestimmtes Signal aufgetreten ist oder nicht. Die Bezeichnung «Signal» ist hier in ganz allgemeiner Bedeutung gemeint. Es kann sich dabei um irgendein zuvor vom Versuchsleiter spezifiziertes Ereignis handeln. In psychophysischen Experimenten ist es etwa ein schwellennaher Ton, ein schwaches Licht, eine Berührung oder ein Geruchsreiz. Im Gedächtnisexperiment kann es sich um das Wiedererkennen eines Gedächtnisinhaltes oder um die Zuordnung eines Wortes zu einer vorgegebenen Kategorie handeln. Wichtig für die Anwendung der Signal-Detektions-Theorie ist es, die Versuchsbedingungen so zu gestalten, daß das Signal nicht in 100% der Fälle erkannt wird. Dies kann entweder durch eine niedrige Intensität des Signals oder durch einen störenden Einfluß des Hintergrundes bzw. Kontextes geschehen.

Die Versuchsdurchführung besteht meist aus einer Folge von zeitlich abgegrenzten Intervallen. Jedes Intervall wird dem Beobachter durch einen Ton, ein Licht oder etwas ähnliches angezeigt. Der Experimentator legt für jedes Intervall fest, ob in ihm das Signal dargeboten wird oder nicht. In der einfachsten Anordnung hat der Beobachter zwei Antwortmöglichkeiten: «Ja», das Signal war da oder «Nein», das Signal war nicht da. Diese Anordnung nennt man daher die Ja/Nein-Prozedur. In der sog. Ratingprozedur hat der Beobachter zusätzlich auf einer Urteilsskala ein abgestuftes Urteil darüber abzugeben, wie sicher er sich seiner Antwort ist.

In den ersten Anwendungen der SDT ging es darum, ein *Signal* vor dem Hintergrund eines *Rauschens* (engl. noise) zu erkennen. Man ging davon aus, daß in jedem vorgegebenen Intervall, ob mit oder ohne Signal, auf jeden Fall Rauschen vorhanden sei. Diese Terminologie hat sich eingebürgert, und man spricht weiterhin von Rauschen-Darbietung und Signal-plus-Rauschen-Darbietung, auch wenn in der tatsächlichen Versuchsanordnung nichts rauscht.

Der Grundgedanke der SDT und ihr wesentlicher Unterschied zu einfachen Schwellentheorien besteht nun darin, beim Beurteilungsprozeß zwischen einem *sensorischen* und einem *Entscheidungsanteil* zu unterscheiden. Der sensorische Teil erfaßt, wie empfindlich der «sensorische Apparat» des Beobachters auf das jeweilige Signal reagiert. Der Entscheidungsanteil beschreibt, wie sehr der Beurteiler zu einer Ja- bzw. einer Nein-Antwort tendiert. Den Entscheidungsanteil nennt man daher auch die Antworttendenz des Beurteilers (engl. bias). Dahinter steht die Auffassung, daß es nicht nur von der Reizintensität, sondern auch von verschiedenen äußeren und inneren Umständen abhängen mag, wie leicht der Beurteiler geneigt ist, eine Ja-Antwort zu geben. Mögliche Einflußgrößen sind z.B. Rückmeldebedingungen wie Belohnung oder Bestrafung von Ja- oder Nein-Antworten.

In einem Ja/Nein-Experiment ist pro Zeitintervall eines von vier Ereignissen möglich. Folgt auf eine Signal-plus-Rauschen-Darbietung eine Ja-Antwort, so nennt man das einen *Treffer* (engl. hit). Wird auf Rauschen allein eine Ja-Antwort gegeben, spricht man von einem *falschen Alarm*. Eine Nein-Antwort auf Rauschen heißt *richtige Zurückweisung* und eine Nein-Antwort bei Signal-plus-Rauschen wird *Auslassung* genannt (engl. miss). Bei Anwendungen der SDT absolviert typischerweise eine Person sehr viele Durchgänge. Nicht selten sind es unter einer Versuchsbedingung mehr als tausend. Aus der Anzahl der Ereignisse berechnet man die relativen Häufigkeiten als Schätzung für die Wahrscheinlichkeiten der vier Antwortmöglichkeiten. Dies ist in Tabelle 1 demonstriert.

Der SDT liegt eine modellhafte Vorstellung zugrunde. Es wird ein Kontinuum angenommen, nach dem sich der Beobachter bei seiner Entscheidung, ob ein Signal vorliegt oder nicht, richtet. Dieses Kontinuum wird *Entscheidungsachse* genannt. In jedem Darbietungsintervall kommt es zur Realisation eines Wertes aus einer von zwei Zufallsvariablen auf diesem Kontinuum. Eine der beiden Variablen entspricht der Darbietung von Signal-plus-Rauschen, die andere der Darbietung von Rauschen allein. Diese Annahmen sind in Abbildung 1 illustriert.

Die beiden Variablen sind natürlich hypothetische und nicht beobachtbare Konzepte. Ihre Annahme ermöglicht es aber, die im Experiment auftretenden Daten auf eine einleuchtende Weise zu erklären. In gewissem Umfang lassen sich die Annahmen auch empirisch überprüfen. Darauf werden wir weiter unten noch eingehen.

Zur Vereinfachung wird zusätzlich angenommen, daß die beiden Variablen eine Normalverteilung besitzen. Diese Annahme ist nicht unbedingt kritisch und läßt sich gegebenenfalls durch andere ersetzen. Die Antwort des Beobachters richtet sich sodann nach einem auf der

Tabelle 1: Schätzung der Wahrscheinlichkeiten der vier Antwortmöglichkeiten.

	Antwort: JA	Antwort: NEIN	
Signal + Rauschen	Treffer $p(T) = \frac{T}{T+A}$ T	Auslasser $p(A) = \frac{A}{T+A}$ A	T + A
Rauschen	FA Falscher Alarm $p(FA) = \frac{FA}{FA+Z}$	Z Zurückweisung $p(Z) = \frac{Z}{FA+Z}$	FA + Z

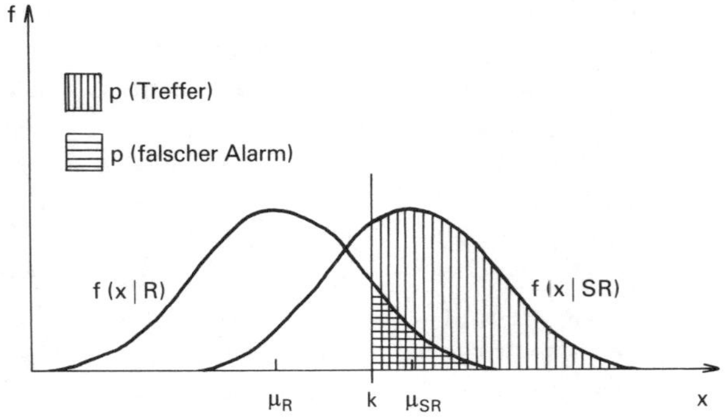

Abbildung 1: Verteilungsannahmen der Signaldetektionstheorie: f(x|SR) Verteilung von Signal-plus-Rauschen, f(x|R) Rauschenverteilung.

Entscheidungsachse lokalisierten *Entscheidungskriterium* k (vgl. Abb. 1). Wird bei einem Darbietungsintervall auf der Entscheidungsachse ein Punkt realisiert, der oberhalb von k liegt, so antwortet der Beobachter mit «Ja». Wird ein Punkt unterhalb von k erreicht, so ist die Antwort «Nein». Die vier Antwortmöglichkeiten eines Darbietungsintervalles finden in Abbildung 1 ebenfalls eine Entsprechung. Die Wahrscheinlichkeit für einen Treffer entspricht dem Flächenanteil der Signal-plus-Rauschen-Verteilung oberhalb von k. Der Flächenanteil unterhalb des Kriteriums entspricht der Wahrscheinlichkeit, ein Signal zu übersehen. Diese beiden Wahrscheinlichkeiten ergänzen sich daher zu Eins. Die Wahrscheinlichkeit für einen falschen Alarm entspricht dem Flächenanteil der Rauschenverteilung oberhalb des Kriteriums. Entsprechend korrespondiert der Anteil dieser Verteilung unterhalb von k zu der Wahrscheinlichkeit einer korrekten Zurückweisung. Auch diese beiden Wahrscheinlichkeiten addieren sich zu Eins.

Zwei Parameter des Modells sind für die Interpretation der Ergebnisse eines Ja/Nein-Experimentes von besonderem Interesse. Der eine ist die Differenz zwischen den Erwartungswerten der beiden Verteilungen. Diese Differenz wird *Sensitivitätsparameter* genannt. Für ihn hat sich die Bezeichnung d' eingebürgert. Nach den Modellannahmen hängt d' davon ab, wie gut sich für den Beobachter das Signal vom Rauschen abhebt. Damit ist d' sowohl Funktion der physikalischen Eigenschaften des Reizes sowie auch der Sensitivität des Beobachters. Je größer die Intensität des Signals gegenüber dem Rauschen und je größer die Sensitivität des Beobachters, desto größer ist der numerische Wert für d'.

Der zweite Parameter, von dem die Antworten des Beobachters abhängen, ist der *Entscheidungsparameter* β. Dem Entscheidungsparameter entspricht ein Kriterium, das in Abbildung 1 eingetragen und mit k bezeichnet ist. Je größer k ist, d.h. umso weiter oben das Kriterium liegt, desto seltener sagt der Beobachter «Ja». Er ist sozusagen kritisch gegenüber seinen Signalentdeckungen. Desto mehr Signale entgehen ihm aber auch. Ist der Wert für k klein, sagt der Beobachter häufig «Ja». Damit macht er viele Treffer, nimmt aber gleichzeitig eine größere Falschalarmrate in Kauf. Die Größe von k läßt sich experimentell beeinflussen. Erhöht man z.B. den Prozentsatz der Signal-plus-Rauschen-Darbietungen gegenüber den Rauschendarbietungen, wird k kleiner. Die Lage von k kann man auch beeinflussen, indem man den vier möglichen Ereignissen spezielle Belohnungen oder Bestrafungen folgen läßt. Bestraft man z.B. einen falschen Alarm relativ stark, so gehen die Ja-Antworten insgesamt zurück, was innerhalb des Modells bedeutet, daß sich k nach oben verschiebt.

Für den Entscheidungsprozeß wird angenommen, daß der Beobachter zwei Wahrscheinlichkeiten abschätzt. Die Wahrscheinlichkeit für einen bestimmten Wert X unter der Bedingung, daß das Ereignis S aus der Signal-plus-Rauschen-Verteilung stammt, ist p(X | SR). Ebenso ist p(X | R) die Wahrscheinlichkeit, daß das Ereignis, das zu X geführt hat, aus der Rauschen-Verteilung kommt. Diesen beiden Wahrscheinlichkeiten entspricht in Abbildung 1 die an der Ordinate abgetragene Dichte der Verteilungen. Es wird nun angenommen, daß der Beobachter intuitiv diese beiden Wahrscheinlichkeiten abschätzt und zueinander in Beziehung setzt: $\beta = p(X \mid SR)/p(X \mid R)$. Die damit verbundene Entscheidungsregel lautet folgendermaßen: Ist β größer als (oder gleich) Eins, antworte mit «Ja», liegt β unter Eins, antworte mit «Nein». Der Entscheidungsparameter β wird auch das *Likelihoodverhältnis* genannt. Einem bestimmten Wert für β entspricht dann ein Kriteriumswert k, wie er auf der Abszisse in Abbildung 1 eingezeichnet ist.

Man kann zeigen, daß die obige Entscheidungsregel optimal ist, d.h. den Erwartungswert maximiert, wenn SR und R Darbietungen gleich wahrscheinlich sind und die vier möglichen Antwortereignisse gleich bewertet werden. Diesen Wert für β kann man in Abbildung 1 an der Stelle einzeichnen, an der die Dichte der Signal-plus-Rauschen-Verteilung gleich derjenigen der Rauschen-Verteilung ist.

Sind SR und R nicht gleichwahrscheinlich oder werden die Antwortereignisse unterschiedlich gewertet, so weicht der Wert von β von Eins ab. Das Entscheidungsverhalten des Beobachters kann man dann so interpretieren, daß er sich nach dem Likelihoodverhältnis richtet. Er versucht dabei, das Kriterium so zu wählen, daß die Entscheidungen insgesamt optimal werden. Dieser Interpretation folgend gibt man die Entscheidungsachse auch nicht in physikalischen Einheiten an, sondern wählt als Skala für sie das Likelihoodverhältnis.

1.2 Die ROC-Kurve

In der typischen Anwendung der SDT werden die Daten individuell pro Vp ausgewertet. Häufig ist es das Ziel der Untersuchung, zu einer Schätzung für den Sensitivitätsparameter zu kommen. Aus einem Ja/Nein-Experiment erhält man die vier relativen Häufigkeiten, die den Antwortmöglichkeiten entsprechen. Meist verschafft man sich eine größere Datenbasis, indem man eine Serie von Ja/Nein-Experimenten durchführt. Man verändert dabei die Versuchsbedingungen (etwa die Auszahlungsmatrizen) so, daß die einzelnen Experimente jeweils zu einem anderen Entscheidungskriterium führen.

In Abbildung 2 sind Ergebnisse einer Serie hypothetischer Experimente dargestellt. Diese Darstellung nennt man die *ROC-Kurve* (engl. Receiver Operating Characteristic Curve). Jeder Punkt in dem Diagramm repräsentiert die Ergebnisse eines Ja/Nein-Experimentes.

An der Abszisse ist die relative Häufigkeit für falsche Alarme und an der Ordinate die realtive Häufigkeit für Treffer abgetragen. Wenn die oben dargestellten Modellannahmen zutreffen, liegen die Punkte auf der in Abbildung 2

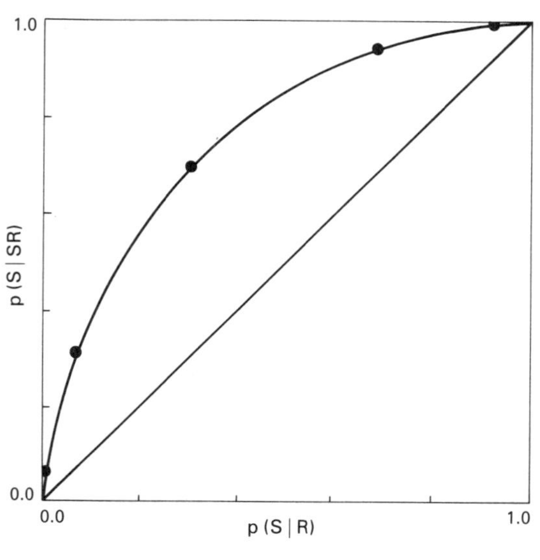

Abbildung 2: Die ROC-Kurve.

eingezeichneten, gleichmäßig gekrümmten Linie. Diese Linie entsteht, wenn das Entscheidungskriterium β, von sehr großen Werten ausgehend, sich allmählich zu kleineren Werten hinbewegt und man immer Treffer und falsche Alarme abträgt. Anfangs sind beide nahe Null. Dann beginnt die Trefferrate zu wachsen und die Falschalarmrate wächst in geringerem Ausmaß mit. Beim optimalen Wert für das Entscheidungskriterium ist sozusagen die Mitte der ROC-Kurve erreicht. Die obere Hälfte ist symmetrisch zu der unteren. Erreicht β recht kleine Werte, so ist die Trefferrate schon nahezu Eins. Die Falschalarmrate nähert sich ebenfalls diesem Wert.

Die symmetrische Form der Kurve setzt voraus, daß Rauschen- und Signal-plus-Rauschen-Kurve die gleiche Varianz besitzen. Sind die Varianzen nicht gleich, resultiert eine asymmetrische ROC-Kurve.

Betrachtet man in Abbildung 2 die Gerade mit der Steigung minus Eins, so entspricht der Abstand der ROC-Kurve von der 45-Grad-Geraden dem Sensitivitätsparameter d'. Für diesen Abstand, und damit für den Sensitivitätsparameter, sind Schätzprozeduren entwickelt worden. Eine solche Schätzung für d' stützt sich somit nicht auf nur ein Ja/Nein-Experiment, sondern auf eine ganze Serie solcher Experimente und hat damit eine entsprechend größere Stabilität.

Die ROC-Kurve bietet ferner eine Möglichkeit zum Test des Modells. Wenn die Annahmen gelten, liegen die empirisch beobachteten Punkte auf der Kurve. Je stärker die Punkte von der geforderten Kurve entfernt sind, desto mehr spricht das für eine Verletzung der Annahmen. Statistische Tests hierfür findet man in Green und Swets (1966) und Ogilvie und Creelman (1968).

Verändert man die Intensität des Signals, so erhält man eine andere ROC-Kurve. Bei größerer Intensität ergibt sich eine Kurve mit größerem d'. Die Kurve liegt dann weiter von der 45-Grad-Geraden entfernt. Bei geringerer Intensität des Signals liegt die Kurve näher an der 45-Grad-Geraden. Entsprechendes gilt, wenn man mehrere Beobachter mit unterschiedlicher Sensitivität miteinander vergleicht.

1.3 Vergleich mit der Schwellentheorie

Den wesentlichen Vorteil der SDT erkennt man, wenn man sie mit dem Schwellenkonzept der klassischen Psychophysik vergleicht. Beim Schwellenkonzept hat man einen Parameter, der die Antworten des Beobachters beschreibt. In der SDT werden die Antworten durch zwei Parameter beschrieben, durch den Sensitivitätsparameter d' und durch den Entscheidungsparameter β. Man sagt, daß die SDT den *sensorischen Anteil* und die *Antworttendenz* des Urteilsprozesses voneinander trennt. Wie vorsichtig der Beobachter an seine Aufgabe herangeht, ob er leicht geneigt ist, «Ja» zu sagen, oder ob er mit Ja-Antworten sehr zurückhaltend ist, hat keinen Einfluß auf das Maß für die Signalstärke, den sensorischen Parameter. Die SDT hat somit einen zusätzlichen Parameter. Sie verwendet aber auch mehr Information als die klassische Methode der Schwellenbestimmung, insofern sie die falschen Alarme und die korrekten Zurückweisungen in die Auswertung mit einbezieht. Dies tut die klassische Schwellentheorie nicht.

Vom theoretischen Standpunkt aus liegt der wesentliche Unterschied zwischen der Schwellentheorie und der SDT darin, daß in der SDT eine sensorische Schwelle nicht angenommen wird. Der sensorische Prozeß hat kontinuierlichen Charakter. Ein schwellenartiges Konzept ist im Entscheidungsprozeß enthalten. Es ergibt sich damit die Frage, ob es möglich ist, anhand empirischer Befunde zwischen den beiden Auffassungen zu entscheiden. Ein Ansatz hierzu bietet sich in dem sog. Hochschwellenmodell von Blackwell (1963).

Dies Modell ist eine Formalisierung des Schwellenkonzeptes. Es macht die Annahme, daß der Beobachter im Anschluß an eine Darbietung von Signal plus Rauschen in einem von zwei Zuständen sein kann. Mit einer Wahrscheinlichkeit p überschreitet das Signal die Sinnesschwelle. Es gilt dann als entdeckt und der Beobachter antwortet mit «ja». Hat das Signal die Schwelle nicht überschritten (mit Wahrscheinlichkeit 1–p), so ist der Beobachter im Nicht-Entdeckungs-Zustand. Mit Wahrscheinlichkeit w rät er dann, daß das Signal vorhanden war. Ist in einem Beobachtungsintervall kein Signal dargeboten worden, resultiert

daraus mit Sicherheit der Nichtentdeckungs-Zustand. Wieder rät der Beobachter mit Wahrscheinlichkeit w, daß das Signal vorhanden war.
Auch dieses Modell hat zwei Parameter, p und w. Die Modelle lassen sich jedoch in ihren Vorhersagen unterscheiden, da sich für die theoretische ROC-Kurve eine andere Form ergibt. Man kann zeigen, daß für das Hochschwellenmodell die ROC-Kurve eine Gerade ist, welche die Punkte (0, p) und (1,1) miteinander verbindet. Diese Gerade wird durch Variation des Rateparameters w erzeugt.
Der Vergleich mit empirischen ROC-Kurven bringt das Hochschwellenmodell in Schwierigkeiten. Man findet oft (z. B. Swets, Tanner & Birdsall, 1961), daß sich die empirische ROC-Kurve der Ordinate asymptotisch nähert und damit weit von der Geraden des Hochschwellenmodells entfernt verläuft. Dies wird allgemein als Falsifikation dieses Modells angesehen.
Ein weiterer Befund spricht ebenfalls gegen dieses Modell. Swets et al. verwendeten eine Forced-Choice-Prozedur mit vier Alternativen, d.h. den Beobachtern wurden jeweils nacheinander vier Beobachtungsperioden angezeigt und sie mußten sagen, in welcher das Signal gewesen war. Wenn die Personen falsch geantwortet hatten, wurden sie zusätzlich gefragt, in welchem der verbleibenden drei Intervalle das Signal wohl gewesen sein könnte. Wenn nun das Hochschwellenmodell gilt, haben die Vpn bei der Antwort auf diese Frage keinerlei sensorische Basis mehr. Deshalb müßte die Wahrscheinlichkeit einer richtigen zweiten Antwort unter der Bedingung, daß die erste Antwort falsch war, ein Drittel sein. Tatsächlich war die beobachtete Häufigkeit signifikant höher.
Neben dem Hochschwellenmodell sind mehrere andere endliche Zustandsmodelle vorgeschlagen worden (Atkinson, 1963; Luce, 1963; Krantz, 1969; Norman, 1964). Im Großen und Ganzen kann man sagen, daß diese Modelle Schwierigkeiten haben, die gleichmäßig gekrümmte Form empirischer ROC-Kurven gerade im unteren Bereich vorherzusagen. Hieraus darf nun aber nicht geschlossen werden, daß das Schwellenkonzept, welches ja in der Physiologie eine Rolle spielt, als unbrauchbar erkannt sei. Man muß bedenken, daß das Verhalten in einem Entdeckungsexperiment aus der Kombination einer großen Zahl physiologischer Vorgänge besteht. Es kann durchaus sein, daß einzelne dem Schwellenkonzept folgen, der Gesamtprozeß aber eine Schwelle nicht mehr erkennen läßt.

2. Die Lerntheorie von Estes

In der Geschichte der Lerntheorie (vgl. Kapitel 6.1, Klassische und operante Konditionierung) ist wiederholt der Versuch gemacht worden, Teile des Lernvorganges mit mathematischen Methoden zu beschreiben. Ein starker Einfluß in dieser Richtung ging von der systematischen Verhaltenstheorie Hulls aus (Hull, 1952). In den fünfziger und sechziger Jahren entwickelte sich die mathematische Lerntheorie in verschiedenen Varianten. Stellvertretend für diese Theorien wollen wir im folgenden einen Überblick über die *Reiz-Stichproben-Theorie* von Estes geben (Estes, 1955a, b; 1958; 1959). Gegenüber anderen Ansätzen hat diese Theorie den Vorteil, daß sie in ihren Grundannahmen vergleichsweise allgemein formuliert ist. Jeweils spezielle Zusatzannahmen ermöglichen Modelle für spezifische Situationen. Insofern hat diese Theorie einen größeren Anwendungsbereich als manche andere. Für eine ausführlichere Darstellung wird auf das Buch von Bower und Hilgard (1984) verwiesen.
Estes betrachtet den Lernvorgang als einen stochastischen Prozeß. Er versucht nicht, mit Bestimmtheit vorherzusagen, welche Verhaltensweise eine Person in einer gegebenen Situation zeigen wird. Vielmehr macht seine Theorie Aussagen darüber, wie groß die Wahrscheinlichkeit bestimmter Verhaltensweisen jeweils ist. Lernen besteht für Estes in der Verknüpfung von Reizen und Reaktionen. Das klassifiziert seine Theorie als eine Stimulus-Response-Theorie.
Für die Verknüpfung von Reiz und Reaktion macht er folgende grundlegenden Annahmen. Wird ein bestimmter Reiz mehrfach dargeboten, so ist der psychologisch wirksame Reiz von Mal zu Mal nicht identisch. Einerseits lassen sich die physikalischen Eigenschaften kaum konstant halten, höchstens unter extrem ein-

schränkenden Laboratoriumsbedingungen, und zweitens führen psychische Veränderungen wie Aufmerksamkeitsschwankungen, Einstellungsfluktuationen u.ä. dazu, daß jeweils andere Aspekte des Reizes psychologisch wirksam werden. Dies gilt selbst dann, wenn – grob betrachtet – der physikalische Reiz der gleiche bleibt.

Dieser Sachverhalt geht als Grundannahme in die Theorie ein. ESTES nimmt an, daß ein Reiz aus einer großen Zahl von Elementen, Komponenten oder Aspekten besteht. Zu einem gegebenen Zeitpunkt, d.h. bei einer Reizdarbietung, wird immer nur ein Teil – eine *Stichprobe* – dieser Elemente psychologisch relevant. Dabei wird angenommen, daß die Elemente eines Reizes voneinander unabhängig sind. Jede neue Reizdarbietung führt zu einer unabhängigen Stichprobe aus der Menge der Elemente eines Reizes. Diese grundlegende Annahme hat der Theorie den Namen gegeben.

Es sind weitere Annahmen nötig, um die Theorie zu präzisieren. Hierzu gehören Angaben darüber, nach welchen Gesichtspunkten die Stichproben ausgewählt werden. Zwei Möglichkeiten sind bisher hauptsächlich betrachtet worden. In dem einen Fall ist der Stichprobenumfang fest, d.h. es wird jedesmal die gleiche Zahl von Elementen gezogen. Im zweiten Fall wird angenommen, daß der Stichprobenumfang variiert.

Zur Erläuterung der grundlegenden Annahmen der Theorie nehmen wir an, daß ein Lernschritt aus einer Folge von drei Ereignissen besteht. Die Darbietung eines Reizes führt zur Aktivierung einer Stichprobe von Reizelementen. Als Reaktion darauf wird eine bestimmte Verhaltensweise produziert. Es folgt eine Rückmeldung des Versuchsleiters, z.B. über die Richtigkeit der Reaktion.

Lernen wird in der Theorie als Reiz-Reaktions-Verknüpfung dargestellt. Eine solche Assoziation wird gebildet, wenn auf die Reaktion eine Verstärkung folgt. Bei menschlichem Lernen ist insbesondere die Rückmeldung, daß eine Antwort richtig war, eine positive Verstärkung. Die Reiz-Reaktions-Verknüpfung betrifft jedoch nicht alle Reizelemente, sondern nur die gerade aktivierten. Das heißt, im Falle einer positiven Rückmeldung werden alle aktivierten Reizelemente mit der zuvor ausgeführten Verhaltensweise verbunden.

Jede dieser Verknüpfungen hat *Alles-oder-Nichts-Charakter*. Die Verknüpfung erreicht sofort volle Stärke, und diese Stärke variiert nicht. Da sich aber die Zahl der verknüpften Reizelemente verändern kann, ergibt sich im Laufe des Versuchs die Möglichkeit, unterschiedlich starke Reiz-Reaktions-Assoziationen darzustellen. Die relative Häufigkeit der verknüpften Reizelemente repräsentiert den Lernzustand. Da von Lernschritt zu Lernschritt jeweils andere Reizelemente in die aktivierte Stichprobe gelangen können, haben jeweils neue Elemente die Chance, mit der richtigen Reaktion verknüpft zu werden.

Das Verhalten des Lernenden bei jedem der Lernschritte wird von den Eigenschaften der aktivierten Reizstichprobe bestimmt. Es wird angenommen, daß die Wahrscheinlichkeit für eine bestimmte Verhaltensweise der relativen Häufigkeit von aktivierten Reizelementen entspricht, die mit dieser Verhaltensweise verbunden sind. Konkret: Wurde von einem Reiz eine Stichprobe vom Umfang n gezogen und sind a Elemente mit einer Reaktion A verknüpft, dann ist die Wahrscheinlichkeit dafür, daß die Reaktion A auftritt, gegeben als $p = a/n$.

Das Modell beschreibt den Lernfortschritt folgendermaßen. Jede Reizdarbietung führt zur Aktivierung einer Stichprobe von Reizelementen. Die Wahrscheinlichkeit, daß eine Antwortalternative auftritt, entspricht der relativen Häufigkeit der Elemente, die mit dieser Alternative assoziiert sind. Ist die richtige Reaktion gegeben worden, folgt eine positive Rückmeldung. Als Konsequenz darauf werden alle aktivierten Reizelemente mit der Reaktion assoziiert. Hatte das vorher noch nicht für alle Elemente der Stichprobe gegolten, so hat sich jetzt die Zahl der mit der richtigen Reaktion verbundenen Reizelemente insgesamt erhöht. Beim nächsten Lernschritt wird eine neue Stichprobe aktiv. Ist der Lernvorgang noch nicht sehr weit fortgeschritten, so sind vermutlich Elemente dabei, die noch nicht mit der richtigen Reaktion verknüpft sind. Tritt diese trotzdem auf, wird nun die gesamte Stichprobe richtig assoziiert. Durch dieses wiederholte Stichprobenziehen werden im Laufe der Zeit mehr und mehr Reizelemente mit der Reaktion verbunden.

2.1 Die Lernkurve

Von diesen allgemeinen Annahmen ausgehend, ist es möglich, verschiedene experimentelle Befunde vorherzusagen. Zunächst wollen wir für den einfachsten Fall des klassischen Konditionierens die Lernkurve betrachten. Lernen besteht hier in der Verknüpfung der konditionierten Reaktion mit dem konditionierten Reiz. Die Darbietung des unkonditionierten Reizes, der automatisch die unkonditionierte Reaktion hervorruft, kann man als Verstärkung interpretieren. Es muß zusätzlich angenommen werden, daß die Stichprobe von Reizelementen des konditionierten Reizes zum Zeitpunkt der Darbietung des unkonditionierten Reizes noch aktiviert ist. Mit CS sei der konditionierte Reiz, mit R_1 die konditionierte Reaktion und mit R_2 eine beliebige andere Reaktion bezeichnet. Betrachten wir die Reizstichprobe, die bei Darbietung von CS im Durchgang n aktiviert ist. Mit p_n sei die relative Häufigkeit der in der Stichprobe enthaltenen und bereits mit R_1 verknüpften Elemente bezeichnet. Dem Modell entsprechend ist dann die Wahrscheinlichkeit für das Auftreten von R_1 gleich p_n. Die Wahrscheinlichkeit, daß irgendeine andere Verhaltensweise auftritt, ist $1-p_n$.

Der Parameter p_n beschreibt gleichzeitig einen weiteren Sachverhalt. Für irgendein beliebig herausgegriffenes Reizelement ist die Wahrscheinlichkeit, daß dieses Reizelement bei Beginn des Durchgangs n bereits konditioniert war, gerade gleich p_n. Wie verändert sich die Wahrscheinlichkeit für dieses Reizelement? Das hängt davon ab, mit welcher Wahrscheinlichkeit das Element in die aktivierte Stichprobe gelangt. Diese Wahrscheinlichkeit sei mit θ bezeichnet. Damit läßt sich die Wahrscheinlichkeit berechnen, daß das betrachtete Reizelement bei der (n+1)-ten Reizdarbietung konditioniert ist. Entweder das Reizelement wurde beim n-ten Durchgang mit Wahrscheinlichkeit $(1-\theta)$ nicht aktiviert und daher auch nicht konditioniert. Es behält also seine Konditionierungswahrscheinlichkeit p_n. Oder es wurde mit Wahrscheinlichkeit θ aktiviert und dann mit Wahrscheinlichkeit 1 auch konditioniert. Wir erhalten also

$$p_n+1 = (1-\theta)\, p_n + \theta. \qquad (1)$$

Dies ist somit die Wahrscheinlichkeit für ein beliebiges Element, im Durchgang (n + 1) mit R_1 verknüpft zu sein. Der Parameter p_{n+1} beschreibt zugleich die Wahrscheinlichkeit für das Auftreten von R_1 im Durchgang (n + 1) in Abhängigkeit von p_n.

Die Gleichung (1) ist die gesuchte Beschreibung der Lernkurve. Es müssen nur die Parameter θ und p_1 aus den Daten geschätzt werden. Dann kann man sukzessive für jeden Versuchsdurchgang des Konditionierungsexperimentes die Wahrscheinlichkeit für das Auftreten von R_1 berechnen, und genau das ist die theoretisch vorhergesagte Lernkurve. Die Lernkurve wäre dann noch mit entsprechenden relativen Häufigkeiten aus dem Experiment zu vergleichen. Man kann (durch vollständige Induktion) zeigen, wie p_{n+1} von p_1 abhängt:

$$p_{n+1} = 1-(1-p_1)(1-\theta)^{(n-1)}. \qquad (2)$$

Diese Gleichung beschreibt die Form der allmählich wachsenden Lernkurve. Man sieht auch, daß die bisherigen Annahmen zu vollständigem Lernen führen. Die Asymptote der Lernkurve ist 1, weil der zweite Summand mit wachsendem n gegen Null geht.

Im vorangegangenen Beispiel waren wir davon ausgegangen, daß bei jedem Versuchsdurchgang eine Verstärkung für R_1 auftritt. Für den Fall, daß entweder R_1 oder R_2 verstärkt werden kann, sieht die Lernkurve etwas anders aus. Gleichung (3) beschreibt wieder die Wahrscheinlichkeit für R_1 im Durchgang n+1 in Abhängigkeit von den Ereignissen beim Durchgang n:

$$p_{n+1} = \begin{cases} (1-\theta)\, p_n + \theta, & R_1 \text{ wird verstärkt} \\ (1-\theta)\, p_n, & R_2 \text{ wird verstärkt.} \end{cases} \qquad (3)$$

Die zweite Zeile ist folgendermaßen begründet. Betrachten wir wieder ein beliebiges Reizelement. Dies hat zu Beginn des n-ten Durchgangs die Wahrscheinlichkeit p_n, auf R_1 konditioniert zu sein. Mit der Wahrscheinlichkeit $(1-\theta)$ gelangt es nicht in die Reizstichprobe, so daß sein Konditionierungszustand unverändert bleibt. Mit Wahrscheinlichkeit θ gelangt es in die Stichprobe. Da jetzt aber R_2 verstärkt wird, wird dieses Element mit R_2 konditioniert, d.h. seine Wahrscheinlichkeit, noch mit R_1 konditioniert zu sein, ist Null. Somit haben wir

$$p_{n+1} = (1-\theta)p_n \quad \text{bei Verstärkung von } R_2 \qquad (4)$$

An Gleichung (4) erkennt man, daß die Wahrscheinlichkeit für R_1 kleiner wird, falls R_2 verstärkt wurde.

2.2 Wahrscheinlichkeitslernen

Ein weiteres Beispiel für die Anwendung der Theorie ist das Wahrscheinlichkeitslernen. Die einfachste Versuchsanordnung dafür besteht darin, daß bei jedem Versuchsdurchgang eines von zwei möglichen Ereignissen auftritt. Die Versuchsperson muß jedesmal vorher raten, welches Ereignis wohl als nächstes kommt. Durch das dann folgende Ereignis wird die Vorhersage der Vp bestätigt oder falsifiziert. Die Reihenfolge der Ereignisse wird nach dem Zufall bestimmt. Diese Aufgabe für die Vp entspricht dem Roulettespiel, bei dem sich ein Spieler darauf beschränkt hat, nur Schwarz oder Rot zu spielen. Ein Unterschied liegt nur darin, daß die Wahrscheinlichkeit für die beiden Ereignisse meist von 0.5 verschieden ist.
Seien E_1 und E_2 die beiden abwechselnd auftretenden Ereignisse. E_1 soll die Auftretenswahrscheinlichkeit π haben. Mit R_1 und R_2 sollen die Antworten der Vp bezeichnet sein. In einem Versuchsdurchgang ist das jeweils vergangene Ereignis der Reiz. Dann folgt die Antwort der Vp. Als Rückmeldung wirkt dann das nächste Ereignis. Es gibt der Vp die Information, welche Antwort richtig gewesen wäre. Es wird angenommen, daß die zuvor aktivierte Reizstichprobe des vorangegangenen Ereignisses mit der richtigen Antwort verknüpft wird und nicht mit der tatsächlich produzierten. Das heißt, wenn die Vp erfährt, daß R_1 richtig gewesen wäre, wird R_1 verknüpft, und wenn R_2 richtig gewesen wäre, werden die aktivierten Reizelemente mit R_2 verknüpft. Dementsprechend sind die beiden Gleichungen in (3) mit π bzw. $(1-\pi)$ zu gewichten, so daß wir erhalten:

$$\begin{aligned} p_{n+1} &= \pi((1-\theta)p_n+\theta)+(1-\pi)(1-\theta)p_n \\ &= \pi\theta+(1-\theta)p_n \qquad (5) \end{aligned}$$

Vollständige Induktion ergibt als Lernkurve

$$p_{n+1} = \pi-(\pi-p_1)(1-\theta)^{(n-1)}. \qquad (6)$$

Gleichung (5) hat π als Asymptote. Das entspricht der Vorhersage, daß sich im Laufe des Experimentes die relative Häufigkeit von R_1 allmählich an π (Wahrscheinlichkeit für E_1) annähert. Und das wird tatsächlich beobachtet, obwohl es von einem rationalen Standpunkt aus eigentlich nicht optimal ist, wie folgende Überlegung zeigt.
Wenn wir eine richtige Antwort mit +1 und eine falsche mit –1 bewerten, erhalten wir als Erwartungswerte für die beiden Antworten:

$$E(R_1) = \pi 1+(1-\pi)(-1) = 2\pi-1 \qquad (7)$$
$$E(R_2) = \pi(-1)+(1-\pi)\,1 = 1-2\pi. \qquad (8)$$

Es ist sinnvoll, immer das Ereignis mit dem höheren Erwartungswert vorherzusagen. Das heißt, die Vpn sollten in 100% der Fälle das häufigere Ereignis wählen, aber das tun sie nicht. Stattdessen nähern sie ihre relative Antworthäufigkeit der Darbietungshäufigkeit an. Dies wird als *Probability Matching* bezeichnet. Dieses Ergebnis und auch die Form der Lernkurve aus vielen Experimenten werden durch die Gleichung (5) gut beschrieben.

2.3 Das Ein-Element-Modell

Von den vielen Variationen der Theorie soll noch eine besprochen werden, die es ermöglicht, eine Frage von grundlegendem Interesse zu behandeln. Dies ist die Frage, ob Lernen allmählich, inkrementell wie man sagt, oder nach dem Alles-oder-Nichts-Prinzip geschieht. *Alles-oder-Nichts-Prinzip* bedeutet, daß das Lernen auf einen Schlag stattfindet und sofort seinen vollen Ausprägungsgrad erreicht. *Inkrementelles Lernen* dagegen würde bedeuten, daß sich die Assoziationen allmählich ausbilden, d.h. von einer sehr niedrigen Stärke ausgehend langsam anwachsen, bis sie ihre maximale Stärke erreichen. Intuitives Alltagsverständnis dürfte vermutlich die inkrementelle Theorie favorisieren. Auch die Form der Lernkurve, wie sie in Experimenten gefunden wird, legt die inkrementelle Theorie nahe. Nach dem Alles-oder-Nichts-Prinzip müßte die Lernkurve eher die Form einer Stufenfunktion haben, die von einem niedrigen Niveau plötzlich auf maximales Niveau springt.
Wie die folgende Argumentation zeigt, sind diese Überlegungen jedoch voreilig. Der Grund liegt darin, daß eine Lernkurve meist durch eine Summation über Personen und über

verschiedene Reize gewonnen wird. Es ist denkbar, daß die einzelnen Lernschritte zwar nach dem Alles-oder-Nichts-Prinzip, aber zu verschiedenen Zeitpunkten stattfinden. Durch die Summation entsteht dann die allmählich wachsende Lernkurve.

Im Rahmen der Reiz-Stichproben-Theorie kann man nun ein spezielles Modell formulieren: Das *Ein-Element-Modell*. Es wird angenommen, daß jeder Reiz nur aus einem Element besteht (vgl. Bower & Theios, 1964; Bower & Trabasso, 1964).

Dieses Modell läßt sich beispielsweise auf das Paarassoziationslernen anwenden. Dabei werden die folgenden Annahmen gemacht: Zu Beginn des Versuches befindet sich jedes Reiz-Reaktions-Paar in einem Zustand des Nichtgelerntseins. Bei jedem Lerndurchgang kann jedes Reiz-Reaktions-Paar in den Zustand des Gelerntseins übergehen. Es wird angenommen, daß die Übergangswahrscheinlichkeit c konstant ist. Jedes Reiz-Reaktions-Paar ist in genau einem von zwei Zuständen. Entweder es ist gelernt oder es ist nicht gelernt. Die Antwort der Person hängt davon ab, in welchem Zustand sich das jeweilige Reiz-Reaktions-Paar befindet. Im Zustand «gelernt» erfolgt mit Wahrscheinlichkeit 1 die richtige Antwort. Im Zustand «ungelernt» hat die Person die Möglichkeit zu raten. Es wird angenommen, daß sie mit Wahrscheinlichkeit p richtig rät. Dies Modell wird auch als ein Markov-Modell mit zwei Zuständen bezeichnet. Wie man sieht, hat es für das einzelne Reiz-Reaktions-Paar Alles-oder-Nichts-Charakter.

Um die Lernkurve zu erhalten, kann man die Wahrscheinlichkeit für einen Fehler beim Durchgang n betrachten. Ein Fehler kann nur auftreten, wenn die Vp noch in ungelerntem Zustand ist und falsch rät. D.h. auf den vorangegangenen n–1 Durchgängen ist das Reiz-Reaktions-Paar nicht in den Zustand «gelernt» übergegangen. Die Wahrscheinlichkeit dafür hängt von der Übergangswahrscheinlichkeit ab: (1–c). Damit beim Durchgang n ein Fehler auftritt, muß die Person falsch raten. Dies tut sie mit Wahrscheinlichkeit (1–p). Wir haben also

$$p\,(\text{Fehler bei } n) = (1-c)^{(n-1)}\,(1-p).$$

Damit erhalten wir als Lernkurve

$$p_n = 1-(1-p)(1-c)^{(n-1)} \qquad (9)$$

und das ist genau die gleiche Form wie in (2), nur daß für die Parameter andere Bezeichnungen gewählt wurden. Das bedeutet, daß die Lernkurve aus den Alles-oder-Nichts-Annahmen des Ein-Element-Modells vorhersagbar ist. Die Lernkurve ist somit nicht geeignet, zwischen den gegensätzlichen Auffassungen zu trennen.

Eine Möglichkeit dazu ergibt sich, wenn man eine andere Eigenschaft der Daten betrachtet. Aus dem Alles-oder-Nichts-Modell folgt, daß eine Person, solange sie noch Fehler macht, im «ungelernten» Zustand ist. Da die Ratewahrscheinlichkeit konstant ist, sollten sich Fehler in den Daten einer Person bis zum letzten Fehler gleichmäßig verteilen. Aus der inkrementellen Theorie würde stattdessen folgen, daß die Fehler allmählich seltener werden. Es gibt eine Reihe von Experimenten, deren Ergebnisse für das Alles-oder-Nichts-Modell sprechen, da sich die Fehler vor dem letzten Fehler annähernd gleich verteilten.

Dies letzte Anwendungsbeispiel der Reizstichprobentheorie sollte zeigen, daß gelegentlich plausibel anmutende Argumente täuschen können. Die allmählich wachsende Form der Lernkurve schien für die inkrementelle Theorie zu sprechen. Bei näherer Betrachtung zeigte sich, daß die Lernkurve gar keine Möglichkeit bietet, zwischen den Theorien zu unterscheiden, sondern daß man andere Eigenschaften der Daten betrachten muß.

2.4 Erklärung weiterer Befunde

Die Reizstichprobentheorie kann mit vielen weiteren Konzepten der Lernpsychologie in Verbindung gebracht werden. *Interferenz* beispielsweise tritt auf, wenn ein Reiz, der zunächst mit einer Aktion verknüpft war, durch mehrfaches Auftreten teilweise mit einer konkurrierenden Aktion verbunden wird.

Löschung wird durch die Annahme erklärt, daß eine zunächst entstandene S-R-Verbindung dadurch vermindert wird, daß wiederholt aktivierte Reizstichproben mit vielen anderen, eher zufällig auftretenden Aktionen verknüpft werden. Zur Erklärung des *Vergessens* wird

eine zusätzliche Annahme eingeführt. Von der Menge der Elemente eines Reizes sind zu einem gegebenen Zeitpunkt nicht alle verfügbar, sondern ein gewisser Teil kann nicht aktiviert werden. Es sind jedoch nicht immer die gleichen Elemente, die nicht verfügbar sind, sondern es gibt eine Fluktuation von Elementen zwischen den Zuständen der Verfügbarkeit und der Nichtverfügbarkeit. Vergessen tritt ein, wenn Reizelemente, die mit einer Verhaltensweise konditioniert sind, mehr und mehr vom Verfügbarkeits- in den Nichtverfügbarkeitszustand überwechseln. Beim Fluktuationsvorgang ist es aber auch möglich, daß nach einer gewissen Zeit Reizelemente, die mit einer Reaktion verknüpft sind, aus dem Nichtverfügbarkeitszustand wieder zurück in den Verfügbarkeitszustand gelangen. Hierdurch wir die *spontane Erholung* beschrieben.
Es sei noch darauf hingewiesen, daß auch *Diskrimination* und *Generalisierung, Motivation, Wiedererkennen, zusammengesetzte Reize* und die *Signalentdeckungstheorie* in den Rahmen der Theorie von ESTES eingefügt werden können.
Die Theorie von ESTES ist im Gebiet der Lerntheorien und in der mathematischen Psychologie sehr einflußreich gewesen. Sie ist ein Beispiel für eine Art der Theorienbildung, die in der Psychologie noch zu wenig verbreitet ist. Ein wesentlicher Vorteil liegt darin, daß nicht nur Mittelwertsunterschiede zwischen Kontroll- und Experimentalgruppen vorhergesagt und geprüft werden. Stattdessen können sehr viel detailliertere Eigenschaften der Daten, wie z.B. der Verlauf der Lernkurve, beschrieben werden. Bei der Anwendung der Theorie müssen die Parameter numerisch geschätzt und die Güte der Anpassung an die Daten geprüft werden.
Vor wenigen Jahren standen mathematische Modelle in der Allgemeinen Psychologie im Mittelpunkt des Interesses. Viele von ihnen bezogen sich jedoch nur auf recht spezielle Datensätze. Seit sich die Forschung unter der Bezeichnung «Kognitive Psychologie» komplexeren Fragen zugewandt hat, trat die Entwicklung mathematischer Modelle in den Hintergrund. Nahezu zwangsläufig ergab sich, daß die Theorien weniger präzise formuliert wurden. Dadurch wurde es zugleich schwieriger, sie empirisch zu prüfen. Es gibt Ansätze, z.B. ANDERSON (1983), beide Bestrebungen – nach größerem Geltungsbereich und nach Präzision – zu vereinen.

3. Grammatiken als Bestandteil sprachpsychologischer Theorien

In diesem Abschnitt wird eine Möglichkeit psychologischer Theorienbildung vorgestellt, bei der Überlegungen und Hilfsmittel aus der Linguistik herangezogen werden. Eine der hauptsächlichen Fragestellung in der Linguistik ist die Untersuchung der Struktur von sprachlichen Äußerungen (vgl. WINOGRAD, 1983). Man hat hierfür formale Grammatiken als Mittel der Beschreibung entwickelt. Diese Möglichkeit wurde von der Psychologie übernommen. Grammatiken wurden nicht nur benutzt, um die Struktur der sprachlichen Äußerung darzustellen, sondern man prüfte, ob auch die psychischen Prozesse und die ihnen zugrundeliegenden Strukturen durch Grammatiken repräsentiert werden können.
Die Sprache gehört zu den Eigenschaften des Menschen, die ihn wesentlich auszeichnen. Durch die Sprache findet menschliches Selbstverständnis seinen Ausdruck und in der Sprache spiegeln sich psychische Prozesse. Daher ist die Sprache seit langem Gegenstand psychologischer Untersuchungen (vgl. Kapitel 5, Sprechen und Sprachverstehen).
Gedächtnisprozesse sind oft eng mit der Sprache verbunden. Im Gespräch mit anderen Personen stützen wir uns fortlaufend auf unser Gedächtnis. Von daher ist es nicht unplausibel zu vermuten, daß auch Gedächtnisprozesse und -strukturen stark sprachlich geprägt sind. Viele gedächtnispsychologische Untersuchungen bedienen sich der Sprache als Medium des Reiz- und Behaltensmaterials. Dies alles hat den Gedächtnistheorien eine sprachliche Prägung gegeben.
Die Vorgänge des Sprechens und des Verstehens von Sprache sind der Selbstbeobachtung kaum zugänglich. Beides sind Prozesse, die in der frühen Kindheit und über einen langen Zeitraum hinweg gelernt werden. Beide sind hoch automatisiert und laufen sehr schnell ab. Ihre Einzelheiten entziehen sich der reflektierenden Beobachtung.

Theoretische Ansätze zur Erklärung des Sprachverstehens verwenden u.a. Grammatiken als Modell für die Struktur psychologischer Prozesse. Wie in anderen Situationen auch, macht die Psychologie hier Anleihen in benachbarten Fachgebieten, in diesem Fall bei der Sprachwissenschaft und der Künstlichen Intelligenz. Aus der Linguistik war es der wesentlich auf CHOMSKY (1965) zurückgehende Ansatz der Phrasenstruktur- und Transformationsgrammatik und aus der Künstlichen Intelligenz sind es Ansätze zur Entwicklung natürlichsprachlicher Systeme, die in der Psychologie Beachtung fanden. Dies ist nicht ohne Kritik geblieben und im Einzelnen ist zu prüfen, inwieweit Konzeptionen aus anderen Fächern zur psychologischen Theorienbildung taugen.
Im folgenden wird ein Ansatz behandelt, der in den letzten Jahren Gegenstand intensiver Forschung gewesen ist. Es geht dabei um die Prozesse, die ablaufen, wenn eine Person geschriebene oder gesprochene Sprache versteht. Die Mehrzahl der Untersuchungen widmet sich der geschriebenen Sprache, wobei es nicht entscheidend ist, ob die Person den Text selbst liest oder ob er ihr vorgelesen wird. Eine wesentliche Einschränkung liegt darin, daß als Vorlage ein fertiger Text dient, im Gegensatz zu einem Gespräch. Die Vorgänge, die während eines Gesprächs ablaufen, sind sicherlich teilweise anderer Art als diejenigen, die das Lesen eines Textes ausmachen. Dennoch darf man nicht annehmen, daß Lesen – im Gegensatz zu einer Unterhaltung – ein rein passiver Vorgang sei. Im Gegenteil, es zeigt sich an vielen Ergebnissen, daß auch Lesen sowie Zuhören *aktive* Auseinandersetzungen mit dem vorgegebenen Text sind. Sprachverstehen ist also kein einseitig gerichteter, passiver Vorgang. Vielmehr konstruiert der Wahrnehmende im Sinne eines rückgekoppelten Prozesses das Wahrgenommene. HALLE und STEVENS (1964) haben hierfür die Bezeichnung *Analyse durch Synthese* geprägt. Sie meinen damit, daß ein Wahrnehmender einen Satz analysiert und versteht, indem er – durch sich fortlaufend anpassende Erwartungen gesteuert – den Satz synthetisiert. Man spricht auch von dem Ineinandergreifen von *Top-Down-* und *Bottom-up-Prozessen.* Daß solche Top-Down-Prozesse auch schon beim Lesen einzelner, isolierter Wörter mitwirken, haben Experimente von REICHER (1969) und WHEELER (1970) gezeigt.
Lesen eines Textes besteht aus einer großen Zahl zusammenhängender Vorgänge. Auf der untersten Stufe geht es um das Erkennen elementarer Zeichen wie z.B. Buchstaben. Jedoch sind es offensichtlich nicht die Buchstaben, die beim «normalen» Lesen die Einheiten des Wahrnehmungsprozesses sind. Eher trifft dies schon auf die Wörter zu. Das Erkennen von Wörtern darf man sich nicht als ein additives Verknüpfen von Buchstaben oder Silben vorstellen. Ein Wort wird meist als Einheit, als Ganzes erkannt. Wie das genau geschieht, ist noch keinesweg klar.
Erkennen eines Wortes heißt herauszufinden, was mit dem Wort gemeint ist. Psychologische Theorien sehen dies als eine Zuordnung des optischen bzw. akustischen Signals zu einer mentalen Repräsentation der Bedeutung des Wortes. Wie jedoch die mentale Repräsentation der Bedeutung eines Wortes aussieht, ist unbekannt. Unter dem Stichwort *Semantisches Gedächtnis* sind hierzu Theorien entwickelt und Experimente durchgeführt worden.
Sprachverarbeitung kann man sich als eine Transformation der extern gegebenen Sprachreize in die interne, mentale Repräsentation vorstellen. Schriftzeichen oder Sprachlaute sind die externen Reize. Die zu postulierenden Transformationsprozesse hängen aber auch von der angenommenen internen Repräsentation ab. Diese muß also mit spezifiziert werden. Sprachverarbeitende Programme, die in der Künstlichen Intelligenz entwickelt wurden, gehen meist von geschriebener Sprache aus. Die Spracheingabe geschieht über die Tastatur oder durch Einlesen von einem Speichermedium. Es gibt auch Versuche, gesprochene Sprache – über ein Mikrofon aufgenommen – zu verarbeiten. Hier kommen jedoch noch erhebliche Schwierigkeiten bei der Analyse der aufgezeichneten Sprachlaute hinzu.
Man nennt ein Programm, das eine externe Sprache in eine interne Repräsentation umwandelt, einen Zergliederer (englisch Parser). Im Deutschen hat sich das Wort Parser ebenfalls eingebürgert, und man verwendet auch die Verbform «parsen».
Manche Autoren von Simulationsprogrammen gebrauchen nicht den neutralen Ausdruck

Sprachverarbeitung, sondern sprechen von *Sprach-verstehen.* Es ist allerdings eine strittige Frage, inwieweit bei diesen Programmen tatsächlich ein Verstehen stattfindet, selbst wenn man unterstellt, daß die Programme noch erheblich verbessert werden können. Die Auffassung, Verstehen bestünde einfach aus der Transformation extern vorliegender Information in die interne Repräsentation, ist eine sehr eingeschränkte Betrachtungsweise. Ein solcher Übersetzungsvorgang hat möglicherweise mit *Verstehen* gar nichts zu tun. Es wäre, als wenn jemand einige Sätze hört und auch nachsprechen kann, ohne sie verstanden zu haben. Es scheint sinnvoller, Verstehen nicht als einen einfachen Übersetzungsvorgang zu betrachten, sondern in Abstufungen von mehr oder weniger Verstehen zu sprechen. Je mehr Fragen jemand zu einem Sachverhalt beantworten kann, desto größer oder tiefer – so könnte man sagen – ist sein Verständnis. Es wird jedoch deutlich, daß die pure Quantität beantworteter Fragen nicht ausreicht, um Verständnis zu dokumentieren. Es kommt auf die Qualität der Fragen an. Darin liegt aber eine Schwierigkeit für eine formale Definition.

3.1 ATN-Parser

Eine Klasse von Modellen der Sprachverarbeitung sind die *erweiterten Übergangsnetzwerke* (im Englischen: Augmented Transition Networks, abgekürzt ATN). Diese Netzwerke sind als Modelle bisher am genauesten ausgeführt. Sie wurden zunächst im Bereich der künstlichen Intelligenz entwickelt, sind danach aber auch als Komponenten psychologischer Modelle vorgeschlagen worden.

Erweiterte Übergangsnetzwerke beziehen sich jeweils auf einen Satz als zu verarbeitende Einheit. Verstehen zusammenhängender Texte erfordert, über die Satzgrenzen hinauszugehen. Hierfür sind Konzepte wie *Skripte, Schemata* und *Textgrammatiken* entwickelt worden.

Parser sind meist so aufgebaut, daß sie sowohl syntaktische als auch semantische Information verwenden. Syntaktische Information ist notwendig, um den im Satz vorkommenden Wörtern die ihnen zukommende Rolle zuzuweisen. Wenn etwa ein Satz ein Ereignis beschreibt, bei dem Personen und Gegenstände beteiligt sind, so dienen die syntaktischen Informationen dazu, herauszufinden, wer der Akteur einer Handlung ist, welches Wort dem Objekt der Handlung entspricht usw. Auf die Notwendigkeit semantischer Informationen wird unten noch eingegangen.

Zur Veranschaulichung wird als nächstes ein Fragment einer einfachen Grammatik angegeben. Durch diese kann die Struktur einfacher Hauptsätze dargestellt werden. Anhand dieser vereinfachten Grammatik wird dann die Arbeitsweise eines ATN-Parsers erläutert. Tabelle 2 zeigt den Teil der Grammatik in Form sog. Ersetzungsregeln.

Tabelle 2: Fragment einer einfachen Grammatik.

Nr.	Ersetzungsregel		Kommentar
(1)	HS	→ S + PKT	Ein Hauptsatz besteht aus einem Satz und einem Punkt
(2)	S	→ NP + VP	Ein Satz besteht aus einer Nominalphrase und einer Verbalphrase
(3)	VP	→ VERB + NP	Eine Verbalphrase besteht aus einem Verb und einer Nominalphrase
(4)	NP	→ NOMEN	Eine Nominalphrase besteht aus einem Nomen oder
		→ PRONOMEN	einem Pronomen
		→ ART + (ADJ)	oder einem Artikel, evtl. einem oder mehreren Adjektiven
		+ NOMEN	und einem Nomen plus
		+ (PP)	evtl. einer Propositionalphrase
(5)	PP	→ P + NP	Eine Propositionalphrase besteht aus einer Proposition und einer Nominalphrase

Die erste Regel gibt an, daß ein Hauptsatz aus einem Satz und einem Punkt (Satzendpunkt) besteht. Der Satzendpunkt muß vom Parser erkannt werden, um feststellen zu können, ob das Satzende erreicht ist. Regel 2 besagt als nächstes, daß ein Satz aus einer Nominalphrase und einer Verbalphrase besteht. Die Interpretation der übrigen Regeln folgt dem gleichen Schema. Die Ersetzungsregeln zergliedern Sätze. Die dabei entstehende hierarchische Struktur läßt

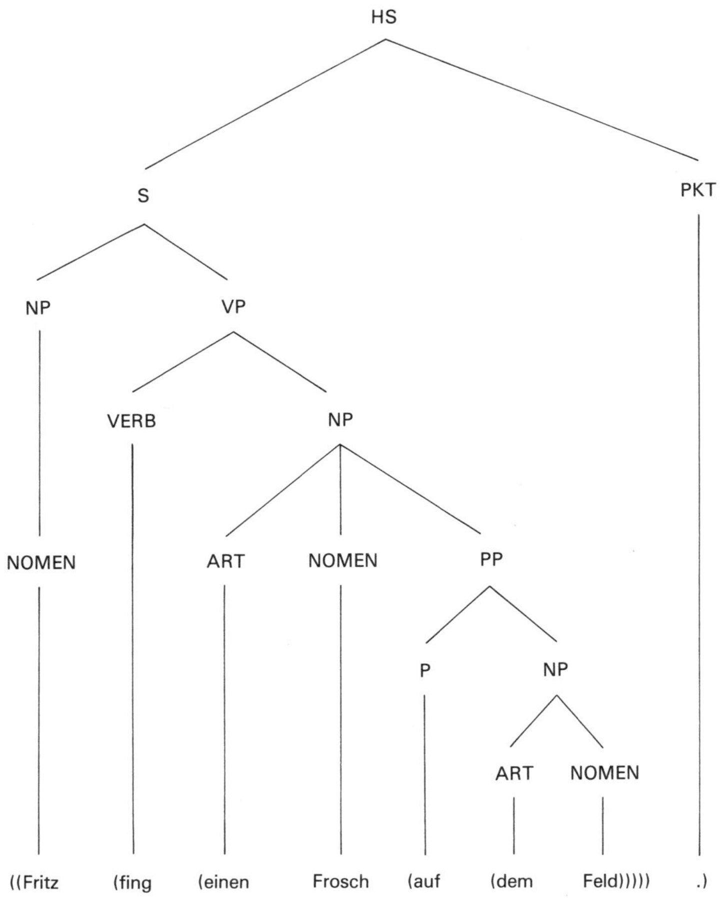

Abbildung 3: Phrasenstruktur des Satzes «Fritz fing einen Frosch auf dem Feld.»

sich graphisch darstellen (siehe Abbildung 3). Unabhängig von der Verwendung in Parsern sind Phrasenstrukturgrammatiken in Experimenten auf ihre «psychologische Realität» untersucht worden. LEVELT (1970) erhob Ähnlichkeitsurteile über Wörter aus zuvor gelesenen Sätzen und fand die Satzkonstituenten durch Clusteranalysen. GRAF und TORREY (1966) beobachteten, daß kurze Passagen besser gelesen wurden, wenn die graphische Gliederung der Phrasenstruktur folgte. AMMON (1968) sowie JARVELLA (1970, 1971) zeigten, daß Satzkonstituenten als Einheiten im Kurzzeitgedächtnis fungierten. Diese sowie weitere ähnliche Untersuchungen (vgl. CLARK & CLARK, 1977, S. 50ff.) belegen, daß die Phrasenstruktur bei der Bearbeitung von Sätzen offensichtlich eine Rolle spielt.

Die Arbeitsweise eines ATN-Parsers kann anhand eines Übergangsnetzwerkes erläutert werden, wie es in Abbildung 4 veranschaulicht ist. Dieses Übergangsnetz entspricht dem in Tabelle 2 angegebenen Teil der Grammatik.

Die Abbildung zeigt das Netzwerk zerlegt in mehrere Teilnetze. Jedes Teilnetz besteht aus Ovalen und Pfeilen, die von einem Oval auf ein anderes weisen. Die Ovale nennt man auch Knoten und die Pfeile heißen Kanten. Sowohl die Knoten wie auch die Kanten haben eine Beschriftung. Die Knoten stehen für bestimmte Zwischenstufen bzw. Zwischenzustände des Verarbeitungsprozesses eines Satzes. Die Kanten repräsentieren den Übergang von einem Zustand in den nächsten.

Ausgangspunkt im obersten Teilnetz ist, daß ein Hauptsatz zur Verarbeitung ansteht. Der Knoten rechts daneben bezeichnet den Zustand, daß von einem Hauptsatz der Satz bis

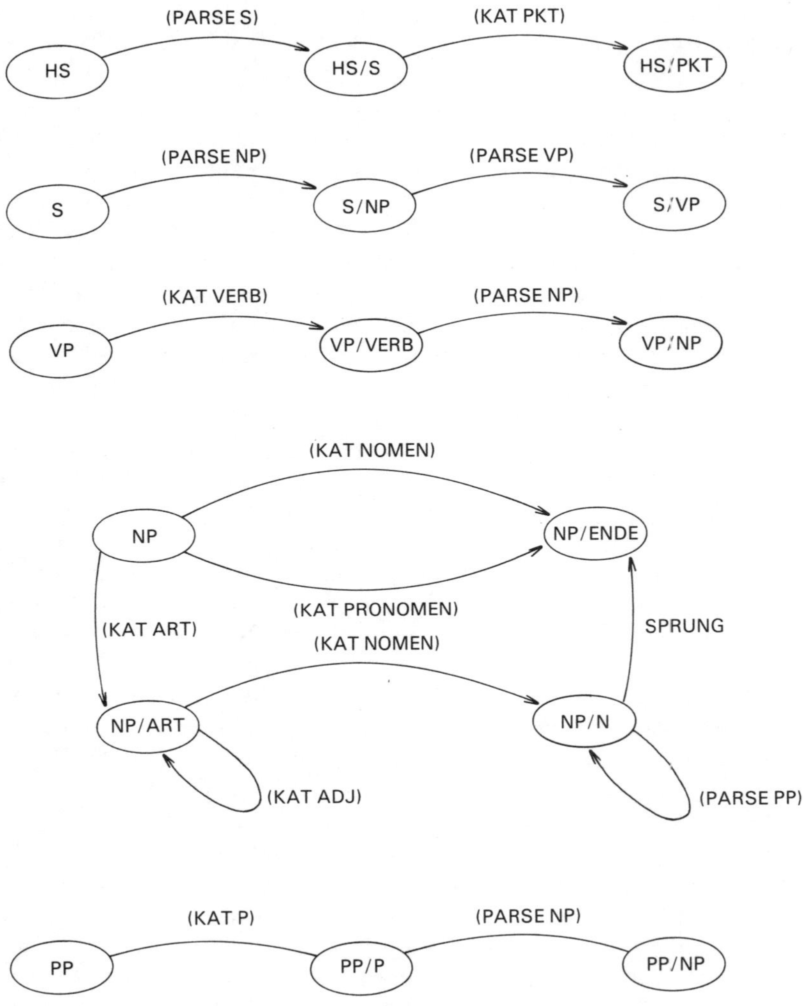

Abbildung 4: Übergangsnetzwerk eines einfachen Parsers.

auf den Endpunkt verarbeitet ist. Das wird durch die Bezeichnung HS/S angegeben. Der Knoten ganz rechts im obersten Teilnetz steht für den Zustand, daß von einem Hauptsatz schließlich auch der Endpunkt erkannt wurde. Der erste Zustand des zweiten Teilnetzes bedeutet, daß ein Satz zur Verarbeitung ansteht. Der zweite Knoten, mit S/NP bezeichnet, entspricht der Zwischenstufe, daß von einem Satz die Nominalphrase verarbeitet ist. Entsprechend kennzeichnet S/VP den Zustand, daß von dem Satz nun auch die Verbalphrase erfaßt wurde.

Die Markierungen an den Kanten stehen für die Funktionen, die beim Übergang von einem Zustand in den nächsten aufgerufen werden. Daher rührt die Bezeichnung «Übergangsnetzwerk». Wenn sich der Parser in einem bestimmten Zustand befindet, wird die Funktion ausgeführt, die an der Kante steht, welche zum nächsten Zustand weist. Kann die Funktion erfolgreich abgeschlossen werden, so geht das System in den nächsten Zustand über. War die Ausführung nicht erfolgreich, so wird geprüft, ob weitere Kanten vorhanden sind. Falls das der Fall ist, werden die zugehörigen Funktionen aufgerufen.

In dem Parserfragment der Abbildung 4 sind zwei unterschiedliche Typen von Funktionen angeführt. Die eine Art von Funktionen prüft die Zugehörigkeit einzelner Wörter zu grammatikalischen Kategorien. Beispielsweise bezeichnet **KAT VERB** eine Funktion, die prüft, ob das gerade zu verarbeitende Wort zu der Kategorie Verben gehört. Das geschieht, indem die Funktion in einem Lexikon nachprüft, ob das entsprechende Wort dort als Verb klassifiziert ist. Entsprechende Funktionen gibt es für die anderen Wortklassen.

Die zweite Art von Funktionen besorgt den Übergang im Netzwerk von einem Knoten zum nächsten. Zu diesem Typ von Funktionen gehört z.B. *PARSE NP.* Damit ist eine Funktion bezeichnet, welche die Verarbeitung einer Nominalphrase durchführt. Es handelt sich um eine etwas komplexere Funktion, die selbst wiederum andere Funktionen aufruft. Den Aufruf von **PARSE NP** kann man sich als Aktivierung des vierten Teilnetzes in Abbildung 4 vorstellen. Laufen die in diesem Teilnetz angegebenen Funktionen in der vorgesehenen Reihenfolge ab, wird eine Nominalphrase verarbeitet. Auf diese Art rufen sich die Funktionen der Reihe nach auf.

Der Parser verarbeitet jeden Satz Wort für Wort. Ein Wort ist das Element, das jeweils gelesen wird, das zu weiteren Aktionen Anlaß gibt oder über das etwas festgestellt wird, z.B. ob es ein Verb ist.

Der Parser beginnt in dem Zustand «Hauptsatz» des obersten Netzwerkes. Es wird nun die Funktion **PARSE S** aufgerufen. Dadurch geht die Kontrolle auf das zweite Teilnetz über und das System befindet sich in dem obersten Zustand dieses Teilnetzes. Hier erfolgt nun als nächstes der Aufruf von **PARSE NP**, womit die Kontrolle auf das vierte Teilnetz übergeht.

Zum Verlassen des ersten Zustand des vierten Teilnetzes gibt es drei Funktionen, die den drei Kanten entsprechen. Es wird festgelegt, in welcher Reihenfolge diese abgearbeitet werden sollen. Nehmen wir an, daß zuerst die oberste, d.h. **KAT NOMEN**, aufgerufen wird. Diese Funktion prüft, ob das erste Wort des Satzes ein Nomen ist. Ist dies der Fall, wie z.B. bei einem Eigennamen, so wird das Wort aus der Eingabeliste entfernt und getrennt gespeichert, wobei es den Zusatz erhält, daß es sich hierbei um das Nomen der Nominalphrase handelt. Danach geht das System in den Zustand NP/ENDE über, womit gemeint ist, daß die Bearbeitung der Nominalphrase erfolgreich abgeschlossen wurde. Die Kontrolle kehrt dann in das Netzwerk zurück, von dem aus **PARSE NP** aufgerufen worden war. Das System befindet sich dann im Zustand S/NP, d.h. der Satz wird bearbeitet, die Bearbeitung der Nominalphrase ist fertig.

Falls das von dem vierten Teilnetz zu bearbeitende Wort kein Nomen war, prüft als nächstes die Funktion **KAT PRONOMEN**, ob es sich um ein Pronomen handelt. Trifft das zu, ist der weitere Verlauf analog zu dem eben geschilderten. Liegt auch kein Pronomen vor, prüft sodann **KAT ART**, ob ein Artikel da ist. Falls ja, wird er aus der Eingabeliste entfernt und mit dem Zusatz «Artikel der Nominalphrase» gespeichert. Daraufhin wird als nächstes wieder **KAT NOMEN** aufgerufen. Ist diese Funktion nicht sofort erfolgreich, wird durch **KAT ADJ** untersucht, ob eines oder mehrere Adjektive folgen. Kann dann im Anschluß **KAT NOMEN** abgeschlossen werden, so wird der Zustand NP/N erreicht. Jetzt kann, falls vorhanden, mit **PARSE PP** eine Präpositionalphrase analysiert werden oder das System kehrt über den Zustand NP/ENDE in das S-Netz und dort in den Zustand S/NP zurück. Von hieraus wird nun **PARSE VP** zur Analyse der Verbalphrase aufgerufen.

Wenn nun auch die Funktion **PARSE VP** erfolgreich abgeschlossen werden kann, kehrt die Kontrolle über den Zustand S/VP in das oberste Netzwerk zurück. Wird auch noch durch **KAT PUNKT** der Endpunkt erkannt, ist die Verarbeitung dieses Satzes beendet. Als Ergebnis liefert der Parser die *Phrasenstruktur* des Satzes, d.h. es werden die Wörter des Satzes zusammen mit ihrer syntaktischen Rolle gespeichert. Zusätzlich wird vermerkt, aus welchen Wörtern die einzelnen Bestandteile des Satzes, die *Konstituenten,* bestehen. Für den einfachen Satz «Fritz fing einen Frosch auf dem Feld» ist die Struktur in Abbildung 3 dargestellt. Das Programm liefert als Ergebnis zumeist nicht die graphische Darstellung, sondern beispielsweise die in Abbildung 3 unten aufgeführte Liste. Diese Liste entspricht in ihrer Klammerstruktur und mit den in ihr verwendeten Bezeichnungen genau dem Baumdiagramm der Abbildung.

Die Liste in Abbildung 3 ist noch nicht das Endprodukt des Parsers. Es schließen sich weitere Verarbeitungsschritte an, welche das Ergebnis

in die Form der internen Repräsentation bringen. Was dafür im einzelnen erforderlich ist, hängt von der Form der internen Repräsentation ab.
Der bislang geschilderte Teil eines Parsers sollte im Prinzip die Arbeitsweise erläutern. Um sich der natürlichen Sprache auch nur entfernt zu nähern, muß der Parser um mehrere Bestandteile ergänzt werden. Hierzu gehört eine *lexikalische Komponente,* in der die Wörter enthalten sind, die vom Programm verarbeitet werden können. Für jedes Wort muß u.a. gespeichert sein, zu welcher grammatikalischen Kategorie es gehört. Diese Information wird z.B. von der Funktion **KAT** benötigt. Ferner müssen im Lexikon Angaben über Deklination und Konjugation der Wörter aufgeführt sein, die der bis dahin dargestellte Parser allerdings noch nicht verarbeiten kann.
Ferner muß der Parser in der Lage sein, Nebensätze, Passivsätze und Fragen zu analysieren. In der Linguistik sind hierfür sog. *Transformationsregeln* vorgeschlagen worden (CHOMSKY, 1957). Betrachten wir die beiden Sätze:

«Fritz trat den Ball».
«Der Ball wurde von Fritz getreten»,

so sind die beiden Sätze an der Oberfläche deutlich verschieden, in ihrer Bedeutung aber sehr ähnlich, wenn nicht gar identisch.
CHOMSKY schlug vor, den Zusammenhang zwischen der Aktivform und der Passivform eines Satzes durch eine Transformation zu beschreiben. Zum Beispiel für die obigen zwei Sätze:

$$NP_1 + V + NP_2 \rightarrow NP_2 + \text{wurde} - \text{von} + NP_1 + V.$$

CHOMSKY argumentiert, daß alle Sätze aus einer sog. *Tiefenstruktur* durch Transformationen generiert werden. Empirische Untersuchungen stützen CHOMSKYS These allerdings kaum (vgl. SLOBIN, 1966; FODOR, BEVER & GARRETT, 1974).
Die Tiefenstruktur enthält gewissermaßen den Sinn des Satzes. Die aktive Formulierung entspricht in Annäherung der Tiefenstruktur. Durch Transformation wird daraus die *Oberflächenstruktur* gewonnen. Damit passive Sätze, Fragen usw. verarbeitet werden können, kann der Parser, d.h. das Übergangsnetz, durch Transformationsregeln erweitert werden.

Das Lexikon muß auch semantische Information umfassen. Diese ist erforderlich, um möglicherweise vorhandene semantische Einschränkungen zu beachten. So müssen beispielsweise die beiden folgenden Sätze eine unterschiedliche Interpretation erfahren, wozu semantische Information gebraucht wird:

«Fritz fuhr mit dem Zug nach Frankfurt»,
«Fritz fuhr mit Karin nach Frankfurt».

Die lexikalische Komponente dient schließlich dazu, eine richtige Zuordnung zwischen den Wörtern eines Satzes und den bereits in der internen Repräsentation vorkommenden Wörtern zu treffen. Hierbei sind häufig Mehrdeutigkeiten zu klären. Der an einer ausführlicheren Darstellung über ATN-Parser interessierte Leser sei auf das Buch von CHARNIAK und MCDERMOTT (1985) verwiesen.
Die Verwendung von ATN-Parsern als psychologisches Modell ist nicht ohne Kritik geblieben. FRAZIER und FODOR (1977) kritisieren, daß ein solcher Parser die Sätze linear, d.h. Wort für Wort von links nach rechts analysiert. Sie referieren Daten, die zeigen, daß Personen bei komplexeren Sätzen größere Teile des Satzes abspalten und für sich getrennt verarbeiten. FRAZIER und FODOR legen den Entwurf eines Modells vor, das sie *Sausage Machine* nennen und das ihre Daten berücksichtigt. Jedoch kann evtl. auch dieses Modell durch ein erweitertes Übergangsnetzwerk beschrieben werden.
Diese Diskussion führt zu der allgemeineren Frage, welche Rolle Grammatiken – speziell Phrasenstruktur und Transformationsgrammatiken – in psychologischen Modellen spielen sollten. Ausführlich wird diese Frage von FODOR et al. (1974) und in HALLE, BRESNAN und MILLER (1978) behandelt. Einige Experimente zur Prüfung psychologischer Realität wurden oben schon erwähnt.

3.2 Textgrammatiken

Die Verwendung von Grammatiken als Hilfsmittel psychologischer Theorienbildung ist nicht auf Sätze beschränkt geblieben, sondern auf zusammenhängende Texte ausgedehnt worden. Mitte der siebziger Jahre gab dies in der Psychologie einen Anstoß zur Untersuchung von Lese- und Verstehensprozessen bei zusammenhängenden Geschichten.

In der Linguistik wurden Textgrammatiken von LAKOFF (1972) formuliert. Als psychologische Modelle wurden sie von RUMELHART (1975), THORNDYKE (1977) und VAN DIJK (1977) vorgeschlagen. Diese Vorschläge beruhen auf der Annahme, daß Personen von dem Aufbau, der Struktur von Geschichten eine recht feste Auffassung haben. Diese durch eine Grammatik beschreibbare Vorstellung ermöglicht dem Leser oder Hörer einer Geschichte die Einordnung einzelner Ereignisse in eine z.T. vorgegebene Struktur. Das hat einen doppelten Effekt. Einerseits erleichtert es im Wechselspiel von Erwartung und Einordnung das Verstehen von Geschichten. Zum Zweiten ergibt sich zugleich eine Struktur für die Gedächtnisrepräsentation, d.h. für das Behalten.

Als ein Beispiel wollen wir auf die von THORNDYKE (1977) publizierte Textgrammatik näher eingehen. Es handelt sich hierbei um eine der ersten, die in der Psychologie diskutiert wurden. Sie ist vergleichsweise einfach, aber typisch für den gesamten Ansatz. THORNDYKE hat seine Grammatik zunächst für den Texttypus der Fabel formuliert. Fabeln haben als Folge mündlicher Überlieferung meist eine recht feste Form, die sich wohl für eine Beschreibung durch eine Grammatik besonders gut eignet. Tabelle 3 enthält die Ersetzungsregeln der Textgrammatik nach THORNDYKE.

Tabelle 3: Textgrammatik nach THORNDYKE.

Regel Nummer	Regel		
(1)	Geschichte	→	Situation + Thema + Handlungsablauf + Lösung
(2)	Situation	→	Beteiligte + Ort + Zeit
(3)	Thema	→	(Ereignis)* + Ziel
(4)	Handlungsablauf	→	Episode*
(5)	Episode	→	Teilziel + Versuch + Ausgang
(6)	Versuch	→	Ereignis* Episode
(7)	Ausgang	→	Ereignis* Zustand
(8)	Lösung	→	Ereignis Zustand
(9)	Teilziel Ziel	→	erwünschter Zustand
(10)	Beteiligte Ort Zeit	→	Zustand

* ein(e) oder mehrere

Die erste Regel gibt an, daß eine Fabel aus einer Situation, d.h. einer Eingangsbeschreibung (englisch Setting), aus einem Thema, einer Episode und einer Lösung besteht. In der Eingangsbeschreibung werden Ort, Zeit und Beteiligte eingeführt. Durch das Thema wird das Hauptziel vorgegeben, das zusätzlich – wie Regel (3) angibt – durch ein oder mehrere Ereignisse motiviert sein kann. Der längste Teil der Geschichte besteht dann nach Regel (4) aus einem Teilziel, einem oder mehreren Versuchen, dieses Teilziel zu erreichen und der Konsequenz dieser Versuche (Ausgang). Regel (5) beschreibt einen Versuch als ein oder mehrere Ereignisse und eine Episode. Der Ausgang einer Episode besteht – nach Regel (6) – aus einem oder mehreren Ereignissen und einem Zustand. Die Lösung einer Geschichte ist ein Ereignis oder ein Zustand (Regel (7)). Teilziele und auch Ziele sind nach Regel (9) erwünschte Zustände. Diese Grammatik kann dazu dienen, einfache Geschichten zu strukturieren. Durch die Ersetzungsregeln ergibt sich eine hierarchische Struktur. Die Regeln (4) und (5) ermöglichen Einbettungen: Ein Versuch ist Teil einer Episode und eine Episode wiederum Teil eines Versuches. Auf diese Weise können mehrere Episoden und Versuche ineinandergeschachtelt werden.

Die Grammatik ist an Überlegungen angelehnt, wie sie in der Denkpsychologie *zum Problemlösen* durchgeführt werden. Beim Problemlösen ist ein Ziel vorgegeben und ein oder mehrere Lösungsversuche führen u.U. zum Erfolg. Das ist aber häufig nicht direkt möglich, sondern ein Ziel muß zugunsten eines Teilzieles zurückgestellt werden. Zur Erreichung des Teilzieles werden wieder Versuche unternommen, so daß sich auch hier eine Einbettung ergibt. Aus dieser Übereinstimmung zwischen Textgrammatik und Problemlösen resultiert, daß sich die Grammatik besonders für Geschichten eignet, in denen eine Person gegen widrige Umstände ein Ziel verfolgt.

Eine solche Geschichte, wie sie z.B. auch von THORNDYKE in Experimenten verwendet

wurde, ist die Geschichte «Der Bauer und sein störrischer Esel»:
(1) Es war einmal ein alter Bauer. (2) Der hatte einen störrischen Esel. (3) Eines Abends wollte der Bauer den Esel in seinen Stall bringen. (4) Zuerst zog der Bauer den Esel. (5) Aber der Esel rührte sich nicht. (6) Dann schob der Bauer den Esel. (7) Aber der Esel bewegte sich immer noch nicht. (8) Schließlich bat der Bauer seinen Hund, (9) daß er den Esel laut anbelle, (10) damit dieser vor Schreck in den Stall ginge. (11) Aber der Hund wollte nicht. (12) Da sagte der Bauer zur Katze, (13) daß sie den Hund kratzen solle, (14) damit dieser laut belle, (15) wodurch der Esel in den Stall gescheucht würde. (16) Aber die Katze antwortete: (17) «Ich werde gerne den Hund kratzen, (18) nur mußt Du mir etwas Milch geben.» ... usw.
Die Strukturierung der Geschichte erfolgt nun so, daß die Geschichte zunächst einmal in «gedankliche Einheiten» zerlegt werden muß. Eine gedankliche Einheit umfaßt in etwa eine *Aussage.* Diese Zerlegung ist in obiger Geschichte schon geschehen und durch die Numerierung angedeutet. Bei jeder der Einheiten ist dann zu entscheiden, um welche der grammatikalischen Kategorien es sich handelt. Sodann können die Ersetzungsregeln angewendet werden, um die hierarchische Struktur aufzubauen.
Abbildung 5 zeigt das Ergebnis für den oben zitierten Anfang der Geschichte. Wie eingangs erwähnt, wird von dieser Struktur angenommen, daß sie psychologische Realität besitzt, d.h. die Gedächtnisrepräsentation widerspiegelt. Es kommt eine weitere Annahme hinzu, nämlich daß Information, die weiter oben in der Hierarchie auftritt, für die Geschichte insgesamt wichtiger ist als weiter unten angesiedelte Information. Aus diesen Annahmen wurden Vorhersagen gemacht, die in Experimenten geprüft worden sind. So sollten z.B. Informationen aus oberen Teilen der Struktur besser behalten werden als aus unteren. Das hat sich im

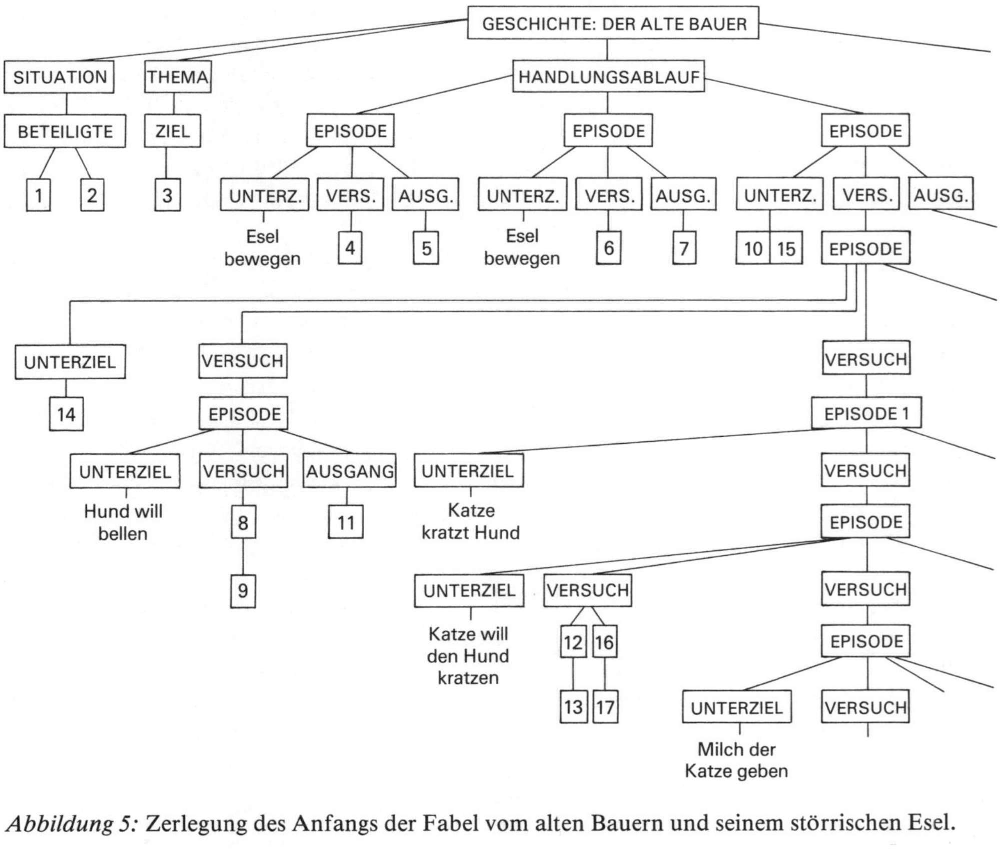

Abbildung 5: Zerlegung des Anfangs der Fabel vom alten Bauern und seinem störrischen Esel.

Prinzip in Experimenten von THORNDYKE auch gezeigt. RUMELHART (1975) fand, daß weiter oben angesiedelte Einheiten in Zusammenfassungen häufiger auftraten als Einheiten aus tieferen Teilen der Hierarchie. Das wurde ebenfalls als Unterstützung der Theorie betrachtet. Als Kritiker der Geschichtsgrammatiken ist hauptsächlich WILENSKY zu nennen (BLACK & WILENSKY, 1983; WILENSKY, 1983). Nach seiner Auffassung sind Sätze und Geschichten völlig verschiedene sprachliche Einheiten. Geschichten sind in ihrer Struktur nicht so festgelegt wie Sätze. Einer Geschichte entspräche eine mentale Struktur, die keineswegs den strengen Regeln einer Grammatik folgt.

Andere Autoren sehen den Gegensatz nicht so scharf. Es ist sicherlich so, daß der Erklärungswert von Geschichtsgrammatiken eine zeitlang überschätzt wurde. Viele Dinge, wie etwa Inferenzen beim Lesen, werden von ihnen nicht erfaßt. Zur Erklärung solcher Prozesse, bei denen auch semantische Dinge eine Rolle spielen, sind Konzepte wie etwa das *Skript* SCHANK und ABELSON (1977) angemessener. Globale Strukturen werden von den Grammatiken aber offensichtlich gut erfaßt.

4. Methoden der Wissensrepräsentation

In den vergangenen zehn, fünfzehn Jahren ist die Frage der Simulation psychischer Prozesse durch elektronische Rechner zunehmend aktuell geworden. Einige Aspekte hiervon werden in diesem Kapitel besprochen.

Besonders wichtig dabei ist die Frage der mentalen Repräsentation von Wissen (vgl. auch Kapitel 3, Gedächtnis und Wissen), wobei semantische Netze, Produktionssysteme und konnektionistische Modelle zur Sprache kommen. Dann wird eine der bekanntesten Theorien, die ACT-Theorie von ANDERSON (1983), dargestellt. Kurz wenden wir uns auch der Frage zu, wieweit es überhaupt möglich ist, menschliches Verhalten auf dem Rechner zu simulieren, bzw. welchen Stellenwert die Simulation innerhalb der psychologischen Theorienbildung hat.

Betrachtet man Programme, die «intelligentes Verhalten» zeigen, so kann man sie danach unterscheiden, ob sie explizit psychische Prozesse nachahmen wollen oder nicht. Schachprogramme z. B. sind zumeist konzipiert, um möglichst gut spielen zu können, ohne daß beabsichtigt ist, menschliches Spielen zu simulieren. Im Gegensatz dazu war etwa der General Problem Solver (NEWELL & SIMON, 1972) ein Programm, mit dem menschliches Problemlöseverhalten möglichst genau nachgeahmt werden sollte. Solche Simulationsprogramme sind für die psychologische Theorienbildung von besonderem Interesse.

Theorien über intelligentes Verhalten befassen sich mit dem *Erwerb von Wissen,* der *Repräsentation von Wissen* im Gedächtnis, dem *Wiederfinden von Inhalten, Veränderungen des Behaltenen* und der *Anwendung von Kenntnissen.* Diese Aufzählung macht deutlich, daß zwei Aspekte voneinander unterschieden werden können, eine Datenbasis einerseits und darauf arbeitende Prozesse andererseits. In dieser Redeweise wird die sog. *Rechnermetapher* deutlich. Hiermit ist die vermutete Analogie zwischen kognitiven Vorgängen und Prozessen auf digitalen Rechnern gemeint. Inwieweit diese Analogie berechtigt ist, ob sie fruchtbar ist, wo ihre Grenzen liegen, ob sie zu einer einseitigen Sichtweise führt, sind aktuell diskutierte Fragen. Es ist jedenfalls offensichtlich, daß die Rechnermetapher die kognitive Psychologie der letzten Jahre entscheidend beeinflußt hat.

Psychologische Theorien unterscheiden zwischen einer Wissensbasis und damit arbeitenden Prozessen. Dies entspricht der Unterscheidung von Struktur und Prozeß oder zwischen *deklarativem und prozeduralem Wissen.*

Bei experimentellen Überprüfungen der Theorien muß man sich darüber im klaren sein, daß im Experiment immer beides untersucht wird, sowohl die Struktur als auch ein Prozeß. Es ist nicht möglich, das eine ohne das andere zu erfassen.

Als wichtigste Formen der Wissensrepräsentation haben sich in psychologischen Modellen die *semantischen Netzwerke,* die *Produktionssysteme* und *konnektionistische Modelle* herausgestellt. Darüberhinaus wird auch immer wieder die Frage aufgeworfen, inwieweit *analoge Repräsentationsformen* eine Rolle spielen. Explizit formulierte Theorien hierzu gibt es jedoch erst in Ansätzen (vgl. z. B. Kosslyn, 1981).

4.1 Semantische Netze

Semantische Netze erstellt man aus Aussagen über einen Sachverhalt. Häufig geht man von einer Zerlegung von Sätzen aus. Die Sätze werden dabei in gedankliche Einheiten, die *Propositionen,* zerlegt. Eine Proposition ist die kleinste, in einem Satz auftretende Wissenseinheit, von der gesagt werden kann, ob sie wahr oder falsch ist. Ihr kann ein Wahrheitswert zugeordnet werden. Von der Phrase «Der Ball ist rund» kann man, je nach Umständen sagen, ob sie wahr oder falsch ist. Dies trifft auf die Wortkombination «Der Ball» nicht zu. Natürlich kann diese, je nach Kontext, als Abkürzung für eine ausführlichere Äußerung stehen. Aber dies ist hier nicht gemeint.

Die propositionale Analyse soll nun an einem Beispiel erläutert werden. Betrachten wir den Satz:

Peter kaufte den alten Tennisschläger von seiner Freundin Irina, die ihn nicht mehr brauchte. (1)

Der Inhalt dieses Satzes wird als erstes in Teilsätze umformuliert:

Peter kaufte den Tennisschläger von Irina. (2)
Der Tennisschläger war alt. (3)
Irina ist Peters Freundin. (4)
Irina braucht den Tennisschläger nicht. (5)

Diese Sätze geben den Inhalt von Satz (1) wieder. Man kann bei keinem von ihnen den Wahrheitswert verändern, ohne einen Widerspruch zu Satz (1) zu erzeugen. Die Sätze (2) bis (5) entsprechen zugrundeliegenden Propositionen. Die Sätze sind nicht die Propositionen selbst. Als Propositionen werden die dahinterstehenden, durch den Satz ausgedrückten Inhalte bezeichnet. In Philosophie und Linguistik gibt es noch etwas unterschiedliche Definitionen des Begriffs «Proposition», worauf jetzt nicht eingegangen werden soll.

Um den Unterschied zwischen einer Proposition und dem sie beschreibenden Satz zu verdeutlichen, verwendet man oft noch eine andere Schreibweise. Eine Proposition besteht immer aus Elementen wie Personen und Objekten, von denen angegeben wird, daß sie in einer bestimmten Relation zueinander stehen. Eine Proposition ist daher eine Angabe der *Relation* zwischen *Argumenten.* Die Relation in einem Satz wird häufig durch das Verb dargestellt. Die Schreibweise zur Bezeichnung einer Proposition besteht dann darin, daß man zunächst das Verb hinschreibt und dahinter in Klammern die Liste der Argumente aufführt. Für die obigen Sätze ergibt sich:

Kaufen (Peter, Tennisschläger, Irina, Vergangenheit) (6)
Ist (Tennisschläger, alt) (7)
Nicht (brauchen [Irina, Tennisschläger]) (8)
Freundin-von (Irina, Peter) (9)

Die Reihenfolge der Argumente ist für jedes Verb festgelegt und hat eine bestimmte Bedeutung. Für das Verb «Kaufen» z. B. ist das erste Argument der Käufer, das zweite ist das erworbene Objekt, das dritte der Verkäufer und das vierte der Zeitpunkt des Kaufs. Einige der Argumente sind obligatorisch. Sie müssen beim Gebrauch des Verbs angegeben werden. Andere, bei Kaufen z. B. der Verkäufer, sind fakultativ. Sie können, aber müssen nicht angegeben werden.

Semantische Netze dienen dazu, Propositionen und vor allen Dingen die Zusammenhänge zwischen ihnen zu veranschaulichen. Ein semantisches Netz besteht aus Knoten und Kanten. Die Knoten stellen die Propositionen und ihre Argumente dar. Die Kanten entsprechen den Beziehungen dazwischen. Abbildung 6 zeigt das semantische Netz, das dem Satz (1) entspricht.

Jede Proposition ist in dem Netz als ein Knoten wiedergegeben. Über die *Relation-Kante* ist jeder dieser Knoten mit dem Verb verbunden, das die Relation der jeweiligen Proposition ist. Ein weiterer, damit verbundener Knoten hat keine Bezeichnung. Solche Knoten stehen für ein spezielles Exemplar einer allgemeinen Klasse. Zum Beispiel Irinas Tennisschläger ist durch einen solchen Knoten dargestellt, der mittels der «ist ein»-Kante mit dem allgemeinen Konzept für Tennisschläger verbunden ist. Der Knoten mit der Bezeichnung «Tennisschläger» steht für das allgemeine Konzept eines Tennisschlägers. Man nennt diesen Knoten auch den

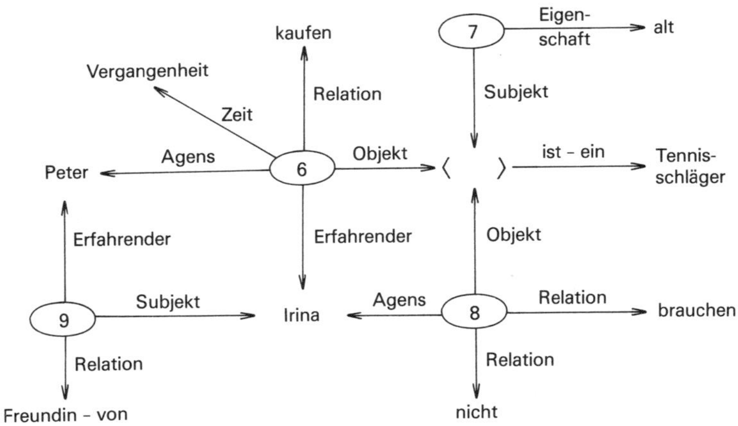

Abbildung 6: Beispiel für ein propositionales Netz.

Primärknoten. Der spezielle Knoten, der für Irinas Schläger steht, wird *Sekundärknoten* genannt. Diese Unterscheidung ist notwendig, weil man sonst eine Modifikation an speziellen Exemplaren nicht vornehmen könnte, ohne zugleich auch das allgemeine Konzept zu modifizieren.

Die Beschriftungen der Kanten entsprechen der von FILLMORE (1968) vorgeschlagene *Kasusgrammatik.* Jedes Verb hat darin eine gewisse Menge von Fällen. Ein Fall gibt jeweils die Rolle an, welche von dem eingesetzten Argument eingenommen wird. Peter etwa ist der *Handelnde* oder wie FILLMORE es ausdrückt der Agent. Der Tennisschläger ist das Objekt und Irina eine eher passive Teilnehmerin, für die Fillmore die Bezeichnung Erfahrender (engl. experiencer) verwendet. Sodann gibt es die Relation «ist ein», welche die Klassenzugehörigkeit anzeigt. Schließlich ist auch vorgesehen, zwischenmenschliche Beziehungen wie «Freundin-von» als eine beschriftete Kante in dem Netz darzustellen.

Die vorgestellte Zerlegung des Satzes und die Überführung in ein semantisches Netz orientiert sich an ANDERSON (1980). Er gibt einige Regeln an, nach denen man einen Satz in ein semantisches Netz umformen kann:

1. Suche alle Ausdrücke, die Relationen entsprechen, wie Verben und Adjektive oder Präpositionen.
2. Notiere für jede Relation einen einfachen Satz, der die Relation und alle zugehörigen Argumente umfaßt. Jeder dieser Sätze entspricht einer Proposition.
3. Zeichne für jede Proposition einen Knoten (eine Ellipse).
4. Zeichne für jede Relation eine Ellipse, schreibe die Bezeichnung der Relation hinein, verbinde den Propositionsknoten mit dem Relationsknoten und schreibe «Relation» an die Kante.
5. Trage für jedes Argument einer Proposition einen Knoten ein. Wenn dasselbe Argument in mehreren Propositionen auftritt, erhält es nur einen Knoten und wird mit jeder der entsprechenden Propositionen durch eine Kante verbunden. Dabei muß zwischen Primär- und Sekundärknoten unterschieden werden.
6. Beschrifte jede Kante mit der zugehörigen semantischen Bezeichnung wie Agent, Objekt, Erfahrender, Ort, Zeit, usw.
7. Zeichne das Netzwerk neu, um es übersichtlicher zu machen.

Die eben dargestellte propositionale Zerlegung und die Übertragung in ein semantisches Netz sind nicht die einzig möglichen. Verschiedene Autoren verwenden meistens unterschiedliche Versionen. Es dürfte aber kaum möglich sein zu entscheiden, welche Version die richtige ist. Deshalb werden propositionale Netze meist eher als eine Art Handwerkszeug zur Darstellung von Wissen betrachtet.

Hauptvorteil semantischer Netze ist die Darstellung mehrstelliger Relationen, wie sie z.B. komplexen Verben entsprechen. Dadurch wird sehr einsichtig gemacht, in welchen Beziehungen die beteiligten Konzepte zueinander stehen. Die einem Text innewohnende Struktur wird dadurch besonders deutlich.

Ein weiterer Vorteil semantischer Netze liegt in der sog. *Vererbungseigenschaft*. Semantische Netze eignen sich insbesondere, hierarchische Strukturen wie z.B. Oberbegriffs-Unterbegriffsbeziehungen darzustellen. Wenn einem Oberbegriff eine bestimmte Eigenschaft zugeschrieben und im semantischen Netz entsprechend eingetragen wird, ist es für ein Programm leicht möglich festzustellen, daß diese Eigenschaft auch für den Unterbegriff gilt. Die Eigenschaft vererbt sich sozusagen. Im Modell könnte z.B. eingetragen sein, daß Vögel Federn haben. Diese Eigenschaft muß dann beim Kanarienvogel nicht extra vermerkt sein. Die Vererbungseigenschaft erlaubt den Schluß: Wenn Vögel Federn haben und ein Kanarienvogel ein Vogel ist, dann hat ein Kanarienvogel Federn.

Semantische Netze sind in mehreren psychologischen Theorien verwendet worden. Einer der ersten, größeren Versuche in dieser Richtung war die Theorie des semantischen Gedächtnisses von QUILLIAN (1968), COLLINS und QUILLIAN (1969) und ihre Weiterentwicklung von COLLINS und LOFTUS (1975) (vgl. Kapitel 3, Gedächtnis und Wissen).

Viel Beachtung fanden dann die Theorien von ANDERSON und BOWER (1973), KINTSCH (1974) sowie NORMAN, RUMELHART und LNR (1975), in denen ebenfalls semantische Netze verwendet wurden. Die Theorie von ANDERSON und BOWER ist von ANDERSON (1976, 1983) weiterentwickelt worden. Auf sie wird unten noch eingegangen werden. Bezüglich empirischer Untersuchungen zu semantischen Netzen sei insbesondere auf die Veröffentlichungen von ANDERSON (1976) und KINTSCH (1974) hingewiesen.

Semantische Netze als Bestandteil kognitiver Theorien haben aber auch ihre Grenzen als Modell. Will man mehr als nur einen kleinen Wissensauschnitt repräsentieren, werden semantische Netze schnell sehr groß und unhandlich. Ferner ist die Darstellung kontinuierlicher Größen wie der Zeit oder der räumlichen Ausdehnung oft nicht befriedigend. Schließlich ist nicht immer offensichtlich, wie manche sprachlichen Feinheiten darzustellen sind. Das folgende Beispiel ist einer Untersuchung von ORTONY (1979) entnommen. Den Satz

«Vorlesungen sind wie Schlaftabletten.»

wird man – je nach Standpunkt – als Metapher akzeptieren können. Die Umkehrung hingegen:

«Schlaftabletten sind wie Vorlesungen.»

wird von den meisten wohl als unzutreffend abgelehnt. Die unmittelbare Übertragung in ein semantisches Netz würde in beiden Fällen etwa eine «ist-wie»-Kante ergeben und damit den subtilen Unterschied nicht aufdecken. Um das zu können, müßte in die Übersetzung des jeweiligen Satzes mehr Kontext einbezogen werden, als bisherige Theorien zu erfassen vermögen. Dies Beispiel verdeutlicht, daß das Verstehen eines Satzes nicht einfach die Überführung des Satzes in ein semantisches Netz sein kann. Damit ist natürlich auch nicht bewiesen, daß semantische Netze untauglich sind. Es muß jedoch vor zu einfachen Vorstellungen gewarnt werden.

Manche Autoren bezweifeln überhaupt, daß semantische Netzwerke zum Aufbau psychologischer Theorien geeignet sind. Hierzu gehört JOHNSON-LAIRD, der sagt, daß der empirische Gehalt semantischer Netzwerke unklar sei (JOHNSON-LAIRD, 1980; 1983; JOHNSON-LAIRD, HERRMANN & CHAFFIN, 1984). Erstens wäre die Darstellungsform semantischer Netzwerke so variabel, daß damit (nahezu) jede beliebige Information darstellbar ist. Zweitens sei nicht klar, ob spezifische, empirisch prüfbare Vorhersagen ableitbar sind, die es erlauben, semantische Netze gegenüber anderen Repräsentationsformen abzugrenzen. Man kann den empirischen Gehalt semantischer Netze kaum prüfen, wenn man nicht in der Lage ist, Einschränkungen für die mit den Netzen arbeitenden Prozesse anzunehmen. Diese Fragen sind noch nicht genügend bearbeitet worden.

4.2 Produktionssysteme

Als wichtigstes Modell zur Repräsentation *prozeduralen Wissens* gelten die Produktionssysteme (NEWELL, 1973). Das sind Rechnerprogramme, die in vielen psychologischen Anwendungen kognitive Prozesse simulieren sollen (KLAHR, LANGLEY & NECHES, 1987; vgl. auch Kapitel 4, Denken). Ein Produktionssystem besteht meist aus drei Teilen: Einer Menge von Produktionsregeln oder Produktionen, einer Datenbasis und einem Interpreter (vgl. Opwis, 1988).

Die *Produktionen* haben alle die Form einer Wenn-Dann-Anweisung. Ein alltägliches Beispiel für eine Produktion wäre etwa:

«Wenn der Wecker klingelt, dann drücke auf den Knopf.»

Die linke Seite, den Wenn-Teil, nennt man die Bedingung und die rechte Seite, den Dann-Teil, die Aktion. Beim Lauf des Programms wird für jede Produktion geprüft, ob ihre Bedingung erfüllt ist. Wenn die Bedingung zutrifft, wird die rechte Seite, d.h. die Aktion ausgeführt.

Die *Datenbasis* enthält die Informationen, die von den Produktionen bearbeitet werden. Dies geschieht in zweifacher Hinsicht. Zum Einen beziehen sich die Wenn-Bedingungen auf die Datenbasis. Das heißt, mit der Wenn-Bedingung der Produktionen wird geprüft, ob die Datenbasis zu diesem Zeitpunkt eine bestimmte Information enthält. Zum Zweiten arbeiten gegebenenfalls auch die Aktionen auf der Datenbasis. Wird eine Produktion ausgeführt, so kann z.B. in der Datenbasis eine Veränderung vorgenommen werden. Eine solche Veränderung kann in dem Hinzufügen oder in dem Entfernen von Informationen bestehen.

Wenn Produktionssysteme zur Repräsentation kognitiver Prozesse verwendet werden, dann wird die Datenbasis meist mit dem Gedächtnis identifiziert. Zum Beispiel bei einem Modell zur Darstellung von Suchprozessen im Kurzzeitgedächtnis (vgl. Anderson, 1976, S.92) entspricht die Datenbasis den Inhalten des Gedächtnisses. Je nach Inhalt des Kurzzeitgedächtnisses werden Entscheidungen getroffen, Antworten abgegeben und auch Veränderungen im Kurzzeitgedächtnis vorgenommen.

Der *Interpreter* kontrolliert den Ablauf des Systems. Er entscheidet, welche Produktionen anwendbar, d.h. für welche die Bedingungen erfüllt sind. Ist mehr als eine Produktion anwendbar, muß der Interpreter die Reihenfolge festlegen, wozu Regeln zur sog. Konfliktlösung eingebaut werden müssen.

Produktionssysteme arbeiten zyklisch. Jeder Durchgang hat dabei drei Bestandteile: Prüfen der Bedingungen, Konfliktlösung und Ausführung der Produktion. Typischerweise können durch die Aktionen einiger der Produktionen die Bedingungen für andere verändert werden. Auf diese Weise können sich sehr komplexe Abläufe ergeben. Das Ganze kommt erst zum Halten, wenn z.B. die Bedingung für eine Produktion mit der Aktion «STOP» eingetreten ist.

Ob ein Produktionssystem eine vorgegebene Aufgabe löst, läßt sich nicht immer leicht entscheiden. Selbst bei Produktionssystemen, die nur aus wenigen Produktionen bestehen, ist das meist nicht durch bloßes Betrachten festzustellen. Wegen der Vielfalt der Möglichkeiten ist es nach kurzer Zeit schwierig zu sagen, welche Bedingungen gerade vorliegen und welche Produktionen demgemäß zur Anwendung gelangen. Es kommt hinzu, daß man diese Überlegungen von verschiedenen Startwerten ausgehend durchführen muß, um das Verhalten des Produktionssystems einigermaßen beurteilen zu können. Daher ist es angebracht, ein Produktionssystem durch Simulationsläufe unter möglichst vielen, unterschiedlichen Bedingungen zu testen.

Als ein Mittel zur Wissensrepräsentation haben Produktionssysteme einige Eigenschaften, die sie von anderen Formen unterscheiden. Es ist z.B. einfach, ein System zu verändern, indem man eine Produktion hinzufügt oder entfernt. In diesem Sinne ist jede Produktion eigenständig. Im Gegensatz dazu kann man bei irgendeinem anderen Programm nicht ohne weiteres etwa eine Programmzeile entfernen, ohne daß dann möglicherweise das Programm syntaktisch fehlerhaft wird. Diese Eigenschaft der Produktionssysteme bezeichnet man als *Modularität.* Hinzufügen oder Entfernen einer Produktion verändert meist das Verhalten des Systems. Insbesondere bei etwas größeren Systemen ist es dann schwierig, die Veränderung im einzelnen vorherzusagen.

Als eine weitere positive Eigenschaft der Produktionssysteme gilt ihre *Uniformität.* Das heißt, Produktionen sind immer nach dem gleichen Wenn-Dann-Prinzip konstruiert. Daher sind einzelne Produktionen leicht verständlich. Auch scheint es so, als ob für viele Bereiche die Wenn-Dann-Form eine natürliche Art der Beschreibung sei. Das Fehlen einer expliziten inneren Struktur ist ein Nachteil mancher Produktionssysteme. Dadurch kann die Arbeitsweise ineffektiv werden, z.B., wenn bei jedem

Zyklus alle Produktionen durchlaufen und geprüft werden. Im Zusammenhang damit steht auch die schon angesprochene Undurchsichtigkeit von Produktionssystemen. Jede einzelne Produktion kann zwar gut verständlich sein, es wird aber mühselig, den Fluß der Kontrolle, d.h. die Reihenfolge, in der die Produktionen feuern, bei etwas größeren Systemen festzustellen.

4.3 Die Theorie von Anderson: ACT*

Ein umfassendes Modell zur Repräsentation kognitiver Prozesse wurde von ANDERSON entwickelt und im Laufe der Zeit immer wieder verändert. Eine erste Fassung erschien in ANDERSON und BOWER (1973). In ANDERSON (1976) folgte eine wesentliche Revision. Die derzeit neueste, publizierte Fassung liegt in ANDERSON (1983) vor.

ANDERSON unterscheidet ein deklaratives und ein prozedurales Gedächtnis. Das deklarative hat die Form eines semantischen Netzes, und das prozedurale ist ein Produktionssystem. Das semantische Netz besteht aus miteinander verbundenen Wissenseinheiten. Jede Wissenseinheit kann aus bis zu fünf Elementen zusammengesetzt sein. Zum Beispiel die Einheit «Restaurant» könnte aus den Bestandteilen «Hineingehen und Platznehmen», «Bestellen», «Essen» und «Bezahlen und Verlassen» bestehen. Jedes dieser Elemente kann wiederum seinerseits mit einer Wissenseinheit verknüpft sein, die auch wieder aus mehreren Teilen besteht. So kann z.B. «Bestellen» in entsprechende Aktivitäten zerlegt sein. Auf diese Weise ergibt sich ein semantisches Netz, in welches hierarchische Strukturen eingebettet sind.

Jede Wissenseinheit – jeder Knoten im Netz – hat eine veränderliche Stärke und ein ebenfalls variables Aktivationsniveau. Ein bestimmter Fakt kann sehr fest, d.h. mit großer Stärke im langfristigen Gedächtnis verankert sein. Zu einem gegebenen Zeitpunkt ist dieser Fakt jedoch mehr oder weniger präsent. Dementsprechend hat der zugehörige Knoten eine höhere oder niedrigere Aktivität, die auch Null sein kann.

Quelle der Aktivation sind Wissenseinheiten, die sich zu einem gegebenen Zeitpunkt in einem Arbeitsgedächtnis befinden. Es gibt mehrere Bedingungen, die zur Aufnahme einer Wisseneinheit ins Arbeitsgedächtnis führen. So kann es die Konsequenz einer Wahrnehmung sein, daß eine Einheit ins Arbeitsgedächtnis aufgenommen wird. Ferner kann die Anwendung bestimmter Produktionen aus zielgerichteten Such- oder Konstruktionsprozessen bestehen, deren Folge ebenfalls die Aufnahme einer Wisseneinheit ins Arbeitsgedächtnis ist. Befindet sich eine Einheit im Arbeitsgedächtnis, so hat sie eine gewisse Wahrscheinlichkeit, ins langfristige Gedächtnis übertragen zu werden. Ist sie bereits im langfristigen Gedächtnis vorhanden, so erhöht sich dort ihre Stärke. Das heißt, die Stärke einer Wisseneinheit im langfristigen Gedächtnis ist abhängig von der Häufigkeit des Gebrauchs.

Solange ein Element im Arbeitsgedächtnis ist, stellt es eine Aktivationsquelle dar. Wird das Element im folgenden nicht mehr beachtet, so nimmt seine Aktivität ab. Eine Ausnahme bildet ein sog. Zielelement im Arbeitsgedächtnis. Dieses repräsentiert das unmittelbare, nächstliegende Ziel einer Person. Ein Zielelement ist eine ständige Aktivationsquelle.

Die Aktivation breitet sich im semantischen Netz aus. Die Veränderung der Aktivation eines Knotens hängt dabei von der Stärke der anliegenden Knoten und der Aktivation der benachbarten Knoten ab. Ein gegenläufiger, zeitabhängiger Abschwächungsprozeß sorgt dafür, daß die Aktivation im Netz nicht ständig zunimmt. Diese Vorgänge beschreibt ANDERSON genauer durch ein mathematisches Modell.

Die wesentlichen verändernden Prozesse im System stellt ANDERSON durch ein Produktionssystem dar. Die Auswahl der Produktionen zur Anwendung wird durch mehrere Mechanismen gesteuert. Es gibt einen *Muster-Vergleichs-Prozeß,* der prüft, ob die Bedingung einer Produktion mit einem Teil des deklarativen Gedächtnisses übereinstimmt. Es hängt von der Aktivation der betroffenen Knoten ab, wie schnell dieser Vergleich ausgeführt wird.

Jede Produktion besitzt außerdem eine bestimmte Stärke. Diese Stärke wächst mit jeder erfolgreichen Anwendung der Produktion. Die Aktivation einer Produktion beschleunigt ebenfalls den Muster-Vergleichs-Prozeß zur

Prüfung ihrer Bedingung. Schließlich enthalten manche Produktionen in ihrer Bedingung ebenfalls ein Ziel. Wenn dieses Ziel mit dem Zielelement im Arbeitsgedächtnis übereinstimmt, kommt die Produktion bevorzugt zur Anwendung.

Dies vergleichsweise komplizierte System ANDERSONS konnte hier nur im Überblick geschildert werden. In ANDERSON (1983) ist es genauer dargestellt. Er hat in seine Konzeption viele Ergebnisse und Überlegungen der derzeitigen Kognitiven Psychologie integriert. Viele Konzepte, und insbesondere ihr Zusammenwirken, sind aber noch nicht ausreichend empirisch geprüft. Insofern sind in den nächsten Jahren hier weitere Modifikationen zu erwarten.

ANDERSON hat in sein Modell einen weiteren Aspekt aufgenommen, der von psychologischem Interesse ist. Dies wird als Erlernen kognitiver Fähigkeiten oder auch als *Prozeduralisierung von Wissen* bezeichnet. Ähnlich wie das Erlernen motorischer Fertigkeiten durch Übung führt wiederholte Ausführung kognitiver Operationen zu einer Automatisierung oder Prozeduralisierung. Wer beispielsweise längere Zeit mit dem Betriebssystem eines Rechners gearbeitet hat, wird im Umgang mit dem System im Laufe der Zeit automatisierte Handlungsabfolgen erwerben.

Ein anderes Beispiel ist das Autofahren, daß anfänglich viel kognitive Kapazität erfordert. Im Laufe der Zeit wird es aber so automatisiert (prozeduralisiert), daß man etwa nebenbei Unterhaltungen führen kann.

Die Frage ist, wie diese Veränderung des Wissens im Modell dargestellt werden kann. ANDERSON nimmt an, daß das Wissen zunächst deklarativ im semantischen Netz repräsentiert ist. Mit fortschreitender Übung werden Teile des Wissens in die Form von Produktionen gebracht. Sie wechseln vom deklarativen in das prozedurale Gedächtnis. Weiter fortschreitende Übung führt zu weiterer Automatisierung, die im wesentlichen durch zwei Veränderungen beschrieben werden. Wenn mehrere, zunächst getrennte Produktionen häufig in derselben Reihenfolge ausgeführt wurden, werden sie zusammengefaßt. Das heißt, es müssen nicht mehr die einzelnen Bedingungen geprüft und alle Aktionen ausgeführt werden, sondern es wird nur einmal geprüft, und die Aktionen folgen automatisch, wobei evtl. überflüssige Zwischenschritte weggelassen werden. Diese Zusammenfassung von Prozeduren nennt ANDERSON «*Komposition*».

Die zweite Veränderung nennt er «*Prozeduralisierung*». Sie besteht darin, daß im Bedingungsteil einer Produktion evtl. vorhandene Variablen durch eine Konstante ersetzt werden. Nehmen wir als Beispiel das Filmeinlegen in eine Kamera. Dabei ist es notwendig, den Film soweit aus der Patrone herauszuziehen, daß man ihn in die dafür vorgesehene Spule einfädeln kann. Dazu mag anfangs eine Prozedur erforderlich sein, die prüft, ob das herausgezogene Ende des Films bereits bis zur Spule reicht. Die Länge des herausgezogenen Filmteils ist die Variable, die immer geprüft werden muß. Mit zunehmender Übung «hat man es dann schon im Griff», wieweit man den Film herausziehen muß. In die entsprechende Produktion ist die erforderliche Länge als Konstante aufgenommen worden. Eine zusätzliche Prüfung entfällt. Dadurch läuft der ganze Vorgang schneller ab, ist aber nicht mehr direkt bei einer anderen Kamera mit anderen Maßen anwendbar.

Die beiden von ANDERSON vorgeschlagenen Veränderungen des Produktionssystems sind durchaus plausibel, die Theorienbildung steckt hier aber noch in den Anfängen.

Zum Abschluß wollen wir uns der Frage zuwenden, inwieweit es für die Psychologie sinnvoll ist, sich der Technik der Simulation zu bedienen. Diese Frage ist kontrovers diskutiert worden, seit es die ersten Versuche zur Simulation gegeben hat.

Eine Frage ist, durch welche Methode überprüft und nachgewiesen werden kann, ob der Rechner tatsächlich menschliches Verhalten genügend genau nachahmt.

Bei der ersten Frage begrenzt man sich auf eng umschriebene Inhalte und vergleicht hier das Verhalten von Personen mit dem jeweiligen Simulationsprogramm. Ein empirischer Zugang hierzu ist die Methode des lauten Denkens, bei der die Vpn aufgefordert werden, während der Bearbeitung einer Aufgabe alles zu sagen, was ihnen währenddessen einfällt.

Die Methode des lauten Denkens ist mit Interpretationsschwierigkeiten verbunden. So weiß man nicht, ob die Person alles sagt, was sie denkt, und man weiß auch nicht, ob die Aufforderung zum lauten Denken die Denkvorgänge beeinflußt. Es gibt andere Versuche, ein ähnliches Ziel zu erreichen. Dazu gehört z. B. die Registrierung der Augenbewegungen beim Lesen, verbunden mit einem Simulationsprogramm, das die Bewegungen und ihre zeitliche Verteilung vorhersagt. Auch Messung der Augenbewegungen sind nicht ohne Interpretationsprobleme, denn man weiß nicht, ob ein Leser über genau das Wort nachdenkt, das er gerade fixiert.

Als eine weitere Möglichkeit benutzt man als Versuchsapparatur einen Rechner, der die Reaktionen der Vp sowie ihre zeitliche Verteilung über die Tastatur erfaßt. Ziel des Simulationsprogramms ist es dann, die Reihenfolge der Reaktionen und die dazwischen auftretenden Zeitintervalle vorherzusagen.

Inwieweit tragen nun Simulationen zur Theorienbildung bei? Von Kritikern wird ihnen vorgeworfen, daß sie häufig keine durchschaubare innere Struktur besitzen. Dies stünde im Gegensatz zu axiomatisch aufgebauten Theorien, in denen Herleitungen von Sätzen tieferen Einblick in die Zusammenhänge ermöglichen. Vermutlich hängt das mit der Entwicklung von Simulationsprogrammen zusammen. Wenn ein Programm an irgendeiner Stelle nicht das gewünschte Ergebnis bringt, dann werden ad hoc Veränderungen vorgenommen, bis das erwünschte Ergebnis erreicht ist. Sind solche Veränderungen häufiger vorgenommen worden, ist es schwer, die theoretische Signifikanz zu bestimmen.

Dem wird von Anhängern der Simulationstechnik entgegengehalten, daß dies keineswegs immer so sei, sondern daß Veränderungen im Programm theoriegeleitet vorgenommen würden. Das Mindeste, was eine Simulation leiste, wäre eine Präzisierung der Theorie, die sonst oft eher vage formuliert sei. Ferner würde eine Simulation die Realisierbarkeit einer Theorie zeigen, und sie wäre ein gutes Instrument, um zuvor noch nicht erkannte Widersprüche aufzudecken. Dieser letztere, eher pragmatische Standpunkt scheint in letzter Zeit zunehmend die Oberhand zu gewinnen.

In diesem Zusammenhang sei ganz kurz auf zwei weitere, grundsätzlichere Diskussionen verwiesen. In einer zwischen FODOR (1978) und JOHNSON-LAIRD (1978) über die prozedurale Semantik geführten Kontroverse wurde die Frage behandelt, ob durch eine Repräsentation in Form eines Programms die Bedeutung von Wörtern überhaupt erfaßt werden kann. FODOR sagt, daß dies gar nicht der Fall sei. Es handele sich lediglich um eine Wiedergabe in einer anderen Sprache.

DREYFUS und DREYFUS (1986) sowie SEARLE (1984) bringen ebenfalls grundsätzliche Argumente gegen den Versuch vor, kognitive Prozesse durch Simulationsprogramme zufriedenstellend zu beschreiben. HOFSTADTER (1982a, b) schließlich bezweifelt, daß Phänomene wie Kreativität und Bewußtsein durch Simulationen darstellbar wären.

4.4 Konnektionistische Modelle der Wissensrepräsentation

In den letzten Jahren ist eine Repräsentationsform entwickelt worden, die eine Alternative zu semantischen Netzen, Produktionssystemen und verwandten Ansätzen der Kognitiven Psychologie darstellt. Die neue Repräsentationsform unterscheidet sich von konventionellen Modellen durch *verteilte Speicherung* und *parallele Verarbeitung.*

In den konnektionistischen Modellen werden ebenfalls Netzwerke als Repräsentationsform gewählt. Diese sind jedoch dadurch charakterisiert, daß die Information nicht so sehr an die Knoten des Netzes, sondern an die sie verbindenden Kanten gebunden ist. Ein Konzept entspricht nicht, wie in einem semantischen Netz, einem Knoten, sondern ein Konzept entspricht einem Teilnetz. Daraus resultiert, daß semantische Netze und verwandte Repräsentationsformen eine *symbolische* Form der Informationsverarbeitung darstellen, wohingegen in konnektionistischen Modellen eine *nicht symbolische* Form möglich wird.

Die Kanten und Knoten des Netzes haben jeweils einen gewissen Aktivationsgrad und diese Aktivation breitet sich in dem Netz aus. In der von neuronalen Befunden angeregten Modellvorstellung geschieht diese Ausbreitung parallel in verschiedene Richtungen. Man spricht daher auch von *parallelen, distributiven Modellen.* In den bisher realisierten Programmen mußte die Parallelität aus technischen Gründen auf seriellen Rechnern simuliert werden. In jüngster Zeit hat jedoch die Entwicklung parallel arbeitender Rechner deutliche Fortschritte gemacht.

Die Vielzahl bisher vorgeschlagener Modellvarianten kann in diesem Kapitel nicht erschöpfend behandelt werden. Dazu sei auf das zweibändige Werk von RUMELHART und MCCLELLAND (1986) sowie MCCLELLAND und RUMELHART (1986) hingewiesen. Die grundlegenden Konzeptionen werden an einfachen Beispielen erläutert.

Ein konnektionistisches Modell basiert auf einer Menge von Elementen, die untereinander durch gerichtete und gewichtete Kanten verbunden sind. Die Elemente werden *Einheiten* (engl. *Units*) genannt. Jede Einheit hat ein gewisses *Aktivationsniveau.* Über die verbindenden Kanten beeinflußt ein Element die Aktivation benachbarter Elemente. Wie stark der Einfluß auf ein benachbartes Element ist, hängt von dem Gewicht der verbindenden Kante ab. Je größer das Gewicht, desto stärker der Einfluß. Das Gewicht einer Kante kann auch negativ sein, woraus ein *hemmender Einfluß* resultiert.

Die Annahmen sind in Abbildung 7 veranschaulicht. Darin sind zwei Einheiten i und j durch eine Kante mit dem Gewicht w_{ij} verbunden. Die Einheiten haben zu dem gegebenen Zeitpunkt die Aktivitäten y_i und y_j. Der von der Einheit i auf die Einheit j ausgeübte Einfluß ergibt sich aus dem Produkt der Aktivität von i und dem Gewicht der Kante: $y_i w_{ij}$. Auf die Einheit j wirkt jedoch nicht nur ein Einfluß von i, sondern möglicherweise auch noch von anderen Einheiten. Die diversen Einflüsse auf j müssen also kombiniert werden. Als Kombinationsregel kann man z. B. summieren:

$$x_j = \sum_i y_i w_{ij} - \theta_j .$$

Man nennt x_j auch den gesamten Input für j. θ_j ist dabei eine Schwelle der Einheit j. Dabei kann man auch so vorgehen, daß x_j gleich Null gesetzt wird, solange der Einfluß benachbarter Elemente auf die Einheit j kleiner als die Schwelle ist. Bleibt die Frage, wie sich der Input auf die Aktivation von j auswirkt. Viele Modelle verwenden hier die *logistische Funktion*:

$$y_j = 1/(1 + e^{-x_j}).$$

Diese Wahl ist im Wesentlichen durch angenehme mathematische Eigenschaften begründet. Die Funktion nimmt Werte zwischen Null und Eins an und ist überall stetig differenzierbar. Als eine Alternative kann man das Modell so formulieren, daß die Aktivitäten nur die Werte Null oder Eins annehmen können:

$$y_j = \begin{cases} 1 \text{ falls } x_j > \theta_j \\ 0 \text{ sonst.} \end{cases}$$

Um die Arbeitsweise konnektionistischer Modelle zu verdeutlichen und um einige ihrer wichtigsten Eigenschaften zu demonstrieren, wollen wir ein ganz einfaches Beispiel betrachten. Es handelt sich um ein Netzwerk, bei dem die Einheiten als Aktivationsgrad die Werte 1 oder 0 annehmen können und in dem auch die Gewichte an den Kanten entweder 1 oder 0 sind. Das Verhalten solcher Netze wurde von WILLSHAW (1981) beschrieben.

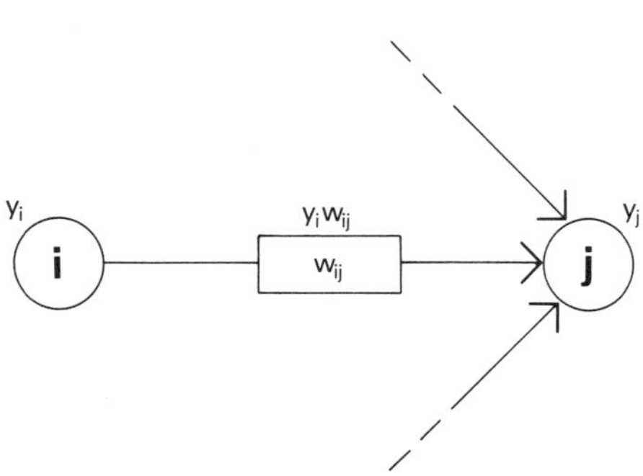

Abbildung 7: Veranschaulichung der Annahmen eines konnektionistischen Modells.

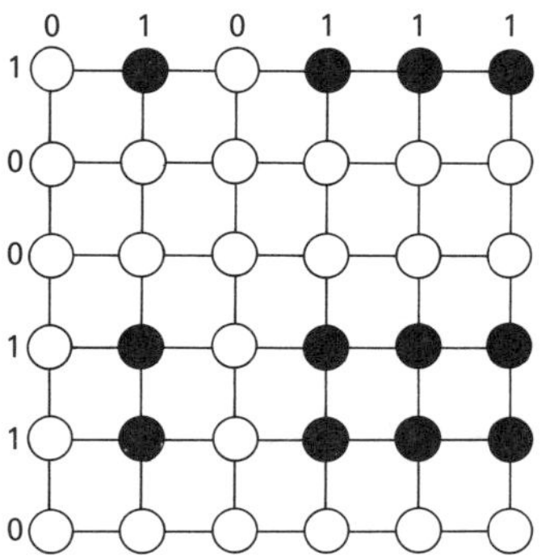

Abbildung 8: Ein einfaches konnektionistisches Modell. Ist das Gewicht einer Verknüpfung Eins, so ist der Kreis ausgefüllt, ist das Gewicht Null, so ist der Kreis offen.

Die Komponenten des Modells lassen sich in Gitterform anordnen, wie in Abbildung 8 geschehen. An den Zeilen und Spalten stehen die Elemente des Modells. In dem Beispiel sind es 6. Diese Elemente könnten die Repräsentation eines Reizes durch Komponenten - bzw. Features - darstellen. Ein Reiz würde also durch einen Vektor aus Nullen und Einsen repräsentiert. Eine Eins würde z.B. bedeuten, daß die entsprechende Komponente in dem Reiz vorhanden ist und eine Null würde für die Abwesenheit der Komponente stehen.

Zur Illustration der Funktionsweise des Modells nehmen wir an, daß ein Paarassoziationsexperiment vorliegt, in dem jeweils zwei Reize miteinander verknüpft werden sollen. Man kann dann den Zeilen und den Spalten des Gitters jeweils einen Vektor zuordnen, wobei die Vektoren zwei zu assoziierenden Reizen entsprechen. In Abbildung 8 ist den Zeilen ein Reiz A mit dem Vektor (1,0,0,1,1,0) und den Spalten ein Reiz B mit dem Vektor (0,1,0,1,1,1) zugeordnet. Das Gitter stellt die Verbindung zwischen den beiden Vektoren dar, indem man an den Kreuzungspunkt einer Zeile mit einer Spalte das Gewicht der Verbindung zwischen den Komponenten schreibt, die der Zeile und der Spalte zugeordnet sind. Als Speicherungsregel gilt dann: Wenn in Zeile i und in Spalte j eine Eins steht, dann ist das Gewicht am Schnittpunkt (i, j) auf 1 zu setzen. Andernfalls ist das Gewicht Null. Diese Regel ist in Abbildung 8 befolgt worden. Man kann die Einsen und Nullen aus dem Gitter auch als Matrix hinschreiben und sagen, daß in dieser Matrix die Assoziation zwischen den beiden Reizen gespeichert ist. Hieran wird deutlich, daß man die konnektionistischen Modelle als Modelle mit *verteilter Speicherung* bezeichnet, denn die Assoziation zwischen den beiden Reizen ist über die Gewichtsmatrix verteilt.

In einem Paarassoziationsexperiment wird Reiz A dargeboten und man erwartet, daß die Person mit Reiz B antwortet. Reiz B muß also durch Reiz A aktiviert werden. Diese Aktivation von Reiz B durch Reiz A kann in dem Modell nachgebildet werden, indem man den Vektor von A, d.h. den Eingabevektor, mit der Gewichtsmatrix multipliziert. Den resultierenden Vektor muß man nur neu skalieren, wobei die Nullelemente im einfachsten Fall Null bleiben und alle von Null verschiedenen Elemente gleich 1 gesetzt werden. Bei der in Abbildung 8 dargestellten Verknüpfung würde sich auf diese Weise tatsächlich der Vektor des Reizes B ergeben.

Im obigen Beispiel wurde die Assoziation zweier Reize bzw. zweier Vektoren besprochen. Man kann das Modell auch so aufbauen, daß ein Reiz mit sich selbst assoziiert wird, d.h. daß an den Zeilen und Spalten des Gitters bzw. der Matrix der gleiche Vektor steht. Dies wäre dann nicht der Fall der Paarassoziation, sondern des Lernen eines Reizes mit anschließendem Wiedererkennen. Man nennt das Modell dann einen «*Auto-Assoziator*». Wiedererkennen würde im Modell ebenfalls durch Multiplikation des Eingabevektors mit der Gewichtsmatrix dargestellt. Eine Ja-Antwort findet das Modell, wenn der Eingabevektor mit dem Resultat der Multiplikation übereinstimmt. Sind diese Vektoren nicht gleich, erfolgt eine Nein-Antwort.

Statt für jeden Reiz, bzw. für jedes Reizpaar jeweils eine eigene Gewichtsmatrix zu verwenden, kann man auch mehrere Reize in einer Matrix speichern. Hierzu bestimmt man zunächst für jeden Reiz nach der oben beschriebenen Regel die Gewichte und addiert dann die Gewichtsmatrizen. Die Summenmatrix hat danach u.U. Gewichte, die größer als Eins sind. Zum Wiedererkennen eines Reizes wird der Eingabevektor – wie oben beschrieben – mit der Matrix multipliziert und das Ergebnis wird mit dem vorgegebenen Reiz verglichen. An diesem Beispiel kann man einige Eigenschaften konnektionistischer Modelle deutlich machen.

Es kann sein, daß Vektoren sich in der Gewichtsmatrix bei der Addition gegenseitig beeinflussen. Das geschieht dann, wenn die Gewichtsmatrizen zweier Vektoren in korrespondierenden Zellen eine 1 aufweisen. Das hat als Konsequenz, daß die Multiplikation eines Vektors mit der Summenmatrix dann nicht mehr den Eingabevektor erzeugt. Wenn zwei Reize an mehreren Stellen ihrer Gewichtsmatrix eine gemeinsame 1 haben, kann bei der Multiplikation des einen Vektors mit der Summenmatrix möglicherweise ein Vektor resultieren, der zu dem anderen Vektor eine größere Ähnlichkeit aufweist. Auf diese Weise kann das Modell Ähnlichkeiten und Verwechslungen zwischen

Reizen darstellen. Die Ähnlichkeit zwischen zwei Reizen ist umso größer bzw. eine Verwechslung ist umso wahrscheinlicher, je häufiger zwei Vektoren an der gleichen Stelle eine Eins haben. Inhaltlich heißt das, daß Reize, die einander ähnlich sind, viele gemeinsame Komponenten besitzen.

Sind zwei Reize einander völlig unähnlich, dann haben ihre Vektoren keine gemeinsamen Komponenten, d.h. sie weisen niemals an der gleichen Stelle eine Eins auf. Zwei solche Vektoren würden sich in der summierten Gewichtsmatrix gegenseitig nicht beeinflussen. Es wären dies Vektoren, die linear unabhängig sind. Von linear unabhängigen Vektoren könnte man also mehrere in der gleichen Matrix speichern, ohne gegenseitige Einflüsse befürchten zu müssen.

Ein weiteres Prinzip läßt sich an der summierten Gewichtsmatrix demonstrieren: Die *Assoziative Speicherung* (Content Addressability). Ein einfaches physikalisches Beispiel soll das Prinzip erläutern: Man baut z.B. mehrere Stimmgabeln mit unterschiedlicher Frequenz auf einem Tisch auf. Schlägt man eine weitere Stimmgabel an, die in ihrer Frequenz mit einer der Gabeln auf dem Tisch übereinstimmt, so gerät die Gabel auf dem Tisch in Resonanz. Sie meldet sich sozusagen. Das menschliche Gedächtnis scheint teilweise ähnlich zu arbeiten. Konnektionistische Modelle können das nachahmen: Hat man mehrere Vektoren in einer Matrix gespeichert und will man wissen, ob ein bestimmter Vektor dabei war, so muß man nicht irgendeine Liste oder etwas Ähnliches absuchen, sondern man multipliziert den Vektor mit der Gewichtsmatrix und wenn er dabei war, «meldet er sich sozusagen von selbst», d.h. das Ergebnis der Multiplikation ist der Vektor. Ein serieller Suchprozeß findet nicht statt.

Schließlich läßt sich auch noch *die Generalisation* demonstrieren. Nehmen wir an, wir hätten mehrere Reize, die eine Teilmenge ihrer Komponenten gemeinsam haben. Die zugehörigen Vektoren haben dann an entsprechenden Stellen eine Eins. Bildet man für jeden Vektor die Gewichtsmatrix und addiert man diese, so hat die Summenmatrix in bestimmten Zellen besonders hohe Gewichte. Diesen Zellen entspricht ein Vektor, der dann die Generalisation der Ausgangsreize darstellt. Er repräsentiert das, was den Reizen gemeinsam ist.

Mit der Generalisierung hängt eine weitere Eigenschaft konnektionistischer Modelle zusammen. Sie sind in der Lage, Reize, deren Repräsentation durch Vergessen oder durch Interferenz mit anderen Reizen «gestört» ist, trotzdem wiederzuerkennen. Dies wäre dann der Fall, wenn die Gewichtsmatrix zwar degradierte oder auch irrelevante Information enthält, diese aber bei Multiplikation mit dem Eingabevektor und nach einer entsprechenden Skalierung des Resultatsvektors unter der Aktivierungsschwelle der Einheiten bleibt.

Das vorangegangene Beispiel war insofern besonders einfach, als die Gewichte und die Aktivierungswerte nur Null oder Eins sein konnten. Hebt man diese Einschränkung auf und läßt man reelle Größen für Gewichte und Aktiviertheitsgrade zu, so kann man ebenfalls entsprechende Methoden der Matrizenrechnung verwenden (Kohonen, 1984).

Man unterscheidet konnektionistische Netze danach, ob die Einheiten in der Sprache, mit der man den Gegenstandsbereich beschreibt, eine Bezeichnung haben oder nicht. Haben sie eine Bezeichnung, wie z.B. Buchstaben als Komponenten von Wörtern, so spricht man von einer *lokalen Repräsentation.* Man kann jedoch Modelle formulieren, bei denen die einzelnen Einheiten des Netzes nicht interpretiert werden. Ihnen entspricht kein Konzept der Beschreibungssprache. Dann spricht man von einer *verteilten Repräsentation.* Nicht-lokale Modelle können durchaus in manchen Bereichen, in denen eine Komponentendarstellung der Reize nicht von vornherein gegeben ist, ihre Vorteile haben. Ob ein Modell lokal ist oder nicht, ist immer in bezug auf eine bestimmte Sprache zu entscheiden.

Eine weitere Möglichkeit bei der Konstruktion konnektionistischer Modelle liegt in der Einführung sog. *versteckter Einheiten* (engl.: hidden units). Versteckte Einheiten werden als eine zusätzliche oder sogar mehrere zusätzliche Ebenen zwischen Eingabevektor und Ausgabevektor eingezogen. In einem solchen Modell gibt es dann nicht nur eine Gewichtsmatrix, sondern jeweils eine zwischen je zwei Ebenen.

Für die Anwendung konnektionistischer Modelle ist besonders interessant, daß die Modelle lernen können. Das Lernen besteht darin, daß dem Modell jeweils ein Eingabevektor und ein

Ausgabevektor vorgegeben wird und daß die Gewichte für die verbindenden Kanten bestimmt werden, die diesen Eingangsvektor in den Ausgabevektor überführen. Dieser Vorgang wird sehr oft mit verschiedenen Vektoren wiederholt und die Gewichte akkumulieren sich in der Gewichtsmatrix.

Die Akkumulation der Gewichte kann nach verschiedenen Regeln geschehen. Eine einfache Regel hierfür entspricht Überlegungen des Lernpsychologen Hebb, wonach das Gewicht zwischen zwei Einheiten um einen Wert erhöht wird, der dem Produkt der Aktivitäten der beiden Einheiten entspricht. Es gibt eine ganze Reihe anderer Vorschläge, die mit Fragen der Parameterschätzung für die Gewichte verbunden sind. Hierfür sind verschiedene Vorschläge entwickelt worden. Dazu gehören u.a. Modelle, die rechnerische Methoden verwenden, wie sie auch in der Thermodynamik Anwendung finden, z.B. die *Harmony Theory* (SMOLENSKY, 1986) und die *Boltzman-Machine* (HINTON & SEJNOWSKI, 1986). Von RUMELHART, HINTON und WILLIAMS (1986) wurde die Methode des *Backpropagation* vorgeschlagen.

Konnektionistische Modelle sind bisher meistens auf recht elementares Reizmaterial angewendet worden, in jüngster Zeit nimmt die Zahl der Anwendungen in komplexeren Bereichen jedoch deutlich zu. Zu den Studien mit elementarem Material gehören z.B. die Untersuchungen von MARR und POGGIO (1976) über stereoskopisches Sehen oder das Modell von RUMELHART und NORMAN (1982) zum Schreibmaschinenschreiben oder das Modell zum Lesen einfacher Wörter von MCCLELLAND und RUMELHART (1981). Komplexere Anwendungen sind z.B. die Repräsentation von Schemata (RUMELHART, SMOLENSKY, MCCLELLAND & HINTON, 1986) sowie ein Modell für die Spracherkennung (MCCLELLAND & ELMAN, 1986).

Konnektionistische Modelle haben noch eine relativ junge Geschichte. Es scheint, als ob sie Eigenschaften besitzen, die sie in manchen Bereichen den traditionelleren Verfahren der Informationsverarbeitung überlegen machen. Ob diese Versprechungen tatsächlich eingelöst werden können, wird in der nächsten Zukunft sicherlich öfter diskutiert werden.

Literaturverzeichnis

AMMON, P.R. (1968). The perception of grammatical relations in sentences: A methodological exploration. *Journal of Verbal Learning and Verbal Behavior, 7,* 869–875.

ANDERSON, J.R. (1976). *Language, memory, and thought.* Hillsdale, N.J.: Lawrence Erlbaum.

ANDERSON, J.R. (1980). *Cognitive psychology and its implications.* San Francisco, C.A.: Freeman.

ANDERSON, J.R. (1983). *The architecture of cognition.* Cambridge, M.A.: Harvard University Press.

ANDERSON, J.R. (1985). *Cognitive psychology and its implications.* (rev. ed.). San Francisco, C.A.: Freeman.

ANDERSON, J.R. & BOWER, G.H. (1973). *Human associative memory.* Washington, D.C.: Winston.

ATKINSON, R.C. (1963). A variable sensitivity theory of signal detection. *Psychological Review, 70,* 91–106.

BLACK, J.B. & WILENSKY, R. (1979). An evaluation of story grammars. *Cognitive Sience, 3,* 213–230.

BLACKWELL, H.R. (1963). Neural theories of simple visual discriminations. *Journal of the Optical Society of America, 53,* 129–160.

BOWER, G.H. & HILGARD, E.R. (1984). *Theorien des Lernens.* Bde. I und II. Stuttgart: Klett-Cotta. (Original erschienen 1981: Theories of learning.)

Bower, G.H. & THEIOS, J. (1964). A learning model for discrete performance levels. In R.C. Atkinson (Ed.), *Studies in mathematical psychology* (pp. 1-31). Stanford, C.A.: Stanford University Press.

BOWER, G.H. & TRABASSO, T.R. (1965). Concept identification. In R.C. Atkinson (Ed.), *Studies in mathematical psychology* (pp. 32–94). Stanford, C.A.: Stanford University Press.

CHARNIAK, E. & MCDERMOTT, D. (1985). *Introduction to artificial intelligence.* Reading, M.A.: Addison-Wesley.

CHOMSKY, N. (1951). *Syntactic Structures.* The Hague: Mouton.

CHOMSKY, N. (1965). *Aspects of a theory of syntax.* Cambridge, M.A.: MIT Press.

CLARK, H.H. & CLARK, E.V. (1977). Psychology and language. New York: Harcourt Brace Jovanovich.

COLLINS, A.M. & LOFTUS, E.F. (1975). A spreading-activation theory of semantic processing. *Psychological Review, 82,* 407–428.

COLLINS, A.M. & QUILLIAN, M.R. (1969). Retrieval time from semantic memory. *Journal of Verbal Learning and Verbal Behavior, 8,* 240–247.

VAN DIJK, T. (1977). *Text and context.* London: Longman.

DREYFUS, H.L. & DREYFUS, S.E. (1986). Mind over machine: The power of human intuition and expertise in the era of the computer. New York: Free Press.

ESTES, W.K. (1955a). Statistical theory of spontaneous recovery and regression. *Psychological Review, 62,* 145–154.

ESTES, W.K. (1955b). Statistical theory of distributional phenomena in learning. *Psychological Review, 63,* 369–377.

ESTES, W.K. (1958). Stimulus response theory of drive. In M. R. Jones (Ed.), *Nebraska Symposium on Motivation.* Vol. 6 (pp. 35–69). Lincoln, N.E.: University of Nebraska Press.

ESTES, W.K. (1959). The statistical approach to learning theory. In S. Koch (Ed.), *Psychology: A study of a science* Vol. 2 (pp. 380–491). New York, NY: McGraw-Hill.

FILLMORE, C. J. (1968). The case for case. In B. Bach & R. T. Harms (Eds.), *Universals in linguistic theorie* (pp. 1–90). New York: Holt Rinehart and Winston.

FODOR, J. A. (1978). Tom Swift and his procedural grandmother. *Cognition, 6,* 229–247.

FODOR, J. A., BEVER, F. G., & GARRETT, M. F. (1974). *The psychology of language.* New York, NY: McGraw-Hill.

FRAZIER, L. & FODOR, J. D. (1978). The sausage machine: A new two stage parsing model. *Cognition 6,* 291–325.

GRAF, R. & TORREY, J. W. (1966). Perception of phrase structure in written language. *American Psychological Association Convention Proceedings,* (pp. 83–84).

GREEN, D. M. & SWETS, J. A. (1966). *Signal detection theory and psychophysics,* New York: Wiley.

HALLE, M. & STEVENS, K. N. (1964). Speech recognition: A model and a program for research. In J. A. Fodor & J. J. Katz (Eds.), *The structure of language* (pp. 604–612). Englewood Cliffs, N. J.: Prentice Hall.

HALLE, M., BRESNAN, J., & MILLER, G. A. (Eds.) (1987). *Linguistic theory and psychological reality.* Cambridge, M. A.: The MIT Press.

HINTON, G. E. & SEJNOWSKI, T. J. (1986). Learning and relearning in Boltzmann machines. In J. L. McClelland & C. E. Rumelhart (Eds.), *Parallel distributed processing.* Vol. 1 (pp. 287–317). Cambridge, M. A.: MIT Press.

HOFSTADTER, D. R. (1982a). Metamagikum: Können Maschinen je kreativ sein? *Spektrum der Wissenschaft,* 10–18.

HOFSTADTER, D. R. (1982b). Metamagikum – Variationen über ein Thema: Geheimnis und Gleichnis des schöpferischen Aktes. *Spektrum der Wissenschaft,* 12–19.

HULL, C. L. (1952). *A behavior system: An introduction to behavior theory concerning the individual organism.* New Haven, C. T.: Yale University Press.

JARVELLA, R. J. (1970). Effects of syntax on running memory span for connected discourse. *Psychonomic Science, 19,* 235–236.

JARVELLA, R. J. (1971). Syntactic processing of connected speech. *Journal of Verbal Learning and Verbal Behavior, 10,* 409–416.

JOHNSON-LAIRD, P. N. (1978). What's wrong with grandma's guide to procedural semantics: A reply to Jerry Fodor. *Cognition, 6,* 249–261.

JOHNSON-LAIRD, P. N. (1980). The meaning of modality. *Cognitive Science, 4,* 71–115.

JOHNSON-LAIRD, P. N. (1983). *Mental models.* Cambridge, M. A.: Cambridge University Press.

JOHNSON-LAIRD, P. N., HERRMANN, D. J. & CHAFFIN, R. (1984). Only Connections: A critique of semantic networks. *Psychological Bulletin, 96,* 292–315.

KINTSCH, W. (1974). *The representation of meaning in memory.* Hillsdale, H. J.: Lawrence Erlbaum.

KLAHR, P., LANGLEY, P. & NECHES, R. (Eds.) (1987). Production system models of learning and development. Cambridge, M. A.: MIT Press.

KOHONEN, T. (1984). *Self organization and associative memory.* Berlin: Springer.

KOSSLYN, S. M. (1981). The medium and the message in mental imagery: A theory. *Psychological Review, 88,* 44–66.

KRANTZ, D. H. (1969). Threshold theories of signal detection. *Psychological Review, 76,* 308–324.

LAKOFF, G. (1972). Structural complexity in fairy tales. *The Study of Man, 1,* 128–150.

LEVELT, W. J. M. (1970). Hierachical chunking in sentence processing. *Perception and Psychophysics, 8,* 99–120.

LUCE, R. D. (1963). A treshold theory for simple detection experiments. *Psychological Review, 70,* 61–79.

MARR, D. & POGGIO, T. (1976). Cooperative computation of stereo disparity. *Science, 194,* 283–287.

MCCLELLAND, J. L. & ELMAN, J. L. (1986). The TRACE model of speech perception. *Cognitive Psychology, 18,* 1–86.

MCCLELLAND, J. L. & JOHNSTON, J. C. (1977). The role of familiar units in perception of words and nonwords. *Perception & Psychophysics, 22,* 249–261.

MCCLELLAND, J. L. & RUMELHART, D. E. (1981). An interactive activation model of context effects in letter perception: Part 1. An account of basic findings. *Psychological Review, 88,* 375–401.

MCCLELLAND, J. L. & RUMELHART, D. E., and the PDP Research Group (Eds.). (1986). *Parallel distributed Processing.* Vol. 2: *Psychological and biological Models.* Cambridge, M. A.: MIT Press.

NEWELL, A. (1973). Production systems: Models of control structure. In W. G. Chase (Ed.), Visual information processing (pp. 463–526). New York: Academic Press.

Newell, A. & Simon, H. (1972). *Human problem solving.* Englewood Cliffs, N.Y.: Prentice-Hall.

Norman, D.A. (1964). Sensory thresholds, response biases, and the neural quantum theory. *Journal of Mathematical Psychology, 1,* 88–120.

Norman, D.A., Rumelhart, D.E., & the LNR Research Group, (1975). *Explorations in cognition.* New York: W.H.Freeman.

Ogilvie, J.C. & Creelman, C.D. (1968). Maximum-likelihood estimation of reciever operation characteristic curve parameters. *Journal of Mathematical Psychology, 5,* 377–391.

Opwis, K. (1988). Produktionssysteme. In H. Mandl & H.Spada (Hrsg.), Wissenspsychologie. München: Urban & Schwarzenberg.

Ortony, A. (1979). Beyond literal similarity. *Psychological Review, 86,* 161–180.

Quillian, M.R. (1969). The teachable language comprehender: A simulation program and theory of language. *Communications of the Association for Computing Machinery, 12,* 459–476.

Reicher, G.M. (1969). Perceptual recognition as a function of meaningfulness of stimulus material. *Journal of Experimental Psychology, 81,* 275–280.

Rumelhart, D.E. (1975). Notes on a schema for stories. In D.G.Bobrow and A.M.Collins (Eds.), *Representation and understanding,* (pp.211–236). New York: Academic Press.

Rumelhart, D.E., Hinton, G.E. & Williams, R.J. (1986). Learning internal representations by error propagation. In D.E.Rumelhart, & J.L.McClelland, and the PDP Research Group (Eds.). *Parallel distributed processing. Volume 1: Foundations* (pp.318–362). Cambridge, M.A.: MIT Press.

Rumelhart, D.E. & McClelland, J.L., and the PDP Research Group (Eds.) (1986). *Parallel distributed processing. Volume 1: Foundations.* Cambridge, M.A.: MIT Press.

Rumelhart, D.E. & Norman, D.A. (1982). Simulating a skilled typist: A study of skilled cognitive-motor performance. *Cognitive Science, 6,* 1–36.

Rumelhart, D.E., Smolensky, P., McClelland, J.L. & Hinton, G.E. (1986). Schemata and sequential thought processes in PDP models. In J.L.McClelland, & D.E.Rumelhart, and the PDP Research Group (Eds.). *Parallel distributed Processing. Volume 2: Psychological and biological models* (pp.7–57). Cambridge, M.A.: MIT Press.

Schank, R.C. & Abelson, R. (1977) *Scripts, plans, goals, and understanding.* Hillsdale, N.J.: Lawrence Erlbaum.

Searle, J.R. (1984). *Minds, brains, and science.* London: British Broadcasting Corporation.

Slobin, D.I. (1966). Grammatical transformations and sentence comprehension in childhood and adulthood. *Journal of Verbal Learning and Verbal Behavior, 5,* 219–277.

Smolensky, P. (1986). Information processing in dynamical systems: Foundations of harmony theory. In J.L.McClelland & D.E.Rumelhart (Eds.). *Parallel Distributed Processing, Vol.1: Foundations,* (pp.194–281). Cambridge, M.A.: MIT Press.

Swets, J.A., Tanner, W.P., & Birdsall, T.G. (1961). Decision processes in perception. *Psychological Review, 68,* 301–340.

Thorndyke, P.W. (1977). Cognitive structures in comprehension and memory discourse. *Cognitive Psychology, 9,* 77–110.

Wheeler, D.D. (1970). Processes in word recognition. *Cognitive Psychology, 1,* 59–85.

Wilensky, R. (1983). Story grammers versus story points. *The Behavioral and Brain Sciences, 6,* 579–623.

Willshaw, D.J. (1981). Holography, associative memory, and inductive generalization. In G.E. Hinton & J.A.Anderson (Eds.), *Parallel models of associative memory* (pp.83–104). Hillsdale, N.J.: Lawrence Erlbaum.

Winograd, T. (1983). Language as a cognitive process. Reading, M.A.: Addison-Wesley.

Register

Autorenregister

Sachregister

Angaben zu den Autoren

Ernst, Andreas M., geb. 1960, Dipl.-Psych. 1988 Freiburg, Doktorand der Studienstiftung. Arbeitsschwerpunkte: Informationsverarbeitung bei umweltrelevanten Entscheidungen, Computermodellierung wissensbasierten sozial-interaktiven Verhaltens. Adresse: Abteilung für Allgemeine Psychologie, Psychologisches Institut, Niemensstraße 10, D–7800 Freiburg.

Halisch, Frank, geb. 1943, Dipl.-Psych. 1971 Münster, Dr.phil. 1983 Bochum, wissenschaftlicher Mitarbeiter am Max-Planck-Institut für Psychologische Forschung, München. Arbeitsschwerpunkt: Motivationspsychologie. Wichtige Buchveröffentlichungen: Motivation, Intention and Volition (1987, gem. mit Kuhl), International Perspectives on Achievement and Task Motivation (1988, gem. mit van den Bercken). Adresse: Max-Planck-Institut für Psychologische Forschung, Leopoldstraße 24, D–8000 München 40.

Heckhausen, Heinz, 1926–1988, Dipl.-Psych. 1951 Münster, Dr.phil. 1956 Münster, habil. 1962 Münster, bis zu seinem Tod Direktor am Max-Planck-Institut für Psychologische Forschung in München. Wichtige Buchveröffentlichungen: Hoffnung und Furcht in der Leistungsmotivation (1963), Jenseits des Rubikon: Der Wille in den Humanwissenschaften (1987, gem. mit Gollwitzer und Weinert), Motivation und Handeln (1989^2).

Herrmann, Theo, geb. 1929, Dipl.-Psych. 1954 Mainz, Dr.phil. 1956 Mainz, habil. 1963 Mainz, Ordinarius für Psychologie am Lehrstuhl Psychologie III der Universität Mannheim. Arbeitsschwerpunkte: Sprach- und Kognitionspsychologie, Wissenschaftstheorie der Psychologie. Wichtige Buchveröffentlichungen: Sprechen und Situation (1982), Allgemeine Sprachpsychologie (1985). Adresse: Lehrstuhl Psychologie III der Universität Mannheim, Schloß EO, D–6800 Mannheim.

Heuer, Herbert, geb. 1948, Dipl.-Psych. 1973 Marburg, Dr.phil. 1978 Marburg, habil. 1984 Bielefeld, Professor für Allgemeine Psychologie am Fachbereich Psychologie der Universität Marburg. Arbeitsschwerpunkte: Psychomotorik und Wahrnehmung. Wichtige Buchveröffentlichungen: Bewegungslernen (1983), Motor Behavior, Programming, Control and Acquisition (1985, gem. mit Kleinbeck und Schmidt), Generation and Modulation of Action Patterns (1986, gem. mit Fromm), Perspectives on Perception and Action (1987, gem. mit Sanders). Adresse: Fachbereich Psychologie der Universität, Gutenbergstraße 18, D–3550 Marburg.

Ketterer, Werner, geb. 1959, Dipl.-Psych. 1990 Freiburg. Arbeitsschwerpunkt: Verkehrspsychologie. Adresse: Abteilung für Allgemeine Psychologie, Psychologisches Institut, Niemensstraße 10, D–7800 Freiburg.

Lüer, Gerd, geb. 1938, Dipl.-Psych. 1963 Hamburg, Dr.rer.nat. 1966 Kiel, habil. 1972 Kiel, Professor an der Abteilung für Allgemeine Psychologie und Methodenlehre an der Universität Göttingen. Arbeitsschwerpunkte: Kognitionspsychologie, insbesondere Psychologie des Problemlösens und Gedächtnispsychologie, Analyse von Informationsaufnahme- und Verarbeitungsprozessen mit Methoden der Blickbewegungsmessung. Wichtige Buchveröffentlichungen: Gesetzmäßige Denkabläufe beim Problemlösen (1973), Allgemeine experimentelle Psychologie (1987), Fourth European Conference on Eye Movements. Proceedings (1987, gem. mit Laß), Eye Movement Research. Physiological and Psychological Aspects (1988, gem. mit Laß und Shallo-Hoffmann). Adresse: Institut für Psychologie der Universität, Goßlerstraße 14, D-3400 Göttingen.

Kluwe, Rainer H., geb. 1942, 1. Prüfung für Lehramt 1967 Bayreuth, Dipl.-Psych. 1971 Trier, Dr. phil. 1975 Trier, habil. 1981 München, Professor für Allgemeine Psychologie am Institut für Kognitionsforschung der Universität der Bundeswehr. Arbeitsschwerpunkte: Lernen und Problemlösen. Wichtige Buchveröffentlichungen: Wissen und Denken (1979), Developmental Models of Thinking (1980, gem. mit Spada), Metacognition, Motivation and Understanding (1987, gem. mit Weinert). Adresse: Institut für Kognitionsforschung, Universität der Bundeswehr, Postfach 700822, D-2000 Hamburg 70.

Prinz, Wolfgang, geb. 1942, Dipl.-Psych. 1966 Münster, Dr. phil. 1970 Bochum, Professor für Allgemeine Psychologie, Fakultät für Psychologie und Sportwissenschaft der Universität Bielefeld. Arbeitsschwerpunkte: Wahrnehmung, Aufmerksamkeit, Handlungssteuerung. Wichtige Buchveröffentlichungen: Wahrnehmung und Tätigkeitssteuerung (1983), Cognition and Motor Processes (1984, gem. mit Sanders). Adresse: Universität Bielefeld, Fakultät für Psychologie und Sportwissenschaft, Abteilung für Psychologie, Postfach 8640, D-4800 Bielefeld.

Schmalt, Heinz-Dieter, geb. 1944, Dipl.-Psych. 1969 Münster, Dr. phil. 1974 Bochum, habil. 1978 Bochum, Professor an der Bergischen Universität Wuppertal. Arbeitsschwerpunkte: Motivation, Emotion und Lernen. Wichtige Buchveröffentlichungen: Leistungsmotivation und Verhalten (1976, gem. mit Meyer), Motivation (1981, gem. mit Schneider), Achievement Motivation in Perspective (1985, gem. mit Heckhausen und Schneider), Motivationspsychologie (1986). Adresse: Bergische Universität, Gesamthochschule Wuppertal, Gaußstraße 20, D-5600 Wuppertal 1.

Schneider, Klaus, geb. 1941, Dipl.-Psych. 1967 Bochum, Dr. phil. 1971 Bochum, habil. 1977 Bochum, Professor für Psychologie an der Ruhr-Universität Bochum. Arbeitsschwerpunkte: Motivation, Emotion und Lernen. Wichtige Buchveröffentlichungen: Motivation unter Erfolgsrisiko (1973), Motivation (1981, gem. mit Schmalt), Achievement Motivation in Perspective (1985, gem. mit Heckhausen und Schmalt). Adresse: Allgemeine und Entwicklungspsychologie, Fakultät für Psychologie, Ruhr-Universität, Postfach 102148, D-4630 Bochum 1.

Spada, Hans, geb. 1944, Dr. phil. 1969 Wien, habil. 1976 Wien, Professor am Psychologischen Institut der Universität Freiburg, Leitung der Forschungsgruppe «Kognitive Systeme», Arbeitsschwerpunkte: Psychologie des Wissens, Denkens und Lernens, Umweltpsychologie, kognitive Entwicklungspsychologie. Wichtige Buchveröffentlichungen: Modelle des Denkens und Lernens (1976), Developmental Models of Thinking (1980, gem. mit Kluwe), Wissenspsychologie (1988, gem. mit Mandl). Adresse: Abteilung für Allgemeine Psychologie, Psychologisches Institut, Niemensstraße 10, D-7800 Freiburg.

Wender, Karl F., geb. 1939, Dipl.-Psych. 1965 Hamburg, Dr. phil. 1969 Darmstadt, Universitätsprofessor an der Universität Trier. Arbeitsschwerpunkte: Wissenspsychologie, Gedächtnis- und Sprachpsychologie. Wichtige Buchveröffentlichung: Modelle menschlichen Gedächtnisses (gem. mit Colonius und Schulze). Adresse: Fachbereich I, Universität Trier, Postfach 3825, D-5500 Trier.